U0901007

《中国人民政治协商会议年鉴（2006）》

中国人民政治协商会议

年　鉴

2006

中国文史出版社

中國人民政治協商會議會徽

EMBLEM OF THE CHINESE PEOPLE'S POLITICAL CONSULTATIVE CONFERENCE

全国政协2006年新年茶话会。

胡锦涛、吴邦国、温家宝、贾庆林、曾庆红、黄菊、吴官正、李长春、罗干等党和国家领导人与各民主党派、人民团体和各族各界人士欢聚一堂，共庆2006年元旦。

中共中央总书记、国家主席、中央军委主席胡锦涛在新年茶话会上发表重要讲话。

中共中央政治局常委、全国政协主席贾庆林主持全国政协新年茶话会。

民盟中央主席蒋树声代表各民主党派中央、全国工商联和无党派人士在新年茶话会上讲话。

中国人民政治协商会议第十届全国委员会第四次会议会场。

十届全国委员会第四次会议
1949
通过中国人民
政治协商会议第十届
全国委员会第四次会议
关于常务委员会
工作报告的决议

2006年3月3日，贾庆林主席在全国政协十届四次会议上作常务委员会工作报告。

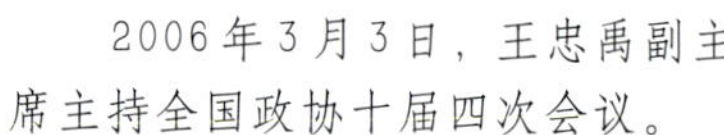

2006年3月3日，王忠禹副主席主持全国政协十届四次会议。

2006年3月3日，罗豪才副主席在全国政协十届四次会议上作提案工作情况报告。

2006年3月4日，中共中央总书记、国家主席、中央军委主席胡锦涛参加全国政协十届四次会议民盟、民进组委员联组讨论会，听取委员们的意见和建议。

2006年3月4日，中共中央政治局常委、全国人大常委会委员长吴邦国参加全国政协十届四次会议农工民主党、九三学社委员联组讨论会，听取委员们的意见和建议。

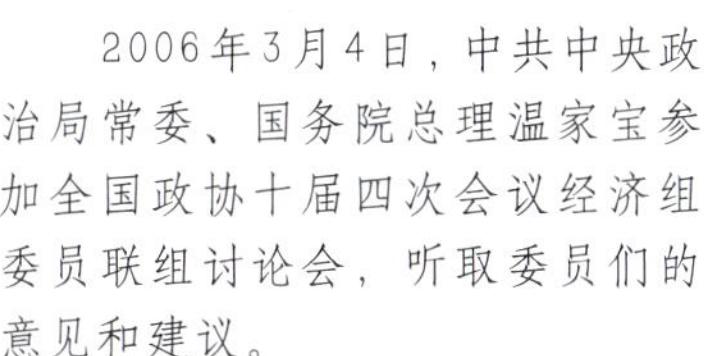

2006年3月4日，中共中央政治局常委、国务院总理温家宝参加全国政协十届四次会议经济组委员联组讨论会，听取委员们的意见和建议。

2006年3月4日，中共中央政治局常委、全国政协主席贾庆林参加全国政协十届四次会议民革、台盟、台联组委员联组讨论会，听取委员们的意见和建议。

2006年3月4日，中共中央政治局常委、国家副主席曾庆红参加全国政协十届四次会议致公党、侨联组委员联组讨论会，听取委员们的意见和建议。

2006年3月4日，中共中央政治局常委、中央纪律检查委员会书记吴官正参加全国政协十届四次会议新闻出版组委员联组讨论会，听取委员们的意见和建议。

2006年3月4日，中共中央政治局常委李长春参加全国政协十届四次会议文化艺术组委员联组讨论会，听取委员们的意见和建议。

2006年3月4日，中共中央政治局常委、中央政法委书记罗干参加全国政协十届四次会议特邀组委员联组讨论会，听取委员们的意见和建议。

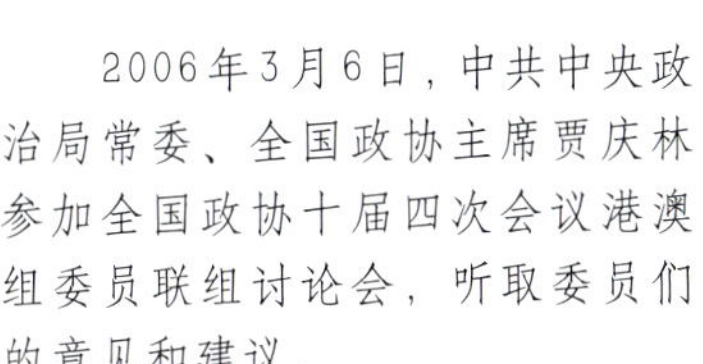

2006年3月6日，中共中央政治局常委、全国政协主席贾庆林参加全国政协十届四次会议港澳组委员联组讨论会，听取委员们的意见和建议。

2006年3月21日，贾庆林主席在河内会见越共中央总书记农德孟。

2006年3月28日，贾庆林主席在雅加达会见印度尼西亚总统苏西洛。

2006年3月27日，贾庆林主席在雅加达会见印度尼西亚人民协商会议主席希达亚特。

2006年3月29日，贾庆林主席在吉隆坡会见马来西亚最高元首西拉杰丁。

2006年10月24日，贾庆林主席在伦敦会见英国首相布莱尔。

2006年10月27日，贾庆林主席在维尔纽斯会见立陶宛总统阿达姆库斯。

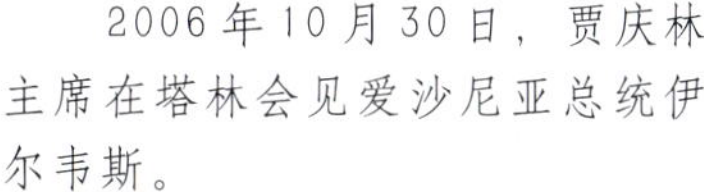

2006年10月30日，贾庆林主席在塔林会见爱沙尼亚总统伊尔韦斯。

2006年10月31日，贾庆林主席在基辅会见乌克兰总统尤先科。

2006年7月4日，全国政协十届十四次常委会在北京开幕。

2006年7月4日，中共中央政治局委员、国务院副总理回良玉在全国政协十届十四次常委会上作《关于推进社会主义新农村建设的几个问题》的报告。

2006年7月7日，外交部部长李肇星在全国政协十届十四次常委会第九次学习讲座上作《当前国际形势和我国外交工作》的报告。

2006年10月13日，全国政协十届十五次常委会在北京开幕。

2006年10月13日，中共中央政治局常委、全国人大常委会委员长吴邦国在全国政协十届十五次常委会上作《中共中央关于构建社会主义和谐社会若干重大问题的决定》的报告。

2006年10月16日，全国政协文史和学习委员会主任、中国作家协会副主席王蒙在全国政协十届十五次常委会第十次学习讲座上作《全球化视野中的中华文化》的报告。

2006年1月19日，中国经济社会理事会二届三次会议在北京召开。

2006年9月5日，全国政协就“推进西部大开发问题”建言献策召开专题协商会。

2006年11月8日，全国政协在北京市召开学习贯彻《中共中央关于加强人民政协工作的意见》情况座谈会。

2006年11月14日，全国政协在宁夏回族自治区召开学习贯彻《中共中央关于加强人民政协工作的意见》情况座谈会。

2006年11月17日，全国政协经济委员会、国家发展和改革委员会、全国工商联共同举办“促进非公有制经济健康发展”论坛。

2006年11月22日，全国政协提案工作座谈会在北京召开。

2006年11月23日，全国政协民族和宗教委员会、国家宗教事务局共同举办“宗教界为构建社会主义和谐社会作贡献第二次经验交流会”。

2006年12月7日，中国人民政治协商会议全国委员会主办的“21世纪论坛”——『区域经济合作：中国的选择与展望』在北京开幕。

2006年12月11日，全国政协视察工作座谈会在北京召开。

2006年12月20日，中国人民政协理论研究会成立大会暨首次人民政协理论研讨会在北京召开。

目 录

中共中央重要文献

全国委员会篇

领导人讲话、报告、发言、文章

决议、决定

制度建设

重要会议、活动

经常性工作

组织情况

机关建设

报刊社论

2006 年大事记

地方委员会篇

中共中央重要文献

中共中央关于加强人民政协工作的意见（摘要）

（2006 年 2 月 8 日）

中国人民政治协商会议是中国人民爱国统一战线的组织，是中国共产党领导的多党合作和政治协商的重要机构，是我国政治生活中发扬社会主义民主的重要形式。人民政协成立以来，为建立和巩固新生的人民政权、促进社会主义革命和建设、推动改革开放和社会主义现代化建设，作出了重大贡献。在全面建设小康社会、加快推进社会主义现代化的新的发展阶段，提高党的执政能力、发展社会主义民主政治、构建社会主义和谐社会、推进中国特色社会主义伟大事业，必须大力加强人民政协工作，充分发挥人民政协的作用。

一、人民政协事业是中国特色社会主义事业的重要组成部分

人民政协是中国共产党把马克思列宁主义统一战线理论、政党理论和民主政治理论同中国具体实践相结合的伟大创造，是中国共产党同各民主党派、人民团体和各族各界人士风雨同舟、团结奋斗的伟大成果。中国共产党历来高度重视和关心人民政协事业的发展。以毛泽东同志为核心的党的第一代中央领导集体，提出了一系列具有独创性的重要思想，有力地指导了人民政协事业的创立和发展；以邓小平同志为核心的党的第二代中央领导集体，提出了新时期人民政协的性质和任务，全面开创了新时期人民政协事业的新局面；以江泽民同志为核心的党的第三代中央领导集体，对人民政协事业提出了许多重要的新思想、新观点、新论断，推动了人民政协事业的发展。党的十六大以来，以胡锦涛同志为总书记的党中央，对新世纪新阶段人民政协事业的发展提出了明确要求，作出了新的重要部署，把人民政协事业继续推向前进。

中国共产党领导的多党合作和政治协商制度是我国的一项基本政治制度。要坚持走中国特色社会主义政治发展道路，立足我国国情，总结实践经验，借鉴人类政治文明的有益成果，绝不照搬西方政治制度的模式。人民政协是实行中国共产党领导的多党合作和政治协商制度的重要政治形式和组织形式。要认真贯彻中国共产党同各民主党派和无党派人士长期共存、互相监督、肝胆相照、荣辱与共的方针，促进参加人民政协的各党派和无党派人士的团结合作，充分体现和发挥我国社会主义政党制度的特点和优势。

人民政协是我国政治体制的重要组成部分，在我国政治生活中具有不可替代的作用。在我们这个幅员辽阔、人口众多的社会主义国家里，关系国计民生的重大问题，在中国共产党领导下进行广泛协商，体现了民主与集中的统一。人民通过选举、投票行使权利和人民内部各方面在重大决策之前进行充分协商，尽可能就共同性问题取得一致意见，是我国社会主义民主的两种重要形式。坚持和完善人民政协这种民主形式，既符合社会主义民主政治的本质要求，又体现了中华民族兼容并蓄的优秀文化传统，具有鲜明的中国特色。发展社会主义民主政治，建设社会主义政治文明，要善于运用人民政协这

一政治组织和民主形式。

人民政协是中国共产党领导的各党派、各团体、各民族、各阶层大团结大联合的组织。人民政协的基本属性、主要职能、组织构成、工作原则和活动方式，与构建社会主义和谐社会的要求是完全一致的，同构建社会主义和谐社会的各项工作是紧密相连的。构建社会主义和谐社会，必须充分发挥人民政协的作用。

人民政协在新世纪新阶段的任务是：高举爱国主义、社会主义旗帜，在热爱中华人民共和国、拥护中国共产党的领导、拥护社会主义事业、共同致力于中华民族伟大复兴的政治基础上，进一步巩固和发展爱国统一战线，把全体社会主义劳动者、社会主义事业的建设者、拥护社会主义的爱国者和拥护祖国统一的爱国者都团结起来，同心同德，群策群力，为推进社会主义经济建设、政治建设、文化建设、社会建设，为实现祖国完全统一，为维护世界和平、促进共同发展而奋斗。

人民政协工作必须坚持的原则是：坚持以马克思列宁主义、毛泽东思想、邓小平理论和“三个代表”重要思想为指导，坚持中国共产党的领导，坚持在宪法和法律范围内开展工作，坚持社会主义初级阶段的基本路线、基本纲领、基本经验，坚持团结和民主两大主题，坚持科学发展观、把促进发展作为人民政协履行职能的第一要务，坚持把实现和维护最广大人民的根本利益作为人民政协工作的出发点和落脚点。

人民政协的主要职能是政治协商、民主监督、参政议政。要支持政协围绕团结和民主两大主题履行职能，把加强团结和发扬民主贯穿于政协工作的各个方面，推进政治协商、民主监督、参政议政的制度化、规范化和程序化。

二、认真搞好人民政协的政治协商

人民政协的政治协商是中国共产党领导的多党合作的重要体现，是党和国家实行科学民主决策的重要环节，是党提高执政能力的重要途径。把政治协商纳入决策程序，就国家和地方的重要问题在决策之前和决策执行过程中进行协商，是政治协商的重要原则。各级党委要高度重视人民政协的政治协商，统一部署和协调，并认真组织实施。

人民政协政治协商的主要内容是：国家和地方的大政方针以及政治、经济、文化和社会生活中的重要问题；各党派参加人民政协工作的共同性事务，政协内部的重要事务以及有关爱国统一战线的其他重要问题。

人民政协政治协商的主要形式有：政协全体会议，常务委员会会议，主席会议，常务委员专题协商会，政协党组受党委委托召开的座谈会，秘书长会议，各专门委员会会议，根据需要召开由政协各组成单位和各界代表人士参加的内部协商会议。

三、积极推进人民政协的民主监督

人民政协的民主监督是我国社会主义监督体系的重要组成部分，是在坚持四项基本原则的基础上通过提出意见、批评、建议的方式进行的政治监督。它是参加人民政协的各党派团体和各族各界人士通过政协组织对国家机关及其工作人员的工作进行的监督，也是中国共产党在政协中与各民主党派和无党派人士之间进行的互相监督。对于我们党来说，更加需要接受来自各个方面的监督。

人民政协民主监督的主要内容是：国家宪法、法律和法规的实施，重大方针政策的贯彻执行，国家机关及其工作人员的工作，参加政协的单位和个人遵守政协章程和执行政协决议的情况。

人民政协民主监督的主要形式有：政协全体会议、常委会议、主席会议向党委和政府提出建议案；各专门委员会提出建议或有关报告；委员视察、委员提案、委员举报、大会发言、反映社情民意或以其他形式提出批评和建议；参加党委和政府有关部门组织的调查和检查活动；政协委员应邀担任司法机关和政府部门特约监督人员等。

各级党委和政府要认真倾听来自人民政协的批评和建议，自觉接受民主监督。要完善民主监督机制，在知情环节、沟通环节、反馈环节上建立健全制度，畅通民主监督的渠道。党委和政府的监督机构以及新闻媒体要密切与人民政协的联系，加强工作协调和配合，提高民主监督的质量和成效。要切实发挥政协提案、建议案在民主监督方面的作用，对政协的提案和建议案要认真办理，及时给予正式答复。

四、深入开展人民政协的参政议政

人民政协的参政议政是人民政协履行职能的重要形式，也是党政领导机关经常听取参加人民政协的各民主党派、人民团体和各族各界人士的意见和建议、切实做好工作的有效方式。人民政协的参政议政是对政治、经济、文化和社会生活中的重要问题以及人民群众普遍关心的问题，开展调查研究，反映社情民意，进行协商讨论，通过调研报告、提案、建议案或其他形式，向党和国家机关提出意见和建议。

人民政协要选择经济社会发展中具有综合性、全局性、前瞻性的课题，深入调查研究，开展咨询论证，提出意见和建议。要运用包容各界、联系广泛、人才聚集的有利条件，了解和反映社会不同阶层、不同群体的愿望和要求。人民政协的重要考察活动及重大外事活动要请参加政协的民主党派有关负责人参加，政协专门委员会要积极开展与参加政协的各党派团体的联合调研。要建立健全人民政协参政议政的各项工作制度，形成合理有效的工作机制。

各级党委和政府要加强与人民政协的联系和沟通，为人民政协参政议政创造良好条件。对政协提出的重要意见和建议，要认真研究、积极采纳。党委和政府有关部门要密切同政协专门委员会的协作和配合，对他们的工作提供必要的支持和帮助。

五、切实抓好人民政协的自身建设

各民主党派和无党派人士是人民政协的重要组成部分。要充分发挥人民政协作为中国共产党领导的多党合作和政治协商的重要机构的作用，支持各民主党派和无党派人士参与国家重大方针政策的讨论协商及其履行职责的各种活动。尊重和保障各民主党派在政协的各种会议上以本党派名义发表意见的权利；尊重和保障各民主党派和无党派人士开展视察、提出提案、举报、反映社情民意以及参与调查和检查活动的权利；保证民主党派成员和无党派人士在政协委员、常务委员和政协领导成员中占有较大比例；政协各专门委员会要有民主党派和无党派人士参加；政协机关中应有一定数量的民主党派和无党派人士担任专职领导职务，并做到有职、有权、有责。

由界别组成是人民政协组织的显著特色。要根据界别的特点和要求开展活动，充分调动各界别参政议政的积极性，认真探索发挥界别作用的方法和途径。要适应改革开放和经济社会发展的实际情况，研究并合理设置界别，扩大团结面，增强包容性。要通过界别渠道密切联系群众，努力协调关系、化解矛盾、理顺情绪，增进社会各阶层和不同利益群体的和谐。

政协委员是人民政协履行职能的主体。要认真组织政协委员的学习和培训,促进政协委员提高自身素质,遵守政协章程,履行委员职责,密切联系群众,积极参加政协组织的会议和活动。要尊重和依法保护政协委员的各项民主权利,为他们发挥作用提供方便。政协委员所在单位要支持其参加政协活动,保障其各项待遇不因参加政协活动而受到影响。

大力加强人民政协的机关建设。要重视政治理论学习，坚持以邓小平理论和“三个代表”重要思想为指导，牢固树立和全面落实科学发展观，弘扬与时俱进和改革创新精神，大兴求真务实之风，提高全局观念、服务意识和政策水平。要适应壮大爱国统一战线和发展社会主义民主政治的要求，完善为政协履行职能服务的各项工作制度，提高工作水平和效率。要着眼于统一战线和人民政协事业的长远发展，高度重视并切实加强人民政协组织的干部队伍建设，配备好工作班子，加强干部选拔、交流和任用，加大干部培训工作、挂职锻炼的力度，努力造就一支政治坚定、作风优良、学识丰富、业务熟练的高素质政协工作干部队伍。

六、加强和改善党对人民政协的领导

按照党总揽全局、协调各方的原则，进一步加强和改善党对人民政协的领导，支持人民政协依照章程独立负责、协调一致地开展工作。各级党委要深刻认识人民政协工作的重要性，认真贯彻《中共中央关于进一步加强中国共产党领导的多党合作和政治协商制度建设的意见》，善于运用人民政协这一政治组织和民主形式为实现党的总任务、总目标服务。要把政协工作纳入重要议事日程，听取政协党组的工作汇报，及时研究并统筹解决人民政协工作中的重大问题。党委和政府负责同志在政协全体会议期间参加讨论、共商国是和在政协常委会议期间通报情况、听取意见，应形成制度。不是同级党委常委的地方政协党员主席或党组书记，可请他们列席党委常委会议和其他有关重要会议。国务院和各级地方政府召开全体会议和有关会议时，可视需要邀请政协有关领导同志列席。各级党委和政府对政协干部交流、活动经费等方面存在的问题，要切实帮助解决。各级党委要把是否重视人民政协工作、能否发挥好人民政协的作用作为检验领导水平和执政能力的一项重要内容。

发挥政协组织中共产党员的先锋模范作用。政协委员中的共产党员和政协机关中的共产党员，要增强政治责任感，努力提高自身修养和能力，积极贯彻党的方针政策，带头遵守政协章程，继承和发扬党的统一战线和人民政协的优良传统，广交、深交党外朋友，努力成为合作共事的模范、发扬民主的模范、廉洁奉公的模范。

努力创造全党全社会重视和支持人民政协工作的新局面。各级党委要积极组织并大力推动关于人民政协的理论研究、宣传和教育工作，把人民政协理论列入各级党校、行政学院、干部学院、社会主义学院的教学计划。要有计划、有重点地组织新闻媒体宣传中国共产党领导的多党合作和政治协商制度，宣传人民政协的性质、地位和作用，以及各级政协组织履行职能的情况，形成有利于人民政协事业发展的良好氛围。

（新华社北京 3 月 1 日电）

中华人民共和国国民经济和社会发展第十一个五年规划纲要

（2006 年 3 月 14 日第十届全国人民代表大会第四次会议批准）

目 录

中华人民共和国国民经济和社会发展第十一个五年（2006—2010年）规划纲要根据《中共中央关于制定国民经济和社会发展第十一个五年规划的建议》编制，主要阐明国家战略意图，明确政府工作重点，引导市场主体行为，是未来五年我国经济社会发展的宏伟蓝图，是全国各族人民共同的行动纲领，是政府履行经济调节、市场监管、社会管理和公共服务职责的重要依据。

第一篇 指导原则和发展目标

第一章 全面建设小康社会的关键时期

“十五”时期是不平凡的五年，我国综合国力明显增强，人民生活明显改善，国际地位明显提高。面对复杂多变的国内外形势，在全国各族人民共同努力下，我们有效抑制经济运行中出现的不稳定不健康因素，成功战胜非典疫情和重大自然灾害的挑战，从容应对加入世界贸易组织后的新变化，国民经济持续较快发展，“十五”计划确定的主要发展目标提前实现。工业化、城镇化、市场化、国际化步伐加快，经济体制改革不断深化，对外贸易迈上新台阶，国家财政收入大幅度增加，价格总水平保持基本稳定，城乡面貌和人民生活进一步改善，民族团结不断巩固，各项社会事业取得新进步，国防和军队建设取得新进展，社会主义民主政治和精神文明建设继续加强。更为重要的是，党中央提出了树立科学发展观和构建社会主义和谐社会的重大战略思想。这些都为“十一五”时期的发展奠定了良好基础。面向未来，我们站在一个新的历史起点上。

专栏1 “十五”计划主要指标实现情况

指标	2000年	“十五”计划目标	2005年	“十五”年均增长（%）
国内生产总值年均增长（%）		7		9.5
五年城镇新增就业（万人）		[4000]		[4200]
五年转移农业劳动力（万人）		[4000]		[4000]
城镇登记失业率（%）	3.1	5	4.2	
价格总水平		基本稳定		1.4
货物进出口总额（亿美元）	4743	6800	14221	24.6
研究与试验发展经费支出占国内生产总值比重（%）	0.9	1.5	1.3	
高等教育毛入学率（%）	11.5	15	21	
高中阶段教育毛入学率（%）	42.8	60	53	
初中毛入学率（%）	88.6	90	95	
全国总人口（万人）	126743	133000	130756	6.3‰
主要污染物排放总量减少（%）		[10]		<[10]
城镇居民人均可支配收入年均增长（%）		5		9.6
农村居民人均纯收入年均增长（%）		5		5.3
城镇居民人均住宅建筑面积（平方米）	20.3	22	26	5.1

注：研究与试验发展经费支出占国内生产总值比重按经济普查前数据2005年为1.55%；带[]的为五年累计数。

“十一五”时期是全面建设小康社会的关键时期，具有承前启后的历史地位，既面临难得机遇，也存在严峻挑战。

我国具备保持经济平稳较快发展和社会和谐进步的有利条件。城乡居民消费结构加速升级，将带动产业结构加快调整和城镇化加快发展，市场潜力巨大。劳动力资源丰富，国民储蓄率较高，基础设施不断改善，产业配套能力较强，科技教育具有较好基础，社会政治保持长期稳定。改革向纵深推进，社会主义市场经济体制逐步完善，将进一步激发社会活力和发展动力。和平、发展、合作成为当今时代的潮流，世界政治力量对比有利于保持国际环境的总体稳定，经济全球化趋势深入发展，科技进步日新月异，生产要素流动和产业转移加快，我国与世界经济的相互联系和影响日益加深，国内国际两个市场、两种资源相互补充，外部环境总体上对我国发展有利。

在前进道路上还存在不少困难和问题。我国正处于并将长期处于社会主义初级阶段，生产力还不发达，制约发展的一些长期性深层次矛盾依然存在：耕地、淡水、能源和重要矿产资源相对不足，生态环境比较脆弱，经济结构不合理，解决“三农”问题任务相当艰巨，就业压力较大，科技自主创新能力不强，影响发展的体制机制障碍亟待解决。“十五”时期在快速发展中又出现了一些突出问题：投资和消费关系不协调，部分行业盲目扩张、产能过剩，经济增长方式转变缓慢，能源资源消耗过大，环境污染加剧，城乡、区域发展差距和部分社会成员之间收入差距继续扩大，社会事业发展仍然滞后，影响社会稳定的因素还较多。国际环境复杂多变，影响和平与发展的不稳定不确定因素增多，发达国家在经济科技上占优势的压力将长期存在，世界经济发展不平衡状况加剧，围绕资源、市场、技术、人才的竞争更加激烈，贸易保护主义有新的表现，对我国经济社会发展和安全提出了新的挑战。

在战略机遇与矛盾凸显并存的关键时期，要有高度的历史责任感、强烈的忧患意识和宽广的世界眼光，准确把握我国发展的阶段性特征，立足科学发展，着力自主创新，完善体制机制，促进社会和谐，全面提高我国的综合国力、国际竞争力和抗风险能力，开创社会主义经济建设、政治建设、文化建设、社会建设的新局面，为后十年顺利发展打下坚实基础，奋力把中国特色社会主义事业推向前进。

第二章　全面贯彻落实科学发展观

“十一五”时期促进国民经济持续快速协调健康发展和社会全面进步，要以邓小平理论和“三个代表”重要思想为指导，以科学发展观统领经济社会发展全局。坚持发展是硬道理，坚持抓好发展这个党执政兴国的第一要务，坚持以经济建设为中心，坚持用发展和改革的办法解决前进中的问题。发展必须是科学发展，要坚持以人为本，转变发展观念、创新发展模式、提高发展质量，落实“五个统筹”，把经济社会发展切实转入全面协调可持续发展的轨道。要坚持以下原则：

——必须保持经济平稳较快发展。要进一步扩大国内需求，调整投资和消费的关系，合理控制投资规模，增强消费对经济增长的拉动作用。正确把握经济发展趋势的变化，保持社会供求总量基本平衡，避免经济大起大落，实现又快又好发展。

——必须加快转变经济增长方式。要把节约资源作为基本国策，发展循环经济，保护生态环境，加快建设资源节约型、环境友好型社会，促进经济发展与人口、资源、环境相协调。推进国民经济和社会信息化，切实走新型工业化道路，坚持节约发展、清洁发展、安全发展，实现可持续发展。

——必须提高自主创新能力。要深入实施科教兴国战略和人才强国战略，把增强自主创新能力作为科学技术发展的战略基点和调整产业结构、转变增长方式的中心环节，大力提高原始创新能力、集成创新能力和引进消化吸收再创新能力。

——必须促进城乡区域协调发展。要从社会主义现代化建设全局出发，统筹城乡区域发展。坚持把解决好“三农”问题作为重中之重，实行工业反哺农业、城市支持农村，推进社会主义新农村建设，促进城镇化健康发展。落实区域发展总体战略，形成东中西优势互补、良性互动的区域协调发展机制。

——必须加强和谐社会建设。要按照以人为本的要求，从解决关系人民群众切身利益的现实问题入手，更加注重经济社会协调发展，千方百计扩大就业，加快发展社会事业，促进人的全面发展；更加注重社会公平，使全体人民共享改革发展成果；更加注重民主法制建设，正确处理改革发展稳定的关系，保持社会安定团结。

——必须不断深化改革开放。要坚持社会主义市场经济的改革方向，完善现代企业制度和现代产权制度，建立反映市场供求状况和资源稀缺程度的价格形成机制，更大程度地发挥市场在资源配置中的基础性作用，提高资源配置效率，切实转变政府职能，健全国家宏观调控体系。统筹国内发展和对外开放，不断提高对外开放水平，增强在扩大开放条件下促进发展的能力。

根据上述指导思想和原则，针对发展中的突出矛盾和问题，要进一步调整推动发展的思路，转变推动发展的方式，明确推动发展的政策导向。

——立足扩大国内需求推动发展，把扩大国内需求特别是消费需求作为基本立足点，促使经济增长由主要依靠投资和出口拉动向消费与投资、内需与外需协调拉动转变。

——立足优化产业结构推动发展，把调整经济结构作为主线，促使经济增长由主要依靠工业带动和数量扩张带动向三次产业协同带动和结构优化升级带动转变。

——立足节约资源保护环境推动发展，把促进经济增长方式根本转变作为着力点，促使经济增长由主要依靠增加资源投入带动向主要依靠提高资源利用效率带动转变。

——立足增强自主创新能力推动发展，把增强自主创新能力作为国家战略，促使经济增长由主要依靠资金和物质要素投入带动向主要依靠科技进步和人力资本带动转变。

——立足深化改革开放推动发展，把改革开放作为动力，促使经济增长由某些领域相当程度上依靠行政干预推动向在国家宏观调控下更大程度发挥市场配置资源基础性作用转变。

——立足以人为本推动发展，把提高人民生活水平作为根本出发点和落脚点，促使发展由偏重于增加物质财富向更加注重促进人的全面发展和经济社会的协调发展转变。

第三章　经济社会发展的主要目标

根据全面建设小康社会的总体要求，“十一五”时期要努力实现以下经济社会发展的主要目标：

——宏观经济平稳运行。国内生产总值年均增长 7.5%，实现人均国内生产总值比

2000年翻一番。城镇新增就业和转移农业劳动力各4500万人，城镇登记失业率控制在5%。价格总水平基本稳定。国际收支基本平衡。

——产业结构优化升级。产业、产品和企业组织结构更趋合理，服务业增加值占国内生产总值比重和就业人员占全社会就业人员比重分别提高3个和4个百分点。自主创新能力增强，研究与试验发展经费支出占国内生产总值比重增加到2%，形成一批拥有自主知识产权和知名品牌、国际竞争力较强的优势企业。

——资源利用效率显著提高。单位国内生产总值能源消耗降低20%左右，单位工业增加值用水量降低30%，农业灌溉用水有效利用系数提高到0.5，工业固体废物综合利用率提高到60%。

——城乡区域发展趋向协调。社会主义新农村建设取得明显成效，城镇化率提高到47%。各具特色的区域发展格局初步形成，城乡、区域间公共服务、人均收入和生活水平差距扩大的趋势得到遏制。

——基本公共服务明显加强。国民平均受教育年限增加到9年。公共卫生和医疗服务体系比较健全。社会保障覆盖面扩大，城镇基本养老保险覆盖人数达到2.23亿人，新型农村合作医疗覆盖率提高到80%以上。贫困人口继续减少。防灾减灾能力增强，社会治安和安全生产状况进一步好转。

——可持续发展能力增强。全国总人口控制在136000万人。耕地保有量保持1.2亿公顷，淡水、能源和重要矿产资源保障水平提高。生态环境恶化趋势基本遏制，主要污染物排放总量减少10%，森林覆盖率达到20%，控制温室气体排放取得成效。

——市场经济体制比较完善。行政管理、国有企业、财税、金融、科技、教育、文化、卫生等领域的改革和制度建设取得突破，市场监管能力和社会管理水平明显提高。对外开放与国内发展更加协调，开放型经济达到新水平。

——人民生活水平继续提高。城镇居民人均可支配收入和农村居民人均纯收入分别年均增长5%，城乡居民生活质量普遍提高，居住、交通、教育、文化、卫生和环境等方面的条件有较大改善。

——民主法制建设和精神文明建设取得新进展。法制建设全面推进，形成中国特色社会主义法律体系。思想道德建设进一步加强，构建和谐社会取得新进步。

专栏2 “十一五”时期经济社会发展的主要指标

类别	指标	2005年	2010年	年均增长（%）	属性
经济增长	国内生产总值（万亿元）	18.2	26.1	7.5	预期性
	人均国内生产总值（元）	13985	19270	6.6	预期性
经济结构	服务业增加值比重（%）	40.3	43.3	[3]	预期性
	服务业就业比重（%）	31.3	35.3	[4]	预期性
	研究与试验发展经费支出占国内生产总值比重（%）	1.3	2	[0.7]	预期性
	城镇化率（%）	43	47	[4]	预期性

人口资源环境	全国总人口（万人）	130756	136000	＜8‰	约束性
	单位国内生产总值能源消耗降低（%）			[20]	约束性
	单位工业增加值用水量降低（%）			[30]	约束性
	农业灌溉用水有效利用系数	0.45	0.5	[0.05]	预期性
	工业固体废物综合利用率（%）	55.8	60	[4.2]	预期性
	耕地保有量（亿公顷）	1.22	1.2	－0.3	约束性
	主要污染物排放总量减少（%）			[10]	约束性
	森林覆盖率（%）	18.2	20	[1.8]	约束性
公共服务人民生活	国民平均受教育年限（年）	8.5	9	[0.5]	预期性
	城镇基本养老保险覆盖人数（亿人）	1.74	2.23	5.1	约束性
	新型农村合作医疗覆盖率（%）	23.5	＞80	＞[56.5]	约束性
	五年城镇新增就业（万人）			[4500]	预期性
	五年转移农业劳动力（万人）			[4500]	预期性
	城镇登记失业率（%）	4.2	5		预期性
	城镇居民人均可支配收入（元）	10493	13390	5	预期性
	农村居民人均纯收入（元）	3255	4150	5	预期性
注：国内生产总值和城乡居民收入为2005年价格；带[]的为五年累计数；主要污染物指二氧化硫和化学需氧量。					

专栏3　规划指标的属性

本规划确定的发展目标体现了人民的根本利益和长远利益，是凝聚人民意愿的国家战略意图，其中的量化指标分为预期性和约束性两类。

预期性指标是国家期望的发展目标，主要依靠市场主体的自主行为实现。政府要创造良好的宏观环境、制度环境和市场环境，并适时调整宏观调控方向和力度，综合运用各种政策引导社会资源配置，努力争取实现。

约束性指标是在预期性基础上进一步明确并强化了政府责任的指标，是中央政府在公共服务和涉及公众利益领域对地方政府和中央政府有关部门提出的工作要求。政府要通过合理配置公共资源和有效运用行政力量，确保实现。

第二篇　建设社会主义新农村

坚持统筹城乡经济社会发展的基本方略，在积极稳妥地推进城镇化的同时，按照生产发展、生活宽裕、乡风文明、村容整洁、管理民主的要求，扎实稳步推进新农村建设。

第四章　发展现代农业

坚持把发展农业生产力作为建设社会主义新农村的首要任务，推进农业结构战略性调整，转变农业增长方式，提高农业综合生产能力和增值能力，巩固和加强农业基础地位。

第一节　提高农业综合生产能力

坚持粮食基本自给，稳定发展粮食生产，确保国家粮食安全，粮食综合生产能力达到5亿吨左右。加强粮食主产区生产能力建设，提高粮食单产、品质和生产效益。建立粮食主产区与主销区间利益协调机制。抓好其他区域粮食生产能力建设。

坚持最严格的耕地保护制度，确保基本农田总量不减少、质量不下降。加强以小型水利设施为重点的农田基本建设，改造大型灌区，加快中低产田改造，提高耕地质量和农业防灾减灾能力。

提高农业科技创新和转化能力。加快建设国家农业科技创新基地和区域性农业科研中心。加快农作物和畜禽水产良种繁育、饲料饲养、疫病防治、资源节约、污染治理等技术的研发和推广。培育和推广超级杂交水稻等优良品种。加强物种资源保护和合理开发利用。

改革传统耕作方式，推行农业标准化，发展节约型农业。科学使用化肥、农药和农膜，推广测土配方施肥、平衡施肥、缓释氮肥、生物防治病虫害等适用技术。推广先进适用农机具，提高农业机械化水平。

第二节　推进农业结构调整

优化农业产业结构。在保证粮棉油稳定增产的同时，提高养殖业比重。加快发展畜牧业和奶业，保护天然草场，建设饲草料基地，改进畜禽饲养方式，提高规模化、集约化和标准化水平。因地制宜发展经济林和花卉产业。发展水产养殖和水产品加工，实施休渔、禁渔制度，控制捕捞强度。

优化农业产品结构。发展高产、优质、高效、生态、安全农产品。重点发展优质专用粮食品种、经济效益高的经济作物、节粮型畜产品和名特优新水产品。

优化农业区域布局。提高黄淮海平原、长江中下游平原和东北平原的粮食综合生产能力。在气候条件适宜区域建设经济作物产业带和名特优新稀热带作物产业带。发展农区、农牧交错区畜牧业，在南方草山草坡和西南岩溶地区发展草地畜牧业，恢复和培育传统牧区可持续发展能力。在缺水地区发展旱作节水农业。

第三节　加强农业服务体系建设

健全农业技术推广、农产品质量安全和标准、动物防疫和植物保护、认证认可等服务体系。整合涉农信息资源，加强农村经济信息应用系统建设。推进农业服务组织和机制创新，鼓励和引导农民发展各类专业合作经济组织，提高农业的组织化程度。

第四节　完善农村流通体系

推进农产品批发市场建设和改造，促进农产品质量等级化、包装规格化。继续实施

"万村千乡市场工程"，加快供销合作社经营网络改造和城市商业网点向农村延伸。完善鲜活农产品"绿色通道"网络。发展农资连锁经营，规范农资市场秩序。

第五章 增加农民收入

第一节 挖掘农业增收潜力

积极发展品种优良、特色明显、附加值高的优势农产品。延长农业产业链条，使农民在农业功能拓展中获得更多收益。发展农产品加工、保鲜、储运和其他服务。支持发展农业产业化经营，培育带动力强的龙头企业，健全企业与农户利益共享、风险共担的机制。扩大养殖、园艺等劳动密集型产品和绿色食品生产。鼓励优势农产品出口。发展休闲观光农业。

第二节 增加非农产业收入

推动乡镇企业机制创新和结构调整，引导乡镇企业向有条件的小城镇和县城集中。扶持县域经济发展，注重发展就业容量大的劳动密集型产业和服务业，壮大县域经济。健全就业信息服务体系，引导富余劳动力向非农产业和城镇有序转移，保障进城务工人员合法权益，增加农民务工收入。

第三节 完善增收减负政策

继续实行对农民的直接补贴政策，加大补贴力度，完善补贴方式。促进农产品价格保持在合理水平，稳定农业生产资料价格，建立农业支持保护制度。严格涉农收费管理，禁止向农民乱收费、乱摊派。

第六章 改善农村面貌

统筹规划、分步实施，政府引导、群众自愿，因地制宜、注重实效，改善农民生产生活条件。

第一节 加强农村基础设施建设

着力加强农民最急需的生产生活设施建设。加快实施农村饮水安全工程。加强农村公路建设，基本实现全国所有乡镇通油（水泥）路，东中部地区所有具备条件的建制村通油（水泥）路，西部地区具备条件的建制村通公路，健全农村公路管护体系。积极发展农村沼气、秸秆发电、小水电、太阳能、风能等可再生能源，完善农村电网。建立电信普遍服务基金，加强农村信息网络建设，发展农村邮政和电信，基本实现村村通电话、乡乡能上网。按照节约土地、设施配套、节能环保、突出特色的原则，做好乡村建设规划，引导农民合理建设住宅，保护有特色的农村建筑风貌。

第二节 加强农村环境保护

开展全国土壤污染现状调查，综合治理土壤污染。防治农药、化肥和农膜等面源污染，加强规模化养殖场污染治理。推进农村生活垃圾和污水处理，改善环境卫生和村容村貌。禁止工业固体废物、危险废物、城镇垃圾及其他污染物向农村转移。

第三节 积极发展农村卫生事业

加强以乡镇卫生院为重点的农村卫生基础设施建设，健全农村三级卫生服务和医疗救助体系。培训乡村卫生人员，开展城市医师支援农村活动。建设农村药品供应网和监督网。加强禽流感等人畜共患疾病防治。完善农村计划生育服务体系，实施农村计划生育家庭奖励扶助制度和“少生快富”工程。

第四节 发展农村社会保障

探索建立与农村经济发展水平相适应、与其他保障措施相配套的农村养老保险制度。基本建立新型农村合作医疗制度。有条件的地方要建立农村最低生活保障制度。完善农村“五保户”供养、特困户生活补助、灾民救助等社会救助体系。

第七章 培养新型农民

加快发展农村教育、技能培训和文化事业，培养造就有文化、懂技术、会经营的新型农民。

第一节 加快发展农村义务教育

着力普及和巩固农村九年制义务教育。对农村义务教育阶段学生免收学杂费，对其中的贫困家庭学生免费提供课本和补助寄宿生生活费。按照明确各级责任、中央地方共担、加大财政投入、提高保障水平、分步组织实施的原则，将农村义务教育全面纳入公共财政保障范围，构建农村义务教育经费保障机制。实施农村教师培训计划，使中西部地区50％的农村教师得到一次专业培训。鼓励城市各单位开展智力支农，加大城镇教师支援农村教育的力度。全面实施农村中小学远程教育。

第二节 加强劳动力技能培训

支持新型农民科技培训，提高农民务农技能和科技素质。实施农村劳动力转移培训工程，增强农村劳动力的就业能力。实施农村实用人才培训工程，培养一大批生产能手、能工巧匠、经营能人和科技人员。

第三节 发展农村文化事业

加强农村文化设施建设，扩大广播电视和电影覆盖面。引导文化工作者深入乡村，满足农民群众精神文化需求。扶持农村业余文化队伍，鼓励农民兴办文化产业。推动实施农民体育健身工程。开展“文明村镇”和“文明户”活动，引导农民形成科学文明健康的生活方式。

第八章 增加农业和农村投入

坚持“多予少取放活”的方针，加快建立以工促农、以城带乡的长效机制。调整国民收入分配格局，国家财政支出和预算内固定资产投资，要按照存量适度调整、增量重点倾斜的原则，不断增加对农业和农村的投入。扩大公共财政覆盖农村的范围，确保财政用于“三农”投入的增量高于上年，新增教育、卫生、文化财政支出主要用于农村，中央和地方各级政府基础设施建设投资的重点要放在农业和农村。改革政府支农投资管理方式，整合支农投资，提高资金使用效率。鼓励、支持金融组织增加对农业和农村的投入，积极发展小额信贷，引导社会资金投向农业和农村。

第九章 深化农村改革

稳定并完善以家庭承包经营为基础、统分结合的双层经营体制，有条件的地方可根据自愿、有偿的原则依法流转土地承包经营权，发展多种形式的适度规模经营，搞好土地承包流转中的仲裁服务。巩固农村税费改革成果，全面推进农村综合改革，基本完成乡镇机构、农村义务教育和县乡财政管理体制等改革任务。深化农村金融体制改革，规范发展适合农村特点的金融组织，发挥农村信用社的支农作用，建立健全农村金融体系。稳步推进集体林权改革。加快征地制度改革，健全对被征地农民的合理补偿机制。增强村级集体经济组织的服务功能。

大力推进农村基层组织建设。着重抓好村党组织建设，同步推进村民自治组织和其他村级组织配套建设。积极推进村级组织活动场所建设。加强农村基层干部队伍建设。推进政务公开和民主管理，健全村党组织领导的充满活力的村民自治机制。

专栏4 新农村建设重点工程

大型粮棉油生产基地和优质粮食产业工程→在粮食主产区集中连片建设高产稳产大型商品粮生产基地，继续建设优质棉基地、优质油料带。在13个粮食主产区的484个粮食主产县（场），建设万亩连片标准粮田，实施良种繁育、病虫害防控和农机装备推进等项目。

沃土工程→对增产潜力大的中低产田加大耕地质量建设力度，配套建设不同类型的土肥新技术集成转化示范基地，使项目实施区的中低产田耕地基础地力提高一个等级。

植保工程→完善县（市）级基层站点和省级分中心，建设一批生态和生物控灾示范基地、农药安全测试评价中心和生物技术测试区域中心。

大型灌区续建配套改造和中部四省大型排涝泵站改造→大型灌区续建配套和节水改造。更新改造湖南、湖北、江西、安徽四省已有大型排涝泵站。

种养业良种工程→建设农作物种质资源库、农作物改良中心、良种繁育基地、畜禽水产原良种场、水产遗传育种中心、种质资源场及检测中心等。

动物防疫体系→建设和完善动物疫病监测预警、预防控制、检疫监督、兽药质量监察及残留监控、防疫技术支撑、防疫物质保障六大系统。

农产品质量安全检验检测体系→建设国家级农产品质量标准与检测技术研究中心、农产品质检中心、区域性质检中心、省级综合性农产品质检中心和县级农产品检测站。

农村饮水安全→解决1亿农村居民饮用高氟水、高砷水、苦咸水、污染水和血吸虫病区、微生物超标等水质不达标及局部地区严重缺水问题。

农村公路→新建和改造农村公路120万公里，实现所有具备条件的乡镇和行政村通公路。

农村沼气→建设以沼气池、改圈、改厕、改厨为基本内容的农村户用沼气，以及部分规模化畜禽养殖场和养殖小区大中型沼气工程。

送电到村和绿色能源县工程→建成50个绿色能源示范县，利用电网延伸、风力发电、小水电、太阳能光伏发电等，解决350万户无电人口用电问题。

农村医疗卫生服务体系→以中西部地区乡镇卫生院为重点，同步建设县医院、妇幼保健机构、县中医院（民族医院）。

农村计划生育服务体系→以中西部地区县、乡计划生育技术服务站为重点，建设县级服务站、中心乡镇服务站、流动服务车等。

农村劳动力转移就业→加强农村劳动力技能培训、就业服务和维权服务能力建设，为外出务工农民免费提供法律政策咨询、就业信息、就业指导和职业介绍。

第三篇　推进工业结构优化升级

按照走新型工业化道路要求，坚持以市场为导向、企业为主体，把增强自主创新能力作为中心环节，继续发挥劳动密集型产业的竞争优势，调整优化产品结构、企业组织结构和产业布局，提升整体技术水平和综合竞争力，促进工业由大变强。

第十章　加快发展高技术产业

按照产业集聚、规模发展和扩大国际合作的要求，加快促进高技术产业从加工装配为主向自主研发制造延伸，推进自主创新成果产业化，引导形成一批具有核心竞争力的先导产业、一批集聚效应突出的产业基地、一批跨国高技术企业和一批具有自主知识产权的知名品牌。

第一节　提升电子信息制造业

根据数字化、网络化、智能化总体趋势，大力发展集成电路、软件和新型元器件等核心产业，重点培育光电通信、无线通信、高性能计算及网络设备等信息产业群，建设软件、微电子、光电子等产业基地，推动形成光电子产业链。开发信息产业关键技术，增强创新能力和竞争力，延伸产业链。

第二节　培育生物产业

发挥我国特有的生物资源优势和技术优势，面向健康、农业、环保、能源和材料等领域的重大需求，重点发展生物医药、生物农业、生物能源、生物制造。实施生物产业专项工程，努力实现生物产业关键技术和重要产品研制的新突破。健全市场准入制度，保护特有生物资源，保障生物安全。

第三节　推进航空航天产业

坚持远近结合、军民结合、自主开发与国际合作结合，发展新支线飞机、大型飞机、直升机和先进发动机、机载设备，扩大转包生产，推进产业化；推进航天产业由试验应用型向业务服务型转变，发展通信、导航、遥感等卫星及其应用，形成空间、地面与终端产品制造、运营服务的航天产业链。

专栏 5　高技术产业工程重大专项

集成电路和软件→建设集成电路研发中心，实现 90 纳米及以下集成电路工艺技术产业化。发展基础软件、中间件、大型关键应用软件和集成系统。

新一代网络→建设下一代互联网示范工程、覆盖全国的数字电视网和具有自主知识产权的移动通信示范网。实现新一代网络关键技术、关键设备和关键软件产业化，建成新一代信息网络基础设施。实施数字音视频产品产业化专项。

先进计算→突破千万亿次高性能计算机系统技术，建设基于网格的先进计算平台，实现万亿次高性能计算机产业化。

生物医药→建设一批重大疾病防治疫苗和基因工程药物产业化示范工程，完善现代中药体系，提高新药创制能力。

民用飞机→发展干线、支线、通用飞机和直升机。开发先进发动机。

卫星应用→研制新型气象、海洋、资源、通信等卫星，开发无毒无污染大推力运载火箭。建设对地观测和导航定位卫星系统、民用卫星地面系统设施及应用示范工程。

新材料→建设信息、生物、航空航天等行业急需的各类高性能新型材料产业化示范工程。

第四节　发展新材料产业

围绕信息、生物、航空航天、重大装备、新能源等产业发展的需求，重点发展特种功能材料、高性能结构材料、纳米材料、复合材料、环保节能材料等产业群，建立和完善新材料创新体系。

第十一章　振兴装备制造业

第一节　振兴重大技术装备

努力突破核心技术，提高重大技术装备研发设计、核心元器件配套、加工制造和系统集成的整体水平。加强组织协调，强化政策支持，依托重点工程，完善技术标准，在高档数控机床与基础制造装备、高效清洁发电与输变电等领域研制一批对国家经济安全、技术进步、产业升级有重大影响和带动作用的重大技术装备，引导形成一批集研发设计制造于一体、竞争力强的企业。

第二节　提升汽车工业水平

增强汽车工业自主创新能力，加快发展拥有自主知识产权的汽车发动机、汽车电子、关键总成及零部件。发挥骨干企业作用，提高自主品牌乘用车市场占有率。鼓励开发使用节能环保和新型燃料汽车。引导企业在竞争中兼并重组，形成若干产能百万辆的企业。

第三节　壮大船舶工业实力

加强船舶自主设计能力、船用装备配套能力和大型造船设施建设，优化散货船、油船、集装箱船三大主力船型，重点发展高技术、高附加值的新型船舶和海洋工程装备。在环渤海、长江口和珠江口等区域建设造船基地，引导其他地区造船企业合理布局和集聚发展。

专栏6 装备制造业振兴的重点

大型高效清洁发电装备→百万千瓦级核电机组、超临界火电机组、燃气—蒸汽联合循环机组、整体煤气化燃气—蒸汽联合循环机组、大型循环流化床锅炉、大型水电机组及抽水蓄能机组、大型空冷机组、大功率风力发电机组等。

超高压输变电设备→掌握±500千伏直流和750千伏交流输变电关键设备制造技术，开发1000千伏特高压交流和±800千伏直流输变电成套设备。

大型乙烯成套设备→推进百万吨级大型乙烯成套设备和对二甲苯、对苯二甲酸成套设备的国产化。

大型煤化工成套设备→煤炭液化和气化、煤制烯烃等设备。

大型冶金设备→大型薄板冷热连轧成套设备及涂镀层加工成套设备等。

煤矿综合采掘设备→大型煤炭井下综合采掘、运输提升和洗选设备以及大型露天矿设备。

大型船舶装备→大型海洋石油工程设备、30万吨矿石和原油运输船、万标箱以上集装箱船、液化天然气运输船等大型、高技术、高附加值船舶及大功率柴油机等配套装备。

轨道交通装备→掌握时速200公里及以上高速铁路列车、新型地铁车辆等装备核心技术，实现产业化。

环保及资源综合利用装备→大气污染治理、城市及工业污水处理、固体废物处理等大型环保设备，海水利用、报废汽车处理等资源综合利用设备。

数控机床→提高大型、精密、高速数控装备和数控系统及功能部件的水平。

第十二章 优化发展能源工业

坚持节约优先、立足国内、煤为基础、多元发展，优化生产和消费结构，构筑稳定、经济、清洁、安全的能源供应体系。

第一节 有序发展煤炭

加强煤炭资源勘探，统筹规划，合理开发，提高回采率，减少煤炭开采对生态环境的影响。建设大型煤炭基地，鼓励煤炭企业联合重组，引导形成若干产能亿吨级的企业。鼓励有优势的煤炭企业实行煤电联营或煤电运一体化经营。调整改造重组中小煤矿，依法关闭不具备安全生产条件、破坏资源和环境的煤矿。

加强煤矿瓦斯综合治理，加快煤层气开发利用。加强煤炭清洁生产和利用，鼓励发展煤炭洗选及低热值煤、煤矸石发电等综合利用，开发推广高效洁净燃烧、烟气脱硫等技术。发展煤化工，开发煤基液体燃料，有序推进煤炭液化示范工程建设，促进煤炭深度加工转化。

第二节 积极发展电力

以大型高效环保机组为重点优化发展火电。建设大型超临界电站和大型空冷电站。推进洁净煤发电，建设单机60万千瓦级循环流化床电站，启动整体煤气化燃气—蒸汽联合循环电站工程。鼓励发展坑口电站，建设大型煤电基地。适度发展天然气发电。加快淘汰落后的小火电机组。

在保护生态基础上有序开发水电。统筹做好移民安置、环境治理、防洪和航运。建设金沙江、雅砻江、澜沧江、黄河上游等水电基地和溪洛渡、向家坝等大型水电站。适当建设抽水蓄能电站。

积极推进核电建设。重点建设百万千瓦级核电站，逐步实现先进压水堆核电站的设计、制造、建设和运营自主化。加强核燃料资源勘查、开采、加工工艺改造以及核电关键技术开发和核电人才培养。

加强电网建设。建设西电东送三大输电通道和跨区域输变电工程，扩大西电东送规模，继续推进西电东送、南北互济、全国联网。加强区域、省级电网建设，同步发展输配电网络，加强城乡电网建设和改造，完善城乡配电网络，扩大供电范围，确保供电安全。

第三节 加快发展石油天然气

加大石油天然气资源勘探力度。加强油气资源调查评价，扩大勘探范围，重点开拓海域、主要油气盆地和陆地油气新区，开展煤层气、油页岩、油砂、天然气水合物等非常规油气资源调查勘探。推进油气勘探开发主体多元化。

实行油气并举，稳定增加原油产量，提高天然气产量。加强老油田稳产改造，延缓老油田产量递减。加快深海海域和塔里木、准噶尔、鄂尔多斯、柴达木、四川盆地等地区的油气资源开发。坚持平等合作、互利共赢，扩大境外油气资源合作开发。在沿海地区适度建设进口液化天然气项目。扩建和新建国家石油储备基地。

加快油气干线管网和配套设施的规划建设，逐步完善全国油气管线网络。建成西油东送、北油南运成品油管道。适时建设第二条西气东输管道及陆路进口油气管道。

第四节 大力发展可再生能源

实行优惠的财税、投资政策和强制性市场份额政策，鼓励生产与消费可再生能源，提高在一次能源消费中的比重。大力开发风能，建成30个10万千瓦级以上的大型风电项目，在内蒙古、河北、江苏、甘肃等地区形成百万千瓦风电基地。加快开发生物质能，支持发展秸秆、垃圾焚烧和垃圾填埋气发电，建设一批秸秆和林木质电站，扩大生物质固体成型燃料、燃料乙醇和生物柴油生产能力。并网风电装机、生物质发电装机分别达到500万千瓦和550万千瓦。积极开发利用太阳能、地热能和海洋能。

第十三章 调整原材料工业结构和布局

按照控制总量、淘汰落后、加快重组、提升水平的原则，加快调整原材料工业结构和布局，降低消耗，减少污染，提高产品档次、技术含量和产业集中度。

第一节 优化发展冶金工业

坚持内需主导，着力解决产能过剩问题，严格控制新增钢铁生产能力，加速淘汰落后工艺、装备和产品，提高钢铁产品档次和质量。推进钢铁工业发展循环经济，发挥钢铁企业产品制造、能源转换和废物消纳处理功能。鼓励企业跨地区集团化重组，形成若干具有国际竞争力的企业。结合首钢等城市钢铁企业搬迁和淘汰落后生产能力，建设曹妃甸等钢铁基地。积极利用低品位铁矿资源。

控制电解铝总量，适度发展氧化铝，鼓励发展铝深加工和新型合金材料，提高铝工业资源综合利用水平。加大铜铅锌锰矿资源勘查力度，增加后备资源，稳定矿山生产。控制铜铅锌冶炼建设规模，发展深加工产品和新型合金材料。加强稀土和钨锡锑资源保护，推动稀土在高技术产业的应用。

第二节 调整化学工业布局

按照基地化、大型化、一体化方向，调整石化工业布局。在油品消费集中区域以扩建为主适度扩大炼油生产能力，在无炼油工业的油品消费集中区域合理布局新项目，在生产能力相对过剩区域控制炼油规模。关停并转小型低效炼油装置。合理布局大型乙烯项目，形成若干炼化一体化基地，防止一哄而上。

调整化肥、农药、农膜工业布局和结构。在能源产地和粮棉主产区建设百万吨级尿素基地，建设云南、贵州、湖北磷复肥基地和青海、新疆钾肥基地。控制农药总量，提高农药质量，发展高效、低毒、低残留农药。发展和推广可降解农膜。

优化发展基础化工原料，积极发展精细化工，淘汰高污染化工企业。

提高药品自主开发能力，巩固传统化学原料药，开发特色原料药。加强中药资源普查、保护、开发和可持续利用，建设中药资源基地，大力发展中药产业。

第三节 促进建材建筑业健康发展

以节约能源资源、保护生态环境和提高产品质量档次为重点，促进建材工业结构调整和产业升级。在有条件的地区发展日产5000吨及以上的新型干法水泥，逐步淘汰立窑等落后生产能力。提高玻璃等建筑材料质量及加工深度。大力发展节能环保的新型建筑材料、保温材料以及绿色装饰装修材料。

推进建筑业技术进步，完善工程建设标准体系和质量安全监管机制，发展建筑标准件，推进施工机械化，提高建筑质量。

第十四章 提升轻纺工业水平

着力打造自主品牌，提高质量，增加品种，满足多样化需求，扩大高端市场份额，巩固和提高轻纺工业竞争力。

第一节 鼓励轻工业提高制造水平

运用信息、生物、环保等新技术改造轻工业。调整造纸工业原料结构，降低水资源消耗和污染物排放，淘汰落后草浆生产线，在有条件的地区实施林纸一体化工程。大力发展食品工业，提高精深加工水平，保障食品安全。鼓励家用电器、塑料制品和皮革及其他轻工行业开发新产品，提高技术含量和质量。

第二节 鼓励纺织工业增加附加值

提高纺织工业技术含量和自主品牌比重。发展高技术、高性能、差别化、绿色环保纤维和再生纤维，扩大产业用纺织品、丝绸和非棉天然纤维的开发利用。推进纺织工业梯度转移。

第十五章 积极推进信息化

坚持以信息化带动工业化，以工业化促进信息化，提高经济社会信息化水平。

第一节 加快制造业信息化

以信息化改造制造业，推进生产设备数字化、生产过程智能化和企业管理信息化，促进制造业研发设计、生产制造、物流库存和市场营销变革。提高机电装备信息化水平，实现精准、高效生产。推广集散控制、现场总线控制、敏捷制造等技术，强化生产过程的在线监测、预警和控制。

第二节 深度开发信息资源

加快国家基础信息库建设，促进基础信息共享。优化信息资源结构。加强生产、流通、科技、人口、资源、生态环境等领域的信息采集，加强信息资源深度开发、及时处理、传播共享和有效利用。

第三节 完善信息基础设施

积极推进“三网融合”。建设和完善宽带通信网，加快发展宽带用户接入网，稳步推进新一代移动通信网络建设。建设集有线、地面、卫星传输于一体的数字电视网络。构建下一代互联网，加快商业化应用。制定和完善网络标准，促进互联互通和资源共享。

第四节 强化信息安全保障

积极防御、综合防范，提高信息安全保障能力。强化安全监控、应急响应、密钥管理、网络信任等信息安全基础设施建设。加强基础信息网络和国家重要信息系统的安全防护。推进信息安全产品产业化。发展咨询、测评、灾备等专业化信息安全服务。健全安全等级保护、风险评估和安全准入制度。

第四篇 加快发展服务业

坚持市场化、产业化、社会化方向，拓宽领域、扩大规模、优化结构、增强功能、规范市场，提高服务业的比重和水平。

第十六章 拓展生产性服务业

大力发展主要面向生产者的服务业，细化深化专业化分工，降低社会交易成本，提高资源配置效率。

第一节 优先发展交通运输业

统筹规划、合理布局交通基础设施，做好各种运输方式相互衔接，发挥组合效率和整体优势，建设便捷、通畅、高效、安全的综合运输体系。

加快发展铁路运输。重点建设客运专线、城际轨道交通、煤运通道，初步形成快速客运和煤炭运输网络。扩展西部地区路网，强化中部地区路网，完善东部地区路网。加强集装箱运输系统和主要客货枢纽建设。建设铁路新线 1.7 万公里，其中客运专线 7000 公里。

进一步完善公路网络。重点建设国家高速公路网，基本形成国家高速公路网骨架。继续完善国道、省道干线公路网络，打通省际间通道，发挥路网整体效率。公路总里程达到 230 万公里，其中高速公路 6.5 万公里。

积极发展水路运输。完善沿海沿江港口布局，重点建设集装箱、煤炭、进口油气和铁矿石中转运输系统，扩大港口吞吐能力。改善出海口航道，提高内河通航条件，建设长江黄金水道和长江三角洲、珠江三角洲高等级航道网。推进江海联运。

优化民用机场布局。扩充大型机场，完善中型机场，增加小型机场，提高中西部地区和东北地区机场密度。完善航线网络。建设现代化空中交通管理系统。

专栏7 交通基础设施重点工程

铁路→建设北京至上海、北京至广州至深圳、哈尔滨至大连、郑州至西安、上海至宁波至深圳、南京至武汉至成都等客运专线，北京至天津、上海至南京、上海至杭州、南京至杭州、广州至珠海等城际轨道交通，向塘至湄州湾、兰州至重庆、太原至中卫（银川）铁路和青藏铁路延伸线，大同至秦皇岛、朔州至黄骅铁路扩能改造。

公路→建设北京至上海、北京至福州、北京至香港（澳门）、北京至昆明、北京至哈尔滨、沈阳至海口、包头至茂名、青岛至银川、南京至洛阳、上海至西安、上海至重庆、上海至昆明、福州至银川、广州至昆明等高速公路。

港口→建设大连、唐山、天津、青岛、上海、宁波—舟山、福州、厦门、深圳、广州、湛江及防城等沿海港口的煤炭、进口油气、进口铁矿石中转运输系统和集装箱运输系统。适时建设华东、华南地区煤炭中转储存基地。

水运→建设长江口深水航道治理三期工程、珠江口出海航道工程，长江水系、珠江水系和京杭运河航道整治工程，加快重庆、武汉、南京等内河港口建设。

机场→扩建北京、上海、广州、杭州、成都、深圳、西安、乌鲁木齐、郑州、武汉等机场，迁建昆明、合肥等机场，在中西部地区和东北地区新建支线机场。

优化运输资源配置。强化枢纽衔接和集疏运配套，促进运输一体化。开发应用高速重载、大型专业化运载、新一代航行系统等高新技术，推广集装箱多式联运和快递服务。应用信息技术提升运输管理水平，推广智能交通运输体系。发展货运代理、客货营销等运输中介服务。建设上海、天津、大连等国际航运中心。

第二节 大力发展现代物流业

推广现代物流管理技术，促进企业内部物流社会化，实现企业物资采购、生产组织、产品销售和再生资源回收的系列化运作。培育专业化物流企业，积极发展第三方物流。建立物流标准化体系，加强物流新技术开发利用，推进物流信息化。加强物流基础设施整合，建设大型物流枢纽，发展区域性物流中心。

第三节 有序发展金融服务业

健全金融体系，完善服务功能，创新服务品种，提高服务质量。规范发展多种所有制形式的中小银行以及证券公司、财务公司、融资租赁公司、基金管理公司等非银行金融机构。鼓励金融创新，稳步发展综合类金融服务，支持发展网上金融服务。积极发展面向中小企业的融资和小额信贷。完善支付结算体系，提高支付清算效率。健全金融市场的登记、托管、交易、清算系统。发展境外金融服务和外汇风险管理、综合理财等，为企业跨境经营提供便利服务和外汇避险工具。

拓宽保险服务领域，发展养老、医疗保险，发挥商业保险在健全社会保障体系中的重要作用。发展农业保险、责任保险，建立国家支持的农业和巨灾再保险体系。拓宽保险资金运用渠道。发展网上保险等新的服务方式。

第四节 积极发展信息服务业

改善邮政和电信基础业务，发展增值业务，开发新兴业务，促进普遍服务。调整电信业务结构，发展互联网产业。

积极发展电子商务。建立健全电子商务基础设施、法律环境、信用和安全认证体系，建设安全、便捷的在线支付服务平台。发展企业间电子商务，推广面向中小企业、重点行业和区域的第三方电子商务交易与服务。

推进电子政务。整合网络资源，建设统一的电子政务网络，构建政务信息网络平台、数据交换中心、数字认证中心，推动部门间信息共享和业务协同。开发基础数据资源和办公资源，完善重点业务系统。健全政府与企业、公众互动的门户网站体系，依法开放政务信息，促进办事程序规范。培育公益性信息服务机构，开发利用公益性信息资源。

加强测绘基础设施建设，丰富和开发利用基础地理信息资源，发展地理信息产业。鼓励教育、文化、出版、广播影视等领域的数字内容产业发展，丰富中文数字内容资源，发展动漫产业。

第五节 规范发展商务服务业

拓展和规范律师、公证、法律援助、司法鉴定、经济仲裁等法律服务。发展项目策划、财务顾问、并购重组、上市等投资与资产管理服务。规范发展会计、审计、税务、资产评估、校准、检测、验货等经济鉴证类服务。支持发展市场调查、工程咨询、管理咨询、资信服务等咨询服务。鼓励发展专业化的工业设计。推动广告业发展。合理规划展馆布局，发展会展业。

第十七章 丰富消费性服务业

适应居民消费结构升级趋势，继续发展主要面向消费者的服务业，扩大短缺服务产品供给，满足多样化的服务需求。

第一节 提升商贸服务业

鼓励发展所有制形式和经营业态多样化、诚信便民的零售、餐饮等商贸服务。积极发展连锁经营、特许经营、物流配送等现代流通方式和组织形式。按照优化城市功能、疏解交通的要求，合理调整城市商业网点结构和布局。

第二节 发展房地产业

调整住房供应结构，重点发展普通商品住房和经济适用住房，严格控制大户型高档商品房。按照保障供给、稳定房价的原则，加强对房地产一、二级市场和租赁市场的调控，促进住房梯次消费。完善房地产开发融资方式，加强资本金管理，规范发展住房消费信贷和保险。规范物业管理行为，提高市场化程度。

第三节 大力发展旅游业

全面发展国内旅游，积极发展入境旅游，规范发展出境旅游。合理开发和保护旅游资源，改善基础设施，推进重点旅游区、旅游线路建设，规范旅游市场秩序。继续发展观光旅游，开发休闲度假以及科普、农业、工业、海洋等专题旅游，完善自助游服务体系。继续推进红色旅游。加快旅游企业整合重组。鼓励开发特色旅游商品。

第四节 加强市政公用事业

优先发展公共交通，完善城市路网结构和公共交通场站，有条件的大城市和城市群地区要把轨道交通作为优先领域，超前规划，适时建设。积极发展出租车业。加强城市供排水、中水管网改造和建设，增强安全供水能力，扩大再生水使用范围。合理规划建设和改造城市集中供热、燃气设施。

第五节 加快发展社区服务业

围绕便民服务，重点发展社区卫生、家政服务、社区保安、养老托幼、食品配送、修理服务和废旧物品回收等。理顺社区管理体制，推进社区服务规范化和网络化建设。

第六节 发展体育事业和体育产业

加强城乡基层和各类学校体育设施建设，开展全民健身活动，提高全民特别是青少年的身体素质。保护发展民族民间体育。深化体育改革，鼓励社会力量兴办体育事业和投资体育产业。规范发展体育健身、竞赛表演、体育彩票、体育用品，以及多种形式的体育组织和经营实体。提高竞技运动水平，办好北京奥运会和广州亚运会。

第十八章 促进服务业发展的政策

打破垄断，放宽准入领域，建立公开、平等、规范的行业准入制度。鼓励社会资金投入服务业，提高非公有制经济比重。公共服务以外的领域，要按照营利性与非营利性分开的原则加快产业化改组。营利性事业单位要改制为企业，并尽快建立现代企业制度。继续推进政府机关和事业单位后勤服务社会化改革。采取积极的财税、土地、价格等政策，支持服务业关键领域、薄弱环节、新兴产业和新型业态的发展。健全服务业标准体系，推进服务业标准化。大城市要把发展服务业放在优先位置，有条件的要逐步形成服务经济为主的产业结构。

第五篇 促进区域协调发展

根据资源环境承载能力、发展基础和潜力，按照发挥比较优势、加强薄弱环节、享受均等化基本公共服务的要求，逐步形成主体功能定位清晰，东中西良性互动，公共服务和人民生活水平差距趋向缩小的区域协调发展格局。

第十九章 实施区域发展总体战略

坚持实施推进西部大开发，振兴东北地区等老工业基地，促进中部地区崛起，鼓励东部地区率先发展的区域发展总体战略，健全区域协调互动机制，形成合理的区域发展格局。

第一节 推进西部大开发

西部地区要加快改革开放步伐，通过国家支持、自身努力和区域合作，增强自我发展能力。坚持以线串点，以点带面，依托中心城市和交通干线，实行重点开发。加强基础设施建设，建设出境、跨区铁路和西煤东运新通道，建成“五纵七横”西部路段和八条省际公路，建设电源基地和西电东送工程。巩固和发展退耕还林成果，继续推进退牧还草、天然林保护等生态工程，加强植被保护，加大荒漠化和石漠化治理力度，加强重点区域水污染防治。加强青藏高原生态安全屏障保护和建设。支持资源优势转化为产业优势，大力发展特色产业，加强清洁能源、优势矿产资源开发及加工，支持发展先进制造业、高技术产业及其他有优势的产业。加强和改善公共服务，优先发展义务教育和职业教育，改善农村医疗卫生条件，推进人才开发和科技创新。建设和完善边境口岸设施，加强与毗邻国家的经济技术合作，发展边境贸易。落实和深化西部大开发政策，加大政策扶持和财政转移支付力度，推动建立长期稳定的西部开发资金渠道。

第二节 振兴东北地区等老工业基地

东北地区要加快产业结构调整和国有企业改革改组改造，在改革开放中实现振兴。发展现代农业，强化粮食基地建设，推进农业规模化、标准化、机械化和产业化经营，提高商品率和附加值。建设先进装备、精品钢材、石化、汽车、船舶和农副产品深加工基地，发展高技术产业。建立资源开发补偿机制和衰退产业援助机制，抓好阜新、大庆、伊春和辽源等资源枯竭型城市经济转型试点，搞好棚户区改造和采煤沉陷区治理。加强东北东部铁路通道和跨省区公路运输通道等基础设施建设，加快市场体系建设，促进区域经济一体化。扩大与毗邻国家的经济技术合作。加强黑土地水土流失和东北西部荒漠化综合治理。支持其他地区老工业基地的振兴。

第三节 促进中部地区崛起

中部地区要依托现有基础，提升产业层次，推进工业化和城镇化，在发挥承东启西和产业发展优势中崛起。加强现代农业特别是粮食主产区建设，加大农业基础设施建设投入，增强粮食等大宗农产品生产能力，促进农产品加工转化增值。支持山西、河南、安徽加强大型煤炭基地建设，发展坑口电站和煤电联营。加快钢铁、化工、有色、建材等优势产业的结构调整，形成精品原材料基地。支持发展矿山机械、汽车、农业机械、机车车辆、输变电设备等装备制造业以及软件、光电子、新材料、生物工程等高技术产业。构建综合交通运输体系，重点建设干线铁路和公路、内河港口、区域性机场。加强物流中心等基础设施建设，完善市场体系。

第四节 鼓励东部地区率先发展

东部地区要率先提高自主创新能力，率先实现经济结构优化升级和增长方式转变，率先完善社会主义市场经济体制，在率先发展和改革中带动帮助中西部地区发展。加快形成一批自主知识产权、核心技术和知名品牌，提高产业素质和竞争力。优先发展先进制造业、高技术产业和服务业，着力发展精加工和高端产品。促进加工贸易升级，积极承接高技术产业和现代服务业转移，提高外向型经济水平，增强国际竞争力。加强耕地保护，发展现代农业。提高资源特别是土地、能源利用效率，加强生态环境保护，增强可持续发展能力。继续发挥经济特区、上海浦东新区的作用，推进天津滨海新区开发开放，支持海峡西岸和其他台商投资相对集中地区的经济发展，带动区域经济发展。

第五节 支持革命老区、民族地区和边疆地区发展

加大财政转移支付力度和财政性投资力度，支持革命老区、民族地区和边疆地区加

快发展。保护自然生态，改善基础设施条件。发展学前教育，加快普及义务教育，办好中心城市的民族初中班和高中班，加强民族大学建设和民族地区高等教育。建设少数民族民间传统文化社区，扶持少数民族出版事业，建立双语教学示范区。加强少数民族人才队伍建设，稳定民族地区人才队伍。支持发展民族特色产业、民族特需商品、民族医药产业和其他有优势的产业。优先解决特困少数民族贫困问题，扶持人口较少民族的经济社会发展，推进兴边富民行动。继续实行支持西藏、新疆及新疆生产建设兵团发展的政策。

第六节 健全区域协调互动机制

健全市场机制，打破行政区划的局限，促进生产要素在区域间自由流动，引导产业转移。健全合作机制，鼓励和支持各地区开展多种形式的区域经济协作和技术、人才合作，形成以东带西、东中西共同发展的格局。健全互助机制，发达地区要采取对口支援、社会捐助等方式帮扶欠发达地区。健全扶持机制，按照公共服务均等化原则，加大国家对欠发达地区的支持力度。国家继续在经济政策、资金投入和产业发展等方面，加大对中西部地区的支持。

第二十章 推进形成主体功能区

根据资源环境承载能力、现有开发密度和发展潜力，统筹考虑未来我国人口分布、经济布局、国土利用和城镇化格局，将国土空间划分为优化开发、重点开发、限制开发和禁止开发四类主体功能区，按照主体功能定位调整完善区域政策和绩效评价，规范空间开发秩序，形成合理的空间开发结构。

第一节 优化开发区域的发展方向

优化开发区域是指国土开发密度已经较高、资源环境承载能力开始减弱的区域。要改变依靠大量占用土地、大量消耗资源和大量排放污染实现经济较快增长的模式，把提高增长质量和效益放在首位，提升参与全球分工与竞争的层次，继续成为带动全国经济社会发展的龙头和我国参与经济全球化的主体区域。

第二节 重点开发区域的发展方向

重点开发区域是指资源环境承载能力较强、经济和人口集聚条件较好的区域。要充实基础设施，改善投资创业环境，促进产业集群发展，壮大经济规模，加快工业化和城镇化，承接优化开发区域的产业转移，承接限制开发区域和禁止开发区域的人口转移，逐步成为支撑全国经济发展和人口集聚的重要载体。

第三节 限制开发区域的发展方向

限制开发区域是指资源环境承载能力较弱、大规模集聚经济和人口条件不够好并关系到全国或较大区域范围生态安全的区域。要坚持保护优先、适度开发、点状发展，因地制宜发展资源环境可承载的特色产业，加强生态修复和环境保护，引导超载人口逐步有序转移，逐步成为全国或区域性的重要生态功能区。

专栏8　部分限制开发区域功能定位及发展方向

大小兴安岭森林生态功能区→禁止非保护性采伐，植树造林，涵养水源，保护野生动物。

长白山森林生态功能区→禁止林木采伐，植树造林，涵养水源，防止水土流失。

川滇森林生态及生物多样性功能区→在已明确的保护区域保护生物多样性和多种珍稀动物基因库。

秦巴生物多样性功能区→适度开发水能，减少林木采伐，保护野生物种。

藏东南高原边缘森林生态功能区→保护自然生态系统。

新疆阿尔泰山地森林生态功能区→禁止非保护性采伐，合理更新林地。

青海三江源草原草甸湿地生态功能区→封育草地，减少载畜量，扩大湿地，涵养水源，防治草原退化，实行生态移民。

新疆塔里木河荒漠生态功能区→合理利用地表水和地下水，调整农牧业结构，加强药材开发管理。

新疆阿尔金草原荒漠生态功能区→控制放牧和旅游区域范围，防范盗猎，减少人类活动干扰。

藏西北羌塘高原荒漠生态功能区→保护荒漠生态系统，防范盗猎，保护野生动物。

东北三江平原湿地生态功能区→扩大保护范围，降低农业开发和城市建设强度，改善湿地环境。

苏北沿海湿地生态功能区→停止围垦，扩大湿地保护范围，保护鸟类南北迁徙通道。

四川若尔盖高原湿地生态功能区→停止开垦，减少过度开发，保持湿地面积，保护珍稀动物。

甘南黄河重要水源补给生态功能区→加强天然林、湿地和高原野生动植物保护，实行退耕还林还草、牧民定居和生态移民。

川滇干热河谷生态功能区→退耕还林、还灌、还草，综合整治，防止水土流失，降低人口密度。

内蒙古呼伦贝尔草原沙漠化防治区→禁止过度开垦、不适当樵采和超载放牧，退牧还草，防治草场退化沙化。

内蒙古科尔沁沙漠化防治区→根据沙化程度采取针对性强的治理措施。

内蒙古浑善达克沙漠化防治区→采取植物和工程措施，加强综合治理。

毛乌素沙漠化防治区→恢复天然植被，防止沙丘活化和沙漠面积扩大。

黄土高原丘陵沟壑水土流失防治区→控制开发强度，以小流域为单元综合治理水土流失，建设淤地坝。

大别山土壤侵蚀防治区→实行生态移民，降低人口密度，恢复植被。

桂黔滇等喀斯特石漠化防治区→封山育林育草，种草养畜，实行生态移民，改变耕作方式，发展生态产业和优势非农产业。

第四节 禁止开发区域的发展方向

禁止开发区域是指依法设立的各类自然保护区域。要依据法律法规规定和相关规划实行强制性保护，控制人为因素对自然生态的干扰，严禁不符合主体功能定位的开发活动。

专栏9 禁止开发区域

国家级自然保护区→共243个，面积8944万公顷。
世界文化自然遗产→共31处。
国家重点风景名胜区→共187个，面积927万公顷。
国家森林公园→共565个，面积1100万公顷。
国家地质公园→共138个，面积48万公顷。

第五节 实行分类管理的区域政策

财政政策，要增加对限制开发区域、禁止开发区域用于公共服务和生态环境补偿的财政转移支付，逐步使当地居民享有均等化的基本公共服务。投资政策，要重点支持限制开发区域、禁止开发区域公共服务设施建设和生态环境保护，支持重点开发区域基础设施建设。产业政策，要引导优化开发区域转移占地多、消耗高的加工业和劳动密集型产业，提升产业结构层次；引导重点开发区域加强产业配套能力建设；引导限制开发区域发展特色产业，限制不符合主体功能定位的产业扩张。土地政策，要对优化开发区域实行更严格的建设用地增量控制，在保证基本农田不减少的前提下适当扩大重点开发区域建设用地供给，对限制开发区域和禁止开发区域实行严格的土地用途管制，严禁生态用地改变用途。人口管理政策，要鼓励在优化开发区域、重点开发区域有稳定就业和住所的外来人口定居落户，引导限制开发区域和禁止开发区域的人口逐步自愿平稳有序转移。绩效评价和政绩考核，对优化开发区域，要强化经济结构、资源消耗、自主创新等的评价，弱化经济增长的评价；对重点开发区域，要综合评价经济增长、质量效益、工业化和城镇化水平等；对限制开发区域，要突出生态环境保护等的评价，弱化经济增长、工业化和城镇化水平的评价；对禁止开发区域，主要评价生态环境保护。

第二十一章 促进城镇化健康发展

坚持大中小城市和小城镇协调发展，提高城镇综合承载能力，按照循序渐进、节约土地、集约发展、合理布局的原则，积极稳妥地推进城镇化，逐步改变城乡二元结构。

第一节 分类引导人口城镇化

对临时进城务工人员，继续实行亦工亦农、城乡双向流动的政策，在劳动报酬、劳动时间、法定假日和安全保护等方面依法保障其合法权益；对在城市已有稳定职业和住所的进城务工人员，要创造条件使之逐步转为城市居民，依法享有当地居民应有的权利，承担应尽的义务；对因城市建设承包地被征用、完全失去土地的农村人口，要转为城市居民，城市政府要负责提供就业援助、技能培训、失业保险和最低生活保障等。鼓励农村人口进入中小城市和小城镇定居，特大城市要从调整产业结构的源头入手，形成用经济办法等控制人口过快增长的机制。

第二节 形成合理的城镇化空间格局

要把城市群作为推进城镇化的主体形态，逐步形成以沿海及京广京哈线为纵轴，长江及陇海线为横轴，若干城市群为主体，其他城市和小城镇点状分布，永久耕地和生态功能区相间隔，高效协调可持续的城镇化空间格局。

已形成城市群发展格局的京津冀、长江三角洲和珠江三角洲等区域，要继续发挥带动和辐射作用，加强城市群内各城市的分工协作和优势互补，增强城市群的整体竞争力。

具备城市群发展条件的区域，要加强统筹规划，以特大城市和大城市为龙头，发挥中心城市作用，形成若干用地少、就业多、要素集聚能力强、人口分布合理的新城市群。

人口分散、资源条件较差、不具备城市群发展条件的区域，要重点发展现有城市、县城及有条件的建制镇，成为本地区集聚经济、人口和提供公共服务的中心。

第三节 加强城市规划建设管理

规划城市规模与布局，要符合当地水土资源、环境容量、地质构造等自然承载力，并与当地经济发展、就业空间、基础设施和公共服务供给能力相适应。

加强城市水源地保护和供水设施建设。缺水城市要适度控制城市规模，禁止发展高耗水产业和建设高耗水景观。地下水超采城市要控制地下水开采，防止地面沉降。城市道路以及供排水、能源、环保、电信、有线电视等的建设，要破除部门和地方分割，在统一规划基础上协同建设，减少盲目填挖和拆建。加强城市综合防灾减灾和应急管理能力建设。稳步推进城市危旧住房和“城中村”改造，保障拆迁户合法权益。城市规划和建筑设计要延续历史，传承文化，突出特色，保护民族、文化遗产和风景名胜资源。强化城市规划实施的监管，推进城市综合管理，提高城市管理水平。

第四节 健全城镇化发展的体制机制

加快破除城乡分割的体制障碍，建立健全与城镇化健康发展相适应的财税、征地、行政管理和公共服务等制度。完善行政区划设置和管理模式。改革城乡分割的就业管理制度，深化户籍制度改革，逐步建立城乡统一的人口登记制度。

第六篇 建设资源节约型、环境友好型社会

落实节约资源和保护环境基本国策，建设低投入、高产出，低消耗、少排放，能循环、可持续的国民经济体系和资源节约型、环境友好型社会。

第二十二章 发展循环经济

坚持开发节约并重、节约优先，按照减量化、再利用、资源化的原则，在资源开采、生产消耗、废物产生、消费等环节，逐步建立全社会的资源循环利用体系。

第一节 节约能源

强化能源节约和高效利用的政策导向，加大节能力度。通过优化产业结构特别是降低高耗能产业比重，实现结构节能；通过开发推广节能技术，实现技术节能；通过加强

能源生产、运输、消费各环节的制度建设和监管，实现管理节能。突出抓好钢铁、有色、煤炭、电力、化工、建材等行业和耗能大户的节能工作。加大汽车燃油经济性标准实施力度，加快淘汰老旧运输设备。制定替代液体燃料标准，积极发展石油替代产品。鼓励生产使用高效节能产品。

专栏 10 节能重点工程

低效燃煤工业锅炉（窑炉）改造→采用循环流化床、粉煤燃烧等技术改造或替代现有中小燃煤锅炉（窑炉）。

区域热电联产→发展采用热电联产和热电冷联产，将分散式供热小锅炉改造为集中供热。

余热余压利用→在钢铁、建材等行业开展余热余压利用。

节约和替代石油→在电力、交通运输等行业实施节油措施，发展煤炭液化、醇醚类燃料等石油替代产品。

电机系统节能→在煤炭等行业进行电动机拖动风机、水泵系统优化改造。

能量系统优化→在石化、钢铁等行业实施系统能量优化，使企业综合能耗达到或接近世界先进水平。

建筑节能→严格执行建筑节能设计标准，推动既有建筑节能改造，推广新型墙体材料和节能产品等。

绿色照明→在公用设施、宾馆、商厦、写字楼以及住宅中推广高效节电照明系统等。

政府机构节能→政府机构建筑按照建筑节能标准进行改造，在政府机构推广使用节能产品等。

节能监测和技术服务体系建设→更新监测设备，加强人员培训等。

第二节 节约用水

发展农业节水，推进雨水集蓄，建设节水灌溉饲草基地，提高水的利用效率，基本实现灌溉用水总量零增长。重点推进火电、冶金等高耗水行业节水技术改造。抓好城市节水工作，强制推广使用节水设备和器具，扩大再生水利用。加强公共建筑和住宅节水设施建设。积极开展海水淡化、海水直接利用和矿井水利用。

第三节 节约土地

落实保护耕地基本国策。管住总量、严控增量、盘活存量，控制农用地转为建设用地的规模。建立健全用地定额标准，推行多层标准厂房。开展农村土地整理，调整居民点布局，控制农村居民点占地，推进废弃土地复垦。控制城市大广场建设，发展节能省地型公共建筑和住宅。到 2010 年实现所有城市禁用实心黏土砖。

第四节 节约材料

推行产品生态设计，推广节约材料的技术工艺，鼓励采用小型、轻型和再生材料。提高建筑物质量，延长使用寿命，提倡简约实用的建筑装修。推进木材、金属材料、水泥等的节约代用。禁止过度包装。规范并减少一次性用品生产和使用。

第五节　加强资源综合利用

抓好煤炭、黑色和有色金属共伴生矿产资源综合利用。推进粉煤灰、煤矸石、冶金和化工废渣及尾矿等工业废物利用。推进秸秆、农膜、禽畜粪便等循环利用。建立生产者责任延伸制度，推进废纸、废旧金属、废旧轮胎和废弃电子产品等回收利用。加强生活垃圾和污泥资源化利用。

推动钢铁、有色、煤炭、电力、化工、建材、制糖等行业实施循环经济改造，形成一批循环经济示范企业。在重点行业、领域、产业园区和城市开展循环经济试点。发展黄河三角洲、三峡库区等高效生态经济。

专栏 11　循环经济示范试点工程

重点行业→建设济钢、宝钢、鞍本钢、攀钢、中铝、金川公司、江西铜业、鲁北化工等一批循环经济示范企业。

产业园区→建设资源循环利用产业链及园区集中供热和废物处理中心，建设河北曹妃甸、青海柴达木等若干循环经济产业示范区。

再生资源回收利用→建设湖南汨罗等再生资源回收利用市场和加工示范基地。

再生金属利用→建设若干 30 万吨以上的再生铜、再生铝、再生铅示范企业。

废旧家电回收处理→建设若干废旧家电回收利用示范基地。

再制造→建设若干汽车发动机、变速箱、电机和轮胎翻新等再制造示范企业。

第六节　强化促进节约的政策措施

加快循环经济立法。实行单位能耗目标责任和考核制度。完善重点行业能耗和水耗准入标准、主要用能产品和建筑物能效标准、重点行业节能设计规范和取水定额标准。严格执行设计、施工、生产等技术标准和材料消耗核算制度。实行强制淘汰高耗能高耗水落后工艺、技术和设备的制度。推行强制性能效标识制度和节能产品认证制度。加强电力需求侧管理、政府节能采购、合同能源管理。实行有利于资源节约、综合利用和石油替代产品开发的财税、价格、投资政策。增强全社会的资源忧患意识和节约意识。

第二十三章　保护修复自然生态

生态保护和建设的重点要从事后治理向事前保护转变，从人工建设为主向自然恢复为主转变，从源头上扭转生态恶化趋势。

专栏 12　生态保护重点工程

天然林资源保护→对工程区内 9418 万公顷天然林和其他森林实行全面有效管护，在长江上游、黄河上中游工程区造林 579 万公顷。

退耕还林还草→在长江、黄河流域水土流失以及北方风沙地区等继续实施退耕还林还草。

退牧还草→在内蒙古东部、内蒙古甘肃宁夏西部、青藏高原东部、新疆北部四大片区治理严重退化草地。

京津风沙源治理→退耕还林34万公顷，在宜林荒山荒沙地区造林29万公顷，人工造林127万公顷，飞播造林145万公顷，封沙育林育草95万公顷，草地治理291万公顷。

防护林体系→建设“三北”防护林体系四期工程，长江、珠江防护林和太行山绿化、平原绿化及沿海防护林体系工程。推进三峡库区绿化带建设。

湿地保护与修复→建设222个湿地保护区，其中国家级湿地保护区49个，通过对水资源的合理调配和管理等措施恢复重要湿地。

青海三江源自然保护区生态保护和建设→退牧还草644万公顷，退耕还林还草0.65万公顷，封山育林、沙漠化土地防治、湿地保护、黑土滩治理80万公顷，鼠害治理209万公顷，水土流失治理5万公顷。

水土保持工程→新增水土流失治理面积1900万公顷。实施石羊河流域综合治理。

野生动植物保护及自然保护区建设→建设和完善一批自然保护区，继续实施对极度濒危野生动植物物种的拯救工程。

石漠化地区综合治理→通过植被保护、退耕还林、封山育林育草、种草养畜、合理开发利用水资源、土地整治和水土保持、改变耕作制度、建设农村沼气、易地扶贫等措施，加大石漠化地区治理力度。

在天然林保护区、重要水源涵养区等限制开发区域建立重要生态功能区，促进自然生态恢复。健全法制、落实主体、分清责任，加强对自然保护区的监管。有效保护生物多样性，防止外来有害物种对我国生态系统的侵害。按照谁开发谁保护、谁受益谁补偿的原则，建立生态补偿机制。

第二十四章　加大环境保护力度

坚持预防为主、综合治理，强化从源头防治污染，坚决改变先污染后治理、边治理边污染的状况。以解决影响经济社会发展特别是严重危害人民健康的突出问题为重点，有效控制污染物排放，尽快改善重点流域、重点区域和重点城市的环境质量。

第一节　加强水污染防治

加大“三河三湖”等重点流域和区域水污染防治力度。科学划定饮用水源保护区，强化对主要河流和湖泊排污的管制，坚决取缔饮用水源地的直接排污口，严禁向江河湖海排放超标污水。加强城市污水处理设施建设，全面开征污水处理费，到2010年城市污水处理率不低于70%。

第二节　加强大气污染防治

加大重点城市大气污染防治力度。加快现有燃煤电厂脱硫设施建设，新建燃煤电厂必须根据排放标准安装脱硫装置，推进钢铁、有色、化工、建材等行业二氧化硫综合治理。在大中城市及其近郊，严格控制新（扩）建除热电联产外的燃煤电厂，禁止新（扩）建钢铁、冶炼等高耗能企业。加大城市烟尘、粉尘、细颗粒物和汽车尾气治理力度。

第三节　加强固体废物污染防治

加快危险废物处理设施建设，妥善处置危险废物和医疗废物。强化对危险化学品的监管，加强重金属污染治理，推进堆存铬渣无害化处置。加强核设施和放射源安全监管，确保核与辐射环境安全。加强城市垃圾处理设施建设，加大城市垃圾处理费征收力度，到 2010 年城市生活垃圾无害化处理率不低于 60%。

专栏 13　环境治理重点工程

重点流域水污染治理→“三河三湖”、三峡库区、长江上游、黄河中上游、松花江、南水北调水源及沿线的水污染治理工程。

燃煤电厂烟气脱硫→增加现有燃煤电厂脱硫能力，使 90%的现有电厂达标排放。

医疗废物及危险废物处置→建设医疗废物及危险废物集中处置设施，基本实现医疗废物及危险废物的安全处置。

核与辐射安全工程→加快中低放射性废物处置场建设，解决高放射性废物永久处置问题。

铬渣污染治理→对堆存铬渣及受污染土壤进行综合治理，实现所有堆存铬渣无害化处置。

第四节　实行强有力的环保措施

各地区要切实承担对所辖地区环境质量的责任，实行严格的环保绩效考核、环境执法责任制和责任追究制。各级政府要将环保投入作为本级财政支出的重点并逐年增加。健全环境监管体制，提高监管能力，加大环保执法力度。实施排放总量控制、排放许可和环境影响评价制度。实行清洁生产审核、环境标识和环境认证制度，严格执行强制淘汰和限期治理制度，建立跨省界河流断面水质考核制度。实行环境质量公告和企业环保信息公开制度，鼓励社会公众参与并监督环保。大力发展环保产业，建立社会化多元化环保投融资机制，运用经济手段加快污染治理市场化进程。积极参与全球环境与发展事务，认真履行环境国际公约。

第二十五章　强化资源管理

实行有限开发、有序开发、有偿开发，加强对各种自然资源的保护和管理。

第一节　加强水资源管理

顺应自然规律，调整治水思路，从单纯的洪水控制向洪水管理、雨洪资源科学利用转变，从注重水资源开发利用向水资源节约、保护和优化配置转变。加强水资源统一管理，统筹生活、生产、生态用水，做好上下游、地表地下水调配，控制地下水开采。完善取水许可和水资源有偿使用制度，实行用水总量控制与定额管理相结合的制度，健全流域管理与区域管理相结合的水资源管理体制，建立国家初始水权分配制度和水权转让制度。完成南水北调东线和中线一期工程，合理规划建设其他水资源调配工程。

第二节　加强土地资源管理

实行最严格的土地管理制度。严格执行法定权限审批土地和占用耕地补偿制度，禁止非法压低地价招商。严格土地利用总体规划、城市总体规划、村庄和集镇规划修编的管理。加强土地利用计划管理、用途管制和项目用地预审管理。加强村镇建设用地管理，改革和完善宅基地审批制度。完善耕地保护责任考核体系，实行土地管理责任追究制。加强土地产权登记和土地资产管理。

第三节 加强矿产资源管理

加强矿产资源勘查开发统一规划管理，严格矿产资源开发准入条件，强化资格认证和许可管理，严格按照法律法规和规划开发。完善矿产资源开发管理体制，依法设置探矿权、采矿权，建立矿业权交易制度，健全矿产资源有偿占用制度和矿山环境恢复补偿机制。完善重要资源储备制度，加强国家重要矿产品储备，调整储备结构和布局。实行国家储备与用户储备相结合，对资源消耗大户实行强制性储备。

第二十六章 合理利用海洋和气候资源

第一节 保护和开发海洋资源

强化海洋意识，维护海洋权益，保护海洋生态，开发海洋资源，实施海洋综合管理，促进海洋经济发展。综合治理重点海域环境，遏制渤海、长江口和珠江口等近岸海域生态恶化趋势。恢复近海海洋生态功能，保护红树林、海滨湿地和珊瑚礁等海洋、海岸带生态系统，加强海岛保护和海洋自然保护区管理。完善海洋功能区划，规范海域使用秩序，严格限制开采海砂。有重点地勘探开发专属经济区、大陆架和国际海底资源。

第二节 开发利用气候资源

加强空中水资源、太阳能、风能等的合理开发利用。发展气象事业，加强气象卫星应用、天气雷达等综合监测，建立先进的气象服务业务系统。增强灾害性天气预警预报能力，提高预报准确率和时效性。增强气象为农业等行业服务的能力。加强人工影响天气、大气成分和气候变化监测、预测、评估工作。

第七篇 实施科教兴国战略和人才强国战略

把科技进步和创新作为经济社会发展的重要推动力，把发展教育和培养德才兼备的高素质人才摆在更加突出的战略位置，深化体制改革，加大投入，加快科技教育发展，努力建设创新型国家和人力资本强国。

第二十七章 加快科学技术创新和跨越

实施国家中长期科学和技术发展规划，按照自主创新、重点跨越、支撑发展、引领未来的方针，加快建设国家创新体系，不断增强企业创新能力，加强科技与经济、教育的紧密结合，全面提高科技整体实力和产业技术水平。

第一节 大力推进自主创新

加强基础研究、前沿技术研究和社会公益性技术研究，在信息、生命、空间、海洋、纳米及新材料等领域超前部署，集中优势力量，加大投入力度，力争取得重要突破。适应国家重大战略需求，启动一批重大科技专项，在能源、资源、环境、农业、信息、健康等领域加强关键技术攻关，实现核心技术集成创新与跨越。实施重大产业技术开发专项，促进引进技术消化吸收再创新。

专栏14 重大科技专项与重大科技基础设施

核心电子器件、高端通用芯片及基础软件→开发高端电子通用器件和高可信网络化基础软件，信息安全所需芯片和器件等关键技术。

极大规模集成电路制造技术及成套工艺→开发60纳米至45纳米高速、低功耗芯片和新型硅基集成电路的制造工艺技术，核心集成电路装备技术。

新一代宽带无线移动通信→开发新一代宽带无线移动通信网络、终端与应用技术。

高档数控机床与基础制造技术→开发高档数控机床与基础制造成套技术，研究数字化与智能化控制单元。

大型油气田及煤层气开发→开发特殊地质条件下油气资源工业化开采成套技术。

大型先进压水堆及高温气冷堆核电站→开发百万千瓦级大型先进压水堆核电设计技术和20万千瓦级模块式高温气冷堆商业化技术。

水体污染控制与治理→研究典型流域水污染控制、湖泊富营养化防治和水环境生态修复等关键技术。

转基因生物新品种培育→开发功能基因克隆与验证、规模化转基因操作等核心技术，建立和完善优异种质创新、新品种培育和规模化制种三大技术平台。

重大新药创制→研制一批具有自主知识产权和市场竞争力的新药，建立具有国际先进水平的研发平台。

艾滋病和病毒性肝炎等重大传染病防治→构建艾滋病、病毒性肝炎等重大传染病的有效防控技术体系，研制高效特异性诊断试剂、疫苗和药物及检测技术。

大型飞机→开发大型飞机设计与制造成套技术。

高分辨率对地观测系统→开发基于卫星、飞机和平流层飞艇的高分辨率先进观测技术，建立对地观测数据中心及重点应用系统。

载人航天与探月工程→突破航天员出舱活动以及空间飞行器交会对接重大技术，建立具有一定应用规模的短期有人照料、长期在轨自主飞行的空间实验室。开发月球探测关键技术，建立月球探测工程系统。

重大科技基础设施→建设散裂中子源、强磁场装置、大型天文望远镜、海洋科学综合考察船、航空遥感系统、结冰风洞、大陆构造环境监测网络、重大工程材料服役安全研究评价设施、蛋白质科学研究设施、子午工程、地下资源与地震预测极低频电磁探测网、农业生物安全研究设施等。

坚持哲学社会科学与自然科学并重，繁荣和发展哲学社会科学。实施马克思主义理论研究和建设工程，构建哲学社会科学创新体系，积极推动理论创新，进一步发挥对经济社会发展的重要促进作用。促进自然科学与哲学社会科学的结合。

第二节 加强自主创新能力建设

建设科技支撑体系，全面提升科技自主创新能力。建设国家重大科技基础设施，实施知识创新工程，整合研究实验体系，建设若干世界一流水平的科研机构和研究型大学，构筑高水平科学研究和人才培养基地。实施重大科学工程，加强国家重点实验室建设，构建国家科技基础条件平台，促进科技资源共享。建设一批产业技术研发试验设施，提高产业技术创新能力。加强科普能力建设，实施全民科学素质行动计划。

第三节 强化企业技术创新主体地位

加快建立以企业为主体、市场为导向、产学研相结合的技术创新体系，形成自主创新的基本体制架构。加强国家工程实验室、国家工程中心和企业技术中心建设，建立企业自主创新的基础支撑平台。发展技术咨询、技术转让等技术创新中介服务，形成社会化服务体系。实行支持自主创新的财税、金融和政府采购政策，引导企业增加研发投入。发挥各类企业特别是中小企业的创新活力，鼓励技术革新和发明创造。

第四节 加大知识产权保护力度

加强公民知识产权意识，健全知识产权保护体系，建立知识产权预警机制，依法严厉打击侵犯知识产权行为。加强计量基础研究，完善国家标准体系，及时淘汰落后标准。优先采用具有自主知识产权的技术标准，积极参与制定国际标准。发展专利、商标、版权转让与代理、无形资产评估等知识产权服务。

第五节 深化科技体制改革

整合科技资源，合理配置基础研究、前沿技术研究和社会公益性研究力量，促进科研机构、大学、企业间科研人员的合理流动与合作，构建科技资源共享机制。深化技术开发类院所企业化转制改革和社会公益类科研机构改革，完善现代科研院所制度，形成开放合作的研究开发体系。完善科技管理体制和运行机制，改革科技评审评估和成果评价奖励等制度。建立多元化、多渠道的科技投入体系，保证科技经费的增长幅度明显高于财政经常性收入的增长幅度，逐步提高国家财政性科技投入占国内生产总值的比例。

第二十八章 优先发展教育

全面实施素质教育，着力完成“普及、发展、提高”三大任务，加快教育结构调整，促进教育全面协调发展，建设学习型社会。

第一节 普及和巩固义务教育

重点加强农村义务教育，努力降低义务教育阶段农村学生特别是女性学生、少数民族学生和贫困家庭学生的辍学率，全国初中三年保留率达到95%。推进城乡、地区间义务教育均衡发展。各地政府要保证进城务工人员子女与当地学生平等接受义务教育。

第二节 大力发展职业教育

重点发展中等职业教育，年招生规模扩大到800万人。发展多种形式的职业技能培训。改革职业教育教学方式，更新教学内容，推行工学结合、校企合作的培养模式，建立弹性学习制度。促进职业教育和普通高中教育协调发展，提高办学水平和质量。

第三节 提高高等教育质量

把高等教育发展的重点放在提高质量和优化结构上，加强研究与实践，培养学生的创新精神和实践能力。稳步提高高等教育大众化水平，稳步发展普通本专科和研究生教育，提高高层次人才培养质量。有重点地加强高水平大学和重点学科建设，推动各类高等院校协调发展。继续发展各类成人教育。

第四节 加大教育投入

保证财政性教育经费的增长幅度明显高于财政经常性收入的增长幅度，逐步使财政性教育经费占国内生产总值的比例达到4%。强化政府对义务教育的保障责任，加大中央和省级政府对财政困难县义务教育经费的转移支付力度。促进教育公平，公共教育资源要向农村、中西部地区、贫困地区、民族地区以及薄弱学校、贫困家庭学生倾斜。各级政府要增加职业教育投入，重点支持面向农村学生的中等职业学校。支持设立资助贫困家庭学生就学的民间慈善基金组织，鼓励社会各界捐资助教。继续实行助学贷款，健全面向各阶段学生的资助制度，完善贫困家庭学生助学体系。扩大彩票公益金收益用于特殊教育的份额。

第五节 深化教育体制改革

明确各级政府提供公共教育职责，制定和完善学校的设置标准，支持民办教育发展，形成公办教育与民办教育共同发展的办学格局。形成多元化的教育投入体制，义务教育由政府负全责，高中阶段教育以政府投入为主，职业教育和高等教育实行政府投入与社会投入相互补充。规范教育收费，建立严格的教育收费公示制度。形成适应素质教育要求的教学体制，改革招生考试制度，推进教学课程改革，减轻中小学生过重的课业负担，健全评价制度。形成权责明确的教育管理体制，在学科、专业和课程设置以及招生规模、人才聘用等方面给学校更多自主权，培育并发挥学校的优势和特色。进一步加强教师队伍建设。

专栏15 教育发展重点工程

西部地区农村寄宿制学校建设→2004年～2007年国家安排资金100亿元，重点支持尚未实现“两基”的西部农村地区，新建和改扩建7700所农村寄宿制学校。

农村中小学现代远程教育→2003年～2007年中央和地方政府共同安排资金100亿元，为中西部地区3.75万所农村初中建设计算机教室、为38.4万所农村小学配备卫星教学接收设备、为11万个小学教学点配备教学光盘播放设备和成套教学光盘。

中西部农村初中改造→推动未纳入“两基”攻坚计划实施范围的中西部地区农村初中校舍改造，改善办学条件，提高学生巩固率和寄宿率。

职业教育基础能力建设→支持1000所县级职教中心、1000所中等职业学校和100所示范性高等职业学院改善办学条件，形成一批职业教育骨干基地。

高等教育“211”和“985”工程→继续加强高水平大学和重点学科建设，形成一批处于学术前沿的新兴和交叉学科，部分学科接近或达到国际先进水平。

第二十九章 推进人才强国战略

坚持党管人才原则，牢固树立科学人才观，壮大人才队伍，提高人才素质，优化人才结构，完善用人机制，发挥人才作用，促进人口大国向人力资本强国转变。

第一节 建设高素质人才队伍

实施党政人才培养工程，完善培训制度，加强理论教育、专业培训和实践锻炼，提高党政人才思想政治素质和执政能力，建设高素质党政领导人才队伍。实施企业家培养工程，培养造就一批富有创新意识和能力、适应经济全球化要求的企业家，推进企业经营管理人才职业化、市场化。实施专业技术人才知识更新工程和战略高技术人才培养工程，重点培养造就一批科技领军人才、学科带头人和战略科学家。实施高技能人才培养工程，建立一批高技能人才培训基地和公共实训基地，建设高技能人才队伍。加强农村实用人才培养。加强中西部地区和东北地区人才资源开发和人才队伍建设。鼓励和引导海外留学人员回国工作、为国服务。积极吸引海外高层次人才。

第二节 创新人才工作机制

推进市场配置人才资源，消除人才市场发展的体制性障碍，规范人才市场管理，营造人才辈出、人尽其才的社会环境。深化干部人事制度改革，完善机关、企业和事业单位干部人事分类管理体制，健全以品德、能力和业绩为重点的人才评价、选拔任用和激励保障机制。建立符合科学发展观要求的干部综合考核评价体系，注重在实践中锻炼培养人才。深化职称制度改革。贯彻实施公务员法，完善公务员制度。各级政府和企事业单位要加大人才资源开发投入，加强人才资源能力建设，形成多元化投入机制。

第八篇 深化体制改革

以转变政府职能和深化企业、财税、金融等改革为重点，加快完善社会主义市场经济体制，形成有利于转变经济增长方式、促进全面协调可持续发展的机制。

第三十章 着力推进行政管理体制改革

按照精简、统一、效能的原则和决策、执行、监督相协调的要求，建立决策科学、权责对等、分工合理、执行顺畅、监督有力的行政管理体制，加快建设服务政府、责任政府、法治政府。

第一节 推进政府职能转变

按照政企分开、政资分开、政事分开以及政府与市场中介组织分开的原则，合理界定政府职责范围，加强各级政府的社会管理和公共服务职能。进一步推进行政审批制度改革，减少和规范行政审批。深化政府机构改革，优化组织结构，减少行政层级，理顺职责分工，提高行政效率，降低行政成本，实现政府职责、机构和编制的科学化、规范化、法定化。合理划分中央与地方及地方各级政府间在经济调节、市场监管、社会管理和公共服务方面的权责。加快推进事业单位分类改革。

第二节 健全政府决策机制

健全科学民主决策机制，完善重大事项集体决策、专家咨询、社会公示和听证以及决策失误责任追究制度。推行政务公开并逐步实现制度化，完善政府新闻发布制度，提高政府工作透明度，保障公民对政府工作的知情权、参与权、表达权和监督权。全面推进依法行政，行政机关及其工作人员要严格按照法定权限和程序履行职责。实行综合执法，加强对行政执法的监督，建立执法责任追究制。推行政府问责制，完善行政赔偿制度。

第三节 深化投资体制改革

落实企业投资自主权，逐步缩小政府对投资项目的核准范围，健全企业投资项目核准制和备案制。合理界定政府投资范围和中央与地方的投资事权，改进和完善决策规则和程序，提高资金使用效率，建立政府投资项目决策责任追究制。建立和完善投资调控体系。

第三十一章　坚持和完善基本经济制度

坚持公有制为主体、多种所有制经济共同发展的基本经济制度。毫不动摇地巩固和发展公有制经济，毫不动摇地鼓励、支持和引导个体、私营等非公有制经济发展。

第一节　深化国有企业改革

推动国有资本向关系国家安全和国民经济命脉的重要行业和关键领域集中，优化国有经济布局，增强国有经济控制力、影响力和带动力，发挥主导作用。完善国有资本有进有退、合理流动的机制，加快国有大型企业股份制改革，除极少数必须由国家独资经营的企业外，绝大多数国有大型企业改制为多元股东的公司。改善国有企业股本结构，发展混合所有制经济，实现投资主体和产权多元化，建立和完善现代企业制度，形成有效的公司法人治理结构，增强企业活力。发展具有较强竞争力的大公司大企业集团。全心全意依靠职工群众，探索现代企业制度下职工民主管理的有效途径。继续深化集体企业改革，发展多种形式的集体经济。

第二节　健全国有资产监管体制

制定完善经营性国有资产监管体制的法律及配套行政法规，建立健全国有资本经营预算、企业经营业绩考核和企业重大决策失误追究等制度，落实监管责任，实现国有资产保值增值。建立健全国有金融资产、非经营性资产和自然资源资产等监管体制，防止国有资产流失。

第三节　深化垄断行业改革

坚持政企分开、放宽准入、引入竞争、依法监管，推进垄断行业管理体制和产权制度改革。按照形成综合运输体系的要求，推进交通运输业管理体制改革。积极稳妥地推进铁路体制改革，加快铁路投融资体制改革。深化电力体制改革，巩固厂网分开，加快主辅分开，稳步推进输配分开和区域电力市场建设。深化石油、电信、民航、邮政、烟草、盐业和市政公用事业改革，推进国有资产重组，形成竞争性市场格局，建立现代企业制度。

第四节　鼓励非公有制经济发展

大力发展个体、私营等非公有制经济。进一步消除制约非公有制经济发展的体制性障碍和政策性因素，进一步落实鼓励、支持和引导非公有制经济发展的政策措施。允许非公有制经济进入法律法规未禁止的行业和领域，鼓励和支持非公有制经济参与国有企业改革，进入金融服务、公用事业、基础设施等领域。完善金融、税收、信用担保、技术创新等方面的政策，改善行政执法和司法环境，加强和改进对非公有制企业的服务和监管。

第三十二章　推进财政税收体制改革

调整和规范中央与地方、地方各级政府间的收支关系，建立健全与事权相匹配的财税体制。实行有利于促进科技进步、转变增长方式、优化经济结构的财税制度。

第一节 完善财政体制

加快公共财政体系建设，明确界定各级政府的财政支出责任，合理调整政府间财政收入划分。完善中央和省级政府的财政转移支付制度，理顺省级以下财政管理体制，有条件的地方可实行省级直接对县的管理体制，逐步推进基本公共服务均等化。改革预算编制制度，提高预算的规范性和透明度。继续深化部门预算、国库集中收付、政府采购和收支两条线管理制度改革。建立国库现金管理和国债余额管理制度，推进政府会计改革。加强预算执行审计，提高预算执行的严肃性。建立财政预算绩效评价体系，提高财政资金使用效率。加强政府债务管理，防范政府债务风险。完善非税收入管理制度，规范对土地和探矿权、采矿权出让收入的管理。

第二节 完善税收制度

在全国范围内实现增值税由生产型转为消费型。适当调整消费税征收范围，合理调整部分应税品目税负水平和征缴办法。适时开征燃油税。合理调整营业税征税范围和税目。完善出口退税制度。统一各类企业税收制度。实行综合和分类相结合的个人所得税制度。改革房地产税收制度，稳步推行物业税并相应取消有关收费。改革资源税制度。完善城市维护建设税、耕地占用税、印花税。

第三十三章 加快金融体制改革

第一节 深化金融企业改革

积极推进国有商业银行综合改革，通过加快处置不良资产、充实资本金、股份制改造和上市等途径，完善公司治理结构，健全内控机制，建设具有国际竞争力的现代股份制银行。合理确定政策性银行职能定位，健全自我约束机制、风险调控机制和风险补偿机制。加快其他商业银行、邮政储蓄机构等金融机构改革。稳步发展多种所有制金融企业，鼓励社会资金参与中小金融机构的设立、重组与改造。完善金融机构规范运作的基本制度，稳步推进金融业综合经营试点。推进金融资产管理公司改革。完善保险公司治理结构，深化保险资金运用管理体制改革。

第二节 加快发展直接融资

积极发展股票、债券等资本市场，稳步发展期货市场。推进证券发行、交易、并购等基础性制度建设，促进上市公司、证券经营机构规范运作，建立多层次市场体系，完善市场功能，拓宽资金入市渠道，提高直接融资比重。发展创业投资，做好产业投资基金试点工作。

第三节 健全金融调控机制

加强货币政策与其他宏观政策的相互协调配合，完善金融调控体系。建立健全货币市场、资本市场、保险市场有机结合、协调发展的机制，维护金融稳定和金融安全。稳步发展货币市场，理顺货币政策传导机制，推进利率市场化改革。完善有管理的浮动汇率制度，逐步实现人民币资本项目可兑换。

第四节 完善金融监管体制

建立金融风险识别、预警和控制体系，防范和化解系统性金融风险。规范金融机构市场退出机制，建立相应的存款保险、投资者保护和保险保障制度。提高金融监管水平，加强风险监管和资本充足率约束，建立健全银行、证券、保险监管机构间以及同宏观调控部门的协调机制。

第三十四章　完善现代市场体系

第一节　健全全国统一开放市场

进一步打破行政性垄断和地区封锁，完善商品市场，健全资本、土地、技术和劳动力等要素市场。严格界定公益性用地和经营性用地，经营性基础设施用地实行有偿使用，完善经营性用地招标拍卖挂牌出让和非经营性用地公开供地制度。规范发展产权交易市场。积极发展技术市场。逐步建立城乡统一的劳动力市场。

第二节　完善价格形成机制

积极稳妥地推进资源性产品价格改革。合理调整水利工程供水、城市供水和再生水价格。推进电价改革，逐步建立发电、售电价格由市场竞争形成，输电、配电价格由政府定价的机制。适时推进石油价格改革，建立与替代能源价格挂钩的天然气价格形成机制。扩大市场形成土地价格的范围。

第三节　规范市场秩序

打击各种违法经营活动，规范市场主体行为和市场竞争秩序。清理整顿对企业的乱收费、乱罚款和各种摊派。加强价格监管，禁止价格欺诈、价格操纵等行为。以完善信贷、纳税、合同履约、产品质量的信用记录为重点，加快建设社会信用体系，健全失信惩戒制度。

第九篇　实施互利共赢的开放战略

坚持对外开放基本国策，在更大范围、更广领域、更高层次上参与国际经济技术合作和竞争，更好地促进国内发展与改革，切实维护国家经济安全。

第三十五章　加快转变对外贸易增长方式

按照发挥比较优势、弥补资源不足、扩大发展空间、提高附加价值的要求，积极发展对外贸易，促进对外贸易由数量增加为主向质量提高为主转变。到2010年货物贸易、服务贸易进出口总额分别达到2.3万亿美元和4000亿美元。

第一节　优化出口结构

以自有品牌、自主知识产权和自主营销为重点，引导企业增强综合竞争力。支持自主性高技术产品、机电产品和高附加值劳动密集型产品出口。严格执行劳动、安全、环保标准，规范出口成本构成，控制高耗能、高污染和资源性产品出口。完善加工贸易政策，继续发展加工贸易，着重提高产业层次和加工深度，增强国内配套能力，促进国内产业升级。引导企业构建境外营销网络，增强自主营销能力。积极开拓非传统出口市场，推进市场多元化。加强对出口商品价格、质量、数量的动态监测，构建质量效益导向的外贸促进和调控体系。

第二节 积极扩大进口

实行进出口基本平衡的政策，发挥进口在促进我国经济发展中的作用。完善进口税收政策，扩大先进技术、关键设备及零部件和国内短缺的能源、原材料进口，促进资源进口多元化。

第三节 发展服务贸易

扩大工程承包、设计咨询、技术转让、金融保险、国际运输、教育培训、信息技术、民族文化等服务贸易出口。鼓励外资参与软件开发、跨境外包、物流服务等。建设若干服务业外包基地，有序承接国际服务业转移。积极稳妥扩大服务业开放，建立服务贸易监管体制和促进体系。

第四节 完善公平贸易政策

健全贸易运行监测预警体系和摩擦应对机制，合理运用反倾销、反补贴、保障措施，增强应对贸易争端能力，维护企业合法权益和国家利益。加强国际贸易的多双边对话与合作，实现共同发展。完善贸易法律制度，建立大宗商品进出口协调机制，加强行业自律，规范贸易秩序。有效运用技术性贸易措施，加强进出口检验检疫和疫情监控。

第三十六章 提高利用外资质量

抓住国际产业转移机遇，继续积极有效利用外资，重点通过利用外资引进国外先进技术、管理经验和高素质人才，把利用外资同提升国内产业结构、技术水平结合起来。

第一节 引导外商投资方向

完善法律法规和政策，形成稳定、透明的管理体制和公平、可预见的政策环境。引导外资更多地投向高技术产业、现代服务业、高端制造环节、基础设施和生态环境保护，投向中西部地区和东北地区等老工业基地。鼓励跨国公司在我国设立地区总部、研发中心、采购中心、培训中心。鼓励外资企业技术创新，增强配套能力，延伸产业链。吸引外资能力较强的地区和开发区，要注重提高生产制造层次，并积极向研究开发、现代流通等领域拓展，充分发挥集聚和带动效应。

第二节 促进利用外资方式多样化

引导国内企业同跨国公司开展多种形式的合作，发挥外资的技术溢出效应。在保护国内自主品牌基础上，引导和规范外商参与国内企业改组改造。有效利用境外资本市场，支持国内企业境外上市。完善风险投资退出机制，鼓励外商风险投资公司和风险投资基金来华投资。鼓励具备条件的境外机构参股国内证券公司和基金管理公司。

继续用好国际金融组织和外国政府贷款，重点投向中西部地区和东北地区等老工业基地，用于资源节约、环境保护和基础设施建设。合理、审慎使用国际商业贷款，允许具备条件的金融机构和企业在境外融资。加强对外债的宏观监测和管理，优化债务结构，保持适度的外债规模。

第三十七章 积极开展国际经济合作

完善促进生产要素跨境流动和优化配置的体制和政策，积极发展与周边国家及其他国家的经济技术合作，实现互利共赢。

第一节 实施“走出去”战略

支持有条件的企业对外直接投资和跨国经营。以优势产业为重点，引导企业开展境外加工贸易，促进产品原产地多元化。通过跨国并购、参股、上市、重组联合等方式，培育和发展我国的跨国公司。按照优势互补、平等互利的原则扩大境外资源合作开发。鼓励企业参与境外基础设施建设，提高工程承包水平，稳步发展劳务合作。完善境外投资促进和保障体系，加强对境外投资的统筹协调、风险管理和海外国有资产监管。

第二节 推进国际区域经济合作

统筹规划并稳步推进贸易、投资、交通运输的便利化，积极参与国际区域经济合作机制，加强对话与协商，发展与各国的双边、多边经贸合作。积极参与多边贸易、投资规则制定，推动建立国际经济新秩序。增加我国对其他发展中国家的援助，进一步加强与发展中国家的经济技术合作。

第十篇 推进社会主义和谐社会建设

按照民主法治、公平正义、诚信友爱、充满活力、安定有序、人与自然和谐相处的要求，从解决人民群众最关心、最直接、最现实的切身利益问题入手，扎实推进和谐社会建设。

第三十八章 全面做好人口工作

第一节 稳定人口低生育水平

坚持计划生育基本国策，稳定和完善现行生育政策，落实人口和计划生育工作目标责任制。建立独生子女死亡、伤残家庭扶助制度，完善基本服务项目免费制度。加强计划生育服务管理能力建设。完善以现居住地管理为主的流动人口计划生育服务管理体系。

第二节 改善出生人口素质和结构

普及优生优育知识，实施计划生育生殖健康促进计划，加大出生缺陷干预力度，鼓励婚前和孕前医学检查，预防和控制先天性感染、遗传性因素对出生人口健康的影响。采取综合措施有效治理出生人口性别比升高的问题。

第三节 积极应对人口老龄化

弘扬敬老风尚，营造老有所养、老有所乐、老有所为的社会氛围。积极发展老龄产业，增强全社会的养老服务功能，提高老年人生活质量，保障老年人权益。

实施爱心护理工程，加强养老服务、医疗救助、家庭病床等面向老年人的服务设施建设。

第四节 保障妇女儿童权益

落实男女平等基本国策，实施妇女发展纲要，保障妇女平等获得就学、就业、社会保障、婚姻财产和参与社会事务的权利，加强妇女卫生保健、扶贫减贫、劳动保护、法律援助等工作。坚持儿童优先原则，实施儿童发展纲要，依法保障儿童生存权、发展权、受保护权和参与权。改善儿童成长环境，促进儿童身心健康发展。完善孤残儿童手术康复、家庭寄养经费投入和艾滋孤儿救助机制。

第五节　保障残疾人权益

倡导和鼓励社会各界关心、支持和参与残疾人事业。推进无障碍设施建设，加强残疾人康复、贫困残疾人脱贫、残疾少年儿童义务教育、残疾人就业服务和社会保障等工作，创造残疾人平等参与社会生活的条件。

第三十九章　提高人民生活水平

第一节　千方百计扩大就业

把扩大就业摆在经济社会发展更突出的位置，实行积极的就业政策，统筹城乡就业，努力控制失业规模。继续实施和完善鼓励企业增加就业岗位、加强就业培训的财税、信贷等优惠政策。健全就业服务体系，加快建立政府扶助、社会参与的职业技能培训机制。完善对困难地区、困难行业和困难群体的就业援助制度。积极发展就业容量大的劳动密集型产业、服务业和各类所有制的中小企业。鼓励劳动者自主创业和自谋职业，促进多种形式就业。支持并规范发展就业中介服务。全面实行劳动合同制度，积极推行集体合同制度，健全协调劳动关系三方机制，完善劳动争议处理体制。全面建立用人单位守法诚信制度。完善企业裁员机制，避免把富余人员集中推向社会。国有企业要尽可能通过主辅分离、辅业改制等措施安置富余人员。加强劳动力市场监管、劳动保护和劳动执法监察，规范用工行为，切实维护劳动者合法权益。

第二节　加大收入分配调节力度

完善按劳分配为主体、多种分配方式并存的分配制度，坚持各种生产要素按贡献参与分配。加快推进收入分配制度改革，规范个人收入分配秩序，强化对分配结果的监管，努力缓解行业、地区和社会成员间收入分配差距扩大的趋势。更加注重社会公平，特别要关注就学、就业机会和分配过程的公平。着力提高低收入者收入水平，逐步扩大中等收入者比重，有效调节过高收入。严格执行最低工资制度，逐步提高最低工资标准。建立规范的公务员工资制度，规范职务消费，完善国有企事业单位收入分配规则和监管机制。控制和调节垄断性行业的收入，建立健全个人收入申报制，强化个人所得税征管。坚决取缔各种非法收入。

第三节　健全社会保障体系

增加财政社会保障投入，多渠道筹措社会保障基金，合理确定保障标准和方式，建立健全与经济发展水平相适应的分层次、广覆盖的社会保障体系。

扩大城镇基本养老保险覆盖范围，逐步做实个人账户，逐步提高社会统筹层次，增强统筹调剂的能力。推进机关事业单位养老保险制度改革。建立失业保险与促进就业联动机制，完善失业保险制度。扩大基本医疗保险覆盖范围，健全多层次的医疗保障体系。完善和落实工伤保险政策和标准，推进各类用人单位依法参加工伤保险。鼓励有条件的企业建立补充保险。建立健全生育保险制度。认真解决进城务工人员社会保障问题。规范社会保险基金征缴和监管。加强社会保障服务管理能力建设。

完善城市居民最低生活保障制度，逐步提高保障标准。建立城乡医疗救助制度，将城市居民最低生活保障对象、农村特困户和五保供养对象纳入救助范围。完善城市生活无着流浪乞讨人员特别是流浪未成年人的救助制度。鼓励开展社会慈善、社会捐赠、群众互助等社会扶助活动，支持志愿服务活动并实现制度化。

第四节 加大扶贫工作力度

强化各级政府扶贫职责，加大扶贫投入，完善扶贫开发机制，提高扶贫效率。对具备基本生存条件的贫困地区，继续实行就地扶贫，改善基本生产生活条件，开辟增收途径；对生存条件恶劣的贫困地区，实行易地扶贫。对有劳动能力的贫困人口，实行技能培训、技术扶贫和劳务输出扶贫，增强其增收能力；对不具备劳动能力的贫困人口，实行救济和救助。更加注重对贫困家庭子女的扶助，通过寄宿学习、家庭寄养、社会托养、免费职业教育等，改善其成长环境，防止贫困代际传递。采取社会救助和设立专项贷款等措施，防止因灾因病返贫。加大对集中连片贫困地区扶持力度，因地制宜地实行整村推进的扶贫开发方式。继续开展定点帮扶工作，鼓励社会各界积极参与扶贫工作。

第五节 扩大城乡居民消费

提高城乡居民收入水平，增强居民特别是农村居民和城镇低收入者的消费能力。培育消费热点，推进公众营养改善行动，健全普通商品住房与经济适用住房、廉租住房相结合的城镇住房供应体系，继续提高电话、计算机等的普及率，促进文化、健身、旅游、休闲等服务性消费。引导居民消费预期，扩大即期消费。改善消费环境，规范和发展消费信贷。

第四十章 提高人民健康水平

高度关注人民健康，加大政府投入力度，加快发展医疗卫生事业，认真解决群众看病难看病贵问题。

第一节 完善公共卫生和医疗服务体系

建立健全突发公共卫生事件应急机制，提高疾病预防控制和医疗救治能力。改善医疗卫生机构条件，加强专业队伍建设。大力发展社区卫生，加快构建以社区卫生服务为基础，社区卫生服务机构与医院分工协作、双向转诊的城市医疗服务体系。

第二节 加强疾病防治和预防保健

严格控制艾滋病、结核病、乙型肝炎等重大传染病的传播，有效预防和控制血吸虫病等寄生虫病和地方病，加强新发传染病防治和免疫工作，综合防治心脑血管疾病、恶性肿瘤等慢性病和职业病。加强心理健康教育和保健，重视精神卫生及疾病防治。加强妇幼卫生保健，儿童计划免疫接种率达到90%以上，婴儿死亡率降至17‰，孕产妇死亡率降至40/10万。

第三节 加强中医药和医学科研工作

保护和发展中医药，加强中医临床研究基地和中医医院建设，推进中医药标准化、规范化。整合优势医学科研资源，加强对重大疾病的研究。

第四节　深化医疗卫生体制改革

按照政事分开、管办分开、医药分开、营利性与非营利性分开的方向，坚持政府主导、社会参与、转换机制、加强监管的原则，建立符合国情的医疗卫生体制，为广大群众提供安全方便有效合理的公共卫生和基本医疗服务。按属地化和全行业管理的原则完善分类管理。强化政府在提供公共卫生和基本医疗服务中的责任，建立各级政府间规范的责任分担与资金投入机制，逐步建立投资主体多元化、投资方式多样化的办医体制。完善公立医疗机构运行机制、激励机制和补偿政策。整合医疗卫生资源，大力提高农村、中西部地区和基层公共卫生资源的比重。加强对医疗卫生服务行为、服务质量和药品市场的监管，降低药品虚高价格，控制医疗费用过快上涨。

第四十一章　加强公共安全建设

完成改革和发展的任务，必须保持长期稳定的社会环境。要强化全社会公共安全意识，加强公共安全保障能力建设，提高公共安全保障水平，维护人民生命财产安全，确保社会稳定。

第一节　增强防灾减灾能力

加强防洪减灾薄弱环节建设，重点加强大江大河综合治理、病险水库除险加固、蓄滞洪区建设和城市防洪，增强沿海地区防台风、风暴潮、海啸的能力。加强对滑坡、泥石流和森林、草原火灾的防治。提高防洪减灾预警和指挥能力，建立洪水等灾害风险管理制度和防洪减灾保障制度。加强对三峡库区等重点地区地质灾害的防治。完善大中型水库移民后期扶持政策。加强城市群和大城市地震安全基础工作，加强数字地震台网、震情、灾情信息快速传输系统建设，实行预测、预防、救助综合管理，提高地震综合防御能力。

第二节　提高安全生产水平

坚持安全第一、预防为主、综合治理，落实安全生产责任制，强化企业安全生产主体责任，健全安全生产监管体制，严格执行重大安全生产事故责任追究制度。加强安全生产科研开发、监管监察和支撑体系建设。实施重大危险源普查和监测监控，加大安全设施投入，搞好隐患治理和安全技术改造。严格执行安全生产许可制度，加强煤炭等高危行业和重点领域的安全生产，抓好非煤矿山、特种设备、危险化学品、烟花爆竹、建筑施工、道路交通和人员密集场所消防安全等的专项整治。强化交通、消防基础设施建设和安全监管。培育和规范安全生产中介机构。加强安全生产宣传教育培训。建立安全生产指标考核体系，到2010年单位国内生产总值生产安全事故死亡率下降35%，工矿商贸就业人员生产安全事故死亡率下降25%。

第三节　保障饮食和用药安全

加强食品、药品监管设施建设，完善技术标准体系，创新监管机制，规范监管行为，提升监管能力和水平，依法强化对食品、药品、餐饮卫生等的监管，保障人民群众健康安全。

专栏 16　公共服务重点工程

社会救助→建设救助管理设施、流浪未成年人保护中心、"慈善超市"和社会捐助接收点等。

社会福利→建设综合福利中心、社区福利设施、农村敬老院、儿童福利机构、残疾人综合服务设施等。

公共卫生→继续完善疾病预防控制和医疗救治体系，加强中医临床研究基地和重点中医医院建设。

社区服务→新建和改造社区服务中心、社区服务站，加强和完善社区卫生、社会保险服务。

防洪减灾→建设治淮骨干工程，加强大江大河及中小河流治理。实施主要江河蓄滞洪区安全建设工程。

安全生产应急救援→建设国家、省、市三级安全生产应急救援指挥中心和国家、区域、骨干专业应急救援体系。

重大事故隐患治理→治理尾矿库危库、险库和危险性较大的病库，搬迁城区内安全距离不达标的危险化学品生产和储存企业。

国家灾害应急救援→建设四级灾害应急救助指挥体系。

基层政法基础设施→新建和改造基层派出所、司法所、人民法庭。

第四节　维护国家安全和社会稳定

依法严厉打击各种犯罪活动，保障人民群众安居乐业。加强社会治安综合治理，推进社会治安防控体系建设，深入开展平安创建活动。改善司法保障条件，加强基层政法机构、案件侦查、禁毒、缉私、边境检查等的基础设施建设。积极应对传统和非传统安全问题。加强公安政法队伍建设。

第五节　强化应急体系建设

建立健全应急管理体系，加强指挥信息系统、应急物资保障、专业救灾抢险队伍、应急标准体系以及运输、现场通讯保障等重点领域和重点项目的建设，健全重特大自然灾害发生后的社会动员机制，提高处置突发公共事件能力。

第四十二章　完善社会管理体制

健全党委领导、政府负责、社会协同、公众参与的社会管理格局，推进社会管理体制创新。

第一节　加强基层自治组织建设

推进管理有序、治安良好的和谐社区、和谐村镇建设，倡导人与人和睦相处，增强社会和谐基础。探索新时期城乡基层自治组织建设和管理的有效模式，发挥城乡基层自治组织协调利益、排忧解难的作用。

第二节　规范引导民间组织有序发展

培育发展行业协会、学会、公益慈善和基层服务性民间组织，发挥提供服务、反映诉求、规范行为的作用。完善民间组织自律机制，加强改进对民间组织的监管。

第三节　正确处理人民内部矛盾

高度重视并维护人民群众根本利益，妥善协调各方面利益关系，从源头上预防和化解人民内部矛盾。改进和完善信访工作，畅通诉求渠道，综合运用教育、协商、调解、法律等方式，依法及时合理地处理群众反映的问题。健全人民调解制度，完善社会矛盾纠纷调处机制。深入做好新时期的群众工作，引导群众以理性合法的形式表达诉求。建立和完善矛盾排查机制、信息预警机制、应急处置机制和责任追究机制，预防和妥善处置群体性、突发性事件，切实解决群众的合理诉求，依法维护社会稳定。

第十一篇　加强社会主义民主政治建设

坚持政治文明和物质文明全面发展，扩大社会主义民主，健全社会主义法制，为现代化建设提供政治保证。

第四十三章　加强社会主义民主政治建设

第一节　发展社会主义民主

坚持和完善人民代表大会制度、中国共产党领导的多党合作和政治协商制度、民族区域自治制度。积极稳妥地继续推进政治体制改革，巩固和发展民主团结、生动活泼、安定和谐的政治局面。

健全民主制度，丰富民主形式，扩大公民有序的政治参与，保证公民依法实行民主选举、民主决策、民主管理、民主监督。加强基层民主建设，坚持和完善政务公开、厂务公开、村务公开，保证公民依法行使选举权、知情权、参与权、监督权。尊重和保障人权，促进人权事业全面发展。

巩固和壮大最广泛的爱国统一战线，健全重大问题决策前协商的制度。发挥人民政协的作用，支持人民政协履行政治协商、民主监督、参政议政的职能。坚持和完善职工代表大会和其他形式的企事业民主管理制度。发挥工会、共青团、妇联等人民团体的桥梁纽带作用。保证民族自治地方依法行使自治权，巩固和发展平等团结互助的社会主义民族关系，促进各民族共同繁荣进步。全面贯彻宗教信仰自由政策，依法管理宗教事务，坚持独立自主自办的原则，引导宗教与社会主义社会相适应。贯彻落实侨务方针政策，做好侨务工作。

第二节　全面推进法制建设

贯彻依法治国基本方略，推进科学立法、民主立法，形成中国特色社会主义法律体系。完善市场主体、市场交易、市场监管、社会管理、可持续发展等方面的法律法规。推进司法体制和工作机制改革，规范司法行为，加强司法监督，促进司法公正，维护社会正义和司法权威。实施“五五”普法规划，开展法制宣传教育，提高全民法律素质，形成遵法守法、依法办事的社会风气。

第三节　加强廉政建设

坚持标本兼治、综合治理、惩防并举、注重预防的方针，建立健全教育、制度、监督并重的惩治和预防腐败体系。加大从源头上预防和治理腐败的力度。推进反腐倡廉体制、机制和制度创新，加强对权力运行的制约和监督，强化政府专门机构和社会监督，保障公民的检举权、控告权、申诉权。严肃查处违纪违法案件，坚决纠正损害群众利益的不正之风。

第十二篇　加强社会主义文化建设

牢牢把握先进文化的前进方向，坚持为人民服务、为社会主义服务的方向和百花齐放、百家争鸣的方针，繁荣社会主义文化，不断满足人民群众日益增长的精神文化需求。

第四十四章　加强社会主义文化建设

第一节　加强思想道德建设

全面落实邓小平理论和“三个代表”重要思想，深入学习贯彻科学发展观，加强马克思主义理论研究和建设，坚持马克思主义在意识形态领域的指导地位，进一步巩固全国各族人民团结奋斗的共同思想基础。坚持正确的舆论导向。加强理想信念教育和思想政治工作，大力弘扬以爱国主义为核心的民族精神和以改革创新为核心的时代精神，加强社会主义思想道德建设，扎实开展群众性精神文明创建活动，在全社会倡导爱国守法、明礼诚信、团结友善、勤俭自强、敬业奉献的基本道德规范，发扬艰苦奋斗的优良传统，进一步增强中华民族的凝聚力和创造力，使全体人民始终保持昂扬向上的精神状态，为全面建设小康社会提供强大的思想保证和精神动力。

第二节　丰富人民群众精神文化生活

积极发展文化事业和文化产业，创造更多更好适应人民群众需求的优秀文化产品。

加大政府对文化事业的投入，逐步形成覆盖全社会的比较完备的公共文化服务体系。推进文化创新，实施精品战略，繁荣艺术创作，提高文化艺术产品质量。加强文化自然遗产和民族民间文化保护。扩大广播影视覆盖范围，发展数字广播影视，确保播出安全。繁荣新闻事业。发展现代出版发行业，积极发展数字出版，重视网络媒体建设。大力推广普通话。扩大国际文化交流，积极开拓国际文化市场，推动中华文化走向世界。办好上海世博会。

专栏 17　公共文化建设重点工程

村村通广播电视→全面实现 20 户以上已通电自然村通广播电视。

农村电影放映→基本实现全国农村一村一月放映一场电影。

乡镇综合文化站建设→基本实现全国乡镇均建有综合文化站。

文化信息资源共享→推进文化资源数字化，以农村为重点促进文化信息资源共享。

重大文化自然遗产保护→加强世界遗产、国家重点文物保护单位、国家重点风景名胜区、国家历史文化名城（镇、村）等保护和利用设施建设，建设抢救性文物保护设施。

“西新工程”→加强西藏、新疆等地区广播电视设施建设，扩大覆盖范围，提高收听收看质量，增强播出传输安全保障能力。

重大文化设施建设→推进国家博物馆、中国美术馆（二期）、国家话剧院等和地方重点文化设施建设。

第三节 深化文化体制改革

建立党委领导、政府管理、行业自律、企事业单位依法运营的文化管理体制和富有活力的文化产品生产经营机制。改进对公共文化单位的扶持方式，促其增强活力、改善服务。推进经营性文化事业单位转制，努力形成一批坚持社会主义先进文化方向，有较强自主创新能力、市场竞争能力的文化企业和企业集团。完善文化产业政策，促进民族文化产业发展，引导和规范非公有制经济进入文化产业，形成以公有制为主体、多种所有制共同发展的文化产业格局和民族文化为主体、吸收外来有益文化的文化市场格局。加强文化市场综合执法和对互联网的管理，坚持扫黄打非，营造扶持健康文化、改造落后文化、抵制腐朽文化的社会环境。积极倡导企业文化建设。

第十三篇 加强国防和军队建设

根据维护国家安全统一和发展利益的要求，加强国防和军队现代化建设，形成国防建设与经济建设协调发展的良好局面。

第四十五章 加强国防和军队建设

第一节 全面加强军队建设

坚持以毛泽东军事思想、邓小平新时期军队建设思想、江泽民国防和军队建设思想为指导，坚持把科学发展观作为加强国防和军队建设的重要指导方针，坚持党对军队的绝对领导，贯彻积极防御的军事战略方针，着眼有效履行新世纪新阶段军队的历史使命，全面加强军队革命化、现代化、正规化建设，积极推进中国特色军事变革，努力提高部队信息化条件下整体防卫作战能力。始终把思想政治建设摆在各项建设的首位，保持军队建设的正确方向。实施科技强军战略，推进机械化和信息化复合发展。深化体制编制和政策制度调整改革，优化力量结构和部队编成，增强军队建设的活力。创新军事理论，加强部队训练和院校教育，培养新型军事人才，提高官兵素质。发展现代化武器装备，优化体系结构，提高配套水平。推进后勤建设和改革，增强综合保障能力，提高官兵生活水平。加强基层建设，打牢部队建设基础。贯彻依法治军、从严治军方针，强化作风纪律建设，严格部队管理教育，确保部队高度稳定和集中统一。加强武装警察部队建设，着力提高执勤处突反恐的能力。深入开展“双拥”活动，军队要积极参加抢险救灾和支援国家经济建设，国家和社会要做好优抚安置工作，巩固和发展军政军民团结。

第二节 调整优化国防科技工业

坚持军民结合、寓军于民、强化基础、自主创新的方针，加快国防科技工业转型升级，提高科技创新能力，开发军民两用技术和产品。推进数字化军工建设，提高武器装备研发和制造水平，确保武器装备供应。调整优化军品科研生产能力结构，提升总体设计、总装测试和系统集成等核心能力，精干科研生产主体，推进专业化重组和社会化协作。积极稳妥地实施军工科研院所改革。建立面向社会的军品科研生产准入和退出制度，健全军民互动合作的协调机制。以产权制度改革为突破口，分类实施军工企业股份制改造。深化军工投资体制改革，推进投资主体多元化。

第三节 增强国防动员能力

深化国防动员体制和运行机制改革，坚持在经济建设中贯彻国防的要求，逐步建立集中统一、结构合理、反应迅速、权威高效的现代国防动员体系。加强民兵预备役部队质量建设，抓好国民经济动员、人民防空和交通战备等建设，推进国防动员信息化，开展全民国防教育，提高平战转换、快速动员、持续保障和综合防护能力。加强国防基础设施建设，依法保护国防设施。

第十四篇 建立健全规划实施机制

在社会主义市场经济体制初步建立的条件下，实现本规划的目标和任务，主要依靠发挥市场配置资源的基础性作用。同时，政府要正确履行职责，调控引导社会资源，合理配置公共资源，保障规划顺利实施。

第四十六章 建立分类指导的实施机制

本规划提出的农业、工业、服务业等的发展方向，利用外资、对外贸易等的发展重点，是对市场主体的导向，主要依靠市场主体的自主行为实施。各级政府要维护公平竞争，严禁地方分割和部门保护，不得直接干预企业经营活动，不得干预市场机制正常运行。

本规划确定的保持经济平稳较快发展、转变经济增长方式、调整优化经济结构、增强自主创新能力、建设社会主义新农村、促进区域协调发展、促进城镇化健康发展、建设资源节约型和环境友好型社会等重点任务，主要通过完善市场机制和利益导向机制努力实现。政府要通过体制机制创新和完善政策，为激发市场主体的积极性、创造性营造良好的制度和政策环境。国有企事业单位要发挥带头和示范作用。

本规划确定的义务教育、公共卫生、社会保障、社会救助、促进就业、减少贫困、防灾减灾、公共安全、公共文化、基础科学与前沿技术以及社会公益性技术研究、国防等公共服务领域的任务，是政府的承诺，各级政府要切实履行职能，运用公共资源全力完成。

本规划提出的主体功能区划、保护生态环境、资源管理、保护知识产权、调节收入分配、维护市场经济秩序、保障人民合法权益、社会建设和管理等的要求，主要通过健全法律法规、加大执法力度等法律手段，并辅之以经济手段加以落实。

本规划确定的改革任务，是政府的重要职责，必须放在政府工作的重要位置。要加强对改革的总体指导和统筹协调，将改革任务分解落实到有关部门，不失时机地推进，并注重及时把行之有效的改革措施用法律、规章和制度的形式确立下来。

第四十七章 调整和完善经济政策

根据公共财政服从和服务于公共政策的原则，按照公共财政配置的重点要转到为全体人民提供均等化基本公共服务的方向，合理划分政府间事权，合理界定财政支出范围。公共财政预算安排的优先领域是：农村义务教育和公共卫生、农业科技推广、职业教育、农村劳动力培训、促进就业、社会保障、减少贫困、计划生育、防灾减灾、公共安全、公共文化、基础科学与前沿技术以及社会公益性技术研究、能源和重要矿产资源地质勘查、污染防治、生态保护、资源管理和国家安全等。重点支持的区域是：限制开发区域和禁止开发区域，中西部地区特别是革命老区、民族地区、边疆地区、贫困地区，三峡库区，资源枯竭型城市等。

充分发挥税收的调节作用，完善和制定鼓励资源节约型和环境友好型社会建设、促进就业和再就业、促进科技发展和增强自主创新能力、促进文化体制改革，以及振兴装备制造业和其他产业健康发展的税收政策。

按照社会主义集中力量办大事原则，在经济发展和财力增加基础上逐步增加中央政府投资规模。完善政府投资管理体制，整合政府投资，改进投资方式，加强项目监管。

加强和改进产业政策工作，增强对国内产业发展、对外贸易和利用外资的统筹，加强信贷、土地、环保、安全、科技等政策和产业政策的配合，采用经济手段促进产业发展。加强对高技术产业和装备制造业薄弱环节的扶持，重点支持研究开发，培育核心竞争力。按照适度偏紧原则调控高耗能产业规模，控制生产能力盲目扩张。按照引导产业集群发展、减少资源跨区域大规模调动的原则优化产业布局，促进主要使用海路进口资源的产业在沿海地区布局，主要使用国内资源和陆路进口资源的产业在中西部重点开发区域布局。实施品牌战略，支持拥有自主知识产权和知名品牌、竞争力强的大企业发展成为跨国公司。实施中小企业成长工程。依法淘汰落后工艺技术，关闭破坏资源、污染环境和不具备安全生产条件的企业。

专栏18　中央政府投资支持的重点领域

新农村建设→普及和巩固农村义务教育，农村劳动力转移就业，公共卫生和基本医疗服务体系，饮水安全，农村公路，沼气等可再生能源，农村电网，农村公共文化，优质粮食产业工程，沃土工程，植保工程，灌区建设，动物防疫体系及种养业良种工程等。

公共服务→义务教育、中等职业教育和劳动力技能培训，重大疾病防治体系，基层公共卫生、社会福利、公共文化和体育设施，公检法司基础设施，就业服务，社区服务，食品药品安全监管设施，安全生产监管、煤矿安全监察设施及支撑体系，防洪、气象、地震等防灾减灾，采煤沉陷区治理，贫困地区以工代赈和易地扶贫，生态移民，民族地区和边疆地区发展等。

资源环境→能源和重要矿产资源地质勘查，生态环境保护与修复，环境污染治理，节能节水节地，循环经济示范等。

自主创新→知识创新工程，重大科学工程及科技基础设施，高技术产业化，重大技术装备自主研发及国产化，资源节约技术研发和推广等的示范。

基础设施→国家铁路、国家高速公路、重要港口和航道、枢纽机场和重要支线机场、空管设施，南水北调、大江大河治理等重大水利工程，信息化和信息安全基础设施，战略物资储备，可再生能源，城市供水管网、燃气和集中供热设施，城镇污水和垃圾处理设施等。

第四十八章　健全规划管理体制

加强统筹协调。继续做好总需求与总供给的平衡，特别要加强制度协调、规划协调和政策协调。统筹协调政策目标和政策手段，搞好财政政策、货币政策、产业政策、区域政策、社会政策和政绩考核间的配合，防止国家政策部门化。统筹协调长期发展与短期发展，近期措施要有利于解决长期性发展难题，改革体制、制定政策、安排投资、确定发展速度，都要充分考虑可持续性，防止急于求成。

改革规划管理体制，健全科学化、民主化的编制程序，形成以国民经济和社会发展规划为统领，各类规划定位清晰、功能互补、统一衔接的规划体系。做深做实城市规划、土地利用规划、环境保护规划和粮食、能源、交通等专项规划。编制全国主体功能区划规划，明确主体功能区的范围、功能定位、发展方向和区域政策。强化区域规划工作，编制部分主体功能区的区域规划。改革完善地方规划，深化市县规划体制改革。

本规划确定的约束性指标，具有法律效力，要纳入各地区、各部门经济社会发展综合评价和绩效考核。约束性指标要分解落实到有关部门，其中耕地保有量、单位国内生产总值能源消耗降低、主要污染物排放总量减少等指标要分解落实到各省、自治区、直辖市。

国务院有关部门要加强对本规划实施情况的跟踪分析，接受全国人民代表大会及其常务委员会对规划实施情况的监督检查。

在本规划实施的中期阶段，要对规划实施情况进行中期评估。中期评估报告提交全国人民代表大会常务委员会审议。经中期评估需要修订本规划时，报全国人民代表大会常务委员会批准。

保持香港、澳门长期繁荣稳定。坚持“一国两制”、“港人治港”、“澳人治澳”、高度自治的方针，严格按照特别行政区基本法办事，加强和推动内地同港澳在经贸、科教、文化、卫生、体育等领域的交流和合作，继续实施内地与香港、澳门更紧密的经贸关系安排，加强内地和港澳在基础设施建设、产业发展、资源利用、环境保护等方面的合作。支持香港发展金融、物流、旅游、资讯等服务业，保持香港国际金融、贸易、航运等中心的地位。支持澳门发展旅游等服务业，促进澳门经济适度多元化发展。

台湾是中华人民共和国不可分割的神圣领土。推进两岸关系发展和祖国统一大业，扩大海峡两岸经济、文化、科技、教育交流与人员往来，维护台湾同胞的正当权益，推动全面、直接、双向“三通”，促进建立稳定的两岸经贸合作机制，促进两岸关系发展，维护台海和平稳定。

“十一五”规划是全面建设小康社会进程中的重要规划。全国各族人民要在中国共产党的领导下，紧密团结在以胡锦涛同志为总书记的党中央周围，高举邓小平理论和“三个代表”重要思想伟大旗帜，全面贯彻落实科学发展观，振奋精神，扎实工作，锐意进取，开拓创新，为实现“十一五”规划和全面建设小康社会的宏伟目标而努力奋斗。

（新华社北京讯，3月17日《人民日报》）

在庆祝中国共产党成立85周年暨总结保持共产党员先进性教育活动大会上的讲话

（2006年6月30日）

胡　锦　涛

同志们：

今天，我们在这里隆重集会，庆祝中国共产党成立85周年，总结以实践“三个代表”重要思想为主要内容的保持共产党员先进性教育活动，表彰全国先进基层党组织和优秀共产党员、优秀党务工作者。首先，我代表党中央，向全国广大共产党员，表示节日的祝贺！向受表彰的全国先进基层党组织和优秀共产党员、优秀党务工作者，表示崇高的敬意！全党要认真学习他们的先进事迹和崇高精神，不断保持和发展党的先进性，继续团结带领全国各族人民在全面建设小康社会、开创中国特色社会主义事业新局面的伟大道路上奋勇前进。

一

中国共产党已经走过了85年不平凡的历程。在这85年里，我们党紧紧依靠和紧密团结全国各族人民，干了三件大事。在新民主主义革命时期，我们经过28年艰苦卓绝的斗争，推翻了帝国主义、封建主义、官僚资本主义的反动统治，实现了民族独立和人民解放，建立了人民当家作主的新中国。在社会主义革命和建设时期，我们确立了社会主义基本制度，在一穷二白的基础上建立了独立的比较完整的工业体系和国民经济体系，使古老的中国以崭新的姿态屹立在世界的东方。在改革开放和社会主义现代化建设时期，我们开创了中国特色社会主义道路，坚持以经济建设为中心、坚持四项基本原则、坚持改革开放，初步建立起社会主义市场经济体制，大幅度提高了我国的综合国力和人民生活水平，为全面建设小康社会、基本实现社会主义现代化开辟了广阔的前景。这三件大事，从根本上改变了中国人民的前途命运，决定了中国历史的发展方向，在世界上产生了深刻而广泛的影响。

总起来说，中国共产党85年的历史，就是为中华民族的独立、解放、繁荣，为中国人民的自由、民主、幸福而不懈奋斗的历史。这85年，是马克思主义基本原理同中国具体实际相结合、不断推进马克思主义中国化的85年；是我们伟大的祖国结束近代饱受屈辱的历史和长年战乱的局面、战胜各种困难和风险顽强奋进的85年；是中国人民掌握自己的命运、意气风发地建设新生活的85年；是我们党经受住各种风浪考验、不断发展壮大、不断开创各项事业新局面的85年。

85年来，中国革命、建设、改革事业取得的一切成就，是一代又一代中国共产党人团结带领全国各族人民共同奋斗的结果。长期以来，为了中国革命的胜利，为了中华民族的富强，为了中国人民的幸福，广大共产党员在革命战争年代出生入死、浴血奋战，在和平建设时期开拓进取、甘于奉献，为党和人民建立了巨大功绩。此时此刻，我们怀着崇高的敬意，深切缅怀为中国人民和中华民族建立了丰功伟绩的毛泽东、周恩来、刘少奇、朱德、邓小平、陈云等已故的老一辈革命家，深切缅怀英勇牺牲的无数共产党人和革命先烈！

总结我们党85年的历史，可以得出一个基本结论，这就是：我们党之所以能够成为领导中国革命、建设、改革事业的核心力量，之所以能够承担起中国人民和中华民族的历史重托，之所以能够在剧烈变动的国际国内环境中始终立于不败之地，根本原因是我们党始终代表中国先进生产力的发展要求、代表中国先进文化的前进方向、代表中国最广大人民的根本利益，始终高度重视并不断保持和发展自己作为马克思主义政党的先进性。85年来我们党保持和发展先进性的创造性实践，为我们加强党的先进性建设提供了宝贵经验。

第一，加强党的先进性建设，必须准确把握时代脉搏，保证党始终与时代发展同步伐。正确判断时代特征，准确把握发展趋势，科学制定目标任务，是关系到马克思主义政党前途命运的重大问题，也是衡量马克思主义政党先进性的重要根据。我们党坚持用马克思主义的立场、观点、方法观察和分析世界发展的总趋势、中国社会的实际状况和中国人民的根本要求，依据发展变化的实际，明确党在各个历史时期的目标和任务，不断为党和人民的事业指明前进方向。20世纪上半叶，面对帝国主义和无产阶级革命时代的特点，面对中国半殖民地半封建社会的状况，我们党紧紧把握民族独立和人民解放的时代主题，确立了新民主主义革命的历史任务，举起了救亡图存、推动中国社会发展进步的旗帜。新中国成立后，面对世界社会主义方兴未艾、民族解放运动风起云涌的国际局势，面对中国百废待兴的局面，我们党紧紧把握时代发展的大势和广大人民的意愿，成功进行了社会主义革命，开展了社会主义建设。上个世纪70年代末以来，面对和平与发展成为时代主题的国际环境，面对人民日益增长的物质文化需要同落后的社会生产之间的矛盾这个现阶段我国社会的主要矛盾，我们党在拨乱反正的基础上及时实现了工作重点的战略转移，果断作出改革开放的战略抉择，紧紧把握发展这个党执政兴国的第一要务，加快建设富强民主文明的社会主义现代化国家。历史表明，只有正确认识和把握时代特征和世界发展的总趋势，科学制定和实施符合我国实际和人民愿望的目标和任务，我们党才能始终站在时代发展的前列和中国社会发展进步的潮头。

第二，加强党的先进性建设，必须把最广大人民的根本利益作为党全部工作的出发点和落脚点，保证党始终与人民群众共命运。人民是创造历史的根本动力。我们党坚持马克思主义的群众观点，坚持全心全意为人民服务的宗旨，始终把实现和维护最广大人民的根本利益作为党的理论和路线方针政策以及全部工作的根本依据，始终深深扎根于人民之中，为中国人民和中华民族的根本利益不懈奋斗。进行新民主主义革命，进行社会主义革命和建设，进行改革开放，都是为了顺应人民意愿、实现人民利益。现在，我们提出坚持以人为本、实现科学发展、构建社会主义和谐社会、建设社会主义新农村、建设创新型国家等重大任务，同样是为了顺应人民意愿、实现人民利益。中国人民正是在长期的历史比较中，选择我们党作为自己根本利益的代表，作为国家和民族复兴的领导力量。历史表明，只有深刻认识人民创造历史的伟力，真诚代表中国最广大人民的根本利益，一切为了人民，一切依靠人民，我们党才能得到人民的充分信赖和拥护，才能无往而不胜。

第三，加强党的先进性建设，必须使党的理论和路线方针政策不断与时俱进，保证党的全部工作始终符合实际和社会发展规律。党的理论和路线方针政策关乎党的生命。马克思主义政党要保持和发展先进性，必须与时俱进地研究、提出、贯彻正确的理论和路线方针政策。我们党坚持解放思想、实事求是、与时俱进，把马克思主义基本原理同中国具体实际相结合，产生了毛泽东思想、邓小平理论和“三个代表”重要思想。党的十六大以来，党中央又提出了科学发展观、构建社会主义和谐社会等一系列重大战略思想。这些理论成果都是党和人民实践经验的总结和集体智慧的结晶。在这些正确理论指导下，我们党及时制定符合中国实际、反映人民愿望的路线方针政策，如新民主主义革命时期提出农村包围城市、武装夺取政权的正确道路，抗日战争时期提出建立抗日民族统一战线的正确主张，新中国成立后制定过渡时期的总路线，改革开放时期提出“一个中心、两个基本点”的社会主义初级阶段的基本路线、建立社会主义市场经济体制的重大理论、科学发展观的重大战略思想，等等。历史表明，只有不断实现党的理论和路线方针政策的与时俱进，我们党才能找到实现中国人民和中华民族根本利益的正确道路和科学方法，推动党和人民的事业不断从胜利走向新的胜利。

第四，加强党的先进性建设，必须围绕党的中心任务来进行，保证党始终引领中国社会发展进步。衡量一个马克思主义政党是否先进，要放到具体的历史的实践中去考察，归根到底要看在推动历史前进中的实际作用。我们党始终根据不同历史阶段中国社会发展的主要矛盾来确定党的中心任务，并围绕实现党的中心任务来加强党的建设。比如，在新民主主义革命时期，我们党围绕争取民族独立和人民解放的中心任务，要求党的各级组织和广大党员成为民主革命的先锋、民族解放的先锋、联系群众的先锋，在顽强斗争、浴血奋战中体现党的先进性。在改革开放新时期，我们党围绕经济建设这个中心任务，要求党的各级组织和广大党员成为解放思想的模范、落实第一要务的模范、求真务实的模范、开拓创新的模范，在改革开放和现代化建设的实践中体现党的先进性。历史表明，只有始终围绕实现党的中心任务来加强党的先进性建设，才能使党的先进性建设与党和人民的事业相互促进，在不断发展中国先进生产力、先进文化、实现中国最广大人民根本利益的实践中体现党的先进性。

第五，加强党的先进性建设，必须坚持党要管党、从严治党，保证党始终具有蓬勃生机和旺盛活力。保持和发展党的先进性，必须坚持加强和改进党的自身建设，保证党永远充满生机和活力。我们党之所以能够从成立时仅有50多名党员、处在秘密状态的党，发展成为拥有350多万个基层党组织、7000多万名党员、在13亿人口的大国长期执政的大党，历经磨难而巍然屹立，千锤百炼而更加坚强，一个重要原因，就在于我们党始终坚持党要管党、从严治党，始终注重加强自身建设。早在革命战争年代，我们党就把党的建设确立为“三大法宝”之一，实施了党的建设伟大工程，明确提出要把党建设成为一个全国范围的、广大群众性的、思想上政治上组织上完全巩固的马克思主义政党。改革开放以来，面对日趋复杂的国际形势和不断发展变化的国内环境，我们党又实施党的建设新的伟大工程，明确提出要大力加强党的执政能力建设和先进性建设，进一步解决提高党的领导水平和执政水平、提高拒腐防变和抵御风险能力这两大历史课题，把党建设成为全心全意为人民服务、思想上政治上组织上完全巩固、能够经受住各种风险、始终走在时代前列、领导全国人民建设中国特色社会主义的马克思主义政党。在党和人民事业发展的重要关头，我们党总是紧紧抓住党的建设这个关键，总是首先动员和组织党自身的力量，进而团结带领人民群众克服困难、夺取胜利。历史表明，只有紧密结合实际不断加强和改进党的思想建设、组织建设、作风建设和制度建设，我们党才能建设一支高素质的党员队伍和干部队伍，建立严密稳固的组织体系和科学有效的领导制度，形成保持和发展党的先进性的最广大的载体和最可靠的制度保障。

这些宝贵经验来之不易，对于我们进一步推进党的先进性建设，具有长期指导作用，必须十分珍视并持之以恒地坚持下去。

二

先进性是马克思主义政党的本质属性，是马克思主义政党的生命所系、力量所在。党的先进性是历史的具体的，既是一以贯之的，又是与时俱进的。这就决定了保持和发展党的先进性是马克思主义政党自身建设的根本任务和永恒课题。党中央提出加强党的先进性建设的重大战略思想，就是基于对这个重大课题的深刻认识，也是基于对不断解决好这个重大课题的战略思考。

回顾《共产党宣言》发表以来的历史，马克思主义政党在保持和发展先进性方面，有许多成功经验，也有不少深刻教训。中国共产党作为马克思主义政党，在本质上具有非马克思主义政党无可比拟的先进性。这种先进性，集中体现在坚持把马克思主义科学理论作为指导，坚持把实现符合人类社会发展规律的社会主义和共产主义作为坚定信念和远大理想，坚持把立党为公、执政为民作为本质要求，坚持把民主集中制作为根本组织制度和领导制度，坚持把最广大人民作为根本力量源泉等主要方面。这种先进性，从根本上说，是由中国共产党的性质和宗旨决定的，是靠坚持不懈地开展自身建设来保持和发展的。历史和现实都表明，一个政党过去先进不等于现在先进，现在先进不等于永远先进；马克思主义政党赢得先进性固然不容易，在复杂的国内外环境中和长期执政的条件下保持和发展先进性更不容易。我们必须把加强党的先进性建设作为一项重大战略任务更加突出、更加紧迫地提到全党面前。

现在，我们党是在国际形势深刻变化、国际竞争日趋激烈、国内改革开放日益深化的条件下带领人民搞社会主义现代化建设的。深刻变化的国际国内环境，给党员队伍和党的自身建设带来了深刻影响，使保持和发展党的先进性既面临许多新情况新考验，又面临许多新任务新要求。面对机遇和挑战并存的形势，我们党只有不断保持和发展自身的先进性，始终走在时代前列，才能巩固党的执政地位、提高党的执政能力、完成党的执政使命。我们必须清醒认识新的历史条件下加强党的自身建设的必要性、紧迫性、艰巨性、复杂性，全面把握党所肩负的历史使命和党员队伍的总体状况，扎扎实实加强党的先进性建设。

保持和发展党的先进性，是马克思主义建党学说的重要内容。我们党的三代领导核心毛泽东同志、邓小平同志和江泽民同志都高度重视党的先进性问题，并在理论和实践的结合上进行了长期探索，形成了一系列重要思想。党的十六大以来，党中央提出加强党的先进性建设的重大战略思想，同马克思列宁主义创始人和我们党三代中央领导集体关于党的先进性的重要思想是一脉相承的，同时又以新的思想观点和时代内容丰富了马克思主义关于党的先进性建设的思想。提出加强党的先进性建设的重大战略思想，就是要更加鲜明地强调党的先进性建设这一重大课题，更加深入地认识共产党执政规律和党自身建设规律，更加全面地认识党的先进性建设的科学内涵和目标要求，更加突出地把党的先进性建设作为党的各方面建设的主线，从而使党的建设的努力方向和检验标准更加鲜明，使我们能够更好、更全面、更有成效地推进党的建设新的伟大工程。

正是基于这样的考虑，我们根据党的十六大的部署，在全党开展了以实践“三个代表”重要思想为主要内容的保持共产党员先进性教育活动。这次先进性教育活动历时一年半，现已基本结束。在党中央坚强领导下，中央先进性教育活动领导小组周密部署，各级党组织精心组织，广大党员积极参与，人民群众大力支持，按照关键是要取得实效、真正成为群众满意工程的要求，坚持理论联系实际，整个先进性教育活动主题鲜明、领导有力、措施得当、工作扎实，实现了预期目标，取得了显著成效。

这次先进性教育活动，是我们党参加人数最多、规模最大的一次马克思主义集中教育活动，具有鲜明的特点。主要有以下几个方面：一是坚持以实践“三个代表”重要思想为主线，全面落实科学发展观，以学习贯彻党章为重点，坚持用发展着的马克思主义武装党员。二是着眼于取得实效和群众满意，在提高党员素质、加强基层组织、服务人民群众、促进各项工作上狠下功夫。三是坚持正面教育、自我教育为主，实行开门搞教育，广泛发扬民主，走群众路线。四是实行试点先行、分批推进、分类指导，既有统一要求，又鼓励从各自实际出发进行创新，形式灵活多样。五是紧紧围绕改革发展稳定大局，做到先进性教育活动和生产、工作“两不误、两促进”。六是强调领导机关、领导干部带头，在各个阶段、各个环节为基层和党员作出表率。七是注重宣传引导，加强先进典型报道，积极营造良好的社会舆论氛围，形成正确导向。八是把解决问题、总结经验、探索规律结合起来，坚持实践成果、制度成果、理论成果一起抓，实现整体推动、相互促进。

这次先进性教育活动取得的显著成效，归纳起来主要有以下几条。一是广大党员受到了一次深刻的马克思主义教育，进一步坚定了理想信念，提高了素质能力，增强了实践“三个代表”重要思想、落实科学发展观的自觉性，党员队伍中存在的一些突出问题得到初步解决，党员、干部的先锋模范作用进一步发挥。二是基层党组织的创造力、凝聚力、战斗力进一步提高，一些软弱涣散和不够健全的基层党组织得到整顿和加强，党的工作覆盖面明显扩大，党执政的组织基础更加巩固。三是党组织和党员服务群众的行动更加自觉，党员干部的作风进一步改进，人民群众关心的一些重点问题得到初步解决，党群干群关系进一步密切。四是各地区各部门按照科学发展观的要求，进一步理清了发展思路，努力解决影响改革发展稳定的一些主要问题，积极促进经济社会又快又好发展。五是各级党组织在加强党员经常性教育管理、做好党员联系和服务群众工作、加强和改进流动党员管理工作、建立健全抓基层党的建设工作责任制等方面形成了一些务实管用的新制度，推动了保持共产党员先进性长效机制建设。六是各级党组织认真总结先进性教育活动的成功实践和党的先进性建设的历史经验，深入研究党的先进性建设规律，丰富了党的先进性建设理论。各级党委要按照中央的要求，切实巩固和充分运用这次先进性教育活动取得的重要成果，继续从思想建设、组织建设、作风建设和制度建设上进行努力，抓好先进性教育活动整改提高的后续工作，把集中教育和经常性工作紧密结合起来，抓好保持共产党员先进性的经常性工作，抓好党的先进性建设理论研究，在改革开放和现代化建设的实践中不断取得新成效、积累新经验。

这次先进性教育活动，是我们党在新的历史条件下用发展着的马克思主义武装全党的一项重大举措，是加强党的执政能力建设和先进性建设的一次成功实践。通过这次先进性教育活动，我们更加深刻地认识到：党员是党的肌体的细胞和党的活动的主体，党员队伍的先进性是党的先进性的重要基础。加强党的先进性建设，必须始终抓好保持和发展党员队伍的先进性这个基础工程，必须始终抓住党员队伍这个主体，充分依靠全党同志共同努力。

第一，保持党员队伍的先进性，根本在于增强广大党员的先进性意识，激发其自我教育、自我提高的内在动力。保持党员队伍的先进性，必须把着力点放在坚定广大党员的理想信念和增强广大党员的自觉性、主动性、责任感上，推动广大党员增强先进性意识，高标准地要求自己、剖析自己、提高自己，为保持先进性而不懈努力。在这次先进性教育活动中，从学习培训到分析评议再到整改提高，从正面宣讲到典型示范再到警示教育，都注意把工作重点放在激发党员的内在动力上。实践证明，抓住了党员主体这个根本，促使党员自重、自省、自警、自励，不断增强党员意识、责任意识、忧患意识、使命意识，保持党的先进性就有了强大而不竭的动力源泉。

第二，保持党员队伍的先进性，重点在于解决党员队伍中存在的突出问题，不断增强党员队伍整体的先进性。我们党有7000多万名党员的宏大队伍，绝大多数党员、干部是能够发挥先锋模范作用的。同时，在各种因素影响下，一些党员身上也出现了这样那样不容忽视的问题。党员生活在社会之中，出现一些问题并不奇怪，也不可怕，重要的是要教育和帮助党员勇于正视、认真纠正存在的问题，在党内不断弘扬积极因素、克服消极因素。这次先进性教育活动的一个基本出发点，就是要认真解决党员队伍中存在的同保持共产党员先进性要求不适应、不符合的突出问题。各地区各部门各单位从自己的实际出发，提出保持共产党员先进性的具体要求，发动党员对照具体要求查找自己在思想、工作、作风上存在的问题和不足，进行深入的党性分析，制定整改方案，落实整改措施，着力解决不适应、不符合的问题，受到群众好评。实践证明，不回避存在的问题，下决心解决存在的突出问题，促使广大党员、干部在履行岗位职责中充分发挥先锋模范作用，并让人民群众来监督党员和评判党员，是保持党员队伍的先进性的有效途径。

第三，保持党员队伍的先进性，关键在于完善制度和机制，把党的先进性要求转化为党员自觉遵守的行为准则。制度更带有根本性、全局性、稳定性和长期性。党的先进性是多方面要素共同构成的，包括指导思想、路线纲领、奋斗目标、方针政策，也包括组织原则、领导体制、工作机制、干部能力、党员素质，等等。要长期保持和不断发展党的先进性，必须通过完善制度和机制，使党的先进性要素充分发挥作用，激励广大党员自觉遵守党章和党规党纪，自觉实践党的先进性基本要求。这次先进性教育活动，把党的先进性基本要求同广大党员的岗位职责结合起来，明确了保持共产党员先进性的具体要求，使保持党员队伍的先进性有了进一步的制度保障。实践证明，有了这样的制度和机制，才能使党的先进性要求切实成为广大党员的自觉意识和实际行动，才能使广大党员更加积极主动地发挥先进分子的模范带头作用。

三

我们党坚持不懈地加强先进性建设，不断取得重要成果，为党更好地完成执政使命提供了重要保证。同时，我们必须清醒地看到，党内目前仍然存在着一些与党的先进性要求不适应、不符合的突出问题。比如，一些党员先进性意识淡薄，理想信念不坚定，宗旨观念不牢固；一些领导干部和领导班子思想理论水平不高，解决复杂矛盾的本领不强，工作作风不实；一些地方党的基层组织建设还比较薄弱；一些领域的腐败现象还比较严重，特别是有些领导干部以权谋私、贪赃枉法、腐化堕落的案件仍时有发生。要解决这些问题，不重视不行，不抓紧不行，不下大气力也不行，否则就会影响党的先进性的充分发挥。全党同志都必须深刻认识到，加强党的先进性建设是一项长期的历史任务，我们必须紧紧围绕党的历史使命和中心任务，进一步推进党的先进性建设。

第一，要紧密结合贯彻落实科学发展观的实践加强党的先进性建设。发展是我们党执政兴国的第一要务，也是解决我国社会一切矛盾和问题的根本办法。坚持以科学发展观统领经济社会发展全局，切实抓好发展这个党执政兴国的第一要务，推动经济社会又快又好发展，是我们这一代中国共产党人的神圣使命，是党的先进性在当代中国最重要最具体的体现，也是新的历史条件下加强党的先进性建设的重要着力点和衡量标准。要坚持用科学发展观武装全党，进一步把全党的思想统一到科学发展观上来，真正把科学发展观转化为全党的实际行动，转化为领导改革开放和社会主义现代化建设的工作能力，抓住发展机遇，转变发展观念，创新发展模式，提高发展质量，切实把我国经济社会发展转入科学发展的轨道。要坚持以经济建设为中心，深化改革开放，加快调整经济结构、转变经济增长方式，正确处理经济发展和社会发展、建设社会主义新农村和推进城镇化、推动全国发展和促进区域协调发展、健全市场机制和改善宏观调控、加快自主创新和加强引进消化吸收再创新、促进经济发展和保护生态环境、自力更生和对外开放等一系列重大关系，切实加强社会主义民主法制建设，加强社会主义精神文明建设，努力推动社会主义经济建设、政治建设、文化建设、社会建设全面发展。要建立健全保障科学发展观贯彻落实的体制机制，完善经济社会发展评价体系，建立体现科学发展观和正确政绩观的干部考核、评价、激励机制。要把科学发展观作为检验党的建设的重要标准，对符合科学发展观的事情就全力以赴地去做，对不符合的就毫不迟疑地去改，努力使党的建设各项工作都符合科学发展观的要求，经得起实践、历史、人民的检验。

第二，要紧密结合构建社会主义和谐社会的实践加强党的先进性建设。构建社会主义和谐社会，是我们党从中国特色社会主义事业四位一体的总体布局和全面建设小康社会的全局出发提出的重大战略任务。促进和维护社会和谐，把全体人民最广泛地团结起来、把各方面力量最大限度地凝聚起来，共同为推进中国特色社会主义伟大事业而奋斗，对提高党的执政能力和保持党的先进性提出了更高的要求。各级党组织都要把构建社会主义和谐社会放在更加突出的位置，按照民主法制、公平正义、诚信友爱、充满活力、安定有序、人与自然和谐相处的要求，切实做好构建社会主义和谐社会的各项工作，以促进社会和谐的成效体现党的先进性。要适应我国利益格局变化和利益主体多元化的客观要求，在经济发展的基础上，更加注重社会公平正义，正确反映和兼顾不同方面群众的利益，抓紧完善利益协调机制，以扩大就业、健全社会保障体系、理顺分配关系、发展社会事业、维护社会稳定等为着力点，努力让全体人民共享改革发展的成果。要完善社会管理的政策法规，创新社会管理体制和管理方式，有效整合社会管理资源，推动社会管理的科学化、规范化、法制化。要坚持尊重劳动、尊重知识、尊重人才、尊重创造的方针，积极营造鼓励人们干事业、支持人们干成事业的社会氛围，充分激发各方面的创造活力。要正确处理改革发展稳定的关系，正确处理人民内部矛盾，营造安定团结、和谐稳定的社会局面。要组织和引导基层党组织和广大党员在构建社会主义和谐社会中充分发挥作用，切实做好服务群众、凝聚人心的工作。

第三，要紧密结合加强党的执政能力建设的实践加强党的先进性建设。加强党的执政能力建设和先进性建设是紧密相关、相辅相成的，要贯穿于党的思想建设、组织建设、作风建设和制度建设之中，统一于党的建设新的伟大工程。要坚持以邓小平理论和“三个代表”重要思想为指导，全面贯彻落实科学发展观，不断巩固全党全国各族人民团结奋斗的共同思想基础。要坚持立党为公、执政为民，按照科学执政、民主执政、依法执政的要求，把全心全意为人民服务的宗旨更好地体现在执政实践中。要全面贯彻干部“四化”方针和德才兼备的原则，不断深化干部人事制度改革，扩大干部工作中的民主，扩大广大群众对干部工作的知情权、参与权、选择权、监督权，健全干部选拔任用和管理监督机制，严格遵守干部选拔任用的规定和程序，不断加强各级领导班子建设。要切实防止和纠正考察失真、“带病提拔”和跑官要官、买官卖官等问题。要加强对党的领导机关和党员领导干部的监督，把党内监督与人大监督、政府专门机关监督、政协民主监督、民主党派监督、司法监督、群众监督、舆论监督等很好地结合起来，形成监督合力，提高监督效果。要建立健全教育、管理、服务党员队伍的长效机制，引导广大党员牢记历史使命，增强宗旨意识，在各自岗位充分发挥先锋模范作用。要切实加强党的基层组织建设，按照围绕中心、服务大局、拓宽领域、强化功能的要求，调整组织设置，改进工作方式，创新活动内容，进一步扩大党的工作的覆盖面，不断增强基层党组织的创造力、凝聚力、战斗力，使基层党组织成为人民群众信任和拥护、认真贯彻党的方针政策的坚强战斗堡垒。要认真贯彻“两个务必”和“八个坚持、八个反对”的要求，大力发扬理论联系实际、密切联系群众、批评和自我批评的优良传统，大兴求真务实之风，坚持重实际、说实话、出实招、求实效，扎扎实实为人民群众办实事、办好事。广大党员特别是党员领导干部要模范地发扬党的优良传统和作风，模范地实践以“八荣八耻”为主要内容的社会主义荣辱观，常修为政之德、常思贪欲之害、常怀律己之心，自觉抵御拜金主义、享乐主义、极端个人主义等消极腐朽思想文化的侵蚀，真正做到为民、务实、清廉，为在全社会树立社会主义道德新风尚作出表率。要深刻认识反腐倡廉工作的长期性、复杂性、艰巨性，把反腐倡廉工作作为加强党的先进性建设的重大战略任务，持之以恒地抓紧抓好，一刻都不能放松。要坚持标本兼治、综合治理、惩防并举、注重预防的方针，建立健全教育、制度、监督并重的惩治和预防腐败体系，切实解决损害群众利益的突出问题，严格要求领导干部廉洁从政，特别是要依纪依法严肃查办领导干部滥用权力、谋取私利、贪污贿赂、腐化堕落、失职渎职等方面的案件，决不能手软。

第四，要紧密结合保持党同人民群众血肉联系的实践加强党的先进性建设。民心向背，是检验一个政党是否具有先进性的试金石。一个政党，如果不能保持同人民群众的血肉联系，如果得不到人民群众的支持和拥护，就会失去生命力，更谈不上先进性。我们党的根基在人民、血脉在人民、力量在人民。保持党同人民群众的血肉联系，是我们党无往而不胜的法宝，也是我们党始终保持先进性的法宝。广大党员干部尤其是各级领导干部要牢固树立科学的世界观、人生观、价值观和正确的权力观、地位观、利益观，坚持权为民所用、情为民所系、利为民所谋，始终与人民群众同呼吸、共命运、心连心。要坚持把群众关心的热点难点问题作为我们工作的重点，认认真真访民情，诚诚恳恳听民意，实实在在帮民富，兢兢业业保民安，努力增强为人民服务的本领。要深入实际、深入基层、深入群众，倾听群众呼声，了解群众意愿，集中群众智慧，使我们作出的决策、采取的举措、推行的工作更加符合客观实际和规律，更加符合广大人民的愿望和利益。要建立健全密切联系群众和实现好、维护好、发展好最广大人民根本利益的长效机制，为我们党始终保持同人民群众的血肉联系提供可靠的制度保证。

同志们！我们党紧紧依靠全国各族人民，在过去的85年里写下了光辉篇章。我们党也一定能够团结带领全国各族人民在新世纪新阶段谱写更加壮丽的篇章。全党同志要更加紧密地团结起来，坚持以马克思列宁主义、毛泽东思想、邓小平理论和“三个代表”重要思想为指导，全面贯彻落实科学发展观，不负人民重托，不辱历史使命，为全面建设小康社会、不断开创中国特色社会主义事业新局面而继续奋斗！

（新华社北京讯，7月1日《人民日报》）

中国共产党第十六届中央委员会第六次全体会议公报

（2006 年 10 月 11 日中国共产党第十六届中央委员会第六次全体会议通过）

中国共产党第十六届中央委员会第六次全体会议，于 2006 年 10 月 8 日至 11 日在北京举行。

出席这次全会的有，中央委员 195 人，候补中央委员 152 人。中央纪律检查委员会常务委员会委员和有关方面负责同志列席了会议。

全会由中央政治局主持。中央委员会总书记胡锦涛作了重要讲话。

全会听取和讨论了胡锦涛受中央政治局委托作的工作报告，审议通过了《中共中央关于构建社会主义和谐社会若干重大问题的决定》。吴邦国就《决定（讨论稿）》向全会作了说明。

全会充分肯定党的十六届五中全会以来中央政治局的工作。一致认为，中央政治局坚持以邓小平理论和“三个代表”重要思想为指导，深入贯彻党的十六大和十六届三中、四中、五中全会精神，全面贯彻落实科学发展观，团结带领全党全国各族人民紧紧抓住发展这个党执政兴国的第一要务，着力加快改革开放，着力增强自主创新能力，着力推进经济结构调整和经济增长方式转变，推动经济平稳较快发展，社会主义经济建设、政治建设、文化建设、社会建设取得新的成就，党的执政能力建设和先进性建设取得新的进步，中国特色社会主义事业取得新的进展。

全会全面分析了当前的形势和任务，研究了构建社会主义和谐社会的若干重大问题。一致认为，社会和谐是中国特色社会主义的本质属性，是国家富强、民族振兴、人民幸福的重要保证。构建社会主义和谐社会，是我们党以马克思列宁主义、毛泽东思想、邓小平理论和“三个代表”重要思想为指导，全面贯彻落实科学发展观，从中国特色社会主义事业总体布局和全面建设小康社会全局出发提出的重大战略任务，反映了建设富强民主文明和谐的社会主义现代化国家的内在要求，体现了全党全国各族人民的共同愿望。

全会指出，社会和谐是我们党不懈奋斗的目标。新中国成立后，我们党为促进社会和谐进行了艰辛探索，积累了正反两方面经验，取得了重要进展。党的十一届三中全会以后，我们党坚定不移地推进改革开放和现代化建设，积极推动经济发展和社会全面进步，为促进社会和谐进行了不懈努力。党的十六大以来，我们党对社会和谐的认识不断深化，明确了构建社会主义和谐社会在中国特色社会主义事业总体布局中的地位，作出一系列决策部署，推动和谐社会建设取得新的成效。经过长期努力，我们拥有了构建社会主义和谐社会的各种有利条件。

全会提出，新世纪新阶段，我们党要带领人民抓住机遇、应对挑战，把中国特色社会主义伟大事业推向前进，必须坚持以经济建设为中心，把构建社会主义和谐社会摆在更加突出的地位。

全会认为，目前，我国社会总体上是和谐的。但是，也存在不少影响社会和谐的矛盾和问题。人类社会总是在矛盾运动中发展进步的。构建社会主义和谐社会是一个不断化解社会矛盾的持续过程。我们要始终保持清醒头脑，居安思危，深刻认识我国发展的阶段性特征，科学分析影响社会和谐的矛盾和问题及其产生的原因，更加积极主动地正视矛盾、化解矛盾，最大限度地增加和谐因素，最大限度地减少不和谐因素，不断促进社会和谐。全党同志要坚持解放思想、实事求是、与时俱进，一切从实际出发，自觉按规律办事，立足当前、着眼长远，量力而行、尽力而为，有重点分步骤地持续推进，切实把构建社会主义和谐社会作为贯穿中国特色社会主义事业全过程的长期历史任务和全面建设小康社会的重大现实课题抓紧抓好。

全会强调，我们要构建的社会主义和谐社会，是在中国特色社会主义道路上，中国共产党领导全体人民共同建设、共同享有的和谐社会。必须坚持以马克思列宁主义、毛泽东思想、邓小平理论和“三个代表”重要思想为指导，坚持党的基本路线、基本纲领、基本经验，坚持以科学发展观统领经济社会发展全局，按照民主法治、公平正义、诚信友爱、充满活力、安定有序、人与自然和谐相处的总要求，以解决人民群众最关心、最直接、最现实的利益问题为重点，着力发展社会事业、促进社会公平正义、建设和谐文化、完善社会管理、增强社会创造活力，走共同富裕道路，推动社会建设与经济建设、政治建设、文化建设协调发展。

全会提出，到二〇二〇年，构建社会主义和谐社会的目标和主要任务是：社会主义民主法制更加完善，依法治国基本方略得到全面落实，人民的权益得到切实尊重和保障；城乡、区域发展差距扩大的趋势逐步扭转，合理有序的收入分配格局基本形成，家庭财产普遍增加，人民过上更加富足的生活；社会就业比较充分，覆盖城乡居民的社会保障体系基本建立；基本公共服务体系更加完备，政府管理和服务水平有较大提高；全民族的思想道德素质、科学文化素质和健康素质明显提高，良好道德风尚、和谐人际关系进一步形成；全社会创造活力显著增强，创新型国家基本建成；社会管理体系更加完善，社会秩序良好；资源利用效率显著提高，生态环境明显好转；实现全面建设惠及十几亿人口的更高水平的小康社会的目标，努力形成全体人民各尽其能、各得其所而又和谐相处的局面。

全会强调，构建社会主义和谐社会，要遵循以下原则：必须坚持以人为本，必须坚持科学发展，必须坚持改革开放，必须坚持民主法治，必须坚持正确处理改革发展稳定的关系，必须坚持在党的领导下全社会共同建设。

全会指出，社会要和谐，首先要发展，必须坚持用发展的办法解决前进中的问题，大力发展社会生产力，不断为社会和谐创造雄厚的物质基础，同时更加注重发展社会事业，推动经济社会协调发展。社会公平正义是社会和谐的基本条件，制度是社会公平正义的根本保证，必须加紧建设对保障社会公平正义具有重大作用的制度，保障人民在政治、经济、文化、社会等方面的权利和利益，引导公民依法行使权利、履行义务。建设和谐文化是构建社会主义和谐社会的重要任务，社会主义核心价值体系是建设和谐文化的根本，必须坚持马克思主义在意识形态领域的指导地位，牢牢把握社会主义先进文化的前进方向，倡导和谐理念，培育和谐精神，进一步形成全社会共同的理想。

中共中央关于构建社会主义和谐社会若干重大问题的决定

（2006 年 10 月 11 日中国共产党第十六届中央委员会第六次全体会议通过）

中国共产党第十六届中央委员会第六次全体会议，全面分析了形势和任务，研究了构建社会主义和谐社会的若干重大问题，作出如下决定。

一、构建社会主义和谐社会的重要性和紧迫性

社会和谐是中国特色社会主义的本质属性，是国家富强、民族振兴、人民幸福的重要保证。构建社会主义和谐社会，是我们党以马克思列宁主义、毛泽东思想、邓小平理论和“三个代表”重要思想为指导，全面贯彻落实科学发展观，从中国特色社会主义事业总体布局和全面建设小康社会全局出发提出的重大战略任务，反映了建设富强民主文明和谐的社会主义现代化国家的内在要求，体现了全党全国各族人民的共同愿望。

社会和谐是我们党不懈奋斗的目标。新中国成立后，我们党为促进社会和谐进行了艰辛探索，积累了正反两方面经验，取得了重要进展。党的十一届三中全会以后，我们党坚定不移地推进改革开放和现代化建设，积极推动经济发展和社会全面进步，为促进社会和谐进行了不懈努力。党的十六大以来，我们党对社会和谐的认识不断深化，明确了构建社会主义和谐社会在中国特色社会主义事业总体布局中的地位，作出一系列决策部署，推动和谐社会建设取得新的成效。经过长期努力，我们拥有了构建社会主义和谐社会的各种有利条件。

新世纪新阶段，我们面临的发展机遇前所未有，面对的挑战也前所未有。和平、发展、合作成为时代潮流，世界多极化和经济全球化的趋势深入发展，科技进步日新月异。同时，国际环境复杂多变，综合国力竞争日趋激烈，影响和平与发展的不稳定不确定因素增多，我们仍将长期面对发达国家在经济科技等方面占优势的压力。我国社会主义市场经济体制日趋完善，社会主义物质文明、政治文明、精神文明建设和党的建设不断加强，综合国力大幅度提高，人民生活显著改善，社会政治长期保持稳定。同时，我国正处于并将长期处于社会主义初级阶段，人民日益增长的物质文化需要同落后的社会生产之间的矛盾仍然是我国社会的主要矛盾，统筹兼顾各方面利益任务艰巨而繁重。特别要看到，我国已进入改革发展的关键时期，经济体制深刻变革，社会结构深刻变动，利益格局深刻调整，思想观念深刻变化。这种空前的社会变革，给我国发展进步带来巨大活力，也必然带来这样那样的矛盾和问题。我们党要带领人民抓住机遇、应对挑战，把中国特色社会主义伟大事业推向前进，必须坚持以经济建设为中心，把构建社会主义和谐社会摆在更加突出的地位。

目前，我国社会总体上是和谐的。但是，也存在不少影响社会和谐的矛盾和问题，主要是：城乡、区域、经济社会发展很不平衡，人口资源环境压力加大；就业、社会保

障、收入分配、教育、医疗、住房、安全生产、社会治安等方面关系群众切身利益的问题比较突出；体制机制尚不完善，民主法制还不健全；一些社会成员诚信缺失、道德失范，一些领导干部的素质、能力和作风与新形势新任务的要求还不适应；一些领域的腐败现象仍然比较严重；敌对势力的渗透破坏活动危及国家安全和社会稳定。

任何社会都不可能没有矛盾，人类社会总是在矛盾运动中发展进步的。构建社会主义和谐社会是一个不断化解社会矛盾的持续过程。我们要始终保持清醒头脑，居安思危，深刻认识我国发展的阶段性特征，科学分析影响社会和谐的矛盾和问题及其产生的原因，更加积极主动地正视矛盾、化解矛盾，最大限度地增加和谐因素，最大限度地减少不和谐因素，不断促进社会和谐。全党同志要坚持解放思想、实事求是、与时俱进，一切从实际出发，自觉按规律办事，立足当前、着眼长远，量力而行、尽力而为，有重点分步骤地持续推进，切实把构建社会主义和谐社会作为贯穿中国特色社会主义事业全过程的长期历史任务和全面建设小康社会的重大现实课题抓紧抓好。

二、构建社会主义和谐社会的指导思想、目标任务和原则

我们要构建的社会主义和谐社会，是在中国特色社会主义道路上，中国共产党领导全体人民共同建设、共同享有的和谐社会。必须坚持以马克思列宁主义、毛泽东思想、邓小平理论和“三个代表”重要思想为指导，坚持党的基本路线、基本纲领、基本经验，坚持以科学发展观统领经济社会发展全局，按照民主法治、公平正义、诚信友爱、充满活力、安定有序、人与自然和谐相处的总要求，以解决人民群众最关心、最直接、最现实的利益问题为重点，着力发展社会事业、促进社会公平正义、建设和谐文化、完善社会管理、增强社会创造活力，走共同富裕道路，推动社会建设与经济建设、政治建设、文化建设协调发展。

到二〇二〇年，构建社会主义和谐社会的目标和主要任务是：社会主义民主法制更加完善，依法治国基本方略得到全面落实，人民的权益得到切实尊重和保障；城乡、区域发展差距扩大的趋势逐步扭转，合理有序的收入分配格局基本形成，家庭财产普遍增加，人民过上更加富足的生活；社会就业比较充分，覆盖城乡居民的社会保障体系基本建立；基本公共服务体系更加完备，政府管理和服务水平有较大提高；全民族的思想道德素质、科学文化素质和健康素质明显提高，良好道德风尚、和谐人际关系进一步形成；全社会创造活力显著增强，创新型国家基本建成；社会管理体系更加完善，社会秩序良好；资源利用效率显著提高，生态环境明显好转；实现全面建设惠及十几亿人口的更高水平的小康社会的目标，努力形成全体人民各尽其能、各得其所而又和谐相处的局面。

构建社会主义和谐社会，要遵循以下原则。

——必须坚持以人为本。始终把最广大人民的根本利益作为党和国家一切工作的出发点和落脚点，实现好、维护好、发展好最广大人民的根本利益，不断满足人民日益增长的物质文化需要，做到发展为了人民、发展依靠人民、发展成果由人民共享，促进人的全面发展。

——必须坚持科学发展。切实抓好发展这个党执政兴国的第一要务，统筹城乡发展，统筹区域发展，统筹经济社会发展，统筹人与自然和谐发展，统筹国内发展和对外

开放，转变增长方式，提高发展质量，推进节约发展、清洁发展、安全发展，实现经济社会全面协调可持续发展。

——必须坚持改革开放。坚持社会主义市场经济的改革方向，适应社会发展要求，推进经济体制、政治体制、文化体制、社会体制改革和创新，进一步扩大对外开放，提高改革决策的科学性、改革措施的协调性，建立健全充满活力、富有效率、更加开放的体制机制。

——必须坚持民主法治。加强社会主义民主政治建设，发展社会主义民主，实施依法治国基本方略，建设社会主义法治国家，树立社会主义法治理念，增强全社会法律意识，推进国家经济、政治、文化、社会生活法制化、规范化，逐步形成社会公平保障体系，促进社会公平正义。

——必须坚持正确处理改革发展稳定的关系。把改革的力度、发展的速度和社会可承受的程度统一起来，维护社会安定团结，以改革促进和谐、以发展巩固和谐、以稳定保障和谐，确保人民安居乐业、社会安定有序、国家长治久安。

——必须坚持在党的领导下全社会共同建设。坚持科学执政、民主执政、依法执政，发挥党的领导核心作用，维护人民群众的主体地位，团结一切可以团结的力量，调动一切积极因素，形成促进和谐人人有责、和谐社会人人共享的生动局面。

三、坚持协调发展，加强社会事业建设

社会要和谐，首先要发展。社会和谐在很大程度上取决于社会生产力的发展水平，取决于发展的协调性。必须坚持用发展的办法解决前进中的问题，大力发展社会生产力，不断为社会和谐创造雄厚的物质基础。同时，更加注重解决发展不平衡问题，更加注重发展社会事业，推动经济社会协调发展。

（一）扎实推进社会主义新农村建设，促进城乡协调发展。贯彻工业反哺农业、城市支持农村和多予少取放活的方针，加快建立有利于改变城乡二元结构的体制机制，推进农村综合改革，促进农业不断增效、农村加快发展、农民持续增收。坚持农村基本经营制度，保障农民土地承包经营的各项权利，发展农民专业合作组织，增强农村集体经济组织服务功能。强化支农惠农政策，增加国家对农业和农村投入，完善农村金融服务体系。加快农业科技进步，推进现代农业建设，发展农业产业化经营，提高农业综合生产能力。调整优化农村经济结构，积极稳妥地推进城镇化，发展壮大县域经济。加大扶贫力度，完善扶贫机制，加快改善贫困农民生产生活条件。各级政府要把基础设施建设和社会事业发展的重点转向农村，国家财政新增教育、卫生、文化等事业经费和固定资产投资增量主要用于农村，逐步加大政府土地出让金用于农村的比重。实行最严格的耕地保护制度，从严控制征地规模，加快征地制度改革，提高补偿标准，探索确保农民现实利益和长期稳定收益的有效办法，解决好被征地农民的就业和社会保障。加强对农民的宣传教育，加快培养新型农民，充分发挥广大农民在新农村建设中的主体作用。

（二）落实区域发展总体战略，促进区域协调发展。继续推进西部大开发，振兴东北地区等老工业基地，促进中部地区崛起，鼓励东部地区率先发展，形成分工合理、特色明显、优势互补的区域产业结构，推动各地区共同发展。加大对欠发达地区和困难地区的扶持。中央财政转移支付资金重点用于中西部地区，尽快使中西部地区基础设施和

教育、卫生、文化等公共服务设施得到改善，逐步缩小地区间基本公共服务差距。加大对革命老区、民族地区、边疆地区、贫困地区以及粮食主产区、矿产资源开发地区、生态保护任务较重地区的转移支付，加大对人口较少民族的支持。支持经济发达地区加快产业结构优化升级和产业转移，扶持中西部地区优势产业项目，加快这些地区的资源优势向经济优势转变。鼓励东部地区带动和帮助中西部地区发展，扩大发达地区对欠发达地区和民族地区的对口援助，形成以政府为主导、市场为纽带、企业为主体、项目为载体的互惠互利机制。继续发挥经济特区、上海浦东新区作用，推进天津滨海新区等条件较好地区开发开放。建立健全资源开发有偿使用制度和补偿机制，对资源衰退和枯竭的困难地区经济转型实行扶持措施。

（三）实施积极的就业政策，发展和谐劳动关系。把扩大就业作为经济社会发展和调整经济结构的重要目标，实现经济发展和扩大就业良性互动。大力发展劳动密集型产业、服务业、非公有制经济、中小企业，多渠道、多方式增加就业岗位。实行促进就业的财税金融政策，积极支持自主创业、自谋职业。健全面向全体劳动者的职业技能培训制度，加强创业培训和再就业培训。深化户籍、劳动就业等制度改革，逐步形成城乡统一的人才市场和劳动力市场，完善人员流动政策，规范发展就业服务机构。强化政府促进就业职能，统筹做好城镇新增劳动力就业、农村富余劳动力转移就业、下岗失业人员再就业工作，加强大学毕业生、退役军人就业指导和服务。扩大再就业政策扶持范围，健全再就业援助制度，着力帮助零就业家庭和就业困难人员就业。完善劳动关系协调机制，全面实行劳动合同制度和集体协商制度，确保工资按时足额发放。严格执行国家劳动标准，加强劳动保护，健全劳动保障监察体制和劳动争议调处仲裁机制，维护劳动者特别是农民工合法权益。

（四）坚持教育优先发展，促进教育公平。全面贯彻党的教育方针，大力实施科教兴国战略和人才强国战略，全面实施素质教育，深化教育改革，提高教育质量，建设现代国民教育体系和终身教育体系，保障人民享有接受良好教育的机会。坚持公共教育资源向农村、中西部地区、贫困地区、边疆地区、民族地区倾斜，逐步缩小城乡、区域教育发展差距，推动公共教育协调发展。明确各级政府提供教育公共服务的职责，保证财政性教育经费增长幅度明显高于财政经常性收入增长幅度，逐步使财政性教育经费占国内生产总值的比例达到4%。普及和巩固九年义务教育，落实农村义务教育经费保障机制，在农村并逐步在城市免除义务教育学杂费，全面落实对家庭经济困难学生免费提供课本和补助寄宿生生活费政策，保障农民工子女接受义务教育。加快发展城乡职业教育和培训网络，努力使劳动者人人有知识、个个有技能。保持高等院校招生合理增长，注重增强学生的实践能力、创造能力和就业能力、创业能力。完善高等教育和高中阶段国家奖学金、助学金制度，落实国家助学贷款政策，鼓励社会捐资助学。规范学校收费项目和标准，坚决制止教育乱收费。切实减轻中小学生课业负担。提高师资特别是农村师资水平。改进学校思想政治工作和管理工作，提高师生思想道德素质。引导民办教育健康发展。积极发展继续教育，努力建设学习型社会。

（五）加强医疗卫生服务，提高人民健康水平。坚持公共医疗卫生的公益性质，深化医疗卫生体制改革，强化政府责任，严格监督管理，建设覆盖城乡居民的基本卫生保健制度，为群众提供安全、有效、方便、价廉的公共卫生和基本医疗服务。加强公共卫生体系建设，开展爱国卫生运动，发展妇幼卫生事业，加强医学研究，提高重大疾病预防控制能力和医疗救治能力。健全医疗卫生服务体系，重点加强农村三级卫生服务网络和以社区卫生服务为基础的新型城市卫生服务体系建设，落实经费保障措施。实施区域卫生发展规划，整合城乡医疗卫生资源，建立城乡医院对口支援、大医院和社区卫生机构双向转诊、高中级卫生技术人员定期到基层服务制度，加强农村医疗卫生人才培养。推进医疗机构属地化和全行业管理，理顺医药卫生行政管理体制，推行政事分开、管办分开、医药分开、营利性与非营利性分开。强化公立医院公共服务职能，加强医德医风建设，规范收支管理，纠正片面创收倾向。建立国家基本药物制度，整顿药品生产和流通秩序，保证群众基本用药。加强食品、药品、餐饮卫生监管，保障人民群众健康安全。严格医疗机构、技术准入和人员执业资格审核，引导社会资金依法创办医疗卫生机构，支持有资质人员依法开业，方便群众就医。大力扶持中医药和民族医药发展。

（六）加快发展文化事业和文化产业，满足人民群众文化需求。坚持把社会效益放在首位，坚持把发展公益性文化事业作为保障人民文化权益的主要途径，推动文化事业和文化产业共同发展。推进文化体制改革，形成富有活力的文化管理体制和文化产品生产经营机制。加强公益性文化设施建设，鼓励社会力量捐助和兴办公益性文化事业，加快建立覆盖全社会的公共文化服务体系。优先安排关系群众切身利益的文化建设项目，突出抓好广播电视村村通工程、社区和乡镇综合文化站（室）工程、全国文化信息资源共享工程。完善文化产业政策，培育国有和国有控股骨干文化企业，鼓励非公有资本依法进入文化产业，以重大文化产业项目带动发展，推动集约化经营，提供价格合理、形式多样的文化产品和服务，增强文化产品国际竞争力。加强文化遗产保护。加强城乡社区体育设施建设，广泛开展全民健身活动，提高竞技体育水平。

（七）加强环境治理保护，促进人与自然相和谐。以解决危害群众健康和影响可持续发展的环境问题为重点，加快建设资源节约型、环境友好型社会。优化产业结构，发展循环经济，推广清洁生产，节约能源资源，依法淘汰落后工艺技术和生产能力，从源头上控制环境污染。实施重大生态建设和环境整治工程，有效遏制生态环境恶化趋势。统筹城乡环境建设，加强城市环境综合治理，改善农村生活环境和村容村貌。加快环境科技创新，加强污染专项整治，强化污染物排放总量控制，重点搞好水、大气、土壤等污染防治。完善有利于环境保护的产业政策、财税政策、价格政策，建立生态环境评价体系和补偿机制，强化企业和全社会节约资源、保护环境的责任。完善环境保护法律法规和管理体系，严格环境执法，加强环境监测，定期公布环境状况信息，严肃处罚违法行为。稳定人口低生育水平，有效治理出生人口性别比升高等问题，提高出生人口素质。

四、加强制度建设，保障社会公平正义

社会公平正义是社会和谐的基本条件，制度是社会公平正义的根本保证。必须加紧建设对保障社会公平正义具有重大作用的制度，保障人民在政治、经济、文化、社会等方面的权利和利益，引导公民依法行使权利、履行义务。

（一）完善民主权利保障制度，巩固人民当家作主的政治地位。坚持党的领导、人民当家作主和依法治国的有机统一，依法实行民主选举、民主决策、民主管理、民主监

督，积极稳妥地推进政治体制改革，健全民主制度，丰富民主形式，实现社会主义民主政治制度化、规范化、程序化，保障人民享有广泛的民主权利。坚持和完善人民代表大会制度、中国共产党领导的多党合作和政治协商制度、民族区域自治制度，从各个层次扩大公民有序的政治参与，保障人民依法管理国家事务、管理经济和文化事业、管理社会事务。推进决策科学化、民主化，深化政务公开，依法保障公民的知情权、参与权、表达权、监督权。扩大基层民主，完善厂务公开、村务公开等办事公开制度，完善基层民主管理制度，发挥社会自治功能，保证人民依法直接行使民主权利。

（二）完善法律制度，夯实社会和谐的法治基础。维护社会主义法制的统一和尊严，树立社会主义法制权威。坚持公民在法律面前一律平等，尊重和保障人权，依法保证公民权利和自由。坚持科学立法、民主立法，完善发展民主政治、保障公民权利、推进社会事业、健全社会保障、规范社会组织、加强社会管理等方面的法律法规。加快建设法治政府，全面推进依法行政，严格按照法定权限和程序行使权力、履行职责，健全行政执法责任追究制度，完善行政复议、行政赔偿制度。加强对权力运行的制约和监督，加强对行政机关、司法机关的监督。拓展和规范法律服务，加强和改进法律援助工作。深入开展法制宣传教育，形成全体公民自觉学法守法用法的氛围。

（三）完善司法体制机制，加强社会和谐的司法保障。坚持司法为民、公正司法，推进司法体制和工作机制改革，建设公正、高效、权威的社会主义司法制度，发挥司法维护公平正义的职能作用。完善诉讼、检察监督、刑罚执行、教育矫治、司法鉴定、刑事赔偿、司法考试等制度。加强司法民主建设，健全公开审判、人民陪审员、人民监督员等制度，发挥律师、公证、和解、调解、仲裁的积极作用。加强司法救助，对贫困群众减免诉讼费。健全巡回审判，扩大简易程序适用范围，落实当事人权利义务告知制度、方便群众诉讼。规范诉讼、律师、仲裁收费。加强人权司法保护，严格依照法定原则和程序进行诉讼活动。完善执行工作机制，加强和改进执行工作。维护司法廉洁，严肃追究徇私枉法、失职渎职等行为的法律责任。

（四）完善公共财政制度，逐步实现基本公共服务均等化。健全公共财政体制，调整财政收支结构，把更多财政资金投向公共服务领域，加大财政在教育、卫生、文化、就业再就业服务、社会保障、生态环境、公共基础设施、社会治安等方面的投入。进一步明确中央和地方的事权，健全财力与事权相匹配的财税体制。完善中央和地方共享税分成办法，加大财政转移支付力度，促进转移支付规范化、法制化。保障各级政权建设需要。完善财政奖励补助政策和省以下财政管理体制，着力解决县乡财政困难，增强基层政府提供公共服务能力。逐步增加国家财政投资规模，不断增强公共产品和公共服务供给能力。

（五）完善收入分配制度，规范收入分配秩序。坚持按劳分配为主体、多种分配方式并存的分配制度，加强收入分配宏观调节，在经济发展的基础上，更加注重社会公平，着力提高低收入者收入水平，逐步扩大中等收入者比重，有效调节过高收入，坚决取缔非法收入，促进共同富裕。通过扩大就业、建立农民增收减负长效机制、健全最低工资制度、完善工资正常增长机制、逐步提高社会保障标准等举措，提高低收入者收入水平。完善劳动、资本、技术、管理等生产要素按贡献参与分配制度。健全国家统一的职务与级别相结合的公务员工资制度，规范地区津贴补贴标准，完善艰苦边远地区津贴制度。加快事业单位改革，实行符合事业单位特点的收入分配制度。加强企业工资分配调控和指导，发挥工资指导线、劳动力市场价位、行业人工成本信息对工资水平的引导作用。规范国有企业经营管理者收入，确定管理者与职工收入合理比例。加快垄断行业改革，调整国家和企业分配关系，完善并严格实行工资总额控制制度。建立健全国有资本经营预算制度，保障所有者权益。实行综合与分类相结合的个人所得税制度，加强征管和调节。

（六）完善社会保障制度，保障群众基本生活。适应人口老龄化、城镇化、就业方式多样化，逐步建立社会保险、社会救助、社会福利、慈善事业相衔接的覆盖城乡居民的社会保障体系。多渠道筹集社会保障基金，加强基金监管，保证社会保险基金保值增值。完善企业职工基本养老保险制度，强化保险基金统筹部分征缴，逐步做实个人账户，积极推进省级统筹，条件具备时实行基本养老金基础部分全国统筹。加快机关事业单位养老保险制度改革。逐步建立农村最低生活保障制度，有条件的地方探索建立多种形式的农村养老保险制度。完善城镇职工基本医疗保险，建立以大病统筹为主的城镇居民医疗保险，发展社会医疗救助。加快推进新型农村合作医疗。推进失业、工伤、生育保险制度建设。加快建立适应农民工特点的社会保障制度。加强对困难群众的救助，完善城市低保、农村五保供养、特困户救助、灾民救助、城市生活无着的流浪乞讨人员救助等制度。完善优抚安置政策。发展以扶老、助残、救孤、济困为重点的社会福利。发扬人道主义精神，发展残疾人事业，保障残疾人合法权益。发展老龄事业，开展多种形式的老龄服务。发展慈善事业，完善社会捐赠免税减税政策，增强全社会慈善意识。发挥商业保险在健全社会保障体系中的重要作用。拓宽资金筹集渠道，加快廉租住房建设，规范和加强经济适用房建设，逐步解决城镇低收入家庭住房困难。

五、建设和谐文化，巩固社会和谐的思想道德基础

建设和谐文化，是构建社会主义和谐社会的重要任务。社会主义核心价值体系是建设和谐文化的根本。必须坚持马克思主义在意识形态领域的指导地位，牢牢把握社会主义先进文化的前进方向，弘扬民族优秀文化传统，借鉴人类有益文明成果，倡导和谐理念，培育和谐精神，进一步形成全社会共同的理想信念和道德规范，打牢全党全国各族人民团结奋斗的思想道德基础。

（一）建设社会主义核心价值体系，形成全民族奋发向上的精神力量和团结和睦的精神纽带。马克思主义指导思想，中国特色社会主义共同理想，以爱国主义为核心的民族精神和以改革创新为核心的时代精神，社会主义荣辱观，构成社会主义核心价值体系的基本内容。坚持把社会主义核心价值体系融入国民教育和精神文明建设全过程、贯穿现代化建设各方面。坚持用马克思主义中国化的最新成果武装全党、教育人民，用民族精神和时代精神凝聚力量、激发活力，倡导爱国主义、集体主义、社会主义思想，加强理想信念教育，加强国情和形势政策教育，不断增强对中国共产党领导、社会主义制度、改革开放事业、全面建设小康社会目标的信念和信心。加强马克思主义理论研究和建设，增强党的思想理论工作的创造力、说服力、感召力。坚持以社会主义核心价值体系引领社会思潮，尊重差异，包容多样，最大限度地形成社会思想共识。

（二）树立社会主义荣辱观，培育文明道德风尚。坚持依法治国与以德治国相结合，

树立以“八荣八耻”为主要内容的社会主义荣辱观，倡导爱国、敬业、诚信、友善等道德规范，开展社会公德、职业道德、家庭美德教育，加强青少年思想道德建设，在全社会形成知荣辱、讲正气、促和谐的风尚，形成男女平等、尊老爱幼、扶贫济困、礼让宽容的人际关系。普及科学知识，弘扬科学精神，养成健康文明的生活方式。发扬艰苦奋斗精神，提倡勤俭节约，反对拜金主义、享乐主义、极端个人主义。弘扬我国传统文化中有利于社会和谐的内容，形成符合传统美德和时代精神的道德规范和行为规范。加强政务诚信、商务诚信、社会诚信建设，增强全社会诚实守信意识。

（三）坚持正确导向，营造积极健康的思想舆论氛围。正确的思想舆论导向是促进社会和谐的重要因素。新闻出版、广播影视、文学艺术、社会科学，要坚持正确导向，唱响主旋律，为改革发展稳定营造良好思想舆论氛围。新闻媒体要增强社会责任感，宣传党的主张，弘扬社会正气，通达社情民意，引导社会热点，疏导公众情绪，搞好舆论监督。健全突发事件新闻报道机制，及时发布准确信息。加强对互联网等的应用和管理，理顺管理体制，倡导文明办网、文明上网，使各类新兴媒体成为促进社会和谐的重要阵地。哲学社会科学要坚持以马克思主义为指导，以重大现实问题研究为主攻方向，发挥认识世界、传承文明、创新理论、咨政育人、服务社会的作用。文学艺术要弘扬真善美，创作生产更多陶冶情操、愉悦身心的优秀作品，丰富群众文化生活。坚持不懈地开展“扫黄打非”。

（四）广泛开展和谐创建活动，形成人人促进和谐的局面。着眼于增强公民、企业、各种组织的社会责任，把和谐社区、和谐家庭等和谐创建活动同群众性精神文明创建活动结合起来，突出思想教育内涵，广泛吸引群众参与，推动形成我为人人、人人为我的社会氛围。以相互关爱、服务社会为主题，深入开展城乡社会志愿服务活动，建立与政府服务、市场服务相衔接的社会志愿服务体系。注重促进人的心理和谐，加强人文关怀和心理疏导，引导人们正确对待自己、他人和社会，正确对待困难、挫折和荣誉。加强心理健康教育和保健，健全心理咨询网络，塑造自尊自信、理性平和、积极向上的社会心态。

六、完善社会管理，保持社会安定有序

加强社会管理，维护社会稳定，是构建社会主义和谐社会的必然要求。必须创新社会管理体制，整合社会管理资源，提高社会管理水平，健全党委领导、政府负责、社会协同、公众参与的社会管理格局，在服务中实施管理，在管理中体现服务。

（一）建设服务型政府，强化社会管理和公共服务职能。为人民服务是各级政府的神圣职责和全体公务员的基本准则。按照转变职能、权责一致、强化服务、改进管理、提高效能的要求，深化行政管理体制改革，优化机构设置，更加注重履行社会管理和公共服务职能。以发展社会事业和解决民生问题为重点，优化公共资源配置，注重向农村、基层、欠发达地区倾斜，逐步形成惠及全民的基本公共服务体系。创新公共服务体制，改进公共服务方式，加强公共设施建设。深化行政审批制度改革，进一步减少和规范行政审批事项，简化办事程序，创新管理制度，为群众和基层提供方便快捷优质服务。推行政务公开，加快电子政务建设，推进公共服务信息化，及时发布公共信息，为群众生活和参与经济社会活动创造便利条件。完善公共服务政策体系，提高公共服务质

量，增强政府公信力。推进政事分开，支持社会组织参与社会管理和公共服务。加强市场监管，整顿和规范市场经济秩序。

（二）推进社区建设，完善基层服务和管理网络。全面开展城市社区建设，积极推进农村社区建设，健全新型社区管理和服务体制，把社区建设成为管理有序、服务完善、文明祥和的社会生活共同体。完善居（村）民自治，支持居（村）民委员会协助政府做好公共服务和社会管理工作，发挥驻区单位、社区民间组织、物业管理机构、专业合作经济组织在社区建设中的积极作用，实现政府行政管理和社区自我管理有效衔接、政府依法行政和居民依法自治良性互动。加强流动人口服务和管理，促进流动人口同当地居民和睦相处。完善社区公共服务，开展社区群众性自助和互助服务，发展社区服务业。

（三）健全社会组织，增强服务社会功能。坚持培育发展和管理监督并重，完善培育扶持和依法管理社会组织的政策，发挥各类社会组织提供服务、反映诉求、规范行为的作用。发展和规范律师、公证、会计、资产评估等机构，鼓励社会力量在教育、科技、文化、卫生、体育、社会福利等领域兴办民办非企业单位。发挥行业协会、学会、商会等社会团体的社会功能，为经济社会发展服务。发展和规范各类基金会，促进公益事业发展。引导各类社会组织加强自身建设，提高自律性和诚信度。

（四）统筹协调各方面利益关系，妥善处理社会矛盾。适应我国社会结构和利益格局的发展变化，形成科学有效的利益协调机制、诉求表达机制、矛盾调处机制、权益保障机制。坚持把改善人民生活作为正确处理改革发展稳定关系的结合点，正确把握最广大人民的根本利益、现阶段群众的共同利益和不同群体的特殊利益的关系，统筹兼顾各方面群众的关切。拓宽社情民意表达渠道，推行领导干部接待群众制度，完善党政领导干部和党代表、人大代表、政协委员联系群众制度，健全信访工作责任制，建立全国信访信息系统，搭建多种形式的沟通平台，把群众利益诉求纳入制度化、规范化、法制化的轨道。健全社会舆情汇集和分析机制，完善矛盾纠纷排查调处工作制度，建立党和政府主导的维护群众权益机制，实现人民调解、行政调解、司法调解有机结合，更多采用调解方法，综合运用法律、政策、经济、行政等手段和教育、协商、疏导等办法，把矛盾化解在基层、解决在萌芽状态。着力解决土地征收征用、城市建设拆迁、环境保护、企业重组改制和破产、涉法涉诉中群众反映强烈的问题，坚决纠正损害群众利益的行为。坚持依法办事、按政策办事，发挥思想政治工作优势，积极预防和妥善处置人民内部矛盾引发的群体性事件，维护群众利益和社会稳定。

（五）完善应急管理体制机制，有效应对各种风险。建立健全分类管理、分级负责、条块结合、属地为主的应急管理体制，形成统一指挥、反应灵敏、协调有序、运转高效的应急管理机制，有效应对自然灾害、事故灾难、公共卫生事件、社会安全事件，提高危机管理和抗风险能力。按照预防与应急并重、常态与非常态结合的原则，建立统一高效的应急信息平台，建设精干实用的专业应急救援队伍，健全应急预案体系，完善应急管理法律法规，加强应急管理宣传教育，提高公众参与和自救能力，实现社会预警、社会动员、快速反应、应急处置的整体联动。坚持安全第一、预防为主、综合治理，完善安全生产体制机制、法律法规和政策措施，加大投入，落实责任，严格管理，强化监督，坚决遏制重特大安全事故。

（六）加强社会治安综合治理，增强人民群众安全感。坚持打防结合、预防为主、专群结合、依靠群众的方针，完善社会治安防控体系，广泛开展平安创建活动，把社会治安综合治理措施落实到基层，确保社会治安大局稳定。依法严厉打击严重刑事犯罪活动，着力整治突出治安问题和治安混乱地区，扫除黄赌毒等社会丑恶现象，坚决遏制刑事犯罪高发势头。实施宽严相济的刑事司法政策，改革未成年人司法制度，积极推行社区矫正。加强对流浪儿童、服刑人员子女的关心教育，强化吸毒人员感化和管理，改进刑释解教人员帮教安置工作。完善政法保障机制，加强公安派出所、司法所、人民法庭等基层基础建设，改革和加强社区警务工作，打造服务群众、维护稳定的第一线平台。坚持执法为民，加强政法队伍建设，确保政法队伍严格、公正、文明执法，始终忠于党、忠于祖国、忠于人民、忠于法律。

（七）加强国家安全工作和国防建设，保障国家稳定安全。增强国家安全意识，完善国家安全战略，健全科学、协调、高效的工作机制，有效应对各种传统安全威胁和非传统安全威胁，严厉打击境内外敌对势力的渗透、颠覆、破坏活动，确保国家政治安全、经济安全、文化安全、信息安全。坚持党对军队的绝对领导，坚持国防建设与经济建设协调发展，全面推进军队革命化、现代化、正规化建设，推进中国特色军事变革，坚持积极防御的战略方针，抓紧做好军事斗争准备，提高应对危机、维护和平，遏制战争、打赢战争的能力，努力为党巩固执政地位提供重要力量保证，为维护国家发展的重要战略机遇期提供坚强安全保障，为维护国家利益提供有力战略支撑，为维护世界和平与促进共同发展发挥重要作用，坚定不移地捍卫国家安全统一和领土完整。加强武装警察部队全面建设。增强国防意识，完善国防动员体制机制，深入开展双拥共建工作，巩固军政军民团结。

七、激发社会活力，增进社会团结和睦

社会主义和谐社会既是充满活力的社会，也是团结和睦的社会。必须最大限度地激发社会活力，促进政党关系、民族关系、宗教关系、阶层关系、海内外同胞关系的和谐，巩固全国各族人民的大团结，巩固海内外中华儿女的大团结。

（一）增强全社会创造活力，形成万众一心共创伟业的生动局面。贯彻尊重劳动、尊重知识、尊重人才、尊重创造的方针，发挥人民群众的首创精神，使全社会创造能量充分释放、创新成果不断涌现、创业活动蓬勃开展。坚持人民群众是历史创造者的观点，党和政府的重大决策和工作部署都要从人民群众的创造性实践中汲取智慧、经受检验，都要依靠人民群众付诸实践、取得实效。坚持发挥生产力作为最活跃最革命因素的决定性作用，坚定不移地通过深化改革破除各种障碍，完善公平竞争机制，健全现代产权制度，不断解放和发展生产力。坚持把创新精神贯穿到治国理政的各个环节，使一切有利于社会进步的创造才能得到发挥，保护创新热情，鼓励创新实践，完善创新机制，宽容创新挫折，增强自主创新能力，建设创新型国家。弘扬自力更生、顽强拼搏、团结协作精神，倡导自主创业、艰苦创业、和谐创业，营造鼓励人们干事业、支持人们干成事业的社会环境，共同致力于建设中国特色社会主义伟大事业。

（二）巩固和壮大最广泛的爱国统一战线，充分调动各方面积极性。高举爱国主义和社会主义伟大旗帜，发挥统一战线在促进社会和谐中的独特优势，支持人民政协围绕

团结和民主两大主题履行政治协商、民主监督、参政议政的职能，发挥协调关系、汇集力量、建言献策、服务大局的作用，加强各党派、各团体、各民族、各阶层、各界人士的团结和谐。贯彻长期共存、互相监督、肝胆相照、荣辱与共的方针，加强同民主党派和无党派人士合作共事，不断发展我国社会主义多党合作事业。坚持全心全意依靠工人阶级的方针，发挥包括知识分子在内的工人阶级、广大农民推动经济社会发展根本力量的作用，鼓励和支持包括新的社会阶层在内的全体社会主义事业的建设者为经济社会发展贡献力量。认真贯彻落实党的民族政策，牢牢把握各民族共同团结奋斗、共同繁荣发展的主题，广泛开展民族团结进步活动，巩固和发展平等、团结、互助、和谐的社会主义民族关系，使各族人民和睦相处、和衷共济、和谐发展。全面贯彻党的宗教信仰自由政策，依法管理宗教事务，坚持独立自主自办的原则，积极引导宗教与社会主义社会相适应，加强信教群众同不信教群众、信仰不同宗教群众的团结，发挥宗教在促进社会和谐方面的积极作用。

（三）加强海内外中华儿女的团结，为实现中华民族的伟大复兴而奋斗。坚持“一国两制”、“港人治港”、“澳人治澳”、高度自治的方针，严格按照特别行政区基本法办事，在爱国爱港、爱国爱澳旗帜下，团结港澳各界人士，维护香港、澳门长期繁荣稳定。贯彻“和平统一、一国两制”的基本方针和现阶段发展两岸关系、推进祖国和平统一进程的八项主张，坚持一个中国原则决不动摇、争取和平统一的努力决不放弃、贯彻寄希望于台湾人民的方针决不改变、反对“台独”分裂活动决不妥协。围绕两岸关系和平发展的主题，加强两岸人员往来和经济文化交流合作，支持海峡西岸和其他台商投资相对集中地区的经济发展，推进两岸直接“三通”，尽最大努力为两岸同胞谋和平、谋发展、谋福祉，使两岸同胞感情更融洽、合作更深化，共同维护台海和平稳定，推进祖国统一大业。全面贯彻党的侨务政策，做好海外侨胞和归侨侨眷工作，凝聚侨心、汇集侨智、发挥侨力。

（四）坚持走和平发展道路，营造良好外部环境。高举和平、发展、合作的旗帜，坚持独立自主的和平外交政策，坚定不移地走和平发展道路，实施互利共赢的开放战略，维护国家主权、安全、发展利益，积极争取和平稳定的国际环境、睦邻友好的周边环境、平等互利的合作环境、互信协作的安全环境、客观友善的舆论环境。坚持对外开放的基本国策，提高对外开放水平，积极发展对外经济技术合作，大力开展对外文化交流，更好地利用国际国内两个市场、两种资源，注重加强互利合作、实现共同发展。按照和平共处五项原则和其他公认的国际关系准则同世界各国发展友好关系，推动建设持久和平、共同繁荣的和谐世界。

八、加强党对构建社会主义和谐社会的领导

构建社会主义和谐社会，关键在党。必须充分发挥党的领导核心作用，坚持立党为公、执政为民，以党的执政能力建设和先进性建设推动社会主义和谐社会建设，为构建社会主义和谐社会提供坚强有力的政治保证。

（一）提高各级领导班子和领导干部领导社会主义和谐社会建设的本领。各级党委要把和谐社会建设放在全局工作的突出位置，把握方向，制定政策，整合力量，营造环境，切实担负起领导责任。坚持和完善民主集中制，扩大党内民主，推进党务公开，严

格党内生活，严肃党的纪律，增进党的团结统一，以党内和谐促进社会和谐。建立科学高效的领导机制和工作机制，明确工作分工，搞好协调指导，增强政治敏锐性，加强对社会建设重大问题的调查研究，提高政策措施的针对性和有效性，解决好本地区本部门影响社会和谐的突出矛盾和问题。坚持正确的用人导向，选好配强领导班子，注重培养选拔熟悉社会建设和管理的优秀干部。深化干部人事制度改革，认真实施体现科学发展观要求的综合考核评价办法，把领导社会建设的绩效列为考核内容，增强领导班子和领导干部统筹经济社会发展的能力。大兴求真务实之风，激励干部真抓实干，加强检查监督工作，确保中央的方针政策和工作部署落到实处。加强社会建设理论和社会政策的学习研究和教育培训，不断提高各级领导班子和领导干部管理社会事务、协调利益关系、开展群众工作、激发社会创造活力、处理人民内部矛盾、维护社会稳定的本领。加强和改进党对工会、共青团、妇联等人民团体的领导，支持他们发挥联系群众、服务群众、教育群众、维护群众合法权益的作用。

（二）加强基层基础工作。构建社会主义和谐社会，重心在基层。巩固和发展保持共产党员先进性教育活动的成果，围绕建设社会主义新农村加强农村基层党组织建设，做好企业、城市社区、机关和学校、科研院所、文化团体等事业单位党建工作，推进新经济组织、新社会组织党建工作，扩大党的工作覆盖面，发挥基层党组织凝聚人心、推动发展、促进和谐的作用。健全让党员经常受教育、永葆先进性的长效机制，建立城乡一体的党员动态管理机制，动员和组织广大党员做促进社会和谐的表率。牢固树立群众观点，一切相信群众，一切依靠群众，认真研究和把握新形势下党的群众工作的特点和规律，千方百计把群众工作做深做细做实，始终保持党同人民群众的血肉联系。以增强社会服务功能和提高社会管理、依法办事能力为重点，大力加强基层政权建设。加大对城乡基层组织阵地建设的投入。紧紧依靠广大基层干部做好基层基础工作，加强基层干部队伍建设，制定和落实定期轮训、考评激励、待遇保障等制度措施。严格要求、真心爱护基层干部，积极帮助他们解决工作生活中的困难。做好关心照顾老劳模、老党员和帮扶困难党员工作。完善公务员录用制度，注意从基层选拔优秀干部充实各级党政机关，鼓励年轻干部和大学生到基层建功立业。

（三）建设宏大的社会工作人才队伍。造就一支结构合理、素质优良的社会工作人才队伍，是构建社会主义和谐社会的迫切需要。建立健全以培养、评价、使用、激励为主要内容的政策措施和制度保障，确定职业规范和从业标准，加强专业培训，提高社会工作人员职业素质和专业水平。制定人才培养规划，加快高等院校社会工作人才培养体系建设，抓紧培养大批社会工作急需的各类专门人才。充实公共服务和社会管理部门，配备社会工作专门人员，完善社会工作岗位设置，通过多种渠道吸纳社会工作人才，提高专业化社会服务水平。

（四）深入开展党风廉政建设和反腐败斗争。党风正则干群和，干群和则社会稳。反腐倡廉是加强党的执政能力建设和先进性建设的重大任务，也是维护社会公平正义和促进社会和谐的紧迫任务。坚持党要管党、从严治党，贯彻标本兼治、综合治理、惩防并举、注重预防的反腐倡廉战略方针，推进教育、制度、监督并重的惩治和预防腐败体系建设。以思想道德教育为基础，加强党章和法纪学习教育，加强党员干部党性锻炼和思想道德修养，教育党员领导干部做道德表率，推进廉政文化建设，筑牢拒腐防变的思想道德防线。以正确行使权力为重点，用改革的办法推进反腐倡廉制度建设，拓展从源头上防治腐败的工作领域，形成群众支持和参与反腐倡廉的有效机制，健全防范腐败的体制机制。以保证廉洁从政为目标，加强对领导机关和领导干部的监督，把党内监督与各方面监督结合起来，形成监督合力，提高监督实效。严格要求领导干部廉洁自律、率先垂范，自觉做到为民、务实、清廉。加大查办案件工作力度，严厉惩治腐败。坚持纠建并举、综合治理，切实纠正损害群众利益的不正之风。认真执行党风廉政建设责任制，巩固和发展全党动手抓党风廉政建设的局面，以优良的党风促政风带民风，营造和谐的党群干群关系。

和谐凝聚力量，和谐成就伟业。构建社会主义和谐社会是建设中国特色社会主义的重大战略任务，是对我们党执政能力的重大考验。全党同志要紧密团结在以胡锦涛同志为总书记的党中央周围，带领全国各族人民万众一心、锐意进取，为把我国建设成为富强民主文明和谐的社会主义现代化国家而奋斗！

（新华社北京讯，10 月 19 日《人民日报》）

全国委员会篇

领导人讲话、报告、发言、文章

在全国政协新年茶话会上的讲话

（2006年1月1日）

胡 锦 涛

同志们，朋友们：

今天是2006年元旦。我们在这里欢聚一堂，喜庆佳节，畅叙友情，共议国是，感到格外高兴。我代表中共中央、国务院、中央军委，向各民主党派、工商联和无党派人士、各人民团体，向全国广大工人、农民、知识分子和干部，向人民解放军指战员、武警官兵和公安民警，向香港特别行政区同胞、澳门特别行政区同胞、台湾同胞和海外侨胞，向关心和支持中国现代化建设的国际友人，致以节日的祝福！祝大家新年好！

刚刚过去的2005年，是我国改革开放和社会主义现代化建设取得显著成就的一年。全党全国各族人民同心同德，奋发努力，推动经济建设、政治建设、文化建设、社会建设和党的建设取得新的进展。我们坚持贯彻落实科学发展观，加强和改善宏观调控，使国民经济呈现增长较快、效益较好、价格平稳、活力增强的态势，各项社会事业不断发展，我国的经济实力和综合国力进一步提高，人民生活继续改善。我们加强社会主义民主法制建设，进一步加强人民代表大会制度建设，进一步加强中国共产党领导的多党合作和政治协商制度建设，全面推进依法行政，巩固和发展民主团结的政治局面。我们加强社会主义精神文明建设，继续实施马克思主义理论研究和建设工程，推进文化体制改革，为经济社会发展提供了强大精神动力。我们加强社会主义和谐社会建设，认真解决关系人民群众切身利益的实际问题，加大帮扶困难群众工作的力度，维护社会安定团结。我们积极推进中国特色军事变革，国防和军队现代化建设取得新进展。我们坚持“一国两制”、“港人治港”、“澳人治澳”、高度自治的方针，加强内地同香港、澳门的交流合作，保持香港、澳门繁荣稳定。我们坚持“和平统一、一国两制”的基本方针，实施一系列加强两岸交流合作、反对和遏制“台独”分裂势力及其活动的措施，维护台海和平，推进祖国完全统一进程。神舟六号载人航天飞行取得圆满成功，给全国各族人民以极大的精神鼓舞。我们加强党的执政能力建设和先进性建设，扎实开展保持共产党员先进性教育活动，党的建设取得新的成效。

在过去的一年里，我们坚持独立自主的和平外交政策，坚持走和平发展道路，开展全方位外交，广泛加强同各国的友好交往和互利合作，积极参与国际事务，在重大国际和地区问题上发挥建设性作用，为我国现代化建设争取了良好的国际和周边环境，为人类和平与发展的崇高事业作出了新的贡献。

经过5年来的不懈努力，我们胜利完成了“十五”计划。这是全党全国各族人民团结奋斗、锐意进取的结果。中国共产党十六届五中全会，提出了我国“十一五”时期经济社会发展的总体目标、指导原则、重大部署，进一步明确了前进方向。面向未来，我们伟大祖国的发展正站在一个新的历史起点上。

同志们、朋友们!

当前，国际形势继续深刻变化。世界经济保持增长态势，科技进步日新月异，世界政治力量对比有利于保持国际形势的总体稳定，和平、发展、合作是当今时代的潮流，但人类和平与发展仍面临着严峻挑战。我国经济保持着良好发展势头，社会政治稳定，改革发展的前景十分美好，但我们在前进道路上也面临着一些必须高度重视并需要着力解决的突出矛盾和问题。“十一五”时期是改革发展的关键时期，也是全面落实科学发展观、推动经济社会发展转入科学发展轨道的关键时期。我们一定要全面认识国际国内形势，既充分看到并切实用好发展机遇，又清醒看到并妥善应对各种挑战，居安思危，戒骄戒躁，勤勉工作，集中精力搞建设、谋发展，团结带领全国各族人民把全面建设小康社会的伟大事业不断推向前进。

2006年，是“十一五”时期的开局之年。做好今年改革发展稳定的各项工作，具有极为重要的意义。我们要坚持以邓小平理论和“三个代表”重要思想为指导，认真贯彻党的十六大和十六届三中、四中、五中全会精神，坚持以科学发展观统领经济社会发展全局，坚持发展为了人民、发展依靠人民、发展成果由人民共享，正确处理改革发展稳定的关系，全面推进社会主义经济建设、政治建设、文化建设、社会建设，为“十一五”时期经济社会发展开好局、起好步。

在新的一年里，我们要继续抓好发展这个第一要务，保持宏观经济政策的连续性和稳定性，把扩大内需放在更加突出的位置，扎实推进社会主义新农村建设，着力加快改革开放，着力增强自主创新能力，着力推进经济结构调整和经济增长方式转变，着力提高经济增长的质量和效益，促进城乡、区域、经济社会协调发展，加快建设资源节约型、环境友好型社会。我们要继续推进社会主义民主政治建设，坚持党的领导、人民当家作主和依法治国的有机统一，扩大社会主义民主，健全社会主义法制，推动民主立法和科学立法，加强政治协商，推进社会主义民主政治的制度化、规范化、程序化。我们要继续推进社会主义先进文化建设，弘扬爱国主义精神，加强社会主义思想道德建设，大力发展科技、教育事业，深化文化体制改革，促进文化事业和文化产业协调发展，满足人民日益增长的精神文化需求。我们要继续推进社会主义和谐社会建设，坚持以人为本，着力解决群众最关心、最直接、最现实的利益问题，积极扩大就业再就业，加快推进社会保障体系建设，改善医疗卫生服务，加强安全生产工作，改进社会管理，妥善处理各方面的利益关系，保持社会安定团结。我们要继续加强党的执政能力建设和先进性建设，坚持立党为公、执政为民，搞好保持共产党员先进性教育活动，加强领导班子和干部队伍建设，全面推进党的思想建设、组织建设、作风建设和制度建设，为经济社会发展提供根本政治保证。

在新的一年里，我们要坚持“一国两制”、“港人治港”、“澳人治澳”、高度自治的方针，严格按照香港特别行政区基本法和澳门特别行政区基本法办事，全力支持特别行政区行政长官和政府依法施政，广泛团结香港、澳门各界人士，加强内地同香港、澳门的交流合作，共同维护香港、澳门繁荣稳定。

在新的一年里，我们要坚持贯彻“和平统一、一国两制”的基本方针和现阶段发展两岸关系、推进祖国和平统一进程的八项主张，坚持一个中国原则决不动摇，争取和平统一的努力决不放弃，贯彻寄希望于台湾人民的方针决不改变，反对“台独”分裂活动决不妥协。要积极扩大两岸人员往来和经济文化等领域的交流，保障台湾同胞的正当权益，加强同反对“台独”、主张发展两岸关系的台湾各党派的对话和交流，推动在“九二共识”基础上恢复两岸对话和谈判，促进两岸关系发展，维护台海和平稳定。实现祖国完全统一是人民的愿望、历史的必然。我再次呼吁，海内外中华儿女携起手来，共同反对“台独”分裂势力及其活动，共同推进祖国和平统一大业。

在新的一年里，我们要高举和平、发展、合作的旗帜，坚持走和平发展道路，坚持独立自主的和平外交政策，坚持互利共赢的对外开放战略，积极开展双边外交和多边外交，在和平共处五项原则的基础上同世界各国加强友好交往和互利合作，同世界各国人民一道，致力于建设一个持久和平、共同繁荣的和谐世界。

同志们、朋友们！

展望未来，发展前景催人奋进，工作任务艰巨繁重。我们一定要大力弘扬万众一心、埋头苦干、开拓创新的精神。万众一心，就是要巩固全党全国各族人民团结奋斗的共同思想基础，最广泛最充分地调动一切积极因素，形成全国上下心往一处想、劲往一处使的生动局面，凝聚起全面建设小康社会的强大合力。埋头苦干，就是要准确认识国际国内的发展环境，准确认识我国发展的阶段性特征，准确认识我国经济社会发展面临的主要问题，准确认识实现我国经济社会又快又好发展的基本要求，牢记“两个务必”，长期艰苦奋斗，脚踏实地为完成改革发展稳定的各项任务而努力奋斗。开拓创新，就是要坚持解放思想、实事求是、与时俱进，注重分析新情况新问题，不断深化对客观规律的认识，通过理论创新推动制度创新、科技创新、文化创新以及其他各方面的创新，大力提高自主创新能力，努力建设创新型国家，不断开创党和人民事业发展的新局面。

同志们、朋友们！

在过去的一年里，人民政协高举爱国主义、社会主义的旗帜，坚持团结民主两大主题，围绕中心、服务大局，认真履行政治协商、民主监督、参政议政职能，各项工作开展得活跃有序、富有成效，为改革开放和社会主义现代化建设、为构建社会主义和谐社会、为促进祖国和平统一作出了重要贡献。

在新的一年里，我们要更好地坚持和完善中国共产党领导的多党合作和政治协商制度，切实贯彻长期共存、互相监督、肝胆相照、荣辱与共的方针，进一步巩固和发展同各民主党派和无党派人士的团结合作；要更好地发展壮大爱国统一战线，把全体社会主义劳动者、社会主义事业的建设者、拥护社会主义的爱国者和拥护祖国统一的爱国者都团结起来，进一步为中国特色社会主义事业增添力量；要更好地发挥人民政协在我国政治文明建设中的作用，继续支持人民政协充分履行职能，进一步推进我国社会主义民主政治建设。希望人民政协坚持把促进发展作为履行职能的第一要务，充分发挥人才荟萃、智力密集的特点和优势，深入调查研究，积极建言献策，协助党和政府做好团结群众、反映民意、化解矛盾、维护稳定的工作，使人民政协工作更好地服务于全面建设小康社会的伟大实践，不断创造新业绩、作出新贡献。

同志们、朋友们！

让我们更加紧密地团结起来，励精图治，锐意进取，共同创造伟大祖国更加美好的未来！

（选自新华社北京1月1日电）

在全国政协新年茶话会上的讲话

（2006年1月1日）

蒋　树　声

同志们，朋友们：

旧岁已随勋业往，新年正展宏图来。值此辞旧迎新之际，我们在这里欢聚一堂，喜迎新一年的到来。此刻，我谨代表各民主党派中央、全国工商联和无党派人士，向伟大的中国共产党致以崇高的敬意；向全国各族人民致以节日的祝贺；向港澳同胞、台湾同胞和海外侨胞致以节日的问候！恭祝大家新年快乐，万事如意！

2005年，是我国全面实现第十个五年计划目标的最后一年，也是我们推进全面建设小康社会进程的重要一年。在以胡锦涛同志为总书记的中共中央领导下，全国人民继续坚持以邓小平理论和“三个代表”重要思想为指导，坚持以科学发展观统领经济社会发展全局，聚精会神搞建设，一心一意谋发展，使一些多年酝酿的重点领域和关键环节的改革取得了突破，推动了我国的社会主义经济建设、政治建设、文化建设与和谐社会建设的全面发展，国家的各项事业取得了举世瞩目的成就。

过去的一年，中共中央召开了十六届五中全会，这是我国改革发展进入关键时期召开的一次重要会议。全会审议通过的《中共中央关于制定国民经济和社会发展第十一个五年规划的建议》，从战略全局出发，制定描绘了我国在下一个五年经济社会发展的宏伟蓝图，是指导今后一个时期我国改革开放和现代化建设的纲领性文件。各民主党派、工商联和无党派人士一致认为这个建议符合我国国情，顺应时代要求，反映人民意愿。认真学习贯彻全会精神，是我们当前和今后一个时期的重要政治任务。我们要深入学习领会全会的精神实质，把思想和行动统一到中共中央的战略部署上来。“十一五”时期是承前启后的重要发展阶段，全面建设小康社会的任务十分艰巨。我们必须紧紧抓住机遇，应对各种挑战，认真解决前进道路上面临的突出矛盾和问题，立足科学发展，着力自主创新，完善体制机制，促进社会和谐。这些都对我们今后工作提出了新的更高的要求，也为我们继续前进明确了方向。在新的一年里，我们要按照中共中央的要求，牢固树立和全面落实科学发展观，始终坚持围绕中心、服务大局，充分发挥人才荟萃、智力密集、联系广泛的优势，紧紧围绕中共十六届五中全会确定的目标和任务，围绕“十一五”时期经济社会发展的重大问题，深入开展调查研究，积极建言献策，同心同德，群策群力，为党和政府科学决策提供参考，为制定和实施“十一五”规划贡献智慧和力量。

过去的一年，中共中央颁发了《关于进一步加强中国共产党领导的多党合作和政治协商制度建设的意见》，这是我国政治生活特别是统一战线的大事，它标志着我国多党合作制度发展到一个新的阶段。《意见》在总结15年来我国政党制度建设丰富经验的基础上，结合新的形势和新的任务，提出了一系列新的理论观点和政策措施，体现了各民主党派和无党派人士的共同意志和愿望，为各民主党派和无党派人士发挥作用提供了更大的空间，也提出了更高的要求和标准。在新的一年里，我们要用文件精神指导多党合作和政治协商的实践，充分履行参政党的职能，切实加强民主党派的自身建设，按照胡锦涛总书记对民主党派提出的关于着重提高“政治把握能力、参政议政能力、组织领导能力和合作共事能力”的精神，努力建设适应新世纪新阶段要求的参政党，坚定不移地坚持好、发展好中国共产党领导的多党合作和政治协商制度。

过去的一年，全国人民以各种形式隆重纪念中国人民抗日战争暨世界反法西斯战争胜利60周年和台湾光复60周年。抗日战争是在中国共产党倡导建立的抗日民族统一战线旗帜下，以国共两党合作为基础，全国各族人民、各民主党派、各阶层爱国人士以及海外华侨广泛参加的一场全民族共同抵抗日本侵略者的正义战争。民主党派积极投身抗日救国斗争，支持和拥护中国共产党的抗日主张，成为维护抗日民族统一战线的一支重要力量。民主党派在进行民族解放和民主革命的斗争中，形成了与中国共产党亲密合作的历史和传统，为后来实行多党合作制度打下了良好的基础。历史证明，没有抗日民族统一战线的建立，就没有全民族的抗战，就没有抗日战争的最后胜利。这种爱国主义旗帜下的大团结、大联合，既是抗日战争取得胜利的重要经验，也是实现中华民族伟大复兴的重要保证。我们要牢记这一宝贵的历史经验，在建设中国特色社会主义事业中，进一步巩固、发展和壮大最广泛的爱国统一战线，进一步弘扬以爱国主义为核心的伟大民族精神和以改革创新为核心的时代精神，继承和发扬优良传统，为实现中华民族的伟大复兴贡献力量。

过去的一年，中共中央主动采取一系列重要举措，有力地促进了两岸关系中有利于遏制“台独”分裂势力及其活动的积极因素增加，两岸关系朝着和平稳定方向发展的趋势增加。同时，我们也看到反对“台独”分裂势力及其活动的斗争依然严峻而复杂。解决台湾问题、实现祖国完全统一，是每一位具有爱国情怀的中华儿女的共同追求。在新的一年里，我们将继续坚持“和平统一、一国两制”的基本方针和现阶段发展两岸关系、推进祖国和平统一进程的八项主张，深入贯彻胡锦涛同志关于新形势下发展两岸关系的四点意见，进一步加强两岸各领域的交流与合作，促进两岸关系和平稳定发展，继续以最大的诚意、尽最大的努力争取和平统一的前景。我们坚信，在全体中华儿女共同努力下，祖国统一大业一定能够最终实现！

同志们、朋友们，在中国共产党的领导下，我们正站在一个新的历史起点上，向着全面建设小康社会的宏伟目标迈进。2006年是制定实施“十一五”规划的开局之年，也是我们积极为经济社会发展服务的重要一年。让我们继续高举邓小平理论和“三个代表”重要思想伟大旗帜，紧密地团结在以胡锦涛同志为总书记的中共中央周围，努力奋斗，开拓进取，为建设中国特色社会主义事业做出新贡献！

（选自新华社北京1月1日电）

在会见韩国国会议长时的讲话（摘要）

（2006年1月10日）

贾　庆　林

中韩两国地理相邻、文化相近、感情相通，友好历史源远流长。去年胡锦涛主席成功访韩，与卢武铉总统共同确定了今后两国关系的发展方向和一系列具体目标，将中韩全面合作伙伴关系提高到新的水平。近来，两国关系发展迅速，高层互访频繁，经贸关系持续快速发展，文化、教育、科技、人员往来等领域的交流与合作越来越密切，双方在国际和地区事务中也保持着密切的沟通与合作。中方愿与韩方共同努力，不断增进理解与信任，落实好双方业已达成的各项共识和确定的目标，推动中韩全面合作伙伴关系不断向前发展。

中国全国政协与韩国国会有着传统友好关系。中国全国政协愿在现有基础上，进一步加强同韩国国会在各层次、各界别的交流与合作，相互学习和借鉴彼此国家经济社会发展的成功经验，为两国关系和两国人民友谊的发展做出应有的贡献。

（摘自新华社北京1月10日电）

在会见全国台办主任会议代表时的讲话（摘要）

（2006年1月18日）

贾　庆　林

要在以胡锦涛同志为总书记的党中央领导下，以邓小平理论和“三个代表”重要思想为指导，坚定不移地贯彻“和平统一、一国两制”的基本方针和现阶段发展两岸关系、推进祖国和平统一进程的八项主张，全面深入地贯彻胡锦涛总书记提出的新形势下发展两岸关系的四点意见，坚决贯彻中央的决策和部署，努力做好今年的对台工作，推动两岸关系进一步朝和平稳定方向发展。

去年以来，我们采取了一系列惠及广大台湾同胞的举措，两岸民间的交流日益密切，两岸经济合作进一步加强，两岸携手共谋发展深入人心。这符合广大台湾同胞的根本利益，有利于中华民族的长远发展。

两岸同胞是命运与共的手足兄弟。只要是对台湾同胞有利的事情，只要是对促进两岸交流有利的事情，我们都要尽最大努力去做，并且一定努力做好。要进一步加强两岸人员往来和经济、文化交流，进一步陆续出台解决广大台湾同胞关心的问题、维护台湾同胞正当权益的政策措施，努力办好关系到广大台湾同胞切身利益的实事。我们欢迎有更多的台湾同胞来大陆投资兴业、共谋发展，造福两岸同胞。各级政府要竭诚为台湾同胞提供帮助和服务。我们希望两岸民间行业组织尽快就两岸客、货运包机相关事宜一并协商，达成共识，同步实施，以满足广大台湾同胞特别是台湾工商业界的强烈要求，不断推进实现两岸全面、直接“三通”的进程。要全面落实我们党与中国国民党、亲民党达成的共识，继续推动在“九二共识”基础上恢复两岸对话和谈判。

今年是“十一五”时期的开局之年。做好今年的对台工作，具有非常重要的意义。几天前，胡锦涛总书记在考察厦门海沧台商投资区并会见台商代表时，就实现两岸直接“三通”、加强两岸经济交流与合作发表了重要讲话。从事对台工作的同志一定要认真学习，深刻领会，坚决贯彻。要以对党和人民高度负责的使命感和责任感，以良好的精神风貌和饱满的政治热情，切实履行对台工作职责，加强配合、形成合力，为稳定台海局势、维护我重要战略机遇期创造良好环境，为促进两岸关系发展、推进祖国和平统一进程，作出新的贡献。

（摘自新华社北京 1 月 18 日电）

在中国经济社会理事会第二届第三次会议上的讲话（摘要）

（2006 年 1 月 19 日）

王 忠 禹

2006 年是“十一五”规划的开局之年，理事会要以十六大和十六届三中、四中、五中全会精神为指导，突出理事会作为全国综合性经济社会组织的特点，紧紧围绕国内关注、国际瞩目的经济社会问题开展工作。充分发挥理事会智力密集的优势，围绕构建和谐社会和落实科学发展观，做好研究、咨询和服务工作；继续发挥理事会作为非政府组织的独特作用；充分利用我们担任国际协会主席的有利因素，加强国际交往与合作；要适应新形势，进一步抓好理事会的自身建设。

一年来，中国经济社会理事会对内工作稳步向前发展，对外工作取得了突破性进展。实践证明，经社理事会能够在国内外经济社会领域发挥积极作用。可以挖掘社会资源为公众积极参与国家经济建设与社会发展贡献力量，可以作为中国非政府组织介入国际活动并发挥作用，可以借助国际智力为我国经济结构的战略调整和社会转型提供咨询服务，在国际交往中扩大自己的影响。

（摘自《人民政协报》）

在全国性宗教团体负责人迎春座谈会上的讲话（摘要）

（2006 年 1 月 22 日）

贾 庆 林

面对新的形势和任务，宗教工作要坚持以邓小平理论和“三个代表”重要思想为指导，认真贯彻科学发展观，认真学习贯彻胡锦涛同志关于宗教工作的一系列重要指示精神，全面贯彻党的宗教工作基本方针，贯彻《宗教事务条例》，团结爱国宗教人士和广大信教群众，服务发展、促进和谐，坚持原则、强基固本，为改革开放和社会主义现代化建设、为构建社会主义和谐社会作出新的更大贡献。

去年是“十五”时期的最后一年，宗教工作取得了新的成绩，继续保持稳定和谐的局面。《宗教事务条例》得到认真的贯彻落实，宗教事务管理进一步走向规范化、制度化、法制化，为构建社会主义和谐社会作贡献，在宗教界得到了广泛的响应。宗教团体的自身建设有了新的进展，对中青年教职人员的教育培养力度不断加大，并探索出了一些新的途径和方式。宗教方面的友好交往更加广泛。坚决抵御境外利用宗教对我国进行的各种渗透活动，为维护社会稳定和国家安全作出了积极的努力。这些成绩的取得，是与爱国宗教团体和宗教界人士的辛勤工作分不开的。

2006 年是“十一五”时期的开局之年，做好改革发展稳定的各项工作，具有十分重要的意义。宗教工作要立足党和国家的工作大局，始终服从和服务于发展这个第一要务，团结和引导广大信教群众，积极投身中国特色社会主义建设事业，为国家的繁荣昌盛和民族的强大振兴贡献力量。要着眼于全面推进社会主义经济建设、政治建设、文化建设、社会建设，积极引导宗教与社会主义社会相适应，为构建社会主义和谐社会作出贡献。要适应对外开放的新形势和新特点，坚定不移地贯彻独立自主自办原则，切实抵御境外利用宗教进行的各种渗透，维护国家安全和社会稳定。要大力加强爱国宗教团体的自身建设，增强影响力和凝聚力，提高联系群众的能力和水平，充分发挥爱国宗教团体的桥梁和纽带作用。

宗教在社会主义社会中的存在是长期的，在这个过程中，能不能始终保持健康的发展方向，不断适应社会的发展潮流，关键在于有没有一支高素质的宗教教职人员队伍。各宗教团体一定要把宗教教职人员的教育培养工作作为一项紧迫任务提到议事日程，切实抓紧抓好。要加强对中青年教职人员的政治素质、文化素质、宗教学识、道德人品等方面的教育培养，使他们能够和老一辈宗教界人士一样，具有较高的宗教造诣和道德修养，在信教群众中有较高的威信，爱国爱教，与党和政府团结合作。

（摘自新华社北京 1 月 22 日电）

指导新世纪新阶段人民政协事业发展的纲领性文件

——在政协第十届全国委员会第三十二次主席会议上的讲话（摘要）

（2006年2月23日）

贾　庆　林

中国共产党历来高度重视和关心人民政协事业的发展。《中共中央关于加强人民政协工作的意见》（以下简称《意见》）是以胡锦涛同志为总书记的中共中央从党和国家事业发展的全局出发，加强人民政协工作的一项重大举措。《意见》科学概括了中国共产党三代中央领导集体关于人民政协事业的重要论述和以胡锦涛同志为总书记的中共中央对人民政协工作的新思想、新要求，充分肯定了人民政协的历史贡献及其在我国政治体制中的重要作用，明确提出了在全面建设小康社会、加快推进社会主义现代化的新的发展阶段人民政协所肩负的历史责任，明确规定了人民政协工作的原则、任务和履行职能的程序、机制，对搞好人民政协自身建设以及进一步加强和改善党对人民政协的领导提出了明确要求，是指导新世纪新阶段人民政协事业发展的纲领性文件。

《意见》的颁布实施，对于加强和改善中国共产党对人民政协的领导、提高党的执政能力具有重要意义。人民政协工作是党和国家全局工作的重要组成部分。加强和改善党对人民政协的领导，支持人民政协围绕团结和民主两大主题，切实履行好政治协商、民主监督、参政议政职能，充分发挥人民政协在我国政治生活中的作用，是加强党的执政能力建设的一个重要方面。认真贯彻落实《意见》，进一步加强和改善党对人民政协的领导，有利于提高党的执政能力和执政水平。

《意见》的颁布实施，对于发展社会主义民主政治、建设社会主义政治文明具有重要意义。人民政协是我国政治体制的重要组成部分，在我国政治生活中具有不可替代的作用。搞好人民政协的政治协商、民主监督、参政议政，是发展社会主义民主政治、建设社会主义政治文明的重要内容。认真贯彻落实《意见》，进一步发挥人民政协的作用，有利于体现和发挥我国社会主义政治制度和政党制度的特点和优势，巩固和发展民主团结、生动活泼、安定和谐的政治局面。

《意见》的颁布实施，对于最广泛最充分地调动一切积极因素、构建社会主义和谐社会具有重要意义。人民政协是中国共产党领导的各党派、各团体、各民族、各阶层大团结大联合的组织。人民政协的基本属性、主要职能、组织构成、工作原则和活动方式与构建社会主义和谐社会的要求是完全一致的。构建社会主义和谐社会，必须充分发挥人民政协的作用。认真贯彻落实《意见》，把人民政协这一政治组织和民主形式运用好，有利于最广泛、最充分地调动一切积极因素，形成全体人民各尽所能、各得其所而又和谐相处的社会。

《意见》的颁布实施，对于全面建设小康社会、推进中国特色社会主义伟大事业具有重要意义。人民政协事业是中国特色社会主义事业的重要组成部分，人民政协的命运始终与我们国家、民族的发展紧密相连。在全面建设小康社会、加快推进社会主义现代化的新的发展阶段，人民政协的任务不是减轻了，而是加重了；人民政协的作用不是变小了，而是更加重要了。认真贯彻落实《意见》，大力加强人民政协工作，将有利于全面建设小康社会，推进中国特色社会主义伟大事业。

这次中央颁发的《意见》，内涵丰富、思想深刻，我们要深刻理解和全面把握其内容和精神实质。《意见》把人民政协事业作为中国特色社会主义事业的重要组成部分，强调在全面建设小康社会、加快推进社会主义现代化的新的发展阶段，要从提高党的执政能力、发展社会主义民主政治、构建社会主义和谐社会、推进中国特色社会主义伟大事业的战略高度，大力加强人民政协工作，充分发挥人民政协的作用。《意见》明确提出人民政协是中国共产党把马克思列宁主义统一战线理论、政党理论和民主政治理论同中国具体实践相结合的伟大创造，指明了人民政协产生、存在和发展的理论依据。《意见》提出坚持走中国特色社会主义政治发展道路，必须体现和发挥我国政治制度和政党制度的特点和优势，强调充分发挥人民政协作为中国共产党领导的多党合作和政治协商制度的重要政治形式和组织形式的作用。《意见》明确规定了与我国政治结构相适应的两种民主形式，强调发展社会主义民主政治、建设社会主义政治文明，要善于运用人民政协这一政治组织和民主形式。《意见》明确指出了人民政协与构建社会主义和谐社会的内在的本质的联系，强调构建社会主义和谐社会，必须充分发挥人民政协的作用。《意见》提出各级党委要高度重视人民政协的政治协商，统一部署和协调，并按照程序认真组织实施；明确了人民政协的民主监督是政治监督，要求各级党委和政府自觉接受民主监督，要完善机制，在知情环节、沟通环节、反馈环节上建立健全制度，畅通渠道，提高民主监督的质量和成效；要求各级党委和政府要加强与人民政协的联系和沟通，为人民政协的参政议政创造条件。《意见》明确了人民政协自身建设的内涵，强调以加强党派合作、突出界别特色、发挥委员主体作用和重视政协机关建设为重点，切实搞好人民政协的自身建设。《意见》按照党总揽全局、协调各方的原则，对如何进一步加强和改善党对人民政协的领导进行了系统归纳，提出了七个方面的明确要求；对于充分发挥中共党组在政协组织中的领导核心作用和共产党员的先锋模范作用也提出了具体要求。《意见》强调，全党全社会要重视和支持人民政协工作，把人民政协理论研究列入各级党校、行政学院、干部学院、社会主义学院的教学计划，积极组织并大力推动人民政协的理论研究和宣传教育工作，形成有利于人民政协事业发展的良好氛围。

学习好、贯彻好《意见》，是当前和今后一个时期人民政协的一项重大政治任务。要把学习《意见》作为政协全局性的一项重要工作，摆在突出位置，切实抓紧抓好。要加强对学习贯彻工作的组织领导，制定学习贯彻《意见》的具体方案，采取有力措施认真加以落实。要运用座谈会、报告会、研讨会、学习培训班等多种形式，组织参加政协的各党派团体和各族各界人士认真学习《意见》。要按照学习决定中“三个结合”的要求，坚持理论联系实际，在把握精神、指导实践、推动工作上狠下工夫。要加强对学习贯彻《意见》工作的督促检查，研究解决学习贯彻过程中出现的问题，注意总结和推广好的经验和做法，不断把学习贯彻工作引向深入。

（选自《中共中央关于加强人民政协工作的意见》学习读本）

要进一步提高对非公有制经济地位和作用的认识（摘要）

（2006年2月24日）

黄　孟　复

要进一步提高对非公有制经济地位和作用的认识。个体私营等非公有制经济是推动“十五”计划顺利实施、主要经济指标完成和超额完成的一支主要力量，必须在更大程度上发挥非公有制经济的重要作用。

我国非公有制经济发展仍有不少问题需要进一步加以解决。必须进一步坚持中央关于促进非公有制经济发展的方针政策，必须全面贯彻国务院《若干意见》，必须切实执行相关配套政策措施，必须发挥政府部门之间，以及与社会组织的合力作用，进一步为非公有制经济创造公平竞争的法治环境、政策环境和市场环境。

一是要加快相关立法进程步伐，建立和完善规范与保护私人财产权和现代产权关系的法律法规体系；二是要加快行政管理体制改革，减少行政审批，规范行政执法和司法行为，加强和改进司法监督；三是要加快制定和完善行业准入配套政策，推进行业准入政策与管理的公开化、公平化、程序化、规范化；四是要加快金融体制和财税体制改革步伐；五是要着力推进政府职能转变，充分发挥行业商会、协会组织在社会主义市场经济中的重要作用；六是要加强和改进对非公有制企业的监管，努力提高非公有制企业整体素质。

（摘自《人民政协报》）

抓好六方面工作促进三峡库区经济社会健康发展（摘要）

（2006年2月25日）

张　梅　颖

要分析原因、研讨对策，切实采取措施解决移民过程中出现的新问题、难点问题，以维护库区社会秩序的长治久安，促进库区经济社会健康发展。

三峡工程取得的成绩有目共睹，但移民后期扶持和产业发展、社会稳定等问题也日渐显现。地方政府应围绕当前的重点问题突出抓好六个方面的工作：一是借助比较大的建设项目拉动地区经济发展。要把着力点放在创造良好的发展环境上，为公有制经济和非公有制经济提供一个平等、良好的竞争环境，提升经济发展的实力；二是减少并逐渐消除库区家庭零就业现象，把就业问题这一民生之本、库区稳定之本解决好；三是建立适合库区移民实际情况的合作医疗保障机制，切实解决库区移民因病致贫问题；四是加强待业人员的职业教育培训工作，提高劳务输出的组织化程度，推动外出务工就业；五是充分发挥“黄金水道”的优势，把区位优势变成经济优势，做好水运文章；六是努力建设社会主义新农村，推动库区经济社会的发展。抓住机遇，把库区建设作为城市反哺农村、工业反哺农业的平台。

（摘自《人民政协报》）

弘扬传统文化　推进文化创新

（2006年2月27日）

罗　豪　才

最近几年，我先后几次到河南考察，充分体验到中原地区深厚的文化底蕴和浓郁的文化氛围，领略到河洛文化的丰富内涵和传承发展，感受到河洛文化的重大影响和独特魅力。河洛文化是以洛阳为中心的古代黄河和洛水交汇地区的物质与精神文化的总和，是中原文化的核心，也是中华传统文化的精华和主流。河洛文化以“河图”、“洛书”为标志，体现了中华传统文化的根源性；以夏商周三代文化为主干，体现了中华传统文化的传承性；以洛阳古都所凝聚的文化精华为核心，体现了中华传统文化的厚重性；以“河洛郎”南迁为途径，把这一优秀文化传播到海内外，体现了中华传统文化的辐射性。河洛文化诞生在河洛，繁荣在中原，并由此传播到全国各地和海外，影响历史发展数千年。这不仅是中华民族的自豪和骄傲，也是人类文明发展史上值得称道、值得深入探讨的一个重大课题。加强对河洛文化的研究，不仅对于传承中华优秀传统文化，培育和弘扬民族精神，凝聚包括港澳同胞、台湾同胞和海外侨胞在内的中华儿女，为振兴中华、完成祖国统一大业做贡献，具有非常深远的意义；同时对于我国思想史、华侨史、海外关系史等研究具有重要的学术意义和参考价值。

文化是凝聚力，文化是竞争力，文化是软实力。加强中华传统文化的研究，积极推进文化创新，对于推动我国的现代化建设，实现中华民族的伟大复兴具有重要意义。文化创新是文化的生命之源。一部人类文化发展的历史，就是文化不断地从创新中汲取力量、开拓进取的历史。中华文化只有不断地创新，才能及时而有效地赋予新的内容和新的时代精神，才能不断地焕发出新的光彩与活力。

一、继承和弘扬中华民族优秀传统文化，构筑文化创新的深厚基石

文化具有很强的继承性和延续性。任何文化，都不可能也不允许摒弃民族的优秀传统而从头开始。一旦离开对民族传统文化的继承和改造，文化创新就会失去根基。河洛文化既是中华民族文化的重要组成部分，也是具有鲜明特色的地域文化。我们应当从更高的层次、更宽的视野、更新的角度来加强研究，促进文化资源的可持续发展。

我们注意到，河洛文化研究虽然取得了丰硕的成果，但是研究力量比较分散，组织联系和交流沟通不够充分。这就需要整合研究力量，做好研究规划，更好地挖掘、利用研究资源，加强交流与沟通，相互合作，协作攻关。要根据形势发展的需要，在一个时期内，确定一些重点研究课题，组织力量集中进行研究。河洛文化的研究水平只有在交流中才能得到提高，作为一种地域文化，河洛文化与其它地域文化相互影响、互动互补。应当看到，河洛文化虽是中华文化的主要渊源，但不是惟一的源头。黄河文化、长江文化、草原文化作为中华文化的三大源头，共同铸造了中华文化多元一体的格局。我们要把研究视野放得宽一些，角度要更新一些，深入进行比较研究。

河洛文化博大精深，是一个复杂的统一体，既有积极的因素，也有消极的因素。在新形势下，我们对待河洛文化要采取科学的分析态度，既不能采取民族虚无主义的态度，也不能厚古薄今，而是应当适应当今时代发展的需要，吸取其精华，摒弃其糟粕，在批判中继承，在继承中创新，充分挖掘河洛文化的积极意义，从而提炼出适合时代需要的新文化。我们注意到，有的同志对河洛文化概念、内涵的理解存在一些分歧，这是正常的现象。在河洛文化的研究中，要进一步坚持和贯彻“双百方针”，鼓励大家去探索，去争鸣，通过相互学习，相互尊重，求同存异，促进学术的繁荣与进步。

二、积极挖掘中华传统文化的现代意义，增强文化创新的实践动力

文化作为人类社会特有现象，是一定社会历史条件的产物，不同时代的社会实践决定着文化的性质和时代特点。我国改革开放和社会主义现代化建设的伟大实践，必然会对文化发展产生深刻的影响，对文化创新提出更高的要求。正是实践中提出的各种新的文化问题需要回答，涌现的各种新的文化现象需要概括，文化创新才有了源源不断的动力和无限丰富的资源。因此，对传统文化的研究，不仅要研究其渊源流派，发展脉络，研究其自身特有的内在发展规律，更重要的是还要研究其在当今现实社会经济生活中所能发挥的作用。今天我们推进社会主义现代化建设，包括河洛文化在内的传统文化，仍然是可以借鉴和吸收的重要资源，仍然可以发挥不可替代的重要作用。

传承中华优秀传统文化，有利于弘扬民族精神，增强民族认同感，实现中华民族的大团结；有利于坚持科学发展观，构建社会主义和谐社会。中华传统文化中一些有价值的思想，经过数千年的积淀，形成了我们的民族风骨和气度，培育了我们的民族品德和精神，成为维系包括港澳台同胞和海外侨胞在内的所有中华儿女的精神纽带。这些年来，我接触了许多海外华侨华人。我看到，这些海外朋友不论地域、信仰、职业、年龄有多大差别，只要一谈到中国传统文化，一谈到河洛文化，他们就会神采振奋，就有说不完的话题，相互之间就感到格外的亲近。很多人都异口同声地说，自己是“河洛郎”，根在河洛。这说明，河洛文化的确是维系世界炎黄子孙的重要精神纽带。但同时我们也

看到，在世界经济一体化、文化多元化的趋势下，中华优秀的传统文化也受到一定程度的冲击，一些“台独”分子甚至公开叫嚷要“去中国化”。因此，如何有效地宣传中华文化，宣传“根文化”，增强中华文化的认同感和中华民族的凝聚力，也是值得我们高度重视的一个重要课题。

三、学习借鉴世界各民族优秀文化成果，扩大文化创新的广阔空间

人类文明具有多样性，世界各种文明、社会制度和文明模式应该相互交流和相互借鉴，在和平竞争中取长补短，在求同存异中共同发展。积极吸收外来文化成果，是提高民族文化素质的不可缺少的一个重要方面。一个国家、一个民族的文化想要得到长足的发展，最终不能离开人类文明共同优秀成果的滋养。中华文化是人类文化的瑰宝，加强对包括河洛文化在内的中华文化的研究，不仅是自身发展的需要，也是促进世界文化相互交流的需要。这种交流，不仅有助于弘扬中华民族文化的优点，不断增强中国特色社会主义文化的吸引力和感召力，也有助于我们向国外先进文化学习，共同推动世界文明的发展。

我们学习和借鉴外国文化，要坚持科学的理论指导，运用马克思主义的立场、观点和方法，具体分析西方文化，真正做到择其优而祛其弊；要坚持以我为主、为我所用的原则。充分保持民族文化的主体意识和独立性；要坚持从现阶段实际出发，为现阶段任务服务的原则。我国正处于并将长期处于社会主义初级阶段，我们必须从这个实际出发，既要看到我们的优势，更要看到我们的差距和不足，从而以博大的胸襟、积极的态度，开展对外文化的合作与交流，促进我国的社会主义现代化建设。

（选自《人民政协报》）

中国人民政治协商会议全国委员会常务委员会工作报告

——在政协第十届全国委员会第四次会议上

（2006年3月3日）

贾 庆 林

各位委员：

我代表中国人民政治协商会议第十届全国委员会常务委员会，向大会报告工作，请予审议。

一

2005年，是我国在全面建设小康社会的伟大征程上阔步前进的一年。全国各族人民在以胡锦涛同志为总书记的中共中央领导下，高举邓小平理论和“三个代表”重要思想伟大旗帜，坚持以科学发展观统领经济社会发展全局，胜利完成了“十五”计划，社会主义经济建设、政治建设、文化建设和社会建设全面推进。政协全国委员会及其常委会，根据中共中央的战略部署，牢牢把握团结和民主两大主题，围绕中心，服务大局，切实履行政治协商、民主监督、参政议政职能，大力弘扬求真务实精神，着力推进重点工作，精心组织日常工作，人民政协事业呈现出生动活泼、有序推进的良好局面。

（一）围绕制定国民经济和社会发展“十一五”规划进行政治协商

制定经济社会发展规划，关系到我国现代化建设的长远发展和宏伟目标的实现。常委会将为编制“十一五”规划建言献策作为履行职能的重点。各专门委员会、参加政协的各党派团体和许多委员围绕编制“十一五”规划的一些重大问题深入开展调查研究，形成一批有价值、有分量的意见和建议。在此基础上，召开了十届政协首次专题协商会。中共中央和国务院对这次协商会高度重视。国务院领导同志和有关部委负责同志分别参加了不同专题的协商讨论。委员们提出的转变经济增长方式、保证能源安全和发展新能源、促进企业成为技术创新主体、推进中国特色城镇化建设、实现区域经济协调发展、完善社会公平分配机制、加快天津滨海新区建设、建设海峡西岸经济区等重要意见和建议，在中共中央关于制定“十一五”规划的建议中得到了体现。中共十六届五中全会后，我们及时召开第十一次常委会议，学习贯彻十六届五中全会精神，继续围绕制定“十一五”规划建言献策。在京的全国政协常委和有关专门委员会还举行专题座谈会，就进一步完善“十一五”规划纲要草案提出不少建设性意见，有关部门充分采纳委员们的意见，并就采纳情况进行了正式反馈。

（二）为构建社会主义和谐社会献计出力

构建社会主义和谐社会，是中国共产党从全面建设小康社会、开创中国特色社会主义事业新局面的全局出发提出的一项重大战略任务。十届十次常委会议以围绕构建社会主义和谐社会建言献策为议题，组织常委会组成人员学习领会中共中央有关文件和胡锦涛同志重要讲话精神，就构建社会主义和谐社会问题进行协商讨论。委员们普遍认为，人民政协的基本属性、主要职能、组织构成、工作原则和活动方式与构建社会主义和谐社会的要求是完全一致的。为构建社会主义和谐社会服务，既是人民政协的优势所在，更是人民政协义不容辞的责任。会议就社会公平、社会道德、社会稳定、人与自然和谐等重大问题提出许多很有见地的意见建议，受到中共中央的高度重视。十次常委会议之后，各专门委员会、参加政协的各党派团体选择当前和谐社会建设中的突出问题，如收入分配改革、教育和医疗资源分配、民族地区发展等深入调研，并为推动这些问题的解决做了大量卓有成效的工作。

（三）对中共中央批转的全国政协关于履行职能的规定实施情况进行检查总结

根据中共十六届四中全会对人民政协工作的要求和中共中央的有关指示精神，全国政协组织地市级以上政协对中共中央1995年批转的《政协全国委员会关于政治协商、民主监督、参政议政的规定》实施情况，开展了一次全面检查。各地方政协按照全国政协的要求自上而下、联系实际进行检查总结。全国政协多位副主席赴各地进行调研、听取意见。各级政协普遍反映，《规定》颁布以来的十年，是人民政协事业发展的最好时期之一，各地在实践中形成了许多好的做法，创造了不少成功的经验，同时也面临一些需要解决的问题，主要是：完善人民政协履行职能的制度化、规范化、程序化，促进参加人民政协的各党派、无党派人士的团结合作，加强人民政协组织的自身建设等。主席会议对这次检查总结中的问题进行了认真研究，并将有关情况向中共中央作了汇报，就进一步加强人民政协工作提出了意见和建议。

（四）各民主党派、无党派人士在人民政协中的作用得到进一步发挥

常委会认真贯彻中共十六届四中全会决定和《中共中央关于进一步加强中国共产党领导的多党合作和政治协商制度建设的意见》，尊重和保障各民主党派、无党派人士在人民政协中的各项民主权利，多形式多渠道地为发挥各民主党派、无党派人士在政协中的作用创造条件。在政协全体会议期间，中共中央领导同志到民主党派、无党派人士小组参加讨论，共商国是；在政协常委会议期间，支持民主党派、无党派人士就国家重要事务发表见解和主张；在政协主席会议上，充分听取担任副主席职务的各民主党派负责人与无党派人士的意见。一年来，各民主党派中央和全国工商联在政协共提出提案170件，提供反映社情民意信息3365篇，在政协全体会议、常委会议上提交发言稿67篇，与专门委员会举行联合调研或应邀参加专门委员会有关调研活动8次。各民主党派中央、全国工商联的提案、信息和大会发言，受到中共中央、国务院的高度重视，许多意见和建议得到采纳和及时反馈。政协委员中的民主党派成员和无党派人士在全国政协组织的视察、专题调研等活动中发挥了重要作用。

（五）专题调研工作取得新的进展

围绕经济社会发展中具有综合性、全局性、前瞻性的问题，深入调查研究，开展咨询论证，提出意见建议，是人民政协参政议政的重要形式。一年来，各专门委员会共组织专题调研75项，提出专项建议和调研报告46份。专题调研更加注重选题的科学合理，更加注重队伍的优化整合，更加注重运用典型解剖的方法，更加注重调研成果与决策的结合，取得了明显成效。比如，关于以首钢搬迁为契机，把迁建的钢铁项目建成符合循环经济原则的企业，把曹妃甸工业区建成循环经济生态工业园区的建议；关于扩大大连港区联动试点范围，辟建大窑湾保税港区，把大连建成东北亚重要国际航运中心的建议；关于科学整合生产力布局，促进中部地区崛起的建议；关于建立工作协调机制，切实做好南水北调工程中文物保护工作的建议等等，受到中共中央和国务院的高度重视。

（六）举办纪念中国人民抗日战争暨世界反法西斯战争胜利60周年活动

2005年是中国人民抗日战争暨世界反法西斯战争胜利60周年。我们积极参与了中共中央、全国人大常委会、国务院、全国政协、中央军委共同举办的纪念中国人民抗日战争暨世界反法西斯战争胜利60周年大会。全国政协还举办了一系列有特色的纪念活动，用中华民族团结抗争的历史，推动爱国主义教育，弘扬民族精神，凝聚民族力量，激励海内外全体中华儿女，为实现中华民族的伟大复兴共同奋斗。

中国宗教界和平委员会在北京召开中国宗教界纪念中国人民抗日战争暨世界反法西斯战争胜利60周年座谈会，发表《中国宗教界和平文告》，呼吁以史为鉴，面向未来，通过长期不懈的努力，创建出人类和平、人与自然和谐的崭新社会。在中国宗教界和平委员会的倡导下，中国五大宗教根据自身特点举办了形式多样的和平祈祷活动，比如，中国佛教协会、中国道教协会共同举办了海峡两岸暨港澳佛教、道教界和平祈祷活动，来自港澳台地区的佛教、道教界人士与大陆佛教、道教界人士及近万名信教群众，分别在北京和江苏举行和平祈祷大会，充分展示了中国宗教界促进祖国统一与维护世界和平的良好意愿。

（七）组织全国政协委员集中学习

常委会在继续抓好常委会组成人员集体学习，办公厅和各专门委员会分别开展经常性学习的基础上，从去年开始，组织全体政协委员轮流集中学习，并先后举办了两期全国政协委员学习研讨班，209名全国政协委员参加了学习研讨。委员们重点学习了中国共产党领导的多党合作和政治协商制度、政协章程、统一战线和人民政协的基本理论与基本政策，交流研讨了做好调研、视察、提案、反映社情民意等工作的经验和体会。委员们普遍反映，通过集中学习，深化了对统一战线和人民政协理论以及人民政协性质、地位、作用的认识，增强了作为全国政协委员的责任感和使命感，在提高自身素质和履行职责的水平方面有很大收获。

（八）举办“二十一世纪论坛”2005年会议

“二十一世纪论坛”是全国政协举办的高层次论坛，也是全国政协开展对外交往的一个重要平台。“论坛”2005年会议受到国内外的普遍关注。国家主席胡锦涛发来贺电，国务院总理温家宝出席开幕式并发表演讲。来自五大洲32个国家和地区以及9个国际组织的代表与会，其中包括一些国际著名政治家、专家学者。这次会议以“可持续发展——中国与世界”为主题，突出宣传了我国贯彻科学发展观与走和平发展道路的战略选择。与会人员围绕发展理念、发展模式和国家发展战略等7个专题畅所欲言，深入探讨，形成一些重要共识，并就我国转变经济增长方式、推进有质量的全民教育、增强科技创新能力、建立和健全社会保障体系等提出许多有益的建议。一些外方与会人员认为，坚持以人为本、全面协调可持续的科学发展观，不仅是中国经济社会发展模式的创新，也是对世界可持续发展理论和实践的丰富；中国的和平发展，不仅惠及中国人民，也是对世界和平与发展的贡献。

（九）中国经济社会理事会在对外交往中取得新突破

积极拓展与国外相关非政府组织的联系和往来，是全国政协发展人民外交、服务国家对外工作全局的重要内容。去年，全国政协主管的中国经社理事会第四次当选为经社理事会和类似组织国际协会领导机构成员，中国经社理事会主席首次当选为国际协会主席。这对于中国经社理事会根据自身特点和优势，发展同国外相关机构、民间团体及非政府组织的友好合作具有重要意义。由中国经社理事会在上海承办的国际协会管委会会议，本着相互尊重、平等相待、求同存异、协商合作的原则，就新一届国际协会的工作思路、工作要点等8项全部议题达成了共识。与会成员对这次会议的组织工作和取得的成果给予了高度评价。

一年来，常委会在大力抓好上述重点工作的同时，积极推进政协的各项经常性工作。主要有：按照新修订的各项规章制度，加强和规范了提案、委员视察、反映社情民意等工作。共立案并交办提案4496件；组织了有605位常委、委员参加的24个视察团；编报《政协信息》335期，中共中央和国务院领导同志批示172人次，比往年有较大增加。充分运用多种传媒，扩大了对人民政协工作的宣传。贯彻执行“一国两制”、“港人治港”、“澳人治澳”高度自治的方针，进一步密切与港澳委员的联系，努力发挥他们在维护港澳稳定、促进繁荣发展等方面的作用，鼓励他们继续为内地建设贡献力量。认真贯彻“和平统一、一国两制”的基本方针和胡锦涛同志关于新形势下发展两岸关系的四点意见，广泛宣传制定《反分裂国家法》的重要意义，加强与各界台胞、台湾岛内有关党派团体和知名人士的联系与交流，为促进祖国统一作贡献。积极配合国家总体外交部署，进一步拓展人民政协的对外交往，共组织29个出访团组，接待了19个来访团，与5个国家、7个机构建立了新的友好关系。全国政协机关按照中共中央统一部署开展了保持共产党员先进性教育活动，机关党员干部素质进一步提高，机关建设进一步加强。

各位委员：

过去一年各项工作成绩的取得，是以胡锦涛同志为总书记的中共中央高度重视、正确领导的结果，是人民政协的各级组织、各参加单位和广大政协委员共同努力的结果，是各级党委、政府和社会各方面大力支持的结果。在此，我代表全国政协常委会向大家表示衷心的感谢！

总结过去一年的工作，也必须看到，与新形势新任务的要求和人民政协肩负的职责相比，我们的工作还存在许多不足，主要是：人民政协履行职能的工作机制还有待完善，民主党派、无党派人士在政协中发挥作用的领域需要拓宽，人民政协的界别特点和优势需要进一步发挥，与地方政协的联系需要不断加强。在新的一年里，我们要针对存在的问题采取积极措施，认真加以改进。我们真诚希望各位委员对常委会工作提出意见，推动人民政协工作不断取得新的进展。

二

2006年，是实施“十一五”规划的开局之年，是在新的起跑线上推进全面建设小康社会的重要一年。政协全国委员会及其常委会要坚持以邓小平理论和“三个代表”重要思想为指导，全面落实科学发展观，深入学习贯彻中共中央关于加强人民政协工作的指示，牢牢把握团结和民主两大主题，充分履行政治协商、民主监督、参政议政职能，把为实施“十一五”规划和构建社会主义和谐社会服务，作为履行职能的重点，求真务实，开拓创新，扎实工作，为全面推进社会主义经济建设、政治建设、文化建设、社会建设作出新的贡献。

（一）认真学习贯彻《中共中央关于加强人民政协工作的意见》

《中共中央关于加强人民政协工作的意见》，高度概括中国共产党三代中央领导集体关于人民政协事业的重要论述和以胡锦涛同志为总书记的中共中央对人民政协工作的新思想、新要求，明确提出人民政协充分履行职能和切实搞好自身建设的任务，为人民政协事业发展指明了正确的方向，是指导新世纪新阶段人民政协事业发展的纲领性文件。各级政协组织和政协各参加单位，要把学习贯彻《意见》作为当前和今后一个时期推动各项工作的重要任务，摆在突出位置，切实抓紧抓好。要结合本地政协工作实际，采取有力措施认真加以落实，并积极主动地协助党委和政府制定贯彻实施《意见》的具体方案，推动当地学习贯彻活动的开展。要把学习贯彻《意见》与充分履行职能结合起来，积极探索履行职能的新形式；要把学习贯彻《意见》与全面加强政协自身建设结合起来，努力在促进参加政协的各党派、无党派人士的团结合作，充分发挥界别、委员和机关作用方面取得新进展；要把学习贯彻《意见》与加强人民政协的理论研究结合起来，推动人民政协的理论创新和工作创新；要把学习贯彻《意见》与广泛宣传人民政协结合起来，大力宣传中国共产党领导的多党合作和政治协商制度，宣传人民政协的性质、地位和作用，宣传各级政协组织履行职能的情况，努力形成有利于人民政协事业发展的良好氛围。

（二）围绕实施“十一五”规划切实履行职能

围绕中心、服务大局，是人民政协履行职能必须遵循的原则。要围绕贯彻实施《国民经济和社会发展第十一个五年规划纲要》，精心选择带有综合性、全局性、前瞻性的重大问题，以各专门委员会为依托，与参加人民政协的各党派团体加强协作，开展重点课题的专题调研，比如，建设社会主义新农村，建设创新型国家，构建社会主义和谐社会，落实国家中长期科学和技术发展规划纲要，建设资源节约型、环境友好型社会，推进财政税收和金融体制改革，加强现代市场体系建设，推进社会主义法律体系建设等问题。在深入调查研究的基础上，召开常委会议协商讨论，并适时组织专题协商会，向中共中央和国务院提出有价值的意见和建议，为顺利实现今年经济社会发展的主要目标，为推动我国经济社会切实转入科学发展的轨道作出应有的贡献。

（三）积极为构建社会主义和谐社会贡献力量

为构建社会主义和谐社会服务是人民政协的一项重点工作和战略任务。当前，要更加关注社会发展问题，更加关注民生问题，更加关注人与人之间关系问题，更加关注人与自然和谐问题。要把围绕团结和民主两大主题履行职能与发挥政协在构建社会主义和谐社会中的作用结合起来，积极探索人民政协为构建社会主义和谐社会服务的途径和方法，认真总结各级政协在和谐社会建设中的工作经验。要充分发挥政协界别优势，注重通过界别渠道，为各界群众有序参与政治生活创造条件。鼓励政协委员深入基层，联系群众，反映群众的愿望和要求，帮助群众排忧解难，促进群众间的相互理解和沟通，化解矛盾，维护社会和谐与稳定。

（四）努力探索履行职能的新形式

坚持解放思想，实事求是，与时俱进，继续用创新的思维，拓展履行政治协商、民主监督、参政议政职能的形式和方法。要完善工作机制，切实开好政协全体会议、常委会议。认真总结举办专题协商会的成功经验，搞好全体会议和常委会议闭会期间的政治协商。要进一步改进专题调研的形式和方法，继续以课题为纽带，整合政协各参加单位和各界代表人士的智力资源，选择对全局工作具有典型意义的课题进行调研，包括尝试开展由知名人士牵头、有关部门配合进行调研的新方式。要加强政协各专门委员会之间、参加政协的各党派团体之间以及全国政协与地方政协之间的工作联系，密切政协专门委员会同党政有关部门之间的协作与配合。要及时总结交流各地政协履行职能的经验，注意推广那些比较成熟又具有普遍意义的做法，使政协工作不断取得新的进步和发展。

（五）广泛开展促进祖国统一和海外联谊工作

要继续贯彻“一国两制”、“港人治港”、“澳人治澳”、高度自治的方针，支持香港、澳门特别行政区政府和行政长官依法施政。发挥在香港、澳门特别行政区的政协委员在港澳社会生活中的作用，进一步扩大与港澳各界人士的联系，维护和促进香港、澳门的长期繁荣、稳定和发展。要继续坚定不移地贯彻“和平统一、一国两制”的基本方针和现阶段发展两岸关系、推进祖国和平统一进程的八项主张，贯彻胡锦涛同志关于新形势下发展两岸关系的四点意见，继续以最大的诚意、尽最大的努力，维护和促进两岸关系和平稳定发展，争取和平统一的前景。同时，我们绝不容忍“台独”，坚决反对和遏制“台独”分裂势力及其活动。要加强同归侨、侨眷和海外侨胞的联系，开展多种形式的团结联谊活动，为实现祖国完全统一和中华民族的伟大复兴贡献力量。

（六）继续扩大对外友好交往

继续开展同有关国家高层人士的互访，有计划、有重点、多层次地发展同有关国家的相关机构、国际组织及非政府组织的友好往来与交流合作。在继续保持和发展高层对外交往的同时，积极开展全方位、多层次的对外交流；在着重开展双边交往的同时，广泛开展多边交往；在发展与官方机构交往的同时，重视与民间组织的交流。进一步拓宽人民政协对外交往工作领域，充分发挥中国经社理事会和中国宗教界和平委员会在对外交往中的作用。

三

实现今年的工作目标，完成肩负的历史使命，必须大力加强人民政协的自身建设。人民政协的各级组织、广大政协委员和政协机关干部，必须适应新形势新任务的要求，与时俱进，开拓创新，以发挥民主党派和无党派人士作用、体现界别特点、突出委员主体作用、搞好机关建设为重点，全面加强人民政协的思想建设、组织建设、制度建设和作风建设。

（一）重视发挥民主党派和无党派人士的作用

各民主党派和无党派人士是人民政协的重要组成部分。要充分发挥人民政协作为中国共产党领导的多党合作和政治协商机构的作用，建立健全会议和活动的各项制度，支持各民主党派和无党派人士参与国家重大方针政策的讨论协商及其履行职责的各种活动，尊重和保障他们在政协的各种会议上以本党派名义发表意见的权利，尊重和保障他们开展视察、提出提案、举报、反映社情民意以及参与调查和检查活动的权利。充分运用主席会议、秘书长会议通报情况，听取意见，研究确定在政协重大活动中加强协作的重要事项，根据需要邀请各民主党派有关负责人和无党派人士，协商讨论政协工作中的共同性事务，及时研究并帮助解决各民主党派和无党派人士在参加政协工作中遇到的困难和问题。人民政协的重要考察活动及重大外事活动要请参加政协的民主党派有关负责人参加，政协专门委员会要积极开展与参加政协的各党派团体的联合调研。继续探索民主党派和无党派人士在政协发挥作用的方法和途径，对行之有效的做法，要及时加以总结并形成制度。要按照中共中央的要求，保证民主党派成员和无党派人士在政协委员、常务委员和政协领导成员中占有较大比例；政协各专门委员会要有民主党派和无党派人士参加；政协机关中应有一定数量的民主党派和无党派人士担任专职领导职务，并做到有职、有权、有责。

（二）注重体现人民政协的界别特点

由界别组成是人民政协组织的显著特色。要把加强界别建设作为人民政协的一项重要工作，认真总结根据界别的特点和要求开展各项活动的经验，积极探索发挥界别作用的方法和途径，不断为各界别开展活动、充分调动各界别参政议政的积极性，提供更加完善的制度保证，使人民政协的界别活动更加经常、更加规范、更加有效。要重视界别渠道的作用，推动委员通过界别渠道密切联系群众，了解和反映社会不同阶层、不同群体的愿望和要求，协助党和政府协调关系、化解矛盾、理顺情绪，增进社会各阶层和不同利益群体的和谐。要适应改革开放和经济社会发展的实际情况，立足扩大团结面，增强包容性，认真研究界别的合理设置和调整，在充分调查研究的基础上，提出切实可行的意见和建议。

（三）注意突出委员主体作用

政协委员是参加政协的各党派、各团体、各民族、各界别的代表人士，是人民政协履行职能的主体。要继续办好政协委员学习研讨班，完善学习规划，丰富学习内容，创新学习形式，努力提高政协委员自身素质和履行职责的能力，在本届任期内，使每一位全国政协委员参加一次集中学习。要尊重和依法保护政协委员的各项民主权利，为他们履行职责、发挥作用创造条件。要加强与党政有关部门的联系与沟通，建立健全政协委员意见和建议的跟踪办理及反馈机制。要努力增强政协委员责任感和使命感，自觉维护政协委员形象，努力做一名合格的政协委员。政协委员中的共产党员要努力成为合作共事的模范、发扬民主的模范、廉洁奉公的模范。

（四）切实搞好政协机关建设

政协机关是做好人民政协工作的重要保障。要重视政治理论学习，坚持用马列主义、毛泽东思想、邓小平理论和“三个代表”重要思想武装干部职工头脑，牢固树立和全面落实科学发展观，弘扬与时俱进和改革创新精神，提高全局观念、服务意识和政策水平。要加强政协机关的制度建设，适应壮大爱国统一战线和发展社会主义民主政治的要求，完善为政协履行职能服务的各项工作制度，提高工作水平和效率，保证机关工作协调统一、规范有序、精干高效地运行。要加强政协机关的组织建设，着眼于统一战线和人民政协事业的长远发展，配备好领导班子，加强干部的选拔、交流、任用工作，加大干部培训、挂职锻炼的工作力度，努力造就一支政治坚定、作风优良、学识丰富、业务熟练的高素质干部队伍。巩固保持共产党员先进性教育活动的成果，发挥政协机关中的共产党员的先锋模范作用。

各位委员！

展望祖国未来，前途无限光明。在实现“十一五”规划宏伟蓝图的奋斗过程中，人民政协肩负着庄严的历史使命，政协工作大有可为、大有作为。让我们紧密团结在以胡锦涛同志为总书记的中共中央周围，高举邓小平理论和“三个代表”重要思想伟大旗帜，同心同德，开拓进取，为推进社会主义现代化建设，为完成祖国的统一大业，为实现中华民族的伟大复兴，作出新的更大的贡献！

（选自《人民政协报》）

中国人民政治协商会议全国委员会常务委员会关于政协十届三次会议以来提案工作情况的报告

——在政协第十届全国委员会第四次会议上

（2006年3月3日）

罗　豪　才

各位委员：

我代表中国人民政治协商会议全国委员会常务委员会，向大会报告政协十届三次会议以来的提案工作，请予审议。

政协十届三次会议以来，政协委员、政协各参加单位和政协专门委员会共提交提案4660件。经审查，立案4496件，其中，委员提案4288件，八个民主党派中央和全国工商联提案170件，有关人民团体、界别小组、政协专门委员会提案共38件。

政协十届三次会议闭幕后，全国政协召开了提案交办会，将会议期间审查立案的提案分别送交中共中央、全国人大常委会、国务院、全国政协、中央军委所属有关部门，最高人民法院、最高人民检察院办公厅。相关省、自治区、直辖市中共党委和人民政府，有关人民团体共155个承办单位办理；全体会议后审查立案的提案，也及时送交承办单位办理。未予立案的已转送有关部门研究处理或参考。截至2006年2月20日，99.29%的提案已经办复。

一

提案作为履行人民政协职能的一个重要方式，越来越受到政协委员和政协各参加单位的重视。一年来，广大政协委员和政协参加单位，以高度的政治责任感和使命感，积极参政议政，坚持全面贯彻落实科学发展观，把促进发展作为人民政协履行职能的第一要务，围绕经济社会协调发展、构建和谐社会、编制“十一五”规划等重大问题，提出了大量有情况、有分析、有具体建议的提案，提案的整体质量有了进一步提高。尤其是各民主党派中央和全国工商联的提案，具有较强的针对性和可行性。政协提案得到了中共中央、国务院以及承办单位的高度重视。许多承办单位将办理政协提案与促进本部门工作紧密结合起来，积极采纳落实提案的建议。许多建议已在国家的政策法规、发展规划、部门工作中得到体现。政协提案在协助党和政府实现决策民主化、科学化，促进经济社会协调发展中，发挥了重要作用。

经济建设领域的提案共1992件，占提案总数的44.31%，涉及宏观调控、经济结构调整和增长方式转变、“三农”问题、循环经济、节约型社会、区域协调发展、经济体制改革、促进非公有制经济发展以及安全生产等方面。委员们多年来连续提出的加快环渤海地区建设、推进天津滨海新区发展、建设海峡西岸经济区促进两岸经济技术交流等提案，在全国政协相关专门委员会调研的基础上，经过多方面的共同努力，有关内容已体现在《中共中央关于制定国民经济和社会发展第十一个五年规划的建议》中。围绕促进中部地区崛起，近百位委员和民革中央、民盟中央、致公党中央等，从不同角度提出了多件提案。围绕发展循环经济、建设节约型社会，许多政协委员、农工党中央、九三学社中央等提出了50余件提案。政协十届三次会议期间，就上述两个问题分别召开了专题协商办理座谈会，引起了政府部门的高度重视和社会各界的广泛关注。农业、农村、农民问题，一直是政协委员和民主党派关注的内容，提案提出的促进农民专业经济合作组织发展的建议，被农业部等承办单位积极采纳。关于解决农户贷款难的提案，国家发展和改革委员会吸收提案中有关建议，通过“四位一体”（龙头企业、担保公司、银行、农户）的金融创新方式，研究解决农户贷款难问题。针对委员反映基层财政困难问题的提案，财政部经过深入调研，制定并实施了以“三奖一补”为主要内容的缓解县乡财政困难的政策措施。根据强化环境保护统一监管能力的提案，提案委员会组织提案者与有关部门联合调研后，向中共中央、国务院报送了调研报告，国务院有关领导认为调研报告反映了当前环保工作中存在的实际情况和问题，要求有关部门认真研究解决。对于整顿我国矿产资源开发秩序的提案，国土资源部进行了重点办理，国务院发出了《关于全面整顿和规范矿产资源开发秩序的通知》。委员们十分关注煤矿安全生产问题，提出了多件提案，结合提案建议，国家进一步加大了煤矿安全生产的投入，加强了安全设施保障。民建中央提出的加快长江“黄金水道”建设的提案，国务院有关领导在重要提案摘报上作了批示，交通部积极吸纳提案建议，提出了《关于合力建设长江水道促进流域经济全面发展的意见》，明确了建设目标和相关政策措施。结合民盟中央等提出的加强反洗钱工作的提案，中国人民银行建立了与公安部门的联络协调、联合督办和情报会商机制，加强了国际合作，在打击洗钱活动方面取得了良好效果。

科教文卫体领域的提案共1324件，占提案总数的29.45%，涉及实施科教兴国战略、人才强国战略以及科技、教育、文化、卫生体制改革等方面。针对增强我国科技自主创新能力方面的提案，科技部积极采纳，进一步明确了我国科学技术事业的发展方向和重点支持领域。建议修订《义务教育法》的提案，引起了有关部门的重视，相关意见已吸收进国务院提交全国人大常委会审议的《义务教育法（修订草案）》。结合改革技工学校管理体制的提案，教育部等部门研究制定了推动职业教育快速健康发展的政策。民进中央等对我国出版体制改革提出的提案，新闻出版总署将其作为重点提案进行了认真办理。

关于农村饮水安全方面的提案，中央领导同志十分关注，并作出重要批示，国家发展和改革委员会会同水利部、卫生部开展了深入调查，印发了《关于进一步做好农村饮水安全工程建设工作的通知》，国务院办公厅下发了《关于加强饮用水安全保障工作的通知》。就完善我国食品安全监管体系的提案，提案委员会与中央机构编制委员会办公室、国家食品药品监督管理局等部门联合进行调研，进一步推动了相关工作。针对“看病难、看病贵”现象，委员们就改善农村卫生条件、建立健全农村新型合作医疗制度提出了多件提案，卫生部会同有关部门结合提案建议，编制了《农村卫生服务体系和发展规划》，加大了对新型农村合作医疗试点的指导力度。根据尽快制定国家《全民健身条例》的提案，提案委员会、国家体育总局、国务院法制办公室联合进行了调研，建议适时启动条例的起草工作。

政治法律、社会保障等领域的提案共1180件，占提案总数的26.24%，涉及民主法制建设、廉政建设、就业与再就业、社会保障、收入分配、加快民族地区发展、贯彻落实宗教政策、促进祖国统一等方面。针对法院司法改革问题，委员们提出了改革法官选任制度、制定解决执行难的法律法规等建议，最高人民法院十分重视，努力推进相关工作。委员们连续多年呼吁加快户籍管理制度改革，公安部积极吸纳提案建议，提出了进一步改革户籍管理制度的初步意见。40余位委员在提案中联名提出的实施关爱老年人的“爱心护理工程”，经过多方面的共同努力，已经启动。九三学社中央等提出的引导高校毕业生面向基层就业方面的提案，在中央领导同志的关心下，经中共中央组织部、教育部、人事部等部门的努力，由中共中央办公厅、国务院办公厅印发了《关于引导和鼓励高校毕业生面向基层就业的意见》。关于解决拖欠职工工资问题的提案，劳动和社会保障部、全国总工会、建设部等部门开展了专项整治活动，联合下发了相关文件，取得了阶段性成果。针对提案反映的调节收入分配问题，有关部门修订并完善了相关条例和规定，着力保障低收入群体的利益。结合大力发展慈善事业促进和谐社会建设的提案，民政部、中华慈善总会与提案委员会联合进行了调研，还举办了首届中华慈善大会，公布了《中国慈善事业发展指导纲要》。针对加大兴边富民行动实施力度加快边境少数民族聚居地区发展的提案，国家民委编制了《兴边富民行动“十一五”规划》，会同有关部门在资金投入、基础设施建设等方面，进一步加大支持力度，积极探索建立帮助贫困边境少数民族发展生产、改善生活的有效机制。多位政协委员、台盟中央等就加强两岸经济技术合作、推动台湾农产品在大陆销售、加快两岸“三通”进程、向台湾同胞赠送大熊猫等问题，提出了具体建议。国务院台湾事务办公室按照中央的统一部署，积极协调有关部门，使提案中反映的许多问题得到解决或取得了突破性进展。

政协十届三次会议以来，提案涉及的问题已经解决或列入计划准备解决的占83.29%；因条件所限，一时确实难以解决的，承办单位也及时向提案者作了说明。从整体上看，2005年提案办理工作取得了新的进展。

一是领导更加重视。温家宝总理、贾庆林主席及多位副总理、国务委员等中央领导同志，就有关提案工作作出批示达22人次。中共中央纪律检查委员会等许多承办单位的主要领导同志，对本系统、本部门的提案办理工作作出具体指示。各承办单位进一步加强了领导，责任更明确、制度更健全、程序更规范。许多承办单位的主要领导同志，亲自部署办理工作、督办重点提案、审改办理复文，有力地促进了提案办理工作。

二是进一步加强了与提案者的沟通。许多承办单位在提案办理过程中，积极通过调研、座谈以及上门走访、电话沟通等多种形式，主动与提出提案的委员、民主党派中央研讨问题，受到了普遍欢迎。比如，7个承办单位主动上门走访了有关的民主党派中央。科技部与全国政协办公厅共同召开了全国政协委员科技工作座谈会，科技部部长就有关情况直接同委员进行沟通。财政部部长邀请在北京的部分全国政协委员进行座谈，两位副部长分别带队赴京外委员所在地，深入调查研究，当面同委员商讨落实提案的办法。

三是把办理提案同改进部门工作紧密结合起来。许多承办单位将办理好政协提案作为保持共产党员先进性教育活动成果的具体体现，把办理政协提案的过程作为改进工作、改进作风、完善决策的过程。比如，司法部在《律师法》的执法检查和修订过程中，积极采纳委员建议。针对提案反映的电信资费问题，信息产业部会同国家发展和改革委员会，下发了《关于调整部分电信业务资费管理方式的通知》等文件。

四是加强提案办理的后续工作。许多承办单位不仅对提案件件有答复，更注重通过一系列具体措施将提案建议逐步落在实处。比如，政协十届一次会议以来委员连续提出的小排量汽车“解限”问题，引起了国家发展和改革委员会等部门的关注，2005年底，有关部门联合发文，提出了清理小排量汽车限制性规定的要求。针对治理车辆超限超载运输的提案，交通部在以往重点办理的基础上，又联合有关部门召开了全国专项治理的电视电话会议，进一步提出了治理意见。针对关于加强网络文化管理的提案，文化部在往年整顿治理的基础上，又联合有关部委印发了《关于进一步深化网吧管理工作的通知》。

为使委员们更多地了解提案办理情况，本报告选择了六个承办单位的办理工作概况作为附件，供大家参阅。

二

政协十届三次会议以来，常务委员会按照“围绕中心、服务大局、提高质量、讲求实效”的方针，把提高提案质量和办理成效作为工作重点，积极稳妥地推进提案工作。

（一）贯彻落实全国政协第五次提案工作座谈会精神，推动提案工作制度化建设。在全国政协第五次提案工作座谈会上，贾庆林主席、王忠禹副主席对提高提案工作整体质量提出了新要求。为更好地贯彻落实会议精神，全国政协办公厅专门发文，对地方政协和各承办单位明确提出要求，强调要切实贯彻中共中央办公厅、国务院办公厅关于转发《全国政协办公厅关于办理政协提案的意见》的通知精神，要认真落实新修订的提案工作条例精神。为更好地学习、宣传、贯彻提案工作条例，提案委员会起草了宣传提纲，在组织本委员会委员学习的同时，利用参加地方政协提案工作座谈会、召开提案承办单位座谈会等机会，向政协委员、地方政协以及承办单位进行广泛宣传，进一步推动提案工作的制度化、规范化、程序化建设。

（二）努力提高提案质量，充分发挥提案作用。一是推动委员提案质量不断提高，体现委员在提案工作中的主体作用。将承办单位提供的工作重点及希望委员帮助出谋划策的重要问题进行归纳分类，整理成260个提案参考选题，发送全体委员；向委员提供大会期间提案全文检索光盘及《把握人民的意愿——政协提案及复文选》等材料；邀请提案者参与协商办理座谈会、重点提案调研、走访承办单位等活动；召开多种形式的提案工作座谈会，就进一步提高提案质量，进行广泛交流。2005年底，提案委员会在香港召开了香港特别行政区全国政协委员提案工作座谈会，取得了积极成效。二是加强民主党派提案工作，发挥民主党派在提案工作中的带动作用。通过座谈会、联合调研等方式，加强与民主党派中央、全国工商联的联系与合作，使党派提案更好地发挥各自优势，突出各自特点。2005年，民主党派中央和全国工商联提案，数量有了明显增加，质量有了进一步提高。在全国政协研究确定的14个方面的重点提案中，9个方面有民主党派中央提案。在上报的重要提案摘报中，民主党派中央提案占52.3%。三是围绕中心工作，多渠道发挥提案作用。根据政协第十次常委会议“关于构建社会主义和谐社会”的议题及专题协商会关于编制“十一五”规划的内容，提案委员会将提案中反映的重要意见和建议，分别整理成综述材料供会议参阅。结合改革、发展、稳定中的重要问题，将提案中的相关建议通过《重要提案摘报》及时上报，2005 年报送的 40 期《重要提案摘报》中，有 19 期得到中央领导同志的重要批示。

（三）健全提案办理工作机制，提高提案办理实效。在提案数量大幅度增加的情况下，采取提案分层办理机制，积极推动提案的落实。一是加强重点提案办理工作。经与承办单位充分协商，将人民群众普遍关注、党和政府亟待解决、对推动工作有重要作用的提案，作为全国政协重点提案，采取协商座谈、实地调研等方式促进重点办理。一年来，共召开协商办理座谈会 9 次，进行重点提案调研 5 次。同时，要求各承办单位在对提案进行认真分析的基础上，研究确定本部门办理工作重点，进一步加大办理党派、团体提案力度，加强与提案者的沟通联系，不断提高办理质量。二是加强提案办理的跟踪。对一些办理难度大、承办单位承诺解决的提案，加强沟通协调，加大跟踪力度。比如，就敦煌莫高窟文物保护和利用、尽快制定调解工作的法律法规等提案，连续进行跟踪办理，推动了相关工作的开展。三是加强办理工作的督促检查。通过召开提案承办单位办理工作座谈会、上门走访等方式，督促检查办理工作整体情况。一年来，先后走访了国家发展和改革委员会、湖北省人民政府、国务院台湾事务办公室、国家安全生产监督管理总局、国家文物局、建设部。

（四）加大宣传力度，扩大提案工作影响。除充分运用人民政协报、中国政协杂志的宣传渠道外，积极发挥人民日报、新华社、中央电视台等中央和地方新闻媒体的作用，通过召开提案工作情况通气会、邀请新闻媒体参加重点提案调研和提案协商办理座谈会等活动，将全体会议期间的集中报道、日常工作中的专题报道有机结合起来，大力宣传政协委员运用提案参政议政的典型事例，宣传提案关注的重点、热点问题，宣传提案办理情况及提案产生的作用，进一步扩大政协提案及提案工作的影响。

（五）密切与地方政协的联系，全面提升提案工作水平。通过座谈会、研讨会等多种方式，进一步加强与地方政协的沟通，加强对地方政协提案工作的指导。大力支持地方政协结合各自实际，创造性地开展提案工作。及时推广地方政协在审查、立案、交办、督办、宣传等方面好的做法，共同推动提案工作水平的提高。

各位委员，一年来，在中共中央、国务院领导的关怀下，在政协委员、政协各参加单位和专门委员会的积极参与以及提案承办单位的大力支持下，提案工作取得了可喜的成效。但是，提案工作还存在着诸多不足，提案质量、办理质量和服务质量都有待进一步提高。

2006 年，是实施“十一五”规划的开局之年。新的形势和任务，对人民政协的提案工作提出了更高的要求。在新的一年里，要认真贯彻落实《中共中央关于加强人民政协工作的意见》，着力把握好以下工作重点：

一是进一步提高提案质量。提案质量是提案工作的生命，要坚持不懈地抓下去。要正确处理提案数量和质量的关系，在一定数量的基础上，更要注重提案质量。要围绕全局性、战略性、关系国计民生的重大问题，深入调研，为决策的民主化、科学化提出更有价值的建议。进一步加大征集民主党派、人民团体、界别小组、政协专委会提案的力度，及时将具有真知灼见的会议发言、调研报告等转化为提案。严格审查立案工作，从源头上把好提案质量关。计划在下半年召开全国政协提案质量研讨会。

二是努力促进提案办理更加富有成效。进一步加强与承办单位的联系与合作，及时了解承办单位提案办理工作情况，促进重点提案的办理。做好提案者和承办单位之间的协调沟通工作，加大跟踪办理和督促检查力度，积极推动提案的落实。进一步做好重要提案摘报工作，努力推进重点、难点问题的解决。开好每年一度的提案承办单位办理工作座谈会。

三是增大提案工作合力。通过座谈、联合调研等形式，进一步加强政协委员、政协各参加单位、政协各专委会、各承办单位及各级政协之间的联系与合作，各司其责，逐步形成整体推进、协调高效的提案工作机制，使提案工作真正成为人民政协的一项全局性工作。

四是加强提案工作机构自身建设。进一步解放思想，从实际出发，努力探索提案工作新的方式方法，积极推动提案工作机制创新和理论创新。加强学习，深刻理解和全面把握《中共中央关于加强人民政协工作的意见》精神，提高提案工作队伍的政策水平和业务素质。完善提案信息化管理系统，不断提高工作效率。

各位委员：回顾过去，提案工作稳步前进，不断发展。面对未来，提案工作责任重大，任务艰巨。让我们在邓小平理论和“三个代表”重要思想指引下，全面贯彻科学发展观，求真务实，再接再厉，在我国经济和社会发展切实转入全面协调可持续发展的进程中，使政协提案发挥更大的作用！

（选自《人民政协报》）

在政协民革、台盟、台联联组讨论会上的讲话（摘要）

（2006 年 3 月 4 日）

贾　庆　林

一年前的今天，胡锦涛总书记在参加全国政协十届三次会议民革、台盟、台联界委员联组讨论时，就台湾问题和对台工作发表了重要讲话。他深刻分析了台湾局势和两岸关系形势，提出了新形势下发展两岸关系的四点意见，集中宣示了一系列对台工作的新主张、新论述。胡锦涛总书记的重要思想和论断，表明了我们坚决反对“台独”的坚定立场和推动两岸关系和平稳定发展的最大诚意，展现了关爱台湾同胞的亲情和善意，体现了我们对台方针政策的一贯性和连续性，丰富了对台工作指导原则的内涵，是新形势下对台工作的重要指导方针。一年来，各地各部门认真学习、深入贯彻胡锦涛总书记的四点意见，积极开展对台工作，努力落实中央一系列维护台海地区和平稳定、促进两岸关系发展的重大措施。在两岸同胞共同努力下，台海局势出现了一些新的积极变化，两岸关系中有利于遏制“台独”分裂活动的积极因素增加，朝着和平稳定方向发展的趋势增强。从过去一年台湾局势和两岸关系形势的新变化、新特点中，我们更加深刻地感受到，胡锦涛总书记的四点意见已经并将继续对两岸关系产生重大而深远的影响。

今年以来，台湾当局领导人为了一己私利，不顾两岸关系的大势所趋和两岸同胞的民心所向，更加赤裸裸地推行“台独”路线，公然进一步背弃“四不一没有”的承诺，挑战国际社会普遍承认一个中国的格局，蓄意在台湾内部挑起争端，全面制造两岸关系紧张。当前，台湾当局领导人通过“宪改”进行“台湾法理独立”活动的冒险性、危险性继续上升。

面对当前复杂多变的台海局势，我们要继续坚定不移地贯彻“和平统一、一国两制”的基本方针和现阶段发展两岸关系、推进祖国和平统一进程的八项主张，贯彻胡锦涛总书记关于新形势下发展两岸关系的四点意见。

继续团结广大台湾同胞，进一步促进两岸人员往来和各项交流，促进早日实现两岸直接“三通”。坚决反对和制止“台湾法理独立”活动是当前最重要、最紧迫的任务。为了中华民族的团结振兴，为了两岸同胞的幸福安康，我们下定决心要以最大的诚意、尽最大的努力争取两岸关系和平稳定发展，争取和平统一的前景。同时，必须严正指出：维护国家主权和领土完整，是国家的核心利益，是民族的根基所在。我们决不容忍“台独”，反对“台独”分裂活动绝不妥协。我们有决心、有能力、有办法坚决制止“台独”分裂势力把台湾从中国分割出去。我们说到，就一定能够做到。

（摘自《人民政协报》）

在全国人大北京代表团审议政府工作报告时的发言（摘要）

（2006年3月5日）

贾　庆　林

要坚持以邓小平理论和“三个代表”重要思想为指导，全面贯彻落实科学发展观，紧紧抓住和用好举办奥运会这个重大机遇，开拓进取，扎实工作，推动经济社会又快又好发展。

这次会议是在我国开始进入“十一五”的关键时刻召开的一次重要会议。温家宝总理所作的政府工作报告，对去年工作的总结全面客观、实事求是，对今年工作的部署思路清晰、重点突出，对“十一五”规划纲要草案的说明目标明确、求真务实，是一个鼓舞人心、催人奋进的好报告。

2008年在北京举办一届有特色、高水平的奥运会，是全国各族人民的共同企盼，也是载入中华民族历史的一件大事。

4年多来，奥运会筹办工作取得了显著成绩，得到了国内外广泛好评。当前，奥运会筹办工作进入关键时期、攻坚阶段。中央十分重视奥运会的筹办工作，作出了一系列重要指示。我们要认真贯彻中央的精神，坚持以科学发展观为统领，按照“绿色奥运、科技奥运、人文奥运”三大理念，扎实做好各项筹办工作，努力实现“新北京、新奥运”的战略构想。

通过重大活动凝聚力量、加快建设、推动发展，是北京市工作的一条重要经验。抓住奥运机遇、积极推动各项工作，应当成为“十一五”时期首都发展的一个特色和亮点。要紧紧抓住奥运机遇，充分发挥首都科技、人才等方面的优势，促进首都经济发展，提高发展的质量和水平；要紧紧抓住奥运机遇，提高城市建设和管理的现代化水平，使北京更好地体现国家首都、国际城市、文化名城、宜居城市的要求；要紧紧抓住奥运机遇，切实做好扩大就业工作，解决群众普遍关注的教育、医疗卫生等问题，努力提高全体市民的文明素质和城市文明程度，全力维护首都的稳定，把北京建设成为社会主义和谐社会的首善之区。

奥运会筹办是个庞大的、复杂的系统工程，涉及北京市工作的方方面面，需要各部门、各区县、各单位之间的密切配合、通力合作。同时，我们还要充分发挥统一战线和人民政协的作用，广泛团结各党派团体、各族各界人士，齐心协力把这个世纪盛会办好。

（摘自新华社北京 3 月 5 日电）

在港澳委员联组讨论会上的讲话（摘要）

（2006 年 3 月 6 日）

贾　庆　林

港澳地区全国政协委员有着光荣的爱国传统，大家坚持爱国爱港、爱国爱澳立场，为香港、澳门的平稳过渡和顺利回归，付出了许多心血；广泛团结港澳各界同胞，积极支持行政长官和特区政府依法施政，为促进香港、澳门的繁荣稳定发挥了重要作用；大家努力加强同台湾各界人士的联系，坚决反对和遏制“台独”分裂活动，为加强两岸交流、促进祖国统一作出了积极贡献；大家认真履行政治协商、民主监督、参政议政职责，积极促进港澳与内地的共同发展，热心投身内地公益慈善事业。港澳回归后的实践充分证明，“一国两制”、“港人治港”、“澳人治澳”、高度自治的方针是完全正确的，已经并将继续显示出强大的生命力。保持港澳地区的长期繁荣稳定，是中央政府处理港澳事务的根本出发点和立足点。我们将继续坚定不移地贯彻“一国两制”方针，严格按照基本法办事，全力支持行政长官和特区政府依法施政，促进香港、澳门的发展与和谐。希望港澳地区全国政协委员认真学习宣传“一国两制”方针和基本法，学习最近颁布的《中共中央关于加强人民政协工作的意见》，支持行政长官和特区政府依法施政，团结港澳各界人士和广大市民，为全面实施“一国两制”、为保持港澳的长期繁荣稳定、为构建和谐香港、和谐澳门作出新贡献。

（摘自《人民政协报》）

在民建工商联委员联组讨论会上的讲话（摘要）

（2006年3月7日）

贾庆林

在党和国家政策的正确指引下，我国非公有制经济获得长足发展，已经成为我国国民经济新的增长点，成为推动社会主义市场经济体制完善的重要力量，成为吸纳社会就业的重要渠道，成为活跃市场方便群众生活的重要力量，成为对外经贸合作的积极参与者，成为科技创新的生力军。我们要充分认识非公有制经济在建设中国特色社会主义事业中的重要作用，进一步增强发展非公有制经济的自觉性和坚定性。要认真贯彻落实科学发展观，积极引导非公有制经济人士为实施“十一五”规划和全面建设小康社会作贡献。要充分发挥民建、工商联的作用，积极引导非公有制经济健康发展和非公有制经济人士健康成长。我们要按照中央的要求，始终坚持“两个毫不动摇”，不断消除体制性障碍，允许非公有制经济进入法律法规未禁止的行业领域，继续鼓励和支持非公有制企业参与国企改革，进入金融服务、基础设施建设等领域，完善金融、税收、科技创新等方面的政策，推动非公有制经济健康发展。

（摘自《人民政协报》）

共同谱写人民政协事业的新篇章

——学习贯彻《中共中央关于加强人民政协工作的意见》

（2006年3月7日）

张榕明

在全国“两会”召开之际，中共中央颁发了《关于加强人民政协工作的意见》（以下简称《意见》）。《意见》科学概括了中国共产党三代中央领导集体关于人民政协事业的重要论述和以胡锦涛同志为总书记的中共中央关于人民政协工作的新思想、新要求，是指导新世纪新阶段人民政协事业发展的纲领性文件。《意见》的颁布和实施，对于提高中国共产党的执政能力，发展社会主义民主政治，巩固和壮大最广泛的爱国统一战线，构建社会主义和谐社会，都具有重大而深远的意义。

一

新中国成立前夕，以毛泽东同志为核心的中国共产党第一代领导集体认识到，使中国彻底脱离半殖民地、半封建的命运，建立人民当家作主的全国政权，就必须发展和加强革命统一战线，把各革命阶级、各民主党派和社会各界人士团结起来，组织起来，共同奋斗，从而开创了人民政协事业。1956 年，毛泽东同志提出中国共产党要与各民主党派“长期共存、互相监督”的方针，为中国共产党领导的多党合作和政治协商制度奠定了思想政治基础。

中共十一届三中全会以后，以邓小平同志为核心的中国共产党第二代领导集体指出，发展中国特色社会主义事业，建设现代化的社会主义强国，就必须调动一切积极因素，团结一切可以团结的力量，同心同德，群策群力，不断巩固和发展最广泛的爱国统一战线。邓小平同志明确提出了新时期人民政协的性质和任务，确立了中国共产党与各民主党派“长期共存、互相监督、肝胆相照、荣辱与共”的方针，人民政协的性质、作用被载入宪法，推动人民政协事业步入了一个新的发展时期。

中共十三届四中全会以后，以江泽民同志为核心的中国共产党第三代领导集体强调，全面建设小康社会，实现中华民族伟大复兴的宏伟目标，就必须最大限度地凝聚起全社会的智慧和力量，充分发挥人民政协作为爱国统一战线的组织、多党合作和政治协商的重要机构、发扬社会主义民主的重要形式的作用。1989 年，中共中央颁布了《关于坚持和完善中国共产党领导的多党合作和政治协商制度的意见》。1993 年，八届全国人大一次会议将“中国共产党领导的多党合作和政治协商制度将长期存在和发展”写入宪法。1995 年，中共中央转发了《政协全国委员会关于政治协商、民主监督、参政议政的规定》。这些重大举措，进一步推动了人民政协事业的发展。

中共十六大以来，以胡锦涛同志为总书记的中共中央高度重视人民政协工作，作出了一系列重要指示和部署，把人民政协事业继续推向前进。2004 年，全国政协十届二次会议适应新形势对人民政协工作的要求，对政协章程的部分内容进行了修改，对于人民政协更好地履行职能、发挥作用具有重要意义。2005 年，中共中央颁布了《关于进一步加强中国共产党领导的多党合作和政治协商制度建设的意见》，标志着我国多党合作进一步制度化、规范化、程序化，同时也是指导和推动人民政协事业发展的重要文件。

新世纪的人民政协更加焕发出旺盛的生机和活力。各级政协组织和广大政协委员，围绕推进社会主义现代化建设、完成祖国统一大业、维护世界和平与促进发展这三大历史任务，牢牢把握团结和民主两大主题，切实履行职能，广泛团结海内外一切热爱祖国的中华儿女，增进同各国人民的相互了解和交流合作，在推进社会主义物质文明、政治文明、精神文明协调发展，全面建设小康社会的进程中发挥着重要作用。

二

当前，国际国内形势继续发生深刻的变化，我国的建设与发展正处在关键时期，实现祖国完全统一的任务十分艰巨。切实落实以胡锦涛同志为总书记的中共中央提出的树立科学发展观、加强中国共产党执政能力建设、构建社会主义和谐社会的任务艰巨而复杂。时代赋予了人民政协新的历史使命和更为丰富的实践机遇。

落实科学发展观，要求人民政协开创新局面。科学发展观的提出为人民政协围绕中心、服务大局提供了新的机遇，为广大政协委员施展才干、发挥作用提供了广阔的舞台，也为政协工作探索新思路、开拓新局面提供了条件。政协工作要与时俱进，上台阶，上水平，就必须按照科学发展观的要求，结合不断发展变化的实际情况，进一步深化对政协工作特点和规律的认识，探索政协履行职能的新途径、新方法，全面推进各项工作。

加强中国共产党的执政能力建设，要求人民政协发挥新作用。通过人民政协把不同党派、不同团体、不同阶层、不同信仰、不同所有制等各方面人士团结起来，有利于中国共产党的执政基础更加巩固。通过人民政协实现各民主党派同中国共产党通力合作，有利于中国共产党的执政体制更加健全；通过人民政协民主协商、求同存异、广开言路、集思广益，有利于中国共产党的执政方略更加完善。

构建社会主义和谐社会，要求人民政协作出新贡献。构建和谐社会，要求充分发挥人民政协这一政治组织和民主形式的特点和优势，为夯实和谐社会的政治基础作贡献；要求充分发挥人民政协人才荟萃、智力密集的优势，为夯实和谐社会的物质基础作贡献；要求充分发挥人民政协具有广泛代表性和最大包容性的优势，为夯实和谐社会的社会基础作贡献；要求人民政协弘扬团结和民主两大主题，为夯实和谐社会的群众基础作贡献。

为了更好地适应形势和任务的要求，进一步加强新世纪新阶段人民政协工作，充分发挥人民政协作用，在对近年来各级政协组织履行职能情况进行调研总结，并广泛征求了各民主党派、人民团体意见的基础上，中共中央又适时颁布了这一《意见》。

《意见》坚持以邓小平理论、"三个代表"重要思想和科学发展观为指导，对政协的性质、地位、职能和主要任务作了清楚的定位，对政协履行职能的内容、形式和程序作了明确的规范。内容包括了人民政协工作的各个方面，蕴涵了许多新思想、新观点，是一个完整、科学的理论体系。《意见》充分体现了以胡锦涛同志为总书记的中共中央继往开来、与时俱进，站在时代的高度对新时期人民政协实践和理论的创新和发展，为新世纪新阶段推进人民政协事业发展确立了思想基础和行动指南。

《意见》突出强调了人民政协事业是中国特色社会主义事业的重要组成部分，中国共产党领导的多党合作和政治协商制度是我国的一项基本政治制度，要坚持走中国特色社会主义政治发展道路。强调了尊重和保障各民主党派、无党派人士在政协中的各种民主权利，体现和发挥我国社会主义政党制度的特点和优势。强调了人民通过选举、投票行使权利和人民内部各方面在重大决策之前进行充分协商，尽可能就共同性问题取得一致意见，是我国社会主义民主的两种重要形式。强调了充分发挥人民政协在构建社会主义和谐社会中的作用。强调了人民政协要围绕民主和团结两大主题，切实履行好政治协商、民主监督、参政议政的职能，推进履行职能的制度化、规范化、程序化。强调了抓好人民政协的自身建设，加强和改善中国共产党对人民政协的领导。

《意见》的颁布和实施，是一项鼓舞人心、凝聚力量的重大举措，为人民政协的各级组织、参加单位以及广大政协委员解放思想、开拓创新，不断探索政协工作新方法、拓展政协工作新领域，提供了理论依据和政策支持。不仅有利于创造全党全社会重视和支持人民政协工作的新局面，而且有利于国际社会了解中国政协的性质和职能，了解中国特色社会主义政治发展道路，有利于我们树立良好的国际形象。

三

民主党派是人民政协的重要组成部分，为人民政协事业的创建和发展作出了重要贡献。中共中央颁布这一《意见》，进一步为民主党派在人民政协中发挥参政党作用，提供了广阔空间和制度保障。

中国民主建国会作为政协组织的一个参加单位、一个界别，长期以来，坚持围绕中心、服务大局，充分发挥密切联系经济界的界别特色和优势，积极参加政治协商，切实推进民主监督，努力提高参政议政水平，如实反映社情民意，在国家发展、民族振兴的事业中作出了重要贡献。在全国政协会议上，民建中央就宪法修改、国企改革、“三农”问题、发展风险投资事业、引导非公有制经济健康发展、完善社会保障体系、提高经济增长质量和效益等重大问题提出的意见、建议，受到社会各方面的高度关注，取得显著成果。目前，民建会员中担任各级政协委员的共有 13081 人，占会员总数的 12.9%。这些会员以饱满的政治热情和高度负责的精神，认真行使政协委员的光荣职责，积极参加在政协会议上的协商讨论，参加政协组织的视察、调研等活动，为促进经济社会发展建言献策，作出了应有的贡献。

深入学习贯彻《意见》，是当前和今后一个时期的重要政治任务。我们要把学习贯彻《意见》摆上重要议事日程，深刻领会《意见》的精神实质。通过学习，把思想和认识统一到《意见》精神上来，坚持接受中国共产党的领导，与中国共产党一道，共同肩负起人民政协新的历史使命。

我们要切实履行参政党职能，为构建社会主义和谐社会发挥积极作用。牢固树立科学发展观，坚持把促进发展作为根本任务，围绕关系构建社会主义和谐社会和“十一五”时期经济社会发展的重大问题，深入调查研究，积极建言献策。鼓励和支持成员中的政协委员遵守政协章程，履行委员职责，积极为构建社会主义和谐社会献计出力。

我们要坚持维护社会稳定，促进祖国统一大业。要高举爱国主义、社会主义的旗帜，把团结各界、凝聚人心的工作摆在突出位置。加强与台港澳同胞和海外侨胞的交流与合作，促进海内外中华儿女的大团结。始终坚持一个中国原则，坚决反对和遏制“法理台独”等任何形式的“台独”分裂活动，为实现祖国的完全统一作出贡献。

我们要全面加强自身建设，不断提高参政能力。坚持发扬自我教育的优良传统，以思想建设为核心、以组织建设为基础、以制度建设为保障，不断提高政治把握能力、参政议政能力、组织领导能力和合作共事能力，为建设适应新世纪要求的参政党而不懈努力。

我们相信，随着《意见》的深入落实，人民政协工作必将迈上一个新的台阶，人民政协事业必将显示出更加强大的生命力。让我们更加紧密地团结在以胡锦涛同志为总书记的中共中央周围，开拓进取，扎实工作，努力为构建社会主义和谐社会、推进中国特色社会主义伟大事业作出新贡献，共同谱写人民政协事业更加辉煌的新篇章。

（选自《人民政协报》）

认真学习贯彻《中共中央关于加强人民政协工作的意见》切实履行政协职能

（2006年3月10日）

王忠禹

最近，中共中央颁发了《中共中央关于加强人民政协工作的意见》（以下简称《意见》）。《意见》集中体现了中国共产党三代中央领导集体和以胡锦涛同志为总书记的党中央关于人民政协的重要理论观点和政策思想，充分肯定了人民政协在我国政治、经济和社会生活中所作出的重大贡献，深刻阐明了新形势下加强人民政协工作的必要性，人民政协的性质、地位和作用，提出了新世纪新阶段人民政协所应承担的历史任务和人民政协工作必须遵循的基本原则，全面加强人民政协自身建设的基本要求，科学规范了人民政协政治协商、民主监督、参政议政的内容、形式和程序，强调了加强和改善中国共产党对人民政协领导的重要性，是指导新世纪新阶段人民政协事业发展的纲领性文件。按照《意见》的要求，加强人民政协工作，有利于加强和改善中国共产党对人民政协的领导、提高党的执政能力，有利于坚持中国共产党领导的多党合作和政治协商制度、发展社会主义民主政治，有利于最广泛最充分地调动一切积极因素、构建社会主义和谐社会，有利于全面建设小康社会、加快推进社会主义现代化，有利于巩固和发展最广泛的爱国统一战线、促进祖国统一和中华民族伟大复兴。要充分认识《意见》颁布实施的重大意义，深刻理解和把握其基本内容和精神实质，把思想统一到文件精神上来，将文件精神贯彻落实到工作中去，推动人民政协事业不断向前发展。

一

以毛泽东、邓小平、江泽民同志为核心的中国共产党的三代中央领导集体和以胡锦涛同志为总书记的党中央，十分关心和重视人民政协工作。《意见》是中共中央支持人民政协充分履行职能，切实推进政治协商、民主监督、参政议政制度化、规范化、程序化的重要部署。

人民政协的主要职能及其制度化、规范化、程序化，有一个逐渐明确和不断完善的过程。政治协商是人民政协最早确立的一项主要职能，早在1949年中国人民政治协商会议诞生时所制定的人民政协组织法中就有明确规定。民主监督职能源于20世纪50年代毛泽东提出的中国共产党与各民主党派之间的互相监督，以及各级政协接受和反映人民群众的意见、对政府提出建议和批评的实践。1982年全国政协五届五次会议通过的政协章程规定：人民政协“对国家大政方针和群众生活的重要问题进行政治协商，并通过建议和批评发挥民主监督作用”。从此，政治协商同民主监督一道作为人民政协的主要职能被明确下来。1987年召开的中共十三大明确提出，要使政协的政治协商和民主监督“经常化”。1989年，全国政协制定了《政协全国委员会关于政治协商、民主监督的暂行规定》。为此，中共中央专门发出通知，指出这个规定符合我国政治体制改革的原则，有利于加强政治协商和民主监督。要求各级党委结合实际情况，在开展政治协商和民主监督的工作中参照执行，人民政协履行职能的制度化迈出了重要一步。1994年全国政协八届二次会议修订的政协章程在主要职能中增加了参政议政，当时章程的表述为“中国人民政治协商会议的主要职能是政治协商和民主监督，组织参加本会的各党派、团体和各族各界人士参政议政”。1995年1月，全国政协八届九次常委会议将《政协全国委员会关于政治协商、民主监督的暂行规定》修改为《政协全国委员会关于政治协商、民主监督、参政议政的规定》，中共中央批转了这个《规定》。从此，政协的主要职能就以正式文件形式规范为政治协商、民主监督、参政议政。1994年修改章程和1995年由中共中央批转的履行职能的《规定》，是人民政协履行职能制度化的实践成果。1997年中共十五大明确要求继续推进人民政协政治协商、民主监督、参政议政的规范化、制度化。2002年中共十六大强调要着重加强制度建设，实现社会主义民主政治的制度化、规范化和程序化，支持人民政协围绕团结和民主两大主题履行职能，保证人民政协发挥政治协商、民主监督、参政议政的作用。2004年3月，全国政协十届二次会议修订了政协章程，紧接着又制定和修订了一系列与政协章程相配套的规章制度。这些制度的建立和完善，为人民政协落实中共中央提出的推进履行职能制度化、规范化、程序化的要求迈出了坚实的一步。

中共中央颁发的《意见》就人民政协履行职能的问题，提出了许多新的理论观点和政策措施，对于人民政协履行职能，推进履行职能的制度化、规范化、程序化具有很强的指导性和操作性。《意见》不仅重申了人民政协政治协商、民主监督、参政议政的内容和形式，进一步阐明了人民政协三项职能在党和国家政治生活中的地位和作用，深化了三项职能的性质和内涵，规范了组织实施人民政协的政治协商、民主监督、参政议政的主要程序和工作机制，并对党委和政府支持人民政协履行职能作出了明确的规定。认真贯彻落实《意见》中关于履行职能的规定，对人民政协认真搞好政治协商、积极推进民主监督、深入开展参政议政，必将产生巨大的推动作用。

二

《意见》为认真搞好人民政协的政治协商提供了保证。首先，《意见》精辟论述了人民政协政治协商的重要性，强调“人民政协的政治协商是中国共产党领导的多党合作的重要体现，是党和国家实行科学民主决策的重要环节，是党提高执政能力的重要途径”。认真搞好人民政协的政治协商，有利于促进参加人民政协的各党派和无党派人士的团结合作，巩固和完善中国共产党领导的多党合作和政治协商制度；有利于广开言路、集思广益，实现决策的科学化、民主化；有利于增进理解、扩大共识，形成融洽和谐、生动活泼的政治局面；有利于加强和改善中国共产党的领导，提高党的执政能力，巩固党的执政地位。这就从多角度、多层面提升了对人民政协政治协商重要性的认识，必将极大地增强人民政协各参加单位和广大政协委员履行好政治协商职能的责任感。

其次，《意见》规定，把政治协商纳入决策程序，就国家和地方的重要问题在决策之前和决策执行过程中进行协商，是政治协商的重要原则。政治协商的要旨是决策前的协商，只有协商于决策之前，政治协商才能避免流于形式，从而发挥应有的作用；只有在决策执行过程中加强协商，才能根据实践的发展不断修正和完善决策。坚持并切实贯彻协商于决策之前的原则，对于搞好人民政协的政治协商具有重要意义。《意见》强调，各级党委要高度重视人民政协的政治协商，统一部署和协调，并认真组织实施。这是党中央第一次在中央文件中明确由党委统一部署和协调并组织实施人民政协的政治协商。在政治协商中，决策者既是协商的对象，更是协商的主体。决策者主动并善于运用人民政协的政治协商，人民政协的政治协商就能纳入党委和政府的决策程序，使政治协商的原则真正落到实处。

第三，《意见》从健全决策机制出发，科学规范了人民政协政治协商的程序，明确规定了每个程序中党委、政府、政协及有关部门的职责。一是明确了协商议题的提出和确定程序，二是明确了安排协商活动的程序，三是规定了通报情况、听取意见、参与协商的程序，四是明确了及时整理并报送协商成果的程序，五是规定了意见和建议处理及反馈程序。认真执行上述程序，将从根本上避免和解决人民政协政治协商的随意性，使人民政协的政治协商真正成为推进决策科学化、民主化的有效环节。

三

《意见》为积极推进人民政协的民主监督奠定了基础。《意见》充分肯定了人民政协民主监督的重要地位，强调人民政协的民主监督是我国社会主义监督体系的重要组成部分。进一步明确了人民政协民主监督的性质，强调人民政协的民主监督是在坚持四项基本原则的基础上通过提出意见、建议和批评的方式进行的政治监督。丰富了人民政协民主监督的内涵，指出它是参加人民政协的各党派团体和各族各界人士通过政协组织对国家机关及其工作人员进行的监督，也是中国共产党在政协中与各民主党派、无党派人士之间进行的互相监督。这些规定表明，人民政协的民主监督是以提出意见、批评、建议的方式进行的政治监督，在这一点上，它有别于国家权力机关、行政机关和司法机关的监督，不具有国家权力性质和法律约束力。但这种区别并不否定人民政协的民主监督可以对权力运行发挥制约和监督的作用。中共十六届四中全会通过的《中共中央关于加强党的执政能力建设的决定》，在强调加强对权力运行的制约和监督时明确提出，支持和保证政协依照章程开展民主监督。人民政协的民主监督作为一种政治监督，既是对党和国家权力运行的民主监督，也是政党之间的互相监督。人民政协的社会威望和有组织性，使其民主监督具有自己独特的优势和作用，在我国社会主义监督体系中处于重要地位。准确把握好人民政协民主监督的性质和地位，有助于我们正确地履行民主监督职能，发挥好民主监督的作用。

《意见》对党委和政府积极推进人民政协的民主监督提出了具体要求。它不仅强调各级党委和政府要认真倾听来自人民政协的批评和建议，自觉接受民主监督，而且明确要求完善民主监督的机制，在知情环节、沟通环节、反馈环节上建立健全制度，畅通民主监督的渠道。《意见》还就提高民主监督的质量和成效，提出了具体措施，要求党委和政府的监督机构以及新闻媒体密切与人民政协的联系，加强工作中的协调和配合。加强各种监督机构和监督形式的协调与配合，既是完善我国社会主义监督体系的客观需要，也是提高人民政协民主监督质量和成效的重要途径。《意见》还要求认真办理政协的提案和建议案，切实发挥其在民主监督方面的作用。充分落实这些要求和措施，必将有效地加大人民政协民主监督的力度，对于加强和发挥政协民主监督的作用，是个强有力的推动。

四

《意见》为深入开展人民政协的参政议政创造了条件。《意见》强调，人民政协的参政议政是人民政协履行职能的重要形式，也是党政领导机关经常听取参加人民政协的各民主党派、人民团体和各族各界人士的意见和建议，切实做好工作的有效方式。将人民政协的参政议政视为切实做好党政领导机关工作的一种有效方式，这是对人民政协参政议政作用的充分肯定，大大增加了人民政协参政议政的政治责任。

《意见》明确提出，人民政协要充分运用好专题调研和反映社情民意这两种参政议政的基本形式。要建立健全人民政协参政议政的各项工作制度，形成合理有效的工作机制。人民政协的专题调研关键在选题，要注重选择经济社会发展中具有综合性、全局性、前瞻性的课题，深入调查研究，开展咨询论证，提出有见解、有分量的意见和建议，为党和政府决策提供参考。反映社情民意工作要善于运用政协包容各界、联系广泛、人才聚集的有利条件，了解和掌握社会不同阶层、不同群体的愿望和要求，真实、准确、快捷地向党委、政府及有关部门提供决策所需要的信息。

《意见》注重调动政协专门委员会和参加政协的各党派团体参政议政的积极性，强调内部工作协调配合，以利政协人才智力资源的整合。《意见》特别强调，各级党委和政府要加强与人民政协的联系和沟通，为人民政协参政议政创造良好条件。《意见》明确规定对政协提出的重要意见和建议，要认真研究、积极采纳。党政有关部门要密切同政协专门委员会的协作和配合，对他们的工作提供必要的支持和帮助。这些规定，无疑将使人民政协的参政议政更加活跃、更加富有成效。

学习贯彻好中共中央《意见》，是人民政协的一项重大政治任务。人民政协的各级组织、广大政协委员和政协机关干部，要把学习贯彻《意见》作为当前和今后一个时期的一项统领全局、带动全局、推进全局的重要工作，摆在突出位置，抓紧、抓好。要有大局意识、全局观念，眼界要高、视野要宽，立足党和国家工作大局，着眼于人民政协事业的全局，深刻理解和全面把握《意见》中带根本性的理论观点、政策思想和措施规定，真正吃透文件的精神实质，切实加强和改进政协工作。

要坚持解放思想、实事求是、与时俱进，在深刻理解和全面把握文件的新思想、新观点的基础上，继续研究和探索履行职能的新思路、新领域、新形式、新方法，不断提高履行职能的水平和成效。

要认真总结按照《意见》精神履行职能的新经验，及时把实践证明行之有效的做法规范起来，形成制度，扎扎实实地推进人民政协履行职能的制度化、规范化、程序化，进一步发挥人民政协的特点和优势。

《中共中央关于加强人民政协工作的意见》的颁布和实施，在各级党委的领导下，在各级政府的大力支持下，人民政协履行职能及其制度化、规范化、程序化的工作一定能够再上一个新的台阶，人民政协一定能够为促进改革开放和社会主义现代化建设、发展社会主义民主政治、构建社会主义和谐社会、推进中国特色社会主义伟大事业作出新的贡献。

（选自《人民政协报》）

在团结和民主的大道上阔步前进

——学习《中共中央关于加强人民政协工作的意见》的体会

（2006 年 3 月 14 日）

李　蒙

新春伊始，中共中央颁布了《关于加强人民政协工作的意见》（以下简称《意见》）。这是人民政协成立半个多世纪以来中共中央第一次就政协工作专门颁布的重要文件，是以胡锦涛同志为总书记的中共中央加强人民政协工作的一项重大举措。《意见》充分肯定了人民政协在中国革命中不可替代的历史作用和历史地位，阐明了人民政协大团结大联合的性质、新世纪新阶段的主要任务、必须坚持的原则和人民政协的主要职能，阐述了人民政协“政治协商、民主监督、参政议政”三大职能及运作方式，要求人民政协切实加强自身建设，明确提出要加强中国共产党对人民政协的领导、充分发挥政协中中共党组的领导核心作用，要求努力创造全党全社会重视和支持人民政协工作的新局面。

《意见》的颁布实施，是我国政治生活中的一件大事，也是人民政协事业发展的重要里程碑，政协各组成单位和广大政协委员为此倍感振奋和鼓舞。农工民主党对此完全赞同，坚决拥护，正在全党开展深入学习《意见》的活动。

一

《意见》指出：“人民政协是中国共产党把马克思列宁主义统一战线理论、政党理论和民主政治理论同中国具体实践相结合的伟大创造，是中国共产党同各民主党派、人民团体和各族各界人士风雨同舟、团结奋斗的伟大成果”。1948 年，在人民解放战争即将取得决定性胜利之际，中共中央发布“五一口号”提出召开新的政治协商会议、成立民主联合政府。包括农工党在内的各民主党派积极响应，认为“适合人民时势之要求，尤符同人等之本旨”，表示“愿在中国共产党领导下，献其绵薄，共策进行”。1949 年 9 月，中国人民政治协商会议第一届全体会议在北平举行。会议代行人民代表大会职权，制定了具有临时宪法性质的《中国人民政治协商会议共同纲领》，宣告了中华人民共和国的成立。

作为农工党参加第一届人民政协的首席代表、著名民主人士彭泽民，曾经赋诗一首描述当时的心情：“廿年空有还乡梦，今日公车入国门。几经羁縻终难逃，布衣今日也称尊”，半个多世纪后的今天我们仍能感受到其中的喜悦和自豪。新中国成立以来，各民主党派在人民政协以合法、平等的地位进行政治协商、参政议政，而且以主人翁的姿态踊跃参与新中国的管理和各项大政方针的制定，积极投身于社会主义革命和建设，为推动改革开放和社会主义现代化建设做出了应有的贡献。

新世纪新阶段，农工党充分利用人民政协这个大舞台，坚持把发展作为参政议政的第一要务，树立和落实科学发展观，充分发挥在医药卫生界人才荟萃、智力密集、联系广泛的优势，围绕西部大开发、“三农”问题、环境保护与可持续发展、区域经济发展、医疗卫生体制改革等一系列重大问题深入调研，在政协会议上以大会发言或提案等形式积极建言献策，受到中共中央和国务院的高度重视。2005 年，为了在政协中更好地发挥作用，我们加强与各级政协的信息沟通，紧紧围绕国民经济和社会发展第十一个五年规划、2010 年远景目标的制定，集中全党力量，进一步增强了参政议政工作的针对性，提高了意见建议的水平和质量。特别是农工党各级组织和广大党员把通过各级政协反映社情民意作为履行职能的重要方式，结合岗位工作实际，积极反映群众意愿和各方面的真实情况，反映带有普遍性、典型性和倾向性的情况和问题，开辟了下情上达的畅通渠道。

二

伟大的事业需要广泛的团结，广泛的团结创造伟大的业绩。人民政协以团结和民主为主题，是我国最广泛的爱国统一战线组织，在组织上有最广泛的代表性，在政治上有最大限度的包容性。它包括了中国共产党、各民主党派、无党派民主人士、人民团体、民族宗教、社会各界和港澳台同胞、海外侨胞等 30 多个方面的代表人士，拥有众多经验丰富的领导干部、德高望重的社会活动家、享誉中外的专家学者、成就卓著的实业巨子、受人喜爱的作家艺术家和为国争光的体育健儿，可谓俊彦荟萃、群贤毕集，这本身就是中华民族大团结大联合的象征。

在全面建设小康社会、加快推进社会主义现代化建设的新的发展阶段，统一战线不仅是中国共产党执政兴国的重要法宝，也是中华民族伟大复兴的重要法宝。要把人民群众中蕴藏的积极性、创造性充分调动起来，把各方面的力量最大限度地凝聚起来，致力于我们共同的宏伟事业，就要按照《意见》的要求，充分认识新形势下加强人民政协工作的重要性和必要性，团结一切可以团结的力量，认真搞好人民政协的政治协商，积极推进人民政协的民主监督，深入开展人民政协的参政议政，切实抓好人民政协的自身建设，加强和改善党对人民政协的领导，充分发挥人民政协的作用。

在建设社会主义政治文明伟大进程中，发展以政协为重要载体的协商式民主，是一项具有历史意义和世界意义的政治制度创新。民主是历史发展的必然趋势，是社会进步的重要标志。同时，民主又是历史的、具体的、相对的，一定的民主必然与一定的时代相联系，与一定的经济、政治、文化发展水平相适应。从世界范围看，目前以选举为主要形式的西方式民主日益显露出其局限性。特别是在广大发展中国家，在思想文化背景迥异、民族宗教关系复杂、社会各种矛盾交织的情况下，这种选举式民主在形成制约的同时，也容易导致彼此攻击、互相倾轧、相互掣肘，甚至带来金钱交易、社会失序，暴露出难以克服的不足和缺陷。而具有中国特色的协商式民主，强调的是整合，浸润着“和而不同”、“兼容并蓄”、“和衷共济”等优秀文化传统，提倡求同存异、相互理解，既能够反映多数人的普遍愿望，又便于吸纳少数人的合理主张，既有利于形成和谐的氛围、维护稳定的局面，也有利于增强决策的民主性和科学性。

人民政协是由中国共产党、各民主党派、无党派民主人士在长期革命斗争实践中，经过慎重周密的考虑，从我国国情出发而创建的。从诞生之日起，它就是我国民主政治建设的重要组织形式，体现了发扬民主同维护国家稳定、促进社会进步的统一。人民政协不是权力机关，没有法律上的决定权，但它在中国共产党领导下，与人大、政府、司法机关各司其职，互为补充，相辅相成。关系国计民生的重大问题，通过人民政协进行协商，广泛听取各民主党派、人民团体以及各族各界代表人士的意见由人民代表大会行使国家权力进行决策，由人民政府执行实施，这样一种政治体制，集中体现了我国广泛的人民民主，具有西方民主无可比拟的优势。也正是有了人民政协这个爱国统一战线的最好组织形式，才使我们各民主党派成员充分发挥了建设国家、服务人民的作用，并且使自身的组织建设和思想建设得到了很大的发展。

《意见》高屋建瓴地指出，“人民通过选举、投票行使权力和人民内部各方面在重大决策之前进行充分协商，尽可能就共同性问题取得一致意见，是我国社会主义民主的两种重要形式。”“发展社会主义民主政治，建设社会主义政治文明，要善于运用人民政协这一政治组织和民主形式。”

三

各民主党派是人民政协的重要组成单位，人民政协是我国多党合作和政治协商的重要机构。早在1954年，人民政协不再代行人民代表大会职权后，毛泽东就强调：政协“是各党派的协商机关，是党派性的机关”。1987年，邓小平开始把“多党合作”与“政治协商”连在一起称呼我国政党制度。1989年，中发14号文件正式提出了“中国共产党领导的多党合作和政治协商制度”这个规范的表述。1993年通过的宪法修正案，写入了“中国共产党领导的多党合作和政治协商制度将长期存在和发展”。1994年通过的政协章程修正案据此对人民政协的性质作了进一步补充，明确规定“中国人民政治协商会议是中国人民爱国统一战线的组织，是中国共产党领导的多党合作和政治协商的重要机构”。

《意见》的颁布和实施，必将成为民主党派继续前进的强大动力。农工民主党正在认真学习贯彻《意见》精神，坚定不移地坚持中国共产党的领导，坚持共产党领导的多党合作和政治协商制度。只有共产党才能领导人民开创中国特色社会主义道路，实现民族振兴、国家富强、人民幸福和祖国统一的宏伟目标；只有在人民政协里坚持共产党的政治领导，才能在共同利益、共同目标的基础之上，汇聚起各个方面的力量，调动一切积极性，使人民政协事业在中华民族的伟大复兴进程中不断发展壮大。无论是建言献策还是批评监督，都要从有利于加强和改善中国共产党的领导出发，始终不渝地坚持和维护中国共产党的领导。

贯彻落实《意见》精神，就要坚定不移地按照制度化、规范化、程序化的要求，切实履行政治协商、民主监督、参政议政的职能。要不断增强贯彻落实科学发展观的自觉性和坚定性，围绕制定和实施“十一五”规划，结合经济社会发展工作的总体部署，深入实际调查研究，为促进经济社会又快又好发展多献求真务实之策、多做开拓创新之事。要进一步深入群众，倾听群众呼声，关心群众疾苦，协助中国共产党和政府全面准确把握社情民意，做好化解矛盾、理顺情绪的工作，积极引导广大农工党员正确认识改革发展中利益格局的调整和变化，把竞争压力转化为奋发有为的动力，更好地支持和参与改革，为构建社会主义和谐社会贡献力量。

人民政协事业神圣光荣，人民政协工作大有可为。“寄语洛城风日道，明年春色倍还人。”我们相信，随着《意见》的贯彻实施，我们高举邓小平理论和“三个代表”重要思想伟大旗帜，在以胡锦涛同志为总书记的中共中央领导下，加强团结、发扬民主、同心同德、群策群力，就一定能够迎来人民政协更加辉煌的明天。

（选自《人民政协报》）

新时期加强人民政协工作的纲领性文件

（2006 年 3 月 15 日）

周 铁 农

《中共中央关于加强人民政协工作的意见》（以下简称《意见》）的颁布，是我国政治生活中的一件大事，也是我们盼望已久的。《意见》的制定实施，是以胡锦涛同志为总书记的中共中央加强人民政协工作的一项重大举措，对于充分发挥人民政协政治协商、民主监督、参政议政的作用，提高党的执政能力、发展社会主义民主政治、构建社会主义和谐社会、推进中国特色社会主义伟大事业，具有重要的现实和历史意义。

中共十六大以来，以胡锦涛同志为总书记的中共中央领导集体高度重视社会主义民主政治建设，重视发挥人民政协在中国特色社会主义建设中的作用。今年 1 月份，胡锦涛总书记主持召开了中共中央政治局会议，专门研究加强人民政协工作。《意见》在总结人民政协成立半个多世纪以来的成功经验和优良传统的基础上，进一步明确了人民政协的性质、地位、作用、任务、职能和工作原则，对搞好人民政协的政治协商、民主监督、参政议政，加强人民政协的自身建设，加强和完善党对人民政协的领导提出了新的要求，是在全面建设小康社会、加快推进社会主义现代化的新的发展阶段，加强人民政协工作的纲领性文件。

一、《意见》对人民政协事业从理论到实践进行了系统总结

《意见》对人民政协成立半个多世纪以来形成的理论进行了系统总结，明确指出：“人民政协是中国共产党把马克思列宁主义统一战线理论、政党理论和民主政治理论同中国具体实践相结合的伟大创造。”以毛泽东同志为主要代表的中国共产党人开创了统一战线和人民政协事业。毛泽东同志指出：“人民政治协商会议及其选出的全国委员会，是团结全国各民族、各阶级、各民主党派、各人民团体及各界民主人士的伟大的统一战线的政治组织”，明确阐述了人民政协的性质，指导了人民政协事业的创立。1956 年，毛泽东同志提出中国共产党要与各民主党派“长期共存、互相监督”的方针，进一步为中国共产党领导的多党合作和政治协商制度奠定了思想政治基础。以邓小平同志为核心

的党的第二代中央领导集体发展毛泽东人民政协思想，不断丰富和完善了人民政协理论，为新时期人民政协工作提供了有力的思想武器。1979年，邓小平同志在全国政协五届二次会议上发表的重要讲话，科学分析了建国以后我国社会阶级状况的变化和统一战线内部结构的变化，明确提出了新时期统一战线和人民政协的任务。1982年，人民政协的性质、作用被庄严地载入国家宪法，为人民政协履行职能、开展工作提供了国家根本大法上的依据。以江泽民同志为核心的党的第三代中央领导集体高举邓小平理论伟大旗帜，对新形势下的人民政协工作作出了一系列重要的论述，开创了人民政协事业的新局面。1993年，八届全国人大一次会议把“中国共产党领导的多党合作和政治协商制度将长期存在和发展”写入了宪法。在此基础上，1995年初，中共中央转发的《政协全国委员会关于政治协商、民主监督、参政议政的规定》，对人民政协履行职能的规范化、制度化作了全面阐述。中共十六大以来，以胡锦涛同志为总书记的中共中央高度重视人民政协工作，作出了一系列重要指示，把人民政协事业继续推向前进。全国政协十届二次会议适应新形势对人民政协工作的要求，对政协章程的部分内容进行了修改。2005年，下发了《中共中央关于进一步加强中国共产党领导的多党合作和政治协商制度建设的意见》，强调要进一步加强中国共产党领导的多党合作和政治协商制度的制度化、规范化和程序化。

《意见》总结了人民政协成立半个多世纪以来的实践经验，将人民政协长期以来创新出的履行政治协商、民主监督、参政议政职能的形式、工作方法制度化。人民政协成立以来，特别是改革开放以来，创造出许多行之有效的工作形式。其中，政治协商是中国共产党领导的多党合作的重要体现，是党和国家实行科学民主决策的重要环节，也是党提高执政能力的重要途径。现在，各级党委和政府就国家和地方的大政方针和重要问题在决策之前和决策执行过程中进行协商已成为惯例。参政议政是政协履行职能的重要形式。对政治、经济、文化和社会生活中的重要问题以及人民群众普遍关心的问题，开展调查研究、提交提案和反映社情民意是政协各参加单位和委员行使民主权利、开展民主监督的重要渠道，也是委员知情明政、团结合作的重要途径。中共十六大以来，人民政协围绕中心、服务大局，把促进社会全面协调发展作为参政议政的第一要务，发挥联系广泛、智力密集的优势，提出了一批有重要价值的意见和建议，仅全国政协十届三次会议提案就立案4375件。在认真总结这些实践经验的基础上，《意见》就人民政协履行职能的形式、主要内容、程序作出了明确规定。因此，《意见》的颁布、实施必将推进人民政协工作的进一步制度化、规范化和程序化。

二、以《意见》为指导，加强人民政协工作

《意见》贯穿两条主线，一是发扬社会主义民主，充分发挥人民政协的作用；一是切实抓好人民政协的自身建设，加强和改善中国共产党对人民政协的领导，提高新时期人民政协履行职能的水平。《意见》切合实际，具有很强的可操作性，为加强人民政协工作提供了重要的制度保证，是新时期人民政协各项工作的行动准则。

《意见》要求，“发展社会主义民主政治，建设社会主义政治文明，要善于运用人民政协这一政治组织和民主形式”。“建设社会主义政治文明”是中共十六大报告提出的历史任务。发展社会主义民主政治，建设社会主义政治文明，既是我国社会主义市场经济

的必然要求，也是我国社会主义政治发展的根本选择。它是建立在我国具体国情的基础上，由中国共产党领导的、以人民当家做主为核心内容的社会主义政治文明。在新的历史条件下，发展社会主义民主政治、建设社会主义政治文明，其中一个重要方面就是进一步坚持和完善中国共产党领导的多党合作和政治协商制度，加强人民政协工作，扩大各界人士有序的政治参与，拓宽社会利益表达渠道，实现中国共产党的领导、人民当家做主和依法治国的有机统一。贯彻落实好《意见》精神，坚持和完善人民政协这种民主形式，是体现民主与集中的统一，推动社会主义民主政治发展的重要内容。

《意见》要求，“构建社会主义和谐社会，必须充分发挥人民政协的作用。”社会主义和谐社会应当是一个公平正义、安定有序的社会。人民政协可以发挥联系广泛的优势，通过各个界别，联系社会各个方面，了解情况、发现问题，协助政府协调关系、化解矛盾，做好社会的安定团结工作；可以发挥人才荟萃、智力密集的优势，通过深入调研、广泛协商，反映社会不同阶层的利益诉求，为党和政府决策的民主化、科学化服务，促进社会的公平正义。因此，人民政协的本质属性与构建社会主义和谐社会的要求是完全一致的，贯彻落实好《意见》精神，也是巩固和发展最广泛的爱国统一战线，为构建社会主义和谐社会创造良好环境和条件的必然要求。

三、贯彻、落实《意见》精神，参政党责任重大

《意见》指出，中国共产党领导的多党合作和政治协商制度是我国的一项基本政治制度，人民政协是实行中国共产党领导的多党合作和政治协商制度的重要政治形式和组织形式。这一论断正确揭示了人民政协与中国共产党领导的多党合作和政治协商制度的关系。人民政协贯彻“长期共存、互相监督、肝胆相照、荣辱与共”的方针，与各党派、无党派人士团结合作，在社会主义三个文明建设中发挥作用，是中国特色社会主义政党制度的重要体现，也是人民政协工作的重要内容。改革开放以来，各民主党派作为中国共产党领导的多党合作和政治协商制度中的参政党，是政协的重要参加单位，在政协中，各参政党围绕经济社会全面协调发展的重大课题和人民群众关注的热点问题，深入调查研究，积极建言献策，在国家的政治生活中发挥了越来越大的作用。如2005年“两会”期间，民革各级组织和党员中的政协委员紧紧围绕中共十六大和十六届三中、四中全会确定的目标和任务，围绕构建社会主义和谐社会的要求，围绕“十一五”规划的制定，提交了大量的建议案和提案，内容涉及“三农”问题、生态建设和环境保护、非公有制经济发展、公民道德建设、中部崛起、社会主义民主与法制建设、祖国统一等问题，其中不少建议得到了重视和采纳。

《意见》要求充分发挥人民政协作为中国共产党领导的多党合作和政治协商的重要机构的作用，支持各民主党派和无党派人士参与国家重大方针政策的讨论协商及其履行职责的各种活动，并对此作出了明确、具体的规定。这些规定同时也是对参政党提出的更高的要求。为此，参政党必须进一步加强自身建设，提高参政议政的质量和水平，不断适应《意见》的要求，更好地在政协发挥作用。因此，贯彻、落实《意见》精神，为新时期加强人民政协工作作贡献，参政党任重道远。对此我们应该有清醒的认识和强烈的紧迫感。

（选自《人民政协报》）

在会见越共中央总书记农德孟时的讲话（摘要）

（2006年3月21日）

贾 庆 林

近年来，中越双方遵循“长期稳定、面向未来、睦邻友好、全面合作”的16字方针，为推动两党两国关系持续发展做了大量扎实而富有成效的工作。去年胡锦涛总书记访越与越方领导人达成了重要共识，使中越两党两国关系进入了全面深入发展的新阶段。两国政治互信加深，经贸合作成绩喜人，两党治党理国经验的交流不断深化，双方在安全、文教、青年、科技和旅游等领域的交流合作也颇有成效。目前中越两党两国关系是历史上最好的时期之一。中方赞赏越南党和政府坚持一个中国政策和在台湾问题上对中国的一贯支持。

越南共产党带领越南人民坚持社会主义发展方向，大胆探索适合本国国情的发展道路，在革新开放和社会主义建设事业中取得令人瞩目的巨大成就。中越两党两国有相同的理想信念，有许多共同的战略利益。维护好、发展好中越友谊和两国关系，符合两党两国和两国人民的根本利益。中国党和政府愿同越南党和政府共同努力，继续从战略和全局高度牢牢把握两党两国关系发展的大方向，不断丰富16字方针和“四好”目标的内涵，使中越友谊代代相传、不断发扬光大，使双方合作更加广泛深入、结出更多互利双赢的硕果。

中国全国政协与越南祖国阵线的关系日益密切，对推动两国在各领域的合作发挥了积极的促进作用。中国全国政协愿同越南祖国阵线进一步加强往来，扩大交流，为推进中越睦邻友好合作关系做出新贡献。

（摘自《人民政协报》）

在会见越南国家主席陈德良时的讲话（摘要）

（2006年3月21日）

贾 庆 林

中越建交56年来，两国老一辈领导人亲手缔造和培育的中越友谊不断发扬光大。进入新世纪，中越两党两国关系又取得了新的发展。两国高层互访频繁，政治互信不断加强，经贸合作连创新高，各个领域的交流与合作进展顺利，在国际和地区事务中保持着密切协调和配合。去年，胡锦涛主席成功访越，为新世纪中越两党两国关系的发展确定了重要的指导原则，中越睦邻友好合作关系进入了新的发展阶段。我们赞赏越南党和政府奉行一个中国政策、反对任何形式的“台独”分裂活动。

中越两国都是社会主义国家，都在推进改革与发展，有着广泛的共同利益。不断加强两国关系，符合两国的根本利益，有利于本地区的和平与稳定。为进一步推动中越关系向更高水平发展，我提出以下建议：第一，保持高层互访势头，为两国关系持续深入发展奠定更为坚实的政治基础。第二，进一步推进经贸合作，特别是重点领域的合作，扩大合作规模，提高合作水平。第三，加强外交、安全等部门的合作机制，深化治党理政经验交流，扩大青少年友好交往，使中越两党和两国人民世世代代友好下去。第四，推动陆地边界勘界、北部湾油气勘采和渔业合作、南海共同开发取得积极进展。

（摘自《人民政协报》）

在会见越南祖国阵线主席范世阅时的讲话（摘要）

（2006 年 3 月 21 日）

贾　庆　林

中越两国人民之间的友谊源远流长。建交以来，两国友好合作关系持续发展。去年，两国元首达成了一系列重要共识，中越两党两国关系进入了全面深入发展的新阶段。中越同为社会主义国家，有着广泛的共同利益。中国党和政府十分珍视中越传统友谊，愿与越方共同努力，不断增进互信，把中越友好合作关系提高到新的发展水平。

中国全国政协与越南祖国阵线在各自国家的政治生活中都发挥着不可替代的重要作用。近年来双方一直保持着多层次的密切交往，增进了相互了解，加深了传统友谊，促进了互利合作。中国全国政协愿与越南祖国阵线进一步扩大交流与合作，共同推动中越睦邻友好合作关系全面发展。为进一步加强两组织合作，我提出以下建议：第一，建立定期交流机制，保持高层互访势头。第二，加强各专门委员会及相关工作机构之间的友好往来，扎实推进双方友好合作。第三，推动双方地方组织的交流与合作，特别是两国边境省区的交流。第四，发挥两组织各方面人才荟萃的独特优势，促进两国各领域的交流合作。第五，积极鼓励两国青少年加强友好联系，确保中越友好世代相传。第六，加强双方相互关心的领域和问题上的交流与合作。

（摘自《人民政协报》）

构建社会主义和谐社会 开创政协工作新局面

（2006 年 3 月 21 日）

张 怀 西

《中共中央关于加强人民政协工作的意见》（以下简称《意见》）的颁布实施，是我国政治生活中的一件大事，是以胡锦涛同志为总书记的中共中央从党和国家事业发展的全局出发，加强人民政协工作的一项重大举措。《意见》的贯彻实施，必将极大地推动新世纪新阶段人民政协事业不断向前发展，开创政协工作新局面。

一、内涵深刻 富有新意

《意见》坚持以邓小平理论和"三个代表"重要思想为指导，贯彻中共十六大和十六届四中全会精神，概括了中国共产党三代中央领导集体关于人民政协事业的重要论述和以胡锦涛同志为总书记的中共中央对人民政协工作的新思想、新要求，肯定了人民政协成立以来在我国政治、经济和社会生活中做出的重大贡献，阐明了人民政协的性质、地位和作用，规定了新世纪新阶段人民政协肩负的历史任务和工作原则，规范了人民政协履行职能的程序和机制，明确了搞好人民政协自身建设的任务，提出了加强和改善党对人民政协领导的要求。文件总结历史，放眼未来，内涵丰富，思想深刻，是新时期人民政协事业发展的行动纲领。

《意见》充满创新精神，提出了一系列新思想、新观点、新论断和新举措，极富新意。《意见》开篇即为人民政协的产生、存在和发展提供了新的科学的理论支撑，指出"中国人民政治协商会议是中国人民爱国统一战线的组织，是中国共产党领导的多党合作和政治协商制度的重要机构，是我国政治生活中发扬社会主义民主的重要形式。"与之相对应，明确提出了"人民政协是中国共产党把马克思列宁主义统一战线理论、政党理论和民主政治理论同中国具体实践相结合的伟大创造"，点明了人民政协工作的三大理论支柱是：马克思列宁主义统一战线理论、政党理论和民主政治理论。《意见》第一次鲜明地提出，人民政协事业是中国特色社会主义事业的重要组成部分，强调在全面建设小康社会、加快推进社会主义现代化的新的发展阶段，要从提高党的执政能力、发展社会主义民主政治、构建社会主义和谐社会、推进中国特色社会主义伟大事业的战略高度，大力加强人民政协工作，充分发挥人民政协的作用，充分表明了人民政协事业在我国改革开放和社会主义现代化建设中不可替代的重要地位；《意见》明确提出，人民通过选举、投票行使权利和人民内部各方面在重大决策之前进行充分协商，尽可能就共同性问题取得一致意见，是我国社会主义民主的两种重要形式，强调发展社会主义民主政治、建设社会主义政治文明，要善于运用人民政协这一政治组织和民主形式；《意见》清晰、完整、规范地表述了政治协商、民主监督、参政议政的内容、形式和程序，特别强调，把政治协商纳入决策程序，就国家和地方的重要问题在决策之前和决策执行过程中进行协商，是政治协商的重要原则，要求人民政协的重要考察活动和重大外事活动要请参加政协的民主党派的负责人参加等。这些都反映了中国共产党坚持走中国特色政治发展道路的理论和实践的重要成果，一系列新精神、新要求成为新世纪新阶段人民政协工作的政策依据和行动指南。

二、团结民主　共建和谐

构建社会主义和谐社会，是中共中央从全面建设小康社会、开创中国特色社会主义事业新局面的全局出发提出的一项重大任务，适应了我国改革发展进入关键时期的客观要求，体现了广大人民群众的根本利益和共同愿望。《意见》揭示了人民政协与构建社会主义和谐社会的内在本质联系，深刻指出，人民政协的基本属性、主要职能、组织构成、工作原则和活动方式，与构建社会主义和谐社会的要求是完全一致的，同构建社会主义和谐社会的各项工作是紧密相连的。构建社会主义和谐社会，必须充分发挥人民政协的作用。这就要求，人民政协要坚持以邓小平理论和“三个代表”重要思想为指导，贯彻《意见》精神，牢牢把握团结和民主两大主题，围绕党和国家的工作大局，切实加强人民政协工作，为构建社会主义和谐社会服务，不断开创政协工作新局面。

要充分发挥我国社会主义政党制度的特点和优势，巩固构建社会主义和谐社会的政治基础。中国共产党领导的多党合作和政治协商制度是我国的一项基本政治制度，人民政协是实行这一基本政治制度的重要政治形式和组织形式，是社会主义政治文明的重要体现和有机组成部分，坚持并不断完善中国共产党领导的多党合作和政治协商制度，是发展社会主义民主政治，建设社会主义政治文明的必然要求和重要内容，也是构建社会主义和谐社会的政治保障。人民政协要按照《意见》要求，认真贯彻中国共产党同各民主党派长期共存、互相监督、肝胆相照、荣辱与共的方针，不断加强中国共产党同民主党派的合作共事、巩固中国共产党同党外人士的联盟，促进参加人民政协的各党派和无党派人士的团结合作，扩大各界人士有序的政治协商，充分调动各党派、人民团体和各族各界人士的积极性、主动性和创造性，促进社会和谐发展。

要充分发挥人民政协在服务经济社会发展中的作用，巩固构建社会主义和谐社会的物质基础。解决构建社会主义和谐社会所面临的各种矛盾和问题，从根本上讲要靠发展。人民政协要按照《意见》要求，坚持以经济建设为中心，牢固树立和全面落实科学发展观，把促进发展作为人民政协履行职能的第一要务，要选择经济社会发展中具有综合性、全局性、前瞻性的课题，深入调查研究，开展咨询论证，提出意见建议；要运用包容各界、联系广泛、人才聚集的有利条件，了解和反映社会不同阶层、不同群体的愿望和要求，更好地为推进经济持续快速协调健康发展和社会全面进步服务，为维护改革发展稳定的大局、为构建社会主义和谐社会贡献力量。

要牢牢把握团结和民主两大主题，巩固构建社会主义和谐社会的社会基础。团结是构建社会主义和谐社会的前提，是集中各方智慧、形成伟大力量的源泉，人民政协高举社会主义、爱国主义旗帜，是大团结、大联合的象征。要把加强团结作为政协各项工作的中心环节，把发扬民主作为着力点，努力促进统一战线各方面的团结合作，努力维护融洽和谐、生动活泼的局面；要发挥人民政协界别明晰、组成多样的优势，促进各阶层、各界别的和谐；要发挥人民政协渠道畅通的优势，体察民情、反映民意，致力于维护社会稳定。要把团结和民主贯穿于人民政协工作的各方面、贯穿于人民政协事业发展的全过程，不断增强感召力、凝聚力，调动各方面的积极性更好地履行职能，不断开拓工作新局面。

要牢固树立以人为本的理念，巩固构建社会主义和谐社会的群众基础。要把为人民服务作为政协工作的出发点和落脚点，努力维护广大人民群众的根本利益。人民政协要时刻把人民群众的安危冷暖放在心上，及时反映群众诉求，要围绕人民群众普遍关心的热点、难点问题积极履行职能，更好地把人民群众的利益体现到党和国家的方针政策之中，积极协助党和政府解决群众的实际困难和问题，通过凝聚人心、沟通了解、化解矛盾，在构建社会主义和谐社会中作出应有的贡献。

构建社会主义和谐社会，是一项艰巨复杂的系统工程，需要全社会长期坚持不懈地共同努力，《意见》的颁布实施，为人民政协创造出大有可为、大有作为的广阔空间。

三、任重道远 责无旁贷

中国民主促进会是中国共产党领导的多党合作和政治协商制度中的参政党，作为人民政协的重要组成部分和参加单位，认真履行参政党职能，切实加强参政能力建设，为人民政协事业的创建和发展作出了应有贡献。

作为以教育、文化界成员为主的参政党，民进始终把为推动我国各项教育、文化事业的蓬勃发展作出积极贡献，作为参政议政的重要内容和成为自身的鲜明特色。长期以来，民进中央就我国基础教育、贫困地区义务教育和农村职业教育、高等教育体制改革、民族文化保护、出版事业发展等问题连续不断地开展系统性、持久性的调查研究和献计献策，取得了一系列丰硕成果，并通过人民政协这一政治协商、参政议政重要平台，向中共中央、国务院及有关部门提出了一系列具有超前意识和建设性的意见和建议。如：《关于依法治教，大力推进义务教育的几点建议》、《采取有力措施，促进贫困地区农村义务教育巩固和提高的建议》、《关于重视和加强我国职业教育的若干建议》、《关于尽早制定〈学前教育法〉的建议》、《加强调研、论证制度，提高教育决策的科学化》的建议、《弘扬和培育民族精神，实现中华民族伟大复兴》、《关于加强民族文化保护的建议》、《做强做大我国的出版业刻不容缓》等。特别是，近年来在巩固深化参政议政“老阵地”的同时，又不断积极开拓挖掘参政议政的“新领域”，利用会内外专家，发挥全会群体智慧，在基本国策的确立、长江流域可持续发展、“星火西进”致富西部农村、民族地区经济与社会发展，以及“三农”问题上积极建言献策，先后提出了《关于将节约、合理利用和保护自然资源确定为我国基本国策的建议》、《建设陇海星火产业开发带，推动西部经济发展》、《关于西部大开发中“三农”问题的几点建议》、《关于加快民族地区经济社会发展》关于长江上中下游可持续发展的系列建议等一系列提案建议，受到中共中央和国务院的高度重视，为促进城乡协调发展、区域协调发展、经济社会协调发展、人与自然协调发展，构建社会主义和谐社会作出了积极贡献。

新世纪新阶段，面对新任务，民主党派的责任更重。《意见》的颁布实施，既为各民主党派在政协发挥参政党作用提供了广阔空间和制度保障，也对民主党派工作提出了新的要求，贯彻落实《意见》精神，开创政协工作新局面，民主党派任重道远，责无旁贷。我们将深入学习、贯彻《意见》精神，并将之作为当前和今后一个时期的重要任务，摆在突出位置抓紧抓好。要将学习《意见》精神同学习《中共中央关于进一步加强中国共产党领导的多党合作和政治协商制度建设的意见》结合起来，认真把握精神实质，用以指导实践、推动工作，不断加强自身建设，提高参政议政能力，为开创政协工作新局面，为坚持和完善中国共产党领导的多党合作和政治协商制度作出新的更大的贡献。

我们要更加紧密地团结在以胡锦涛同志为总书记的中共中央周围，以邓小平理论和“三个代表”重要思想为指导，全面贯彻落实《意见》精神，与时俱进，开拓进取，同心同德，围绕大局，发挥优势，扎实工作，带领全会为建设高素质参政党、为促进多党合作事业，为构建社会主义和谐社会、实现全面建设小康社会的奋斗目标、实现中华民族的伟大复兴而不懈奋斗！把中国特色社会主义伟大事业不断推向前进！

（选自《人民政协报》）

在会见越南总理潘文凯时的讲话（摘要）

（2006 年 3 月 22 日）

贾　庆　林

中越传统友谊经历了国际风云变幻的考验。近年来，在“长期稳定、面向未来、睦邻友好、全面合作”16 字方针指引下，中越关系和各领域合作都取得了新的成果。中国党和政府高度重视发展对越关系，愿与越方共同努力，积极落实胡锦涛主席去年访越时与越南领导人达成的共识，不断弘扬传统友谊，深化务实合作，使两国真正成为睦邻友好的好邻居、相互依赖的好朋友、志同道合的好同志、真诚合作的好伙伴。

中越都处在经济快速发展时期。近年双方经贸合作富有成果，已成为两国关系发展的新亮点。中越地缘优势独特，经济互补性强，合作潜力很大、前景广阔。中方愿继续本着互利双赢的原则，与越方深化经贸合作，更好地造福于两国人民。为此，中方愿与越方做出以下努力：第一，进一步扩大两国贸易，保持贸易持续、稳定增长，力争提前实现 2010 年贸易额达到 100 亿美元的目标。第二，挖掘潜力，积极推进能源、资源、电力、基础设施建设等领域的合作项目，把两国经贸合作提高到新的水平。第三，加强两国主管部门间的协作，落实好已商定的合作项目，使合作早出成果、早日发挥效益。第四，加强在国际和区域经济事务中的配合与协调。中方积极支持越南早日加入世贸组织，也愿与越方共同推进中国-东盟自贸区建设进程。

（摘自《人民政协报》）

在人民政协的舞台上切实履行参政党职能

（2006 年 3 月 23 日）

罗 豪 才

近日，中共中央颁布了《关于加强人民政协工作的意见》（以下简称《意见》）。《意见》坚持以邓小平理论和“三个代表”重要思想为指导，系统总结了 50 多年来人民政协事业发展的历史经验，深刻阐明了新世纪、新阶段人民政协的性质、地位、作用、职能、主题、任务和工作原则，科学规范了人民政协履行职能的内容、形式和程序，是指导人民政协工作的纲领性文献。作为人民政协的一个参加单位，深刻理解和全面把握《意见》的基本精神，对于我们致公党在人民政协的舞台上切实履行参政党职能、充分发挥参政党作用具有重大意义。

一项重大战略举措：《意见》是中国共产党领导的多党合作事业与人民政协事业发展进程中的又一座里程碑

中国共产党历来高度重视和关心多党合作事业和人民政协事业的发展。中共十六大以来，以胡锦涛同志为总书记的中共中央，对新世纪、新阶段多党合作和人民政协事业的发展提出了明确的要求，作出了重要部署，把多党合作和人民政协事业继续推向前进。2005 年 2 月，《中共中央关于进一步加强中国共产党领导的多党合作和政治协商制度建设的意见》对我国多党合作事业的制度化、规范化、程序化建设作出了新的部署，对民主党派履行职能的内容、形式和程序作出了明确规定。时隔一年，《中共中央关于加强人民政协工作的意见》的颁布实施，是中共中央从党和国家事业发展全局出发，加强人民政协工作的一项重大举措，是中国共产党领导的多党合作事业与人民政协事业发展的又一座里程碑。

《意见》是在对近年来各级政协组织履行职能进行充分调研总结，并广泛征求各民主党派、人民团体意见的基础上制定的。《意见》充分肯定了人民政协的历史贡献，突出体现了政协工作的特点、规律、措施和创新，集中反映了中共中央三代领导集体有关人民政协理论观点、政策思想，充分显示出以胡锦涛同志为总书记的中共中央对人民政协事业发展的高度重视和巨大关怀，对指导人民政协工作不仅有很强的现实针对性，而且具有深远的历史意义。

《意见》提出了一系列新思想、新观点和新举措，对多年来人民政协的有关论述和规定进行了集中统一表述，一个个思想深刻、富有新意的观点，一段段内涵丰富、振奋人心的论述闪耀全篇。如明确提出了人民政协事业是中国特色社会主义事业的重要组成部分，强调在全面建设小康社会、加快推进社会主义现代化的新的发展阶段，要从提高党的执政能力、发展社会主义民主政治、构建社会主义和谐社会、推进中国特色社会主义伟大事业的战略高度，大力加强人民政协工作，充分发挥人民政协的作用：明确提出了人民政协是中国共产党把马克思列宁主义统一战线理论、政党理论和民主政治理论同中国具体实践相结合的伟大创造，指明了人民政协产生、存在和发展的理论依据；明确提出了人民通过选举、投票行使权利和人民内部各方面在重大决策之前进行充分协商是我国社会主义民主的两种重要形式，强调发展社会主义民主政治，建设社会主义政治文明，要善于运用人民政协这一政治组织和民主形式；明确提出了人民政协与构建社会主义和谐社会的内在的本质的联系，提出人民政协的基本属性、主要职能、组织构成、工作原则和活动方式，与构建社会主义和谐社会的要求是完全一致的，同构建社会主义和谐社会的各项工作是紧密相连的，强调构建社会主义和谐社会，必须充分发挥人民政协的作用；明确提出了人民政协工作必须坚持的七条原则，规范了政治协商、民主监督、参政议政的内容、形式和程序，明确了人民政协自身建设的内涵和要求，提出了加强和改善党对人民政协领导的基本内容和要求等。

一项基本政治制度：《意见》充分体现了中国共产党领导的多党合作和政治协商制度的特点和优势

我们要从坚持和完善中国共产党领导的多党合作和政治协商制度的高度，从发挥我国政党制度特点和优势的高度，来认真学习领会《意见》精神，充分认识《意见》在理论创新方面的重要意义，不断增强走中国特色的政治发展道路的坚定性与自觉性。

人民政协这一政治组织和民主形式，集中反映了中国共产党领导的多党合作和政治协商制度的特点和优势。《意见》明确指出，人民政协是中国人民爱国统一战线组织，是中国共产党领导的多党合作和政治协商的重要机构，是我国政治生活中发扬社会主义民主的重要形式。这一论断全面深刻阐明了人民政协的性质、地位和作用。我们要深刻理解中国共产党领导的多党合作和政治协商制度是我国的一项基本政治制度，深刻理解人民政协是实行这一制度的政治形式和组织形式。在我国当前的政治架构中，人民政协不是国家权力机构，而是中国共产党领导的多党合作和政治协商的重要机构。人民政协在决策前进行协商，人民代表大会通过投票选举决策，政府在决策后贯彻执行，司法机关在决策后司法。可见，人民政协作为我国政治体制的重要组成部分，在我国政治生活中具有不可替代的作用。

人民通过选举、投票行使权利和人民内部各方面在重大决策之前进行充分协商，尽可能就共同性问题取得一致意见，是我国社会主义民主的两种重要形式。这是《意见》立足我国国情、总结实践经验所取得的重大理论成果，既符合我国社会主义民主政治的本质要求，又体现了中华民族兼容并蓄的优秀文化传统，显示出鲜明的中国特色。人民通过选举、投票行使权利和人民内部各方面在重大决策之前进行充分协商，这两种民主形式体现了我国民主制度的特点和优势，人民政协就是我国实行协商民主的主要渠道和形式。西方一些学者在上世纪80年代提出协商民主，其目的是为了破解选举民主的困局，弥补投票民主的缺陷。这种民主形式虽在实践中有所探索，但更多停留在学术层次和理论层次。在西方政治制度下，政党之间虽然也存在着在某些具体问题上的协调和沟通，但只是不同利益集团出于自身需要所做出的妥协和让步，无法从根本上避免党派间的互相倾轧，因此在西方的政党制度下，无法形成一个长期有效的政治协商机制，无法为协商民主提供一个可以依托的平台。而在我国，中国共产党和各民主党派具有共同的奋斗目标，因而能够在人民政协这样一种有效的政治形式和组织形式下，就关系国计民生的重大问题进行广泛的协商和讨论。可以说，经过50多年的探索和实践，我国的政治协商已经进入了程序化、规范化、制度化的轨道，尽管有待完善，但是积累了很多实践经验，体现了我国社会主义民主制度的特点和优势，是对人类政治文明建设的重大贡献。

《意见》对政治协商、参政议政、民主监督职能的制度化、规范化、程序化规定充分体现出人民政协事业的特点和优势。政治协商、民主监督、参政议政是宪法和政协章程赋予人民政协的职责，依据宪法、法律和政协章程开展工作，是人民政协坚持正确的政治方向、履行好职能的根本保证。我们既要通过硬性的法律规范来调整各种社会关系，也需要通过软性的规则来规范相关主体的行为。只有“软”“硬”兼施，才能达到“善治”的目的。政协委员履行政治协商、民主监督、参政议政职能，并不是依靠国家权力来保障实施，而是依靠制度、道德、主流舆论、文化以及政治影响来保障人民政协工作的开展。这种“软约束”、“软权力”、“软监督”，可以避免国家权力资源的过度消耗与浪费，有时候能够起到比硬性规定更大、更持久的效果。人民政协通过提案以及通过意见、批评、建议的方式进行的民主监督，虽然没有法律的强制性，但有很大的政治影响力和社会影响力，实践证明是行之有效的。近些年来，人民政协在国家政治生活中发挥着越来越重要的作用，中国共产党领导的多党合作和政治协商制度显示出巨大的优越性和强大的生命力。

一项重要政治任务：深入学习贯彻《意见》精神，充分发挥民主党派在人民政协中的作用

《意见》明确指出，“民主党派和无党派人士是人民政协的重要组成部分”，并对如何发挥民主党派和无党派人士在人民政协中的作用提出了指导性的意见。这些既对各民主党派提出了新的更高要求，也寄予了更大的希望。我们致公党要将学习《意见》精神与贯彻落实《中共中央关于加强中国共产党领导的多党合作和政治协商制度的意见》结合起来，全面加强自身建设，充分发挥自身优势，切实履行职能，为进一步发挥人民政协的作用贡献力量。

学习贯彻《意见》精神，要与充分履行政治协商、参政议政和民主监督职能结合起来。发展是民主党派履行职能的第一要务，我们要树立和落实科学发展观，紧紧围绕经济建设这个中心，运用人民政协这一政治组织和民主形式，充分发挥参政党的作用。我们要充分发扬民主，收集和反映各方面的意见和要求，协调各方面的关系，积极参与国家和地方重大问题的民主协商，促进党和政府决策的民主化和科学化；要动员和引导致公党员以高度的政治责任感、使命感选择一些具有综合性、全局性、前瞻性的课题，深入开展调查研究，提出有见解、有分量的意见和建议；要积极开展民主监督，通过人民政协的渠道，以提出意见、批评、建议的方式进行政治监督，为党和政府决策提供意见和依据。

学习贯彻《意见》精神，要与切实加强民主党派自身建设、不断提高履行职能的能力结合起来。我们要教育广大致公党员自觉坚持以邓小平理论和“三个代表”重要思想为指导，自觉接受中国共产党的领导，坚定不移地为建设中国特色社会主义和祖国完全统一而努力奋斗；要注意在实践中不断学习，不断研究世情、国情和多党合作事业内部的新情况、新变化、新问题，大力提高自身的素质；要适时地调整工作思路和工作重点，积极探索新形势下开展工作的新形式、新路子，创造更多的新方法、新经验，努力提高履行职能的能力；要在中国共产党领导的多党合作和政治协商的框架下，认真总结自身建设和发展的实践经验，不断加强对参政党参政规律的认识，研究和探索参政党通过人民政协发挥作用的方式方法，在人民政协这一广阔的舞台上发挥更大的作用。

学习贯彻《意见》精神，要与充分发挥党派自身的优势，促进祖国完全统一结合起来。解决台湾问题，完成祖国统一大业，是全体中华儿女的共同愿望。《意见》颁布之际，正值陈水扁抛出所谓终止“国统会”与“国统纲领”言论、谋求“法理台独”之时，这是“台独”分子对祖国统一大业的公然挑战。我们要引导广大致公党员深刻认识祖国完全统一是我国多党合作与政治协商事业所面临的最大政治，始终高举爱国主义和社会主义旗帜，积极开展海外联谊工作和侨务对台工作，为促进祖国完全统一和中华民族伟大复兴献计出力。

学习贯彻《意见》精神，要与积极宣传中国特色的政治制度结合起来。我们要以《意见》的颁布为契机，加大对中国共产党领导的多党合作和政治协商制度的宣传力度，自觉抵制西方政治制度模式的渗透和西方宣传的影响，形成有利于人民政协事业发展的良好氛围。要利用出访和接待来访的机会，向海外侨胞和外国友人介绍中国的政治制度和政党制度，使国际社会了解中国共产党领导的多党合作和政治协商制度，了解中国的政治发展道路，营造更加有利于我国多党合作和人民政协事业发展的国际环境。

团结就是力量，民主才能兴旺。我们相信，在中国共产党的领导下，在《意见》精神的指导下，人民政协一定能够团结一切可以团结的力量，调动一切积极因素，在全面建设小康社会和构建社会主义和谐社会的征途中发挥更大的作用，展现出新的时代风貌。

（选自《人民政协报》）

加强交流合作　共创美好未来

——在印尼各界人士欢迎活动上的演讲

（2006 年 3 月 26 日）

贾　庆　林

尊敬的印尼人民协商会议副主席法特瓦，

尊敬的印尼-中国经济、社会、文化合作协会总主席苏坎达尼，

尊敬的印尼工商会主席希达亚特，

女士们，先生们，朋友们：

在我对美丽的千岛之国——印度尼西亚进行正式友好访问之际，有机会与印尼的工商界以及其他各界朋友欢聚一堂，共叙友谊，感到十分高兴。首先，请允许我对印尼各界朋友为我和我的代表团举行如此盛大的欢迎活动，表示由衷的感谢。借此机会，我愿转达中国人民对印尼人民的诚挚问候和良好祝愿！

中国与印尼是友好邻邦，传统友谊源远流长。2000多年前，中国就曾接待过来自爪哇的特使，开启了两国友好交往的历史。600多年前，中国明朝航海家郑和七下西洋，多次到过爪哇等地，留下许多至今仍广为传颂的佳话。上个世纪前叶，在争取国家独立和民族解放的斗争中，中印尼人民始终站在一起，相互支持、相互鼓励，共同谱写了抗击侵略者的壮丽诗篇。50年前，中国与印尼等亚非发展中国家一道，共同确立了以和平共处为基础的万隆精神，并使之成为国际上公认的处理国家间关系的基本准则，为加强发展中国家的团结与合作，作出了历史性的贡献。中印尼两国和两国人民在长期的历史进程中结下的深厚友情，已经成为双方共同拥有的宝贵精神财富。

印尼是最早与中国建交的国家之一。50多年来，两国关系取得了长足发展。在两国政府和人民的共同努力下，中国和印尼关系已经进入全面发展的新时期。双方政治互信不断增强，经贸合作成果斐然。两国在能源、资源开发和基础设施等领域启动了一系列大型合作项目，推动了双边经贸关系发展，给两国人民带来了越来越多的实惠。两国在文化、教育、卫生、科技等领域的合作不断深化，在国际和地区事务中保持着密切的协调与配合。在印尼人民遭受的那场罕见的地震海啸灾难中，中国政府和人民感同身受，展开了新中国历史上最大规模的对外救援行动，体现了中国人民与印尼人民互帮互助、同舟共济的深情厚谊。

去年是中印尼关系史上具有重要意义的一年。胡锦涛主席与苏西洛总统签署了关于建立中印尼战略伙伴关系的联合宣言，从战略高度为两国关系的未来发展指明了方向，开启了双边关系一个崭新的历史时期。作为两个重要的发展中国家，中国同印尼建立的战略伙伴关系，是不结盟、不对抗、不针对任何第三方的新型国家关系，宗旨是维护世界和平、促进共同发展。在世界多极化和经济全球化趋势深入发展的新形势下，中国和印尼有着广泛的共同利益，双方发展战略伙伴关系符合两国和两国人民的根本利益，有利于地区的和平、稳定与发展。我相信，在我们双方共同努力下，中印尼关系一定会有更加美好的未来。

女士们、先生们！

我们赞赏印尼政府和人民长期以来在台湾问题上给予中国的宝贵支持。众所周知，台湾是中国领土不可分割的一部分，这是关系到13亿中国人民民族感情的重大敏感问题。

去年以来，我们采取了一系列积极和建设性的举措，推动两岸关系朝着和平稳定的方向发展，得到台湾同胞的广泛赞同，也受到国际社会的普遍欢迎。但是，台湾当局顽固坚持"台独"分裂立场，加紧从事"台独"分裂活动。今年以来，更是加紧通过"宪政改造"，图谋"台湾法理独立"。特别是不顾岛内外的强烈反对，强行终止"国统会"和"国统纲领"，这是对国际社会普遍坚持一个中国原则和台海和平稳定的严重挑衅。反对"台独"分裂势力及其活动，维护台海和平稳定，是我们坚定不移的意志和决心。我们将继续努力争取和平统一的前景，但绝不允许把台湾从中国分割出去。"台独"分裂势力的行径不仅是对两岸关系的公然挑衅，也直接威胁到亚太地区的和平与稳定。在这一重大问题上，我们希望印尼各界朋友同我们一道，共同反对"台独"，共同维护本地区的和平与安宁。

女士们、先生们!

改革开放20多年来，中国发生了巨大的变化。1978年，中国国内生产总值仅为1473亿美元，2005年达到了22300亿美元，年均增长9.5%；贸易总额从206亿美元增长到11548亿美元，年均增长超过16%。中国的社会生产力和综合国力实现了历史性跨越，人民生活总体上达到了小康水平。特别是过去5年，中国摆脱了上世纪末亚洲金融危机的严重冲击，成功战胜了非典疫情和重大自然灾害的挑战，胜利完成“十五”计划，经济社会保持良好发展势头。5年间，中国国内生产总值增长57.3%，财政收入增长1.36倍，进出口贸易额增长两倍，城镇和农村居民收入分别增长58.3%和29.2%。这些辉煌成就，极大地增强了我国各族人民沿着中国特色社会主义道路奋勇前进的信心。

我们也清醒地认识到，中国仍然是世界上最大的发展中国家，人口多、底子薄，发展不平衡，资源环境压力突出，人民生活水平还不高。中国的现代化建设还有很长的路要走，还需要进行长期的艰苦奋斗。前不久，我们召开了十届全国人大四次会议和全国政协十届四次会议，审议通过了《国民经济和社会发展第十一个五年规划纲要》，为今后5年的发展描绘了宏伟蓝图。我们将按照“十一五”规划所确定的奋斗目标、指导方针和主要任务，坚持以科学发展观统领经济社会发展全局，稳步推进社会主义新农村建设，加快推进经济结构调整和增长方式转变，着力增强自主创新能力，促进区域协调发展，深化改革和扩大开放，努力建设和谐社会，为全面建设小康社会奠定坚实的基础。

坚持和平发展的道路，是中国人民坚定不移的选择。无论是汉唐时期开辟通往西域的“丝绸之路”，还是明朝著名航海家郑和七下西洋，给有关国家和人民带去的都是加强交流与合作的诚意，传递的都是增进友好情谊的心声。中国人民深刻认识到，只有通过和平方式实现的发展才是持久的、牢靠的发展，也才是既有利于中国人民也有利于世界各国人民的发展。中国将始终高举和平、发展、合作的旗帜，始终奉行独立自主的和平外交政策，坚定不移地走和平发展道路。中国的发展不会妨碍任何人，也不会威胁任何人，只会有利于世界的和平稳定、共同繁荣。

女士们、先生们!

中国的发展离不开亚洲，亚洲的繁荣离不开中国。中国奉行“与邻为善、以邻为伴”的周边外交方针，积极谋求与周边国家实现互利共赢。在这里，我想用一组数据来说明中国与亚洲的关系。中国已成为亚洲第一大进口市场。2005年，中国从亚洲国家和地区进口额达4400亿美元，同比增长20%，占中国进口总额的67%。未来5年，中国将从亚洲进口超过2万亿美元的商品。中国企业的对外投资也在以每年20%以上的速度增长，其中对外投资的80%集中在亚洲地区。事实证明，中国的和平发展给亚洲国家带来了实实在在的好处，是亚洲发展的机遇。

推进与东盟的战略伙伴关系是中国周边外交的重要组成部分。今年是“中国-东盟友好合作年”。我们高兴地看到，中国-东盟关系发展势头很好，双方政治互信不断增强，各领域合作持续深化。中国-东盟自贸区建设进展顺利，双方贸易额近几年来一直保持近30%的增长速度，按照这样的发展态势，胡锦涛主席提出的到2010年中国-东盟的贸易额达到2000亿美元的目标一定能够实现。印尼是东盟中有重要影响的国家，和中国同属于“10+1”和“10+3”等多边机制中的成员，双方合作的渠道很多、范围很广。我们应在中国与东盟自由贸易区框架中加强交流与合作，特别是要加强在农业、金融、教育、卫生、高新技术等领域的合作，积极支持与鼓励两国企业间经济技术的交流与合作，不断优化合作的机制和环境，促进两国经贸合作迈出新步伐，推进中国-东盟关系不断向前发展。

女士们、先生们!

中国与印尼是亚洲两个重要的发展中国家。虽然我们相隔遥远，但浩瀚的海洋阻挡不了我们的友好交往。正如印尼朋友在歌中所唱的：“虽然我们相隔万水千山，可是我们的心紧紧相连。从雅加达到北京，一路悠扬的歌声，歌颂我们两国人民如兄弟一般。”是的，共同的目标把我们联结在一起，共同的挑战需要我们团结在一起。让我们携起手来，为亚洲的和平与发展，为建设一个持久和平、共同繁荣的和谐世界而努力奋斗!

谢谢大家。

(选自《人民政协报》)

在会见印尼副总统优素福·卡拉时的讲话（摘要）

(2006 年 3 月 27 日)

贾 庆 林

中国和印尼两国人民的传统友谊源远流长，印尼是最早与新中国建交的国家之一。在双方共同努力下，两国关系取得了令人满意的长足发展。特别是去年在中国和印尼建交 55 周年之际，两国元首成功互访并宣布建立战略伙伴关系，把两国关系提升到了新的历史高度。中方愿与印尼以建立战略伙伴关系为新起点，继承和发扬两国友好传统，扎实推进各个领域的交流与合作，造福两国和两国人民，为本地区和世界的和平与发展做出更大贡献。

两国经贸合作取得了新成果，双边贸易额连年攀升，一些大的合作项目相继启动，给两国人民带来了实实在在的好处。我们希望与印尼进一步加强经贸合作，促进两国关系的深入发展。为此，我愿提出以下建议：第一，加强贸易和投资合作。努力维护双边贸易的良好发展势头，力争提前实现双边贸易额 2008 年达到 200 亿美元、2010 年达到 300 亿美元的目标。中方愿积极考虑建立两国投资促进机制，并鼓励更多有实力、信誉好的中国企业到印尼投资。第二，进一步推进电力、基础设施建设、水利等方面大型项目的合作，使两国整体经贸合作不断向更高水平发展。第三，深化能源和资源开发合作，加快落实有关项目，使合作早出成果。第四，密切在区域经贸合作中的协调与配合，不断推进中国-东盟自贸区建设和东亚合作进程。我们将继续做好印尼有关海啸灾区的重建工作，向印尼提供必要的禽流感防控支持。

(摘自《人民政协报》)

在会见印尼人民协商会议主席和地方代表理事会议长时的讲话（摘要）

（2006 年 3 月 27 日）

贾　庆　林

中国和印尼自古就是友好邻邦，两国人民在近两千年的交往中结下了深厚友谊。建交 56 年来，特别是近年来，两国关系取得了很大发展。双方高层交往频繁，政治互信不断加强。两国经贸合作成果显著，科技、文化、教育等领域的交流与合作不断扩大，在国际事务中保持着密切沟通与配合。两国人民在应对亚洲金融危机、非典、禽流感和海啸灾难的过程中相互理解、相互支持，传统友谊进一步加深。去年是两国关系发展史上具有里程碑意义的一年，胡锦涛主席与苏西洛总统共同宣布建立两国战略伙伴关系，使两国关系与互利合作进入了一个向全方位和更高水平发展的新时期。

今年是充实和发展两国战略伙伴关系的重要一年。我们愿同印尼一道落实两国元首达成的重要共识，扩大和深化经贸、投资、基础设施建设、能源资源开发等领域的互利合作，推动两国战略伙伴关系不断向前发展，使两国永做好邻居、好朋友、好伙伴。

中国全国政协愿与印尼人民协商会议和地方代表理事会开展多层次的交流与合作，为增进两国人民之间的相互了解与友谊，为促进两国的共同繁荣、进步和发展做出贡献。

台湾问题关系到中国的国家主权和领土完整，涉及 13 亿中国人民的民族感情，是我们的核心利益。中方赞赏印尼政府和议会坚持一个中国政策、反对“台独”活动。

（摘自《人民政协报》）

在会见印尼总统苏西洛时的讲话（摘要）

（2006 年 3 月 28 日）

贾　庆　林

近年来，两国领导人坚持从维护两国根本利益的战略高度把握两国关系的发展，双边关系保持着快速、稳定、健康发展的良好势头。双方在涉及对方国家主权和领土完整的重大问题上相互理解、相互支持，政治互信日益增强，经贸等各个领域的交流与合作不断取得新的成果。特别是去年，两国元首成功互访，就新形势下推动两国关系全面深入发展达成了重要共识并共同宣布建立两国战略伙伴关系。这是两国关系发展史上的里程碑，推动双边关系进入了一个更新、更高的发展阶段，为两国互利合作开辟了更为广阔的前景。

中国和印尼都是发展中大国，都肩负着发展本国经济、改善人民生活的重任。加强两国战略伙伴关系，推进各领域的合作，符合双方的根本利益，有利于本地区及世界的和平、稳定与发展。为推动两国关系进一步发展，我愿提出以下建议：第一，进一步加强两国高层交往，早日启动两国战略对话机制，不断增进政治互信、扩大战略共识。第二，继续重视涉及对方重大利益的问题，加大相互支持的力度。我们将继续支持印尼政府打击分裂势力、维护国家统一的努力，赞赏印尼政府把一个中国政策作为发展双边关系的政治基础。第三，本着平等互利、合作共赢的原则，大力推进两国经贸合作。要努力实现双方确定的贸易发展目标，落实好电力、水利、桥梁、铁路等方面的合作项目，扩大能源、金融等领域的合作。第四，加强防灾减灾和防治新发传染病等方面的合作，共同应对非传统安全威胁。中方愿继续通过双边和多边渠道，帮助印尼加强防灾抗灾和防控禽流感的能力。第五，加强在国际和地区事务中的协调与配合，积极推进中国-东盟合作和东亚合作进程。

（摘自《人民政协报》）

政治协商是通向和谐社会的重要途径

（2006年3月28日）

张 梅 颖

本次政协全国大会召开前夕，《中共中央关于加强人民政协工作的意见》（以下简称《意见》）颁布实施，这是以胡锦涛同志为总书记的中共中央站在党和国家事业全局的高度推进人民政协工作的一项重要举措。

《意见》对人民政协成立半个多世纪以来的历史和实践、地位和作用、任务和职责等进行了科学总结和阐述，充分肯定了人民政协成立以来对我国政治、经济和社会生活作出的重大贡献，提出了加强和改善党对人民政协领导的要求和具体措施。《意见》是指导新世纪新阶段人民政协事业发展的纲领性文件，在人民政协发展历史上具有里程碑的意义。学习贯彻《意见》，对坚持中国共产党领导的多党合作和政治协商制度、发展社会主义民主政治，对于最广泛地调动一切积极因素、构建社会主义和谐社会，对于巩固和发展最广泛的爱国统一战线、促进祖国统一和中华民族伟大复兴，都具有十分重要的意义。民盟中央对《意见》表示完全赞同和拥护，将以此为契机，进一步加强自身建设，更好地履行政治协商、民主监督和参政议政职能。

人民政协是中国共产党同各民主党派、人民团体、各界人士共同创造的政治文明成果，是探索中国特色社会主义政治发展道路的伟大实践。人民政协的各参加单位和各界人士，代表着不同的阶级、阶层、界别、领域在背景、意识、观点、利益等方面的多样共存。正是因为多样，所以需要协商。更是因为根本利益的一致，所以能够协商，乐于协商。经过协商，各得其所，各出其策，又共同趋向于一个大目标，各出其力，各展其长。民盟的前辈费孝通先生曾生动地记下了 1949 年 8 月下旬为人民政协成立做准备的北平各界代表会议留给他的深刻印象和他的服膺心理，他写道：“我踏进会场，就看见很多人，穿制服的，穿工装的，穿短衫的，穿旗袍的，穿西装的，穿长袍的……这许多一望而知不同的人物，会在同一个会场里一起讨论问题，在我说是生平第一次。这是什么意思呢？我望着会场前挂着大大的‘代表’两字，不免点起头来。代表性呀！……这许多人并不是由市民普选来的，形式上不够我以往所了解的民主，但是试问英美哪一个议会能从普选中达到这样高度的代表性呢？我们要的是选举的形式，还是高度代表性的事实呢？……会场墙壁上挂着的口号里有‘实事求是’四个字，我领会了。”“30 多年来我所追求的梦想，在这 6 天里得到了。这是什么呢？是民主。”

费老的话，点明了人民政协最本质的属性——民主与团结。我们没有搬来西方两党制，在对决中找民主，也不是在多党制的纷争中找民主，而是根据国情民意创造具有中国特色的民主方式，即中国共产党领导的多党合作和政治协商制度，在协商中实现具有高度代表性的民主。这一创造源自中华民族崇尚社会和谐的优良传统，源自天下为公的开阔襟怀。孔夫子很早就提出了“和而不同”的社会理想，两千多年来，多少志士仁人为之苦苦求索。中国共产党成立后，在 20 世纪 40 年代初的陕甘宁边区实行“三三制”，为实现协商民主提供了制度保障，赢得了人民群众的真心拥护和各界民主人士的衷心称道。邓小平同志指出：“三三制政权的实质是民主。”这一制度为后来人民政协的成立和运行积累了丰富经验和政治资源，也使我们得到了重要启示：政治协商是通往和谐社会的重要途径。人民政协是我国政治生活中发扬社会主义民主的重要形式。我在代表民盟中央多次参加政治协商、与中共中央和其他民主党派领导人共商国是的经历中深有体会，坚持协商于决策之前和执行决策过程之中，能有力地促进决策的科学化、民主化，最大限度地避免决策失误，这符合人民群众的根本利益，保证了我国现代化事业顺利进行。事实胜于雄辩，当中国的经济与社会发展辉煌成就成为世界关注热点时，支撑这种成就的社会动员机制，形成这种动员机制的政治制度及其合理性、优越性，理所当然地成为人类进步的重要经验，成为当代世界政治文明的一份宝贵资源。

20 世纪后期，西方政界和学界开始关注民主理论的一种新发展趋向，即协商民主。进入 90 年代后，协商民主引起了更广泛的关注与讨论，被认为是一种具有巨大潜能的民主治理形式。而在东方，在中国，可以说，自从人民政协于 1949 年 9 月成立，协商民主就已经成为中国共产党、各民主党派和各界无党派人士同心同德的自觉实践。尤其是改革开放以来，我国长期保持政治稳定，经济发展，社会进步，气氛祥和，相对于国际上一些国家处于长期动荡状态，一些国家被恐怖袭击的阴影所笼罩，我国政治制度、政党制度、社会制度的优越性不言自明。一种制度，能在不算长的时间里推动十几亿人走出贫困、实现温饱、走向全面小康，我们有足够的理由和信念把它坚持好，发展好。

如今，《意见》的颁布实施，对于进一步加强和改善中国共产党对人民政协的领导，对于推进我国社会主义民主政治建设，构建社会主义和谐社会具有重要意义，而且有助于国际社会增进对中国政协的了解，增进对中国政治发展道路的理解，有助于树立我国良好的国际形象。《意见》为我们维护、发展和完善中国共产党领导的多党合作和政治协商制度提供了新的动力，作为人民政协的参加单位和成员，民盟的同志也感到了压力。与《意见》的要求相比，我们还有不够适应的地方，还有很多工作要做。我们要充分认识学习贯彻《意见》的重大意义，认真组织全盟学习领会《意见》的精神实质，把贯彻《意见》精神作为当前和今后一个时期的中心任务，并与进一步加强自身建设结合起来，不断提高参政能力，在中国共产党的领导下，在人民政协这个广阔舞台上，尽心尽力地履行政治协商、民主监督和参政议政职能，为人民政协事业的发展做出新的贡献。

（摘自《人民政协报》）

在会见马来西亚最高元首西拉杰丁时的讲话（摘要）

（2006 年 3 月 29 日）

贾 庆 林

中马是亲密友好邻邦，两国人民的友好交往源远流长。建交 30 多年来，两国关系发展顺利。去年 10 月，温家宝总理与巴达维总理签署了两国联合公报，把中马两国关系的发展推到了新的阶段。两国各层次的交流日益活跃，合作领域不断拓宽，双边关系的内涵更加丰富，传统友谊持续加深。两国经贸合作成果显著，去年双边贸易额达 307 亿美元，同比增长 16.9%，中国已成为马来西亚第四大贸易伙伴。双方在国际和地区事务中保持着良好协调与配合。

中马都是发展中国家，有着广泛的共同利益。中方高度重视发展中马关系，愿同马方进一步加强政治互信，扩大经贸合作，共同推动两国战略性合作全面深入地向前发展。我们愿与马方密切旅游合作，推动两国旅游健康、有序地发展；不断扩大教育交流，支持派更多的青年学生到对方学习；积极落实两国《农业合作协定》，加强重点领域的合作，更好地造福于两国人民。我相信，在双方共同努力下，中马关系必将取得更大发展，互利合作定会结出更多硕果。

（摘自《人民政协报》）

在会见马来西亚总理巴达维时的讲话（摘要）

（2006 年 3 月 29 日）

贾 庆 林

中马建交以来，两国关系发展顺利。双方始终相互理解、相互尊重、平等相待，高层交往密切，相互信任日益加强，为双边关系持续、稳定发展奠定了坚实的政治基础。两国经贸、军事、旅游、科技、教育、文化等领域的合作不断取得新的成果，给两国和两国人民带来了越来越多的好处。总理先生和马来西亚政府重视并积极发展对华关系，坚定奉行一个中国政策，我们对此表示高度赞赏。

马来西亚是中国在东盟的重要伙伴。随着中马战略性合作的深入推进，两国关系的发展面临新的良好机遇。中方愿与马方共同努力，推动中马睦邻关系不断向新的深度和广度发展，使中马永做相互信赖的好朋友、互利合作的好伙伴。为进一步发展中马关系，我愿提出以下建议：第一，加强双方高层交往和两国各界的交流，不断加深政治互信，增进了解和友谊。中国全国政协集中了中国各民族、各党派、各阶层的优秀代表，在国家政治生活和对外交往中发挥着重要作用。我们愿通过这一平台同马社会各界加强友好交流，促进合作，为中马关系和两国人民友谊的发展做出积极贡献。第二，深化经贸合作，实现互利双赢。保持经贸合作快速发展的势头，大力推进基础设施建设、旅游等重点领域的合作，争取提前实现2010年两国贸易额突破500亿美元的目标。我们鼓励中国企业到马来西亚投资兴业，欢迎马方企业参与中国西部和东北地区的建设。第三，积极开展能源合作，充实两国关系内涵。发挥各自在资源和市场方面的优势，推动有关合作项目早日取得成果；本着相互尊重、平等互利的原则，积极探讨南海共同开发的途径和方式，使南海成为中马能源合作的纽带。第四，加强在国际和地区事务中的协调与配合，维护和促进发展中国家的正当权益。今年10月将在南宁举行中国-东盟关系15周年纪念峰会，中方愿与马来西亚等东盟各国一道，以此为契机，推动双方关系取得更大发展。

（摘自《人民政协报》）

人民政协是马克思主义中国化的伟大创造和伟大成果

（2006年3月29日）

陈 奎 元

最近颁布、实施的《中共中央关于加强人民政协工作的意见》（以下简称《意见》），高度概括党的三代中央领导集体关于人民政协事业的论述，科学总结50多年来人民政协的实践经验，系统阐明以胡锦涛同志为总书记的党中央关于人民政协工作的新思想、新要求、新任务。《意见》指出：“人民政协是中国共产党把马克思列宁主义统一战线理论、政党理论和民主政治理论同中国具体实践相结合的伟大创造，是中国共产党同各民主党派、人民团体和各族各界人士风雨同舟、团结奋斗的伟大成果。”从理论和实践的结合上，学习贯彻《意见》的精神，把人民政协事业推进到体现时代精神和中国社会主义现代化建设要求的新境界和新阶段，是当前人民政协的一项重要任务。

（一）

中国人民政治协商会议是中国人民爱国统一战线的组织，是中国共产党领导的多党合作和政治协商的重要机构，是我国政治生活中发扬社会主义民主的重要形式。人民政协自1949年9月成立以来，为建立和巩固新生的人民政权、促进社会主义制度的建立和完善、推进改革开放和社会主义现代化建设，做出了重大贡献。人民政协的理论和实践，是马克思主义中国化的一个重要方面，是中国特色社会主义事业的一个重要组成部分。

人民政协作为中国人民爱国统一战线的组织，是中国人民反帝反封建的新民主主义革命统一战线的继承、扩大和发展。从革命统一战线到爱国统一战线，都是马列主义统一战线理论同中国革命和建设的具体实践相结合的产物与典范。马列主义统一战线理论是历史唯物主义的人民主体论与科学社会主义的无产阶级历史使命论的统一。马克思、恩格斯在《共产党宣言》中，明确指出了无产阶级及其政党要实现作为资产阶级“掘墓人”和新社会的领导者的历史使命，就不能够孤立地奋斗，要求“共产党人到处都支持一切反对现存的社会制度和政治制度的革命运动”；“到处都努力争取全世界民主政党之间的团结和协调”。这一论述显示出：马克思主义在创立的初期即提出了含有统一战线的思想。此后，在国际共产主义运动的实践中，逐渐形成了共产党人在工农联盟的基础上，同其他革命阶级及其党派建立“政治联盟”，即统一战线的理论。马克思列宁主义的统一战线理论是工人阶级为争取自身解放和全人类解放的斗争中产生和发展的科学理论，只有同各国国情和时代特征相结合，才能具有持久的生命力和威力强大的战斗力。列宁发展了统一战线理论并首先把这一理论运用于俄国革命，在同沙皇、资产阶级临时政府的斗争中，曾经同社会革命党和“左派社会革命党”等小资产阶级党派，有过短暂的结盟与合作；十月革命胜利后，吸引7名“左派社会革命党人”进新政权任“人民委员”职务，由于这一合作缺乏共同的政治基础，不到一年就分道扬镳。此后，苏共实行的是布尔什维克（苏共）的“一党制”和以“苏维埃”形式实现的无产阶级专政。

以毛泽东同志为主要代表的中国共产党人，坚持把马列主义的普遍真理同中国半殖民地半封建社会的具体国情相结合，运用阶级分析的科学方法，确定了反帝反封建的新民主主义革命的总路线和总任务，阐明了中国革命的对象、动力、领导力量和革命道路等基本问题，形成了中国革命的系统理论。其中，毛泽东同志关于中国无产阶级“身受三重压迫”而“特别能吃苦、特别能战斗”的分析，关于中国农民阶级是最广大最可靠的同盟军的分析，关于中国民族资产阶级的“二重性”（革命性和局限性）的分析等等，为建立和发展中国特色的马列主义统一战线理论，奠定了科学基础。中国共产党把统一战线、武装斗争、党的建设称作中国革命的“三大法宝”。以毛泽东同志为代表的中国共产党人缔造了由中国工人阶级及其先锋队共产党领导的、由各革命阶级阶层人民、各民主党派、进步团体和各族各界人士参加的、最广泛的革命统一战线。组织起浩浩荡荡的革命大军，为夺取革命战争的胜利、建立新中国，创造了极为重要的政治条件和政治前提。

新中国成立前夕，中国共产党在1948年5月1日向全国人民提议召开政治协商会议。宣告中华人民共和国的成立，选举中华人民共和国中央人民政府委员会，迎来了新中国的诞生。毛泽东同志指出，“人民政协及其选出的全国委员会，是团结全国各民族、各民主阶级、各民主党派、各人民团体及各界民主人士的伟大的统一战线的政治组织。”人民政协的诞生，是党的统一战线理论最成功的结晶、最伟大的成果。标志着我们党在中国这个“人口无比众多、社会情况无比复杂”的东方大国里，在赢得革命胜利后，找到了工人阶级与其它阶级、阶层团结合作的新途径，创立了为社会主义事业共同奋斗，实现民族大团结、人民大联合的“政治联盟”的最佳形式。在新的历史时期，以江泽民同志为核心的党中央坚持理论创新和制度创新，赋予统一战线新的含义，确定并有力地推进全体社会主义劳动者、社会主义事业的建设者、拥护社会主义的爱国者和拥护祖国统一的爱国者的大团结与大联合，扩大了争取实现祖国统一，社会主义现代化和中华民族伟大复兴的实践主体的队伍，增添了新的力量源泉。

（二）

人民政协是中国共产党的政党理论与中国革命和建设实际相结合的结晶。中国共产党同民主党派的团结合作关系，是在抗日反蒋斗争中形成的。以毛泽东同志为代表的中国共产党第一代领导人在筹划新中国的建立之时就确定了多党合作、政治协商的原则。在社会主义制度基本建立起来之后，又进一步明确地规定中国共产党与各民主党派“长期共存、互相监督”的方针。进入新的历史时期，中共中央又将这一方针概括为“长期共存、互相监督、肝胆相照、荣辱与共”，并进一步使之制度化。中国共产党领导的多党合作和政治协商制度，是中国特色的社会主义政党制度，是马列主义政党理论同中国国情和具体实践相结合的产物和典范。

当代中国的这项政党制度，与西方资产阶级的“多党制”和“两党制”有本质的区别，也不同于当年苏联实行的苏共“一党制”。这项历史形成的、由中国人民选择的、具有中国特色的社会主义政党制度，有丰富的内涵和巨大的政治优势，主要有：

其一，坚持共产党的领导地位，发挥共产党在多党合作中的政治领导作用，是决定这项政党制度的社会主义性质的一项根本原则。马列主义历来认为，工人阶级必须建立作为本阶级先锋队的马克思主义政党，才能“作为一个阶级来行动”，才能夺取政权和引导全体人民走向社会主义，成为领导人民群众从事革命和建设事业的力量。中国共产党领导人民并以身作则地浴血奋战，取得新民主主义革命的胜利，确定了党在新中国的领导核心地位。在新中国几十年革命和建设的事业中，虽然经历了曲折的发展道路，中国共产党全心全意为中国最大多数人民谋利益、维护国家的独立主权、推进国家繁荣与昌盛的宗旨始终是坚定不移的，始终成为代表最广大人民利益的核心力量。进入新时期，邓小平同志强调坚持四项基本原则的核心，是坚持共产党的领导。他指出：“在中国，在五四运动以来的六十年中，除了中国共产党，根本不存在另外一个像列宁所说的联系广大劳动群众的党，没有中国共产党，就没有社会主义的新中国。”在新世纪、新阶段，党中央坚持与时俱进，强调提高党的执政能力建设，强调共产党员保持先进性，确保执政的中国共产党永不退色，永远保持先进政党的本色与活力。在中国这样一个大国，现代化建设，国家的统一，人民的团结，社会的安定，民主的发展，都要靠共产党的领导。这是中国实现社会主义现代化的根本保证。坚持共产党的领导地位，是历史的选择、人民的选择，是决定中国命运的根本选择，因而也是我国社会主义政党制度所必须坚持的根本原则。

其二，坚持和维护我国“执政党”与“参政党”的法定地位和合作关系，是我国政党制度的一大优势和特色。我国实行共产党领导的多党合作制度，不是哪一个党派主观意志的产物，是在中国人民摆脱帝国主义的侵略和蒋介石集团独裁统治的革命斗争历史中形成的。辛亥革命后，我国曾经搞过多党制，后来蒋介石又实行一党专制，都以失败告终。中国共产党总结国内外的历史教训，创立了共产党领导的多党合作政治协商制度。江泽民同志曾经精辟地概括说“这项制度，是中国人民长期奋斗的成果，也是中国人民政治经验和智慧的结晶”。我国政党制度的显著特征在于：共产党领导、多党派合作，共产党执政，多党派参政，各民主党派不是在野党和反对党。这种多党合作的共同政治基础，是各民主党派都拥护中国共产党的政治主张，坚持祖国统一和民族团结，坚持走中国特色社会主义道路，把实现社会主义现代化和中华民族的伟大复兴，作为共同的理想和共同的奋斗目标。中国共产党同各民主党派和无党派人士长期共存、互相监督、肝胆相照、荣辱与共，在共同的政治基础之上，真诚地团结合作，努力为推进中国特色社会主义事业，共同奋斗。显而易见，这种政党制度的特色和优势既体现了发展中国社会主义事业的本质要求，又体现了最广大人民的利益和意志，有利于调动一切积极因素，团结一切可以团结的力量，更好地为自己的国家、民族和人民服务。

其三，以人民政协作为中国共产党领导的多党合作和政治协商制度的重要政治形式和组织形式，这的确是具有中国特色的一大创造。人民政协不是国家权力机关。但它是国家政治体制重要组成部分，在我国政治生活中具有不可替代的作用。它的政治优势，就在于联系群众的广泛性，政治参与方式的特殊性、社会影响的普遍性。它能够使参加人民政协的各民主党派、人民团体和各级政协委员，密切联系群众，反映社情民意，并通过人民政协这种制度化、规范化、程序化的政治协商、民主监督、参政议政的形式，促进决策和施政的科学化、民主化和法制化。全国和地方定期召开的两会，以及他们分别依照宪法和政协章程所行使的职权或职能，都是相互配合、相互补充、相辅相成的，在国家政治生活中发挥着不可替代的作用。

（三）

人民政协作为我国政治生活中发扬社会主义民主的重要形式，是马列主义民主政治理论与我国具体实践相结合的产物和典范。在马克思主义诞生以前，民主从来都是少数人的特权，是奴隶主、封建主阶级或资产阶级享有的统治、压迫劳动人民的权利。只有马列主义“在世界上第一次把民主给了群众、劳动者、工人和小农”并且提出了“解放全人类”和“一切人的自由发展”这些彻底民主的理想和主张。我们党历来把发展社会主义民主作为始终不渝的奋斗目标。邓小平同志强调说：“没有民主就没有社会主义，就没有社会主义的现代化。”江泽民同志说：“我们的社会主义民主，是全国各族人民享有的最广大的民主，它的本质就是人民当家作主。”共产党的政治领导，就是领导、支持和保障人民当家作主，发展和丰富民主形式，落实人民的各项民主权利，建设社会主义政治文明，努力使民主制度化、法制化、程序化。

我国的社会主义民主政治是民主与集中的统一，在我国的政治体制中，实现人民民主的权利有两种主要形式：一种是人民通过选举投票行使权利，另一种是人民内部各方面在重大决策之前充分进行协商。西方资产阶级所片面标榜和张扬的“投票民主”，往往扭曲为被金钱操纵的“金元政治”。在我们这个有 13 亿多人口的社会主义大国中，针对关系国计民生的重大问题，在中国共产党领导下进行广泛的民主协商，体现了民主和集中的统一，有利于决策的科学化和民主化。人民代表大会通过选举、投票行使民主权利，人民政协在重大决策之前进行充分协商，都是实行社会主义民主的重要形式，是对马列主义民主政治理论创造性的运用和发展。坚持和完善在各政党之间、在人民政协内部和在更广大的人民内部进行更广泛、更充分的政治协商，是我国民主政治的一大优势和特色。既符合社会主义民主政治的本质要求，又体现了中华民族兼容并包的优秀文化传统，应当使之在我国政治生活中发挥更大、更积极的作用。

发展社会主义民主、建设社会主义政治文明，是我们党的明确主张，是社会主义现代化建设的战略目标。我国在深入进行经济体制改革的同时，也在积极稳妥地推进政治体制改革。中国的政治体制改革是社会主义制度的自我完善，如何改革，改成什么模样，必须充分考虑我国的历史背景、经济发展水平和文化教育水平，要有利于维护国家统一、民族团结、社会稳定。必须坚持和贯彻四项基本原则，必须坚持和完善我国工人阶级领导的（通过共产党）、以工农联盟为基础的人民民主专政的国体和政体。我们要借鉴人类政治文明的有益成果，但决不迷信和照搬资产阶级宪政、决不迷信和照搬资产阶级的“多党制”、“三权分立”和议会民主等政治制度的模式。社会主义民主政治最根本的要求是坚持中国共产党的领导，人民当家作主和依法治国的有机结合，这种新型的民主代表着历史的进步方向，具有旺盛的生命力。

总之，《意见》在科学总结人民政协50多年实践经验的基础上，系统、深刻地阐述了中国共产党关于人民政协的理论，《意见》的重要论断，同毛泽东思想、邓小平理论和“三个代表”重要思想一脉相承，充分体现了十六大以来中共中央关于人民政协工作的新思想、新要求，为进一步发展、深化人民政协理论、开拓人民政协事业指明了继续前进的方向、开辟了广阔前景。

（四）

《中共中央关于加强人民政协工作的意见》是以胡锦涛同志为总书记的党中央，从党和国家事业发展的全局出发，加强人民政协工作的重要部署，是指导新世纪、新阶段人民政协事业发展的纲领性文件。《意见》中提出和强调的一系列关于加强人民政协工作的新思想、新要求、新任务，对推动人民政协事业向新阶段和新境界的发展，对提高党的执政能力、发展社会主义民主政治、构建社会主义和谐社会、推进中国特色社会主义伟大事业，都具有重大的指导意义。在这里，我仅从政治和社会生活的角度，讲三点认识：

第一，贯彻落实《意见》，加强和改善党对人民政协的领导，是提高党的执政能力的重要途径、重要方面和重要体现。在我国政党制度和人民政协的制度结构中，共产党处于总揽全局、协调各方的核心地位。人民政协承担的政治协商、民主监督、参政议政三项主要职能能否受到尊重，能否有效地实施，关键在于各级党组贯彻落实《意见》的态度和力度。例如：“政治协商是中国共产党领导的多党合作的重要体现，是党和国家实行科学民主决策的重要环节，是党提高执政能力的重要途径。”把政治协商纳入决策程序，并对之作出统一部署和组织协调，是各级党委的责任。再如人民政协的民主监督和参政议政，都需要各级党委高度重视、妥善安排、大力支持。执政党和参政党之间的关系，监督和批评是相互的，但是共产党作为执政党，对国家、人民负有更重的使命，就必须更诚心地接受监督、批评和建议，更自觉地为人民掌好权、用好权，实现科学执政、廉洁从政、民主施政，造福于人民。

第二，贯彻落实《意见》，紧紧围绕“团结与民主”两大主题，履行好人民政协的职能，对于社会主义民主政治建设具有重大的推动和带动的作用。参加人民政协的各党派、团体，全国和地方的政协委员，在共产党领导下充分发挥政治协商、民主监督、参政议政的职能，反映社情民意、共议国计，共商国是、献计献策，对党和国家的决策产生了重大、深远的影响，促进了社会主义事业的发展。《意见》总结了这方面的成功经验，不仅对新世纪新阶段人民政协的性质、地位、作用、职能、主题和任务都作了深刻的阐述，而且对人民政协履行职能的途径、内容、形式和程序，都做出了明确规范。只要我们贯彻落实好《意见》提出的任务和要求，人民政协就会继续开创新的局面，同时也将会促进社会主义民主政治建设的进程。

第三，贯彻落实《意见》，充分发挥人民政协的作用和影响，为构建社会主义和谐社会做出积极贡献。人民政协具有广泛的代表性和包容性，在构建和谐社会中有不可替代的作用。《意见》指出：“人民政协的基本属性、主要职能、组织构成、工作原则和活动方式，与构建社会主义和谐社会的要求是完全一致的，同构建社会主义和谐社会的各项工作是紧密相连的。”建设社会主义和谐社会的理论和战略构想是“三个代表”重要思想的运用和发展，是科学社会主义的新境界，是中国特色社会主义的未来蓝图，是解决改革发展中各种矛盾的新思路、新要求。建设人际关系的和谐、人与社会的和谐，离不开团结和民主。对此，人民政协可以施展身手，大有作为。人民政协的各级委员都联系某一界别、党派或区域的人民群众，有了解民情、洞察社会矛盾的条件，也可以分担政府同人民群众联系、沟通的工作，政协组织可以协助党和政府多做理顺情绪、化解矛盾、协调关系、安定人心、凝聚力量的工作，为推进社会主义和谐社会建设做出有力的贡献。

（摘自《人民政协报》）

在会见马来西亚国会上议院议长和下议院议长时的讲话（摘要）

（2006 年 3 月 30 日）

贾 庆 林

中马建交 30 多年来，两国关系取得了长足发展。两国高层保持着密切交往，对增进政治互信、推动双边关系发展发挥着不可替代的重要作用。双方在经贸、农业、旅游、教育、文化等各个领域的交流与合作成果显著，有关大项目合作取得了积极进展。双方在重大国际和地区问题上也保持着密切协调与配合。事实证明，发展中马睦邻友好为两国人民带来了实实在在的利益，也为本地区的稳定、繁荣和发展做出了积极贡献。

中马是具有深厚传统友谊的亲密邻邦，都在根据两国领导人达成的共识推进战略性合作。中方愿本着“与邻为善、以邻为伴”的方针，与马方携手努力，弘扬中马传统友谊，深化互利合作，推动中马战略性合作不断取得新的进展，使两国永做相互信赖的好朋友、互利合作的好伙伴。

中国全国政协愿与马来西亚国会开展多层次、多形式的交流，为中马睦邻友好合作关系的全面发展、增进两国人民的友谊做出新贡献。

感谢马来西亚政府与国会长期坚持一个中国政策和在台湾问题上给予中国的理解和支持。

（摘自《人民政协报》）

在出席马来西亚各界友好人士举行的欢迎活动时的讲话（摘要）

（2006 年 3 月 30 日）

贾　庆　林

中国是负责任的大国，将继续坚定不移地走和平发展道路。在国际事务中，我们将坚持公平公正，加强协调合作；坚持和睦互信，维护共同安全；坚持平等互利，促进共同繁荣；坚持开放包容，推动文明对话，积极促进国际秩序向公正合理的方向发展。在发展同周边国家关系方面，我们将坚持“与邻为善、以邻为伴”的方针，奉行“睦邻、安邻、富邻”的政策，推动区域合作机制建设，深化务实合作，努力构建一个和谐祥和、共同发展的周边环境。

中马建交以来，两国各层次交流活跃，相互信任持续加强，合作领域日益扩大，在政治、经贸领域和国际、地区事务中已成为重要的伙伴。事实证明，中马睦邻友好给两国人民带来了实实在在的利益，有利于本地区乃至世界的和平、稳定与繁荣。中马同为发展中国家，都肩负着发展经济、改善民生的重任。双方已确定了农业、高新科技、资源开发、基础设施建设、旅游等重点合作领域，潜力巨大，前景广阔，商机无限。希望两国工商界人士携手努力，把握机遇，为推进中马友好合作发挥更大的作用，不断将中马友好合作关系提升到新的高度。

中方赞赏马来西亚政府和人民长期以来在台湾问题上给予中国的宝贵支持，希望马来西亚各界朋友同我们一道，共同反对“台独”，维护本地区的和平与安宁。

（摘自《人民政协报》）

人民政协是我国实行协商民主的主要渠道之一

——在协商民主与软法理论研讨会上的讲话（摘要）

（2006年4月8日）

罗　豪　才

中国共产党领导的多党合作与政治协商制度是我国的基本政治制度。人民政协就是我国实行协商民主的主要渠道之一。西方一些学者在上世纪80年代提出协商民主，其目的是为了破解选举民主的困局，弥补投票民主的缺陷。这种民主形式虽在实践中有所探索，但更多停留在学术层次和理论层次。而在我国，中国共产党和各民主党派具有共同的奋斗目标，因而能够在人民政协这样一种有效的政治形式和组织形式下，就关系国计民生的重大问题进行广泛的协商和讨论。可以说，经过50多年的探索和实践，我国的政治协商已经进入了程序化、规范化、制度化的轨道，尽管有待完善，但是积累了很多实践经验，体现了我国社会主义民主制度的特点和优势，是对人类政治文明建设的重大贡献。

在中国社会现实中存在着大量的鲜活的软法规范，它们在规范和调整公共领域的社会关系方面发挥着重要作用。以人民政协工作为例，政协委员履行政治协商、民主监督、参政议政职能，并不是依靠国家权力来保障实施，而是依靠制度、道德、主流舆论、文化以及政治影响来保障工作的开展。这种“软约束”、“软权力”、“软监督”，可以避免国家权力资源的过度消耗与浪费，有时候能够起到比硬性规定更大、更持久的效果。人民政协通过提案以及通过意见、批评、建议的方式进行的民主监督，虽然没有法律的强制性，但有很大的政治影响力和社会影响力，实践证明是行之有效的。希望法学界把中国共产党领导的多党合作和政治协商制度作为软法的实证来加以研究、分析。

（摘自《人民政协报》）

在会见参加首届世界佛教论坛代表时的讲话（摘要）

（2006年4月12日）

贾　庆　林

中华民族是一个爱好和平、崇尚和谐的民族，中国人民愿与世界各国人民一道，为谋求世界的和谐与和平做出不懈努力。

建设和谐世界需要各国人民的共同努力，需要各种文明、各种宗教都来发挥积极作用。佛教作为一种历史悠久的世界性宗教，与其他宗教一样，在全世界具有重大影响。佛教传入中国以后，就与中国文化相融合，成为中国传统文化的组成部分。

这次论坛以“和谐世界、从心开始”为主题很有意义，相信“论坛”的举办将有助于加强各国佛教徒之间的交流与合作，为建设和谐世界做出独特的贡献。

中国政府全面贯彻执行宗教信仰自由政策，充分尊重和保护公民的宗教信仰自由权利。在中国，各种宗教地位平等，和谐相处；信教与不信教的公民之间彼此尊重，团结和睦。中国将一如既往地支持中国佛教与世界佛教及其他宗教一起，为建设一个持久和平、共同繁荣的和谐世界，发挥应有的作用。

（摘自新华社杭州 4 月 12 日电）

在两岸经贸论坛的演讲（摘要）

（2006 年 4 月 14 日）

贾　庆　林

举办此次论坛是落实胡锦涛总书记与连战主席去年会谈新闻公报的重要举措，是国共两党继续交流和两岸关系中的一件大事。这次论坛以两岸经贸交流与直接通航为主题，必将对深化两岸经贸合作、构建和平稳定发展的两岸关系，产生重要而积极的影响。

去年 4 月，中共中央和胡锦涛总书记邀请中国国民党主席连战率团来大陆访问，双方共同发布了“两岸和平发展共同愿景”，揭开了两党正视现实、开创未来的新的一页，具有里程碑式的重大意义。此后，国共两党共同努力，积极推动落实双方达成的重要共识，并取得实质性进展。在两岸同胞共同努力下，两岸关系中有利于遏制“台独”分裂活动的积极因素增多，两岸关系朝和平稳定方向发展的势头增强。努力构建和平稳定发展的两岸关系，已成为两岸同胞的共同心愿，也成为国际社会的普遍期待。

构建和平稳定发展的两岸关系，需要脚踏实地地从加强两岸经济交流合作做起。面对新的形势，两岸同胞必须抓住机遇，加强合作，不断扩大共同利益，努力实现互利双赢。就全面深化和扩大两岸经济交流合作，我提出四点建议。

一是要以为民谋利为出发点，实现两岸经济共同发展繁荣。深化两岸经济交流合作，是实现两岸经济共同发展繁荣的必由之路，也是两岸同胞的共同利益所在。目前，两岸经济交流合作呈现良好的发展势头，但仍然存在许多人为的障碍和政治干扰。我们应当从维护和扩大两岸同胞的共同利益出发，尽快排除干扰，消除障碍，兴利除弊，不断拓展两岸经济交流合作的新境界。

二是要以直接通航为突破口，开创两岸经济关系正常发展的新局面。应本着方便两岸人员往来、便利两岸经济关系发展、符合两岸航运企业利益的原则，采取务实灵活的措施，积极推进两岸空中、海上直航进程。当前，可以零关税农产品直航为先导，推动台湾农产品从台湾本岛到大陆的直达运输；继续扩大福建沿海与金门、马祖海上客货运直航的功能与范围，推动福建沿海与澎湖的直航及两岸贸易货物经金门、马祖、澎湖的中转，加快直接、双向、全面“三通”的进程。

三是要以提高技术水平和竞争力为重点，促进两岸经济关系持续健康发展。两岸应当本着优势互补、互惠互利的原则，加强在电子信息、光电、生物、农业等产业的分工与合作，协调两岸高新技术产业布局，优化资源配置，共同建立自主的技术标准，创造中国人自己的国际品牌。在深化两岸经济交流合作的进程中，要始终注意立足当前、着眼未来，深入探讨建立两岸经济合作机制问题。当前，可以考虑在互相尊重和保障对方经济利益的前提下，以区域对区域、民间对民间、行业对行业、企业对企业的方式，灵活处理有关事宜，不断深入探索，不断积累经验。

四是要以加强交流沟通为途径，广泛凝聚两岸促进互利合作的智慧和力量。全面扩大和深化两岸经济交流合作，推动两岸关系和平稳定发展，实现中华民族的伟大复兴，是两岸同胞的共同愿望，要靠两岸同胞的共同努力。应当充分发挥好两岸经贸论坛的作用，进一步加强对话，增进互信，凝聚智慧。既可以通过举办两岸经贸文化论坛，讨论加强两岸经济合作的议题、加强文化交流的议题；也可以通过举办两岸和平发展论坛，讨论台湾同胞关心的其他议题。

“台独”的阴霾并没有从台海上空散去。今年以来，台湾当局领导人为了一己之私，逆潮流而动，执意推行激进“台独”路线，加紧进行“台独”分裂活动，蓄意在台湾内部和两岸之间挑起新的对抗与冲突，直至公然背信弃诺，强行终止“国统会”和“国统纲领”。这是对国际社会普遍坚持的一个中国原则和台海和平稳定的严重挑衅，是在走向“台独”的道路上迈出的危险一步。事实表明，台湾当局领导人企图通过“宪改”谋求“台湾法理独立”的冒险性、危险性在上升。对于这种危险性，我们必须有充分的估计。为了维护两岸同胞的根本利益，我们绝不会容忍“台独”。

只要我们站在时代的前列，以历史和世界的眼光观察两岸关系发展大势，以为两岸同胞谋福祉的胸怀把握未来，以互利双赢的精神致力于促进两岸交流合作，我们就一定能克服前进道路上的艰难险阻，促进两岸关系和平稳定发展，谱写中华民族伟大复兴的新篇章。

（摘自新华社北京 4 月 14 日电）

在江西、江苏省调研时的讲话（摘要）

（2006 年 4 月）

贾　庆　林

建设社会主义新农村，要按照中央的决策和部署，从不同地区的实际情况出发，创造性地开展工作，形成各具特色的发展模式。要大力发展现代农业，全面繁荣农村经济，不断促进粮食生产稳定发展和农民持续增收，为推进农村各项事业的发展提供坚实的物质基础。要统筹区域协调发展，贯彻工业反哺农业、城市支持农村的方针，加强不同区域的交流合作，实现优势互补、互利双赢。要充分调动广大农民群众建设社会主义新农村的积极性、主动性、创造性，积极培育新农村建设的带头人，稳步扎实地推进社会主义新农村建设。

加强自主创新，建设创新型国家，是我们党面向未来提出的一项重大战略。要把增强自主创新能力作为调整产业结构、转变增长方式的中心环节，着力提升产业层次和技术水平。要充分发挥对外开放的优势，增强自主创新的动力，重视引进技术的消化吸收再创新，鼓励引进高端核心技术、关键技术和优秀人才。要注重发挥民营企业的优势，推动民营企业成为自主创新的生力军。

实现“十一五”时期的奋斗目标，必须进一步做好统一战线和人民政协工作，广泛凝聚各方面的智慧和力量。各级政协组织和统战部门要认真贯彻中共中央关于加强人民政协和统一战线工作文件的精神，紧紧围绕经济社会发展中的重大问题积极建言献策，为党和政府科学民主决策服务；要紧紧围绕构建社会主义和谐社会的战略任务，牢固树立社会主义荣辱观，促进社会良好风气的形成和发展；要紧紧围绕提高履行职能的能力和水平，切实加强自身建设。各级党委和政府要进一步加强对统一战线和人民政协工作的领导，努力为统一战线和人民政协发挥作用创造良好条件。要进一步贯彻落实中央对台工作的方针政策和胡锦涛总书记最近提出的关于发展两岸关系的四点建议精神，进一步深化两岸经贸合作，扩大两岸人员往来和双向交流，改善台商投资环境，促进两岸经济关系持续健康发展。

（摘自《人民政协报》）

在与省部级领导干部民族工作专题研讨班学员座谈时的讲话（摘要）

（2006 年 4 月 28 日）

贾　庆　林

要深入学习贯彻胡锦涛总书记在中央民族工作会议上的重要讲话和中央民族工作会议精神，牢牢把握各民族共同团结奋斗、共同繁荣发展的主题，加快少数民族和民族地区经济社会发展，努力开创新世纪新阶段我国民族工作的新局面。

民族问题是一个关系祖国统一、边防巩固、经济发展、社会稳定的大问题。在我们这样一个统一的多民族国家，民族关系始终是一种至关重要的社会关系，民族和谐始终是社会和谐的重要组成部分。没有各民族的和睦相处，就没有社会的安定团结；没有各民族的和谐发展，就没有国家的繁荣富强；没有各民族的和衷共济，就没有中华民族的兴旺昌盛。我们党历来十分重视民族工作，党的三代领导集体和以胡锦涛同志为总书记的党中央就民族工作作出了一系列重大决策和部署。我们一定要从党和国家事业发展全局的高度，深刻认识做好民族工作的重要性和紧迫性，进一步增强做好民族工作的责任感和使命感，不断巩固和发展平等、团结、互助、和谐的社会主义民族关系。

做好现阶段的民族工作，必须牢牢把握各民族共同团结奋斗、共同繁荣发展的主题，坚持把发展作为第一要务，以科学发展观统领民族地区经济社会发展全局，促进少数民族和民族地区又快又好发展。要大力推进民族地区的新农村建设，切实做好少数民族和民族地区的扶贫开发工作，加快发展民族地区的社会事业特别是教育、卫生事业的发展，加大对人口较少民族的扶持力度。要立足国家长治久安，正确对待各民族之间的差异，继续搞好民族团结进步宣传教育活动，依法妥善处理涉及民族因素的矛盾和纠纷，不断巩固和发展各民族的大团结。要坚持和完善民族区域自治制度，切实抓好国务院颁布的《实施〈中华人民共和国民族区域自治法〉若干规定》的贯彻落实。要积极探索城市民族工作的有效办法，推动城市民族工作走上法制化、规范化的轨道。

党的领导是做好民族工作的根本保证。各级党委一定要按照中央民族工作会议的要求，高度重视民族问题和民族工作，加强和改善党对民族工作的领导。要把民族工作列入重要议事日程，认真研究，周密部署，常抓不懈。要加强对民族问题的学习研究，进一步认识和把握新形势下民族问题、民族工作的特点和规律，坚定不移地走中国特色的解决民族问题的正确道路。要切实加强民族工作机构和干部队伍建设，切实解决少数民族群众生产生活中的特殊困难和问题，扎扎实实地为各民族群众办实事、解难事、做好事。

（摘自新华社北京 4 月 28 日电）

深入学习贯彻中共中央两个《意见》精神
坚定不移地走中国特色政治发展道路

（2006 年 4 月 28 日）

刘　延　东

《中共中央关于进一步加强中国共产党领导的多党合作和政治协商制度建设的意见》和《中共中央关于加强人民政协工作的意见》（以下简称“两个《意见》”），是以胡锦涛同志为总书记的党中央着眼发展社会主义民主政治、推进社会主义政治文明建设作出的重大战略举措，是指导新世纪新阶段统一战线、多党合作和人民政协事业发展的纲领性文件。今年恰逢“长期共存、互相监督”八字方针提出 50 周年。深入学习贯彻两个《意见》精神，对于继承和弘扬统一战线优良传统，巩固发展多党合作和人民政协事业，更好地为实施“十一五”规划、构建社会主义和谐社会、全面建设小康社会贡献智慧和力量，具有十分重要的意义。

一、充分认识中共中央两个《意见》是对半个多世纪以来多党合作和人民政协伟大实践的经验总结

1949年9月，中国人民政治协商会议第一届全体会议召开，标志着中国共产党领导的多党合作和政治协商制度正式确立。这是中国共产党在深刻总结辛亥革命以来中国政治发展经验教训的基础上，把马克思主义统一战线理论和政党学说与中国具体实际相结合的伟大创造，是中国共产党同各民主党派、无党派人士长期团结奋斗的胜利成果，开辟了中国民主政治发展的新纪元。

新中国成立以来，中国共产党始终高度重视和推进多党合作和人民政协事业不断向前发展。1956年社会主义改造基本完成后，我国进入社会主义社会。在社会主义条件下，究竟是一个党好还是几个党好，究竟要坚持什么样的政治制度和政党制度，成为摆在中国共产党和中国人民面前的重大政治课题。以毛泽东同志为核心的党的第一代中央领导集体，从中国社会特点出发，借鉴苏联“一党制”的经验教训，提出共产党与各民主党派“长期共存、互相监督”，明确共产党存在多久，民主党派就存在多久，一直要共存到社会发展不需要政党的时候为止；共产党可以监督民主党派，民主党派也可以监督共产党，由于共产党居于领导地位，主要是民主党派监督共产党。“长期共存、互相监督”八字方针的提出，从根本上解决了民主党派发展前途问题，明确了共产党与民主党派、无党派人士的关系，进一步确立了社会主义条件下我国多党合作的基本政治格局，为中国共产党领导的多党合作和政治协商制度的坚持和完善奠定了坚实的理论和政策基石，开创了世界政党关系的一种崭新模式。

党的十一届三中全会后，我国进入了改革开放和社会主义现代化建设新的历史时期。以邓小平同志为核心的党的第二代中央领导集体，根据新的形势和任务，明确多党合作是我国政治制度的一个特点和优势，并提出了一整套有关多党合作和政治协商的理论和政策，特别是将“长期共存、互相监督”的八字方针发展为“长期共存、互相监督、肝胆相照、荣辱与共”的十六字方针。以江泽民同志为核心的党的第三代中央领导集体，适应时代发展要求，强调中国的政局要稳定，就必须稳定多党合作这一政治格局，并提出了一系列新观点和新论述。特别是制定颁布了《中共中央关于坚持和完善中国共产党领导的多党合作和政治协商制度的意见》，把“中国共产党领导的多党合作和政治协商制度将长期存在和发展”写入宪法，推动了我国多党合作和人民政协事业的制度化、规范化。进入新世纪特别是党的十六大以来，以胡锦涛同志为总书记的党中央继往开来、与时俱进，继续推进我国多党合作和人民政协事业蓬勃发展。去年以来，在认真总结多党合作实践经验的基础上，先后制定颁布了具有里程碑意义的两个《意见》，科学规范了多党合作和政治协商的原则、内容、方式和程序，提出了加强人民政协工作的许多新的思想观点和政策措施，必将对新世纪新阶段统一战线、多党合作和人民政协事业的发展产生极大的推动作用。

50多年来我国多党合作和人民政协事业蓬勃发展的历史证明，“长期共存、互相监督”方针对于发展中国共产党与各民主党派、无党派人士团结合作、风雨同舟、患难与共的良好关系，对于坚持和完善中国共产党领导的多党合作和政治协商制度，对于坚定不移地走中国特色政治发展道路，都产生了极其深刻而重大的影响。在新世纪新阶段，继续推进多党合作和人民政协事业，必须坚持“长期共存、互相监督、肝胆相照、荣辱与共”的方针，充分发挥我国政治制度和政党制度的特点和优势，进一步为全面建设小康社会和中华民族的伟大复兴作出应有贡献。

二、深入学习和准确把握中共中央两个《意见》的精神实质

两个《意见》作为指导新世纪新阶段统一战线、多党合作和人民政协事业发展的纲领性文件，都坚持以邓小平理论和“三个代表”重要思想为指导，全面贯彻落实科学发展观；都集中体现了党的三代领导集体和以胡锦涛同志为总书记的党中央关于多党合作和人民政协的重要思想；都充分吸收和采纳了各民主党派、工商联、无党派人士和社会各方面的意见建议，充分体现了包括统一战线广大成员在内的全国各族人民的共同意愿，是团结合作的产物，是集体智慧的结晶。学习贯彻两个《意见》，是统一战线和人民政协当前和今后一个时期的一项重要政治任务。

要深刻理解两个《意见》的核心是坚持走中国特色社会主义政治发展道路。政治发展道路是关系党和国家事业兴衰成败的重大问题。中国共产党在领导人民进行革命、建设和改革事业中，坚持把马克思主义基本原理与中国实际相结合，在创建人民民主专政的国家政权、建立社会主义制度、推进社会主义现代化建设中，走出了一条符合国情、具有鲜明中国特色的政治发展道路。这就是：以马克思列宁主义、毛泽东思想、邓小平理论和“三个代表”重要思想为指导，坚持中国共产党的领导，坚持社会主义制度，坚持人民民主专政，实行人民代表大会制度、共产党领导的多党合作和政治协商制度、民族区域自治制度。这是一条完全不同于西方民主政治模式的政治发展道路，是一条充分体现社会主义性质的政治发展道路，是一条能够为国家富强、民族振兴、人民幸福和社会和谐提供根本保障的政治发展道路，必须始终不渝地坚持下去。中共中央在我国经济社会发展的关键时期颁布两个《意见》，其根本目的就是要进一步坚持好、完善好中国共产党领导的多党合作和政治协商制度，进一步推进人民政协事业，始终走中国特色社会主义政治发展道路。比如，两个《意见》都明确提出，坚持和完善我国的政治制度和政党制度，必须从我国的国情出发，借鉴人类政治文明的有益成果，但绝不能照抄照搬别国政治制度的模式。同时，两个《意见》对多党合作和人民政协工作必须坚持的政治原则作了明确规定。这些重要原则是中国共产党同各民主党派、人民团体和各族各界人士在长期团结合作中形成的政治共识，为新世纪新阶段多党合作和人民政协事业始终沿着正确的方向健康发展，提供了重要的政治规范。

要深刻理解两个《意见》的实质是推进社会主义政治文明建设。社会主义政治文明是一种崭新的、以绝大多数人享有的民主的政治文明。建设社会主义政治文明，最根本的是要把坚持党的领导、人民当家作主和依法治国有机统一起来，使我国社会主义民主更加完善，法制更加完备，依法治国基本方略得到全面落实，人民的政治、经济和文化权益得到切实尊重和保障，民主团结、生动活泼、安定和谐的政治局面不断巩固和发展。这是中国共产党领导人民坚持和发展人民民主长期实践的必然要求，也是全面建设小康社会的重要目标，是一个需要不断探索和推进的实践过程。中共中央颁布两个《意见》，就是要通过进一步推进多党合作制度建设和人民政协事业发展，不断加强社会主义政治文明建设。比如，两个《意见》从建设社会主义政治文明的高度，进一步强调坚持和完善多党合作制度、加强人民政协工作的重要性和必要性。去年颁布的《意见》明确指出，坚持和完善中国共产党领导的多党合作和政治协商制度是建设社会主义政治文明的重要内容。今年颁布的《意见》也强调，发展社会主义民主政治、建设社会主义政治文明，要善于运用人民政协这一政治组织和民主形式。两个《意见》从推进社会主义政治文明建设出发，进一步阐明了我国社会主义民主制度及其形式的特点和优势。去年颁布的《意见》指出，中国共产党领导的多党合作和政治协商制度，反映了人民当家作主的社会主义民主的本质，体现了我国政治制度的特点和优势，具有巨大的优越性和强大的生命力。今年颁布的《意见》进一步指出，人民通过选举、投票行使权利和人民内部各方面在重大决策之前进行充分协商，尽可能就共同性问题取得一致意见，是我国社会主义民主的两种重要形式。两个《意见》着眼推进社会主义政治文明建设，对加强多党合作制度建设、发展人民政协事业提出了明确要求。特别是强调要把政治协商纳入决策程序、就重大问题在决策前和决策执行中进行协商，要充分发挥民主党派和无党派人士在国家政权和人民政协中的作用，要切实推进民主党派、无党派人士和社会各方面对中国共产党的民主监督，要坚持平等相待、民主协商、真诚合作，不断巩固中国共产党同党外人士的联盟，等等。这些都是对我国社会主义民主政治的深刻理解和认识深化，充分表明我国的社会主义民主是共产党领导与社会各方面参与的统一，是选举民主与协商民主的结合，既尊重多数，又照顾少数，有利于把社会各方面的智慧和力量吸纳和凝聚起来，有利于促进党的领导方式和执政方式的改进和完善，实现党的领导、人民当家作主和依法治国的有机统一。

要深刻理解两个《意见》的重点是加强制度建设。制度更带有根本性、全局性、稳定性和长期性。我国多党合作制度的坚持和完善，人民政协作用的充分发挥，很大程度上也取决于制度建设的加强。两个《意见》都把制度化、规范化、程序化建设作为重点。一是总结已有经验，将过去一直在实践的一些好做法好形式进一步上升为制度规定。比如，去年颁布的《意见》明确提出了政治协商的两种基本方式：一种是共产党同各民主党派、无党派人士的协商，主要采取民主协商会、谈心会、座谈会等形式，具有小范围、高层次的特点；一种是共产党在人民政协同各民主党派和各界代表人士的协商，主要采取政协全体会议、常务委员会会议、主席会议、常务委员专题座谈会、各专门委员会会议等形式，体现了更大范围的协商。二是立足新的实践，对过去已有的一些政策和规定，作了进一步丰富和完善。比如，关于政治协商、参政议政和民主监督的内容、形式，在《中共中央关于坚持和完善中国共产党领导的多党合作和政治协商制度的意见》和《政协全国委员会关于政治协商、民主监督、参政议政的规定》中都有明确要求，两个《意见》在此基础上又作了充实，特别是对程序和机制等作了明确规定。三是着眼形势发展，提出了一些新的政策和要求。比如，去年颁布的《意见》对加大党外干部培养选拔力度作出了具体规定，强调要保证党外领导干部对其分管的工作享有行政管理的指挥权、处理问题的决定权和人事任免的建议权等。今年颁布的《意见》还提出党委和政府有关部门要密切同政协专门委员会的协作和配合，对他们的工作提供必要的支持和帮助等。这些都必将推动多党合作和政治协商更加有制可依、有规可守、有序可循，在国家政治和社会生活中发挥更大作用。

三、切实推进两个《意见》精神的学习宣传和贯彻落实

两个《意见》的学习贯彻是一个不断深入的过程，必须长抓不懈。统一战线要在前一阶段学习贯彻的基础上，进一步加大力度，推动两个《意见》精神的学习贯彻取得扎扎实实的成效。

要把学习贯彻两个《意见》精神与学习邓小平理论、“三个代表”重要思想和以胡锦涛同志为总书记的党中央关于治国理政的一系列重大战略思想结合起来。邓小平理论和“三个代表”重要思想是新世纪新阶段全党全国人民团结奋斗的共同思想基础，也是推进统一战线和多党合作事业不断发展的强大思想武器。十六大以来，以胡锦涛同志为总书记的党中央学习和汲取党的三代领导集体的政治智慧和领导经验，坚持把邓小平理论和“三个代表”重要思想作为统领全局、贯穿各项工作的根本指针，并结合新的形势和任务，继往开来、与时俱进，提出了树立和落实科学发展观、构建社会主义和谐社会、加强党的执政能力建设与先进性建设、建设创新型国家、共建和谐世界、树立以“八荣八耻”为主要内容的社会主义荣辱观等治国理政的一系列新的重大战略思想。这些为全面建设小康社会、推进中国特色社会主义事业提供了重要理论指导，也为新世纪新阶段统一战线和人民政协事业的发展指明了方向。学习贯彻两个《意见》精神，必须与深入学习这些重要理论思想结合起来，深刻理解这些重要理论思想的时代背景、科学内涵和重大意义，充分认识以胡锦涛同志为总书记的党中央是解放思想、实事求是、与时俱进、开拓创新的领导集体，从而进一步增强走中国特色社会主义道路的自觉性和坚定性。

要把学习贯彻两个《意见》精神与为实施“十一五”规划服务结合起来。“十一五”规划全面描绘了今后五年我国经济社会发展的宏伟蓝图，反映了时代发展的客观要求，是全国各族人民共同的行动纲领。统一战线和人民政协历来是为党和国家中心工作服务的。两个《意见》进一步指出，发展是中国共产党执政兴国的第一要务，也是各民主党派、无党派人士参政议政的第一要务，是人民政协履行职能的第一要务。统一战线要把为实施“十一五”规划服务的绩效作为衡量学习成果的重要标准，充分发挥优势，紧紧围绕促进经济社会平稳较快发展、实现城乡区域协调发展、建设社会主义新农村、提高自主创新能力等重大问题，深入调查研究，积极建言献策；大力推进光彩事业和开展智力支边、温暖工程和其他各项社会公益事业，积极协助引进资金、技术和人才，帮助革命老区、民族地区、边疆地区和贫困地区的群众脱贫致富，努力为实现“十一五”规划贡献力量。

要把学习贯彻两个《意见》精神与为构建社会主义和谐社会作贡献结合起来。构建社会主义和谐社会，是以胡锦涛同志为总书记的党中央在新的历史条件下，贯彻落实科学发展观、更好地推进我国经济社会发展的战略举措。统一战线和人民政协的基本属性、主要职能、组织构成、工作原则、活动方式，与构建社会主义和谐社会的要求是完全一致的，同构建社会主义和谐社会的各项工作是紧密相连的。统一战线的团结是社会和谐的基础，统一战线各界人士是构建社会主义和谐社会的重要力量。要不断增强为构建和谐社会服务的责任感和使命感，按照民主法治、公平正义、诚信友爱、充满活力、安定有序、人与自然和谐相处的总体要求，深入实际、深入基层，准确把握统一战线成员的思想状况，引导他们正确认识改革发展中利益格局的变化，把竞争压力转化为奋发有为的动力，积极协助党和政府做好协调关系、化解矛盾、沟通思想、理顺情绪的工作，努力在维护团结稳定、促进社会和谐中发挥积极作用。

要把学习贯彻两个《意见》精神与提高统一战线成员素质结合起来。加强自身建设、提高自身素质，既是各民主党派、工商联、无党派人士等统一战线广大成员履行职能、发挥作用的客观需要，是统一战线和多党合作长期存在和发展的必然要求，也是统一战线广大成员学习贯彻两个《意见》精神的具体实践。各民主党派、工商联要以今明两年的换届为契机，认真按照两个《意见》精神的要求，切实把加强自身建设摆在重要的位置，真正在实现新老交替的基础上搞好政治交接，更好地担负起时代赋予的重任。无党派人士等统一战线成员要通过加强学习、参加培训和实践锻炼等途径，不断提高自身的政治、思想和业务素质，更好地在我国社会政治生活中发挥积极作用。在今年“两会”期间，胡锦涛同志在民盟民进联组讨论会上发表关于“八荣八耻”的重要讲话，充分体现了党中央对统一战线和多党合作的高度重视。“八荣八耻”集中体现了社会主义荣辱观的主要内容，涵盖了爱国主义、集体主义、社会主义思想，明确了当代中国最基本的价值取向和行为准则，是新形势下社会主义思想道德建设的重要指导方针，也是统一战线广大成员加强思想道德建设的重要标尺。统一战线广大成员要将树立社会主义荣辱观，作为抓好思想建设的重要内容，作为提高自身素质的基础性工程，认真学习领会“八荣八耻”的深刻内涵，规范言行，加强修养，把思想道德素质提高到一个新的境界，以更加昂扬向上的精神风貌投身到中国特色社会主义建设事业中。

（选自《人民政协报》）

在两个5号文件精神指导下进一步发挥自身作用

（2006年4月29日）

罗　豪　才

回顾我国民主政治发展的历史，中共中央历来高度重视多党合作和政治协商事业的发展。两个5号文件的颁布，对于发展社会主义民主政治、构建社会主义和谐社会、推进中国特色社会主义事业具有重要的现实意义，必将产生深远的影响，广大致公党员对此深受鼓舞。

坚持把学习贯彻两个5号文件精神与充分履行参政议政和民主监督职能结合起来。发展是民主党派履行职能的第一要务，我们要树立和落实科学发展观，深入贯彻落实致公党中央《关于进一步加强参政能力建设的若干意见》精神，紧紧围绕经济建设这个中心，在中国共产党领导的多党合作和政治协商制度中充分发挥参政党作用。我们要充分发扬民主，收集和反映各方面的意见和要求，协调各方面的关系，积极参与国家和地方重大问题的民主协商，促进党和政府决策的民主化和科学化；要动员和引导致公党员以高度的政治责任感、使命感选择一些具有综合性、全局性、前瞻性的课题，深入开展调查研究，提出有见解、有分量的意见和建议；要积极开展民主监督，通过人民政协等渠道，以提出意见、批评、建议的方式进行政治监督，为党和政府决策提供意见和依据。

坚持把学习贯彻两个5号文件精神与切实加强民主党派自身建设、不断提高履行职能的能力结合起来。要自觉坚持以邓小平理论和“三个代表”重要思想为指导，自觉接受中国共产党的领导，坚定不移地为建设中国特色社会主义和祖国完全统一而努力奋斗；要深入贯彻落实致公党中央《关于建设学习型参政党的若干意见》，在实践中不断学习，不断研究世情、国情和多党合作事业内部的新情况、新变化、新问题，大力提高自身的素质；要按照文件精神要求，适时调整工作思路和工作重点，积极探索新形势下开展工作的新形式、新路子，创造更多的新方法、新经验，努力提高履行职能的能力；要在中国共产党领导的多党合作和政治协商的框架下，认真总结自身建设和发展的实践经验，不断加强对参政党参政规律的认识，研究和探索切实履行职能的方式方法，在中国特色的政治格局中发挥更大的作用。

坚持把学习贯彻两个 5 号文件精神与充分发挥致公党自身优势，积极促进祖国完全统一结合起来。解决台湾问题，完成祖国统一大业，是全体中华儿女的共同愿望，也是我国多党合作与政治协商事业所面临的最大政治问题。去年的 5 号文件明确提出，“支持民主党派成员和无党派人士为维护香港、澳门的稳定、促进祖国统一作出贡献。”“民主党派是实现祖国统一、民族振兴的一支重要力量。”今年的 5 号文件颁布之际，正值陈水扁抛出所谓终止“国统会”与“国统纲领”言论、谋求“法理台独”之时，这是“台独”分子对祖国统一大业的公然挑战。我们要引导广大致公党员和所联系的群众充分认识促进祖国完全统一是我们参政党义不容辞的责任，要进一步发挥致公党的“侨”、“海”优势，充分利用与海外洪门等华侨、华人社团的联系，“请进来”、“走出去”，积极参与侨务对台、反“独”促统工作，为祖国统一大业的早日完成献计出力。

坚持把学习贯彻两个 5 号文件精神与广泛宣传中国共产党领导的多党合作和政治协商制度结合起来。加强我国多党合作和政治协商制度的宣传，是学习贯彻两个 5 号文件精神的一项重要内容。我们要以学习贯彻两个 5 号文件精神为契机，密切联系实际，运用多种形式，在广大党员和所联系的群众中广泛开展中国共产党领导的多党合作和政治协商制度重大意义、多党合作成功经验和理论成果的宣传教育，积极引导广大党员了解、熟悉和实践这项制度，自觉抵制西方政治制度模式的渗透和西方宣传的影响，形成有利于多党合作和政治协商事业发展的良好氛围。同时，我们还要利用出访和接待来访的机会，向海外侨胞和外国友人介绍中国的政治制度和政党制度，使国际社会了解中国共产党领导的多党合作和政治协商制度，了解中国的政治发展道路，营造更加有利于我国多党合作和人民政协事业发展的国际环境。

（选自《人民政协报》）

充分认识学习贯彻中共中央两个5号文件在推进我国政治文明建设方面的重大意义

（2006年4月29日）

周　铁　农

今年是“长期共存、互相监督”八字方针提出50周年。50年来，在中国共产党领导的多党合作事业前进和发展过程中，“长期共存、互相监督”的八字方针一以贯之，而且内涵越来越丰富、措施越来越具体，并不断向着制度化、规范化、程序化方向发展。在50多年来多党合作和政治协商事业不断发展和完善的基础上，中共中央于去年和今年先后颁布了《关于进一步加强中国共产党领导的多党合作和政治协商制度建设的意见》和《关于加强人民政协工作的意见》。这两个文件的制定和实施，对于更好地坚持和完善中国共产党领导的多党合作和政治协商制度，坚持走中国特色的政治发展道路，具有重要的现实和历史意义。

1989年颁布的《中共中央关于坚持和完善中国共产党领导的多党合作和政治协商制度的意见》，以“十六字方针”为主线贯穿始终，深刻地总结了新中国成立以来，特别是中共十一届三中全会以来中国共产党领导的多党合作和政治协商的成功经验和优良传统，使过去几十年多党合作实践取得的丰富经验，转化为成果，上升为制度，成为新时期指导多党合作和民主党派工作的一个纲领性文件。《意见》的制定和实施，使多党合作制度进一步走向制度化、程序化，规范化，推动了多党合作事业的蓬勃发展。

去年和今年，中共中央先后颁布了《关于进一步加强中国共产党领导的多党合作和政治协商制度建设的意见》和《关于加强人民政协工作的意见》，两个文件一如既往地贯彻中国共产党与各民主党派和无党派人士“长期共存、互相监督、肝胆相照，荣辱与共”的方针，全面系统地总结了中共中央（89）14号文件颁布以来，特别是中共十六大以来，我国多党合作理论研究和实践发展的成果，进一步发展和丰富了毛泽东思想和邓小平理论关于多党合作的重大论断，体现了“三个代表”重要思想的要求，体现了中共三代领导集体和以胡锦涛同志为总书记的中共中央关于多党合作和政治协商的重要理论和政策，并在多党合作的制度化、规范化、程序化建设上又迈出了历史性的一步，为中国特色政党制度发展奠定了新的基础。

中共中央去年和今年颁布的两个5号文件，进一步推进了多党合作和政治协商的制度化、规范化、程序化建设，为各民主党派履行参政党职能提供了更广阔的空间，同时也提出了更高的要求。在这样的新形势下，我们感到要履行好参政党职能，担子更重，责任更大，迫切需要我们进一步加强自身建设，不断提高参政议政的质量和水平。近几年来，民革在加强自身建设，提高参政议政能力方面，努力做了一些工作。每年我们都安排一次中央常委会议，集中研究自身建设中一个方面的问题。几年来先后专题研究了民革的思想建设、基层组织建设、领导班子建设、后备干部队伍建设问题，今年，在民革十届第十六次中常会上，将要着重研究制度建设问题。制度建设是参政党自身建设中带根本性、长期性、保障性的建设，随着多党合作制度的完善和参政党工作的发展，加强参政党工作机制建设越来越重要。加强制度建设，健全工作机制，建立健全一套适合民革自身特点、有利于促进工作规范化和科学化运行的制度，对于提高民革履行参政党职能，更好地发挥参政党作用，具有重要的意义。这也是我们把中共中央5号文件精神落实到民革自身建设中的一项重要举措。

在纪念“八字方针”提出50年之际，我们一定要认真学习、深刻领会和坚决贯彻落实中共中央两个5号文件，以文件精神为指导，积极适应经济社会全面发展和构建社会主义和谐社会的要求，加强民革的自身建设，不断增强对坚持中国共产党领导、坚持中国特色政党制度的信心和决心，全面增强队伍素质，进一步提高参政议政的质量和水平，紧密团结在以胡锦涛同志为总书记的中共中央周围，为全面建设小康社会、促进祖国和平统一的宏伟事业，作出新的更大的贡献。

（选自《人民政协报》）

认真学习中共中央两个5号文件　积极发挥工商联在人民政协中的作用

（2006年4月29日）

黄　孟　复

中共中央两个5号文件，是完善我国统一战线和政治协商制度的两个纲领性文件，也是加强我国的政治建设、民主建设和法治建设的两个重要文件，还是推进我国社会主义和谐社会建设的两项重大战略决策。特别是今年的5号文件，作为中央第一部关于政协工作的专门文件，具有重要的历史里程碑意义，必将对人民政协事业的发展产生重大而深远的影响。

近年来，在党中央的正确领导下，全国工商联及工商联界别的全国政协委员紧紧围绕党和国家的中心工作，努力按照全国政协提出的工作要求，认真履行职能、积极发挥作用，在调查研究、建言献策、参政议政等方面取得了新的成绩。

比如，在党中央和国务院召开的多次政治协商和经济形势等方面座谈会上，全国工商联就宏观经济形势、新农村建设、民营经济发展、新能源发展、自主创新、房地产市场、完善“十一五”规划以及“十一五”期间要进一步坚持和完善党关于非公经济发展的方针政策等问题提出了一系列建议，一些建议受到领导重视，有的还作出重要批示。

又如，在全国政协十届四次会议上，全国工商联提交了全民参与自主创新、加快新能源建设、建立国家经济安全体系、支持民营企业走出去等15件团体提案，数量比过去明显增加。工商联界别提出了200多件提案，大会发言38份，涉及政治、经济、社会等多个领域。

再如，积极推动国务院3号文件即“非公有制经济36条”的贯彻落实。去年2月国务院3号文件出台后，全国工商联号召各级工商联以及工商联界别的政协委员，积极行动起来，主动配合和大力推动部门和地方制定相关配套政策措施。

两个5号文件大大推进了我国政治协商、民主监督、参政议政的规范化、程序化和制度化，为进一步加强和搞好政协工作提供了政策与制度保障。工商联一定要以认真贯彻文件为契机，进一步发挥在人民政协中的积极作用，为人民政协事业的发展做出应有的贡献。

首先，把握好工商联工作思路。一定要把认真贯彻执行党和国家的方针政策，把全面落实中共中央两个5号文件精神，把全国政协提出的工作思路与要求，与工商联自身工作特点，与促进非公有制经济健康发展和促进非公经济人士健康成长更加紧密地结合起来，以推动工商联工作上一个新台阶。

其次，努力提高参政议政水平。要进一步强化调研能力建设，搞好调查研究工作的计划与组织，特别是抓好重点课题的调研，不断提高调研的质量与水平；要动员和组织企业家政协委员，研究和采取措施增强企业家政协委员的责任心，充分发挥其特殊优势，推动其认真履行在政协工作中的职责，提高参政议政水平；要加强工商联系统有关参政议政工作的组织与协调，充分发挥在各级人民政协中的积极作用；要加强各级工商联领导干部的教育培训，增强调查研究、建言献策的能力；要强化调研人才队伍建设，健全相关管理，完善相关机制，提高整体素质。

第三，切实发挥好政府助手作用。目前，中央统战部、国家发改委和全国工商联等多家部门正在代国务院办公厅起草“充分发挥各级工商联在政府管理非公有制经济方面助手作用的意见”，我们要以这个文件的制定为契机，遵照国务院的要求，并结合落实中央两个5号文件精神，切实推进工商联作为政府助手方面工作的规范化和制度化建设，真正发挥好政府助手作用，不辜负中央的期望。

第四，大力促进非公经济“两个健康”。要按照中央对工商联的要求，结合当前非公有制经济发展的新形势和新特点，近期着重在引导和支持非公有制经济积极参与新农村建设、增强企业自主创新能力、构建企业和谐劳动关系、积极承担社会责任、提高企业自身素质等方面多做些实际工作，努力造就一支宏大的“爱国、敬业、诚信、守法、贡献”的积极分子队伍，推动非公有制经济为全面建设小康社会和社会主义现代化做出更大贡献。

（选自《人民政协报》）

在王首道同志诞辰100周年纪念座谈会上的讲话

（2006年5月10日）

王忠禹

同志们，朋友们：

王首道同志是中国共产党的优秀党员、久经考验的共产主义战士、无产阶级革命家、新中国交通运输事业的开拓者和奠基人之一，中国共产党第七届中央候补委员、七届七中全会递补为中央委员，第八、九、十、十一届中央委员，中国人民政治协商会议第五届全国委员会副主席。

王首道同志是大革命时期就投身革命并参加中国共产党的老党员。1906 年农历四月十三日，他出生于湖南浏阳一个贫苦农民家庭。1925 年加入中国共产主义青年团，次年转为中共党员。在中国新民主主义革命的各个历史阶段，他先后担任湖南省农民运动特派员，中共湘鄂赣边特委书记、湘赣省委书记、中共中央秘书长、东北行政委员会财经委员会主任、中共湖南省委副书记等职务。新中国建立后，王首道同志又相继担任中共中央中南局常委、中共湖南省委副书记、湖南省人民政府主席，交通部副部长、党组书记，国务院第六办公室主任，交通部部长、党组书记，中共中央中南局书记处书记，广东省革委会副主任、中共广东省委书记、广东省政协主席，政协第五届全国委员会副主席，中共中央顾问委员会常委等职务。1996 年 9 月 13 日，因病在北京逝世。在长达七十多年的革命生涯中，王首道同志不畏艰险、不怕牺牲，勤勤恳恳、忠勉为公，鞠躬尽瘁、死而后已，为中华民族的独立和解放，为实现国家富强和人民幸福，为改革开放和现代化建设事业努力奋斗，建立了不朽的功勋。

我们缅怀王首道同志，要学习他对理想信念的无比坚定和对党的无限忠诚。无论是革命的高潮时期，还是长征时的艰难岁月；无论是烽火连天的战争年代，还是艰苦创业的建设时期，王首道同志都始终坚信马克思列宁主义、毛泽东思想的真理，坚信共产主义必定胜利，始终保持旺盛的斗志和革命的乐观主义精神，表现了老一辈无产阶级革命家坚定而崇高的政治信念。

我们缅怀王首道同志，要学习他善于学习、勇于实践、敢于创新、不断进取的开拓精神。民主革命时期，王首道同志在毛泽东同志的熏陶和影响下，注意把马克思列宁主义的普遍真理与中国具体实际相结合，经常深入基层，调查了解情况，解决实际问题。新中国建立之后，在各个不同的领导岗位上，他始终坚持学习和运用马克思主义的立场、观点和方法，尊重客观实际，重视调查研究，在实践中积极探索适合具体情况的政策和方法，创造性地开展工作。1978 年，他担任五届全国政协副主席，认真贯彻党的十一届三中全会精神，拥护党的以经济建设为中心，坚持四项基本原则、坚持改革开放的基本路线，积极落实党的干部政策、统一战线政策和知识分子政策。他对党外民主人士知心交心，坦诚相待，为各党派、各界人士的团结合作，巩固和发展爱国统一战线做了多方面的工作；他尊重知识、尊重人才，重视政协文史资料工作，身体力行，使政协文史资料工作得到迅速恢复和发展；他关心国家发展，围绕政治、经济、党建、党史、理论研究、知识分子、统一战线、人口等方面的问题，在深入调查研究的基础上撰写了几十万字的文章，留下了许多珍贵的历史资料。

我们缅怀王首道同志，要学习他坚持原则、顾全大局、谦虚谨慎、光明磊落的优秀品质。他作风严谨，在七十多年的革命生涯中，经历了多次工作角色的转换，始终坚持原则、维护大局；他严于律己，始终以一名普通共产党员的身份严格要求自己，对同志满腔热情，体贴入微，关心他人比关心自己为重；他谦虚谨慎，始终注意从群众中吸取智慧；他为政清廉，一身正气，两袖清风，从不以权谋私；他用人不分亲疏，一视同仁，按德才分配工作，一切以事业为重。

王首道同志的一生，是革命的一生，光辉的一生，是为党和人民无私奉献的一生，为共产主义理想英勇奋斗的一生。今天，我们怀着崇敬的心情，在这里聚会纪念王首道同志，缅怀他的伟大功绩，就是要学习他和其他老一辈革命家的高尚品格，弘扬革命风范，继承革命传统，把中国特色社会主义事业继续推向前进。

当前，我国正处于全面建设小康社会、加快推进社会主义现代化建设的关键时期，处于承前启后、继往开来的重要时期。紧紧抓住这一关键时期，在实施“十一五”规划的开局之年，全面开创中国特色社会主义事业新局面，是我们今天肩负的重要责任。我们要更加紧密地团结在以胡锦涛同志为总书记的党中央周围，坚持以马克思列宁主义、毛泽东思想、邓小平理论和“三个代表”重要思想为指导，全面贯彻落实科学发展观，振奋精神、扎实工作、锐意进取、开拓创新，为全面建设小康社会、实现中华民族的伟大复兴而努力奋斗。

（选自《人民政协报》）

在会见中国伊斯兰教第八次全国代表会议代表时的讲话（摘要）

（2006年5月12日）

贾庆林

半个多世纪以来，中国伊斯兰教协会坚持爱国爱教，积极协助党和政府贯彻落实党和国家的宗教工作方针政策，坚持走与社会主义社会相适应的道路，团结和带领广大穆斯林群众积极投身社会主义现代化建设，为维护社会稳定、民族团结和祖国统一作出了积极贡献。

新一届中国伊斯兰教协会要进一步增强大局意识，团结和引导伊斯兰教界人士和广大穆斯林群众，自觉服从服务于我国社会主义现代化建设事业，正确处理信仰宗教与发展经济的关系，为促进我国“十一五”时期经济社会又快又好发展作出应有贡献。要进一步增强责任意识，坚持以维护社会稳定、祖国统一、民族团结为己任，坚定不移地走爱国爱教的道路，不断探索伊斯兰教与社会主义社会相适应的有效途径，在构建社会主义和谐社会中发挥积极作用。要进一步增强服务意识，发挥好桥梁和纽带作用，及时向穆斯林群众传达党和政府的方针政策，反映他们的愿望和要求，维护他们的合法权益。要力所能及地广泛开展社会公益活动，树立新形势下伊斯兰教服务社会的良好形象。要进一步增强学习意识，认真学习党的宗教工作方针政策和《宗教事务条例》等法律法规，学习现代科学文化知识。做好伊斯兰教中青年教职人员的培养工作，使他们真正成为老一辈宗教人士放心、广大信教群众放心、党和政府放心的合格宗教教职人员。

（摘自新华社北京5月12日电）

加强政府文化建设 提高依法行政水平

——在2006工商行政管理文化论坛上的讲话

(2006年5月12日)

罗 豪 才

2006工商行政管理文化论坛的主题是探讨如何在新时期培育中国特色的政府文化。当前，我们要贯彻落实依法治国方略、建设社会主义法治国家，要全面推进依法行政、加快建设法治政府，就必须在继续深化行政管理体制改革、推进行政法制建设、提倡文明执法的同时，着力培育政府文化，并充分利用文化的力量，从根本上提升行政管理的能力与水平。就此而言，我们在这里研讨加强政府文化建设、特别是加强工商行政管理文化建设，具有重要的现实意义。下面，我谈几点感想，与大家共同讨论。

一、深刻认识培育政府文化的重要意义

这里讲的政府文化主要是指公共行政文化，它是主流文化的重要组成部分。一般认为，决定或影响政府及其工作人员和其他参与者行为的要素有：相关的行为规范及其制度、心理和道德现象、工作作风和行政环境等，这些要素构成了政府文化的主要内容。研究和重视培育新型政府文化具有重要的现实意义和深远的历史意义。

第一，培育政府文化，是坚持以人为本，落实科学发展观，全面构建社会主义和谐社会的现实需要。政府文化深刻影响政府部门和公务员的观念和行为。新型政府文化所体现的价值取向和理论观念，对政治文明建设具有举足轻重的作用。以邓小平理论和“三个代表”重要思想为指导，坚持社会主义方向和价值观，培育以为人民服务为根本目标的现代政府文化，是坚持以人为本，落实科学发展观，构建社会主义和谐社会的现实需要，是中国共产党立党为公、执政为民理念在公共治理过程中的具体体现。

第二，培育政府文化，是推进政府文明建设，打造公共服务型政府的迫切需要。政府文明是政治文明的核心内容，体现在国家管理的全过程。要建设政府文明，不仅需要完善的法律制度和行政管理机制作为基础，同时也离不开先进文化的导向和支撑。先进的政府文化能够丰富政府文明的内容，提高政府的公信力和执行力；反之，落后的文化则阻碍政府文明的实现。在社会主义市场经济条件下，政府自身建设的一个重要方向就是建设公共服务型政府。要建设“民主法治、有限责任、公开透明、服务健全”的现代公共服务型政府，不仅需要完善制度文明，还要构建与其相适应的政府文化，坚持以人为本，依法行政，高效便民。

第三，培育政府文化，是建设具有坚定政治信念、德才兼备的公务员队伍的需要。法制固然可以通过监督制约机制规范和约束公务员的行为，而文化却可以丰富法制的内

涵，可以在法律缺位的情况下引导公务员行为和处事方式。如同其他文化形态一样，政府文化也是有着极强的渗透力、传承力和凝聚力，它通过潜移默化影响公务员的行为，影响政府和政府官员行政行为的价值取向。为此，要提高公共治理的能力与水平，就需要有一支具备较高行政伦理素质、掌握行政管理知识和法律知识、能够科学决策并熟练执行行政任务的公务员队伍。

二、大力培育具有中国特色的新型政府文化

文化作为人类社会特有现象，是一定社会历史条件的产物，不同时代的社会实践决定着文化的性质和时代特点。我国改革开放和社会主义现代化建设的伟大实践，必然会对文化发展产生深刻的影响。政府文化也需要与时俱进，不断创新和发展。我们应当立足中国国情，回应经济社会发展的现实需要，大力培育与社会主义民主政治建设、与社会主义市场经济体制的建立和完善、与中国特色社会主义事业发展相适应的新型政府文化。

第一，要继承弘扬中华优秀传统文化。作为一种观念形态，文化是历史积淀的产物。我国传统行政文化的内容十分复杂和丰富，既有仍然符合现代政治、行政发展需要的“民本”、“仁政”、“贵和”等优秀文化传统，又有阻碍市场经济进程和社会进步的“官本位”、“宗法”、“特权”、“等级”、“人治”等落后的思想观念，还有良莠混杂、瑕瑜互现的“无为”观念等。在培育新型文化的过程中，我们不可能割断历史，只能批判继承传统文化，吸收其精华，剔除其糟粕。比如，对注重道德教化，提倡“以史为师”、“以身作则”这样一些传统文化的精华，我们要传承，以保证政府文化的民族性和凝聚力；而对一人得道、鸡犬升天，以权谋私、权钱交易，以言代法、独断专行等腐朽文化的糟粕，则必须坚决予以清除。我们要坚持中国共产党在革命和建设的各个时期所形成的密切联系群众、全心全意为人民服务的优良传统和制度成果，确保政府更好地为人民服务，坚持“权为民所用、情为民所系、利为民所谋”，实践“三个代表”重要思想。

第二，要积极推动政府文化创新。文化创新是文化的生命之源。一部人类文化发展的历史，就是文化不断地从创新中汲取力量、开拓进取的历史。政府文化只有不断地创新，才能及时而有效地赋予新的内容和新的时代精神，才能不断地焕发出新的光彩与活力。在新形势下，我们要坚持政府文化创新和管理体制创新，努力消除“命令、控制”等计划经济管理模式的影响，构建有中国特色的服务行政模式。广大领导干部要牢固树立社会主义荣辱观、以“八荣八耻”为镜，常修为政之德、常思贪欲之害、常怀律己之心，时时处处以身作则，率先垂范，在党员干部群众中树立良好的形象，创造出无愧于时代和人民的业绩。

第三，要大胆借鉴外国先进文化。面对经济全球化、信息化和全球范围内的政府管理创新浪潮，特别是我国加入世贸组织以后，对外开放更加扩大，与世界各国的政治、经济、文化和社会交流也更加密切，我们在许多方面必须按照国际惯例办事。行政管理要回应这种现实需要，就必须走出发展的封闭性和孤立性，研究西方国家行政管理的共性特征与内在发展演变规律，大胆借鉴国外的成功经验与做法，批判吸收各国政府文化建设的有益成果，坚持以我为主，为我所用。

三、健全公众参与机制，推动政府文化建设

培育和弘扬新型政府文化，不是政府和官员关起门来能够实现的，也需要全社会的普遍参与，需要充分调动和发挥人民群众的积极性与创造性。尤其是在由开放的公共管理与广泛的公众参与整合而成的公共治理模式下，培育新型政府文化，就更是不仅要依靠行政机关和政府官员，还要依靠公民、法人和其他组织的普遍参与，才有可能在最大的范围内形成对培育新型政府文化的共识，并理解和支持行政管理体制改革、政府职能转变和依法行政。

我们认为，今天在这里举办的工商行政管理文化论坛，就是一个倡导公众参与政府文化建设的范例。最近几年，大连市工商局充分发挥公共治理的优势，主动接受政协的民主监督。通过政协委员和民主党派负责人围绕政策环境、法制环境和管理环境开展民主评议，特邀政协委员作为监察员对工商行政工作进行专项调研和视察等多种活动，广泛听取政协委员的意见和建议。大连市工商局把这些意见和建议变为推动工作的动力，从中找到了全面改进工作的切入点，提出了“服务型工商”的文化理念，确立了“内强卫士素质，外树红盾形象，全面建设服务型工商”的工作方针。参与建设“服务型工商”的过程，既是人民政协履行民主监督职能的一个有效的实践，也是全社会共同培育新型政府文化的一种有益的尝试。我们应当认真总结这些成功经验，用以进一步指导和推动我们的工作。人民政协是我国社会主义民主的重要形式，我们不仅要履行人民政协民主监督的职能，还要积极履行其它方面的职能，特别要积极探索多方面参与公共治理的实践，充分发挥人民政协的特点和优势。

文化是软实力，文化是凝聚力，文化是生产力。当前，我国各级政府要实现经济调节、市场监管、社会管理与公共服务的目标，就必须在继续推进行政法制建设的同时，大力培育政府文化，利用文化的力量提升行政管理能力，提高依法行政水平，形成有利于法治政府建设的文化氛围。我相信，通过举办这次论坛，一定会对培育和弘扬新型政府文化起到积极的推动作用。

——（选自《人民政协报》）

在全国政协第48期干部培训班开学典礼上的讲话（摘要）

（2006年5月15日）

李　贵　鲜

广大政协干部要把深入学习贯彻《中共中央关于加强人民政协工作的意见》作为当前和今后一个时期一项重大政治任务，切实抓紧、抓好。

《中共中央关于加强人民政协工作的意见》是指导新世纪新阶段人民政协事业发展

的纲领性文件，它的颁布实施是我国政治生活中的一件大事，也是人民政协事业发展进程中的一件大事。学习贯彻好《意见》，对于加强和改善中国共产党对人民政协的领导、提高党的执政能力；对于坚持中国共产党领导的多党合作和政治协商制度、发展社会主义民主政治；对于最广泛最充分地调动一切积极因素、构建社会主义和谐社会；对于全面建设小康社会、加快推进社会主义现代化；对于巩固和发展最广泛的爱国统一战线、促进祖国统一和中华民族伟大复兴，都具有十分重要的意义。

广大政协干部要充分认识《意见》颁布实施的重大意义，结合学习宪法和人民政协章程深刻理解并把握《意见》的主要内容和精神实质，并把学习贯彻《意见》与做好本职工作结合起来，与广泛宣传人民政协结合起来，积极推动本地政协工作的开展，努力形成人民政协事业蓬勃发展的良好氛围。

希望大家发扬理论联系实际的良好学风，刻苦学习，加强交流，共同提高。

（摘自《人民政协报》）

在会见王选同志先进事迹报告团成员时的讲话（摘要）

（2006 年 5 月 17 日）

贾　庆　林

王选同志是当代知识分子的楷模，是统一战线成员的骄傲，是广大知识分子和统一战线成员学习的光辉榜样。他以自己崇高的人品、卓越的贡献和对中国共产党、对社会主义事业的无限热爱，赢得了广泛的赞誉和爱戴。王选同志的先进事迹是对坚持中国共产党领导的多党合作和政治协商制度、树立社会主义荣辱观、走中国特色自主创新道路的生动诠释，体现了鲜明的时代精神。

广大知识分子和统一战线各界人士，要以王选同志为榜样，认真学习他的爱国情操、思想风范、创新精神和崇高品德，坚持中国共产党领导的多党合作和政治协商制度，牢固树立社会主义荣辱观，坚持走中国特色自主创新道路，把自己的人生价值与国家的前途命运紧密结合起来，把个人的奋斗进取与中华民族的伟大复兴紧密结合起来，奋发有为、努力拼搏，开拓创新、勇攀高峰，为国家富强、民族振兴、社会和谐、人民幸福，贡献自己的聪明才智。

开展向王选同志学习活动，是时代的呼声，是社会各界人士的心愿。组织好王选同志先进事迹的宣讲，是开展好学习活动的一个重要环节，希望报告团的同志们再接再厉，切实把王选同志的先进事迹宣讲好，让王选同志的精神深入人心、发扬光大。

各级党委、政府及有关部门要把向王选同志学习活动作为当前开展社会主义荣辱观教育的一项重要内容，高度重视、认真组织、抓出成效。要通过深入学习，激励和引导广大知识分子和统一战线各界人士，更加紧密地团结在以胡锦涛同志为总书记的中共中央周围，坚持走中国特色政治发展道路，努力建设创新型国家，为开创中国特色社会主义事业新局面而不懈努力。

（摘自新华社北京5月17日电）

在吉林省调研时的讲话（摘要）

（2006年5月）

贾 庆 林

要认真学习贯彻“两会”精神和“十一五”规划纲要，全面落实科学发展观，充分发挥统一战线和人民政协的优势和作用，团结各界，凝聚力量，加快振兴老工业基地步伐，为实现“十一五”时期的奋斗目标作出新贡献。

吉林是农业大省，要继续根据中央的部署，坚持统筹城乡发展，按照“二十字”方针的要求，以增加农民收入为重点，大力推进社会主义新农村建设。要加强粮食综合生产能力建设，进一步提高粮食产量，切实保障国家粮食安全。要抓住发展龙头企业，建设优质商品粮基地、培育品牌等重点，大力发展农业产业化经营。要加强人居环境建设，大力发展农村教育、卫生等社会事业。

增强自主创新能力、建设创新型国家，是党中央、国务院作出的重大决策。加快振兴吉林老工业基地步伐，要以增强自主创新能力为核心，加快经济结构调整，做强做大高新技术产业、农产品加工业、现代服务业，大力振兴装备制造业。吉林要围绕汽车工业做文章，尽快建成有自主开发能力、有较强的综合配套能力、有竞争能力的重要汽车工业基地。要大力弘扬创新文化，努力营造创新氛围。要以增强发展动力和活力为目标，进一步深化改革和扩大开放。要以解决人民群众最关心的问题为切入点，努力构建社会主义和谐社会，为振兴东北地区等老工业基地提供有力保障。

要深入贯彻落实中央民族工作会议精神，加快推进民族地区经济社会发展步伐，不断巩固和发展平等团结互助和谐的社会主义民族关系，大力发展民族地区的教育文化事业，加快培养少数民族干部，依法切实保障民族自治地方的自治权益，大力促进各民族共同团结奋斗、共同繁荣发展。

各级政协组织和统战部门要深入贯彻中共中央关于加强统一战线和人民政协工作的文件精神，紧紧围绕党和政府的中心任务开展工作，认真履行职能，积极建言献策，进一步推动工作思路、机制和方式方法的创新。要进一步加强对统战和政协工作的领导，努力实现各民族、各党派、各阶层、各方面人士的广泛团结，形成促进发展，共谋振兴的强大合力。

（摘自《人民政协报》）

具有鲜明中国特色的社会主义民主形式

——认真学习贯彻《中共中央关于加强人民政协工作的意见》

(2006 年 5 月)

刘 延 东

今年 2 月，中共中央颁布《关于加强人民政协工作的意见》(以下简称《意见》)，这是我国政治生活中特别是统一战线和人民政协事业发展中的一件大事。《意见》坚持以邓小平理论和“三个代表”重要思想为指导，全面贯彻落实科学发展观，在系统总结人民政协事业发展历史经验和成功做法的基础上，提出了许多新的理论观点、政策思想和各项措施，是指导新世纪新阶段人民政协事业发展的纲领性文件，充分体现了我们党对社会主义民主的深刻理解，反映了我们党对人民政协地位和作用认识的不断深化，具有重大而深远的意义。

一

人民政协是中国民主政治发展的必然结果，是中国共产党和中国人民政治智慧的结晶。1840 年鸦片战争后，中国人民在争取民族独立解放、反对专制独裁统治的过程中，不断追求民主，寻求民主的实现形式。由于特殊的时代背景和认识上的局限，特别是由于照搬和效仿西方的民主模式，无论是清末戊戌维新主张的君主立宪，还是民国初年尝试的议会制和多党制，最终都因不符合中国国情而昙花一现，没有能够在中国坚持和实行下去。中国共产党诞生后，在领导中国人民进行革命斗争中，以实现和发展人民民主为己任，不断探索能够使广大人民群众广泛参与国家事务、能够使全国人民紧密团结起来的有效的民主形式，先后提出了“工农民主”、“人民民主”、“新民主主义”等民主概念，创建了工农兵代表苏维埃、参议会、各界人民代表会议等政治形式，努力保障人民民主权利的实施。抗日战争胜利后，中国共产党又团结各民主党派和无党派人士，共同推动召开有利于实行民主政治、和平建国的政治协商会议。这次政治协商会议及其通过的政协协议，尽管后来遭到国民党蒋介石集团的破坏，但其作为民主与独裁、进步力量与反动势力的较量，作为各政党、各方面协商国是的组织形式，“在人民心中留下了不可磨灭的印象”。1948 年，在全国范围的新民主主义革命高潮到来时，中共中央发布了具有重要历史意义的“五一”口号，提出“各民主党派、各人民团体及社会贤达迅速召开政治协商会议，讨论并实现召集人民代表大会，成立民主联合政府”，得到了各民主党派、各人民团体、各界民主人士和国内少数民族、海外华侨的积极响应。1949 年 9 月，中国人民政治协商会议第一届全体会议隆重召开，标志着中国共产党领导的多党合作和政治协商制度正式确立。由于包括了社会各界的代表，人民政协“具有代表全国人民的性质”，代行全国人民代表大会的职权，成为中国人民当家做主最早的政治形式，开辟了我国民主政治发展的新纪元。

新中国成立后，以毛泽东同志为核心的党的第一代中央领导集体，高度重视人民政协作用的发挥。特别是1954年第一届全国人民代表大会召开后，针对人民政协还要不要存在的疑问，毛泽东同志明确指出：“人大的代表性当然很大，但它不能包括所有的方面，所以政协仍有存在的必要。”人民政协作为社会主义民主的重要形式得以保留，继续在国家政治生活中发挥独特的作用。在改革开放和社会主义现代化建设新时期，以邓小平同志为核心的党的第二代中央领导集体，明确提出了新时期人民政协的性质和任务，人民政协的性质和作用被庄严地载入宪法，全面开创了新时期人民政协事业的新局面。十三届四中全会后，以江泽民同志为核心的党的第三代中央领导集体，对人民政协事业提出了许多新思想、新观点和新论断，并推动人民政协工作逐步走上制度化、规范化轨道。十六大以来，以胡锦涛同志为总书记的党中央对新世纪新阶段人民政协事业提出了一系列明确要求，作出了新的重要部署。特别是今年颁布的《意见》，是党中央从党和国家事业发展的全局出发，就加强人民政协工作作出的一项重大举措，对人民政协事业的发展具有重大的指导意义。

总之，从人民政协创立和发展的光辉历程可以看出，人民政协是中国共产党把马克思列宁主义统一战线理论、政党理论和民主政治理论同中国具体实践相结合的伟大创造，是中国共产党同各民主党派、人民团体和各族各界人士风雨同舟、团结奋斗的伟大成果，在我国政治社会生活中发挥着重大作用，在新世纪新阶段必须进一步坚持好、发展好、运用好。

二

《意见》强调指出：“人民通过选举、投票行使权利和人民内部各方面在重大决策之前进行充分协商，尽可能就共同性问题取得一致意见，是我国社会主义民主的两种重要形式。”“发展社会主义民主政治，建设社会主义政治文明，要善于运用人民政协这一政治组织和民主形式。”这是对我国社会主义民主政治的精辟概括，阐述了人民政协在我国民主政治建设中的地位和作用。我国是人民民主专政的社会主义国家。人民代表大会制度是国家的根本政治制度，体现和代表着广大人民的共同意志和根本利益，是中国人民当家作主的重要途径和最高实现形式。同时，我国幅员辽阔、人口众多，人民在通过人民代表大会以选举和投票方式行使国家权力的同时，又就重大问题在决策前和决策执行中进行充分协商。这种协商主要通过两种方式来实现：一种是中国共产党同各民主党派、无党派人士的协商，一种是中国共产党在人民政协同各民主党派和各界代表人士的协商，两者相辅相成、互为补充。人民政协作为中国人民最广泛的爱国统一战线组织，作为中国共产党领导的多党合作和政治协商的重要机构，是人民内部各方面在重大决策之前进行协商的一种重要形式，是我国社会主义民主政治的一大创造和一大优势。正如《意见》明确指出：“坚持和完善人民政协这种民主形式，既符合社会主义民主政治的本质要求，又体现了中华民族兼容并蓄的优秀文化传统，具有鲜明的中国特色。”

人民政协体现了社会主义民主的广泛性。社会主义民主是绝大多数人享有的民主，是最广泛的民主。人民政协由界别组成，在组织和人员构成上不受地域和人口比例的限制，既包括各党派、各人民团体、各少数民族和各界的代表，又包括港澳同胞、台湾同胞和归国侨胞的代表以及特别邀请人士，同时适应经济社会发展和阶层结构变化，还将不断吸纳新的社会群体的代表。可以说，人民政协汇集了爱国统一战线的各方面人士，能够使社会各界人士广泛、深入地参加国家的政治生活，将社会各群体中的个别、分散的意见、愿望和要求，通过界别渠道加以系统、综合地反映，以最大限度地实现最广大人民群众的民主权利。

人民政协体现了社会主义民主的包容性。承认个体差异，尊重不同意见，容纳各方诉求，既是现代民主精神的重要内容，也是社会主义民主的重要体现。人民政协坚持求同存异的原则，尊重各党派、各团体、各阶层人士的特点，包容统一战线成员在信仰、利益和观念等方面的差异。政协委员无论来自哪个界别，无论从事何种职业，无论持有什么信仰，都享受平等的政治权利，都能够在共同的政治基础上充分表达不同的意见和诉求，而且只要是合理的，都会得到党和政府的重视和采纳，真正做到知无不言，言无不尽。同时，人民政协坚持民主的多数与少数相统一的原则，既反映多数人的普遍愿望，又吸纳少数人的合理主张，既听取支持的、一致的意见，又听取批评的、不同的声音，能够最充分地调动统一战线广大成员的积极性、主动性和创造性，凝聚各方力量，集中各界智慧。

人民政协体现了社会主义民主的协商性。社会主义民主是在共同利益和共同目标基础之上的民主，一个重要特征是社会各方面在中国共产党的领导下围绕国家重大方针政策进行平等协商。人民政协作为各党派、各团体、各民族、各阶层大团结大联合的组织，是社会各方面协商议事的机构。在人民政协中，各界别代表不同社会阶层和社会群体的利益，在根本利益完全一致的基础上存在具体利益的差异。在反映和维护各自利益时，政协各界别不是通过竞争与对立，而是努力就经济社会发展中的重大问题、人民政协内部的重要事务等，进行广泛、充分地协商讨论，以统一认识、达成共识。特别是作为执政党的中国共产党和作为参政党的各民主党派，在人民政协中真诚团结、亲密合作，进一步体现了我国社会主义政治制度和政党制度的特点与优势，使社会主义民主所蕴含的合作、参与、协商、包容的精神更加鲜明、突出。

人民政协体现了社会主义民主的真实性。社会主义民主无论是在内容还是在形式上，都是真正的人民当家作主。人民政协作为我国政治生活中发扬社会主义民主的重要形式，其主要职能是政治协商、民主监督、参政议政。各党派、各民族、各团体、各阶层、各方面人士通过全体会议、常委会议、主席会议、专题协商会等形式，就经济社会发展的重大问题进行充分的、民主的、平等的、真诚的协商讨论；通过提出意见、批评和建议等方式，对法律法规的实施和国家重大方针政策的贯彻执行等情况，进行政治监督；通过调查研究、专题视察、咨询论证等各种途径，了解和反映社会不同阶层、不同群体的愿望和要求。据统计，全国政协十届一次会议以来，人民政协各参加单位和政协委员共向全国政协提交提案 12900 多件，立案 12300 多件，其中有许多受到中共中央和国务院的高度重视，有力地促进了党和政府决策的科学化和民主化，对实现党的领导、人民当家作主和依法治国的有机统一起到了积极推动作用。这次《意见》对人民政协政治协商、民主监督和参政议政的内容、形式和程序等，作出了更加明确的规定，必将使人民政协作用的发挥更加富有成效。

三

当前，我国正处于改革发展的关键时期，各项建设任务十分艰巨繁重。特别是随着社会主义市场经济的深入发展，人们的思想日趋活跃，政治参与的意识不断提高，表达自身利益诉求的愿望日益增强。这要求我们必须进一步深入学习贯彻《意见》精神，高度重视并不断完善人民政协这一政治组织和民主形式，发展社会主义民主政治，建设社会主义政治文明，更好地为实施“十一五”规划、全面建设小康社会凝聚人心、汇聚力量。

坚持和完善人民政协这一民主形式，要牢牢把握正确的政治方向。人民政协作为我国政治体制的重要组成部分，只有坚持正确的政治方向，才能始终保持鲜明的特色、蓬勃的生机和光明的前途。要始终坚持以马克思列宁主义、毛泽东思想、邓小平理论和“三个代表”重要思想为指导，坚持中国共产党的领导，坚持在宪法和法律范围内开展工作，坚持社会主义初级阶段的基本路线、基本纲领、基本经验，坚决抵御西方议会制和多党制的渗透和影响，坚定不移地走中国特色社会主义政治发展道路，保证人民政协始终沿着正确的方向健康发展。这是人民政协长期存在并发挥作用的根本。

坚持和完善人民政协这一民主形式，要保持宽松稳定、团结和谐的政治环境。团结和民主是人民政协的两大主题。只有努力营造讲民主、促团结、求和谐的良好氛围，人民政协才能真正成为反映民情、吸纳民意、集中民智的重要渠道，成为体现和发扬社会主义民主的重要形式。这也是半个多世纪以来历史经验和教训的深刻启示。要切实尊重与保护政协各参加单位和政协委员的民主权利，始终保持真诚相待、宽松和谐、畅所欲言、团结合作的政治局面，使一切有利于促进经济社会发展、维护人民群众利益的意见建议都能够得到充分反映，使一切有利于实现社会公平正义、维护社会稳定与和谐的愿望要求都能够得到充分表达，使人民政协在发扬社会主义民主中的优势和作用得到充分发挥。

坚持和完善人民政协这一民主形式，要在继承的基础上不断创新和发展。实践在发展，时代在进步，人民政协也要在继承中创新，在探索中发展，在开拓中前进。这是人民政协事业发展的不竭动力。要立足人民政协50多年的丰富实践，进一步总结好的经验和好的做法，使之成为制度规范。要适应经济发展和社会结构的变化，不断研究解决人民政协事业发展面临的新情况新问题，探索和把握人民政协工作的特点和规律，丰富和完善人民政协的组织构成、工作原则和活动方式，扩大团结面、增强包容性，使人民政协的各项工作更好地体现时代性、把握规律性、富于创造性。

坚持和完善人民政协这一民主形式，要在围绕中心、服务大局中不断加强自身建设。人民政协始终与党和国家事业的发展紧密相连，只有按照政协章程和《意见》的要求，切实加强自身建设，才能更好地坚持科学发展观，在为党和国家中心工作服务中发挥作用、体现价值。要认真学习邓小平理论和“三个代表”重要思想，学习以胡锦涛同志为总书记的党中央关于治国理政的一系列重要思想，努力用科学的理论武装头脑。要自觉遵守宪法和法律，坚决维护宪法和法律的权威、维护社会主义法制的统一，不断提高依法履行职能的能力。要大力弘扬求真务实精神，大兴求真务实之风，深入基层，深入实际，体察群众疾苦，倾听群众呼声，反映群众意愿，使人民政协这一政治组织和民主形式更好地服务于实现和维护最广大人民的根本利益，服务于建设中国特色社会主义伟大事业。

（选自《中国政协》杂志）

在全国政协第49期干部培训班开学典礼上的讲话（摘要）

（2006年6月1日）

罗 豪 才

广大政协干部要充分认识新形势下加强学习的重要性，继续发扬理论联系实际的好学风，努力提高学习水平。

加强学习是时代发展的必然要求，是人民政协事业不断开拓创新、向前发展以及加强“四位一体”自身建设的需要，是政协干部提高自身素质，做好本职工作的内在需求。广大政协干部，特别是各级领导干部，只有切实加强学习，主动更新知识，才能不断提高思想政治水平和业务能力，扎实稳妥地做好各项工作，自觉承担起党和人民所赋予的重任，不断开创人民政协事业的新局面。

政协干部加强学习必须坚持理论联系实际的优良学风，紧密联系党和国家事业的发展要求、紧密联系认识和解决改革发展中出现的新情况新问题、紧密联系更好地为最广大人民谋利益、紧密联系推进人民政协事业开拓创新和加强人民政协自身建设、紧密联系各级政协的实际工作来进行，只有这样，才能学得生动、学得深入、学得有效。当前形势下，广大政协干部特别要搞好对《中共中央关于加强人民政协工作的意见》、统一战线和人民政协的基本理论和基础知识以及时事政治的学习，不断推动人民政协的理论和实践创新，使政协的各项工作更能体现时代性，把握规律性，富有创造性。

（摘自《人民政协报》）

在国际劳工大会上的演讲

（2006年6月6日，瑞士日内瓦）

王 忠 禹

主席先生，

女士们、先生们：

首先，请允许我代表经社理事会和类似组织国际协会并以我个人的名义对会议的召开表示热烈的祝贺，相信在主席先生和主席团其他成员的领导下，会议一定会取得圆满成功。

主席先生，

国际协会认为，国际劳工组织提出的“体面劳动与就业”这一理念较平衡地反映了各方成员对政治权利、就业权利、社会保障权利的多种关注，正成为一种社会稳定机制。我们还认为，“体面劳动”这一理念应是每个人都需要一份职业，这一职业应有利于维护其尊严、权益和个人的全面发展，并应成为所有人的共识和大家的责任。

在经济全球化深入发展、国际产业结构加快调整的新形势下，世界各国应该积极响应国际劳工组织制定的全球范围促进就业和保障体面就业战略，实施符合本国国情的积极就业政策，致力于实现充分的、生产型的和自由择业的就业目标。为此，我愿提出以下建议：

一、世界各国应当进一步协调好经济增长与增加就业的关系。通过发展经济扩大就业，就业的扩大又可以推动经济发展，实现二者的相互协调和良性互动。同时，要鼓励和引导社会各方积极参与，建立广泛的伙伴关系，推动和借助更多的社会资源甚至市场力量促进就业。

二、国家和地区间应加强协调合作。相互学习借鉴成功的经验和做法，发达国家应该向发展中国家提供有效的援助，帮助发展中国家实现生产型和体面就业以及人力资源的合理开发利用。劳动力丰富的发展中国家，要选择符合自身比较优势的发展战略，鼓励发展中小企业、第三产业，发展灵活就业，提高就业弹性，大力发展劳动就业密集型产业，最大限度地创造就业机会和就业岗位。

三、加强公共就业服务体系建设和教育培训事业的发展，对就业弱势群体提供必要的政策和法律保护。向劳动者提供包括职业介绍、职业指导、就业培训和创业小额信贷等多种形式的就业服务，提升劳动者的知识水平和就业技能。重视劳动者权益保护，完善劳动合同制度，规范协调劳动关系的“三方机制”。同时，向大龄失业者、长期失业者、部分女性劳动力、残疾人等弱势群体提供必要的生活保障和就业扶持，使他们通过体面的就业实现自我价值，与其他劳动者共享发展进步的成果。

应该指出，不同国家都面临着不同程度的就业问题，促进就业的政策也自然有所不同。国际社会应充分考虑世界各国发展和制度的多样性，加强沟通、对话、协商和合作，相互尊重各自实现“体面劳动与就业”目标的不同方式和道路。

主席先生，

2005 年 6 月，在国际协会第 9 次全体会议上，我荣幸地被推举为国际协会新一届主席。一年来，在各位同仁的鼎力相助下，国际协会的事业又取得了新进展。

——为了在世界范围内推动联合国千年发展目标的实施，国际协会与有关机构合作，先后在欧洲、非洲、拉美和亚洲召开了联合国千年发展目标——教育与培训圆桌会议。

——接纳新成员，进一步发展壮大国际协会大家庭。目前，俄罗斯、泰国、越南、老挝、墨西哥、玻利维亚、约旦、多哥和尼日尔等国或已经成立或正在积极筹备成立类似组织并考虑加入国际协会。

——成立了两个工作组，深入研讨国际社会普遍关注的诸如建立“国际扶贫发展基金”和“体面劳动与就业”等重大问题，提出意见和建议。

主席先生，

国际协会在发展过程中，得到了包括国际劳工组织在内的许多国际组织的大力支持与协助。国际协会享有国际劳工组织“观察员”地位，贵组织每年派代表出席国际协会的会议。在此，我表示诚挚的谢意。我愿借此机会告诉大家，国际协会在新修改的章程中，将把“国际劳工组织各成员所通过的各项基本原则与工作权利”作为国际协会的工作准则之一。

国际协会愿与国际劳工组织继续开展广泛而深入的交流与合作，为推动建立一个各国和睦相处、共同发展，人民丰衣足食、安居乐业的和谐世界而共同努力。

谢谢大家！

（选自《人民政协报》）

在全国政协第50期干部培训班开学典礼上的讲话（摘要）

（2006年6月18日）

阿不来提·阿不都热西提

全国政协专门举办地方各级政协秘书长培训班很有意义。秘书长在政协工作中位置重要、责任重大，在一定意义上发挥着枢纽的作用。秘书长们的素质如何、水平如何、作用发挥得如何，直接关系到政协机关的运转，关系到政协履行职能的成效。

新形势和人民政协事业的不断发展以及政协机关工作水准的不断提高，都对秘书长的自身素质和履行职能的水平提出了更高的要求。地方各级政协秘书长只有充分认识加强学习的重要性，在工作和生活中切实加强学习，才能不断提高自己的理论素养、知识水平、业务本领和工作能力，更好地服务于政协工作的全局；才能更好地研究和解决人民政协发展中面临的重大理论与实践问题，把人民政协事业不断推向前进；才能不断开拓知识领域，创新工作方式，提高工作效率和服务质量。

学习要抓住重点，要在提高自身素质和履行职能的水平上多下功夫。地方各级政协秘书长要把学习贯彻《中共中央关于加强人民政协工作的意见》作为推动各项工作的重要任务，摆在突出位置，切实抓紧抓好，不仅要加强对学习贯彻工作的组织协调，更要搞好自身学习，率先垂范，以身作则，把学习《意见》工作不断引向深入。地方各级政协秘书长还要认真学习“三个代表”重要思想、党的路线方针政策、时事政治和自己履行职能所需的各方面知识，不断用先进理论武装自己的头脑，努力使自己成为一名高素质的政协秘书长。

（摘自《人民政协报》）

在会见出席第四届“世界华人论坛”代表时的讲话（摘要）

（2006 年 6 月 20 日）

贾　庆　林

这次论坛选择以“实施‘走出去’战略——海外华商企业与中国民营企业的合作与发展”为主题，很有意义。海外华商企业是活跃于世界经济舞台的一支不可忽视的重要力量；中国民营企业经过 20 多年的发展，已经成为中国国民经济中极富活力的重要组成部分。实施“走出去”战略，不仅为中国民营企业的国际化发展提供了良好机遇，也为海外华商企业提供了更广阔的合作空间。

我对中国民营企业和海外华商提出四点希望：一是努力实现合作共赢。要把民营企业的产权、机制和成本优势，与华商企业熟悉所在国法律制度和经商环境、经济实力强、商业渠道广、人脉关系好的优势结合起来，加强合作，实现优势互补、合作共赢。二是积极促进祖国和平统一。广大华商要积极参与全球华侨华人反“独”促统运动，加强与台湾同胞的交流，共同促进两岸关系发展，共圆国家统一、民族复兴的夙愿。三是切实增进中国与世界各国的友好交往。要多结交朋友，多宣传中国，多了解沟通，使每一个合作企业都成为增进中国和东道国友好合作的模范，成为加强中国人民和东道国人民了解与友谊的桥梁。四是诚实守信、文明经商。要努力增强信誉意识，不断提高信用水平，遵守所在国的法律制度，尊重当地的宗教信仰和文化习俗，支持当地社会公益事业的发展，海外华商要帮助中国民营企业更好地融入当地社会。

（摘自新华社北京 6 月 20 日电）

科学制定新农村建设规划

——在推进社会主义新农村建设研讨会上的讲话（摘要）

（2006 年 6 月 20 日）

周　铁　农

研究和探讨怎样科学制定新农村建设规划是一个十分紧迫的重要问题。为此，我提出四点建议：

一是实事求是、因地制宜。我国幅员辽阔、疆域广大，区域之间在经济社会发展上很不平衡，农村地区更是千差万别，无论是生产发展还是村容村貌，都不具有同样的条件和基础。允许根据本地实际制定具有本地特色的新农村建设规划、不搞一刀切，是避免形式主义、搞政绩工程的一个重要条件。新农村建设的结果只能是千村千面、百花齐放，而不可能是千篇一律。

二是不同层级的政府制定不同的规划。中央和省级政府制定新农村建设规划，应主要是宏观政策，为新农村建设指引方向；县级政府制定的新农村建设规划，应当是一个以城市为中心的区域经济社会发展规划，是一个以城带乡、统筹城乡发展的规划；乡镇的新农村建设规划，应当是一个贯彻落实县级政府的新农村建设规划的规划，同时也应包含一个统筹乡镇地方村庄布局的村庄建设规划。

三是新农村建设规划应当是科学和民主相结合的规划。规划新农村建设一定要征求农民群众的意见、尊重农民的意愿，同时，也要请教专家，把科学决策和民主决策紧密结合起来。

四是新农村建设规划应当是具有严肃性、约束力的规划，应当经当地人民代表大会的批准，并且在人民代表大会的监督下长期执行，而绝不能一届政府、一个主要领导换一个规划。

（摘自《人民政协报》）

增进共识　扩大合作

——在出席摩纳哥蒙塔纳论坛年会上的演讲（摘要）

（2006 年 6 月 22 日）

张　梅　颖

此次年会的主题是“新欧洲与新世界”，意义重大。中国一贯支持欧盟一体化进程，愿看到一个繁荣、强大和团结的欧洲，也愿看到欧洲在维护世界和平、促进共同发展中发挥更加积极的作用。31 年前，中国与欧盟正式建立外交关系。30 多年来，双方在各个领域开展了卓有成效的合作，中欧关系日趋成熟，目前已进入稳定发展、富有成果的新时期。特别是 2003 年 10 月，中欧建立全面战略伙伴关系，双边关系进入全面发展的新阶段。

欧盟是世界上最大的发达国家集团，中国是世界上最大的发展中国家，中国重视发展同欧盟的关系，愿在相互尊重、平等互利的基础上进一步发展中欧关系，使中欧成为更加紧密的合作伙伴。为此，我就进一步发展中欧关系提出三点建议：一是加强政治对话，深化互尊互信；二是坚持平等互利，扩大经贸合作；三是增强发展活力，扩大合作领域。我相信，在双方的共同努力下，中欧全面战略伙伴关系将会不断得到丰富和加强，并提升到新的水平，造福于中欧人民，为人类的和平与发展事业做出更大贡献。

中国始终坚持走和平发展道路。走和平发展道路在中国具有深厚的历史、文化渊源，体现了13亿中国人民的真诚愿望和不懈追求，是中国顺应时代潮流，走向现代化的必然要求。我们既要争取和平的国际环境发展自身，同时要通过自身的发展来维护世界和平、促进共同发展。我们既要依靠自己的力量和改革创新实现发展，同时也要实行对外开放的方针政策，加强同世界各国的友好合作，努力实现与各国的互利共赢和共同发展。

事实证明，中国的发展不仅造福13亿中国人民，也给欧盟各国和世界其他国家带来了良好的机遇和巨大的市场，并将继续拉动世界经济的增长。我们将始终坚持和平、发展、合作的方针，同世界各国人民一道，共同建设一个持久和平、共同繁荣的和谐世界。无论是过去、现在还是将来，中国都是维护世界和平、促进共同发展的坚定力量。

人民通过选举、投票行使权利和各方面在重大决策之前进行充分协商，尽可能就共同性问题取得一致意见，是中国社会主义民主的两种重要形式之一。坚持和完善人民政协这种民主形式，既符合中国社会主义民主政治的本质要求，又体现了中华民族兼容并蓄的优秀文化传统，具有鲜明的中国特色。中国全国政协的对外交往是中国国家整体外交的重要组成部分。中国全国政协将一如既往继续积极支持和推动中欧全面战略伙伴关系的发展和深化，将一如既往继续积极支持和推动中国与世界各国的友好合作关系，将一如既往继续为维护世界和平和促进共同发展做出更大的努力。

（摘自《人民政协报》）

积极推进国有企业科技自主创新
加快实现东北老工业基地振兴

——在全国政协视察团与黑龙江省负责人交换意见时的讲话（摘要）

（2006年6月24日）

罗　豪　才

我对黑龙江省的国有企业科技自主创新提出四点希望：

第一，要继续深化国企改革，为国有企业科技自主创新提供体制机制保证。要通过不断深化国有企业改革，强化国有企业科技自主创新的动力机制，推动国有企业科技自主创新能力的进一步提升。

第二，希望进一步加强企业研发机构的建设，进一步加强对科技人才的激励，建立健全有利于科技自主创新的人才激励机制、培养机制和使用机制，激发科技人员的积极性和创造性，激发他们的潜能和创新能力，并努力形成尊重知识、尊重人才、尊重创造和鼓励创新的良好社会氛围。

第三，希望进一步加强对知识产权的保护，进一步增强知识产权意识。视察中发现有相当部分的国有企业知识产权意识比较弱，专利项目特别是发明专利偏少。为保护知识产权、激励科技创新，加强对外专利技术交流，我们建议在大的国有企业设立专利工程师或专职律师。

第四，希望黑龙江省进一步总结、挖掘、整理大庆油田在企业自主创新方面的经验、做法和精神，进行典型宣传和广泛推广。

（摘自《人民政协报》）

在香港特别行政区政府欢迎晚宴上的致辞（摘要）

（2006 年 6 月 28 日）

贾　庆　林

我应香港特别行政区政府的盛情邀请，来香港出席纪念《内地与香港关于建立更紧密经贸关系的安排》签署三周年的活动，与香港各界人士沟通交流，感到十分高兴。在此，我谨代表胡锦涛主席，代表中央政府，向在座的各位，并通过你们向全体香港市民，致以诚挚的问候和良好的祝愿！

香港回归祖国以来，在中央政府的大力支持下，行政长官和特区政府带领广大市民共同努力，克服了前所未有的种种困难，经济社会发展取得了显著成就。2003 年 6 月 29 日，CEPA 在香港正式签署。这是在“一国两制”方针和世贸组织的框架内作出的特殊安排。根据这一安排及其后一些补充协议，内地对原产于香港的货物全部实行零关税，向香港开放多个服务贸易领域，两地间的投资和贸易更加便利。这些重大举措，有力地推动了内地与香港的经贸合作，促进了香港经济的复苏和发展。今天的香港，经济明显复苏，社会保持稳定，民生逐渐改善，公众信心日益增强。这样的局面来之不易，值得我们倍加珍惜。

香港回归以来的发展历程，充分展示了“一国两制”的巨大优越性。用“一国两制”方式解决香港、澳门问题，是中国人民的伟大创造，充分体现了中华民族的政治智慧和博大胸怀。在“一国两制”条件下，香港既可以保持原有的社会制度和生活方式不变，继续发挥自身的特色和优势；又能够更加紧密地依托伟大祖国，不断获得广阔的发展空间和不竭的发展动力。CEPA 的签署和实施，就是“一国两制”优越性的生动体现。事实说明，香港的繁荣稳定与祖国的繁荣富强是分不开的。从祖国内地的强劲发展中，从中央政府支持香港的政策举措中，从香港与内地日益紧密的合作交流中，香港的发展必将得到更加有力的支撑。

香港回归以来的发展历程，充分证明了香港同胞是完全能够管理好、建设好、发展好香港的。香港的过去，是以中国人为主体的香港人奋斗出来的；香港的现在和未来，归根到底还要靠香港人自己去努力创造。邓小平先生说过：“要相信香港的中国人能治理好香港。”我们欣喜地看到，香港回归以来，在两任行政长官董建华先生和曾荫权先生的领导下，特区政府和香港各界人士团结拼搏、自强不息、开拓进取，香港保持了繁荣稳定，仍然是全球最具发展活力和竞争力的地区之一。事实胜于雄辩，当家做了主人的香港同胞，依靠自己的勤奋和智慧，完全能够治理好香港。

香港特别行政区走过的不平凡道路，给予了我们许多有益的启示，形成了这样两点重要共识：

第一，务必加快发展。发展经济、改善民生，是解决香港各种矛盾和问题的根本之策，是推动香港社会进步的永恒主题。香港有今天这样的良好局面，关键在于发展；解决香港目前仍然存在的一些深层次矛盾和问题，归根到底还要靠发展。特别是在经济全球化不断深入，科技进步日新月异，各国、各地区综合实力竞争日趋激烈的新形势下，香港唯有把主要的精力集中到发展经济上来，才能继续保持自己的优势，不断巩固国际金融、贸易、航运等中心的地位，并以此带动其他各项事业不断进步。可以说，做好了发展这篇大文章，香港就不仅不会被“边缘化”，而且将在国家整体发展格局中扮演更加重要的角色，在国际竞争中占据更加有利的地位。

第二，务必促进和谐。多元化、多样性是香港社会的显著特征，是香港充满生机和活力的内在动因。正确认识和对待多元化、多样性问题，直接关系到香港社会的和谐与稳定。不同阶层、不同界别、不同人士，在一些问题上存在不同意见是正常的，关键是要求同存异、体谅包容、理性沟通、增进共识。无论是说话、做事还是思考问题，都要以“一国两制”方针和基本法为准则，以保持香港长期繁荣稳定为依归，自觉服从香港的整体利益和长远利益，识大体、顾大局。只有这样，才能形成和睦共处、和衷共济、和谐发展的良好局面。

中央政府将继续坚定不移地贯彻落实“一国两制”方针和基本法，全力支持行政长官和特区政府依法施政，并按照国家“十一五”规划的要求，进一步推动内地与香港在各个领域的交流和合作，保持香港长期繁荣稳定。让我们携起手来，齐心协力，共创祖国和香港更加美好的未来。

（选自《人民政协报》）

深化合作　共创辉煌

——在内地与港澳经贸合作发展论坛上的演讲

（2006年6月29日）

贾　庆　林

同胞们，朋友们：

在香港回归9周年和CEPA签署3周年之际，我们来到美丽的香江之畔，出席内地与港澳经贸合作发展论坛，感到十分高兴。今天，群贤毕至，嘉朋云集。在此，我谨代表中央政府对这次论坛的举办致以热烈的祝贺！向与会的各位朋友表示亲切的问候和良好的祝愿！

南国紫荆翠，香江景色新。踏上香港这片充满生机的土地，所见所闻，令人欢欣，使人振奋。从风景秀丽、设施完善的优美环境中，从琳琅满目、百业兴旺的繁荣景象中，从稳定有序、安定祥和的社会氛围中，我们深切地感受到，在香港特别行政区政府和广大香港同胞共同努力下，香港克服了亚洲金融危机、外部环境变化和非典疫情等各种困难和挑战，经济明显复苏，社会保持稳定，民生逐渐改善，公众投资和消费信心日益增强，经济整体竞争力不断提升，世界自由港和国际金融、贸易、航运等中心的地位进一步巩固，社会稳定并充满活力。香港这颗享誉世界的“东方之珠”，显得更加璀璨夺目、光彩照人。同时，我们了解到，现在澳门的形势也十分喜人，澳门特别行政区政府有效施政，经济持续发展，社会祥和安定，市民安居乐业，呈现出一派欣欣向荣的景象。港澳回归以来的成就雄辩证明，“一国两制”、“港人治港”、“澳人治澳”、高度自治的方针是完全正确的，具有强大的生命力。香港、澳门特别行政区政府完全有智慧有能力治理好香港、澳门，港澳同胞完全可以依靠自身的聪明才智和创业精神建设好自己的家园。中央政府高度评价香港、澳门特别行政区政府卓有成效的工作，高度评价港澳各界为香港、澳门繁荣稳定所作出的积极努力和重要贡献！

三年前的今天，中央政府与香港特别行政区政府在这里签署了《内地与香港关于建立更紧密经贸关系的安排》。随后不久，又在澳门签署了《内地与澳门关于建立更紧密经贸关系的安排》。后来还陆续签署了一些补充协议，使CEPA的内容不断充实和完善。CEPA作为国家主体与其单独关税区之间的特殊经贸安排，是在“一国两制”方针和世贸组织框架内发展内地与港澳经贸关系的制度性创新，既体现了香港、澳门均为单独关税区的特殊地位，又体现了内地与港澳同属一个国家的紧密关系，标志着内地与港澳的经贸合作进入了一个崭新的发展阶段。

我们高兴地看到，CEPA的签署和实施，促进了内地与港澳经贸合作全方位、多层次、宽领域的开展，带动了香港、澳门经济的全面增长。2004年和2005年，香港本地生产总值分别增长8.6%和7.3%，澳门本地生产总值分别增长28.3%和6.7%。同时，CEPA的签署和实施，对内地进一步扩大开放、优化经济结构也起到了积极作用。2005年，内地与香港进出口贸易总额达到1367.1亿美元，比2003年增长56.4%；内地吸收香港直接投资项目14831个，实际使用港资达179.7亿美元，香港继续成为内地累计吸收境外投资的最大来源地。内地与澳门进出口经贸总额也达到18.8亿美元，创历史新高。特别值得一提的是，作为港澳经济强项的服务业加快进入内地，带来了全新经营理念和先进服务方式，促进了内地服务业水平的提高，推动了内地经济结构的优化。实践表明，CEPA的实施，有利于畅通三地经脉，加快区域经济整合，促进内地与港澳经济优势互补、互利共赢，是深化内地与港澳经贸合作的双向平台和有力引擎。我相信，CEPA的深入实施，必将为内地与港澳的经贸合作开辟更宽广的空间，为三地经济快速持续发展注入新的强大活力。

同胞们，朋友们！

维护和促进香港、澳门长期繁荣、稳定、发展，是中央政府对港澳方针政策的出发点和落脚点。中央政府制定的涉及港澳的每一项政策，采取的涉及港澳的每一项措施，都是为了香港好、为了澳门好。今年3月，十届全国人大四次会议批准的《国民经济和社会发展第十一个五年规划纲要》，明确把香港、澳门纳入国家的总体发展规划之中，提出要加强和推动内地与港澳在经贸、科教、文化、卫生、体育等领域的交流和合作，继续实施内地与香港、澳门更紧密的经贸关系的安排；支持香港发展金融、物流、旅游、资讯等服务业，保持香港国际金融、贸易、航运等中心的地位。

支持澳门发展旅游等服务业，促进澳门经济适度多元发展。这充分表明了中央对香港、澳门特别行政区的关心和支持，也充分反映了香港、澳门特别行政区在国家发展战略中的重要地位。我在这里重申，中央政府将坚定不移地贯彻"一国两制"、"港人治港"、"澳人治澳"、高度自治的方针和基本法，坚定不移地支持特别行政区行政长官和政府依法施政，坚定不移地加强和推动内地同港澳的交流和合作。无论发生什么情况，伟大的祖国都将是香港、澳门保持繁荣稳定的坚强后盾。

同胞们，朋友们!

大家都非常关心内地的发展情况，这里我作一简要介绍。新中国成立以来特别是改革开放以来，全国各族人民在中国共产党的三代中央领导集体的坚强领导下，艰苦探索，顽强奋斗，社会主义现代化建设取得了举世瞩目的伟大成就。特别是中共十六大以来，以胡锦涛同志为总书记的中共中央，从战略和全局的高度，先后提出了全面建设小康社会、树立和落实科学发展观、构建社会主义和谐社会、建设社会主义新农村、建设创新型国家等一系列重大决策和部署，推动经济社会又快又好发展。据统计，改革开放28年来，我国国内生产总值年均增长9.6%，由2165亿美元提升到2.23万亿美元，居世界第四位。进出口总额从206亿美元提升到1.42万亿美元，居世界第三位。到今年2月，外汇储备达8536亿美元，居世界第一位。在经济发展的同时，人民生活明显改善，总体上实现了由温饱到小康的历史性跨越。放眼神州大地，经济发展，政治稳定，民族团结，社会进步，一派兴旺景象。"面向未来，我们站在一个新的历史起点上"。这是一个贯彻科学发展理念的新起点。我们将以科学发展观统领经济社会发展全局，转变发展观念，创新发展模式，提高发展质量，把经济社会发展切实转入以人为本、全面协调可持续发展的轨道。这是一个落实科学发展战略的新起点。我们将牢牢把握经济社会发展的指导原则，扎实推进新农村建设，加快经济结构调整和经济增长方式转变，促进区域协调发展，着力增强自主创新能力，深化改革和扩大开放，努力建设和谐社会。这是一个实现科学发展目标的新起点。我们将在优化结构、提高效益和降低消耗的基础上，到2010年实现人均国内生产总值比2000年翻一番，单位国内生产总值能源消耗比2005年末降低20%左右。我们相信，"十一五"规划的实施，对于我们国家实现全面建设小康社会的宏伟目标，对于香港、澳门保持长期繁荣稳定必将产生重大而深远的影响。

同胞们，朋友们!

回顾过去，内地与港澳的经贸合作硕果累累，令人鼓舞；展望未来，三地经贸合作前景广阔，催人奋进。希望广大港澳同胞继续发扬爱国爱港、爱国爱澳的光荣传统，珍惜来之不易的良好局面，以繁荣稳定为重，自强不息、艰苦创业，努力把香港、澳门建设得更加美好。这里，我就进一步加强内地与港澳的经贸合作提出几点意见：

第一，抓住机遇，乘势而上。本世纪头20年是我们国家发展的重要战略机遇期，也是三地经贸合作实现新跨越的黄金时期。内地深化改革开放、全面建设小康社会，需要加强与港澳的经贸合作；香港进行经济结构调整，澳门实现经济适度多元发展，在激烈的国际竞争中抢占先机，更需要加强与内地的经贸合作。三地的经贸合作顺时应势，大有可为。面对难得的机遇，国家有关部门和地方将会按照国家“十一五”规划的要求，把进一步深化与港澳的经贸合作当作扩大开放、促进发展的一项重要工作来抓；香港、澳门特别行政区政府和各界人士也应准确把握当前港澳社会“求稳定、求发展、求和谐”的普遍心态，集中精力抓经济、齐心协力谋发展，推动内地与港澳的经贸合作更上一层楼。

第二，拓宽领域，提升层次。近几年来，内地已经推出了一系列支持港澳经济发展、促进内地与港澳经贸合作的政策措施，包括实施CEPA，开放并逐步扩大内地居民个人赴港澳旅游，加强内地与港澳基础设施建设的协调，推进粤港、沪港、京港和泛珠三角等区域合作，允许港澳银行经营人民币业务，等等。今天，曾荫权先生还将宣布经中央政府批准刚刚签署的CEPA新措施，国务院正在研究扩大人民币业务的新政策。实施这些政策措施，必将推动三地经济更快更好地发展，为内地与港澳的经贸合作注入强大动力。希望香港、澳门特别行政区政府和港澳各界人士认真总结CEPA实施以来三地经贸合作的成功经验及存在的问题，在现行安排的框架内，把有关政策措施用足用好。同时，国家有关部门和地方与香港、澳门特别行政区都要顺应经济发展的客观需要，与时俱进，着力推动基础设施建设、产业发展、资源利用、环境保护等方面的合作不断取得突破，并将内地有关地方与港澳的区域合作特别是泛珠三角区域合作引向深入。将来，国家还会根据实际需要制定新的有关政策措施，有些政策措施如一时尚不宜在全国实行的，还可以在泛珠三角区域内先实行起来。总之，要从内地与港澳经贸合作的实际出发，不断拓展合作领域、提升合作层次，探索合作的新思路、新模式和新方法，努力使合作更加富有成效。

第三，加强协调，完善机制。内地与港澳的联系十分广泛和密切，加强相互之间的经贸合作需要充分尊重市场规律，运用市场机制，发挥工商界、专业界等各界人士的积极性、创造性。同时，由于内地与港澳的经贸合作涉及的领域多，政策性强，需要重视和发挥政府的作用，在CEPA及其他现有合作机制的基础上，进一步健全中央政府与香港、澳门特别行政区政府之间的经贸沟通机制，使之长期、稳定、有效地运作。国家有关部门和地方将在中央政府的统筹下，就经贸合作的政策措施和具体事项与香港、澳门特别行政区政府加强沟通和协调。做好这方面的工作，将有助于为内地与港澳的经贸合作提供完善的制度保证。

第四，优势互补，实现共赢。内地具有腹地广阔、市场巨大、科技实力较强和人力资源丰富等优势，是世界上最具吸引力的投资创业的热土之一。香港、澳门有高度自由开放的经济体系、较为完备的法律制度、发达的基础设施、广泛的国际联系和良好的营商环境。特别是香港作为国际金融、贸易、航运等中心，现代服务业比较发达，拥有一大批熟悉国际经济规则的人才。澳门的经济规模虽然不大，但很有活力，而且与葡语系国家和地区有比较深厚的经贸交往关系。加强内地与港澳的经贸合作，可以进一步发挥各自的比较优势，形成内地与港澳经济互补发展的合力，从而在国际经济竞争中产生更强的竞争力。

同胞们，朋友们！

祖国发展的宏伟蓝图已经绘就，中华民族伟大复兴的朝阳已经跃出东方地平线。伴随着时代的铿锵脚步和祖国改革发展的大潮，香港、澳门也将迈上更加壮丽的征程。我们的前景光明而美好，我们的任务繁重而艰巨。让我们团结起来，以与时俱进、奋发进取的精神，以扎实苦干、锲而不舍的努力，共同创造香港、澳门繁荣和谐的新局面，共同谱写中华民族伟大复兴的新篇章。

最后，祝本次论坛取得圆满成功！谢谢大家！

（选自新华社香港 6 月 29 日电）

深入学习贯彻《意见》精神　切实做好政协各项工作

——在地方政协主席座谈会上的讲话（摘要）

（2006 年 7 月 5 日）

贾　庆　林

学习好、贯彻好《中共中央关于加强人民政协工作的意见》，是人民政协各级组织、各参加单位和广大政协委员的一项统领全局、带动全局、推动全局的重要工作。中共中央对这项工作高度重视，胡锦涛总书记对各级党委和人民政协各级组织学习贯彻《意见》的工作提出了明确要求，我们要认真贯彻执行，把抓好《意见》的学习摆在全年工作的首要位置。

为此，我就进一步把学习贯彻《意见》工作引向深入提出四点要求：一是要努力提高认识，把学习贯彻工作摆在突出位置；二是要加强组织协调，努力形成学习贯彻《意见》的合力；三是要认真总结经验，着力健全工作机制；四是要加强理论研究，以理论创新推动工作创新。

各级政协组织对学习贯彻《意见》情况进行检查的工作一定要高度重视，要按照全国政协的要求和部署，把握好检查工作的总体要求和工作重点，积极配合全国政协认真做好全面检查的各项工作。

今年初《中共中央关于加强人民政协工作的意见》颁发以来，各级党委、政府以及人民政协的各级组织，普遍结合当地情况和工作实际，围绕《意见》精神开展了大量工作，取得了显著成绩。为推动各地学习贯彻《意见》活动的深入开展，全国政协决定今年下半年对各地政协组织学习贯彻《意见》的情况进行一次全面检查，并将检查情况向中共中央报送。

（摘自《人民政协报》）

青藏铁路为青藏高原发展带来巨大机遇

（2006 年 7 月 6 日）

周　铁　农

青藏铁路全长 1956 公里，穿越青藏高原：东起青海省西宁市，西至西藏自治区拉萨市。青藏高原素有“世界屋脊”、“地球第三极”之称，是我国的“江河源”。在青藏高原这种原始、独特、脆弱、敏感的地理生态环境中修建的青藏铁路是世界上海拔最高、线路最长的高原铁路，翻越唐古拉山的铁路最高点海拔 5072 米，经过海拔 4000 米以上地段 960 公里、连续多年冻土区 550 公里以上。青藏铁路建设者克服了青藏铁路沿线高寒缺氧，地质条件复杂，工程技术难度大，环保要求高等种种不利条件，用“挑战极限，勇创一流”的青藏精神，经过艰苦奋战，解决了困扰青藏铁路建设中高寒缺氧、多年冻土、生态脆弱三大难题，创造了世界铁路建设的奇迹。

建设青藏铁路是党中央、国务院在新世纪之初作出的战略决策，是西部大开发的标志性工程之一，体现了党中央、国务院领导对西部人民的深切关怀，对于加快青藏两省区的经济、社会发展，增进民族团结，造福各族人民，具有重要的战略意义。

青藏铁路的建成开通，给青海的经济发展带来了难得的机遇，它是汉藏两个民族的友谊路，也是青海各族人民的致富路。格尔木是青海资源开发的重点地区，青藏铁路格拉段的建成通车，将再次极大地促进格尔木地区的资源开发步伐，并让这座年轻的城市展现出“四省通衢”的物流优势，为青海经济实现超常规发展提供有力保障。青海人民一定要抓住这次机遇，力争在西部大开发中有所作为。

青藏铁路的建成开通，有利于加强民族团结。西藏是我国藏族同胞的主要聚居区。藏族人民同全国各族人民一道，创造了灿烂的中华文明。由于交通不便，铁路不通，制约了与全国其他民族的经济、文化交流。建设青藏铁路，是实现社会主义大家庭各民族共同繁荣发展、共同富裕的需要，是构建和谐社会的需要。这条铁路将成为连接藏族人民和全国各族人民的桥梁和纽带。

青藏铁路的建成开通，对于东西部经济协调发展具有重要意义。西部具有丰富的自然资源，但自然资源优势不能转化为经济优势，这不仅阻碍了西部经济的发展，也影响了中部和东部经济的发展。东部地区具有人才、信息、资本优势，但由于西部基础设施落后等问题，东部地区的企业不愿意投资西部，人才不愿去，去了也留不住，资源配置难以合理。青藏铁路的建成，在青藏高原上飘起金色的彩带，使西藏的资源优势充分发挥出来。

青藏铁路的建成开通，意味着西藏未来的社会进步、经济发展和人民生活水平的提高。它必将进一步密切西藏与内地之间的经济社会联系，为西藏丰富的矿产资源开发利用创造有利的发展环境。加快发展西藏矿产业，把矿产资源优势转化为经济优势，大力推进矿产经济健康发展，是实现西藏跨越式发展和全面建设小康社会的必然选择。西藏各级政府要在全面深入开展探矿权、采矿权清理的基础上，真正做到在开发中保护，在保护中开发，并且引导企业重点开发有市场需求的矿产，逐步实现西藏矿产资源开发的规模化、集约化，使之得到可持续发展。其次，西藏各级政府要为企业当好参谋，搞好服务，切实解决企业在矿产业开发建设中所遇到的各种实际问题，为企业发展提供强有力的支持。另外，要立足区内，适度超前，突出重点，完善体制，以一些在国内外有影响的开发建设项目，如昌都玉龙铜矿、当雄曲玛乡矿泉水资源、盐湖资源为突破口，尽快培育出一批矿产资源开发基地，尽快形成西藏的规模产业。有了规模经济，才能有规模效益，也才能使西藏的矿产资源优势变成经济优势。

有效地保护生态环境，不但是青藏铁路建设的重要任务，也是今后运营中需要更加注意的问题。我们一定要认真贯彻国务院有关加强保护青藏高原生态环境的精神，十分爱护青海、西藏的生态环境，十分爱护青海、西藏的一草一木，精心保护我们祖国的每一寸绿地。

神秘的西藏对日益兴起的旅游热来说具有极大的魅力。雪域高原、白云雪山、飞流峡谷、原始森林，这些纯自然的风光一直令人神往。青藏铁路通车后，为游客提供了更加方便、安全、舒适、价廉的出行方式，必定能够吸引更多的旅游者，对于他们了解中国文化的传承、发展和一脉相承也会起到不可估量的作用，同时也为西藏发展旅游业奠定了基础。

（选自《人民政协报》）

在政协十届常委会第十四次会议闭幕会上的讲话（摘要）

（2006年7月7日）

贾 庆 林

建设社会主义新农村和提高自主创新能力是中共十六届五中全会提出的两项具有重大意义的历史任务。从国际上看，这是增强综合国力、使我国在国际竞争中立于不败之地的需要；从国内来看，这是保持经济社会快速发展、全面建设小康社会的需要；从党的建设来看，这是我们党巩固执政地位、保持和发展先进性的需要。建设社会主义新农村和提高自主创新能力，不仅是关系长远、影响全局的战略问题，而且是当前需要抓紧解决的紧迫问题。当前，这两项工作还面临许多重大而复杂的问题，需要我们以科学发展观为指导，进行深入研究，着重解决好统筹城乡发展、加快发展农村公共事业、以自主创新提升产业技术水平和发挥企业在自主创新中的主体地位等重大问题。

建设社会主义新农村和提高自主创新能力将贯穿于实施“十一五”规划和全面建设小康社会的整个过程，需要全党全社会的共同奋斗和持续努力。各级政协组织要紧紧围绕这两个重大问题继续有重点地选择一些课题深入开展调查研究。要进一步加强与政府有关部门之间的协作配合，努力在知情环节、沟通环节、反馈环节上建立联系和协调的机制，为党和政府决策提供有价值、有分量的意见和建议。

（摘自《人民政协报》）

在出席“建设北方国际航运和物流中心，推进滨海新区开发开放”论坛时的讲话（摘要）

（2006年7月11日）

王 忠 禹

建设北方国际航运和国际物流中心是一项全新的事业，面临着新的机遇和挑战，必须从观念、体制、发展模式和管理方式等各个方面大胆开拓，勇于创新。一是要进行观念创新，创造性地贯彻党中央、国务院关于推进天津滨海新区开发开放的一系列方针政策，结合实际，借鉴国际通行做法，高水平、高起点、高标准地推进滨海新区开发开放，切实发挥示范和带动作用。二是要进行体制创新，善于发挥多种所有制和各方面的积极性，引入多元化投资和竞争的主体，推进物流设施建设和物流业务的国际化和市场化进程，不断提升天津北方国际物流中心的服务水平和竞争能力。三是要发展模式创新，把服务业作为滨海新区发展的主攻方向。四是要进行管理方式创新，加强组织领导和统筹协调，在建设和发展天津北方国际航运中心和物流中心的过程中，争取实现资源共享，优势互补，共同发展。

加快推进天津滨海新区开发开放，是一项全局性、战略性的工作，也是全国政协参政议政的综合性、全局性、前瞻性的课题，贾庆林主席对此非常重视。全国政协相关的专委会要认真总结研究推进滨海新区开发开放的经验，进一步提高在参政议政过程中选题的适用性和建议的科学性，对这次论坛的成果，要认真归纳整理。他希望环渤海地区和相关地区政协，要认真学习研究中央对天津滨海新区的战略决策，结合本省、区、市的实际情况，开展调查研究，把握滨海新区开发开放这个历史性机遇，相互沟通，相互促进，多搞一点联合调研，加快区域经济协调发展。

（摘自《人民政协报》）

在港澳全国政协委员座谈会上的讲话（摘要）

（2006年7月14日）

王 忠 禹

7月4日至7日，全国政协十届十四次常委会议在北京召开，会议的主题是围绕建设社会主义新农村和提高自主创新能力问题建言献策。这是“十一五”规划实施后召开的第一次常委会议，也是《中共中央关于加强人民政协工作的意见》颁布后第一次以专题议政为主要内容的常委会议。中共中央和国务院高度重视，中央领导同志及41个部委负责同志到会通报情况，听取意见。

建设社会主义新农村和提高自主创新能力，是中共十六届五中全会提出的两项重大历史任务。人民政协围绕党和国家的中心工作服务，就要把这两方面工作作为履行职能、发挥作用的重点，作为建言献策的重要内容。常委会议上，常委们紧紧围绕坚持统筹城乡发展、改变城乡二元结构，发展农村经济、增加农民收入，加强基础设施建设、改善农村生产生活条件，发展农村社会事业、提高农民整体素质，加强农村民主管理、推进农村综合改革，深化改革、建立完善自主创新的新体制，培育创新文化、营造自主创新的良好环境等7个专题进行学习讨论，就建设社会主义新农村和提高自主创新能力的一些思想认识、政策制定、当前和今后一个时期需要研究解决的突出问题，以及人民政协发挥优势，为建设社会主义新农村和提高自主创新能力贡献力量等问题，提出了许多意见和建议，形成了一批建言议政成果。会议主题鲜明、准备充分、进展顺利、成果丰富，达到了预期目的。

贾庆林主席在全国政协十届常委会第十四次会议结束时作了重要讲话。要求各级政协组织和广大政协委员要充分认识建设社会主义新农村和提高自主创新能力的重要性和必要性，切实增强责任感和紧迫感，继续围绕这两个重大问题，集中力量深入进行调查研究，提出有价值、有分量的意见和建议，为党和政府决策提供参考和依据；要进一步加强与政府有关部门之间的协作与配合，努力在知情环节、沟通环节、反馈环节上建立起联系和协调的机制；政协委员是人民政协履行职能的主体，要组织政协委员认真学习和贯彻落实《中共中央关于加强人民政协工作的意见》精神，学习中央关于建设社会主义新农村和提高自主创新能力的方针政策，鼓励他们在建设社会主义新农村和提高自主创新能力的实践中发挥作用、贡献力量；要发挥界别优势，通过开展有界别特色的活动，发挥联络和带动作用，团结各界人士共同为建设社会主义新农村和提高自主创新能力献计出力。

港澳委员是爱国爱港、爱国爱澳队伍中的代表人物，在港澳有较大的社会影响。十届全国政协高度重视发挥港澳地区全国政协委员的作用。前不久贾庆林主席在香港回归9周年和CEPA签署3周年之际，对香港进行了访问。访港期间，贾庆林主席分别与港区全国政协常委、委员及各专门委员会副主任进行了座谈，希望大家继续发挥积极作用，做带头学习宣传“一国两制”方针和基本法的模范，做支持行政长官和特区政府依法施政的模范，做广泛联系和团结社会各界人士的模范，做推动香港和内地在各个领域交流与合作的模范，做促进祖国和平统一的模范。港澳地区全国政协委员要认真领会贾庆林主席的讲话精神，珍惜政协委员的荣誉，切实履行政协委员的职责。

（摘自《人民政协报》）

在内蒙古自治区调研时的讲话（摘要）

（2006年7月）

贾　庆　林

实施西部大开发战略，为加快少数民族和民族地区经济社会发展提供了历史性机遇。要全面落实科学发展观，重点抓好基础设施和生态环境建设，积极发展有地方特色、民族特色的优势产业，使少数民族和民族地区走上又快又好发展的轨道。特别要以解决人民群众最关心、最直接、最现实的利益问题为切入点，帮助他们解决生产生活中遇到的困难，努力增加农牧民收入，使广大农牧民共同富裕起来。

在中华民族大家庭里，鄂温克族是人口较少的22个民族之一，但各民族不论人口多少都一律平等。中央对人口较少民族的发展非常重视，国家专门出台了《扶持人口较少民族发展规划》。各级党委、政府和有关部门要采取有力措施，切实加大对人口较少民族的扶持力度，使各民族群众共享改革发展的成果。

西部地区要充分利用边境口岸多的有利条件，加快对外开放的步伐，积极发展边境贸易，发展口岸加工业，同时鼓励和支持有优势的各种所有制企业“走出去”，大力发展与周边国家在石油、木材、有色金属、农牧业等领域的合作，为加快发展注入强大的动力。

西部地区是我国资源与能源的战略基地，又是我国重要的生态屏障。要抓住实施“十一五”规划和《国家中长期科学和技术发展规划纲要》的机遇，不断增强自主创新能力，大力实施资源转换战略，搞好资源深加工，拉长产业链条，发展循环经济，加强生态保护和环境建设，真正把资源优势转化为产业优势、经济优势，为少数民族群众带来更多的利益。

刚刚闭幕的全国统战工作会议，是党中央在全面建设小康社会进入关键时期召开的一次重要会议。统一战线和人民政协各级组织要认真学习贯彻全国统战工作会议和政协十届常委会十四次会议精神，从党和国家事业发展的战略高度，进一步认识新世纪新阶段巩固和壮大统一战线的重大意义，充分发挥统一战线在构建社会主义和谐社会中的优势和作用。各级政协组织要认真履行职能，积极建言献策，为加快少数民族和民族地区经济社会发展凝聚广泛而强大的力量支持。

（摘自《人民政协报》）

坚持和完善民族区域自治制度 巩固和发展社会主义民族关系

——在贯彻落实中央民族工作会议精神经验交流会上的讲话（摘要）

（2006 年 7 月 18 日）

贾 庆 林

要认真贯彻落实中央民族工作会议和最近召开的全国统战工作会议精神，全面落实科学发展观，坚持和完善民族区域自治制度，推动少数民族和民族地区又快又好发展，不断巩固和发展平等、团结、互助、和谐的社会主义民族关系。

去年 5 月召开的中央民族工作会议，是党中央、国务院在我国改革发展进入关键时期召开的一次重要会议。一年来，各地各部门认真贯彻中央的决策部署，思想认识有新的提高，政策措施有新的突破，领导体制和工作机制有新的完善，民族团结进步事业有新的气象，各项工作都取得了很大进展。

民族区域自治，是解决我国民族问题的伟大创举，是实现少数民族当家作主的重要途径，是发展社会主义民族关系的重要保障，是我国的一项基本政治制度，具有巨大的优越性和旺盛的生命力。新世纪新阶段，要完成全面建设小康社会的历史任务，应对复杂多变的国际局势的严峻挑战，就必须坚持和完善民族区域自治制度，全面贯彻落实《民族区域自治法》，切实保障民族自治地方依法行使自治权，坚定不移地走中国特色政治发展道路。

加快少数民族和民族地区经济社会发展，是民族工作的主要任务，是解决我国民族问题的根本途径，也是少数民族干部群众的共同愿望。加快少数民族和民族地区经济社会发展要靠民族地区自身的努力，也离不开国家和发达地区的支持与帮助。我们要始终把发展作为民族工作的第一要务，认真贯彻落实中央制定的各项优惠政策措施，促进少数民族和民族地区经济社会又快又好发展。要着眼于提高经济增长的质量和效益，大力发展特色经济和优势产业；着眼于增强发展的动力与活力，进一步深化改革和扩大开放；着眼于促进人与自然的和谐，切实加强生态环境保护和建设；着眼于提高人口整体素质，加快民族地区教育、文化、卫生等社会事业的发展。

民族关系、宗教关系是我们这个多民族国家至关重要的社会关系。我们要认真学习贯彻胡锦涛同志在全国统战工作会议上的重要讲话精神，切实加强和维护民族团结，认真做好城市和散居地区民族工作，在全社会深入开展民族团结进步创建活动，让“三个离不开”的思想更加深入人心。要全面理解和认真贯彻党的宗教工作基本方针，进一步做好民族地区的宗教工作，努力使信教群众与不信教群众、信仰不同宗教群众团结起来，共同致力于建设中国特色社会主义伟大事业。

各级党委、政府要切实把民族工作摆上重要议事日程，不断完善民族工作的领导体制和工作机制，加强民族地区基层党组织建设，加强民族地区人力资源开发和少数民族干部队伍建设，为加快少数民族和民族地区经济社会发展提供智力支持和人才保证。

（摘自《人民政协报》）

坚定在中国共产党领导下走中国特色社会主义道路的信念

（2006 年 7 月）

刘　延　东

在中国特色社会主义事业进入新的历史起点的时刻，中国共产党已经胜利走过了 85 年的光辉历程。6 月 30 日，胡锦涛同志在庆祝中国共产党成立 85 周年暨总结保持共产党员先进性教育活动大会上发表了重要讲话。讲话高瞻远瞩、意蕴深远，具有深刻的理论性、丰富的思想性和重要的指导性。学习胡锦涛同志的重要讲话精神，不仅是中国共产党的一项重要政治任务，也是统一战线广大成员的一项重要政治任务。

一、学习贯彻胡锦涛同志重要讲话精神，深刻理解讲话是一篇马克思主义的重要文献

胡锦涛同志的讲话坚持以马克思列宁主义、毛泽东思想、邓小平理论和“三个代表”重要思想为指导，贯彻落实科学发展观，高度概括了 85 年来中国共产党领导全国各族人民在革命、建设和改革事业中取得的辉煌业绩，深刻阐明了加强党的先进性建设的一系列重大理论和实践问题，并对新的历史条件下进一步加强党的先进性建设作出了全面部署。

这篇重要讲话是坚持和发展马克思主义的光辉典范。讲话通篇贯穿了解放思想、实事求是、与时俱进的思想路线，坚持运用马克思主义的基本原理，观察和思考发展中的中国共产党和党的先进性，科学回答了中国共产党先进性的时代内涵，深刻揭示了加强党的先进性建设的普遍规律，充分反映了以胡锦涛同志为总书记的中共中央的战略眼光、政治智慧和理论勇气，体现了对马克思主义经典作家和中共三代领导集体关于党的先进性重要思想的一脉相承和与时俱进，是对马克思主义党的建设理论的新贡献。

这篇重要讲话是加强党的执政能力建设和先进性建设的行动纲领。讲话从历史的大视野和实践的大视角出发，结合中国共产党 85 年的奋斗历程，精辟分析了加强党的先进性建设的 5 条主要经验；着眼在深刻变化的国际国内环境下保持和发展党的先进性，全面总结了保持共产党员先进性教育活动的 8 个特点和 6 条成效；围绕新世纪新阶段中国共产党的历史使命，明确了加强党的先进性建设的目标任务、原则要求和检验标准，为全面推进党的建设新的伟大工程提供了重要理论指导。

这篇重要讲话是中国共产党领导人民全面推进中国特色社会主义事业的思想武器。讲话把加强党的先进性建设与实现中国共产党为之奋斗的事业紧密联系，强调新世纪新阶段加强党的先进性建设，要与贯彻落实科学发展观、构建社会主义和谐社会、加强党的执政能力建设和保持党同人民群众血肉联系等事关中国特色社会主义事业发展的重大思想和实践相结合，特别是讲话中所明确提出的坚持用科学发展观武装全党，并转化为全党的实际行动和领导改革开放及社会主义现代化建设的工作能力的要求，将指导全党带领全国人民不断开创中国特色社会主义事业的新局面。

二、学习贯彻胡锦涛同志重要讲话精神，充分认识和发挥统一战线在中国共产党加强先进性建设中的重要作用

中国共产党历来高度重视党的先进性建设。以毛泽东、邓小平、江泽民同志为核心的中共三代领导集体，坚持把马克思主义建党理论同党的建设实践相结合，走出了一条从思想上入手、从作风上着眼、从组织上加强、从制度上巩固的先进性建设成功之路。中共十六大以来，以胡锦涛同志为总书记的中共中央，着眼复杂的国内外环境和长期执政的要求，把先进性建设作为提高党的执政能力、巩固党的执政地位、完成党的执政使命的一项重大战略任务来加强，在全党范围内开展了保持共产党员先进性教育活动。这是中国共产党加强先进性建设的又一成功实践和有益探索，具有重大的现实意义和深远的历史影响。统一战线与党的建设历来密切相关，都是中国共产党的重要法宝，在中国共产党加强先进性建设中具有独特的优势和作用。

统一战线能够促进中国共产党在保持与人民群众血肉联系方面的先进性建设。胡锦涛同志在讲话中深刻指出，民心向背，是检验一个政党是否具有先进性的试金石。中国共产党根基在人民、血脉在人民、力量在人民，保持和发展先进性，关键在于保持与人民群众的血肉联系。各民主党派、工商联和无党派人士等统一战线成员各自联系着一部分社会主义劳动者、社会主义事业建设者和拥护社会主义爱国者，能够广泛了解和反映所联系群众的具体利益和要求，有助于中国共产党更好地倾听群众呼声、体察群众意愿、了解群众疾苦、维护群众利益，在代表人民执政、为了人民执政、依靠人民执政中真正保持和发展党的先进性。

统一战线能够促进中国共产党在治国理政方面的先进性建设。中国共产党作为一个在13亿人口的发展中大国执政的马克思主义政党，保持和发展先进性，根本在于为人民执好政、掌好权，实现国家富强、民族振兴、人民幸福。统一战线具有参政议政、民主监督的政治优势，人才荟萃、智力密集的人才优势，协调关系、化解矛盾的功能优势，有助于中国共产党进一步改革和完善领导方式、领导体制和工作机制，广开言路、广求善策、广谋良举，推进决策的科学化、民主化，不断提高领导社会主义经济建设、政治建设、文化建设和社会建设的能力和水平。

统一战线能够促进中国共产党在党风廉政方面的先进性建设。党风廉政是一个政党的性质、宗旨的综合表现，是先进性的重要标志，关系到党的生死存亡。中国共产党始终坚持立党为公、执政为民，但随着执政日久，在党风廉政方面也存在一些问题，特别是腐败现象在一定程度和一定范围内蔓延，严重地影响党的形象，侵蚀党的肌体，需要通过加强教育和监督等多种途径来解决。统一战线民主监督作用的发挥，有利于防止和遏制腐败现象，帮助中国共产党提高拒腐防变和抵御风险能力。胡锦涛同志在讲话中指出，要把党内监督与人大监督、政府专门机关监督、政协民主监督、民主党派监督、司法监督、群众监督和舆论监督等很好地结合起来，形成监督合力，提高监督效果。这对统一战线更好地发挥民主监督作用提出了新的要求。长期以来，各民主党派、工商联和无党派人士认真履行民主监督职能，紧紧围绕党和政府的各项工作特别是党风廉政建设和反腐败工作，勇于建诤言，积极献良策，做共产党的挚友、诤友，产生了很好的效果。同时，党外人士通过担任特约监察员、检察员、审计员、教育督导员、党风监督员等，积极发挥作用，有效地促进了各级党政部门思想作风和工作作风的转变。统一战线广大成员要以高度负责的态度，本着肝胆相照、荣辱与共的精神，着眼执政党“两大历史性课题”的解决，继续发挥独特优势，积极建言献策，进行真诚、切实的监督和帮助，促进中国共产党在领导建设中国特色社会主义的伟大实践中进一步保持和发展先进性。

三、学习贯彻胡锦涛同志重要讲话精神，进一步增强在中国共产党领导下走中国特色社会主义道路的信心和决心

胡锦涛同志的重要讲话，既是中国共产党加强先进性建设的行动指南，也对统一战线和多党合作事业发展提出了新的更高要求。统一战线要采取多种形式，认真抓好讲话精神的学习贯彻，以崭新的精神风貌为中国特色社会主义事业作出更大贡献。

要把学习讲话精神切实摆上重要议事日程，努力在对中国共产党先进性的认识上达到新高度。胡锦涛同志的重要讲话是中共中央关于治国理政一系列重大战略思想的重要内容，是深刻理解新形势下中国共产党先进性的重要指南。统一战线要把学习讲话精神与学习马克思列宁主义创始人和我们党三代中央领导集体关于党的先进性建设的思想结合起来，与学习中共中央关于治国理政的一系列重要论述结合起来，与学习第20次全国统战工作会议精神结合起来，与研究新情况新问题、开创工作新局面结合起来，做到联系实际扎实学，把握实质深入学，融会贯通全面学。通过学习，充分认识中国共产党是始终代表中国先进生产力的发展要求、代表中国先进文化的前进方向、代表中国最广大人民的根本利益的先进政党，是中国特色社会主义事业的领导核心，不断提高接受中国共产党领导的自觉性，坚定不移地走中国特色政治发展道路，坚决抵御国际敌对势力西化、分化图谋，使中国特色社会主义事业蓬勃发展；进一步增强与中国共产党团结合作的坚定性，同心同德；为完成21世纪中国的三大历史任务、实现中华民族伟大复兴而努力奋斗。

要全面贯彻落实科学发展观，努力在实施“十一五”规划和全面建设小康社会中作出新贡献。抓好发展这个第一要务，推动经济社会又快又好发展，是中国共产党的先进性在当代中国最重要最具体的体现，也是新形势下各民主党派、工商联和无党派人士发挥作用的根本着力点。要全面贯彻落实科学发展观，着眼实施“十一五”规划，围绕中心谋发展、服务大局促建设，多献求真务实之策，多做开拓创新之事；着眼构建社会主义和谐社会，引导各自成员和所联系群众以理性、合理的形式表达利益需求，协助党和政府做好协调关系、化解矛盾、沟通思想、理顺情绪的工作，为实现社会稳定和人民安居乐业作出积极努力。

要以邓小平理论和“三个代表”重要思想为指导，努力在加强自身建设上取得新进展。各民主党派作为与中国共产党风雨同舟、亲密合作的参政党，工商联和无党派人士作为社会政治生活中的重要力量，要承担时代赋予的重大责任，也需要不断加强自身建设、提高自身素质。在去年的迎春座谈会上，胡锦涛同志提出要坚持执政党建设和参政党建设互相促进的重要思想和要求。要支持各民主党派根据参政党在我国政治生活中的地位、性质和特点，遵循参政党建设的目标和原则，以搞好换届为契机，以政治交接为主线，全面加强思想、组织和制度建设，坚持走中国特色政治发展道路，把自身建设提高到一个新的水平。工商联和无党派人士也要把加强自身建设摆在突出位置，不断提高政治、思想和业务素质，更好地适应我国统一战线和多党合作事业的需要。

团结成大业，合作铸辉煌。让我们更加紧密地团结在以胡锦涛同志为总书记的中共中央周围，认真学习贯彻邓小平理论和“三个代表”重要思想，全面落实科学发展观，同心同德，扎实工作，不断巩固团结、稳定、振奋、活跃的局面，为全面建设小康社会和中华民族伟大复兴作出新的贡献！

（选自《人民政协报》）

历史必然性·伟大独创性·巨大优越性

——论中国共产党领导的多党合作和政治协商制度

（2006年7月）

刘 延 东

中国共产党领导的多党合作和政治协商制度，是中国共产党把马克思主义政党学说和统一战线理论与中国具体实际相结合的伟大创造，是中国共产党同各民主党派、无党派人士长期团结奋斗的重大理论成果和实践成果，具有历史的必然性、伟大的独创性和巨大的优越性。推进社会主义政治文明建设，坚定不移地走中国特色社会主义政治发展道路，就是要把这一基本政治制度坚持好、完善好、落实好。

一、确立和实行中国共产党领导的多党合作和政治协商制度是中国社会发展的历史必然

一个国家实行什么样的政治制度和政党制度，是由该国的政治经济状况、民族文化传统和特定的社会历史条件等共同作用的结果。我国确立和实行中国共产党领导的多党合作和政治协商制度，是由中国的特殊国情决定的，是历史的必然选择。

近代以来中国社会及其发展的性质和任务，决定了西方两党制和多党制在中国没有生存的土壤，不会给中国带来民族独立和国家富强。鸦片战争后，中国逐步沦为半殖民地半封建社会。帝国主义和封建主义互相勾结，阻碍着中国社会向前发展。而在两者夹缝中产生的民族资本主义经济十分脆弱，民族资产阶级具有天生的软弱性和妥协性，民族资产阶级及其政党根本不可能完成反帝反封建的任务。辛亥革命后，中华民国临时政府颁布《临时约法》，全盘照搬西方的议会政治，允许人们结社组党。一时间，各类政治团体蜂拥而起，政党就多达300多个。围绕国会选举，各党各派展开激烈竞争，国民党最终赢得胜利，这为中外反动势力所不容。随着袁世凯刺杀宋教仁，解散国民党，取消国会，恢复帝制，民族资产阶级及其政党热切向往的议会制和多党制彻底破产。民国初年效仿西方搞议会制和多党制，是当时的仁人志士对中国社会发展道路的探索，相对于封建专制是一个历史性进步，但议会制和多党制不能解决中国社会的主要矛盾和问题，无法成为解救中国的济世良方。痛定思痛，孙中山指出："中国几千年以来社会上的民情风土习惯，和欧美的大不相同。中国的社会既然是和欧美的不同，所以管理社会的政治自然也是和欧美不同，不能完全仿效欧美。"

近代以来中国民主政治发展的潮流和趋势，决定了一党专制在中国同样是行不通的，注定要被时代和中国人民所抛弃。国民党蒋介石集团建立的代表大地主大资产阶级利益的政权，独揽国家一切权力，推行"一个党、一个主义、一个领袖"，实行一党专制。抗战爆发后，迫于国内外压力，国民党政府表面上允许中国共产党和其他党派合法存在，但始终不忘"溶共"、"防共"、"限共"和"反共"，打击和迫害民主进步力量，其反动本质没有发生根本变化。抗战胜利后，国民党拒绝中国共产党提出的建立民主联合政府的政治主张，公然撕毁停战协定和政协协议，悍然发动全面内战，最终导致政治上的孤立、经济上的崩溃和军事上的溃败。毛泽东同志曾经指出："不论是对于过去历史上说，对于当前任务上说，对于中国社会性质上说，所谓一党主义都是没有根据的，都是做不到的，行不通的……有百害而无一利的。"

在中国确立和实行中国共产党领导的多党合作和政治协商制度，是中国共产党和中国人民政治智慧的结晶，是合乎历史发展的唯一正确选择。分析中国社会性质和阶级状况，总结中国社会发展的历史经验和教训，中国共产党清醒地认识到，要彻底战胜帝国主义和封建主义，取得中国革命的完全胜利，必须团结一切进步力量，形成强大合力。因此，中国共产党在诞生后不久即提出建立民主联合阵线，促成了第一次国共合作。抗战爆发后，中国共产党从中华民族的根本利益出发，提出建立抗日民族统一战线，促成了第二次国共合作。在反对国民党专制独裁统治的斗争中，中国共产党不断加强同各民主党派和无党派人士的团结合作。1948 年，中国共产党发布著名的"五一口号"，得到各民主党派和无党派人士的积极响应，他们公开表示，愿意在中国共产党的领导下，共同为建立新中国而奋斗。1949 年中国人民政治协商会议召开，标志着中国共产党领导的多党合作和政治协商制度正式确立。

新中国成立后，以毛泽东同志为核心的第一代中央领导集体，针对有的民主党派宣布解散，共产党内也有人认为民主党派没有必要存在的问题，以极高的政治智慧和政治远见，及时做工作保留了八个民主党派。1956 年社会主义改造基本完成后，根据我国阶级状况发生的深刻变化，我们党提出了"长期共存、互相监督"的八字方针，明确共产党存在多久，民主党派就存在多久，共产党可以监督民主党派，民主党派也可以监督共产党，由于共产党居于领导地位，主要是民主党派监督共产党，从而在根本上解决了民主党派的发展前途问题，进一步确立了社会主义条件下我国多党合作的基本格局。在改革开放新时期，以邓小平同志为核心的第二代中央领导集体根据新的形势和任务，明确多党合作是我国政治制度的一个特点和优点，并提出了一整套关于多党合作和政治协商的理论与政策，坚持和完善中国共产党领导的多党合作和政治协商制度，成为中国特色社会主义理论和实践的重要组成部分。党的十三届四中全会后，以江泽民同志为核心的第三代中央领导集体面对错综复杂的国内外局势，进一步提出必须巩固多党合作的政治格局，制定颁布了《中共中央关于坚持和完善中国共产党领导的多党合作和政治协商制度的意见》，把“中国共产党领导的多党合作和政治协商制度将长期存在和发展”写入宪法，推动多党合作和政治协商逐步走上制度化轨道。党的十六大以来，以胡锦涛同志为总书记的党中央继往开来、与时俱进，继续推进我国多党合作事业蓬勃发展。中共中央先后制定颁布了《关于进一步加强中国共产党领导的多党合作和政治协商制度建设的意见》和《关于加强人民政协工作的意见》两个文件，这两个文件是指导新世纪新阶段中国共产党领导的多党合作和人民政协事业发展的纲领性文件。在中国革命、建设和改革过程中，中国共产党领导各民主党派和无党派人士，走出了一条中国特色社会主义的政治发展道路。

二、中国共产党领导的多党合作和政治协商制度是世界政党制度发展中的伟大独创

中国共产党领导的多党合作和政治协商制度，既合乎时代发展的潮流，又体现了中国社会发展的内在逻辑和要求，具有鲜明的中国特色和伟大的独创性。

这一制度创立了一种崭新的制度形式。马克思和恩格斯当年在深刻分析和批判揭露资产阶级两党制和多党制虚伪性、欺骗性的基础上，曾提出政党合作的理论构想。列宁在领导俄国革命的斗争中对这一构想努力进行实践，但由于俄国资产阶级及其政党敌视苏维埃政权，拒绝与布尔什维克党合作，这一构想在俄国最终没能实现，取而代之的是原苏联的社会主义一党制。第二次世界大战结束后，一些东欧社会主义国家和许多摆脱西方殖民统治的亚非拉国家也纷纷效仿实行一党制。中国共产党在领导人民进行革命、建设和改革的实践中，坚持从中国国情出发，既没有照搬照抄西方国家的两党制和多党制，也没有选择一些国家的一党制，而是与各民主党派和无党派人士一起，创立和发展了中国共产党领导的多党合作和政治协商制度这一新型政党制度形式，成为世界政党制度中的一朵奇葩。

这一制度创立了一种崭新的政党关系。西方资本主义国家的政治制度和政党制度建立在生产资料私有制基础上，难以调和的利益矛盾，决定了资产阶级各政党之间，必然处于互相竞争甚至争斗不休的状态。一些政党出于赢得竞选、参与组阁等政治需要，有时虽然也进行合作，但这种合作是短暂的、不牢靠的。彼此竞争、互相倾轧是西方两党制和多党制国家政党关系的突出特点。在一党制国家，执政党对待其他政党往往采取禁止或者限制其发展的政策。在我国，中国共产党和各民主党派、无党派人士在新民主主义革命时期，就已经在共同反对帝国主义、封建主义和官僚资本主义的斗争中和衷共济、团结奋斗。新中国成立后，中国共产党和各民主党派、无党派人士进一步确立并不断巩固发展了共产党领导、多党派合作的亲密关系。中国共产党对各民主党派和无党派人士的领导，主要是政治领导，即政治原则、政治方向和重大方针政策的领导。各民主党派和无党派人士自觉接受中国共产党领导，与中国共产党长期共存、互相监督、肝胆相照、荣辱与共，共同致力于中国特色社会主义事业。这是与西方竞争性政党关系有着根本区别的新型政党关系，是我国政治制度和政党制度特点和优势的集中体现。

这一制度创立了一种崭新的执政方式。与资本主义社会性质相适应，两党制和多党制国家的执政党通常主导和独占国家权力，并为其所代表的利益集团谋取最大的政治和经济利益。其他政党作为在野党或反对党，由于不能直接参与政府管理国家事务，往往对执政党采取对立的态度和做法，使执政党的执政效果受到很大的牵制和影响。在一党制国家，主要是执政党一党长期独揽国家一切权力。在我国，中国共产党作为执政党，依法长期执政，这是历史的选择、人民的选择，是宪法明确赋予的。民主党派作为中国共产党的亲密友党，参加国家政权，参与国家大政方针和国家领导人选的协商，参与国家事务的管理，参与国家方针政策、法律法规的制定和执行，在国家政治社会生活中发挥着重要作用，是参政党，不是在野党，更不是反对党。同时，中国共产党的执政既接受宪法和法律的监督，又接受各民主党派、无党派人士和社会各方面的民主监督，有利于科学执政、民主执政、依法执政。这些都确保了中国共产党在建设中国特色社会主义的历史进程中，始终成为坚强的领导核心，始终为人民执好政、掌好权，始终团结带领全国各族人民不断取得各项事业的胜利。

这一制度创立了一种崭新的民主实现形式。由于资本主义经济基础和政治文化传统，两党制、多党制和议会制作为资本主义国家的民主实现形式，其主要特点是通过选举的方式实现政党轮流执政，以维护资产阶级的根本利益。有时为了选票也会适当考虑普通民众的意愿，但这种选举实际上是一种金钱政治，是少数有钱人的游戏。我国是人民当家作主的社会主义国家，人民通过选举、投票行使权利和人民内部各方面在重大决策之前进行充分协商，尽可能就共同性问题取得一致意见，是我国社会主义民主的两种重要形式。人民代表大会制度作为我国的根本政治制度，是中国人民当家作主的重要途径和最高实现形式。中国共产党领导的多党合作和政治协商制度作为我国的一项基本政治制度，与人民代表大会制度相适应、相结合，是实现人民当家作主的又一重要形式，即中国共产党就事关国计民生的重大问题在决策前和决策执行中，同各民主党派、无党派人士直接协商，在人民政协同社会各界人士广泛协商。这充分表明我国社会主义民主是选举民主与协商民主的结合，既尊重多数，又照顾少数，能够充分反映和协调各方面的意愿与利益，具有西方民主不可比拟的广泛性、包容性和真实性。

三、中国共产党领导的多党合作和政治协商制度体现了中国特色社会主义的巨大政治优势

纵观新中国成立50多年的历史，中国共产党领导的多党合作和政治协商制度深深根植于中国的土壤之中，符合中国特色社会主义事业的发展要求和全国各族人民的根本利益，在我国经济社会发展中发挥着极其重要的作用，显示出巨大的优越性和强大的生命力。

能够促进社会生产力的持续发展，实现社会全面进步。任何一种社会制度和政治制度，其好坏优劣最终都将体现在能否促进生产力发展、推动社会进步上。我国多党合作和政治协商制度是组织形式多样性和目标方向一致性的统一，是广泛民主与集中领导的统一，有利于将全社会的智慧和力量凝聚起来，形成统一意志，最大限度地集中社会资源，实现高效率发展。中国共产党的坚强领导，保证了国家对经济建设和社会发展的统一规划和部署。各民主党派和无党派人士牢牢把握发展这个根本任务，围绕中心、服务大局，认真考察调研，积极献计出力。据不完全统计，十三届四中全会以来，各民主党派中央先后就三峡工程、西部大开发、抗击非典、宏观调控、建设社会主义新农村等事关国计民生的问题，向党中央、国务院及有关方面提出重大建议200多项，各民主党派地方组织提出各项建议9万多项，其中有许多意见和建议被采纳，产生了显著的经济效益和社会效益。同时，积极开展智力支边工作，参与国家扶贫计划、贫困地区开发计划、星火计划的实施，共推广科技示范项目770多个，协助引进并实施经济项目近1200个，帮助引进各类项目资金143亿元，为推动老少边贫地区经济社会全面协调可持续发展发挥了积极作用。

能够更好地实现和发展人民民主，推进社会主义政治建设。中国共产党领导的多党合作和政治协商制度是我国社会主义民主政治的重要形式。这一制度以自身广泛的社会基础、组织构成和代表性为特征，通过参政议政、民主监督，进一步扩大了社会各方面成员的有序政治参与，畅通了利益表达渠道，体现了社会主义民主的本质要求，有利于充分反映民意、广泛集中民智。改革开放特别是十三届四中全会以来，无论是党的全国代表大会和中央全会通过的各项决定，还是国家经济社会发展中长期规划、宪法修改、政府工作报告等，中共中央、国务院事先都广泛听取党外人士的意见和建议。坚持协商于决策之前和执行决策过程之中，已基本形成为一项制度。据统计，十三届四中全会以来，中共中央、国务院共召开民主协商会、座谈会、情况通报会200多次，其中十六大以来就近60次。各地党委、政府也就当地经济社会发展问题广泛征求党外人士的意见建议。这些都有力地推动了党和政府决策的科学化、民主化，对实现党的领导、人民当家作主和依法治国的有机统一起到了积极推动作用。

能够保持国家政局稳定和社会安定团结，推进社会主义和谐社会建设。在我国多党合作和政治协商制度中，中国共产党和各民主党派以邓小平理论和“三个代表”重要思想作为团结合作的思想基础，以坚持社会主义初级阶段的基本路线、基本纲领和基本经验作为最大的政治共识，从而在共同奋斗目标的基础上，形成了高度的政治认同和强大的社会凝聚力，保证了我国政治体制和政治格局的稳定。同时，我国多党合作和政治协商制度既维护人民的根本利益，又照顾各方面的具体利益，其中所蕴含的合作、参与、协商和包容的精神，可以有效协调社会各方面的关系，使一些社会矛盾和问题能够在现有的体制框架内得到妥善化解，有利于形成全体人民各尽所能、各得其所而又和谐相处的局面。新中国成立特别是改革开放以来，各民主党派积极引导各自成员和所联系的群众，正确认识改革发展中利益格局的变化，协助党和政府做好理顺情绪、协调关系、化解矛盾的工作，及时消除影响社会稳定的各种因素，努力为改革开放和现代化建设创造良好的社会环境。与世界上一些国家照搬西方多党制造成政局不稳、内乱不断的情况相比，我们国家一直保持经济发展、社会稳定、人民安居乐业的大好局面，其中很重要的一条经验，就是始终坚持与完善中国共产党领导的多党合作和政治协商制度。

能够推进人民民主专政国家政权建设，增强党和国家的活力。民主党派成员和无党派人士进入人大、政府、政协和司法机关担任领导职务，同中共干部建立良好的合作共事关系，是我国多党合作和政治协商制度的重要内容，也是加强党的执政能力建设和国家政权建设的基本要求。目前，全国各级人大代表中有党外人士17万多人，全国各级政协委员中有党外人士33万多人，在各级政府和司法部门担任县处级以上领导职务的党外干部有3.2万人，31个省区市政府基本上都有民主党派或无党派人士担任副省长、副主席、副市长或助理。广大党外干部和我们党的干部亲密团结、真诚合作，依法管理国家事务。他们在工作中享有行政管理的指挥权、处理问题的决定权和人事任免的建议权。这些做法不仅调动了党外干部的积极性、主动性和创造性，使优秀人才源源不断地聚集到党和国家的事业中来，而且优化了干部队伍结构，提升了党和政府的形象。同时，各级政府部门和司法机关还聘请党外人士担任特约监察员、检察员、审计员、教育督导员、党风监督员等各类“特约人员”。截至2005年底，县级以上共聘请民主党派成员、无党派人士担任特约人员近5万名。他们围绕党和政府重要方针政策的制定和贯彻执行等情况，积极发挥民主监督作用，促进各级党政部门转变思想作风和工作作风，帮助中国共产党不断提高拒腐防变和抵御风险的能力。

总之，中国共产党领导的多党合作和政治协商制度是中国特色社会主义事业的重要内容，是社会主义民主政治的鲜明特色，是我国独特的政治优势。在推进我国多党合作事业不断发展的过程中，我们要坚持以马克思列宁主义、毛泽东思想、邓小平理论和“三个代表”重要思想为指导，深入贯彻落实科学发展观，坚持中国共产党的领导，坚持社会主义初级阶段的基本路线、基本纲领和基本经验，坚持“长期共存、互相监督、肝胆相照、荣辱与共”的基本方针，保持宽松稳定、团结和谐的政治环境，既积极借鉴人类政治文明的有益成果，又绝不照抄照搬别国政治制度和政党制度的模式，始终不渝地走中国特色社会主义的政治发展道路，推动新世纪新阶段统一战线和多党合作事业继续蓬勃发展，为中国乃至世界民主政治发展作出积极贡献。

（摘自《求是》杂志）

在会见老挝建国阵线主席西沙瓦时的讲话（摘要）

（2006年8月14日）

贾　庆　林

中国和老挝是好邻居、好朋友、好同志、好伙伴，双方高层互访频繁，政治上相互信任，经贸合作成果显著。两国关系堪称是相互尊重、睦邻友好的典范。中方赞赏并感谢老挝党和政府在台湾、西藏、人权等涉及中国国家主权及核心利益的重大问题上一贯给予的理解和支持。中国党和政府十分珍视中老友谊，将继续本着“与邻为善、以邻为伴”的外交方针，推动中老长期稳定、睦邻友好、彼此信赖的全面合作关系向更高、更深层次发展，为两国人民带来更多实际利益。

中国全国政协和老挝建国阵线在各自国家的政治生活中发挥着重要作用。中国全国政协愿与老挝建国阵线一道，不断推动两组织全面友好往来，在各个层次加强交流和相互学习，为进一步发展中老关系和两国人民的友谊做出新的贡献。

职业教育要以就业为导向　培养社会真正需要的人才

（2006 年 8 月 17 日）

张　榕　明

职业教育要以市场为依托，以就业为导向，培养社会真正需要的人才。同时，要推进职业教育的体制创新，发展多元化、多样化的办学模式与格局。

去年 11 月，温家宝总理在全国职业教育工作会议上，多次引用黄炎培职业教育思想的理念，强调了发展职业教育的重要性，并要求大家很好地研究黄炎培的职业教育思想。举办这次研修班就是具体落实总理的讲话精神，弘扬黄炎培职业教育思想的具体表现。

当前，我国职业教育面临着大好的机遇，“十一五”期间，中央财政将为职业教育投入 100 亿元。尽管面临着难得的机遇，但是我们也要清醒地看到，职业教育相对普通教育而言，仍是一条短腿，是较薄弱的领域。为此，我们要切实贯彻落实全国职业教育工作会议精神，进一步继承和弘扬黄炎培职业教育思想，努力克服困难，做好职业教育工作。

黄炎培职业教育思想是我国职教理论体系的重要基石和宝贵财富，其思想精髓一是明确了职业教育的宗旨是“使无业者有业、使有业者乐业”；二是定位职业教育的目的是为个性发展、为个人谋生、为社会服务、为世界及国家的发展服务；三是提出了职业教育的原则是平民教育。要坚持教育的公平性，切实保障人民群众接受职业教育的合法权益，职业教育工作者要把职业教育的社会效益和公益性放在首位，尽可能地为广大城乡需求者提供优质的教育和培训，提高全民的职业素养和就业竞争力。

（摘自《人民政协报》）

在会见全国政协全体会议海外列席人员回国考察团时的讲话（摘要）

（2006 年 8 月 18 日）

王　忠　禹

长期以来，广大华侨华人、港澳同胞积极参与中国经贸、科技等各项事业的发展，在促进中国改革开放和现代化建设，扩大中国的对外交流与合作，增进中国人民同世界各国人民的了解和友谊等方面，发挥了不可替代的重要作用，为维护海峡两岸关系的稳定做出了积极贡献。

人民政协始终高举民主和团结两大旗帜，积极发挥政治协商、民主监督、参政议政的职能，在国家的政治生活、经济生活及各项建设中发挥了积极的作用，为国家改革开放和社会发展做出了重要贡献。2006年初，中共中央颁发了《中共中央关于加强人民政协工作的意见》。这是指导新世纪、新阶段人民政协事业发展的纲领性文件。7月4日至7日，全国政协召开了十届十四次常委会议。这次会议以围绕建设社会主义新农村和提高自主创新能力为主题。这次会议是“十一五”规划实施后召开的第一次常委会议，也是《中共中央关于加强人民政协工作的意见》颁布后第一次以专题议政为主要内容的常委会议。全国政协港澳台侨委员会围绕这次会议主题向各位征集意见和建议，得到了积极响应。许多海外侨胞从科技体制、建设新农村问题等方面提出了很多有参考价值的意见和建议，作为会议的参阅资料。

全国政协十分重视邀请海外侨胞列席全体会议的工作。从2001年至今连续邀请了海外侨胞列席全体会议。为了更好地帮助大家了解国家经济和社会发展情况，了解发展两岸关系、推进祖国和平统一进程的各项方针政策，为现代化建设和实现祖国完全统一贡献力量，全国政协正在积极研究和探讨多种做好此项工作的方式。这次组织专题考察就是加强联系的一种方式。

（摘自《人民政协报》）

江泽民民主政治建设思想是对中国社会主义事业的伟大贡献

（2006年8月22日）

陈奎元

《江泽民文选》的出版发行，是党和国家政治生活中的一件大事，以胡锦涛为总书记的党中央在当前出版《江泽民文选》，组织全党、全国人民学习《江泽民文选》，是非常重要、适时的决策。江泽民同志的著作是党的宝贵财富，学习江泽民同志“三个代表”重要思想，按照他指出的方向和道路，继续进行理论创新、制度创新和各方面的创新，中国特色社会主义的伟大事业就一定会取得新的更大的成就。

江泽民同志在领导中国特色社会主义建设的实践中，高度重视民主政治建设。在马克思主义民主政治理论的基础上，研究新的时代特点，根据中国的国情进行理论创新，将民主政治建设理论全面系统地提高到一个新的境界；结合改革发展新的实践，着力进行制度创新，把中国特色民主政治制度建设推进到一个新的阶段。学习江泽民同志的民主政治建设思想，继续进行理论创新和制度创新，把中国特色社会主义全面推向前进，是新一代以及今后若干代中国共产党人的历史责任。

中国共产党从诞生之日起，就将劳动人民的彻底解放、实现人民当家做主作为自己的宗旨和奋斗目标。以毛泽东为代表的第一代中国共产党的开拓者们，将马克思列宁主义的理论同中国实际相结合，提出中国革命分两步走，第一步是民主主义的革命，第二步是社会主义的革命。他们领导中国人民浴血奋斗数十年，取得了新民主主义革命的彻底胜利。中国人民解放战争胜利以后，党领导全国人民实行民主建国的方略，广泛采取各爱国党派和各界人士的意见，建立起以工人阶级为领导，工农联盟为基础，联合小资产阶级、民族资产阶级的人民民主专政的新中国。人民民主专政被确立为中华人民共和国的国体。中国劳动人民第一次成为国家的主人。这是中国几千年文明史中前所未有的变革。

在社会主义时期，党在建设社会主义的过程中，始终坚持人民当家做主的宗旨，并且不断探索让人民更广泛地参与社会活动、管理国家事务的途径。在社会主义的政治建设中曾经取得极大的成就，最显著的就是建立了人民代表大会制度、中国共产党领导的多党合作和政治协商制度、民族区域自治制度等关系国家命运的政治制度，党和政府的领导机关完全不同于旧中国欺压百姓的官衙，人民群众真诚地拥护共产党、热爱人民政府。后来，党的政治生活和党对国家的领导发生过严重的失误，主要的历史教训，一个是没有始终坚持以经济建设为中心，另一个是没有切实建设民主政治。由于在民主政治建设上发生了波折，党内生活中的民主集中制原则遭到破坏，对阶级斗争形势的分析与解决的方式发生严重偏差，多次发动政治运动，使大批党内外干部、知识分子以及其他无辜人员遭受打击和迫害。特别严重的是毛泽东同志错误地发动文化大革命，导致灾难性后果。回头看这一段历史，最重要的是使后人懂得前车之鉴，不要重犯前人的过失，但是不能由此否定在共产党的领导下，中国人民第一次当家做主，建立起亘古以来第一个人民民主国家的历史功绩。

党的十一届三中全会以后，邓小平等党的第二代领导人实事求是地总结历史经验，决定大力加强民主政治建设重新探索实现社会主义民主的道路。邓小平最杰出的贡献在于他倡导实事求是的思想路线，坚持走自己的路，建设中国特色的社会主义。他主持党中央制定的基本路线，是中国各方面改革和建设的总纲领。他始终紧紧抓住经济建设这个中心，坚定不移地执行四项基本原则，坚定不移地实行改革开放政策。他率先提出在进行经济体制改革的同时也要进行政治体制改革，提出政治体制改革的目标，是以完善人民代表大会制度、共产党领导的多党合作和政治协商制度为主要内容，发展社会主义民主政治。

从党的十一届三中全会到党的十三届四中全会的十多年间，是邓小平理论全面形成，由他设计的中国特色社会主义初级阶段的蓝图全面起步的时期。这个期间，国内外各种政治力量多次交锋，社会政治局面先后发生过多次振荡，其中 1989 年的政治风波最为突出，几乎危及党和国家的命运。面对反复发生的政治风波，邓小平清醒地看出，必须注意两手抓，克服一只手硬、一只手软的问题，由此引发他对于政治体制改革的慎重思考，他指出，政治体制改革涉及的问题很多，比经济体制改革复杂得多，难度也大得多，每一个措施都要慎重稳妥，要一步一步走。政治建设、政治体制改革必须从中国的国情出发，绝不照搬西方的政治制度。他认为四项基本原则是立国之本，只要不削弱党的领导和社会主义制度，出了偏差可以纠正，敌对势力的干扰可以抵制，各种风潮可以消弭。他的远见卓识，是指引我们建设中国特色社会主义的法宝。

党的十三届四中全会以来，江泽民同志果敢地承担起引领全党向社会主义现代化进军的使命。在理论创新和制度创新上都谱写了新的篇章。与江泽民同志名字联在一起的“三个代表”重要思想，全面地继承和发展了邓小平理论，成为全党全国人民实现社会主义初级阶段目标、任务的理论基础和实践指南。江泽民民主政治建设的思想是“三个代表”重要思想的有机组成部分，是毛泽东、邓小平社会主义民主政治理论的继承和发展，是新时期中国化马克思主义民主理论的集大成的硕果。

江泽民同志带领党和人民在建设社会主义的伟大事业中，坚持发展马克思主义、毛泽东思想、邓小平理论，从中国改革发展的实际出发，以唯物史观为武器，提出一系列民主政治建设的新思想。他提出，社会主义不但要建设物质文明和精神文明，还必须建设社会主义的政治文明；任何一种民主的本质、内容和形式，都是由本国的社会制度所决定的，并且都是随着本国经济文化的发展而发展的；社会主义民主是大多数人享有的最广泛的民主、最科学的民主、最好的民主；中国的民主政治建设必须根据本国社会制度、经济社会发展水平、文化传统、人民的素质等现实的国情；党的领导、人民当家做主和依法治国的统一性，是社会主义民主政治的重要优势；在党的领导下，工人、农民、知识分子和全体人民作为主人管理自己的国家，享受广泛的民主权利，是我国社会主义民主的核心；建设高度的社会主义民主和完备的法制是我们的根本目标和根本任务之一；坚持依法治国和以德治国相结合；坚定不移地走自己的政治发展道路，坚持社会主义的自我完善和发展，绝不照搬西方的政治模式；着重加强社会主义民主政治制度建设，实现社会主义民主政治的制度化、规范化、程序化。他站在时代的高度，全面地审视我国政治体制的优势和不足，认为要更好地适应经济基础的变化，促进社会生产力的发展，必须进行改革创新，建立更完善的民主制度。他通览经济与政治、文化的全局，提出经济上的公有制为主体，政治上的民主集中制，文化上的以马克思主义为指导缺一不可，从而把经济基础和上层建筑辩证统一的基本原理，融入民主政治建设的理论，统一于改革的实践中。他指出一个中心不是两个中心，两个基本点不是一个基本点，鲜明地提出坚持四项基本原则的改革观，反对自由化即资本主义化的改革观。认为在社会主义初级阶段人民民主专政的政治制度与基本经济制度是统一的，必须长期坚持。

对于中国经济体制的改革，以及正在高速增长中的经济发展成就，不论国内还是国外，持肯定态度的人较多。对于中国的政治体制改革和政治制度建设，则有较强的非议和杂音，站在不同立场上的人，态度是截然不同的。国外的霸权主义者从未放弃改变中国政治制度的图谋甚至蛮横地把中国列为专制国家。江泽民同志多次向党内敲警钟：西方敌对势力打中国牌，实质上就是要实现他们“西化”、“分化”中国的政治图谋，想把他们那套民主政治强加给我们，让我们实行西方式的民主。在国内，极少数极力主张资产阶级自由化的人们鼓吹所谓精英政治，鼓吹政治多元化、多党制，其实质是要把广大人民群众排除在民主之外，否定共产党的领导地位，用资产阶级共和国取代社会主义的人民共和国。他们的目的同西方敌对势力一样，都是要把社会主义中国演变成“完全西方附庸化的资产阶级共和国”。江泽民同志旗帜鲜明地反对资产阶级自由化，非常明确地指出，我们在社会主义现代化建设的整个过程中要始终注意防止和反对资产阶级自由化。他反复指明，中国绝不走西方资本主义的老路。1989 年政治风波之后，国际环境十分险恶，国内政治气氛也相当紧张，他义无反顾地率领党和人民继续改革开放、集中力量进行经济建设，同时慎重、稳健地推进社会主义民主政治制度的发展与完善。

江泽民同志在长期居于中国共产党第三代领导核心的位置上，始终坚定不移地巩固和维护以毛泽东为代表的第一代领导人创立的社会主义江山，继续邓小平提出并已开始着手的政治体制改革和民主政治建设，在理论上和民主政治建设的实践中，将毛泽东、邓小平的民主政治理论上升到一个崭新的境界，为全党创造了一份可贵的精神财富，将他们开创和发展的社会主义民主事业大大推向前进，为社会主义的政治建设作出了新的贡献。

（选自《人民政协报》）

在会见尼泊尔副首相奥利时的讲话（摘要）

（2006年8月30日）

贾 庆 林

中尼山水相连，两国人民有着长期友好交往的历史和兄弟般的情谊。建交以来，两国关系发展顺利，在各领域开展了良好的交流与合作。尼泊尔长期以来在西藏、台湾等问题上坚定支持中国，不允许外部势力利用尼泊尔领土从事反华活动。中方对此表示赞赏和感谢。

中方高度重视发展中尼睦邻友好关系，鼓励和支持西藏自治区与尼泊尔开展多种形式的交流与合作。中方愿与尼方一道，共同推动两国睦邻伙伴关系不断向前发展。

（摘自新华社北京8月30日电）

在首届豫商大会上的讲话（摘要）

（2006年8月30日）

张 思 卿

这是河南省商界的一件盛事，也是豫商发展史上具有里程碑意义的一件大事。

新一代豫商在改革开放和社会主义市场经济中不断成长，在各自的事业中取得了骄人的成绩，已经成为实现中原崛起的一股重要力量。同时，当代豫商给人们留下了敢于吃苦、勤于实践、勇于创新、善于创造的良好印象，他们身上所体现出的创业精神和商业智慧，集中反映了与时俱进的河南精神，展示了河南人的良好形象。

当代商人应当树立以人为本、诚实守信、质量第一、居利思义、服务社会的社会理念和原则。希望广大豫商在努力实现先行致富的同时，要把自身事业的发展和国家的命运结合起来，把个人富裕和全体劳动者的共同富裕结合起来，把遵循市场运行法则与弘扬社会主义道德结合起来，致富不忘国家，致富不忘人民，致富不忘故乡。要在生产经营过程中，调动一切积极因素，调整好内外关系，尽力化解各种矛盾，加强安全生产管理，以创造和谐的企业来为构建社会主义和谐社会做贡献。

（摘自《人民政协报》）

实现西部大开发战略需要民营经济强力推动

——在第三届加快民营经济与区域经济共同发展论坛上的讲话

（2006 年 9 月 1 日）

阿不来提·阿不都热西提

同志们、朋友们：

推动民营经济发展，加强内地与西部、西部与中亚地区新的物流体系建设，研究和发挥民营经济在区域经济发展中的作用是一件非常有意义的事情。本届论坛把“在新疆打造国际物流中心”确定为论坛的主题，而且又把论坛放在新疆召开，不仅有现实意义，还有很强的借鉴意义。

大家都知道，当前，科学技术飞速发展，社会分工不断细化，不同区域的经济合作日益紧密。这就要求我们必须按照科学发展观的要求，坚持以人为本，不断完善社会主义市场经济体制，形成物质文明、政治文明、精神文明相互促进、共同发展的格局，保持区域协调发展，处理好经济建设、人口增长与资源利用、生态环境保护的关系，推动整个社会走上生产发展、生活富裕、生态良好的文明发展道路。坚持以经济建设为中心，坚持用发展和改革的办法解决前进中的问题，转变发展观念，创新发展模式，提高发展质量，切实把经济社会发展转入全面协调可持续发展的轨道。“十一五”规划明确提出，要根据资源环境承载能力、发展基础和潜力，按照发挥比较优势、加强薄弱环节、享受均等化基本公共服务的要求，逐步形成主体功能定位清晰、东中西良性互动、公共服务和人民生活水平差距趋向缩小的区域协调发展格局。

统筹区域发展，不仅是一个重大的经济问题，而且是一个重大的政治问题。中央提出的统筹区域协调发展的总体战略布局，规划了我国区域发展的宏伟蓝图，对于今后我国各地区充分发挥自身优势、形成相互促进共同发展的新格局，具有重要指导意义。党的十六大分别对西部大开发、中部地区发展、东部地区发展、东北老工业基地振兴等提出了明确要求，就是“实施西部大开发，振兴东北地区等老工业基地，促进中部地区崛起，鼓励东部地区率先发展，形成东中西互动、优势互补、相互促进、共同发展的新格局”。从全国范围来看，区域合作的范围越来越广、越来越紧密，也越来越得到各方面的重视。

公有制为主体、多种所有制经济共同发展是我国社会主义初级阶段的基本经济制度。毫不动摇地巩固和发展公有制经济，毫不动摇地鼓励、支持和引导非公有制经济发展，使两者在社会主义现代化进程中发挥各自优势，相互促进，共同发展，是社会主义初级阶段需要长期坚持的基本方针，是完善社会主义市场经济体制、建设中国特色社会主义的必然要求。改革开放以来，我国民营经济等非公有制经济不断发展壮大，已成为社会主义市场经济的重要组成部分和促进社会生产力发展的重要力量，民营经济等非公有制经济在国内生产总值中所占比重已从1979年的不足1%提高到目前的1/3左右。20世纪90年代以来，城镇新增就业岗位的70%以上是由非公有制经济提供的，从农村转移出劳动力的70%以上也在非公有制经济就业。实践证明，大力发展民营经济等非公有制经济，有利于繁荣城乡经济、增加财政收入，有利于扩大社会就业、改善人民生活，有利于优化经济结构、促进经济增长，对于完善社会主义市场经济体制、全面建设小康社会和加快社会主义现代化进程具有重大的战略意义。在区域经济的发展过程中，非公有制经济起着不可估量的作用，可以说非公有制经济是推动区域经济发展最活跃和最有生气最有潜力的一支力量。一方面，区域经济进入良性发展轨道，非公有制经济就可以在协调的环境中得到快速发展；另一方面，有了非公有制经济的迅猛发展，也一定能推动区域经济的健康协调发展，两者互相作用，互为动力。全国政协对于区域经济和非公有制经济的发展十分重视，经济委员会也把这两方面作为重点进行调查研究、建言献策，形成了“加强非公有制经济发展的36条建议”等一些有分量的参政议政成果。大家知道，在原有体制和条框划分的管理机制下，使具有共同区域特点的经济因素很难结合，市场的调节因素很难发挥作用。改革开放实际上就是一方面改变这种制约经济自然发展的制度性安排，一方面不断地创造条件，让各种经济成份得以充分展示自己的活力。民营企业以市场为导向，追求效益最大化，打破了许多不合市场要求的规则，打破了人为的区域分割，在资源配置上充分利用区位的优势，积少成多，通过资源整合不断发展壮大，逐渐形成了规模效应，为区域经济的发展给予了有力的推动。但目前非公经济在西部地区发挥的作用还明显不足。据统计，我国民营企业500强中，东部地区占83%，中部为11%，西部地区仅为6%，西部地区非公经济力量还比较弱。如何充分挖掘西部地区非公经济发展的潜力，使非公经济为西部地区的经济社会发展做出更大贡献，这是个值得深入研究的问题。

西部地区地大物博，能源矿产资源优势突出，是我国重要的能源基地和原材料基地。水能资源占全国的80%，天然气储量占70%，煤炭占60%，石油占40%，有色金属等矿产资源比较丰富。实施西部大开发具有关系全局的重大战略意义，有利于发挥西部地区优势，改变西部地区的落后面貌；有利于逐步缩小区域发展差距，形成国民经济新的增长空间；有利于加强生态建设和环境保护；增强中华民族的凝聚力，有利于巩固和发展民族团结，维护社会稳定和边疆安全，保证国家的长治久安。但是，由于西部地区自然资源依赖程度高、生产方式粗放，对生态环境的压力重，技术进步的贡献远低于劳动和资本要素，自主知识产权和自主品牌产品少等因素，使西部地区经济发展与东部地区相比仍显落后。

新疆是我国边疆少数民族地区，党中央、国务院一直十分重视新疆地区的发展，制定了一系列的政策措施，特别是西部大开发以来，在自治区党委、人民政府的正确领导下，认真贯彻中央“稳疆兴疆、固边富民”政策，使新疆经济社会得到快速发展，经济结构不断优化，人民生活不断改善，基础设施得到进一步完善。目前，新疆民族团结、社会稳定。2005年石油产量达2393.73万吨，天然气产量达106.24亿立方米，原煤产量达2435.07万吨，新疆资源优势日渐突出。同时，独特的区位和地缘优势日益显现，随着我国经济实力的进一步增强，国际地位的进一步提高，新疆的周边环境日益得到改善，与周边国家的睦邻友好关系得到不断加强，经济合作不断发展，加强丝绸之路沿线国家、城市全方位合作的条件已经成熟，这些都无疑为重现丝路辉煌、加快区域发展迎来了一个历史机遇期，只要我们转变生产经营方式、发挥自身特点优势，进一步优化对外开放格局，就一定能够把新疆建设成为东联西出的国际贸易中心。开好这次论坛，对我们开拓视野、明确思路，促进民营经济和区域经济的更快更好发展，也具有重要的意义。

这次论坛既有企业家、专家学者，也有政府部门的同志到会，希望大家解放思想，实事求是，畅所欲言，集思广益，紧密联系实际，深入研究问题，为新疆的腾飞，为西部的发展提出好的建议。

（标题为编者所加，略有删节。）

（选自《人民政协报》）

在全国政协第51期干部培训班开学典礼上的讲话（摘要）

（2006年9月2日）

李　蒙

全国政协举办一期地市级以上政协专门委员会主任培训班是一件很有意义的事情。专委会工作在整个政协工作中具有基础性地位，政协工作要不断发展并取得显著成效，很大程度上同专委会工作的活跃与作用的发挥直接相关。专委会主任作为专门委员会日常工作的主持者，位置重要，责任重大，其作用发挥得如何，对整个专委会的工作具有直接影响。因此，各专门委员会主任要提高认识，认清责任，切实肩负起专委会各项工作的重任。

不断提高自身素质，是专委会履行职责、充分发挥基础作用的重要前提，是专委会适应新形势、新任务需要的基本保证。各专门委员会要发扬人民政协重视学习的优良传统，认真学习刚出版发行的《江泽民文选》和胡锦涛同志在学习《江泽民文选》报告会上的讲话，学习《中共中央关于加强人民政协工作的意见》以及与自身履行职能相关的各个领域的知识，加强与有关部门的联系与合作，改进工作作风，进一步提高为委员服务的质量，不断提高做好专门委员会工作的能力和水平。

做好专门委员会工作必须始终围绕团结和民主两大主题，选准角度，把握重点，认真搞好专题调研，按照主席会议和常委会议精神开展各项工作。十届政协以来，贾庆林主席、王忠禹常务副主席和各省市政协的领导对专委会工作十分重视，为专委会工作的开展创造了很多好的条件，各级政协专委会要继续努力，把工作不断推向前进。

希望大家都能珍惜这次难得的学习机会，把精力更多地投入到学习中去，切实做到学有所获。

（摘自《人民政协报》）

在全国政协“推进西部大开发”专题协商会上的讲话（摘要）

（2006年9月5日）

贾庆林

实施西部大开发战略，是以江泽民同志为核心的党的第三代中央领导集体根据邓小平同志关于“两个大局”的战略思想作出的重大决策。党的十六大以来，以胡锦涛同志为总书记的党中央高度重视西部大开发，采取了一系列重大政策措施，推动西部地区经济社会加快发展。六年多来，在党中央、国务院的正确领导下，经过各地区、各部门特别是西部地区广大干部群众的艰苦努力，西部大开发有了一个良好开局。

“十一五”时期是我国改革发展的关键阶段，是全面建设小康社会的关键时期。进一步推进西部大开发战略，是党中央一项坚定不移的重大决策。我们一定要把思想认识统一到中央的决策部署上来，把科学发展观贯彻到经济社会发展的各个方面和整个发展过程，切实把中央关于西部大开发的战略部署、方针政策和重点任务落到实处。大力发展特色经济和优势产业；着力解决关系人民群众切身利益的问题；认真搞好生态建设和环境保护；不断加大对西部大开发的支持力度。

西部大开发是一项长期而艰巨的历史任务，完成这一任务，需要全国人民的共同努力，也需要人民政协的积极参与。

现在，西部大开发进入了一个新的阶段，全国政协和各级地方政协要认真总结过去几年围绕西部大开发建言献策的经验，进一步增强责任感和使命感，充分发挥自身优势，继续为推进西部大开发战略服务。要继续关注西部大开发战略的实施情况，对有关问题进行深入的调查研究。要及时反映参政议政的成果，做好有关意见建议的报送和反馈工作。要努力做好团结稳定的工作，为西部地区发展创造良好的社会环境。

（摘自《人民政协报》）

在全国政协“落实国家中长期科技发展规划纲要”专题协商会上的讲话（摘要）

（2006年9月6日）

贾 庆 林

国家中长期科学技术发展规划纲要，是我国进入新世纪新阶段对科学技术发展进行的第一次全面规划，是在社会主义市场经济条件下制定的第一个中长期科技发展规则，是指导我国新时期科学和技术发展的纲领性文件。今年初，中央召开了新世纪的第一次全国科学技术大会，胡锦涛同志在大会上发表了重要讲话，号召全党全社会为建设创新型国家而奋斗。我们要认真学习胡锦涛同志的重要讲话精神和江泽民同志的科技思想，深刻认识实施《规划纲要》、建设创新型国家的重大意义，切实贯彻自主创新、重点跨越、支撑发展、引领未来的方针，把思想和行动统一到中央的决策部署上来，把智慧和力量凝聚到实现《规划纲要》确定的目标和任务上来，推动我国科技事业加快发展，为建设创新型国家作出新的贡献。

在实施《规划纲要》、建设创新型国家过程中，要切实把自主创新摆在全部科技工作的突出位置；加快建设以企业为主体、市场为导向、产学研相结合的技术创新体系；着力抓好基础科学和前沿技术的超前部署以及科技重大专项的组织实施；充分发挥科学家和企业技术专家的决策咨询作用。

围绕经济社会发展中的重要问题进行专题协商，是人民政协在新形势下开展政治协商活动的一种新形式，应作为一项制度长期坚持下去。在新形势下，进一步推进人民政协的政治协商，要注意把握好以下几点：一是不断增强协商意识，二是切实落实协商原则，三是认真做好协商准备，四是积极探索协商的新形式，要通过扎扎实实的工作，把《中共中央关于加强人民政协工作的意见》中关于政治协商的规定真正落到实处，把人民政协的政治协商在国家政治生活中的作用充分发挥出来。

（摘自《人民政协报》）

在会见马尔代夫总统加尧姆时的讲话（摘要）

（2006年9月13日）

贾 庆 林

建交以来，中马坚持按照和平共处五项原则发展双边关系，政治、经贸、旅游等领域的交流与合作不断加强，在国际和地区事务中保持着良好的沟通和配合。中方赞赏总统先生和马尔代夫政府长期致力于中马友好事业，在事关中国核心利益的问题上坚定支持中方立场。无论国际形势如何变化，中方都将坚定奉行对马友好政策，永远做马方的好朋友、好伙伴。我们愿与马方共同努力，认真落实两国元首达成的重要共识，巩固传统友谊，深化各领域的合作，不断提升两国关系发展水平。

中国全国政协愿与马议会加强交往，相互学习、相互借鉴，为加深两国人民之间的相互了解和友谊、促进中马关系的发展作出不懈努力。

（摘自新华社北京 9 月 13 日电）

认真学习《江泽民文选》和胡锦涛同志重要讲话　推进人民政协事业不断向前发展

（2006 年 9 月 13 日）

周　铁　农

《江泽民文选》的出版发行是中国共产党和全国各族人民，包括民主党派的一件欢欣鼓舞、振奋人心的大事，对我国社会主义现代化各项事业的发展具有极强的理论指导意义和现实意义。

一、要充分认识《江泽民文选》出版发行和胡锦涛总书记的重要讲话的重大意义，结合胡锦涛总书记的重要讲话，认真研读原著，深刻领会《江泽民文选》的丰富内涵和精神实质，正确认识国内外发展大势，更加紧密地团结在以胡锦涛同志为总书记的中共中央周围，坚定不移地贯彻落实科学发展观，加快推进我国社会主义现代化建设

《江泽民文选》的出版发行，是中共中央作出的全面落实十六大提出的战略任务的又一个重大步骤，为我们深入学习贯彻“三个代表”重要思想、不断开创中国特色社会主义新局面提供了强大思想武器，对于高举马克思列宁主义、毛泽东思想、邓小平理论和“三个代表”重要思想伟大旗帜，全面贯彻科学发展观，科学总结历史、正确把握现实、胜利开创未来，有着重大而深远的意义。《江泽民文选》生动记录了以江泽民同志为核心的党的第三代中央领导集体带领全党全国各族人民把中国特色社会主义事业推向前进的历史进程，科学总结了中国共产党领导人民战胜各种艰难险阻、全面开创中国特色社会主义事业新局面的宝贵经验，集中反映了中国共产党坚持以马克思列宁主义、毛泽东思想、邓小平理论为指导，坚持把马克思主义基本原理同当代中国实践和时代特征相结合创造性地提出的新的重大理论成果，深刻反映了“三个代表”重要思想孕育、形成、发展的历史过程和重大成果。《江泽民文选》内容丰富、内涵深刻，充分体现了江泽民同志在经济、政治、文化、社会等各个领域和改革发展稳定、内政外交国防、治党治国治军等各个方面作出的杰出理论贡献，具有很强的现实针对性和鲜明的时代特征。学习《江泽民文选》对于坚定全国人民走中国特色社会主义道路的决心和信心，对于中国共产党提高应对国际国内复杂局面、领导建设中国特色社会主义事业的能力和水平，加强执政能力建设和先进性建设，始终走在时代前列，在建设中国特色社会主义的伟大实践中不断推进马克思主义的中国化，更好地发挥马克思主义对实践的指导作用，都具有十分重大的意义。

胡锦涛总书记的重要讲话深刻阐述了《江泽民文选》出版的重大意义，科学阐明了《江泽民文选》的科学内涵、核心内容、时代特点，系统归纳了“三个代表”重要思想富有独创性的理论成果，高度评价了江泽民同志作为党的第三代中央领导集体核心和“三个代表”重要思想主要创立者的重大贡献，并对全党全国学习运用《江泽民文选》提出了根本性的指导原则和明确要求，为我们学习《江泽民文选》进一步指明了方向。我们一定要按照胡锦涛总书记的要求，学习好、贯彻好、运用好《江泽民文选》，在研读原著上下功夫，在把握精神实质上下功夫，在提高认识上下功夫。从《江泽民文选》出版发行的重大意义上深化认识，从学习中国共产党的创新理论成果上深化认识，从以江泽民同志为核心的中国共产党的第三代领导集体作出的重大贡献上深化认识，把《江泽民文选》、胡锦涛总书记重要讲话和中共中央《决定》统一纳入学习内容，全面理解丰富内涵，准确把握精神实质，更加紧密地团结在以胡锦涛同志为总书记的中共中央周围，坚定不移地贯彻落实科学发展观，加快推进我国社会主义现代化建设。

二、学习《江泽民文选》，要全面完整地把握“三个代表”重要思想的科学体系和精神实质，深刻领会“三个代表”重要思想在中国特色社会主义建设事业中的重大指导意义

江泽民同志是中国共产党的第三代中央领导集体的核心，特别是他集中中国共产党全党智慧创立的“三个代表”重要思想，是对马克思列宁主义、毛泽东思想、邓小平理论的继承和发展，实现了中国共产党在指导思想上的又一次与时俱进。学习好、贯彻好、落实好“三个代表”重要思想，关系着全面建设小康社会奋斗目标的实现，关系着中国特色社会主义事业的长远发展，关系着中华民族的伟大复兴。

十六大以来，中共中央相继部署在全党兴起学习贯彻“三个代表”重要思想新高潮、开展以实践“三个代表”重要思想为主要内容的保持共产党员先进性教育活动，把学习贯彻“三个代表”重要思想不断引向深入。《江泽民文选》全面集中反映了“三个代表”重要思想孕育、形成、发展的历史过程，集中反映了“三个代表”重要思想的丰富内容、深刻内涵、理论品格。可以说，最能深刻而全面地体现“三个代表”重要思想的代表性著作，都在《江泽民文选》中了；最能生动而突出地反映“三个代表”重要思想孕育、形成、发展的历史过程的文献，也都在《江泽民文选》中了。《江泽民文选》的出版发行，必将把学习贯彻“三个代表”重要思想推向又一个高潮。

十六大确立了“三个代表”重要思想为中国共产党的指导思想，中国共产党作为“三个代表”重要思想的组织者、推动者和实践者，始终保持先进性，必然代表最广大人民领导全国政权执政。坚持党的领导是我国政党制度的核心问题，是最根本的问题。中国共产党是我们事业的核心力量，其领导地位是在几十年的长期革命、建设、改革的实践中形成和巩固的，是历史的选择和现实。各民主党派在长期实践中自觉选择中国共产党的领导，从而保证了多党合作的正确方向和旺盛生命力。“三个代表”重要思想是我国社会主义自我完善和发展的强大理论武器，是全面建设小康社会的根本指针，也是坚持和完善中国共产党领导的多党合作和政治协商制度的指针。我们学习《江泽民文选》，要重点学习“三个代表”重要思想，深刻认识中国共产党的先进性，更加坚定维护中国共产党的领导地位，更加自觉接受中国共产党的领导。

三、要在进一步深入学习“三个代表”重要思想的基础上，着重学习江泽民同志和胡锦涛总书记适应时代发展要求，对坚持和完善中国共产党领导的多党合作和政治协商制度提出的一系列新思想、新观点、新论断，推进人民政协工作不断向前发展

《江泽民文选》第二卷收入了江泽民同志 1999 年 9 月 22 日在庆祝中国人民政治协商会议成立 50 周年大会上所作的《人民政协继往开来的方向和使命》的重要讲话。重温讲话，倍感亲切。讲话强调团结和民主是人民政协五十年发展历程的两大主题。他指出：在中国共产党领导下实行团结和民主，是人民政协性质的集中体现，是人民政协产生和发展的历史根据，是人民政协继往开来的方向和使命，这两大主题应该继续贯穿于人民政协的全部工作中。并希望人民政协继续围绕党和国家的中心任务开展工作，更好地为社会主义现代化建设服务；希望人民政协坚持发扬民主，在推进有中国特色社会主义民主政治建设中发挥积极作用；希望人民政协积极协助党和政府进一步做好协调关系、化解矛盾的工作，维护社会政治稳定；希望人民政协广泛团结海内外一切热爱祖国的中华儿女，为实现祖国的完全统一和振兴中华共同奋斗。

以江泽民同志为核心的党的第三代中央领导集体，对人民政协工作提出了一系列重要的新思想、新观点、新论断，指明了人民政协的发展方向，推动了人民政协事业的发展。党的十六大以来，以胡锦涛同志为总书记的党中央，对新世纪新阶段人民政协事业的发展提出了明确要求，作出了新的重要部署，把人民政协事业继续推向前进。

今年 2 月颁布的《中共中央关于加强人民政协工作的意见》，是以胡锦涛同志为总书记的中共中央从党和国家事业发展的全局出发，加强人民政协工作的一项重要部署。《意见》以“三个代表”重要思想为指导，集中体现了以胡锦涛同志为总书记的中共中央对人民政协工作的理论观点和政策思想，充分肯定了人民政协的历史贡献及其在中国政治体制中的重要作用，明确提出了在全面建设小康社会、加快推进社会主义现代化新的发展阶段人民政协所肩负的历史责任，明确规定了人民政协工作的原则、任务和履行职能的程序、机制，对搞好人民政协自身建设以及进一步加强和改善党对人民政协的领导提出了明确要求，是指导新世纪新阶段人民政协事业发展的纲领性文件。《意见》的颁布实施，对于加强和改善中国共产党对人民政协的领导、提高党的执政能力，对于坚持和完善中国共产党领导的多党合作和政治协商制度、发展社会主义民主政治，对于最广泛最充分地调动一切积极因素、构建社会主义和谐社会，坚持走中国特色政治发展道路，具有重要意义。

我们学习《江泽民文选》和胡锦涛总书记重要讲话，就是要在进一步深入学习“三个代表”重要思想的基础上，着重学习江泽民同志和胡锦涛总书记适应时代发展要求，对坚持和完善中国共产党领导的多党合作和政治协商制度提出的一系列新思想、新观点、新论断，推进人民政协工作不断向前发展。要深刻领会《江泽民文选》中关于人民政协的重要理论和思想，把这些重要思想理论体现在政治协商、民主监督、参政议政的各项工作中，用“三个代表”重要思想来指导人民政协履行职能。要贯彻落实好《意见》精神，推进人民政协工作的进一步制度化、规范化和程序化，巩固和发展最广泛的爱国统一战线，为构建社会主义和谐社会作贡献。

（选自《人民政协报》）

学习“三个代表”重要思想　弘扬社会主义先进文化

（2006 年 9 月 15 日）

张　怀　西

《江泽民文选》编辑出版了。这是我国人民政治生活中一件大事，也是马克思主义中国化发展进程中的一件大事。文选出版后，我阅读了主要文章以及有关介绍，聆听了胡锦涛同志的重要讲话，深刻感受到《江泽民文选》的丰富内容和深刻内涵。文选所收录的江泽民同志从 1980 年以来特别是中共十三届四中全会以来的重要著作，生动记录了以江泽民同志为核心的中共第三代中央领导集体带领全党全国各族人民把中国特色社会主义事业推向前进的历史进程，科学总结了中国共产党领导人民战胜各种艰难险阻、全面开创中国特色社会主义事业新局面的宝贵经验，系统反映了“三个代表”重要思想形成和发展的历史过程，集中展示了“三个代表”重要思想与马克思列宁主义、毛泽东思想、邓小平理论一脉相承又与时俱进的科学体系。可以说，《江泽民文选》源自实践，面向未来，具有鲜明的时代特征和与时俱进的创新精神，为我们更深入地学习领会“三个代表”重要思想，更好地用“三个代表”重要思想武装头脑、指导实践、推动工作，继续推进中国特色社会主义伟大事业，提供了最好的教材。因为文选所记录和反映的时代生活都是我们亲身经历并实践的，也是我们国家经济社会波澜壮阔快速发展的时期，是改革、发展、稳定的良好时期，是人民生活得到更快提高的时期，是我国综合国力大为增强的时期。因而读来非常亲切，备受教育，也从中得到很深的启迪。

《江泽民文选》的出版发行，充分体现了以胡锦涛同志为总书记的中共中央高举邓小平理论和“三个代表”重要思想伟大旗帜毫不动摇的坚定决心。在中共中央学习《江泽民文选》报告会上，胡锦涛同志发表了重要讲话，深刻阐述了《江泽民文选》出版的重大意义，科学分析了《江泽民文选》的科学内涵、核心内容、时代特点，系统归纳了“三个代表”重要思想富有独创性的理论成果，高度评价了江泽民同志作为党的第三代中央领导集体的核心和“三个代表”重要思想的主要创立者的重大贡献，并对全国学习运用《江泽民文选》提出了明确要求。这对于我们学好用好《江泽民文选》具有重要的指导意义。

作为以从事教育、文化、出版工作的高中级知识分子为主的参政党，民进历来非常重视在文化领域的参政议政，关注我国社会主义文化建设。这次系统学习《江泽民文选》，我们深刻体会到，在“三个代表”重要思想中，关于发展社会主义先进文化的思想极为重要。早在 1991 年，江泽民同志在纪念中国共产党成立 70 周年重要讲话中就提出，“在当代中国，先进文化就是有中国特色社会主义文化”。在中共十四届六中全会作出的精神文明建设决议中，对进一步加强有中国特色社会主义文化建设提出了要求。随后中共十五大把建设有中国特色社会主义文化与建设有中国特色社会主义经济、政治一起，共同纳入社会主义初级阶段的基本纲领，江泽民同志指出，“有中国特色社会主义的文化，是凝聚和激励全国各族人民的重要力量，是综合国力的重要标志”。这是对邓小平同志创立的建设有中国特色社会主义理论的重大发展。在《庆祝中国共产党成立八十周年大会上的讲话》中，江泽民同志系统论述了“三个代表”重要思想，并提出，“坚持什么样的文化方向，推动建设什么样的文化，是一个政党在思想上精神上的一面旗帜”，要求要努力繁荣先进文化，把亿万人民紧紧吸引在有中国特色社会主义文化的伟大旗帜下，要加强社会主义思想道德建设，并将它作为发展先进文化的重要内容和中心环节，强调发展社会主义文化的根本任务，是培养一代又一代有理想、有道德、有文化、有纪律的公民。

在《中国文联第七次全国代表大会、中国作协第六次全国代表大会上的讲话》中，江泽民同志指出，努力建设我国的先进文化，使它在全国人民乃至世界人民中间具有强大的吸引力和感召力，与努力发展我国的先进生产力，使我国加快进入世界生产力发达国家的行列，都是我们实现社会主义现代化的战略任务。只有建设社会主义先进文化，才能满足人民日益增长的精神文化生活的需要，不断促进人民思想道德素质和科学文化素质的提高，也才能为发展经济、发展先进生产力指引正确的方向，提供强大的智力支持。在中共十六大报告中，江泽民同志提出，全面建设小康社会，必须大力发展社会主义文化，建设社会主义精神文明。他强调：“在当代中国，发展先进文化，就是发展面向现代化、面向世界、面向未来的，民族的科学的大众的社会主义文化，以不断丰富人们的精神世界，增强人们的精神力量。”这一精辟论述，为牢牢把握先进文化的前进方向，为推进中国特色社会主义文化建设指明了方向。

《江泽民文选》在多篇文章中反复强调，当今世界，文化与经济和政治相互交融，文化的竞争已成为综合国力竞争的重要内容，文化建设是一个民族、一个国家真正强大的核心内容，是民族振兴的关键问题，文化的力量，深深熔铸在民族的生命力、创造力和凝聚力之中。要关注我国的民族振兴，全面建设小康社会，就必须高度重视先进文化的建设，大力发展社会主义文化，并把它放在社会主义的经济建设、政治建设、文化建设、社会建设四位一体的中国特色社会主义现代化的战略地位，紧紧抓住，丝毫不可有任何轻视放松。江泽民同志指出，要牢牢把握先进文化的前进方向，坚持以科学的理论武装人，以正确的舆论引导人，以高尚的精神塑造人，以优秀的作品鼓舞人；要坚持弘扬和培育民族精神，这是一个民族赖以生存和发展的精神支撑；要切实加强思想道德建设，建立与社会主义市场经济相适应、与社会主义法律规范相协调、与中华民族传统美德相承接的社会主义思想道德体系；要大力发展教育和科学事业，并摆在优先发展的战略地位；要积极发展文化事业和文化产业，始终把社会效益放在首位，努力繁荣社会主义文化，满足人民群众精神文化需求；继续深化文化体制改革，为繁荣社会主义文化创造良好的社会环境。江泽民同志的这些理论思想对我国文化建设具有重要的现实指导意义，极大推动了社会主义文化的发展繁荣。

正如江泽民同志曾经说过的，“实践没有止境，解放思想也没有止境。我们要突破前人，后人也必然要突破我们。这是社会前进的基本规律”。中共十六大以来，以胡锦涛同志为总书记的中共中央，以邓小平理论和“三个代表”重要思想为指导，继续推进中国特色社会主义伟大事业，紧密结合新世纪新阶段国际国内形势的发展变化，提出了科学发展观、以人为本、构建社会主义和谐社会等重大战略思想。明确指出“不断提高建设社会主义先进文化的能力”是中共在“当前和今后一个时期加强党的执政能力建设的主要任务”，显示了强烈的人文关怀。2006 年 3 月 4 日，胡锦涛同志在政协民盟民进联组会上进一步强调指出，要把发展社会主义先进文化放到十分突出的位置，充分发挥文化启迪思想、陶冶情操、传授知识、鼓舞人心的积极作用，努力培育有理想、有道德、有文化、有纪律的社会主义公民，提出了以“八荣八耻”为主要内容的社会主义荣辱观的重要论述。具有很强的思想性、时代性和实践性。中共新一代中央领导集体在思想上的新解放，理论上的新发展，实践上的新创造，是对“三个代表”重要思想的坚持和发展，是对马克思主义理论和实践新的丰富，是马克思主义中国化的最新成果。

深入学习和宣传《江泽民文选》，对于我们统一思想和行动，做好当前各项工作，具有十分重要的意义。学习《江泽民文选》是一个长期的任务，需要我们进一步花大力气对原著进行认真细致地研读，真正把学好用好《江泽民文选》的工作落到实处。

（选自《人民政协报》）

支持公益事业　履行社会责任

——在“中国民营企业社会公益论坛”上的讲话

（2006 年 9 月 10 日）

黄　孟　复

各位来宾，企业家朋友们，女士们、先生们：

大家好！今天上午，我们一起高兴地见证了民营企业家们的慷慨善举。现在，企业家们又与社会各方面人士一起交流参与公益慈善的经验与心得，探讨公益慈善事业的意义与精神，研究民营企业参与社会公益慈善事业中面临的问题，这既反映了民营企业家对社会公益慈善事业的日益重视，也反映了社会对民营企业家公益慈善行为的关注与支持。

改革开放 20 多年来，中国的民营经济得到了迅速发展，民营经济已经成为推动中国经济发展的重要力量。在企业快速发展、资本不断积累、财富不断增加的同时，许多民营企业家自觉地行动起来，积极、主动地参与各项社会公益慈善事业，为中国公益慈善事业的发展做出了重要贡献。这其中，有许多善人善事值得赞扬，有许多公益慈善经验值得总结，也还有许多问题需要研究。这里，我就这次论坛的主题——民营企业“支持公益事业，履行社会责任”，谈几点看法。

一、社会公益慈善事业既是中国历史的一个优良传统，也是构建社会主义和谐社会的内在要求

“扶贫济困、乐善好施”是中国人民的传统美德，是中国的优秀文化。在当今社会，个人、企业、单位为他人、为大众、为社会做好事、做善事，为弱势群体、为贫困地区提供帮助，既是中国传统文化、传统美德的继承与发扬，也是社会主义道德与精神的实践与体现。社会公益慈善，源自人人具有的重要本性——怜悯心、同情心和良心。个人在关心和重视自己的同时，也要关心和重视他人，特别是关心和重视弱者、贫者，这就是人的本性与良心。个人无此心，是个人的心灵扭曲，社会无此心，是社会的精神失衡。在发展社会主义市场经济的今天，在全面建设小康社会的今天，在构建社会主义和谐社会的今天，更是如此。

经过新中国50多年的建设，特别是经过改革开放以来20多年的发展，中国的国力大大增强，中国人的生活发生了巨大变化，中国已经成为一个经济大国。我国的GDP总量已经居世界第四位，人均GDP超过了1000美元，今年将达到近2000美元。在国民经济快速发展、人民总体上日益富有的同时，我国也出现了贫富差距不断拉大的趋势。我国每年有7500多万农村贫困人口和低收入人口需要救助，有2200多万城市低收入人口需要帮助，有近200万流动儿童失辍学需要资助，有6000万残疾人需要提供扶持，每年还有许多受灾地区的群众需要救济。我国的基尼系数已经超过0.45的国际警戒线，中国贫富差距不断拉大已经对经济发展和社会稳定构成了威胁。解决这些问题，根本的办法当然是不断发展生产力，不断发展经济，不断加大和完善政府对宏观经济的调控，特别是加大对收入分配的合理调节。但是，这还不够，还必须利用社会力量，民间力量，特别是先富人群的力量，通过发展慈善等社会公益事业，通过社会财富的第三次分配，来对政府的宏观调控和分配调节进行必要的和重要的补充。国际经验表明，只有通过国家与社会、政府与民间、企业与个人的相互配合，才能更快更好地解决贫富差距过大的问题。

目前，我国公益慈善事业的发展和社会的需求都越来越大，作为积累和掌握了较多财富的企业公民，作为改革开放的最大受益者，作为先富起来的新的社会阶层，民营企业家有责任、有义务也有能力积极投身社会公益慈善事业，各尽其能，各负其责，拿出一部分取之于社会的财富来回馈社会，帮助弱势群体，“先富带后富”，为扭转贫富差距不断拉大的趋势、为构建和谐社会做出应有的贡献！

二、民营企业是发展社会公益慈善事业的重要力量，民间资金是社会公益慈善资金的重要来源

据国家的经济普查数据，到2004年底，中国法人企业中的个人实收资本已经达到5.1万亿元，占全国法人企业实收资本的28%，超过了集体和外商实收资本的总和。据国家工商局的统计，2005年中国的私营企业已经超过430万家，投资者人数达1100万人；注册资金总额已经达到6.1万亿元，户均注册资金达到140多万元，投资者人均资金近60万元。据国家统计局数据，2005年全国规模以上私营工业企业的户均资产额已经达到2400多万元，户均销售收入规模已经超过3700万元。

从上世纪90年代中民营经济得到社会的基本承认、民营经济迅速崛起以来，越来越多的民营企业家在发展企业的同时，不断地投身于社会公益慈善事业。可以说，现在，中国的民营企业已经成为发展社会公益慈善事业的重要力量。

例如，参与中国光彩事业活动的有近2万家民营企业，在“十五”期间各项光彩公益事业捐赠总额超过100亿元，年均20多亿元。又如，作为民营经济最为发达的浙江省，其近年来各级慈善组织所接受的捐赠有近 80％来自于民营企业，在今年发布的三个中国慈善榜中，入选最多的地区是浙江商人；在上海，仅市慈善基金会名下设立的专门用于教育项目的基金就有约四成来自民营企业。再如，2005 年中央统战部、全国工商联和中国民（私）营经济研究会联合进行的私营企业调查也显示，有 63.6％的私营业主有过捐赠行为。100 名优秀建设者平均捐赠 3670 万元。不仅如此，很多民营企业家还走出国门，开展各项灾后国际援助，展现了国际人道主义情怀。

以上事实证明，民营企业已经成为社会公益慈善事业的重要力量和社会捐赠资金的重要来源。但是，由于统计与宣传等方面的原因，民营企业在社会公益方面的贡献并不为社会所真正了解。比如，我们有的企业捐建了几十所希望小学、光彩小学，但社会上并不知道。许多人认为民营企业在社会公益方面的作用不大，与他们的经济地位完全不相称；有一些舆论甚至认为多数民营企业“缺乏善心”，不关心社会公益慈善；某机构仅根据某一捐赠记录统计就简单地断言国内 99％的私营企业从来没有参与过捐赠。舆论与事实的反差，说明民营企业在社会公益捐赠中的作用被明显低估了！

还要指出的是，上述例子只是积极参与社会公益慈善事业的众多企业家中的一部分，还有更多的企业家，像今天在座的不少人一样，不为名利、默默无闻、尽心尽力地为教育、卫生、文化、环保、慈善等社会事业积极捐赠善款，自觉、主动地在“三农”问题、就业与再就业问题、支援老少边穷地区问题上用自己的善行善举为国家和社会排忧解难，真正肩负起了企业公民的神圣社会责任，不愧为中国特色社会主义事业建设者。

三、投身社会公益慈善事业是民营企业可持续发展的客观要求，是民营企业家实现自我价值的重要体现

众所周知，企业的发展离不开社会的支持，“取之于社会、回馈于社会”，应该成为企业文化的重要组成部分。当前，中国正处于经济结构调整、社会阶层分化、部分群体利益矛盾加大的时期，社会公益事业作为一种有效的社会利益调节方式，不仅可以缩小贫富差距，缓解社会矛盾，维护社会公平，还可以树立企业形象，提高企业公信度，为企业带来更多的发展机会，更好地体现企业家的社会与个人价值。正如老子的《道德经》所说：“既以为人己愈有，既以与人己愈多”。美国一项对 469 家不同行业公司的调查表明：企业的资产、销售、投资回报率均与其社会公益慈善行为有着不同程度的正比关系，慈善捐赠已经成为企业树立道德形象、获取信誉等无形资产的有力工具。让我们看看世界最知名的企业家：比尔·盖茨捐赠给慈善基金会的钱占其净资产总额的 58％，乔治·索罗斯是 72％。再看看中国的企业家，香港首富李嘉诚今年 8 月 24 日对外宣布，将把个人财产的至少三分之一捐给其名下的 3 个慈善基金，并笑言道自己最少有 30％的时间是用在公益事业上。企业家朋友们，从中国古代圣贤哲人的慧语真言中，从中外知名企业家的言行中，我们不难看出，将参与社会公益慈善事业、开展对弱势群体的帮扶与追求企业发展和利润都置于重要的位置，是企业家走向成熟和理性的标志。企业家的价值不仅应体现在善于经营管理和掌握有较多物质财富方面，也应体现在奉献社会公益事业、树立慈善形象等非物质财富方面。

当然，民营企业有大有小、实力有强有弱，不论拿出多少财富来用于社会慈善公益事业，都是在为社会做奉献，都值得人们敬佩，我们不应该也没有必要互相攀比。公益不问动机，为善不问出处，慈善不问大小，我们希望有更多的民营企业家，更积极地投身到社会公益慈善事业中来，推动我国社会公益慈善事业更好地发展。

工商联作为党和政府联系民营企业的桥梁纽带，作为政府管理非公有制经济的助手，一方面要在全体民营企业和企业家中大力提倡“经世济民、以人为本、义利兼顾”的经营之道，倡导“爱心奉献、反馈社会”的公益精神，广泛地组织、引导和支持民营企业家积极参与光彩事业，积极投身社会公益慈善事业，为中国的公益慈善事业做出更大的贡献，为构建和谐社会做出应有的贡献。另一方面，要进一步总结民营企业参与光彩事业、投身社会公益慈善事业的成绩与经验，宣传这方面的典型事例与典型人物，通过各种方式和途径引导社会舆论对民营企业家的公益慈善行为给予正确的反映、公正的评价和合理的激励，让民营企业家进一步树立投身社会公益慈善事业的参与感、成就感和自豪感。

企业家朋友们，你们是广大民营企业中的成功者、佼佼者，我相信，你们的财富已经远远超出个人的生活需要，你们现在办企业、搞事业、求利润已不再仅仅是满足个人的物质需要，更多的是要以此来证明自我的价值。孔子说过，“利之本在于德与义，不求为利之利”。当你们拿出部分财富投身社会公益慈善事业时，就是在进一步实现和证明自我的社会价值！“贫则独善其身，达则兼济天下”，我相信，在你们的带动下，将会有更多的民营企业在发展企业的同时，以强烈的社会责任感，积极投身到社会公益慈善事业中来，为促进社会与企业的和谐共进做出更大贡献。

（选自《人民政协报》）

团结协作　务实进取　继续推进国际协会的各项工作

——国际协会二〇〇六年年会开幕词

（2006 年 9 月 15 日，首尔）

王　忠　禹

尊敬的韩国国会议长阁下，

尊敬的韩国三方委员会主席先生，

尊敬的各位同事，

女士们、先生们：

金秋时节，我们来到美丽的首尔，首先，我代表经社理事会和类似组织国际协会和全体与会代表对韩国议长阁下表示敬意。韩国三方委员会作为会议的东道主和承办方为这次会议做了精心准备和周到安排，对此，我们表示真挚的感谢。

在会议召开之际，我代表国际协会对从世界各地远道而来的各位同事和朋友，对联合国经社理事会、国际劳工组织的代表表示热烈的欢迎。这次会议是国际协会继去年管委会上海会议之后在亚洲召开的又一次重要会议，也是在亚洲召开的第一次年会。这对进一步扩大国际协会在亚洲的影响，使更多的亚洲国家了解和认识国际协会具有积极意义。

借此机会，对首次出席会议的厄瓜多尔的代表，对应邀列席会议的越南、老挝、蒙古的朋友们表示热烈欢迎。

议长阁下，女士们、先生们，1999 年国际协会在毛里求斯路易港成立大会上通过的章程中开宗明义地宣布，国际协会的宗旨是："完全尊重各成员之独立性，以推动、促进成员间的对话和交流，并在更广泛的意义上鼓励全世界各经济和社会伙伴开展对话。"在我的三位前任，威吉费尔斯主席、蒙杜里主席和戴尔马涅主席以及国际协会秘书长迪吕弗勒的领导下，通过各成员组织的共同努力，国际协会在为实现这一宗旨的道路上不断前进，在国际上树立了开放合作的良好形象。

国际协会成立以来，始终秉承对话、协商、交流、合作的理念，崇尚相互尊重、平等相待、求同存异的原则，致力于推动各成员组织的交流与合作。作为公民社会的代表，国际协会密切关注国际社会的重大经济社会问题，注重与联合国经社理事会、国际劳工组织等相关国际组织的协调与配合，在国际事务中发挥了积极作用。队伍和力量不断发展壮大，影响和作用逐步提高，朋友和伙伴越来越多，显示了旺盛的生命力。国际协会从路易港启程时，仅有 24 个正式成员，今天正式成员已达到 45 个，遍及世界各大洲。在这次大会上，国际协会大家庭又将增加新的成员。

国际协会紧紧围绕国际社会普遍关注的重大问题开展研讨和对话，集思广益，协调立场，提出建议，寻觅解决办法和途径，受到了国际社会的高度重视和好评。在荷兰海牙，我们就全球化阐述了观点和见解；在阿尔及利亚，我们发表了《阿尔及尔宣言》，呼吁发挥"有组织的公民社会在反贫困和推动可持续发展方面的作用"；在巴黎，我们就世界贸易组织改革和提高妇女地位展开研讨，主持了世界经济论坛和世界社会论坛代表们的对话，并一致通过了《巴黎宣言》，就相关的一些重大问题表明了立场。我们的声音得到了广泛的倾听，我们的意见受到了普遍的注意。国际协会为实现世界的和平与发展作出了积极努力。

国际协会坚持务实态度，弘扬合作精神，与其他一些国际组织的联系与交往日益密切。联合国经社理事会、世界贸易组织、国际劳工组织每年都派代表出席国际协会的会议，与我们沟通、对话、交流，了解公民社会的愿望。联合国经社理事会、联合国粮农组织、联合国贸发组织、国际劳工组织等已分别授予国际协会"永久观察员"或类似地位。所有这些都表明，国际协会受到各方的高度关注。国际协会的成功实践，为在世界上开展对话作出了重要贡献。国际协会已发展成为与其他国际组织协商对话的平台，加强各成员组织务实合作的纽带，探讨国际社会焦点和热点问题的重要场所。

各位同事，2005 年 6 月国际协会在巴黎召开第九次全体会议以后，2005 年 10 月国际协会管委会上海会议审议通过了《国际协会 2005—2007 年工作思路和计划》，即加强国际协会成员组织之间的沟通交流，进一步促进全面合作；深入研讨国际社会普遍关注的重大问题，提出意见和建议；加强与联合国经社理事会等国际组织的联系配合，进一步扩大影响；加强国际协会的自身建设，更加有效地开展各项工作。这些思路为国际协会两年的发展确定了前进方向。上海会议以来，国际协会的各项工作正在扎实稳步地落实和推进：

——国际协会分别与法国经社理事会、阿尔及利亚全国经社理事会、巴西经社理事会、中国经社理事会及有关方面合作在欧洲、非洲、拉美和亚洲分别召开联合国千年发展目标圆桌会议，以在世界范围内推动联合国千年发展目标的实施。这些活动得到了联合国经社理事会及其他一些国际组织的密切配合和大力支持。

——促进了在世界各地成立经社理事会和类似组织。目前，俄罗斯、墨西哥、泰国、尼日尔、越南、老挝、玻利维亚、约旦和多哥等国或已经成立或正在积极筹备成立类似组织并考虑加入国际协会。

——成立了两个工作组，深入研讨国际社会普遍关注的诸如建立“国际扶贫发展基金”和“体面劳动和就业”等重大问题，提出意见和建议。

——出席国际劳工大会和联合国经社理事会大会，支持塞内加尔经社理事会举办“社会调解和新兴发展模式——咨商机构的贡献”研讨会，阐述国际协会对相关议题的立场、观点、态度和建议。

今年6月，管委会马德里会议上审议了工作计划的实施和进展情况，对取得的积极成果表示满意。按照议程，这次年会将审议管委会提请的一系列事关国际协会建设和发展的议题，包括：审议俄罗斯公众院、墨西哥、泰国、尼日尔经社理事会入会申请；审议国际协会章程修改草案；审议财务和工作报告；审议“新型国际发展基金”工作组和“体面劳动与就业”工作组报告；审议国际协会第十次北京全体会议的主题。

各位同事，国际协会的事业是大家共同的事业，国际协会的工作是所有成员组织共同的工作。共同的利益和理念把我们联系在一起，国际协会的章程和宗旨使我们相聚在一起，这次会议将为各成员组织提供一个进行广泛交流合作的舞台，希望大家充分利用这个平台，发挥聪明和才智，贡献智慧和力量，携手合作，相互促进，为谱写国际协会的美好篇章而共同努力。

中国有句俗话，“一分耕耘，一分收获”，我们期待收获，更要致力于耕耘。让我们团结协作，务实进取，继续推进国际协会的各项工作。

预祝会议圆满成功。

谢谢大家！

（选自《人民政协报》）

扶贫开发是构建和谐社会重要组成部分

——在江西视察红色老区扶贫时的讲话（摘要）

（2006年9月19日）

李　兆　焯

老区人民为共和国的诞生承受了巨大的牺牲，进一步搞好老区的扶贫工作，不仅是一项繁重而艰巨的任务，而且是一项重大而严肃的政治任务。

我们应充分认识扶贫工作在国家发展重大战略目标和任务中的重要地位，它是构建和谐社会的重要组成部分，是贯彻以人为本的科学发展观的具体行动，是建设社会主义新农村的重要内容，是践行“三个代表”重要思想的具体体现。

老区部分地区人民现阶段生产生活仍然面临着许多突出的矛盾和问题，对这些贫困村的贫困问题，我们应该予以正视，客观分析其存在的原因，理性地思考解决问题的措施和办法。应该从经济社会发展不平衡的角度去看待这些问题。如何正确处理协调好贫困县与老区县的扶持政策相互关系，如何深入地研究和制定指导贫困地区实施扶贫开发的总体工作部署，这些都是在新形势下需要更加深入地思考和研究的问题。

中国扶贫的最主要特点就是开发式扶贫，实践经验证明是行之有效的扶贫方式。通过开发式扶贫，改变贫困地区的生产生活条件，提高贫困群体的自我发展能力。建设社会主义新农村的内容，五句话中的第一句话是生产发展。没有生产发展，没有农民增收的产业，建起来的新农村也是一个“空壳村”。

在老区的扶贫工作中，要引导广大干部群众进一步弘扬老区人民在战争年代所表现出来的自力更生、艰苦奋斗、不屈不挠、顽强拼搏的革命精神和优良传统、作风，用以老区扶贫工作。

目前，我国扶贫开发工作面临着资金严重不足的问题。国家在进一步加大对革命老区的扶贫投入的同时，地方政府也应该加大扶贫资金投入的力度。同时，要加强扶贫资金的使用监督和管理，优化扶贫资金的使用结构，提高扶贫资金的使用效益。

（摘自《人民政协报》）

学习《江泽民文选》的几点认识和体会

（2006 年 9 月 20 日）

李　蒙

8 月 15 日，中共中央举行学习《江泽民文选》报告会，胡锦涛同志在会上发表了重要讲话，使我受到深刻教育。《江泽民文选》的出版发行，是我国政治生活中的一件大事。我有决心，响应中共中央的号召，认真学好《江泽民文选》，用好《江泽民文选》，力争做到学以致用，用有所成。学习《江泽民文选》是我们当前和今后一个时期的一项重要政治任务，需要一个较长的时间。

一、学习《江泽民文选》的意义重大

《江泽民文选》内容涉及改革发展稳定、内政外交国防、治党治国治军等各个方面。它生动记录了以江泽民同志为核心的中共中央第三代领导集体带领全党全国各族人民把中国特色社会主义事业推向前进的历史进程；科学总结了中国共产党领导人民战胜各种艰难险阻、全面开创中国特色社会主义事业新局面的宝贵经验；集中反映了中国共产党坚持以马克思列宁主义、毛泽东思想、邓小平理论为指导，坚持把马克思主义基本原理同当代中国实践和时代特征相结合创造性地提出的新的重大理论成果。《江泽民文选》所描述的事情，都是我们亲身经历过的事情，读起来感到特别的亲切。容易学懂，容易接受，容易理解。学习《江泽民文选》，为我们更深入地学习领会“三个代表”重要思想，更好地用“三个代表”重要思想武装头脑、指导实践、推动工作，继续推进中国特色社会主义伟大事业，有着深远的意义和影响。

学习《江泽民文选》，回顾我国走过的13年历程，可以坚定我们接受中国共产党领导的信念，增强走中国特色社会主义的信心。对于我们高举邓小平理论和“三个代表”重要思想伟大旗帜，坚定不移地贯彻落实中共的基本路线、基本纲领、基本经验，坚定不移地贯彻落实科学发展观，不断巩固马克思主义在意识形态领域的指导地位，正确认识国内外发展大势，为全面建设小康社会、加快推进社会主义现代化而不懈奋斗具有十分重大的意义。

中共十六大确立了全面建设小康社会、开创中国特色社会主义事业新局面的奋斗目标和行动纲领。民主党派作为与中国共产党共同致力于建设中国特色社会主义的参政党，要实现新的奋斗目标，真正做到工作上要有新思路，实践上要有新创造，一个重要的前提，就是要深入学习《江泽民文选》，把“三个代表”重要思想作为民主党派的指导思想，用“三个代表”重要思想统领民主党派的各项工作。对民主党派来说，我认为，有助于提高对中国共产党先进性和执政必然性的认识，能使我们进一步增强接受和维护中国共产党领导和执政的自觉性；有助于更加坚定走建设中国特色社会主义道路的信心，能使我们更好地领会和贯彻执行中国共产党的路线、方针、政策，沿着中国特色社会主义道路不断前进；有助于增强坚持和完善中国共产党领导的多党合作和政治协商制度；有助于加强参政党自身建设，不断提高参政议政能力和民主监督水平，充分发挥参政党的作用，为国家的改革发展稳定作出新贡献。

二、《江泽民文选》的内涵丰富

《江泽民文选》内涵丰富，博大精深，是深刻而精辟的理论，又是具体而切实的要求，具有很强的现实针对性和鲜明的时代特征，集中展现了马克思主义中国化的新发展及其重大成果，系统阐述了“三个代表”重要思想的科学体系，充分体现了江泽民在社会主义经济建设、政治建设、文化建设、社会建设和党的建设以及国防和军队现代化建设、祖国统一、国际战略和外交工作等各个领域，涉及改革发展稳定、内政外交国防、治党治国治军等各个方面作出的杰出理论贡献。

“三个代表”重要思想，它在邓小平理论的基础上，进一步回答了什么是当代中国的社会主义、怎样建设中国特色社会主义的问题，还创造性地回答了建设什么样的执政党、怎样建设执政党的问题，深化了对共产党执政规律、社会主义建设规律、人类社会发展规律的认识，丰富了中国特色社会主义理论，形成了一系列相互联系的新思想、新观点、新论断，构成了一个立意高远、内涵丰富的完整的科学理论体系，成为我们建设中国特色社会主义的强大思想武器。

我们学习《江泽民文选》，要紧密围绕中国特色社会主义这一主线，全面把握“三个代表”重要思想同马克思列宁主义、毛泽东思想、邓小平理论一脉相承而又与时俱进的科学体系，深刻认识“三个代表”重要思想是中国共产党必须长期坚持的指导思想，深刻认识中共十六大以来提出的坚持科学发展观、构建和谐社会等重大战略思想是对“三个代表”重要思想的坚持和发展。要把学习《江泽民文选》同学习马列著作、毛泽东思想、邓小平理论结合起来，同学习胡锦涛总书记 8 月 15 日在学习报告会上的重要讲话精神结合起来，同学习改革开放以来特别是中共十三届四中全会以来提出的一系列重大战略思想结合起来，坚持以邓小平理论和“三个代表”重要思想为指导，在新的历史条件下把马克思主义的中国化继续推向前进。

三、努力发挥《江泽民文选》的指导作用

《江泽民文选》也包含着对统一战线和多党合作的根本要求。我们民主党派也要认真学习《江泽民文选》，深入领会其在统一战线和多党合作中的一系列重要理论政策思想，用以指导参政党的实践。

1. 学习《江泽民文选》要认真学习原著。要努力做到学而不倦、精学深思、学以致用，坚持与时俱进精神，紧密联系国内外形势变化对多党合作制度的影响，紧密联系民主党派各项工作的实际，深刻思考全面建设小康社会阶段参政党工作的特点和规律，推动党派工作的开展。

2. 要把学习《江泽民文选》融入到民主党派履行参政党的职能中。民主党派要针对改革开放中遇到的难点、政府工作的重点和人民群众关心的热点问题，深入调查研究，提出有分量、可操作的建议，努力反映社情民意，提高参政议政的水平。

3. 要把学习《江泽民文选》融入到多党合作的理论研究和各种社会实践活动之中。发展社会主义民主政治，建设社会主义政治文明，从多党合作这个角度，研究新的理论和实际问题。以文选为指导，通过组织成员参加社会调查、参观考察、开展义务咨询和社会服务活动等活动，在社会实践中体验中共十六大精神的贯彻情况及取得的成果，激发民主党派成员为社会发展作贡献的积极性、主动性。

4. 要把学习《江泽民文选》融入到民主党派成员实践全面建设小康社会、创造幸福生活的奋斗中。民主党派成员要深入学习“三个代表”重要思想的基本精神，努力达到思想上真正有所提高，工作上切实得到改进和帮助。

通过学习，民主党派要找出思想观念和精神状态上存在的差距，使民主党派的各项工作体现时代性、把握规律性、不断推进理论创新、制度创新和工作方式上的创新，要坚持讲科学、鼓实劲、求实效，推动各项工作取得新进展，用学习的成果推进新一轮跨越式发展，用发展的成果体现学习的成果。

四、在学习《江泽民文选》中得到启迪和发展

江泽民同志曾经说过：“实践没有止境，解放思想也没有止境。我们要突破前人，后人也必然要突破我们。这是社会前进的基本规律。”

中共十六大以来，以胡锦涛同志为总书记的中共中央，以邓小平理论和“三个代表”重要思想为指导，继续推进中国特色社会主义伟大事业，紧密结合新世纪新阶段国际国内形势的发展变化，提出了“以人为本、坚持科学发展、构建社会主义和谐社会、建设社会主义新农村、建设创新型国家、树立社会主义荣辱观、推动建设和谐世界、加

强党的先进性建设等重大战略思想”。

这些理论创新的最新成果，反映了新世纪新阶段我国改革开放和现代化建设的客观要求，得到了全国人民的拥护和赞扬。学好用好《江泽民文选》，就要更好地把握和贯彻科学发展观等一系列重大战略思想，更好地把改革发展稳定的各项工作推向前进。

民主党派要以学习《江泽民文选》为契机，认真学习贯彻《中共中央关于进一步加强中国共产党领导的多党合作和政治协商制度建设的意见》和《中共中央关于加强人民政协工作的意见》两个5号文件精神，紧密结合参政党工作实际，全面加强参政党自身建设，增强对建设中国特色社会主义的共识，提高对参政党地位、性质和历史使命的认识，为巩固和发展同中国共产党的团结合作奠定坚实的基础。不断提高参政能力和水平，围绕中心、服务大局，突出特点、发挥优势，配合国家实施“十一五”规划和2020年远景规划，深入实际开展调研，提出更有价值的意见和建议。要进一步加强同各方面人士的沟通联系，及时掌握和反映社情民意，为全面开创中国特色社会主义事业新局面献计出力。

（选自《人民政协报》）

在各民主党派工商联无党派人士为全面建设小康社会作贡献经验交流暨表彰大会上的讲话（摘要）

（2006年9月20日）

贾庆林

长期以来，广大统一战线成员自觉服从服务于党和国家工作大局，在推动发展、维护稳定、促进祖国统一等方面作出了重要贡献。尤其是各民主党派、工商联和无党派人士充分发挥自身特点和优势，紧紧围绕经济社会发展中的重大问题，深入考察调研，积极建言献策，为党和政府科学决策提供了重要参考；大力发展光彩事业、智力支边和温暖工程等活动，推动贫困地区脱贫致富，为促进区域和城乡协调发展作出了积极贡献；组织各类学习培训，开展咨询服务，为地方经济建设和社会发展提供了人才和智力支持；积极反映社情民意，协助党和政府做好协调关系、化解矛盾的工作，进一步巩固发展了团结和谐的政治局面；动员港澳同胞、台湾同胞和海外侨胞参与祖国的现代化建设，为中华民族伟大复兴凝聚了广泛的力量。

各民主党派、工商联和无党派人士要认真学习贯彻全国统战工作会议精神，继承优良传统，发挥自身优势，不断适应新形势，探索新思路，创造新经验，为社会主义经济建设、政治建设、文化建设和社会建设作出新的贡献。

各民主党派、工商联和无党派人士要认真学习《江泽民文选》，学习贯彻胡锦涛同志在学习《江泽民文选》报告会上的重要讲话。要始终把发展作为统一战线团结奋斗的第一要务，按照“十一五”规划的要求，紧紧围绕事关国计民生和发展全局的重大问题，多献发展之策，多办务实之事，多为利民之举，推动经济社会又快又好发展。要从构建社会主义和谐社会的高度，正确认识和处理政党关系、民族关系、宗教关系、阶层关系、海内外同胞关系，充分发挥统一战线联系广泛的优势，更加深入地反映社情民意，更加自觉地支持和参与改革，更加主动地为经济社会发展营造良好的社会环境。

各级党委和政府要关心和支持各民主党派、工商联和无党派人士等统一战线成员为全面建设小康社会服务的活动，积极帮助解决实际问题，为他们知情出力、发挥作用创造条件。

（摘自《人民政协报》）

再接再厉　为全面建设小康社会做出更大贡献

——在各民主党派、工商联、无党派人士为全面建设小康社会做贡献经验交流表彰大会全国工商联分组会议上的讲话

（2006 年 9 月 20 日）

黄　孟　复

同志们：

今天，中央统战部组织召开了各民主党派、工商联和无党派人士为全面建设小康社会做贡献经验交流暨表彰大会，这次会议开得很好。各民主党派、工商联和无党派人士的代表发了言，交流了为全面建设小康社会做贡献的体会与经验，许多事迹很感人。庆林主席亲自接见了大家并作了重要讲话，延东部长也作了重要讲话，对各民主党派、工商联和无党派人士多年来在积极投身全面建设小康社会方面所做的工作和取得的成绩予以了充分肯定，对在新世纪新阶段进一步巩固和扩大统一战线，进一步发挥民主党派、工商联和无党派人士在全面建设小康社会和构建社会主义和谐社会中的重要作用提出了新的要求和希望。这次会议的召开，对统一战线事业的发展，对推动统一战线各界人士更加积极地投入到全面建设小康社会和构建社会和谐中来，将产生重要的影响。我们要以这次经验交流暨表彰大会为契机，努力按照庆林主席的要求，再接再厉，以实际行动谱写全面建设小康社会、构建和谐社会的新篇章。

在这次会议上，工商联系统受到表彰的共有 31 个先进集体和 50 名先进个人。你们是从全国 3100 多个县级以上工商联组织和 22000 多个基层组织、7500 多个行业组织和近 200 万会员中推选出的先进代表。在此，我代表全国工商联，向受表彰的先进集体和个人表示热烈的祝贺！对你们取得的成绩表示由衷的敬佩！并号召全国工商联系统的同志向你们学习！

刚才，有 6 名代表介绍了经验和先进事迹。从他们的发言中，从各地报送的推荐材料中，我们看到，先进集体主要有以下特点：

一是积极推动非公有制经济人士健康成长和非公有制企业健康发展。重视非公有制

经济人士的培养、教育和思想政治工作，通过组织参加各种学习、培训和活动，积极引导非公有制经济人士把企业发展与国家发展结合起来，把个人富裕与人民共同富裕结合起来，把遵循市场法则与发扬社会主义道德结合起来，争做合格的中国特色社会主义事业建设者。

二是围绕党委政府中心工作，发挥自身优势，推动地方经济发展。有的积极开展调查研究，参政议政，反映社情民意，为政府决策献计献策，当好参谋助手；有的借助工商联的组织网络和与企业联系广泛的优势，协助政府开展招商引资活动。

三是积极引导会员参与社会公益事业、光彩事业和新农村建设，推动就业和再就业，积极承担社会责任，踊跃回馈社会，为构建和谐社会做贡献。

四是全方位为会员服务，支持企业做强做大。为企业提供法律服务，维护会员合法权益；为企业提供金融担保服务，帮助企业解决资金不足问题；帮助会员企业开拓国内、国际市场等。

五是推动会员企业党组织建设，积极开展党员思想政治工作，巩固扩大党的执政基础。

先进个人主要有以下几个特点：一是热爱工商联事业，把个人的工作与工商联事业紧密相连。二是具有较高的政治素质和较强的业务能力，特别是有较强的组织协调能力和调查研究能力。三是善于团结，乐于奉献。四是热心服务会员，善于做非公有制经济人士思想政治工作，创新会务活动等。在表彰的先进个人中，还有担任行业商会会长或副会长的非公有制经济人士，他们的工作很有特色：一是作为会长单位企业，实力比较强，管理比较规范，在行业中有较大影响，党团工会组织比较健全，在纳税、就业、诚信等方面做出了表率。二是热心商会工作，商会带头人的作用发挥得好，善于团结会员，凝聚商会的力量，充分发挥商会的职能作用。三是素质较高，形象良好，在会员中有较高威望，很多人被授予过各种荣誉称号。四是热心光彩事业和社会公益事业，在引导会员积极参与的同时，自己模范带头，近几年来，他们人均投入公益事业和光彩事业达 2000 多万元。

以上经验和先进事迹值得各级工商联和行业商会的干部、职工认真学习，值得企业家们认真学习。

同志们，中国经济发展进入了一个新的历史阶段，非公有制经济发展进入了新的历史时期，工商联工作也进入了一个新的发展时期。最近，中央下发了中发［2006］15号文件《关于巩固和壮大新世纪新阶段统一战线的意见》，这是一部重要的历史性文件。文件内容与工商联工作密切相关，特别是其中的第 21 条，对工商联的性质、地位、职能和作用提出了新的要求，这对工商联的未来发展将产生重要影响。

文件明确提出了工商联的三个“是”，三个“充分发挥”和三个“要”。三个“是”，即“工商联是党领导的以非公有制企业和非公有制经济人士为主体的具有统战性、经济性、民间性的人民团体和商会组织，是党和政府联系非公有制经济人士的桥梁纽带，是政府管理非公有制经济的助手”。三个“充分发挥”，即“充分发挥工商联在非公有制经济人士参与政治和社会事务中的主渠道作用，就有关问题听取非公有制经济人士的意见和建议。充分发挥工商联在非公有制经济人士思想政治工作中的重要作用，引导非公有制经济人士健康成长。充分发挥工商联在政府管理非公有制经济方面的助手作用，健全和完善工商联民间商会职能，政府及有关部门在制定非公有制经济有关政策和在协调非公有制经济有关工作时，要吸收工商联参加”。三个“要”，即“在建立新型劳动关系的过程中，工商联既要维护非公有制经济人士的合法权益，又要与工会等人民团体密切配合，维护职工的具体利益。工商联要努力加强自身建设，体现特色，增强吸引力，提高履行职责和发挥作用的能力”。

中央15号文件对工商联作出的重要指示，是以胡锦涛同志为总书记的党中央对工商联提出的新的希望和要求，各级工商联组织和广大会员一定要认真学习、贯彻中央15号文件精神，特别是要认真领会和把握中央对工商联工作的新要求，努力将工商联工作提高到一个新的水平。这里，我要着重强调以下几点：

一是不断提高参政议政水平。中共中央《关于进一步加强中国共产党领导的多党合作和政治协商制度建设的意见》和《关于加强人民政协工作的意见》对政治协商、参政议政和民主监督的规范化、程序化和制度化作出了新的规定，中发［2006］15号文件中强调了“充分发挥工商联在非公有制经济人士参政议政和社会事务中的主渠道作用”。工商联要认真贯彻中央文件精神，切实加强参政议政的制度建设，不断提高参政议政水平。

二是积极引导民营企业为国家经济社会发展做更大贡献。当前特别要积极参与新农村建设。民营企业参与新农村建设既是社会责任，也是发展机遇。民营企业一定要充分发挥自身的优势，通过多种途径，采取多种方式，积极和广泛地参与新农村建设。

三是大力推动民营企业提高自主创新能力。各地工商联要把推动民营企业开展自主创新作为一项重要工作，引导企业把自主创新作为增强企业核心竞争力的重要途径，大力开展各类自主创新活动，充分发挥在建设创新国家战略中的生力军作用。

四是积极支持民营企业大力实施“走出去”战略。推动有条件的非公有制企业抓住机遇“走出去”，通过境外投资建厂、合作开发资源、境外加工贸易、工程承包等形式，促进企业参与国际经济合作，不断提高企业的国际竞争力。

五是鼓励民营企业在构建社会主义和谐社会中发挥更大作用。积极引导民营企业认真落实科学发展观，把企业自身的发展同国家的发展结合起来，把企业的发展和效益与环境保护、资源节约结合起来。尊重和维护员工的合法权益，按时足额支付工资，改善劳动条件，加强劳动安全，积极开展“关爱员工，实现双赢”活动，努力构建和谐劳动关系。增强社会责任感，积极参加扶贫开发、就业再就业和光彩事业，为社会公益事业多做实事。

同志们，表彰是对以往成绩的肯定，又是对今后进一步做好工作的动员。我们要以这次为全面建设小康社会作贡献表彰活动为契机，再接再厉，进一步做好工商联工作，进一步发挥好工商联在促进非公有制经济健康发展和促进非公有制经济人士健康成长方面的作用，组织和引导非公有制经济人士为全面建设小康社会再立新功。

最后，祝同志们身体健康、生活愉快，工作与事业再上一个新台阶！

（选自《人民政协报》）

坚持以科学发展观为指导 为促进中部崛起积极献计出力

——在江西省调研时的讲话（摘要）

（2006年9月）

贾 庆 林

要充分发挥统一战线和人民政协的优势和作用，全面贯彻落实科学发展观，广泛凝聚力量，积极建言献策，为促进中部崛起、推进社会主义新农村建设、构建社会主义和谐社会作出新贡献。

推进中部崛起，实现又快又好发展，必须切实把转变经济增长方式作为一项重要任务来抓。要坚持走新型工业化道路，认真落实国家宏观调控政策，加快经济结构调整力度。要大力加强自主创新能力建设，使企业真正成为研究开发投入的主体、技术创新活动的主体和创新成果应用的主体。要把节约能源资源作为转变经济增长方式的主攻方向，逐步形成节约型的生产方式和消费方式，加快建设资源节约型、环境友好型社会。

走进你们村子，看到你们写的“家住青山绿水畔，人在春风和气中”的标语，看到大家普遍用上了沼气灶、喝上了自来水，丰衣足食，安居乐业，感到十分高兴。以胡锦涛同志为总书记的党中央十分重视农业、农村、农民工作，提出了建设社会主义新农村的战略任务，出台了一系列支农、惠农的政策措施，现在的关键是要把这些政策措施落到实处，使农民真正得到实惠，农业真正得到发展，农村面貌真正发生改变。要坚持以发展农村经济为中心，进一步解放和发展农村生产力，大力推进现代农业建设。要加快教育、文化、卫生等各项社会事业的发展，逐步改变农村社会事业发展滞后的状况，努力建设生产发展、生活富裕、乡风文明、村容整洁、管理民主的新农村。

各级政协组织和统战部门要紧紧围绕社会主义和谐社会建设中的重大问题履行职能、发挥作用。要充分发挥统一战线和人民政协在社会主义和谐社会建设中的独特优势，协调利益关系，化解社会矛盾，团结各党派团体、各族各界人士，为构建社会主义和谐社会贡献力量。

（摘自《人民政协报》）

在会见台湾工会人士时的讲话（摘要）

（2006 年 9 月 26 日）

贾 庆 林

今年 4 月，胡锦涛总书记会见中国国民党连战荣誉主席时提出，和平发展理应成为两岸关系发展的主题，成为两岸同胞共同为之奋斗的目标。此次两岸劳动界人士聚首北京，共商和平发展大计，符合两岸劳工的根本利益，符合两岸同胞的根本利益，也符合中华民族的根本利益。

当前，两岸关系紧张的根源尚未消除，“台独”的危险性依然存在。对于台湾当局领导人企图通过“宪改”谋求“台湾法理独立”的冒险性和危险性，我们必须要保持高度警惕。为了维护两岸同胞和中华民族的根本利益，我们绝不允许任何人以任何名义和方式将台湾从祖国分离出去。我们希望广大台湾同胞与我们一道坚决反对和遏制“台独”分裂活动，共同维护台海和平。

丰富两岸职工的物质生活和文化生活，维护两岸劳动群众的合法权益，是两岸工会组织的共同职责。此次“海峡两岸工会论坛”的成功举办，标志着两岸工会交流与合作进入了新的发展阶段。两岸工会及劳动界手足情深，往来密切。只要两岸工会及劳动界的朋友抓住机遇，进一步加强交流，深化合作，就一定能为维护两岸广大职工的合法权益，促进两岸关系的和平发展，实现中华民族的伟大复兴，作出新的更大贡献！

（摘自新华社北京 9 月 26 日电）

在全国政协办公厅、中共中央统战部、国务院港澳办、国务院侨办、国务院台办联合举行的国庆招待会上的讲话（摘要）

（2006 年 9 月 28 日）

贾 庆 林

我代表中共中央、国务院向参加国庆招待会的各位来宾表示热烈的欢迎，向港澳同胞、台湾同胞和海外侨胞致以亲切的问候和良好的祝愿。中华人民共和国成立 57 年特别是改革开放以来，祖国大地发生了举世瞩目的巨大变化。经济社会快速发展，城乡面貌日新月异，人民生活不断改善，国际地位日益提高。今年是“十一五”开局之年，全国各族人民在以胡锦涛同志为总书记的中共中央领导下，坚持以邓小平理论和“三个代表”重要思想为指导，全面贯彻落实科学发展观，国民经济平稳快速发展，重点领域改革不断深化，社会事业发展步伐加快，特别是在调整经济结构、转变经济增长方式、推进科学发展方面取得了新的进步。

香港、澳门回归祖国以来，中央政府始终不渝地贯彻“一国两制”、“港人治港”、“澳人治澳”、高度自治的基本方针，严格按照基本法办事，全力支持行政长官和特区政府依法施政，推动香港、澳门各界人士在爱国爱港、爱国爱澳旗帜下的广泛团结，加强内地同香港、澳门的交流、合作，有力地维护和促进了港澳地区的繁荣稳定和发展。实践证明，“一国两制”方针是正确的，具有强大的生命力。我们将与香港、澳门同胞一起，坚定不移地贯彻这一方针，共同开创香港、澳门更加美好的明天。

解决台湾问题，实现祖国完全统一，是海内外中华儿女的共同心愿。当前，在两岸同胞的共同努力下，台海局势中有利于遏制“台独”分裂活动的积极因素增多，两岸关系朝着和平发展的势头增强。但是，导致两岸关系紧张的根源尚未消除，反对和遏制“台独”分裂势力仍然是两岸同胞当前最重要、最紧迫的任务。我们将继续坚持贯彻对台工作的大政方针，坚持一个中国原则决不动摇，争取和平统一的努力决不放弃，反对“台独”分裂活动决不妥协，推动两岸关系向和平稳定方向发展，早日完成祖国和平统一大业。

海外侨胞是推进中国改革开放、现代化建设和祖国统一大业的一支重要力量。长期以来，广大海外侨胞积极发扬爱国爱乡的优秀传统，心系祖国、情注家乡，为祖国的繁荣昌盛、家乡的建设发展和祖国的统一事业作出了重要贡献。我们将一如既往秉承“为侨服务”的宗旨，关心海外侨胞的生存发展，保护海外侨胞的正当和合法权益，继续加强与海外侨胞的联系、交流与合作，共同为实现祖国的完全统一和中华民族的伟大复兴而不懈努力。

（摘自《人民政协报》）

在中国侨联成立50周年纪念大会上的讲话（摘要）

（2006年9月29日）

贾　庆　林

我代表党中央、国务院向大会表示热烈的祝贺，并向广大归侨侨眷、海外侨胞和各级侨联工作者致以崇高的敬意和亲切的问候。

我国有3000多万归侨侨眷，有遍布世界各地的几千万海外侨胞。实践充分证明，广大归侨侨眷和海外侨胞具有热爱祖国的光荣传统和报效祖国的强烈愿望，是推进我国改革开放和现代化建设的重要力量，是实现祖国完全统一和中华民族伟大复兴的重要力量。

党中央、国务院历来高度重视发挥广大归侨侨眷和海外侨胞的作用，始终把做好归侨侨眷和海外侨胞工作作为党和国家工作的一个重要方面。50年来，中国侨联始终高举爱国主义旗帜，紧紧围绕党和国家工作大局，充分发挥群众性、民间性、统战性、涉外性和以“侨”为“桥”的特点和优势，紧密团结归侨侨眷，广泛联系海外侨胞，努力凝聚侨心、汇集侨智、发挥侨力；始终坚持把维护归侨侨眷和海外侨胞的根本利益作为工作的出发点和落脚点，身怀爱侨之心，恪守为侨职责，多为利侨之事，为广大归侨侨眷和海外侨胞发挥作用创造有利条件。

国运昌，侨运兴。当前，我们国家的发展正处在新的历史起点上。以胡锦涛同志为总书记的党中央着眼时代发展，立足新的实践，继往开来、与时俱进，高度重视做好归侨侨眷和海外侨胞工作。希望中国侨联坚持以邓小平理论和“三个代表”重要思想为指导，认真学习《江泽民文选》，全面落实科学发展观，正确认识和处理海内外同胞的关系，深入扎实地做好归侨侨眷和海外侨胞工作，为继续推进现代化建设、完成祖国统一、维护世界和平与促进共同发展作出新的更大的贡献。鼓励和支持广大归侨侨眷和海外侨胞为祖国现代化建设，为构建社会主义和谐社会，为传承和传播中华民族的优秀文化，为遏制“台独”分裂势力、促进祖国统一大业，为扩大我国与世界各国的友好合作交往贡献智慧和力量。

各级侨联组织要适应新形势新任务的要求，不断加强自身建设。各级党委和政府要高度重视和支持侨联按照法律和章程创造性地开展工作。在研究涉及归侨侨眷和海外侨胞切身利益的重大问题时，要认真听取侨联组织的意见和建议。要切实帮助侨联解决工作中遇到的困难和问题，为侨联开展工作创造有利条件，提供必要保障。

（摘自新华社北京 9 月 29 日电）

民企是建设和谐社会的重要力量

——在 2006 年“全国民营企业‘关爱员工、实现双赢’经验交流暨表彰电视电话会议”上的讲话（摘要）

（2006 年 9 月 29 日）

黄 孟 复

这是全国工商联与全国总工会就“关爱员工、实现双赢”这个主题进行的第三次联合表彰。

由全国工商联和全国总工会两个系统通力合作，做一件特别有意义的活动，并将这个有意义的活动坚持下来，不是很容易做到的，但现在我们却做到了。这不仅是各级工商联、总工会的同志们共同努力的结果，更是各级党委、政府和社会各界对这一活动关心和支持，广大民营企业重视和欢迎的结果。另外，三年来，已经有 10 多个省市陆续开展了“关爱员工、实现双赢”的活动，有的还进行了第二次、第三次的表彰，使这一工作持续不断地延伸下去。

从这三次表彰的经验交流材料看，我们所坚持开展的“关爱员工、实现双赢”的活动，不仅仅在民营经济领域，甚至在全社会都产生了越来越好、越来越大的效果和影响。

我看到，第一次交流材料，大多还是表现企业家如何有爱心，对有困难的职工慷慨解囊，夏送绿豆汤，冬送御寒衣。而这两年，更多的企业讲的是从如何在制度上保证职工利益，按时发放工资，给职工上社会保险，关心员工成长，解决职工的后顾之忧，并将建立这些制度与企业家的社会责任联系起来，不断进行自省。有的自觉地把股东与员工的关系，从传统的雇佣与被雇佣观念转变为利益共同体、命运共同体、事业共同体的观念，强调国家、社会、股东、员工的利益相统一，强调员工个人目标与企业的发展目标、企业目标与社会的发展目标相统一。很多企业对员工加强培训，提高他们生存能力和工作技能，从以满足员工的基本需要为主转变为以满足员工的发展需要为主。这是民营企业家在思想意识上的一大进步，是民营企业家向着成熟迈出的一大步，也是我们开展“关爱员工、实现双赢”活动希望取得的效果。这些情况都充分表明，以非公有制经济人士为主的新的社会阶层是建设社会主义和谐社会的重要力量。

改革开放 27 年来，我国个体私营等非公有制企业在党的路线方针政策指引下，蓬勃兴起，快速健康发展，对于繁荣城乡经济、增加财政收入，对于扩大社会就业、改善人民生活，对于优化经济结构、促进经济发展，都发挥了重要作用。以私营企业为例，现已超过 450 万户。目前我国新的社会阶层以及从业人员人数超过 1.5 亿人，约占总人口的 11.5%，掌握或管理着 10 万亿元左右的资本，使用着全国半数以上的技术专利，直接或间接地贡献着全国近 1/3 的税收，国有企业的下岗人员当中有 65%在民营企业中实现了再就业，民营企业已成为安置就业的主渠道，他们和国有企业一道，为全面建设小康社会做出了自己的贡献。

在解决社会就业的同时，民营企业正在积极采取措施，保障职工福利、提高职工素质。他们中间的绝大多数切实尊重和维护本企业员工的各项合法权益，实现员工的收入和企业的收益同步增长，使广大员工共同充分享受到改革开放的成果。建立民营企业和谐劳动关系，已成为社会主义和谐社会的重要内容之一。

当然，我们还要充分认识到，尽管我们国家已经得到了很大的发展，可以用日新月异来形容；尽管中国民营企业取得了长足发展，但由于我们尚处在社会主义初级阶段，我们的生产力水平总体上还不高，我们的社会生活中还有许多尚未解决的矛盾。我们目前正处在一个发展机遇期，同时也是矛盾凸显期。民营企业也不例外，也会产生各种各样的矛盾，工商联的作用就是与各方面相互支持，不断化解这些矛盾。建设和谐社会，就要建设和谐企业，构建和谐劳动关系。既讲效率，也讲公平；既讲法治，也讲德治；既讲制度管理，也要人情关爱；既讲企业发展，也要维护职工利益。

去年 2 月，国务院颁布了《关于鼓励支持和引导个体、私营等非公有制经济发展的若干意见》。一年多来，各地区、各行业都在积极采取措施，制定政策，贯彻落实。现在这个文件的受益面越来越大，企业的投资者、经营者和劳动者都是这个政策的受益人。实际上，从私营企业的组成来看，全国 450 多万家私营企业中，绝大多数是中小企业；数以千万计的个体工商户，基本上都是小本经营，户均资本不过 2.5 万元，这说明以个体、私营为主的民营企业，是千千万万人民群众用自己的智慧和汗水，自力更生地创造自己美好生活而产生的经济群体，民营经济所取得的成就，是改革开放以来最能感动中国、感动世界的成就之一。各级党委和政府都应该按照国务院的要求，充分认识民营经济是以民为本的经济，民营企业是全面建设小康社会和社会主义和谐社会的重要力量，把鼓励支持和引导的措施、政策落实到位。

今年8月，中共中央召开了第20次统战工作会议，提出把新的社会阶层作为新世纪新阶段统一战线的新的着力点。明确提出，他们作为中国特色社会主义事业的建设者，是完善社会主义市场经济体制和推动经济社会发展的一支新兴力量，在促进共同富裕、构建社会主义和谐社会、全面建设小康社会中发挥着重要作用。明确提出，工商联是党和政府联系非公有制经济人士的桥梁和纽带，是政府管理非公有制经济的助手。怎样当好这个“桥梁”和“纽带”，怎样做好这个“助手”的工作？中共中央提出要发挥三个作用：一是非公有制经济人士参与政治和社会事务的主渠道作用，就有关问题听取他们的意见和建议；二是在非公有制经济人士思想政治工作中的重要作用，引导非公有制经济人士健康成长；三是在政府管理非公有制经济方面的助手作用，健全和完善工商联民间商会职能。同时要求，在建立劳动关系的过程中，工商联既要维护非公有制经济人士的合法权益，又要与工会等人民团体密切配合，维护职工的利益。我希望，各级工商联组织要按照中央的要求，履行职责，发挥作用，振奋精神，开拓进取，不断前进。特别是要与各级总工会，精诚团结，加强合作，对广大民营企业家充分尊重、广泛联系、加强团结、热情帮助、积极引导。不仅要尊重投资者、经营者的劳动创造和创业精神，也要尊重一般员工的劳动创造和创新精神，把民营企业各方面的聪明才智凝聚起来，引导他们做合格的中国特色社会主义事业的建设者和劳动者。要积极发挥“关爱员工，实现双赢”这个活动平台的作用，珍惜与各级总工会等人民团体合作的机会，动员组织引导会员和广大非公有制经济人士积极行动起来，从我做起，从自身做好，牢固树立和认真落实科学发展观，把企业自身的发展同国家的发展结合起来，与企业职工的切身利益结合起来，在构建社会主义和谐社会中做出新的贡献。

（选自《人民政协报》）

在全国政协中秋联谊晚会上的讲话（摘要）

（2006年10月7日）

王 忠 禹

我首先代表全国政协和贾庆林主席向共同致力于人民政协事业的各民主党派、无党派人士、人民团体和各族各界人士致以节日的问候和诚挚的祝愿。

今年是实施“十一五”规划的开局之年，在中共中央的领导下，人民政协牢牢把握团结和民主两大主题，围绕中心，服务大局，切实履行政治协商、民主监督、参政议政职能，大力弘扬求真务实精神，充分发挥各民主党派、无党派人士在人民政协中的作用，进一步扩大对外友好交往，推进了人民政协事业的全面发展。我们要以学习贯彻

《中共中央关于加强人民政协工作的意见》为契机，积极探索履行职能的新领域、新内容和新形式，努力促进参加政协的各党派、无党派人士的团结合作，充分发挥各方面作用，努力营造有利于人民政协事业发展的良好氛围。

香港、澳门回归祖国以来，中央政府始终不渝地贯彻“一国两制”、“港人治港”、“澳人治澳”、高度自治的基本方针，严格按照基本法办事，推动香港、澳门各界人士在爱国爱港、爱国爱澳旗帜下的广泛团结，加强内地同香港、澳门的交流合作，有力地维护和促进了港澳地区的繁荣稳定和发展。我们将与香港、澳门同胞一起，坚定不移地实行“一国两制”方针，共同开创香港、澳门更加美好的明天。

每逢佳节倍思亲，此时此刻，我们更加思念台湾同胞和广大海外侨胞。实现祖国的完全统一，是中华民族的根本利益所在，是所有中华儿女的共同愿望。我们相信，在华夏儿女的共同努力下，祖国的和平统一大业一定会实现。

中共十六届六中全会即将召开，我们要深入学习领会中央全会精神，充分发挥统一战线和人民政协在促进社会和谐中的优势，紧密团结在以胡锦涛同志为总书记的中共中央周围，高举邓小平理论和“三个代表”重要思想的伟大旗帜，巩固最广泛的统一战线，为构建社会主义和谐社会贡献力量。

（摘自《人民政协报》）

在会见中国西藏文化论坛代表时的讲话（摘要）

（2006 年 10 月 10 日）

贾　庆　林

中国政府历来十分重视保护和发展民族文化，并把它作为中国民族政策的重要内容。新中国成立以来，国家通过立法、司法、行政等手段，保障各民族都有使用和发展自己语言文字的自由，都有保持或改革自己风俗习惯的自由，都有宗教信仰的自由。特别是中央政府投入大量人力、物力、财力，积极推动藏语文的学习、使用和发展，有效保护西藏文物古迹，保护民族风俗习惯和宗教信仰自由，继承和发展民间文化艺术，编纂出版文化典籍，大力加强藏学研究，使西藏传统文化得到了前所未有的繁荣和发展，在新的历史条件下焕发出勃勃生机。

保护和发展民族文化是一项长期的历史任务，既需要政府的重视和支持，也需要社会各界人士的积极参与，还需要国际间的交流与合作。在座的各位朋友都是热爱西藏文化的有识之士，都是有着深厚造诣和广泛影响的专家学者，多年来始终关注和支持西藏文化的保护与发展，付出了大量心血。对此，我们表示衷心的感谢。

中国西藏文化保护与发展协会举办这次论坛，既为大家全面了解西藏文化、深刻感受西藏变化提供了一个很好机会，也为大家发表意见和见解提供了广阔平台，将有助于西藏文化保护和发展工作的深入开展，有助于促进中外民间文化的广泛交流，有助于世界人民对西藏和西藏文化的更多了解。希望各位朋友围绕“西藏文化的保护与发展”这一主题，畅所欲言，各抒己见，多提出一些宝贵的意见和建议。

（摘自新华社北京10月10日电）

认真学习贯彻十六届六中全会精神
为构建社会主义和谐社会作出新贡献

——在海南省调研时的讲话（摘要）

（2006年10月）

贾　庆　林

要认真学习贯彻党的十六届六中全会精神，坚持以科学发展观统领经济社会发展全局，充分发挥统一战线和人民政协的优势和作用，广泛凝聚力量，积极建言献策，为构建社会主义和谐社会作出新的贡献。

党的十六届六中全会，是在我国改革发展关键时期召开的一次十分重要的会议。全会审议通过的《中共中央关于构建社会主义和谐社会若干重大问题的决定》，提出了未来十五年我国构建社会主义和谐社会的指导思想、目标、主要任务，是指导今后一个时期我国社会建设的纲领性文件。我们一定要认真学习贯彻六中全会精神，切实把思想和行动统一到全会精神上来，同心同德、群策群力，为把我国建设成为富强民主文明和谐的社会主义现代化国家而奋斗。

我们要把新农村建设与和谐社会建设紧密结合起来，认真贯彻工业反哺农业、城市支持农村和多予少取放活的方针，加快建立有利于改变城乡二元结构的体制机制，推进农村综合改革，促进农业不断增效、农村加快发展、农民持续增收。海南省要根据自身的特色和优势，不断加快农业科技进步，推进现代农业建设，发展农业产业化经营，提高农业综合生产能力。要大力发展农村教育和卫生事业，加快培养新型农民，充分发挥广大农民在新农村建设与和谐社会建设中的主体作用。

构建社会主义和谐社会，让全国各族人民走上共同富裕之路，体现了全党全国各族人民的共同愿望，也需要全党全国各族人民的共同奋斗。我们要认真贯彻落实党的民族政策，牢牢把握各民族共同团结奋斗、共同繁荣发展的主题，广泛开展民族团结进步活动，巩固和发展平等、团结、互助、和谐的社会主义民族关系，使各族人民和睦相处、和衷共济、和谐发展。

构建社会主义和谐社会，重心在基层。加强基层基础工作至关重要。我们要全面开展城市社区建设，积极推进农村社区建设，健全新型社区管理和服务体制，广泛开展和谐社区、和谐家庭等和谐创建活动，努力建设管理有序、服务完善、环境优美、文明祥和的现代化新社区，使社区在提高居民生活水平和质量上发挥服务作用，在密切党和政府同人民群众的关系上发挥桥梁作用，在维护社会稳定、为群众创造安居乐业的良好环境上发挥促进作用。

各级领导干部要发挥统一战线在促进社会和谐中的独特优势，支持人民政协围绕团结和民主两大主题履行政治协商、民主监督、参政议政的职能，发挥协调关系、汇集力量、建言献策、服务大局的作用，加强各党派、各团体、各民族、各阶层、各界人士的团结和谐。

（摘自《人民政协报》）

在中央社会主义学院建院五十周年庆祝大会上的讲话（摘要）

（2006 年 10 月 14 日）

贾 庆 林

在中央社会主义学院建院 50 周年之际，中共中央总书记、国家主席、中央军委主席胡锦涛专门发来贺信，为中央社会主义学院在新世纪新阶段的发展提出了明确要求，指明了前进方向。中共中央的重视、关怀和鼓励，极大地推动了中央社会主义学院的健康发展。

刚刚闭幕的中共十六届六中全会，作出了关于构建社会主义和谐社会若干重大问题的决定，明确提出了构建社会主义和谐社会的目标和主要任务，这必将对推动我国经济社会全面发展产生重大而深远的影响。做好统一战线的人才培养工作，关系到中国共产党领导的多党合作和政治协商制度的坚持和完善，关系到新世纪新阶段统一战线的巩固和壮大，关系到和谐社会的构建、小康大业的完成和中华民族的复兴。中央社会主义学院作为党外代表人士和党的统一战线干部的学习培训基地，使命光荣，责任重大，大有可为。

马列主义、毛泽东思想、邓小平理论和“三个代表”重要思想，是指导我们党和国家各项事业发展的科学理论，是凝聚统一战线广大成员的精神支柱和胜利前进的科学指南。希望中央社会主义学院适应形势发展的要求，坚持以科学理论武装人，坚持正确的政治方向，坚持走“高层次、有特色、正规化”的办学道路，坚持弘扬创新精神，大力加强统一战线各领域代表人士的培养，促进统一战线事业实现可持续发展。

（摘自新华社北京 10 月 14 日电）

在政协十届常委会第十五次会议闭幕会上的讲话（摘要）

（2006 年 10 月 16 日）

贾　庆　林

要认真学习领会十六届六中全会精神，切实把思想和行动统一到中央的决策和部署上来。学习贯彻十六届六中全会精神，是当前和今后一个时期全党全国人民的一项重大政治任务，也是人民政协的一项重大政治任务。各级政协组织要把学习贯彻全会精神摆在突出位置，周密部署，精心组织，确保学习活动收到实实在在的成效。要通过学习，深刻领会社会主义和谐社会的性质和定位，深刻领会构建社会主义和谐社会的重大意义、指导思想、目标任务和工作原则，深刻领会构建社会主义和谐社会的重要举措，深刻领会构建社会主义和谐社会必须要加强党的领导，进一步增强贯彻落实“三个代表”重要思想和科学发展观的自觉性和坚定性。要紧密联系我国改革开放和现代化建设的实际，以及人民政协工作的实际，深刻认识人民政协在构建社会主义和谐社会中的独特优势和重要作用，进一步增强为构建社会主义和谐社会服务的自觉性和坚定性。

要充分发挥人民政协的特点和优势，扎实有效地为构建社会主义和谐社会服务。人民政协与构建社会主义和谐社会之间具有内在的本质联系。六中全会对和谐社会建设作出了全面部署，对人民政协为和谐社会建设服务提出了更高要求。人民政协要坚持把发展作为履行职能的第一要务，为推动经济社会协调发展积极建言献策；要努力推进制度建设，为保障社会公平正义献计出力；要积极促进和谐文化建设，为巩固社会和谐的思想道德基础发挥作用；要广泛团结动员社会各方面力量，为激发社会活力和增进社会团结和睦多做贡献。

（摘自《人民政协报》）

在会见中国国民党荣誉主席连战等台湾人士时的讲话（摘要）

（2006 年 10 月 16 日）

贾　庆　林

我代表中共中央和胡锦涛总书记向连战等出席两岸农业合作论坛的台湾人士表示热烈的欢迎和诚挚的问候。

国共两党有关方面共同举办两岸农业合作论坛系列活动，是两党进一步落实胡锦涛总书记与连战主席所达共识的又一重要举措，也是两岸同胞共商农业合作大计的重要活动，对促进两岸农业互利双赢，增进两岸同胞、特别是广大农民的福祉，必将产生重要而积极的影响。加强两岸农业合作有利于密切两岸经贸关系，有利于两岸关系和平稳定发展。我相信，经过我们和国民党、亲民党、新党及与会的两岸专家学者、业界人士的共同努力，一定能把这次论坛办好，推动两岸农业合作迈上新的台阶。

2000年以来，两岸经贸关系发展一直存在着两种取向：一种取向是两岸同胞要求交流合作，实现两岸经济互利双赢；另一种取向是台湾当局阻碍交流合作，损害两岸同胞利益。当前，广大台湾同胞越来越强烈地要求台湾当局放弃阻挠两岸经贸交流合作的政策，取消不合理的限制，早日实现两岸全面、直接、双向“三通”，建立两岸经济合作机制。我们相信，广大台湾同胞的要求不仅一定要实现，而且一定会实现。

和平发展理应成为两岸关系的主题。当前，两岸关系出现了朝着和平稳定方向发展的势头，需要两岸同胞悉心呵护。只要有助于深化两岸经贸交流合作，有利于增进两岸同胞交往，有益于两岸关系和平发展，各种做法、各种途径都可以尝试。但是，反对“台独”分裂活动的形势仍然是严峻、复杂的。“台独”分裂势力图谋通过所谓“宪改”实现“台湾法理独立”的危险依然存在。两岸同胞对此要保持高度警惕，牢牢把握两岸关系和平发展这个主题，更紧密地团结起来，共同制止“台独”，携手推动两岸关系朝着和平稳定方向发展，共同开创两岸关系的新局面。

（摘自《人民政协报》）

在会见日本参议长扇千景时的讲话（摘要）

（2006年10月16日）

贾 庆 林

中日两国领导人最终克服影响两国关系的政治障碍，就促进两国友好关系健康发展达成共识，使两国关系重新走上正常发展的轨道。这是两国共同努力的结果，符合两国人民的期待，也受到国际社会的普遍欢迎。我们应充分利用目前有利形势，对今后一个时期的中日关系发展做出全面规划。政治上，加强高层互访，增强两国政治纽带；经济上，从双方共同利益出发，以节能、环保和高科技等为重点领域，制定中长期经济合作规划，将两国经济关系推向更高水平；人文上，大力开展文化、教育、旅游、青少年等领域交流，进一步增进两国人民的相互了解和友好感情；安全上，加强两国防务交流和安全对话，增进安全互信；国际和地区事务上，双方应重点就维护东北亚地区和平与稳定，推进亚洲一体化进程加强合作。

实现中日关系健康发展，就要恪守《中日联合声明》等三个政治文件的原则，妥善处理历史和台湾问题，维护两国关系的政治基础，不做有损对方国家核心利益和伤害受害国人民感情的事，这是保证中日关系健康稳定发展的最基本条件。

（摘自新华社北京10月16日电）

在两岸农业合作论坛上的演讲（摘要）

（2006年10月17日）

贾　庆　林

我首先代表中共中央和胡锦涛总书记，对本次论坛的举办表示热烈的祝贺，对各位与会嘉宾表示诚挚的欢迎和亲切的问候。国共两党有关方面举办两岸农业合作论坛，是落实去年四月胡锦涛总书记和连战主席会谈新闻公报的又一重要举措，是国共两党持续开展交流的重要活动，也是两岸同胞共商农业合作大计的盛会，对于进一步深化两岸农业合作、密切两岸经贸关系、推动两岸关系和平发展，必将产生重要而积极的影响。

经过两岸同胞20多年的共同努力，两岸经贸交流与合作取得了长足发展，基本形成了互补互利的格局。近几年特别是去年以来，我们党与中国国民党、亲民党、新党不断主动采取积极措施，努力扩大和深化两岸经贸交流与合作。今年四月，在两岸工商界人士和专家学者的广泛参与下，国共两党有关方面共同举办的两岸经贸论坛取得了积极成果。我们在论坛上宣布和通报的促进两岸交流合作、惠及台湾同胞的15项政策措施，受到两岸同胞的欢迎和肯定。随后，大陆方面积极推动落实各项工作。我们将认真履行对台湾同胞作出的庄严承诺，既不会因局势的一时波动而迟疑，更不会因少数人的干扰而停滞。

综观两岸农业的现实情况和共同面临的新形势，进一步发展两岸农业交流与合作，不仅具有必要性，而且具有紧迫性。两岸农业各具特点和优势，互补性强，这是发展合作的重要基础，蕴涵着广阔的合作前景。如果两岸农业加强优势互补，必将相得益彰，共享其利。面对新的形势，两岸同胞理应抓住机遇，扩大交流，深化合作，共创双赢。为此，我就进一步推进两岸农业交流与合作提出四点建议：

一、共同努力，优化两岸农业合作的环境和条件。两岸的管理机构要实施更宽松的政策、采取更有效的措施，为两岸农业交流与合作搭建平台、铺平道路。要通过协商，就农产品质量安全认证、通关措施、动植物检疫、农产品运输便捷化等提出可行的解决办法。海峡两岸农业合作试验区和台湾农民创业园，要加强基础设施建设，规范管理。要积极为台胞在大陆投资经营农业、推广技术提供必要的融资帮助。要尽可能地做好各方面的服务工作，使广大台商愿意来、发展好、做得久。

二、统筹兼顾，拓展两岸农业合作的深度和广度。要继续拓展合作面，在农林牧渔、种养加、产供销等方面，全方位开展大农业合作，努力吸引各行业的农民兄弟广泛参与，使他们广泛受益。要突出重点领域和重点区域，在种植业、养殖业和农产品加工业等方面扩大生产规模，发展支柱产业和龙头企业。要利用高新技术提高传统产业的科技含量、附加值和竞争力，促进农业增长方式的转变。要努力提高自主创新能力，凝聚智慧，抢占前沿，加快科研成果产业化进程，创立中国人的农产品品牌。

三、以人为本，切实维护和发展两岸农民的利益。在促进两岸农业合作的进程中，要始终把维护和发展两岸农民的利益放在首位，设身处地考虑他们的愿望和需要，尽最大努力为他们排忧解难、创造便利条件。两岸要共同加强农业领域知识产权保护，切实保障农民的正当权益。大陆有关行政管理机关要加大市场监督管理力度，进一步规范好市场，保护好台湾农产品的品牌和利益，维护好大陆市场的信誉和形象。

四、着眼长远，逐步建立和完善两岸农业合作机制。当前，可以考虑由两岸农业专家、产业界人士就两岸农业合作的基本问题和未来发展进行专门的研究和规划，比如：研究双方的比较优势，确定今后合作的战略、重点领域和重点项目；研究双方合作的机制和分工，确定双方的职责和合作方式；研究如何共同打造产品品牌、制定市场营销战略、建立营销网络等。在深入研究的基础上，待条件成熟后，逐步形成稳定的合作机制。

当前和今后相当长的一个时期，我们将致力于建设新农村，构建和谐社会。实现这一目标，需要大陆亿万农民的不懈努力和全社会的广泛参与。台湾同胞在农业发展、农村建设等方面创造了宝贵的经验，我们真诚欢迎台湾同胞积极参与大陆新农村建设。我们相信，大陆经济社会发展，不仅将造福于大陆同胞，而且也会给台湾同胞带来巨大的商机，必将促进两岸农业合作在更大范围、更广领域和更高层次上得到加强，同时也必将为两岸全方位的经济合作提供更广阔的空间和更强劲的动力。

我们将与广大台湾同胞一道，牢牢把握两岸关系和平发展的主题，努力开创两岸关系发展新局面。尽管两岸关系发展还会遇到干扰，但我们维护两岸关系和平发展的信念不会改变，推进两岸人员往来和经济文化交流的决心不会改变，为台湾同胞谋福祉、办实事的诚意也不会改变。同时，我们也应充分看到，造成两岸关系紧张的根源并未消除，“台独”分裂势力图谋通过“宪改”谋求“台湾法理独立”的冒险性、危险性依然存在。两岸同胞要高度警惕，坚决反对一切“台独”分裂活动，绝不允许任何人以任何名义、任何方式分裂我们的国家，破坏两岸关系和平发展的光明前景。

（摘自《人民政协报》）

在会见英国坎特伯雷大主教时的讲话（摘要）

（2006年10月19日）

贾　庆　林

中国政府历来十分重视中英两国关系。2004年中英两国建立全面战略伙伴关系后，两国高层互访频繁，政府、议会、政党等各层次交往增多。双方在重大国际、地区问题上保持了密切沟通与协调，各重点领域合作成果显著。中英同为联合国安理会常任理事国和在世界上有重要影响的国家，双方加强合作符合两国和两国人民的利益，有利于促进世界的和平、稳定与发展。

改革开放28年来，中国经济社会全面发展，宗教信仰自由政策得到很好的贯彻实施。当前，中国正在致力于构建社会主义和谐社会，宗教可以在促进社会和谐方面发挥积极作用。中国基督教与英国基督教有很深的历史渊源，最近几任坎特伯雷大主教也都为促进中英两国人民之间的友好交往发挥了积极作用。我们将继续积极支持中国基督教在平等、友好的基础上与包括英国教会在内的世界各国和地区教会之间交流与合作。

（摘自新华社北京10月19日电）

在东部地区政协干部培训班开学典礼上的讲话（摘要）

（2006年10月19日）

李　兆　焯

各级政协干部要把学习贯彻中共十六届六中全会精神和《江泽民文选》作为学习培训的重要内容，加强学习，深入研究，为构建社会主义和谐社会做出积极的贡献。

当前，人民政协事业进入了一个新的发展阶段，新形势、新任务对政协工作提出了更高的要求。在这种情况下，广大政协工作者特别是政协干部，只有认真学习，在研究问题上多下些功夫，才能做到思想与时俱进，工作开拓创新。当前政协干部的工作任务和服务对象，与过去有了很大的不同。面对各党派、各界别的代表人士，面对协商议政的广阔领域和重大课题，政协干部不仅应该做到政治坚定、作风优良、学识丰富、业务熟练，还应该具备高尚的道德水准和强大的人格力量。要充分认识加强学习对于不断提高和完善自我的重要性。广大政协干部，特别是各级政协的领导干部，要带头讲学习，身体力行地抓学习，自觉多学一点、学深一点，全面提高自身素质，以适应新形势对我们的要求。

当前重点要抓三个方面的学习。一是要全面学习贯彻中共十六届六中全会精神，深刻认识构建社会主义和谐社会的重要性；准确把握中央关于构建社会主义和谐社会的指导思想、目标任务和遵循的原则；全面了解中央关于构建社会主义和谐社会的整体部署和工作要求。二是深入学习《江泽民文选》。要把思想统一到《中共中央关于学习〈江泽民文选〉的决定》和胡锦涛总书记重要讲话上来。学习《江泽民文选》，对于坚定广大党员、干部和人民群众走中国特色社会主义道路的决心和信心，对于我们党提高应对国际国内复杂局面、领导建设中国特色社会主义事业的能力和水平，加强党的执政能力建设和先进性建设，对于我们党始终走在时代前列，都具有十分重大的意义。三是学习好《中共中央关于加强人民政协工作的意见》及人民政协基本理论、基础知识。

我们要在学习的基础上不断总结新经验、研究新情况、解决新问题，积极探索履行职能的新思路、新领域、新形式、新方法，使我们的各项工作更能体现时代性，富于创造性。

（摘自《人民政协报》）

在会见英国首相布莱尔时的讲话（摘要）

（2006 年 10 月 24 日）

贾　庆　林

近年来，中英两国领导人保持着密切交往，经常就共同关心的重大国际和地区问题深入交换看法。前不久，温家宝总理成功访英，同布莱尔首相就进一步发展两国关系达成广泛共识，有力地推动了中英全面战略伙伴关系的深入发展。目前，中英各个层次的对话顺利进行，政治互信加强，利益汇合点增多，各领域的合作不断取得新的成果。中方对两国关系的良好发展感到满意。

当前国际形势纷繁复杂，国际社会面临许多新的问题和挑战。中英同为联合国安理会常任理事国，有着广泛的共同利益。不断深化两国关系和互利合作，符合两国和两国人民的根本利益，也有利于世界的和平、稳定与繁荣。中方高度重视发展与英方关系，愿与英方共同努力，落实两国领导人达成的重要共识，推动中英全面战略伙伴关系向更高层次和更广领域发展。

（摘自《人民政协报》）

在会见英国议会上院议长海曼女男爵和下院议长马丁时的讲话（摘要）

（2006 年 10 月 24 日）

贾　庆　林

近年中英高层互访频繁，政府、议会、政党之间的交往增多，两国全面战略伙伴关系发展良好，重点领域的合作不断取得新成果。在事关国际和平与安全的重大问题上，双方也保持着密切沟通与协调。事实证明，中英加强合作符合双方的共同利益，有利于世界和平与发展。我们愿与英方共同努力，进一步巩固和发展两国全面战略伙伴关系，为世界的和平、稳定与繁荣做出贡献。

中国全国政协在国家政治生活中发挥着重要作用，其对外交往活动是中国总体外交的重要组成部分。中国全国政协愿与英国议会及其相关团体开展多层次、多形式的交流、合作与沟通，为增进两国人民的友谊、推动中英关系全面发展发挥积极作用。

（摘自《人民政协报》）

加强互利合作　共建和谐世界

——在英中贸易协会欢迎午宴上的演讲

（2006年10月24日，伦敦）

贾　庆　林

尊敬的佩里先生，

女士们、先生们、朋友们：

金秋时节，我来到英国进行正式友好访问，并与在座的工商界朋友欢聚一堂，互相交流，畅谈和谐，共谋合作，感到格外高兴。借此机会，我谨向长期致力于促进中英友好交往与合作的朋友们，致以诚挚的问候和衷心的感谢！

中英两国都拥有悠久的历史和灿烂的文化，都为人类文明进步作出了不可磨灭的贡献。两国之间的交往源远流长。56年前，英国在西方大国中率先承认中华人民共和国，并较早同新中国建立了外交关系。同样在上世纪50年代，英国工商界的一些有识之士冲破重重阻力，进行了著名的"破冰之旅"，使英国成为最早同新中国开展经贸往来的西方大国。

1997年以来，中英两国关系保持良好的发展势头。目前，中英已建立全面战略伙伴关系，双方战略利益不断扩大，重点领域合作成果显著。随着两国交往日益密切，两国人民之间的相互了解也日益加深。可以说，中英关系经过半个多世纪的风雨历程，已日臻成熟，当前正处于历史上最好的时期。我此次访英，就是要在两国领导人达成共识的基础上，为进一步增进两国和两国人民之间的相互了解与信任，为推动中英、中欧全面战略伙伴关系向更深的层次和更广的领域发展而努力。

女士们、先生们、朋友们！

我们生活在一个充满变动和变革的时代，各个国家和地区的联系日趋紧密，不同文明之间相互交融又相互激荡，人类社会的发展面临着前所未有的共同挑战和机遇。在这样的形势下，一个国家要谋求发展，离不开建设一个和谐有序的社会环境；世界要实现稳定与繁荣，离不开各国的和谐共存。因此，我今天想谈一谈中国对构建和谐社会与建设和谐世界的看法。

"和谐"是中国传统文化的重要理念，也是全世界不同种族的人们共同追求的社会理想。中英两国的先哲们在探索人类社会发展规律的过程中，都对和谐思想有过精辟的阐述和不懈的追求，都主张在承认差异性和多样性的前提下实现社会和谐。中国共产党人继承中华民族文化的优秀传统，始终把实现社会和谐作为自己的奋斗目标。最近，我们召开了中共十六届六中全会，专门研究了构建社会主义和谐社会的若干重大问题。会议提出，社会和谐是中国特色社会主义的本质属性，是国家富强、民族振兴、人民幸福的重要保证。会议提出，我们所要构建的和谐社会，是在中国特色社会主义道路上，中国共产党领导全体人民共同建设、共同享有的和谐社会，是民主法治、公平正义、诚信友爱、充满活力、安定有序、人与自然和谐相处的社会。

到2020年，我们所要构建的社会主义和谐社会的目标和主要任务是：社会主义民主法制更加完善，依法治国基本方略得到全面落实，人民的权益得到切实尊重和保障；城乡、区域发展差距扩大的趋势逐步扭转，合理有序的收入分配格局基本形成，家庭财产普遍增加，人民过上更加富足的生活；社会就业比较充分，覆盖城乡居民的社会保障体系基本建立；基本公共服务体系更加完备，政府管理和服务水平有较大提高；全民族的思想道德素质、科学文化素质和健康素质明显提高，良好道德风尚、和谐人际关系进一步形成；全社会创造活力显著增强，创新型国家基本建成；社会管理体系更加完善，社会秩序良好；资源利用效率显著提高，生态环境明显好转；实现全面建设惠及十几亿人口的更高水平的小康社会的目标，努力形成全体人民各尽其能、各得其所而又和谐相处的局面。

为了实现上述的目标和任务，中国将根据本国国情和时代要求，在经济社会发展过程中，全面贯彻落实科学发展观，通过大力发展社会生产力，注重发展的协调性，不断为社会和谐创造雄厚的物质基础；通过加强制度建设，切实保障人民在政治、经济、文化、社会等方面的权利和利益，不断加强和谐社会建设的政治和法制保障；通过发展和谐文化，建设社会主义核心价值体系，不断巩固和谐社会的精神支撑；通过完善社会管理，增进社会团结和活力，不断为社会和谐创造有利的社会条件。尽管构建和谐社会是一个长期而艰巨的任务，但中国人民将用不懈奋斗和辛勤汗水，去创造社会和谐的温馨家园，去迎接无比美好的幸福明天！

女士们、先生们、朋友们！

当今世界，和平、发展、合作已成为时代潮流，世界多极化和经济全球化的趋势深入发展，科技进步日新月异。面对纷繁复杂的世界，我们更应该重视和谐，不断加强协调与合作，共同建设一个持久和平、共同繁荣的和谐世界。推动建设和谐世界，不仅是中国坚持走和平发展道路的必然要求，也是中国实现和平发展的重要条件；不仅符合时代发展的潮流，也符合世界各国人民的利益。中国认为，要建设一个和谐世界，应坚持民主平等，实现协调合作；坚持和睦互信，实现共同安全；坚持公正互利，实现共同发展；坚持包容开放，实现文明对话。

一个和谐的国家是法治的国家，稳定的国家，和平的国家，繁荣的国家。一个和谐的世界是民主的世界，和睦的世界，公正的世界，包容的世界。中国将努力对内构建和谐社会，对外坚持走和平发展的道路，既通过维护世界和平来发展自己，又通过自己的发展来促进世界和平。实现建设和谐世界的共同理想任重而道远，需要国际社会的共同努力。中国愿意与国际社会一道，为推动建设和谐世界而努力。

女士们、先生们、朋友们！

中英作为联合国安理会常任理事国和世界上有重要影响的国家，肩负着维护世界和平、促进共同发展的重要责任。当前，中英关系发展良好。两国各层次、各领域交往频繁，互利合作不断取得新的成果。以经贸合作为例，英国已成为欧盟最大对华投资国和第三大对华贸易伙伴。去年中英贸易额达到245亿美元，比25年前增长了30多倍。今年上半年，中英贸易额达134亿美元，同比增长20.9%。截至2006年6月，英国累计对华投资项目达5130个，实际投资135.6亿美元。这些成绩的取得与两国工商界的努力是分不开的。

尽管中英经贸合作发展迅速，但双方合作潜力远未充分挖掘出来。2005年，中英经济规模分列世界第四和第五位，进出口贸易规模分列第三和第六位，但双边贸易占中国对外贸易的比重不到2%，占英国对外贸易的比重不到3%。2005年，英国是世界第三大对外投资国，中国是世界第三大吸收外商直接投资国，但英国当年对华投资仅为9.6亿美元，占英国对外投资的比重不足1%，占中国吸收外资比重不足2%。英国对华技术出口也远远落后于欧盟其他大国。

中国经济持续较快增长为两国经贸合作提供了广阔发展前景。今后几年，中国每年进口将超过6000亿美元，到2010年将超过1万亿美元。到2020年，中国市场的规模和总需求将比2000年翻两番。两国工商界应当拿出当年“破冰者”的勇气和智慧，充分发挥各自优势，利用中国经济发展为中英经贸合作带来的机遇，挖掘两国经贸合作潜力，推动经贸合作更上一层楼。

为此，我愿意提出五点建议：

第一，提高经贸合作的质量与水平。中英在能源科技、生物、信息、新材料等高新技术领域具有广阔的合作空间，中方支持两国在高新技术领域加强合作，并期待英方开展范围更为广泛的技术贸易合作，采取切实措施扩大对华技术出口，促进双边贸易全面、平衡、健康发展。

第二，进一步扩大双向投资。贵国商业环境完善，法律法规健全，语言优势明显，中国政府支持中国企业来英投资。同时，中国的中西部和东北地区地域广阔，资源丰富，基础设施逐步完善，科技教育有相当的实力，经济发展极具潜力，我们欢迎英国企业积极参与中国西部大开发、中部崛起、振兴东北地区等老工业基地的进程。

第三，切实加强中小企业合作。贵国有许多在技术和产品上独具特色的中小企业，双方在此领域的合作将成为经贸合作的新亮点和新增长点。希望双方共同为中小企业搭建合作平台，鼓励中小企业加强技术合作，共享销售渠道，合作开发产品，实现优势互补、互利共赢。

第四，继续推进贸易自由化。贵国一贯积极倡导自由贸易，在中国完全市场经济地位和欧盟对中国出口产品反倾销问题上一直采取支持中国的立场。去年下半年担任欧盟轮值主席国期间，贵国在上述问题上都做了大量工作，中方对此深表赞赏和感谢。希望英国作为欧盟有影响力的大国，继续发挥积极作用，推动这些问题得到早日解决。同时，中方将在知识产权保护方面采取更为有力的措施，保护英国企业的合法权益不受侵犯；进一步扩大服务市场的开放，推动两国服务领域的合作。

第五，加强两国奥运合作。充分利用北京和伦敦相继举办奥运会的契机，拓展合作领域，为两国企业提供更多的商机，特别是在场馆建设、设施利用、奥运产品的开发和生产以及人员交流培训等方面开展多种形式的合作。

女士们、先生们、朋友们！

中英两国虽然相隔遥远、各自国情不同、发展道路有别，但完全可以通过深化合作，更好地实现利益的双赢、政治的互信、关系的和谐。这里，我想借用欧洲著名画家毕加索的一句名言，“在和谐中一切都是可能的”。让我们携起手来，以合作谋和平，以合作促发展，以合作求共赢，为深化中英友好交往与合作，为建设一个持久和平、共同繁荣的和谐世界谱写绚丽的篇章！

谢谢大家。

（选自《人民政协报》）

在与立陶宛议长蒙蒂亚纳斯举行会谈时的讲话（摘要）

（2006 年 10 月 26 日）

贾 庆 林

中立建交 15 年来，两国关系持续稳定发展。双方政治互信不断增强，经贸等领域的合作成果喜人，两国人民之间的相互了解和友谊日益加深。双方在国际事务中保持着良好沟通与配合。不久前，贵国总统阿达姆库斯访华，与胡锦涛主席举行了富有成果的会谈，达成了一系列重要共识，把两国关系引入了一个全面深入发展的新时期。立方政府和议长本人坚持奉行一个中国政策，中方对此表示赞赏。中方愿与立方携手努力，积极落实两国元首达成的共识，不断开创两国关系的新局面。

希望双方保持高层接触，密切政府、立法机构和政党之间的交流与对话，巩固两国关系的政治基础。深挖经贸合作潜力，积极发展交通运输、高新科技合作，鼓励本国有实力的企业赴对方投资，为两国经贸合作寻求更多新的增长点。大力拓展文化、教育、体育交流和民间、青年交往，增进两国人民之间的相互了解和友谊。在国际事务中密切协调与配合，在涉及各自利益的问题上加强相互支持。

中国全国政协愿同立陶宛议会加强各个层次的友好交流与合作，为两国的共同繁荣、进步和发展做出贡献。

（摘自《人民政协报》）

在会见立陶宛总统阿达姆库斯时的讲话（摘要）

（2006 年 10 月 27 日）

贾 庆 林

我们一贯主张，国家不论大小都一律平等，应当相互尊重、平等相待。中国是最早与立陶宛建交的国家之一，历来视立方为好朋友、好伙伴。两国建交以来，高层交往频繁，政治互信不断加深，经贸、文教、体育、旅游等各个领域的交流与合作发展良好并取得积极成果，在国际事务中密切沟通、相互理解、相互支持。两国元首上个月在北京达成的重要共识，为中立友好合作关系的进一步发展指明了方向。中方愿与立方以落实这些共识为新起点，推动中立关系在和平共处五项原则基础之上全面深入发展。

中国全国政协愿同立议会及社会各界加强交流与合作，为两国关系的发展作出积极贡献。

加强中欧关系是中国外交政策的重要组成部分，符合双方的利益，有利于亚欧合作和世界和平与发展。中国愿与立陶宛等欧盟各国共同努力，不断提高中欧全面战略伙伴关系的发展水平，促进世界和平与共同发展。

（摘自《人民政协报》）

在会见立陶宛总理基尔基拉斯时的讲话（摘要）

（2006 年 10 月 27 日）

贾　庆　林

中立建交以来，尽管国际形势和两国各自国情都发生了很大变化，但两国关系始终保持着健康发展势头，经贸、文教等各领域的交流与合作不断取得积极成果。这得益于双方坚持按照相互尊重、平等相待和互不干涉内政的原则发展双边关系，在互惠互利的基础上扩大经贸合作，本着增进理解和相互借鉴的精神推进文化交流及地方和民间交往，在国际事务中理解、照顾和彼此关切。中方赞赏立方奉行一个中国政策。我们坚信，在双方共同努力下，中立友好合作关系的未来将更加美好。

（摘自《人民政协报》）

在会见爱沙尼亚总理安西普时的讲话（摘要）

（2006 年 10 月 29 日）

贾　庆　林

中爱建交以来，双边关系稳步发展，政治、经济、文教等领域的交流与合作卓有成效。去年双边贸易额达 3.69 亿美元，同比增长 65.8%。爱方已成为中国在波罗的海三国中的最大贸易伙伴。中方对两国关系的良好发展势头感到满意，赞赏爱历届政府一贯奉行一个中国政策、支持中国统一大业。中方视爱方为在欧盟和波罗的海地区的好朋友、好伙伴，坚定奉行对爱友好政策。我们愿与爱方共同努力，本着相互尊重、平等互利的原则，把两国友好合作关系提升到新的发展水平，并推动中欧关系不断发展。

中爱都面临发展经济、改善人民生活的任务，加强合作符合双方根本利益，也是两国人民的共同愿望。爱方在林业、渔业、油页岩开采研发等方面经验丰富，中国在轻工、家电、电讯等方面具有优势。双方在旅游、交通运输、港口利用等方面的合作也有很大的潜力。希望双方发挥互补优势，拓宽合作领域，扩大合作规模，提高合作水平，为两国人民带来更多实际利益。中方将继续鼓励有实力、信誉好的企业到爱投资，积极支持本国民营企业到爱开拓市场，也欢迎爱企业到中国投资兴业。

（摘自《人民政协报》）

在会见爱沙尼亚总统伊尔韦斯时的讲话（摘要）

（2006 年 10 月 30 日）

贾　庆　林

中国是最早与爱沙尼亚建交的国家之一。15 年来，两国关系快速健康发展。两国保持着高层交往，政治上相互信任。经贸合作呈现快速发展的势头，贸易额持续攀升，今年前 8 个月已突破 4.44 亿美元，同比增长 112%。文化、教育、旅游等领域的交流与合作不断取得新的进展，在国际事务中双方密切沟通、相互支持。事实证明，中爱友好符合两国和两国人民的共同利益。

中方一贯主张国家不论大小，都是国际社会的平等成员。中方高度重视发展与爱方的友好合作关系。我们愿与爱方继续本着相互尊重、平等相待的原则共同努力，加强高层交往，拓展和深化经贸、科技、交通等各个领域的互利合作，推动两国关系长期稳定全面向前发展，更好地造福于两国人民。我们也愿与爱方一道，为推动中欧关系全面发展而共同努力。

（摘自《人民政协报》）

在会见乌克兰总统尤先科时的讲话（摘要）

（2006 年 10 月 31 日）

贾　庆　林

中乌建交 14 年来，相互了解和信任不断加深，双边关系健康稳定发展。经贸、科技等领域的务实合作日益深化，成果丰硕。文化、教育等人文交流更加活跃，合作内涵更加丰富。双方在国际和地区事务中也保持着沟通与配合。

发展中乌长期稳定的全面友好合作关系是中方的既定方针。明年是中乌建交 15 周年。中方愿与乌方以此为新契机，共同努力，将中乌关系不断提高到新水平。希望双方加强高层交往和各部门交流，加深相互信任，为双边关系发展奠定坚实的政治基础。两国可进一步推进经贸等领域的务实合作，切实落实已达成的协议和商定的合作项目，加强大项目和高新技术成果产业化合作，提高合作水平。我们也愿与乌方扩大文教、旅游、体育、新闻等人文领域的交流与合作，鼓励双方友城加强交往，夯实两国友好的社会基础。

（摘自《人民政协报》）

在会见乌克兰总理亚努科维奇时的讲话（摘要）

（2006 年 10 月 31 日）

贾 庆 林

中乌建交以来，两国关系保持着健康稳定发展的良好势头，各领域的合作都取得了积极成果。去年双边贸易额达 32.8 亿美元，为建交之初的 15 倍。科技合作进展顺利，中乌济南科技园等项目成为双方合作的亮点。人文领域的交流日益扩大，两国友好的社会基础不断巩固。双方在国际事务中也保持着密切协调。总理先生和乌政府坚持奉行一个中国政策，重视发展对华关系。我们对此表示赞赏。

中乌经贸合作正处在快速发展的时期，还有很大潜力。加强合作符合两国的长远和根本利益，也是两国人民的共同愿望。我们愿与乌方加强政治互信，深化经贸领域的合作，特别是高科技、航空、航天等领域的合作，推动两国关系和互利合作全面发展。希望双方努力改善贸易结构，扩大相互投资，推进高科技项目合作和农业合作，为两国企业到对方投资创造有利条件，实现互利共赢和共同发展。

（摘自《人民政协报》）

在会见乌克兰最高苏维埃主席莫罗兹时的讲话（摘要）

（2006 年 10 月 31 日）

贾 庆 林

中乌建交 14 年来，双边关系持续稳定发展。两国高层交往频繁，政治互信不断增强。经贸、科技、航天等领域的合作日益深入，取得了可喜成果。在国际事务中，双方保持沟通，相互支持，维护了共同利益。中方赞赏乌方坚定奉行一个中国政策。中方重视中乌关系，视乌方为好朋友、好伙伴，愿与乌方深化政治互信，扩大互利合作，巩固传统友谊，推动双边关系不断发展。

中国全国政协和乌最高苏维埃在各自国家的政治生活中都发挥着重要作用，加强双方的交往将会促进两国关系和两国人民友谊的发展。希望双方加强各层次、各级别的交流与合作，发挥各自荟萃社会各界、各领域杰出人才的优势，促进中乌各领域的互利合作，为推动中乌关系全面发展作出贡献。

（摘自《人民政协报》）

在会见乌克兰克里米亚自治共和国最高苏维埃主席格里岑科和部长会议主席普拉基达时的讲话（摘要）

（2006年11月2日）

贾 庆 林

访乌期间，我同乌方领导人共同回顾了两国友好合作关系发展的历程，都对两国各领域合作取得的成果感到满意，同时认为两国经贸等领域的合作还有很大潜力，前景十分广阔。双方就进一步发展中乌关系、加强经贸合作深入交换了意见，达成了广泛共识。通过访问，我深深感到中乌都珍视发展双边关系和互利合作，是彼此信赖的好朋友、真诚合作的好伙伴。相信在双方共同努力下，两国传统友谊将进一步巩固，友好合作关系将不断取得新成果。

地方交往与合作是两国关系的重要组成部分和有益补充，两国关系的良好发展也为地方合作创造了有利条件。中方积极支持两国开展地方和民间友好交流与互利合作。克里米亚自治共和国地理位置优越，各方面的资源丰富，与中国有关省市开展合作前景良好。中国海南省与克里米亚自治共和国于1996年结为友好省州以来，交往日趋活跃，合作逐步扩大。希望双方继续努力，开创中乌地方合作的典范。

注：会见的克里米亚自治共和国领导人为该国最高苏维埃主席格里岑科和部长会议主席普拉基达。

（摘自《人民政协报》）

民企要履行构建和谐社会的责任

——在2006中国（重庆）民营经济发展战略论坛上的讲话（摘要）

（2006年11月3日）

黄 孟 复

民营企业应当结合企业的发展战略，在七个方面履行构建和谐社会的责任。

一是推动发展的责任。民营企业已经成为经济发展增量的主要来源。不断增加投资、利润、就业、税收，就是对社会和谐的最大贡献。

二是争取公平的责任。民营企业既要为自身的发展争取更加公平的法律、政策和市场环境，也要公平地对待社会其他群体，努力维护他人的公平权利与利益。只有当既争取自己公平又维护他人公平成为普遍时，自身的公平才能得到最终的保证。

三是发展和谐劳动关系的责任。充分尊重和切实维护员工的权益，是民营企业的责任与义务，也是民营企业获得员工拥护、支持和积极劳动贡献的条件，是企业和谐劳动关系的基础，是企业更好更快发展的条件。

四是与自然和谐相处的责任。滥用资源、污染环境、破坏生态，已经成为和谐发展、可持续发展的重大障碍。造成今天这样与自然不和谐相处的局面，企业要承担相当大的责任，其中包括民营企业、特别是一些中小企业要承担相当责任。

五是遵守法律与规范的责任。民营企业一定要遵守一切与企业经营活动有关的法律法规，自觉维护市场经济规范与秩序。这既是民营企业的责任，也是民营企业长期健康发展的条件。

六是维护道德与诚信的责任。要在企业家中倡导爱国、敬业、诚信、友善等道德规范，真正建立商务诚信、社会诚信、个人诚信。

七是参与光彩和公益慈善事业的责任。积极承担社会公益慈善责任，这是中国企业家走向成熟的一个重要标志。

（摘自《人民政协报》）

在会见越南祖国阵线主席范世阅时的讲话（摘要）

（2006 年 11 月 8 日）

贾　庆　林

中越两国山水相连，传统友谊源远流长，两国在“长期稳定、面向未来、睦邻友好、全面合作”方针指导下，双边关系取得了新的进展。胡锦涛主席即将对越南进行的访问，必将极大地推动两国关系的发展。当前，双方政治互信不断加深，经贸合作连创历史新高，陆地边界和北部湾问题陆续获得解决，南海共同开发取得积极进展，表明两国睦邻友好与全面合作关系正不断向新的广度和深度发展。中方对越南党和政府奉行一个中国政策，反对任何形式的“台独”分裂活动，支持中国人民和平统一大业的立场表示高度赞赏。

中国全国政协与越南祖国阵线的交流与合作，是两国关系的重要组成部分，对增进两国人民友谊、促进双边关系发展具有重要意义。希望两个组织之间进一步加强多层次、多领域的交流与合作，共同为两国关系的发展作出不懈努力。

（摘自《人民政协报》）

在纪念孙晓村同志诞辰100周年座谈会上的讲话（摘要）

（2006年11月10日）

刘 延 东

孙晓村同志是一位杰出的爱国主义者，是从旧社会走进新中国的革命知识分子。在中国革命和建设的不同历史阶段，他对中国共产党的主张和党的事业真诚拥护、始终不渝。1927年大革命失败后，他毅然接受中共党组织的领导，进行地下革命活动。“九·一八”事变后，他与沈钧儒等筹建并领导南京各界救国会，积极投身抗日救亡运动。抗战胜利后，他在国民党民主派和国民党上层人士中，积极开展工作，进行反内战、反独裁，争取和平和民主的斗争。1948年，孙晓村担任中国民主革命同盟国内工作委员会主席。1949年，他作为中国人民救国会的代表出席了中国人民政治协商会议第一届全体会议。新中国成立后，他历任上海市工商联筹备委员会秘书长，政务院财政经济委员会委员，中央财经计划局副局长，全国工商联常委，北京农业大学校长，中央社会主义学院院长等职务，为祖国的社会主义建设事业，为中国共产党领导的统一战线和多党合作事业，贡献了毕生精力，作出了重要贡献。我们纪念孙晓村同志，是为了追思先辈，激励后人。要学习他与中国共产党真诚合作、同舟共济、肝胆相照的坚定信念，深刻认识中国共产党的领导地位，进一步加强中国共产党领导的多党合作和政治协商制度建设，坚定走中国特色社会主义政治发展道路的信念，继承和发扬老一辈的光荣传统。要学习他谦虚谨慎、顾全大局、鞠躬尽瘁的高风亮节，淡泊名利，勤勉敬业，以事业为重、务实创新。要学习他为党和人民的事业奉献终身的崇高精神，紧紧围绕发展第一要务，积极参政议政、建言献策，凝聚人心、汇聚力量，进一步发挥统一战线在全面建设小康社会和构建社会主义和谐社会中的优势和作用。

（摘自新华社北京11月10日电）

在纪念孙中山先生诞辰140周年招待会上的讲话（摘要）

（2006年11月12日）

王 忠 禹

我们深切缅怀中山先生的光辉一生和他为实现民族独立、民主自由、民生幸福所建立的不朽功勋。可以告慰中山先生的是：在中国共产党的领导下，中国人民在建设中国特色社会主义现代化的道路上，已经取得了举世公认的伟大成就，中国的面貌发生了举世瞩目的深刻变化。中国人民正在以胡锦涛为总书记的中共中央坚强领导下，高举邓小平理论和“三个代表”重要思想伟大旗帜，认真贯彻落实中共十六大和十六届六中全会精神，坚持以科学发展观统领经济社会发展全局，万众一心、锐意进取，为建设富强民主文明和谐的社会主义现代化国家而奋斗。我们将继续矢志不渝维护国家统一，广泛团结海内外所有中华儿女，共同致力于早日实现祖国的完全统一和繁荣富强。中山先生毕生追求的中华民族伟大复兴的理想一定会实现。我们要团结起来，为完成肩负的伟大历史使命而不懈奋斗。

（摘自《人民政协报》）

在全国宗教团体领导人研讨会全体成员座谈会上的讲话（摘要）

（2006 年 11 月 14 日）

贾 庆 林

宗教界和各宗教团体要按照构建社会主义和谐社会的指导思想、目标任务和原则，协助党和政府处理好信教群众与不信教群众、信仰不同宗教群众之间的关系，促进宗教内部群众之间、宗教与宗教之间、宗教与社会其他方面之间的和谐，发挥宗教在促进社会和谐方面的积极作用，不断巩固和发展宗教界和谐稳定的良好局面。

中共十六大以来，在以胡锦涛同志为总书记的中共中央的正确领导下，我国宗教工作取得了许多新的进展，宗教界总体上保持了和谐稳定的良好局面，广大信教群众和宗教界人士在国家社会生活中日益发挥着重要的作用。这种良好局面的形成，与宗教界人士的辛勤工作，与各宗教团体的积极努力是分不开的。

当前，我国经济社会发展进入到一个关键时期。中共十六届六中全会根据我国发展的阶段性特征，把构建社会主义和谐社会摆在了更加突出的位置。构建社会主义和谐社会的目标宏伟而艰巨，需要包括广大信教群众在内的全国各族人民共同奋斗。希望各宗教团体牢固树立使命感、责任感和紧迫感，把增进和谐作为宗教团体工作的重要内容，同宗教与社会主义社会相适应有机地结合起来，进一步探索宗教服务社会、服务人群的方法与途径，在为增进社会和谐服务的过程中，促进宗教与社会其他方面的和谐；要把服务发展作为宗教团体工作的重要任务，始终自觉地把自己的工作与国家经济社会发展的大局紧密结合起来，把广大信教群众最大限度地团结进来，力所能及地替国家分忧，全力以赴地为发展出力；要把抵御渗透作为宗教团体义不容辞的重要责任，认真贯彻《宗教事务条例》，结合各宗教的实际情况，制定和采取一些具体措施，有针对性地抵御境外利用宗教进行的渗透；要把自身建设作为宗教团体强基固本的重要工作，全面加强各项建设，使团体的组织更加合理，制度更加完善，作风更加过硬，管理更加科学，特别是要把中青年教职人员的培养作为重中之重，使他们真正成为“政治上可靠、宗教造诣高、道德人品好、在信教群众中有一定威信”的爱国爱教人士。

（摘自新华社北京 11 月 14 日电）

在促进非公有制经济健康发展论坛上的讲话（摘要）

（2006年11月17日）

贾　庆　林

广大非公有制经济人士要坚持以邓小平理论和“三个代表”重要思想为指导，全面贯彻落实科学发展观，促进非公有制经济健康发展，做合格的中国特色社会主义事业的建设者。

在党的正确领导和大力推动下，我国非公有制经济不断发展壮大，为全面建设小康社会、推进社会主义现代化建设作出了积极贡献。非公有制经济人士队伍日益壮大，在经济和社会生活中发挥着越来越重要的作用。事实充分证明，十一届三中全会以来，我们党关于鼓励、支持和引导个体、私营等非公有制经济发展的方针政策是完全正确的。非公有制经济作为社会主义市场经济的重要组成部分，是促进社会生产力发展的重要力量；非公有制经济人士作为改革开放后出现的新的社会阶层，是中国特色社会主义事业的建设者。

我们正处在一个飞速发展的时代，一个充满机遇和挑战的时代，一个大有可为的时代。广大非公有制经济人士要认清机遇、把握机遇、用好机遇，把自身企业的发展与国家的发展结合起来，把个人富裕与全体人民的共同富裕结合起来，把遵循市场法则与发扬社会主义道德结合起来，为社会主义经济建设、政治建设、文化建设、社会建设作出新的更大贡献。

我对广大非公有制经济人士有以下四点希望。第一，坚持正确政治方向，始终不渝地走中国特色社会主义道路。要坚决拥护中国共产党的领导，不断深化对党的基本理论、基本纲领、基本路线、基本经验的认识，加深对党的一系列治国理政新思想的学习和了解，进一步增强走中国特色社会主义道路的自觉性和坚定性。第二，做强做大企业，在促进经济又好又快发展中发挥积极作用。要认真贯彻国家关于经济社会发展的方针政策，大力培育骨干企业，发展主业突出、市场竞争力强的大公司、大集团，努力成为经济增长的生力军。要注重科技创新，形成自主知识产权，争创名牌产品，努力成为自主创新的生力军。要大胆开拓国际市场，在更大范围、更广领域和更高层次上参与国际经贸合作，努力成为实施“走出去”战略的生力军。第三，提高自身素质，努力成为合格的中国特色社会主义事业的建设者。要不断加强自我修养，全面提高思想道德素质和科学文化素质。学习和遵守国家法律法规和方针政策，加强企业行为的自我规范、自我约束，依靠诚实劳动、合法经营、公平竞争，树立品牌和形象。第四，增强社会责任，为构建社会主义和谐社会贡献力量。要大力发展劳动密集型产业和服务业，挖掘企业内部潜力，多渠道、多方式增加就业岗位。要以发展和谐劳动关系为目标，尊重和维护职工的各项合法权益，依法按时足额支付职工工资，改善员工工作、生活条件和环境，努力构建和谐企业。要更多地关注社会的发展与进步，关心社会困难群体，踊跃投身到智力支边、温暖工程和光彩事业中去，报效国家、服务社会、回馈人民。

各级党委和政府要坚持“毫不动摇地巩固和发展公有制经济”和“毫不动摇地鼓励、支持和引导非公经济的发展”的方针，积极为非公有制经济的发展创造良好的社会环境和舆论环境。各级政协组织和统战部门要广泛团结非公有制经济人士，引导他们爱国、敬业、诚信、守法、贡献，自觉接受党的领导，积极投身中国特色社会主义伟大实践。各级工商联要切实加强自身建设，更好地为非公有制经济发展和非公有制经济人士成长服务。

（摘自《人民政协报》）

在江苏省调研时的讲话（摘要）

（2006 年 11 月）

贾　庆　林

要深入学习党的十六届六中全会精神，坚持以邓小平理论和“三个代表”重要思想为指导，全面落实科学发展观，认真贯彻《中共中央关于加强人民政协工作的意见》，进一步加强新世纪新阶段的人民政协工作，为促进经济又好又快发展与社会主义和谐社会建设做贡献。

我国的经济社会发展正处在新的历史起点上。我们要坚持以科学发展观为指导，更加重视提高经济增长的质量和效益，更加重视节约资源和保护环境，更加重视社会发展和民生问题，促进经济又好又快发展。要进一步增强自主创新能力，加快推进经济结构调整和经济增长方式的转变，大力发展高新技术产业，加快发展先进制造业和现代服务业。要把解决好“三农”问题作为全党工作的重中之重，要以切实增加农民收入为中心，扎实推进社会主义新农村建设。要加强人才培养，搞好职业技术教育和职业技能培训，努力为建设创新型国家提供人才支持。

十六届六中全会对构建社会主义和谐社会作出了全面部署。社区是居民群众共同的生活家园，在和谐社会建设中占有基础性的地位。我们要大力推进社区建设，健全新型社区管理和服务体制，努力建设管理有序、服务完善、环境优美、文明祥和的现代化新社区，使社区在提高居民生活水平和质量上发挥服务作用，在密切党和政府同人民群众的关系上发挥桥梁作用，在维护社会稳定、为群众创造安居乐业的良好环境上发挥促进作用。

2006 年初颁发的这个意见，是新世纪新阶段加强人民政协工作的纲领性文件，要继续深入扎实地学习贯彻，在加强学习研究、把握精神实质上下功夫，在狠抓贯彻落实、务求取得实效上下功夫，在总结实践经验、探求工作规律上下功夫，把最广泛的爱国统一战线巩固好、发展好，把人民政协的特点和优势发挥好、运用好。要把为构建社会主义和谐社会服务摆在政协工作更加突出的地位，发挥协调关系、汇集力量、建言献策、服务大局的作用，促进政党关系、民族关系、宗教关系、阶层关系、海内外同胞关系的和谐。各级党委要进一步加强和改善对人民政协的领导，推动人民政协富有成效地开展工作。

（摘自《人民政协报》）

政协提案工作要适应新形势 探索新思路 创造新经验

——在全国政协提案工作座谈会上的讲话（摘要）

（2006 年 11 月 22 日）

贾 庆 林

人民政协的提案工作要不断适应新形势、探索新思路、创造新经验，为全面建设小康社会、构建社会主义和谐社会作出新的贡献。

提案是履行人民政协职能的一个重要方式，是坚持和完善中国共产党领导的多党合作和政治协商制度的一种重要载体，是协助党和政府实现决策民主化、科学化的一条重要渠道。党和政府历来高度重视和关心人民政协事业的发展，中共中央、国务院领导同志还经常就一些事关国计民生的政协提案作出重要批示，对提案工作起到了重要的推动作用。事实证明，政协提案工作在促进社会主义经济建设、政治建设、文化建设和社会建设中发挥了重要作用，作出了重要贡献。

中共十六届六中全会把构建社会主义和谐社会摆在了更加突出的位置。新形势新任务，对人民政协的提案工作提出了新的要求，也提供了更为广阔的舞台。各级政协组织和广大政协委员要以邓小平理论和“三个代表”重要思想为指导，全面贯彻落实科学发展观，围绕中心、服务大局，把解决人民群众最关心、最直接、最现实的利益问题作为出发点和落脚点，以提高提案质量为基础，以增强提案办理实效为目标，以加强提案制度建设为保障，进一步解放思想、开拓进取、扎实工作，努力开创人民政协提案工作的新局面。

我对加强和改进提案工作提出四点要求：第一，加强调查研究，切实提高提案质量。第二，加强提案办理，切实增强办理实效。第三，加强制度建设，切实保证提案工作有章可循。第四，加强组织领导，切实形成推进提案工作的整体合力。

（摘自《人民政协报》）

在全国政协提案工作座谈会闭幕会上的讲话（摘要）

（2006年11月23日）

王 忠 禹

在全面建设小康社会、加快推进社会主义现代化的新的发展阶段，人民政协要充分发挥协调关系、汇集力量、建言献策、服务大局的作用。提案工作作为人民政协的一项全局性工作，必须不断加强和改进。

我对加强和改进提案工作提出四点要求。一是要进一步增强责任意识，提高提案工作整体质量。要围绕提高提案质量，增强通过提案履行职能的责任感；围绕提高服务能力和水平，提高提案立案审查的严谨性；围绕提高提案办理质量，增强提案办理工作的实效性。二是要进一步增强协商意识，在提案工作中发扬我国独具特色的协商民主。要善于联系群众，体现协商民主的参与性；要善于反映各种声音，体现协商民主的包容性；要善于进行沟通商量，体现协商民主的程序性。三是要进一步增强全局意识，努力增强提案工作的合力。要切实加强对提案工作的领导，充分发挥政协委员的主体作用，充分发挥政协专门委员会的基础作用，注重发挥党派团体的组织优势和人才优势，探索发挥界别在提案工作中的作用。四是要进一步增强创新意识，努力增添提案工作的活力。要抓住提案特点，体现特色；从实际出发，勇于探索；要注重理论研究，加强学习。

各级政协组织要结合各地工作实际，积极探索，开拓创新，始终坚持“围绕中心、服务大局、提高质量、讲求实效”的提案工作方针，不断推进提案工作的创新和发展，使政协提案工作在发挥人民政协优势，构建社会主义和谐社会建设中发挥更大的作用。

（摘自《人民政协报》）

只要教育得法 人人都能成才

——在中国职业教育振兴论坛上的讲话（摘要）

（2006年11月）

徐 匡 迪

我国目前仍处于工业化中期阶段，对技能型的人才——技术工人的需求非常迫切。有关资料显示，我国7000万产业工人中只有1/3是技术工人，其中，初级工占60%，中级工占36%，高级工仅为4%。无疑，要改变这一状况，急需大批新型技术工人，也就需要大力发展职业教育。所以，应该说，职业教育是提高国家核心竞争力的非常重要的因素之一。

其实，职业教育的经济意义大家已经揭示很多。我这里特别想强调的是，职业教育对人的发展的重要意义。现实生活里确实存在着这样一种现象：有的人数理化学不好，但是却可以动手安装复杂的机器、制作工艺精美的衣服、烹饪可口的饭菜，从而同样可以为社会创造财富。应当承认，人的智力类型是有差异的。目前的应试教育，使我们只拿文化考试的分数这一把尺子去考核、衡量所有的学生，而从根本上忽略智力类型的差异，明显是不公平、也是不科学的。不论是在中等职业学校，还是在高等职业技术院校学习的学生，与相应层次的普通高中以及普通大学的学生相比，他们是同一层次不同类型的人才，只有智力类型的侧重，没有智力的高低之分。这就决定了两类教育培养方法的不同。况且，这两类教育之间还应搭建“立交桥”，可以相互沟通，只要教育得法，人人都能成才。

我想，职业教育的振兴不是哪一家、哪一个部门的事，我们应该构筑举国体制，集全社会之力，来为职业教育的发展而努力。

（摘自《人民政协报》）

在第三届中国生态健康论坛上的讲话（摘要）

（2006 年 11 月 27 日）

李　蒙

加强生态环境的建设和保护，促进生态健康，实现人与自然和谐相处，是贯彻和落实科学发展观、构建社会主义和谐社会的重要目标之一。当前，我国社会主义新农村建设的良好开局催人奋进，但是农村环境变化和农民健康安全也存在一些亟待解决的问题。开展农村生态健康发展和农民健康安全的研究，对于改善农村环境，提高农民的健康水平，构建社会主义和谐社会具有重要的现实意义。

建设社会主义新农村，我们要用系统的、整体的观点，彻底改变以牺牲环境、破坏资源为代价的粗放型增长方式，进一步增强环境就是资源、环境就是资本、破坏环境就是破坏生产力、保护环境就是保护生产力、改善环境就是发展生产力的生态健康意识，牢固树立人与自然和谐发展的观念。促进城乡在经济、社会、文化、生态上协调发展，在促进农村经济发展的同时，保护好农村生态环境，实现农村的可持续发展。

中国农工民主党是致力于建设中国特色社会主义事业的参政党，为促进农民健康安全，加强农村生态建设作贡献，是我们义不容辞的责任。希望能够通过这次论坛，更好地交流各地新农村建设的好经验，为社会主义新农村建设，构建社会主义和谐社会献务实之策，建有用之言，为促进广大农村山清水美、农民安乐祥和作出积极贡献。

（摘自《人民政协报》）

在“21世纪论坛”2006年会议上的讲话（摘要）

（2006年12月7日）

王 忠 禹

上世纪九十年代以来，经济全球化成为世界发展的大趋势，区域经济一体化也在快速发展。在一定程度上，区域经济一体化已经成为世界许多国家依靠地区优势，实现区域合作，提高国际竞争力，应对经济全球化的重要选择。中国在参与多边贸易体系，融入世界经济的同时，日益重视区域经济合作，关于区域合作的重大举措不断出台，并取得了明显的进展。中国始终致力于建立公开、公正、合理和非歧视的多边贸易体制的主张与行动，得到了许多国家和地区的赞赏。

在区域经济快速发展的新形势下，如何充分发挥中国的市场优势，认真推进WTO（世界贸易组织）多边贸易体制，实行出口市场多元化，改变出口市场过于集中的现状，打破技术性贸易壁垒的限制，增强海外资源供应的稳定性，与合作国家分享中国经济增长带来的成果，是应进一步加强研究的课题。希望会议认真研究探讨如何更好地针对不同地域、不同政治体制、不同经济构成、不同文化宗教氛围的国家，寻求更务实有效的区域合作的途径。从“维护和平稳定，促进共同发展，实现合作共赢，奉行开放包容”，“构建和谐世界”的基点出发，理性思考，求同存异，畅所欲言，提出推动建立平衡、稳定、开放的多边贸易体制的真知灼见，找到中国与相关国家和地区开展区域经济合作，实现互动共赢的良策。

（摘自《人民政协报》）

要努力提高视察工作的质量和水平

——在全国政协视察工作座谈会上的讲话（摘要）

（2006年12月11日）

贾 庆 林

委员视察是政协委员了解情况、研究问题、学习提高的重要方式，是人民政协履行政治协商、民主监督、参政议政职能的重要形式，是党和政府实行科学民主决策的重要环节。做好委员视察工作，有利于政协委员深入实际、深入基层、深入现场，了解党和国家方针政策的贯彻落实情况和重大项目建设情况，反映经济发展中的重要问题，促进经济又好又快发展；有利于人民政协围绕团结和民主两大主题，履行政治协商、民主监督、参政议政的职能，发挥协调关系、汇集力量、建言献策、服务大局的作用，促进社会和谐；有利于人民政协全面加强自身建设，发挥政协委员的主体作用，发挥各民主党派、无党派人士的作用，发挥政协组织的界别特点和优势，促进履行职能的制度化、规范化、程序化；有利于各级党委和政府广泛集中民智、代表民意、凝聚民力，贯彻落实中央的各项决策部署，促进社会主义经济建设、政治建设、文化建设和社会建设。人民政协开展委员视察工作50多年来，委员通过视察提出的许多意见建议，有的对中央和国务院决策产生重要影响，有的直接推动了各项方针政策的落实，有的为党政部门决策提供了重要参考，为完成党在各个历史时期的中心任务发挥了重要作用。

面对新形势和新任务，各级政协组织和广大政协委员要进一步解放思想、实事求是、与时俱进，努力提高视察工作的质量和水平，为全面推进社会主义经济、政治、文化和社会建设作出新的贡献。对进一步加强和改进委员视察工作，我提出四点要求：第一，要按照围绕中心、服务大局的要求开展委员视察工作，努力提高视察工作的质量和水平；第二，要加强委员视察工作的制度化、规范化、程序化建设，切实做到有章可循，照章办事；第三，要完善委员视察工作机制，包括完善选题机制、委员参与机制、协调机制和视察成果的提出、受理和反馈机制；第四，要切实加强对委员视察工作的组织领导，努力营造有利于人民政协开展委员视察工作的良好氛围。

（摘自《人民政协报》）

在纪念西安事变70周年座谈会上的讲话

（2006年12月12日）

贾　庆　林

同志们、朋友们：

今天，我们在这里隆重集会，纪念西安事变70周年。首先，我代表中共中央向张学良和杨虎城两位将军，向在西安事变中作出贡献的爱国志士们，向所有为国家独立和民族解放而奋斗的前辈和牺牲的先烈们，表示崇高的敬意和深切的怀念！

西安事变是中国20世纪具有重大意义的历史事件。1931年日本军国主义发动九一八事变、强占我国东北三省后，加快侵略步伐，加紧进攻华北，企图把中国变成它的殖民地，中华民族面临亡国灭种的威胁。在国家、民族危难的紧要关头，在中国共产党抗日民族统一战线政策的影响和全国人民抗日救亡运动的感召下，张学良、杨虎城两位将军出于民族大义和爱国赤诚，毅然于1936年12月12日在西安发动兵谏，要求蒋介石停止内战，联共抗日。经过中国共产党和张学良、杨虎城两位将军以及国民党内主张抗日的力量和社会各界的共同努力，西安事变获得和平解决，从而基本结束了十年内战的局面，为促成以国共合作为基础的抗日民族统一战线和全面抗战创造了重要历史条件。西安事变的发生与和平解决，成为中国全面抗战这一重要时局转换的枢纽。张学良、杨虎城两位将军也因他们崇高的爱国义举，被誉为“有大功于抗战事业”的中华民族的

"千古功臣"。

同志们、朋友们!

西安事变虽然已经过去70年了，但至今仍深深地铭刻在人们的记忆中。张学良、杨虎城两位将军的崇高爱国义举，中国共产党人和中国人民在国家遭受外来侵略、民族濒临危亡面前所表现出的强烈的爱国主义和民族团结精神，充分展现了中华民族的旺盛生命力和强大凝聚力，永远是我们的宝贵精神财富。今天，我们伟大的祖国经济繁荣，社会安定，民族和睦，综合国力日益增强，社会事业全面进步，人民生活显著改善，国际地位不断提高。中国人民正意气风发地前进在全面建设小康社会、构建社会主义和谐社会的时代征程上。伟大而欣欣向荣的时代，更加需要伟大而生生不息的民族精神。只有大力弘扬伟大的民族精神，我们才能实现新世纪继续推进现代化建设、完成祖国统一、维护世界和平与促进共同发展三大历史任务。

我们纪念西安事变，就是要大力弘扬中华民族热爱祖国的精神。西安事变的发生与和平解决充分说明，爱国主义是中华民族克服困难、团结奋进的力量源泉，是凝聚中华民族、推进中国社会发展的巨大精神动力。越是在困难时刻，越是在危急关头，中国人民的爱国主义精神就越发显示出强大的力量。正是这种伟大的爱国主义精神，鼓舞着中国人民万众一心、坚韧不拔地为维护民族尊严和国家主权，为民族独立、人民解放和国家富强而奋斗。在新的历史条件下，面对风云变幻、错综复杂的国际局势，面对前进道路上遇到的各种困难与挑战，我们要高扬爱国主义旗帜，振奋民族精神，把爱国主义同社会主义有机地统一于实现中华民族伟大复兴的实践中，使之成为全民族奋发前进的强大精神支柱。

我们纪念西安事变，就是要大力弘扬中华民族崇尚团结的精神。团结是克服困难、赢得胜利的强大力量，是凝聚人心、成就伟业的重要保证。西安事变后，正是中国共产党团结一切爱国力量，建立起广泛的抗日民族统一战线，推动实现了全面抗战，才最终打败了日本侵略者，取得了近代以来中国人民反抗外来侵略的第一次完全胜利。我们要继续发扬中华民族伟大的团结精神，大力推进社会主义和谐社会建设，促进政党关系、民族关系、宗教关系、阶层关系、海内外同胞关系的和谐，巩固和加强全国各族人民的大团结，巩固和加强海内外中华儿女的大团结，不断把我们的伟大事业推向前进。

我们纪念西安事变，就是要大力弘扬中华民族追求统一的精神。分裂则国运衰，统一则民族兴。这是中国近代历史告诉我们的一个深刻道理。实现祖国完全统一，是中华民族的根本利益所在，也是全体中华儿女的共同愿望和神圣职责。西安事变的和平解决充分说明，各阶层、各党派，不管存在多大分歧，有多少历史积怨，只要坚持爱国，以民族利益和民族大义为重，就一定能团结起来，携手共进。海峡两岸同胞血浓于水，骨肉相亲。两岸关系和平发展、最终实现国家的统一，是中华民族振兴和强盛的根本保证。争取和平统一，共谋复兴大业，有利于包括台湾同胞在内的中华民族的长远发展，理应成为两岸同胞包括各党派、各团体为之奋斗的共同目标。两岸中国人完全可以在一个中国原则的基础上，以中华民族的根本利益为重，以两岸同胞的福祉为重，真诚相待、坦诚相商、精诚团结、热诚合作，推动两岸关系和平发展，促进祖国和平统一。

我们纪念西安事变，就是要大力弘扬中华民族爱好和平的精神。热爱和平是中华民族的光荣传统。西安事变的和平解决就是这一传统的生动体现。当今世界，和平、发展、合作是不可阻挡的历史潮流。我们既要通过维护世界和平来发展自己，又要通过自身的发展来促进世界和平。我们要高举和平、发展、合作的旗帜，始终不渝地奉行独立自主的和平外交政策，坚持走和平发展道路，坚持对外开放的基本国策，坚持实施互利共赢的开放战略，努力发展同世界各国人民的友好交往和合作，推动建设持久和平、共同繁荣的和谐世界，共同创造人类和平与发展的美好未来。

同志们、朋友们！

中华民族经过20世纪从屈辱走向奋起、从落伍走向进步的百年沧桑之后，又迎来了再创辉煌的21世纪。包括大陆同胞、港澳同胞、台湾同胞、海外侨胞在内的全体中华儿女，都应该为自己是中华民族的成员而感到无比自豪，都应该承担起实现中华民族伟大复兴的历史责任，都应该以自己的努力为中华民族发展史谱写新的光辉篇章。让我们更加紧密地团结起来，高举爱国主义旗帜，发扬中华民族的光荣传统和伟大精神，万众一心，团结奋进，为建设富强、民主、文明、和谐的社会主义现代化国家，为早日实现祖国完全统一和中华民族的伟大复兴而努力奋斗！

（选自《人民政协报》）

全国政协视察工作座谈会闭幕会上的讲话（摘要）

（2006年12月12日）

王 忠 禹

委员视察是人民政协履行职能的一种有效形式，是人民政协加强自身建设的重要载体。加强和改进委员视察工作是适应形势发展的需要，提高人民政协履行职能质量和水平的一项重要举措。全国政协高度重视委员视察工作的改进和创新，全国政协主席会议、常委会议对这项工作提出了明确的要求；全国政协办公厅开展了一系列的调研，召开专门会议进行研究，提出了具体的思路和措施；在充分研究的基础上，形成了《关于进一步加强和改进委员视察工作的意见（征求意见稿）》，提交这次会议讨论。

这次改进和创新的主要内容是改变原来委员视察工作定位外延较宽泛而内涵不明确的状况，会议提出视察工作要“深入实际、深入基层、深入现场，对国家重大方针政策的贯彻落实情况和经济社会发展中的一些重大项目的建设情况进行巡视察看、咨询建言，反映社情民意，开展民主监督”。既界定了委员视察活动的内容和方式，也明确了它发挥作用的重点和目标。明晰视察工作的功能和定位有助于把委员视察工作与政协各专门委员会的专题调研工作区别开来，同时又发挥各自特色，加强两者在题目选择、人员组成、活动方式、成果转化等方面的配合，找到发挥委员视察优势与履行政协职能的结合点，使委员可以根据自身情况，运用多种途径发挥作用，履行职责。

开展委员视察是一项政治性、实践性很强的工作，涉及到方方面面。进一步提高视察工作实效需要处理好四个方面的关系，一要处理好政协切实负责与有关方面支持配合的关系：二要处理好委员视察与政协其他履行职能形式的关系；三要处理好委员发挥主体作用与做好本职工作的关系；四要处理好视察与专题调研的关系。

（摘自《人民政协报》）

在会见蒙古民主党代表团时的讲话（摘要）

（2006 年 12 月 14 日）

贾 庆 林

中蒙建交 57 年来，双边关系取得了长足进展。双方高层交往频繁，政治互信不断加深，经贸合作持续扩大，各领域交流与合作日益活跃。中蒙互为邻国，又同为发展中国家，发展两国睦邻友好合作有着坚实的政治基础、文化基础和社会基础。不断丰富中蒙睦邻互信伙伴关系的内涵，推动两国永做好邻居、好朋友、好伙伴，不仅符合两国和两国人民的根本利益，也有利于本地区的和平与发展。

中蒙两国政党、政府和人民均有和平共处、互利合作、共同发展的良好意愿。中国共产党愿在党际交往四项原则基础上，进一步加强与蒙古民主党的交流，为推动中蒙国家关系长期健康稳定发展作出最大努力。

（摘自新华社北京 12 月 14 日电）

加强理论研究探索发展规律 努力开创人民政协事业的新局面

——在中国人民政协理论研究会成立大会暨首次人民政协理论研讨会上的讲话（摘要）

（2006 年 12 月 20 日）

贾 庆 林

成立中国人民政协理论研究会，组织广大政协工作者和理论工作者，研讨人民政协事业发展中的重大理论和实践问题，探索人民政协事业发展的规律，对于更好地运用科学理论指导和推动新世纪新阶段的人民政协工作，开创人民政协事业发展的新局面，具有十分重要的意义。他强调，人民政协理论研究要坚持以毛泽东思想、邓小平理论和“三个代表”重要思想为指导，认真学习贯彻以胡锦涛同志为总书记的党中央提出的一系列治国理政的重大战略思想，把握人民政协理论研究的正确方向。

人民政协理论是中国共产党把马克思列宁主义统一战线理论、政党理论和民主政治理论同中国具体实践相结合的重大理论成果，是毛泽东思想、邓小平理论和“三个代表”重要思想的重要组成部分。人民政协理论继承和发展了马克思列宁主义的统一战线理论，阐明了人民政协作为统一战线组织存在和发展的重要性和必要性，强调充分发挥人民政协的作用，不断为党和国家事业的发展增添力量；继承和发展了马克思列宁主义的政党理论，阐明了人民政协作为中国共产党领导的多党合作和政治协商机构的特点和优势，强调切实搞好参加政协的各党派、无党派人士之间的团结合作，不断推进我国社会主义多党合作事业；继承和发展了马克思列宁主义的民主政治理论，阐明了人民政协在我国政治生活中不可替代的作用，强调善于运用这一民主形式，不断发展社会主义民主政治，建设社会主义政治文明。

人民政协理论是内容丰富、结构完整、相互贯通的科学思想体系，它回答了人民政协的性质、地位、指导思想、政治基础、主要职能、工作原则、自身建设等基本问题，创造性地提出了一系列关于人民政协事业发展的新思想、新观点和新论断，是推动人民政协事业发展的强大思想武器。它的主要内容包括：中国共产党领导的多党合作和政治协商制度是我国的一项基本政治制度；人民政协在我国政治生活中具有十分重要的地位和不可替代的作用；马克思列宁主义、毛泽东思想、邓小平理论和“三个代表”重要思想是人民政协做好工作、发挥作用的根本思想基础；团结和民主是人民政协的两大主题；政治协商、民主监督、参政议政是人民政协的主要职能；围绕中心、服务大局是人民政协履行职能必须遵循的原则；加强党派合作、突出界别特色、发挥委员主体作用和重视政协机关建设是人民政协自身建设的“四位一体”的任务；坚持中国共产党的领导是加强人民政协工作的政治保证。人民政协理论作为科学思想体系，是经过实践—认识—再实践—再认识的过程而逐步形成并不断深化发展的。随着人民政协事业的发展，人民政协理论也将得到进一步的发展和完善。

人民政协理论研究要坚持正确的政治方向，坚定不移地走中国特色社会主义政治发展道路；坚持面向实际，深入研究人民政协工作中的一系列重大问题；坚持科学的研究方法，把理论研究不断引向深入，务求取得实效；坚持协调配合，努力形成人民政协理论研究的强大合力。

（摘自《人民政协报》）

在中国人民政协理论研究会第一次理论研讨会闭幕会上的讲话（摘要）

（2006年12月21日）

王 忠 禹

要扎实工作，勇于创新，推进人民政协理论研究工作取得新进展，不断开创人民政协事业发展的新局面。

贾庆林主席在研究会成立大会暨首次人民政协理论研讨会上的讲话，站在人民政协事业长远发展的战略高度，深刻论述了人民政协理论是马克思主义中国化的重要成果，系统阐述了人民政协理论的科学体系，明确提出了加强人民政协理论研究工作的要求，对人民政协理论研究工作具有重要的指导意义。中国人民政协理论研究会的成立和本次理论研讨会的召开，顺应了人民政协事业发展的要求，必将对人民政协理论研究和政协的其他各项工作起到积极的推动作用。

要高度重视人民政协理论研究，正确处理好人民政协理论与实践的关系。一方面，要通过人民政协理论的确立和理论研究的深入开展，为政协开展工作提供理论依据；另一方面，又要通过政协工作的大量实践和创新为理论研究提供依据，丰富和发展人民政协理论。同时要不断促进理论指导并运用于实践，让理论创新的成果切切实实地推动工作创新，变成实实在在的工作成果。

进一步加强人民政协理论研究工作，一要提高思想认识，加强和改善对人民政协理论研究工作的领导，二要加强协调配合，形成人民政协理论研究工作的合力，三要注重培养人才，造就一支高素质的人民政协理论研究队伍，四要加大人民政协理论的宣传，推动形成关心和支持人民政协理论研究的良好氛围。

（摘自《人民政协报》）

人民政协理论研究的一个新视角

（2006 年 12 月 21 日）

罗　豪　才

人民政协多年来在推动国家各项事业发展中发挥了重要作用。在长期的实践中，人民政协理论得到不断丰富和发展。《中共中央关于加强人民政协工作的意见》总结了一系列理论创新的重要成果，为人民政协事业的发展指明了方向，标志着人民政协的理论与实践进入了一个新的阶段，为人民政协的进一步发展壮大提供了坚实的制度基础。今天上午全国政协理论研究会正式成立了，这是人民政协事业发展史上的又一件大事，必将进一步整合研究力量，更加全面深刻地揭示和反映人民政协的本质特征，认识和把握政协工作的规律，推动人民政协事业更好更快地发展。

没有科学的理论，就没有科学的实践。当前，人民政协事业正处于一个新的发展时期。人民政协理论研究也正处在承前启后、继往开来、与时俱进的历史阶段。我们开展人民政协理论研究，既要关注国情发展，紧扣时代脉搏，使政协理论和实践与时代同步，体现中国特色，又要借鉴人类文明的有益成果，在理论研究上不断拓展新视野，作出新概括，实现新发展；既要研究人民政协自身的理论问题，又要研究相关联的问题，把人民政协这项基本制度放在整个社会发展框架内加以研究；既要组织政协系统的研究人员进行研究，又要动员高等院校和科研机构相关专业的研究人员参与政协理论的研究，多出成果，多出人才；既要加强人民政协理论的研究，又要加强理论的宣传和普及工作，使人民政协理论研究的过程同时成为向社会宣传人民政协的过程，使人民政协这项基本政治制度在广大人民群众中入耳入心，在全社会凝聚起共同推进中国特色社会主义事业建设的强大力量。总之，我们要在研究内容、研究力量、研究视角、研究方法等方面不断创新，推动理论研究的深入开展。

我们高兴地看到，目前已有许多同志从政治学、社会学等学科的角度来研究人民政协理论，形成了许多理论成果。近几年来，我同一些法学教授和博士生更多地讨论公法领域的软法问题。我们发现，人民政协运行的机制、活动的方式和遵循的原则，同软法的特征、适用原则和运行条件相当吻合，从软法的角度来研究人民政协理论，可能是一个很有意义的新视角。在本次研讨会上，我和胡旭晟教授联合提交了一篇论文《多党合作与人民政协的法学思考》。下面我简要介绍几个基本观点：

一、软法在社会生活领域广泛存在

自古以来，在人类的制度规范世界中始终广泛存在着各种软规则，即便在法律领域也是如此。自20世纪中后期以来，由于世界范围内公共治理的兴起、全球化和国际组织的推动，尤其是欧盟的积极实践，在法的领域逐渐出现了软法（soft law）与硬法(hard law）这一基本区分，学界对于软法这一概念和领域的研究也已在世界范围内兴起。我们认为，硬法与软法是法律的两种基本表现形式。所谓硬法，通常是指经由国家严格的立法程序制定或认可并由国家的强制力予以保障实施的行为规范；而所谓软法，则是指由多元主体经和非经正式的国家立法程序制定或形成，并由各制定主体自身所隐含的非强制性约束力予以保障实施的行为规范。与硬法相比，软法在制定（或形成）主体、表现形式、实施程序和保障措施（或约束力）等方面更加多样化，也更富有弹性。

在当代中国，在我们的社会生活尤其是公共治理领域，同样普遍存在着大量的软法规则。其中既有在长期的实践中逐渐形成的各种法政惯例（包括宪法惯例、立法惯例、行政惯例和司法惯例），也有国家机关、社会自治组织和政党制定的具有对外功能的各种公共政策，还有公共权力机构、行业自治组织、政治社团组织及群众自治组织制定的用来进行自我规制的各种“自律”规范。这些规则，不管是不成文的惯例或传统，还是以“章程”、“条例”、“纲要”、“规划”、“指南”或“意见”、“决定”、“纪要”等方式命名的规范性文件，均属软法之列。与硬法相比，这些软法常常更能反映当今中国社会政治生活的实际，符合中国的宪政与法制建设实践，也更具实际的效力与活力。但有一点是明确的，软法的制定与实施不能同宪法和国家法律相抵触，受软法调整的各种主体的活动不能超越宪法和法律的范围。硬法和软法都从属于共产党的领导、依法治国和人民当家作主相统一的原则。

二、人民政协与软法的关联性

如果运用“软法”这一新概念和新视野来观察和分析当今中国的政治实践，我们就会发现，前述有关我国多党合作与人民政协工作与法制的相关问题基本上都可以获得合理的解释与较好的解决。

第一，人民政协的工作方式与软法

在我国当前的政治架构中，人民政协不是国家权力机构，而是中国共产党领导的多党合作和政治协商的重要机构。人民政协在决策前和决策中进行协商，人民代表大会主要通过投票选举决策，政府在人大决策后贯彻执行，可见人民政协作为我国政治体制的重要组成部分，在我国政治生活中具有不可替代的作用。政治协商、民主监督、参政议政是宪法、法律和政协章程赋予人民政协的职责，依据宪法、法律和政协章程开展工作，是人民政协坚持正确的政治方向、履行好职能的根本保证。我们既要通过硬性的法律规范来调整各种社会关系，也需要通过软性的规则来规范相关主体的行为。只有“软硬兼施”，才能达到“善治”的目的。政协委员履行政治协商、民主监督、参政议政职能，主要不是依靠国家权力来保障实施，而是依靠制度、自律、共勉、主流舆论、文化以及政治影响来保障人民政协工作的开展。这种“软约束”、“软权力”、“软监督”，可以避免国家权力资源的过度消耗与浪费，有时候能够起到比硬性规定更大、更持久的效果。人民政协的提案以及通过提出意见、批评、建议的方式进行的民主监督，虽然不具有国家权力保障实施的强制性，但事实上有很大的政治影响力和社会影响力，实践证明是行之有效的。近些年来，人民政协在国家政治生活中发挥着越来越重要的作用，中国共产党领导的多党合作和政治协商制度显示出巨大的优越性和强大的生命力。

第二，人民政协的协商民主与软法

近现代世界各国政治发展的潮流是民主化，而民主政治的传统形式是“人民通过选举、投票行使权力”，这种代议制民主形式可以称之为“票决民主”。但在长期的发展过程中，人们发现，票决民主在通过凝聚多数人意志来形成正确决策的过程中也存在着容易忽视少数人的正当利益，简单的多数原则并不能充分体现全体民众的真实意愿，甚至导致社会对立等严重缺陷。正因为如此，西方发达国家在积极探索公民参与的形式和一些具体制度，作为代议制民主的补充形式，一些学者在二十世纪后期还提出了“协商民主”的新理论。不过，当协商民主在西方还只是学者们的学说理论时，它在现代中国已经获得了长期的实践，并形成了具有中国特色的协商民主制度。

“人民通过选举、投票行使权利和人民内部各方面在重大决策之前进行充分协商，尽可能就共同性问题取得一致意见，是我国社会主义民主的两种重要形式。”从宏观宪政层面来看，票决民主主要（但不限于）体现为我国的根本政治制度——人民代表大会制度，协商民主主要（但也不限于）体现为我国的一项基本政治制度——中国共产党领导的多党合作和政治协商制度。从具体运作来看，现代民主都是制度民主、规则民主，都必须依靠科学的法律制度和程序规则来加以规范，当今中国同样如此。相比较而言，票决民主在内在机理上是一种刚性民主或硬民主，而协商民主是一种柔性民主或软民主；与之相适应，规范票决民主的主要（但不限于）是硬规则或硬法，而调整协商民主的主要（也不限于）是软规则或软法。票决民主（硬民主）与协商民主（软民主）共同构成我国社会主义民主的重要形式；硬法与软法的相互结合、“软硬兼施”，则共同构成了调整我国民主政治生活的法律规范体系。可以看出，在我国的多党合作与人民政协工作领域，由协商民主的内在机理所决定，它更具有开放性、合作性、协商性、包容性。公开透明、公众参与、平等协商是我国协商民主制度的重要特征。

第三，人民政协的法治化与软法

现代社会既是民主的社会，也是法治的社会，国家社会生活的各个公共领域都必须法治化；就我国而言，包括多党合作与人民政协工作在内的政治领域也必须实现法治。

而所谓“法治”，其精神实质是“依照一定原则和相应的规则进行治理”，就是要求各社会共同体和各社会成员都服从一定的原则和规则，其总体要求也就是我们一再强调的“制度化、规范化和程序化”。不过，服从规则并非意味着只服从硬法，还要遵循各种符合宪政精神与法治原则的软法。软法的崛起要求我们告别将法治过程理解为创制、实施与运用硬法的机械过程这种狭隘观念，并逐渐认识到法治不仅是硬法之治，同时还应当是软法之治；硬法与软法在法治化的过程中应当并行不悖，应当各展其长、各得其所。

作为“法治”或“依法治国”之基础的“原则、规则”，既包括经由国家正式立法机构创制的硬法，也包括各种经由正当程序形成的软法。实现多党合作和人民政协工作这项基本政治制度可以引进软法作为该制度运行的依据，并为其提供法制基础。与此同时，对这一领域已存在的各种软法及其实施机制应当按照现代法治的精神和原则来加以审视、检验、规范和完善。根据以上分析，可以说我国的多党合作与人民政协工作已经步上了法治化的轨道，总体上看体现了“依法治国”方略的基本要求。正是在这种意义上，我们认为，观察和分析当代中国的政治实践和公共管理，应当在法学理论上要有新的突破，其中之一便是引入“软法”这一法学的新概念、新视野、新方法。

以现代法治的标准来看，我国的多党合作与人民政协工作虽然已经取得相当可观的成就，但依然在许多方面需要不断加以完善。就软法的创制来看，基本法层面较为完善，但操作法层面仍有着相当多的空白和缺憾；再就软法的贯彻实施来看，当前存在的问题则更多，而且越往基层越突出。中国共产党领导的多党合作和政治协商制度能否持续地发展和完善，在很大程度上取决于其在现代法治精神和原则指导下制度化、规范化和程序化的实现程度，特别是制度层面的可操作性程度与贯彻实施的力度和深度，这需要我们做长期不懈的努力。

以上是我们从软法的视角研究人民政协理论的一些初步想法。应该说，软法研究是一个富有挑战性的新课题，我们的研究尚处于初始阶段，理论水平有待提高，论证方式也不尽完善。有的同志从不同的角度出发，可能会有不同的看法，这正好体现了软法研究的开放性。我们向大家汇报我们的研究体会，正是为了拓展研究思路，弘扬创新理念。我们也期待，更多的同志关注软法，深入研究人民政协的理论问题。

（选自《人民政协报》）

试论人民政协的民主监督问题

（2006年12月21日）

李 蒙

人民政协的民主监督是我国社会主义监督体系的重要组成部分，既是我国政治运行程序中的重要环节，又是人民行使监督权力的重要形式，在我国政治生活中具有独特优势和作用。随着改革开放和现代化建设的发展和构建社会主义和谐社会、全面建设小康社会的进程，进一步加强对民主监督理论与实践的研究，是人民政协适应社会主义政治文明建设的要求，充分发挥民主监督的作用，推进人民政协工作的一个战略性课题。

一、正确认识人民政协民主监督的性质和作用

（一）人民政协的民主监督是政治监督。我国社会主义监督体系是由多种监督形式组成的，主要包括党的监督、人大监督、行政监督、人民政协和民主党派的民主监督、舆论监督、人民群众监督等。这些监督的形式从多角度、多层面共同构成比较完备的社会主义监督体系。人民政协的民主监督是在坚持四项基本原则的基础上通过提出意见、批评、建议的方式进行的政治监督，它是参加人民政协的各党派团体和各族各界人士通过政协组织对国家机关及其工作人员的工作进行的监督，也是中国共产党和各民主党派、无党派人士之间进行的互相监督。这种监督的性质是由政协组织的性质决定的。《中共中央关于加强人民政协工作的意见》（以下简称《意见》）和政协章程都明确规定："中国人民政治协商会议是中国人民爱国统一战线的组织，是中国共产党领导的多党合作和政治协商的重要机构，是我国政治生活中发扬社会主义民主的重要形式。"政协的这一性质决定了政协民主监督的特点，即政协的民主监督是通过建议和批评进行的，常常与政治协商、讨论沟通联系在一起，有很大的政治和社会影响力。在我国的政治体制下，政协不是国家权力机关。因此，政协的民主监督，靠的不是权力，不是强制性。靠的是真知灼见，靠的是以理服人，靠的是社会影响力。这是政协民主监督区别于其他监督形式、具有特点的地方。长期以来，政协民主监督的力度和实效还不能够适应人民政协发展的需要，是多方面的原因造成的，既有监督者的问题，也有被监督者的问题，还有监督方式、体制等多方面的问题。对这样一个比较复杂的问题，我们应该全面分析、深入研究。政协民主监督的核心在于民主，政协的监督被界定为"民主"监督，就鲜明地反映了其本质特征。周恩来同志曾经说过："长期共存、互相监督的方针，实际上是扩大民主。"政协民主监督实际上也是扩大民主，广开言路，让各界人士、各方面的意见和要求、建议和批评充分地反映出来，促进党政决策的民主化、科学化和工作的改进。正如江泽民同志所说，这种协商和监督，"对发扬民主、建设我国社会主义民主政治，具有重大意义。对此我们丝毫也不能低估。"

（二）人民政协的民主监督具有的优势和作用。人民政协的民主监督虽然不具有国家权力性质，但是它作为我国社会主义监督体系的重要组成部分、重要环节，有着独特的优势，发挥着不可替代的重要作用。第一，切实开展政协民主监督能够促进党政机关改进工作，防止和消除腐败现象，促进廉政建设。人民政协是中国共产党领导的多党合作和政治协商的重要机构，是我国唯一由合法政党参加，并以党派名义开展活动的政治组织。因此，政协的民主监督具有鲜明的党派性特点。政协的民主监督充分发挥党派性特点，切实开展党派监督，更容易引起执政党的重视，能更好地促进党政机关改进工作。第二，能够向有关部门充分反映各界群众的意见和要求，促进解决人民群众所关心的实际困难。人民政协是我国最广泛的爱国统一战线组织，由各党派、人民团体和各族各界代表人士组成，这种广泛代表性决定了政协联系着方方面面的人民群众。因此，政协的民主监督是体现广大人民群众意志的监督，有利于听到来自不同方面的意见，能够了解到其他渠道难以掌握的社情民意，能够从不同角度、不同层次充分把各界群众的要

求和意见反映出来，代表和反映最广大人民的利益。第三，政协的民主监督是一种高层次和有组织的监督，所提出的意见、建议具有一定的权威性。政协各界代表人士，是在政治上有影响、或在经济上有成就、或在学术上有造诣的高层次人才，对问题看得准，认得清，他们所提出的意见、建议有利于决策的民主化、科学化。同时，政协作为一个政治组织，它履行民主监督职能不同于一般群众的分散监督，它是在政协组织中，按照一定的章程，通过一定的程序来实现的。因此，政协的民主监督要比一般群众的监督更具有影响和权威、更有力度和成效。第四，政协的民主监督具有与其他形式的监督相辅相成的作用。政协的民主监督具有相对的独立性和客观性。由于政协位置超脱，不受地方或部门利益局限，可以排除干扰，能够比较全面地了解和更实际地反映各方面的情况，更有利于客观地提出建议和批评，减少监督中出现的“盲点”和“空白点”问题。因此，政协的民主监督更具有科学性和说服力。

（三）中国特色的协商民主具有巨大的政治优势。中国特色的社会主义民主形式主要有两种：一种是人民通过选举、投票行使权利的选举民主；一种是人民内部各方面在重大决策之前进行充分协商，尽可能就共同性问题取得一致意见的协商民主。中国特色的协商民主的创立和实现，是我国社会主义民主政治的一大创造，为人类政治文明提供了一种新型的民主形式，符合社会主义民主政治的本质要求，反映了社会主义政治制度和政党制度的特点和优越性，体现了全国各族人民的根本利益，显示了巨大的优越性和强大的生命力。第一，实行协商民主有利于实现最广大的政治参与。协商民主充分体现了社会主义民主的广泛性，其主体涵盖了各党派、各民族、各团体、各阶层等社会各界、各方面人士，能够广开言路、广求良策、广谋善举，使社会各群体中的个别分散的意见、愿望和要求，通过协商渠道得到系统综合地反映，确保最广大人民群众的民主权利得到最大限度地实现。第二，有利于最大限度地包容和吸收各种利益诉求。协商民主坚持求同存异，蕴含着合作、参与、协商、包容的精神，只要不违反四项基本原则，社会各界人士可以自由发表意见，并在充分的、民主的、平等的、真诚的协商讨论中作出大家都能接受的决策。第三，有利于充分体现社会主义民主的真实性。协商民主无论是在内容还是形式上，都是为了更好地实现人民当家作主，特别是中国共产党高度重视和充分发挥协商民主的作用，使得这一民主形式更加真实、有效。协商民主体现在政治协商中，主要是执政党就国家大政方针、政治生活中的重大事项、经济和社会发展中的重要问题等，在决策前和决策执行过程中与各民主党派、各人民团体以及各族各界代表人士进行协商；体现在参政议政中，主要是人民政协以及各民主党派、无党派人士围绕党和国家工作全局积极发挥作用；体现在民主监督中，主要是民主党派在四项基本原则的基础上通过提出意见、批评、建议的方式进行监督；体现在合作共事中，主要是中国共产党与党外人士在国家权力机关、政府、政协以及各种社团组织、社会基层单位和企事业单位中的合作共事。因此，协商民主是中国共产党对马克思主义民主理论丰富和发展的结晶，是中国共产党对中国传统文化“和合”思想创造性继承的产物，是中国共产党从中国具体国情出发、确保人民当家作主的重要形式，充分体现了中国共产党对中国特色社会主义民主的深刻认识和把握。

二、人民政协民主监督与民主党派民主监督的关系

人民政协的民主监督与民主党派的民主监督都与中国共产党领导的多党合作和政治协商制度有着密切关系，人民政协的民主监督是多党合作的体现，民主党派的民主监督是多党合作的重要内容。

（一）人民政协的民主监督与民主党派的民主监督既有密切联系，又有区别。民主党派在人民政协中履行民主监督职能，是人民政协履行民主监督职能的重要组成部分。从性质上说，二者都是民主监督，都是在坚持四项基本原则的基础上通过提意见、作批评、提建议的方式进行的政治监督，都是非权力监督、高层次监督，二者和国家权力机构的监督以及其他监督相互配合，相互补充，共同构成我国的社会主义监督体系。具体到监督主体上说，政协民主监督的主体是全体政协委员。其中，有执政党的政协委员，也有参政党的政协委员和无党派人士。民主党派成员和无党派人士在政协委员中占有相当大的比重。从监督对象上说，二者既监督政府及各部门，也包括对法院、检察院的监督。从内容上说，都是对国家宪法与法律、法规的实施，重大方针政策的贯彻执行，国家机关及其工作人员的工作情况进行监督。从监督的程序和方式上说，二者都是通过政协的各种会议、提案、信息、建议案等方式，按照有关的程序进行监督。

从二者的区别来看，民主党派的民主监督是中国共产党与民主党派互相监督的一个方面，是我国社会主义政党体制内，在团结合作的政党关系上，通过民主的方式对执政党以及各政党之间实行的一种政治监督。从监督的内容上说，民主党派民主监督的重点是执政党和国家的一些重大方针政策的制定和贯彻执行情况，中共党委依法执政及领导干部履行职责等方面的情况，体现执政党与参政党之间的长期共存、互相监督的关系。当然，监督与被监督，看起来似乎是对立的，但实际上双方在政治方向和根本利益上是一致的。民主党派的民主监督不同于西方政党之间的对抗性和排他性，更不是“权力分割”和“权力制衡”，监督的目的是为了巩固和稳定多党合作格局，推动社会生产力的发展，维护改革、开放、发展和稳定的大局。由此可见，政协是民主党派民主监督的大舞台，离开政协，民主党派很难开展好民主监督。而民主党派又是政协的重要组成部分，离开民主党派，政协也不能充分发挥应有的职能。因此，在实际工作中，既不能忽视二者的联系，又不能忽视各自的特点；既不能相互代替，也不能完全分割，要正确把握这种辩证关系。

（二）要高度重视和发挥民主党派在人民政协中的作用。《意见》指出：在人民政协履行职能的各个环节中都要切实发挥各民主党派和无党派人士的作用。要重视和保障各民主党派、无党派人士在人民政协的民主权利。发挥民主党派、无党派人士在人民政协中的作用，必须尊重和保障各民主党派、无党派人士开展工作创造条件，提供条件保障，支持他们参与国家重大方针政策的讨论协商及其履行职能的各种活动，尊重和保障他们在政协的各种会议上以本党派名义发表意见的权利，尊重和保障他们开展视察、提出提案、举报、反映社情民意以及参加调查和检查活动。要在组织构成上为发挥民主党派、无党派人士作用提供保障。按照《意见》要求，要保证民主党派成员和无党派人士在政协委员、常务委员和政协领导成员中占有较大比例；政协各专门委员会要有民主党派和无党派人士参加；政协机关中应有一定数量的民主党派和无党派人士担任专职领导

职务，并做到有职、有权、有责。

三、积极推进人民政协民主监督的实践

人民政协民主监督工作的深入开展是同发展社会主义民主政治相联系的，是一个循序渐进、不断探索、逐步完善的过程，是随着社会总体的发展而发展的。当前，要认真落实《意见》，积极推进人民政协民主监督的实践。

（一）进一步深化人民政协民主监督理论研究工作。民主监督理论是人民政协理论的重要组成部分。坚持以科学的理论指导和推动人民政协的民主监督工作，就必须不断深化民主监督理论的研究工作，特别是需要对以下几个方面进行深入研究。

一是需要深化对政协民主监督基本理论的研究，如人民政协民主监督的性质、内涵、外延、特征、对象、范围、方式、力度、作用，政协民主监督的基本原则、法理基础，政协民主监督与政治协商、参政议政的联系与区别等问题。二是需要深化发挥政协民主监督主体作用的研究。例如，如何更好地发挥民主党派、人民团体、界别、专门委员会、政协委员、特约监督员等主体在民主监督中的作用等问题。三是需要深化对政协民主监督的有效形式和途径的研究。例如，如何通过调查、视察、考察、民主评议等形式实施民主监督，如何运用提案、建议案、反映社情民意等形式发挥民主监督作用，如何通过协商会、通报会、议政会、咨询会和听证会等形式扩大委员知情权，提高民主监督的实效。四是需要深化政协民主监督在我国监督体系中的地位、作用以及与其他方面监督相结合形式的研究。例如，如何加强政协民主监督与党内纪检监督结合，如何加强政协民主监督与人大法律监督的结合等。如果我们对上述问题不能够进行深入透彻的研究，不能在理论上弄懂弄通，就难以为民主监督的深入开展提供理论指导，就难以从根本上加强民主监督，取得民主监督的实效。

（二）进一步推进人民政协民主监督实践的发展。民主监督是一项涉及内容广度和深度比较大的工作。推进民主监督实践的发展，应在以下几个方面的结合上下功夫。一是民主监督与政治协商、参政议政相结合。政治协商、民主监督、参政议政是人民政协的三项主要职能。这三项职能虽然各有其特定内涵，但体现在具体工作上则往往相互交织，很难明确区分。因此，我们既要致力于通过建立完善的专门工作形式来进行监督，又要注意运用好履行职能的一般形式，如各种例会、提案、反映社情民意等进行监督。二是委员个人监督与政协有组织的监督相结合。委员是政协工作的主体，民主监督工作一般要通过委员的建议来加以体现。但民主监督又是一种有组织的监督，不能看作委员的个人行为。在具体问题上表现为委员个人行为的监督，在整体上仍是政协的组织行为，是政协有组织监督的一部分。因此，既注重发挥委员个人积极性，又注重增强民主监督工作的组织性，并使二者结合起来，对于推进民主监督工作具有重要意义。三是日常监督与重点监督相结合。政协民主监督所涉及的内容既有微观层面的，也有宏观层面的。做好对这些问题的监督，要求我们把关注群众日常生活中的一般问题同关注经济社会发展中的重大问题统一起来。对于微观问题的监督，关键是发挥政协联系广泛的优势，依靠各界委员反映群众意见，并使之经常化，做到随时发现、随时提出、随时解决。而对宏观问题的监督，关键是发挥政协民主监督作为一种高层次政治监督特有的影响力，有重点、有组织、有计划地进行。四是民主监督与其他方面的监督相结合。政协

民主监督作为我国社会主义监督体系的一个组成部分，既有自身的特点和优势，也有自身的局限和不足。例如，单纯依靠自身力量，其作用势必有限。但如果能够与其他方面的监督如党纪监督、行政监督、法律监督、舆论监督等结合起来，就能够取长补短，相互促进，取得实效。

（三）进一步完善协商民主的形式。协商民主最大的特点在于民主协商、平等议事、同谋共识。只有在民主、和谐、宽松、活跃的良好氛围中，协商民主才能充分发挥独特的优势和作用，真正成为反映民情、吸纳民意、集中民智的重要途径。因此，坚持和完善我国的协商民主形式，必须大力发扬民主的作风，营造宽松的环境，倡导务实的态度，使各党派团体和各族各界人士讲实话、说真话、道心里话，特别是敢于提出不同意见，真正做到知无不言、言无不尽，造成既有集中又有民主，既有纪律又有自由，既有统一意志又有个人心情舒畅、生动活泼的政治局面。要充分发挥其他民主形式的作用，不断巩固和发展人民代表大会制度、民族区域制度等，使之统一于发展社会主义民主政治、建设社会主义政治文明过程中。只有把各种民主形式有机结合起来，相辅相成，互为补充，共同发挥作用，才能充分发挥我国社会主义民主的特点和优势，确保人民的意愿得到最充分地反映和表达，社会各方面的正当要求得到最大限度的落实和满足。

（四）不断提高政协委员素质，进一步强化民主监督效果。增强民主监督效果是推进民主监督工作的难点和关键。从政协委员自身来说，民主监督的效果与政协委员的意见建议是否正确合理、是否具有可行性和可操作性有直接关系，在一定程度上决定着民主监督的成效。因此，不断提高政协委员自身素质，提高履行职能的水平是每一位政协委员的一项长期任务。要不断提高政治责任感，把锲而不舍的精神与严谨客观的态度结合起来，从大处着眼，从小处入手，勇于实践，善于实践，努力发现和提出问题，并通过政协组织系统规范的工作去争取解决问题。真正成为听民声、察民情、吐民意的"评论员"，代表人民行使民主监督权利的"裁判员"，对党委、政府工作提出建议、批评和意见的"观察员"。要不断提高深入调查研究的能力和水平，把调查研究作为我们开展民主监督的基本功。调查研究要眼睛向下，从实际出发，根据党的基本理论和基本方针政策，根据客观情况的变化，对现行的措施、做法提出意见，该坚持的要继续坚持，该补充完善的要补充完善，该纠正的要及时纠正，该摒弃的要敢于摒弃。要不断提高提意见、建议的水平，既要准确、正确地提出问题，又要能提出切实可行、可操作的改进措施或解决问题的方案，供有关部门参考，增强意见、建议的科学性，以真知灼见来提高意见、建议的采用率，从而增进民主监督的实效性。

（五）切实推进人民政协民主监督制度化、规范化、程序化建设。推进人民政协民主监督制度化、规范化、程序化建设是加强人民政协民主监督工作的一项重要任务。从长期来看，民主监督的加强必然要表现为民主监督工作制度化、规范化、程序化建设的不断加强。制度问题带有根本性、长期性和稳定性。通过加强制度建设，将民主监督的内容、形式、方法和程序确定下来，进而推动民主监督工作走向规范化和程序化，可使政协委员行使监督的权利得到保障，使党政部门及其工作人员对待监督的态度和行为受到约束，有助于减少工作的随意性和不确定性，增强民主监督工作的力度。当然，民主监督工作的制度化应当以政协工作制度化为前提，离开政协工作制度化来谈民主监督工作制度化就缺乏基础和前提。目前我们对民主监督工作还需要进一步认识，民主监督工作许多环节都有待深入探索和继续完善，需要进行大量深入细致的调查研究。因此，我们要积极创新民主监督的形式和方法，总结和积累经验，为推进人民政协民主监督实践的发展和我国社会主义政治文明建设作出应有的贡献。

（选自《人民政协报》）

全面落实科学发展观　不断开创经济特区发展新局面

——在厦门经济特区建设25周年庆祝大会上的讲话（摘要）

（2006年12月22日）

贾　庆　林

兴办经济特区，是我们党和国家为推进改革开放和社会主义现代化建设作出的重大决策。厦门等经济特区要认真贯彻中央的决策和部署，全面落实科学发展观，切实发挥“排头兵”、“窗口”和“试验田”的作用，不断开创经济特区发展的新局面。

经过25年的建设，厦门已经从昔日的海防前哨变成了改革开放的前沿，从昔日的海防小城发展成为基础设施完备、城市功能发达、人居环境优越，在国内外闻名遐迩的滨海现代化城市。厦门等经济特区的变化，是我国改革开放以来历史巨变的一个精彩缩影，是邓小平理论和“三个代表”重要思想的伟大胜利。它再一次证明，中央关于兴办经济特区的思想和决策是完全正确的，社会主义中国具有蓬勃的生机和光明的前景。

当前，我国改革发展正处在关键阶段，厦门经济特区也迎来了前所未有的发展机遇。中央已多次重申：发展经济特区的决心不变；经济特区的基本政策不变；经济特区在全国改革开放和现代化建设中的历史地位和作用不变；经济特区不仅要继续办下去，还要办得更好。在新的形势下，厦门经济特区一定要认真贯彻胡锦涛总书记视察福建和在海沧会见台商时的重要讲话精神，坚持以科学发展观统领经济社会发展全局，大力调整经济结构，转变经济增长方式，加强资源节约和环境保护，进一步推进改革开放，努力在实现经济又好又快发展中发挥带头带动作用。要继续保持一种“敢为人先、争创一流”的精神，不断提高原始创新能力、集成创新能力和引进消化吸收再创新能力，努力在推进自主创新中发挥示范表率作用。要积极倡导和谐理念，发展和谐文化，加强社会事业建设，继续解决好人民群众最关心、最直接、最现实的利益问题，努力在构建社会主义和谐社会中发挥促进引领作用。

厦门与台湾一衣带水，紧密相连，在促进祖国统一中具有重要的地位和独特的优势。要继续落实中央关于对台经贸工作的方针政策，密切闽台经贸联系，加强闽台产业对接，推动两岸经济技术交流合作向更大范围、更宽领域、更高水平发展。要发挥闽南文化的优势，大力促进闽台文化交流，提升民间文化交流活动层次，共同弘扬中华文化的优秀传统，进一步增强台湾同胞对祖国大陆的认同感和向心力。要巩固和发展厦门和金门直接往来的成果，进一步拓展海上直航功能，促进两岸全面、直接、双向“三通”，为两岸人员往来、经济文化交流合作提供更加通畅便捷的通道。要抓住建设海峡西岸的有利时机，充分利用有利条件，用活用好国家有关部门在对台工作方面赋予的特殊政策，先试先行、务求实效，努力在推进两岸关系发展中发挥桥梁纽带作用。

（摘自《人民政协报》）

努力做好工商联工作　充分发挥政府助手作用　推动民营企业为构建和谐社会做更大贡献

——全国工商联九届五次执委会议工作报告（摘要）

（2006 年 12 月）

黄　孟　复

一、2006 年工作回顾

即将过去的 2006 年，是我国全面实施“十一五”规划取得良好开局的一年，是全国人民认真贯彻党的十六大以来历次中央全会、特别是六中全会精神的一年。2006 年是党和国家非公有制经济发展方针政策、特别是“非公经济 36 条”进一步落实的一年，非公有制经济的法律、政策和市场环境不断改善，非公有制经济取得了更大的发展。据统计，到 2006 年 9 月，全国注册私营企业已达 485.9 万户，较去年底增长 12.98%：从业人员 6395 万人，较去年底增长 9.8%。个体工商户 2557 万户，较去年底增长 3.78%；从业人员 5045 万人，较去年底增长 2.95%。全国规模以上私营工业增加值 1.18 万亿元，同比增长 26.1%；全国私营企业出口总额 1731 亿美元，同比增长 46%；私营企业上缴税收 2529 亿元，同比增长 27.9%。

1. **深入调查研究，积极建言献策，不断提高参政议政水平。**今年全国工商联开展的民营企业参与新农村建设和提高自主创新能力两项重点调研。在调研民营企业参与新农村建设有关情况的基础上，出台了《全国工商联关于组织、引导和支持民营企业参与社会主义新农村建设的意见》。今年还开展了民营企业“走出去”、民营企业风险防范和危机处理、民营企业思想政治工作等方面的新课题调研，开展了第三次民营经济发展趋势分析研究、第七次私营企业大型问卷调查和第八次上规模民营企业调研等课题研究。在深入调研的基础之上，本会在今年中央召开的多次经济形势分析、政治协商座谈会上，阐述对当前宏观调控、民营经济发展态势、收入分配及房地产问题等方面的观点，及时反映非公有制经济发展的问题与建议。

2. **强化思想政治和宣传工作，培养壮大优秀中国特色社会主义建设者队伍。**本会与国家发改委联合举办了“国务院非公经济 36 条颁布周年座谈会”，与全国政协经济委员会和国家发改委共同召开了“促进非公有制经济健康发展论坛”，两次大型会议都在社会上引起了较好反响。本会与有关部门、机构召开了第三次"'关爱员工、实现双赢'活动经验交流会","全国就业与社会保障先进民营企业评选表彰大会","民营企业家社会公益论坛",还举办多次不同形式的民营经济论坛、研讨会、沙龙等活动,这些活动在宣传党的方针政策、表彰先进人物、交流典型经验、增加就业岗位、促进劳动关系和谐、推动企业文化建设、增强企业风险意识等方面都发挥了积极作用。

3. **开拓光彩事业和扶贫就业服务工作新领域,推动民营企业积极参与新农村建设。**本会制定了"民企系'三农'、共建新农村"光彩行动方案,不少地方工商联也出台了相应的文件、采取了相应的措施。我们将光彩事业、扶贫就业与新农村建设有机结合,开展了一系列活动。本会开展了光彩事业"白城行"、"三峡库区(宜昌)行"和"内蒙乌海行"等活动,还与中国农业发展银行签署了合作框架协议,与国家开发银行签署了开发性金融合作框架协议。与劳动和社会保障部等举办了"2006年民营企业招聘周活动",全国各地100多个城市的9万多家民营企业参加进来,与62万求职者达成就业意向。

4. **强化商会建设,扩大商会队伍,广泛开展商会服务。**到今年9月末,本会共有会员近198万个,同比增加6.4%。其中企业会员67.5万个,同比增长12.9%;团体会员17731个,同比增长7.6%;个人会员128万多个,同比增长3.2%;会员中非公有制经济成员占80.7%。全国共有县及县以上工商联组织3119个,基层组织22568个;各级行业组织7641个,同比增长20.5%。目前全国工商联直属行业商会共25个,今年增加了5个。

5. **地方工商联和行业商会工作取得新成绩。**今年以来,各地工商联在参政议政、开展服务、加强自身建设、推动商会发展等方面都取得了新的进展。各省级工商联在本地区今年的"两会"期间,共提交政协团体提案220余件,有三个省市的提案超过20件;部分省市的一些提案被立为地方党委和政府的重点督办甚至是一号提案,产生了积极影响。目前工商联的各级行业商会已达7600多个,已经成为中国非政府组织的重要力量。不少行业商会在扩大会员队伍、加强自身建设的同时,积极发挥各自优势,开展内容丰富、形式多样、富有特点的活动,扩大了影响力,产生了积极的社会影响。

二、民营企业要适应时代要求,为构建社会主义和谐社会做出更大贡献

一是推进发展的责任。民营企业已经成为经济发展增量的主要来源。不断地增加投资,增加就业,增加利润,增加税收,实现又好又快发展,就是民营企业对社会和谐的最大贡献。

二是促进公平的责任。民营企业既要为自身的发展争取更加公平的法律、政策和市场环境,也要公平地对待社会其他群体、特别是工人群体,努力维护他人的公平权利与合法利益。

三是推动自由创造的责任。创业、创新、创造的自由,是社会充满活力的条件和标志。当前,民营企业的投资、创业、创新和发展,仍存在不少障碍与限制。民营企业要积极争取消除对创业、创新和发展的不合法和不合理的限制。

四是发展和谐劳动关系的责任。充分尊重和切实维护员工的各项合法权益,是民营企业的责任与义务,也是民营企业获得员工拥护、支持和积极劳动贡献的条件。

五是与自然和谐相处的责任。造成与自然不和谐相处的状况，企业要承担相当大的责任。民营企业应当积极主动投身于建设资源节约型、环境友好型社会，发展循环经济，推广清洁生产，节约能源资源，逐步实现绿色生产、绿色消费，为国家为社会创造绿色 GDP。

六是遵守法律法规的责任。民营企业既是无法可依、有法不依、执法不严、违法不究的受害者，同时，一些民营企业也是某些方面法律的违反者。公民要遵守法律，企业公民要遵守与企业有关的法律。民营企业作为企业公民，要遵守一切与企业经营活动有关的法律法规，自觉维护市场经济秩序。

七是遵守道德诚信的责任。要在企业家中倡导爱国、敬业、诚信、友善等道德规范，反对拜金主义、享乐主义、极端个人主义，养成健康文明的生活方式，建立商务诚信、社会诚信、个人诚信。

八是参与公益慈善事业的责任。增强公益意识，积极主动参与新农村建设，参与扶贫事业，参与社区公益事业，参与社会慈善事业。这是中国企业家走向成熟的一个重要标志。

三、2007 年工作基本思路和主要任务

1. **充分发挥工商联在非公有制经济人士参与政治和社会事务中的主渠道作用。**这是党中央赋予工商联的新的重大任务。工商联作为党和政府的桥梁和纽带，作为非公有制经济的重要代表，发挥好主渠道作用，对于推动非公有制经济人士参与社会主义民主政治，对于反映非公有制经济人士的愿望与诉求，对于工商联更好地履行参政议政、民主监督的职能，具有很重要的现实意义。充分发挥工商联的主渠道作用，一定要采取必要措施，建立必要制度，健全必要机制。

一要建立和完善非公有制经济信息反映渠道和制度。二要建立与政府部门、研究机构的社会调研与政策研究合作制度与机制。三要强化调研队伍能力建设。四要扩展调研领域，扩大调研影响。五要组织和引导民营企业家和行业商会积极参政议政。要准备好每年“两会”期间工商联的政协提案，既注重必要数量，更注重提案质量，以期产生更大的参政议政效果。

2. **充分发挥工商联在非公有制经济人士思想政治工作中的重要作用。**非公有制经济人士是新社会阶层的主体，深入、细致地开展思想政治工作，是提高非公有制经济人士整体素质、促进非公有制经济健康发展的重要方面。

一是要向非公有制经济人士广泛宣传党和国家方针政策、法律法规，引导非公有制经济人士进一步树立法律意识、政策意识、行为规范意识、社会责任意识，做到爱国、敬业、诚信、守法、贡献，争做优秀中国特色社会主义事业建设者。

二是要向社会广泛宣传非公有制经济的重要地位和作用，宣传民营企业的重大贡献，宣传优秀中国特色社会主义事业建设者的先进事迹，在社会上进一步树立中国特色社会主义事业建设者的良好形象。

三要积极引导民营企业进行管理创新、制度创新和技术创新，引导企业增强社会责任感和加强企业文化建设，建立和谐劳动关系。

四要大力开展非公有制经济人士教育培训，提高企业家整体素质。

五要加强与国内主流新闻媒体的合作，搞好自办媒体建设，积极影响社会舆论导向。

3. **充分发挥工商联在政府管理非公有制经济方面的助手作用。**要继续学习和宣传国务院“非公经济36条”，积极推动政府有关部门进一步制定相关配套措施。积极配合统战部和国家发改委起草好“发挥工商联政府助手作用”文件，推动文件尽快出台。还要积极配合统战部起草好新时期工商联工作的新文件。要以“发挥工商联政府助手作用”文件的制定为契机，遵照国务院的要求，搞好工商联作为政府助手方面工作的制度化建设。

一是结合扶贫就业和光彩事业工作，推动民营企业积极参与新农村建设。搞好新农村建设经验交流和表彰活动，做好定点地区扶贫开发工作，继续举办“民营企业招聘周”。二是加强与政府有关部门的联系、沟通与合作，努力拓展经济服务的领域。各地工商联要配合地方组织各种类型的经贸活动，为发展地方经济做更大贡献。要讲究工作实效，注重特色性、专业性，提高服务工作质量。三是开展民间经济外交，积极推动民营企业“走出去”。四是引导企业规范经营行为，开展好法律与维权服务工作。五是努力维护非公有制经济人士和企业职工双方的合法权益。六是健全商会组织，完善商会职能。

4. **努力加强工商联自身建设，提高履行职责和发挥作用的能力。**中央15号文件明确要求，“工商联要努力加强自身建设，体现特色，增强吸引力，提高履行职责和发挥作用的能力”。这既是长期的重要任务，也是当前的紧迫任务。

5. **做好换届准备工作，迎接全国工商联“十大”召开。**明年将召开中华全国工商业联合会第十次会员代表大会，各地工商联要为此做好充分准备。

（选自《人民政协报》）

决 议、决 定

关于召开中国人民政治协商会议第十届全国委员会第四次会议的决定

（2006 年 2 月 26 日政协第十届全国委员会常务委员会第十二次会议通过）

中国人民政治协商会议第十届全国委员会常务委员会第十二次会议决定：中国人民政治协商会议第十届全国委员会第四次会议于 2006 年 3 月 3 日在北京召开。建议会议的主要议程是：听取和审议中国人民政治协商会议全国委员会常务委员会工作报告和政协十届三次会议以来提案工作情况的报告；列席中华人民共和国第十届全国人民代表大会第四次会议，听取并讨论政府工作报告及其他有关报告，讨论国民经济和社会发展第十一个五年规划纲要草案。

关于学习贯彻《中共中央关于加强人民政协工作的意见》的决定

（2006 年 2 月 28 日政协第十届全国委员会常务委员会第十二次会议通过）

中国人民政治协商会议第十届全国委员会常务委员会第十二次会议，认真学习了《中共中央关于加强人民政协工作的意见》（以下简称《意见》），对《意见》完全赞同和拥护。会议认为，《意见》的颁布实施，是我国政治生活中的一件大事，也是人民政协事业发展进程中的一件大事。学习好、贯彻好《意见》，是当前和今后一个时期人民政协的一项重大政治任务。为了推动人民政协的各级组织、各参加单位和广大政协委员更好地学习贯彻《意见》精神，会议作出如下决定：

一、充分认识学习贯彻《意见》的重大意义

中国共产党历来高度重视和关心人民政协事业的发展。《意见》是以胡锦涛同志为总书记的中共中央从党和国家事业发展的全局出发，加强人民政协工作的一项重要部署。《意见》坚持以邓小平理论和“三个代表”重要思想为指导，贯彻中共十六大和十六届四中全会精神，概括了中国共产党三代中央领导集体关于人民政协事业的重要论述和以胡锦涛同志为总书记的中共中央对人民政协工作的新思想、新要求，肯定了人民政协成立以来在我国政治、经济和社会生活中作出的重大贡献，阐明了人民政协的性质、

地位和作用，规定了新世纪新阶段人民政协肩负的历史任务和工作原则，规范了人民政协履行职能的程序和机制，明确了搞好人民政协自身建设的任务，提出了加强和改善党对人民政协领导的要求，是指导新世纪新阶段人民政协事业发展的纲领性文件。

学习贯彻《意见》，对于加强和改善中国共产党对人民政协的领导、提高党的执政能力，对于坚持中国共产党领导的多党合作和政治协商制度、发展社会主义民主政治，对于最广泛最充分地调动一切积极因素、构建社会主义和谐社会，对于全面建设小康社会、加快推进社会主义现代化，对于巩固和发展最广泛的爱国统一战线、促进祖国统一和中华民族伟大复兴，都具有十分重要的意义。人民政协的各级组织、各参加单位和广大政协委员，要充分认识学习贯彻《意见》的重大意义，认真按照中共中央的要求，广泛、深入、持久地开展学习贯彻活动。

二、深刻理解和全面把握《意见》的基本精神

《意见》就加强人民政协工作提出的理论观点、政策思想和各项措施，内涵十分丰富，我们要认真学习领会，深刻理解和把握其内容和精神实质。

深刻理解和全面把握中国共产党三代中央领导集体和以胡锦涛同志为总书记的中共中央关于人民政协的重要思想和重要方针政策，充分认识党中央审时度势作出的一系列重大决策，充分认识人民政协产生、存在和发展的历史必然性，不断推进人民政协事业向前发展。

深刻理解和全面把握人民政协事业是中国特色社会主义事业的重要组成部分，充分认识在全面建设小康社会、加快推进社会主义现代化的新的发展阶段，大力加强人民政协工作的重要性和必要性，进一步增强为中国特色社会主义伟大事业服务的自觉性和坚定性。

深刻理解和全面把握中国共产党关于人民政协的理论，充分认识人民政协是中国共产党把马克思列宁主义统一战线理论、政党理论和民主政治理论同中国具体实践相结合的伟大创造，坚持以科学的理论指导人民政协工作。

深刻理解和全面把握中国共产党领导的多党合作和政治协商制度是我国的一项基本政治制度，充分发挥人民政协作为实行这一制度的政治形式和组织形式的作用，促进参加人民政协的各党派、无党派人士的团结合作，体现和发挥我国社会主义政党制度的特点和优势。

深刻理解和全面把握人民政协在我国政治体制中的地位和作用，充分认识人民通过选举、投票行使权利和人民内部各方面在重大决策之前进行协商是我国社会主义民主的两种重要形式。发展社会主义民主政治，建设社会主义政治文明，要善于运用人民政协这一政治组织和民主形式。

深刻理解和全面把握人民政协的基本属性、主要职能、组织构成、工作原则和活动方式，与构建社会主义和谐社会的要求是完全一致的，同构建社会主义和谐社会的各项工作是紧密相连的，充分发挥人民政协在构建社会主义和谐社会中的作用。

深刻理解和全面把握人民政协工作的基本原则，坚持以马克思列宁主义、毛泽东思想、邓小平理论和“三个代表”重要思想为指导，坚持中国共产党的领导，坚持在宪法和法律的范围内开展工作，坚持社会主义初级阶段的基本路线、基本纲领、基本经验，

坚持团结和民主两大主题，坚持科学发展观，把促进发展作为人民政协履行职能的第一要务，坚持把实现和维护最广大人民的根本利益作为人民政协工作的出发点和落脚点。

深刻理解和全面把握中共中央关于人民政协围绕团结和民主两大主题履行职能的要求，在党委的统一部署和协调下，加强同政府及有关部门的配合，按照规定程序，认真搞好政治协商、积极推进民主监督、深入开展参政议政，推进政协履行职能的制度化、规范化和程序化。

深刻理解和全面把握加强人民政协自身建设的重要任务，充分认识各民主党派和无党派人士是人民政协的重要组成部分、由界别组成是人民政协组织的显著特色、政协委员是人民政协履行职能的主体、政协机关是人民政协开展工作的重要保障，努力适应新形势的要求，切实搞好人民政协的自身建设。

深刻理解和全面把握加强和改善党对人民政协领导的重要意义，按照党总揽全局、协调各方的原则，在党委的领导下，人民政协依照章程独立负责地开展工作，充分发挥中共党组在政协组织中的领导核心作用，充分发挥政协组织中共产党员的先锋模范作用，积极配合各级党委，努力创造全党全社会重视和支持人民政协工作的新局面。

三、切实加强对学习贯彻《意见》的组织领导

各级政协组织和政协各参加单位要把学习贯彻《意见》作为当前和今后一个时期的一项重要任务，摆在突出位置，要在把握精神、指导实践、推动工作上下功夫，切实抓出成效。要结合政协工作实际，制定学习贯彻《意见》的工作方案，采取有力措施认真加以落实，并积极主动地协助党委和政府制定贯彻实施《意见》的具体措施，推动当地学习贯彻活动的开展。要通过举办研讨班、培训班、报告会等多种形式，推动学习《意见》的活动深入开展。及时总结、推广各地学习贯彻的好经验、好做法，研究解决在贯彻过程中出现的新情况、新问题。要把学习贯彻《意见》精神同深入学习中国共产党三代中央领导集体和胡锦涛同志对人民政协一系列重要论述、中共中央有关文件以及政协章程结合起来，提高贯彻《意见》的自觉性和主动性；要把学习贯彻《意见》精神与充分履行政治协商、民主监督、参政议政职能结合起来，认真对照《意见》精神，总结经验，找出不足，积极探索履行职能的新形式、新方法；要把学习贯彻《意见》精神与全面加强政协自身建设结合起来，努力在促进参加政协的各党派、无党派人士的团结合作和充分发挥委员、界别、机关作用方面取得新进展；要把学习贯彻《意见》精神与广泛宣传人民政协结合起来，大力宣传中国共产党领导的多党合作和政治协商制度，宣传人民政协的性质、地位和作用，宣传各级政协组织履行职能的情况，形成有利于人民政协事业发展的良好氛围。

人民政协的各级组织、各参加单位和广大委员，要紧密团结在以胡锦涛同志为总书记的中共中央周围，高举邓小平理论和“三个代表”重要思想伟大旗帜，深入学习、全面贯彻《中共中央关于加强人民政协工作的意见》，同心同德，群策群力，为实现全面建设小康社会的宏伟目标、推进中国特色社会主义伟大事业而努力奋斗！

中国人民政治协商会议第十届全国委员会第四次会议政治决议

（2006年3月13日政协第十届全国委员会第四次会议通过）

中国人民政治协商会议第十届全国委员会第四次会议，于2006年3月3日至13日在北京举行。会议开得隆重热烈，富有成效，是一次民主、求实、团结、鼓劲的大会。

会议听取并赞同温家宝总理所作的政府工作报告、《国民经济和社会发展第十一个五年规划纲要（草案）》，赞同最高人民法院工作报告、最高人民检察院工作报告以及其他报告。会议批准了贾庆林主席代表常务委员会所作的工作报告和罗豪才副主席代表常务委员会所作的提案工作情况的报告。

会议认为，过去的一年，是我国社会主义现代化事业取得显著成就的一年。全国各族人民在以胡锦涛同志为总书记的中共中央领导下，高举邓小平理论和“三个代表”重要思想伟大旗帜，坚持以科学发展观统领经济社会发展全局，胜利完成了“十五”计划，社会主义经济建设、政治建设、文化建设和社会建设全面推进。我国在全面建设小康社会的道路上迈出了新的坚实步伐。政协第十届全国委员会及其常务委员会，深入贯彻中共十六大和十六届三中、四中、五中全会精神，牢牢把握团结和民主两大主题，广泛动员和组织人民政协各参加单位和政协委员，围绕党和国家的中心工作，认真履行职能，加强自身建设，各项工作取得了新的进展，人民政协事业呈现出生动活泼、有序推进的良好局面。会议对常务委员会一年来的工作给予充分肯定。

会议认为，“十一五”规划纲要是全面建设小康社会进程中的重要规划。规划纲要所体现的发展理念、发展模式和发展战略，符合以人为本、全面协调可持续发展的要求。规划纲要所确定的未来五年的奋斗目标、指导方针和主要任务，符合全国各族人民的根本利益和共同愿望。我们要同心同德，团结奋斗，努力把“十一五”规划的宏伟蓝图变为美好现实，谱写社会主义现代化建设事业的新篇章。2006年是实施“十一五”规划的开局之年，扎实做好今年的工作，必将为实现“十一五”规划确定的各项目标奠定坚实的基础。委员们对未来五年的发展充满期望，对胜利完成今年的各项任务充满信心。

会议指出，建设社会主义新农村，是中共十六届五中全会提出的重大历史任务。这一战略举措的提出和实施，必将推动我国广大农村走上生产发展、生活宽裕、生态良好的文明发展道路。要按照建设社会主义新农村的总体要求，进一步发展农村生产力，着力促进农民增收，切实保障农民民主权利，培育新型农民，维护农村社会稳定，全面深化农村改革。要坚持从实际出发，加强分类指导，不搞形式主义和“一刀切”，防止一哄而起。参加人民政协的各党派团体和各族各界人士要团结一心，扎实工作，推动社会主义新农村建设成为惠及亿万农民群众的民心工程。

会议指出，建设创新型国家，把增强自主创新能力作为发展我国科学技术的战略基点，作为调整产业结构、转变增长方式的中心环节，作为贯穿于现代化建设各个方面的国家战略，是新世纪新阶段我国发展道路的历史性选择。要坚持走中国特色自主创新道路，大幅度提高国家竞争力，加快推进国家创新体系建设，培养造就富有创新精神的人才队伍，努力培育全社会的创新精神，为把我国建设成为创新型国家而努力奋斗。

会议指出，建设社会主义和谐社会，要更加注重社会公平、社会稳定，更加注重城乡、区域协调发展，更加注重社会事业建设。要高度关注并切实解决与群众利益密切相关的问题。继续实施积极的就业政策，千方百计扩大就业，加快推进社会保障体系建设，让困难群众得到更多的关爱和帮助；合理调节收入分配，规范收入分配秩序，努力缓解地区之间和部分社会成员收入分配差距扩大的趋势；继续深化教育体制改革，全面实施素质教育，维护和实现教育公平；深化文化体制改革，形成科学有效的宏观文化管理体制和富有活力的文化产品生产经营机制；加快医疗卫生体制改革，合理配置医疗卫生资源，整顿药品生产和流通秩序，解决群众看病难、看病贵的问题；切实加强安全生产工作，坚决遏制重特大事故的发生，保障人民群众生命财产安全；加强公民道德建设，弘扬中华优秀传统文化，倡导爱国守法、明礼诚信、团结友善、勤俭自强、敬业奉献的基本道德规范。

会议指出，要坚决贯彻“一国两制”、“港人治港”、“澳人治澳”、高度自治的方针，严格按照香港特别行政区基本法和澳门特别行政区基本法办事，支持香港、澳门特别行政区行政长官和政府依法施政。加强和推动内地与港澳在经贸、科教、文化、卫生、体育等领域的交流和合作。发挥在香港、澳门特别行政区的政协委员在港澳社会生活中的作用，进一步扩大与港澳各界人士的联系，维护和促进香港、澳门的长期繁荣、稳定和发展。

会议指出，今年以来，台湾当局领导人加快“台独”分裂活动的步伐，图谋通过所谓“宪政改造”实现“台湾法理独立”的目标。特别是近期不顾岛内外的强烈反对，一意孤行，强行决定终止“国统会”和“国统纲领”，在全面推翻“四不一没有”承诺上迈出了危险的一步。我们对此表示强烈愤慨和严重关注。维护国家主权和领土完整，是国家的核心利益，是民族的根基所在。我们捍卫国家主权和领土完整的坚强意志和坚定决心，是“台独”分裂势力无法撼动的。我们要继续坚定地贯彻“和平统一、一国两制”的基本方针和现阶段发展两岸关系、推进祖国和平统一进程的八项主张，全面贯彻胡锦涛总书记关于新形势下发展两岸关系的四点意见，紧紧围绕反对和遏制“台独”分裂势力及其活动这一当前对台工作的首要任务开展工作，努力推动两岸关系朝着和平稳定的方向发展；进一步扩大两岸交流与合作，努力把寄希望于台湾人民的方针落到实处。参加人民政协的各党派团体和各族各界人士，要广泛团结海内外一切热爱祖国的中华儿女，坚决反对和遏制“台独”分裂势力及其活动，为发展两岸关系、实现祖国完全统一贡献力量。

会议认为，胡锦涛总书记在参加本次会议民盟、民进联组讨论时提出的树立社会主义荣辱观，非常重要，非常及时。与会全体同志热烈响应并认为，“八荣八耻”论述精辟，内涵深邃，体现了中国传统美德与时代精神的完美结合，应当使之深入人心，成为规范，蔚成风气。

会议指出，《中共中央关于加强人民政协工作的意见》，集中概括了中国共产党三代中央领导集体关于人民政协的重要论述，充分体现了十六大以来中共中央关于人民政协工作的新思想新要求，科学总结了人民政协成立以来特别是改革开放以来创造的实践经验，是以胡锦涛同志为总书记的中共中央从党和国家事业发展的全局出发，加强人民政协工作的一项重要部署，是指导新世纪新阶段人民政协事业发展的纲领性文件。《意见》关于人民政协是中国共产党把马克思列宁主义统一战线理论、政党理论和民主政治理论同中国具体实践相结合的伟大创造的论述，关于人民政协是我国政治体制的重要组成部分、在我国政治生活中具有不可替代的作用的论述，关于人民通过选举、投票行使权利和人民内部各方面在重大决策之前进行充分协商是我国社会主义民主的两种重要形式的论述，关于人民政协的基本属性、主要职能、组织构成、工作原则和活动方式与构建社会主义和谐社会的要求是完全一致的论述，关于人民政协政治协商、民主监督、参政议政的性质、内容、形式和程序的规定，不仅对人民政协的建设和发展有着十分重要的指导作用，而且对发展社会主义民主政治，建设社会主义政治文明，也有着十分重大的意义。人民政协的各级组织、各参加单位和广大政协委员，要把学习贯彻《意见》作为当前和今后一个时期的一项重大政治任务，深刻理解和全面把握《意见》的基本精神，充分认识在全面建设小康社会、加快推进社会主义现代化的新的发展阶段，加强人民政协工作的重要性，认真履行政协职能，切实抓好自身建设，推动人民政协事业在新的历史起点上不断向前发展。

会议号召，人民政协的各级组织、各参加单位和广大政协委员，紧密团结在以胡锦涛同志为总书记的中共中央周围，高举邓小平理论和“三个代表”重要思想伟大旗帜，全面落实科学发展观，牢牢把握团结和民主两大主题，把努力实施“十一五”规划和构建社会主义和谐社会作为履行职能的重点，求真务实，开拓创新，扎实工作，为全面建设小康社会、推进祖国和平统一、实现中华民族的伟大复兴作出新的更大贡献！

中国人民政治协商会议第十届全国委员会第四次会议关于常务委员会工作报告的决议

（2006年3月13日政协第十届全国委员会第四次会议通过）

中国人民政治协商会议第十届全国委员会第四次会议，批准贾庆林主席代表常务委员会所作的工作报告。

中国人民政治协商会议第十届全国委员会第四次会议关于政协十届三次会议以来提案工作情况报告的决议

（2006 年 3 月 13 日政协第十届全国委员会第四次会议通过）

中国人民政治协商会议第十届全国委员会第四次会议，批准罗豪才副主席代表常务委员会所作的关于政协十届三次会议以来提案工作情况的报告。

中国人民政治协商会议第十届全国委员会提案委员会关于政协十届四次会议提案审查情况的报告

（2006 年 3 月 13 日政协第十届全国委员会第四次会议通过）

政协第十届全国委员会第四次会议期间，政协委员、政协各参加单位围绕党和国家的中心工作，以高度的政治责任感提出了许多有情况、有分析、有具体建议的提案。截至 2006 年 3 月 8 日下午 5 时，提案委员会共收到提案 5030 件，参与提案的委员 2041 人，占委员总数的 89.52%。经审查，立案 4898 件，占提案总数的 97.38%。作为委员来信转送有关部门研究处理的 132 件，其中需要及时处理的，已送交有关部门。

本次会议提案的质量稳步提升，但有些提案的建议尚需进一步具体化。

在立案的提案中，委员提案 4647 件；各民主党派中央、全国工商联提案 198 件；人民团体提案 1 件；界别、小组提案 52 件。按类别分，有关经济建设方面的提案 2213 件，占 45.18%；科教文卫体方面的提案 1441 件，占 29.42%；政治法律和社会保障等方面的提案 1244 件，占 25.40%。

本次会议提案内容十分丰富，委员们就我国改革发展稳定中的一些重大问题，特别是贯彻落实科学发展观、实施“十一五”规划、构建社会主义和谐社会必须抓紧抓好的重大问题，提出了大量有价值的意见和建议。主要有：加大对“三农”支持力度，推进社会主义新农村建设；稳定宏观经济政策，保持经济平稳较快发展；推进经济结构调整和增长方式转变，建设资源节约型和环境友好型社会；推进西部大开发、东北地区等老工业基地振兴和中部地区崛起，促进区域经济协调发展；加快国有大型企业改革，完善国有资产监管体制；改善市场发展环境，鼓励、支持和引导非公有制经济健康发展；深化金融体制和财税体制改革，维护金融稳定和促进经济发展；实施科教兴国战略和人才强国战略，加强国家创新体系建设；深化科技体制改革、加强知识产权保护，促进自主创新与成果转化；进一步扩大开放，完善涉外经济管理体制；增加教育投入，大力促进教育公平；实施素质教育，全面提高教育质量；弘扬中华民族优秀传统文化，加强公民思想道德建设；深化文化体制改革，发展文化事业和文化产业；加快医疗卫生体制改革和服务体系建设，逐步解决群众看病难、看病贵问题；深入整顿和规范市场秩序，加大食品、药品监管力度；进一步做好就业再就业工作，加快推进社会保障体系建设；切实加强安全生产工作，坚决遏止重特大事故频发；积极发展慈善事业，关爱城乡困难群体；健全社会救助体系，加大扶贫济困力度；调整收入分配关系，增加城乡居民收入；加强民主法制建设，促进社会和谐稳定；全面贯彻民族宗教政策和有关法律法规，促进各民族共同繁荣发展；加强内地同港澳的交流与合作，维护香港、澳门长期繁荣稳定；反对“台独”分裂活动、构建和平稳定发展的两岸关系，争取祖国和平统一；加强人民政协工作，充分履行政协职能。

提案反映出，委员们格外关注的问题有：社会主义新农村建设、自主创新、节约资源、循环经济、环境保护、协调发展、思想道德建设，以及涉及群众切身利益的义务教育、就业和再就业、医药卫生、社会保障、收入分配、安全生产等。

会议期间，提案委员会就“关于农业增产、农民增收，促进社会主义新农村建设问题”和“关于加快科技自主创新成果转化问题”，召开了两次提案办理协商会，邀请国家发改委、财政部、农业部、科技部等15个有关部委，与提出提案的民主党派中央、政协委员当面沟通情况，交换意见，共商解决问题的措施。

大会闭幕后，定于3月20日召开政协十届四次会议提案交办会，将已审查立案的提案分别送交中共中央、全国人大常委会、国务院、全国政协、中央军委所属有关部门，最高人民法院、最高人民检察院办公厅，各省、自治区、直辖市中共党委和人民政府，以及有关人民团体等160多个承办单位办理。

本次大会提案截止日期以后收到的提案，将及时审查立案，送交有关单位办理。

制 度 建 设

关于印发《全国政协关于加强和改进提案工作的意见》的通知

政协各省、自治区、直辖市及副省级市委员会：

《全国政协关于加强和改进提案工作的意见》已经全国政协领导批准，现印发给你们。

附：

全国政协关于加强和改进提案工作的意见

政协提案工作随着人民政协事业的发展，在半个多世纪的实践中开拓前进，取得了显著成绩。改革开放以来特别是近年来，提案数量逐年增加，提案质量稳步提高，提案办理取得新成效，政协提案日益受到党和政府以及社会各界的重视和关注。面临新形势新任务，要切实发挥政协提案作用，必须进一步加强和改进提案工作。

一、充分认识新形势下加强和改进提案工作的重要意义

政协提案作为履行人民政协政治协商、民主监督、参政议政职能的重要方式，以方式灵活、内容丰富、程序规范、成效明显的特点和优势，在坚持和完善中国共产党领导的多党合作和政治协商制度、协助中国共产党和国家机关实现决策民主化、科学化方面发挥了重要作用。

党和政府历来重视和支持人民政协通过提案履行职能。中共中央办公厅、国务院办公厅曾专门发出通知，对党政部门办理政协提案提出明确要求。2005 年、2006 年，中共中央相继颁发的《关于进一步加强中国共产党领导的多党合作和政治协商制度建设的意见》、《关于加强人民政协工作的意见》，对运用政协提案参政议政、认真办理政协提案、切实发挥好政协提案的作用，进一步作出了规定，有力地推动了政协提案工作的发展。

当前，我国正处在改革发展的关键阶段。以胡锦涛同志为总书记的中共中央，提出了坚持科学发展观、构建社会主义和谐社会、建设社会主义新农村、建设创新型国家、

加强党的执政能力建设和先进性建设等一系列治国理政的重大战略思想，为党和国家事业的发展进一步指明了方向。新形势新任务，对人民政协的提案工作提出了新的要求，也提供了更为广阔的舞台。

政协提案工作在长期实践中积累了丰富经验，也面临着一系列新情况新问题。各级政协组织和广大政协委员要进一步深化认识，解放思想，努力开创人民政协提案工作新局面。

要充分认识政协提案工作是落实中国共产党领导的多党合作和政治协商这一基本政治制度的一个重要载体。加强和改进提案工作，有利于各民主党派和无党派人士积极通过人民政协履行职能，充分体现我国社会主义政党制度的特点和优势。

要充分认识政协提案工作是实行社会主义协商民主的一个重要渠道。政协提案提出和办理的过程，是党和国家通过人民政协密切联系群众，广泛进行协商，充分发扬民主的过程。加强和改进提案工作，有利于扩大我国公民有序的政治参与，实现人民依法管理国家事务、管理经济和文化事业、管理社会事务的权利，有利于推进我国的社会主义民主政治建设。

要充分认识政协提案工作是一项具有全局意义的工作。提案内容涉及经济、政治、文化和社会建设等各个领域，提案的提出、审查、办理、督办等环节，涉及提出提案的广大政协委员、各民主党派、有关人民团体和政协各专门委员会，涉及办理提案的党和国家机关等职能部门。加强和改进提案工作，有利于发挥人民政协的整体功能，凝聚各方面的智慧和力量，共同为构建社会主义和谐社会服务。

二、加强和改进提案工作的总体要求

坚持以邓小平理论和“三个代表”重要思想为指导，全面贯彻落实科学发展观，依据《中共中央关于加强人民政协工作的意见》和全国政协提案工作座谈会的精神，遵循“围绕中心、服务大局、提高质量、讲求实效”的提案工作方针，坚持从实际出发、循序渐进的原则，在继承优良传统的基础上，发扬创新精神，积极探索提高提案质量、办理质量、服务质量的方法和途径。把解决人民群众最关心、最直接、最现实的切身利益问题作为出发点和落脚点，以提高提案质量为基础，以增强提案办理实效为目标，以加强提案工作制度建设为保障，推行分层次办理提案，加大重点提案督办力度，建立健全协调高效的提案工作机制，努力增强提案工作合力，更好地发挥政协提案在促进我国经济、政治、文化和社会建设中的作用。

三、切实提高提案质量

提案质量是提案工作的生命。提案质量决定提案本身的价值，也反映着政协参政议政的能力和水平。要妥善处理提案数量和质量的关系，始终坚持把提高提案质量作为提案工作的立足点。

要进一步增强提案者的责任意识。提案者要以高度负责的精神，深入实际调查研究，围绕国家大政方针、中心工作和经济、政治、文化、社会生活中的重要问题以及人民群众普遍关心的问题，提出有情况、有分析、有具体建议的提案，不断提高提案质量。提案者提交提案时要根据是否经过调研、是否本人撰写、是否转呈他人材料等不同情况，注明提案的来源，联名提案的第一提案人要向其他提案人说明提案内容，联名提案人要了解所署名提案的内容。

要进一步增强提案审查立案的严谨性。本着尊重和维护提案者的民主权利、保证提案质量的原则，进一步规范提案审查程序，坚持和完善提案审查立案标准。按照立案程序和标准，严把提案质量关，采取多种方式引导提案者提高提案质量。坚持“一事一案”，对涉及承办单位较多的提案予以分解处理。

要充分发挥高质量提案的示范带动作用。各民主党派、有关人民团体和政协专门委员会要充分发挥各自的组织优势和人才优势，围绕党和国家的中心工作，深入调查研究，积极提出高质量的提案。要建立政协提案委员会、各民主党派、有关人民团体、政协其他专门委员会联席会议制度，协调有关提案选题、前期调研、督办重点提案等方面的工作。各民主党派、有关人民团体要了解、掌握本组织成员个人提案情况，提出明确的质量要求。

要注重发挥界别优势，积极探索在提案工作中发挥界别作用的方法和途径。在政协全体会议及日常工作中，各界别可安排适当时间沟通、交流、研究本界别委员共同关心的提案问题。

四、努力提高提案办理质量

办理工作是提案发挥作用的关键环节，办理质量直接关系到提案工作的成效。要按照中共中央办公厅、国务院办公厅联合转发的《全国政协办公厅关于办理政协提案的意见》的通知要求，切实加强对提案办理工作的领导，努力提高办理质量，增强办理实效。要适当选择一批重点提案，集中时间和人力，进行重点研究和办理，一抓到底，抓出成效。

重点提案的确定，要结合党和国家工作重点、群众普遍关注的热点，找准有利于推动党和国家机关工作的切入点。

承办单位要在综合分析提案的基础上确定本部门的重点提案。部门重点提案的办理，要有专人负责，有部门负责人参与，有阶段性办理成果，在年度办理工作总结中有所反映。在办理过程中，要采取多种方式加强与提案者的沟通。

承办单位要根据提案的具体情况及办理结果，在规定时限内明确答复提案者。所有提案答复件均由承办单位领导签发。提案办理情况要按照“已经解决或采纳、列入计划拟解决、留作参考”三个类别，在提案答复件首页上实事求是地予以注明。对列入计划拟解决的提案，要加强跟踪办理并及时向提案者通报办理进展情况。

各级政协要加大对提案办理工作的民主监督力度。每年通过必要的程序精心选择若干件重点提案，采取政协专门委员会、提案者、承办单位“三结合”的办理协商会、实地考察、专题调研、走访等方式进行重点督办。政协督促办理重点提案的工作由政协办公厅统筹协调，各专门委员会分工协作。各专门委员会每年要结合各自的工作选择一两件提案进行重点督办。要建立健全政协领导同志领衔督办重点提案的制度。要积极吸收民主党派、人民团体和政协委员参与重点提案督办。要适时邀请承办单位当面向政协通报提案办理情况特别是重点提案的办理情况。

要高度重视民主党派提案和集体提案。各级政协要建立健全主要负责人阅批民主党派提案和集体提案制度，及时通过《重要提案摘报》等形式向中共党委、政府报送，加大对办理情况的跟踪督办力度。承办单位在办理民主党派提案和集体提案时，要加强与提案者的沟通、合作，并指定专人跟踪办理。

五、不断提高服务质量

服务工作贯穿于提案工作的各个环节。各级政协要进一步加强对提案工作的领导，积极主动地争取各级党委、政府和有关部门领导的支持和帮助，对政协提案工作提供人力、物力支持，使政协提案工作真正做到工作上有部署、措施上有要求、组织上有依托、物质上有保障。

政协全体会议审议提案工作情况的报告，常委会议听取提案工作情况的汇报，主席会议研究、部署提案工作中的重要事项。要采取有效措施，综合协调，统筹安排，使提案工作与委员视察工作、专门委员会调研工作、反映社情民意工作、大会发言工作等有机结合起来，突出提案特点，体现提案特色。

政协各专门委员会、相关部门要加强联系与协作，形成协调高效的提案工作机制，增强提案工作合力。政协各专门委员会要积极参与提案的综合分析、重点提案的筛选与督办等工作，并有专人负责。要将提案关注的热点、难点问题纳入调研课题，同时注重将调研、视察形成的意见和建议及时转化为提案。

提案委员会要进一步做好服务工作，充分发挥在提案工作中的组织协调作用。要及时向政协委员、民主党派、有关人民团体和政协专门委员会发送提案选题参考和相关材料，做好提案的征集、审查、交办工作。要通过培训、交流、宣传等多种方式使委员充分了解提案的基本知识和基本要求。要充分利用现代信息技术，不断提高提案工作的办公自动化水平，逐步实现网上查询、提交、交办、办复提案。要积极探索利用广播、电视、网络等渠道吸收社会公众了解和参与提案工作的方式方法，使提案工作更加深入实际，更加贴近群众。要加强提案工作队伍建设，完善机构设置和人员调配，注重培训和学习，努力提高政治水平和业务素质。

六、大力加强提案工作理论研究和宣传

要坚持理论联系实际，加强调查研究，认真总结多年来在实践中探索、创造的提案工作经验，注重分析研究政协提案工作的全局性以及提案工作中出现的新情况新问题，努力把握提案工作的规律性，不断通过理论创新与工作创新推动提案工作向前发展。要将提案工作的理论研究纳入人民政协理论研究的范围，动员和吸纳社会上专业的研究机构和专业人士参与研究提案工作，增强研究力量，拓宽研究领域，丰富研究内容。

要通过广泛、持久、深入的宣传，扩大提案工作的社会影响。提案工作部门要加强与新闻媒体的合作，新闻部门要积极主动宣传提案工作，在报纸、电台、电视台等媒体上开辟经常性、互动性专栏，大力宣传政协提案特别是重点提案的形成过程、办理过程及办理成效。要逐步扩大在互联网上公开提案全文及办理复文的力度，提高社会各界对政协提案及提案工作的认知度。

七、扎实推进提案工作制度化、规范化、程序化建设

政协提案工作涉及面广、程序性强、要求高、影响大，必须加强制度化、规范化和程序化建设。要抓好现有规章制度的落实，维护其严肃性、权威性和延续性。要坚持从实际出发，与时俱进，注重对提案工作中创造的新形式、新方法认真加以提炼概括，上升为制度和规范，并在今后工作中切实执行。

要进一步完善提案的审查立案标准、重点提案的产生办法和办理规定、优秀提案和先进承办单位的评选表彰制度，规范提案的征集、审查、办理、答复、督办工作程序。要建立健全在政协全体会议政治决议中一并体现提案工作情况报告审议情况的制度。要根据形势发展需要适时修订《提案工作条例》，使政协提案工作更加规范有序、富有成效。

关于印发《全国政协关于加强和改进委员视察工作的意见》的通知

政协各省、自治区、直辖市委员会：

《全国政协关于加强和改进委员视察工作的意见》已经全国政协领导批准，现印发给你们。

附：

全国政协关于加强和改进委员视察工作的意见

自1955年毛泽东同志倡导组织政协委员视察以来，委员视察工作在我国社会主义革命、建设和改革的各个历史时期，为完成党和国家的中心任务发挥了重要作用。在新世纪新阶段，委员视察工作要坚持以邓小平理论和“三个代表”重要思想为指导，全面贯彻落实科学发展观，按照《中共中央关于加强人民政协工作的意见》要求，进一步解放思想、实事求是、与时俱进，加强组织领导，创新工作机制，深化视察成果，提高视察工作的质量和水平，为社会主义经济、政治、文化和社会建设做出应有贡献。

一、深刻认识委员视察工作的重要意义

委员视察是人民政协履行职能的一项政治活动。委员视察工作是指人民政协在全体会议闭会期间，组织委员深入实际、深入基层、深入现场，对党和国家重大方针政策的贯彻落实，对经济社会发展中重大项目的规划建设，对人民群众普遍关注的重大问题的

研究解决，进行巡视察看，咨政建言，反映社情民意，开展民主监督。

通过委员视察咨政建言，包含重要的政治内容和社会意义。委员在视察中就经济建设、政治建设、文化建设和社会建设中的课题或项目，进行实地考察和认真论证，以视察报告或其他形式，提出重要的咨询意见，供党中央、国务院和有关方面参考，对于决策的科学化和民主化具有重要意义。

通过委员视察反映社情民意，是完善舆情汇集和分析机制的重要方面。委员到实际部门考察，与基层群众座谈，进行现场察看访问，往往能直接了解到党和国家的方针政策在贯彻执行过程中遇到的问题，特别是界别、阶层、群体带有普遍性、倾向性和苗头性的问题。将这些社情民意进行分析和归纳，并通过视察报告等郑重的形式反映到决策部门，能为党政机关的决策提供重要的信息和依据。

通过委员视察开展民主监督，是履行人民政协民主监督职能的有效形式。开展监督是毛泽东同志倡导组织委员视察的重要用意，《中共中央关于加强人民政协工作的意见》进一步明确委员视察是人民政协民主监督的一种主要形式。委员视察的整个过程都体现着民主监督的涵义，通过深入实际察看情况、与党政部门交换意见、直接提出建议批评、报送书面视察报告，有利于推动和督促地方和部门检查、总结工作，发挥人民政协民主监督的作用。

二、切实改进和创新委员视察工作机制

认真选好视察题目。委员视察选题一定要围绕中心、服务大局，选择经济建设、政治建设、文化建设和社会建设中党和政府重视、人民群众关心、政协委员有条件深入研究的课题，每年集中力量抓几个重点题目开展视察。委员视察选题要与政协全体会议、常委会议、专题协商会议题相衔接，与重点提案和重点调研相结合。要建立科学、规范的选题机制，在高度重视委员建议、主动征求部门意见、切实加强策划论证的基础上，建立健全委员视察选题程序。认真制定每年的委员视察工作计划。视察计划提交主席会议审议通过后，以政协全国委员会文件形式发相关省（自治区、直辖市）党委、政府、政协。

切实改进组织方式。要打破京内外区域界线，统筹安排委员视察工作；根据视察工作的需要，采取委员自愿报名与组织邀请相结合的办法，优化视察团人员结构；组织特邀常委和委员视察团，发挥政协的整体优势，选择一些具有综合性、全局性、前瞻性的课题开展视察；重视发挥党派、界别的作用，组织以一个界别为主或几个相关界别联合组成的视察团，围绕界别委员普遍关注的重大问题开展视察；建立与各民主党派和工商联、无党派人士、各人民团体的协作沟通机制，使委员视察真正成为发挥界别作用的重要途径。

精心安排视察活动。视察团在收集材料、拟定提纲、安排日程、推选团长等方面要早动手、早谋划、早准备；视察团要密切联系群众，广泛走访座谈，认真了解情况，深入研究问题；视察团要厉行节约，轻车简从，注重实效；视察团要在委员充分讨论、达成共识的基础上，与地方党委、政府、政协郑重交换意见。

注重深化视察成果。视察成果凝聚了政协委员的劳动和心血，反映了委员视察工作的质量和政协履行职能的成效，对视察成果的形成和落实要给予高度重视。视察报告是

视察成果的重要形式，每次视察都要准确掌握情况、深入分析问题、积极反映委员的重要意见建议，切实提高视察报告的质量，努力形成中肯的、有分量的咨询意见。除视察报告外，还要根据每次视察的不同特点和实际需要，通过形成建议案、会议发言、政协提案、政协信息等多渠道反映视察成果。要完善视察成果的反馈和转化机制，跟踪了解有关部门和单位对委员视察意见和建议的采纳情况；邀请与视察内容相关的部门和地方，召开年度视察成果转化座谈会，加大督办力度；将视察报告及落实情况及时反馈给参加视察的委员，以进一步调动委员履行职责的积极性。要加强委员视察工作的宣传力度，把委员视察工作体现的民主监督与舆论监督结合起来，提高视察工作的实际成效，扩大视察工作的社会影响。

三、充分发挥政协委员在视察工作中的主体作用

政协委员是视察工作的主体。政协委员要从人民群众的根本利益出发，从党和国家工作的大局出发，以高度的责任感积极参加视察工作。政协组织要尊重委员视察的权利，完善相应制度措施，为委员参加视察提供组织保证；要加强与相关部门和单位的联系沟通，为委员知情明政创造条件；要鼓励委员在视察工作中充分发表意见，切实履行职责；要组织委员学习理论、把握政策、探索规律，不断提高履行视察工作职责的能力和水平。

政协委员的主体作用要体现在视察工作的整个过程中，在视察工作的各个环节都要充分发挥委员的积极性、主动性和创造性。在制定视察计划阶段，委员要运用自己的知识和经验，积极提出视察工作建议选题；在视察工作准备阶段，要主动收集有关资料，提前进行相关研究；在参加视察活动期间，要深入了解实际情况，认真开展座谈讨论；在视察结束之后，要认真整理视察材料，及时撰写视察报告，提出有价值的意见和建议。

四、注重加强委员视察工作的组织领导和服务保障

政协委员视察规格高、阵容强、影响大，代表着人民政协形象，体现人民政协的作用，加强组织领导和服务保障十分必要。要倡导由全国政协领导带团视察的组织形式。政协全国委员会办公厅要重视视察选题研究策划和视察计划的拟订，认真研究审定视察报告，积极督促视察成果的反馈和转化，严格审议年度委员视察工作计划的实施情况，并向常委会议和全体会议报告，不断研究委员视察工作新情况、新问题，探索开展委员视察工作的新途径、新办法。

要进一步加强视察组织服务工作的基础建设，不断充实力量，健全机构；要建立一支政治坚定、作风优良、业务熟练、学识丰富的高素质视察组织服务工作队伍，为委员视察工作的顺利开展提供服务保障；要进一步加强视察组织服务工作人员的理论学习和政策研究，努力提高综合素质和工作能力，为委员视察工作提供更多更好的服务。

五、不断深化委员视察工作的理论研究和制度建设

委员视察作为人民政协工作实践的重要组成部分，有其自身的特点和规律。要认真总结委员视察工作 50 多年来的经验教训，积极开展委员视察工作的理论研究，继续探

索这项工作的内在规律，不断深化对委员视察工作定位、作用、内容、方式的认识，为更好地开展委员视察工作提供有力的理论指导。

多年来，委员视察工作的制度建设已有一定基础，形成了许多规章制度和组织细则。中共中央新近提出了一系列重大理论观点和重要方针政策，特别是颁布《中共中央关于加强人民政协工作的意见》，对人民政协工作提出了新任务和新要求。要根据这些新任务和新要求，适时对委员视察工作的条例、规则进行修订，并将实践证明行之有效的工作方法和成功经验进行规范，充实到现有制度规范之中，不断推进新世纪新阶段委员视察工作的制度化、规范化、程序化建设。

重要会议、活动

新年茶话会 2006年1月1日在北京全国政协礼堂三楼大厅举行。胡锦涛、吴邦国、温家宝、曾庆红、黄菊、吴官正、李长春、罗干等党和国家领导人及各民主党派中央、全国工商联负责人、无党派人士出席了茶话会。茶话会由中共中央政治局常委、全国政协主席贾庆林主持。

中共中央总书记、国家主席、中央军委主席胡锦涛发表了重要讲话。胡锦涛代表中共中央、国务院、中央军委，向各民主党派、工商联和无党派人士、各人民团体，向全国广大工人、农民、知识分子和干部，向人民解放军指战员、武警官兵和公安民警，向香港特别行政区同胞、澳门特别行政区同胞、台湾同胞和海外侨胞，向关心和支持中国现代化建设的国际友人，致以节日的祝福。胡锦涛说，在过去一年里，人民政协高举爱国主义、社会主义的旗帜，坚持团结民主两大主题，围绕中心、服务大局，认真履行政治协商、民主监督、参政议政职能，各项工作开展得活跃有序、富有成效，为改革开放和社会主义现代化建设、为构建社会主义和谐社会、为促进祖国和平统一作山了重要贡献。在新的一年里，我们要更好地坚持和完善中国共产党领导的多党合作和政治协商制度，切实贯彻长期共存、互相监督、肝胆相照、荣辱与共的方针，进一步巩固和发展同各民主党派和无党派人士的团结合作，充分发挥人民政协人才荟萃、智力密集的特点和优势，使人民政协工作更好地服务于全面建设小康社会的伟大实践。

贾庆林代表政协全国委员会向各位来宾表示热烈的欢迎和诚挚的问候。贾庆林说，胡锦涛同志的重要讲话充分体现了中共中央对统一战线和人民政协事业的高度重视，必将进一步动员和鼓舞各党派团体和各族各界人士共同开创统一战线和人民政协工作的新局面。我们要紧密团结在以胡锦涛同志为总书记的中共中央周围，高举邓小平理论和“三个代表”重要思想伟大旗帜，开拓进取，团结奋斗，努力发展最广泛的爱国统一战线，不断推进新世纪新阶段的人民政协事业，为全面建设小康社会、实现中华民族伟大复兴谱写新的篇章。

民盟中央主席蒋树声代表各民主党派中央、全国工商联和无党派人士讲话，表示要切实加强民主党派的自身建设，充分履行参政党的职能，坚定不移地坚持好、发展好中国共产党领导的多党合作和政治协商制度，为建没中国特色社会主义事业作出新贡献。

出席茶话会的还有王兆国、回良玉、刘淇、刘云山、吴仪、周永康、贺国强、郭伯雄、曹刚川、曾培炎、王刚、徐才厚、何勇、李铁映、司马义·艾买提、丁石孙、成思危、许嘉璐、顾秀莲、热地、乌云其木格、韩启德、傅铁山、唐家璇、华建敏、陈至立、肖扬、贾春旺、王忠禹、廖晖、刘延东、李贵鲜、张思卿、白立忱、罗豪才、张克辉、周铁农、郝建秀、陈奎元、阿不来提·阿不都热西提、徐匡迪、李兆焯、黄孟复、张怀西、李蒙、张梅颖、张榕明和谷牧、王光英、杨汝岱、任建新、钱正英、孙孚凌、万国权、胡启立、王文元，以及中央军委委员梁光烈、李继耐、廖锡龙、陈炳德、乔清晨、靖志远，全国政协秘书长郑万通，在京全国政协常委、中央和国家机关有关方面负责人，首都各族各界的代表人士共400余人。茶话会上，胡锦涛等领导同志来到各界人士中间，同大家亲切交谈，互致问候。首都文艺工作者表演了京剧、歌舞等精彩节目。

（夏薇 编写 杨小波 审稿）

中国经济社会理事会二届三次会议 中国经济社会理事会二届三次会议于2006年1月19日在北京召开。全国政协副主席、中国经济社会理事会主席王忠禹发表重要讲话。会议由王胜洪秘书长主持，会上通过了全国政协副秘书长、中国经济社会理事会副主席李昌鉴所作中国经济社会理事会2005年度工作报告；会议修订了《中国经济社会理事会章程》；会议还通过了中国经济社会理事会新增补的理事和团体会员。出席会议的还有：中国经济社会理事会副主席郑万通、陈清泰、张俊九、刘仲藜、陈邦柱、刘忠德、李其炎、刘剑锋、程世峨、李昌鉴，顾问陈锦华等106名理事和会员代表。

王忠禹在讲话中肯定了理事会2005年度对内工作稳步推进，对外工作取得了突破性进展。他指出：充分发挥理事会作为非政府组织的独特优势和作用；充分利用我们担任国际协会主席的有利因素，加强国际交往与合作；要适应新形势，进一步抓好理事会的自身建设，做好2006年度的各项工作。他还说：实践证明，经济社会理事会可以挖掘社会资源为公众积极参与国家经济建设与社会发展发挥积极作用，贡献自身力量；可以作为中国非政府组织介入国际活动并发挥作用，可以借助国际智力为我国经济结构的战略调整和社会转型提供咨询服务，在国际交往中扩大自身的影响。

中国经济社会理事会2005年度的工作得到了各方面的充分肯定。中共中央政治局常委、全国政协主席贾庆林在政协十届四次会议上所作的常委会工作报告中充分肯定了中国经济社会理事会的工作，指出“积极拓展与国外相关非政府组织的联系和往来，是全国政协积极发展人民外交、服务国家对外工作全局的重要内容。去年全国政协主管的中国经济社会理事会第四次当选为经济社会理事会和类似组织国际协会领导机构成员，中国经济社会理事会主席首次当选为国际协会主席。这对于中国经济社会理事会根据自身特点和优势，发展同国外相关机构、民间团体及非政府组织的友好合作具有重要意义。由中国经济社会理事会在上海承办的国际协会管委会会议，本着相互尊重、平等相待、求同存异、协商合作的原则，就新一届国际协会的工作思路、工作要点等全部8项议题达成了共识。与会成员对这次会议的组织工作和取得的成果给予了高度评价”。

（艾丽 编写 刘明 审稿）

政协第十届全国委员会常务委员会第十二次会议 2006年2月26日至28日在京举行。这次常委会议主要是为召开政协十届四次会议作准备。会议应出席常委316人，实到282人。

中共中央政治局常委、全国政协主席贾庆林出席并主持开幕会。会议决定政协十届四次会议于2006年3月3日在北京召开。会议听取了全国政协秘书长郑万通关于政协常委会工作报告草案起草情况的说明，全国政协提案委员会主任傅杰关于政协十届三次会议以来提案工作情况报告起草情况的说明，全国政协副秘书长李昌鉴关于政协十届四次会议议程、日程草案的说明。

会议期间，常委们认真学习了《中共

中央关于加强人民政协工作的意见》，通过了《关于学习贯彻〈中共中央关于加强人民政协工作的意见〉的决定》。常委会组成人员认为，《意见》精辟阐述了党的三代中央领导集体和以胡锦涛同志为总书记的中共中央关于人民政协的重要理论和方针政策，体现了继承与创新的高度统一；深刻总结了人民政协事业发展的历史经验和近些年来人民政协工作的实践创造，体现了历史与现实的高度统一；明确提出了新世纪新阶段人民政协工作的任务和原则以及人民政协履行职能的内容、程序和机制，体现了理论与实践的高度统一，具有很强的思想性、针对性和指导性。

中共中央政治局常委、全国政协主席贾庆林出席闭幕会并讲话。贾庆林说，要准确把握《意见》精神实质，并切实贯彻到工作中去。一是要把学习贯彻《意见》摆上重要位置。二是要开展多种形式的学习活动。三是要加强人民政协理论研究。四是要加大对学习贯彻活动的宣传力度。五是要协助各级党委推动各地学习贯彻活动的深入开展。贾庆林指出，即将召开的全国政协十届四次会议，将要讨论政府工作报告和“十一五”规划纲要草案等重要文件，我们必须高度重视，集中精力，切实履行好我们应尽的职责。要认真贯彻落实中共中央关于开好大会的指导思想和工作要求，进一步做好大会的各项准备工作，把这次会议开成民主、求实、团结、奋进的大会。全国政协副主席王忠禹主持闭幕会。会议听取了全国政协秘书长郑万通关于各小组讨论情况的综合汇报；通过了政协十届四次会议议程草案和日程、政协常委会工作报告、关于政协十届三次会议以来提案工作情况的报告，决定将上述草案和报告提请政协十届四次会议审议；通过了关于举办纪念孙中山先生诞辰140周年活动的决定、政协第十届全国委员会第四次会议秘书长和副秘书长名单。

出席会议的还有全国政协副主席廖晖、刘延东、李贵鲜、张思卿、白立忱、罗豪才、张克辉、周铁农、郝建秀、陈奎元、阿不来提·阿不都热西提、徐匡迪、李兆焯、黄孟复、张怀西、李蒙、董建华、张梅颖、张榕明。全国政协副秘书长、各专门委员会负责人、办公厅研究室主任、地方政协主席等列席会议。

（夏薇 编写 杨小波 审稿）

政协第十届全国委员会第四次会议 2006年3月3日至13日在京举行。党和国家领导人胡锦涛、吴邦国、温家宝、贾庆林、曾庆红、吴官正、李长春、罗干出席了开幕会和闭幕会。会议应出席委员2280人，实到2154人。

全国政协副主席王忠禹主持开幕会。中共中央政治局常委、全国政协主席贾庆林代表政协第十届全国委员会常务委员会作《中国人民政治协商会议全国委员会常务委员会工作报告》。贾庆林在报告中指出，2005年，政协全国委员会及其常委会，根据中共中央的战略部署，牢牢把握团结和民主两大主题，围绕中心，服务大局，切实履行政治协商、民主监督、参政议政职能，大力弘扬求真务实之风，着力推进重点工作，精心组织日常工作，人民政协事业呈现出生动活泼、有序推进的良好局面。报告从围绕制定国民经济和社会发展“十一五”规划进行政治协商，为构建社会主义和谐社会献计出力，对中共中央批转的全国政协关于履行职能的规定实施情况进行检查总结，各民主党派、无党派人士在人民政协中的作用得到进一步发挥，专题调研工作取得新的进展等9个方面回顾了政协去年的工作。贾庆林对2006年全国政协工作提出六点要求。他强调，政协全国委员会及其常委会要坚持以邓小平理论和“三个代表”重要思想为指导，全面落实科学发展观，深入学习贯彻中共中央关于加强人民政协工作的指示，牢牢把握团结和民主两大主题，充分履行政治协商、民主监督、参政议政职能，把为实施“十一五”规划和构建社会主义和谐社会服务，作为履行职能的重点，求真务实，开拓创新，扎实工作，为全面推进社会主义经济建设、政治建设、文化建设、社会建设作出新的贡献。贾庆林指出，实现2006年的工作目标，完成肩负的历史使命，必须大力加强人民政协的自身建设。人民政协的各级组织、广大政协委员和政协机关干部，必须适应新形势新任务的要求，与时俱进，开拓创新，以发挥民主党派和无党派人士作用、体现界别特点、突出委员主体作用、搞好机关建设为重点，全面加强人民政协的思想建设、组织建设、制度建设和作风建设。全国政协副主席罗豪才代表政协第十届全国委员会常务委员会作《政协十届三次会议以来提案工作情况的报告》。

全体委员列席了十届全国人大四次会议，听取了国务院总理温家宝作的《政府工作报告》、最高人民法院院长肖扬作的《最高人民法院工作报告》、最高人民检察院检察长贾春旺作的《最高人民检察院工作报告》等重要报告。

委员们对上述报告以及《国民经济和社会发展第十一个五年规划纲要草案》进行了讨论。在讨论《常委会工作报告》和《提案工作情况报告》时，委员们对政协十届常委会过去一年的工作给予积极评价，普遍认为，报告重点突出，实事求是，思路清晰，切实可行，体现了政协工作的特点和优势。在讨论《政府工作报告》和《纲要草案》时，委员们对2005年政府工作和《纲要草案》给予充分肯定，普遍认为，《工作报告》和《纲要草案》贯穿了科学发展观和构建社会主义和谐社会的战略思想，体现了党中央国务院总结过去、面向未来的战略思考。讨论中，委员们还就建设社会主义新农村、增强自主创新能力、推进经济改革、合理调节收入分配、保护资源和环境、加快行政体制改革、重视公共安全、促进教育公平、完善医疗卫生改革、搞好文化建设等方面问题提出了意见和建议。此外，委员们还就《中共中央关于加强人民政协工作的意见》进行了认真学习和讨论。

会议以经济建设、文化建设、社会建设、政治建设和统战政协工作为专题组织了3次大会发言，36位委员（或代表政协参加单位、或代表联名委员、或以个人身份）就上述专题在全体会议上发表了意见。会议还印发书面发言材料872件。会议收到委员提交提案5030件，经提案委员会审查，立案4898件。

会议期间，胡锦涛、吴邦国、温家宝、贾庆林、曾庆红、吴官正、李长春、罗干等中央主要领导同志，郭伯雄、顾秀莲、陈至立等领导同志到委员小组参加讨论，共商国是；刘云山、吴仪、周永康、陈至立等领导同志听取大会发言；中共中央有关部门和国务院各机构负责同志列席全体会议，并参加界别联组和小组讨论会；“高法”和“高检”有关负责同志参加委员讨论“两高”报告的小组会；部分海外侨胞列席全体会议。

会议通过了《政协第十届全国委员会第四次会议关于常务委员会工作报告的决议》、《关于政协十届三次会议以来提案工作情况报告的决议》、《政协提案委员会关于政协十届四次会议提案审查情况的报告》和《政协第十届全国委员会第四次会议政治决议》。

中共中央政治局常委、全国政协主席贾庆林主持闭幕会并发表重要讲话。

（夏薇 编写　杨小波 审稿）

政协第十届全国委员会常务委员会第十三次会议 2006年3月12日下午在京举行。本次常委会议是在全国政协十届四次会议期间召开的。会议应出席常委316人，实到292人。

中共中央政治局常委、全国政协主席贾庆林主持会议。会议听取了政协十届四次会议秘书长郑万通关于本次会议情况的综合汇报。通过了政协十届四次会议关于常委会工作报告的决议草案、政协十届四次会议关于政协十届三次会议以来提案工作情况报告的决议草案、全国政协十届四次会议政治决议草案，审议通过了政协提案委员会关于全国政协十届四次会议提案审查情况的报告草案，决定将上述草案提交3月13日上午举行的政协十届四次会议闭幕会表决。会议还表决通过了政协第十届全国委员会不再担任专门委员会副主任名单、专门委员会副主任增补名单、副秘书长免职名单和任命名单。

全国政协副主席王忠禹、廖晖、刘延东、帕巴拉·格列朗杰、李贵鲜、张思卿、马万祺、白立忱、罗豪才、张克辉、周铁农、郝建秀、陈奎元、阿不来提·阿不都热西提、徐匡迪、李兆焯、张怀西、李蒙、董建华、张梅颖、张榕明出席会议。政协十届四次会议副秘书长、各委员小组负责人，全国政协各专门委员会负责人，地方政协主席等列席会议。

（夏薇 编写　杨小波 审稿）

联合国千年发展目标——教育与培训圆桌会议 2006年3月16日，由经社理事会国际协会、中国经社理事会、联合国经社理事会、中国民间组织国际交流促进会和北京大学共同举办的“联合国千年发展目标——教育与培训圆桌会议”在全国政协礼堂举行。经社理事会国际协会主席、中国经社理事会主席王忠禹出席会议并致开幕词。王忠禹介绍了中国为实现“千年发展目标”所作的努力和取得的成就，以及国际协会几年来所做的工作，并代表会议主办方就进一步落实“千年发展目标”提出建议。联合国副秘书长、联合国大学校长金克尔，联合国副秘书长、联合国培训与研究中心总干事马塞尔·博依萨德等联合国机构的官员、国际协会秘书长迪吕弗勒等21位外宾和中国民间组织国际交流促进会会长张志军、南开大学校长侯自新、北京大学常务副校长林建华等50余位国内来宾出席会议。与会人员围绕会议主题进行发言和讨论。中国经社理事会秘书长王胜洪、国际协会秘书长迪吕弗勒分别主持上午、下午的会议。

（冯燕华 编写　肖秦生 审稿）

全国政协十届四次会议提案交办会

全国政协十届四次会议提案交办会于2006年3月20日上午在政协机关常委会议厅召开。李贵鲜副主席出席并讲话。他指出，长期的实践证明，人民政协提案工作的发展，离不开中共中央、国务院领导的重视和同志们的大力支持。通过各方面的共同努力，人民政协的提案工作取得了积极成效，政协提案在协助党和政府实现决策民主化、科学化，促进经济社会协调发展中，发挥了重要的作用。办理好政协提案，充分发挥提案的作用，责任重大，任务艰巨。他就如何进一步做好今年的提案办理工作，从五个方面提出了要求。一是要抓住关键，加强组织领导。各承办单位要结合实际情况，进一步加强对提案办理工作的领导。有些难点问题的解决，领导要亲自出面；有些难度大的工作，领导要亲自参与。二是要抓好基础，进一步加强提案分析总结工作。要对提案进行认真分析，充分挖掘提案中的智力资源和信息资源，从中找准办理“症结”。对提案中反映的个性问题，要具体问题具体分析，对多件提案中反映的共性问题，可进行归类研究，统一办理，分头答复。三是要抓好保障，进一步加强团结协作。一方面，提案办公室要做好协调工作，加强与承办单位的联系与合作，及时了解办理工作中存在的困难和问题，促进提案的办理和落实。另一方面，主办单位与会办单位之间，承办单位内部各个承办部门之间，也要及时沟通，加强协作。四是要抓住重点，以点带面，整体推进。对提案中反映的问题，有条件解决的，要及时予以落实；条件不具备，暂时无法落实的，要积极创造条件，适时落实；确实解决不了的，要实事求是地向提案人说明情况，耐心细致地做好解释工作，取得提案人的理解和支持。五是要抓住根本，着力提高办理实效。要加强对办理工作的督促检查，看看当年能够解决的问题是否已经解决或正在解决，要逐步解决的问题是否有明确的计划安排，确实不能解决的问题是否实事求是地向提案人作了说明，对委员不满意的办理结果，是否以认真负责的态度进行了重新办理、重新答复。

会议由提案委员会主任傅杰主持。全国政协秘书长郑万通，副秘书长王胜洪，中共中央办公厅副主任毛林坤，国务院办公厅副秘书长焦焕成，国家发展和改革委员会副主任彭森，财政部副部长王军，教育部党组成员、部长助理郑树山，全国政协提案委员会副主任杨振杰、张工、张岳琦、张德邻、范宝俊、俞泽猷、贾军、倪豪梅、傅志煌，经济委员会副主任刘立清，人口资源环境委员会副主任张洽，教科文卫体委员会副主任翟泰丰，社会和法制委员会副主任萧灼基，民族和宗教委员会副主任李晋有，港澳台侨委员会副主任张道诚，外事委员会副主任张国祥，文史和学习委员会副主任程世峨，部分提案委员会委员以及130多个在京提案承办单位的有关同志出席会议。

（刘巧丽 编写　吴新国 审稿）

王首道同志诞辰100周年纪念座谈会 2006年5月10日在人民大会堂举行。中共中央政治局常委、全国政协主席贾庆林出席。全国政协副主席王忠禹主持座谈会并讲话。他指出，王首道同志在长达70多年的革命生涯中，不畏艰险、不怕牺牲，勤勤恳恳、忠勉为公，鞠躬尽瘁、死而后已，为中华民族的独立和解放，为实现国家富强和人民幸福，为改革开放和现代化建设事业努力奋斗，建立了不朽功勋。我们缅怀他的伟大功绩，要学习他对理想信念的无比坚定和对党的无限忠诚；学习他善于学习、勇于实践、敢于创新、不断进取的开拓精神；学习他坚持原则、顾全大局、谦虚谨慎、光明磊落的优秀品质。王首道同志的一生，是革命的一生，光辉的一生，是为党和人民无私奉献的一生。我们要学习他和其他老一辈革命家的高尚品格，弘扬革命风范，继承革命传统，把中国特色社会主义事业继续推向前进。座谈会上，中央党史研究室副主任李忠杰、交通部部长李盛霖、湖南省委副书记戚和平和王首道同志生前友好代表孙铁钟先后发言。全国政协副主席刘延东、李贵鲜、罗豪才，全国政协秘书长郑万通，中央和国家机关有关部门、人民团体和湖南省、广东省的负责同志，王首道同志的亲属、生前友好和原身边工作人员等出席了座谈会。

（夏薇 编写　杨小波 审稿）

陆定一同志诞辰100周年纪念座谈会 2006年6月9日在人民大会堂举行。中共中央政治局常委、全国政协主席贾庆林出席会议。中共中央政治局委员、书记处书记、中宣部部长刘云山主持座谈会并讲话。刘云山说，陆定一同志长期在宣传思想战线担任重要领导职务，为宣传党的路线方针政策，推动中国革命和建设的发展，倾注了全部精力，为党的理论建设和宣传思想工作作出了重要贡献。他从青年时代起就始终不渝地为中国革命英勇奋斗，努力将马克思主义与中国实际相结合，深入思考和研究中国革命的性质、任务、方式、前途等问题。他积极推动新中国文化教育事业的发展和改革，推行教育改革的试验，探索符合中国情况的社会主义教育发展道路。他积极推动党的“百花齐放，百家争鸣”方针的形成和落实，对“双百”方针作出系统深刻的阐述。他坚决拥护党的十一届三中全会确定的路线方针政策，拥护改革开放，关心党的建设，表现出一个老共产党员的耿耿忠心。在长达70多年的革命生涯中，陆定一同志忠诚勤勉，呕心沥血，为民族独立和人民解放，为社会主义革命、建设和改革开放事业作出了重要贡献，建立了不可磨灭的历史功勋。

座谈会上，中央党史研究室主任李景田，共青团中央书记处常务书记杨岳，江苏省委书记李源潮，中央党校原副校长龚育之先后发言。国务委员陈至立、全国政协副主席陈奎元出席了座谈会。出席会议的还有中央和国家机关有关部门、人民团体和江苏省的负责同志，陆定一同志的亲属、生前友好和原身边工作人员等。

（夏薇 编写 杨小波 审稿）

政协第十届全国委员会常务委员会第十四次会议 2006年7月4日至7日在京举行。这次常委会议是“十一五”规划颁布实施后全国政协召开的首次常委会议，也是《中共中央关于加强人民政协工作的意见》颁布后第一次以专题议政为主要内容的常委会议。会议的主要议题是围绕建设社会主义新农村和提高自主创新能力问题建言献策。会议应出席常委316人，实到280人。

中共中央政治局常委、全国政协主席贾庆林出席并主持开幕会。中共中央政治局委员、国务院副总理回良玉应邀到会作题为《关于推进社会主义新农村建设的几个问题》的报告。科学技术部部长徐冠华应邀到会作题为《关于深化科技体制改革、加强自主创新环境建设情况》的报告。

会议期间，常委会组成人员认真学习了中共中央关于建设社会主义新农村、提高自主创新能力的重要文件和胡锦涛总书记、温家宝总理等中央领导同志的重要讲话，围绕建设社会主义新农村和提高自主创新能力问题，进行了深入的讨论，提出了许多重要的意见和建议。

中共中央政治局常委、全国政协主席贾庆林出席闭幕会并讲话。贾庆林强调，建设社会主义新农村和提高自主创新能力是中共十六届五中全会提出的两项具有重大意义的历史任务。建设社会主义新农村和提高自主创新能力将贯穿于实施“十一五”规划和全面建设小康社会的整个过程，需要全党全社会的共同奋斗和持续努力。各级政协组织要紧紧围绕这两个重大问题继续有重点地选择一些课题深入开展调查研究。要进一步加强与政府有关部门之间的协作配合，努力在知情环节、沟通环节、反馈环节上建立联系和协调的机制，为党和政府决策提供有价值、有分量的意见和建议。全国政协副主席王忠禹主持闭幕会。会议听取了全国政协秘书长郑万通作的关于本次常委会议小组讨论情况的综合汇报，表决通过了政协第十届全国委员会副秘书长任命名单。

全国政协副主席廖晖、刘延东、帕巴拉·格列朗杰、李贵鲜、张思卿、白立忱、罗豪才、张克辉、周铁农、郝建秀、陈奎元、阿不来提·阿不都热西提、徐匡迪、李兆焯、黄孟复、张怀西、李蒙、张梅颖、张榕明出席会议。中共中央和国务院有关部门负责人，全国政协副秘书长、各专门委员会负责人，地方政协主席和全国政协信息特邀委员等列席会议。

（夏薇 编写 杨小波 审稿）

全国政协“推进西部大开发”专题协商会 2006年9月5日在政协礼堂召开，会议的主要议题是围绕“推进西部大开发”问题建言献策。中共中央政治局常委、全国政协主席贾庆林出席并发表重要讲话。中共中央政治局委员、国务院副总理曾培炎出席会议，认真听取了委员们的意见和建议并作讲话。

作为《中共中央关于加强人民政协工作的意见》颁布以来全国政协召开的第一次专题协商会，全国政协有关专门委员会联合各民主党派中央和全国工商联围绕“推进西部大开发”的若干重大战略问题进行了深入的调查研究，形成了一批有分量的调研报告和专项建议。会议期间，10多位全国政协委员和有关民主党派中央以及来自西部省区政协的负责人就推进西部大开发战略深入实施、建立西部生态补偿机制、促进西部农民收入大幅增加、发展西部优势产业、稳定资金投入渠道、加快西部地区新农村建设等问题积极建言献策，提出了许多意见和建议。参加专题协商会的国务院有关部门负责人介绍了国家推进西部大开发工作的有关情况，并认真听取了委员们的发言。他们认为，委员们提出的意见和建议具有重要的参考价值，表示将认真研究、充分采纳。

贾庆林在讲话中强调，实施西部大开发战略，是以江泽民同志为核心的党的第三代中央领导集体根据邓小平同志关于“两个大局”的战略思想作出的重大决策。西部大开发是一项长期而艰巨的历史任务，完成这一任务，需要全国人民的共同努力，也需要人民政协的积极参与。现在，西部大开发进入了一个新的阶段，全国政协和各级地方政协要认真总结过去几年围绕西部大开发建言献策的经验，进一步增强责任感和使命感，充分发挥自身优势，继续为推进西部大开发战略服务。要继续关注西部大开发战略的实施情况，对有关问题进行深入的调查研究。要及时反映参政议政的成果，做好有关意见建议的报送和反馈工作。要努力做好团结稳定的工作，为西部地区发展创造良好的社会环境。

曾培炎在讲话时指出，几年来，各级政协认真贯彻中央关于西部大开发战略的决策部署，积极支持西部大开发工作，深入西部地区开展了多种形式的调研活动，提出了许多很好的政策建议。国务院有关部门要认真研究吸取本次专题协商会上各位委员关于西部大开发的意见和建议，在新的形势下继续做好西部大开发工作。

国家发展改革委员会、财政部、交通部、国土资源部等国务院有关部门负责人以及四川、陕西省政府负责人在专题协商会上分别发言。

全国政协副主席王忠禹主持会议。全国政协副主席刘延东、张思卿、白立忱、周铁农、郝建秀、阿不来提·阿不都热西提、徐匡迪、李兆焯、张怀西、李蒙、董建华、张榕明，秘书长郑万通，各民主党派中央、全国工商联、有关人民团体负责人以及部分专家学者出席会议。

（夏薇 编写 杨小波 审稿）

全国政协“落实国家中长期科技发展规划纲要”专题协商会 2006年9月6日在政协礼堂召开，会议的主要议题是围绕“落实国家中长期科技发展规划纲要”问题建言献策。中共中央政治局常委、全国政协主席贾庆林出席并发表重要讲话。国务委员陈至立出席会议，认真听取了委员们的意见和建议并讲话。

为使这次专题协商针对性更强，更有

实效，上半年，全国政协有关专门委员会联合各民主党派中央、全国工商联，围绕“落实国家中长期科技发展规划纲要”的若干重大问题进行了深入的调查研究，形成了一批有分量的调研报告和专项建议。会议期间，20 多位全国政协委员和有关民主党派中央负责人围绕科技工作的宏观管理、建立军民结合的科技管理体制、建立以企业为主体的创新体系以及科研院所改革、人才队伍建设等问题积极建言献策。参加专题协商会的国务院有关部门负责人认为，这些意见和建议具有重要的参考价值，表示将认真研究、充分采纳。

贾庆林在讲话中强调，国家中长期科学技术发展规划纲要，是我国进入新世纪新阶段对科学技术发展进行的第一次全面规划，是在社会主义市场经济条件下制定的第一个中长期科技发展规划，是指导我国新时期科学和技术发展的纲领性文件。围绕经济社会发展中的重要问题进行专题协商，是人民政协在新形势下开展政治协商活动的一种新形式，应作为一项制度长期坚持下去。在新形势下，进一步推进人民政协的政治协商，要注意把握好以下几点：一是不断增强协商意识；二是切实落实协商原则；三是认真做好协商准备；四是积极探索协商的新形式。要通过扎扎实实的工作，把《中共中央关于加强人民政协工作的意见》中关于政治协商的规定真正落到实处，把人民政协的政治协商在国家政治生活中的作用充分发挥出来。

陈至立在讲话中指出，各级政协为制定《国家中长期科学和技术发展规划纲要（2006－2020 年）》深入调研，积极建言献策，发挥了积极的作用。许多委员直接参与了《规划纲要》的制定，作出了突出贡献。这次专题协商会上各位委员就落实《规划纲要》又提出了很多意见和建议，我们将在今后的工作中认真研究吸收。陈至立还介绍了实施《规划纲要》的有关工作安排和进展情况。

科技部、财政部、国资委等有关部门负责人在专题协商会上分别发言。

全国政协副主席王忠禹主持专题协商会。全国政协副主席刘延东、李贵鲜、陈奎元、徐匡迪、黄孟复、董建华、张梅颖，秘书长郑万通，各民主党派中央、全国工商联、有关人民团体负责人出席会议。

（夏薇 编写　杨小波 审稿）

全国政协中秋联谊晚会　2006 年 10 月 7 日晚在政协礼堂举行。中共中央政治局常委、全国政协主席贾庆林与各界人士 300 余人欢聚一堂，共庆中秋佳节。

全国政协副主席王忠禹在晚会上讲话。他首先代表全国政协和贾庆林主席向共同致力于人民政协事业的各民主党派、无党派人士、人民团体和各族各界人士致以节日的问候和诚挚的祝愿。王忠禹指出，今年是实施“十一五”规划的开局之年，在中共中央的领导下，人民政协牢牢把握团结和民主两大主题，围绕中心，服务大局，切实履行政治协商、民主监督、参政议政职能，大力弘扬求真务实精神，充分发挥各民主党派、无党派人士在人民政协中的作用，进一步扩大对外友好交往，推进了人民政协事业的全面发展。我们要以学习贯彻《中共中央关于加强人民政协工作的意见》为契机，积极探索履行职能的新领域、新内容和新形式，努力促进参加政协的各党派、无党派人士的团结合作，充分发挥各方面作用，努力营造有利于人民政协事业发展的良好氛围。王忠禹说，香港、澳门回归祖国以来，中央政府始终不渝地贯彻“一国两制”、“港人治港”、“澳人治澳”、高度自治的基本方针，严格按照基本法办事，推动香港、澳门各界人士在爱国爱港、爱国爱澳旗帜下的广泛团结，加强内地同香港、澳门的交流合作，有力地维护和促进了港澳地区的繁荣稳定和发展。我们将与香港、澳门同胞一起，坚定不移地实行“一国两制”方针，共同开创香港、澳门更加美好的明天。王忠禹说，每逢佳节倍思亲，此时此刻，我们更加思念台湾同胞和广大海外侨胞。实现祖国的完全统一，是中华民族的根本利益所在，是所有中华儿女的共同愿望。我们相信，在中华儿女的共同努力下，祖国的和平统一大业一定会实现。王忠禹指出，中共十六届六中全会即将召开，我们要深入学习领会中央全会精神，充分发挥统一战线和人民政协在促进社会和谐中的优势，紧密团结在以胡锦涛同志为总书记的中共中央周围，高举邓小平理论和“三个代表”重要思想的伟大旗帜，巩固最广泛的爱国统一战线，为构建社会主义和谐社会贡献力量。晚会上，文艺工作者表演了精彩的文艺节目。

全国政协副主席刘延东、李贵鲜、白立忱、罗豪才、张克辉、周铁农、陈奎元、阿不来提·阿不都热西提、徐匡迪、李兆焯、李蒙、张梅颖、张榕明，以及王光英、杨汝岱、孙孚凌、万国权、赵南起、王文元等同志出席晚会。

（夏薇 编写 杨小波 审稿）

政协第十届全国委员会常务委员会第十五次会议 2006年10月13日至16日在京举行。会议的主要议题是学习贯彻中共十六届六中全会精神，讨论构建社会主义和谐社会问题。会议应出席常委316人，实到274人。

中共中央政治局常委、全国人大常委会委员长吴邦国应邀到会，通报中共十六届六中全会情况，并作学习《中共中央关于构建社会主义和谐社会若干重大问题的决定》的报告。中共中央政治局常委、全国政协主席贾庆林主持开幕会。

会议期间，常委会组成人员认真学习十六届六中全会文件和会议公报，听取了中共中央政治局常委、全国人大常委会委员长吴邦国就十六届六中全会情况和会议精神所作的专题报告，围绕构建社会主义和谐社会问题进行了广泛深入的讨论。与会同志一致拥护胡锦涛同志受中央政治局委托作的工作报告和重要讲话，一致拥护《中共中央关于构建社会主义和谐社会若干重大问题的决定》以及《关于召开党的第十七次全国代表大会的决议》。与会人员还审议了部分委员视察报告，讨论了有关人事任免事项。

中共中央政治局常委、全国政协主席贾庆林出席闭幕会并讲话。全国政协副主席王忠禹主持闭幕会。会议听取了全国政协秘书长郑万通关于小组学习和讨论情况的综合汇报，通过了有关人事任免事项。

全国政协副主席廖晖、刘延东、帕巴拉·格列朗杰、李贵鲜、张思卿、白立忱、罗豪才、张克辉、周铁农、郝建秀、阿不来提·阿不都热西提、徐匡迪、李兆焯、张怀西、李蒙、董建华、张梅颖、张榕明，秘书长郑万通出席会议。中共中央和国务院有关部门负责人，全国政协副秘书长、各专门委员会负责人，地方政协主席和全国政协信息特邀委员等列席会议。

（夏薇 编写 杨小波 审稿）

“21世纪论坛”2006年会议 2006年11月7日至8日，由全国政协外事委员会、经济委员会、中国世界贸易组织研究会主办的“21世纪论坛”2006年会议在北京举行。会议主题是“区域经济合作：中国的选择与展望”。全国政协常务副主席、论坛组委会主席王忠禹出席会议，并在开幕式上发表重要演讲。全国政协副主席罗豪才、张梅颖，全国政协经济委员会主任、“论坛”组委会副主席刘仲藜，外事委员会主任、“论坛”组委会副主席刘剑锋，外事委员会副主任、“论坛”组委会副主席张国祥，全国政协副秘书长、“论坛”组委会副主席兼秘书长王胜洪，中国世界贸易组织研究会会长、“论坛”组委会副主席谷永江，国家有关部门负责人，以及一些专家、学者和相关组织代表，部分企业界人士约300余人出席会议。商务部副部长易小准，上海合作组织秘书长张德广，全国政协港澳台侨委员会副主任、中国世界贸易组织研究会副会长俞晓松，联合国开发计划署驻华代表处代表、联合国系统发展业务活动协调员马和励，中国经社理事会常务理事、全国工商联纺织商会会长、经纬集团董事局主席陈经纬在会上作专题发言。中国建设银行首席风险官朱小黄，商务部世贸司司长张向晨，中国社科院世界经济与政治研究所副所长李向阳，商务部国际司副司长朱洪，国务院发展研究中心学术委员会副主任王慧炯，商务部研究院副院长陈文敬，国家发改委对外经济研究所所长张燕生，全国政协经济委员会委员、商务部原副部长张志刚，对外经济贸易大学教授张汉林，中国社会科学院欧洲所所长周弘，对外经贸大学法学院院长沈四宝等人分别在会上围绕“多边贸易体系与区域经济一体化的冲突与互补”，“中国参与区域经济一体化的动因、挑战、战略及前景”，“世界主要区域集团的经验及问题”作发言。

（冯燕华 编写　肖秦生 审稿）

孙中山先生诞辰140周年纪念大会 2006年11月12日在北京人民大会堂举行。中共中央总书记、国家主席、中央军委主席胡锦涛在会上发表重要讲话。党和国家领导人吴邦国、温家宝、曾庆红、吴官正、李长春、罗干出席会议，贾庆林主持大会。胡锦涛在讲话中称赞孙中山先生是杰出的爱国主义者和民族英雄，是中国民主革命的伟大先行者。孙中山先生一生追求真理，始终与时俱进；一生不懈奋斗，始终坚韧不拔；一生热爱祖国，始终致力于振兴中华。孙中山先生的一生，是为近代中国的民族独立、民主自由、民生幸福而无私奉献的一生，是为实现国家统一、振兴中华而殚精竭虑的一生。胡锦涛指出，实现中华民族的伟大复兴，需要我们继续进行长期的艰苦奋斗。我们要铭记孙中山先生等革命先辈振兴中华的夙愿，继续把几代中国人为之呐喊、为之奋斗、为之流血牺牲的民族复兴伟业推向前进。我们要坚定不移地贯彻落实科学发展观，坚持以经济建设为中心，坚持改革开放，积极推动全面建设小康社会进程，积极推动构建社会主义和谐社会进程，不断开创中国特色社会主义事业新局面。所有敬仰孙中山先生的中华儿女，包括大陆同胞、港澳同胞、台湾同胞、海外侨胞，更加紧密地团结起来，紧紧抓住时代赋予的机遇，勇敢担当历史赋予的责任，共同为实现祖国完全统一、实现中华民族的伟大复兴，为推动建设持久和平、共同繁荣的和谐世界而努力奋斗！参加纪念大会的还有王兆国、回良玉、刘淇、刘云山、吴仪、周永康、贺国强、曹刚川、曾培炎、王刚、何勇、李铁映、何鲁丽、丁石孙、成思危、许嘉璐、蒋正华、顾秀莲、热地、华建敏、陈至立、肖扬、贾春旺、王忠禹、廖晖、刘延东、李贵鲜、张思卿、罗豪才、张克辉、周铁农、郝建秀、陈奎元、阿不来提·阿不都热西提、徐匡迪、李兆焯、黄孟复、张怀西、李蒙、张梅颖、张榕明和中央军委委员李继耐、廖锡龙、陈炳德。中央党政军有关部门和北京市主要负责人，各民主党派中央、全国工商联负责人和无党派人士及有关群团负责人，孙中山先生的亲属及海外来宾，以及首都各界人士等约3000人出席纪念大会。会前，胡锦涛、吴邦国、温家宝、贾庆林、曾庆红、吴官正、李长春、罗干等会见了孙中山先生的亲属及海外来宾代表。纪念大会结束后，全国人大常委会副委员长、民革中央主席何鲁丽，全国政协副主席、民革中央常务副主席周铁农，参加孙中山先生纪念活动的海外来宾、台湾人士，以及孙中山先生部分亲属到香山碧云寺晋谒孙中山先生衣冠冢。全国政协秘书长郑万通，中央统战部和北京市人民政府等有关部门的负责人出席了晋谒仪式。当晚，全国政协在政协礼堂举行招待会，欢迎前来参加孙中山先生诞辰140周年纪念活动的孙中山先生亲属及海内外来宾。中共中央政治局常委、全国政协主席贾庆林，全国人大常委会副委员长、民革中央主席何鲁丽，全国政协副主席刘延东、罗豪才、张克辉、周铁农，全国政协秘书长郑万通，各民主党派中央、全国工商联负责人，无党派人士代表，中国侨联、对外友协、全国台联、宋庆龄基金会、黄埔同学会、欧美同学会负责人以及应邀出席孙中山先生诞辰140周年纪念活动的孙中山先生的亲属代表、港澳台有关人士和海外来宾代表共200多人出席了招待会。全国政协副主席王忠禹主持并致词。

（夏薇 编写　杨小波 审稿）

全国政协提案工作座谈会　全国政协提案工作座谈会于2006年11月22日至23日在京召开。会议的主要议题是：学习贯彻中共十六届六中全会精神和《中共中央关于加强人民政协工作的意见》，总结交流近年来提案工作的经验，提出加强和改进提案工作的新思路新举措。

11月22日上午，全国政协提案工作座谈会在常委会议厅举行开幕会。中共中央政治局常委、全国政协主席贾庆林出席并讲话。贾庆林主席在讲话中指出，提案是履行人民政协职能的一个重要方式，是坚持和完善中国共产党领导的多党合作和政治协商制度的一种重要载体，是协助党和政府实现决策民主化、科学化的一条重要渠道。党和政府历来高度重视和关心人民政协事业的发展，中共中央、国务院领导同志还经常就一些事关国计民生的政协提案作出重要批示，对提案工作起到了重要的推动作用。事实证明，政协提案工作在促进社会主义经济建设、政治建设、文化建设和社会建设中发挥了重要作用，作出了重要贡献。贾庆林主席强调，中共十六届六中全会把构建社会主义和谐社会摆在了更加突出的位置。新形势新任务对人民政协的提案工作提出了新的要求，也提供了更为广阔的舞台。人民政协的提案工作要不断适应新形势、探索新思路、创造新经验，为全面建设小康社会、构建社会主义和谐社会作出新的贡献。各级政协组织和广大政协委员要以邓小平理论和“三个代表”重要思想为指导，全面贯彻落实科学发展观，围绕中心、服务大局，把解决人民群众最关心、最直接、最现实的利益问题作为出发点和落脚点，以提高提案质量为基础，以增强提案办理实效为目标，以加强提案制度建设为保障，进一步解放思想、开拓进取、扎实工作，努力开创人民政协提案工作的新局面。就如何加强和改进提案工作，贾庆林主席提出了四点要求：第一，加强调查研究，切实提高提案质量。第二，加强提案办理，切实增强办理实效。第三，加强制度建设，切实保证提案工作有章可循。第四，加强组织领导，切实形成推进提案工作的整体合力。

开幕会由王忠禹副主席主持。提案委员会傅杰主任做工作报告。全国政协副主席刘延东、李贵鲜、张思卿、罗豪才、张克辉、周铁农、郝建秀、陈奎元、阿不来提·阿不都热西提、徐匡迪、李兆焯、张怀西、李蒙、张梅颖，全国政协秘书长郑万通，中共中央办公厅副主任毛林坤，国务院副秘书长焦焕成，全国政协副秘书长李昌鉴、吴明熹、齐续春、孙怀山、李敏宽、朱维群、潘贵玉、陈宗兴、张龙之、王胜洪、仝广成，全国政协各专门委员会有关负责人，提案委员会委员，各省、自治区、直辖市、副省级市政协，各民主党派中央和全国工商联以及部分在京承办单位有关负责人等三百余人出席了开幕会。

11月23日下午，全国政协提案工作座谈会闭幕会在常委会议厅举行。王忠禹副主席作总结讲话。他指出，在全面建设小康社会、加快推进社会主义现代化的新的发展阶段，人民政协要充分发挥协调关系、汇集力量、建言献策、服务大局的作用。提案工作作为人民政协的一项全局性工作，必须不断加强和改进。王忠禹副主席对加强和改进提案工作提出了四点要求。一是进一步增强责任意识，提高提案工作整体质量。要围绕提高提案质量，增强通过提案履行职能的责任感；围绕提高服务能力和水平，提高提案立案审查的严谨性；围绕提高提案办理质量，增强提案办理工作的实效性。二是进一步增强协商意识，在提案工作中发扬我国独具特色的协商民主。要善于联系群众，体现协商民主的参与性；善于反映各种声音，体现协商民主的包容性；善于进行沟通商量，体现协商民主的程序性。三是进一步增强全局意识，努力增强提案工作的合力。要切实加强对提案工作的领导，充分发挥政协委员的主体作用和政协专门委员会的基础作用，注重发挥党派团体的组织优势和人才优势，探索发挥界别在提案工作中的作用。四是进一步增强创新意识，努力增添提案工作的活力。要抓住提案特点，体现特色；从实际出发，勇于探索；注重理论研究，加强政策学习。各级政协组织要结合各地工作实际，积极探索，开拓创新，始终坚持“围绕中心、服务大局、提高质量、讲求实效”的提案工作方针，不断推进提案工作的创新和发展，使政协提案工作在发挥人民政协优势，构建社会主义和谐社会建设中发挥更大的作用。

闭幕会由全国政协秘书长郑万通主持。全国政协副主席李贵鲜、张思卿、罗豪才、张克辉、周铁农、陈奎元、阿不来提·阿不都热西提、徐匡迪、李兆焯、张梅颖，全国政协提案委员会主任傅杰，全国政协副秘书长吴明熹、孙怀山、李敏宽、潘贵玉、陈宗兴、张龙之、王胜洪，全国政协各专门委员会有关负责人，提案委员会委员，各省、自治区、直辖市、副省级市政协，各民主党派中央和全国工商联以及部分在京承办单位有关负责人出席了闭幕会。

会议期间，与会人员围绕贾庆林主席讲话和《全国政协关于加强和改进提案工作的意见（征求意见稿）》进行了分组讨论。13位同志分别代表政协委员、民主党派、省市政协以及提案承办单位作了大会发言，从不同的角度交流了提高提案质量、办理质量、服务质量的新思路、新举措。

（刘巧丽 编写　吴新国 审稿）

全国政协视察工作座谈会　2006年12月11日至12日在北京召开。会议的中心内容是讨论和研究委员视察改进和创新的思路及具体措施。全国政协主席贾庆林，副主席王忠禹出席会议，并分别在开幕会和闭幕会上发表重要讲话。郑万通秘书长作《回顾历史，总结经验，切实推动委员视察工作的改进和创新》报告。

贾庆林在讲话中围绕委员视察的定位、任务、作用等一系列问题，从我国社会主义政治建设和人民政协工作全局的高度，深刻阐述了委员视察活动的重要意义，肯定了委员视察工作取得的成绩，分析了新世纪新阶段加强和改进委员视察工作的重要性和必要性。

王忠禹副主席从视察的功能定位、活动方式、组团形式、成果反映等四个方面，阐述了委员视察是人民政协的一项具有特色和优势的基础性工作，是具有检查和监督性质的政治活动。他指出，进一步提高视察工作的实效，需要处理好政协切实负责与有关方面支持配合、委员视察与政协其他履行职能形式、委员发挥主体作用与做好本职工作、委员视察工作继承与创新等四个方面的关系。

部分在京副主席和副秘书长；各省级政协主席或副主席及作为京外全国政协委员活动召集人的原政协主席；全国政协各专门委员会负责人；各民主党派中央、全国工商联和人民团体负责人；部分全国政协委员及京外全国政协委员活动联络员共200余人出席了会议。中共中央办公厅和国务院办公厅负责人应邀出席了开、闭幕会。

会后以政协全国委员会文件的形式印发了《全国政协关于加强和改进委员视察工作的意见》。

（谭凯林 编写　郝争鸣 审稿）

中国人民政协理论研究会成立大会暨第一次理论研讨会　2006年12月20日至21日在北京举行。12月20日上午，全国政协办公厅召开中国人民政协理论研究会成立大会。会议听取了郑万通秘书长关于研究会筹备情况的汇报，审议通过了研究会章程和研究会第一届理事会选举办法，选举产生了第一届理事会理事。第一届理事会第一次会议选举产生了理事会常务理事以及会长、副会长、秘书长，通过了名誉会长、顾问名单。会议还决定了设立研究会秘书处等有关工作事项。全国政协秘书长、研究会会长郑万通在会上讲话。全国政协副秘书长李昌鉴主持成立大会，200余名会员代表和理事出席会议。12月20日下午，中国人民政协理论研究会第一次理论研讨会开幕。中共中央政治局常委、全国政协主席贾庆林出席会议并发表重要讲话。贾庆林指出，成立中国人民政协理论研究会，组织广大政协工作者和理论工作者，研讨人民政协事业发展中的重大理论和实践问题，探索人民政协事业发展的规律，对于更好地运用科学理论指导和推动新世纪新阶段的人民政协工作，开创人民政协事业发展的新局面，具有十分重要的意义。贾庆林指出，人民政协理论是内容丰富、结构完整、相互贯通的科学思想体系，它回答了人民政协的性质、地位、指导思想、政治基础、主要职能、工作原则、自身建设等基本问题，创造性地提出了一系列关于人民政协事业发展的新思想、新观点和新论断，是推动人民政协事业发展的强大思想武器。贾庆林强调，人民政协理论研究要坚持正确的政治方向，坚定不移地走中国特色社会主义政治发展道路；坚持面向实际，深入研究人民政协工作中的一系列重大问题；坚持科学的研究方法，把理论研究不断引向深入，务求取得实效；坚持协调配合，努力形成人民政协理论研究的强大合力。全国政协副主席刘延东、罗豪才、李蒙作了大会发言。全国政协秘书长郑万通主持开幕会。全国政协副主席王忠禹、白立忱、张克辉、郝建秀、陈奎元、徐匡迪、李兆焯、黄孟复、张怀西等出席会议。12月21日下午举行研讨会闭幕会，王忠禹副主席作总结讲话。王忠禹在讲话中指出，贾庆林主席在研究会成立大会暨首次人民政协理论研讨会上的讲话，站在人民政协事业长远发展的战略高度，深刻论述了人民政协理论是马克思主义中国化的重要成果，系统阐述了人民政协理论的科学体系，明确提出了加强人民政协理论研究工作的要求，对人民政协理论研究工作具有重要的指导意义。中国人民政协理论研究会的成立和本次理论研讨会的召开，顺应了人民政协事业发展的要求，必将对人民政协理论研究和政协的其他各项工作起到积极的推动作用。王忠禹强调，要高度重视人民政协理论研究，正确处理好人民政协理论与实践的关系。一方面，要通过人民政协理论的确立和理论研究的深入开展，为政协开展工作提供理论依据；另一方面，又要通过政协工作的大量实践和创新为理论研究提供依据，丰富和发展人民政协理论。同时要不断促进理论指导并运用于实践，让理论创新的成果切切实实地推动工作创新，变成实实在在的工作成果。王忠禹指出，进一步加强人民政协理论研究工作，一要提高思想认识，加强和改善对人民政协理论研究工作的领导；二要加强协调配合，形成人民政协理论研究工作的合力；三要注重培养人才，造就一支高素质的人民政协理论研究队伍；四要加大人民政协理论的宣传，营造关心和支持人民政协理论研究的良好氛围。21日上午，与会代表围绕人民政协理论进行分组研讨。下午，张峰等6位代表作大会发言，从不同侧面就人民政协理论有关问题发表了意见。与会代表认为，研讨会进一步提高了对人民政协理论重要性的认识，明确了人民政协理论研究的方向和思路，推动了各方面对人民政协理论研究的关注和参与，取得了一批重要理论研究成果，是继2004年纪念邓小平诞辰100周年暨邓小平关于人民政协理论研讨会以来，特别是《中共中央关于加强人民政协工作的意见》颁布实施以来，人民政协理论研究最新成果的又一次集中展示。研讨会共征集论文290余篇，这些论文以《意见》为指导，内容涉及人民政协产生的理论依据，人民政协与中国的民主政治建设，人民政协与构建社会主义和谐社会，人民政协的性质、地位、作用、主题、职能、自身建设以及与国外的比较研究等。中共中央党校、中国社会科学院、中央社会主义学院以及一些著名高校的专家学者积极撰写论文并参加了会议。闭幕会由全国政协秘书长郑万通主持，全国政协副主席罗豪才、陈奎元等出席会议。

（薛春飞 编写　黄安理 审稿）

经常性工作

【委员视察工作】

2006年度全国政协委员视察工作简况 2006年办公厅共组织了23个全国政协委员视察团。其中，常委视察团1个，界别视察团2个，在京委员视察团13个，京外委员视察团4个，港澳委员视察团3个。李贵鲜、张思卿、白立忱、罗豪才、张克辉、周铁农、阿不来提·阿不都热西提、李兆焯、张怀西、李蒙、董建华、张梅颖、张榕明13位副主席17次带团，共有673位委员参加了视察。全年共向中共中央和国务院报送了22份视察报告。温家宝、贾庆林、回良玉、张德江、曾培炎、华建敏、陈至立等中央领导同志分别在报告上作了批示。

2006年委员视察主要涉及六个方面：一是建设社会主义新农村。视察了少数民族地区农村义务教育、农村医疗卫生服务体系建设、农村公路建设。二是建设创新型国家。视察了国有企业科技自主创新、高新技术发展、中科院知识创新工程建设。三是协调区域经济发展。视察了加快长江经济带建设、中国经济特区建设及进一步发挥特区作用、西部大开发等。四是资源节约与环境保护。视察了重点行业循环经济发展、鄱阳湖水资源保护和开发利用。五是构建和谐社会。视察了休闲产业发展、农民工子女教育、城市医疗体制改革、职业教育发展、老区扶贫开发工作、中国产品质量电子监管网应用、民营企业发展等。六是大型工程项目建设。视察了青藏铁路建设情况。

2006年委员视察工作认真贯彻落实中共全国政协党组关于改进和创新的精神，先后4次召开秘书长办公会议专题研究、部署委员视察的改进和创新工作，并分别在北京、南京、广州11次召开视察改进和创新工作研讨座谈会，广泛听取各方面的意见，拟订了《关于进一步加强和改进委员视察工作的意见（征求意见稿）》，明确了改进和创新委员视察工作的总体思路。在完善选题机制，改进组织方式，完善视察报告的呈送和反馈机制，突出委员主体作用、完善委员参与机制，创新视察工作体制等方面提出了具体措施。为了切实推进委员视察工作的改进和创新，2006年12月11日至12日，全国政协办公厅在北京筹备并成功召开了全国政协视察工作座谈会。贾庆林主席，王忠禹等部分在京副主席出席了会议。各省级政协主席、副主席，担任京外委员活动召集人的原政协主席，全国政协各专门委员会负责人，各民主党派中央、全国工商联、人民团体负责人，部分全国政协委员200余人出席会议。中共中央办公厅、国务院办公厅负责人也应邀出席开、闭幕会。这次会议是自1955年毛泽东同志倡导组织政协委员视察以来，全国政协首次召开的视察工作专题会议。会后印发了《全国政协关于加强和改进委员视察工作的意见》。全国政协办公厅注重视察工作基础材料的积累，编辑出版了《人民政协视察工作五十年》。此书的编辑出版，对了解视察工作50年的发展历程，进一步总结经验、把握规律具有积极的意义。同时，还编写了《全国政协委员视察工作发展和探索》、

《典型视察团》等资料，并通过《视察动态》完整记录目前的视察工作状况，为今后视察工作的进一步开拓创新奠定了基础。

视察中，委员们心系百姓根本利益、关注国家发展大局，积极建言献策，办公厅尽职尽责，积极运作，努力提高视察工作实效。比如，全国政协办公厅与中国扶贫开发协会联合组织全国政协委员赴山西省、江西省视察老区扶贫开发工作时，积极牵线搭桥，促成部分企业家根据当地资源优势进行项目投资合作的议项，部分企业家还捐资1000多万元，用于加强当地教育事业、基础设施建设、劳动力培训和安排就业、资助贫困大学生完成学业。

2006年的委员视察组织工作在加强组织领导、健全选题机制、密切协调配合、发挥界别作用等方面取得了新的进展，呈现出新的特色。

（谭凯林 编写 郝争鸣 审稿）

2006年度全国政协委员视察团概况

序号	时间	委员所在地	视察地区	视察内容	人数	团队负责人	备注
1	4.4～6	北京	河北石家庄、平山县、鹿泉市	中国产品质量电子监管网应用情况	21	白立忱 叶连松	
2	4.18～28	青海	湖北武汉、襄樊、十堰、宜昌	高新技术发展情况	13	桑结加	
3	4.20～29	京外	浙江杭州、宁波、绍兴、舟山	休闲产业发展情况	22	张怀西 虞荣仁 王卓辉	应杭州市、宁波市政协邀请组织
4	5.8～25	全国	重庆，湖南岳阳，湖北武汉、宜昌，江西九江，安徽合肥、芜湖	加快长江经济带建设情况	13	张思卿 卢荣景 叶连松	特邀常委参加
5	5.25～6.1	北京	山西太原、晋中、长治	老区扶贫开发工作情况	14	胡富国 郭东坡 田瑞璋	与扶贫协会联合组织；邀请京外委员及企业家参加
6	5.31～6.7	北京	上海嘉定、洋山深水港、金山、浦东新区	农民工子女义务教育情况	15	阿不来提·阿不都热西提 卞耀武	

续表

序号	时间	委员所在地	视察地区	视察内容	人数	团队负责人	备　注
7	6.1～10	内蒙古	福建福州、莆田、泉州、厦门、南平	民营经济的发展状况	17	张克辉 许柏年　夏　日	
8	6.6～14	北京	山东济南、淄博、潍坊、青岛	城市医疗体制改革问题	19	张梅颖　王德炳	邀请部分京外委员参加
9	6.15～25	全国	黑龙江哈尔滨、大庆、齐齐哈尔	国有企业科技自主创新情况	30	罗豪才　邵　鸿	致公、九三界委员参加
10	6.21～30	全国	四川成都市、凉山州、阿坝州	少数民族地区农村义务教育情况	30	周铁农 甘子钊　叶　朗	无党派界委员参加
11	7.18～27	北京	吉林长春、吉林(市)、蛟河、敦化、九台	农村医疗卫生服务体系建设情况	40	张克辉 刘迎龙　吴蔚然 苟建丽　潘贵玉	邀请部分京外委员参加
12	7.24～31	北京	内蒙古呼和浩特、鄂尔多斯、乌海、包头	重点行业循环经济发展情况	25	李　蒙　何添发 李志民　翁宇庆	
13	7.27～8.1	江苏	宁夏银川、石嘴山、固原、中卫	西部大开发战略实施情况	20	许仲林 曹克明　张　艳 黄因慧　汪正生	
14	8.1～8	北京	青海西宁、格尔木，西藏拉萨及铁路沿线	青藏铁路建设情况	54	张梅颖 陈邦柱　李赣骝 赵喜明　陈明德	
15	9.11～20	北京	辽宁沈阳、大连、鞍山	职业教育发展情况	16	张榕明　齐续春 陈益群　李伟雄	邀请教科文卫体委员会专题组委员参加
16	9.12～19	北京	江西吉安、兴国、瑞金、石城、广昌	老区扶贫开发工作情况	16	李兆焯　胡富国 何添发　田瑞璋	与扶贫协会联合组织；邀请京外委员及企业家参加

续表

序号	时间	委员所在地	视察地区	视察内容	人数	团队负责人	备注
17	9.18～27	北京	贵州贵阳、遵义、安顺、黔南州	农村公路建设情况	40	罗豪才 安启元 陈邦柱 张德楠	
18	10.18～24	北京	广东深圳、珠海	经济特区建设及进一步发挥特区作用问题	55	李贵鲜 邵华泽 赵启正 孙永福 张廷翰	
19	10.19～26	北京	江西南昌、九江	鄱阳湖水资源保护和开发利用情况	53	周铁农 索丽生 汪纪戎 苏立清	
20	11.13～16	北京	北京朝阳、石景山、海淀	中科院知识创新工程建设情况	55	罗豪才 陈佳洱 张国祥 王金城 李 未	与中科院联合组织
21	6.4～9	香港	广西百色	经济发展情况和旅游资源开发	20	余国春 谢志伟	周铁农副主席参加
22	7.21～26	香港	津唐地区	曹妃甸工业园区和滨海新区建设情况	62	徐展堂 刘汉铨 伍淑清	董建华副主席，郑万通秘书长参加
23	8.16～21	澳门	甘肃兰州、敦煌	经济和教育发展情况	23	吴 福	

（谭先厚 编写 郝争鸣 审稿）

【专门委员会工作】

提案委员会 政协十届四次会议以来，提案委员会共收到提案5158件，经审查立案4999件。其中，委员提案4742件，八个民主党派中央、全国工商联提案201件，人民团体提案2件，界别小组提案52件，政协专门委员会提案2件。按照提案内容分类，经济建设方面的提案2252件，占提案总数的45.05％；教科文卫体方面的提案1488件，占提案总数的29.77％；政治法律、社会保障等方面的提案1259件，占提案总数的25.18％。政协十届四次会议闭幕后，全国政协召开了提案交办会，将会议期间审查立案的提案送交166个承办单位办理。全体会议后审查立案的提案，也及时送交承办单位办理。未予立案的已转送有关部门研究处理或参考。截至2007年2月20日，98.94％

的提案已经办复。从提案办理工作的整体情况来看，已经解决或采纳的占16.44%，列入计划拟解决或采纳的占68.76%。对一些未被采纳的提案，承办单位也及时向提案人作了说明。

政协十届四次会议以来，广大政协委员、政协各参加单位和政协专门委员会，以高度的政治责任感，坚持把促进发展作为履行职能的第一要务，围绕贯彻落实科学发展观、构建社会主义和谐社会、实施“十一五”规划、建设创新型国家、促进祖国和平统一大业等重大举措，积极通过提案建言献策。提案整体质量有了进一步提高，绝大多数提案能够围绕国家经济建设中心，服务社会发展大局。政协提案得到了中共中央、国务院以及承办单位的高度重视，经认真办理，许多建议已被吸收到国家法律法规、方针政策、重要规划和党政部门工作中，对协助党和国家实现决策民主化科学化、促进经济社会协调发展起到了积极作用。

2006年度，提案委员会继续坚持“围绕中心、服务大局、提高质量、讲求实效”的方针，按照中共中央《关于加强人民政协工作的意见》要求，着重开展了以下几项工作：

一、以创新精神加强和改进提案工作。为落实主席会议关于创新提案工作的要求，提案委员会成立了提案工作研讨领导小组，分别与部分全国政协委员以及部分承办单位、各民主党派中央和全国工商联、全国政协有关部门、部分省市政协的有关负责人进行座谈交流，认真总结经验，深入研讨问题，听取意见建议。在广泛调研的基础上，提案委员会起草了《全国政协关于加强和改进提案工作的意见(稿)》。在全国政协领导的高度重视和办公厅的精心筹备下，2006年11月下旬召开了全国政协提案工作座谈会，2006年底印发了《全国政协关于加强和改进提案工作的意见》，提出了加强和改进提案工作的新思路新举措，有力地推动了提案工作的创新和发展。

二、通过多种途径提高提案质量、发挥提案作用。一是在征集各承办单位工作重点、难点问题的基础上，2005年底编辑整理了270个提案参考选题，2006年底又编辑整理了480个提案参考选题，提供全体委员参阅。此外，还向全体委员发送了提案全文检索光盘及《把握人民的意愿——政协提案及复文选（2006年卷)》等材料。二是在对提案来源情况进行问卷调查的基础上，修改充实了提案首页内容。三是围绕政协常委会议、专题协商会议议题，将相关提案整理为综述材料供会议参阅。四是将提案中的重要意见建议通过《重要提案摘报》报送中共中央、国务院。2006年报送《重要提案摘报》60期，中央领导同志批示18人次。

三、加强民主党派提案工作。建立健全了将党派提案报送政协主席、副主席阅示制度，召开了三次有关党派提案工作的会议，进一步加强了与党派团体的沟通联系。同时，积极推动民主党派提案的办理落实，在研究确定的13个方面的重点提案中，8个方面是民主党派中央的提案。在报送的60期《重要提案摘报》中，近40期是党派中央及党派小组的提案。

四、努力提高提案办理实效。一年来，采取提案委员会、提案人、承办单位“三结合”的方式，先后召开办理协商会8次，进行调研5次，走访7次，召开了有50多家承办单位参加的办理工作座谈会，进一步加强与承办单位的联系与协作，推动了提案办理质量的提高。2006年度的提案办理工作呈现出三个特点：一是加强了与提案人的沟通协商。二是加强了党派提案办理工作。三是加强了重点提案跟踪办理工作。

五、加强提案宣传工作。积极邀请新闻媒体对广大政协委员、各民主党派、有关人民团体通过提案积极参政议政的典型事例以及提案反映的热点问题、提案办理成效等进行宣传，并稳步推进了在互联网上公开提案全文的工作。

六、加强与地方政协的联系。积极参加地方政协组织召开的提案工作会议，广泛了解各地政协提案工作的新经验，新做法。同时利用各种机会，广泛宣传、推广地方政协提案工作中有特色的经验做法，共同研究加强和改进提案工作的方法和途径。

（刘巧丽 编写 吴新国 审稿）

经济委员会 2006年，全国政协经济委员会认真学习贯彻十六届五中、六中全会和《中共中央关于加强人民政协工作的意见》精神，围绕实施“十一五”规划深入调查研究、积极建言献策。参与举办了一次专题协商会、一次论坛，开展了9项专题调研和考察，召开了4场专题性座谈会，编印了12期《经济界委员通讯》，向中央报送了27份调研报告和《政协信息》。

一、承办全国政协重要会议和论坛

1. 承办“推进西部大开发”专题协商会。经济委员会根据主席会议和常委会议关于筹备“推进西部大开发”专题协商会的统一部署，将“推进西部大开发战略深入实施”作为2006年的重点调研课题，赴蒙、陕、川、桂和新疆等省区进行了实地调研，并与民盟、民建、国务院西部办及西部12省区市政协经济委员会联合开展调研，起草了《推进西部大开发战略深入实施，确保全面小康目标如期实现》等7篇专题发言。在充分调研的基础上，全国政协于9月5日召开了“推进西部大开发”专题协商会。贾庆林主席出席并作重要讲话，曾培炎副总理出席会议，国务院15个部委负责人到会听取了会议发言。12位委员分别代表有关民主党派中央、“推进西部大开发战略深入实施”专题调研组和西部有关省区市政协作了发言。会后，专题组根据会议发言及调研情况，起草了《关于全国政协“推进西部大开发”专题协商会有关情况的报告》，就新形势下创新和完善深入实施西部大开发的基本思路，围绕培育优势产业、发展社会事业、加强生态建设、推进对外开放、加强基础建设、发展特色农业等方面提出了意见建议，以政协全国委员会文件的形式报送中央。

2. 联合主办“促进非公有制经济健康发展”论坛。2006年，经济委员会在2004年关于非公有制经济调研的基础上，围绕落实《国务院关于鼓励支持和引导个体私营等非公有制经济发展的若干意见》，就引导和促进非公有制经济健康发展，为构建社会主义和谐社会作贡献等问题赴黑龙江、内蒙古、新疆和浙江等省区开展调研，并与国务院相关部委进行了多次座谈。在此基础上，经济委员会与国家发改委、全国工商联于11月17日在江苏南京共同主办了“促进非公有制经济健康发展论坛”。贾庆林主席代表党中央、国务院、全国政协在论坛开幕会上就推动非公有制经济健康发展作了重要讲话。王忠禹副主席出席论坛并主持了开幕会，黄孟复副主席在闭幕会上作了总结讲话。全国政协办公厅、经济委员会，国家发改委，全国工商联，国务院相关部委的负责人，江苏省委、省政府、省政协，各省发改委、工商联，部分专家学者、非公有制企业代表及中央、地方新闻媒体约300人出席了论坛。厉以宁、吴敬琏、林毅夫、刘永好等多位全国政协经济委员会副主任和委员作了发言。论坛闭幕会上，中国民营科技实业家协会、中国光彩事业促进会、中非民间商会向全国非公有制企业家发出了《秉持创新，厚重责任，争做构建社会主义和谐社会的先锋军》的倡议书。会后，经济委员会、国家发改委和全国工商联共同向中央报送了《“促进非公有制经济健康发展论坛”情况报告》，提出要平等准入、公平待遇，突破非公有制经济发展中的“瓶颈”；进一步优化法律、融资、税收、市场、自主创新、公共服务等非公有制经济发展的外部环境；引导非公企业提高自身素质、强化社会责任，为构建社会主义和谐社会做贡献。

二、开展专题调研

1.“转变经济增长方式中的政府作用”专题调研。专题组在2005年调研的基础上，继续深入研究，向中央报送了《关于以政府改革促进经济增长方式转变的若干建议》。报告分析了当前我国经济增长方式转变的基本情况，从深化体制改革和强化政策导向两个方面，提出了转变政府经济管理职能，改革政府绩效考核指标体系，实行有利于转变经济增长机制的财税政策，进一步提高国家所有权委托代理的有效性等建议。温家宝总理对报告作出了重要批示，指出“这份建议很有现实针对性，应该好好研究。进一步推进政府改革，这是一个重要的并带有根本性的问题。”落实温家宝总理的指示，国务院秘书长华建敏批示要求国务院办公厅和研究室把转变政府职能推动增长方式转变作为当前研究起草工作的重点，并要求有关部门进一步听取政协专题调研组的意见。就国务院领导对报告的批示情况，贾庆林主席要求经济委员会把该题目作为2006年工作的重点继续深入调研，为政府决策提供依据。按照全国政协领导的要求，经济委员会积极进行跟踪调研。专题组的部分成员多次应邀就有关问题与国务院有关部门的负责人进行座谈，交换意见，提出建议。

2.“环渤海经济圈经济发展”专题调研。专题组在2005年对北京、天津进行调研的基础上，赴河北省继续调研，形成了《关于打破条块分割，形成统一市场促进京津冀地区协调发展的建议》。报告认为，当前促进京津冀地区协调发展，重点是要消除政府对微观经济的行政干预；推动区域内公共基础设施的整合与共享；统一税负，营造平等竞争环境；加快京津冀地区水资源管理的市场化改革，建立水资源有偿使用机制；建立协调机制，加强信息交流。

3.“建设社会主义新农村”专题调研。专题组以“发展农村经济，加强基础设施建设”和“北京山区农民增收和生态保护”为题，分赴福建、浙江、山西、河北、江西和北京等省市进行调研。期间经济委员会还委托吉林、江苏、江西、河南、湖南、四川、陕西、贵州八省政协经济（农业）委员会进行协同调研，并于7月下旬在江西召开调研总结会。全国政协副主席阿不来提·阿不都热西提参加了调研并在总结会上讲话。通过调研，形成了《关于推进社会主义新农村建设的若干建议》调研报告。报告提出从适应新农村建设的客观要求出发，建立有力的领导协调保障机制；充分调动农民参与新农村建设的积极性、主动性，探索完善有关政策措施；继续加大调整财政收入分配格局，使财政收入分配切实向为新农村建设服务的方向转变；深化改革，建立起服务“三农”的农村金融服务体系，解决“三农”贷款难问题等建议。国务院副总理回良玉对报告作了批示。

4.“加快西部地区优势产业发展”专题调研。作为“推进西部大开发战略深入实施”专题的子课题，“加快西部地区优势产业发展”专题组与民盟中央联合，就新疆的资源开发及与新疆周边国家的资源合作问题先后到新疆的8个地市州进行了调研。专题组在《关于发挥新疆优势，加快经济发展的建议》调研报告中提出：新疆充分发挥独特的资源优势和区位优势，加快资源开发，扩大对外开放，完全可以成为我国最有潜力的能源基地，并有望成为我国新的经济增长带。报告建议应继续坚定不移地实施优势资源转换战略和扩大对外开放战略，抓紧建设新疆煤电煤化工基地、尽快做大做强新疆油气化工产业、全方位实施向西开放战略。温家宝总理对报告作出重要批示，指出“关于新疆经济社会发展问题，发改委、国研室可组织人作点研究，充分发挥地区的作用，充分利用各种调研成果，并在此基础上形成带有长远意义的规划和政策”。

5.“促进我国保险市场建设”专题调研。专题组围绕贯彻落实《国务院关于保险业改革发展的若干意见》，重点针对我国农业保险市场发展中的重要问题，赴上海、广东、四川、云南进行了调研。调研报告《关于我国保险业发展中几个重要问题的意见建议》分析了当前我国保险业的基本情况，重点围绕推进农业和农村保险事业以及责任保险的发展，提出了研究制定推动农业保险发展的指导性文件、加大财政对农业保险的支持力度、建立农业保险与农业信贷相结合的制度框架、通过立法强制推行责任保险、各级政府把推行责任保险作为完善公共安全应急机制建设的重要内容等建议。

6.“促进企业自主创新的体制和机制建设”专题调研。专题组围绕完善创新导向的发展环境，构建企业创新的动力机制，国家发展政策与创新政策的协调等问题赴陕西、重庆、山东、广东进行了调研。调研报告《促进企业自主创新的政策思路》认为，当前企业技术能力与经济发展水平不相适应，要消除企业创新动力不足的内部因素，自主创新需要经济驱动力，创新政策应发挥“四两拨千斤”的作用，要统筹经济发展战略与自主创新战略，开放战略要支持创新战略。

此外，2006年经济委员会还根据情况调整了“加快发展现代服务业”专题组的调研重点，围绕现代服务业中的信息服务赴广州、深圳开展了调研，整个调研工作将于2007年上半年完成。

三、举办专题座谈会和宏观经济形势座谈会

1. 召开“企业改革与发展”专题座谈会。与会代表围绕我国企业改革与发展问题进行了座谈讨论。会后，经济委员会报送了《全国政协经济委员会企业改革与发展座谈会的情况反映》。温家宝总理对《情况反映》作了重要批示，认为“经济委员会反映的情况和建议值得重视，可转有关部门参考、研究，提出推进企业改革和发展的意见和措施。”曾培炎副总理批示要求国务院有关部门贯彻落实温总理的批示，“按照十六届三中全会《决定》的精神以及‘十一五’规划纲要的要求，对深化国有企业改革和完善国有资产管理体制进行认真研究并提出意见。”国务院秘书长华建敏也将《情况反映》批转中编办等有关部门，要求他们认真研究。

2. 召开“金融改革与发展”专题座谈会。与会委员及部分专家围绕近年来我国金融改革与发展的成绩和经验进行了座谈，分析了当前金融领域存在的突出矛盾和问题，并提出了今后金融改革的思路与对策。会后，经济委员会将座谈会上形成的主要意见通过《政协信息专报》报送中央，温家宝总理批示指出经济委员会所提的意见“应予重视”，提出“要认真研究当前金融改革和发展中的新情况、新问题，分析全面开放下的金融风险，提出明确的切实可行的措施，这是筹备召开金融工作会议的重要任务。”并批转国务院办公厅、人民银行及有关金融监管部门的负责同志参考、研究。据此国务院秘书长华建敏也对报告作了批示。贾庆林主席在经济委员会办公室报送的《关于报送温家宝总理批示的请示》上批示要求：“政协要进一步支持我国金融改革和发展，提出更多、更有价值的意见和建议。”

3. 召开两次宏观经济形势分析座谈会。2006 年 1 月和 7 月，经济委员会召开了两次宏观经济形势分析座谈会，王忠禹、郝建秀、阿不来提·阿不都热西提、张梅颖等多位副主席，经济委员会委员及有关专家出席了会议。会后经济委员会向中央报送了两份《全国政协经济委员会宏观经济形势分析座谈会的情况反映》。国务院副总理曾培炎、秘书长华建敏对两次会议的情况反映均作了批示。

此外，经济委员会与人口资源环境委员会、天津市政协在天津共同主办了“建设北方国际航运和物流中心，推进滨海新区开发开放”论坛。温家宝总理对论坛报送的报告作了重要批示，推动了天津滨海新区的建设进程。与外事委员会、中国经社理事会、中国世界贸易组织研究会共同主办了“21 世纪论坛”2006 年会议。与中国经济社会理事会、浙江省政协、中国民营经济研究会联合主办了“中国经济社会论坛 2006 年会议暨首届中国民营经济科学发展论坛”。

四、组织委员交流考察

8 月上旬，经济委员会与人口资源环境委员会组成联合考察组，就西藏的经济发展和口岸建设进行了考察。10 月下旬，经济委员会“加快现代物流业发展”考察组就现代物流业的发展问题赴美国和加拿大考察，了解两国政府和企业在发展现代物流业方面的经验和做法，并就加快我国现代物流业发展提出建议。

（邹纯瑾 编写　陈惠丰 审稿）

人口资源环境委员会　2006 年，人口资源环境委员会在常委会议和主席会议的领导下，围绕实施“十一五”规划过程中经济发展与人口资源环境相协调领域的重大问题，针对预防和降低人口出生缺陷、开发和保护稀土资源、实施乡村清洁工程、南水北调工程水质保证等专题开展调查研究，反映社情民意，切实履行政协职能。全年共组织开展十九项专题调研和考察，主办两次重要会议，并组织多项环保公益活动。

一、专题调研和考察

1. 海洋灾害预警机制专题调研。4 月 2 日至 10 日，江泽慧副主任率调研组赴广东、广西就建立海洋灾害预警机制进行专题调研。在 2005 年 10 月和本次调研的基础上，报送了《关于加快建立海洋灾害预警机制的建议》。调研报告针对目前我国海洋灾害预警与防治工作的现状和存在的问题，建议：要充分认识建立海洋灾害预警机制和建设沿海防护林体系的重要性和紧迫性；尽快组织相关领域专家进行战略研究；作为国家公益性建设的重点项目，加大投入力度；理顺全国海洋管理体制，组建集中统一的管理机构；加快制定相关政策、规划和技术标准等规范性文件及海洋灾害信息统一发布制度。曾培炎副总理对报告作了批示。

2. 曹妃甸循环经济生态工业园区建设跟踪调研。4 月 20 日至 22 日，张宝明副主任率调研组赴河北省唐山市就曹妃甸循环经济生态工业园区建设情况进行了跟踪调研。调研组认为，首钢搬迁及曹妃甸循环经济示范区的开发建设正在有序向前推进，要进一步发展完善，建议：尽快成立领导协调小组和专家委员会；尽快审批首钢京唐港铁联合有限公司钢铁厂项目；尽快批准《曹妃甸循环经济示范区产业发展规划思路》；对未来的曹妃甸工业区做出安全规划、环境影响评价和安全评估。

3. 实施“乡村清洁工程”专题调研。4月至5月，刘成果副主任率调研组赴河北、湖南、四川等省的12个“乡村清洁工程”试点村进行调研，形成并报送了《关于实施乡村清洁工程推进新农村建设情况的调研报告》。调研组认为，“乡村清洁工程”是加强农村基础设施建设的重大综合性措施，是推动农村向生产发展、生活宽裕、生态良好的文明发展道路前进过程中的一场革命，国家应高度重视，在有条件的农村大力推广。建议：以实施乡村清洁示范工程为主要抓手，推动社会主义新农村建设；设立乡村清洁工程专项资金，加大对农民的扶持力度；建立有利于农业清洁生产的生态补偿机制；加强领导，整合资源，形成合力；把推行乡村清洁工程作为检验干部政绩的重要内容列入干部考核体系。曾培炎、回良玉副总理对报告作了批示，报告有关建议被2007年中央一号文件所采纳。

4. 农村老龄人口问题专题调研。5月10日至20日，杨魁孚副主任率调研组赴山东、浙江省就农村老龄人口问题开展调研。调研组实地考察了泰安、枣庄、杭州、湖州、宁波等市农村老龄工作情况，形成并报送了《关于山东、浙江两省农村老龄人口问题的调查和建议》。调研组认为，社会化养老保障覆盖面窄，保障水平低是当前农村老龄工作面临的最主要的问题。为此建议：把提高农村老年人生活保障水平作为建设社会主义新农村的考核指标之一；巩固家庭养老的基础地位，提倡在全国农村推广签订家庭赡养协议书的做法；加快推进农村新型合作医疗制度建设；建立和发展多种形式的农村社会养老保障制度，如养老保险等。

5. 辽河流域污染防治问题专题调研。5月11日至19日，张榕明副主席和陈邦柱主任率人资环委和民建中央联合调研组，就辽河流域污染问题赴内蒙古通辽、吉林四平、辽宁铁岭等九个城市就污水处理、断面水质、水环境综合整治项目和水源地保护情况进行调研，形成并报送了《关于辽河流域水污染防治情况的调研报告》。报告认为辽河流域污染防治意义重大，建议认真制定辽河流域“十一五”水污染防治规划；研究建立多元化的环境保护投融资渠道；建立健全评估考核制度，加强环保能力建设；加快城镇污水处理厂建设；以饮水安全为重点，整体推进水污染的治理；成立国家级的协调治理小组，研究建立跨区域水污染防治合作和生态补偿机制。温家宝总理、曾培炎副总理对报告作了批示。

6. 兴林抑螺及林业血防工程专题调研。5月14日至23日，江泽慧副主任率调研组赴江苏、安徽、湖北血吸虫病重点疫区的区县、乡村和基层林场就当前血防工作情况，特别是林业血防工作现状进行调察研究，形成并报送了《关于将兴林抑螺列为湖区五省新农村建设重点内容的建议》。调研组认为，应加快推广兴林抑螺的成果，将兴林抑螺列为湖区五省新农村建设重点内容；充分认识林业血防工作的责任与地位；严格执行抑螺防病林营造技术规程；加强营建山丘型抑螺防病林的试验示范工作；各方面大力合作，共同承担血防重任。

7. 农业旅游与新农村建设专题调研。5月24日至31日，孙钢委员率调研组赴贵州、江苏省就农业旅游与新农村建设开展专题调研，形成并报送了《发展农业旅游是建设新农村的一条有效路径》的调研报告。调研组认为，发展农业旅游是西部农村脱贫致富的一个重要选择，是东部农村走向全面小康的一个新的抓手，能全方位地促进社会主义新农村建设。建议发展农业旅游，要提高认识，加强领导；搞好规划，科学引导；不拘一格，鼓励创新；研究政策，予以扶持；有序推进，重在西部。

8. 煤油气开发利用与可持续发展专题调研。6月1日至11日，张宝明副主任率调研组赴陕西、贵州两省就煤油气资源的开发利用开展调研，形成并报送了《关于煤油气资源开发利用与可持续发展的调研报告》。针对当前资源开发中存在的生产建设盲目扩张、资源浪费严重和生态环境恶化等问题，调研组建议，加强资源管理和地质勘探，提高资源回收率和保障程度，推进节能和循环经济，促进能源资源的可持续发展；加快制订国家统一的煤油气资源开发利用和可持续发展规划，实现能源生产的有序发展；统筹协调资源开发与地方经济发展、企业经济效益与群众生活水平提高的关系，加强矿区生态环境保护和治理工作，实现经济和社会的可持续发展。曾培炎副总理对报告作了批示。

9. 稀土金属矿产的开发利用与节约专题调研。6月12日至22日，张洽副主任率人资环委和无党派界联合调研组赴江西、内蒙古两省区就稀土资源的开发利用与节约开展调研，形成并报送了《关于合理开发利用和保护我国稀土资源的调研报告》。调研组就如何进一步落实中央有关方针政策，促使稀土产业健康发展提出建议：关注稀土，保护稀土，从国家层面组织力量专门研究稀土问题；加强组织领导，统筹协调规划，形成管理合力，研究组建中国稀土工业协会；加大宏观调控力度，控制过剩产能，建立战略资源储备制度；加快科技进步，制定国家稀土知识产权战略，促进稀土高新技术自主创新；严格行业准入门槛，推进企业联合重组，做强做大稀土产业。曾培炎副总理对报告作了批示，国家发改委为此专门召开了稀土工业发展座谈会。

10. 矿产资源国家所有权权益保护和矿业体制建设专题调研。7月、10月，陈洲其副主任率调研组赴四川、山西就矿产资源国家所有权权益保护和矿业体制建设开展专题调研。调研组了解了当前我国矿业体制现状和矿产资源国家权益保护情况，形成并报送了《关于健全完善我国矿业体制的建议》，就健全完善我国矿业体制建议：推进政府职能转变，明确统一的矿业管理部门；构建矿产勘查与开发有机结合、利益相关的大矿业体制，推动矿业产业健康发展；健全完善矿业法律法规，促进和规范大矿业体制建设；协调各种关系，构建和谐的矿业环境。

11. 水资源开发利用与节水专题调研。7月17日至20日，王曙光委员率调研组赴山东省就水资源开发利用和节水开展专题调研。

12. 旅游业发展与特色资源保护和利用专题调研。8月16日至24日，孙钢委员率调研组赴宁夏回族自治区和内蒙古自治区，就发展特色旅游在我国北方地区国土资源综合利用和沙牧林区经济社会可持续发展中的功能和作用开展了专题调研，形成并报送了《关于发展北方沙牧林区特色旅游的建议》。调研组建议：对发展特色旅游的地区要加强领导，统筹规划；科学设计，打造精品；突出特色，鼓励创新；研究制定相关政策，加大扶持力度；拓宽思路，把特色资源开发利用的文章进一步做大。回良玉副总理对报告作了批示。

13. 新疆煤田灭火问题跟踪调研。8月27日至9月3日，张宝明副主任率调研组赴新疆维吾尔自治区就煤田灭火问题开展了跟踪调研，形成并报送了《建议进一步加快新疆煤田灭火进度》的政协信息。调研组了解了新疆煤田灭火的进度，研究了火区面积扩大的主要原因，建议：有关部门进一步加大火区范围内小煤矿的整顿力度；简化煤田灭火工程项目的审批手续；加大国家对煤田灭火资金的支持力度；建立全区煤田火区动态监测系统。

14. 新疆农业发展和生态建设专题调研。9 月 4 日至 15 日，陈耀邦常委率部分农业界委员赴新疆就农业发展情况和生态建设情况进行调研，这是人资环委就发挥界别作用所进行的探索。调研组了解新疆粮棉种植、畜牧养殖、农田水利基础设施建设等方面的情况，形成并报送了《全国政协部分农业界委员对新疆农业的考察报告》，针对当前制约新疆农业、农村经济发展的因素与问题，建议：大力宣传支持新疆发展农业的特殊重要性；大力支持新疆开发后备水土资源；支持新疆发挥棉花生产优势；培育壮大林果业和区域特色产业，扶持林果产品加工业；加大对新疆发展畜牧业的扶持力度；加大支持新疆农产品出口力度。回良玉副总理对报告作了批示。

15. 预防和降低人口出生缺陷专题调研。10 月、11 月李伟雄副主任率调研组赴山西、河南、广西三省区就预防和降低人口出生缺陷问题开展了调研，并组织专家在京座谈，形成并报送了《预防和降低出生缺陷的几点建议》。调研组提出了加强出生缺陷干预工作的几个重点：各级领导守土有责，建议在《妇女发展纲要》和《儿童发展纲要》中增加降低出生缺陷的目标；加强宣传教育，做好育龄人群优生优育指导和生殖健康服务；加大对高发性出生缺陷的研究，积极开发有效的二级干预新技术。报告还提出短期内降低出生缺陷的两项措施：一是在孕妇中推广服用叶酸制剂减少神经管畸形儿发生；二是国家资助广西等地区开展地中海贫血的产前筛查，减少重症地中海贫血的发生。卫生部就调研报告给予了答复。

16. 草原与畜牧业可持续发展考察。10 月 31 日至 11 月 11 日，刘成果副主任率考察团赴巴西、阿根廷两国就草原与畜牧业可持续发展进行考察，报送了《借鉴巴西和阿根廷经验实现我国草原与畜牧业可持续发展》的考察报告。报告总结了两国在加强天然草原保护和人工草地建设，推动畜牧业可持续发展方面的经验，结合实际，提出建议：提高对草原战略地位和重要作用的认识，制订实施草原保护与发展长期战略；进一步加大天然草原保护力度；加快发展人工草地，增加人工草地占草原总面积的比例；大力调整和优化农业结构；加快草原保护建设和畜牧业的科技进步。

17. 南水北调东线水质保证专题调研。11 月 2 日至 9 日，温克刚副主任率调研组赴江苏、山东就南水北调东线水质保证问题开展专题调研，形成并报送了《关于南水北调东线一期工程水质保证的调研报告》。调研组就实现《南水北调东线工程治污规划》确定的水质目标，建议：加快项目审批工作，确保工程建设进度；尽快落实工业污染防治补助资金，并切实保证治污工程专项资金的使用；研究推广先进治污技术，为水污染防治提供科技支撑；完善环境监测网络，尽快建立考核断面水质监测公报制度。严格控制主要污染物排放总量；探索建立调水沿线生态补偿机制的政策措施，妥善解决社会问题。温家宝总理，曾培炎、回良玉副总理对报告作了批示。

18. 野生动植物保育和可持续利用专题调研。11 月 21 日至 12 月 2 日，王克英副主任率调研组赴云南、广东两省就野生动植物保育和可持续利用开展专题调研。该专题将在2007年继续进行。

19. 建筑建材节能考察。12月18日至19日，李兆焯副主席率人资环委考察组在北京市考察建筑建材节能情况。考察组听取了国家发展和改革委员会、建设部、北京市建委等有关单位的情况介绍，并考察了东直门万国城公寓和海淀区政府大楼建筑节能情况。委员们认为建筑节能工作任重道远，并提出了一些具体建议，如进一步改进和引导玻璃幕墙建筑的节能和环保问题，大型公共建筑要在室温调节、通风等问题上采取具体措施等。

二、会议活动

1. 中国钢铁工业发展循环经济研讨会。3月28日，人资环委与中国工程院、中国钢铁工业协会在京联合举办中国钢铁工业发展循环经济研讨会。李贵鲜副主席出席会议并讲话，部分全国政协委员、有关专家学者、国务院有关部委负责人、国内各大钢铁企业代表约200人出席会议。会议围绕中国钢铁工业发展循环经济的模式和钢铁企业发展循环经济的经验与实践进行了交流探讨，形成并报送了《我国钢铁工业发展循环经济的建议》。建议主要内容：在钢铁工业中长期发展规划中，对发展循环经济做出具体的、操作性强的规划安排和要求；充分发挥政府政策引导和市场机制的作用；加快淘汰落后工艺、落后装备和落后产品，把发展循环经济的目标和工作要求纳入钢铁行业准入标准；制定法规、政策，鼓励收集、处理和利用废钢、废塑料等大宗废弃物，并引导发展废弃物回收、处理、利用的产业；鼓励钢厂充分利用剩余煤气、余热余能等能源，建设自备电厂；支持鼓励钢厂开展钢铁企业发展循环经济的理论研究；把发展循环经济作为考核地方领导干部和部门负责人政绩的一项重要指标；提高全社会成员的资源节约意识和环保意识。

2. “建设北方国际航运和物流中心，推进滨海新区开发开放”论坛。7月11日，人资环委和经济委员会、天津市政协共同在天津市主办了“建设北方国际航运和物流中心，推进滨海新区开发开放”论坛。王忠禹副主席出席论坛并讲话。部分全国政协委员、国务院有关部委负责人及环渤海各省区市政协领导和政府有关部门人员200余人参加了论坛。会后报送了《以国际物流中心建设为突破口加快天津滨海新区开发开放》的政协信息，建议：对天津港和重要交通运输基础设施建设予以支持；以北方航运中心和国际物流中心建设为契机，大力推进金融改革和创新；在滨海新区创设船舶特别登记制度，引导我国方便旗船移籍天津；加快建设天津东疆保税区，积极向自由贸易区/自由港方向发展；批准设立物流产业发展基金。温家宝总理对信息作了批示。

3. 全国暨地方政协人口资源环境委员会工作研讨培训会。9月15日至19日，委员会在山东省召开了全国暨地方政协人口资源环境委员会工作研讨培训会。张思卿副主席出席开幕会并讲话，有关委员、专家分别就能源战略、循环经济、环保形势、人口发展战略等问题作了专题讲座。全国39个省、自治区、直辖市和副省级市，及山东省有关市县政协人资环委负责人140余人参加会议。

4. 与有关部门合作，进行专题考察和研讨，组织多项环保公益宣传活动。一是与国家林业局联合，继续开展“关注森林”活动，组织祁连山自然保护区建设、河西走廊水资源可持续利用和新疆南疆自然保护区建设专题考察并提出建议；与湖南省人民政府和经济日报社共同举办“第三届中国城市森林论坛”；二是与国家环保总局联合举办了“2006年中国环境文化节”；三是与共青团中央等部门合作继续开展“保护母亲河”系列活动。四是与中国国土经济学会联合召开第二届中国山地住宅建设与发展研讨会。

三、认真做好十届十四次常委会有关专题讨论的组织工作。根据全国政协十届十四次常委会部署，人资环委负责第三专题“加强基础设施建设，改善农村生产生活条件”专题讨论的组织和会务工作。会前，围绕建设社会主义新农村组织了相关调研，并在会上作了《实施乡村清洁工程，推进新农村建设》的大会发言。

四、以政协信息和重要提案摘报形式积极反映社情民意。委员会充分利用政协信息和重要提案摘报，反映社情民意，在专题调研和有关活动中，注意发现和收集重要的情况和建议，并及时报送中共中央和国务院供有关部门参考。一年来向中央报送20条《政协信息》，两份重要提案摘报，所反映的问题受到有关部门的重视，有一些得到了中央领导的批示。

（王亚男 编写 卫宏 审稿）

教科文卫体委员会 2006年主要工作：

一、按照主席会议和常委会议部署，承担常委会议的相关专题会议和“关于落实国家中长期科学和技术发展规划纲要”专题协商会的筹备工作。

1. 组织和筹备第十四次常委会议第六专题“深化改革，建立完善自主创新的新体制”和第七专题“培育创新文化，营造自主创新的良好环境”两个专题会议。常委会前召开座谈会4次，邀请郭传杰、王渝生委员为在京的常委、委员及各民主党派负责人就“创新文化”问题作专题报告。在两个专题的讨论中有40多位常委、委员发言，提出许多有价值的意见建议和值得研究探讨的问题，会议的综合情况及时报送中共中央。

2. 组织和筹备“关于落实国家中长期科学和技术发展规划纲要”专题协商会。委员会负责人对专题协商会高度重视，会前组织召开科技组全体会议及座谈会6次，确定科技体制问题为协商会重点。为组织开好专题协商会，邀请科技部领导为在京常委、委员及各民主党派负责人就“国家中长期科技发展规划纲要”落实过程中存在的问题、困难及进展情况作专题报告，并重点联系各民主党派中央和全国工商联，协调各党派在专题协商会上的发言问题。围绕协商会所要协商的重点问题，各党派团体和本专委会组织了相应的专题调研，并就提案和政协大会发言中的相关内容进行深入研究。在专题协商会上有24位委员发言，就深化体制改革，整合科技资源，发挥整体优势；建立军民结合、寓军于民的技术创新机制；加强科研项目的管理，规范科研成果的评价和奖励；以企业为主体、建立产学研结合技术创新体系；进一步完善现代科研院所管理制度；加强科技人员管理，促进人才队伍建设等提出了52条建议。贾庆林主席出席会议并发表重要讲话。国务委员陈至立出席会议，并在讲话中充分肯定了委员们的意见、建议，表示将认真研究、采纳。会后形成全国政协《关于“落实国家中长期科技发展规划纲要”专题协商会有关情况的报告》，报送中共中央。

二、围绕实施“十一五”规划和国家社会生活中的重大问题进行专题调研。

1. 职业教育专题调研。教育组将发展职业教育确定为重点调研题目，与中华职教社组成联合调研组赴上海市、浙江、黑龙江、吉林省调研，并参与了政协办公厅组织的全国政协委员赴辽宁省关于职业教育的视察活动。11月，委员会与教育部、劳动和社会保障部、中国职业技术教育学会联合举办了“中国职业教育振兴论坛”，徐匡迪副主席出席开幕会并讲话，与会政协委员及代表围绕论坛主题“和谐社会建设与职业教育发展”进行了广泛深入的探讨。形成了《关于进一步推进职业教育发展的建议》，报送中共中央。

2. 科技组围绕落实国家中长期科技发展规划中的重点问题进行了两项专题调研。一是就“如何促进军民结合，发挥科技创新的合力”赴陕西、吉林、四川省调研，形成并报送了《关于促进军民结合，发挥科技创新合力的建议》。二是就科研院所转制改革进展情况赴福建、湖南两省调研，并在京召开了11个中央所属科研单位参加的座谈会，考察了中国地震局所属科研院所和中国农业科学院。形成并报送了《关于深化科研院所转制改革的几点建议》，国务委员陈至立对报告作了批示。

3. 关于引进技术消化吸收再创新专题调研。与北京市政协联合对一些在京企业进行调研，并在重庆举办有12省（市）政协科技委员会参加的“关于引进技术的消化吸收再创新”专题研讨会，本专委会作了《关于推进引进技术消化吸收再创新工作的建议》报告，与会同志就各地引进技术消化吸收再创新的情况进行了交流。会后形成调研报告报送中共中央、国务院。

4. 科普场馆有关情况专题调研。与中国科协联合组织科协界委员赴北京、天津调研，形成并报送了《关于京、津地区科普场馆有关情况的调研报告》。

5. 社会主义新农村建设中的文化遗产保护情况专题调研。与建设部、农业部、国家文物局组成联合调研组，张思卿副主席率队赴浙江、江西两省调研，在听取情况汇报、召开座谈会和进村入户实地考察后，形成并报送了《关于社会主义新农村建设中文化遗产保护情况的调研报告》。李长春同志对报告作了批示。

6. 医卫组围绕解决“看病难，看病贵”和维护农民健康问题开展了两项专题调研。一是贾庆林主席了解到北京市社区卫生改革的相关情况后，批示教科文卫体委员会予以关注。本专委会与农工党中央组成联合调研组在北京市考察了社区卫生改革情况，并赴天津市调研，最后形成《关于进一步做好社区卫生服务工作的意见和建议》。二是农村公共卫生体系建设专题调研。与农工党中央、卫生部组成联合调研组赴安徽、青海、宁夏、广西、云南五省调研，同时邀请各省（市）政协相关委员会在当地协作调研，形成并报送了《关于进一步搞好农村公共卫生体系建设的意见和建议》。

7. 发展我国少数民族地区体育专题调研。与国家体育总局组成联合调研组赴新疆调研，并在广东东莞召开了国家体育总局、国家民委及9省（市）政协相关委员会负责人参加的“发展我国少数民族地区体育”专题研讨会。形成并报送了《关于发展我国少数民族地区体育的意见和建议》，国务委员陈至立对报告作了批示。

8. 围绕办好2008年北京奥运会，体育组做了两项工作。一是与提案委员会组成联合调研组，就“利用2008年北京奥运会契机，促进精神文明建设”问题赴北京、天津、上海、青岛调研。二是组织体育界部分委员赴香港考察2008年奥运会马术比赛委员会的工作情况，赴澳门考察体育设施。考察后以简报形式反映了委员们关于吸纳港澳同胞参与2008年北京奥运会的意见、建议。中国奥委会对委员们所提出建议高度重视，协调奥委会内外有关部门认真研究并专门复函全国政协办公厅。

三、围绕团结和民主两大主题，充分发挥本专委会的界别特色和优势，加强与有关部门的联系和配合，开展多种形式的活动。

1. 一年来，委员会就国务院法制办送交的《中华人民共和国教育法修正案（送审稿）》、《广播电台、电视台法定许可播放录音制品支付报酬办法（征求意见稿）》、《中华人民共和国非物质文化遗产保护法（草案送审稿）》和国家人口计生委《关于代孕问题的研究报告》等法律法规草案，组织委员研究讨论并提出修改意见。

2. 积极配合并参加国务院有关部门和地方政协的工作和活动。委员会三位副主任参加国家爱国卫生委员会组织的国家卫生城（镇）的督导检查工作，分赴新疆、山东、广东省并担任组长。委员会副主任参加在云南召开的西部地区政协“文化体制改革和文化产业发展”专题研讨会并作了发言。

3. 组织多种形式的联谊慰问活动，扩大社会影响。举办了2006年教科文卫体界新春茶话会；继续开展“三下乡”慰问文艺演出活动，组织文艺界委员和文艺工作者赴吉林通化、梅河口革命老区慰问演出；举办以纪念中国共产党建党85周年和中国工农红军长征胜利70周年为主题的《创业者的歌》交响音乐会，贾庆林主席出席音乐会；组织了教师节慰问活动暨中国农业大学服务“三农”情况汇报座谈会，李贵鲜副主席出席座谈会并讲话。会后组织委员前往河北省河间、吴桥、曲周、临漳等地慰问长期深入农村一线的中国农业大学教育科技工作者。

（张苏华 编写 张文珊 审稿）

社会和法制委员会 2006年主要工作：

一、把建设社会主义新农村和为构建和谐社会献计出力作为本委全年工作主线，深入开展专题调研。1. 就“社会主义新农村建设”专题中的“农村最低生活保障制度”、“富余劳动力转移和就业培训”、“基层组织建设”、“基层矛盾调处机制”四方面内容，分赴京、浙、冀、桂、黑、新、内蒙古、黔、赣9省区市调研，形成《建立农村最低生活保障制度》、《农村劳动力转移培训》、《农村基层组织建设》、《建立农村基层矛盾调处机制》四份专题报告。回良玉副总理在“建立农村最低生活保障制度”报告上作了批示；周永康国务委员就“建立农村基层矛盾调处机制”一文作了批示。2. 就“深化户籍制度改革”、“刑罚的科学构建与价值取向”、“禁毒工作”专题，分赴京、冀、云、桂、新等省区市调研，形成《关于运输毒品犯罪的刑罚适用》、《进一步加强禁毒工作》调研报告。周永康国务委员在《进一步加强禁毒工作》报告上作了批示。3. 针对我国日益凸显的人口老龄化问题，就“贯彻老年人权益保障法”专题，赴宁、陕、青三省区调研，回良玉副总理在调研报告上作了批示。4. 对“新闻出版法制建设”专题赴苏、鄂两省进行跟踪调研，形成《关于进一步加强我国版权法制建设的考察报告》，扩大成果并促其转化。5. 罗豪才副主席率领“非政府组织在构建和谐社会中的作用”调研组赴鲁、豫两省调研，形成“加强农村民间组织的培育和规范”的报告，推动了民政部该项工作的进展。调研组还赴沪、粤就“发挥民间组织在构建和谐社区中的作用”进行了调研。6. 就“发挥民间组织在构建和谐社会中的作用”专题，赴丹麦、挪威、冰岛三国，进行国际比较考察。考察团与丹麦副议长、挪威基督教人民党领袖进行会谈，访问三国民间组织及相关企业，对其民间组织的发展现状及趋势、运作模式、重大社会作用、政策环境等问题进行考察，有了较深认识，并就我国民间组织的培育、发展和规范提出了意见和建议。

二、组织理论研讨会、学习座谈会。组织在京委员座谈学习《中共中央关于进一步加强人民政协工作的意见》，以中央精神为指导进一步做好各项工作。5月，与中央党校联合举办“建设社会主义新农村·社会与法制研讨会”。部分全国政协委员、有关部门领导、中央党校等单位的专家学者、各省区市和副省级市政协社法委负责人与会；全国政协王忠禹、李贵鲜、罗豪才、周铁农、阿不来提·阿不都热西提、李兆焯副主席，郑万通秘书长出席会议，周铁农副主席发表讲话。40余名与会代表就推进农村综合改革、新农村建设的法律保障、发展农村公共事业、城乡统筹发展四个专题进行深入研讨，与会者还就加大公共财政对农村建设支持、建立最低生活保障制度等问题发表了意见。会后，我委将此会综合报告上报中央，华建敏国务委员作了批示。8月，与七省区市政协社法委联合举办建设社会主义新农村专题调研座谈会。邀请京、津、晋、内蒙古、辽、吉、黑7省区市政协社法委负责人，就农村的社会保障制度、基层组织建设、劳动力转移培训、专业合作组织发展等问题进行研讨交流。该会是我委就调研专题举行区域性研讨会的一次尝试，为新农村建设有关四个专题报告的形成，充实了第一手材料。10月，举办“全国政协社法委为构建和谐社会建言献策座谈会”。会议学习贯彻中共十六届六中全会、中央五号文件和十届全国政协第十五次常委会议精神，围绕政协社法委如何为构建和谐社会建言献策问题进行讨论交流。阿不来提·阿不都热西提副主席出席会议并讲话。全国三十一个省区市和副省级市政协社法委100余人与会，提交发言材料78篇。十省区市政协和副省级市政协社法委负责人，就和谐社区构建、基层司法所建设、社会救助、新农村民主法治建设问题和政协发挥界别作用、立法协商、程序化建设、提案督办、开创专委会工作新局面等内容，作了专题发言。

三、探索发挥界别作用的途径。1. 牵头组织福利保障界的调研活动，组成“城乡居民最低生活保障”、“城市养老”、“残疾人有关优惠政策”三个专题组，分赴粤、川、渝、湘、鄂、苏、浙、沪等省市调研，向中央分别报送三份调研报告。2. 与全国妇联合作，组织妇女界委员赴京郊培训与考察。邀请专家学者作《妇女权益保护法》修改情况、“新农村建设理论与实践”辅导报告，并参观京郊新农村建设情况。3. 与全国妇联联合举办“全国政协妇联界委员迎新茶话会”。贾庆林主席，全国人大何鲁丽、顾秀莲、乌云齐木格副委员长，全国政协郝建秀、阿不来提·阿不都热西提、张梅颖副主席出席了茶话会，陈奎元副主席发表讲话，全国政协女委员和有关部委女领导200多人参加了茶话会。

四、加强与有关部门和地方政协的联系与配合，拓展专委会工作的有效空间，扩大社会影响。1. 加强与中央、国务院有关部门及地方政协的协调联络。除了组织本委委员参加有关活动，还积极配合并参加“两高”、中央综治委、司法部、国务院妇儿工委、中国老龄委、团中央、中国红十字总会、中国慈善总会和中国残疾人联合会等部门组织的有关活动。2. 就有关部委的工作报告和有关法案，组织委员座谈讨论并提出意见和建议。先后就“两高”送交的工作报告（征求意见稿）、国务院法制办送交的“非物质遗产保护法（草案送审稿）”、“食品安全法（征求意见稿）”、国家计生委“关于代孕问题的研究报告”等法律法规草案，组织委员研究讨论并提出修改建议和意见，其中部分建议被“两高”和国务院有关部门采纳。

（刘栋 编写 许海星 审稿）

民族和宗教委员会 2006年民族和宗教委员会坚持“民族工作促发展，宗教工作促和谐、‘中宗和’（‘中国宗教和平委员会’）工作促和平”的基本工作思路，抓住重点，发挥优势，体现特色，创造性地开展工作，在履行职能上迈出新步伐，登上新台阶。支持和协助“中宗和”卓有成效地开展工作。“中宗和”的工作不断创新，日趋活跃。

一、民族工作促发展——为加快少数民族和民族地区经济社会发展建言献策

4月至6月，围绕政协十届十四次常委会议议题，组成调研组就民族地区社会主义新农村建设问题深入广西、甘肃和新疆农牧区调研。形成的《关于广西、甘肃、新疆“民族地区建设社会主义新农村”专题调研报告》，受到中央领导重视，中共中央政治局委员、国务院副总理回良玉作了批示。

9月，组织委员赴贵州就民族地区经济社会发展和民族宗教工作情况进行实地考察，帮助委员知情明政。通过考察，委员们耳闻目睹了贵州近几年来的发展变化，深切体会到国家实施西部大开发和现阶段扶贫开发战略，给贵州省民族地区的经济社会发展带来了活力和机遇。考察形成了《民族和宗教委员会赴贵州考察情况简报》，就如何进一步促进贵州民族地区经济社会发展和做好民族、宗教工作提出了意见和建议。

9月下旬，为推进散居地区的民族工作，切实保障散居地区少数民族的合法权益，组织委员赴辽宁就散居少数民族工作情况进行考察，形成《关于辽宁省散居少数民族工作情况的考察报告》。

10月下旬，在湖南召开了第三次武陵山民族地区经济社会发展座谈会。为推动这一少数民族人口约占全国少数民族人口的10%的国家重点帮扶的连片少数民族贫困区的经济社会发展，同时也为其他跨省交界的少数民族贫困地区的脱贫致富探索发展思路，全国政协民宗委自2004年开始，联合鄂、湘、渝、黔四省市政协，连续三年以“加强武陵山民族地区精品旅游线路的协作与开发”为题，组织委员深入武陵山民族地区进行调研并座谈。今年座谈会主题是协作开发武陵山地区旅游业。中共中央政治局常委、全国政协主席贾庆林向座谈会发来贺信，指出：“鄂、湘、渝、黔四省市交界处的武陵山地区，既是我国南方少数民族分布比较集中的地区，也是经济社会发展相对落后的地区。加快这一地区经济社会的发展，对于促进各民族共同团结奋斗、共同繁荣发展，巩固和发展平等、团结、互助、和谐的社会主义民族关系，具有重要的意义。”张思卿副主席、部分全国政协委员，以及国家发改委、国家旅游局等10部委的领导同志和有关专家学者共120余人出席会议。中共中央政治局委员、国务院副总理曾培炎在座谈会形成并上报的《关于加快武陵山民族地区旅游开发与协作的建议》上作了批示。这项活动也引起国务院有关部门的高度重视。交通部明确表示，将重点支持武陵山民族地区农村公路建设，集中安排该地区发展迫切需要的项目，加快实现所有乡村通公路、有条件的乡村通上沥青路，支持四省市尽快打通省际间“断头路”。国家旅游局表示，对武陵山民族地区发展旅游业给予积极支持，要在进一步调查研究的基础上，认真考虑单独编制《武陵山民族地区旅游发展规划》，并列入2007年的编制计划，同时加大对武陵山民族地区旅游人才的培训力度。

为了使委员们全面了解民族工作的总体情况，2007年1月至2月，委员会请

全国人大民委主任多吉才让、国家民委副主任杨建强分别介绍了《中华人民共和国民族区域自治法》执法检查情况和当前我国民族工作的形势和任务，参会的委员就进一步做好民族工作，提出了意见和建议。

二、宗教工作促和谐——体现特色、发挥优势，促进和推动各宗教为构建社会主义和谐社会服务

5月，组织调研组就《宗教事务条例》的贯彻落实情况，在京听取了国家宗教事务局关于《宗教事务条例》宣传贯彻情况的介绍，赴川、渝考察了16处宗教场所，召开了17次座谈会，听取了政府部门的情况介绍和宗教界人士的意见，形成了《关于进一步贯彻落实〈宗教事务条例〉的几点意见和建议》的调研报告。国家宗教事务局来函表示，将在贯彻条例工作中对《建议》所提出的问题和有关意见建议进行认真研究、解决。委员会根据调研情况报送的4份政协信息，回良玉、曾培炎同志以及四川省委领导分别对有关信息作了批示。

8月，组织部分委员就宗教界为构建社会主义和谐社会服务情况，赴新疆维吾尔自治区进行了考察。新疆各族人民坚决同民族分裂主义、宗教极端主义、暴力恐怖主义“三股势力”进行斗争，维护祖国统一、民族团结、社会稳定与和谐的许多感人事迹，给考察团留下了深刻的印象。

11月，与国家宗教事务局在京共同举办“宗教界为构建社会主义和谐社会作贡献第二次经验交流会”。全国性宗教团体，16个省、自治区、直辖市和香港特别行政区的宗教团体代表人士参加会议，就宗教界如何为构建社会主义和谐社会作贡献进行了研讨和交流。王忠禹、刘延东、阿不来提·阿不都热西提副主席等领导接见了与会代表，王忠禹副主席作了讲话。中共中央政治局委员、国务院副总理回良玉对委员会与国家宗教事务局共同报送的《关于宗教界为构建社会主义和谐社会作贡献第二次经验交流会的情况报告》作了批示，全文如下：“全国政协民族和宗教委员会认真贯彻中共十六届六中全会精神，组织民族宗教界围绕为构建社会主义和谐社会作贡献这一主题进行研讨和交流，取得很好成果。请对报告提出的意见建议予以认真研究，以进一步加强引导，科学规范，完善政策和制度，充分发挥少数民族和宗教界在促进社会和谐方面的积极作用。”这次会议也是内地与香港宗教界跨宗教交流的一次有益尝试。

三、“中宗和”工作促和平——积极指导、支持和协助“中宗和”的工作。“中宗和”的对外交往工作迈上了一个新的台阶

“中宗和”是全国政协对外交往的一个重要平台。委员会积极贯彻落实贾庆林主席的有关讲话、批示精神，指导、支持、协助“中宗和”按照“友好、和平、发展、合作”宗旨，推动了我国宗教界积极参加世界宗教和平运动并在其中发挥越来越重要的作用，有效地宣传了我国的宗教政策和宗教信仰自由的实际情况，扩大了我国宗教界在国际社会的话语权和影响力，进一步树立了我国的良好国际形象。在对外交往活动中坚决反对分裂，抵御渗透，维护了国家的主权、尊严和根本利益。贾庆林主席，王忠禹、刘延东、丁光训副主席等领导对“中宗和”工作给予充分肯定。

（一）对重大问题作前瞻性研究，以我为主，掌握主动，解决关键性问题。经过磋商、交涉和斗争，“中宗和”与“世宗和”、“亚宗和”分别签署了符合我原则立场的书面协议，此举意义重大，影响深远。

一些重大的原则问题是“中宗和”对外交往的主要障碍。1996年“亚宗和”第五届大会上由于有人蓄意制造“两个中国”，“中宗和”代表团退场抗议，随后“中宗和”与“亚宗和”中断来往长达五年之久。1999年“世宗和”第七届大会也出现了达赖等问题的严重干扰。为防止再度出现类似问题，与“世宗和”和“亚宗和”分别签署一份符合我原则立场的书面协议是“中宗和”的一项重要任务。

1. 去年5月，“中宗和”秘书处工作组在纽约与“世宗和”秘书处举行工作会谈，一方面在会谈中做针锋相对的斗争，在重大原则问题上坚持我不可退让的立场，一方面在会下反复沟通，做了大量说服工作，终于签署了符合我原则立场的《会谈纪要》。这一会谈纪要的签署，否定了国际社会有人图谋邀请达赖参加“世宗和”大会和台湾宗教界人士以正式代表身份参加“世宗和”大会的提议。这是“中宗和”成立12年以来首次主动出访，解决了多年想解决而未能解决的问题。

2. 借鉴与“世宗和”签署《会谈纪要》的成功经验，“中宗和”代表团去年11月参加在菲律宾召开的“亚宗和”执委会年会期间，与“亚宗和”举行了工作会谈。在会谈中，经有效地做了“亚宗和”领导层多数成员的工作，增进了共识，最终促使“亚宗和”与“中宗和”草签了符合“中宗和”原则立场的《谅解备忘录》。

这两份文件的签署初步解决了在“世宗和”、“亚宗和”大会及其他有关活动中出现台湾、达赖、“法轮功”等问题的隐患，为“中宗和”进一步开展对外交往奠定了坚实的基础。

（二）坚决贯彻落实贾庆林主席的有关重要讲话精神，“中宗和”代表团圆满完成出席“世宗和”第八届大会的任务。

去年8月在日本京都召开的“世宗和”第八届大会，有100多个国家和地区的2000多名宗教界代表人士和一些政要参加大会。会议以“抵制暴力，共享安全”为主题，广泛讨论了地区冲突、经济全球化带来的地区贫富差距、环境保护、艾滋病防治、联合国千年发展目标的实施以及宗教和平运动在解决这些问题中如何发挥作用等问题。出席这次会议的“中宗和”代表团由我国五大宗教代表性人士组成，规模大，级别高，在我国宗教界对外交往史上是少有的。贾庆林主席在代表团临行前接见全团，并作重要指示。根据“中宗和”秘书处与“世宗和”秘书处签署的《会谈纪要》，“中宗和”在有关重大问题上的交涉和斗争中始终处于主动地位，会前消除了作为观察员参会的台湾宗教界人士以“台宗和”名义参会的企图（“台宗和”的称谓客观上造成“一中一台”，不为我所承认）。会议正式开幕的前一天，代表团又及时解决了台湾参会人员属地称谓出现的严重政治问题。为防止会议期间达赖参会，代表团与“世宗和”和“日宗和”作了富有成效的严正交涉。经做工作，“中宗和”推荐的我宗教界领导人顺利入选“世宗和”管委会领导层，“中宗和”代表被推举为大会决策机构指导委员会的成员，我宗教界代表性人士按照预先的准备积极参与专题讨论，踊跃发言，尤其是“中宗和”代表所作的大会发言，受到与会者广泛好评。代表团还与有关国家宗教和平组织举行了工作会谈，参与了六方会谈参加国宗教和平组织的研讨会暨和平祈祷会。代表团成员、祝圣不久的我天主教昆明教区主教在不被梵蒂冈认可的情况下，参加了共祭活动，广泛接触了国外天主教方面的重要人物，受到欢迎和尊重。会议期间对中国宗教界的反应都是正面的、积极的，没有出现任何污蔑和诋毁中国宗教政策的言行。我宗教界代表性人士说，这次参会与以往不同，感到处处受人尊重。

（三）配合国家整体外交，积极探索与国外宗教和平组织开展双边交流的方法与途径，为进一步营造有利于我国和平发展的周边环境多做工作。经研究请示，“中宗和”向“韩宗和”、“日宗和”提出了建立双边交流机制的建议。经多次会谈和友好协商，“中宗和”与“韩宗和”签署了建立双边交流机制框架协议。与“韩宗和”签署的协议是“中宗和”成立以来与国外宗教和平组织签订的第一份双边交流协议，拓宽了“中宗和”工作领域，在实施“走出去”战略方面迈出了坚实的一步。

“中宗和”还派出代表参加“韩宗和”成立20周年暨“亚宗和”成立30周年庆祝活动，就有关问题对外发表声明。

委员会在指导、支持和协助“中宗和”工作的过程中，进一步认识到，“中宗和”的组织形式，既符合在世界宗教和平运动中充分发挥我国宗教界人士主体作用的要求，又能体现全国政协在政策上的指导和工作上与有关部门进行沟通、协调的优势。“中宗和”由我国五大宗教代表人士组成，大部分是全国政协委员。“中宗和”依托全国政协开展对外交往，既有可靠的组织保障，又不失其民间性，有利于“中宗和”与国际非政府组织开展交往。“中宗和”换届后所取得的工作进展，充分说明这一组织形式和管理体制的活力和优势，“中宗和”工作进一步规范化，迎来新的发展时期。

在2006年工作中，委员会把学习贯彻《中共中央关于加强人民政协工作的意见》作为一项重要工作，十届四次会议后，委员会即会同北京市政协在京联合召开了以学习贯彻《意见》为主要内容的“部分省区市政协民宗委第八次工作研讨会”，三十一个省区市政协出席会议。会议邀请全国政协办公厅领导到会就学习贯彻《意见》作辅导报告，并请有关部门介绍当前我国民族和宗教工作的情况。与会人员就在今后工作中如何学习贯彻《意见》精神，进一步做好人民政协的民族和宗教委员会工作进行了认真研讨和交流。与会人员认为，这次会议主题明确、内容丰富，规格高、影响大，对各省区市政协用《意见》精神指导民族和宗教委员会工作，充分发挥少数民族和宗教界在我国经济、政治、文化和社会建设中的独特优势，巩固和发展安定团结的政治局面，将产生积极的促进作用。全国人大常委会副委员长傅铁山为会议发来贺信。全国政协副主席阿不来提·阿不都热西提出席会议并作了讲话。

此外，为配合国家整体外交，发挥人民政协在开展人民外交中的独特优势和作用，委员会应波兰参议院和匈牙利国会的邀请，组成代表团对波兰和匈牙利进行了友好访问，就保障少数民族权益，尊重、保护和传承少数民族文化以及环境保护等进行交流。访问期间，代表团有针对性地宣传我民族、宗教工作情况和相关政策，并就中国天主教地下势力、“法轮功”、达赖等问题，应询回答了波、匈两国议员的提问，做了大量解疑释惑、增进了解的工作，取得了很好的效果，受到有关方面的好评。

委员会领导还应邀出席了中国佛教协会举办的广济寺和灵光寺方丈升座庆典、道教吕祖宫开光仪式、北京东四清真寺“陈广元大阿訇手书石刻《古兰经》告竣庆典”、中国天主教神哲学院新院落成典礼等活动。2007年春节前夕，委员会主任钮茂生专程走访了在京的全国性宗教团体，通报委员会工作并听取他们对委员会工作的意见和建议。这些活动，进一步密切了委员会与民族界人士、宗教团体和人士的联系与沟通。

（叶松 编写 邓宗良 审稿）

港澳台侨委员会 2006年主要工作：

一、根据港、澳经济社会发展变化，深入进行专题调研，加强与港澳全国政协委员和港澳有关团体、人士的联系和交往

1. 为落实贾庆林主席在政协十届四次会议期间关于“在‘一国两制’条件下进一步发挥港澳政协委员在港澳社会生活中的作用”的重要讲话精神，组织调研组赴港、澳进行调研。调研组听取了中央驻香港、澳门联络办的有关情况介绍，与83位港澳政协委员及部分往届老委员进行座谈交流。所提建议得到了中央领导和有关部门的重视和采纳，中共中央政治局常委、国家副主席曾庆红对调研报告做了重要批示。

2. 积极组织、参与涉港澳重要活动，进一步密切与港澳委员和各界人士的联系。一年来，本专委会与有关部门认真筹备了一系列全国政协领导及有关人士赴港澳出席重要活动：贾庆林主席应邀赴港出席CEPA签署三周年活动并视察香港，张怀西副主席应邀赴港出席江苏旅港同乡会庆祝国庆57周年暨该会成立十周年纪念活动，李昌鉴副秘书长分别应邀赴港出席香港友好协进会成立17周年庆典活动和香港各界人士纪念孙中山诞辰140周年活动，孙怀山副秘书长出席香港中华文化总会庆祝国庆57周年暨该会成立6周年活动，专委会领导应邀出席的广东社团总会成立10周年活动、香港青年企业家协会的有关活动和香港政协委员、人大代表的“同乐日”活动等。王忠禹、廖晖和刘延东副主席、郑万通秘书长、李昌鉴副秘书长代表中央赴香港出席霍英东副主席悼念仪式。

3. 关心港澳委员的事业发展，鼓励港澳委员积极参政议政。积极与中央政府驻港、澳联络办公室进行沟通，方便港澳委员开展工作。郭东坡主任率队赴东莞考察香港委员在内地的企业，关心港澳委员在内地的事业发展，及时反映和协助解决港澳委员遇到的困难、纠纷等问题，获得委员的好评。

4. 通过会议、视察等多种形式，为港澳委员知情明政、履行职能更好地发挥作用提供条件。“两会”前，本专委会配合办公厅组织港澳委员参加全国人大办公厅与全国政协办公厅在珠海举办的情况报告会，在深圳组织召开本专委会港澳地区委员会议。大会期间，郭东坡主任陪同贾庆林主席等全国政协领导出席十届四次会议港澳委员联组会。十四次常委会后，组织港澳委员到深圳听取王忠禹副主席传达常委会议精神和通报下半年全国政协工作安排。组织港澳全国政协委员赴广西百色、津唐地区和甘肃省进行视察。

5. 认真接待港澳来访团组，增进了解与扩大共识。一年来，委员会先后接待了60多位港澳台侨代表人士的国庆观光团、香港南区议会访京团、香港中华青少年历史文化教育基金访京团、香港中华企业家协会访问团、香港东华三院董事局访京团、香港华人革新协会访问团、香港福建社团联会青年委员会访问团、香港蒋震基金清华大学明日领袖国情培训班学员、香港城市大学工商管理班教授和学员、香港青年领袖国情研习班学员、内地高校优秀澳门学生访问团等团组的来访等。

二、认真贯彻胡锦涛总书记关于新形势下发展两岸关系的四点意见，配合中央对台工作部署，加强与各界台胞的联系，积极稳妥地开展工作。

1. 加强文化纽带联结，做争取台湾人心工作。委员会与河南省政协经过认真

筹备，完成了中国河洛文化研究会注册登记工作并召开了成立大会，举行了“第五届河洛文化国际研讨会”，罗豪才副主席出席会议并作重要讲话。委员会通过“闽南文化研究会”和“中国闽台缘博物馆”等民间组织，积极开展与台湾同胞在血缘和文化渊源方面的“反独”促统工作。

2. 深入做好台湾来访团组的接待工作。一年来委员会接待了十几批台湾的团组和人士，如台湾“中国统一联盟”重要成员、台湾“立法院厚生会”重要成员、海外台商旅馆同业公会参访团、台湾嘉义大学师生访问团、台湾青年公共事务访问团、以台湾前“法务部长”廖正豪为团长的台湾青年精英大陆访问团、暨南大学博士班台湾学生访问团、台湾现任及前任“立法委员”、“侨务委员”、国民党中央评议委员及有关人士等。委员会与全国台联共同邀请并接待了海外知名台湾企业家经贸考察团，并组织考察团成员到北京、内蒙古、黑龙江进行考察。通过我们的工作，使他们进一步了解了中央有关对台政策，消除了疑虑和误解。

3. 组织全国政协机关工作人员赴台交流。委员会办公室首次组织了政协专门委员会办公室人员赴台访问。积极探讨了双方组团定期互访问题，为全国政协今后组团访台创造了条件。

4. 继续加强与有关单位的协调与配合，共同开展涉台工作。委员会继续坚持与国务院台办、中央统战部、民革中央、台盟中央、全国台联组成的“六台”联席会议制度，互通情况，研究问题，加强配合。与中央统战部、国务院台办、港澳办、侨办共同举办国庆招待会；邀请并接待参加孙中山先生诞辰140周年纪念活动的重要来宾；参加西安事变70周年纪念活动；与全国台联共同接待了海外台商旅馆同业公会参访团、海外知名台湾企业家经贸考察团；协助全国台联安排台联界政协委员赴浙江进行考察。委员会领导积极参与有关单位举办的涉台活动：出席台盟中央、全国台联举办的“2006年在京台胞新春同乐会”，福建泉州“闽台缘博物馆”开馆仪式，台湾奇美集团投资建厂十周年暨三期工程投产庆典活动等。在这些活动中，积极宣传贯彻中央对台方针政策，从多方面做争取台湾人心的工作。

三、以为侨服务为宗旨，凝聚侨心、发挥侨力、突出重点，侨务工作迈上新台阶。

1. 深化重点人士、重点社团工作。做好海外侨胞列席政协大会的工作。2006年，委员会邀请了来自14个国家的27位海外侨胞列席了全国政协大会，他们积极建言献策，形成了《全国政协十届四次会议海外列席代表建言集》，分别报送国务院有关单位参考。深化对重点侨团的工作。委员会与澳洲中国和平统一促进会共同组织了“侨心光明万里情——新疆行”医疗义诊团和商务考察团，在新疆和田地区进行了白内障义诊和商务考察活动，为372位患者进行了复明手术，向当地捐赠了价值人民币25万余元的医疗、手术器械和人工晶体。

2. 拓宽渠道，加强交往，深化与海内外侨胞的联系。出席全国侨务工作会议、中央“五侨”联席会议和侨界新春茶话会，了解最新侨情。委员会领导陪同罗豪才副主席出访巴西、阿根廷、澳大利亚、英国和泰国，委员会领导出访泰国、日本、韩国和巴黎、意大利、米兰、罗马。访问团通过广泛接触各国侨团和广大侨胞，介绍了我国社会发展的基本情况，以及中央《关于加强人民政协工作的意见》的重要精神，宣传了国家的侨务方针政策，增进了侨胞对中国特色社会主义民主形式的了解和对祖（籍）国的热爱。委员会从中收集了关于海外侨胞发展华文教育、弘扬中华文化、促进祖国统一、改进出入境管理、加强对外宣传、加强侨社整合和团结、打击犯罪、改善华人医疗，以及积极回馈所在国社会等意见和建议，经归类、整理后送往相关部门参考。

3. 牵线搭桥为侨服务，引资引智组织海外侨胞回国考察。委员会组织来自世界五大洲10个国家的17位曾列席全国政协全体会议的海外侨胞，先后赴辽宁省的沈阳、鞍山、大连，黑龙江省的哈尔滨、佳木斯和北京等地，就企业自主创新和海外留学生回国创业情况进行考察，探讨投资意向，接洽有关项目，取得了较大的成效。根据政协常委会“建设社会主义新农村和提高自主创新能力”的主题，委员会邀请海外侨胞中的专业人士，根据国外成功做法和研究成果，提出建议和对策，遴选了其中15篇提交常委会议参阅。

4. 围绕自主创新专题进行调研。

委员会配合十四次常委会专题，深入了解海外留学归国人员在发展高新科技企业中自主创新的情况。组织调研组先后赴杭州、宁波、上海和北京等地就海外留学归国人员企业自主创新问题进行了调研，形成《要充分发挥海外留学归国人员自主创新的优势》报告，提交常委会作为书面发言材料，国务委员陈至立对调研报告做了批示。委员会就维护归国华侨侨眷权益保障法的实施情况与中央“五侨”沟通情况，反映意见和建议，并赴广东华侨农场看望慰问归侨。

5. 广交朋友，热情接待来访侨团。

一年来，委员会领导先后会见了“第三期华侨华人社团中青年负责人研习班”、“世界福州十邑同乡总会访问团”、“台湾侨联总会全球代表大陆访问团”、“印尼华裔总会、雅加达勿里洞宏伟福利基金会访京团”、“多米尼加洪门致公总堂访华团”、“澳大利亚首都访华团”、“美国休斯敦传统侨团访华团”、“香港华侨华人总会访京代表团”、“日本神户华侨总会北京参访团”、“马来西亚古晋中华工商总会商业考察团”、“全非洲中国和平统一促进会访问团”等20多个来访团体约400人。在接待工作中，结识了侨胞，宣传了政协，扩大了政协在海外的影响。

（曹岚 编写 乐美真 审稿）

外事委员会 2006年主要工作：

一、紧紧围绕中心工作，深入开展专题调研。

（一）关注对外开放国策，开展实施“走出去”战略系列调研。外事委员会已经连续三年实施“走出去”战略情况系列调研。2006年外事委员会调研组在赴山东和黑龙江进行调研时，了解到山东省突出产业优势和黑龙江省发挥区位优势，因地制宜推动实施“走出去”战略的经验和存在的问题，报送了《积极实施“走出去”战略，推动地区经济可持续发展》的报告，建议各级政府转变职能，加强协调，破除垄断，为民营企业“走出去”提供政策支持并搞好服务。

（二）关注民生问题，开展维护外资企业职工权益调研。近年来，因外国投资方侵害中国员工合法权益而引发的外资企业群体性劳动争议案件有较大幅度上升，成为影响社会稳定的一个重要因素，引起社会各界的强烈关注。外事委员会就维护外资企业员工权益、建立和谐劳资关系问题赴广东、福建等外资企业比较集中、劳资争议比较突出的地区进行调研，报送了《关于“外资企业员工权益保护和工会组建”问题的调研报告》。中央政治局委员、全国人大常委会副委员长、全国总工会主席王兆国对报告作了批示。

（三）关注国际动向，开展关于海事劳工公约对我国远洋航运业和海员权益影响的调研。为及时应对第94届国际劳工大会通过的《2006年海事劳工公约》对我国远洋航运业和外派海员的影响，外事委员会调研组赴大连、上海、武汉等地进行专题调研，报送了《关于批准实施〈2006年海事劳工公约〉的建议》。《建议》认为，批准和实施《公约》以及制定《中华人民共和国海员法》将有利于实现海员"体面劳动"；保护海员合法权益，对建立行业规范、提高航运管理水平、促进我国远洋航运业发展、保障国家经济安全和提高中国在国际航运界的地位具有十分重要的意义。建议全国人大尽快批准《公约》并制定《海员法》配合公约的实施。

（四）关注"西部大开发"，开展甘肃对外文化资源情况调研。外事委员会与甘肃省政协港澳台侨委员会联合开展了西部大开发中的甘肃对外文化资源情况调研，报送了《关于甘肃文化资源的调研报告》。国务委员陈至立对报告作了批示。调研组提出的有关建议受到广泛欢迎和好评，当地有关部门认为这些建议将对地方发展产生积极的促进作用。

外事委员会2006年的调研工作有以下几个特点：一是紧紧围绕党和国家中心工作，积极开展以构建社会主义和谐社会和以人为本为主题的调研，切实维护外资企业员工和外派海员合法权益，取得较好成效。二是抓住重点，突破难点。外企员工权益保护调研组把长期以来拒绝在全球任何一家分店建立工会的一个外资企业作为重点调研对象，对其进行全面深入考察了解，与其中国总部负责人坦率交换意见，表达了全国政协及社会各界对其在华长期拒建工会问题的高度关注，促其尽快成立工会组织。2006年7月，这个企业宣布在福建泉州晋江分店建立工会，这是它在全球允许建立的第一家工会。此后两个多月的时间里，这个企业在中国的所有分店都成立了工会。此事在国内外引起广泛影响。这个企业最终同意成立工会是社会各界合力推动的结果，外事委员会相关调研工作对其最后下决心建立工会发挥了重要的促进作用。三是在调研形式上进行了新的尝试和探索。在充分发挥委员自身优势的同时，采取与有关单位和地方政协相关专门委员会合作等形式，内外结合、上下结合，发挥各自优势，合作创新开展调研。四是在调研成果转化方面，尝试调研与信息专报、提案相结合，初步取得了突破，整理上报了数篇信息专报。

二、配合国家总体外交，有针对性地开展对外交往。

外事委员会围绕国家外交大局，加强统筹，妥善安排，突出重点，有针对性的开展对一些重要国家和地区的工作，并在推动交往机制化建设方面取得初步进展。2006年共组织了3个代表团，分别访问日本、韩国、俄罗斯等国，接待了来自法国、波兰、俄罗斯、爱沙尼亚等国的5个代表团。在对外交往中，主要针对焦点、热点、难点问题，积极主动开展工作。外事委员会按照中央统一部署，充分发挥政协"亦官亦民"优势，积极开展对日工作。上半年，分别以中国经济社会理事会和全国政协外事委员会名义组团访日，做日参、众两院议员和社会各界知名人士工作。代表团全面介绍了我国关于中日关系问题的原则立场和消除当前政治障碍的主张，呼吁日本政界人士全面准确理解胡锦涛主席有关讲话传达的重要信息，抓住时机，作出决断。利用一切机会，积极做好来华访问的日本各界人士工作。这些交往有力地配合了国家对日工作，取得了较好效果。

2006年在中国举办的"俄罗斯年"活动丰富多彩，是本专委会今年外交工作的亮点。外事委员会分别邀请俄罗斯联邦委员会国际事务委员会和全俄老战士委员会组团访华；与黑龙江省政协联合举办“兴凯湖2006中俄区域合作论坛”；派团参加在俄伊尔库斯克举行的“第四届贝加尔经济论坛”。这些活动加强了全国政协与俄有关机构和地方的联系，增进了相互了解，丰富了中俄战略协作伙伴关系的内涵。中非关系的发展是2006年中国外交的又一亮点。外事委员会为纪念中国与非洲国家开启外交关系50周年举办了非洲驻华使节招待会，宣传中国政府的非洲政策，介绍政协在中国特色的民主政治体制中的重要地位和作用，有效地配合了下半年召开的中非合作论坛北京峰会。

加强与国外相关机构和组织交往机制化建设。一年来，外事委员会与日本国际交流基金会、韩国国会统一外交通商委员会以及俄罗斯联邦委员会国际事务委员会等有关机构和组织初步达成了开展定期交往的共识，并就外事委员会参与主办的“兴凯湖论坛”与俄罗斯“贝加尔经济论坛”开展双边协作事宜，与其主办方——俄罗斯联邦事务委员会国际事务委员会进行了探讨，从而推动了外事委员会与国外有关机构和组织交往的机制化建设。

三、举办形式灵活多样的活动，为委员参政议政创造条件。

外事委员会与其他专门委员会、有关单位及地方政协合作，举办形式灵活多样的活动，为委员参政议政拓展渠道、创造条件。

（一）举办专题论坛会议，为委员开展研究与交流提供平台。在中国加入世界贸易组织五周年之际，外事委员会与经济委员会、中国经济社会理事会、中国世界贸易组织研究会共同举办了“21世纪论坛”2006年会议，王忠禹副主席出席会议并发表演讲，20多位专家学者和国际组织代表围绕“区域经济合作：中国的选择与展望”会议主题进行讨论。代表们的发言内容丰富，针对性强，受到各方好评。

外事委员会还与黑龙江省政协、香港大公报和俄罗斯滨海边区工商界联合会在黑龙江省鸡西市合作举办“兴凯湖2006中俄区域合作论坛”。这是“俄罗斯”年活动大背景下举办的一项重要活动，对落实中俄两国领导人关于加强地方合作的提议进行了一次有益的尝试，为促进中国黑龙江省、香港特别行政区和俄罗斯远东两国三地的区域经济合作提供了一个重要平台。

外事委员会与港澳台侨委员会在沈阳召开了各省、自治区、直辖市和副省级市政协港澳台侨和外事工作会议，学习贯彻中共中央《关于加强人民政协工作的意见》，交流开展专题调研和外事工作的经验和做法，有力推动了各地政协相关专门委员会的专题调研工作，密切了外事委员会与地方政协组织的合作。

（二）组织委员参观考察，为委员了解社情民意提供服务。外事委员会组织委员参观非物质文化遗产展览，赴山西晋中、晋南了解民情，考察当地经济社会发展情况。两次考察活动受到委员们和有关单位的欢迎，委员们结合各自的感受和体会，提出了重视和改进相关工作的信息和提案。

（三）举办形势报告会，宣讲中央外事工作会议精神，为委员学习与研究国际问题提供便利。外事委员会与文史和学习委员会等有关部门先后就中日关系、中美关系、国际形势等大家关心的问题举办了多场国际形势报告会，加强对国际形势的研究和把握。委员会几位副主任还结合自己多年从事外交工作的经验和体会，分赴有关部委和地方政协，宣讲中央外事工作会议精神，介绍中国对外政策，分析国际形势，普及国际知识。他们的报告深入浅出，受到广泛欢迎，扩大了外事委员会的知名度和影响力。

（冯燕华 编写　肖秦生 审稿）

文史和学习委员会　2006 年主要工作：

学习工作

一、组织全国政协委员集中学习。为认真落实贾庆林主席在全国政协十届四次会议提出的“在本届任期内使每一位全国政协委员参加一次集中学习”的任务目标，全国政协办公厅、文史和学习委员会认真组织委员集中学习：一是在京全国政协委员的学习由全国政协办公厅、文史和学习委员会负责，在中央社会主义学院举办学习研讨班；二是京外全国政协委员的学习由各省、自治区和直辖市政协组织实施，全国政协负责统一协调，统一教材，统一课程；三是港澳委员学习由港澳台侨委员会办公室商请中联办，以学习中央 5 号文件辅导报告与平时学习相结合的形式进行。截至 12 月底，共有 1900 多名全国政协委员参加了集中学习。

全国政协办公厅、文史和学习委员会于 4 月、5 月、6 月、8 月和 9 月，先后在中央社会主义学院举办了 5 期在京全国政协委员学习研讨班，共有 730 名委员参加学习。全国政协副主席王忠禹、刘延东、陈奎元、李贵鲜和徐匡迪分别出席学习研讨班并作重要讲话。郑万通秘书长出席结业式并作总结讲话。学习研讨班重点学习中国共产党领导的多党合作和政治协商制度、《中共中央关于加强人民政协工作的意见》、人民政协的基本理论和基础知识，研讨如何全面提高履行职能的能力和水平。结合形势和委员的实际，及时增加学习内容。采取主体性学习、互动式研讨的方法，专题讲座、分组讨论和大会交流相结合，充分调动了委员学习的积极性和主动性。

根据全国政协下发的关于组织好京外全国政协委员集中学习的文件要求，从 6 月份开始，各省级政协组织的各种形式的全国政协委员集中学习相继开展起来，普遍做到了保证时间、保证内容、保证出席、保证效果。委员们普遍认为参加学习很有收获，对人民政协基本知识和基本理论有了比较系统的了解和掌握，对人民政协的性质、地位和作用有了更加明确的认识，对如何履行职能、做好政协工作有了更深刻的体会，进一步增强了当好政协委员的使命感和责任感，提高了履行职能的水平。

二、举办常委会学习讲座。组织了十届常委会第八、九、十次学习讲座，分别邀请中国科学院可持续发展战略研究组组长牛文元、外交部部长李肇星、文史和学习委员会主任王蒙就《全面协调可持续发展，创立中国科学发展的新模式》、《当前国际形势和我国的外交工作》、《全球化视野中的中华文化》作专题报告。中共中央政治局常委、全国政协主席贾庆林、全国政协副主席王忠禹分别主持了学习讲座，并结合讲座内容对政协工作提出了要求。

三、举办在京委员学习报告会。以立足委员需求、紧跟当前形势为原则，举办了四场学习报告会。分别邀请国家文物局局长单霁翔、中国艺术研究院非物质文化遗产研究保护国家中心主任田青、外事委员会副主任武韬和农业部副部长尹成杰就《中国文化遗产保护的回顾与展望》、《关于我国非物质文化遗产的保护》、《当前国际形势和我国外交工作》和《关于社会主义新农村建设》等问题作报告。

四、编印主席会议、常委会议学习材料。根据贾庆林主席关于为主席会议和第十四次常委会议提供有关学习材料的指示，编印了《学习〈江泽民文选〉文件文稿选编》（第一、二辑）、《民国时期乡村建设史料选编》、《党和国家领导同志关于社会主义新农村建设的重要论述选编》、《历代圣杰论中华“和”文化》等学习材料，其中收录了胡锦涛、贾庆林、王忠禹等领导同志的重要讲话，收录了部分知名专家学者的相关文章。

五、就“如何搞好人民政协学习工作”开展专题调研。12月，专题调研组赴湖北、上海进行调研，与省（直辖市）、副省级市、县（区）级政协组织和各级政协委员座谈，了解地方政协学习工作的情况和经验，听取委员们对政协开展学习工作的意见、建议，形成了《赴湖北、上海调研情况工作简报》。

文史工作

一、召开全国暨地方政协文史工作研讨会。会议于10月25日至30日在河南省焦作市召开。陈奎元副主席出席开幕会并讲话。李仁臣副主任作了题为《积极推进新时期政协文史工作，为构建社会主义和谐社会作出新贡献》的工作报告。会议围绕新时期人民政协文史工作的理论和实践问题认真开展研讨。研讨会共收到交流材料80余篇，精选61篇论文编印成册，同时编印了《关于人民政协文史工作的重要论述和文件选编》。与会同志围绕文史资料工作的基本规律，它在统一战线和人民政协事业中的地位和作用，它同人文科学、其他学科的联系和区别，它在征集、编辑、出版等各个环节出现的新情况、新问题，以及文史委员会如何履行政协职能等方面作了交流，并取得了一些共识。河南省政协主席王全书出席开幕会并讲话。部分文史委员会委员，各省、自治区、直辖市、副省级市政协分管文史工作的副主席、文史委员会主任、办公室主任，各民主党派中央和全国工商联有关部门负责同志160余人出席会议。

二、组织《政协委员一日》征文活动。为了真实地记录火热的社会生活，讴歌伟大的时代精神，抒发委员履行职能的心声，同时也是探索新形势下征集文史资料的新途径，经王蒙主任提议，委员会决定开展《政协委员一日》征文活动，请各位委员将自己在十届政协期间最典型、最生动、最有意义的一日记录下来。10月17日，与人民政协报社联合举办了《政协委员一日》征文活动启动仪式，阿不来提·阿不都热西提副主席出席会议。自10月19日起，人民政协报《春秋周刊》开辟《政协委员一日征文》专栏，连续刊登委员的文稿。

三、做好文史资料的征编工作。认真组织和落实《本届政协文史资料选题协作规划》，指导和协调地方政协的大协作，稳步推进征集编辑工作，按时保质完成征稿审稿任务。《名人故居博览》、“共和国亲历、亲见、亲闻书系”、“中国少数民族文史资料书系”、《近代中国要塞》、《日军侵华时期的细菌战》等协作选题进展顺利。为纪念孙中山诞辰140周年、红军长征胜利70周年、西安事变70周年，在原有资料的基础上，委员会与中国文史出版社联合推出了《孙中山先生画册》、《国民党将士话长征》、《揭密西安事变》。11月11日，《孙中山先生画册》举行隆重发行仪式，陈奎元副主席、郑万通秘书长等出席会议。《国民党将士话长征》被列为国家新闻出版总署纪念红军长征胜利70周年重点图书。

四、组织京杭大运河的保护与申遗专题考察及研讨活动。十届四次会议期间，刘枫等58位全国政协委员联名提出了关于京杭大运河保护和申报世界遗产提案。5月，委员会组织了京杭大运河的保护与申遗的专题考察活动。考察团由陈奎元副主席任团长，历史、文物、古建筑、水利等领域的全国政协委员和专家学者，运河沿岸六省市政协文史委员会负责人，以及中央新闻媒体记者等共68人参加此项考察。先后考察了北京、天津、河北、山东、江苏、浙江六个省市的18个城市、30余个县区，行程2500多公里，进行了历史上行程路线最长、参加人数最多、层次最高、影响最大的一次对京杭大运河的全线考察活动。运河沿线各省市高度重视全国政协的此次考察活动，中共中央政治局委员、北京市委书记刘淇出席启动仪式；中共中央政治局委员、天津市委书记张立昌会见考察团全体成员；各省市党委、政府、政协积极配合考察活动。

大运河全线考察结束之后，考察团与建设部、交通部、水利部、文化部、国家文物局、中国教科文组织全国委员会等有关部委负责人，有关方面专家、学者，运河沿线各城市政府、政协代表180多人齐聚杭州，召开京杭大运河保护与申遗研讨会，探讨大运河保护与申遗进程中迫切需要解决的问题，共同推动大运河的保护与申遗工作，通过了《京杭大运河保护与申遗杭州宣言》。

这次考察活动和研讨会，引起了社会各界的广泛关注，掀起了京杭大运河保护和申遗的热潮。6月，京杭大运河被列入"第六批全国重点文物保护单位"。11月，委员会与北京市政协共同举办《古运回望图》大型画卷首展。贾庆林主席，王忠禹、陈奎元、徐匡迪副主席，郑万通秘书长，北京市政协阳安江主席等领导参观了画展。12月，国家文物局公布了重设的《中国世界文化遗产预备名单》，将大运河列为第一位。

五、组织非物质文化遗产的专题调研。在全国暨地方政协文史工作研讨会期间，组织委员和出席会议的各省级政协文史委员会的负责人进行了"非物质文化遗产的保护与传承"专题调研。在焦作、洛阳、安阳、郑州等地考察了太极拳、怀梆、唢呐艺术、少林功夫等第一批国家级非物质文化遗产代表作。

六、筹备建立中国政协文史馆。出于妥善保管已有的文史资料珍贵手稿和书籍，进一步开展史料征集和学术交流活动，集中宣传和展示人民政协的光辉历程和政协委员履行职能成果的需要，在贾庆林主席等全国政协领导的重视和关心下，委员会和办公厅共同着手进行中国政协文史馆的筹建立项工作。

七、成立委员会香港组和出版澳门文史资料图书。5月，王蒙主任带队赴香港，出席文史和学习委员会香港组成立会议。30多位港区全国政协委员参加香港组，开始有组织有计划地征集香港百年来以及香港回归的史料。澳门文史资料征集办公室通过采访当事人、查阅资料，编辑出版了《澳门回归历程纪事》（第一、二辑）、《子女记忆中的父亲——叶挺相传》、《叶挺独立团研究文集》。

八、举办第三期全国政协文史干部培训班。11月28日至12月5日，在中央社会主义学院举办了第三期全国政协文史干部培训班。培训班以如何做好新时期文史资料工作为主线，安排了文史资料专业课和相关业务课9讲。各省、自治区、直辖市政协及部分市、区县政协的72名专职文史干部参加了学习培训。

（齐立兰 编写　李松晨 审稿）

【对外交往】

贾庆林主席访问越南、印度尼西亚、马来西亚　2006年3月20日至4月2日，应越共中央和越南祖国阵线中央、印尼人民协商会议和马来西亚上议院议长的邀请，全国政协主席贾庆林对上述三国进行了正式友好访问。此访是为了推动落实胡锦涛主席和温家宝总理与三国领导人就发展双边关系所达成的重要共识。陪同贾主席出访的主要人员有：全国政协秘书长郑万通、中联部部长王家瑞、全国政协社会和法制委员会主任李其炎、民族和宗教委员会主任钮茂生、河北省政协主席赵金铎、宁夏回族自治区政协主席任启兴和台盟中央副主席李敏宽。

访问期间，贾庆林主席分别会见了三国国家元首、政府首脑、议会领导人及各界人士，参观和考察了三国重要的经济社会发展项目，并在印尼、马来西亚各界友好人士欢迎宴会上发表了重要讲话。三国高度重视贾庆林主席的来访，给予了热情、友好和高规格的接待。三国各界和媒体反应十分积极，予以高度评价。访问达到了加强交往、增进互信、深化友谊、扩大共识、推进合作的预期目的。

贾庆林主席访问英国、立陶宛、爱沙尼亚和乌克兰　2006 年 10 月 22 日至 11 月 3 日，应英国政府、立陶宛议长、爱沙尼亚议长和乌克兰最高苏维埃主席邀请，全国政协主席贾庆林对上述四国进行正式友好访问。陪同贾主席出访的主要人员有：全国政协秘书长郑万通、港澳台侨委员会副主任俞晓松、文史和学习委员会主任王蒙、上海市政协主席蒋以任、青海省政协主席桑结加、外交部副部长李金章，副秘书长、全国工商联副主席张龙之，外事委员会副主任马振岗、武韬，全国政协副秘书长仝广成等。

贾主席与立、爱、乌三国元首、四国政府首脑、议会领导人以及部分政府阁员和地方政要分别会见，就双边关系和共同关心的问题深入交换看法，达成广泛共识。在英国会见旅英藏胞并为中国摄影家协会与英国“亚洲之家”联合举办的“镜头中的西藏”摄影展揭幕。参观考察伯明翰老工业城市改造等重要社会经济发展项目，出席了我与英、爱、乌合作文件签字仪式，并在英国发表题为“加强互利合作，共建和谐世界”的重要演讲。贾主席还参观考察四国一些重要的文化项目和设施，出席伦敦经济学院商务孔子学院揭牌仪式，并就加强文明对话与交流，促进世界文明多样性发表讲话。

各国媒体对此访高度关注，认为今秋以来中国领导人相继访欧充分表明中国高度重视对欧关系。贾主席此访是一次全方位的对欧外交行动，有利于促进中欧关系全面、均衡发展。

重要来访团组情况

▲2006 年 2 月 27 日至 3 月 4 日，应全国政协邀请，泰国上议院第一副议长尼蓬率泰国上议院代表团一行 14 人访华。期间，贾庆林主席和全国人大常委会副委员长王兆国分别会见代表团，王忠禹副主席与尼蓬副议长会谈并举行欢迎宴会。经济委员会副主任陈耀邦，李昌鉴、王胜洪副秘书长，社会和法制委员会副主任王建伦、人口资源环境委员会副主任张洽，以及泰国驻华大使祝立鹏等分别出席上述活动。外事委员会委员朱英璜陪同代表团访问北京、海南和广东。

▲2006 年 3 月 13 日至 17 日，应中国经社理事会邀请，经社理事会国际协会秘书长迪吕弗勒和国际劳工组织总干事顾问贝古来华进行工作访问，并出席“联合国千年发展目标——教育与培训圆桌会议”。期间，全国政协副主席、中国经社理事会主席、经社理事会和类似组织国际协会主席王忠禹会见了来宾，全国政协副秘书长、中国经社理事会秘书长王胜洪宴请来宾。

▲2006 年 3 月 24 日至 29 日，应外事委员会邀请：以爱沙尼亚议会爱中议员小组主席彼得·克雷特兹伯格为团长的爱沙尼亚议会爱中议员小组代表团一行 7 人

访华。期间，刘延东副主席会见了代表团，刘剑锋主任主持外事委员会与代表团座谈并举行欢迎宴会，外事委员会副主任、对外友协会长陈昊苏会见了代表团，王胜洪副秘书长、外事委员会副主任张国祥、人口资源环境委员会副主任温克刚以及爱沙尼亚驻华大使梅特·马汀森等分别参加上述活动。外事委员会委员潘占林陪同代表团访问北京、珠海和广州。

▲2006年4月8日至18日，应外事委员会邀请，欧洲议会总务官格拉鲍夫斯卡女士率欧洲议会社会党议员团波兰籍议员代表团一行4人访华。期间，张榕明副主席会见了代表团，外事委员会主任刘剑锋举行欢迎宴会，卢昌华副秘书长等参加上述活动。代表团访问了北京、杭州、上海和西安。

▲2006年5月4日至12日，应全国政协外事委员会邀请，米·维·马尔格洛夫主席率俄罗斯联邦委员会国际事务委员会代表团一行6人访华。期间，贾庆林主席会见了代表团，郑万通秘书长，外事委员会主任刘剑锋，王胜洪、仝广成副秘书长，外交部副部长武大伟以及俄罗斯驻华大使拉佐夫出席会见。刘剑锋主任主持外事委员会与代表团座谈并举行欢迎宴会。外事委员会副主任武韬陪同代表团访问北京、上海和辽宁。王胜洪副秘书长陪同代表团访问沈阳市。

▲2006年5月20日至28日，应外事委员会主任刘剑锋邀请，塞尔日·万松主席率法国参议院外事、防务及武装力量委员会代表团一行9人访华。期间，王忠禹副主席会见了代表团，李昌鉴副秘书长，外事委员会副主任赵启正出席会见。赵启正副主任主持外事委员会与代表团座谈、举行欢迎宴会并出席法国驻华大使高毅为代表团访华举行的招待会。外事委员会委员王昌义陪同代表团访问北京、陕西和上海。

▲2006年6月18日至23日，应中国经社理事会邀请，以高通·阿亚主席为团长的泰国国家经济社会顾问理事会代表团一行18人访华。期间，全国政协副主席、中国经社理事会主席、经社理事会和类似组织国际协会主席王忠禹会见代表团并举行欢迎宴会，中国经济社会理事会副主席李其炎与高通·阿亚主席会谈，经济委员会副主任陈耀邦，外事委员会副主任、中国经济社会理事会常务理事原焘和全国政协副秘书长、经社理事会秘书长王胜洪等分别出席上述活动。原焘副主任陪同代表团访问北京和上海。

▲2006年6月29日至7月6日，应贾庆林主席邀请，马达加斯加参议长拉杰米松偕夫人一行14人对我国进行友好访问。期间，吴邦国委员长会见了代表团，全国人大常委会副秘书长曹卫洲、孙伟，外事委员会副主任委员吕聪敏，全国政协外事委员会副主任马振岗，外交部部长助理何亚非以及马驻华大使希科尼纳参加会见。贾庆林主席会见并举行欢迎宴会，经济委员会主任刘仲藜，社会和法制委员会主任李其炎，王胜洪、仝广成副秘书长，外事委员会副主任马振岗，外交部部长助理何亚非以及希科尼纳大使参加了上述活动。马振岗副主任陪同代表团访问广州、上海和北京。

▲2006年7月9日至15日，应全国政协办公厅邀请，罗马尼亚参议院秘书长康斯坦丁·瓦西留一行6人访华。期间，周铁农副主席会见了代表团，王胜洪副秘书长与瓦西留秘书长会谈并举行欢迎宴会。罗马尼亚驻华使馆参赞、大使夫人伊斯蒂奇瓦亚参加上述活动。瓦西留秘书长一行访问了北京、上海和深圳。

▲2006年8月13日至19日，应贾庆林主席邀请，老挝建国阵线中央主席西

沙瓦一行10人访华。期间，贾庆林主席会见了代表团并举行欢迎宴会，中共中央政治局常委李长春会见代表团，王忠禹副主席与西沙瓦主席会谈并宴请，杨崇汇副秘书长、人口资源环境委员会主任陈邦柱、外交部副部长武大伟、仝广成副秘书长，外事委员会副主任武韬以及老挝驻华使馆临时代办苏塔维·高拉分别出席上述活动。武韬副主任陪同访问北京、广西和云南。

▲2006年10月22日至29日，应外事委员会邀请，第一副主席博格丹诺夫·阿纳托利·阿纳托利耶维奇上将率俄罗斯全俄老战士委员会代表团一行8人访华。期间，全国政协副主席张思卿会见了代表团，外事委员会主任刘剑锋举行欢迎宴会，外事委员会委员龚谷成陪同代表团访问北京、三亚和上海。

▲2006年11月3日至12日，应中国经社理事会邀请，欧盟经社委员会代表团一行15人访华。期间，全国政协副主席、中国经社理事会主席、经社理事会国际协会主席王忠禹会见了代表团，经济委员会主任、中国经社理事会副主席刘仲藜，副秘书长、中国经社理事会秘书长王胜洪等参加了上述活动。刘仲藜为欧盟经社委员会代表团举行欢迎宴会。中国经社理事会和欧盟经社委员会代表团举行“协调区域发展”研讨会。经济委员会副主任、中国经社理事会副主席陈清泰，副秘书长、中国经社理事会秘书长王胜洪等参加了研讨会。代表团访问了上海和北京。

▲2006年11月5日至12日，应全国政协主席贾庆林邀请，越南祖国阵线中央委员会主席范世阅一行14人访华。期间，全国人大常委会委员长吴邦国会见代表团，贾庆林主席会见代表团，王忠禹副主席会见并举行欢迎宴会，郑万通秘书长，社会和法制委员会主任李其炎，民族和宗教委员会主任钮茂生，全国人大常委会外事委员会副主任委员王英凡、副秘书长曹卫洲、孙伟，全国政协副秘书长杨崇汇、王胜洪、仝广成，外交部副部长武大伟分别参加上述活动。外事委员会副主任原泰陪同代表团访问沈阳、北京和昆明。

▲2006年11月22日至28日，应全国政协邀请，密克罗尼西亚联邦国会副议长菲利普一行6人访华。期间，全国人大常委会副委员长许嘉璐会见代表团，徐匡迪副主席会见并举行欢迎宴会，孙怀山、王胜洪副秘书长等分别参加上述活动。外事委员会委员朱英璜陪同代表团访问北京、海南和厦门。

其他重要出访

▲2006年1月11日至16日，应泰国华侨崇圣大学邀请，全国政协副主席、致公党中央主席罗豪才一行8人，赴泰国接受泰国华侨崇圣大学授予的“名誉法学博士学位”、进行学术交流并看望慰问侨胞。主要陪同人员有全国政协港澳台侨委员会副主任张道诚。罗副主席一行访问了曼谷、清迈。

▲2006年3月20日至4月4日，应我国驻泰国、日本、韩国大使邀请，郭东坡主任率港澳台侨委员会代表团一行6人访问上述三国。代表团主要成员有港澳台侨委员会副主任何少川。访问期间，代表团广泛接触了三国的侨胞和我留学人员，出席了有关侨社的庆典，参观了华文学校，并与华文教育机构负责人座谈。代表团访问了泰国的曼谷，日本的横滨、大阪、神户、冲绳、长崎和福冈，韩国的首尔和釜山。

▲2006年3月20日至28日，应日本外务省邀请，以外事委员会副主任武韬为团长的中国经济社会理事会代表团一行6人访问日本。代表团主要成员有经济委员会副主任范西成等。访问期间，众议院

议长河野洋平，参议院副议长角田义一分别会见，代表团与外务省副大臣金田胜男，日中议员联盟会长高村正彦，日中协会会长野田毅，日本国际交流基金理事长小仓进行了会晤。代表团访问了东京、大阪。

▲2006 年 4 月 19 日至 5 月 1 日，应欧盟经社委员会邀请，全国政协常委、中国经社理事会副主席陈清泰，全国政协副秘书长卞晋平率中国经社理事会代表团一行 8 人前往布鲁塞尔就“协调区域发展，构建和谐社会”专题对欧盟经社委员会、爱尔兰、葡萄牙和西班牙进行考察访问，会见了欧盟经社委员会和三国经社理事会负责人。代表团访问了都柏林、里斯本和马德里。

▲2006 年 5 月 6 日至 21 日，应英国 BP 集团公司、俄罗斯联邦上海贸易中心、瑞士 ASM 公司邀请，中国经社理事会顾问陈锦华访问上述三国。

▲2006 年 5 月 10 日至 24 日，以中协服务开发中心总经理郝学胜为团长的机关事业单位干部考察团一行 20 人，对法国、德国、荷兰、比利时和卢森堡的经济社会情况进行考察。

▲2006 年 5 月 17 日至 24 日，应日本国际交流基金会邀请，刘剑锋主任率全国政协外事委员会代表团一行 7 人访日。代表团主要成员有全国政协副秘书长卢昌华等。访问期间，代表团会见了参议院议长扇千景、经济产业大臣二阶俊博、外务省副大臣金田胜男、国土交通省副大臣江崎铁磨、前首相羽田孜和中曾根以及部分参议员、众议员和日本国际贸易促进协会理事长中田庆雄、日中协会会长野田毅等朝野人士。代表团访问了东京、北海道。

▲2006 年 5 月 29 日至 6 月 8 日，受全国政协副主席、中国宗教界和平委员会（以下简称“中宗和”）主席丁光训委托，以“中宗和”秘书长、中国伊斯兰教协会副会长余振贵为组长的“中宗和”秘书处工作组一行 8 人，赴美国和日本就“中宗和”参加世界宗教和平会议（以下简称“世宗和”）第八届大会有关问题与“世宗和”和“世宗和”大会承办方“日宗和”进行工作会谈。

▲2006 年 5 月 30 日至 6 月 13 日，应德国联邦参议院和法国参议院邀请，张思卿副主席率全国政协代表团一行 11 人访问上述两国。代表团主要成员有齐续春副秘书长、教科文卫体委员会副主任傅庚辰和西藏自治区政协副主席加保等。访问期间，张思卿分别会见了德国联邦议院副议长哈泽尔费尔德，联邦参议院副议长普拉策克，联邦议院文化与媒体委员会主席奥托。法国参议院议长蓬斯莱，参议院文化委员会主席瓦拉德，法国经社理事会主席戴尔马涅，参议院法中友好小组主席贝松及各界人士，并重点考察了两国文物保护情况。代表团访问了巴黎、柏林和汉堡。

▲2006 年 6 月 1 日至 14 日，应国际协会和国际劳工组织邀请，全国政协副主席、中国经社理事会主席、经社理事会和类似组织国际协会（以下简称“国际协会”）主席王忠禹一行 14 人，出席在塞内加尔首都达喀尔召开的国际会议。并应塞内加尔经社理事会、阿尔巴尼亚议会、塞黑议长和塞尔维亚共和国议会邀请，访问上述三国。代表团主要成员有全国政协人口资源环境委员会主任、中国经社理事会副主席陈邦柱，云南省政协主席杨崇汇，全国政协副秘书长、中国经社理事会秘书长王胜洪和大连市政协主席林庆民。

6 月 3 日，王忠禹一行出席了由国际协会支持、塞内加尔经社理事会主办的“社会调解和新型发展模式：咨商机构的贡献”国际研讨会并在开幕式上致辞。6 月 6 日，应国际劳工组织邀请出席在瑞士日内瓦召开的第95届国际劳工大会并发表演讲。王忠禹代表国际协会发表演讲时阐述了国际协会对“体面劳动和就业”问题的看法、观点和建议。6月8日王忠禹在西班牙马德里出席并主持国际协会管委会会议。国际协会秘书长迪吕弗勒、管委会12个成员组织主要负责人、国际协会3个联系会员组织以及联合国经社理事会的代表出席会议。

访问期间，在塞内加尔，瓦德总统会见了王忠禹，塞经社理事会主席迪奥普全程陪同并与代表团举行了双边会谈，签署了中国经社理事会与塞经社理事会合作议定书、发表了联合公报。在阿尔巴尼亚，莫伊休总统、贝里沙总理和托帕利议长分别会见王忠禹。在塞尔维亚，塔迪奇总统、科什图尼察总理分别会见王忠禹，塞黑议长沙米与王忠禹会谈并亲自到机场迎送。

▲2006年6月12日至27日，以老干部局局长吴晓光为团长，由全国政协机关干部组成的中国经社理事会考察团一行17人，对法国、摩纳哥、意大利、奥地利和梵蒂冈的经济和社会情况进行考察。

▲2006年6月22日至28日，应蒙塔纳论坛主席卡特隆和冰岛议长索韦格·彼得斯多蒂尔邀请，张梅颖副主席作为论坛嘉宾一行8人出席在摩纳哥举行的蒙塔纳论坛第17届年会，并率全国政协代表团访问冰岛。年会的主题是“新欧洲与新世界”。出访期间，蒙塔纳论坛主席卡特隆会见，张梅颖副主席在论坛开幕式上发表题为《增进共识，扩大合作》的演讲；摩纳哥国务大臣（政府首脑）让—保罗·普鲁斯特会见；冰岛总统格里姆松、社会事务部长斯蒂凡松分别会见；议长彼得斯多蒂尔会见并举行欢迎宴会，副议长贝斯曼到机场迎接。

▲2006年7月9日至29日，以办公厅人事局局长马健为团长的全国政协机关干部培训团一行18人在美国参加公共管理研讨班培训。

▲2006年7月10日至13日，徐匡迪副主席作为国家主席胡锦涛特使，出席在蒙古举行的“大蒙古国”建国800周年纪念活动。徐匡迪特使主要陪同人员有外交部副部长李金章等。出访期间，蒙总统恩赫巴亚尔会见并举行招待会，国家大呼拉尔主席尼亚木道尔吉会见，国家大呼拉尔副主席龙戴姜仓会见并举行欢迎宴会。国家大呼拉尔政权建设常设委主席敦德格到机场迎接。

▲2006年7月16日至30日，应我驻英国、巴西、阿根廷和澳大利亚使馆邀请，罗豪才副主席率全国政协代表团一行8人访问上述四国。代表团主要成员有全国政协副秘书长李昌鉴等。访问期间，阿根廷副总统兼参议长西奥利会见，并出席了侨团的相关活动，共进行了40多场看望、参观和座谈活动，先后接触了100多个侨团，访问了部分高校法学院。

▲2006年8月22日至25日，应韩国三方委员会邀请，全国政协副秘书长、中国经社理事会秘书长王胜洪等2人赴韩国首尔就筹备经社理事会和类似组织国际协会2006年年会事进行商谈。

▲2006年8月26日至29日，以全国政协民族和宗教委员会副主任、中国宗教界和平委员会副主席、中国伊斯兰教协会会长陈广元为团长，由我国五大宗教代表性人士组成的“中宗和”代表团一行25人，出席在日本京都举行的世界宗教和平会议第八届大会。代表团主要成员有民族和宗教委员会副主任刘柏年、圣辉等。会议期间，学诚委员作大会发言并回答提问，“中宗和”代表团与“亚宗和”、“韩宗和”举行工作会谈。日本首相小泉纯一郎，“世宗和”执行主席、约旦王储

哈桑和伊朗前总统哈塔米等出席开幕式并致辞或发表演讲。约100个国家和地区的500名宗教人士（均为各国、各地区宗教界知名人士），以及一些国际组织和市民团体的代表约1500人出席大会。会议选举产生了新一届“世宗和”领导层（名誉主席、主席、秘书长等）。全国政协副主席、“中宗和”主席丁光训和全国政协副主席、“中宗和”名誉主席帕巴拉·格列朗杰分别当选为“世宗和”名誉主席。现任“世宗和”秘书长威廉姆·万德莱获得连任。学诚委员作为唯一的佛教代表人士被推举为由13人组成的大会指导委员会成员。

▲2006年8月29日至9月9日，应丹麦、挪威亚略巴古基金会和冰岛外交部邀请，以社会和法制委员会主任李其炎为团长的考察团一行6人，赴上述三国就“民间组织作用”进行考察。代表团主要成员有社会和法制委员会副主任肖建章等。考察期间，考察团与丹麦议会副议长、前劳工部部长奥肯，挪威第一大党领袖、议员赫布劳顿进行会谈，访问了丹麦红十字会等民间组织及相关企业。代表团访问了哥本哈根、奥斯陆、雷克雅未克。

▲2006年9月2日至8日，应韩国国会统一外交通商委员会委员长林采正（现任国会议长）邀请，以刘剑锋主任为团长的外事委员会代表团一行7人赴韩国访问。代表团主要成员有全国政协副秘书长卢昌华等。访问期间，韩国会议长林采正会见，国会统一外交通商委员会委员长金元雄举行会谈，出席了韩中文化协会举行的欢迎午宴，参观了电子、钢铁和汽车等企业。代表团访问了首尔、釜山、济州岛。

▲2006年9月7日至15日，应“汉堡峰会”邀请，全国政协副主席、中国工程院院长徐匡迪率中国工程院和中国工业经济联合会代表团访问德国和瑞士。

▲2006年9月8日至16日，全国政协副主席、中国经社理事会主席、经社理事会和类似组织国际协会主席王忠禹一行16人出席在韩国首尔举行的国际协会2006年年会并顺访韩国。国际协会2006年年会9月15日在韩国首尔举行，王忠禹主持会议并致开幕词，韩国国会议长林采正出席开幕式并致贺词，韩国三方委员会主席赵诚俊致欢迎词。会议审议通过了国际协会章程修改草案、工作报告和财务报告；审议并原则通过“新型国际发展基金”工作组和“体面劳动与就业”工作组报告；确定第十次国际协会全体会议于2007年6月19日至21日在北京举行。会前，王忠禹分别与韩国三方委员会主席赵诚俊，塞内加尔经社理事会主席迪奥普进行了工作会晤。王忠禹还分别会见了俄罗斯公众院负责人，法国经社理事会主席戴尔马涅，意大利、马里、荷兰、卢森堡等国经社理事会代表，联合国经社理事会代表和国际劳工组织的代表。王忠禹一行访问了首尔、釜山、济州岛。

▲2006年9月15日至26日，应匈牙利国会和波兰参议院邀请，以民族和宗教委员会副主任江家福为团长的代表团一行6人访问上述两国。访匈期间，国会副主席曼杜尔、国会匈中议员友好小组副主席劳多尔曹依、农业部行政专业国务秘书弗勒普·贝奈德克分别会见。访波期间，波参议院副议长马若克·尤乌考夫斯基，参议院农业及环境保护委员会主任耶若兹·若斯克渥斯基及副主任米高·沃基塔查克，参议院国家经济委员会主任马若克·渥兹克渥雅克，众议院波中议员团团长甘吉诺夫斯基，众议院民族和少数民族委员会代表，以及政府内务行政部副部长、政府及少数民族共同委员会政府方主席雅若斯洛·捷林斯基，政府及少数民族共同

委员会少数民族方主席马耶·波赫谢维奇分别会见。

▲2006年10月16日至22日，应韩中友好协会邀请，全国政协副主席、中韩友好协会会长罗豪才率中韩友好协会代表团一行10人访问韩国。代表团主要成员有港澳台侨委员会副主任张道诚。出访期间，韩总理韩明淑会见。

▲2006年9月16日至29日，应摩尔多瓦议会、罗马尼亚参议院司法、任命、纪律和豁免委员会、荷兰众议院内务委员会邀请，提案委员会主任傅杰率代表团一行6人访问上述三国。访摩期间，议会第一副议长波斯托伊卡·玛丽娅、议会摩中友好议员团主席斯捷潘钮克，议会对外政策与欧洲一体化委员会主席斯塔蒂，议会法律、任命和豁免委员会主席族尔甘分别会见。斯捷潘钮克和斯塔蒂分别宴请，斯捷潘钮克到机场迎接并全程陪同。访罗期间，参议院议长沃克罗尤，众议院副议长蓬塔，参议院司法、任命、纪律和豁免委员会主席科瓦奇，众议院司法、任命、纪律和豁免委员会主席安东分别会见。科瓦奇宴请了代表团。访荷期间，议会众议院内务委员会副主席汉弗坎普及秘书长德希尔会见。

▲2006年9月17日至28日，应法国珐玛通公司和芬兰议会邀请，李蒙副主席率全国政协代表团一行9人访问上述两国，并重点了解核电工业情况。代表团主要成员有全国政协常委、人口资源环境委员会副主任张洽，全国政协常委、中科院院士王大中和全国政协常委、中国核动力研究设计院名誉院长杨岐等。我驻法国大使赵进军和驻芬兰大使马克卿参加了有关活动。访问期间，法国参议院副议长米歇尔·安德烈，参议院法中友好小组主席让·佩松，芬兰议会第二副议长伊尔卡·卡奈尔瓦分别会见。

▲2006年9月19日至20日，应俄罗斯联邦委员会副主席梅津采夫邀请，外事委员会副主任武韬一行3人出席在俄罗斯伊尔库茨克举行的第四届贝加尔经济论坛。论坛主题是“欧洲、俄罗斯、亚太地区的一体化与合作进程”，来自中国、蒙古、日本、韩国、德国等26国代表以及俄社会各界一千余代表与会，俄罗斯联邦委员会主席米罗诺夫、副主席梅津采夫等出席。出席会议期间，梅津采夫副主席会见，俄联邦委员会国际事务委员会副主席与武韬副主任会谈。伊尔库茨克第一副州长巴拉尼切夫到机场送行。

▲2006年10月22日至30日，应俄罗斯联邦委员会副主席梅津采夫和丹麦议会第一副议长奥肯邀请，刘延东副主席率全国政协代表团一行11人访问上述两国。代表团主要成员有广西壮族自治区政协主席马庆生和全国政协教科文卫体委员会副主任赵喜明等。访俄期间，俄联邦委员会主席米罗诺夫，俄国家杜马副主席、俄共中央第一副主席库普佐夫，统一俄罗斯党总务委员会副书记梁赞斯基等分别会见，俄联邦委员会副主席梅津采夫会见并宴请代表团，俄中友好议员小组主席古谢夫，俄联邦资深议员、前苏联总理雷日科夫，前驻华大使、议员罗高寿等参加。刘延东副主席还访问了俄公众院，与理事会秘书长韦利霍夫等公众院领导人进行座谈；与圣彼得堡市立法议会副议长亚吉亚进行了友好会晤。代表团访问了莫斯科和圣彼得堡。在丹麦，丹议会议长麦达尔会见，丹议会第一副议长奥肯主持与代表团的座谈并设宴欢迎代表团。刘延东副主席与丹外交大臣默勒和丹麦工业联合会副总裁布斯楚普等进行了友好会晤。代表团访问了哥本哈根和罗斯基勒。

▲2006年10月23日至26日，“中宗和”副秘书长，中国天主教爱国会副主

席、主教团秘书长马英林主教一行2人，应邀赴韩国首尔出席“韩宗和”成立20周年暨“亚宗和”成立30周年庆祝活动。

▲2006年10月26日至11月6日，应美国ACDA咨询中心和加拿大格林卡国际贸易公司邀请，段应碧副主任率经济委员会代表团一行6人考察两国发展现代物流情况。

▲2006年10月31日至11月11日，应巴西环境部和阿根廷国家参议院邀请，人口资源环境委员会副主任刘成果率团赴上述两国考察。

▲2006年11月22日至12月1日，张廷翰副主任率港澳台侨委员会代表团一行5人访问法国、意大利。

▲2006年11月23日至27日，以全国政协委员、“中宗和”秘书长、中国伊斯兰教协会副会长余振贵为团长的“中宗和”代表团赴菲律宾马尼拉出席“亚宗和”执委会议，并与“亚宗和”领导人举行会谈。

▲2006年11月26日至12月8日，应澳大利亚参议长保罗·卡尔弗特和新西兰外交贸易部邀请，郑万通秘书长率9人代表团访问上述两国。代表团主要成员有全国政协常委王明明和经济委员会副主任林毅夫。

▲2006年12月9日至22日，应叙利亚全国进步阵线、突尼斯参议院和摩洛哥众议院邀请，阿不来提·阿不都热西提副主席率全国政协代表团一行11人访问上述三国。代表团主要成员有外事委员会副主任赵启正，副秘书长、九三学社中央常务副主席陈抗甫，宁夏回族自治区政协副主席马瑞文等。访叙期间，叙副总统沙雷、副总理达尔达里分别会见，叙全国进步阵线副主席卡达哈主持与代表团的会谈并设宴欢迎。代表团访问了大马士革、台德木尔和戈兰高地。访突期间，突总理格努西、众议长迈巴扎、参议长卡拉勒分别会见，参议院第一副议长阿拉维亲临机场迎送、主持与代表团的座谈并宴请。阿不来提还与突经社理事会秘书长贝尔吉特等进行了友好会晤。代表团访问了突尼斯、纳布尔和哈巴迈特。访摩期间，摩首相杰图、参议长奥卡沙、宗教基金与伊斯兰事务大臣图菲克分别会见，众议长拉迪会见并宴请，众议院摩中友好小组成员与代表团举行会谈。代表团访问了卡萨布兰卡和拉巴特。

（冯燕华 编写　肖秦生 审稿）

【新闻宣传工作】

第十六届中国新闻奖·政协好新闻作品复评　复评委员会办公室共向20家中央主要新闻单位和北京、天津、上海、重庆、湖北、辽宁、江苏、山西、安徽、湖南等10个省级政协办公厅发出了选送政协好新闻作品的通知。共收到参评作品92件，其中，20家中央主要新闻单位选送作品54件，地方省级政协办公厅选送作品40件。复评委员会按照评选程序和评选办法，评出2005年度全国政协好新闻奖（乐斯杯）一等奖作品12件，二等奖作品30件。获得一等奖的12件作品作为复评推荐作品报送中国新闻奖评选委员会，其中2件作品获第16届中国新闻奖一等奖，2件作品获三等奖。本届获奖作品，按照“贴近实际、贴近生活、贴近群众”的要求，大力宣传了中国共产党领导的多党合作和政治协商制度的特点和优点，展示了人民政协在我国政治、经济和社会生活中的重要作用，充分反映了一年来统一战线和人民政协各项工作取得的新进展，深入宣传了人民政协围绕中心，服务大局的典型事例和生动实践。

（刘劲松 编写　张敬安 审稿）

组织中央新闻单位赴河南省采访政协工作　2006年4月，全国政协办公厅新闻办公室邀请人民日报等18家新闻单位记者组成中央新闻单位采访团对河南省进行了为期10天的采访。全国政协副秘书长李昌鉴，全国政协副秘书长、农工民主党中央副主席陈宗兴担任采访团团长。采访团先后采访了中共河南省委、省政府、省政协的负责人，采访了郑州、开封、洛阳、焦作、安阳等地党政部门和政协组织的负责人。采访团共播发、刊发各类新闻近90件，在人民日报、新华社等中央主要媒体上作了宣传和报道。报道充分反映了河南省各级党委和政协组织学习贯彻《中共中央关于加强人民政协工作的意见》精神的情况；各级党委和政府在促进中部崛起、构建和谐社会、建设社会主义新农村等方面所取得的成就；各级政协组织和政协委员围绕中心、服务大局，积极履行职能的典型事例和经验。

（刘劲松　编写　张敬安　审稿）

【干部培训工作】

第48期至第51期政协干部培训班　全国政协办公厅干部培训中心（北戴河）采取分层次、分类别的方法举办培训班，每期15天。31个省、自治区、直辖市的地盟州市政协和县区政协主席或副主席以及各级政协机关县处级以上干部共计1167人参加了学习。全国政协副主席李贵鲜、罗豪才、阿不来提·阿不都热西提、李蒙分别在第48期、第49期、第50期、第51期培训班上作动员讲话，看望全体学员并合影留念。这四期培训班的主要授课内容为形势政策教育和政协统战理论教育两个部分，授课辅导讲座主要有：《深入学习贯彻〈中共中央关于加强人民政协工作的意见〉》、《学习〈江泽民文选〉保持和发展党的先进性》、《我国目前的宏观经济形势与任务》、《中国“十一五”规划的前景和重点》、《当代科技发展与中国的战略选择》、《构建资源节约型环境友好型社会》、《关于建设社会主义新农村理论与实践问题的探索》、《牢记“八荣八耻”大力弘扬社会主义荣辱观》、《和谐社会的法治观念建设》、《国际形势和我国对外关系》、《世界军事安全形势与我国的国防现代化》、《关于人民政协理论与实践的几个问题》、《人民政协在我国政治体制中的地位和作用问题》、《人民政协的经常性工作》、《人民政协提案工作的发展与创新》、《新世纪新阶段人民政协机关事务管理工作的性质、职能和发展方向》、《做好政协工作的几点思考》。全体参训学员联系实际，就人民政协如何以“三个代表”重要思想为指导，树立和落实科学发展观，深入学习贯彻《中共中央关于加强人民政协工作的意见》，认真履行职能，充分发挥自身作用，做好新时期人民政协工作，为构建社会主义和谐社会做贡献，进行了交流和探讨，培训效果较好。

东部地区政协干部培训班（第52期）在海南省海口市举办，为期10天，总计131人参加学习。李兆焯副主席出席开学典礼并作重要讲话。这期培训班的培训重点是贯彻落实中共十六届六中全会精神和深入学习贯彻《中共中央关于加强人民政协工作的意见》，加强人民政协的理论研究与“三化”建设，活跃地方政协工作，进一步提高履行人民政协主要职能的水平，为构建社会主义和谐社会做贡献。全体参训学员围绕上述重点进行了认真的研讨。

（董世杰　编写　乔梁　审稿）

【反映社情民意和信息化工作】

政协反映社情民意信息工作　2006年，共收到全国政协委员、全国政协各参加单位及地方政协反映社情民意信息稿9，305篇。编辑出刊《政协信息》265期，其中

《政协信息》164期、《政协信息专报》82期、《政协信息白头打印稿》19期。本年度的信息工作依靠各民主党派中央和全国工商联、全国政协各专门委员会以及各级地方政协组织的力量，充分发挥全国政协委员的主体作用和政协信息特邀委员的骨干作用，围绕全国政协年度工作重点建言献策。通过转化全体会议、常委会议期间委员参政议政的成果，提炼委员视察和专题调研报告，挖掘有代表性的知名人士反映的社情民意，综合委员和党派成员对重大问题的意见和建议等多种方式，注重反映警示性、苗头性、前瞻性的信息，突出政协特色，提高信息质量。为扩大信息来源，召开了第二批信息联系点第一次工作会议。政协信息反映的重要意见、建议，为党和国家的重要决策提供了参考依据，有些转化为党政部门的工作措施，推动了实际问题的解决。据不完全统计，中央领导对政协信息的批示122人次，国务院有关部门回函9件。全国政协办公厅评选并表彰了本年度29个政协信息工作先进单位。获一等奖的政协信息先进单位是：全国政协经济委员会办公室、民盟中央参政议政部、浙江省政协办公厅、山西省政协办公厅、杭州市政协研究室、宁波市政协研究室、潍坊市政协；获二等奖的政协信息工作先进单位是：全国政协人口资源环境委员会办公室、全国政协民族和宗教委员会办公室、民建中央调研部、四川省政协研究室、河北省政协研究室、厦门市政协研究室、北京市海淀区政协；获三等奖的政协信息工作先进单位是：全国政协外事委员会办公室、全国政协教科文卫体委员会办公室、九三学社中央办公厅、民进中央参政议政部、福建省政协研究室、重庆市政协办公厅、北京市政协研究室、辽宁省政协研究室、湖北省政协办公厅、上海市政协提案办、黑龙江省政协研究室、武汉市政协办公厅、沈阳市政协研究室、泰州市政协、佛山市政协。周洁、朱中卫、叶毅、郑丽君、张少华、韩志敏、曹学芹、党德信、张燕郊、李照谦、徐鑫、欧阳东、毛鑫、刘凤来等14人被评选为全国政协办公厅2006年度政协信息工作先进个人。

（彭丽文 编写　朱京生 审稿）

政协信访工作　2006年，全国政协办公厅信访局共收到群众来信28,986件，同比增长18.74%；接待各级政协委员、统战对象、知名人士和人民群众来访192批692人次，来访批次同比增长42.22%，来访人次同比增长160.15%；收到全国政协委员来信375件，同比增长38.89%。编发《委员和群众给贾庆林主席来信情况》4期，《信访动态》7期，《要信呈报》3件。发出信访交办函290件，收到查报结果的回函152件，来信反映的问题得到解决和部分解决的有95件。来信来访反映较多的是各类人员待遇、揭发各级干部违法违纪、涉法涉诉、城镇拆迁安置、农村征地补偿、历史遗留等问题。

为了深入贯彻落实中共中央5号文件精神，推进政协信访工作的规范化、制度化和程序化建设，加强政协的信访工作，在2005年制定的《全国政协办公厅信访工作规则（试行）》的基础上，针对工作中的薄弱环节和信访形势的实际情况，制定了《全国政协机关信访突发性事件应急处理预案》、《信访工作人员守则》、《信访案件交办、转送制度》、《关于向局领导报送信访事项的规定》、《给委员、统战对象、重要群众来信回复制度》、《委员来信和立案交办月呈报制度》、《信访局印章管理暂行规定》等一系列规章制度。

为了更好地为委员履行职责服务，信访工作在继承和发扬以往有效做法的基础上进行了进一步的探索，不断创新工作机制，并适时召开了信访案件办理情况答复会以及信访案件交办会，取得了良好效果。

（倪品利 编写 郝争鸣 审稿）

政协信息化建设工作

一、信息化建设基本情况

1. 机构建设

5 月 11 日全国政协办公厅召开信息中心成立会。郑万通秘书长出席并讲话，卞晋平副秘书长主持会议。副秘书长李昌鉴、孙怀山、卢昌华出席会议；出席会议的还有全国政协常委萧灼基，全国政协委员段永基、杨义先、王惠通。中央办公厅信息中心、全国人大办公厅信息中心有关领导、全国政协机关研究室、各局级单位负责人等共 72 人出席会议。

2. 项目建设工作

4 月 29 日《全国政协办公业务资源信息系统项目可行性研究报告》批复。附件为《全国政协办公业务资源信息系统项目招标投标事项核准意见》。5 月 31 日机关党组召开会议，研究《全国政协办公业务资源信息系统项目》实施问题。7 月 31 日全国政协机关举行《全国政协办公业务资源信息系统项目》领导小组第一次会议，会议决定，成立《全国政协办公业务资源信息系统项目》领导小组及其办公室，杨崇汇副秘书长任组长。10 月 24 日全国政协机关举行《全国政协办公业务资源信息系统项目》建设动员会，杨崇汇副秘书长出席会议并作了讲话，各局负责此项工作的局领导参加。12 月 15 日信息中心与清华紫光公司共同完成了《全国政协办公业务资源信息系统项目》初步设计报告初稿。

3. 电子政务调查工作

6 月 20 日全国政协办公厅信息中心对各省、自治区、直辖市、副省级市政协及各民主党派中央、全国工商联共 55 个单位的电子政务情况进行调查。7 月 20 日完成电子政务调查情况分析报告。

4. 培训工作

11 月 6 日开始机关公务员计算机应用技能的培训。

二、委员信息查询服务

十届四次全体会议期间，各驻地委员信息查询室共接待委员及有关工作人员信息查询2546人次，其中委员查询1770人次，占 69%。发布了全国政协十届四次大会专题 23 个栏目 373 万字的信息，国家统计局 6 个栏目 21 个方面 80 万字的信息，向委员发放系列统计资料1965份。

（刘建宝 编写 陈唐晓 审稿）

组 织 情 况

中国人民政治协商会议
第十届全国委员会委员调整界别名单

（2006 年 2 月 23 日政协第十届全国委员会
第三十二次主席会议通过）

欧阳明高由无党派人士界调整到科学技术界；
郝明金由无党派人士界调整到社会科学界；
刘剑锋由经济界调整到对外友好界；
邹哲开由特邀香港人士界调整到特别邀请人士界；
李勇武由特邀澳门人士界调整到特别邀请人士界。

中国人民政治协商会议
第十届全国委员会副秘书长
任 命 名 单

（2006 年 3 月 12 日政协第十届全国委员会
常务委员会第十三次会议通过）

任命：

索丽生、卞晋平、仝广成同志为政协第十届全国委员会副秘书长。

中国人民政治协商会议
第十届全国委员会副秘书长
免 职 名 单

（2006年3月12日政协第十届全国委员会
常务委员会第十三次会议通过）

张梅颖（女）、陈洪（女）、范西成同志不再担任政协第十届全国委员会副秘书长。

中国人民政治协商会议
第十届全国委员会专门委员会
副主任增补名单

（6名）

（2006年3月12日政协第十届全国委员会
常务委员会第十三次会议通过）

增补：

范西成为经济委员会副主任；
王思齐、陈洪（女）为民族和宗教委员会副主任；
陈明义为港澳台侨委员会副主任；
范钦臣、程世峨（女）为文史和学习委员会副主任。

中国人民政治协商会议
第十届全国委员会不再担任
专门委员会副主任名单

（2006年3月12日政协第十届全国委员会
常务委员会第十三次会议通过）

根据工作需要，张榕明同志（女）不再担任政协第十届全国委员会人口资源环境委员会副主任职务。

中国人民政治协商会议
第十届全国委员会专门委员会
委员增补、调整名单

（2006 年 3 月 12 日政协第十届全国委员会
第三十四次主席会议通过）

增补（15 名）：

朱元樑、李德水、张华峰、张志刚为经济委员会委员；

刘兰芳（女）、苏士澍为教科文卫体委员会委员；

沈淑济（女）为社会和法制委员会委员；

王思齐、觉醒为民族和宗教委员会委员；

陈明义为港澳台侨委员会委员；

赵永吉、郭炳湘为外事委员会委员；

王兴东、范钦臣、程世峨（女）为文史和学习委员会委员。

调整（2 名）：

左铁镛由教科文卫体委员会委员调整为人口资源环境委员会委员；

陈洪（女）由社会和法制委员会委员调整为民族和宗教委员会委员。

中国人民政治协商会议
第十届全国委员会副秘书长
任　命　名　单

（2006 年 7 月 7 日政协第十届全国委员会
常务委员会第十四次会议通过）

任命：

杨崇汇同志为政协第十届全国委员会副秘书长。

关于撤销张荣坤
中国人民政治协商会议第十届
全国委员会委员资格的决定

（2006年10月16日政协第十届全国委员会
常务委员会第十五次会议通过）

中国人民政治协商会议第十届全国委员会委员张荣坤，涉嫌欺诈发行企业债券罪，于2006年7月18日被公安机关采取强制措施。根据《中国人民政治协商会议章程》第二十九条的规定，撤销张荣坤中国人民政治协商会议第十届全国委员会委员资格。

中国人民政治协商会议
第十届全国委员会专门委员会
副主任增补名单

（2006年10月16日政协第十届全国委员会
常务委员会第十五次会议通过）

增补：

方兆祥为教科文卫体委员会副主任。

中国人民政协理论研究会第一届理事会名誉会长、
会长、副会长、顾问、秘书长、常务理事名单

（2006年12月20日中国人民政协理论
研究会第一届理事会通过）

名誉会长（4人）

王忠禹　　刘延东　　罗豪才　　陈奎元

会长（1人）

郑万通

副会长（10人，以姓氏笔画为序）

卞晋平　　朱佳木　　孙怀山　　李君如　　李昌鉴

杨胜群　　杨崇汇　　谷安林　　陈喜庆　　游洛屏

顾问（17 人，以姓氏笔画为序）

叶小文	冯之浚	朱维群	齐续春	苏　荣
李敏宽	李景田	李德洙	吴明熹	陈明德
陈宗兴	邵　鸿	贺　旻	龚育之	辜胜阻
滕文生	魏礼群			

秘书长（1 人）

原冬平

常务理事（84 人）

（以姓氏笔画为序）

丁凤英	卞晋平	孔小均	牛旭光	王　伟
王久祜	王汀明	王汉民	王华放	王卓辉
王胜洪	王增祺	邓文奎	仝广成	包俊臣
卢昌华	卢金发	叶家松	白泰平	乔元忠
任启兴	任彦申	刘佳义	刘其文	刘善璧
孙怀山	孙敏奇	庄聪生	朱存仁	朱佳木
朱振义	朱振中	许德立	何永康	吴先宁
宋　焱	宋仪侨	张　洽	张旭升	张行湘
张国祥	张绪明	张道诚	李　兵	李广瑞
李君如	李昌鉴	李金明	杨胜群	杨崇汇
汪正生	谷安林	陈　洪	陈永杰	陈喜庆
陈惠丰	陈耀中	周　宁	周同战	周建华
孟继尧	岳庆平	林庆民	范西成	郑万通
侯建民	姜　忠	洪寿祥	赵金城	赵喜明
原冬平	徐华东	殷国光	秦玉琴	高保华
崔正华	黄忠莹	傅志煌	游宏炳	游洛屏
满运来	虞荣仁	蔡巨乐	薛荣哲	

机关建设

中共全国政协机关委员会工作 2006年，机关党委在中直工委的领导和机关党组的指导下，坚持以邓小平理论和“三个代表”重要思想为指导，全面贯彻落实科学发展观，认真学习贯彻党的十六大和十六届六中全会精神，按照围绕中心、突出重点，抓好落实、务求实效的原则，进一步加强机关党的建设，促进了机关各项工作的顺利完成。

一、深入学习贯彻《中共中央关于加强人民政协工作的意见》。2006年2月，中央颁布了《中共中央关于加强人民政协工作的意见》（以下简称《意见》），这是以胡锦涛同志为总书记的中共中央从党和国家事业发展的全局出发，加强人民政协工作的一项重要部署，是指导新世纪新阶段人民政协事业发展的纲领性文件。机关党委认真贯彻政协十届十二次常委会关于学习贯彻《意见》的决定和机关党组的有关指示精神，把学习好、贯彻好《意见》作为加强机关党的建设的一项重大政治任务，认真部署，精心组织。印发了学习贯彻《意见》的通知，分层次制定了学习计划。郑万通秘书长、李昌鉴副秘书长分别为机关党员干部作了学习贯彻《意见》的专题辅导报告；协助机关党组中心组做好学习贯彻《意见》研讨班的组织服务工作，每位中心组成员提交了学习论文；机关党委开展了征文活动，征集论文23篇；机关青年以“创新”为主题，举办了学习贯彻《意见》论坛；各基层党组织结合实际，开展了学习活动。通过组织形式多样、针对性强、参与面广的学习活动，政协机关形成了学习贯彻《意见》的热潮，有力推进了各项工作。

二、进一步加强政治理论学习。今年是实施“十一五”规划的开局之年，也是中国共产党成立85周年。机关党委按照中央的总体部署和中直工委的要求，联系政协工作实际，以科学发展观、胡锦涛总书记《在庆祝中国共产党成立85周年暨总结保持共产党员先进性教育活动大会上的讲话》、《在纪念红军长征胜利70周年大会上的讲话》、《江泽民文选》、党的十六届六中全会作出的《中共中央关于构建社会主义和谐社会若干重大问题的决定》以及中央统战工作会议精神、中央经济工作会议精神等作为政治理论学习的重点内容，组织广大党员认真学习，深刻领会，把党员干部的思想和行动统一到中央的精神上来，把中央的精神落实到为人民政协履行职能服务的行动中。

三、加强机关党建理论与实践的研究工作。机关开展先进性教育活动后，党建理论和实践研究工作得到加强。2006年初，机关党委就着手机关党建研究会的筹备工作。于12月下旬召开机关党的建设研究会成立大会暨理论研讨会。会议通过了党建研究会章程，选举产生了机关党建研究会第一届理事会领导机构。机关党建研究会的成立，有利于在新形势下进一步推动机关党建理论与实践的研究，使机关党建工作更好地为完成中心工作提供思想和组织保证。

四、进一步加强机关党的组织建设。推选出席党的十七大代表候选人预备人选工作，是一项重要的政治任务。机关党委要求各基层党组织把组织党员参加推荐、提名的过程，作为贯彻执行民主集中制和对广大党员进行党性观念教育的过程，坚持标准，充分酝酿，按照规定程序，认真负责地做好推选工作。各基层党组织高度重视，精心组织，经过“三上三下”推选，顺利完成了推荐提名阶段工作，机关向中直工委推荐了三名同志作为党的十七大代表候选人预备人选。机关有二级党委1个，党总支6个，党支部43个，党员783名，党组织参加率为100%，党员参加率超过95%。

深入开展学习党章活动。把学习党章、遵守党章、贯彻党章、维护党章作为增强党员意识加强基层组织建设的重要内容。机关各基层党组织组织广大党员认真学习党章，紧密联系思想和工作实际，进行专题讨论，深刻领会党章的精神实质。6月，机关党委开展了纪念建党85周年“学习党章永葆先进性”知识竞答活动。500余名党员参加了活动。认真学习党章、自觉遵守党章、切实贯彻党章、坚决维护党章已成为机关各基层党组织和全体党员的思想共识和自觉行动。

通过学习和培训，进一步增强机关专兼职党务工作者的责任感，提高工作水平。6月中旬，副秘书长、机关党委书记孙怀山率机关党委委员、纪委委员和基层党组织负责人到河北省西柏坡参观学习，接受革命传统教育。同志们还看望了西柏坡孤儿学校的孩子们，向学校捐助5万元用于改善办学条件，鼓励他们好好学习，自立自强，成为对国家和人民有用的人。8月下旬，机关党委在北戴河干部培训中心举办党支部书记学习班，通过学习理论、交流经验，大家在思想和工作上相互启发，取得良好的效果。

今年批准11个支部进行了换届，调整了支部书记，批准13名预备党员按期转正。举办机关党员发展对象培训班，15名同志参加了培训。按照“坚持标准，保证质量，改善结构，慎重发展”的方针，发展党员10名。

五、加强和改进党风廉政建设和纪律检查工作。认真落实中央纪委六次全会精神，结合政协机关实际，重点抓好教育、制度、监督三个重点环节，认真贯彻《实施纲要》。深入开展反腐倡廉学习宣传教育，利用机关局域网开辟党风廉政建设宣传教育新途径；通过组织知识竞赛、征文活动、组织学唱廉政歌曲、《八荣八耻歌》推动了机关廉政文化建设。坚持民主生活会制度，各基层党组织都按照机关党委、纪委的要求召开了一年一度的民主生活会，生活会的质量有了提高。积极开展治理商业贿赂等专项工作，加大了对规范公务员津贴补贴、发放职工购房补贴的监督力度，加强了机关的廉政建设。对个别违反党纪国法的党员，严肃认真地进行了查处，维护了党的纪律。机关纪委会同人事、审计等部门对事业单位和部分行政局室进行预防性检查，切实推进机关教育、制度、监督并重的惩防体系建设。继续认真做好群众来信来访工作。机关纪委与管理局联合举办了全国政协系统财务人员培训班，得到了中直纪工委的大力支持和充分肯定。

六、进一步加强思想政治工作和精神文明建设。机关党委围绕树立正确的世界观、人生观、价值观，结合干部职工的思想实际，通过多种渠道、多种形式，在做好经常性的思想政治工作上下功夫，进一步调动了党员和干部职工的积极性。今年3月，胡锦涛总书记在看望出席全国政协十届四次会议的委员时，提出了以“八荣八耻”为主要内容的社会主义荣辱观。机关党委、机关文明委结合机关实际，通过组织专题讲座、开展“社会主义荣辱观大家谈”征文活动、学唱歌曲、制作宣传橱窗，在机关营造了学习社会主义荣辱观的浓厚氛围。在机关党员干部中开展向王选同志学习活动，举办了王选同志先进事迹报告会。通过学习教育，广大党员干部增强了立足本职、扎实工作，勇于创新的责任感，增强了争做“合作共事的模范、发扬民主的模范、廉洁奉公的模范”的自觉性。机关党委的负责同志和机关有关部门领导一道，与机关青年座谈，了解机关青年人的思想状况，听取意见和建议，进行交流和沟通，对他们存在的困难，积极寻求解决的办法，得到机关年轻人的欢迎。

机关文明委开展以艰苦奋斗为荣，杜绝奢侈浪费现象，共同建设文明机关、节约型机关活动。机关文明办、工会、妇委会、团委联合举办了庆祝中国共产党成立85周年歌咏大赛。组织干部职工参观红军长征胜利70周年展览。广泛开展“送温暖、献爱心”活动。全国政协机关有1133人参加捐款捐物，共捐赠衣物1409件，捐款235,056元。为进一步提高政协十届四次会议各项组织和服务工作的水平，机关文明委在四次会议期间开展了“树文明形象，创优质服务”文明创建活动。开展文明单位、文明个人评选推荐活动，4个单位被评为中直机关文明单位，4名同志被评为中直机关精神文明建设先进个人，老干部局被评为首都文明单位，精神文明建设取得新成效。

根据第六次全国法制宣传教育工作会议精神，结合全国政协机关实际，机关党委、机关文明委制定了《关于在全国政协机关实施法制宣传教育第五个五年规划的意见》，明确提出了“五五”普法工作的目的意义、主要任务、方法步骤和具体要求。组织机关部分干部职工参观了“中国保护知识产权成果展览会”，增长了知识产权知识，增强了保护知识产权的法制观念。

七、充分发挥群团组织作用，推动和谐机关建设。机关党委把群团工作作为全局工作的一个重要组成部分，经常听取他们的汇报，积极支持他们独立负责地开展工作。一年来，机关群团组织坚持围绕机关中心工作，以提高干部职工的素质为重点，通过开展各类主题突出、形式多样、干部群众喜闻乐见的活动，为推动和谐机关建设，发挥了积极作用。

机关工会认真学习贯彻《中直机关工会工作条例》并积极开展了活动。承办了机关春节团拜会；举办了第七届职工运动会、政协干部职工看海外摄影展、第三届收藏展等活动；坚持开展送温暖活动，为37名职工送去了帮困资金；适时成立了机关武术协会、乒羽协会，进一步活跃了机关的文化生活，增强了干部职工健康向上的生活情趣。

机关团委积极为青年人成长搭建平台，与机关文明委、机关青联在全机关开展以“在新的历史起点上”为主题的综合性政协知识竞赛，展现了新一代政协工作者积极向上、团结进取的精神风貌；成功承办了中直机关社会主义荣辱观青年论坛；在纪念建党85周年之际，机关团委和老干部局联合开展了“给老党员送贺卡”活动；开展“周末午间系列讲座”；组织团员青年撰写大会发言热点综述，使年轻人在机关受到了锻炼，得到了提高。

机关妇委会积极开展妇女权益保障法和家庭助廉的宣传、学习工作；积极推进和谐家庭、和谐机关工作。今年国庆、中秋双节之际，机关妇委会与老干部局共同举办了部分离退休女工干部（孤身）“真情相伴，携手同行”联谊活动；按照全国妇联和中直妇工委要求，结合机关实际，组织开展“巾帼建功文明岗、巾帼建功标兵”的评选推荐活动；进一步做好未成年人的家庭教育工作，邀请全国政协委员、海淀区人民法院刑事二庭副庭长，电影《法官妈妈》创作原型尚秀云同志作了题为“走进孩子心灵”的专题讲座；与机关工会、团委、计生委一道，通过多种途径，为机关单身职工举办形式多样的联谊活动，受到单身职工的欢迎；举办运动健身和心理健康讲座；举办妇女干部培训班，进一步提高新形势下妇女干部的工作能力。

（刘文涛 编写 杜沛才 审稿）

贯彻落实工资收入分配制度改革情况 机关党组高度重视，坚持以党的十六大关于“完善干部职务与职级相结合的制度，建立干部激励和保障机制”和十六届三中全会关于推进事业单位收入分配制度改革的精神为指导，严格按照“加强领导、周密部署；加强调研、完善政策；依法办事、稳步推进”的原则，周密安排，分步实施。

（一）在认真学习国家政策规定的基础上，结合机关和事业单位实际，摸清情况，梳理问题，进行认真的类比分析和研究；及时与中共中央办公厅、全国人大常委会办公厅、国务院办公厅人事部门沟通信息和情况，探讨一些具体问题的解决办法；就改革工作中的一些具体问题，按照干部管理权限，分别向中组部、人事部报送了《关于全国政协机关工资制度改革中有关个例问题的请示》、《关于全国政协机关和事业单位工资制度改革中有关问题及处理建议的请示》。在此基础上起草了《关于机关公务员登记和行政、事业单位工资制度改革中涉及的有关具体问题及办理建议的请示》，报请机关党组会议审议通过后逐项进行落实，做到了处理问题有政策依据，回答问题口径统一。

（二）认真进行工资套改测算工作。在认真核实人员基本信息的基础上，按文件规定的套改办法，对机关353名人员的工资分别按现任职务和原任低一级职务两种不同套改要素的要求进行了认真测算，并组织、指导事业单位对548名工作人员的工资进行了套改测算。按机关和事业单位不同职务层次人员的增资额分别进行汇总，计算了平均、最高、最低月增资额和月增资总额。

（三）对90名离休干部（其中事业单位3人），按规定要求，测算了机关和事业单位离休干部增加离休费的建议标准。经报请国家人事部确定增加的具体标准后，分别对机关和事业单位不同职务层次离休干部的增资情况进行测算并汇总，计算了月均增加离休费和月增加离休费总额。对144名退休人员（其中事业单位33人）按国家规定的增加退休费标准分别汇总、计算了机关和事业单位退休干部月均增加退休费和月增加退休费总额。

（四）在完成一系列准备工作的基础上，起草了《关于全国政协机关及事业单位工资制度改革实施意见》，提请机关党组会议审定后上报人事部、财政部审批。

（五）召开秘书长办公会议进行动员和布置。在人事部、财政部批复我会机关和事业单位工资制度改革实施意见后，为了更好地贯彻落实公务员法及工资收入分配制度改革工作，使机关广大干部职工充分认识实施公务员法及工资收入分配制度改革的重要意义，全面了解国家相关政策规定，做好工资套改的实施工作，人事局编印了《公务员法实施及行政、事业单位工资制度改革配套法规、文件汇编》，起草了《全国政协机关公务员和事业单位工资收入分配制度改革宣讲提纲》。机关专门召开秘书长办公会议，郑万通秘书长作了重要讲话，进行了全面布置，顺利完成了机关公务员及其他人员的工资套改工作和兑现新增工资额的工作。

（六）召开事业单位主要负责人及其人事部门负责人会议进行专门部署。首先邀请人事部工资福利与离退休司有关领导同志，就事业单位改革的总体思路、收入分配制度改革的背景及过程、要解决的主要问题和总体考虑、改革的主要内容和特点，以及离退休人员增加离退休费的有关政策进行讲课辅导。在会上，杨崇汇副秘书长就事业单位工资制度改革工作发表了讲话，提出要求，印发了机关党组会议审议通过的《关于全国政协办公厅所属事业单位收入分配制度改革的具体实施意见》，顺利完成了事业单位工作人员工资套改工作和兑现新增工资额的工作。

（七）根据有关政策规定，参照以往做法，在认真测算的基础上对在机关领取生活费补助的机关职工遗属、老临时工、精简下放人员（即称“三类”人员共19人）的生活费标准作相应调整，报请机关党组会议审议通过后，为他们发放了生活费补助，体现了党和政府对他们的关怀，使他们也能享受到国家改革发展的成果。

（伏双武 编写 马健 审稿）

日常工资管理工作情况 坚持尊重劳动、尊重知识、尊重人才、尊重创造的方针和以人为本的思想，及时对新增及机关内部调整人员，对调出机关及病故需核减人员，对职务变动及办理退休人员的基本工资进行统计，按月上报人事部审批后发放。同时，同步调整这些人员的机关福利补贴，通知机关有关部门按时为其发放。

（一）根据年度考核结果，认真做好在职人员正常晋档、晋级工作。按照国家机关工作人员正常晋升职务工资档次和级别工资的规定条件，认真核对在职人员（包括在职中管干部、常委、委员及文史专员）的工资档案，对其中符合2005年10月晋档条件的236名干部和符合2006年1月晋升级别工资条件的38名干部，根据年度考核结果，分别为他们晋升了一个职务工资档次和一级级别工资；对符合晋档晋级条件的14名（16人次）中管干部按规定程序晋升了职务工资档次和一级级别工资。

（二）认真做好变动人员的工资调整和职工月工资上报工作。对调入、调出机关、职务变动、办理离退休手续的人员，按规定在次月进行工资变动，并根据人事部月报工资的要求，与其他干部一起上报人事部进行审批，填写工资变动审批表，归入本人档案；核算变动人员的二套工资，转机关财务部门发放。

（三）认真核算办理退休手续和去世机关干部的退休费和抚恤金，并及时将退休费、抚恤金发放通知单提交机关有关部门办理。

（四）完成了机关和事业单位2006年工资总额计划的测算、申报工作；统计汇总并向人事部上报了机关和事业单位2005年工资发放情况。

（五）积极配合机关事务管理局做好规范津贴补贴的有关工作。根据中纪委等六部委《关于“稳中”部门做好第一步规范津贴补贴工作的通知》（中纪发［2006］28号）精神，制定了全国政协机关《关于做好第一步规范机关行政在职人员津贴补贴工作方案》。

（伏双武 编写 马健 审稿）

事业单位人事管理工作情况 按照科学发展观、人才观的要求，坚持分类指导、分类推进的原则，加强对事业单位人事管理及指导工作。

（一）加强事业单位领导班子建设和对事业单位领导班子及其成员履行职责情况的考察了解。充分发挥参谋助手和职能作用，完成了对部分事业单位领导班子调整的有关工作，以及对事业单位领导班子建设情况和班子成员履行职责情况的考察工作，形成报告供机关党组参考；结合事业单位领导班子的实际和干部队伍结构现状，在充分调研论证和把握国家对事业单位人事制度改革大方向的前提下，积极探索和创新事业单位用人机制，制定了《关于事业单位副职（副局级）领导职位职务有条件地试行聘任制的暂行办法》；完成了机关服务局2名领导班子副职人员聘任的考察聘任工作；完成了1名事业单位领导职务调整的考察任免工作。

（二）贯彻公开、平等、竞争、择优的原则，大力推行全员聘用制度，转换用人机制，实现事业单位人事管理由身份管理向岗位管理转变。根据事业单位干部职工队伍的实际和工作需要，审核、报批备案内部转岗聘用人员17人，解聘1人。

（三）坚持党管干部、党管人才的原则，不断改进人事管理的方法，引入竞争激励机制，实现用人上的公平、公正，大力推行内设机构领导人员竞聘上岗工作。根据事业单位内设机构领导职数空缺情况，按照管理权限和程序，审核、报批备案内设机构干部职务聘任人员72人（处级干部40人、科级干部32人）；审核、备案工人晋升技术等级36人。

（四）从制度上规范事业单位选人用人的程序和做法，吸引优秀人才，提高事业单位各类人员的素质，把好选人用人关，大力推行公开招聘制度。根据事业单位机构编制空缺情况及工作需要，审核、报批备案公开招聘人员7人，政策性安置军转干部4人。

（五）做好事业单位专业技术干部的管理和服务工作，完成了全国政协办公厅新闻专业中级职称评审委员会换届的备案报批工作；组织委托评审正高级专业技术职务2人、副高级专业技术职务2人；审核、报批专业技术职务聘任备案22人（高级专业技术职务11人、中级专业技术职务7人、初级专业技术职务4人）；组织完成了2006年享受政府特殊津贴人员的申报工作。

（伏双武 编写 马健 审稿）

机关机构编制管理情况 根据人民政协事业发展需要和“精简、统一、效能”的原则，加强机关和事业单位机构编制管理工作。一是从人民政协事业发展的需要出发，对制约机关公务员登记工作中有关机构编制问题进行认真分析和研究，起草并向中央编办报送了《关于申请全国政协文史和学习委员会办公室（九局）为机关内设行政机构并增加编制的请示》。在中编办批复后，尽快报批、印发了《关于调整全国政协文史和学习委员会办公室（九局）设置的通知》，将文史和学习委员会办公室（九局）与中国文史出版社一个机构两块牌子分开，文史和学习委员会办公室（九局）行政编制10名（领导职数2名），中国文史出版社事业编制50名（其中财政补贴［财政全额拨款］事业编制30名，经费自理事业编制20名），核减事业编制5名。针对机关单列编制秘书超编而机关行政编制又十分紧缺的情况，向中编办申请增加了11名单列行政编制，为机关贯彻落实公务员法，做好公务员登记工作创造了有利的条件。二是对2002年机关机构改革以来各局室机构编制及履行职责运行情况进行了调研，摸清底数，理清问题，进行深入的对比分析，研究提出解决问题的对策建议，起草了《关于进一步调整全国政协机关内设机构，充实人员编制的请示》稿。三是对十届全国政协一次会议以来，关系在我会机关且不担任全国政协副秘书长职务的常委、委员和不担任机关行政局室职务的委员中，未申请核定“两委”人员编制的情况进行了认真统计，向中央编办报送了《关于申请核定全国政协办公厅“两委”人员编制的请示》。经中央编办批准，为机关增加“两委”人员编制11名。四是审核、报批和印发了文史和学习委员会办公室（九局）、中国文史出版社“三定”（工作职责、机构设置、人员编制）方案。五是积极支持和推动人民政协新闻出版和后勤保障事业的发展，按照“精简、统一、效能”的原则，审核、呈报和批复了人民政协报社、中国文史出版社、中国政协杂志社、信息中心、干部培训中心、机关服务局和服务开发中心调整内设机构及有关单位增设记者站、设立总工程师职位。六是完成了全国政协机关行政局室和事业单位机构编制年报等工作。

（伏双武 编写　马健 审稿）

干部工作主要情况　以“三个代表”重要思想，中共十六届五中、六中全会精神和《中共中央关于加强人民政协工作的意见》为指导，在加强政协机关自身建设中，着力抓好机关领导班子和干部队伍建设，努力为完成好中心工作提供有力的组织保证。按照全国贯彻落实公务员法实施方案工作会议有关要求，认真做好公务员登记、职务和级别确定等工作，确保公务员制度年底前在全国政协机关顺利入轨运行。

一、根据公务员法实施方案规定和中央公务员主管部门相关要求，认真做好贯彻实施公务员法有关具体工作，确保公务员制度在机关顺利入轨运行。按照公务员法规定，自2006年1月1日起，在机关全面实施录用、考核、职务任免、职务升降、奖励、惩戒、培训、交流与回避、工资福利保险、辞职辞退、退休、申诉控告等公务员各项管理制度，重点做好公务员登记、职务和级别确定等工作。在机关实施公务员法领导小组领导下，结合机关实际分析实施过程中可能会遇到的特殊情况和问题，认真研究对策措施；对登记中的一些个例问题，积极协调提出妥善解决办法，并积极向机关党组和中央主管部门进行请示汇报。在上述工作的基础上，起草了《全国政协机关贯彻公务员法及其实施方案的具体意见》，经机关党组原则同意并报中组部备案同意后执行；起草了《关于机关公务员登记和行政、事业单位工资制度改革中涉及的有关具体问题及办理建议的请示》，提请机关党组审定后执行。

在公务员法实施方案出台后，一是根据配套出台的《公务员范围规定》、《公务员登记实施办法》和中组部、人事部《公务员登记工作中有关问题的答复意见》，按照干部管理权限，对机关符合登记标准和条件的329名工作人员履行了登记手续，并填写《公务员登记表》归入本人档案；对2名新录用的工作人员实行暂缓登记。对关系在机关的18名中管干部，按要求报中组部审核登记。二是根据配套出台的《公务员职务与级别管理规定》、《综合管理类公务员非领导职务设置管理办法》，在编制和规定的职数限额内，按照职务任职条件和程序，确定了行政局室现有干部的职务，并对机关现任助理巡视员、助理调研员职务的干部，根据公务员法规定分别更改职务名称为副巡视员、副调研员。对干部的级别，根据所任职务、德才表现、工作实绩和资历，与工资套改结合予以确定。三是根据公务员信息采集报送工作要求，建立了机关《公务员登记信息系统》，并分别对机关18个内部统计单位（含16个行政局室和机关领导总体、单列编制人员总体）的子信息（每单位16项）和履行公务员登记手续的347名工作人员的子信息（每人55项）进行了详细采集，并及时报送中组部信息中心。四是撰写了《全国政协机关实施公务员法及行政、事业单位工资制度改革工作宣传提纲》，编辑了《公务员法及其配套法规文件汇编》，印发机关各室局组织学习。

二、按照“以实施公务员法为契机，进一步加强政协机关自身建设，努力建设一支政治坚定、作风优良、学识丰富、业务熟练的政协机关公务员队伍”的目标要求，进一步做好干部考核和任免工作。严格履行干部工作的各项程序，坚持平时考核、任职考核和年度考核并重，为机关党组选拔任用干部提供可靠依据。一是按照干部任用原则，注重突出工作实绩，对试用期满的38名局、处级领导干部进行了认真考核，在进行民主测评的同时，广泛听取所在局、室干部的意见，详细了解考察对象的德、能、勤、绩、廉情况，重点考察其对所任职务的适应能力和履行职责情况。共个别谈话280余人次，撰写考察材料40余份。二是根据公务员法及有关规定，认真组织实施了2006年机关公务员年度考核工作，并结合实际进一步改进了民主测评和确定考核等次的方法。召开民主测评和民主推荐局级公务员会议，首次采用由计票器统计结果的方式，及时汇总上报统计结果；人事局分别到各局、室组织进行局处级领导干部民主测评16次，涉及174人；按照干部分类管理原则，对事业单位局级干部改为只在本单位和机关领导中进行测评。

三、以不断改善机关干部队伍结构为出发点，结合机关空编和干部结构情况，严把“进口”关，进一步做好干部招录、交流和调配等工作。一是坚持科级以下干部“凡进必考”和“公开、平等、竞争、择优”原则，严格按规定程序，认真组织机关2007年公务员招考录用工作，进一步改进具体操作方法，确保招录人员的素质。根据机关空缺职位的共性要求，首次采用只公布职位条件，不公布具体职位，由机关按笔试、面试总分高低统一平衡、择优录用的办法；为全面考察考生的综合素质，在坚持做好结构化面试的同时，首次增加了无领导小组讨论的面试方式；进一步加强了对面试考官的培训，又组织5名同志参加中组部、人事部培训并取得面试考官资格证书，达到了需有50%的面试考官小组成员具有资格证书的要求。通过笔试和面试，共招录公务员11名（其中应届高校毕业生7名，有基层工作经历人员4名）。二是从人民政协自身建设的长远需要出发，积极推动全国政协机关与地方政协机关之间的干部交流锻炼，起草了《关于安排部分地方政协机关干部到机关交流挂职的请示》，经机关党组会议研究同意，从2007年年初启动，首批从九个省、市政协机关选派干部到全国政协机关挂职锻炼。按照公务员管理要求，继续选送3名没有基层工作经历的年轻同志到北京市区级政协锻炼。三是与机关工作需要相结合，做好干部调配具体工作，共接收军转干部6人，办理干部机关内部调整交流6人。

四、根据中组部《关于进一步开展干部人事档案审核工作的通知》要求，认真做好干部档案审核工作。共重新整理、装订干部档案350份，调整档案类别材料400件；补充和审核1999年《干部履历表》330余份；补充《干部任免审批表》和《工资调整审批表》180余份，补填和改正有关项目150份；清理未归档零散材料3110份。根据审核情况写出总结报告上报中组部。

五、在保证重点工作完成的同时，认真做好其他日常工作，完成领导交办的各项任务。

（一）认真做好机关局级以上干部赴中央党校等院校学习培训有关工作。一是按照五年学习计划，落实安排2名部级领导干部分别参加了中央党校进修一班和专题理论研讨班的学习；二是选送4名正局级干部分别参加了中央党校一年制中青年干部培训班和进修二班的学习；三是选派2名正局级干部和3名副局级干部分别参加了延安、井冈山和浦东干部学院的学习。

（二）严格按规定办理机关干部出国（境）政审手续。全年共办理因公出国（境）人员政审81人次，其中局级干部7人次，处级干部53人次，科级干部21人次；办理因私出国（境）人员政审23人次，其中部级干部1人次，局级干部13人次，处级干部7人次，科级干部2人次。

（三）完成了2006年机关干部情况年度统计上报工作。

（四）参与了机关承担的中央重点调研课题“进一步加强政协机关干部队伍，推进政协机关与党政部门的干部交流”部分意见和对策建议的撰写工作。

（五）按照中组部要求，撰写并上报了《关于全国政协机关培养选拔女干部、发展女党员工作情况的报告》、《关于对〈体现科学发展观要求的党政工作部门领导班子和领导干部综合考核评价办法（试行）〉（征求意见稿）的意见和建议》、《关于对〈公务员录用规定〉的修改意见和建议》和《关于对〈公务员考核规定〉的修改意见和建议》等材料。

（六）完成了其他日常工作。办理机关局级干部在社会团体兼职审批手续5人次；为14名50岁以上的局级领导干部办理了医疗照顾证；为机关干部出具各类证明材料13份。

（逄春华 编写 马健 审稿）

报刊社论

凝聚人民智慧　促进科学发展

——热烈祝贺全国政协十届四次会议开幕

沐浴着和煦的春风，全国政协十届四次会议在北京隆重开幕。这是在“十一五”开局之年、继续推进全面建设小康社会伟大事业的重要时刻召开的一次会议。来自各党派团体、各族各界的全国政协委员汇聚一堂，共商国是，谋划“十一五”发展大计。开好这次会议，对于进一步凝聚人民智慧，促进科学发展，把改革开放和现代化建设事业继续推向前进，具有十分重要的意义。我们对会议的召开表示热烈祝贺。

2005年，是我们在全面建设小康社会伟大征程上取得显著成就的一年。全国各族人民在以胡锦涛同志为总书记的党中央领导下，高举邓小平理论和“三个代表”重要思想伟大旗帜，坚持以科学发展观统领经济社会发展全局，推动经济建设、政治建设、文化建设、社会建设和党的建设取得新的进展。一年来，政协全国委员会及其常委会，牢牢把握团结和民主两大主题，围绕中心，服务大局，切实履行政治协商、民主监督、参政议政职能，大力弘扬求真务实之风，着力推进重点工作，精心组织日常工作：围绕制定“十一五”规划进行政治协商，为构建社会主义和谐社会献计出力，对中共中央批转的全国政协关于履行职能的规定实施情况进行检查总结，开展专题调研工作，发挥各民主党派、无党派人士在人民政协中的作用，举办纪念中国人民抗日战争暨世界反法西斯战争胜利60周年活动，组织全国政协委员集中学习，积极开展对外交往工作。一年来，人民政协以卓有成效的工作，为全面落实科学发展观、构建社会主义和谐社会作出了新的贡献，人民政协事业呈现出生动活泼、有序推进的良好局面。

在政协十届四次会议召开前夕，《中共中央关于加强人民政协工作的意见》（以下称《意见》）公开发表了，这对此次会议和广大政协委员是个鼓舞，学习贯彻《意见》是会议的一项重要任务。《意见》系统总结了50多年来人民政协事业发展的历史经验，深刻阐明了新世纪新阶段人民政协的性质、地位、作用、职能、主题、任务和工作原则，科学规范了人民政协履行职能的内容、形式和程序，为人民政协事业发展指明了正确的方向，是指导人民政协事业发展的纲领性文件。各级政协组织和政协各参加单位，要把学习贯彻《意见》摆在突出位置，把学习贯彻《意见》精神与充分履行政治协商、民主监督、参政议政职能结合起来，与全面加强政协自身建设结合起来，与广泛宣传人民政协结合起来，努力形成有利于人民政协事业发展的良好氛围。

2006年，是实施“十一五”规划的开局之年。为“十一五”时期经济社会发展开好局、起好步，是摆在全党全国人民面前的一项重要任务，也是人民政协的光荣职责。在新的一年里，我们要坚持以科学发展观统领经济社会发展全局，坚持发展为了人民、发展依靠人民、发展成果由人民共享，正确处理改革发展稳定的关系，全面推进社会主义经济建设、政治建设、文化建设、社会建设。人民政协要坚持把促进发展作为履行职能的第一要务，充分发挥人才荟萃、智力密集的特点和优势，深入调查研究，积极建言献策，协助党和政府做好团结群众、反映民意、化解矛盾、维护稳定的工作，使人民政协工作更好地服务于全面建设小康社会的伟大实践，不断创造新业绩。

全面建设小康社会的发展前景催人奋进，“十一五”时期的经济社会发展任务艰巨繁重。我们要大力弘扬万众一心、埋头苦干、开拓创新的精神，励精图治，锐意进取，为推进社会主义现代化建设，为完成祖国的统一大业，为实现中华民族的伟大复兴，作出新的更大的贡献。

预祝大会圆满成功。

（人民日报社论）

在新的历史起点上共绘宏伟蓝图

——热烈祝贺全国政协十届四次会议开幕

惠风和畅，春意盎然。今天，中国人民政治协商会议第十届全国委员会第四次全体会议隆重开幕。我们对盛会的召开表示热烈的祝贺！

过去的一年，全国人民在以胡锦涛同志为总书记的中共中央领导下，高举邓小平理论和“三个代表”重要思想伟大旗帜，坚持以科学发展观统领经济社会发展全局，顺利地完成了“十五”计划的各项任务，我国改革开放和社会主义现代化建设取得了显著成就。

过去的一年，十届政协全国委员会及其常委会根据中共中央的战略部署，牢牢把握团结和民主两大主题，围绕中心、服务大局，围绕制定“十一五”规划和构建社会主义和谐社会建言献策，切实履行政治协商、民主监督、参政议政职能，各项工作开展得很有特色，富有成效，人民政协事业呈现出生动活泼、有序推进的良好局面。

胡锦涛总书记在全国政协2006年新年茶话会上的讲话中指出，面向未来，我们伟大祖国的发展正站在一个新的历史起点上。本次“两会”将是一次在新的历史起点上绘制未来中国发展蓝图的会议。

全国政协十届四次会议期间，委员们将听取并审议全国政协常委会工作报告；列席十届全国人大四次会议，听取和讨论政府工作报告及其他有关报告，讨论国民经济和社会发展“十一五”规划纲要（草案）；审议通过有关重要决议。会议将集中智慧，凝聚力量，围绕制定和实施“十一五”规划纲要建言献策，扬帆开局、起步的征程。

站在新的历史起点上，我们要进一步认清形势，着眼大局。当今世界，和平、发展、合作成为时代的潮流，我们既面临着难得的发展机遇，又面临着严峻的挑战。中共中央站在历史的高度，放眼世界，提出了我国经济和社会发展的总体思路和奋斗目标。我们要准确认识国际国内的发展环境，准确认识我国发展的阶段性特征，准确认识我国经济社会发展面临的主要任务，认真商讨“十一五”规划纲要这一事关民族振兴的发展大计，为制定和实施规划纲要献计出力。

站在新的历史起点上，我们要进一步发扬民主，发挥优势。在我们这个幅员辽阔、人口众多的社会主义国家里，关系国计民生的重大问题在中国共产党领导下进行广泛协商，体现了民主与集中的统一。我们要充分运用人民政协这一发扬社会主义民主的形式，进一步畅通渠道，广开言路，听取各阶层各界别人士的意见和建议，讨论和修改好“十一五”规划纲要，为经济社会又快又好发展贡献力量。

站在新的历史起点上，我们要认真学习贯彻中共中央颁布的关于加强人民政协工作的意见精神，切实履行职能、发挥作用，自觉适应新形势新任务的要求，全面加强自身建设。要坚持解放思想、实事求是、与时俱进，使人民政协的各项工作真正体现时代性、把握规律性、富于创造性，不断开创人民政协工作新局面。

今天，2000多名政协委员聚首北京，共商发展大计，同绘宏伟蓝图。希望委员们不负重托，不辱使命，围绕大会的各项议程，倾力建言献策，把本次大会开成一个民主、求实、团结、奋进的大会。

预祝大会取得丰硕成果，预祝大会圆满成功！

（人民政协报社论）

携手开创美好未来

——热烈祝贺全国政协十届四次会议胜利闭幕

全国政协十届四次会议圆满完成各项预定议程，我们对大会的成功表示热烈祝贺。

会议高举邓小平理论和“三个代表”重要思想伟大旗帜，全面贯彻党的十六大和十六届三中、四中、五中全会精神，牢牢把握团结和民主两大主题，紧紧围绕国家经济和社会发展的一系列重大问题展开讨论。这是一次民主、求实、团结、鼓劲的大会，充分体现了人民政协这一具有中国特色的政治组织和民主形式的生机与活力。

会议期间，全体委员认真学习和讨论了《中共中央关于加强人民政协工作的意见》，听取和审议了政协常委会工作报告和提案工作情况报告，审议和通过了政协十届四次会议各项决议和提案审查情况的报告；列席了十届人大四次会议，听取和讨论了温家宝总理所作的《政府工作报告》、《国民经济和社会发展第十一个五年规划纲要（草案）》和其他重要报告。全体委员认真履行政治协商、民主监督、参政议政职能，建言献策，共商国是。这次大会对于进一步加强人民政协的各项工作，对于推进全面建设小康社会伟大事业，必将产生重大而深远的影响。

政协委员们一致认为，中共中央的《意见》是指导新世纪新阶段人民政协事业发展的纲领性文件，认真贯彻落实《意见》，对于加强和改善党对人民政协的领导，充分发挥人民政协的作用，推进我国的社会主义民主政治建设，体现我国社会主义政治制度和政党制度的特点和优势具有重要的意义。委员们高度评价《政府工作报告》，认为《报告》求真务实、鼓舞人心，体现了解放思想、实事求是、与时俱进，突出了以科学发展观统领经济社会发展全局。委员们围绕《国民经济和社会发展第十一个五年规划纲要(草案)》，踊跃发言，热烈讨论，提出了许多具有建设性的意见和建议，更加深刻地认识到，实现“十一五”规划，人民政协使命光荣，责任重大，舞台广阔。

人民政协是中国共产党领导的各党派、各团体、各民族、各阶层大团结大联合的组织，具有人才荟萃、智力密集等多方面优势，具有不可替代的作用。当前，人民政协的重要任务是，坚持把促进发展作为履行职能的第一要务，围绕“十一五”时期我国经济和社会的发展，深入调研、充分论证，提出更多有价值的意见和建议。

鼓励政协委员深入基层，联系群众，帮助群众排忧解难，为构建社会主义和谐社会贡献力量。深刻理解和全面把握《意见》的基本精神，在各项工作中认真贯彻落实《意见》。注意突出界别特点，发挥委员主体作用，不断推进履行职能的规范化、制度化、程序化，把政协工作提高到一个新水平。广泛开展促进祖国统一和海外联谊工作，扩大对外友好交往，为我国改革开放和现代化建设作出新的更大贡献。

民主凝聚力量，团结成就伟业。长期以来，人民政协认真履行政治协商、民主监督、参政议政职能，在国家政治、经济和社会生活中发挥着越来越重要的作用。各级党委和领导干部要认真贯彻落实《意见》精神，进一步加强和改善对政协工作的领导。要更加重视、关心和支持人民政协工作，为人民政协履行职能、发挥作用创造良好条件，推动人民政协事业蓬勃发展。

在新的历史起点上展望未来，我们伟大的祖国前景灿烂。在以胡锦涛同志为总书记的党中央领导下，在全面落实科学发展观、构建和谐社会的历史进程中，在实现祖国完全统一、实现民族复兴的伟大事业中，在维护世界和平、促进共同发展的崇高事业中，人民政协大有可为，也必将大有作为。

(人民日报社论)

为实现宏伟蓝图贡献智慧和力量

——热烈祝贺全国政协十届四次会议胜利闭幕

中国人民政治协商会议第十届全国委员会第四次会议，经过全体委员的共同努力，圆满完成了各项预定议程，昨天胜利闭幕了。我们热烈祝贺大会取得圆满成功！

这是一次在新的历史起点上推进全面建设小康社会的重要会议。会议期间，委员们审议通过了常委会工作报告和提案工作情况的报告，列席了十届全国人大四次会议，听取和讨论了政府工作报告、《国民经济和社会发展第十一个五年规划纲要（草案）》、最高人民法院工作报告、最高人民检察院工作报告以及其他报告。委员们以对国家、对人民高度负责的态度，围绕经济和社会发展的诸多重大问题坦诚建言，竞献良策。会议隆重热烈，富有成效，是一次民主、求实、团结、鼓劲的大会。

凝聚着中国共产党和各民主党派、人民团体和各族各界人士心血和智慧的“十一五”规划纲要，是中共中央确立科学发展观之后制定的第一个五年规划。规划所体现的发展理念、发展模式和发展战略，符合以人为本、全面协调可持续发展要求；规划确定的未来五年的指导方针、奋斗目标和主要任务，充分体现了全国各族人民的根本利益和共同愿望。规划以科学发展观为指导，清晰地描绘出我国经济社会发展的宏伟蓝图，吹响了向着全面建设小康社会目标阔步前进的号角。新的理念，新的蓝图，新的使命，向人民政协提出了新的要求。我们要求真务实，开拓创新，扎实工作，在全面实现“十一五”规划的宏伟蓝图中充分发挥人民政协的作用。

实现宏伟蓝图，需要坚定信心、努力奋斗。在现代化建设的征途上，我们既面临着难得的机遇，又面对着严峻的挑战。要保持清醒的头脑，坚定发展的方向，坚持以经济建设为中心，坚持深化改革，扩大开放，树立坚定的决心和信心。要用发展的眼光、改革的方法来解决发展中出现的问题和矛盾，紧紧抓住发展的重要战略机遇期，树立长期奋斗的思想。作为中国特色社会主义事业重要组成部分的人民政协，要围绕中心，服务大局，在贯彻实施“十一五”规划的进程中，精心选择带有综合性、全局性、前瞻性的重大问题，深入调查研究，开展咨询论证，为实现宏伟目标鼓干劲、献良策、出实招。

实现宏伟蓝图，需要凝聚人心、汇集力量。在新的历史起点上，实现“十一五”规划的目标要靠全体人民的共同努力，要广泛深入动员人民群众，坚定不移依靠人民群众，真心实意造福人民群众，把人民群众的积极性和创造性充分发挥出来。作为最广泛的爱国统一战线组织，人民政协要紧紧围绕团结和民主两大主题，全面理解和把握发展为了人民、发展依靠人民、发展成果由人民共享的宗旨，充分运用好人民政协这一重要政治形式和组织形式，协助党和政府做好体察民情，反映民意，集中民智，团结民心的工作。要高举大团结大联合的旗帜，调动一切积极因素，团结一切可以团结的力量，努力形成众志成城共图大业的局面。

实现宏伟蓝图，需要加强学习、扎实工作。会议期间，委员们认真学习讨论了《中共中央关于加强人民政协工作的意见》，一致认为这是一个指导新世纪新阶段人民政协事业发展的纲领性文件。各级政协组织和各参加单位，要把学习贯彻《意见》精神作为当前和今后一个时期推动各项工作的重要任务，摆在突出位置，切实抓紧抓好。要把学习《意见》和履行职能结合起来，把学习贯彻的成果体现在认真履行职能上，扎实有效地推动人民政协的各项工作，提升人民政协的活力，为把宏伟蓝图变为美好现实贡献智慧和力量。

集中智慧才能共绘蓝图，凝聚力量才能成就大业。推进社会主义现代化建设，实现中华民族伟大复兴，是当代中华儿女的历史任务，我们要担当起历史赋予的庄严使命，紧密地团结在以胡锦涛同志为总书记的中共中央周围，同心同德，群策群力，谱写人民政协团结合作、共图发展的新篇章。

（人民政协报社论）

2006 年大事记

1 月

1 日

政协全国委员会在政协礼堂举行 2006 年新年茶话会。中共中央政治局常委、全国政协主席贾庆林主持会议。中共中央总书记、国家主席、中央军委主席胡锦涛发表重要讲话。民盟中央主席蒋树声代表各民主党派中央、全国工商联和无党派人士讲话。部分全国政协委员及文艺工作者表演了文艺节目。党和国家领导人吴邦国、温家宝、曾庆红、黄菊、吴官正、李长春、罗干、王兆国、回良玉、刘淇、刘云山、吴仪、周永康、贺国强、郭伯雄、曹刚川、曾培炎、王刚、徐才厚、何勇、李铁映、司马义·艾买提、何鲁丽、丁石孙、成思危、许嘉璐、顾秀莲、热地、乌云其木格、韩启德、傅铁山、唐家璇、华建敏、陈至立、肖扬、贾春旺、王忠禹、廖晖、刘延东、李贵鲜、张思卿、白立忱、罗豪才、张克辉、周铁农、郝建秀、陈奎元、阿不来提·阿不都热西提、徐匡迪、李兆焯、黄孟复、张怀西、李蒙、张梅颖、张榕明副主席，郑万通秘书长，谷牧、王光英、杨汝岱、任建新、钱正英、孙孚凌、万国权、胡启立、王文元等同志，在京全国政协常委，各民主党派中央和全国工商联负责人及无党派人士代表，中央和国家机关有关方面负责人，首都各族各界代表人士近 400 人出席。

6 日

贾庆林主席、王忠禹副主席、郑万通秘书长出席中纪委第六次全体会议。

外事委员会在政协机关召开主任会议，审议外事委员会 2005 年工作总结，讨论 2006 年工作计划和近期工作。刘剑锋主任主持会议，马振岗、王淑贤、李北海、刘华秋、张国祥、武韬、周可仁、原焘副主任出席会议。

郑万通秘书长主持召开工作协调会议，专题研究改进政协十届四次会议组织服务工作。秘书组、提案组、新闻组、大会发言组等分别作了汇报。李昌鉴、齐续春、孙怀山、陈洪、范西成、卢昌华、王胜洪副秘书长和办公厅研究室主任卞晋平出席会议，机关有关局室负责人参加会议。

6 日至 9 日

经济委员会副主任段应碧率调研组前往新疆就“加快西部地区优势产业发展”专题进行调研。

9 日

中共中央政治局常委、全国政协主席贾庆林，王忠禹、刘延东、白立忱、罗豪才、陈奎元、徐匡迪、黄孟复、李蒙、张梅颖副主席，钱正英、朱光亚同志在人民大会堂出席全国科学技术大会开幕会。

民族和宗教委员会组织部分在京新老委员赴中国地图出版社考察。钮茂生主任，李晋有、黄璜副主任，提案委员会副主任傅志煌，人口资源环境委员会副主任张洽；港澳台侨委员会副主任张道诚等参加考察。

外事委员会副主任李北海、原焘在政协机关会见并宴请洪都拉斯客人苏菲·游一行，就加强中国与洪都拉斯经济合作等事宜交换了意见。

王胜洪副秘书长在外交部出席中俄“国家年”活动中方组委会政治组成员会议。

郑万通秘书长主持召开第二十九次秘书长办公会议。主要议题是：一、审议政协全国委员会常务委员会关于政协十届三次会议以来提案工作情况的报告（草案）；二、审议政协第十届全国委员会第四次会议秘书处各组工作职责、各组正副组长名单（草案）；三、审议政协第十届全国委员会第四次会议委员小组召集人名单（草案）；四、研究政协第十届全国委员会第四次会议大会发言工作方案（草案）；五、研究政协第十届全国委员会第四次会议有关领导出席小组会议讲话稿的起草工作分工；六、研究政协第十届全国委员会第四次会议委员驻地安排（草案）；七、审议办公厅关于2005年委员视察工作情况的报告（草案）；八、研究关于加强全国政协办公厅和专委会组团出国（境）工作管理和协调的意见（草案）。李昌鉴、孙怀山、范西成、卢昌华、王胜洪副秘书长和办公厅研究室主任卞晋平出席会议，研究室和各局级单位负责人列席会议。

民族和宗教委员会副主任李晋有应邀出席由中国伊斯兰教协会举办的“古尔邦”节招待会。

10日

贾庆林主席在钓鱼台国宾馆会见并宴请韩国国会议长金元基。郑万通秘书长、经济委员会主任刘仲藜、教科文卫体委员会主任刘忠德、外事委员会副主任刘华秋、王胜洪副秘书长，全国人大常委会副秘书长曹卫洲、外交部副部长武大伟以及韩国驻华大使金夏中等出席活动。金元基议长是应全国人大常委会委员长吴邦国邀请访华的。

全国政协副主席、关注森林活动组委会主任张思卿在政协机关会见国家林业局局长贾治邦，共同研究落实贾庆林主席关于评选国花的重要批示精神及继续搞好关注森林活动的有关问题。人口资源环境委员会主任、关注森林活动组委会副主任陈邦柱，关注森林活动组委会副主任江泽慧、张洽、温克刚，卢昌华副秘书长，国家林业局党组成员、关注森林活动组委会副主任杨继平等参加会议。

教科文卫体委员会在政协机关召开主任会议，讨论通过2005年委员会工作总结。刘忠德主任主持会议，于友先、韦钰、宋金升、张发强、杨伟光、孙隆椿、傅庚辰、蔡睿贤、袁伟民副主任出席会议。

10日至11日

社会和法制委员会主任李其炎在香山饭店主持召开本委员会第四次全体会议，总结2005年工作，研究2006年工作计划。王建伦、朱治宏、刘家琛、祁培文、李奇生、肖建章、张绪武、周子玉、赵登举、曹克明、萧灼基、伍绍祖、张福森副主任，齐续春、孙怀山副秘书长出席会议。

10日至14日

港澳台侨委员会副主任张伟超率中央“五侨”慰问团赴广东省华侨农场慰问归难侨。

11日

经济委员会在政协机关召开宏观经济形势分析座谈会，学习中共中央关于“十一五”规划的《建议》和中央经济工作会议精神，总结2005年我国宏观经济发展特点，分析2006年宏观经济走势，研究经济社会发展的政策导向，围绕政府调控经济发展中的重点、难点、热点问题建言献策。王忠禹、郝建秀、阿不来提·阿不都热西提、张梅颖副主席，郑万通秘书长出席会议。刘仲藜主任主持会议，国家统计局副局长邱晓华应邀介绍了国民经济和社会发展的有关指标情况。李昌鉴、陈洪、范西成、卢昌华副秘书长，叶连松、刘立清、刘永好、陈耀先、陈耀邦、邵奇惠、洪绂曾、王洛林、陈清泰副主任以及经济委员会委员和有关专家学者约70人出席会议。

提案委员会副主任张工、俞泽猷及部分委员和提案人走访国家文物局，了解十届一次会议以来提案办理情况，听取对提案委员会工作的意见。

无党派界27名委员在政协机关召开年终总结会。通过无党派委员2005年度工作总结，研究2006年工作安排。孙怀山副秘书长出席会议并讲话。

11日至15日

罗豪才副主席赴泰国接受泰国华侨崇圣大学授予的“名誉法学博士学位”，并进行学术交流和看望慰问侨胞。

12日

提案委员会主任傅杰在政协机关主持召开委员会第17次主任会议，讨论《政协十届三次会议以来提案工作情况的报告(稿)》。副主任朱培康、杨振杰、宋宝瑞、张工、张岳琦、俞泽猷、倪豪梅、傅志煌，副秘书长王胜洪出席会议。

王忠禹副主席在政协机关会见人民日报副总编梁衡一行。

13日

已故党外全国政协委员、知名人士夫人春节茶话会在政协礼堂三楼举行。贾庆林主席出席会议，王忠禹副主席代表全国政协向出席会议的夫人们致以新春的问候和美好的祝愿。全国人大常委会副委员长何鲁丽，刘延东、张思卿、白立忱、周铁农、郝建秀、阿不来提·阿不都热西提、李兆焯、黄孟复、李蒙、张梅颖副主席，王光英、孙孚凌、万国权、王文元同志出席会议，郑万通秘书长主持茶话会。齐续春、孙怀山、李敏宽、陈洪、陈明德、范西成、刘民复、陈抗甫、卢昌华、王胜洪副秘书长，全国人大常委会办公厅、国务院办公厅、中共中央组织部、中共中央统战部、国务院机关事务管理局、中国老龄工作委员会等有关单位负责人300余人参加会议。

张克辉副主席在政协机关会见台湾天仁集团总裁李瑞河一行。港澳台侨委员会副主任刘亦铭，卢昌华副秘书长参加会见。

白立忱副主席在政协机关应约会见保加利亚驻华大使安格尔·奥尔贝措夫，接受保总理斯塔尼舍夫致白立忱副主席的复函，并就加强全国政协与保加利亚议会的友好交往等事宜会谈。

郑万通秘书长在政协机关主持召开政协第十届全国委员会第十二次秘书长会议。主要议题：一、审议政协全国委员会常务委员会工作报告（草案）；二、审议政协全国委员会常务委员会关于政协十届三次会议以来提案工作情况的报告（草案）；三、审议政协第十届全国委员会常务委员会第十二次会议议程和日程（草案）；四、审议关于召开政协第十届全国委员会第四次会议的决定（草案）；五、审议政协第十届全国委员会第四次会议议程和日程（草案）；六、审议人事事项；七、审议政协第十届全国委员会第四次会议秘书长、副秘书长、新闻发言人名单（草案）；八、审议通过政协第十届全国委员会第四次会议秘书处各组工作职责、各组正副组长名单；九、审议通过政协第十届全国委员会第四次会议委员小组召集人名单；十、审议政协全国委员会办公厅关于2005年委员视察工作情况的报告（稿）。李昌鉴、齐续春、孙怀山、李敏宽、陈洪、陈明德、范西成、刘民复、潘贵玉、陈宗兴、陈抗甫、张龙之、卢昌华、王胜洪副秘书长，办公厅研究室主任卞晋平出席会议，政协十届四次会议秘书处有关组负责人和办公厅有关局级单位负责人列席会议。

外事委员会副主任李北海在政协机关应约会见古巴驻华大使阿尔韦托·罗得里格斯·阿鲁菲，接受古巴全国政权代表大会副主席巴克罗致李兆焯副主席的邀请信，并就加强外事委员会与古巴相关组织关系事宜会谈。

港澳台侨委员会在中协宾馆召开委员会第六次全体会议，总结委员会 2005 年工作，规划 2006 年主要工作。郭东坡主任主持会议，王永海、刘亦铭、李赣骝、何添发、俞晓松、陈杰、唐闻生副主任和办公厅研究室主任卞晋平等委员会委员出席会议。李昌鉴副秘书长出席会议并讲话。

13 日至 20 日

社会和法制委员会“禁毒工作情况”专题调研组赴云南进行调研。朱治宏副主任带队，李奇生、张福森副主任参加调研。

14 日

香港、澳门特区全国政协委员 96 人在广东珠海参加全国人大举办的报告会，听取科技部部长徐冠华作《关于科技体制改革与加快科技创新和跨越等有关情况的报告》、国家发改委副主任张晓强作《关于 2005 年国民经济和社会发展计划执行情况的汇报》、财政部副部长楼继伟作《关于 2005 年财政预算执行和财政工作情况的汇报》。全国人大常委会副委员长兼秘书长盛华仁讲话。李昌鉴副秘书长出席报告会。

16 日

张怀西副主席在江苏省苏州市出席“海峡两岸农产品展览暨商务洽谈会”。

港澳台侨委员会副主任何添发在人民大会堂出席华夏纽带工程组委会举办的“中华故土地图”推广纪念活动新闻发布会。

外事委员会在北京国航俱乐部召开委员会全体会议，审议本委员会 2005 年工作总结和 2006 年工作计划。刘剑锋主任主持会议，王淑贤、李北海、杨正泉、张国祥、武韬、周可仁、原焘副主任和部分外事委员会委员出席会议。

港澳台侨委员会等中央“五侨”单位在人民大会堂联合举行“2006 年首都侨界新春茶话会”。国务委员唐家璇代表党中央、国务院讲话。罗豪才、张克辉、李蒙副主席出席茶话会。中国侨联主席林兆枢主持茶话会。齐续春、孙怀山、范西成副秘书长，港澳台侨委员会副主任何添发、王永海、刘亦铭、李赣骝、张伟超、俞晓松、唐闻生，办公厅研究室主任卞晋平参加茶话会。

提案委员会主任傅杰在政协机关主持召开委员会第十六次全体会议，审议《政协十届三次会议以来提案工作情况的报告(草案)》，通报提案委员会 2005 年度工作情况。朱培康、杨振杰、宋宝瑞、张工、张岳琦、范宝俊、俞泽猷、贾军、倪豪梅、傅志煌副主任，王胜洪副秘书长出席会议。

17 日

教科文卫体委员会在政协礼堂三楼举行教科文卫体界新春茶话会。全国人大常委会副委员长路甬祥，全国政协副主席王忠禹、张思卿、罗豪才、周铁农、李蒙、张梅颖，秘书长郑万通出席会议。全国人大教科文卫体委员会主任委员朱丽兰，副主任委员吴基传、邢世忠、桑国卫，全国政协教科文卫体委员会主任刘忠德，副主任王巨才、于友先、孙隆椿、杨伟光、宋金升、张发强、赵喜明、徐善衍、栾恩杰、傅庚辰、蔡睿贤，副秘书长齐续春、范西成、卢昌华、王胜洪，有关部委负责人陈小娅、李学勇、董保华、石峰、郭传杰、杜祥琬、陈求发、张敬礼以及教科文卫体界的委员和知名人士400余人参加会议。

民族和宗教委员会与中央统战部、全国人大民委、国家民委、北京市政府在人民大会堂联合举办“首都各民族人士迎春茶话会”。全国人大常委会副委员长乌云其木格主持茶话会，全国政协副主席、中央统战部部长刘延东讲话，白立忱、阿不来提·阿不都热西提、李兆焯副主席出席茶话会。民族和宗教委员会副主任黄璜、江家福、李晋有、陈广元、金日光等参加茶话会。

张榕明副主席在人民大会堂出席华夏文化纽带工程组织的“中华炎黄坛”建设座谈会。港澳台侨委员会副主任刘亦铭、李赣骝参加会议。

18日

社会和法制委员会在政协机关召开第二十二次主任会议，研究委员会2006年工作计划。李其炎主任主持会议，王建伦、刘家琛、肖建章、萧灼基、伍绍祖、张福森副主任出席会议。

19日

中国经济社会理事会在政协礼堂召开第二届第三次会议。理事会主席王忠禹发表讲话。会议听取并审议了理事会副主席李昌鉴关于2005年度工作的报告；通过了新修订的章程，增补了理事和团体理事。理事会顾问陈锦华，理事会副主席郑万通、陈清泰、张俊九、刘仲藜、陈邦柱、刘忠德、李其炎、刘剑锋、程世峨以及100多位理事和有关方面代表出席会议。理事会秘书长王胜洪主持会议。

张克辉副主席出席台盟中央、全国台联在政协礼堂举办的“2006年在京台胞新春同乐会”。港澳台侨委员会主任郭东坡，副主任刘亦铭、陈杰等参加会议。

20日

张思卿副主席，孙孚凌、万国权、陈锦华、王文元同志在人民大会堂出席在京老同志迎春茶话会。

提案委员会副主任杨振杰、傅志煌带队走访建设部，了解政协十届一次会议以来提案办理情况，并听取对全国政协提案委员会工作的意见。委员会部分委员，农工党、致公党、九三学社中央代表和部分提案人参加此项活动。

教科文卫体委员会在政协机关召开全体会议，审议2005年委员会总结，讨论2006年工作计划。刘忠德主任主持会议，于友先、杨伟光、张发强、徐善衍、栾恩杰、傅庚辰副主任出席会议，委员会委员40余人参加会议。

社会和法制委员会及新闻出版界部分委员赴中国电影博物馆考察。肖建章副主任带队，齐续春副秘书长、伍绍祖副主任参加考察。

港澳台侨委员会在政协礼堂举办中央“五侨”（全国人大华侨委员会、全国政协港澳台侨委员会、国务院侨办、中国致公党中央、中国侨联）机关工作人员迎新春联谊会。罗豪才副主席，港澳台侨委员会主任郭东坡，副主任王永海、刘亦铭、李赣骝、何添发、张伟超、张道诚、俞晓松、唐闻生，李昌鉴副秘书长，以及中央“五侨”领导等出席联谊会。

贾庆林主席在人民大会堂会见希腊总理卡拉曼利斯。郑万通秘书长参加会见。卡拉曼利斯是应温家宝总理邀请访华的。

黄孟复副主席在人民政协报社出席《人民政协报·民营》周刊创刊五周年恳谈会并讲话。全国工商联副主席程路和部分全国政协委员、专家学者、民营企业家出席会议。

外事委员会主任刘剑锋在政协机关会见以芬兰议会大委员会主席亚里·维伦为团长的芬兰议会大委员会代表团，双方就中欧、中芬关系和国际热点问题及加强友好交往等问题举行会谈。该团是应全国人大财经委员会邀请访华的。

全国政协办公厅和京昆室在政协礼堂共同举办2006年新春京剧晚会。贾庆林主席，李瑞环同志，刘延东、阿不来提·阿不都热西提、张怀西副主席，丁关根、万国权同志，郑万通秘书长，李昌鉴、孙怀山副秘书长，教科文卫体委员会副主任赵喜明，京昆室副主任张国祥、李世济、叶少兰，中国文联党组书记胡振民，中国剧协分党组书记董伟，中央人民广播电台台长杨波，北京市委常委、宣传部长蔡赴朝，北京市人民政府副市长孙安民，天津市委副书记刘胜玉及有关方面负责人与京剧表演艺术家、戏曲界人士共同观看演出。

21日

民族和宗教委员会副主任杨同祥、陈广元在中国伊斯兰教协会礼堂参加宛耀宾同志遗体告别活动。白立忱、阿不来提·阿不都热西提副主席，全国政协办公厅、民族和宗教委员会，民宗委主任钮茂生，齐续春副秘书长分别送了挽幛。宛耀宾同志系九届全国政协委员，中国伊斯兰教协会顾问、中国伊斯兰教经学院常务副院长。

23日

在京常委专题座谈会在政协机关举行。主要议题：讨论《政府工作报告（征求意见稿）》和《国民经济和社会发展第十一个五年规划纲要（草案）》。

徐匡迪副主席在京西宾馆主持“国务院学位委员会第二十二次会议”。

民族和宗教委员会与中央统战部、国家宗教事务局在政协礼堂联合举办宗教界人士迎春茶话会。民族和宗教委员会副主任黄璜主持茶话会，齐续春副秘书长、中央统战部副部长朱维群、国家宗教事务局局长叶小文，民族和宗教委员会副主任邓福村、刘柏年、陈广元、圣辉、任法融出席茶话会，各全国性宗教团体及有关单位负责人、宗教界代表人士等参加茶话会。

刘延东副主席在人民大会堂出席国家主席胡锦涛为沙特阿拉伯王国国王阿卜杜拉·本·阿卜杜勒-阿齐兹访华举行的欢迎仪式和欢迎宴会。

齐续春副秘书长代表办公厅拜会中国道教协会和中国伊斯兰教协会，并看望中国道教协会会长任法融，副会长张继禹、杨同祥、黄信阳，中国伊斯兰教协会副会长余振贵、马忠杰。

研究室主任卞晋平在政协机关接待来访的民进中央副主席王立平、王佐书一行6人，就进一步提高政协反映社情民意信息工作的质量和实效进行座谈。

全国政协办公厅和京昆室在政协礼堂共同举办2006年新春《京剧名家演唱会》。贾庆林主席，李瑞环同志，王光英、万国权同志，郑万通秘书长，李昌鉴、齐续春、孙怀山、卢昌华、王胜洪副秘书长，人口资源环境委员会副主任张洽、教科文卫体委员会副主任赵喜明、港澳台侨委员会副主任张道诚，京昆室副主任张国祥、李世济、叶少兰，中宣部副部长高俊良、财政部副部长朱志刚、文化部副部长陈晓光、宗教局局长叶小文、中央人民广播电台台长杨波，天津市委副书记、市长戴相龙、天津市委副书记刘胜玉，天津市政协副主席曹秀荣，上海市政协原副主席朱达人及有关方面负责人与京剧表演艺术家、戏曲界人士共同观看演出。

贾庆林主席、王忠禹副主席在中国剧院出席2006年军民迎新春文艺晚会《和谐花开神州美》。

24日

政协机关举行春节团拜会。贾庆林主席出席并讲话，王忠禹、张思卿、罗豪才副主席出席团拜会，郑万通秘书长致辞，范西成副秘书长主持会议。李昌鉴、齐续春、孙怀山、卢昌华、王胜洪副秘书长，办公厅研究室主任卞晋平，机关干部职工和离退休老干部共1000余人参加团拜活动。

陈洪副秘书长在广州出席人民政协报社广东记者站成立挂牌仪式并讲话，广东省政协主席陈绍基与陈洪一起为记者站授牌。

政协十届四次会议秘书处第一次筹备工作会议在政协机关举行。郑万通秘书长作动员讲话。李昌鉴副秘书长主持会议并讲话。齐续春、李敏宽、陈明德、范西成、卢昌华、王胜洪副秘书长出席会议。大会秘书处各组组长、副组长及各驻饭店办事组负责人参加会议。

25日

王忠禹副主席到301医院看望洪学智同志并祝洪老93寿辰。孙怀山副秘书长陪同看望。

李立同志遗体送别仪式在八宝山革命公墓举行，张思卿副主席代表政协全国委员会、孙怀山副秘书长代表办公厅参加送别仪式并对家属表示慰问。

26日

“十一五”规划纲要（草案）征求意见座谈会在政协机关举行。王忠禹、阿不来提·阿不都热西提、黄孟复副主席出席会议。郑万通秘书长主持会议。国家发改变主任马凯、副主任朱之鑫和规划司负责人到会听取意见。李昌鉴、齐续春、卢昌华副秘书长，经济委员会副主任段应碧，人口资源环境委员会副主任叶青、李伟雄、张宝明，教科文卫体委员会副主任韦钰，社会和法制委员会副主任王建伦、萧灼基，民族和宗教委员会副主任李晋有，有关专委会委员共计30余人参加会议。

27日

中共中央办公厅、国务院办公厅在人民大会堂举行2006年春节团拜会。贾庆林主席，王忠禹、刘延东、张思卿、白立忱、罗豪才、张克辉、周铁农、阿不来提·阿不都热西提、徐匡迪、李兆焯、黄孟复、张怀西、李蒙、董建华、张梅颖、张榕明副主席，谷牧、任建新、钱正英、孙孚凌、万国权、王文元同志，郑万通秘书长及副秘书长出席团拜活动。

贾庆林主席主持召开政协第十届全国委员会第三十一次主席会议。主要内容：一、听取关于《中共中央关于加强人民政协工作的意见》起草和报请中央审议情况的汇报；二、审议通过政协第十届全国委员会常务委员会第十二次会议议程（草案）和日程；三、审议关于召开政协第十届全国委员会第四次会议的决定（草案）和会议议程及日程（草案）；四、审议政协全国委员会常务委员会工作报告（草案）；五、审议政协全国委员会常务委员会关于政协十届三次会议以来提案工作情况的报告（草案）和确定报告人；六、审议通过政协第十届全国委员会第四次会议秘书长、副秘书长名单（草案）和新闻发言人名单；七、书面审议政协全国委员会办公厅关于2005年委员视察工作情况的报告（稿）；八、书面审议各专门委员会2005年度工作总结（稿）。王忠禹、刘延东、张思卿、白立忱、罗豪才、张克辉、周铁农、阿不来提·阿不都热西提、徐匡迪、李兆焯、黄孟复、张怀西、李蒙、张梅颖、张榕明副主席，郑万通秘书长出席会议。李昌鉴、齐续春、孙怀山、李敏宽、范西成、朱维群、刘民复、潘贵玉、陈宗兴、陈抗甫、张龙之、卢昌华副秘书长，各专门委员会负责人傅杰、刘仲藜、张洽、刘忠德、李其炎、黄璜、郭东坡、张国祥、崔占福，办公厅研究室主任卞晋平列席会议。

2月

7日

王忠禹副主席在政协机关主持召开会议，研究部署近期新闻宣传工作。郑万通秘书长，李昌鉴、齐续春、孙怀山、陈洪、范西成、卢昌华、王胜洪副秘书长，办公厅研究室主任卞晋平等出席会议。

8日

罗豪才副主席在京会见韩中亲善协会会长李世基先生一行。

9日

港澳台侨委员会在深圳召开委员会港澳委员会议，通报本委员会2005年工作，讨论2006年工作计划，听取港澳委员意见、建议。郭东坡主任主持会议，李昌鉴副秘书长，厉有为、张廷翰、郭荣昌副主任出席会议。

外事委员会在政协机关召开学习研讨会，外交部副部长武大伟应邀作关于“中国与周边国家关系现状”的报告。刘剑锋主任主持会议，马振岗、王淑贤、杨正泉、吴建民、张国祥、武韬、周可仁副主任，王胜洪副秘书长以及部分外事委员会委员出席会议。

10日

王胜洪副秘书长代表办公厅在人民大会堂出席欧美同学会“中国留学人员联谊会2006年新春酒会”。

11日

刘延东、罗豪才副主席在钓鱼台国宾馆出席国务院参事、中央文史研究馆馆员新春招待会。

周铁农副主席在京出席中国青年企业家协会2006年新春联谊会。

12日

阿不来提·阿不都热西提副主席在中国国家博物馆出席“中国非物质文化遗产保护成果展览”开幕式。

中共中央在人民大会堂举办2006年元宵节联欢晚会。贾庆林主席，王忠禹、刘延东、张思卿、陈奎元、徐匡迪副主席出席会议。

13日

贾庆林主席，王忠禹、刘延东、白立忱、罗豪才、阿不来提·阿不都热西提、徐匡迪副主席，钱正英、万国权同志，郑万通秘书长前往协和医院看望病情危重的王选副主席并慰问其家属。

上午11时03分，王选副主席在协和医院病逝，享年70岁。

黄孟复副主席在人民大会堂出席国家主席胡锦涛为多哥总统福雷访华举行的欢迎仪式和欢迎宴会。

郑万通秘书长在政协机关主持召开王选副主席治丧协调会。孙怀山副秘书长，中共中央办公厅、全国政协办公厅、中组部、中宣部、中央统战部、九三学社中央、国管局、北京大学等有关单位负责人出席会议。

刘延东、张思卿、罗豪才、黄孟复、张榕明副主席在中国国家博物馆出席“中国非物质文化遗产保护成果展览”领导专场。

13日至15日

中共中央政治局常委、全国政协主席贾庆林在中共中央政治局委员、北京市委书记刘淇，市长王岐山，市政协主席阳安江，市委副书记强卫等陪同下，先后到延庆、昌平、房山、怀柔等地调研。李昌鉴副秘书长，中央统战部副部长黄跃金，经济委员会副主任陈耀邦、厉以宁、陈耀先，教科文卫体委员会副主任徐善衍、傅庚辰陪同调研。

14 日

徐匡迪副主席在京出席“中国钢铁工业协会 2006 年理事（扩大）会议”，并作题为“大力推进工业、企业的自主创新，为建设创新型国家做贡献”的演讲。

人口资源环境委员会主任陈邦柱、副主任张洽在政协机关与辽宁省政协人口资源环境委员会主任杨宝善一行就进一步加强工作联系进行座谈。

阿不来提·阿不都热西提副主席在民族文化宫剧场观看中国非物质文化遗产展演专场文艺晚会。

16 日

李贵鲜、罗豪才、徐匡迪副主席在人民大会堂出席“‘909’工程十周年暨胡启立同志所著《‘芯’路历程》首发式”。

张克辉副主席在政协礼堂会见并宴请台湾中国统一联盟第一副主席、《海峡评论》杂志总编、台湾大学哲学系教授王晓波先生一行。

党和国家领导人胡锦涛、温家宝、贾庆林、曾庆红、王兆国、吴仪、周永康、贺国强、王刚、李岚清、何勇、李铁映、司马义·艾买提、何鲁丽、成思危、许嘉璐、顾秀莲、热地、盛华仁、路甬祥、韩启德、华建敏、肖扬、贾春旺，王忠禹、刘延东、李贵鲜、张思卿、白立忱、罗豪才、张克辉、周铁农、郝建秀、陈奎元、阿不来提·阿不都热西提、徐匡迪、黄孟复、张怀西、李蒙、张梅颖、张榕明副主席，布赫、彭珮云、周光召、钱正英、孙孚凌、万国权、胡启立同志，郑万通秘书长前往八宝山革命公墓参加王选副主席遗体送别仪式。部分专委会主任、副主任，李昌鉴、齐续春、孙怀山、陈明德、范西成、陈抗甫、卢昌华、王胜洪副秘书长，办公厅研究室主任卞晋平，各民主党派中央和全国工商联负责人，机关各局室部分同志参加送别仪式。

孙怀山副秘书长及王选同志治丧办公室成员前往八宝山革命公墓参加王选同志骨灰安放仪式。

20 日

罗豪才副主席在政协机关与河南省政协副主席陈义初等商议召开中国河洛文化研究会成立大会及第五届河洛文化国际研讨会等工作。港澳台侨委员会主任郭东坡参加了此项活动。

外事委员会和教科文卫体委员会联合组织委员赴国家博物馆参观“中国非物质文化遗产保护成果展”，并与文化部副部长周和平进行座谈。外事委员会主任刘剑锋率队，副主任马振岗、王淑贤、李北海、杨正泉、张国祥、赵启正，教科文卫体委员会副主任王巨才、傅庚辰，叶少兰、吴祖强常委及两委员会部分委员参加了此项活动。

罗豪才副主席听取社会和法制委员会举办的非政府组织情况介绍会。社会和法制委员会副主任肖建章主持会议，民政部副部长姜力及有关司局同志作情况介绍。

阿不来提·阿不都热西提副主席在人民大会堂出席国家主席胡锦涛为巴基斯坦伊斯兰共和国总统佩尔韦兹·穆沙拉夫访华举行的欢迎仪式和欢迎宴会。

张榕明副主席出席在人民大会堂举行的浙江省经济社会发展情况通报会。

21 日

徐匡迪副主席在友谊宾馆出席“节约型制造科技前沿”会议。

郑万通秘书长主持召开政协十届四次会议秘书处第二次筹备工作会议，听取秘书处各组大会筹备工作进展情况汇报。李昌鉴、齐续春、孙怀山、陈洪、范西成、卢昌华、王胜洪副秘书长，办公厅研究室主任卞晋平及大会秘书处各组负责人出席会议。

提案委员会副主任高强、俞泽猷出席

卫生部举办的人大代表建议、政协委员提案办理工作座谈会。

外事委员会在政协机关举行报告会，邀请美国弛华特伙伴事务所总裁约翰·弛华特先生介绍美国国会对中美关系影响的新动向。外事委员会副主任马振岗主持报告会。外事委员会主任刘剑锋，副主任王淑贤、李北海、赵启正，提案委员会主任傅杰，副主任朱培康、傅志煌，教科文卫体委员会副主任栾恩杰，民族和宗教委员会副主任李晋有、金日光、黄璜，港澳台侨委员会副主任唐闻生，伍淑清常委及五个专门委员会部分委员出席报告会。

贾庆林主席在人民大会堂分别会见巴基斯坦总统穆沙拉夫和英国副首相普雷斯科特。王胜洪副秘书长参加会见。

李蒙副主席在人民大会堂出席“绿色东方——2005年中华环境奖颁奖典礼”。

孙怀山副秘书长主持召开办公厅视察工作座谈会，就2006年度视察选题及有关工作进行协商。国务院13个相关部委局的办公厅负责人参加会议。

22日

孙怀山副秘书长代表办公厅在国务院出席由中央政法委召开的全国打黑除恶专项斗争电视电话会议。

23日

贾庆林主席主持召开政协第十届全国委员会第三十二次主席会议。主要内容：一、审议关于学习贯彻《中共中央关于加强人民政协工作的意见》的决定（草案）；二、审议通过政协第十届全国委员会委员调整界别名单；三、审议通过政协第十届全国委员会第四次会议各次全体会议执行主席和主持人名单；四、审议关于举办纪念孙中山先生诞辰140周年活动的决定（草案）；五、听取关于政协第十届全国委员会第四次会议和常务委员会第十二次会议筹备工作情况的汇报。王忠禹、廖晖、刘延东、李贵鲜、张思卿、白立忱、罗豪才、张克辉、周铁农、郝建秀、陈奎元、阿不来提·阿不都热西提、徐匡迪、李兆焯、黄孟复、张怀西、李蒙、张梅颖、张榕明副主席，郑万通秘书长出席会议。李昌鉴、吴明熹、齐续春、孙怀山、李敏宽、陈洪、范西成、陈宗兴、陈抗甫、张龙之、卢昌华副秘书长，政协十届四次会议新闻发言人吴建民，有关方面负责人黄跃金，各专门委员会负责人傅杰、石万鹏、陈邦柱、翟泰丰、李其炎、金日光、郭东坡、刘剑锋、刘济民，办公厅研究室主任卞晋平列席会议。

由港澳台侨委员会、河南省政协牵头申报的中国河洛文化研究会，经文化部、民政部批准，在北京河南大厦举行成立大会。张思卿、罗豪才、张克辉副主席出席会议并讲话。会议审议通过了《中国河洛文化研究会章程》，选举产生执行机构和法定代表人。港澳台侨委员会主任郭东坡当选为会长，副主任张道诚当选为副会长。

人口资源环境委员会邀请国土资源、水利、农业、环保、林业方面的委员及专家，在政协机关召开《中华人民共和国自然保护地法》（稿）征求意见会。张洽副主任主持会议，刘成果副主任等参加会议。

教科文卫体委员会举行报告会，邀请科技部副部长李学勇向在京全国政协从事科技工作的委员，通报“十五”科技工作的主要进展和全国科学技术大会、《国家中长期科学和技术发展规划纲要（2006—2020年）》及2006年科技工作的重点安排等情况。徐善衍副主任主持会议，齐续春副秘书长及近60位委员出席会议，科技部有关负责人到会听取委员意见。

李昌鉴副秘书长在中南海出席由王刚同志主持召开的中央领导同志参加“两

会”团、组会议安排和中央重要会议活动协调联席会议。

政协十届四次会议秘书处全体工作人员动员会在政协礼堂召开。李昌鉴副秘书长作动员讲话。

范西成副秘书长代表办公厅参加“国务院第四次廉政工作会议”。

25 日

政协机关举行专题报告会。秘书长、机关党组书记郑万通作学习贯彻《中共中央关于加强人民政协工作的意见》辅导报告。副秘书长、机关党组成员李昌鉴主持会议。副秘书长齐续春、孙怀山、范西成、卢昌华、王胜洪，研究室主任卞晋平，专门委员会部分主任、副主任及机关干部职工近 500 人参加会议。

大型骨雕《四海同心盼统一》赠送仪式在政协机关举行。王忠禹、张榕明副主席出席并揭幕。郑万通秘书长，李昌鉴、孙怀山、陈明德副秘书长，广东省政协副主席韩大建，广州市政协主席朱振中、副主席冼若瑶，骨雕设计者苏忠阳先生出席赠送仪式。

26 日

政协第十届全国委员会常务委员会第十二次会议开幕会在政协会议楼常委会议厅举行。贾庆林主席主持会议。会议主要议题：一、审议通过政协第十届全国委员会常务委员会第十二次会议议程；二、审议通过关于召开政协第十届全国委员会第四次会议的决定；三、听取关于政协全国委员会常务委员会工作报告（草案）起草情况的说明；四、听取关于政协全国委员会常务委员会关于政协十届三次会议以来提案工作情况的报告（草案）起草情况的说明；五、听取政协第十届全国委员会第四次会议议程和日程（草案）的说明。王忠禹、李贵鲜、张思卿、白立忱、罗豪才、张克辉、周铁农、郝建秀、陈奎元、阿不来提·阿不都热西提、徐匡迪、李兆焯、黄孟复、张怀西、李蒙、董建华、张梅颖、张榕明副主席，郑万通秘书长和常委共 282 人出席会议。中共中央办公厅、国务院办公厅负责人，省级和副省级市政协主席，全国政协副秘书长、各专门委员会负责人、中央统战部副部长、政协办公厅研究室主任列席会议。

政协第十届全国委员会常务委员会第十二次会议举行第二次全体会议。贾庆林主席出席会议。张克辉副主席主持会议。会议主要议题：听取各专门委员会负责人关于本委员会 2005 年度工作情况的汇报。刘仲藜、陈邦柱、刘忠德、李其炎、钮茂生、郭东坡、刘剑锋、王蒙常委分别代表本委员会作了汇报。王忠禹、刘延东、李贵鲜、张思卿、白立忱、罗豪才、张克辉、周铁农、郝建秀、陈奎元、阿不来提·阿不都热西提、徐匡迪、李兆焯、黄孟复、张怀西、李蒙、董建华、张梅颖、张榕明副主席，郑万通秘书长和常委共 270 人出席会议。省级和副省级市政协主席，全国政协副秘书长、各专门委员会负责人、中央统战部副部长、全国政协办公厅研究室主任列席会议。

27 日

政协第十届全国委员会常务委员会第十二次会议进行分组讨论，主要内容是常委会工作报告和提案工作情况报告。贾庆林主席，王忠禹、刘延东、李贵鲜、张思卿、白立忱、罗豪才、张克辉、周铁农、陈奎元、阿不来提·阿不都热西提、徐匡迪、李兆焯、黄孟复、张怀西、李蒙、张梅颖、张榕明副主席，郑万通秘书长分别参加小组讨论会。

政协第十届全国委员会常务委员会第十二次会议继续进行分组讨论，主要内容是常委会工作报告、提案工作情况报告、贯彻中央文件的决定。王忠禹、张思卿、白立忱、罗豪才、张克辉、周铁农、陈奎元、阿不来提·阿不都热西提、徐匡迪、李兆焯、黄孟复、张怀西、李蒙、张榕明副主席分别参加小组讨论会。

贾庆林主席在政协礼堂会见应我会邀请来访的泰国上议院第一副议长尼蓬。李昌鉴、王胜洪副秘书长等参加会见。

王忠禹副主席在政协礼堂与尼蓬副议长会谈并为代表团访华举行欢迎宴会。副秘书长王胜洪、经济委员会副主任陈耀邦、人口资源环境委员会副主任张洽、社会和法制委员会副主任王建伦等参加上述活动。

28日

贾庆林主席主持召开政协第十届全国委员会第三十三次主席会议。主要内容：听取郑万通秘书长关于政协第十届全国委员会常务委员会第十二次会议小组讨论情况的综合汇报。王忠禹、廖晖、刘延东、李贵鲜、张思卿、白立忱、张克辉、周铁农、郝建秀、陈奎元、阿不来提·阿不都热西提、徐匡迪、李兆焯、张怀西、李蒙、董建华、张梅颖、张榕明副主席出席会议。第十二次常委会议各小组召集人万学远、金日光、张圣坤、黄关从、李宝祥、任玉岭、王钦敏、冯培恩、王卓辉，副秘书长李昌鉴、吴明熹、齐续春、李敏宽、陈明德、潘贵玉、卢昌华，各专门委员会负责人傅杰、刘仲藜、陈邦柱、刘忠德、王建伦、钮茂生、郭东坡、张国祥、王蒙，有关方面负责人黄跃金，办公厅研究室主任卞晋平，政协十届四次会议秘书处有关组负责人列席会议。

政协第十届全国委员会常务委员会第十二次会议继续进行分组讨论，主要内容是提交审议的其他文件。张思卿、张克辉、周铁农、陈奎元、阿不来提·阿不都热西提、徐匡迪、张怀西、李蒙、张梅颖、张榕明副主席分别参加小组讨论会。

刘延东、罗豪才副主席，任建新同志在人民大会堂出席董必武同志诞辰120周年纪念座谈会。

政协第十届全国委员会常务委员会第十二次会议闭幕会在政协会议楼常委会议厅举行。贾庆林主席讲话，王忠禹副主席主持会议。会议主要议题：一、听取郑万通秘书长关于小组讨论情况的综合汇报；二、通过政协第十届全国委员会第四次会议议程（草案）和日程；三、通过政协全国委员会常务委员会工作报告；四、通过政协全国委员会常务委员会关于政协十届三次会议以来提案工作情况的报告；五、通过关于学习贯彻《中共中央关于加强人民政协工作的意见》的决定；六、通过关于举办纪念孙中山先生诞辰140周年活动的决定；七、通过政协第十届全国委员会第四次会议秘书长、副秘书长名单。廖晖、刘延东、李贵鲜、张思卿、白立忱、罗豪才、张克辉、周铁农、郝建秀、陈奎元、阿不来提·阿不都热西提、徐匡迪、李兆焯、张怀西、李蒙、董建华、张梅颖、张榕明副主席和常委共279人出席会议。中共中央办公厅、国务院办公厅负责人，省级和副省级市政协主席，中央统战部副部长，全国政协副秘书长、各专门委员会负责人、办公厅研究室主任列席会议。

3月

1日

政协第十届全国委员会常务委员会第八次学习讲座在政协会议楼常委会议厅举行。全国政协委员、致公党中央常委、中国科学院可持续发展战略研究组组长兼首席科学家牛文元向常委会组成人员作《全面协调可持续发展，创立中国科学发展的新模式》的讲座报告。贾庆林主席主持学习讲座。王忠禹、廖晖、李贵鲜、张思卿、白立忱、罗豪才、张克辉、周铁农、陈奎元、徐匡迪、李兆焯、张怀西、李蒙、张梅颖、张榕明副主席和常务委员出席报告会。

张思卿副主席召集部分常委就“长江黄金水道综合开发利用情况”进行座谈，为办公厅拟于五月份组织的常委视察团作前期准备。国家发改委、水利部、交通部有关负责人应邀出席会议。

卢昌华副秘书长在中南海出席王刚同志主持召开的研究 2006 年已故党和国家领导人诞辰纪念活动安排方案协调会。

2 日

政协十届四次会议秘书处在人民大会堂举行新闻发布会。大会新闻发言人吴建民介绍会议筹备情况并回答中外记者提问。大会副秘书长、新闻组组长陈洪出席发布会。报名采访“两会”的 400 余名中外记者参加发布会。

3 日

中共全国人大常委会党组和中共全国政协党组在人民大会堂召开“两会”中共党员负责人会议，胡锦涛总书记作重要讲话。中共全国政协党组成员、政协十届四次会议秘书处党员负责人、各专门委员会主任、中共党员小组负责人及各省、自治区、直辖市政协党组负责人参加会议。

政协第十届全国委员会第四次会议开幕会在人民大会堂举行。王忠禹副主席主持会议，贾庆林主席代表政协第十届全国委员会常务委员会作工作报告，罗豪才副主席代表政协第十届全国委员会常务委员会作关于政协十届三次会议以来提案工作情况的报告。廖晖、刘延东、阿沛·阿旺晋美、帕巴拉·格列朗杰、李贵鲜、张思卿、丁光训、霍英东、马万祺、白立忱、张克辉、周铁农、郝建秀、陈奎元、阿不来提·阿不都热西提、徐匡迪、李兆焯、黄孟复、张怀西、李蒙、董建华、张梅颖、张榕明副主席，郑万通秘书长和委员共 2168 人出席会议，党和国家领导人胡锦涛、吴邦国、温家宝、曾庆红、吴官正、李长春、罗干、王乐泉、王兆国、回良玉、刘淇、刘云山、吴仪、张立昌、张德江、陈良宇、周永康、俞正声、贺国强、郭伯雄、曹刚川、曾培炎、王刚、徐才厚、何勇、李铁映、司马义·艾买提、何鲁丽、丁石孙、成思危、许嘉璐、顾秀莲、热地、盛华仁、路甬祥、乌云其木格、韩启德、唐家璇、华建敏、陈至立、肖扬、贾春旺，中共中央办公厅、全国人大常委会办公厅、国务院办公厅负责人应邀参加开幕会并在主席台就座。国务院 31 个部委负责人、27 名海外侨胞列席开幕会。各国驻华使节旁听开幕会。

“两岸台胞民间交流促进会”成立大会暨第一次理事会在西苑饭店举行。全国政协副主席、台盟中央名誉主席张克辉在成立大会上当选首任会长，台盟中央主席林文漪当选为常务副会长。“两岸台胞民间交流促进会”是由台盟中央发起成立的全国性社团。

4 日

中共中央总书记、国家主席、中央军委主席胡锦涛，中共中央政治局常委、全国政协主席贾庆林到全国政协礼堂参加民盟、民进委员联组讨论会。胡锦涛总书记作重要讲话。全国人大常委会副委员长、民进中央主席许嘉璐参加讨论会。全国政协副主席王忠禹、刘延东、张怀西、张梅颖，秘书长郑万通，研究室主任卞晋平陪同参加会议。全国人大常委、民盟中央主席蒋树声，中央办公厅副主任令计划，中央统战部副部长楼志豪随同参加会议。

中共中央政治局常委、全国人大常委会委员长吴邦国到 21 世纪饭店参加农工党、九三学社委员联组讨论会并作重要讲话。全国人大常委会副委员长、九三学社中央主席韩启德参加讨论会。全国政协副主席李兆焯、李蒙，副秘书长李昌鉴、齐续春陪同参加会议。中央统战部常务副部长朱维群随同参加会议。

中共中央政治局常委、国务院总理温家宝到京丰宾馆参加经济界委员联组讨论会并作重要讲话。全国政协副主席李贵鲜、张思卿、黄孟复，副秘书长孙怀山陪同参加会议。国务院副秘书长张平、发改委主任马凯、科技部部长徐冠华、财政部部长金人庆、劳动保障部部长田成平、人民银行行长周小川、工商总局局长王众孚、国务院研究室主任魏礼群、银监会主席刘明康、证监会主席尚福林、中央政研室副主任王天增、商务部副部长于广洲、国资委副主任李伟、总理办公室主任丘小雄、国家统计局党组成员、纪检组长章国荣随同参加会议。

中共中央政治局常委、全国政协主席贾庆林到全国政协礼堂参加民革、台盟、台联委员联组讨论会并作重要讲话。全国政协副主席王忠禹、刘延东、张克辉、周铁农，秘书长郑万通，副秘书长李昌鉴、齐续春，研究室主任卞晋平陪同参加会议。中央台办主任陈云林，全国人大常委、台盟中央主席林文漪，中央统战部副部长楼志豪，中央台办副主任孙亚夫随同参加会议。

中共中央政治局常委、国家副主席曾庆红到京丰宾馆参加致公党、侨联委员的联组讨论会并作重要讲话。全国政协副主席白立忱、罗豪才、郝建秀，副秘书长陈洪陪同参加会议。中国侨联党组书记、主席林兆枢，教育部部长周济，中央统战部副部长黄跃金，海关总署副署长盛光祖，国务院侨办副主任赵阳，国务院港澳办副主任周波，国家邮政局副局长冯新生随同参加会议。

中共中央政治局常委、中央纪律检查委员会书记吴官正到中协宾馆参加新闻出版界委员联组讨论会并作重要讲话。全国政协副主席张克辉、陈奎元，副秘书长范西成陪同参加会议。新闻出版总署署长龙新民、中央宣传部副部长高俊良随同参加会议。

中共中央政治局常委李长春到华润饭店参加文艺界委员联组讨论会并作重要讲话。全国政协副主席周铁农、阿不来提·阿不都热西提，副秘书长卢昌华陪同参加会议。国家广电总局局长王太华、中宣部副部长李从军、中编办副主任王澜明、文化部副部长孟晓驷随同参加会议。

中共中央政治局常委、中央政法委书记罗干到友谊宾馆参加特邀界（53组、54组）委员联组讨论会并作重要讲话。全国政协副主席徐匡迪、张榕明，副秘书长王胜洪陪同参加会议。中央组织部副部长赵洪祝、中央统战部副部长陈喜庆随同参加会议。

董建华副主席出席香港特别行政区行政长官曾荫权在北京饭店为港区全国人大代表和全国政协委员举办的酒会。李昌鉴副秘书长参加了上述活动。

5日

十届全国人大四次会议开幕会在人民大会堂举行，听取国务院总理温家宝作政府工作报告。中共中央政治局常委、全国政协主席贾庆林，王忠禹、廖晖、刘延东、帕巴拉·格列朗杰、李贵鲜、张思卿、丁光训、马万祺、白立忱、罗豪才、张克辉、周铁农、郝建秀、陈奎元、阿不来提·阿不都热西提、徐匡迪、李兆焯、黄孟复、张怀西、李蒙、董建华、张梅颖、张榕明副主席，郑万通秘书长在主席台就座。全国政协委员列席会议。

政协十届四次会议分组讨论政府工作报告。

徐匡迪副主席在钓鱼台国宾馆出席国家外国专家局为香港全国政协常委郑家纯先生颁发“炎黄奖”仪式。

王忠禹副主席在政协机关会见并宴请来自14个国家列席政协十届四次会议的27位海外侨胞。郑万通秘书长，港澳台侨委员会主任郭东坡，李昌鉴副秘书长出席上述活动。

6日

中共中央政治局常委、全国政协主席贾庆林到全国政协礼堂参加香港、澳门委员联组讨论会并作重要讲话。全国政协副主席王忠禹、廖晖、刘延东、马万祺、董建华，秘书长郑万通，副秘书长李昌鉴，研究室主任卞晋平陪同参加会议。中央政府驻香港联络办公室主任高祀仁、中央政府驻澳门联络办公室主任白志健、全国政协港澳台侨委员会主任郭东坡，国务院港澳办副主任张晓明，中央政府驻香港联络办公室副主任黎桂康、中央政府驻澳门联络办公室副主任徐泽，中央统战部副部长楼志豪，中国保监会副主席李克穆、国家外汇局副局长邓先宏随同参加会议。

政协十届四次会议分组讨论政府工作报告。

全国人大常委会副委员长、全国妇联主席顾秀莲到华润饭店参加妇联界委员联组讨论会。全国政协副秘书长陈洪陪同参加会议。全国妇联党组书记、副主席黄晴宜，国家人口计生委副主任赵白鸽，国务院法制办副主任郜风涛，全国妇联书记处书记王乃坤随同参加会议。

政协十届四次会议分组讨论国民经济和社会发展第十一个五年规划纲要草案。

政协十届四次会议新闻发言人吴建民、新闻组组长卞晋平就《中共中央关于加强人民政协工作的意见》接受中央电视台《央视论坛》栏目的专题采访。

郑万通秘书长在政协机关主持召开贾庆林主席出访东南亚三国第二次协调会。王胜洪副秘书长出席会议。中办调研室、中联部、外交部、中办警卫局、民航总局、国航等有关单位负责人参加会议。

7日

中共中央政治局常委、全国政协主席贾庆林到空军丰台招待所参加民建、工商联委员联组讨论会并作重要讲话。全国人大常委会副委员长成思危，全国政协副主席王忠禹、黄孟复、张怀西、张梅颖、张榕明，秘书长郑万通，副秘书长李昌鉴，研究室主任卞晋平陪同参加会议。中共中央统战部副部长胡德平，国家工商行政管理总局副局长李东生，国家质量检验检疫总局副局长蒲长城，国家电力监管委员会副主席史玉波随同参加会议。

政协十届四次会议分组讨论国民经济和社会发展第十一个五年规划纲要草案。

提案委员会在政协机关就“农业增产、农民增收，促进社会主义新农村建设”方面的提案邀请提案党派、相关提案人及承办单位负责人召开现场办理协商会。全国政协副主席周铁农、李兆焯出席并讲话。提案委员会副主任宋宝瑞主持会议。国家发展和改革委员会副主任杜鹰、农业部副部长危朝安、科技部副部长李学勇，提案委员会主任傅杰，副主任张工、张岳琦、郑社奎、朱培康、范宝俊，全国政协副秘书长王胜洪，民盟中央副主席索丽生、民建中央副主席路明、民进中央副主席王佐书、致公党中央副主席杨邦杰、九三学社中央副主席洪绂曾，部分提案委员会委员，农工党中央有关负责人，相关提案人以及国家发展和改革委员会、科技部、财政部、国土资源部、水利部、农业部、商务部、中国人民银行、国务院扶贫办公室、供销合作总社10家承办单位有关负责人参加会议。

政协十届四次会议中外记者招待会在

人民大会堂新闻发布厅举行，主题为“积极建言献策，共绘‘十一五’蓝图”。吴敬琏、林毅夫、赵忠贤、邱晓华、鲁志强五位委员就有关问题回答记者提问。陈洪副秘书长出席会议。260多名中外记者与会采访。

中共中央总书记、国家主席、中央军委主席胡锦涛，中共中央政治局常委、全国政协主席贾庆林到全国政协礼堂参加农业界委员联组讨论会。胡锦涛总书记作重要讲话。全国政协副主席王忠禹、罗豪才、李蒙，秘书长郑万通，副秘书长李昌鉴，研究室主任卞晋平陪同参加会议。国土资源部副部长王世元，农业部副部长尹成杰，环保总局副局长王玉庆随同参加会议。

中共中央政治局委员、中央军委副主席郭伯雄到京丰宾馆参加特邀界（51组、52组）委员联组讨论会并作重要讲话。全国政协副秘书长孙怀山陪同参加会议。副总参谋长葛振峰，总政治部副主任刘永治，总后勤部副部长孙志强，总装备部副政委李栋恒，信息产业部副部长苟仲文，国防科工委副主任金壮龙，军委办公厅副主任曹育民随同参加会议。

政协十届四次会议进行小组、界别联组讨论，讨论内容：政府工作报告、国民经济和社会发展第十一个五年规划纲要草案。

刘延东、郝建秀、张榕明副主席在人民大会堂出席纪念“三八”国际劳动妇女节96周年招待会。

张梅颖副主席在人民大会堂出席中外妇女招待会。

罗豪才副主席在二十一世纪剧院观看“相约在春天”——全国政协十届四次会议《同一首歌》特别节目录播晚会。

张梅颖副主席在中国妇女活动中心出席港澳人大女代表、政协女委员“回娘家”活动。

8日

政协十届四次会议分组讨论计划报告和预算报告。

政协十届四次会议在人民大会堂新闻发布厅举行记者招待会。王蒙、王建伦、邓伟志和沈国舫等四位委员就“发挥政协优势、构建和谐社会”回答中外记者的提问。与会记者约150人。

政协十届四次会议第二次全体会议在人民大会堂举行。中共中央政治局常委、全国政协主席贾庆林出席会议，陈奎元副主席主持会议。陈耀邦、陈昌智、陈守义、鲁志强、刘迎霞、寿嘉华、李永海、张龙之、冯培恩、萧灼基、汪纪戎、尹明善委员先后作大会发言。王忠禹、廖晖、刘延东、帕巴拉·格列朗杰、李贵鲜、张思卿、白立忱、罗豪才、张克辉、周铁农、郝建秀、阿不来提·阿不都热西提、徐匡迪、李兆焯、黄孟复、张怀西、李蒙、张梅颖、张榕明副主席，郑万通秘书长和委员共1937人出席会议。中共中央政治局委员、国务院副总理吴仪，国务院办公厅和国务院20个部门的负责人应邀到会。

罗豪才副主席在致公党中央机关会见列席政协十届四次会议的海外侨胞。吴明熹副秘书长陪同会见。

十届全国人大四次会议在人民大会堂举行第二次全体会议，听取全国人大常委会委员长吴邦国作全国人民代表大会常务委员会工作报告。中共中央政治局常委、全国政协主席贾庆林，王忠禹、廖晖、刘延东、李贵鲜、张思卿、白立忱、罗豪才、张克辉、周铁农、陈奎元、阿不来提·阿不都热西提、徐匡迪、李兆焯、张怀西、张梅颖、张榕明副主席在主席台就座。

提案委员会在政协机关就“加快科技

自主创新成果转化问题”召开提案办理协商会，邀请提出提案的民主党派中央、相关提案人及提案承办单位负责人沟通情况，交换意见。黄孟复副主席出席并讲话。杨振杰副主任主持会议。国家发展和改革委员会副主任毕井泉，科技部副部长李学勇，提案委员会主任傅杰，副主任朱树豪、张德邻、俞泽猷、贾军、倪豪梅，李昌鉴、王胜洪副秘书长，民盟中央副主席张圣坤、民建中央副主席路明、致公党中央副主席杨邦杰，部分提案委员会委员，九三学社中央有关负责人，相关提案人以及国家发展和改革委员会、财政部、科技部、国资委、国家知识产权局有关负责人参加会议。

民族和宗教委员会召开第四次全体会议，通报委员会 2005 年度工作，审议通过本委员会 2006 年度工作计划草案。钮茂生主任，齐续春副秘书长，巴桑、邓福村、刘柏年、江家福、克尤木·巴吾东、李晋有、杨同祥、肖作福、金日光、香根·巴登多吉、夏日、黄璜、刘江、圣辉、任法融副主任出席会议。陈广元副主任主持会议。

政协十届四次会议第三次全体会议在人民大会堂举行。中共中央政治局常委、全国政协主席贾庆林出席会议，阿不来提·阿不都热西提副主席主持会议。韦钰、程津培、王志珍、卢强、沈士团、贺旻、任玉岭、张大宁、邓伟志、沈淑济、李汉秋、赵启正委员先后作大会发言。王忠禹、廖晖、刘延东、李贵鲜、张思卿、白立忱、罗豪才、张克辉、周铁农、郝建秀、陈奎元、徐匡迪、李兆焯、黄孟复、张怀西、李蒙、张梅颖、张榕明副主席，郑万通秘书长和委员共 1894 人出席会议。中共中央政治局委员、书记处书记刘云山，国务院委员陈至立以及国务院 20 个部门的负责人应邀到会。

10 日

政协十届四次会议第四次全体会议在人民大会堂举行。中共中央政治局常委、全国政协主席贾庆林出席会议，张梅颖副主席主持会议。蒋以任、李君如、朱培康、刘善璧、梁国扬、陈勋儒、王蒙、纪明波、徐枫、刘永好、王敏贤、崔世昌委员先后作大会发言。王忠禹、廖晖、刘延东、帕巴拉·格列朗杰、李贵鲜、张思卿、白立忱、罗豪才、张克辉、周铁农、郝建秀、陈奎元、阿不来提·阿不都热西提、徐匡迪、李兆焯、黄孟复、张怀西、李蒙、张榕明副主席，郑万通秘书长和委员共 1892 人出席会议。中共中央政治局委员、书记处书记、国务委员周永康以及国务院 20 个部门的负责人应邀到会。

国务委员陈至立到二十一世纪饭店参加教育界委员联组讨论会并讲话。全国政协副主席张梅颖参加会议，副秘书长卢昌华陪同参加会议。教育部部长周济、监察部副部长屈万祥、人民银行行长助理刘士余随同参加会议。

全国政协副主席、中央统战部部长刘延东到友谊宾馆参加宗教界委员小组讨论会。全国政协副秘书长齐续春陪同参加会议。中央统战部常务副部长朱维群、国家宗教局局长叶小文随同参加会议。

政协十届四次会议分组学习讨论《中共中央关于加强人民政协工作的意见》。

提案委员会在政协机关就“关于敦煌莫高窟保护和利用设施建设的提案”召开办理会。傅杰主任，张工、杨振杰、傅志煌副主任，王胜洪副秘书长，甘肃省副省长孙小系，提案人以及国家发展和改革委员会、国家文物局、甘肃省政府有关部门负责人参加会议。

提案委员会分为经济建设、教科文卫体、政治法律和社会保障三个组在政协机关召开分组会议，听取提案组各业务组关于提案初审情况的汇报并对疑难问题进行讨论。提案委员会主任傅杰，副主任朱培康、杨振杰、宋宝瑞、张工、张岳琦、郑社奎、范宝俊、俞泽猷、贾军、倪豪梅、朱树豪、张德邻、傅志煌，副秘书长王胜洪参加会议。

11日

十届全国人大四次会议在人民大会堂举行第三次全体会议，听取最高人民法院院长肖扬作最高人民法院工作报告，听取最高人民检察院检察长贾春旺作最高人民检察院工作报告。中共中央政治局常委、全国政协主席贾庆林，王忠禹、廖晖、刘延东、李贵鲜、张思卿、白立忱、罗豪才、张克辉、周铁农、陈奎元、阿不来提·阿不都热西提、徐匡迪、李兆焯、黄孟复、张怀西、李蒙、董建华、张梅颖、张榕明副主席，郑万通秘书长在主席台就座。全国政协委员列席会议。

政协十届四次会议分组讨论“两高”报告和各项决议草案。

政协十届四次会议在人民大会堂举办记者集体采访，邀请民盟中央主席蒋树声、台盟中央主席林文漪就加强多党合作、发挥参政党作用问题回答记者提问。大会新闻组组长卞晋平出席此项活动。近百名境内外记者参加采访活动。

人口资源环境委员会和国家林业局在政协礼堂召开2006年关注森林活动启动暨全民义务植树运动25周年纪念会。全国政协副主席、关注森林活动组委会主任张思卿出席会议并讲话；人口资源环境委员会主任、关注森林活动组委会副主任陈邦柱作关注森林活动工作报告；国家林业局局长、关注森林活动组委会副主任贾治邦出席并讲话；人口资源环境委员会副主任、关注森林活动组委会副主任江泽慧、张洽、温克刚，国家广电总局副局长、关注森林活动组委会副主任胡占凡，中国绿化基金会主席、关注森林活动组委会副主任王志宝等出席会议。

提案委员会在政协机关召开第十九次全体会议，讨论通过《政协十届四次会议提案审查情况的报告（草案）》。傅杰主任主持会议，朱培康、朱树豪、杨振杰、宋宝瑞、张工、张岳琦、张德邻、郑社奎、范宝俊、俞泽猷、贾军、傅志煌副主任出席会议。全体会后，提案委员会召开第十八次主任会议，听取未立案提案处理情况的汇报。

全国政协办公厅和中央统战部在钓鱼台国宾馆共同举行招待会，招待参加政协十届四次会议的港澳地区全国政协委员。中共中央政治局常委、全国政协主席贾庆林，国务委员唐家璇出席招待会。王忠禹副主席致辞，刘延东副主席主持招待会。罗豪才、张克辉、徐匡迪、董建华副主席，郑万通秘书长，港澳台侨委员会主任郭东坡，部分副秘书长出席招待会。有关部委负责人，中央人民政府驻香港、澳门联络办负责人应邀出席招待会。

12日

政协十届四次会议分组讨论政协工作。

贾庆林主席主持召开政协第十届全国委员会第三十四次主席会议。主要内容：一、听取政协第十届全国委员会第四次会议情况的综合汇报；二、审议政协第十届全国委员会第四次会议关于常务委员会工作报告的决议（草案）；三、审议政协第十届全国委员会第四次会议关于政协十届三次会议以来提案工作情况报告的决议（草案）；四、审议政协第十届全国委员会提案委员会关于政协十届四次会议提案审查情况的报告（草案）；五、审议政协第十届全国委员会第四次会议政治决议（草案）；六、审议通过政协第十届全国委员会不再担任专门委员会副主任名单（草案），专门委员会副主任增补名单（草案），专门委员会委员增补、调整名单；七、审议政协第十届全国委员会副秘书长免职名单（草案）和任命名单（草案）。王忠禹、廖晖、刘延东、帕巴拉·格列朗杰、李贵鲜、张思卿、丁光训、白立忱、罗豪才、张克辉、周铁农、郝建秀、陈奎元、阿不来提·阿不都热西提、徐匡迪、李兆焯、黄孟复、张怀西、李蒙、董建华、张梅颖、张榕明副主席和郑万通秘书长出席会议。政协十届四次会议副秘书长李昌鉴、吴明熹、孙怀山、李敏宽、陈明德、朱维群、潘贵玉、陈宗兴、陈抗甫、卢昌华、王胜洪、吴建民、黄跃金、廖晓军，研究室主任卞晋平，各专委会负责人傅杰、刘仲藜、陈邦柱、刘忠德、李其炎、钮茂生、郭东坡、刘剑锋、龚心瀚，中央统战部副部长楼志豪列席会议。

国务委员陈至立到燕翔饭店参加科协、科技界委员联组讨论会并讲话。全国政协副秘书长齐续春陪同参加会议。科技部部长徐冠华，国务院副秘书长陈进玉随同参加会议。

孙中山先生逝世81周年纪念仪式在中山公园中山堂举行。周铁农副主席主持纪念仪式，陈奎元副主席代表政协全国委员会向孙中山先生像敬献花篮。罗豪才、张克辉、张怀西、李蒙、张梅颖、张榕明副主席，万国权同志出席纪念仪式。

刘延东副主席在政协礼堂会见即将离任的塞黑驻华大使莫姆契洛维奇。

政协第十届全国委员会常务委员会第十三次会议在政协会议楼常委会议厅举行。贾庆林主席主持会议。主要议题：一、听取政协十届四次会议情况的综合汇报；二、通过政协第十届全国委员会第四次会议关于常务委员会工作报告的决议（草案）；三、通过政协第十届全国委员会第四次会议关于政协十届三次会议以来提案工作情况报告的决议（草案）；四、审议通过政协第十届全国委员会提案委员会关于政协十届四次会议提案审查情况的报告（草案）；五、通过政协第十届全国委员会第四次会议政治决议（草案）；六、通过政协第十届全国委员会不再担任专门委员会副主任名单；七、通过政协第十届全国委员会专门委员会副主任增补名单；八、通过政协第十届全国委员会副秘书长免职名单；九、通过政协第十届全国委员会副秘书长任命名单。王忠禹、廖晖、刘延东、帕巴拉·格烈朗杰、李贵鲜、张思卿、马万祺、白立忱、罗豪才、张克辉、周铁农、郝建秀、陈奎元、阿不来提·阿不都热西提、徐匡迪、李兆焯、张怀西、李蒙、董建华、张梅颖、张榕明副主席，郑万通秘书长和常委共292人出席会议。政协十届四次会议副秘书长、各委员小组负责人，各专门委员会负责人，省级和副省级市政协主席，中央统战部副部长列席会议。

政协第十届全国委员会常务委员会第十三次会议表决通过政协第十届全国委员会不再担任专门委员会副主任名单、专门委员会副主任增补名单、副秘书长免职名单和任命名单。根据工作需要，张梅颖副主席不再兼任全国政协副秘书长，张榕明副主席不再担任全国政协人口资源环境委员会副主任。陈洪、范西成同志不再担任政协十届全国委员会副秘书长。会议决定增补范西成为经济委员会副主任，王思齐、陈洪为民族和宗教委员会副主任，陈明义为港澳台侨委员会副主任，范钦臣、程世峨为文史和学习委员会副主任；决定任命索丽生、卞晋平、仝广成为政协第十届全国委员会副秘书长。

全国政协在政协礼堂设便宴招待出席政协十届四次会议的省级和副省级市政协主席。贾庆林主席出席招待会。郑万通秘书长主持招待会并致辞。王忠禹、帕巴拉·格列朗杰、李贵鲜、张思卿、白立忱、罗豪才、张克辉、周铁农、郝建秀、陈奎元、阿不来提·阿不都热西提、徐匡迪、张怀西、李蒙、张榕明副主席，省级和副省级市政协主席，全国政协部分副秘书长出席招待会。

人口资源环境委员会在京丰宾馆召开全体会议，在总结委员会去年工作基础上安排部署2006年专题调研等工作。陈邦柱主任主持会议，马国良、王克英、叶青、江泽慧、刘成果、李伟雄、杨魁孚、张洽、张人为、张宝明、何光暐副主任，潘贵玉、索丽生副秘书长和近70位委员出席。

13日

政协第十届全国委员会第四次会议闭幕会在人民大会堂举行。贾庆林主席主持会议。主要议题：一、通过政协第十届全国委员会第四次会议关于常务委员会工作报告的决议；二、通过政协第十届全国委员会第四次会议关于政协十届三次会议以来提案工作情况报告的决议；三、通过政协第十届全国委员会提案委员会关于政协十届四次会议提案审查情况的报告；四、通过政协第十届全国委员会第四次会议政治决议。王忠禹、廖晖、刘延东、帕巴拉·格列朗杰、李贵鲜、张思卿、丁光训、马万祺、白立忱、罗豪才、张克辉、周铁农、郝建秀、陈奎元、阿不来提·阿不都热西提、徐匡迪、李兆焯、黄孟复、张怀西、李蒙、董建华、张梅颖、张榕明副主席，郑万通秘书长和委员共2101人出席会议。党和国家领导人胡锦涛、吴邦国、温家宝、曾庆红、吴官正、李长春、罗干、王乐泉、王兆国、回良玉、刘淇、刘云山、吴仪、张立昌、张德江、陈良宇、周永康、俞正声、贺国强、郭伯雄、曹刚川、曾培炎、王刚、徐才厚、何勇、李铁映、司马义·艾买提、何鲁丽、丁石孙、成思危、许嘉璐、顾秀莲、热地、盛华仁、路甬祥、乌云其木格、韩启德、唐家璇、华建敏、陈至立、肖扬、贾春旺应邀参加闭幕会并在主席台就座。

中国宗教界和平委员会第二届委员会在北京召开第三次全体会议，审议通过“中宗和”工作报告，通报“中宗和”2006年度工作要点。全国政协副主席、“中宗和”主席丁光训出席会议并讲话。民族和宗教委员会主任钮茂生致辞。“中宗和”副主席陈广元主持会议。全国政协副秘书长齐续春，国家宗教局副局长蒋坚永，“中宗和”常务副主席圣辉，副主席一诚、任法融、刘柏年、张继禹、曹圣洁、嘉木样·洛桑久美·图丹却吉尼玛，秘书长余振贵出席会议。

14日

中共中央政治局常委、全国政协主席贾庆林，王忠禹、廖晖、刘延东、帕巴拉·格列朗杰、李贵鲜、张思卿、马万祺、白立忱、罗豪才、张克辉、周铁农、郝建秀、陈奎元、阿不来提·阿不都热西提、徐匡迪、李兆焯、黄孟复、张怀西、李蒙、董建华、张梅颖、张榕明副主席，郑万通秘书长在人民大会堂出席十届全国人大第四次会议闭幕会。

贾庆林主席在政协机关听取各有关单位负责人关于出访东南亚三国筹备工作情况汇报。郑万通秘书长主持会议。社会和法制委员会主任李其炎，民族和宗教委员会主任钮茂生，台盟中央副主席李敏宽，副秘书长王胜洪、仝广成，外交部副部长李金章，中联部部长助理谭家林，中央警卫局、民航总局等有关单位负责人参加会议。

全国政协副主席、中国经社理事会主席、经社理事会国际协会主席王忠禹在政协机关会见国际协会秘书长迪吕弗勒和国际劳工组织总干事顾问贝古。迪吕弗勒一行是应中国经社理事会邀请来华进行工作访问的。

15日

王忠禹副主席主持召开专门委员会主任会议，研究专门委员会调研工作安排。郑万通秘书长，各专门委员会负责人傅杰、陈耀邦、张治、刘忠德、李其炎、黄璜、郭东坡、刘剑锋、金开诚，副秘书长李昌鉴、齐续春、孙怀山、卞晋平、卢昌华、王胜洪、仝广成出席会议，研究室和各局级单位负责人列席会议。

罗豪才副主席在人民大会堂出席中国残疾人福利基金会第二届理事会第一次全体会议。

16日

由经社理事会国际协会、中国经社理事会、联合国经社理事会、中国民间组织国际交流促进会和北京大学共同举办的"联合国千年发展目标—教育与培训圆桌会议"在政协礼堂举行。经社理事会国际协会主席、中国经社理事会主席王忠禹出席会议并致开幕词。联合国副秘书长、联合国大学校长金克尔，联合国副秘书长、联合国培训与研究中心总干事马塞尔·博依萨德等联合国机构的官员、国际协会秘书长迪吕弗勒等21位外宾和中国民间组织国际交流促进会会长张志军、南开大学校长侯自新、北京大学常务副校长林建华等50余位国内来宾出席为期一天的会议。与会人员围绕会议主题进行了发言和讨论。中国经社理事会秘书长王胜洪、国际协会秘书长迪吕弗勒分别主持上、下午的会议。

罗豪才副主席在人民大会堂出席中国和平统一促进会七届二次常务理事会议。

17日

罗豪才副主席出席第22次中央"五侨"领导联席会议。会议讨论"侨法执法检查"有关事宜，通报中央"五侨"近期工作情况。港澳台侨委员会主任郭东坡，副主任张伟超、俞晓松参加会议。

张怀西副主席在人民大会堂出席由中国关心下一代工作委员会举办的大型爱国主义教育电视系列片《激励永远》全国电视台赠播仪式。

文史和学习委员会、中央文史研究馆、浙江省文化厅、人民政协报社在政协礼堂联合举办"纪念朱家溍先生献身文博事业座谈会"。文史和学习委员会主任王蒙主持会议。全国人大常委会副委员长韩启德、全国政协副主席刘延东出席会议并讲话，卢昌华副秘书长、刘济民副主任以及中央文史研究馆、国家文物局、国家博物馆、国家图书馆、故宫博物院、浙江省文物局、浙江省博物馆等有关单位和部门的负责同志，文博界的专家学者、朱家溍先生的生前友好及亲属近百人出席会议。

经济委员会主任刘仲藜、教科文卫体委员会副主任宋金升在国务院出席全国整顿和规范市场经济秩序电视电话会议。卢昌华副秘书长代表办公厅出席会议。

19日

"山水有情——杨延文作品展"在中国美术馆开幕。李瑞环同志，郑万通秘书长，孙怀山、卢昌华副秘书长，书画室副主任靳尚谊、王明明出席开幕仪式。首都各界人士200余人参加开幕式。

贾庆林主席到中国美术馆参观"山水有情——杨延文作品展"。李昌鉴、孙怀山副秘书长，书画室副主任赵喜明、王明明及画家杨延文等陪同参观。杨延文为全国政协委员、全国政协书画室委员、北京画院艺术委员会主任、著名画家。

20日

应越南共产党中央委员会和祖国阵线中央委员会、印度尼西亚人民协商会议、马来西亚国会上议长的邀请，贾庆林主席离京对上述三国进行正式友好访问。全国政协秘书长郑万通、中联部部长王家瑞、全国政协社会和法制委员会主任李其炎、民族和宗教委员会主任钮茂生、河北省政协主席赵金铎、宁夏回族自治区政协主席任启兴、台盟中央副主席李敏宽等主要陪同人员同机离京。李昌鉴副秘书长到机场送行。

王忠禹副主席到中国美术馆参观“山水有情——杨延文作品展”。卢昌华副秘书长，书画室副主任王明明及画家杨延文等陪同参观。

阿不来提·阿不都热西提副主席在人民大会堂会见由多数党领袖福法纳率领的塞拉利昂议会代表团。该团是应对外友协邀请访华的。

全国政协十届四次会议提案交办会在常委会议厅召开。李贵鲜副主席出席会议并讲话。提案委员会主任傅杰主持会议。全国政协秘书长郑万通，中共中央办公厅副主任毛林坤，国务院办公厅副秘书长焦焕成，国家发展和改革委员会副主任彭森，财政部副部长王军，教育部党组成员、部长助理郑树山，全国政协副秘书长王胜洪，提案委员会副主任杨振杰、张工、张岳琦、张德邻、范宝俊、俞泽猷、贾军、倪豪梅、傅志煌，经济委员会副主任刘立清，人口资源环境委员会副主任张洽，教科文卫体委员会副主任翟泰丰，社会和法制委员会副主任萧灼基，民族和宗教委员会副主任李晋有，港澳台侨委员会副主任张道诚，外事委员会副主任张国祥，文史和学习委员会副主任程世峨，部分提案委员会委员以及130多个在京提案承办单位的有关负责人出席会议。

应日本外务省邀请，以武韬为团长的中国经济社会理事会代表团一行6人赴日本访问。

20日至21日

徐匡迪副主席在京出席“‘建设节约型社会战略研究’咨询研究项目组会议”。

20日至4月5日

应我驻泰国、日本、韩国大使邀请，港澳台侨委员会主任郭东坡率6人赴上述三国访问。访问团将走访侨社，看望慰问侨胞，了解侨情及华文教育情况，并拜访驻三国大使。

21日

提案委员会召开第20次全体会议，讨论研究2006年度重点办理的提案。傅杰主任主持会议，杨振杰、张工、张岳琦、张德邻、范宝俊、俞泽猷、贾军、倪豪梅、傅志煌副主任出席会议。

李贵鲜副主席在人民大会堂出席国家主席胡锦涛为俄罗斯联邦总统普京访华举行的欢迎宴会并出席“俄罗斯年”开幕式。

李昌鉴、孙怀山副秘书长在人民大会堂出席“俄罗斯年”开幕式暨庆祝演出活动。机关干部职工50余人参加此项活动。

22日

刘延东副主席在政协礼堂会见即将离任的日本驻华大使阿南惟茂。

李贵鲜副主席在中国美术馆出席“俄罗斯艺术三百年——国立特列恰科夫美术博物馆珍品展”和“开放的俄罗斯艺术展”开幕式。

22日至31日

罗豪才副主席率“非政府组织在建设社会主义新农村中的作用”专题组一行13人赴山东、河南调研。社会和法制委员会副主任肖建章等参加调研。

23日

徐匡迪副主席在京会见美国纽约科技大学前校长张钟浚一行。

李蒙副主席在北京国际会议中心出席“2006中国节水用水先进技术设备展览

会”开幕式。

张克辉副主席在人民大会堂出席电视剧《施琅大将军》新闻发布会。

徐匡迪副主席在人民大会堂出席“中国十大名船颁奖典礼”。

张榕明副主席在人民大会堂出席国家副主席曾庆红为巴西副总统阿伦卡尔访华举行的欢迎仪式和欢迎宴会。

外事委员会主任刘剑锋在政协机关会见日本国际交流基金会日中交流中心所长桥本胜子一行 5 人。

23 日至 24 日

经济委员会“发展农村经济，加强基础设施建设，建设社会主义新农村”专题组在政协机关召开全体会议，听取中农办、发改委、农业部、国务院研究中心有关负责人介绍社会主义新农村建设的有关情况，讨论调研方案及工作安排。阿不来提·阿不都热西提副主席，厉以宁、陈耀邦、洪绂曾、林毅夫副主任等参加会议。

24 日

李兆焯副主席在人民大会堂会见以田永进副委员长为团长的朝鲜对外文化联络委员会代表团。该团是应对外友协邀请访华的。

应全国政协外事委员会邀请，以爱沙尼亚议会爱中议员小组主席彼得·克雷特兹伯格为团长的爱沙尼亚议会爱中议员小组代表团一行 7 人抵京对我国进行友好访问（至 29 日）。代表团抵京时，外事委员会委员潘占林到机场迎接。

社会和法制委员会“刑罚的科学构建与刑罚适用的价值取向”调研组在政协机关召开会议，讨论调研提纲、方法、行程等事宜。刘家琛、张福森副主任出席会议。

外事委员会在政协机关与爱沙尼亚议会爱中议员小组代表团举行座谈，刘剑锋主任主持会议并于会后举行欢迎宴会，张国祥副主任、人口资源环境委员会副主任温克刚以及部分外事委员会委员出席上述活动。

25 日

李蒙副主席在北京金台艺术馆出席萨马兰奇雕像揭幕仪式。

27 日

全国政协副主席、中共中央统战部部长刘延东在政协礼堂会见以爱沙尼亚议会爱中议员小组主席彼得·克雷特兹伯格为团长的爱沙尼亚议会爱中议员小组代表团。外事委员会副主任张国祥，王胜洪副秘书长及爱沙尼亚驻华大使梅特·马汀森等参加会见。

李昌鉴副秘书长在政协机关会见团结党全国主席克拉克率领的利比里亚政党联合代表团，并与克拉克主席举行会谈。该团是应中联部邀请访华的。

外事委员会副主任陈昊苏在对外友协会见爱沙尼亚议会爱中议员小组代表团。

社会和法制委员会“老年人权益保障法”专题考察组在政协机关召开会议，听取全国老龄委办公室负责人介绍情况。伍绍祖副主任主持会议。

28 日

王忠禹副主席在政协礼堂会见并宴请审计法院院长阿卜杜勒卡德尔·本马鲁夫率领的阿尔及利亚审计法院代表团。国家审计署审计长李金华、副审计长刘家义，王胜洪副秘书长参加会见。代表团是应审计署邀请访华的。

徐匡迪副主席在西安为陕西省副厅级以上党政领导干部作题为“飞速发展的科学技术与我国自主创新战略”的报告。报告会由中共陕西省委主办。

周铁农副主席在人民大会堂出席国家主席胡锦涛为罗马尼亚总统特拉扬·伯塞斯库访华举行的欢迎仪式和欢迎宴会。

人口资源环境委员会与中国工程院、

中国钢铁工业协会在京联合举办中国钢铁工业发展循环经济研讨会。会议的主题是“中国钢铁工业发展循环经济的模式探讨和中国钢铁企业发展循环经济的经验与实践”。李贵鲜副主席，人口资源环境委员会主任陈邦柱，副主任叶青、张洽、张宝明、温克刚，卢昌华副秘书长，全国政协常委、中华环保基金会副理事长汪纪戎，全国政协委员、中国钢铁工业协会常务副会长罗冰生，以及人口资源环境委员会部分委员，中国工程院和中国钢铁工业协会有关专家学者，国务院有关部委负责人，国内各大钢铁企业代表约 200 人出席报告会。

28 日至 29 日

社会和法制委员会“建设社会主义新农村”专题调研组在北京市调研。王建伦副主任带队，伍绍祖副主任等参加调研。

28 日至 4 月 7 日

经济委员会副主任陈耀邦、洪绂曾率“发展农村经济，加强基础设施建设，建设社会主义新农村”专题组赴福建、浙江就社会主义新农村建设中农村经济的发展和基础设施建设情况及农村扶贫工作进行调研。阿不来提·阿不都热西提副主席任顾问并参加调研。

29 日

张克辉副主席在政协机关会见并宴请以黄明和先生为团长的台湾厚生基金会大陆考察团一行 5 人。港澳台侨委员会副主任王永海，全国台联会长梁国扬陪同参加此项活动。

李昌鉴副秘书长在中南海出席由王刚同志主持召开的研究落实《关于拟在 2006 年举办已故党和国家领导同志诞辰纪念活动的安排意见》有关工作会议。

孙怀山副秘书长主持召开视察工作座谈会，听取各民主党派、团体对 2006 年全国政协委员视察工作计划（草案）的意见和建议。各民主党派中央、全国工商联、全国总工会、共青团中央、全国妇联等有关负责人出席会议。

黄孟复副主席在京会见德国“中国和平统一促进会”访问团一行。

徐匡迪副主席在中国浦东干部学院作题为《飞速发展的科学技术与我国自主创新战略》专题报告。此次讲座由中国浦东干部学院主办，在学院参加培训的省部级领导、中央和国家机关司局级干部、国有重要骨干企业领导、全国各地地级市市长听取报告。

30 日

周铁农、张梅颖副主席在人民大会堂出席中国关心下一代工作委员会、教育部、司法部等十二部委联合推出的“中国校园健康行动”启动仪式。杨利伟、费俊龙、聂海胜三位航天英雄被授予“中国青少年健康楷模”称号。

王忠禹副主席在政协礼堂会见应中联部邀请来访的印度尼西亚人民协商会议副主席、国民使命党指导委员会副主席法特瓦一行。王胜洪副秘书长参加会见。

31 日

李蒙副主席在人民大会堂出席全国造林绿化表彰动员大会。人口资源环境委员会副主任温克刚，卢昌华副秘书长参加会议。

人口资源环境委员会在政协机关召开会议，邀请国家环保总局、国家林业局、中国地震局、中国气象局、国家海洋局等有关单位负责人就“建立和完善海洋灾害预警机制问题”介绍情况。

文史和学习委员会副主任程世峨在政协机关召开“大运河的保护与申遗考察活动”、“大运河的保护与申遗研讨会”六省市政协协调会。

京昆室在政协机关召开部分京昆室成员会议，讨论确定 2006 年调研题目和考察方案。文化部有关部门负责人应邀出席会议并向委员们介绍国家重点京剧院团评估情况，同时就有关调研选题和相关事宜进行座谈。京昆室副主任张国祥主持会议。京昆室顾问万国权，副主任叶少兰、叶朗，全国政协常委任玉岭出席会议。

4 月

2 日至 10 日

人口资源环境委员会江泽慧副主任率“海洋灾害预警机制”专题调研组一行 17 人赴广东、广西调研。

3 日

李兆焯副主席在人民大会堂出席国家主席胡锦涛为土库曼斯坦总统尼亚佐夫访华举行的欢迎仪式和欢迎宴会。

李蒙副主席在北京林业大学出席“母亲河”论坛暨“青春装点新农村·百支青少年生态环保志愿者服务队进百村结百对”启动仪式。人口资源环境委员会副主任温克刚陪同出席。

4 日

贾庆林主席在人民大会堂会见泰国公主诗琳通。郑万通秘书长、仝广成副秘书长参加会见。

4 日至 6 日

以白立忱副主席为团长，叶连松常委为副团长的全国政协委员视察团一行 21 人，就“中国产品质量电子监管网建设情况”赴河北省进行视察。

5 日

王忠禹副主席主持召开政协第十届全国委员会专门委员会主任会议。主要议题：一、研究政协全国委员会各专委会 2006 年重点调研课题；二、研究全国政协办公厅关于 2006 年全国政协委员视察工作计划。郑万通秘书长，专委会负责人傅杰、张工、刘仲藜、厉以宁、陈邦柱、张治、于友先、徐善衍、李其炎、萧灼基、钮茂生、黄璜、张伟超、张道诚、刘剑锋、张国祥、王蒙、程世峨，卢昌华、王胜洪、仝广成副秘书长出席会议。办公厅研究室和有关局级单位负责人列席会议。

李兆焯副主席在陕西省黄陵县出席丙戌年清明公祭轩辕黄帝典礼活动。经济委员会副主任范西成陪同。

6 日

李蒙副主席在人民大会堂出席国家主席胡锦涛为也门共和国总统阿里·阿卜杜拉·萨利赫访华举行的欢迎仪式和欢迎宴会。

李兆焯副主席在陕西省西安出席第十届中国东西部合作与投资贸易洽谈会开幕式。经济委员会副主任范西成陪同。

郑万通秘书长在机关主持召开第三十次秘书长办公会议。主要议题：一、研究关于应邀赴地方政协宣讲《中共中央关于加强人民政协工作的意见》的工作方案；二、研究政协全国委员会办公厅关于 2006 年视察、调研题目及时间地点安排方案；三、研究政协全国委员会办公厅关于 2006 年全国政协委员视察工作计划（草案）；四、研究政协全国委员会办公厅关于筹建中国政协文史资料馆初步方案；五、研究 2006 年全国政协委员集中学习计划安排（草案）；六、研究 2006 年机关干部境外学习培训安排意见；七、研究 2006 年政协干部培训工作安排意见；八、审议政协第十届全国委员会第四次会议秘书处工作总结（稿）；九、布置 2006 年的重点工作。卞晋平、卢昌华、王胜洪、仝广成副秘书长出席会议，研究室和各局级单位负责人参加会议。

全国政协办公厅、教科文卫体委员会与农工党中央联合举办“城市医疗卫生服务体系建设”专题座谈会。教科文卫体委员会副主任孙隆椿主持会议，卫生部副部长王陇德介绍有关情况。齐续春副秘书长，全国政协部分信息特邀委员、教科文卫体委员会部分委员，农工党中央及民进中央部分成员共约40人出席会议。

提案委员会召开第十九次主任会议，研究讨论《提案委员会2006年度工作要点》（稿），确定主任、副主任工作分工。傅杰主任主持会议，朱培康、张工、张岳琦、范宝俊、贾军、俞泽猷、倪豪梅副主任参加会议。

应北京市道教协会等单位邀请，民族和宗教委员会副主任黄璜到北京市海淀区参加桃源观道教活动场所颁证仪式。

7日

罗豪才副主席在钓鱼台国宾馆会见并宴请缅甸联邦巩固和发展协会代表团。中联部副部长陈凤翔参加会见。

徐匡迪副主席在钓鱼台国宾馆俱乐部出席纪念中美“乒乓外交”三十五周年招待会。

李昌鉴副秘书长应邀参加海南省政协举办的报告会，就学习贯彻《中共中央关于加强人民政协工作的意见》作专题报告。

8日

罗豪才副主席在北京大学出席“协商民主与软法”研讨会。提案委员会副主任傅志煌陪同出席会议。

8日至19日

港澳台侨委员会主任郭东坡、副主任张廷翰等一行6人赴香港、澳门和深圳就“如何更好地发挥各级政协港澳委员在维护港澳繁荣稳定发展中的作用”进行调研。

10日

张榕明副主席在政协机关会见并宴请由欧洲议会总务官格拉鲍夫斯卡女士率领的欧洲议会社会党议员团波兰籍议员代表团。外事委员会主任刘剑锋，卢昌华副秘书长等参加会见。

提案委员会召开第二十一次全体会议，研究2006年度工作安排，讨论通过《提案委员会2006年度工作要点》（稿）。傅杰主任主持会议，杨振杰、张工、范宝俊、俞泽猷、贾军、倪豪梅、傅志煌副主任参加会议。

外事委员会在政协机关召开主任会议，研究落实外事委员会2006年工作计划。刘剑锋主任主持会议，马振岗、王淑贤、刘华秋、杨正泉、张国祥、武韬、赵启正、原泰副主任出席会议。

外事委员会副主任李北海、原泰在政协机关与外交部拉美司负责人座谈，就开展未建交国工作交换意见。

李昌鉴副秘书长应邀参加深圳市委理论学习中心组（扩大）学习会，就学习贯彻《中共中央关于加强人民政协工作的意见》作专题报告。深圳市委书记李鸿忠、市政协主席李德成以及市党政机关、民主党派机关主要负责人和在深圳市的全国政协委员共400多人出席会议。

11日

贾庆林主席主持召开政协第十届全国委员会第三十五次主席会议，主要内容：一、听取贾庆林主席访问越南、印度尼西亚和马来西亚情况的通报；二、研究确定政协十届常委会第十四次会议和专题协商会议题。会议建议政协常委会第十四次会议以“建设社会主义新农村和提高自主创新能力问题”为议题，建议分别以“提高自主创新能力”和“推进西部大开发”为议题召开两次专题协商会。会议要求政协办公厅和各专门委员会抓紧做好常委会议筹备工作，尽快拟定会议的具体工作方案；各专门委员会要围绕第十四次常委会议和两次专题协商会的议题，根据各自的职责和特点，抓紧确定重点调研课题，力争提出一批高质量的调研成果；要及时与各民主党派中央、全国工商联、无党派人士和有关人民团体就常委会议的内容进行沟通、组织调研。会议强调，今年是实施“十一五”规划的开局之年，也是学习贯彻《中共中央关于加强人民政协工作的意见》的第一年，要着重抓好五项工作：一要深入学习贯彻《中共中央关于加强人民政协工作的意见》；二要开好第十四次常委会议和两次专题协商会；三要努力推进工作创新；四要大力加强人民政协的理论研究和政协委员学习培训工作；五要切实加强人民政协自身建设。王忠禹、廖晖、刘延东、李贵鲜、张思卿、白立忱、罗豪才、张克辉、周铁农、郝建秀、陈奎元、阿不来提·阿不都热西提、徐匡迪、李兆焯、黄孟复、李蒙、张梅颖、张榕明副主席，郑万通秘书长出席会议。李昌鉴、吴明熹、齐续春、孙怀山、陈明德、潘贵玉、陈抗甫、张龙之、索丽生、卢昌华、仝广成副秘书长，各专门委员会负责人傅杰、陈耀邦、陈邦柱、徐善衍、傅庚辰、李其炎、钮茂生、张道诚、张国祥、崔占福，办公厅研究室和有关局级单位负责人列席会议。

张梅颖副主席在人民大会堂出席国家主席胡锦涛为格鲁吉亚总统米哈伊尔·萨卡什维利访华举行的欢迎仪式和欢迎宴会。

社会和法制委员会“建设社会主义新农村”专题组邀请国家发改委、农业部、劳动和社会保障部、民政部、司法部和国家信访局等部门有关负责人介绍情况并与委员座谈。李其炎主任，王建伦、萧灼基副主任，经济委员会副主任段应碧等出席会议。

12日

经济委员会“环渤海经济圈经济发展”专题组召开会议，听取国家发展和改革委员会关于京津冀都市圈区域规划情况和环渤海地区经济发展政策制定情况的介绍。吴敬琏、叶连松、邵奇惠副主任出席会议。

李昌鉴副秘书长在政协机关主持召开关于举办纪念陆定一、王首道同志诞辰100周年纪念座谈会工作协调会。中宣部、中央党史研究室、国办、文化部、交通部、团中央、中央警卫局及机关有关局室负责人出席会议。

12日至14日

教科文卫体委员会副主任王巨才率部分政协委员、专家学者先后考察北京市民族团结中学、三帆中学、史家小学、东四九条小学，了解北京市义务教育学校择校问题。

13日

贾庆林主席在人民大会堂会见新加坡国务资政吴作栋。郑万通秘书长、仝广成副秘书长出席会见。吴作栋是应中国政府邀请访华的。

港澳台侨委员会副主任张伟超出席在中华世纪坛举办的《印尼华人马永强绘画作品展》开幕式。

14日

王忠禹、李贵鲜、张思卿、罗豪才、张克辉、周铁农、陈奎元、阿不来提·阿不都热西提、徐匡迪、黄孟复、李蒙、张梅颖、张榕明副王席，郑万通秘书长，李昌鉴、齐续春、卢昌华副秘书长及机关干部职工340人在北京奥林匹克公园开展义务植树活动。

人口资源环境委员会副主任李伟雄在中南海出席国家人口发展战略研究工作总结座谈会。

16日

周铁农副主席在政协机关会见中国国际广播电台主办的“中国宝岛台湾”全球知识竞赛特等奖获奖人员并为他们颁奖。

16日至17日

罗豪才、周铁农、徐匡迪、李蒙、张梅颖、张榕明副主席在中国人民革命军事博物馆参观中国保护知识产权成果展览。

17日

贾庆林主席在人民大会堂会见菲律宾参议长德里隆。李兆焯副主席，王胜洪、仝广成副秘书长等出席会见。德里隆参议长是应全国人大常委会委员长吴邦国邀请访华的。

贾庆林主席在人民大会堂会见并宴请奥地利联邦议会常务副议长哈泽尔巴赫。郑万通秘书长，王胜洪、仝广成副秘书长等出席此项活动。哈泽尔巴赫副议长是应对外友协邀请访华的。

罗豪才副主席在钓鱼台国宾馆会见并宴请韩中文化协会总裁李荣一先生一行。中国国际交流协会常务副会长李成仁参加会见。

民族和宗教委员会举行2006年第1次委员学习日活动，邀请国家发展和改革委员会农村经济司有关负责人介绍关于社会主义新农村建设中的基础设施建设问题。

17日至20日

经济委员会“环渤海经济圈经济发展”专题组赴河北省石家庄、唐山、廊坊等地调研。吴敬琏、叶连松副主任任组长，王武龙等委员参加调研。

17日至21日

周铁农副主席在云南省参加西部十二省（区市）政协关于“文化体制改革和文化产业发展”专题研讨会，教科文卫体委员会副主任傅庚辰等参加会议。

文史和学习委员会副主任范钦臣在河南郑州市出席《治理黄河》专题史料征编研讨会。

17日至26日

由全国政协办公厅组织的中央新闻单位采访团赴河南省采访，这是全国政协办公厅第15次组团赴地方进行采访报道。李昌鉴、陈宗兴副秘书长担任本次采访团团长。采访团抵达郑州当日，中共河南省委书记徐光春、省长李成玉、省政协主席王全书接受采访，介绍学习贯彻《中共中央关于加强人民政协工作的意见》情况，以及河南社会经济发展成就和“十一五”期间的奋斗目标。采访团还深入郑州、洛阳、焦作、安阳、开封等市县，采访当地党委、政府、政协的负责人及部分政协委员和民主党派成员，报道各级党委、政府重视和支持政协工作，政协积极主动履行职能的新做法、新经验。人民日报、新华社、光明日报、经济日报、中央人民广播电台、中央电视台、中国国际广播电台、中国新闻社、法制日报、中国青年报、农民日报、人民政协报、中国政协杂志社、香港文汇报、香港大公报、香港商报等18家新闻单位参加本次采访活动。

18日

贾庆林主席在人民大会堂会见以前首相桥本龙太郎为团长的2006年度日本国际贸易促进协会代表团。郑万通秘书长、仝广成副秘书长出席会见。代表团是应中国国际贸易促进会邀请访华的。

罗豪才副主席在人民大会堂会见以副主席伊·瑟尔希为团长的罗马尼亚社会民主党代表团。中联部副部长陈凤翔参加会见。

18日至26日

贾庆林主席在江西省委书记孟建柱、省长黄智权、省政协主席钟起煌，江苏省委书记李源潮、省长梁保华、省政协主席许仲林等陪同下，先后到江西吉安、景德镇，江苏连云港、淮安、扬州、泰州、南通、无锡、南京等地调研，了解建设社会主义新农村和提高自主创新能力的情况。贾庆林主席在调研中强调，统一战线和人民政协要全面贯彻落实科学发展观，坚持围绕中心、服务大局，多献求真务实之策，多做开拓创新之事，促进经济社会又快又好发展，为实现“十一五”时期的奋斗目标作出新贡献。全国政协副主席、中央统战部部长刘延东参加调研。郑万通秘书长，中央统战部副部长、国家民委主任李德洙，中央统战部副部长陈喜庆，经济委员会副主任、九三学社中央副主席洪绂曾，社会和法制委员会副主任萧灼基，经济委员会委员、致公党中央副主席杨邦杰，全广成副秘书长陪同调研。

19日

张榕明副主席受贾庆林主席、王忠禹副主席委托并代表全国政协到陕西省西京医院看望弥留之际的陕西省政协主席艾丕善并慰问其家属。

提案委员会副主任傅志煌在政协机关主持召开党派提案情况通报会，介绍政协十届四次会议各民主党派中央和全国工商联提案审查立案情况和提案委员会2006年度重点提案办理工作计划，听取意见和建议。王胜洪副秘书长出席并讲话，各民主党派中央和全国工商联有关负责人参加会议。

外事委员会在政协机关与以法国参议院法中友好小组主席让·贝尔松为团长的法国议员团举行座谈。马振岗副主任主持会议，外事委员会副主任张国祥、周可仁，教科文卫体委员会副主任徐善衍及部分经济委员会、教科文卫体委员会和外事委员会委员出席会议。

19日至5月1日

应欧盟经社委员会邀请，全国政协常委、中国经社理事会副主席陈清泰，全国政协副秘书长卞晋平率中国经社理事会代表团乘飞机前往布鲁塞尔就“协调区域发展，构建和谐社会”先后对欧盟经社委员会、爱尔兰、葡萄牙、西班牙等进行考察。

20日

提案委员会召开第20次主任会议，传达第35次主席会议精神，研究提案工作发展创新问题。傅杰主任主持会议，副主任张工、贾军、倪豪梅、傅志煌，王胜洪副秘书长参加会议。

民族和宗教委员会在政协机关召开“民族地区建设社会主义新农村问题”座谈会，邀请中央统战部、全国人大民委、国家民委、农业部、国务院发展研究中心、国务院西部开发办、中国社科院、中国农科院等部门负责人和专家学者进行座谈。江家福副主任主持会议，刘柏年、李晋有、杨同祥、陈广元、金日光副主任以及民族和宗教委员会部分在京委员参加会议。

20日至22日

人口资源环境委员会部分委员赴河北省唐山，就曹妃甸循环经济生态工业园区建设进行跟踪调研，并就新农村建设问题在丰南区黄各庄和开平区半壁店村考察。张宝明副主任带队，李伟雄、杨魁孚副主任，孙怀山副秘书长参加调研。

21日至28日

以张怀西副主席为团长，虞荣仁、王卓辉委员为副团长的全国政协委员视察团一行22人就“休闲产业发展”赴浙江省杭州、宁波进行视察。

22日

港澳台侨委员会副主任王永海在政协机关会见并宴请台湾中国统一联盟第一副主席王晓波先生一行2人。

23日至24日

人口资源环境委员会主任、关注森林组委会副主任陈邦柱带领“国家城市森林考察组”赴浙江省临安考察城市森林建设情况。

23日至28日

董建华副主席赴浙江考察社会主义新农村建设和宁波、舟山港口建设情况。

24日

罗豪才副主席在人民大会堂出席国家副主席曾庆红为塞拉利昂副总统贝雷瓦访华举行的欢迎仪式和欢迎宴会。

民族和宗教委员会召开会议，征求委员对国务院《清真食品管理条例》（草案）的修改意见。陈广元副主任主持会议。民宗委部分在京委员参加会议。国家民委有关负责同志到会介绍《条例》（草案）起草情况并听取意见。

25日

全国政协副主席、“关注森林”活动组委会主任张思卿在政协机关会见美国著名环境与健康科学家泰瑞·温特博士一行。全国政协委员、中华爱心基金会会长、中央统战部原副部长田鹤年，中华爱心基金会副会长兼秘书长邢凯参加会见。温特博士一行是应共青团中央、希望工程管理中心邀请来华访问的。

罗豪才副主席赴河南洛阳出席“河洛文化国际研讨会”。港澳台侨委员会主任郭东坡参加研讨会。

徐匡迪副主席在政协礼堂观看《敬礼，劳动者》——2006年庆祝“五一”国际劳动节文艺晚会并接见演职人员。

王胜洪副秘书长在政协机关会见并宴请澳大利亚麦格理银行执行董事、澳中商会前主席沃里克·史密斯。

25日至28日

第三期全国政协委员学习研讨班在中央社会主义学院举行。王忠禹副主席出席开班仪式并讲话。文史和学习委员会主任王蒙主持开班仪式和结业仪式。郑万通秘书长出席结业仪式并讲话。文史和学习委员会副主任金开诚、程世峨出席结业仪式。在京的157名全国政协委员参加研讨班。本期学习研讨班共分“学习贯彻《中共中央关于加强人民政协工作的意见》”、“关于人民政协理论与实践的几个问题”、“国际形势”和“人民政协的经常性工作”等四个课题。郑万通秘书长，李昌鉴副秘书长，外事委员会副主任刘华秋分别主讲。

25日至29日

李昌鉴副秘书长应邀赴四川、重庆、陕西等地，就学习贯彻《中共中央关于加强人民政协工作的意见》作报告。

26日

白立忱副主席在人民大会堂出席庆祝“五一”国际劳动节暨“当好主力军，建功‘十一五’，和谐奔小康”竞赛活动动员大会。会前接见全国劳动模范和五一劳动奖状、奖章获得者代表并合影。全国工商联副主席张龙之参加会议。

经济委员会“推进我国保险市场建设”专题组在政协机关召开座谈会，邀请财政部、中国人民银行、国家税务总局、中国银监会、中国证监会、中国保监会相关负责人介绍我国保险市场建设有关情况。陈耀先副主任主持会议，刘立清副主任等出席会议。

外事委员会副主任武韬在政协机关会见并宴请澳大利亚环球基金会秘书长斯蒂夫·霍华德。

27日

郑万通秘书长在中南海出席由王刚同志主持召开的中央重要会议活动协调联席会议。

28日

经济委员会“进一步推进西部大开发战略深入实施”专题调研座谈会在中协宾馆举行。王忠禹副主席出席并讲话。会议听取了国家发改委副主任、国务院西部开发办公室副主任王金祥关于西部大开发六年来总体情况的介绍。段应碧副主任主持会议。刘仲藜主任，刘立清、范西成副主任和卢昌华副秘书长出席会议。专题组成员、国务院西部开发办公室有关司局负责人、有关民主党派成员、西部12省（市、区）政协经济委员会和办公室负责人共70余人参加会议。

29日

王忠禹副主席在政协机关会见参加民族地区建设社会主义新农村座谈会的代表并讲话。座谈会由民族和宗教委员会主办，来自内蒙古、广西、西藏、宁夏、新疆五个自治区的近二十位农村基层代表参加会议。民族和宗教委员会主任钮茂生，副主任李晋有、金日光、黄璜及民宗委部分在京委员参加会议。

5月

4日至12日

应全国政协外事委员会邀请，作为“俄罗斯年”活动的一部分，以米·维·马尔格洛夫主席为团长的俄罗斯联邦委员会国际事务委员会代表团访华。期间，贾庆林主席在人民大会堂会见代表团，郑万通秘书长、外事委员会主任刘剑锋、外交部副部长武大伟、外事委员会副主任武韬、副秘书长仝广成和俄罗斯驻华大使拉佐夫参加会见；外事委员会主任刘剑锋在政协机关主持与俄联邦委员会国际事务委员会代表团座谈并宴请代表团，武韬副主任和部分外事委员会委员出席会议；外事委员会副主任武韬到机场迎接并陪同代表团访问上海、辽宁；王胜洪副秘书长陪同代表团访问沈阳市。

6日至21日

应英国BP集团公司、俄罗斯联邦上海贸易中心、瑞士ASM公司邀请，中国经济社会理事会顾问陈锦华访问上述三国。

8日

白立忱、阿不来提·阿不都热西提副主席在京丰宾馆出席中国伊斯兰教第八次全国代表会议开幕会。

罗豪才副主席在钓鱼台国宾馆会见并宴请美洲各地中华会馆中华公所华侨总会联谊会代表团。致公党中央副主席吴明熹参加会见。

全国政协机关举办全体干部系列学习讲座第一讲，请人事部副部长侯建良作学习公务员法辅导报告。郑万通秘书长主持学习讲座，并就学习贯彻中共中央颁布的《干部教育培训工作条例》，进一步加强和改进机关干部教育培训工作作了讲话。

8日至25日

以张思卿副主席为团长，卢荣景、叶连松常委为副团长的全国政协常委视察团就“加快长江经济带发展情况”赴重庆、湖北、湖南、江西、安徽四省一市进行视察。视察团围绕长江中上游地区的航运和港口建设、产业与城市发展、农田水利设施和新农村建设等内容在重庆、宜昌、岳阳、武汉、九江、芜湖、合肥7个城市进行视察。期间，中央政治局委员、湖北省委书记俞正声，重庆市委书记汪洋、市政协主席刘志忠，湖北省省长罗清泉，湖南省委书记张春贤、省政协主席胡彪，江西省省长黄智权、省政协主席钟起煌，安徽省委书记郭金龙、省长王金山、省政协主席方兆祥等省市领导陪同视察，与视察团进行座谈。

9日至16日

人口资源环境委员会副主任刘成果率“农村清洁工程”调研组一行14人赴湖南、四川调研。马国良、王克英副主任参加调研。

10日

全国政协办公厅与交通部在人民大会堂举行王首道同志诞辰100周年纪念座谈

会。贾庆林主席出席会议，王忠禹副主席主持会议并讲话。中央党史研究室副主任李忠杰、交通部部长李盛霖、湖南省委副书记戚和平、王首道同志生前友好代表孙铁钟同志分别发言。刘延东、李贵鲜、罗豪才副主席，郑万通秘书长，李昌鉴、吴明熹、李敏宽、陈抗甫、张龙之、仝广成副秘书长，中央办公厅、国务院办公厅、中央党史研究室、交通部、各民主党派中央和全国工商联、湖南和广东省的负责人，以及王首道同志亲属、生前友好和原身边工作人员代表约200人出席会议。

阿不来提·阿不都热西提副主席出席提案委员会“农民工权益保护问题”专题调研筹备会议，听取劳动和社会保障部有关负责人介绍情况并座谈。

经济委员会副主任陈清泰在政协机关主持召开“促进企业自主创新的体制和机制建设”专题组座谈会，邀请国家发改委、科技部、财政部、中国人民银行、国务院国资委、国家税务总局的有关负责人介绍我国企业自主创新的相关情况。经济委员会副主任刘廷焕出席会议。

10日至12日

社会和法制委员会王建伦副主任率“建设社会主义新农村”专题调研组赴河北省张家口进行调研。

10日至14日

提案委员会主任傅杰、副主任俞泽猷，王胜洪副秘书长赴浙江杭州出席华东六省一市政协第十三次提案工作座谈会，听取地方政协关于提案工作发展与创新问题的意见和建议。张怀西副主席出席座谈会开幕式。

10日至20日

人口资源环境委员会杨魁孚副主任率“农村老龄人口问题”专题调研组赴山东、浙江进行调研。李伟雄副主任参加调研。

11日

罗豪才副主席在政协机关会见香港南区区议会访京团一行30人，向客人介绍中国共产党领导的多党合作和政治协商制度以及民主党派发挥参政议政作用等有关情况。港澳台侨委员会主任郭东坡、副主任俞晓松，国务院港澳办副主任周波等出席会见。

罗豪才副主席在钓鱼台国宾馆会见并宴请泰国明泰集团有限公司董事长李景河先生一行7人。1月15日，罗豪才副主席、李景河先生等3人在泰国曼谷同时接受华侨崇圣大学授予的名誉博士学位。

全国政协办公厅召开信息中心成立会。郑万通秘书长出席并讲话。李昌鉴、孙怀山、卢昌华副秘书长，全国政协常委萧灼基，全国政协委员段永基、王惠通，中央办公厅、全国人大常委会办公厅有关部门负责人，办公厅研究室、各局级单位负责人等出席会议。卞晋平副秘书长主持成立会。

郑万通秘书长主持召开政协第十届全国委员会第三十一次秘书长办公会议。主要议题：一、研究专题协商会方案；二、研究围绕专题协商会的调研课题和其他重点调研题目；三、听取关于中国人民政协理论研究会筹备情况的汇报；四、研究中央有关部门贯彻落实《中共中央关于加强人民政协工作的意见》重要举措分工方案（代拟稿）；五、研究关于对各地学习贯彻《中共中央关于加强人民政协工作的意见》情况开展检查的工作方案（草案）。李昌鉴、孙怀山、卞晋平、卢昌华、仝广成副秘书长出席会议。研究室和各局级单位负责人列席会议。

外事委员会与中国经济社会理事会外事委员会联合调研组在政协机关召开会议，听取全国总工会基层组织建设部负责人介绍“外资企业员工权益保护与工会组建”等情况。张国祥副主任主持会议，中国经济社会理事会副主席张俊九、外事委员会副主任原泰及部分外事委员会委员参加会议。

文史和学习委员会在政协机关召开“大运河保护与申遗”情况通报会。刘枫副主任主持会议。建设部、水利部、文化部和国家文物局有关负责人分别通报大运河物质遗产、非物质遗产保护以及大运河与南水北调工程建设关系等情况。程世峨副主任和考察团成员 60 多人出席会议。

11 日至 19 日

人口资源环境委员会和民建中央组成的调研组就“辽河流域污染问题”赴内蒙古、吉林、辽宁三省区调研。张榕明副主席和人口资源环境委员会主任陈邦柱率队调研。

11 日至 23 日

阿不来提·阿不都热西提副主席和提案委员会副主席倪豪梅率提案委员会“农民工权益保护问题”调研组赴湖南、广东进行调研。部分提案委员会委员、相关提案人以及劳动和社会保障部有关负责人参加调研。

12 日

文史和学习委员会在首都博物馆新馆举行全国政协京杭大运河保护与申遗活动启动仪式。贾庆林主席作出批示，祝贺活动的举办。中共中央政治局委员、北京市委书记刘淇，全国政协副主席、大运河保护与申遗考察团团长陈奎元出席并讲话。全国政协文史和学习委员会副主任、考察团副团长刘枫，北京市政协主席阳安江，全国政协副秘书长卞晋平，北京市副市长张茅，北京市政协副主席张和平，建设部总规划师陈晓丽，水利部总工程师刘宁，文化部党组成员、纪检组长常克仁，国家文物局副局长童明康，中国联合国教科文组织全国委员会秘书长田小刚，以及考察团各位委员、专家学者、沿河六省市政协文史委负责人，中央、首都及地方新闻单位记者 90 余人参加启动仪式。

郑万通秘书长在政协机关主持召开孙中山先生诞辰 140 周年纪念活动筹备办公室第一次全体会议。李昌鉴副秘书长就孙中山先生诞辰 140 周年纪念活动前期筹备工作情况，筹备办公室组成人员名单、下设工作机构职责和负责人名单草案及筹备工作安排建议作了说明。会议原则通过筹备办公室组成人员名单和筹备办公室工作机构职责和负责人名单。孙中山先生诞辰 140 周年纪念活动筹备办公室工作正式启动。郑万通秘书长就做好筹备工作讲了三点意见：一是从大局出发，准确把握纪念活动的政治方向；二是思想上高度重视，加强领导，明确责任；三是密切配合，通力协作，注意协调。中央办公厅、中宣部、中央统战部、中央台办、中央外宣办、外交部、公安部、国家安全部、财政部、文化部、国家广电总局、国务院侨办、社科院、国家邮政局、民革中央、北京市政府，中央政府驻港、澳联络办和上海市、江苏省、广东省政协及全国政协办公厅有关局室负责人出席会议。

罗豪才副主席赴大连出席“2006 工商行政管理文化论坛”开幕式并讲话。

阿不来提·阿不都热西提副主席在人民大会堂出席第六次全国法制宣传教育工作会议。

张梅颖副主席在友谊宾馆出席“树立社会主义荣辱观与高校德育论坛”开幕会并发言。

社会和法制委员会召开会议，邀请劳动和社会保障部、卫生部、国家安全生产监督管理总局有关负责人介绍当前我国职业病防治工作情况。李奇生副主任主持会议，伍绍祖副主任等出席会议。

12日至20日

张榕明副主席率人口资源环境委员会和民建中央联合调研组就辽河流域污染治理问题赴内蒙古、吉林、辽宁进行联合调研。

12日至24日

民族和宗教委员会副主任黄璜、江家福率“建设社会主义新农村，促进少数民族地区经济和社会发展”调研组一行赴广西、甘肃调研。肖作福、王思齐副主任参加调研。

文史和学习委员会组织的京杭大运河保护与申遗考察团一行70余人赴运河沿岸6省市进行调研。陈奎元副主席任团长，文史和学习委员会副主任刘枫、程世峨任副团长。

13日

张梅颖副主席赴天津滨海新区出席“首届中国贫困地区可持续发展战略论坛”开幕会并致辞。

14日至17日

经济委员会“促进企业自主创新的体制和机制建设”专题组赴陕西省进行调研。张梅颖副主席任调研组顾问，陈清泰、刘廷焕副主任任组长。

14日至20日

经济委员会“促进企业自主创新的体制和机制建设”专题组赴陕西、重庆调研。张梅颖副主席任调研组顾问，陈清泰、刘廷焕任组长。

14日至23日

人口资源环境委员会副主任江泽慧率“兴林抑螺及林业血防工程”调研组一行20人赴江苏、安徽、湖北调研。

15日

全国政协第48期干部培训班在北戴河举行开学典礼。李贵鲜副主席出席并讲话。孙怀山副秘书长陪同出席并主持开学典礼，来自30个省、自治区、直辖市和13个副省级市的352名学员参加。培训期间，李昌鉴、齐续春、卞晋平副秘书长分别为学员作学习贯彻《中共中央关于加强人民政协工作的意见》、《做好地方政协工作的几点思考》、《关于人民政协在我国政治体制中的地位和作用问题》的专题辅导报告。

15日至19日

经济委员会“发展农村经济，加强基础设施建设，建设社会主义新农村”专题组前往北京门头沟、平谷、密云，就山区农民增收和生态保护问题进行调研。厉以宁、林毅夫副主任带队。

15日至20日

中国经济社会理事会副主席张俊九和外事委员会副主任张国祥率外事委员会与中国经济社会理事会外事委员会联合调研组一行10人赴广东、福建，就“外资企业员工权益保护与工会组建问题”进行调研。原泰副主任、龚谷成常委等参加调研。

16日

贾庆林主席在政协礼堂会见古巴共产党中央政治局委员、哈瓦那市委第一书记佩德罗·赛斯·蒙特霍。中联部副部长陈凤翔，仝广成副秘书长等出席会见。赛斯是应中联部邀请访华的。

黄孟复副主席在政协礼堂会见并宴请国家行政学院第一期香港青年领袖研习班学员一行33人。孙怀山副秘书长出席上述活动。

郑万通秘书长主持召开第三十二次秘书长办公会议。主要议题：一、审议政协第十届全国委员会常务委员会第十四次会议议程（草案）和日程（草案）；二、听取关于筹建中国政协文史馆情况的汇报。李昌鉴、孙怀山、卞晋平、卢昌华、王胜洪、仝广成副秘书长出席会议，办公厅各局级单位负责人列席会议。

提案工作研讨领导小组召开第一次会议，讨论通过关于近期研讨提案工作发展与创新的计划安排。杨振杰副主任主持会议，傅杰主任，朱培康、傅志煌副主任，王胜洪副秘书长以及王惠通委员等出席会议。

经济委员会“进一步推进西部大开发战略深入实施”专题调研组召开全体会议，听取商务部、财政部、中国人民银行、农业部有关部门负责人关于本部委推进西部大开发的工作情况介绍。段应碧副主任主持会议，陈明德副秘书长，刘立清副主任，部分委员，国务院西部开发办及民建中央有关课题组的有关负责人出席会议。

16 日至 22 日

民族和宗教委员会与北京市政协在京共同举办“部分省区市政协民族和宗教委员会第八次工作研讨会”。阿不来提·阿不都热西提副主席出席开幕会并致辞，民族和宗教委员会主任钮茂生出席开幕会并讲话，副主任杨同祥、陈广元、金日光、刘江，齐续春副秘书长出席开幕会。齐续春副秘书长，民族和宗教委员会副主任杨同祥、金日光，北京市政协主席阳安江、副主席王长连出席闭幕会。期间，国家民委和国家宗教局有关负责人应邀作关于“牢牢把握民族工作的主题，大力促进民族地区发展”和“当前宗教工作形势和任务”的报告。卞晋平副秘书长到会谈学习《中共中央关于加强人民政协工作的意见》的体会。

16 日至 25 日

京昆室在政协礼堂举办“纪念昆曲《十五贯》晋京 50 周年系列展演晚会”。整体演出活动涉及 7 省 6 市 20 个院团，其中包括昆剧、京剧、黄梅戏、豫剧、评剧、楚剧、晋剧、河北梆子等 8 个剧种。贾庆林主席，刘延东副主席，王光英、万国权同志，文化部部长孙家正，孙怀山副秘书长，中国文联主席周巍峙，京昆室副主任李世济、叶少兰，以及部分全国政协委员艺术家、戏曲界人士先后观看演出。

17 日

经济委员会“进一步推进西部大开发战略深入实施”专题调研组召开全体会议，听取交通部、水利部、国土资源部、国家环保总局、国家林业局有关部门负责人关于本部委推进西部大开发的工作情况介绍。段应碧副主任主持会议，陈明德副秘书长，刘立清、范西成副主任，部分委员及国务院西部开发办和民建中央有关课题组相关负责人出席会议。

17 日至 20 日

经济委员会陈清泰副主任率“促进企业自主创新的体制和机制建设”专题组赴重庆市调研。

17 日至 23 日

阿不来提·阿不都热西提副主席率提案委员会“维护农民工权益调研组”在广东省进行调研。倪豪梅副主任等参加调研。

17 日至 24 日

应日本国际交流基金会邀请，全国政协常委、外事委员会主任刘剑锋率全国政协外委会代表团一行 7 人对日本进行友好访问，代表团主要成员有全国政协副秘书长卢昌华、外事委员会委员张虎生、资华筠等。

18 日

王忠禹副主席在河北省廊坊市出席由全国工商联、中国贸促会、博鳌亚洲论坛、河北省人民政府共同主办的“2006 东北亚暨环渤海国际商务节”开幕式和由博鳌亚洲论坛、商务部国际贸易经济合作研究院、东北亚暨环渤海国际商务节组委会联合主办的“2006 东北亚暨环渤海中小企业国际商务合作与发展论坛”。中共河北省委书记白克明、省人民政府省长季允石、省政协主席赵金铎、全国政协副秘书长李昌鉴等陪同出席上述活动。

18日至22日

教科文卫体委员会“三下乡”慰问团在吉林省梅河口、通化慰问演出。刘忠德主任带队，方祖岐、傅庚辰副主任和部分全国政协委员及在京文艺工作者50多人参加此项活动。

19日

贾庆林主席，徐匡迪副主席，钱正英同志在人民大会堂出席纪念沈鸿同志百年诞辰暨2006机械制造业发展论坛。

京昆室在政协机关召开“纪念昆曲《十五贯》晋京50周年暨联合国授予昆曲‘人类口头及非物质遗产代表作’5周年”座谈会。张榕明副主席、万国权同志，孙怀山副秘书长会前接见参加会议的代表并合影留念。全国政协常委、京昆室副主任叶朗主持会议。全国政协常委、京昆室副主任叶少兰，全国政协常委、国务院参事任玉岭以及全国政协委员中的部分委员戏曲艺术家，中宣部、文化部、中国文联、中国剧协、中国艺术研究院有关负责人，全国昆剧院团长，相关省市文化艺术界有关专家学者和新闻媒体记者等80余人参加会议。

李昌鉴副秘书长在政协机关主持召开情况通报会，主要内容：一、全国政协办公厅通报筹备第十四次常委会议和专题协商会的有关情况；二、各民主党派中央、全国工商联通报本单位围绕第十四次常委会议和专题协商会议题有关的调研工作情况；三、各专门委员会和各民主党派中央、全国工商联商议共同进行调研的课题。齐续春副秘书长，各民主党派中央、全国工商联有关负责人，办公厅研究室和有关局级单位负责人出席会议。

提案委员会与江苏省政协提案委员会在政协机关举行座谈，交流提案工作经验，探讨提案工作创新问题。提案委员会主任傅杰，副主任宋宝瑞、傅志煌，王胜洪副秘书长，江苏省政协副主席孙安华等出席会议。

民族和宗教委员会在政协机关举行2006年度第二次委员学习日活动，邀请国家宗教事务局有关负责人介绍《宗教事务条例》贯彻实施有关情况。杨同祥副主任主持会议。

文史和学习委员会在澳门召开澳门文史资料征集工作会议。吴福副主任主持会议，王蒙主任、卞晋平副秘书长、中联办副主任徐泽等出席会议并讲话。

19日至23日

贾庆林主席在吉林省委书记王云坤、省长王珉、省政协主席王国发等陪同下，先后到延边、四平、长春等地，深入企业乡村、科研院所、城市社区，就建设社会主义新农村和提高自主创新能力问题进行调研。郑万通秘书长，中央统战部副部长、国家民委主任李德洙，经济委员会副主任、全国工商联副主席林毅夫，教科文卫体委员会委员、中国科学院副院长邬贺铨，仝广成副秘书长陪同调研。

20日至28日

应外事委员会主任刘剑锋邀请，由主席塞尔日·万松率领的法国参议院外事、防务及武装力量委员会代表团访华。期间，王忠禹副主席在政协礼堂会见代表团，外事委员会副主任赵启正、李昌鉴副秘书长参加会见；外事委员会副主任赵启正在政协机关主持与代表团座谈并举行欢迎宴会；法国驻华大使高毅为代表团访华举行招待会，外事委员会副主任赵启正出席招待会；外事委员会委员王昌义陪同代表团访问陕西省和上海市。

22日

张克辉副主席在政协机关会见并宴请

以美国南加州旅馆同业公会前会长廖聪明先生为团长的海外台商旅馆同业公会参访团一行 24 人。港澳台侨委员会主任郭东坡、副主任刘亦铭等出席宴会。该团由港澳台侨委员会与全国台联共同邀请，将在北京、上海、无锡、昆山、厦门、广州、深圳等地参观考察。

张怀西副主席在人民大会堂会见香港中华历史文化教育交流团全体成员。

港澳台侨委员会主任郭东坡在政协礼堂会见并宴请“第三期华侨华人社团中青年负责人研习班”学员一行 60 人。李昌鉴副秘书长，港澳台侨委员会副主任张伟超、俞晓松、唐闻生等出席上述活动。

港澳台侨委员会副主任张伟超在政协礼堂会见香港中华青少年历史文化教育基金国情之旅赴京交流团一行 52 人。

文史和学习委员会在香港召开文史和学习委员会香港组成立会议。计佑铭副主任主持会议，王蒙主任、卞晋平副秘书长等出席会议并讲话。

李昌鉴副秘书长在中南海出席由王刚同志主持召开的研究纪念红军长征胜利 70 周年纪念活动有关事宜会议。

卞晋平副秘书长在香港参加中联办举办的专题报告会，应邀就学习贯彻《中共中央关于加强人民政协工作的意见》作辅导报告。在港全国政协委员 100 多人参加报告会。

22 日至 24 日

文史和学习委员会在杭州市举办京杭大运河保护与申遗研讨会。陈奎元副主席出席并讲话。文史和学习委员会副主任刘枫、程世峨，中共浙江省委副书记、浙江省省长吕祖善，浙江省政协主席李金明，中共浙江省委常委、杭州市委书记王国平，浙江省政协副主席李青，杭州市政协主席虞荣仁，北京市政协副主席张和平，天津市政协副主席王家瑜，河北省政协副主席丛斌，山东省政协原副主席李殿魁，江苏省政协副主席陆军，以及国家有关部委负责人，大运河保护与申遗考察团全体委员、专家，沿线 18 个城市市长、市政协主席，在杭专家学者，中央及地方新闻单位记者共 200 余人出席研讨会。会议通过了《京杭大运河保护与申遗杭州宣言》。

23 日

刘延东、徐匡迪、张梅颖副主席在人民大会堂出席中国科学技术协会第七次全国代表大会开幕式。

港澳台侨委员会主任郭东坡在政协机关会见并宴请泰国中国和平统一促进会马丽莹女士一行。

港澳台侨委员会主任郭东坡在政协礼堂会见并宴请“世界福州十邑同乡总会访问团”一行 35 人，何添发副主任等出席上述活动。

24 日

贾庆林主席，王忠禹副主席在政协礼堂会见全国政协赴山西革命老区视察团全体成员和随团的部分民营企业家。贾庆林主席发表讲话。郑万通秘书长主持会见。孙怀山、仝广成副秘书长，国务院扶贫办主任刘坚，山西省政协副主席边鸣涛参加会见。

全国政协赴山西革命老区视察团召开全体会议，邀请国务院扶贫办负责人介绍我国扶贫开发工作情况。

由中国经济社会理事会、全国政协经济委员会、浙江省政协、中国民营经济研究会主办，杭州市政协承办的“中国经济社会论坛 2006 年会议暨首届中国民营经济科学发展论坛”在杭州举行。全国政协副主席李蒙出席并讲话。全国政协常委、中国经社理事会副主席张俊九，全国政协副秘书长、中国经社理事会秘书长王胜洪，全国政协常委、国务院参事任玉岭，以及有关方面的专家、企业家代表共 140

余人出席会议。

提案委员会在政协机关召开提案办理协商会，就九三学社中央、致公党中央和一些委员提出的“关于农村水污染防治问题的提案”，邀请提案人和提案承办单位进行座谈，当面沟通情况，促进提案的办理和落实。宋宝瑞副主任主持会议，贾军副主任，部分提案委员会委员，九三学社中央、致公党中央以及建设部、水利部、农业部、国家环保总局有关负责人参加会议。

24 日至 31 日

人口资源环境委员会“农业旅游与新农村建设”调研组一行 9 人赴贵州、江苏调研。人口资源环境委员会委员、国家旅游局副局长孙钢带队。

25 日

提案工作研讨领导小组邀请提案部分承办单位在政协机关进行座谈。杨振杰副主任主持会议。傅杰主任，傅志煌副主任，部分提案工作研讨领导小组成员以及国家发改委、教育部、科技部、民政部、财政部、建设部、卫生部、中编办有关负责人参加会议。

25 日至 28 日

第四期全国政协委员学习研讨班在中央社会主义学院举行。参加这期学习研讨班的委员共 135 名，来自工商联、台联、侨联、文艺、科技和妇联等界别。全国政协副主席、中央统战部部长刘延东出席开班仪式并讲话，李昌鉴副秘书长主持开班仪式，卞晋平副秘书长，文史和学习委员会副主任龚心瀚出席开班仪式。郑万通秘书长出席结业仪式并讲话，李昌鉴副秘书长、文史和学习委员会副主任龚心瀚出席结业仪式，卞晋平副秘书长主持结业仪式。

25 日至 6 月 1 日

以胡富国常委为团长，郭东坡常委、田瑞璋委员为副团长的全国政协委员赴山西省视察团一行 46 人（其中特邀企业家及有关专家 33 人），就“老区扶贫开发工作情况”在晋中、长治地区的 5 个县进行视察。随团企业家承诺：将资助 330 名贫困学生完成四年大学学业，帮助安排 500 名中专（职高）生培训与就业，解决 2 万名劳动力的转移培训就业，解决农村 1.5 万人的安全饮水，为老区绿化荒山 1 万亩，总计资助金额近 2000 万元，并达成意向合作项目 4 个。此外，国家开发银行总行还同意办一个老区产业扶贫试点项目。

26 日

全国政协机关第七届职工运动会在北京月坛体育场举行。王忠禹、郝建秀、阿不来提·阿不都热西提副主席，郑万通秘书长，李昌鉴、齐续春、孙怀山、卞晋平、王胜洪副秘书长和中直工委有关部门负责人出席开幕式。

王忠禹副主席在政协机关主持会议，听取关于赴塞内加尔等国出席国际会议和顺访阿尔巴尼亚和塞黑工作筹备情况的汇报。人口资源环境委员会主任陈邦柱，王胜洪副秘书长及外交部有关地区司负责人等参加会议。

李贵鲜副主席在人民大会堂出席中国科学技术协会第七次全国代表大会闭幕会。

阿不来提·阿不都热西提副主席在钓鱼台国宾馆出席中国人民对外友好协会举办的庆祝中国一苏里南建交 30 周年招待会。

张怀西副主席在京出席由中国职工教育和职业培训协会主办的“2006 学习型组织发展论坛”。

经济委员会在政协机关召开“企业改革与发展”座谈会。刘仲藜主任主持会议，厉以宁、王洛林、陈清泰副主任，卢昌华副秘书长及经济委员会部分委员参加会议，国务院国有资产监督管理委员会副主任邵宁应邀出席会议。

外事委员会在政协礼堂举行招待会，庆祝中华人民共和国同非洲国家开启外交关系50周年。刘剑锋主任致欢迎词，非洲驻华使团团长、喀麦隆驻华大使埃莱·埃利·埃蒂安致答词。王胜洪副秘书长，外事委员会副主任马振岗、王淑贤、武韬、周可仁、赵启正，人口资源环境委员会副主任李伟雄，教科文卫体委员会副主任韦钰，社会和法制委员会副主任萧灼基，民族和宗教委员会副主任杨同祥，港澳台侨委员会副主任张伟超和40多个非洲国家驻华使节出席会议。

29日

贾庆林主席在人民大会堂会见乌拉圭前总统桑吉内蒂。王胜洪、仝广成副秘书长出席会见。桑吉内蒂是应外交学会邀请访华的。

郝建秀副主席在政协礼堂出席“纪念宋庆龄逝世25周年中华妇女书画作品展”开幕会。

郑万通秘书长主持召开第十三次秘书长会议。主要议题：一、审议政协第十届全国委员会常务委员会第十四次会议议程（草案）和日程（草案）；二、通报全国政协2006年重点工作；三、通报全国政协2006年暑休计划安排。李昌鉴、吴明熹、齐续春、孙怀山、陈明德、朱维群、陈宗兴、张龙之、索丽生、卞晋平、卢昌华副秘书长出席会议。

29日至30日

社会和法制委员会与中央党校联合举办“建设社会主义新农村·社会与法制”研讨会。王忠禹、李贵鲜、罗豪才、周铁农、阿不来提·阿不都热西提副主席，郑万通秘书长出席会议。周铁农副主席讲话，社会和法制委员主任李其炎主持开幕会。国务院扶贫办主任刘坚、财政部副部长李勇、卫生部副部长陈啸宏、劳动和社会保障部副部长胡晓义、国务院发展研究中心副主任李剑阁等34人分别发言，社会和法制委员会副主任伍绍祖作会议总结。李昌鉴、齐续春、孙怀山副秘书长，社会和法制委员会副主任王建伦、江蓝生、朱治宏、肖建章、曹克明、萧灼基、张福森，经济委员会副主任段应碧、洪绂曾，民族和宗教委员会副主任黄璜，外事委员会副主任张国祥，中央党校、国家发改委、公安部、民政部、司法部、农业部、教育部、全国总工会、团中央、全国妇联等有关部门领导，中国社会科学院及部分高校有关专家学者，各省（区、市）政协社法委同志130余人出席会议。

29日至6月1日

提案委员会主任傅杰，副主任范宝俊、傅志煌一行在澳门召开澳门政协委员提案工作座谈会，就如何贯彻落实《中共中央关于加强人民政协工作的意见》精神，推动提案工作创新问题听取意见。

29日至6月6日

民族和宗教委员会“《宗教事务条例》贯彻实施情况”调研组赴重庆市和四川省进行调研。杨同祥、香根·巴登多吉副主任带队。

29日至6月8日

“中宗和”秘书处工作组一行8人赴美国、日本进行工作访问，与“世宗和”、“日宗和”会谈，商谈“中宗和”参加将于8月底在日本京都召开的“世宗和”第八届大会有关事宜。全国政协委员、“中宗和”秘书长余振贵带队。

30日

贾庆林主席主持召开政协第十届全国委员会第三十六次主席会议。主要内容：一、听取关于政协第十届全国委员会常务委员会第十四次会议筹备工作情况的汇报；二、审议政协第十届全国委员会常务委员会第十四次会议议程（草案）和日程（草案）。王忠禹、廖晖、刘延东、李贵鲜、白立忱、罗豪才、张克辉、周铁农、郝建秀、陈奎元、阿不来提·阿不都热西提、徐匡迪、李兆焯、张怀西、李蒙、张梅颖、张榕明副主席，郑万通秘书长出席会议。李昌鉴、吴明熹、孙怀山、陈明德、陈宗兴、索丽生、卞晋平、卢昌华、王胜洪、仝广成副秘书长，各专门委员会负责人张工、刘立清、陈邦柱、刘忠德、肖建章、江家福、刘剑锋、龚心瀚，第十四次常委会议各工作组负责人列席会议。

徐匡迪副主席在政协礼堂会见厄立特里亚国防部长塞伯哈特·埃弗利姆上将。王胜洪副秘书长参加会见。塞伯哈特·埃弗利姆上将是应中央军委副主席、国务委员兼国防部长曹刚川上将邀请访华的。

人口资源环境委员会在政协机关召开“煤油气开发利用与可持续发展”专题调研会，邀请国家发展与改革委员会、中国石油天然气集团公司、中国石油化工集团公司介绍有关情况。张宝明副主任主持会议，张洽副主任及调研组成员参加会议。

30日至6月9日

教科文卫体委员会组织部分委员及中华职业教育社有关同志赴黑龙江、吉林两省就职业教育问题进行调研，王巨才副主任带队。

30日至6月13日

应德国联邦参议院和法国参议长蓬斯莱邀请，张思卿副主席率全国政协代表团一行11人，对上述两国进行友好访问。代表团主要成员有齐续春副秘书长、教科文卫体委员会副主任傅庚辰和西藏自治区政协副主席加保等。王胜洪副秘书长到机场送行。

31日

刘延东、郝建秀、张梅颖副主席在中国剧院出席“梦想乐园”庆祝“六一”国际儿童节大型动画情景剧晚会。观看演出前，接见流动人口子女代表和留守儿童代表。

马万祺副主席在澳门出席并主持澳门特别行政区全国政协委员和地方政协委员提案工作座谈会。提案委员会主任傅杰，副主任范宝俊、傅志煌参加会议。

张梅颖副主席在人民大会堂出席纪念罗瑞卿同志诞辰100周年座谈会。

人口资源环境委员会“建筑建材节能问题”课题组负责人郑一军委员在京主持召开农村节能和可再生能源开发利用情况座谈会，听取中国建筑科学研究院有关负责同志情况介绍并座谈讨论。

教科文卫体委员会在政协机关举行“创新文化”专题报告会。翟泰丰副主任主持，郭传杰、王渝生委员作专题报告。赵喜明、袁伟民副主任，在京常委、委员会委员及民主党派成员等50余人参加会议。

社会和法制委员会“加强我国版权法制建设专题组到国家版权局，听取国家版权局副局长阎晓宏关于当前我国版权保护工作的情况介绍并进行座谈。伍绍祖副主任带队并主持座谈会。

6月

1日至8日

李兆焯副主席率社会和法制委员会“户籍制度改革”专题调研组赴河北石家庄、邯郸、保定、衡水进行调研，了解户籍改革的有关情况、存在的问题并提出建议。

1日至10日

以张克辉副主席为团长，许柏年、夏日常委为副团长的驻内蒙古自治区全国政协委员视察团就“民营企业发展情况”赴福建省福州、厦门、泉州、莆田、南平等地进行视察。

2日

贾庆林主席、刘延东副主席出席外交部、对外友协和巴基斯坦驻华使馆在钓鱼台国宾馆举办的“中巴关系55周年：友谊与伙伴”庆祝活动。外事委员会主任刘剑锋，副主任张国祥、周可仁，全广成副秘书长等出席此项活动。

4日至9日

以余国春常委为团长，李祖泽、谢志伟委员为副团长的香港特别行政区全国政协委员一行20人赴广西壮族自治区百色市视察。周铁农副主席，港澳台侨委员会副主任张廷翰参加视察。

5日

中共中央政治局常委、全国政协主席贾庆林，全国政协副主席刘延东、陈奎元、黄孟复在人民大会堂出席两院院士大会（中国科学院第十三次院士大会和中国工程院第八次院士大会）开幕会。全国政协副主席、中国工程院院长徐匡迪致开幕词。

郝建秀副主席在中国国家博物馆出席《文化遗产日特别展览》开幕式。

李兆焯副主席在人民大会堂出席国家副主席曾庆红为菲律宾副总统诺利·德卡斯特罗访华举行的欢迎仪式和欢迎宴会。

张梅颖副主席出席全国政协委员赴山东省视察团组团会议并讲话。卫生部有关部门负责人到会介绍关于医疗体制改革的有关情况。

卞晋平副秘书长在中南海参加中央宣传思想工作领导小组会议。

全国政协机关举办干部系列学习讲座第二讲，邀请中宣部宣教局副局长董俊山作学习社会主义荣辱观辅导报告。李昌鉴副秘书长主持学习讲座，孙怀山、卢昌华副秘书长及机关和事业单位300余名干部参加学习讲座。

5日至14日

以张梅颖副主席为团长、王德炳委员为副团长的全国政协委员视察团一行32人赴山东省就“城市医疗体制改革”进行视察。

6日

应上海市委、市政协邀请，郑万通秘书长在上海市委常委学习会上，以“学习《中共中央关于加强人民政协工作的意见》的体会”为题作辅导报告。中共中央政治局委员、上海市委书记陈良宇主持报告会。上海市委、市人大、市政府、市政协，各区、委、办、局负责人共140多人出席报告会。

提案工作研讨领导小组邀请部分京内和京外全国政协委员进行座谈，分析提案质量方面存在的问题，就提高提案自身质量听取意见和建议。提案工作研讨领导小组主任傅杰，副主任杨振杰、张岳琦、俞泽猷、贾军、倪豪梅、傅志煌，委员徐玉麟、陈益群及11位有关委员参加会议。

港澳台侨委员会副主任何添发率调研组一行8人就海淀区中关村科技园区海外留学人员创业园进行专题调研。

6日至16日

社会和法制委员会副主任伍绍祖率“进一步加强我国版权法制建设”专题组赴江苏、湖北考察。

7日

李蒙副主席在政协机关会见并宴请中国国民党中央常务委员会委员、台湾“立法委员”卢秀燕女士一行。

港澳台侨委员会主任郭东坡在政协礼堂会见并宴请“台湾侨联总会全球代表大陆访问团”一行50人。

7日至8日

孙怀山副秘书长分别主持召开“部分常委、委员座谈会”、“部分原副秘书长座谈会”和“机关有关局室负责人座谈会”，分析委员视察工作的现状和问题，听取他们对视察改革工作的意见。

7日至15日

经济委员会“进一步推进西部大开发战略深入实施”专题组赴四川、广西调研，段应碧、范西成副主任任组长。

8日至15日

以提案委员会副主任杨振杰为组长、副主任傅志煌为副组长的调研组就“尽快编制‘十一五’期间公众营养改善行动专项规划问题”赴山东省青岛市、甘肃省进行调研。部分提案委员会委员，有关提案人以及国家发改委、卫生部、国家粮食局有关负责人参加调研。

9日

全国政协办公厅、中共中央宣传部、中共中央党史研究室在人民大会堂举行陆定一同志诞辰100周年纪念座谈会。中共中央政治局常委、全国政协主席贾庆林出席会议，中共中央政治局委员、书记处书记、中央宣传部部长刘云山主持会议并讲话。中共中央党史研究室主任李景田，共青团中央书记处常务书记杨岳，江苏省委书记李源潮，中共中央党校原副校长、第九届全国政协常委龚育之分别发言。国务委员陈至立，全国政协副主席陈奎元、秘书长郑万通，国务院办公厅、全国政协办公厅、中央宣传部、中央党史研究室、教育部、文化部、团中央、各民主党派中央、全国工商联和江苏省委的负责人，以及陆定一同志亲属、生前友好和原身边工作人员代表约200人出席会议。

刘延东、周铁农、李兆焯副主席在人民大会堂出席“2006北京·广西文化舟”活动开幕式。

罗豪才副主席在人民大会堂会见香港中华企业家协会代表团。中央统战部副部长黄跃金出席会见。

罗豪才副主席在京出席北京大学主办的2006年中韩学者论坛闭幕晚宴。

陈奎元副主席在人民大会堂出席国家主席胡锦涛为吉尔吉斯共和国总统库尔曼别克·巴吉耶夫访华举行的欢迎仪式和欢迎宴会。

应北京市委、市政协邀请，郑万通秘书长在北京市委市政府理论中心组学习（扩大）会上就学习《中共中央关于加强人民政协工作的意见》作专题辅导报告。中共中央政治局委员、北京市委书记刘淇主持报告会。市委、市人大、市政府、市政协、市高级人民法院、市高级人民检察院和各局委办、区县主要负责人共100余人出席会议。

港澳台侨委员会郭东坡主任在政协机关会见以周振基为团长的香港中华企业家协会访京团一行25人。

10日

阿不来提·阿不都热西提副主席在国家民族干部学院出席中国民族博物馆举办的“首届多彩中华民族文化节”开幕式，并观看展览。

阿不来提·阿不都热西提副主席出席中央党校举办的“构建社会主义和谐社会高层论坛”。

11日

张怀西副主席在京出席北京大学与朝阳区人民政府共同举办的“共建迎奥运，公益促发展”活动。

郑万通秘书长在北戴河为全国政协第49期干部培训班学员作学习《中共中央关于加强人民政协工作的意见》的辅导报告。孙怀山副秘书长主持报告会。第49期培训班全体学员和秦皇岛市政协领导、市政协常委、机关处以上干部及各区县政协主席、副主席听取辅导报告。

12日

罗豪才副主席在钓鱼台国宾馆会见美

国大芝加哥地区华侨总会代表团一行。

张怀西副主席在京出席电影故事片《叶圣陶在甪直》新闻发布会。

12 日至 20 日

社会和法制委员会“建设社会主义新农村”专题组赴广西调研。王建伦副主任带队。

12 日至 22 日

人口资源环境委员会张洽副主任率“稀土金属矿产的开发利用与节约”调研组一行 18 人赴内蒙古、江西调研。

13 日

阿不来提·阿不都热西提副主席在政协机关会见以苏祉祺为团长的参加 2006 蒋震基金清华大学明日领袖国情培训计划香港大、中学校学生 150 人，勉励大家珍惜学习机会，加深对祖国的了解，将来为建设祖国和香港做出更大的贡献。港澳台侨委员会主任郭东坡随后与学生们进行座谈。

李蒙副主席在全国农业展览馆出席 2006 北京节能环保展览会开幕式。

应河南省委、省政协邀请，郑万通秘书长在河南省委理论学习中心组（扩大）会上就学习《中共中央关于加强人民政协工作的意见》作专题辅导报告。河南省委书记徐光春主持会议并就进一步加强人民政协工作提出要求。河南省委、省人大、省政府、省政协，郑州市委、市人大、市政府、市政协领导同志，省高法、高检、省直各局委办、各民主党派省委、各地市政协主要负责人，省政协机关中层以上干部近 300 人出席会议。

卞晋平副秘书长在北戴河干部培训中心为全国政协第 49 期干部培训班学员作题为《关于人民政协在我国政治体制中的地位和作用问题》专题辅导报告。

14 日

李蒙副主席在政协机关会见沙特阿拉伯企业家艾哈迈德一行。

港澳台侨委员会主任郭东坡在政协礼堂会见并宴请芝加哥华侨华人联合会一行 30 人。

外事委员会赴山东、黑龙江调研组在政协机关召开会议，听取商务部合作司、外贸司负责人介绍中国企业“走出去”战略实施情况及边境贸易情况等。周可仁副主任主持会议，武韬副主任及部分委员参加会议。

文史和学习委员会在政协机关举办在京全国政协委员学习报告会。文史和学习委员会副主任李仁臣主持会议，国家文物局局长单霁翔作题为“中国文化遗产保护的现状与展望”的报告。部分在京全国政协委员，各民主党派中央、全国工商联及北京市政协有关部门负责人近 300 人参加报告会。

孙怀山副秘书长在江苏省南京召开江苏、上海、浙江、安徽四省市京外委员活动召集人、联络员及有关工作人员座谈会，就视察改革思路听取地方政协意见。江苏省政协主席许仲林、上海市政协主席蒋以任、浙江省政协主席李金明、安徽省政协主席方兆祥出席会议。

15 日

贾庆林主席，郑万通秘书长，仝广成副秘书长到中国美术馆出席“远望：许江的绘画”展览开幕式并参观展览。

阿不来提·阿不都热西提副主席率提案委员会“维护农民工合法权益”专题调研组在北京市调研。提案委员会副主任倪豪梅参加调研。

徐匡迪副主席在对外友协会见了美国诺贝尔集团董事会主席兼首席执行官詹姆斯·戴先生率领的代表团一行。

卢昌华副秘书长在广东省广州市召开的湖南、广东、广西、海南四省（自治区）京外委员活动召集人、联络员及有关工作人员座谈会上，就视察改革思路听取地方政协意见。湖南省政协主席胡彪、广东省政协副主席韩大建、广西壮族自治区政协主席马庆生、海南省政协副主席林栖凤出席会议。

15 日至 25 日

以罗豪才副主席为团长，邵鸿常委为副团长的全国政协委员视察团一行 30 人赴黑龙江省就“国有企业科技自主创新情况”进行视察。吴明熹副秘书长参加调研。

16 日

张思卿副主席在机关主持召开全国政协代表团访问法国和德国总结会。

阿不来提·阿不都热西提副主席在济南出席山东省人民政府举办的“2006 山东（国际）文化产业博览会”。

张梅颖副主席在政协机关听取外交部有关方面负责人关于蒙塔纳论坛及摩纳哥和冰岛国家情况介绍。孙怀山副秘书长出席会议。

郑万通秘书长在常委会议厅主持召开王选同志先进事迹报告会。齐续春、卞晋平副秘书长出席会议，机关干部职工、驻会武警战士 300 余人参加报告会。报告会前，郑万通秘书长，齐续春、孙怀山、卞晋平副秘书长会见王选同志先进事迹报告团成员。

外事委员会副主任武韬在政协机关就纪念《中俄睦邻友好合作条约》签署五周年等问题接受中国国际广播电台记者的采访。

孙怀山副秘书长在怀柔出席由全国政协书画室主办，北京画院、中国画研究院、中央美术学院协办的“中国画创作的现状及发展前景”研讨会。教科文卫体委员会副主任、书画室副主任赵喜明及全国政协委员中的国画家、北京美术理论专家 40 余人参加会议。

卢昌华副秘书长在广州召开驻广东省部分全国政协委员座谈会，听取对视察改革的意见。

17 日

张梅颖副主席出席全国人大常委会环资委等单位联合举办的“中国可再生能源与新能源产业化论坛”并讲话。

17 日至 27 日

以民族和宗教委员会主任钮茂生为组长、副主任克尤木·巴吾东为副组长的调研组一行 9 人就“民族地区建设社会主义新农村问题”赴新疆进行调研。

18 日

阿不来提·阿不都热西提副主席在北戴河出席全国政协第 50 期干部培训班开学典礼并讲话。开学典礼后，阿不来提副主席还专门看望了新疆的学员。

李蒙副主席在四川省峨眉山出席华藏寺恢复落成庆典暨十方普贤开光活动。

19 日

全国政协副主席、中国经社理事会主席王忠禹在政协礼堂会见以高通·阿亚为团长的泰国国家经济社会顾问理事会代表团并举行欢迎宴会。经社理事会副主席、社会和法制委员会主任李其炎，经济委员会副主任陈耀邦、外事委员会副主任原泰，全国政协副秘书长、经社理事会秘书长王胜洪等出席上述活动。泰国国家经济社会顾问理事会代表团是应中国经社理事会的邀请于 18 日抵京访华的，外事委员会副主任原泰到机场迎接。

周铁农副主席在人民大会堂出席国家主席胡锦涛为阿富汗伊斯兰共和国总统哈米德·卡尔扎伊访华举行的欢迎仪式和欢迎宴会。

中国经济社会理事会副主席李其炎在政协机关主持经社理事会与泰国国家经济社会顾问理事会代表团座谈。经济委员会副主任陈耀邦、外事委员会副主任原泰，全国政协副秘书长、经社理事会秘书长王胜洪等出席会议。

19日至24日

以外事委员会副主任周可仁为组长的专题调研组一行13人赴山东省就中国企业“走出去”战略实施情况进行调研。武韬副主任、龚谷成常委参加调研。

19日至25日

教科文卫体委员会“促进军民结合，发挥科技创新合力”专题调研组一行16人赴陕西省西安、汉中等地调研。栾恩杰副主任带队。

20日

应蒙塔纳论坛主席卡特隆和冰岛议会议长索韦格·彼得斯多蒂尔邀请，张梅颖副主席率团离京出席在摩纳哥举行的蒙塔纳论坛第十七届年会并顺访冰岛。代表团主要成员有孙怀山副秘书长等。王胜洪副秘书长到机场送行。

提案工作研讨领导小组邀请各民主党派中央和全国工商联有关负责人进行座谈，研讨改进党派、团体提案工作的途径和方法，听取各民主党派中央和全国工商联关于提案工作创新的意见、建议。提案工作研讨领导小组副组长杨振杰主持会议，提案工作研讨领导小组成员陈益群、王胜洪以及各民主党派中央和全国工商联提案工作部门负责人参加会议。

卞晋平副秘书长在政协机关会见以陈祖贻为团长、刘美赐为副团长的第十一期香港特别行政区公务员进阶中国事务研习课程进修班学员一行20人并座谈。这是香港公务员团第一次拜会全国政协。

20日至7月2日

以提案委员会副主任张岳琦为组长的调研组就我国天保工程实施进展情况与急需解决的难点问题赴甘肃省、新疆维吾尔自治区进行调研。部分提案委员会委员、提案人以及国家发改委、财政部、国家林业局有关负责人参加调研。

21日

王忠禹副主席在政协会议楼第九会议室主持召开会议，听取政协第十届全国委员会常务委员会第十四次会议各项准备工作情况的汇报，并对会议筹备工作提出要求。郑万通秘书长，齐续春、卢昌华、王胜洪副秘书长，各专委会负责人贾军、张宝明、于友先、伍绍祖、萧灼基、李晋有、马振岗、程世峨出席会议，第十四次常委会议工作机构各组和办公厅各专委局负责人参加会议。

全国政协研究室工作情况交流暨年鉴工作会议在新疆维吾尔自治区乌鲁木齐召开，会期三天。会议主要议题：通报成立中国人民政协理论研究会暨召开首次人民政协理论研讨会情况；各省、自治区、直辖市及副省级市政协结合学习贯彻中共中央5号文件就深入开展人民政协理论研究交流意见；协调《政协年鉴》“地方委员会篇”有关事宜。李昌鉴副秘书长出席会议并讲话，新疆维吾尔自治区政协副主席吴敦夫向与会人员介绍新疆经济社会发展及政协工作情况。

徐匡迪副主席在政协礼堂会见英国新任驻华大使欧威廉。

21日至30日

以周铁农副主席为团长，叶朗、甘子钊常委为副团长的全国政协无党派界委员视察团就“少数民族地区农村义务教育情况”赴四川省进行视察。

22日

贾庆林主席在政协礼堂会见应外交学会邀请来京访问的以色列前驻华大使南月明。外交学会会长杨文昌参加会见。

徐匡迪、张榕明副主席在京西宾馆出席全国人口和计划生育科学技术大会开幕式。

李蒙副主席在人民大会堂出席国家主

席胡锦涛为塞内加尔总统瓦德访华举行的欢迎仪式和欢迎宴会。

23日

贾庆林主席在人民大会堂会见应国家主席胡锦涛邀请来访的塞内加尔总统瓦德。郑万通秘书长，全广成副秘书长参加会见。

经济委员会“进一步推进西部大开发战略深入实施”专题组召开会议，小结前期调研情况，讨论研究专题设定问题。段应碧副主任主持会议，刘立清、范西成副主任，专题组部分委员，国务院西部办和民建中央有关部门负责人约20人出席会议。

港澳台侨委员会主任郭东坡在政协机关会见并宴请以印尼华裔总会总主席率领的印尼华裔总会、雅加达勿里洞宏伟福利基金会访京团一行18人。张伟超副主任出席此项活动。

24日

港澳台侨委员会主任郭东坡在政协机关会见多米尼加洪门致公总堂访华团一行。

25日

阿不来提·阿不都热西提副主席在京出席中国环境科学学会第六次全国会员代表大会开幕式并讲话。

26日

徐匡迪副主席在北京国际会议中心出席“2006年北京国际材料周开幕式”，并作题为“中国材料工业的进展及面临的挑战”报告。

徐匡迪副主席在科技部出席“钢铁循环经济重大专项论证”会议。

经济委员会主任刘仲藜在政协机关主持召开委员会第二十次主任会议，审议“环渤海经济圈经济发展”专题组调研报告（初稿）；听取办公室关于经济委员会上半年完成的主要工作、办公厅交办的几项重点任务和下半年主要工作安排等情况汇报；听取“推进西部大开发”专题协商会有关筹备工作情况的汇报以及关于协商议题设立的初步设想。叶连松、刘永好、吴敬琏、陈耀邦、邵奇惠、段应碧、洪绂曾、陈清泰、林毅夫、范西成副主任出席会议。

26日至28日

港澳台侨委员会主任郭东坡在武汉出席国务院侨办举办的“2006华侨华人专业人士创业发展洽谈会”。

27日

张思卿副主席在人民大会堂出席中共中央总书记、国家主席胡锦涛为老挝人民革命党中央委员会总书记、国家主席朱马里访华举行的欢迎仪式和欢迎宴会。

提案工作研讨领导小组赴天津与天津市政协提案委员会座谈，交流提案工作经验，研讨提案工作中存在的问题和解决途径，听取关于改进提案工作的建议。提案工作研讨领导小组组长、提案委员会副主任杨振杰，提案工作研讨领导小组成员、全国政协副秘书长王胜洪，天津市政协副主席王家瑜以及部分驻天津市全国政协委员出席会议。

港澳台侨委员会副主任唐闻生等在政协机关会见并宴请澳大利亚首都访华团一行50人。

卢昌华副秘书长在人民大会堂出席中共中央直属机关庆祝中国共产党成立85周年座谈会。

27日至30日

第五期全国政协委员学习研讨班在中央社会主义学院举行。陈奎元副主席出席开班仪式并讲话。李昌鉴副秘书长出席结业仪式并讲话。卞晋平副秘书长，文史和学习委员会副主任刘济民、李仁臣分别出席上述活动。参加这期学习班的委员共152名，来自社科、经济、体育、新闻出版、少数民族等界别。委员们认真研读了毛泽东《关于政协的性质和任务的谈话提纲》、邓小平《在五届全国政协二次会议上的讲话》、江泽民《在庆祝人民政协成立50周年大会上的讲话》和胡锦涛《在庆祝人民政协成立55周年大会上的讲话》四篇文章。学习期间，委员们听取了李昌鉴副秘书长所作的学习《意见》的报告、刘华秋副主任关于国际形势的报告和其他报告。13位委员作了交流发言。

27日至29日

贾庆林主席在香港出席CEPA签署三周年纪念活动并视察香港特区。全国政协副主席、国务院港澳办主任廖晖，全国政协秘书长郑万通，中央政府驻香港联络办公室主任高祀仁，商务部部长薄熙来，中央统战部常务副部长朱维群，全国政协副秘书长仝广成等陪同上述活动。李昌鉴、卢昌华副秘书长到机场送迎。

28日

罗豪才副主席在人民大会堂出席最高人民法院举办的电影《真水无香》首发式。

提案委员会在政协机关就民革中央、民盟中央、致公组提出的关于制定慈善事业法及社会救助立法方面的提案召开办理协商会。朱培康副主任主持会议，范宝俊副主任，民盟中央副主席、全国政协副秘书长索丽生，民革中央、民盟中央、致公党中央以及民政部、财政部、劳动和社会保障部有关负责人参加会议。

李昌鉴副秘书长在中南海出席由王刚同志主持召开的中央重要会议活动协调联席会议。

卢昌华副秘书长在北戴河干部培训中心为全国政协第50期干部培训班的全体学员作题为《认真贯彻〈中共中央关于加强人民政协工作的意见〉精神，大力加强人民政协的机关建设》的辅导报告。

28日至30日

社会和法制委员会“户籍制度改革”专题调研组在北京市西城区、海淀区和延庆县进行调研。肖建章副主任，田期玉常委带队。

28日至7月5日

以周可仁副主任为组长的外事委员会专题调研组一行9人赴黑龙江省就我国企业“走出去”战略实施情况进行调研。武韬副主任参加调研。

29日

罗豪才副主席在政协机关会见香港大律师胡汉青一行。港澳台侨委员会副主任张廷翰出席会见。

张克辉副主席在北京市考察水务工作，先后考察东水西调治理清河工程、潮白河治理工程和坝河治理工程并听取北京市领导同志汇报有关情况。索丽生、卢昌华副秘书长，全国政协委员、水利专家高安泽，北京市副市长牛有成、市政协副主席朱相远等陪同考察。

徐匡迪副主席在京出席中德工程科技研讨会。

马达加斯加参议长拉杰米松一行抵穗，开始对我国进行友好访问。外事委员会副主任马振岗等到广州火车站迎接。

提案工作研讨领导小组与北京市政协座谈，交流提案工作经验做法，研讨提案工作中存在的问题和解决途径，听取关于改进提案工作的意见建议。提案工作研讨领导小组组长、提案委员会副主任杨振杰，提案委员会主任傅杰，北京市政协主席阳安江、副主席黄承祥出席会议。

教科文卫体委员会召开“科研院所转制改革进展情况座谈会”，邀请部分全国政协委员与部分在京转制科研单位相关负责人座谈。徐善衍副主任主持会议。

30日

贾庆林主席，王忠禹、廖晖、刘延

东、李贵鲜、白立忱、罗豪才、张克辉、郝建秀、陈奎元、阿不来提·阿不都热西提、徐匡迪、李兆焯、黄孟复、张怀西、李蒙、张榕明副主席，郑万通秘书长在中南海怀仁堂出席庆祝中国共产党成立85周年暨总结保持共产党员先进性教育活动大会。提案委员会主任傅杰，经济委员会副主任陈耀先、王洛林，人口资源环境委员会副主任温克刚，教科文卫体委员会副主任袁伟民，社会和法制委员会主任李其炎、副主任张福森，民族和宗教委员会副主任黄璜，港澳台侨委员会副主任张伟超，外事委员会主任刘剑锋、副主任刘华秋、赵启正，文史和学习委员会副主任刘济民，张俊九常委出席会议。

张克辉副主席在政协机关会见并宴请台湾客人潘柏铮先生一行。台盟中央主席林文漪、卢昌华副秘书长参加了此项活动。

7月

6月29日至7月6日

应贾庆林主席邀请，马达加斯加参议长拉杰米松及夫人一行14人访华。其间，吴邦国委员长在人民大会堂会见拉杰米松，贾庆林主席在人民大会堂会见拉杰米松并为其访华举行欢迎宴会。经济委员会主任刘仲藜，社会和法制委员会主任李其炎，全国人大常委会副秘书长曹卫洲、孙伟及外事委员会副主任委员吕聪敏，全国政协副秘书长王胜洪、仝广成，全国政协外事委员会副主任马振岗，外交部部长助理何亚非和马驻华大使希科尼纳等分别参加上述活动。

1日

教科文卫体委员会与中国音乐家协会、解放军艺术学院、中国交响乐团、总政歌舞团在北京音乐厅联合主办“纪念中国共产党建党85周年和中国工农红军长征胜利70周年·《创业者的歌》傅庚辰作品音乐会”。贾庆林主席出席音乐会。中宣部部长刘云山，中央军委委员、总政治部主任李继耐，教科文卫体委员会主任刘忠德，齐续春副秘书长，教科文卫体委员会副主任翟泰丰、傅庚辰、王巨才、张发强、徐善衍，社会和法制委员会副主任王建伦，以及在京委员、驻京部队官兵、艺术院团等约900人出席音乐会。

3日

河南省政协向全国政协赠送司母戊鼎（复制品）仪式在全国政协机关举行。王忠禹、张思卿副主席出席赠送仪式并为司母戊鼎（复制品）揭幕。郑万通秘书长讲话并向河南省政协，安阳市市委、市政府、市政协颁发收藏证书。李昌鉴副秘书长主持仪式。河南省政协主席王全书致辞并和河南省安阳市委副书记、市长董永安，安阳市政协主席赵微一起接收证书。卢昌华副秘书长，河南省政协副主席张涛和河南省有关方面领导以及机关部分干部职工出席赠送仪式并参观司母戊鼎（复制品）。

罗豪才副主席在人民大会堂会见萨尔瓦多马蒂战线代表团。

周铁农副主席在甘肃省天水出席“2006年中国天水伏羲文化旅游节公祭伏羲大典”。

提案工作研讨领导小组召开部分提案委员会委员座谈会，研讨提案工作中存在的问题和解决途径，听取关于改进提案工作的意见建议。提案工作研讨领导小组组长、提案委员会副主任杨振杰主持会议，提案工作研讨领导小组成员朱培康、王胜洪、徐玉麟、王惠通，提案委员会主任傅杰，副主任宋宝瑞、张工、范宝俊、贾军、倪豪梅等参加会议。

全国政协机关举办机关干部系列学习

讲座第三讲，李昌鉴副秘书长作“人民政协理论与实践创新的重大成果”专题报告。齐续春副秘书长主持讲座。孙怀山、卢昌华、王胜洪副秘书长及机关300多名干部参加讲座。

4日

政协第十届全国委员会常务委员会第十四次会议开幕会在政协会议楼常委会议厅举行。贾庆林主席主持会议。会议主要议题：一、审议通过政协第十届全国委员会常务委员会第十四次会议议程；二、听取中共中央政治局委员、国务院副总理回良玉关于建设社会主义新农村问题的报告；三、听取科学技术部部长徐冠华关于提高自主创新能力问题的报告。王忠禹、廖晖、刘延东、李贵鲜、张思卿、白立忱、罗豪才、张克辉、周铁农、郝建秀、陈奎元、阿不来提·阿不都热西提、徐匡迪、李兆焯、黄孟复、张怀西、李蒙、张梅颖、张榕明副主席，郑万通秘书长和常委共280人出席会议。中共中央办公厅、国务院办公厅、中央农村工作领导小组办公室、国家发展和改革委员会、教育部、科技部、财政部、建设部、交通部、水利部、农业部、文化部、卫生部、国家工商总局、国家广电总局、中国工程院、全国供销合作总社、国务院研究室、国务院扶贫开发领导小组办公室的负责人，全国政协各专门委员会负责人、副秘书长，中央统战部副部长，地方政协主席和全国政协信息特邀委员列席会议。

政协第十届全国委员会常务委员会第十四次会议进行专题分组学习讨论。主要内容是学习有关文件，进行专题讨论。

张克辉副主席在政协机关会见以香港全国政协常委徐展堂先生为荣誉顾问、中国国民党中央青年部主任陈淑蓉女士为团长的中国国民党2006年“台湾青年政经领袖北京、上海交流访问团”一行30人。港澳台侨委员会副主任张廷翰陪同会见。

4日至7日

“奥林匹克花园杯·和谐之美——首届政协委员全国摄影大赛”展览在政协礼堂举行。5日，贾庆林主席参观摄影大赛作品展，王忠禹、周铁农副主席陪同参观。刘延东、张思卿、阿不来提·阿不都热西提、黄孟复、张怀西副主席等先后参观。6日，摄影大赛颁奖仪式在展览现场举行。周铁农副主席出席并讲话。卞晋平副秘书长主持颁奖仪式。本次大赛由全国政协办公厅新闻办公室、人民网、中国政协杂志社和中体奥林匹克花园集团共同举办，共收到各级政协委员的参赛作品2600余幅，此次展出作品共有115幅，其中特别奖作品3幅，一等奖作品3幅，二等奖作品6幅，三等奖作品10幅，优秀奖作品50幅。

5日

政协第十届全国委员会常务委员会第十四次会议进行专题分组讨论。主要内容：一、坚持统筹城乡发展，改变城乡二元结构；二、发展农村经济，增加农民收入；三、加强基础设施建设，改善农村生产生活条件；四、发展农村社会事业，提高农民整体素质；五、加强农村民主管理，推进农村综合改革；六、深化改革，建立完善自主创新的新体制；七、培育创新文化，营造自主创新的良好环境。贾庆林主席，王忠禹、刘延东、李贵鲜、张思卿、白立忱、罗豪才、周铁农、陈奎元、阿不来提·阿不都热西提、徐匡迪、李兆焯、黄孟复、张怀西、李蒙、张榕明副主席分别参加各专题组的讨论。中共中央、国务院39个部门共98人次列席各专题组的讨论会。

全国政协召开地方政协主席座谈会，听取各地政协组织贯彻落实《中共中央关于加强人民政协工作的意见》情况的汇报，研究部署今年下半年对政协系统学习贯彻《意见》情况进行检查的工作。王忠禹副主席，郑万通秘书长，李昌鉴、齐续春、孙怀山、卢昌华、王胜洪、仝广成副秘书长和各省、自治区、直辖市政协及副省级市政协主席出席会议。北京市等10个地方政协主席汇报本地贯彻落实《意见》的情况，并提出意见和建议。

贾庆林主席在政协礼堂招待列席政协第十届全国委员会常务委员会第十四次会议的地方政协主席。王忠禹、刘延东、李贵鲜、张思卿、白立忱、罗豪才、张克辉、周铁农、陈奎元、阿不来提·阿不都热西提、徐匡迪、李兆焯、张怀西、李蒙、张榕明副主席出席此项活动。郑万通秘书长主持此项活动。曾任地方政协主席的专委会副主任，全国政协部分副秘书长参加此项活动。

张榕明副主席在京出席全国总工会第十四届执委会第九次主席团（扩大）会议。

6日

贾庆林主席主持召开政协第十届全国委员会第三十七次主席会议。主要内容是听取郑万通秘书长关于政协第十届全国委员会常务委员会第十四次会议小组讨论情况的综合汇报。王忠禹、刘延东、帕巴拉·格列朗杰、李贵鲜、张思卿、白立忱、罗豪才、张克辉、周铁农、郝建秀、陈奎元、阿不来提·阿不都热西提、徐匡迪、李兆焯、黄孟复、张怀西、李蒙、张梅颖、张榕明副主席，郑万通秘书长出席会议。李昌鉴、吴明熹、齐续春、孙怀山、李敏宽、潘贵玉、陈宗兴、陈抗甫、索丽生、卞晋平、卢昌华、王胜洪、仝广成副秘书长，各专委会负责人傅杰、刘仲藜、陈邦柱、刘忠德、李其炎、金日光、郭东坡、刘剑锋、王蒙，第十四次常委会议专题组和常规组召集人陈耀邦、伍绍祖、冯培恩、张德邻、韩汝琦、许柏年、方兆本、梁国扬、俞云波、洪绂曾、梁平波列席会议。

政协第十届全国委员会常务委员会第十四次会议第二次全体会议在政协会议楼常委会议厅举行。张怀西副主席主持会议。会议举行大会发言。朱佩玲、李雅芳、杨春兴、朱永新、刘亦铭、吴正德、张宝明、冯培恩、邵鸿、谢克昌常委，马国良、王渝生委员在会上作了发言。王忠禹、李贵鲜、张思卿、白立忱、罗豪才、张克辉、周铁农、郝建秀、陈奎元、阿不来提·阿不都热西提、徐匡迪、李兆焯、黄孟复、李蒙、张梅颖、张榕明副主席，郑万通秘书长和常委共255人出席会议。中共中央办公厅、国务院办公厅、中央宣传部、国家发展和改革委员会、教育部、科技部、财政部、建设部、交通部、农业部、文化部、卫生部、国家工商总局、国家广电总局、全国供销合作总社、国务院扶贫开发领导小组办公室负责人，全国政协副秘书长、各专门委员会负责人，地方政协主席和全国政协信息特邀委员列席会议。

政协第十届全国委员会常务委员会第十四次会议进行分组讨论。主要内容：一、讨论人事事项；二、反映社情民意。王忠禹、张思卿、罗豪才、周铁农、陈奎元、阿不来提·阿不都热西提、张怀西、李蒙、张梅颖、张榕明副主席分别参加各小组的讨论。

孙怀山副秘书长在政协机关邀请部分省市政协主席座谈委员视察改革工作。河南省政协副主席毛增华、四川省政协副主席陈官权、陕西省政协副主席张保庆、青海省政协副主席蔡巨乐、长春市政协主席张绪明等参加会议。

7日

政协第十届全国委员会常务委员会第

十四次会议闭幕会在政协会议楼常委会议厅举行。贾庆林主席讲话，王忠禹副主席主持会议。会议主要议题：一、听取郑万通秘书长关于小组讨论情况的综合汇报；二、通过政协第十届全国委员会副秘书长任命名单，任命杨崇汇为全国政协副秘书长。廖晖、刘延东、帕巴拉·格列朗杰、李贵鲜、张思卿、白立忱、罗豪才、张克辉、周铁农、郝建秀、陈奎元、阿不来提·阿不都热西提、徐匡迪、李兆焯、黄孟复、张怀西、李蒙、张梅颖、张榕明副主席和常委共 266 人出席会议。中共中央办公厅、国务院办公厅、中央宣传部、中央农村工作领导小组办公室、国家发展和改革委员会、教育部、科技部、建设部、交通部、农业部、文化部、卫生部、国家工商总局、国家广电总局、全国供销合作总社的负责人，全国政协各专门委员会负责人、副秘书长，中央统战部副部长，地方政协主席和全国政协信息特邀委员列席会议。

政协第十届全国委员会常务委员会第九次学习讲座在政协会议楼常委会议厅举行。贾庆林主席主持讲座。外交部部长李肇星应邀到会作题为《当前国际形势和我国外交工作》的报告。王忠禹、李贵鲜、张思卿、白立忱、罗豪才、张克辉、周铁农、阿不来提·阿不都热西提、徐匡迪、李兆焯、黄孟复、张怀西、李蒙、张梅颖、张榕明，秘书长郑万通出席学习讲座。

应全国政协办公厅邀请，罗马尼亚参议院秘书长康斯坦丁·瓦西留一行 6 人对我国进行友好访问。10 日，周铁农副主席在政协礼堂会见瓦西留。王胜洪副秘书长和罗马尼亚驻华使馆参赞、驻华大使夫人伊斯蒂奇瓦亚参加会见。

10 日

罗豪才副主席在人民大会堂出席社会主义法治理念与中国律师业发展暨纪念中华全国律师协会成立二十周年座谈会。

罗豪才副主席在京会见台湾中南部硕博士研究生学术交流访问团一行。该团是应中国和平统一促进会邀请来京访问的。

王胜洪副秘书长在政协机关与罗马尼亚参议院秘书长瓦西留会谈并举行欢迎宴会。

10 日至 12 日

卞晋平副秘书长在京参加“全国统战工作会议”。

10 日至 13 日

徐匡迪副主席作为胡锦涛主席特使，赴蒙古国出席“大蒙古国”建国 800 周年纪念活动。

11 日

由人口资源环境委员会、经济委员会和政协天津市委员会共同主办的“建设北方国际航运和物流中心，推进滨海新区开发开放”论坛在天津召开。中共中央政治局委员、天津市委书记张立昌会见与会代表。全国政协副主席王忠禹出席论坛并讲话。郑万通秘书长主持论坛。天津市市长戴相龙致辞，天津市常务副市长黄兴国作主题发言，陆江等全国政协委员和专家、国家发改委欧新黔副主任、财政部楼继伟副部长、交通部翁孟勇副部长分别发言。全国政协人口资源环境委员会主任陈邦柱、经济委员会副主任洪绂曾、副秘书长孙怀山、天津市政协主席宋平顺，国土资源部、铁道部、海关总署、民航总局、质检总局、国家海洋局等部门的负责人、环渤海各省区市政协的领导和政府有关部门的 200 余人参加了论坛。

罗豪才副主席在人民大会堂会见印度北安恰尔邦首席部长蒂瓦里一行。

外事委员会在政协机关召开主任会议，讨论外事委员会 2006 年下半年工作，2007 年工作设想。刘剑锋主任主持会议，马振岗、王淑贤、李北海、刘华秋、杨正泉、张国祥、武韬、周可仁和原焘副主任出席会议。

王胜洪副秘书长在和平门烤鸭店便宴罗马尼亚参议院秘书长瓦西留。罗马尼亚驻华使馆参赞、大使夫人伊斯蒂奇瓦亚参加此项活动。

11 日至 13 日

文史和学习委员会副主任李仁臣赴大庆参加《工业学大庆》编委会议。

11 日至 22 日

教科文卫体委员会“发展我国少数民族地区体育”专题调研组一行 15 人赴新疆进行调研。教科文卫体委员会副主任张发强带队。

12 日

周铁农副主席在人民大会堂会见以朝中友协副委员长李英德为团长的朝中友好协会代表团。该团是应对外友协邀请访华的。

提案工作研讨领导小组邀请政协各专委会办公室以及研究室信息局、秘书局、人事局、信息中心负责人进行座谈，分析政协提案工作中存在的问题，听取关于改革和创新提案工作的意见建议。提案工作研讨领导小组组长、提案委员会副主任杨振杰，提案工作研讨领导小组成员朱培康、傅志煌、王胜洪、徐玉麟出席会议。

12 日至 13 日

李昌鉴副秘书长代表办公厅在香港看望董建华副主席和部分港区全国政协常委、委员，向董副主席汇报第十四次常委会议有关情况，并向最近荣获特区政府大紫荆勋章的董建华副主席、李东海原常委、李业广委员，荣获金紫荆星章的余国春常委，荣获铜紫荆星章的朱莲芬、石汉基委员，荣获太平绅士的李大壮委员等表示祝贺。

13 日

阿不来提·阿不都热西提副主席在京出席“奥运向我们走来”书画艺术展开幕式。卞晋平副秘书长陪同出席。

外事委员会副主任原焘在政协机关会见西班牙人民党国际关系书记豪尔赫·莫拉加斯。莫是应中联部邀请来华访问的。

14 日

全国政协在深圳举行关于政协第十届全国委员会常务委员会第十四次会议情况通报会。王忠禹副主席向港澳特区全国政协委员通报十届政协十四次常委会议情况和下半年工作安排。郑万通秘书长主持会议。广东省政协副主席柯小刚、深圳市政协主席李德成，中央人民政府驻香港联络办公室副主任黎桂康、驻澳门联络办公室副主任徐泽，香港、澳门特别行政区全国政协委员 94 人参加会议。

白立忱副主席在人民大会堂出席国家副主席曾庆红为西班牙王储费利佩访华举行的欢迎仪式和欢迎宴会。

阿不来提·阿不都热西提副主席出席由对外友协举办的纪念《中俄睦邻友好合作条约》签署五周年招待会。

社会福利和社会保障界召集人召开会议，研究界别活动有关事宜。提案委员会副主任范宝俊，社会和法制委员会副主任王建伦等出席会议。

社会和法制委员会“职业病防治”专题调研组在政协机关召开会议，听取卫生部有关负责人介绍情况。李奇生副主任主持会议。

外事委员会副主任李北海、原焘在政协机关约见外交部拉美司负责人，讨论开展对拉美未建交国工作。

15 日

阿不来提·阿不都热西提副主席在北京地坛体育场出席第七届北京市民族传统体育运动会开幕式。

15日至31日

应我驻英国、巴西、阿根廷、澳大利亚大使馆邀请，罗豪才副主席，李昌鉴副秘书长等一行8人赴上述国家访问。

17日

港澳台侨委员会副主任张伟超在人民大会堂出席“2006年海外华裔及港澳台地区青少年‘中国寻根之旅’夏令营”开营仪式。

外事委员会“中国远洋船员权益维护问题”调研组在机关召开筹备会议，听取中国海员工会有关情况汇报。张国祥副主任主持会议，部分外事委员会委员出席会议。

17日至20日

王曙光委员率人口资源环境委员会“水资源开发利用和节水”调研组一行9人赴山东省调研。

17日至21日

经济委员会“发展农村经济，加强基础设施建设，建设社会主义新农村”专题组赴江西调研。阿不来提·阿不都热西提副主席任顾问并参加调研，陈耀邦、厉以宁副主任任组长。

17日至25日

陈洲其副主任率人口资源环境委员会“矿产资源国家所有权权益保护和矿业体制建设”调研组一行12人赴四川省调研。王克英、张洽副主任参加调研。

社会和法制委员会李其炎主任率“建设社会主义新农村”专题组赴黑龙江调研。

18日

徐匡迪副主席在人民大会堂会见香港青年工商界人士北京、甘肃访问团全体成员。

王胜洪副秘书长在政协机关会见并宴请以铃木英司为团长的日本法政大学友好访华团。

18日至26日

以徐锡澄委员为组长的外事委员会专题调研组一行10人赴敦煌，就甘肃省对外文化资源情况进行调研。

19日

提案委员会在政协机关与东莞市政协座谈，交流提案工作经验，探讨创新提案工作的途径和方法。傅杰主任主持会议，傅志煌副主任，王胜洪副秘书长，东莞市政协副主席周文媛以及东莞市政协、市政府有关负责人参加会议。

港澳台侨委员会主任郭东坡在政协机关会见以高岸声为团长的内地高校优秀澳门学生访问团一行30余人。

20日

郝建秀副主席在人民大会堂出席第十三届全国青少年爱国主义读书教育活动表彰大会，会前接见获奖代表并合影。

徐匡迪副主席在人民大会堂参加胡锦涛主席为瑞典国王卡尔十六世古斯塔夫访华举行的欢迎仪式和欢迎宴会。

港澳台侨委员会主任郭东坡在政协礼堂会见并宴请以马来西亚高等教育部华人副部长翁诗杰先生为团长的马来西亚官方教育代表团。港澳台侨委员会副主任、中国华文教育基金会理事长张伟超参加会见。

港澳台侨委员会副主任何添发出席在北京大学举办的“侨（爱）心工程五周年特献晚会”。

受郑万通秘书长委托，孙怀山副秘书长代表办公厅到协和医院、电力医院分别看望第一、二次国内革命战争时期参加革命的程浩和许革夫同志，向他们转达中组部、全国政协办公厅对他们的关心和慰问。

20日至31日

经济委员会段应碧副主任率“进一步推进西部大开发战略深入实施”专题组离

京赴新疆乌鲁木齐、喀什等地调研。

21日

贾庆林主席在人民大会堂会见应中国政府邀请来华进行非正式访问的密克罗尼西亚联邦副总统基利昂。王胜洪、仝广成副秘书长参加会见。

郑万通秘书长到北京医院看望经叔平同志，祝经老88寿辰。

全国政协委员赴内蒙古视察团召开全体会议，邀请国家发改委、国家环保总局负责人介绍我国循环经济发展有关情况。李蒙副主席出席会议。

杨崇汇副秘书长、人口资源环境委员会副主任张宝明在国务院参加全国水污染防治工作电视电话会议。

21日至26日

以徐展堂常委为团长，刘汉铨、伍淑清常委为副团长，陈凤英委员为顾问的香港全国政协委员视察团一行62人赴天津、河北唐山视察。董建华副主席参加视察，郑万通秘书长陪同视察。

22日

经济委员会在江西九江召开“发展农村经济，加强基础设施建设，建设社会主义新农村”专题组调研总结会，介绍并交流各自调研成果，讨论上报中央的关于建设社会主义新农村的建议。阿不来提·阿不都热西提副主席，陈耀邦、厉以宁、洪绂曾、林毅夫、颜延龄副主任出席会议。

24日

李贵鲜副主席在广东省中山市出席第五届“宋庆龄少年儿童发明奖”颁奖典礼。

港澳台侨委员会主任郭东坡在政协机关会见并宴请巴西中国和平统一促进会会长张无咎先生。

26日

齐续春副秘书长代表办公厅出席国务院召开的通报全国经济形势电视电话会议。

27日

贾庆林主席在北戴河干部培训中心参加机关党组中心组学习研讨班总结会，听取学习研讨班的交流发言和关于学习研讨情况的总结汇报并发表讲话。郑万通秘书长主持会议，杨崇汇、齐续春、孙怀山、卞晋平、卢昌华、王胜洪、仝广成副秘书长，研究室、各局级单位中心组成员和部分局级干部参加会议。

刘延东副主席在政协礼堂会见日本新任驻华大使宫本雄二。

27日至8月2日

以江苏省政协主席许仲林为团长的驻江苏省全国政协委员视察团一行31人，就西部大开发情况赴宁夏进行视察。宁夏回族自治区党委书记陈建国、自治区主席马启智会见视察团全体同志，自治区政协主席任启兴等陪同视察。

28日

张思卿副主席在河北省唐山市出席纪念唐山抗震三十周年大会。

提案委员会在政协机关与江西省政协提案委员会座谈，交流提案工作经验，探讨创新提案工作的途径和方法。提案委员会副主任朱培康主持，张工、傅志煌副主任，江西省政协提案委员会有关负责人参加会议。

29日

周铁农副主席在黑龙江省哈尔滨市出席第四届全国特殊奥林匹克运动会开幕式。

31日

全国政协委员赴青藏铁路视察团在政协礼堂召开组团会。铁道部部长刘志军为委员们介绍青藏铁路概况，张梅颖副主席出席并讲话，郑万通秘书长就做好此次视察工作提出要求，孙怀山副秘书长主持会议。

全国政协办公业务资源信息系统项目领导小组召开第一次会议，原则通过项目前期工作安排计划。杨崇汇副秘书长出席会议。卞晋平副秘书长参加会议并讲话。

8月

1日

港澳台侨委员会副主任王永海在政协礼堂会见以台湾国民党籍“立法委员”洪秀柱女士为荣誉团长、国民党中央评议委员李福轩先生为团长的“2006台湾青年公共事务访问团”一行19人，并便宴来访客人。

1日至8日

以张梅颖副主席为团长，陈邦柱、李赣骝、赵喜明、陈明德为副团长的全国政协委员赴青藏铁路视察团一行121人赴青海省、西藏自治区就青藏铁路建设情况进行视察。杨崇汇副秘书长到机场送行。

2日

卞晋平副秘书长应邀为中央统战部第一期少数民族代表人士培训班作学习《中共中央关于加强人民政协工作的意见》辅导讲座。

3日

郑万通秘书长在政协机关会见香港城市大学参加提高首都机场服务管理水平研讨班的全体教授和学员，并介绍全国政协基本情况和上半年我国经济发展简要情况。

杨崇汇、齐续春副秘书长主持召开专题协商会情况通报会。经济委员会办公室、教科文卫体委员会办公室有关负责人分别介绍推进西部大开发专题协商会、落实国家中长期科学和技术发展规划纲要专题协商会初步方案，各民主党派中央和全国工商联相关部门负责人分别介绍就上述专题开展调研和会议发言准备情况。

3日至4日

由全国政协外事委员会、中国经社理事会国际事务委员会与黑龙江省政协等6单位联合主办的“2006·兴凯湖中俄区域合作论坛”在黑龙江省鸡西市举行。外事委员会主任刘剑锋致辞，副主任周可仁发言，王胜洪副秘书长，外事委员会副主任武韬、委员谷永江等出席会议。黑龙江省政协副主席曹广亮主持开幕会。

4日

人口资源环境委员会副主任温克刚在青海省西宁参加由青海省政协主办、部分省市政协参加的“湖泊保护暨青海湖可持续发展研讨会”并讲话。

应中国伊斯兰教协会邀请，齐续春副秘书长到北京东四清真寺参加“陈广元大阿訇手书石刻《古兰经》告竣庆典活动”。全国政协民宗委为庆典活动送了花篮，钮茂生主任发了贺信。

7日至10日

由港澳台侨委员会和外事委员会联合举办的全国各省、自治区、直辖市及副省级市港澳台侨和外事工作会议在沈阳召开。张怀西副主席出席会议并讲话。外事委员会主任刘剑锋主持开幕式，港澳台侨委员会主任郭东坡致开幕词。辽宁省政协主席郭廷标、沈阳市政协主席赵金城到会并致辞。全国政协副秘书长李昌鉴、王胜洪，港澳台侨委员会副主任王永海、张道诚，外事委员会副主任刘华秋、张国祥出席会议。

7日至15日

社会和法制委员会李其炎主任率“建设社会主义新农村”专题组赴新疆调研。

8日

王忠禹副主席在政协机关会见塞尔维亚驻华大使乌多维契基。王胜洪副秘书长陪同会见。

郑万通秘书长主持召开第三十三次秘

书长办公会议。主要议题：一、审议政协第十届全国委员会常务委员会第十五次会议议程（草案）和日程（草案）；二、研究“推进西部大开发”和“落实国家中长期科学和技术发展规划纲要”专题协商会工作方案（稿）；三、研究全国政协提案工作座谈会筹备工作方案（稿）；四、研究全国政协视察工作座谈会筹备工作方案（稿）；五、听取“促进非公有制经济健康发展论坛”筹备工作情况的汇报。杨崇汇、齐续春、卢昌华、王胜洪、仝广成副秘书长出席会议，研究室和各局级单位负责人列席会议。

卞晋平副秘书长应邀为浙江省政协主席读书会作学习《中共中央关于加强人民政协工作的意见》辅导讲座。

王胜洪副秘书长在政协礼堂会见奥地利议会副秘书长西·保尔。保尔是应对外友协邀请访华的。

9日

徐匡迪副主席在京出席“中德对话论坛”第二次会议预备会议。

华北东北省市区政协提案工作座谈会在长春开幕，提案委员会副主任张岳琦出席会议并讲话。

10日

教科文卫体委员会召开座谈会，研究专题协商会上发言内容及相关事宜。徐善衍副主任主持会议，齐续春副秘书长，栾恩杰、蔡睿贤副主任以及部分政协委员、民主党派代表参加会议。

11日

张怀西副主席在人民大会堂出席第二届爱我中华·全国青少年科学与艺术大会开幕式。

11日至20日

港澳台侨委员会组织来自10个国家的17位曾列席政协大会的海外侨胞赴辽宁、黑龙江、北京等地进行考察。

13日至16日

应贾庆林主席邀请，老挝建国阵线中央主席西沙瓦·乔本潘一行10人对我国进行友好访问。其间，贾庆林主席在人民大会堂会见并举行欢迎宴会；中共中央政治局常委李长春在人民大会堂会见代表团一行；王忠禹副主席在政协礼堂与西沙瓦举行会谈并宴请 。杨崇汇副秘书长，人口资源环境委员会主任陈邦柱，外交部副部长武大伟，仝广成副秘书长，外事委员会副主任武韬以及老挝驻华使馆临时代办苏塔维·高拉等分别参加上述活动。

14日

文史和学习委员会在政协机关召开非物质文化遗产民间艺术座谈会。刘济民副主任主持会议，在京民间艺术家、民俗专家近20人出席会议。

杨崇汇副秘书长出席全国政协办公业务资源信息系统项目专家组成立会并讲话。杨崇汇副秘书长为项目领导小组组长，曲成义等13人为专家组成员。

14日至20日

张国祥副主任率外事委员会考察组一行12人赴山西晋中、晋南地区就经济和社会发展情况进行考察。马振岗、王淑贤、李北海、周可仁副主任等参加考察。

15日

贾庆林主席，王忠禹、廖晖、刘延东、李贵鲜、张思卿、罗豪才、张克辉、周铁农、陈奎元、阿不来提·阿不都热西提、徐匡迪、李兆焯、黄孟复、张怀西、李蒙、张梅颖、张榕明副主席，郑万通秘书长和各专门委员会主要负责人在中南海怀仁堂出席学习《江泽民文选》报告会。

卞晋平副秘书长应邀为广东省政协“提高参政议政能力培训班”作学习《中共中央关于加强人民政协工作的意见》辅导讲座。

15日至22日

文史和学习委员会副主任刘济民带队赴新疆出席“两弹”专题史料征编会。

16日

贾庆林主席在人民大会堂会见美国米高梅集团董事长兰尼，仝广成副秘书长参加会见。兰尼是应中国人民对外友好协会邀请访华的。

李蒙副主席在贵阳出席“中国西部制造业发展战略高层论坛暨第三届e工程及数字企业国际学术会议”开幕式并讲话。

张榕明副主席在人民大会堂出席中国民营企业家高峰会开幕式。

提案委员会副主任贾军、部分提案委员会委员及相关提案人走访交通部，了解交通部对全国政协十届一次会议以来提案的办理情况，听取对提案委员会工作的意见和建议。

提案工作研讨领导小组召开会议，研究全国政协提案工作座谈会有关文件起草工作。提案工作研讨领导小组组长、提案委员会副主任杨振杰主持会议，提案工作研讨领导小组成员朱培康、王胜洪、陈益群、徐玉麟参加会议。

民族和宗教委员会副主任江家福在政协机关会见波兰共和国驻华大使克日什托夫·舒姆斯基。克日什托夫·舒姆斯基大使转交了波参议院外事委员会主席斯蒂凡·涅肖沃夫斯基给民族和宗教委员会的邀请函。

卞晋平副秘书长在人民大会堂出席王稼祥同志诞辰100周年纪念座谈会，

16日至21日

以全国政协常委吴福为团长的澳门特别行政区全国政协委员视察团一行42人就甘肃省兰州、敦煌等地实施国民经济和社会发展“十一五”规划和生态环境、文物保护情况进行视察。参加视察的委员22人，港澳台侨委员会副主任俞晓松、中央人民政府驻澳门联络办公室副主任徐泽、甘肃省政协副主席喇敏智等全程陪同。

16日至24日

人口资源环境委员会“旅游业发展与特色资源保护和利用”调研组一行9人赴宁夏回族自治区和内蒙古自治区调研。人口资源环境委员会委员、国家旅游局原副局长孙钢带队。

17日

周铁农副主席在中央民族干部学院出席全国民族团结进步教育基地命名大会并为教育基地授牌。

18日

王忠禹副主席在政协机关会见并宴请曾列席政协大会的海外侨胞回国参观考察团一行。郑万通秘书长，港澳台侨委员会主任郭东坡等参加会见。

教科文卫体委员会在京举行报告会，邀请科技部副部长李学勇就落实《国家中长期科技发展规划纲要》作报告。教科文卫体委员会主任刘忠德主持会议。部分全国政协委员，各民主党派中央和全国工商联有关负责人等60余人出席报告会。王胜洪副秘书长，提案委员会副主任张工，经济委员会副主任王洛林，教科文卫体委员会副主任韦钰、栾恩杰、蔡睿贤，社会和法制委员会副主任王建伦，民族和宗教委员会副主任黄璜，外事委员会副主任原焘出席报告会。

21日

贾庆林主席在政协礼堂接见参加“世宗和”第八届大会的“中宗和”代表团并发表讲话。全国人大常委会副委员长、“中宗和”名誉主席傅铁山，全国政协副主席王忠禹、刘延东，全国政协秘书长郑万通，民族和宗教委员会副主任黄璜，副秘书长杨崇汇、齐续春、王胜洪、仝广成，外交部副部长杨洁篪，国家宗教事务局局长叶小文参加会见。

罗豪才副主席在人民大会堂会见马来西亚槟州元首拉赫曼一行。该团是应中国人民外交学会邀请访华的。

郑万通秘书长在政协礼堂会见并宴请应全国人大常委会办公厅邀请访华的澳大利亚众议院秘书长哈里斯。王胜洪副秘书长参加会见。

第六期全国政协委员学习研讨班在中央社会主义学院开班。李贵鲜副主席出席开班仪式并讲话。文史和学习委员会主任王蒙主持开班仪式，李昌鉴、卞晋平副秘书长，文史和学习委员会副主任崔占福等出席开班仪式。共有146名在京全国政协委员参加本次学习。

民族和宗教委员会在政协机关召开参加“世宗和”第八届大会的“中宗和”代表团组团会。民族和宗教委员会副主任刘柏年、陈广元、圣辉作为代表团成员出席会议。外交部、国务院台湾事务办公室、国家宗教事务局等部门有关负责人介绍相关情况。黄璜副主任代表民宗委对代表团的出访提出工作要求。齐续春副秘书长主持会议。

21日至25日

社会和法制委员会“建设社会主义新农村”专题组与七省（区、市）政协社法委联合调研座谈会在内蒙古呼和浩特市举行。社会和法制委员会主任李其炎、副主任伍绍祖等出席会议，王建伦副主任主持开幕会，内蒙古自治区政协副主席奇英成致欢迎词，自治区有关部门介绍自治区新农村建设情况。北京、天津、山西、内蒙古、辽宁、吉林、黑龙江等省（区、市）政协社法委负责人就农村社会保障、基层组织建设、基层矛盾调处、农村经济合作组织等问题的调研情况发言。

22日

贾庆林主席主持召开政协第十届全国委员会第三十八次主席会议，并发表重要讲话。会议的主要内容是学习《江泽民文选》。王忠禹、刘延东、罗豪才、周铁农、陈奎元、徐匡迪、张怀西、李蒙副主席在会上发言。廖晖、张思卿、白立忱、张克辉、李兆焯、张梅颖、张榕明副主席，郑万通秘书长出席会议。全国政协副秘书长和各专门委员会主要负责人列席会议。

刘延东副主席在政协礼堂会见驻朝鲜大使刘晓明。王胜洪副秘书长参加会见。

李贵鲜副主席在内蒙古自治区呼和浩特出席由黑龙江、辽宁、吉林省和内蒙古自治区政协共同主办的“2006东北老工业基地区域发展论坛”第二次年会开幕会并讲话。经济委员会主任刘仲藜，人口资源环境委员会主任陈邦柱出席并讲话，副秘书长杨崇汇出席会议。

李蒙副主席在人民大会堂出席中共中央总书记、国家主席胡锦涛为越共中央总书记农德孟访华举行的欢迎仪式和欢迎宴会。

郑万通秘书长在政协机关主持召开贾庆林主席出访欧洲四国协调会。张龙之、仝广成副秘书长，中办调研室、中央警卫局、外交部、国务院新闻办、民航总局等有关单位负责人参加会议。

为办好“促进非公有制经济健康发展”论坛，经济委员会副主任邵奇惠、厉以宁、王洛林于8月16日、20日和22日分别在内蒙古、黑龙江、新疆重点就《国务院关于鼓励支持和引导个体私营等非公有制经济发展的若干意见》发布一年多来的落实情况及存在问题召开座谈会，邀请当地有关政府部门、相关研究和咨询机构及非公有制经济人士代表介绍情况并座谈。

以民族和宗教委员会副主任、中国宗教界和平委员会副主席陈广元为团长的“中宗和”代表团赴日本出席于26日至

29 日在日本京都召开的世界宗教和平会议第八届大会。副主任刘柏年、圣辉作为代表团成员参加此次会议。

港澳台侨委员会副主任张伟超在政协机关会见并宴请美国休斯敦传统侨团访华团一行 26 人。

卞晋平副秘书长应邀为驻江苏省全国政协委员学习研讨班作学习《中共中央关于加强人民政协工作的意见》辅导讲座。

22 日至 25 日

应韩国三方委员会邀请，全国政协副秘书长、中国经社理事会秘书长王胜洪等前往首尔筹备经社理事会和类似组织国际协会 2006 年年会。

23 日

罗豪才副主席在云南昆明出席“第四届东盟华商投资西南项目推介会暨首届亚太华商论坛”开幕式。

提案委员会副主任傅志煌，部分提案委员会委员及相关提案人走访最高人民法院，了解最高人民法院对全国政协十届一次会议以来提案的办理情况，听取对提案委员会工作的意见和建议。

24 日

全国人大常委会副委员长何鲁丽、全国政协副主席张思卿在人民大会堂出席国家主席胡锦涛为委内瑞拉玻利瓦尔共和国总统查韦斯访华举行的欢迎仪式和欢迎宴会。

周铁农副主席在四川省成都出席“第二届中国成都道教文化节”开幕式。

李蒙副主席在四川省宜宾出席“第四届四川国际旅游节”开幕式。

第六期全国政协委员学习研讨班在中央社会主义学院圆满结束。郑万通秘书长出席结业仪式并作总结讲话。参加这期学习班的委员共 146 名。结业仪式由杨崇汇副秘书长主持。卞晋平副秘书长、文史和学习委员会副主任崔占福等出席结业仪式。

外事委员会调研组在政协机关召开筹备会议，听取中国海员建设工会主席吴子恒关于“国际劳工局 186 号公约”、交通部海事局负责人关于“保护远洋船员权益，推进航运可持续发展”的情况汇报。张国祥副主任主持会议，李北海、武韬副主任，徐更生常委等出席会议。

文史和学习委员会与内蒙古自治区政协、巴彦淖尔市在人民大会堂举办“2006 年中国河套文化”研讨会。

25 日

《纵横》杂志出版发行 200 期座谈会在政协礼堂举行，贾庆林主席、王忠禹副主席出席会议。郑万通秘书长出席并讲话。卞晋平副秘书长主持座谈会，副秘书长杨崇汇、李昌鉴、孙怀山、卢昌华、仝广成，文史和学习委员会副主任刘济民、李仁臣、龚心瀚、程世峨，北京市政协主席阳安江，新闻出版总署副署长邬书林和有关单位负责人，部分全国政协委员，文史理论界专家学者以及作者、读者代表 80 余人出席会议。

王忠禹副主席在政协机关主持召开会议，听取全国政协“推进西部大开发”和“落实国家中长期科学和技术发展规划纲要”专题协商会各项筹备工作情况汇报。郑万通秘书长，杨崇汇、李昌鉴、齐续春、孙怀山、卞晋平、卢昌华、仝广成副秘书长出席会议，机关有关局室负责人参加会议。

罗豪才副主席在人民大会堂出席反商业贿赂高峰论坛会议开幕式。

周铁农副主席在四川省成都出席道教文化国际论坛开幕式。

张榕明副主席在全国政协礼堂出席“李德全与红十字会”座谈会。全国政协人口资源环境委员会副主任杨魁孚参加会议并发言。

教科文卫体委员会召开座谈会，邀请科技部发展计划司负责人介绍我国有关“引进技术与消化吸收再创新”的情况并进行座谈。蔡睿贤副主任主持会议，全国政协委员、北京市政协委员近30人参加会议。

外事委员会副主任李北海、原焘在机关应约会见巴拿马驻华商务代表处代表列奥那多·甘。

文史和学习委员会在政协机关会见第二期港区省级政协委员清华大学中国国情研讨班学员。金开诚、计佑铭副主任主持。卞晋平副秘书长，全国政协常委、清华大学原校长王大中和机关有关局室负责参加会见。

25日至9月5日

以民族和宗教委员会副主任肖作福为团长的全国政协民族和宗教委员会考察团赴新疆就宗教界为构建社会主义和谐社会服务情况进行考察。副主任巴桑、邓福村、克尤木·巴吾东、王思齐参加此次考察活动。

26日至29日

以民族和宗教委员会副主任陈广元为团长的“中宗和”代表团一行25人，参加在日本京都举行的“世宗和”第八届大会，代表团认真妥善处理涉台等有关问题，圆满完成各项既定任务。丁光训、帕巴拉·格列朗杰副主席在会上分别被选为“世宗和”名誉主席之一、主席之一。学诚委员作大会发言并回答提问。期间，“中宗和”代表团与“亚宗和”、“韩宗和”举行工作会谈。来自100多个国家的约两千人参加“世宗和”第八届大会，其中正式代表来自99个国家共500多人。日本首相小泉纯一郎、约旦王储哈桑、伊朗前总统哈塔米等出席开幕式。会议选举了新的一届领导层，通过反对暴力、共享和平的《京都宣言》。

26日至9月3日

人口资源环境委员会主任陈邦柱率人口资源环境委员会和国家林业局联合调研组一行9人就祁连山自然保护区建设、河西走廊水资源可持续利用和新疆南疆自然保护区建设情况，赴甘肃省和新疆维吾尔自治区调研。

27日

贾庆林主席在故宫博物院参观“奉献·吴冠中历年捐赠作品汇展”。郑万通秘书长，孙怀山、仝广成副秘书长陪同参观。

张怀西副主席在人民大会堂出席“贯彻落实科学发展观，提高民族品牌竞争力”高峰论坛开幕式。

张梅颖副主席在四川省成都出席四川大学建校110周年庆典活动和张澜先生铜像揭幕仪式。

27日至9月3日

人口资源环境委员会“煤田灭火”跟踪调研组一行7人赴新疆维吾尔自治区进行调研。张宝明副主任带队。

28日

白立忱副主席在人民大会堂出席国家主席胡锦涛为贝宁共和国总统亚伊访华举行的欢迎仪式和欢迎宴会。

郑万通秘书长在中南海出席由王刚主持召开的中央重要会议活动协调联席会议。

教科文卫体委员会召开教师节慰问活动座谈会。中国农业大学介绍多年来在推动我国农业发展、解决“三农”问题、农业专门人才培养及服务新农村建设等方面工作的情况。李贵鲜副主席出席并讲话，教科文卫体委员会副主任王巨才主持会议，齐续春副秘书长，在京全国政协常委、委员及教育部有关负责人近50人参加会议。

教科文卫体委员会召开座谈会，邀请

发改委高技术司、国资委规划发展局负责人介绍我国有关“引进技术与消化吸收再创新”的情况，并进行座谈。蔡睿贤副主任主持会议，全国政协委员、北京市政协委员近 30 人参加会议。

28 日至 29 日

文史和学习委员会副主任龚心瀚一行 5 人赴内蒙古自治区额尔古纳旗出席中国少数民族文史资料书系三少民族暨中国俄罗斯族百年实录编审会。

28 日至 9 月 1 日

提案委员会副主任傅志煌出席在贵州省贵阳召开的西部十二省（区、市）政协提案工作第十七次联席会议并讲话。

28 日至 9 月 8 日

外事委员会调研组一行 16 人赴大连、上海和武汉，就“国际劳工局 186 号公约与我国远洋船员权益维护问题”进行调研。张国祥副主任率队，李北海、武韬副主任，徐更生常委等参加调研。

29 日

张思卿副主席出席河南省安阳市“团结杯”人民政协知识电视大奖赛决赛颁奖仪式。

罗豪才副主席在政协机关会见英国伦敦大学政治经济学院副院长墨菲教授。

郑万通秘书长主持召开第十四次秘书长会议。主要议题：一、审议政协第十届全国委员会常务委员会第十五次会议议程（草案）和日程（草案）；二、通报全国政协专题协商会筹备情况和 2006 年下半年重点工作。杨崇汇、吴明熹、齐续春、孙怀山、陈明德、陈宗兴、索丽生、卢昌华副秘书长出席会议，第十五次常委会议各工作组和办公厅有关局级单位负责人列席会议。

李昌鉴副秘书长参加广州市委举办的学习《中共中央关于加强人民政协工作的意见》报告会，就学习贯彻文件精神作辅导报告。广州市委书记朱小丹，市政协主席朱振中，市委副书记、市纪委书记苏志佳以及市直机关各部门、各区县主要负责人共 400 多人出席报告会。

29 日至 30 日

周铁农副主席在黑龙江省哈尔滨出席全国副省级市政协提案工作座谈会并讲话。提案委员会主任傅杰、副主任张岳琦，王胜洪副秘书长参加会议。

教科文卫体委员会与北京市政协经济科技委员会组成联合调研组，就“引进技术与消化吸收再创新”问题在北京市进行调研，并与北京市政府有关部门及若干企业进行座谈。蔡睿贤副主任带队，全国政协委员、北京市政协委员近 30 人参加调研。

29 日至 9 月 11 日

社会和法制委员会“发挥非政府组织作用”考察组赴丹麦、挪威和冰岛考察。李其炎主任任组长，肖建章副主任等参加考察。

30 日

王忠禹副主席主持召开会议，研究“推进西部大开发”和“落实国家中长期科学和技术发展规划纲要”专题协商会筹备工作。郑万通秘书长，杨崇汇、齐续春副秘书长，办公厅研究室和有关局级单位负责人参加会议。

中央六家涉台单位（国务院台办、全国政协港澳台侨委员会、中央统战部、民革中央、台盟中央、全国台联）第 17 次联席会议在政协礼堂召开。国务院台办主任陈云林、副主任郑立中分别介绍近期台湾局势和我对台工作方针政策，各参会单位分别就开展对台工作的有关情况进行发言和交流。全国人大常委会副委员长、民革中央主席何鲁丽，全国政协港澳台侨委员会主任郭东坡，副主任李赣骝、张道诚，全国政协副秘书长、台盟中央副主席李敏宽等出席会议。本次会议由台盟中央主办。

贾庆林主席在人民大会堂会见应李肇星外长邀请访华的尼泊尔副首相兼外交大臣奥利。杨崇汇、全广成副秘书长参加会见。

外事委员会主任刘剑锋，卢昌华副秘书长出席韩国驻华大使金夏中在大使官邸为外事委员会访韩代表团举办的宴请活动。刘剑锋主任将应韩国会统一外交通商委员会邀请将于9月上旬率团访韩。

全国人大常委会副委员长许嘉璐、全国政协副主席白立忱在民族文化宫出席“中华·缘文化论坛”。孙怀山副秘书长，全国政协常委、中华民族文化促进会主席高占祥及有关专家学者出席论坛并发言。

李昌鉴副秘书长在中南海出席王刚主持召开的协调会，研究全国政协办公厅、统战部、港澳办、侨办、台办共同举办国庆招待会有关事宜。

31日

李蒙副主席在成都出席全国副省级市政协第二十一次工作协作会开幕会并讲话。郑万通秘书长，卞晋平副秘书长，办公厅有关部门负责人参加会议。

文史和学习委员会在中协宾馆召开座谈会，研究常委会第十次学习讲座内容。王蒙主任主持会议，刘济民、金开诚副主任及部分委员、专家出席会议。

9月

1日

张克辉副主席赴山东省潍坊市出席第十二届鲁台经贸洽谈会暨第三届台商大会、2006海峡两岸制造业博览会。

2日

周铁农副主席在人民大会堂东门外广场出席关爱女孩行动万里行活动北京出发仪式。

李蒙副主席在北戴河出席全国政协第51期干部培训班开学典礼并讲话。本期培训班参加人员以地市级以上政协专门委员会主任、副主任为主。李昌鉴副秘书长主持开学典礼。

李昌鉴副秘书长在北戴河干部培训中心为全国政协第51期干部培训班的全体学员作题为《深入学习贯彻〈中共中央关于加强人民政协工作的意见〉》的辅导报告。

2日至8日

应韩国国会统一外交通商委员会委员长林采正（现任国会议长）邀请，以刘剑锋主任为团长的全国政协外事委员会代表团一行7人离京赴韩进行友好访问。代表团主要成员有全国政协副秘书长卢昌华、外事委员会委员潘占林和李兰。

4日

贾庆林主席主持召开政协第十届全国委员会第三十九次主席会议。主要议题是：一、审议政协第十届全国委员会常务委员会第十五次会议议程（草案）和日程（草案），并听取筹备情况的汇报；二、听取全国政协专题协商会筹备情况的汇报。

王忠禹、刘延东、李贵鲜、张思卿、白立忱、罗豪才、周铁农、郝建秀、陈奎元、阿不来提·阿不都热西提、李兆焯、黄孟复、张怀西、李蒙、张梅颖、张榕明副主席，郑万通秘书长出席会议。杨崇汇、李昌鉴、吴明熹、齐续春、孙怀山、陈明德、朱维群、潘贵玉、陈抗甫、张龙之、卞晋平、王胜洪、全广成副秘书长，各专委会负责人贾军、段应碧、李伟雄、徐善衍、王建伦、金日光、张道诚、原焘、龚心瀚，第十五次常委会议工作机构各组和办公厅相关局室负责人列席会议。

王忠禹副主席在政协礼堂会见并宴请以台湾“立法委员”、国民党中央委员吴松柏为团长的海外台商知名企业家经贸考察团一行19人。港澳台侨委员会主任郭东坡，李昌鉴副秘书长，全国台联会长梁国扬参加上述活动。考察团是由全国政协港澳台侨委员会和全国台联共同邀请接待的，考察团还将考察内蒙古、黑龙江等地。

提案委员会走访四川省政府，交流贯彻落实《中共中央关于加强人民政协工作的意见》及《中共中央办公厅、国务院办公厅关于转发〈全国政协办公厅关于办理政协提案的意见〉的通知》的做法和体会，了解四川省政府关于全国政协十届一次会议以来提案的办理情况，听取四川省政府对全国政协提案工作的意见和建议。提案委员会主任傅杰，副主任傅志煌，四川省副省长黄小祥，部分提案委员会委员及相关提案人参加此项活动。

人口资源环境委员会副主任温克刚在石家庄出席华北五省（区、市）政协人口资源环境及相关委员会第三次工作研讨会并讲话。河北省政协副主席赵铁练出席会议。

杨崇汇副秘书长在国务院出席加强政府自身建设推进政府管理创新电视电话会议。

李昌鉴副秘书长主持召开协调会，研究筹备全国政协办公厅、中央统战部、国务院港澳办、国务院侨办、国务院台办共同举办国庆招待会相关工作。

4日至5日

徐匡迪副主席在京出席“中德对话论坛第二次会议”。

4日至7日

文史和学习委员会副主任范钦臣一行赴宁夏参加西北五省暨西安市政协文史资料暨治理黄河工作协作会议。

4日至16日

农业35组召集人陈耀邦常委率本组委员一行19人赴新疆考察农业发展情况和生态建设。

5日

全国政协“推进西部大开发”专题协商会在政协礼堂召开。中共中央政治局常委、全国政协主席贾庆林出席会议并发表重要讲话。中共中央政治局委员、国务院副总理曾培炎出席会议并讲话，国务院15个有关部门负责人听取委员们的意见建议并讲话。经济委员会刘仲藜主任作关于“推进西部大开发战略深入实施”专题组调研暨“推进西部大开发”专题协商会相关筹备工作情况的汇报。国家发展和改革委员会副主任、国务院西部开发领导小组办公室副主任王金祥介绍西部大开发战略实施情况以及西部开发“十一五”规划的有关内容。朱培康等12位全国政协委员和有关民主党派中央以及来自西部省区政协的负责人发言。交通部、财政部、国土资源部的负责人围绕本部门推进西部大开发情况及“十一五”时期实施西部大开发战略的安排作了发言。四川省、陕西省政府的负责人介绍了本省推进西部大开发战略实施工作的有关情况。王忠禹副主席主持全天的专题协商会。刘延东、张思卿、白立忱、周铁农、郝建秀、阿不来提·阿不都热西提、徐匡迪、李兆焯、张怀西、李蒙、董建华、张榕明副主席，郑万通秘书长，国务院办公厅、国家发展和改革委员会、财政部、国土资源部、交通部、水利部、农业部、商务部、中国人民银行、国家税务总局、国家环保总局、国家林业局、国务院研究室、国务院西部开发领导小组办公室、国务院扶贫办负责人，各专门委员会负责人朱培康、刘仲藜、张洽、傅庚辰、王建伦、李晋有、原焘、郭东坡、程世峨，副秘书长杨崇汇、李昌鉴、吴明熹、齐续春、陈明德、潘贵玉、陈抗甫、张龙之、卞晋平、王胜洪、仝广成，各民主党派中央、全国工商联代表，经济委员会副主任石万鹏、叶连松、刘立清、刘永好、刘廷焕、陈耀先、段应碧、王洛林、陈清泰、颜延龄、范西成，“进一步推进西部大开发战略深入实施”专题组成员以及部分委员和有关专家学者，西部12省区市政府、政协负责人约150人出席专题协商会。

贾庆林主席，刘延东、白立忱、阿不来提·阿不都热西提、李兆焯副主席在人民大会堂观看第三届全国少数民族文艺会演开幕式文艺晚会《和谐中华》。

李贵鲜副主席在人民大会堂出席国家主席胡锦涛为卢森堡大公国大公亨利访华举行的欢迎仪式和宴会。

罗豪才副主席赴上海出席“第三届华商企业科技创新合作交流会”开幕式。

徐匡迪副主席在人民大会堂出席“庆祝魏寿昆院士百年华诞暨从教77周年座谈会”。

全国政协提案承办单位办理工作座谈会在四川省成都市开幕。主要议题：深入学习贯彻《中共中央关于加强人民政协工作的意见》，交流提案办理工作的经验体会，听取承办单位对加强和改进提案工作的意见建议。提案委员会主任傅杰出席并讲话，副主任宋宝瑞、傅志煌，王胜洪副秘书长，部分提案委员会委员以及50余家提案承办单位的有关人员参加会议。

孙怀山副秘书长代表办公厅在国谊宾馆出席各省市处理信访突出问题及群体事件联席会议主要召集人会议。

6日

全国政协“落实国家中长期科学和技术发展规划纲要”专题协商会在政协礼堂召开。会议围绕落实《国家中长期科学和技术发展规划纲要》进行座谈和协商。中共中央政治局常委、全国政协主席贾庆林出席并发表重要讲话。国务委员、国家科教领导小组副组长陈至立出席会议，国务院8个有关部门负责人认真听取委员们的意见和建议并讲话。于宗林等21位全国政协委员和有关民主党派中央的负责人在会上作了发言。科技部、财政部、国资委等国务院有关部门负责人也分别和与会委员进行了沟通交流。王忠禹副主席主持全天的专题协商会。刘延东、李贵鲜、陈奎元、徐匡迪、黄孟复、董建华、张梅颖副主席，郑万通秘书长，国务院办公厅、国家发展和改革委员会、教育部、科技部、国防科工委、财政部、国资委、国务院研究室负责人，各专门委员会负责人朱培康、王洛林、张洽、于友先、王建伦、李晋有、张伟超、原泰、陈漱渝，副秘书长杨崇汇、李昌鉴、吴明熹、齐续春、孙怀山、潘贵玉、陈抗甫、张龙之、索丽生、卞晋平、王胜洪、仝广成，各民主党派中央、全国工商联、有关人民团体负责人，教科文卫体委员会副主任韦钰、栾恩杰、徐善衍、蔡睿贤，以及部分委员120余人出席专题协商会。

阿不来提·阿不都热西提副主席在民族文化宫观看第三届全国少数民族文艺汇演新疆生产建设兵团代表团歌舞《美丽的边疆，我的家》。

李兆焯副主席在长安大戏院观看第三届全国少数民族文艺汇演广西专场壮剧《瓦氏夫人》。

全国政协副主席、民建中央常务副主席、中华职业教育社副理事长张榕明在广州出席“广州职业技术教育发展论坛”并发表讲话。来自广东省各地区职业教育院校的负责人、职业教育研究机构的专家学者共200余人参加论坛。

6日至20日

社会和法制委员会“建设社会主义新农村”专题组赴贵州、江西调研。伍绍祖副主任带队。

7 日

“中宗和”出席“世宗和”第八届大会代表团召开总结汇报会。王忠禹副主席出席会议并讲话。民宗委副主任、“中宗和”副主席、“中宗和”代表团团长陈广元作总结汇报，民宗委副主任、代表团副团长圣辉，民宗委副主任、代表团成员刘柏年，国家宗教事务局副局长、代表团顾问蒋坚永等分别作了发言。杨崇汇副秘书长作了讲话，民宗委主任钮茂生进行总结发言。会议由齐续春副秘书长主持。郑万通秘书长，王胜洪副秘书长，民宗委副主任杨同祥及“中宗和”代表团其他成员约 30 人参加会议。

中国经社理事会赴韩国出席国际协会首尔年会代表团在政协机关召开组团会。全国政协副主席、中国经社理事会主席、经社理事会和类似组织国际协会主席王忠禹出席并讲话。全国政协常委、中国经社理事会副主席张俊九，北京市政协主席阳安江，全国政协副秘书长、中国经社理事会秘书长王胜洪及代表团全体成员参加会议。

白立忱副主席在钓鱼台国宾馆出席由中华全国供销合作总社举办的“以循环经济理念加快再生资源回收利用高层座谈会”并讲话。左铁镛常委出席会议。

罗豪才副主席赴福建省厦门市出席“第一届海峡两岸西区经济区论坛”开幕式，以及闽台经济合作促进委员会成立大会。

张怀西副主席赴内蒙古自治区呼和浩特市出席“内蒙古民族文化大区建设高层论坛”。

郑万通秘书长主持召开筹备组第三次工作会议，听取中国人民政协理论研究会筹备情况汇报。李昌鉴、孙怀山、卞晋平、仝广成副秘书长出席会议。

7 日至 13 日

港澳台侨委员会在佳木斯市举行委员会第 12 次主任会议并考察该市港澳台侨投资情况。郭东坡主任，何少川、张道诚、俞晓松、郭荣昌、唐闻生、陈明义副主任出席会议。

7 日至 15 日

应“汉堡峰会”的邀请，徐匡迪副主席率中国工程院和中国工业经济联合会代表团访问德国和瑞士。卞晋平副秘书长到机场送行。

8 日

张榕明副主席、齐续春副秘书长出席全国政协委员赴辽宁省视察团组团会。教育部有关司局向与会委员介绍我国职业教育发展情况。参加视察的在京委员出席会议。

9 日

张榕明副主席出席北京交通大学建校 110 周年庆典大会。

10 日

张梅颖副主席在中国人民革命军事博物馆出席遵义会议永放光辉——纪念红军长征胜利 70 周年展览开幕式。

人口资源环境委员会温克刚副主任在北京国际会议中心出席由建设部和国际水协会联合举办的“第五届世界水大会”开幕式。

10 日至 21 日

以民族和宗教委员会副主任王思齐为团长的全国政协民族和宗教委员会考察团一行 17 人，就少数民族地区经济社会发展和民族宗教工作情况赴贵州省进行考察。齐续春副秘书长，夏日、圣辉、任法融副主任参加考察。

11 日

贾庆林主席在人民大会堂会见应外交学会邀请来访的韩国前国会议长金守汉。郑万通秘书长、仝广成副秘书长参加会见。

卞晋平副秘书长在北戴河干部培训中心为全国政协第51期干部培训班的全体学员作题为《关于人民政协性质和职能的几个问题》的专题辅导报告。

11日至14日

经济委员会林毅夫副主任一行3人赴浙江杭州、宁波、台州等地就当前非公有制经济发展情况及存在问题召开座谈会，邀请当地有关政府部门、相关研究和咨询机构及非公有制经济人士代表介绍情况并座谈。

11日至18日

教科文卫体委员会“促进军民结合，发挥科技创新合力”专题调研组一行12人赴吉林省调研。栾恩杰副主任带队。

11日至19日

以张榕明副主席为团长。齐续春副秘书长、陈益群常委、李伟雄委员为副团长的全国政协委员视察团一行，就辽宁省职业教育工作进行视察。视察团先后听取辽宁省政府及沈阳、大连、鞍山、台安等地方政府关于职业教育工作情况的汇报，视察辽宁省交通高等专科学校、沈阳市装备制造工程学校等11所学校，并与当地政府、有关部门和学校负责人座谈。视察活动结束时，视察团还与辽宁省委、省政府、省政协及相关部门交换了意见。

12日

阿不来提·阿不都热西提副主席在人民大会堂出席国家主席胡锦涛为马尔代夫共和国总统加尧姆访华举行的欢迎仪式和欢迎宴会。

阿不来提·阿不都热西提副主席在政协机关会见以四川省政协委员、香港东华三院董事局主席刘金国先生为团长的香港东华三院访京团一行20人。

全国政协常委、外事委员会副主任张国祥在政协机关接受《意大利晚邮报》驻京记者 Macro Del Corona 的采访。张国祥就政协的组成、民主党派在政协中的作用、政协与人大在表达意见方面的不同作用、外企建立工会组织的合法性、中国对意大利投资的有力因素等问题回答记者提问。

李昌鉴副秘书长在上海参加在沪全国政协委员学习研讨班，并就学习贯彻《中共中央关于加强人民政协工作的意见》作辅导报告。上海市政协主席蒋以任主持会议。部分市政协委员和市政协各部门、各区县政协负责人参加报告会。

12日至19日

以李兆焯副主席为团长，胡富国、何添发常委、田瑞璋委员为副团长的全国政协委员赴江西省视察团一行16人，就“老区扶贫开发工作情况”在南昌、吉安、兴国、瑞金、石城、广昌进行视察。视察结束前，视察团与江西省委、政府、政协领导及有关部门交换了意见。李兆焯副主席代表视察团发表讲话。

13日

贾庆林主席在人民大会堂会见应国家主席胡锦涛邀请访华的马尔代夫总统加尧姆，仝广成副秘书长参加会见。

张怀西副主席在陕西省西安市出席“第二届海峡两岸企业发展与合作论坛”开幕式。

13日至17日

提案委员会副主任贾军出席在广西桂林召开的中南六省（区）政协第十七次提案工作座谈会并讲话。

13日至18日

李昌鉴副秘书长赴山东聊城、临沂、日照等地，就山东省学习贯彻《中共中央关于加强人民政协工作的意见》有关情况进行调研。

14日

张榕明副主席在沈阳出席辽宁中华职

业教育社成立大会暨第一次社员代表会议并讲话。

15日

全国暨地方政协人口资源环境委员会工作研讨培训会开幕式在山东济南举行。张思卿副主席出席会议并讲话。李昌鉴副秘书长出席并作学习《中共中央关于加强人民政协工作的意见》的辅导报告。人口资源环境委员会主任陈邦柱主持会议，副主任马国良、王克英、张宝明，山东省政协副主席谢玉堂、张敏，贵州省政协副主席许乐仁等出席会议。

卞晋平副秘书长应邀为中央统战部举办的“统一战线理论政策专题研讨班”作“加强人民政协工作”的辅导讲座。

15日至26日

应波兰参议院外事委员会、匈牙利国会匈中议会友好小组的邀请，以民族和宗教委员会副主任江家福为团长的代表团一行6人访问上述两国。

15日至27日

教科文卫体委员会“新农村建设中的文化遗产保护”专题联合调查组一行43人赴浙江、江西两省调研。张思卿副主席带队，赵喜明副主任和国家文物局局长单霁翔任副组长。

16日

徐匡迪副主席在人民大会堂出席“2006年中国科协年会”并作报告。

张梅颖副主席在四川省成都出席由国台办和四川省政府共同主办的“第三届中国西部海峡两岸经济科技合作交流暨食品、医药博览会”开幕式。

港澳台侨委员会副主任陈明义在福州会见菲律宾归侨、世纪金源董事局主席黄如论先生。

16日至29日

应摩尔多瓦议会、罗马尼亚参议院、荷兰议会的邀请，提案委员会主任傅杰率全国政协提案委员会代表团对上述三国进行访问，重点了解对方议会及议案工作情况，介绍中国共产党领导的多党合作和政治协商制度，介绍人民政协及提案工作情况。

17日至21日

应俄罗斯联邦委员会副主席梅津采夫邀请，外事委员会副主任武韬一行3人赴俄罗斯伊尔库茨克出席第四届贝加尔经济论坛。

17日至28日

应法国珐玛通公司和芬兰议会的邀请，李蒙副主席率全国政协代表团一行9人访问上述两国。人口资源环境委员会副主任张洽随团出访。王胜洪副秘书长到机场送行。

18日

贾庆林主席在北京展览馆参观“2006中国国际金融（银行）技术暨设备展览会”。李贵鲜、阿不来提·阿不都热西提副主席，杨崇汇、仝广成副秘书长陪同参观。

18日至21日

民族和宗教委员会有关领导就武陵山民族地区经济和社会发展问题走访国家发改委、国家民委、铁道部、交通部、水利部、农业部、民航总局、旅游总局。

18日至27日

以罗豪才副主席为团长，安启元常委、张德楠委员、陈邦柱委员为副团长的全国政协委员视察团一行39人，就“农村公路建设情况”赴贵州省进行视察。

19日

阿不来提·阿不都热西提副主席在保利剧院观看第三届全国少数民族文艺会演新疆代表团歌舞《洒满阳光的新疆》，并在演出前看望代表团及工作人员。

张梅颖副主席在人民大会堂出席“第三届海峡两岸妇女发展交流研讨会”开

幕式。

郑万通秘书长、港澳台侨委员会郭东坡主任会见并宴请香港蒋震工业慈善基金董事长蒋震先生和其家人，以及基金高层管理人员等。

李昌鉴副秘书长在第七期全国政协委员学习研讨班上作《学习〈中共中央关于加强人民政协工作的意见〉的几点体会》的报告。

19日至20日

经济委员会副主任厉以宁在政协机关主持召开座谈会，邀请国家发改委等9部委负责人、有关专家学者和非公有制经济人士代表就当前非公有制经济发展情况及存在的问题进行座谈。副主任刘永好、吴敬琏、林毅夫，副秘书长杨崇汇，国家发改委副主任欧新黔，国家工商总局副局长钟攸平及部分经济委员会委员出席会议。此会是为11月中旬与国家发改委、全国工商联在南京共同举办的“促进非公有制经济健康发展”论坛做前期准备工作。

19日至22日

第七期全国政协委员学习研讨班在中央社会主义学院举行。徐匡迪副主席出席开班仪式并讲话。郑万通秘书长，卞晋平副秘书长，文史和学习委员会副主任邓成城出席开班仪式。杨崇汇副秘书长出席结业仪式并作总结讲话，卞晋平副秘书长主持结业仪式，文史和学习委员会副主任邓成城等出席结业仪式。来自中共、妇联、文艺、科技、经济、教育等界别的130名委员参加本期学习班。

20日

贾庆林主席在人民大会堂接见出席各民主党派、工商联、无党派人士为全面建设小康社会作贡献经验交流暨表彰大会会议代表并合影。刘延东、李贵鲜、罗豪才、周铁农、黄孟复、张怀西、张梅颖、张榕明副主席，杨崇汇副秘书长出席会议并陪同接见。

贾庆林主席，刘延东副主席在人民大会堂接见出席第三届海峡两岸妇女发展交流研讨会台港澳妇女人士并合影。

王忠禹副主席在政协机关主持召开全国政协视察工作座谈会筹备情况汇报会，听取联络局关于全国政协委员视察工作改革情况汇报。郑万通秘书长，杨崇汇、李昌鉴、孙怀山、王胜洪副秘书长以及研究室、秘书局、人事局、管理局、服务局的有关负责人参加会议。

21日

王忠禹副主席在政协机关主持召开全国政协提案工作座谈会筹备情况汇报会，听取提案委员会副主任傅志煌关于加强和改进提案工作情况汇报。郑万通秘书长，杨崇汇、李昌鉴、孙怀山、王胜洪副秘书长，提案委员会杨振杰副主任以及研究室、秘书局、管理局、服务局有关负责人参加会议。

刘延东副主席在政协礼堂会见应中央统战部邀请来华访问的日中协会理事长白西绅一郎。

阿不来提·阿不都热西提副主席在京出席中国对外友协举行的联合国国际和平日“和平之声”敲钟仪式并致辞。

徐匡迪副主席在京出席“‘维护世界和平共建和谐社会’中国友好和平发展基金会十周年大会”。

徐匡迪副主席在瑞典驻华使馆出席授勋仪式，接受瑞典国王卡尔十六世授予的瑞典皇家一级北极星大十字架指挥官勋章。全国人大常委会副委员长韩启德、全国政协副主席阿不来提·阿不都热西提，郑万通秘书长，王胜洪副秘书长，中国工程院副院长潘云鹤，国务院副秘书长陈进玉，中国科协书记处书记邓楠，教育部副部长吴启迪等参加上述活动。

张榕明副主席率中华海外联谊会港澳

海外知名人士“寻根之旅”访问团一行90余人，赴济南与山东省委书记、省人大常委会主任张高丽会谈。中央统战部常务副部长朱维群，山东省政协主席孙淑义，民建山东省委主委墨文川，副省长张昭福，省政协副主席齐乃贵等参加上述活动。

李昌鉴副秘书长主持召开 2006 年国庆招待会协调会。国务院侨办副主任赵阳、国务院港澳办副主任周波，国务院办公厅、中央统战部、国务院台办、国家安全部、610 办公室及政协办公厅有关部门负责人出席会议。

22 日

张榕明副主席在山东蓝翔高级技工学校调研；下午，张榕明副主席与山东省劳动和社会保障厅有关负责人，就山东省农村劳动力转移就业问题进行座谈。

张怀西副主席在浙江省遂昌出席汤显祖文化节暨汤显祖国际学术研讨会开幕式。

港澳台侨委员会主任郭东坡、副主任唐闻生会见美籍华人、美联英语北京中心主任陈国忠博士，并参观美联英语北京中心。

22 日至 29 日

以民族和宗教委员会肖作福副主任为组长、黄璜副主任为副组长的“散居少数民族工作情况”考察组赴辽宁省考察。李晋有副主任参加考察。

23 日

王忠禹常务副主席在山东省曲阜出席首届联合国教科文组织孔子教育奖颁奖仪式，并与联合国教科文组织官员共同向获奖者颁奖。

阿不来提·阿不都热西提副主席在京出席首届中国社会保障论坛开幕式并讲话。

徐匡迪副主席在西安出席“西安建筑科技大学办学 110 年并校 50 周年庆典大会”。

徐匡迪副主席在西安出席“2006 年中国西安国际建筑科技大会”，并作题为“中国城市化进程中的可持续发展问题”的报告。

24 日

李兆焯副主席在京出席第九届北京国际旅游文化节开幕式。

24 日至 25 日

港澳台侨委员会主任郭东坡赴香港参加庆祝中华人民共和国成立 57 周年暨港区省级政协委员联谊会成立大会。

25 日

贾庆林主席，刘延东、阿不来提·阿不都热西提、李兆焯副主席在京出席第三届全国少数民族文艺会演闭幕式并观看演出。

张克辉副主席在台盟中央礼堂出席《啊！谢雪红》电影座谈会。

张梅颖副主席在国家博物馆出席纪念鲁迅诞辰 125 周年暨逝世 70 周年全国书画大展开幕式。

王胜洪副秘书长在政协机关会见以澳大利亚联邦国会议员约翰·墨非为团长的澳大利亚国际商会代表团。

港澳台侨委员会副主任张伟超在人民大会堂出席中央企业侨联举办的中央企业侨联迎中秋、庆祝建国 57 周年联谊暨表彰会议，并向获奖人员颁奖。致公党中央副主席吴明熹出席。

25 日至 26 日

教科文卫体委员会“关于城市社区卫生服务”专题组一行 18 人赴天津市进行调研，孙隆椿副主任带队。

26 日

周铁农副主席在山东省济宁市出席“两岸孔子文化节”开幕式。

徐匡迪副主席在湖南省长沙市出席商

务部与中部六省联合举办的“万商西进高峰论坛”并作题为“中部崛起的几点思考”演讲。

张怀西副主席在人民大会堂出席国家主席胡锦涛为立陶宛共和国总统阿达姆库斯访华举行的欢迎仪式和欢迎宴会。

外事委员会调研组在政协机关就“批准和实施2006年国际海事公约”有关问题召开专题研讨会。张国祥副主任主持会议，调研组部分委员、交通部副部长徐祖远，交通部海事局、国际合作司，中国船级社，中国船东协会和中国远洋运输（集团）总公司等单位负责人出席会议。

26日至27日

教科文卫体委员会组织部分在京科技、科协等界别委员近20人，赴中国地震局、中国农科院考察，重点了解社会公益类科研机构的运行及其改革情况。徐善衍副主任带队。

27日

中共中央政治局常委、全国政协主席、中国绿化基金会名誉主席贾庆林在人民大会堂出席由中国绿化基金会、全国绿化委员会、全国政协人口资源环境委员会共同主办的“西部绿化行动”启动仪式，向捐赠企业颁发捐赠证书，并作重要讲话。全国政协原副主席、中国绿化基金会顾问赵南起，全国绿化委员会副主席、国家林业局局长贾治邦，全国政协人口资源环境委员会主任、中国绿化基金会副主席陈邦柱，中国绿化基金会主席、国家林业局原局长王志宝等出席此项活动。陈邦柱主任主持启动仪式。

郑万通秘书长在政协机关主持召开会议，听取研究室、秘书局、人事局关于贯彻落实中央五号文件专题调研情况汇报，并对下一阶段工作提出意见和要求。杨崇汇、李昌鉴、齐续春、孙怀山、王胜洪副秘书长出席会议。联络局负责人参加会议。

民族和宗教委员会主任钮茂生走访国家旅游局，与国家旅游局局长邵琪伟就促进武陵山民族地区旅游的规划和发展等问题进行座谈。

王胜洪副秘书长在政协机关会见日本社会教育团体碧波会鹤健市会长一行。该团是应中国国际交流协会邀请来华访问的。

28日

全国政协办公厅、中共中央统战部、国务院侨办、国务院港澳办、国务院台办在人民大会堂联合举办2006年国庆招待会，庆祝中华人民共和国成立57周年。中共中央政治局常委、全国政协主席贾庆林致辞，国务委员唐家璇主持会议。党和国家领导人曾庆红、黄菊，王兆国、刘淇、刘云山、贺国强、曹刚川、王刚，何鲁丽、成思危、许嘉璐、蒋正华、盛华仁、韩启德、华建敏，王忠禹、廖晖、刘延东、罗豪才、张克辉、周铁农、黄孟复、张怀西、张梅颖、张榕明，全国政协秘书长郑万通、中央统战部常务副部长朱维群、国务院侨办主任陈玉杰、国务院港澳办副主任陈佐洱、国务院台办主任陈云林，中央办公厅、国务院办公厅、全国政协办公厅、全国人大华侨委员会、全国政协港澳台侨委员会、中国侨联、各民主党派中央、全国工商联等方面负责人，以及应邀来京参加国庆活动的港澳同胞、台湾同胞、海外侨胞、外籍华人，部分归侨、侨眷代表等约3500人出席会议。

罗豪才副主席在钓鱼台国宾馆会见美国法律界华人杰出人士访华团，国务院侨办副主任许又声陪同会见。

罗豪才副主席在人民大会堂出席纪念中国侨联成立五十周年座谈会。

周铁农副主席在山东省曲阜出席“海峡两岸同祭孔”活动。

提案委员会在政协机关就“关于大力发展职业教育，培养高素质的职业技术人才的提案”召开办理协商会。贾军副主任主持会议，王胜洪副秘书长、部分提案委员会委员、提案人和教育部、财政部、劳动和社会保障部、农业部有关负责人参加会议。

民族和宗教委员会主任钮茂生在北京参加中国天主教神哲学院新院落成典礼活动并讲话。刘柏年、陈广元副主任出席典礼活动。

29 日

贾庆林主席，罗豪才、徐匡迪副主席在人民大会堂出席中国侨联成立五十周年纪念大会。

刘延东副主席在人民大会堂会见港澳教育界国庆访京团。

李贵鲜副主席在人民大会堂出席“友谊奖”颁奖大会，向有突出贡献的外国专家颁发“友谊奖”。

罗豪才副主席在中国剧院出席庆祝中国侨联成立五十周年文艺晚会。

30 日

中共中央政治局常委、全国政协主席贾庆林，王忠禹、廖晖、刘延东、李贵鲜、张思卿、罗豪才、张克辉、周铁农、郝建秀、陈奎元、阿不来提·阿不都热西提、徐匡迪、李兆焯、黄孟复、张怀西、李蒙、张梅颖、张榕明副主席，谷牧、杨汝岱、任建新、宋健、钱正英、孙孚凌、万国权、胡启立、赵南起、王文元同志，郑万通秘书长，王胜洪副秘书长在人民大会堂出席以国务院总理温家宝的名义举办的 2006 年国庆招待会。

王忠禹副主席主持召开会议，研究中秋联谊晚会演出事宜。郑万通秘书长，杨崇汇、李昌鉴、齐续春、孙怀山、卢昌华副秘书长，有关局室负责人和中央电视台文艺节目中心负责人参加会议。

刘延东、周铁农、李兆焯、李蒙、张榕明副主席在人民大会堂观看首都庆祝中华人民共和国成立 57 周年音乐会。

罗豪才副主席在致公党中央会见并宴请香港中产专业人士代表团。

10 月

1 日至 9 日

应港澳台侨委员会邀请，澳洲中国和平统一促进会会长邱维廉为总团长的“侨心光明万里情——新疆行”澳大利亚白内障医疗义诊团赴新疆和田地区，为当地生活贫困的白内障患者免费实施复明手术 372 例，并为和田地区医院捐赠价值 25 万余元的医疗、手术器械及药品等。

4 日

罗豪才副主席在人民大会堂出席 2006 年华侨华人艺术家中秋音乐会。

6 日

张怀西副主席赴甘肃省天水出席“第四届海峡两岸中华传统文化与现代化研讨会”。

7 日

政协全国委员会在政协礼堂举行 2006 年中秋联谊晚会。中共中央政治局常委、全国政协主席贾庆林出席联谊晚会。王忠禹副主席讲话。郑万通秘书长主持此项活动。刘延东、李贵鲜、白立忱、罗豪才、张克辉、周铁农、陈奎元、阿不来提·阿不都热西提、徐匡迪、李兆焯、李蒙、张梅颖、张榕明副主席，王光英、杨汝岱、孙孚凌、万国权、赵南起、王文元等同志，各民主党派中央、全国工商联负责人，全国政协各界别代表，全国政协副秘书长、各专门委员会负责人，部分常委、委员中的社会知名人士和书画室、京昆室委员，部分领导和委员的夫人，机关各局级单位负责人共约 300 人出席中秋联谊晚会。部分全国政协委员及文艺工作者表演了文艺节目。

8日

张榕明副主席在人民大会堂出席温家宝总理为日本首相安倍晋三访华举行的欢迎仪式和欢迎宴会。

9日

郑万通秘书长在政协机关主持召开有关贾庆林主席出访欧洲四国第二次协调会。王胜洪、仝广成副秘书长，以及中办调研室、中央警卫局、外交部、民航总局、全国工商联等有关单位负责人参加会议。

经济委员会主任刘仲藜在政协机关主持召开金融改革与发展专题座谈会，总结近年来我国金融改革与发展的成绩和经验，分析当前金融领域存在的突出矛盾和问题，研究今后金融改革的思路与对策。中国人民银行副行长刘士余应邀到会介绍当前金融改革与发展的有关情况。杨崇汇副秘书长，厉以宁、刘廷焕、陈耀先、林毅夫副主任以及部分委员和专家出席会议。

卞晋平副秘书长在政协机关主持召开第十五次常委会议大会发言协调会，研究大会发言题目及内容。民革中央副主席朱培康、民盟中央副主席索丽生、农工党中央副主席陈宗兴、九三中央副主席邵鸿及各民主党派中央、全国工商联有关部门负责人参加会议。

9日至11日

民族和宗教委员会调研组赴湖南省长沙参加由民宗委主办的第三次“武陵山民族地区经济社会发展座谈会”预备会议，就“武陵山民族地区旅游精品线路的开发贯通与区域协作”需要解决的问题进行研讨。国家旅游局、国务院发展研究中心战略和区域经济研究部以及湖北、湖南、重庆、贵州等省（市）政协民宗委、旅游局的有关负责人参加会议。

10日

罗豪才副主席在人民大会堂会见印度青年代表团。该团是应全国青联邀请来华访问的。

张榕明副主席赴重庆出席“2006重庆社会救助和慈善事业论坛”开幕式并致辞。

社会和法制委员会在政协机关举行学习《中共中央关于加强人民政协工作的意见》座谈会。李其炎主任主持会议，伍绍祖、叶维祯、王景荣、萧灼基、卞耀武、王瑞璞、桂晓风、赵功民委员结合自身学习文件精神的体会，先后在会上作了发言。王建伦、江蓝生、祁培文、周子玉、赵登举、萧灼基、伍绍祖副主任等26位委员参加会议。

港澳台侨委员会副主任王永海在政协机关会见在暨南大学就读博士班的台湾学生等一行12人，向他们介绍人民政协的有关情况，并进行交流。

11日

罗豪才、张榕明副主席在首都博物馆参观西藏文化展。

提案委员会副主任朱培康、傅志煌率部分委员及相关提案人走访奥组委，了解奥组委关于政协十届一次会议以来提案办理工作的情况，听取对全国政协提案委员会工作的意见和建议。

“推进大连保税港区建设”专题组部分成员在政协机关听取大连市政协有关负责人关于国务院批准设立“大连大窑湾保税港区”情况汇报，接受大连市委、市人大、市政府、市政协致全国政协的感谢信，同时就保税港区下一步的建设工作进行座谈。杨崇汇副秘书长，经济委员会副主任邵奇惠出席会议。“推进大连保税港区建设”专题调研是经济委员会于2005年根据全国政协领导的指示进行调研的，调研后向国务院报送了“关于设立大窑湾保税港区加快大连国际航运中心建设的建议”。

文史和学习委员会副主任龚心瀚赴河北省唐山出席华北地区第 18 次政协文史工作协作会议开幕式并讲话。

12 日

徐匡迪副主席在京会见来访的美国 ACE 保险集团总裁兼首席执行官埃文·格林伯格先生及其率领的代表团一行。

张克辉副主席在政协机关会见以台湾前“法务部长”廖正豪为名誉团长的台湾青年精英大陆交流团一行。双方就促进两岸青年交流及两岸关系发展等问题进行深入交流。

郑万通秘书长在政协机关传达中共十六届六中全会精神。机关党组成员，各专门委员会党内副部级以上主任、副主任出席会议。

提案委员会召开第 21 次主任（扩大）会议，听取关于政协十届四次会议后提案工作概况；讨论修改《关于加强和改进提案工作的意见（稿）》；傅杰主任主持会议，杨振杰、宋宝瑞、张工、张岳琦、郑社奎、范宝俊、贾军、朱树豪、张德邻、傅志煌副主任，王胜洪副秘书长及提案工作研讨领导小组成员参加会议。

刘仲藜主任在政协机关主持召开经济委员会第 21 次主任会议，审议“进一步推进西部大开发战略深入实施”专题组《关于发挥新疆优势，加快经济发展的建议》的调研报告；研究《“推动泛北部湾区域经济合作与发展”专题调研的初步方案》；并听取办公室关于“促进非公有制经济发展”论坛筹备情况汇报。叶连松、刘立清、刘永好、刘廷焕、陈耀邦、邵奇惠、段应碧、陈清泰、阎海旺、范西成副主任出席会议。

13 日

政协第十届全国委员会常务委员会第十五次会议开幕会在政协会议楼常委会议厅举行。贾庆林主席主持会议。会议的主要议题是：一、审议通过政协第十届全国委员会常务委员会第十五次会议议程；二、听取中共中央政治局常委、全国人大常委会委员长吴邦国关于中共十六届六中全会会议情况和会议精神的报告。王忠禹、廖晖、刘延东、帕巴拉·格列朗杰、李贵鲜、张思卿、白立忱、罗豪才、张克辉、周铁农、郝建秀、阿不来提·阿不都热西提、徐匡迪、李兆焯、张怀西、李蒙、董建华、张梅颖、张榕明副主席，郑万通秘书长和常委共 275 人出席会议。中共中央办公厅、国务院办公厅、中央宣传部、国家发展和改革委员会、教育部、公安部、民政部、财政部、劳动和社会保障部、国家信访局的负责人，地方政协主席，全国政协副秘书长、各专门委员会负责人，中央统战部副部长和全国政协信息特邀委员列席会议。

政协第十届全国委员会常务委员会第十五次会议进行分组学习。主要内容是学习中共十六届六中全会文件。

刘延东、李贵鲜、白立忱副主席，谷牧、杨汝岱同志在八宝山革命公墓礼堂参加廖汉生同志遗体送别仪式。

周铁农副主席在政协机关出席由江苏省政协和全国政协书画室共同主办的“墨彩黄山”——纪念刘海粟诞辰 110 周年画展开幕式。齐续春副秘书长，民盟中央主席蒋树声及部分全国政协常委参加此次活动。孙怀山副秘书长主持此项活动。

张怀西副主席在人民大会堂出席第七届中国国际教育论坛暨中国国际教育展开幕式。

13 日至 16 日

全国政协委员赴青藏铁路视察团摄影

作品汇报展“情系雪域高原”在政协机关举行。张梅颖副主席出席开幕仪式并讲话，孙怀山副秘书长主持仪式。陈邦柱、赵喜明、李赣骝、陈明德常委，铁道部副部长孙永福，视察团常委、委员，评审专家等出席开幕式。贾庆林主席，王忠禹副主席，郑万通秘书长于15日参观汇报展。

14日

贾庆林主席，刘延东、罗豪才、张怀西、张榕明副主席，郑万通秘书长在中央社会主义学院出席中央社会主义学院建院50周年庆祝大会。

贾庆林主席在人民大会堂会见巴布亚新几内亚总督马塔内。郑万通秘书长，仝广成副秘书长参加会见。马塔内是应国家主席胡锦涛邀请访华的。

政协第十届全国委员会常务委员会第十五次会议进行分组学习讨论。主要内容是：学习讨论中共十六届六中全会文件和领导报告。王忠禹、李贵鲜、张思卿、白立忱、罗豪才、张克辉、周铁农、陈奎元、阿不来提·阿不都热西提、徐匡迪、李兆焯、张怀西、李蒙、董建华、张梅颖、张榕明副主席分别参加各小组的讨论。

张梅颖副主席在中国人民大学出席由教育部和北京市人民政府共同主办的“永远的长征——首都大学生纪念长征胜利70周年晚会”。

郑万通秘书长代表全国政协办公厅到三〇五医院吊唁王光美同志，并向家属表示慰问。

15日

政协第十届全国委员会常务委员会第十五次会议第二次全体会议在政协会议楼常委会议厅举行。贾庆林主席出席会议。张榕明副主席主持会议。会议的主要议题是：一、听取大会发言；二、听取刘延东副主席关于撤销张荣坤政协第十届全国委员会委员资格的决定（草案）的说明。朱培康、索丽生、陈明德、朱永新、左焕琛、杨邦杰、卢光琇、刘亦铭、任文燕、甘子钊、邓伟志、厉有为常委，广州市政协主席朱振中在会上作了发言。王忠禹、廖晖、李贵鲜、张思卿、白立忱、罗豪才、张克辉、周铁农、郝建秀、陈奎元、阿不来提·阿不都热西提、徐匡迪、李兆焯、张怀西、李蒙、董建华、张梅颖副主席，郑万通秘书长和常委共257人出席会议。中共中央办公厅、国务院办公厅、中央宣传部、国家发展和改革委员会、教育部、公安部、民政部、财政部、劳动和社会保障部、国家信访局的负责人，地方政协主席，全国政协副秘书长、各专门委员会负责人，全国政协信息特邀委员列席会议。

政协第十届全国委员会常务委员会第十五次会议进行小组讨论。主要内容是：一、讨论人事事项；二、反映社情民意。王忠禹、张思卿、周铁农、陈奎元、阿不来提·阿不都热西提、徐匡迪、李兆焯、张怀西、张梅颖、张榕明副主席分别参加各小组的讨论。

贾庆林主席主持召开政协第十届全国委员会第四十次主席会议。主要内容是听取政协第十届全国委员会常务委员会第十五次会议小组学习和讨论情况的汇报。各小组召集人李其炎、谢克昌、吴正德、伍淑清、蔡睿贤、叶大年、吴明熹、邵鸿、赵金铎分别作了汇报。王忠禹、廖晖、刘延东、帕巴拉·格列朗杰、李贵鲜、张思卿、白立忱、罗豪才、张克辉、周铁农、郝建秀、陈奎元、阿不来提·阿不都热西提、徐匡迪、李兆焯、张怀西、李蒙、董建华、张梅颖、张榕明副主席，郑万通秘书长出席会议。杨崇汇、齐续春、李敏宽、陈明德、朱维群、陈宗兴、陈抗甫、张龙之、索丽生、王胜洪、仝广成副秘书长，各专委会负责人傅杰、石万鹏、陈邦柱、翟泰丰、金日光、唐闻生、刘剑锋、王蒙列席会议。

贾庆林主席在政协礼堂举办列席政协第十届全国委员会常务委员会第十五次会议的地方政协主席招待会。王忠禹、刘延东、李贵鲜、张思卿、白立忱、罗豪才、张克辉、陈奎元、阿不来提·阿不都热西提、徐匡迪、李兆焯、张怀西、李蒙、张榕明副主席出席招待会。郑万通秘书长主持招待会。

2005年度全国政协好新闻颁奖会在政协机关举行。郑万通秘书长出席会议，全国政协好新闻评选委员会主任副秘书长李昌鉴介绍了评选情况，全国政协好新闻评选委员会主任副秘书长卞晋平主持颁奖会。此次共评出2005年度全国政协好新闻一等奖12篇，二等奖30篇。其中12篇一等奖作品参加了中国记协组织的第十六届中国新闻奖评选活动，2篇作品获得一等奖，2篇作品获得三等奖。

16日

政协第十届全国委员会常务委员会第十五次会议闭幕会在政协会议楼常委会议厅举行。贾庆林主席讲话，王忠禹副主席主持会议。会议的主要议题是：一、听取郑万通秘书长关于小组学习和讨论情况的综合汇报；二、通过关于撤销张荣坤政协第十届全国委员会委员资格的决定；三、通过政协第十届全国委员会专门委员会副主任增补名单，任命方兆祥为教科文卫体委员会副主任。廖晖、帕巴拉·格列朗杰、李贵鲜、张思卿、白立忱、罗豪才、张克辉、周铁农、郝建秀、阿不来提·阿不都热西提、徐匡迪、李兆焯、张怀西、李蒙、董建华、张梅颖、张榕明副主席和常委共261人出席会议。中共中央办公厅、国务院办公厅、中央宣传部、国家发展和改革委员会、教育部、公安部、民政部、财政部、劳动和社会保障部、国家信访局的负责人，地方政协主席，全国政协副秘书长、各专门委员会负责人，信息特邀委员列席会议。

十届全国政协常委会举办第十次学习讲座，全国政协文史和学习委员会主任、中国作协副主席王蒙应邀作《全球化视野中的中华文化》报告。王忠禹副主席主持讲座。李贵鲜、张思卿、白立忱、张克辉、周铁农、陈奎元、阿不来提·阿不都热西提、李蒙、张梅颖、张榕明副主席出席学习讲座。

贾庆林主席在政协礼堂会见日本国会参议院议长扇千景。郑万通秘书长、仝广成副秘书长参加会见。扇千景一行是应全国人大常委会委员长吴邦国邀请来华访问的。

罗豪才副主席在京出席中共中央编译局举办的“社会创新与建设创新型国家学术研讨会”。

陈奎元副主席在中国人民革命军事博物馆出席“伟大壮举　光辉历程——纪念中国工农红军长征胜利70周年展览”开幕式。

周铁农、阿不来提·阿不都热西提、徐匡迪、李蒙、张榕明副主席，任建新、孙孚凌、陈锦华同志在中国人民革命军事博物馆参观“伟大壮举　光辉历程——纪念中国工农红军长征胜利70周年展览”。

徐匡迪副主席在京西宾馆为“中国青年科技工作者协会第四届会员代表大会”作报告。

民族和宗教委员会主任钮茂生率本委员会部分委员走访交通部，与李盛霖部长、翁孟勇副部长等就武陵山民族地区公路规划和建设的有关问题进行座谈。

文史和学习委员会主任王蒙在政协机关主持召开委员会主任会议，听取办公室负责人汇报工作情况，重点研究近期工作。

文史和学习委员会副主任程世峨在京出席第三届中国京杭大运河文化节开幕式，为运河17城市亲水平台剪彩，并在“京杭大运河文化遗产保护与可持续发展”高峰论坛上讲话。

齐续春副秘书长代表办公厅在中南海出席由王刚主持的“纪念红军长征胜利70周年大会、演唱会有关事宜协调会”。

16日至22日

应韩中友好协会邀请，全国政协副主席、中韩友好协会会长罗豪才率中韩友好协会代表团一行10人访问韩国。18日，韩国总理韩明淑在首尔会见罗豪才一行。

17日

文史和学习委员会、沈阳市政协、人民政协报社在政协机关联合举办“政协委员一日”大型征文活动启动暨学习贯彻《中共中央关于加强人民政协工作的意见》知识竞赛颁奖仪式。阿不来提·阿不都热西提副主席出席并为获奖单位和个人颁奖。杨崇汇副秘书长出席并讲话。王蒙主任，邓成城、李仁臣、龚心瀚、程世峨副主任，沈阳市政协主席赵金城及部分获奖单位、个人代表约100人出席会议。

提案委员会召开第22次全体会议，传达全国政协十届第十五次常委会议精神；听取提案办公室关于政协十届四次会议以来提案工作概况的汇报；讨论修改《关于加强和改进提案工作的意见（稿）》。傅杰主任主持会议，杨振杰、宋宝瑞、张工、张岳琦、郑社奎、范宝俊、俞泽猷、贾军、倪豪梅、傅志煌副主任等参加会议。

人口资源环境委员会专题调研组就矿业体制建设问题在中协宾馆举行座谈会，陈洲其副主任主持会议，张洽副主任等参加会议。

社会和法制委员会召开第26次主任会议，通报委员会近期工作及将于本月底召开的四川座谈会有关安排，并研究下一阶段工作。李其炎主任主持会议，王建伦、李奇生、肖建章、周子玉、萧灼基、伍绍祖、张福森副主任出席会议。

港澳台侨委员会和外事委员会联合召开主任会议。港澳台侨委员会主任郭东坡、外事委员会主任刘剑锋，副秘书长李昌鉴、王胜洪，港澳台侨委员会副主任王永海、厉有为、刘亦铭、李赣骝、何添发、陈玉益、俞晓松、郭荣昌、陈杰、唐闻生、陈明义，外事委员会副主任王淑贤、李北海、陈昊苏、张国祥、武韬、周可仁、原焘、刘华秋、赵启正出席会议。

文史和学习委员会在政协机关举办“弘扬中华文化，构建和谐社会”座谈会。金开诚等8位专家学者发言。陈奎元副主席，王蒙主任，齐续春副秘书长，邓成城、李仁臣、金开诚、龚心瀚、范钦臣副主任及文化界的著名专家学者出席会议。

17日至18日

贾庆林主席在海南省委书记汪啸风、省政协主席王广宪等陪同下，赴海南省琼海市、万宁市、陵水黎族自治县、保亭黎族苗族自治县、五指山市和三亚市等地进行调研。郑万通秘书长、仝广成副秘书长陪同调研。

外事委员会召开主任会议，总结委员会2006年工作，研究2007年工作设想。刘剑锋主任主持会议，王胜洪副秘书长，王淑贤、李北海、刘华秋、陈昊苏、张国祥、武韬、周可仁、赵启正、原焘副主任等出席会议。

18日

张思卿副主席在政协机关参观由人民政协报社举办的《大德呈祥·自在和谐——岑其先生慈善画展》。

以周铁农副主席为团长的全国政协委员赴江西省视察团在政协机关召开全体会

议，邀请水利部有关负责人做关于“鄱阳湖水资源保护和开发利用情况”的介绍。

阿不来提·阿不都热西提副主席在人民大会堂会见加纳阿散蒂国王图图二世。图图二世一行是应对外友协邀请来华访问的。

18 日至 26 日

以李贵鲜副主席为团长，邵华泽等为副团长，孙怀山副秘书长为秘书长的全国政协委员视察团一行 55 人，就“中国经济特区建设及进一步发挥特区作用问题”赴广东省进行视察。

19 日

贾庆林主席在政协礼堂会见英国坎特伯雷大主教罗恩·道格拉斯·威廉姆斯博士一行。中央统战部常务副部长朱维群、国家宗教事务局局长叶小文、全国政协副秘书长仝广成、外交部部长助理孔泉参加会见。威廉姆斯是应国家宗教事务局邀请访华的。

刘延东副主席在政协机关听取关于出访俄罗斯和丹麦筹备工作情况汇报。教科文卫体委员会副主任赵喜明等代表团成员，王胜洪副秘书长，以及外交部有关地区司负责人参加会议。

全国政协东部地区干部培训班在海南省海口举办。李兆焯副主席出席开班式并讲话，孙怀山副秘书长主持此项活动，海南省政协主席王广宪到会致辞。来自 12 个东部地区省市和 5 个中西部省区政协的 126 名学员参加学习。培训期间，李昌鉴副秘书长为全体学员作题为《深入学习贯彻〈中共中央关于加强人民政协工作的意见〉》的辅导报告。

张梅颖副主席在北京鲁迅博物馆出席纪念鲁迅逝世 70 周年暨北京鲁迅博物馆建馆 50 周年大会并讲话。

全国政协秘书长、孙中山先生诞辰 140 周年纪念活动筹备办公室主任郑万通主持召开筹备办第二次全体会议，主要听取筹备办成员单位关于筹备情况的汇报。全国政协副秘书长李昌鉴、中宣部副部长李东生、外交部副部长杨洁篪出席会议。中央办公厅、全国政协办公厅、中央宣传部、中央统战部、中央台办、中央外宣办、外交部、公安部、国家安全部、财政部、文化部、国家广电总局、国务院侨办、社科院、国家邮政局、民革中央、北京市人民政府及中央政府驻澳门联络办的有关局室负责人参加会议。

郑万通秘书长在政协机关主持召开“促进非公有制经济健康发展论坛”协调会，听取国家发改委、全国工商联、江苏省政协、全国政协经济委员会和办公室有关负责人关于论坛筹备情况的汇报，并就下一步筹备工作进行协调部署。杨崇汇、卞晋平副秘书长，经济委员会副主任厉以宁，全国工商联副主席沈建国，机关有关局室负责人参加会议。

提案委员会在政协机关就“为城市低收入群体建设廉租房”方面的提案召开办理协商会，邀请提案人及提案承办单位当面交换意见。提案委员会副主任张工主持会议，提出提案的民建中央有关人员，部分提案委员会委员以及财政部、国土资源部、建设部有关负责人参加会议。

人口资源环境委员会出生缺陷专题调研组在政协机关召开情况介绍会，邀请卫生部、国家人口和计划生育委员会有关司局负责人介绍我国出生缺陷相关情况。杨魁孚副主任主持会议，温克刚副主任及部分委员出席会议。

20 日

贾庆林主席，王忠禹、刘延东、白立忱、陈奎元、徐匡迪、张怀西、李蒙副主席，任建新、钱正英、万国权、赵南起同志在人民大会堂出席纪念中国工农红军长征胜利 70 周年演唱会。

贾庆林主席在政协机关听取有关访问欧洲四国情况汇报。郑万通秘书长主持汇报会，港澳台侨委员会主任郭东坡，文史和学习委员会主任王蒙，青海省政协主席桑结加，副秘书长王胜洪、仝广成，外交部副部长李金章，外事委员会副主任马振岗、武韬，以及中办、外交部、中央警卫局、全国工商联和国航等有关单位负责人参加会议。

贾庆林主席访问欧洲四国全体随行人员大会在政协机关召开。郑万通秘书长，港澳台侨委员会主任郭东坡，文史和学习委员会主任王蒙，青海省政协主席桑结加，外交部副部长李金章，外事委员会副主任马振岗、武韬，以及中办、外交部、中央警卫局、国航等有关单位负责人参加会议，王胜洪副秘书长主持会议。

徐匡迪副主席在京会见美国布鲁金斯研究院代表团。

郑万通秘书长主持召开第三十四次秘书长办公会议。主要议题是：一、部署年底前的几项主要工作；二、研究《关于进一步加强政协出版工作领导的请示（稿）》；三、研究全国政协提案工作座谈会工作方案（稿）；四、研究全国政协视察工作座谈会工作方案（稿）；五、研究《机关计算机应用技能培训方案（草案）》和《关于举办全国政协机关工作人员计算机应用技能培训的通知》。杨崇汇、齐续春、卞晋平、王胜洪副秘书长出席会议，研究室和各局级单位负责人列席会议。

21日

王忠禹副主席在中国美术馆出席“风骨·李延声画展”开幕式。杨崇汇副秘书长及首都各界人士100余人参加开幕式。教科文卫体委员会副主任、全国政协书画室副主任赵喜明主持开幕式。画展由全国政协书画室、中国画研究院、中国美术家协会等单位主办。

王忠禹副主席在北京画院参观《心迹自然》——王明明花鸟画展。杨崇汇副秘书长陪同参观。

由关注森林活动组委会主办，国家林业局、湖南省人民政府和经济日报社共同举办的“第三届城市森林论坛”在湖南长沙举行。全国政协副主席、关注森林活动组委会主任张思卿出席开幕式并讲话。人口资源环境委员会主任、关注森林活动组委会副主任陈邦柱主持开幕式。湖南省政协主席胡彪，湖南省副省长杨泰波，国家林业局副局长赵学敏，国家林业局关注森林活动组委会副主任兼执委会主任杨继平，经济日报社社长徐俊如等出席论坛。

全国政协在海南省海口市召开海南省学习贯彻《中共中央关于加强人民政协工作的意见》情况座谈会，听取海南省委和政协主要负责人就学习贯彻《意见》情况的汇报。李兆焯副主席主持会议并讲话，张榕明副主席出席会议。中共海南省委书记汪啸风讲话，省委常委、统战部部长王守初和省政协主席王广宪分别代表省委和政协作了介绍和汇报，海口市政府、三亚市政协、昌江黎族自治县县委、琼海市市委负责人分别作发言。全国政协副秘书长李昌鉴，海南省委副书记蔡长松、省政协副主席洪寿祥、王辉丰、林栖凤参加会议。

郑万通秘书长代表办公厅到八宝山革命公墓参加全国政协第五、十届委员，第六、七、八、九届常委王光美同志遗体送别活动。

22日

王忠禹、刘延东、张思卿、白立忱、张克辉、周铁农、陈奎元、阿不来提·阿不都热西提、徐匡迪、李兆焯、黄孟复、张怀西、李蒙、张梅颖、张榕明副主席，杨汝岱、任建新、钱正英、孙孚凌、朱光亚、万国权、胡启立、陈锦华、赵南起同志在人民大会堂出席纪念红军长征胜利70周年大会。部分在京全国政协常委出席纪念大会。

“赵宝华书画作品展”在政协礼堂开幕。李瑞环同志，王忠禹、李蒙副主席出席开幕式。杨崇汇副秘书长、天津市政协主席宋平顺及天津有关部门负责人和全国政协部分书画界委员约100人参加开幕式。孙怀山副秘书长主持开幕式。作品展由华夏国际扶贫发展基金会主办。

人口资源环境委员会副主任马国良、江泽慧赴福建出席由国家林业局、福建省人民政府、国际竹藤组织联合举办的第五届中国竹文化节。

22日至24日

港澳台侨委员会副主任唐闻生赴广东省江门出席江门市侨商总会成立庆典，并代表委员会在成立大会上讲话。

22日至29日

应外事委员会邀请，由第一副主席阿·阿·博格丹诺夫上将率领的俄罗斯全俄老战士委员会代表团访华。张思卿副主席在政协机关会见代表团一行。外事委员会主任刘剑锋为俄罗斯老战士委员会代表团访华举行欢迎宴会。全国政协常委、外事委员会委员龚谷成等出席上述活动。

22日至30日

应俄罗斯联邦委员会和丹麦议会邀请，刘延东副主席率全国政协代表团对上述两国进行友好访问。代表团主要成员有广西壮族自治区政协主席马庆生和全国政协教科文卫体委员会副主任赵喜明。王胜洪副秘书长、中央统战部副部长黄跃金到机场送行。

22日至11月4日

应英国政府、立陶宛议长穆恩蒂阿纳斯、爱沙尼亚议长瓦列克和乌克兰最高苏维埃主席莫罗兹邀请，全国政协主席贾庆林离京，对上述四国进行正式友好访问。贾庆林主席的主要陪同人员有：郑万通秘书长，港澳台侨委员会主任郭东坡，文史和学习委员会主任王蒙，上海市政协主席蒋以任，青海省政协主席桑结加，外交部副部长李金章，副秘书长仝广成，副秘书长、全国工商联副主席张龙之，外事委员会副主任马振岗、武韬。杨崇汇、王胜洪副秘书长到机场送行。

23日

徐匡迪副主席在政协礼堂会见斐济大酋长委员会主席博基尼。博基尼主席是应对外友协邀请来华访问的。

徐匡迪副主席在政协礼堂会见德国前总统魏茨泽克。魏茨泽克前总统是应中国国际战略学会邀请来华访问的。

23日至26日

中国宗教界和平委员会应邀派代表赴韩国参加世界宗教和平会议韩国委员会成立20周年庆祝活动。

23日至30日

人口资源环境委员会副主任李伟雄率“出生缺陷”专题调研组赴山西、河南调研。

教科文卫体委员会“如何促进军民结合，发挥科技创新合力”专题组一行14人赴四川省调研。栾恩杰副主任带队。

24日

徐匡迪副主席在人民大会堂出席“第七届中美工程技术研讨会闭幕会”。

张梅颖副主席在京出席全国贫困地区劳动力转移培训“雨露计划”启动仪式暨全国贫困农民培训学校成立典礼。

张榕明副主席在国家劳动和社会保障部就“双百”农民工培训工作进行调研。

人口资源环境委员会副主任张洽在京出席稀土工业发展座谈会。会议是国家发展和改革委员会为贯彻落实国务院和发改委领导对人口资源环境委员会《关于合理开发利用和保护我国稀土资源的调研报告》的批示精神而召开的。

24日至25日

民族和宗教委员会会同湖北、湖南、重庆、贵州四省市政协在长沙召开“第三次武陵山民族地区经济社会发展座谈会”，研究武陵山地区精品旅游线路的开发与协作问题。贾庆林主席向座谈会发来贺信。张思卿副主席出席会议并讲话。钮茂生主任主持会议。湖南省政协主席胡彪致欢迎词，湖南省政府副省长贺同新介绍湖南省情，李国安委员作关于武陵山民族地区道路交通和旅游协作与开发调研情况介绍，交通部领导杨利民、国家旅游局副局长顾朝曦在会上讲话。齐续春副秘书长，江家福、李晋有、黄璜副主任，湖北、湖南、重庆、贵州四省市政府、政协有关负责人，以及国家发改委、国家民委、铁道部、水利部、农业部、民航总局、国务院西部开发办等有关部委负责人参加会议。

25日

阿不来提·阿不都热西提副主席在人民大会堂出席国家副主席曾庆红为阿根廷副总统西奥利访华举行的欢迎仪式和欢迎宴会。

阿不来提·阿不都热西提副主席在京出席中国伊斯兰教协会新办公楼剪彩仪式。

25日至30日

全国暨地方政协文史工作研讨会在河南省焦作举行。会议的主要议题是：学习贯彻中共十六届六中全会精神，深入开展新时期人民政协文史工作理论和实践研讨，总结交流本届政协文史资料选题协作工作进展情况，进行非物质文化遗产考察，研究部署下一阶段工作。陈奎元副主席出席开幕会并讲话。文史和学习委员会副主任李仁臣在开幕会上作题为《积极推进新时期政协文史工作，为构建社会主义和谐社会作出新贡献》的报告。卞晋平副秘书长在闭幕会上作总结讲话。文史和学习委员会副主任范钦臣、龚心瀚，河南省政协主席王全书、副主席郭国三及各省、自治区、直辖市、副省级市政协分管文史工作的副主席，文史委员会主任及办公室主任，各民主党派中央和全国工商联有关部门负责人160余人出席会议。

26日

阿不来提·阿不都热西提副主席赴河北省廊坊出席首届河北城市森林论坛并讲话。

张梅颖副主席在人民大会堂出席国家主席胡锦涛为法国总统希拉克访华举行的欢迎仪式和欢迎宴会。

港澳台侨委员会副主任张道诚、唐闻生在政协机关会见并宴请香港华侨华人总会访京代表团一行。

26日至11月7日

以经济委员会副主任段应碧为团长的“发展现代物流”代表团赴加拿大、美国进行考察。

京昆室组织委员赴河北、山东就“不同类型戏曲院团改革发展运作模式”进行专题考察。京昆室副主任张国祥带队。

27日

张思卿副主席在湖南省长沙出席“第六届中国金鹰电视艺术节”开幕式。

罗豪才副主席在人民大会堂出席“北京论坛”开幕式。

徐匡迪副主席在京出席科技部重大课题论证。

李蒙副主席在湖南省益阳市出席中国益阳桃花江国际生态文化旅游论坛开幕式。王胜洪副秘书长参加开幕式。

28日

胡锦涛、江泽民、曾庆红、王兆国、吴仪、贺国强、王刚、李铁映、许嘉璐、王忠禹、廖晖、罗豪才、徐匡迪等领导同志到北京协和医院看望霍英东副主席并慰问亲属，杨崇汇、孙怀山副秘书长陪同慰问活动。

黄孟复副主席在重庆市出席“中国（重庆）民营经济发展战略论坛”。

张怀西副主席在江苏省苏州出席第二届世界健康城市联盟大会开幕式。

28 日至 29 日

应国家环保总局邀请，人口资源环境委员会副主任张洽在清华大学出席“2006 中华环保民间组织可持续发展年会”并讲话。

29 日

白立忱副主席在河南省周口市出席“第二届中华姓氏文化节”开幕式。

董建华副主席在浙江省宁波市出席宁波大学 20 周年校庆活动。

29 日至 11 月 1 日

港澳台侨委员会副主任何少川在福建省莆田参加第三届世界莆商大会、首届中国（莆田）海峡工艺品博览会、第八届中国湄洲文化旅游节和第三届闽台文化学术研讨会。

30 日

全国政协在郑州召开河南省学习贯彻《中共中央关于加强人民政协工作的意见》情况座谈会。王忠禹副主席主持会议并讲话，罗豪才副主席出席会议。座谈会上，中共河南省委副书记陈全国、省政协主席王全书分别代表省委和政协作情况介绍和汇报。郑州市委、许昌市政府、安阳市政协负责人分别作发言。河南省委书记徐光春、省长李成玉，全国政协民族和宗教委员会主任钮茂生、全国政协副秘书长杨崇汇，河南省政府常务副省长李克，省政协副主席郭国三、张汉英、张广兴、曹策问、刘其文参加会议。

徐匡迪副主席在北京饭店出席“世界工商协会论坛”并在北京饭店分别会见联合国发展组织执行干事皮斯柯诺夫一行、世界知识产权组织总干事瑞塔·海斯女士一行和英国四十八集团主席斯蒂芬·派瑞先生一行。

张克辉副主席在政协礼堂出席国家电网公司向希望工程捐款仪式。

张怀西副主席在湖南省炎陵出席“丙戌重阳世界华人华侨炎帝陵大祭祖”活动。

社会和法制委员会“为构建和谐社会建言献策座谈会”在四川省成都召开。阿不来提·阿不都热西提副主席出席并讲话。社会和法制委员会主任李其炎主持开幕式。四川省政协主席秦玉琴出席会议并致辞，省长张中伟到会讲话。齐续春副秘书长，社会和法制委员会副主任王建伦、朱治宏、刘家琛、曹克明、萧灼基、伍绍祖，各省、市、自治区及副省级市政协社会和法制委员会负责人出席会议。

社会和法制委员会在成都市召开第二十七次主任会议，学习贯彻中共十六届六中全会精神，贯彻落实政协十届十五次常委会议精神，研究 2007 年委员会工作思路。李其炎主任主持会议，王建伦、朱治宏、刘家琛、曹克明、萧灼基、伍绍祖副主任出席会议。

民族和宗教委员会副主任、“中宗和”常务副主席、中国佛教协会副会长圣辉在澳门出席第四届澳门妈祖文化旅游节开幕式。

李昌鉴副秘书长在中南海出席由王刚主持召开的中央重要会议活动协调联席会议。

孙怀山副秘书长在政协机关主持召开关于霍英东先生遗体移送安排事宜协调会。中组部、中宣部、中央统战部、国务院港澳办、国管局、民航总局、公安部八局、北京市警卫局、北京市交通局、八宝山革命公墓管理处，机关秘书局、联络局等相关单位负责人参加会议。霍英东副主席亲属代表也参加了会议。

31日

全国政协在沈阳召开辽宁省学习贯彻《中共中央关于加强人民政协工作的意见》情况座谈会。陈奎元副主席主持会议并讲话，张梅颖副主席出席会议。中共辽宁省委副书记骆林、省政协主席郭廷标分别代表省委和政协作情况介绍和汇报。沈阳市政协、大连市委、铁岭市政协、葫芦岛市政协、鞍山市岫岩县委、盘锦市双台子区委负责人分别发言。全国政协副秘书长卢昌华，辽宁省委常委、省政府常务副省长许卫国，省委常委、省总工会主席王俊莲，省政协副主席张行湘、董万德、姜笑琴、张传庆、贺曼、孙桂芬参加会议。

霍英东副主席遗体由北京协和医院移送至香港。廖晖副主席，李昌鉴副秘书长，国务院副秘书长焦焕成，中央统战部副部长楼志豪，国务院港澳办常务副主任陈佐洱到机场迎送。孙怀山副秘书长代表办公厅护送灵柩同机赴港。

罗豪才副主席在政协礼堂会见以陈协平先生为团长的香港华人革新协会访京团一行30人。

李兆焯副主席在广西南宁出席南宁国际民歌艺术节开幕式。

提案委员会召开第22次主任会议，听取提案委员会办公室关于全国政协提案工作座谈会筹备情况的汇报；讨论修改全国政协提案工作座谈会有关领导讲话稿。傅杰主任主持会议，副主任杨振杰、宋宝瑞、张工、贾军、倪豪梅、傅志煌参加会议。

人口资源环境委员会召开“南水北调工程东线水质保证”情况介绍会。国务院南水北调工程建设委员会办公室主任张基尧和国家环保总局负责人介绍有关情况。人口资源环境委员会副主任温克刚主持会议，杨魁孚、张洽副主任，索丽生副秘书长等参加会议。

孙怀山副秘书长一行护送霍英东先生遗体到港后，拜见董建华副主席并汇报中央对霍英东先生治丧工作的意见和所做的安排。

11月

1日

全国政协在成都召开四川省学习贯彻《中共中央关于加强人民政协工作的意见》情况座谈会。阿不来提·阿不都热西提副主席主持会议并讲话，张怀西副主席出席会议。中共四川省委副书记陶武先和省政协主席秦玉琴分别代表省委和政协作情况介绍和汇报。成都市政协、南充市委、广安市武胜县县委、绵阳江油市市委、乐山市沙湾区政协负责人分别发言。全国政协副秘书长齐续春，四川省委副书记、省政府副省长蒋巨峰，省委常委、省委秘书长晏永和，省政协副主席冯崇泰、李进、陈官权、苟建丽、何志尧、陈杰、肖光成、陈次昌、杨海清、谢明道，成都市政协主席黄忠莹等参加会议。

李贵鲜副主席在人民大会堂出席国家主席胡锦涛为几内亚比绍总统维埃拉访华举行的欢迎仪式。

白立忱副主席作为中国政府代表出席在泰国清迈举行的“2006皇家植物叻察颇”国际园艺博览会开幕式。

张克辉副主席出席中央人民广播电台华夏之声举办的“我看香港回归十年有奖征文”新闻发布会。

张克辉副主席在京会见并宴请台湾林一民先生一行。

徐匡迪副主席在人民大会堂出席国家主席胡锦涛为利比里亚总统瑟利夫访华举行的欢迎仪式。

李昌鉴副秘书长在中南海出席王刚主

持召开的研究改进和精简年底前后全国性会议和有关活动安排协调会。

2 日

徐匡迪副主席在人民大会堂出席国家主席胡锦涛为塞舌尔总统米歇尔访华举行的欢迎仪式。

李蒙副主席赴湖北省武汉市分别出席第五届“中国光谷”国际光电子博览会暨论坛开幕会和第三届中国武汉农业博览会开幕式。

文史和学习委员会在常委会议厅举办在京全国政协委员学习报告会。李仁臣副主任主持会议，中国艺术研究院非物质文化遗产研究保护国家中心主任田青作《关于我国非物质文化遗产的保护》的报告。部分在京全国政协委员，各民主党派中央、全国工商联及北京市政协有关部门负责人近 200 人参加学习。

2 日至 9 日

人口资源环境委员会副主任温克刚率“南水北调东线水质保证”专题调研组赴江苏、山东调研。王光谦常委、国务院南水北调工程建设委员会办公室副主任李铁军和国家环保总局有关负责人参加调研。

3 日

索丽生副秘书长、张红武委员代表人口资源环境委员会赴河南省郑州出席由水利部举办的“纪念人民治理黄河 60 年大会”。

应上海市政协民族和宗教委员会、上海市政府民族和宗教事务委员会、上海市少数民族联合会共同邀请，民族和宗教委员会主任钮茂生赴上海出席“民族工作和构建和谐社会研讨会”并讲话。

港澳台侨委员会副主任张伟超在政协机关会见并宴请日本神户华侨总会北京参访团一行 10 人。

李昌鉴副秘书长在武汉出席在鄂全国政协委员培训班并就人民政协重大理论与实践问题作专题报告。湖北省政协主席王生铁主持会议。在鄂全国政协委员、部分省政协常委及省政协机关干部共 120 人参加会议。

3 日至 12 日

应中国经社理事会邀请，由欧盟经社委员会货币联盟和社会团结部主席乔治斯·达西斯率领的欧盟经社委员会代表团一行 15 人对我国进行友好访问。全国政协副主席、中国经社理事会主席、经社理事会和类似组织国际协会主席王忠禹在政协机关会见代表团，全国政协经济委员会主任、中国经社理事会副主席刘仲藜，全国政协副秘书长、中国经社理事会秘书长王胜洪等参加会见；全国政协经济委员会主任、中国经社理事会副主席刘仲藜在钓鱼台大酒店为代表团举行欢迎宴会；中国经社理事会和欧盟经社委员会代表团于 11 月 10 日在政协礼堂举行了“协调区域发展”研讨会，全国政协经济委员会副主任、中国经社理事会副主席陈清泰，全国政协副秘书长、中国经社理事会秘书长王胜洪等参加会议。

4 日

贾庆林主席视察首都机场扩建工程。郑万通秘书长，民航总局局长杨元元、副局长杨国庆，国家发改委副主任张国宝，杨崇汇、孙怀山、王胜洪，仝广成副秘书长，北京市副市长陈刚等陪同视察。

外事委员会主任刘剑锋，副主任李北海、刘华秋、周可仁、赵启正和原泰出席在人民大会堂举行的中非合作论坛北京峰会开幕式。外事委员会主任刘剑锋、副主任刘华秋出席在人民大会堂举行的中非合作论坛北京峰会欢迎宴会。外事委员会主任刘剑锋，副主任李北海、刘华秋、周可仁、赵启正和原泰在人民大会堂出席为中非合作论坛北京峰会举行的文艺晚会。

4 日至 10 日

社会福利和社会保障界委员“城乡居

民最低生活保障”专题组赴四川、重庆调研。全国政协常委、社会福利和社会保障界召集人范宝俊带队。

5日

贾庆林主席在人民大会堂会见越南祖国阵线中央委员会主席范世阅。郑万通秘书长、杨崇汇副秘书长，社会和法制委员会主任李其炎、民族和宗教委员会主任钮茂生，外交部副部长武大伟，王胜洪、仝广成副秘书长，外事委员会副主任原焘参加会见。范世阅一行14人是应贾庆林主席邀请访华的。外事委员会副主任原焘到机场迎接越南祖国阵线中央委员会代表团，并陪同赴沈阳访问。

6日

贾庆林主席在人民大会堂先后会见出席中非合作论坛的科特迪瓦经社理事会主席福洛戈、乍得外长阿拉-米、布隆迪总统恩库伦齐扎和中非外长祖马拉。王胜洪、仝广成副秘书长参加会见。

王忠禹、廖晖、刘延东副主席，郑万通秘书长，中央统战部副部长朱维群、国务院副秘书长焦焕成、国务院港澳办常务副主任陈佐洱赴香港参加霍英东先生的悼念活动。杨崇汇副秘书长到机场送行。孙怀山副秘书长，中央政府联络办主任高祀仁，香港特区政府财政司司长唐英年，中央政府驻港联络办副主任彭清华、黎桂康等到香港国际机场迎接。

罗豪才副主席在人民大会堂出席国家主席胡锦涛为南非总统姆贝基访华举行的欢迎仪式。

张榕明副主席在人民大会堂出席国家主席胡锦涛为阿尔及利亚总统布特弗利卡访华举行的欢迎仪式。

外事委员会副主任李北海在政协机关会见巴拿马驻华商务代表处代表列奥那多·甘。

7日

第八、九、十届全国政协副主席霍英东先生悼念仪式在香港殡仪馆举行。受中共中央委托，全国政协副主席王忠禹，全国政协副主席、国务院港澳办主任廖晖，全国政协副主席、中央统战部部长刘延东，郑万通秘书长，李昌鉴、孙怀山、朱维群副秘书长专程前往香港参加霍英东先生悼念仪式，并慰问其亲属。全国政协副主席董建华主持仪式，王忠禹副主席致悼词。胡锦涛、江泽民、吴邦国、温家宝、贾庆林、曾庆红、黄菊、吴官正、李长春、罗干等中央领导人，各位副主席和老同志通过各种形式对霍英东先生逝世表示沉痛哀悼并向其亲属表示慰问。

李贵鲜副主席在人民大会堂出席国家主席胡锦涛为埃及总统穆巴拉克访华举行的欢迎仪式。

李昌鉴副秘书长代表办公厅出席由香港友好协进会主办的香港各界纪念孙中山先生诞辰140周年纪念晚会，并参加在香港孙中山纪念馆举行的孙中山先生铜像揭幕仪式。

7日至9日

社会和法制委员会与全国妇联联合组织部分在京女委员赴密云、怀柔就妇女法修改的热点问题进行培训，并考察新农村建设情况。外事委员会副主任王淑贤，全国妇联副主席、书记处书记赵少华、莫文秀等参加此项活动，全国妇联副主席、书记处第一书记黄晴宜到会并讲话。

8日

北京市西城区选举第十四届人大代表民康选区全国政协分投票站选举投票工作在政协机关举行。贾庆林主席，王忠禹、廖晖、刘延东、李贵鲜、白立忱、罗豪才、阿不来提·阿不都热西提、徐匡迪、张怀西、李蒙、张榕明副主席，宋健、钱正英、孙孚凌、赵南起、王文元同志，郑万通秘书长，杨崇汇、齐续春、孙怀山、王胜洪、仝广成副秘书长和机关干部共962人参加投票。李昌鉴、卞晋平、卢昌华副秘书长因工作原因，委托他人代为投票。

全国政协在北京市政协召开北京市学习贯彻《中共中央关于加强人民政协工作的意见》情况座谈会，听取北京市委和政协负责人就学习贯彻《意见》情况的汇报。李贵鲜副主席主持会议并讲话，张克辉副主席出席会议。中共北京市委常委、统战部部长尤兰田和市政协党组书记、主席阳安江分别代表市委和政协作了介绍和汇报，东城区委、平谷区政府、海淀区政协负责人分别发言。全国政协副秘书长卞晋平，北京市副市长孙安民，市政协副主席黄以云、黄承祥、韩汝琦、朱相远、满运来、张和平、陈建生、叶文虎、唐晓青参加会议。下午，卞晋平副秘书长主持会议，听取北京市政协有关负责人关于如何进一步坚持和完善中国共产党领导的多党合作和政治协商制度的意见和建议。

由民革中央、全国政协书画室、中国美术家协会联合主办的“纪念伟大的革命先行者孙中山先生诞辰140周年书画作品展”开幕式在政协礼堂举行。全国人大常委会副委员长、民革中央主席何鲁丽，全国政协副主席李蒙，副秘书长杨崇汇、齐续春，各民主党派中央和全国工商联负责人以及首都书画界人士150余人出席开幕式。孙怀山副秘书长主持此项活动。

董建华副主席在北京会见并宴请应外交学会邀请来访的美国城市联盟洛杉矶分部代表团。王胜洪副秘书长、港澳台侨委员会副主任俞晓松等参加此项活动。

张梅颖副主席在人民大会堂会见应外交学会邀请来访的罗马尼亚拉杜亲王。

提案委员会在政协机关就“深化改革，提高土地集约利用水平”方面的提案召开办理协商会，邀请提案人及提案承办单位沟通情况，交换意见。提案委员会副主任宋宝瑞主持会议，提案委员会副主任俞泽猷，王胜洪副秘书长，部分提案委员会委员、相关提案人以及国家发改委、国土资源部、建设部有关负责人参加会议。

9日

全国人大常委会委员长吴邦国在人民大会堂会见应贾庆林主席邀请来访的越南祖国阵线中央委员会主席范世阅一行。全国人大常委会外事委员会副主任王英凡，副秘书长曹卫洲、孙伟，全国政协副秘书长王胜洪，外交部副部长武大伟，全国政协外事委员会副主任原焘参加会见。

王忠禹副主席在政协礼堂会见并宴请越南祖国阵线中央委员会主席范世阅一行。杨崇汇副秘书长，社会和法制委员会主任李其炎，王胜洪副秘书长，外事委员会副主任原焘参加会见。

罗豪才副主席在北京嘉里中心出席第73届国际展览协会年会开幕式并致词。

李蒙副主席在人民大会堂会见越南胡志明共青团中央书记处书记段文泰，并与越南青年代表团合影。该团应团中央邀请来华参加第七届“中越青年友好会见”活动。

全国政协秘书长、中国经社理事会副主席郑万通在政协机关会见俄罗斯公众院执行秘书韦利霍夫。韦利霍夫是随俄总理弗拉德科夫来华参加“俄罗斯国家年”闭幕活动的。

人口资源环境委员会副主任李伟雄在政协机关主持召开小型专家座谈会，邀请出生缺陷干预方面的专家，研究降低出生缺陷率、提高出生人口素质的有效措施和建议。

9日至11日

阿不来提·阿不都热西提副主席赴浙江省宁波出席“2006中国食品博览会”

并在宁波视察。

10日

全国政协办公厅和中共中央统战部在人民大会堂举行孙晓村同志诞辰100周年纪念座谈会。贾庆林主席出席，刘延东副主席主持会议并讲话。张榕明副主席、万国权同志、文史和学习委员会副主任程世峨、孙晓村同志的女儿孙阳生发言。全国人大副委员长何鲁丽，黄孟复副主席、孙孚凌同志、郑万通秘书长，吴明熹、陈明德、陈宗兴、索丽生副秘书长，全国政协办公厅、中共中央统战部、各民主党派中央、全国工商联和无党派人士，中央社会主义学院、中国和平统一促进委员会、中华职业教育社负责人，孙晓村同志亲属和生前友好、身边原工作人员等百余人出席会议。

贾庆林主席，刘延东、陈奎元、李蒙副主席在人民大会堂出席中国文联第八次全国代表大会、中国作协第七次全国代表大会开幕会。

《纪念孙中山先生诞辰140周年图片展》开展仪式在政协机关举行。郝建秀副主席，全国政协副秘书长、孙中山先生诞辰140周年纪念活动筹备办公室副主任李昌鉴出席此项活动，文史和学习委员会副主任崔占福致辞。办公厅研究室和有关局室参加此项活动。

郑万通秘书长主持召开第三十五次秘书长办公会议。主要议题：一、听取下半年主要工作筹备情况汇报：（一）全国政协部分副主席对各地学习贯彻《中共中央关于加强人民政协工作的意见》情况进行检查的工作情况汇报；（二）孙中山先生诞辰140周年系列纪念活动筹备情况的汇报；（三）促进非公有制经济健康发展论坛筹备情况的汇报；（四）全国政协提案工作座谈会筹备情况的汇报；（五）全国政协视察工作座谈会筹备情况的汇报；（六）中国人民政协理论研究会成立大会暨第一次理论研讨会筹备情况的汇报；二、郑万通秘书长安排2006年年终总结工作；三、研究第十届全国政协委员履行职能情况统计工作的实施方案（草案）。杨崇汇、李昌鉴、齐续春、孙怀山、王胜洪、仝广成副秘书长出席会议，研究室和各局级单位负责人列席会议。

11日

《孙中山先生画册》发行仪式在政协礼堂举行。陈奎元副主席出席发行仪式，郑万通秘书长讲话。卞晋平副秘书长主持发行仪式。杨崇汇、齐续春副秘书长，统战部副部长陈喜庆，民革中央副主席童傅，文史和学习委员会副主任李仁臣，中国国家博物馆馆长吕章申出席发行仪式。文史和学习委员会主任王蒙、民革中央副主席朱培康、孙中山先生亲属孙穗瑛、广东省代表杨海、南京中山陵代表刘学军分别在会上发言。中宣部、广东省政协、广东省委统战部、广东省中山市政协、江苏省政协、江苏省委统战部、南京市政协有关负责人、孙中山先生的亲属及全国政协机关有关局室负责人参加了上述活动。

12日

孙中山先生诞辰140周年纪念大会在人民大会堂举行。中共中央总书记、国家主席、中央军委主席胡锦涛发表重要讲话。中共中央政治局常委、全国政协主席贾庆林主持会议。党和国家领导人吴邦国、温家宝、曾庆红、吴官正、李长春、罗干出席。王忠禹、廖晖、刘延东、李贵鲜、张思卿、罗豪才、张克辉、周铁农、郝建秀、陈奎元、阿不来提·阿不都热西提、徐匡迪、李兆焯、黄孟复、张怀西、李蒙、张梅颖、张榕明在主席台就座。在主席台就座的还有王兆国、回良玉、刘淇、刘云山、吴仪、周永康、贺国强、曹刚川、曾培炎、王刚、何勇、李铁映、何鲁丽、丁石孙、成思危、许嘉璐、蒋正华、顾秀莲、热地、华建敏、陈至立、肖扬、贾春旺、李继耐、廖锡龙、陈炳德同志，孙中山先生的部分海外亲属。中央党政军群有关部门和北京市负责人，各民主党派中央、全国工商联负责人和无党派人士代表，孙中山先生亲属、台湾知名人士、海外侨胞和国际友人代表，以及首都各界群众代表等共约3000人出席会议。会前，胡锦涛、吴邦国、温家宝、贾庆林、曾庆红、吴官正、李长春、罗干，王刚、王忠禹、廖晖、刘延东等接见了孙中山先生的亲属代表及海外来宾代表，并合影留念。

全国政协办公厅在政协礼堂三楼举行孙中山先生诞辰140周年招待会。贾庆林主席出席招待会，王忠禹副主席主持招待会并致词。全国人大常委会副委员长、民革中央主席何鲁丽，全国政协副主席刘延东、罗豪才、张克辉、周铁农，全国政协秘书长郑万通，副秘书长杨崇汇、李昌鉴、吴明熹、齐续春、陈明德、陈宗兴、陈抗甫，纪念活动筹备办公室副主任、成员，各民主党派中央、全国工商联和有关人民团体负责人，无党派人士代表，孙中山先生亲属、台湾知名人士、海外侨胞代表和国际友人等约200人出席纪念会。

孙中山先生衣冠冢晋谒仪式在香山碧云寺举行。全国人大常委会副委员长、民革中央主席何鲁丽主持晋谒仪式。全国政协副主席、民革中央常务副主席周铁农代表民革中央，全国政协秘书长郑万通代表政协全国委员会办公厅，中共中央统战部副部长楼志豪代表中共中央统战部，北京市副市长孙安民代表北京市人民政府，孙中山先生孙女孙穗瑛代表孙中山先生亲属及海外来宾，台湾新同盟会会长许历农代表台湾各界人士分别向孙中山先生像敬献花篮。全国政协副秘书长李昌鉴、齐续春，国务院台办常务副主任郑立中，民革中央副主席童傅、朱培康、万鄂湘和应邀参加孙中山先生诞辰140周年纪念活动的孙中山先生亲属、海外来宾、台湾知名人士出席晋谒仪式。

应邀参加孙中山先生诞辰140周年纪念活动的孙中山先生亲属、海外来宾、台湾知名人士在宣武区湖广会馆进行参观活动。

13日

应邀来京参加孙中山先生诞辰140周年纪念活动的孙中山先生亲属、台湾知名人士、海外侨胞和国际友人代表到中山公园中山堂参观孙中山先生图片展览，并赴东城区铁狮子胡同瞻仰孙中山先生逝世纪念室。北京市政协副主席黄成祥陪同参观。

郝建秀副主席在京出席由中国女企业家协会和联合国开发计划署共同主办的“优秀女企业家国际论坛·2006—节约资源　保护环境”。

13日至17日

教科文卫体委员会在重庆市召开“关于引进技术的消化吸收再创新”专题研讨会。徐善衍、蔡睿贤副主任主持，部分科技界委员和12个省（市）政协相关专门委员会的负责同志近60人参加。

14日

罗豪才副主席在人民大会堂出席未成年人普法教育丛书——《图说刑法》首发式。

周铁农副主席，李昌鉴副秘书长以及孙中山先生亲属、海外侨胞、台湾知名人士和国际友人代表赴江苏省南京市晋谒中山陵。

14日至24日

社会福利和社会保障界“关于残疾人优惠政策”专题组赴湖北、湖南调研。社会和法制委员会副主任王建伦带队。

15日

阿不来提·阿不都热西提副主席在政协礼堂出席首届中国爱德艺术名家作品公益拍卖组委会、中国爱德艺术扶贫助残公益性大型文艺演出组委会新闻发布会。民族和宗教委员会主任钮茂生参加。

徐匡迪副主席在京出席“产品创新与民族品牌座谈会”。

李兆焯副主席在人民大会堂出席何梁何利基金2006年度颁奖大会。

外事委员会、文史和学习委员会在常委会议厅举办在京全国政协委员学习报告会。张梅颖副主席、孙孚凌同志出席报告会。外事委员会副主任武韬作《当前国际形势和我国外交工作》报告，张国祥副主任主持报告会。部分在京全国政协委员，各民主党派中央、全国工商联及北京市政协有关部门负责人200多人参加学习。

中国银监会办公厅负责人向经济委员会介绍《中华人民共和国外资银行管理条例》修订情况。经济委员会部分委员参加会议。

16日

周铁农副主席，孙中山先生亲属、台湾知名人士、海外侨胞、国际友人在上海瞻仰孙中山故居和宋庆龄故居。

阿不来提·阿不都热西提副主席在人民大会堂观看“爱心2008——‘中国有我’”大型公益主题电视晚会。

外事委员会主任刘剑锋、港澳台侨委员会副主任张道诚在机关宴请韩国济州岛盆栽艺术苑苑长成范勇先生。

16日至19日

贾庆林主席在江苏省委书记李源潮、省长梁保华、省政协主席许仲林等陪同下，先后赴南京、镇江、常州、苏州等地进行调研。王忠禹副主席、郑万通秘书长，经济委员会副主任陈耀邦、王洛林，李昌鉴、仝广成副秘书长陪同调研。调研期间，贾庆林主席还听取江苏省学习贯彻《中共中央关于加强人民政协工作的意见》的情况汇报。江苏省委书记李源潮，省政协主席许仲林，省委常委、无锡市委书记杨卫泽，南京市政协主席汪正生，南通市通州市委副书记、市长葛亮分别汇报有关情况。王忠禹副主席主持会议。黄孟复副主席，郑万通秘书长，杨崇汇、李昌鉴、仝广成副秘书长出席会议。江苏省委副书记、省长梁保华等省委、省政府、省政协、省直有关部门和南京、徐州、淮安市负责人以及12个市政协主席参加会议。

17日

由全国政协经济委员会、国家发展和改革委员会与全国工商联共同举办的“促进非公有制经济健康发展论坛”在南京开幕。中共中央政治局常委、全国政协主席贾庆林出席开幕式并讲话。全国政协副主席王忠禹主持会议，江苏省省长梁保华致欢迎词，江苏省委书记李源潮代表江苏省演讲，全国政协经济委员会副主任厉以宁、国家发展和改革委员会常务副主任陈德铭、全国工商联副主席胡德平分别代表全国政协经济委员会、国家发展和改革委员会、全国工商联演讲，全国政协经济委员会副主任、著名经济学家吴敬琏发表演讲。全国政协副主席、全国工商联主席黄孟复，全国政协秘书长郑万通，副秘书长杨崇汇、李昌鉴、仝广成；全国政协经济委员会主任刘仲藜，副主任刘永好、陈耀邦、洪绂曾、林毅夫、王洛林、颜延龄、范西成；全国工商联副主席张龙之、谢伯阳、沈建国；江苏省政协主席许仲林，副省长李全林，省政协副主席吴冬华；以及部分全国政协常委、委员，有关部委负责人，部分研究非公有制经济问题的专家学者，各省政协代表、省级中小企业管理部门负责人、省级工商联负责人和部分非公有制经济企业家共230余名代表出席开幕式。下午，论坛举行大会发言。全国政协经济委员会副主任林毅夫、刘永好，委员刘迎霞、王玉锁、段永基，中国证券业监督管理委员会副主席屠光绍，中国民（私）营经济研究会会长保育钧，浙江省政协副主席王玉娣，北京视野信息咨询中心主任钟朋荣，科技部副部长尚勇，重庆市政协副主席尹明善，中国银行业监督管理委员会主席助理王兆星等 16 人分别发言。全国政协经济委员会主任刘仲藜主持会议，全国政协副主席、全国工商联主席黄孟复，全国政协副秘书长杨崇汇，全国政协经济委员会副主任厉以宁、吴敬琏、陈耀邦、洪绂曾、王洛林、颜延龄、范西成；全国工商联副主席胡德平、张龙之、谢伯阳、沈建国；江苏省政协主席许仲林、副主席吴冬华；以及部分全国政协常委、委员，有关部委负责人，部分研究非公有制经济问题的专家学者，各省政协代表、省级中小企业管理部门负责人、省级工商联负责人和参加会议的非公有制约济企业家出席会议。

张克辉副主席赴重庆出席“海峡两岸农村合作经济（重庆）论坛暨农民专业合作组织研习班”开幕式。

周铁农副主席，齐续春副秘书长，孙中山先生亲属、台湾知名人士、海外侨胞、国际友人代表在广东省广州市中山纪念堂举行晋谒仪式，并参观中山纪念堂。

阿不来提·阿不都热西提副主席在政协礼堂会见以施荣忻为团长的香港福建社团联会青年委员会访问团一行 36 人，向客人介绍人民政协有关情况并合影。

张杯西副主席赴广东参加“健康与发展中山论坛”。

18 日

“促进非公有制经济健康发展论坛”在南京闭幕。全国政协副主席、全国工商联主席黄孟复出席闭幕会并讲话。全国政协常委伍淑清等六位代表在闭幕会上发表演讲，中国民营科技企业家协会等向全国非公有制企业家发出了《秉持创新，厚重责任，争做构建社会主义和谐社会的先锋军——向全国企业家的倡议书》。闭幕会由国家发改委副主任欧新黔主持。全国政协副秘书长杨崇汇，经济委员会副主任厉以宁、吴敬琏、范西成，全国工商联副主席胡德平、张龙之、谢伯阳，江苏省副省长张九汉、省政协副主席吴冬华，以及部分全国政协常委、委员，有关部委负责人，部分研究非公有制经济问题的专家学者，各省政协代表、省级中小企业管理部门负责人、省级工商联负责人和参加会议的非公有制经济企业家等出席会议。

张克辉副主席在福建省漳州出席“第八届海峡两岸（福建漳州）花卉博览会暨农业合作洽谈会”开幕式。

齐续春副秘书长，孙中山先生亲属、台湾知名人士、海外侨胞、国际友人代表在广东省中山市翠亨村中山故居举行晋谒仪式，并参观中山故居。

20 日

人口资源环境委员会在政协机关召开“野生动植物保育和可持续利用”情况介绍会。张洽副主任主持会议。国家林业局、中科院植物研究所、中科院动物研究所濒危科学物种委员会负责人分别介绍有关情况。

港澳台侨委员会主任郭东坡在政协机关会见并宴请马来西亚古晋中华工商总会商业考察团一行 25 人。

21 日

阿不来提·阿不都热西提副主席在人民大会堂出席国家副主席曾庆红为哥伦比亚副总统桑托斯访华举行的欢迎仪式和欢迎宴会。

21 日至 12 月 2 日

人口资源环境委员会副主任王克英率

“野生动植物保育和可持续利用”专题调研组赴云南、广东两省调研。

22 日

全国政协提案工作座谈会在京召开（至 23 日）。会议主要议题是：学习贯彻中共十六届六中全会精神和《中共中央关于加强人民政协工作的意见》，总结交流近年来提案工作的经验做法，研究提出加强和改进提案工作的新思路新举措。王忠禹副主席主持开幕会，贾庆林主席出席并讲话，提案委员会主任傅杰作工作报告。刘延东、李贵鲜、张思卿、罗豪才、张克辉、周铁农、郝建秀、陈奎元、阿不来提·阿不都热西提、徐匡迪、李兆焯、张怀西、李蒙、张梅颖副主席，郑万通秘书长，中共中央办公厅副主任毛林坤，国务院副秘书长焦焕成，全国政协副秘书长李昌鉴、吴明熹、齐续春、孙怀山、李敏宽、朱维群、潘贵玉、陈宗兴、张龙之、王胜洪、仝广成，各专门委员会有关负责人，提案委员会委员，各省、自治区、直辖市、副省级市政协，各民主党派中央和全国工商联以及部分在京承办单位有关负责人参加会议。

贾庆林主席、王忠禹副主席在政协机关会见全国政协书画室主任、副主任，祝贺张思卿副主席担任书画室主任，并对书画室工作做重要指示。郑万通秘书长代表办公厅宣布张思卿副主席担任全国政协书画室主任。孙怀山副秘书长，书画室副主任白雪石、靳尚谊、王成喜、赵喜明、王明明参加会见。

刘延东、李蒙副主席前往八宝山革命公墓参加郭秀仪同志遗体送别仪式。

白立忱副主席赴云南省大理出席大理白族自治州建州 50 周年庆祝大会，并参观大理白族自治州建州 50 周年成就展。

由文史和学习委员会、北京市政协共同主办的《古运回望图》大型画卷首展在政协机关举办。贾庆林主席，王忠禹、陈奎元、徐匡迪副主席，郑万通秘书长，文史和学习委员会副主任李仁臣，北京市政协主席阳安江、副主席满运来以及有关方面负责人参观展览。《古运回望图》是一幅大型中国画水墨长卷，全长 210 米，由数十位画家历时五载，集体创作完成。画卷全景式地展现了绵延 1794 公里，纵贯四省二市的京杭大运河昔日的历史风貌、繁华景象和运河沿岸的社会风情，集中表现了京杭大运河所发挥的重要历史作用和劳动人民创造、维护运河的伟大贡献。部分全国政协委员、著名书画家和来自艺术理论界、文化遗产保护方面的专家学者 30 余人应邀出席创作研讨会。

港澳台侨委员会主任郭东坡在政协机关会见香港青年领袖国亲研习班学员一行 34 人，俞晓松、唐闻生副主任参加会见。

22 日至 28 日

应全国政协邀请，密克罗尼西亚联邦国会副议长菲利普一行 6 人访华。全国人大常委会副委员长许嘉璐在人民大会堂会见菲利普，王胜洪副秘书长参加会见；徐匡迪副主席在政协礼堂会见菲利普并为其访华举行欢迎宴会，孙怀山副秘书长，外事委员会委员朱英璜等参加会见。

22 日至 30 日

教科文卫体委员会副主任孙隆椿一行赴广东省参加全国卫生城市检查评比活动。

23 日

贾庆林主席在人民大会堂会见蒙古国总理恩赫包勒德。李昌鉴、仝广成副秘书长参加会见。恩赫包勒德总理是应温家宝总理邀请访华的。

罗豪才副主席在人民大会堂会见来京参加中国人权研究会主办的“尊重和促进人权与建设和谐世界”国际研讨会的南非人权委员会主席乔迪·科拉潘、巴西总统府人权国务秘书保罗·万努希、乌克兰议会最高人权代表尼娜·卡尔帕乔娃和印尼驻日内瓦代表团团长暨61届联合国人权会主席马卡里姆·维比索诺。罗豪才副主席向客人们介绍了我国在人权问题上的基本立场。国务院新闻办公室主任蔡武参加会见。

张梅颖副主席在人民大会堂出席第二届“发明创业奖”颁奖典礼暨“第一届中国发明家论坛”开幕式。

全国政协提案工作座谈会进行大会发言。提案委员会副主任杨振杰主持会议。全国政协委员李永海，九三学社中央以及贵州省、辽宁省、江苏省、天津市、济南市、南京市、宁夏回族自治区政协有关负责人共9位代表发言。全国政协提案委员会主任傅杰，副秘书长李敏宽、王胜洪，各专门委员会有关负责人温克刚、宋金升、萧灼基、张道诚、张国祥、李仁臣，提案委员会委员，各省、自治区、直辖市、副省级市政协，各民主党派中央和全国工商联以及部分在京承办单位有关负责人参加会议。

全国政协提案工作座谈会在常委会议厅举行闭幕会。郑万通秘书长主持会议，王忠禹副主席作总结讲话。北京市、上海市、武汉市政协以及财政部有关负责人作大会发言。李贵鲜、张思卿、罗豪才、张克辉、周铁农、陈奎元、阿不来提·阿不都热西提、徐匡迪、李兆焯、张梅颖副主席，提案委员会主任傅杰，吴明熹、孙怀山、李敏宽、潘贵玉、陈宗兴、张龙之、王胜洪副秘书长，各专门委员会有关负责人，提案委员会委员，各省、自治区、直辖市、副省级市政协，各民主党派中央和全国工商联以及部分在京承办单位有关负责人参加会议。

由民族和宗教委员会、国家宗教事务局共同举办的“宗教界为构建社会主义和谐社会作贡献第二次经验交流会”在政协礼堂开幕。王忠禹、刘延东、阿不来提·阿不都热西提会见与会人员。王忠禹副主席代表贾庆林主席对会议的召开表示祝贺并讲话。阿不来提·阿不都热西提副主席出席开幕会并讲话。民族和宗教委员会主任钮茂生、中共中央统战部常务副部长朱维群、国家宗教事务局局长叶小文在开幕会上分别讲话，各全国性宗教团体负责人在开幕会上发言。刘柏年副主任主持会议。下午，会议进行大会发言。钮茂生主任，刘柏年、杨同祥、陈广元、任法融副主任和部分委员及各全国性宗教团体负责人，部分省、自治区、直辖市宗教界人士出席会议。香港特别行政区部分宗教界人士应邀出席会议。

教科文卫体委员会同教育部职业教育与成人教育司、劳动和社会保障部培训就业司、中国职业技术教育学会联合主办，人民政协报社承办的“中国职业教育振兴论坛”在政协礼堂开幕（至24日）。徐匡迪副主席出席开幕会并讲话，教科文卫体委员会副主任韦钰主持开幕会，教科文卫体委员会副主任王巨才、经济委员会副主任林毅夫、中国职业技术教育学会会长王明达、教育部副部长吴启迪、劳动和社会保障部原副部长林用三、陈益群常委、中华职业教育社总干事陈广庆、人民政协报社负责人等主办、承办、协办单位代表出席开幕会。与会代表包括全国政协委员、地方政协及政府部门的同志、专家学者和职业学校、行业企业以及新闻媒体等200余人围绕“和谐社会建设与职业教育发展”的主题进行了深入探讨。

23日至27日

以全国政协委员、“中宗和”秘书长、中国伊斯兰教协会副会长余振贵为团长的“中宗和”代表团赴菲律宾马尼拉出席“亚宗和”执委会议，并与“亚宗和”领导人举行会谈。

25 日

由民族和宗教委员会、国家宗教事务局共同举办的“宗教界为构建社会主义和谐社会作贡献第二次经验交流会”在政协礼堂举行闭幕会。阿不来提·阿不都热西提副主席出席会议，民族和宗教委员会主任钮茂生，副主任刘柏年、杨同祥、任法融，副秘书长齐续春参加会议，国家宗教事务局局长叶小文主持会议。陈广元副主任作总结讲话。

26 日

阿不来提·阿不都热西提副主席在京会见“全国敬老爱老助老主题教育活动”代表；出席“乡镇企业推动新农村建设论坛”开幕会并讲话。

26 日至 12 月 8 日

应澳大利亚参议长保罗·卡尔弗特和新西兰外交贸易部邀请，郑万通秘书长率9人代表团离京赴澳、新两国进行友好访问。代表团主要成员有全国政协常委王明明和经济委员会副主任林毅夫。王胜洪副秘书长到机场送行。

27 日

洪学智同志遗体送别活动在八宝山革命公墓礼堂举行。胡锦涛、吴邦国、温家宝、贾庆林、曾庆红、李长春、王兆国、回良玉、贺国强、郭伯雄、曹刚川、曾培炎、王刚、李瑞环、徐才厚、李铁映、司马义·艾买提、何鲁丽、许嘉璐、热地、盛华仁、乌云其木格、华建敏、陈至立、王忠禹、刘延东、李贵鲜、罗豪才、张克辉、陈奎元、阿不来提·阿不都热西提、张怀西、张梅颖，谷牧、张万年、王汉斌、张震、邹家华、王光英、布赫、彭珮云、杨汝岱、宋健、孙孚凌、万国权等同志前往送别并慰问家属。

刘延东、张克辉、张怀西副主席在政协礼堂出席重点影片《云水谣》首映式。

港澳台侨委员副主任张伟超在政协机关会见并宴请印尼客属总会会长黄德新一行。

27 日至 28 日

王胜洪副秘书长代表办公厅在京参加全国政法工作会议。

27 日至 12 月 4 日

提案委员会和教科文卫体委员会就“以奥运为契机，加强精神文明建设”方面的提案，联合赴北京、天津、青岛、上海进行调研。提案委员会副主任张工带队。

28 日

应中国基督教“两会”邀请，民族和宗教委员会副主任杨同祥在上海出席题为“传教运动与中国教会”的学术研讨会。

28 日至 12 月 5 日

第三期全国政协文史干部培训班在中央社会主义学院举办，文史和学习委员会副主任金开诚出席开班仪式并讲话，地方政协文史干部近 80 人参加培训。

29 日

全国政协在福建省福州市召开福建省学习贯彻《中共中央关于加强人民政协工作的意见》情况座谈会。张思卿副主席主持会议并讲话，周铁农副主席出席会议。中共福建省委书记卢展工和省政协主席梁绮萍分别代表省委、省政府和省政协作了介绍和汇报，中共厦门市委、福州市政协、邵武市政府负责人分别发言。福建省委副书记、省长黄小晶，全国政协副秘书长孙怀山，福建省委副书记王三运，省委常委、秘书长陈少勇，省政协副主席黄瑞霖、潘心城、金能筹、邹哲开、李祖可、陈家骅、叶家松，省委统战部长张燮飞参加会议。

30 日

罗豪才副主席在人民大会堂会见应中国国际友好联络会邀请的韩国国会议员、

大国家党首尔市委员长朴振及夫人一行。

王胜洪副秘书长在政协机关会见英国上议院议员、欧华律师事务所全球政府关系负责人钟斯勋爵。

30日至12月1日

港澳台侨委员会主任郭东坡一行赴河北省唐山参观唐山抗震纪念馆和地震遗址，考察曹妃甸工业区、唐钢和海格雷陶瓷厂，并听取唐山市委、市政府关于唐山震后社会经济发展情况介绍。

12月

1日

刘延东、张梅颖副主席在人民大会堂出席朱德同志诞辰120周年纪念座谈会。

文史和学习委员会在常委会议厅举办在京全国政协委员学习报告会。文史和学习委员会副主任邓成城主持会议，农业部常务副部长尹成杰作《扎实推进社会主义新农村建设》报告。部分在京全国政协委员，各民主党派中央、全国工商联及北京市政协有关部门负责人近200人参加会议。

1日至10日

社会福利和社会保障界委员“城市养老”专题组赴上海市、江苏省南京、浙江省杭州等地调研。伍绍祖副主任、社会福利和社会保障界召集人李宝库带队。

3日

罗豪才副主席在全国人大会议中心会见全非洲中国和平统一促进会访问团。

罗豪才副主席在人民大会堂出席“心系残疾人·法律援助大型公益晚会”。

3日至12日

全国政协台联界委员考察团一行16人在全国政协常委、全国台联会会长梁国扬率领下，就“大陆民营企业和台湾中小企业的合作与交流”等情况赴浙江杭州、舟山、义乌、台州、温州等地考察。

4日

港澳台侨委员会主任郭东坡在政协机关会见并宴请全非洲中国和平统一促进会会长叶北洋一行20人。何添发副主任参加会见。

4日至11日

由文史和学习委员会副主任龚心瀚带队的学习工作调研组一行10人赴湖北、上海就“如何搞好人民政协学习工作”开展专题调研。

5日

阿不来提·阿不都热西提副主席在政协机关听取关于出访叙利亚等国筹备工作情况的汇报。外事委员会副主任赵启正，副秘书长、九三学社中央常务副主席陈抗甫，宁夏回族自治区政协副主席马瑞文等代表团成员，以及外交部西亚北非司负责人参加会议。

提案委员会副主任杨振杰率委员会部分委员及相关提案人走访国家民委，了解国家民委对全国政协十届一次会议以来提案办理情况，听取对提案委员会工作的意见和建议。国家民委党组副书记、副主任牟本理参加座谈会并讲话。

7日

“21世纪论坛”2006年会议在政协礼堂举行。会议由全国政协外事委员会、经济委员会，中国经济社会理事会、中国世界贸易组织研究会主办，主题是“区域经济合作：中国的选择与展望”。全国政协副主席、论坛组委会主席王忠禹出席会议，并在开幕会上发表演讲。全国政协副主席罗豪才、张梅颖，全国政协经济委员会主任、论坛组委会副主席刘仲藜，外事委员会主任、论坛组委会副主席刘剑锋，外事委员会副主任、论坛组委会副主席张国祥，全国政协副秘书长、论坛组委会副主席兼秘书长王胜洪，中国世界贸易组织研究会会长、论坛组委会副主席谷永江，国家有关部门负责人，以及一些专家、学者和相关组织代表，部分企业界人士约300余人出席会议。商务部副部长易小准，上海合作组织秘书长张德广，全国政协港澳台侨委员会副主任、中国世界贸易组织研究会副会长俞晓松，联合国开发计划署驻华代表处代表、联合国系统发展业务活动协调员马和励，中国经社理事会常务理事、全国工商联纺织商会会长、经纬集团董事局主席陈经纬在会上作专题发言。

阿不来提·阿不都热西提副主席在中国非洲人民友好协会第四届理事大会上，当选为第四届中非友好协会会长并发表讲话并出席“中非友好之夜”晚会暨“首届中非贡献奖——感动非洲的十位中国人”颁奖典礼。

徐匡迪副主席在京出席“清洁发展机制（CDM）”主题论坛并发表演讲。

李兆焯副主席在人民大会堂出席国家主席胡锦涛为塞浦路斯总统帕帕佐洛斯访华举行的欢迎仪式和欢迎宴会。

8日

“21世纪论坛”2006年会议——“区域经济合作：中国的选择与展望”在政协礼堂继续举行。全国政协外事委员会主任、论坛组委会副主席刘剑锋，外事委员会副主任、论坛组委会副主席张国祥出席并分别主持会议。全国政协副秘书长、论坛组委会副主席王胜洪出席会议。中国建设银行首席风险官朱小黄，商务部世贸司司长张向晨，中国社科院世界经济与政治研究所副所长李向阳，商务部国际司副司长朱洪，国务院发展研究中心学术委员会副主任王慧炯，商务部研究院副院长陈文敬，国家发改委对外经济研究所所长张燕生，全国政协经济委员会委员、商务部原副部长张志刚，对外经济贸易大学教授张汉林，中国社科院欧洲所所长周弘，对外经贸大学法学院院长沈四宝分别在会上发言。中国世界贸易组织研究会会长、论坛组委会副主席谷永江作会议总结。会议还以双向互动的形式就与会人员共同关心的一些问题展开探讨。

孙怀山、王胜洪副秘书长在政协机关传达中央经济工作会议精神。各专门委员会副主任范宝俊、傅志煌、吴敬琏、范西成、杨伟光、赵喜明、徐善衍、傅庚辰、王建伦、祁培文、肖建章、周子玉、李晋有、王永海、张伟超、张道诚、俞晓松、唐闻生、王淑贤、李北海、刘华秋、杨正泉、陈昊苏、周可仁、原黍、邓成城，机关各局室主要负责人参加会议。孙怀山副秘书长主持会议。

9日至12日

应叙利亚全国进步阵线、突尼斯参议院和摩洛哥众议院邀请，阿不来提·阿不都热西提副主席率全国政协代表团一行11人赴上述三国进行友好访问。代表团主要成员有：外事委员会副主任赵启正，副秘书长、九三学社中央常务副主席陈抗甫，宁夏回族自治区政协副主席马瑞文等。王胜洪副秘书长到机场送行。

11日

全国政协视察工作座谈会在政协机关举行开幕会。贾庆林主席出席会议并发表重要讲话，郑万通秘书长作关于全国政协委员视察工作情况的报告。王忠禹副主席主持会议。张思卿、白立忱、罗豪才、张克辉、郝建秀、陈奎元、徐匡迪、李兆焯、张怀西、张梅颖副主席，李昌鉴、齐续春、孙怀山、李敏宽、陈明德、潘贵玉、陈宗兴、索丽生、王胜洪、仝广成副秘书长出席会议。出席会议的还有：各省、自治区、直辖市政协主席或副主席，作为全国政协委员活动召集人的原政协主席，全国政协各专门委员会负责人，各民主党派中央、全国工商联和人民团体负责人，部分全国政协委员，京外委员活动联络员共 200 余人。此外，还特别邀请中共中央办公厅和国务院办公厅负责人出席开幕会。座谈会围绕贾庆林主席讲话精神和郑万通秘书长所作报告进行分组讨论。

郝建秀副主席在京出席纪念吴玉章同志逝世 40 周年座谈会。

张怀西副主席在中国国际展览中心参观“首届中国北京国际文化创意产业博览会”展览。

12 日

全国政协办公厅和中共中央统战部在人民大会堂举行纪念西安事变 70 周年座谈会。中共中央政治局常委、全国政协主席贾庆林出席并作重要讲话。全国政协副主席、中共中央统战部部长刘延东主持会议。全国人大常委会副委员长、民革中央主席何鲁丽，中共中央党史研究室副主任张启华，全国政协委员、张学良将军侄女张闾蘅，九届全国政协委员、杨虎城将军女儿杨拯美分别发言。王忠禹、周铁农、陈奎元、张怀西、李蒙、张梅颖副主席，港澳台侨委员会主任郭东坡，齐续春、陈明德、朱维群、卢昌华、王胜洪、仝广成副秘书长，部分在京全国政协常委、委员出席会议。

全国政协视察工作座谈会在政协机关举行闭幕会。王忠禹副主席作总结讲话。郑万通秘书长主持会议。王思齐、艾青春、蒋以任、王生铁委员分别代表各小组汇报讨论情况。张思卿、白立忱、罗豪才、张克辉、周铁农、李兆焯、李蒙副主席，李昌鉴、齐续春、孙怀山、王胜洪副秘书长出席会议。中共中央办公厅、国务院办公厅负责同志应邀参加会议。

提案委员会副主任宋宝瑞率部分提案委员会委员及相关提案人走访水利部，了解水利部对全国政协十届一次会议以来提案的办理情况，听取对提案工作的意见和建议。水利部副部长翟浩辉主持座谈会。

文史和学习委员会副主任刘枫应山东省政协邀请赴山东出席大运河保护和开发研讨会并讲话。

13 日

罗豪才副主席在京会见韩中亲善协会会长李世基一行。

郑万通秘书长主持召开政协第十届全国委员会第三十六次秘书长办公会议。主要议题是：一、审议关于召开政协第十届全国委员会第五次会议的决定（草案）；二、研究全国政协党组 2007 年度工作要点和政协全国委员会常务委员会工作报告框架；三、审议政协第十届全国委员会第五次会议秘书长、副秘书长名单（草案）；四、审议政协第十届全国委员会第五次会议秘书处组织机构及各组组长名单（草案）、秘书处各组第一副组长名单（草案）；五、审议政协第十届全国委员会第五次会议新闻发言人名单（草案）；六、研究政协第十届全国委员会第五次会议大会发言工作方案（草稿）；七、听取关于中国人民政协理论研究会成立大会暨第一次理论研讨会筹备情况的汇报；八、郑万通秘书长布置近期工作。李昌鉴、齐续春、孙怀山、仝广成副秘书长出席会议。研究室和各局级单位负责人列席会议。

外事委员会在政协机关召开主任会议，总结外事委员会 2006 年工作。刘剑锋主任主持会议，马振岗、王淑贤、李北海、刘华秋、杨正泉、陈昊苏、武韬、周可仁、原焘副主任出席会议。

14 日

贾庆林主席在政协礼堂会见以查·额勒贝格道吉尔主席为团长的蒙古民主党代表团。仝广成副秘书长参加会见。该团是应中联部邀请访华的。

全国政协副主席、关注森林组委会主任张思卿在京参加由全国绿化委员会、国家林业局、中国人民解放军环保绿化委员会主办的“共建绿色家园”全国书画大展开幕式，并为大赛题词。

14日至18日

教科文卫体委员会在广东省东莞举行“发展我国少数民族地区体育”专题研讨会。张发强副主任率体育组部分委员出席，国家体育总局、国家民委以及山东等九省（自治区、直辖市）政协相关委员会有关同志参加会议。

15日

罗豪才副主席在京出席共青团中央与中国国民党青年团共同举办的“两岸青年论坛”并讲话。

16日

人口资源环境委员会与中国国土经济学会在政协机关联合召开第二届中国山地住宅建设与发展研讨会。陈洲其副主任主持会议并讲话，国土经济、城乡建设、水利、环保、林业等方面专家出席会议。

18日

张克辉副主席在京会见并宴请香港新界工商业访问团。

周铁农副主席在海口出席“2006 中国·海南生态省建设论坛”开幕式。

郑万通秘书长在政协机关主持召开会议，研究全国政协提案工作座谈会、视察工作座谈会后续工作。李昌鉴、齐续春、王胜洪、仝广成副秘书长出席会议。研究室及相关局室负责人列席会议。

人口资源环境委员会在政协机关召开会议，听取国家发展和改革委员会、建设部、北京市建委等有关单位负责人介绍建筑建材节能工作进展情况。李兆焯副主席，张人为、杨魁孚副主任，王东、王光谦、汪纪戎常委等出席会议。

孙怀山副秘书长出席在国务院召开的中央处理信访突出问题和群体性事件联席会议第八次全体会议。

19日

王忠禹副主席在政协礼堂会见以费德丽卡·莫盖丽尼为团长的意大利左民党青年政治家代表团。该团是应中联部邀请来华访问的。王胜洪副秘书长参加会见。

人口资源环境委员会在北京市考察建筑建材节能情况。李兆焯副主席带队，张人为、杨魁孚副主任，王光谦、汪纪戎常委及部分委员参加考察。

郑万通秘书长主持召开中国人民政协理论研究会成立大会暨第一次理论研讨会筹备组第四次会议。主要议题是：一、审议中国人民政协理论研究会章程（草案）；二、审议中国人民政协理论研究会第一届理事会理事、常务理事建议名单，会长、副会长、秘书长建议名单；三、审议中国人民政协理论研究会第一届理事会名誉会长、顾问建议名单；四、审议中国人民政协理论研究会第一届理事会副秘书长建议名单；五、审议中国人民政协理论研究会第一届理事会选举办法（草案）。李昌鉴、孙怀山、卞晋平、仝广成副秘书长和筹备组其他成员出席会议。

外事委员会副主任李北海、原焘在政协机关会见并宴请阿根廷友人诺尔贝多·费尔德曼。

20日

中国人民政协理论研究会举行成立大会。会议听取研究会筹备组组长郑万通对研究会筹备情况的汇报和筹备组副组长卞晋平对会议议题的说明，审议通过研究会章程和第一届理事会选举办法，选举产生研究会第一届理事会理事、常务理事。理事会决定王忠禹、刘延东、罗豪才、陈奎元为名誉会长，选举郑万通为会长，卞晋平、朱佳木、孙怀山、李君如、李昌鉴、杨胜群、杨崇汇、谷安林、陈喜林、游洛屏为副会长，原冬平为秘书长，决定叶小文、冯之俊、朱维群、齐续春、苏荣、李敏宽、李景田、李德洙、吴明熹、陈明德、陈宗兴、邵鸿、贺曼、龚育之、辜胜阻、滕文生、魏礼群为顾问。会长郑万通发表就职讲话。全国政协副主席王忠禹、罗豪才、白立忱出席上午的成立大会。各民主党派中央、全国工商联和地方政协的负责人，中央有关部门和研究机构的负责人和专家学者，以及大会代表200多人参加会议。会议由筹备组副组长李昌鉴主持。随后，中国人民政协理论研究会第一届理事会召开会长会议和常务理事会第一次会议。会议由郑万通会长主持。会议决定理事会下设秘书处及其工作机构负责开展日常事务，决定由陈惠丰、杜亚利、金学锋、马健、王国卿、翟有林担任副秘书长，审议通过研究会2007年工作计划。中国人民政协理论研究会举行招待会。研究会名誉会长王忠禹、罗豪才、陈奎元，会长郑万通，副会长卞晋平、朱佳木、孙怀山、李昌鉴、谷安林、游洛屏，全国政协副秘书长卢昌华、王胜洪、仝广成以及常务理事出席招待会。

中国人民政协理论研究会举行第一次理论研讨会开幕会。中共中央政治局常委、全国政协主席贾庆林在会上发表讲话。全国政协副主席王忠禹、刘延东、白立忱、罗豪才、张克辉、郝建秀、陈奎元、徐匡迪、李兆焯、黄孟复、张怀西、李蒙出席会议。开幕会由研究会会长郑万通主持。刘延东、罗豪才、李蒙副主席作大会发言。研究会全体理事、部分论文作者，以及各民主党派中央、全国工商联、无党派人士代表和部分地方政协的负责人参加开幕会。

由中央统战部、国家发改委、国家人事部、国家工商总局和全国工商联共同举办的“第二届全国非公有制经济人士优秀中国特色社会主义事业建设者表彰大会”在人民大会堂举行。中共中央政治局常委、全国政协主席贾庆林在会前会见受表彰代表，与代表合影留念，并发表重要讲话。中共中央政治局委员、国务院副总理曾培炎，全国政协副主席、中央统战部部长刘延东，全国政协副主席、全国工商联主席黄孟复等参加会见。刘延东在表彰会上发表题为《自觉承担起建设者的光荣使命》的讲话。黄孟复宣读“第二届全国非公有制经济人士优秀中国特色社会主义事业建设者”表彰决定。

白立忱副主席在人民大会堂出席国家主席胡锦涛为哈萨克斯坦总统纳扎尔巴耶夫访华举行的欢迎仪式和欢迎宴会。

张克辉副主席在全国台联出席第十八次“六台”联席会议。全国政协副秘书长、民革中央副主席齐续春，全国政协港澳台侨委员会主任郭东坡．副主任王永海、李赣骝等参加会议。

人口资源环境委员会副主任杨魁孚在政协机关主持召开人口和计划生育有关问题情况介绍会。国家人口计生委副主任王国强介绍城市富人名人违法生育的有关情况。全国政协常委、农工民主党中央副主席汪纪戎及部分委员出席会议，民建中央、全国工商联、文化部、中国文联等单位也应邀参加会议。

王胜洪副秘书长在中南海出席王刚主持召开的研究2007年已故党和国家领导人诞辰纪念活动安排方案协调会。

21日

中国人民政协理论研究会第一次理论研讨会举行闭幕会。全国政协副主席、研究会名誉会长王忠禹作总结讲话。全国政协副主席、研究会名誉会长罗豪才、陈奎元出席会议。会议由全国政协秘书长、研究会会长郑万通主持。张峰、张行湘、任玉岭、林尚立、陈惠丰、李德成在会上作大会发言。全国政协副秘书长、研究会副会长李昌鉴、孙怀山，全国政协副秘书长、研究会顾问陈明德，全国政协副秘书长王胜洪，以及研究会理事和部分论文作者出席会议。

王忠禹副主席在政协机关会见港区全国政协委员、香港立法会议员、香港奥委会主席霍震霆和广东省政协常委、香港中华总商会会长霍震寰等已故全国政协副主席霍英东先生的亲属。郑万通秘书长，李昌鉴副秘书长参加会见。

全国政协副主席、中共中央统战部部长刘延东出席中共中央办公厅、中央党史研究室在人民大会堂举行的纪念乌兰夫同志诞辰100周年座谈会并发言。白立忱副主席，齐续春副秘书长，全国政协民族和宗教委员会副主任金日光出席会议。

人口资源环境委员会副主任张人为、张宝明出席国务院召开的“发展循环经济电视电话会议”。

教科文卫体委员会在政协机关召开主任会议，讨论通过委员会2006年工作总结，研究2007年工作计划。刘忠德主任主持会议，于友先、韦钰、孙隆椿、杨伟光、宋金升、张发强、赵喜明、徐善衍、傅庚辰、翟泰丰、王巨才、张文康、袁伟民副主任出席会议。

社会和法制委员会在京召开第二十八次主任会议，审议委员会2006年度工作总结及2007年工作计划；听取办公室关于第五次全委会筹备工作情况的汇报、关于与全国妇联联合举办新年茶话会筹备工作情况的汇报、关于“和谐社会与法制建设理论研讨会”筹备方案的汇报。李其炎主任主持会议，王建伦、江蓝生、刘家琛、祁培文、李奇生、肖建章、周子玉、曹克明、萧灼基副主任出席会议。

民族和宗教委员会主任钮茂生到中国伊斯兰教协会、中国天主教一会一团看望宗教界人士。钮茂生主任在中国伊斯兰教协会会长陈广元阿訇和中国天主教爱国会副主席刘柏年等陪同下，分别参观中国伊斯兰教协会的新办公场所和中国天主教一会一团的临时办公场所。同时，就宗教团体加强自身建设等问题与两个团体负责人进行座谈。

22日

国防科工委副主任陈求发到政协机关走访提案委员会，通报国防科工委关于政协十届一次会议以来提案的办理情况并进行座谈，听取委员会对办理工作的意见建议。提案委员会副主任傅志煌，王胜洪副秘书长以及委员会部分委员参加会议。

人口资源环境委员会在政协机关召开第15次主任会议，总结2006年工作并讨论研究2007年工作计划。陈邦柱主任主持会议，叶青、江泽慧、刘成果、李伟雄、杨魁孚、张洽、张人为、张宝明、陈洲其、温克刚副主任出席会议。

中央“五侨”（全国人大华侨委员会、全国政协港澳台侨委员会、国务院侨办、致公党中央、中国侨联）负责人第24次联席会议在京召开。罗豪才副主席出席会议，港澳台侨委员会主任郭东坡主持会议。会议的主要议题是研究当前侨务工作新形势和今后工作的新思路。张伟超、张道诚、唐闻生副主任及中央“五侨”领导出席会议。

22日至24日

贾庆林主席在福建省委书记卢展工、省长黄小晶、省政协主席梁绮萍等陪同下，赴厦门、泉州等地进行调研。调研期间，贾庆林主席出席厦门经济特区建设25周年庆祝大会并发表讲话。张克辉副主席出席庆祝大会。郑万通秘书长，中央统战部常务副部长朱维群、中央台办常务副主任郑立中、国家广电总局副局长田进，仝广成副秘书长陪同调研并出席庆祝大会。

22 日至 29 日

经济委员会“加快发展信息服务业”专题组一行 12 人赴广东省广州、深圳就现代服务业中的信息服务业发展情况进行调研。王洛林副主任带队。

24 日至 29 日

经济委员会“加快发展信息服务业”专题组赴广州、深圳调研。王洛林副主任带队。

25 日

王忠禹副主席主持召开会议，研究全国政协赴各地检查学习贯彻《中共中央关于加强人民政协工作的意见》情况总结报告（稿）。郑万通秘书长、李昌鉴副秘书长和研究室、秘书局、人事局负责人参加会议。

经济委员会主任刘仲藜在政协机关主持召开委员会第 22 次主任会议，审议“促进我国保险市场建设”专题组调研报告《关于我国保险业发展中几个重要问题的建议》；审议《经济委员会 2006 年工作总结（讨论稿）》；研究讨论经济委员会 2007 年主要工作。刘立清、刘永好、吴敬琏、陈耀先、陈耀邦、邵奇惠、段应碧、洪绂曾、陈清泰、林毅夫、阎海旺、范西成副主任出席会议。

26 日

卞晋平副秘书长在机关主持召开党派中央、人民团体大会发言工作协调会，通报全国政协十届五次会议大会发言工作的有关情况，交流各民主党派中央、全国工商联、有关人民团体关于本单位大会发言的设想及选题准备情况。

27 日

刘延东、黄孟复副主席在京出席中国光彩事业促进会三届二次理事会并讲话。

郑万通秘书长在政协机关主持召开第三十七次秘书长办公会议。主要议题是：一、通报关于机关和事业单位工资收入分配制度改革具体工作布置方案；二、审议政协第十届全国委员会常务委员会第十六次会议议程（草案）和日程（草案）；三、研究政协第十届全国委员会第五次会议委员驻地安排（草案）；四、研究政协第十届全国委员会第五次会议委员驻地办事组安排（草案）；五、审议政协第十届全国委员会第五次会议委员小组召集人名单（草案）；六、听取文史和学习委员会 2006 年度学习工作汇报和 2007 年度学习工作请示。杨崇汇、李昌鉴、孙怀山、王胜洪、仝广成副秘书长出席会议。

港澳台侨委员会在中协宾馆召开主任会议，研究讨论 2006 年度工作总结和 2007 年度工作设想。郭东坡主任主持会议，王永海、厉有为、刘亦铭、李赣骝、何少川、何添发、张伟超、张廷翰、张道诚、俞晓松、唐闻生、陈明义副主任出席会议。

28 日

全国政协机关党的建设研究会成立大会暨理论研讨会在政协机关举行。王忠禹副主席与参会同志合影。秘书长、机关党组书记郑万通，副秘书长、机关党委书记孙怀山，中直党建研究会会长陈希明出席会议并讲话。会议审议通过《全国政协机关党的建设研究会章程》，推举郑万通为全国政协机关党的建设研究会第一届理事会名誉会长，选举孙怀山为全国政协机关党的建设研究会第一届理事会会长，杜沛才、李清贤、原冬平为理事会副会长，李清贤为理事会秘书长。

郑万通秘书长在中南海出席王刚主持召开的中央重要会议活动协调联席会。

经济委员会主任刘仲藜在政协机关主持召开委员会第六次全体会议，审议《经济委员会 2006 年工作总结（审议稿）》和《经济委员会 2007 年工作计划（审议稿)》。杨崇汇副秘书长，经济委员会副主任厉以宁、刘立清、刘永好、陈耀先、陈耀邦、邵奇惠、段应碧、陈清泰、林毅夫、阎海旺、范西成出席会议。

民族和宗教委员会主任钮茂生、副主任杨同祥应中国佛教协会会长一诚邀请，参加在湖南省长沙举行的洗心禅寺落成典礼。

29 日

郑万通秘书长在钓鱼台国宾馆出席外交部 2007 年新年招待会。

文史和学习委员会在政协机关召开第八次全体会议，讨论委员会 2006 年度工作总结；研究 2007 年度工作计划；研究“关于大运河保护与申遗工作的建议”。王蒙主任主持会议，李仁臣副主任、卞晋平副秘书长等出席会议。

地方委员会篇

政协北京市委员会

阳安江　主席
（补选）

【全体委员会议】

十届四次会议　于2006年1月14日至18日在北京召开，本次大会应出席委员734名，实到672名，缺席62名。开幕式上，程世峨主席代表常务委员会作《中国人民政治协商会议北京市第十届委员会常务委员会工作报告》，陈建生副主席代表常务委员会作《中国人民政治协商会议北京市第十届委员会常务委员会提案工作报告》；会议期间委员们对这两个报告进行了分组审议。列席了北京市第十二届人民代表大会第四次会议开幕式，听取并讨论了王岐山市长所作的《关于北京市国民经济和社会发展第十一个五年规划纲要的报告》，讨论了《关于北京市2005年国民经济和社会发展计划执行情况与2006年国民经济和社会发展计划草案的报告》、《关于北京市2005年财政预算执行情况和2006年财政预算草案的报告》、《北京市高级人民法院工作报告》和《北京市人民检察院工作报告》。

会议组织了大会发言，参加本会的各民主党派、工商联代表和政协委员等12人作大会发言；举行了“认真落实北京市国民经济和社会发展第十一个五年规划纲要，调整经济结构与转变经济增长方式”、“社会事业发展与构建社会主义和谐社会首善之区”、“办好2008年奥运会”等3个专题座谈会，59位委员作了发言。中共北京市委、市人民政府领导及有关委、办、局负责人参加大会和专题座谈会，听取了委员们的意见。会议期间开展了政务咨询活动，市政府委、办、局和市高级人民法院、市人民检察院等单位和部门的领导到现场接受政协委员的咨询，解决和解答委员提出的问题。

会议审议通过了《中国人民政治协商会议北京市第十届委员会第四次会议关于接受程世峨同志不再担任主席职务请求的决定》和《中国人民政治协商会议北京市第十届委员会第四次会议关于接受卢学勇等2名同志不再担任常务委员职务请求的决定》。会议补选阳安江为政协北京市第十届委员会主席；补选王玉英、张凤朝、宋希友、蔡国雄为政协北京市第十届委员会常务委员会委员。

会议对2005年度105件优秀提案进行了表彰；大会收到提案1338件，经审查立案1254件。

会议通过了《中国人民政治协商会议北京市第十届委员会第四次会议关于常务委员会工作报告的决议》和《中国人民政治协商会议北京市第十届委员会第四次会议政治决议》。刘淇书记代表中共北京市委作了重要讲话，阳安江主席作闭幕讲话。

【常务委员会会议】

第21次会议 2006年1月6日召开，应出席成员139名，实到98名，黄以云副主席主持会议。会议审议了《中共北京市委、北京市各民主党派、无党派代表人士和各人民团体关于马叔平等11名同志不再担任政协北京市第十届委员会委员的联合建议书》、《中共北京市委、北京市各民主党派、无党派代表人士和各人民团体关于增补政协北京市第十届委员会委员的联合建议书》；审议通过了《中国人民政治协商会议北京市第十届委员会常务委员会关于马叔平等11名同志不再担任委员的决定》、《中国人民政治协商会议北京市第十届委员会常务委员会关于增补委员的决定》、《中国人民政治协商会议北京市第十届委员会第四次会议决议起草委员会委员名单（草案）》、《中国人民政治协商会议北京市第十届委员会第四次会议委员分组办法和各组召集人名单》。

第22次会议 2006年1月15日召开，应出席成员139名，实到119名，黄以云副主席主持会议。会议审议通过了有关人事事项的联合建议书；审议通过了《中国人民政治协商会议北京市第十届委员会第四次会议选举办法》。

第23次会议 2006年1月17日召开，应出席成员139名，实到117名，黄以云副主席主持会议。会议听取了各小组酝酿人事事项情况的汇报；审议了有关人事事项草案；审议通过了《中国人民政治协商会议北京市第十届委员会第四次会议补选常务委员候选人名单》、《中国人民政治协商会议北京市第十届委员会第四次会议监票人、总监票人名单》；听取了各小组讨论各项报告的情况汇报；审议了《中国人民政治协商会议北京市第十届委员会第四次会议关于常务委员会工作报告的决议（草案）》、《中国人民政治协商会议北京市第十届委员会第四次会议政治决议（草案）》。

第24次会议 2006年1月18日召开，应出席成员141名，实到117名，阳安江主席主持会议并讲话。会议审议通过了《中国人民政治协商会议北京市第十届委员会常务委员会关于卢学勇等3名同志不再担任委员的决定》和《政协北京市第十届委员会常务委员会2006年工作要点》。

第25次会议 2006年7月6日至7日召开，应出席成员141名，实到99名，黄以云、黄承祥、朱相远副主席分别主持会议。会议学习贯彻北京市政协工作会议精神，审议通过了《关于学习贯彻北京市政协工作会议精神的决定》；通过了《关于推进本市社会主义新农村建设的建议案》、《关于加强我市居住小区物业管理的建议案》及相关调研报告；通过了任命曹学坤为北京市政协财政预算民主监督小组组长的决定。阳安江主席出席会议并讲话，牛有成副市长到会听取意见并讲话。

第26次会议 2006年10月17日至18日召开，应出席成员141名，实到97名，王长连、叶文虎副主席分别主持会议。会议学习贯彻中共十六届六中全会精神，审议通过了《关于推动落实〈北京市人民政府关于大力发展职业教育的决定〉的建议案》、《关于加快本市社会化养老服务发展的建议案》及相关调研报告；审议通过了有关人事事项；通报了市政府办公厅关于市政府系统办理政协建议案工作情况的报告。阳安江主席出席会议并讲话，赵凤桐副市长到会听取意见并讲话。

第27次会议 2006年11月23日召开，应出席成员141名，实到91名，黄以云副主席主持会议。会议审议通过了《关于召开中国人民政治协商会议北京市第十届委员会第五次会议的决定》；听取了各专门委员会及机关有关部门的工作报告，听取了关于起草常委会工作报告思路的汇报，并就常委会2006年工作完成情况和2007年工作设想进行了讨论。阳安江主席出席会议并讲话。

【专门委员会工作】

提案委员会 十届四次会议以来，共收到提案1410件，经审查，立案1318件；参与提出提案的委员共497位，占委员总数的68%。经过各方面努力，提案得到解决、采纳或列入计划解决的占78%。经主席会议审议，同意15件民主党派市委、市人民团体、市政协专委会提案和115件委员提案评为优秀提案，予以表彰。政协各界积极运用提案履行职能，提案质量不断提高；推进提案办理工作规范化、实效性进一步增强。通过网络开展提案线索征集工作，开展征求各界委员对重点检查督促提案的选题和优秀提案评选意见的活动，取得较好效果。完善提案分析工作，制定重点提案选题标准、选题程序和检查督促工作程序，为各专委会参与提案工作提供依据；针对推进北京市文化创意产业发展等9个重点题目、142件提案进行检查督促。完成了北京市政协提案分层处理的课题研究工作，形成的研究报告已通过市科委专家组鉴定。与市政协有关专委会合作开展了“带着职工心声上两会”和“关注妇女儿童权益热线”的界别活动；与市政协有关部门共同召开研讨会，广泛听取政协各界和专家、学者对提案工作的意见；组织新闻媒体对提案工作成效进行深层次报道，促进民主监督与新闻舆论监督紧密结合。

学习委员会 全年共组织学习活动49次，出席人员4550人次。紧密结合形势，围绕党和政府中心工作，就新农村建设、文化创意产业、“十一五”规划、学习贯彻中央5号文件和中共十六届六中全会精神等方面内容，举办学习报告会8场、知识讲座3场；还组织市政协委员及有关人员参加了全国政协文史和学习委员会举办的4场报告会。与市政协有关部门联合，分别召开了学习贯彻中央5号文件、学习胡锦涛总书记关于社会主义荣辱观重要讲话、学习贯彻北京市第二次政协工作会议精神、学习贯彻中共十六届六中全会精神座谈会。与市政协有关部门联合组织以深入学习贯彻中央5号文件和北京市第二次政协工作会议精神为主题的委员暑期读书班。围绕建设社会主义新农村问题进行考察、调研，向市政府提交了《关于建设社会主义新农村的意见与建议》。继续探索民主监督与舆论监督相结合的途径，开展5次新闻舆论导向和舆论监督评议活动。对“关于利用奥运契机，建立和完善北京导向系统的建议”重点提案办理进行检查督促，推动了提案的落实。就贯彻全国“两会”精神、进一步完善社会保障体系、加强城市综合治理、推进首都城市化进程中的流动人口管理等问题召开4次社情恳谈会，反映社情民意。组织9次委员参观联谊活动，加强委员间的交流与沟通，增强委员会凝聚力。编辑内部刊物《学习》10期。

文史资料委员会 全年共组织活动50次，出席人员783人次。完成了北京地区世界文化遗产保护工作的调研，经主席会议审议通过，形成《关于北京地区世界文化遗产保护的建议案》，报送市委市政府，市有关领导作出批示，要求有关部门认真研究，提出落实意见。对“关于房地产开发工程应做好地下文物保护工作的建议”重点提案办理进行检查督促，市政管委回复了办理报告。围绕北京历史文化名城保护问题，开展了视察考察、情况通报、座谈等活动。编辑出版了《北京文史资料精选》丛书，共计18卷、581.5万字，收录照片559幅；与市委统战部和市各民主党派、工商联协作，征编《北京市民主党派、工商联史料选编》；编发《五七干校纪实》、《飞行散记》、《京城六记》和《北京文史资料》第71、72辑等专辑和选编；为全国政协“工业学大庆”协作项目提供5篇稿件，2.5万字；还与云南省德宏州政协商定联合征编出版“滇西抗战”专题史料。召开北京市文史工作研讨会，收到论文40余篇；积极反映社情民意，全年为市政协《诤友》信息刊物提供稿件12篇；继续关注北京地区非物质文化遗产的保护和申报国家名录工作；与民革市委联合举办孙中山先生诞辰140周年纪念活动；出席了全国政协暨省市自治区政协文史工作会议，有7篇论文入选大会论文选。

经济科技委员会 全年共组织活动105次，出席人员1751人次。开展对本市社会主义新农村建设的重点调研，经常委会议审议通过，形成《关于推进本市社会主义新农村建设的建议案》，报送市委市政府，市领导作出批示，市有关部门进行了办理并向委员进行了通报。围绕企业自主创新问题进行考察研讨，与市科协联合举办“2006企业自主创新”科技论坛，形成了《关于提高企业自主创新能力的几点建议》，报送市委市政府参考。就区域经济发展问题，组织情况通报会、研讨会、视察和实地调研活动，参加了京津冀三省市政协区域经济发展论坛第三次会议。对“关于‘十一五’规划应高度重视资源承载力问题的建议”重点提案办理进行检查督促并提出意见建议。市政协财政预算民主监督小组继续坚持对市级决算和预算执行情况进行民主监督，还就国有企业职工收入分配、安全生产和食品安全等问题组织考察并听取情况通报，进行民主监督。根据市人大和市政府有关部门要求，组织委员对即将出台的法规和条例提出意见建议，并对法律、法规在执行过程中的情况进行监督。还组织委员参加了学习贯彻中共十六届六中全会精神等各类情况通报会和报告会；就委员关注的问题进行参观、考察。

城建环保委员会 全年共组织活动64次，出席人员1586人次。完成了加强本市居住小区物业管理问题的调研，经常委会议审议通过，形成《关于加强我市居住小区物业管理的建议案》，报送市委市政府，多位市领导作了批示。对555件城建环保类提案进行分析，并围绕城市交通、邮政设施建设等重点提案的检查督促，进行视察，提出意见建议。组织委员就奥运环境建设、全市环境保护、“城中村”整治、奥运场馆工程建设、建筑节能、山区生态林建设等问题进行视察和实地考察，并邀请相关部门作了情况通报。配合市政协有关专委会和部门，就有关法律法规草案征求委员们的意见。还接待了全国政协及地方政协来京考察和进行座谈活动。

教文卫体委员会 全年共组织活动77次，出席人员1165人次。就大力发展职业教育问题开展调查研究，经常委会议审议通过，形成《关于推动落实〈北京市人民政府关于大力发展职业教育的决定〉的建议案》，报送市委市政府，受到重视，市教委回复了办理报告。对本市文化创意产业发展、2008年奥运会筹备、高招录取、精神卫生、职工体育、世青赛筹备等工作进行视察考察并座谈；组织委员对义务教育“两免一补”政策和调整公用经费定额标准方案提出意见建议。以检查督促重点提案为契机，对建立社区双向转诊机制问题进行考察；分三次对251件教文卫体类提案进行了集中分析；分别召开了卫生和教育工作情况通报会。召开委员会扩大会议，传达贯彻第二次全市政协工作会议和市政协常委会第25次会议精神。接待全国政协来京考察活动。举办了第二十届卢沟桥醒狮越野跑比赛活动。与有关专委会一起慰问了奥运工程建设者。

社会和法制委员会 全年共组织活动87次，出席人员1691人次。围绕社会化养老服务问题进行调研，经常委会议审议通过，形成《关于加快本市社会化养老服务发展的建议案》，报送市委市政府，有关市领导作出批示。工会工作小组和妇女儿童工作小组就女职工劳动保护情况开展调研，形成《关于北京市女职工劳动保护状况的调研报告》，报送市委市政府，市总工会和市妇联分别回复了办理报告。法律工作小组通过座谈等形式，对《北京市环境噪声污染防治管理办法（送审稿）》等法规提出修改意见，对有关法律法规的贯彻情况开展专项监督，对相关建议案的落实情况进行追踪监督。首都社会治安综合治理工作民主监督小组积极参与基层社会治安综治工作，推动平安建设。通过学习会、座谈会、研讨会等各种会议形式，学习贯彻中央5号文件、中共十六届六中全会及北京市第二次政协工作会议精神。对《北京市未成年人保护条例》等法规的贯彻落实情况进行视察，提出建议；结合重点提案的检查督促，跟踪相关调研成果的转化。承办了北方部分省区市政协社会和法制委员会工作联系会；参加了全国政协组织的专题研讨、协同调研和考察活动；还接待了全国政协及12个地方政协的来京考察团组。

民族和宗教委员会 全年共组织活动59次，出席人员1105人次。围绕进一步做好宗教工作为构建和谐社会服务开展专题调研，经主席会议审议通过，形成《关于进一步做好宗教工作为构建和谐社会首善之区服务的建议案》，报送市委市政府，市主要领导作出批示，要求有关部门研究办理。承办部分省区市政协民族和宗教委员会第八次工作研讨会，就民族和宗教工作进行研讨。对本市少数民族乡村经济发展、贯彻落实国务院《宗教事务条例》和《北京市少数民族权益保障条例》进行视察；以专题座谈、情况专报等形式，对“尽快恢复东岳庙为道教活动场所”的提案办理进行检查督促；组织委员出席道教、天主教召开的部分专项活动，增强民族宗教界委员与社会的联系，还对民族文化产业发展情况进行了考察。与有关部门联系协调，通过慰问和捐赠等方式，继续为少数民族聚居地区办实事。参加了华北五省区市政协第二次民族和宗教工作交流会；还接待了部分地方政协来京考察活动；走访慰问了民族宗教界委员。

港澳台侨委员会 全年共组织活动74次，出席人员1406人次。组织委员认真学习中央对台工作方针政策，引导委员利用各种关系，为反独遏独多做工作。组织委员对中央5号文件、中共十六届六中全会精神等进行学习研讨，提出改进和创新工作的意见和措施。开展关于慈善事业的调研，提出亟待解决的问题及建议；对关于归国留学人员在京创业融资问题的建议案进行追踪视察，检查和监督了建议案的办理落实情况。分析了6件港澳台侨类提案，促进了有关提案的进一步落实。围绕北京文化创意产业发展情况组织港澳委员来京视察，听取情况通报并座谈；以“加强北京城市管理，迎接2008年奥运会”为主题，向港澳委员做专题通报并座谈，将委员们提出的意见建议报送市委市政府；还对港澳委员、港澳台侨工作顾问及海外朋友反映的意见建议，进行整理并上报。通过组团出访做海外华侨华人工作、邀请他们来京参加国庆观光活动，邀请在京的港澳台侨胞开展座谈联谊活动，利用接待港澳台及海外团组等机会多做工作，增进友谊、凝聚人心。

【重要活动】

议政会 市政协办公厅与中共北京市委统战部共同组织召开3次议政会。在2006年4月20日、7月19日、10月31日的议政会上，本市各民主党派、人民团体负责人和民族宗教界代表人士分别听取了市政府秘书长刘晓晨关于北京市突发公共事件应急工作和城市基础设施安全工作情况的通报并进行座谈；听取了市国资委主任熊大新关于本市国有资产监督与管理工作情况的通报并进行座谈；听取了市政府秘书长刘晓晨关于创新型城市规划建设工作情况通报并进行座谈，与会各界人士提出了意见和建议。7月19日的议政会上，市委常委、常务副市长翟鸿祥到会听取意见并发言。

部分省区市政协民族和宗教委员会第八次工作研讨会 2006年5月15日至19日在京召开，由北京市政协承办。全国政协副主席阿不来提·阿不都热西提，民族和宗教委员会主任钮茂生，副秘书长齐续春，民族和宗教委员会副主任刘江、陈广元、金日光、杨同样；本会主席阳安江，副主席黄承祥、王长连、叶文虎，秘书长李建华；来自全国政协和31个省区市政协领导、民族和宗教委员会及办公室负责同志150余人出席了研讨会。会议围绕深入学习贯彻《中共中央关于加强人民政协工作的意见》，就新世纪新阶段如何做好政协民族和宗教委员会工作进行了交流研讨。全国人大常委会副委员长傅铁山向大会发来贺信，阿不来提·阿不都热西提副主席在开幕式上致词，钮茂生主任在研讨会上作了讲话。与会代表听取了国家民委、国家宗教局和全国政协有关领导的报告和体会；听取了国家大剧院有关负责人关于工程建设情况的介绍；中共北京市委常委、统战部长尤兰田到会并讲话，北京市副市长赵凤桐介绍了北京市经济社会发展与奥运会筹备情况。阳安江主席致闭幕词。与会代表还参观考察了北京电影博物馆、2008奥运工程展示中心、国家大剧院工程现场、历代帝王庙、牛街民族特色街等。

组织常委视察 2006年6月6日、8日，本会组织常委视察了北京市文化创意产业发展情况。6月6日，听取了北京市文化创意产业领导小组办公室成员、市委宣传部副部长陈冬关于本市文化创意产业发展的情况通报，并就网络动漫、新闻出版和文化园区、影视制作三个专题到石景山、大兴、海淀、怀柔、朝阳等区进行了实地视察。6月8日，阳安江主席主持召开了市政协常委视察文化创意产业座谈会，中共中央政治局委员、中共北京市委书记刘淇，市委常委、宣传部长蔡赴朝，市委常委、常务副市长翟鸿祥等市领导和市有关委办局负责同志到会听取意见建议。黄以云、韩汝琦、朱相远、满运来、张和平、唐晓青副主席，李建华秘书长和部分常委、有关提案提出者和调研课题组的部分委员、民主党派与工商联成员及部分从事文化创意产业的专业人员参加了视察和座谈。

委员暑期读书班 2006年7月22日至27日在包头市举办，市政协主席阳安江出席读书班大会交流活动并讲话；全国政协副秘书长齐续春作学习《中共中央关于加强人民政协工作的意见》的辅导报告，传达了胡锦涛总书记对政协如何发挥自身优势，开展政治协商、搞好调研工作的重要指示精神；市政协副主席满运来、秘书长李建华参加了读书班的各项活动，80余位委员参加了读书班。委员们围绕学习贯彻中央5号文件和北京市第二次政协工作会议精神，进行研讨交流，在小组讨论和大会发言中畅谈了学习体会，并就如何进一步加强和改进政协工作提出意见建议。阳安江主席针对如何提高委员参政议政的能力和水平、进一步推进政协工作谈了四点意见：加强理论学习，提高思想政治水平；密切联系群众，切实反映人民群众的意愿和呼声；立足本职，在自身工作领域有建树、有贡献；注重道德修养，提高知识水平。读书班得到了包头市委、市政府、市政协的大力支持，包头市委书记邢云介绍了包头市经济社会发展的基本情况以及包头市委支持市政协积极开展工作的一些经验和做法；还组织了参观考察活动。

推进新世纪新阶段人民政协事业发展研讨会暨研究会二届五次理事大会 2006年11月16日至17日在北京召开，市政协党组书记、主席阳安江，市政协副主席、研究会监事长黄以云，市政协副主席、研究会副会长满运来，全国政协办公厅研究室理论局局长翟有林，研究会名誉理事、理事、监事、提交论文的作者和部分机关干部130余人出席。市政协副主席、研究会副会长叶文虎和市政协秘书长、研究会副会长李建华分别主持会议。大会听取并审议通过了研究会2006年工作报告；决定十届市政协原主席程世峨同志为研究会名誉会长，补选市政协党组书记、主席阳安江同志为研究会会长；研讨会共收到论文100多篇，13位同志围绕学习贯彻中共十六届六中全会和中央5号文件精神、推进新世纪新阶段人民政协事业发展作了大会研讨发言。提交的论文与发言涉及人民政协理论与实践的诸多方面，既有对政协理论的探索，也有对政协实践的总结升华；既有对政协事业发展中诸多问题的分析，也有推进人民政协工作的思路和对策建议。阳安江会长作了《把人民政协理论研究工作不断引向深入》的讲话。他指出，推进人民政协理论与实践研究工作，是一项事关人民政协事业长远发展的重大任务，要以高度的责任感、使命感和紧迫感来重视和加强这项工作。要持续深入学习中共十六届六中全会和中央5号文件、市委11号文件精神，认真落实中央和市委关于加强人民政协理论研究的各项措施，完善工作机制，丰富研究形式，积极组织和调动各方面力量开展人民政协理论与实践研究，不断把全市人民政协理论研究工作引向深入，指导和推动全市政协工作不断向前发展。

【重要文件】

常务委员会工作报告（2006年1月14日）（摘要） 2005年工作回顾：

（一）围绕本市大政方针和重要问题，认真开展政治协商。围绕制定本市“十一五”规划开展协商建言。召开常委会第十八次会议，听取市领导和发改委关于制定“十一五”规划有关情况的通报，开展协商讨论；召开“十一五”规划情况通报座谈会，邀请市发改委负责同志介绍情况、主管市领导到会听取意见；召开4次专题协商座谈会，分别就转变经济增长方式、构建和谐社会、城市建设与管理、社会公共服务等主题，邀请市有关委办局负责同志参加，开展协商建言。专委会还组织委员，积极同政府的职能部门进行沟通，开展对口协商。就此，市政协汇总整理了20期专题信息，共计百余条意见建议，报送市委、市政府研究参考。围绕落实科学发展观、构建社会主义和谐社会和筹办2008年奥运会等方面的重要问题，常委会分别就解决结构性矛盾，加快经济增长方式转变；促进北京市出租汽车行业健康发展；发挥律师业职能作用，促进首都和谐社会建设；实施“人文奥运”行动计划，提升我市市民素质等问题开展协商讨论，多位主管市领导到会通报情况、听取意见，形成了4项常委会建议案。主席会议还分别就进一步加强本市社区民族工作、进一步维护和保障来京务工人员合法权益、抓住奥运机遇加快北京旅游业发展、进一步完善我市新型农村合作医疗、加强北京名人故居保护与利用、归国留学人员在京创业融资等问题进行协商讨论，形成了6项主席会议建议案。与市委统战部联合召开议政会，就京郊医疗卫生事业发展、区县功能定位落实和首都科技资源整合利用等问题，邀请相关职能部门到会通报情况，市主管领导到会听取各民主党派、人民团体和各界代表人士的意见建议。进一步加强与市人大、市政府部门的联系与沟通，就《北京市集体合同条例》等法规的制定，开展协商讨论。

（二）通过多种形式开展民主监督，加大监督力度。首都社会治安综合治理工作民主监督小组围绕加强社会治安综合治理基层组织建设工作，确定工作联系点，建立定期联系沟通制度，及时向有关方面反映存在的问题和提出改进工作的建议；新闻舆论导向和舆论监督评议组定期召开评议会、视察新闻单位，就克服媒体宣传中的低俗之风等问题，与市委宣传部和市属多家新闻单位进行座谈，在交流中沟通，在沟通中评议，产生了良好的社会影响；财政预算民主监督小组两次听取市财政局等部门关于本市财政预算和财政预算执行等情况的报告，并就我市公共财政体制建设、财税体制改革等问题座谈研讨，提出意见和建议。妇女儿童、工会、法律等界别工作小组，注重发挥各界别委员的主体作用，开展富有自身特点的监督活动。召开部分特约监督员座谈会、聘用单位负责人座谈会和特约监督工作交流会，为改进和加强特约监督工作创造了有利条件。一年来，常委会和各专委会组织视察、考察活动140余次。委员们就落实《北京城市总体规划》、文物保护和旅游产业发展、维护和保障妇女权益、食品卫生和餐饮业管理、文化市场发展、非物质文化遗产保护、司法行政工作等问题，以及《北京市无障碍设施建设和管理条例》等政策法规的贯彻执行情况，提出意见建议，发挥积极的监督作用，推动了相关工作的改进和顺利开展。在保持共产党员先进性教育活动中，一些政协委员和民主党派成员应邀参加市委、市政府、市政协及有关部门召开的座谈会，参与民主测评并围绕如何提高保持共产党员先进性教育活动的实效等提出意见建议，对搞好先进性教育活动起到促进作用。

（三）围绕热点难点问题参政议政，提高建言立论水平。紧紧围绕落实科学发展观和构建社会主义和谐社会这两条主线，选择关系首都改革发展稳定的重要问题和人民群众关心的热点难点问题，列为全年调研课题。据统计，全年各专委会组织各类参政议政活动达600余次，参加活动的委员上万人次。在此基础上，全年完成调研课题12项，形成了一批质量较高的常委会和主席会议建议案及调研报告，还形成了《对北京市贯彻落实国务院发展非公经济若干意见的建议》、《完善社区服务，促进和谐社区建设的建议》等主席会议建议和专委会建议。这些调研成果，市领导都很重视，要求有关部门认真研究采纳。加强对以往调研成果的追踪调查，促进调研成果的转化。承办与中国经济社会理事会、上海市政协、广东省政协联合主办的“发展循环经济”研讨会，市政协领导作了题为《加快发展循环经济，建设节约型城市》的大会发言；承办二十省区市政协经济委员会第十三次联系会议，围绕“大力推进结构调整，促进经济增长方式转变”的主题，进行广泛深入的交流研讨，积极建言献策；与民革市委共同举办

"北京金融与奥运经济"研讨会，围绕"发展北京金融事业，大力促进奥运经济"的主题，进行大会研讨；举办科技论坛，对中关村科技园区发展战略问题进行研讨，为促进首都经济社会发展献计出力。此外，还参加京津冀政协经济委员会区域经济发展论坛第二次会议，深入研讨交流，为推进京津冀区域经济发展出谋划策。围绕统筹城乡发展、党风廉政建设、城市建设与管理、大气污染防治、非公经济发展、投融资体制改革、流动人口管理和服务、女职工劳动保护、教育工作等组织情况通报会和座谈会。

（四）做好提案和反映社情民意工作，发挥其在履行职能中的重要作用。召开第四次市政协提案工作座谈会，总结工作、交流经验，明确新时期提案工作的目标和任务。加强重点提案检查督促工作，在网上征求市民意见的基础上，确定 6 项提案，由主席会议成员进行重点检查督促。发挥各专委会积极性，把检查督促与专题调研相结合，提高提案检查督促水平。对重点办案单位进行检查评议，提高提案办理实效。启动了跟踪提案办理工作，促进一些重点难点问题的解决。通过媒体和网络向广大市民征集十届四次全会提案线索，开通市政协提案网上点评系统，广泛体现和反映群众的呼声和意愿。研究制定《政协北京市委员会反映社情民意信息工作条例》，为信息工作提供制度保障。举办信息工作研讨培训班，加强信息员队伍建设，为信息工作提供组织保障。全年共编报《诤友》信息 350 余期。据不完全统计，市委、市政府和全国政协信息部门共采用 120 余篇，市领导共批示 96 件次，对有的重要信息，中央领导同志还作了批示。注重及时收集委员和各界人士在会议、视察和调研过程中的意见建议，注重提炼和报送系列信息和精品信息。如围绕编制"十一五"规划、筹办 2008 年奥运会、落实科学发展观、构建首都和谐社会等中心工作和重点工作，分别报送了系列信息，对市委、市政府科学决策起到了积极作用。

（五）推进制度化、规范化、程序化建设，为履行职能提供保证。根据新修订的政协章程，结合市政协工作实际，常委会制定和修订了《政协北京市委员会全体会议工作规则》、《常务委员会工作规则》、《专门委员会通则》、《视察工作条例》和《提案工作条例》；主席会议制定和修订了《主席会议工作规则》、《秘书长会议工作规则》、《关于进一步加强提案工作的意见》等规章制度。根据全国政协通知精神，就《政协全国委员会关于政治协商、民主监督、参政议政的规定》的实施情况，开展了自查和大学习、大讨论。认真总结市政协十年来贯彻实施全国政协这一规定的经验、做法及存在的问题，对今后进一步推进政协履行职能的制度化、规范化和程序化建设提出了具体意见和建议，形成了本会对全国政协的规定实施情况进行检查的报告，报送全国政协办公厅和中共北京市委。

（六）发挥人民政协爱国统一战线组织作用，为构建社会主义和谐社会首善之区和促进祖国统一贡献力量。与民革市委联合召开纪念抗日战争胜利六十周年座谈会，回顾中国人民抗日战争的壮举，畅谈抗日战争胜利的伟大意义和抗日民族统一战线的重要作用，深刻汲取抗战的伟大精神力量；举办以纪念中国人民抗日战争胜利六十周年为主题的第十九届卢沟桥"醒狮"越野跑比赛，产生了良好的社会反响；与有关方面共同编辑出版《北京抗战图史》，以图片形式生动再现北京地区抗日战争的壮烈场面。市政协领导走访各民主党派市委、市工商联和民族宗教界代表人士，听取对市政协工作的意见建议；与党派团体联合开展调查研究、召开研讨会，为民主党派提供参政议政的平台。建立了委员恳谈会制度，由市政协主席主持，定期召集不同界别的委员就共同关心的问题进行交谈。通过组织民族宗教界委员视察，促进民族宗教政策法规的落实；组织民族宗教界人士捐款捐物，为少数民族聚居地区办实事；就少数民族聚居社区建设建言献策，促进各民族和谐相处；与天津市政协联合举办首届华北五省区市政协民族和宗教工作交流会，开拓了工作思路。深入贯彻“和平统一、一国两制”的基本方针和胡锦涛主席关于新形势下发展两岸关系的四点意见，认真学习、积极宣传《反分裂国家法》，加强对台交流交往，为促进祖国统一献计出力；加强同港澳委员的联系，向他们通报有关情况；组织港澳委员在京视察、座谈，为港澳委员了解市情、为北京发展献计出力搭建平台；组织港澳台侨胞参加国庆观光活动；发挥海外工作顾问和海外朋友的作用，广泛开展海外联谊；为港澳委员和海外华人捐款资助京郊医疗卫生事业牵线搭桥，做好服务工作。先后接待了 9 个国家和地区 14 个代表团来访，同时组团出访了一些国家和地区，扩大了人民政协和北京在国际上的影响。

（七）加强自身建设，推进政协各项工作。组织委员认真学习中共十六届四中、五中全会精神，加深对大政方针和科学发展观的理解与把握；召开学习《中共中央关于进一步加强中国共产党领导的多党合作和政治协商制度建设的意见》座谈会，增强贯彻执行的自觉性和坚定性；就人民政协为构建社会主义和谐社会服务问题，常委会传达学习全国政协常委会第十次会议精神和贾庆林主席在京视察期间的讲话精神，进一步明确人民政协在构建社会主义和谐社会历史进程中的责任和使命；举行有关报告会，为委员知情议政、开阔视野创造了有利条件；举办委员暑期读书班，就人民政协在构建社会主义和谐社会中如何更好地发挥作用进行研讨交流，提高了思想认识。在系列调研和研讨的基础上，举办“人民政协为构建社会主义和谐社会服务”大型理论研讨会，中共北京市委有关领导出席会议，对研讨成果给予充分肯定；《北京日报》以整版篇幅刊登了研讨会建言立论摘编，扩大了社会影响。2005 年上半年，市政协机关在共产党员中开展了保持共产党员先进性教育活动，取得积极效果。组织机关干部认真学习邓小平理论和“三个代表”重要思想，学习中共十六大和十六届三中、四中、五中全会精神，提高了贯彻落实科学发展观的自觉性；探索处级干部任职考核机制，加大对年轻干部的锻炼和培养力度；组织机关干部学习公务员法，提高依法履行公职的自觉性；加强机关信息化建设，进一步提高机关信息化水平。初步建立了新闻发布会制度，适时发布市政协参政议政的重要问题和主要活动；《北京日报》“议政与建言”专版成为反映政协工作及政协委员意见建议的重要阵地；继与《北京娱乐信报》合作创办“走近您身边，为您办实事”专栏之后，又与《北京晨报》合作创办了“委员就在您身边”专栏；北京电台、电视台和《北京晚报》、《北京青年报》等其它媒体相应作出报道，也取得好的社会效果。重视办好《北京观察》，不断提高刊物质量；努力做好文史资料的征集和出版工作，组织区县政协编辑《北京市文史资料精选》丛书，组织本市民主党派开展党派史料征集工作，出版了《北京文史资料》第 70 辑。成立区县政协工作联络组，进一步加强市政协与区县政协的联系；市政协领导多次到区县政协调研；召开区县政协秘书长工作座谈会和区县政协工作交流会，推动区县政协工作；组织区县政协开展联合调研，赴外省市学习考察。加强同全国政协和兄弟省区市政协的联系和交往，进一步促进了政协整体工作水平的提高。

2005 年工作中存在的不足和亟待解决的问题：一是在提高政协建言立论水平，切实为党和政府提出高质量意见建议方面，应进一步下工夫；二是在组织开好常委会会议及有关例会，保证会议出席率方面，应进一步加强；三是政协机关在更广泛联系委员，为更多委员知情、参与、出力服务方面，应进一步改进。

2006 年主要工作任务：（一）深入学习贯彻中共十六届五中全会和市委九届十次、十一次全会精神，增强责任感和使命感；（二）围绕“十一五”规划实施中的重要问题和群众普遍关心的热点问题，认真履行政协职能；（三）发挥人民政协爱国统一战线组织的优势和作用，为促进首都和谐稳定和推进祖国统一大业贡献力量；（四）加强自身建设，提高政协工作水平。

政治决议（2006 年 1 月 18 日）　中国人民政治协商会议北京市第十届委员会第四次会议于 2006 年 1 月 14 日至 18 日举行。会议审议并通过了程世峨主席代表常务委员会所作的工作报告，听取和讨论了陈建生副主席代表常务委员会所作的提案工作报告；列席了北京市第十二届人民代表大会第四次会议，听取和讨论了王岐山市长所作的《关于北京市国民经济和社会发展第十一个五年规划纲要的报告》，还讨论了其他报告；完成了选举事项。各界委员以饱满的政治热情，认真履行政治协商、民主监督、参政议政职能，围绕北京市“十一五”规划中提出的重大问题议政建言，圆满完成了大会各项议程。这是一次民主、求实、团结、奋进的大会。

会议认为，过去的五年，在中共北京市委领导下，全市各族人民坚持以邓小平理论和“三个代表”重要思想为指导，坚决贯彻中共中央、国务院的各项方针政策和对北京工作的一系列指示精神，牢固树立和认真落实科学发展观，紧紧围绕“新北京、新奥运”战略构想，创新体制、调整结构、优化环境、加快发展，胜利完成了国民经济和社会发展第十个五年计划。首都经济持续快速健康发展，综合实力明显增强；城市建设步伐加快，服务能力不断提升；改革开放深入推进，发展环境得到改善；城乡居民收入稳定增长，人民生活达到新水平；社会事业全面进步，社会主义精神文明建设、民主法制建设进一步加强。所有这些都为“十一五”规划的实施奠定了坚实基础。

会议指出，在看到成绩的同时，也要清醒地认识当前经济社会发展中存在的矛盾和问题。委员们高度关注转变经济增长方式问题，指出要以增强自主创新能力为核心，加快经济结构调整，推进产业优化升级，努力实现经济增长的速度、质量和效益协调统一；高度关注人口资源环境问题，强调要以建设宜居城市为目标，认真做好人口工作，加快建设资源节约型、环境友好型社会，促进人口资源环境与经济社会协调发展；高度关注构建和谐社会问题，提出要切实解决人民群众最关心、最直接、最现实的利益问题，协调好各方面的利益关系，加强和谐社区、和谐村镇建设，努力构建社会主义和谐社会首善之区。委员们还就筹办奥运、建设创新型城市、文化创意产业发展、保护历史文化名城、建设社会主义新农村、建立健全社会保障制度、行政管理体制改革、民主法制建设、社会公共安全等问题，进行了广泛讨论，提出了意见和建议。

委员们赞同王岐山市长所作的《关于北京市国民经济和社会发展第十一个五年规划纲要的报告》。认为“十一五”规划纲要根据首都发展面临的新形势，确定了今后五年经济和社会发展的主要目标、指导方针和主要任务，是全市各族人民共同奋斗的行动纲领。2006 年是实施“十一五”规划的开局之年，也是向实现“新北京、新奥运”战略构想继续迈进的重要一年。委员们希望市政府在新的一年里，进一步增强责任意识、机遇意识和忧患意识，坚持以科学发展观统领经济社会发展全局，着力构建社会主义和谐社会首善之区，认真做好全年各项工作，为“十一五”时期经济社会发展开好局、起好步。

会议要求，全体委员按照中共中央的指导方针及中共北京市委的总体部署，围绕中心、服务大局，认真履行政治协商、民主监督、参政议政职能，为促进首都经济社会又快又好发展献计出力；紧紧把握团结和民主两大主题，不断巩固和壮大爱国统一战线，积极协助党和政府做好团结群众、反映民意、协调关系、化解矛盾的工作，维护首都的和谐稳定；宣传贯彻“和平统一、一国两制”基本方针，推进祖国和平统一大业；以中共北京市委将召开第二次全市政协工作会议为契机，总结经验、推进工作，不断提高履行职能的能力和水平。

会议号召，参加政协北京市委员会的各党派、各人民团体、各界人士，在中共北京市委领导下，紧密团结在以胡锦涛同志为总书记的中共中央周围，高举邓小平理论和“三个代表”重要思想伟大旗帜，认真贯彻中共十六大和十六届三中、四中、五中全会精神，全面落实科学发展观，大力弘扬万众一心、埋头苦干、开拓创新的精神，锐意进取，扎实工作，与全市人民一道，认真落实“十一五”规划纲要，共同谱写首都改革开放和现代化建设的新篇章！

中共中央政治局委员、中共北京市委书记刘淇在中国人民政治协商会议北京市第十届委员会第四次会议闭幕式上的讲话（2006 年 1 月 18 日）（摘要） 做好 2006 年政协工作：一是紧紧围绕落实科学发展观，履行好人民政协的职能。全市各级政协组织和广大政协委员要认真学习科学发展观，深刻领会和准确把握科学发展观的内涵，不断增强贯彻落实科学发展观的自觉性和坚定性，按照科学发展观的要求认真履行职能。要围绕落实科学发展观，搞好政治协商，提出贯彻落实科学发展观的意见和建议，促进科学发展观的落实。要通过提出提案、意见、批评和建议等多种方式，加强对科学发展观落实情况的监督，特别是要加强对违反科学发展观、浪费资源、搞劳民伤财的“形象工程”、“政绩工程”的监督，加强对损害群众利益的突出问题的监督，加强对挥霍公共财政资金、奢侈浪费现象的监督，推动科学发展观的落实。要按照科学发展观的要求，积极提高参政议政水平。要围绕实施“十一五”规划和北京城市总体规划，在推动转变经济增长方式和调整产业结构，发展高端产业、文化创意产业，增强自主创新能力，发展循环经济，推进社会主义新农村建设，促进区域、城乡统筹协调发展，优化首都发展环境，建设“国家首都、国际城市、文化名城、宜居城市”等方面，深入开展调查研究，提出有见解、有分量、可操作的意见和建议。

二是把实现和维护好广大人民的根本利益，作为首都政协工作的出发点和落脚点。各级政协组织都要时刻把人民群众的安危冷暖放在心上，及时反映群众的诉求，尤其是反映参加人民政协的各党派团体、各界别的群体性呼声，及时反映各个社会群体的愿望和要求；要关注和维护困难群体的利益，使他们能够共享改革发展成果；要围绕群众关心的热点、难点问题履行职能，及时反映人民群众的意愿和呼声，更好地把人民群众的利益诉求体现到党和政府的方针政策之中，积极协助党和政府及时解决群众的实际困难和问题。要发挥人民政协的优势，积极做好协调关系、化解矛盾、理顺情绪、凝聚人心的工作，努力维护首都和谐、有序、生动活泼的政治局面，为构建和谐社会首善之区尽职尽责。

三是充分发挥政协组织的优势，广泛团结和调动一切积极因素。在新的发展阶段，做好首都的工作，必须充分发挥我们国家基本政治制度的优越性，团结一切可以团结的力量，调动一切可以调动的积极因素，不断巩固扩大中国共产党同各民主党派、无党派人士的团结合作，把各民族、各党派、各团体、各阶层，把全市各方面的智慧和力量都凝聚到首都现代化建设的伟大事业上来，为加快首都发展不断增添新的力量。要充分发挥人民政协组织人才荟萃、智力密集的优势，充分发挥人民政协“人才库”、“智囊团”的作用，以首都得天独厚的科技智力优势，把首都的发展搞得又快又好。要充分发挥港澳委员在促进京港、京澳经济文化交流方面的积极作用，广泛联系和团结港澳台侨各界人士，发挥在京台胞的作用，推动京港、京澳在各个领域的合作，宣传贯彻“和平统一、一国两制”的基本方针，加强京台经济、科技、文化交流和民间交流，为促进首都发展和祖国统一做出更大的贡献。

四是各级政协组织都要为奥运筹办工作做贡献。办一届有特色、高水平的奥运会是全市的大事，筹办奥运是社会各界、各行各业、各个方面的共同责任。要充分发挥政协的优势，动员全社会各方面满腔热情地参与筹办工作，在提高城市文明水平和市民文明素质上做出新的贡献。要积极参与城市环境整治工作，在营造良好的环境氛围，搞好“城中村”的改造，加强流动人口的服务和管理、出租房屋的整治和管理工作，努力创造整洁、优美、和谐、有序的城市环境方面做出新的贡献。要积极参与“人文奥运”工程，参与奥运志愿者工作，在“迎奥运，讲文明，树新风”的精神文明创建活动中发挥广大政协委员的特殊作用，围绕提高市民文明素质这个重点，积极营造优美环境、优良秩序、优质服务的氛围，为提高首都的文明程度贡献聪明才智。

五是切实加强人民政协自身建设，不断提升人民政协履行职能的水平。面对新形势、新任务，要进一步提高政协工作的水平。要加强对人民政协理论的学习，深入探索推进政协工作的思路和方法，使政协工作在协商监督上有新特色，在参政议政上有新成果，在自身建设上有新面貌。要把制度建设摆在更加重要的位置，切实加强制度建设，要贯彻落实公务员法，按照公务员法的要求，加强对政协机关干部的培训和管理，不断提高履行职能的能力和水平。

人民政协是实现中国共产党领导的多党合作和政治协商制度的重要政治形式和组织形式，在新的发展阶段，必须大力加强政协工作，充分发挥人民政协的作用。要认真做好第二次全市政协工作会议的筹备工作。全市各级党委都要高度重视人民政协在首都现代化建设中的重要地位和作用，认真学习和贯彻中央的精神，按照总揽全局、协调各方的原则，加强和改善对人民政协的领导。要主动、及时地向民主党派、人民团体和广大政协委员通报首都经济社会发展的情况，健全有关重大问题决策前协商的制度，为他们履行职能提供各种便利条件。要高度重视政协建议案、党派提案和反映的重要社情民意，认真抓好提案的督查办理和转化落实工作。要经常给政协组织出题目、交任务，支持他们围绕着首都现代化建设中的重大问题建言献策，充分发挥他们的作用。

《关于加强我市居住小区物业管理的建议案》（2006年7月7日政协北京市第十届委员会常务委员会第25次会议通过）（略）

《关于推进本市社会主义新农村建设的建议案》（2006年7月7日政协北京市第十届委员会常务委员会第25次会议通过）（略）

《关于加快本市社会化养老服务发展的建议案》（2006年10月18日政协北京市第十届委员会常务委员会第26次会议通过）（略）

《关于推动落实〈北京市人民政府关于大力发展职业教育的决定〉的建议案》（2006年10月18日政协北京市第十届委员会常务委员会第26次会议通过）（略）

《关于进一步做好宗教工作 为构建和谐社会首善之区服务的建议案》（2006年9月26日政协北京市第十届委员会第33次主席会议通过）（略）

《关于北京地区世界文化遗产保护的建议案》（2006年9月26日政协北京市第十届委员会第33次主席会议通过）（略）

【组织概况】

主席补选名单（2006年1月18日市政协十届四次会议通过）

阳安江

常务委员补选名单（2006年1月18日市政协十届四次会议通过）

王玉英（女） 张凤朝
宋希友 蔡国雄

委员增补名单（2006年1月6日政协北京市第十届委员会常务委员会第21次会议通过）

于长江 王玉英（女） 王崇勋
冯书亮 冯国安 任学良 朱述新
孙崇正 阳安江 张凤朝 张连印
宋希友 闵 克（女，回族）
金大鹏 赵志红（女，满族）
郭浚清 高德龙 蔡国雄

【北京市各级政协领导人名单】

北京市

政协主席

阳安江

副主席

黄以云 黄承祥 韩汝琦
朱相远 傅铁山 满运来（回）
王长连 张和平 陈难先 陈建生
叶文虎 唐晓青（女）

秘书长

李建华

区县政协主席

东城区	吴弘勇
西城区	张春平
崇文区	徐鸿达
宣武区	张文华
朝阳区	辛燕琴（女）
海淀区	彭兴业
丰台区	初建华
石景山区	倪国锋
门头沟区	高连广
房山区	范文彦
通州区	王玉辉
顺义区	陶宝金
昌平区	王振华（女）
大兴区	高树旺
平谷区	韩凤武
怀柔区	武占刚
密云县	杜雨田
延庆县	赵双利

北京市各级政协组织和委员数

（截至2006年底）

级别 项目	直辖市	市辖区	县	合计
组织数	1	16	2	19
委员数	730	3823	308	4861

（王晓欣 编写　张平夫 审稿）

政协天津市委员会

【全体委员会议】

十一届四次会议 2006年1月14日至19日在天津宾馆召开，应出席委员778人，实到712人。1月14日下午，市政协主席宋平顺主持了开幕式。会议的指导思想是：以邓小平理论和“三个代表”重要思想为指导，全面落实科学发展观，深入贯彻中共十六大、十六届五中全会和市委八届八次、九次全会精神，按照市委提出的“站在新起点、再创新优势、实现新跨越”的总要求，动员全市政协委员和各族各界人士，高举爱国主义、社会主义旗帜，突出团结、民主两大主题，紧紧围绕市委确定的目标任务，充分发挥优势，切实履行职能，把市政协十一届四次会议开成一个团结、民主、求实、奋进的大会；开成一个为促进实现“十一五”规划良好开局，实施“三步走”战略和五大战略举措，全面推进滨海新区的开发开放，努力建设和谐天津共同奋斗的大会。会议的主要任务是：听取和审议市十一届政协常务委员会工作报告；听取和审议市十一届政协常务委员会提案工作报告；列席市十四届人大四次会议的有关会议，听取和讨论《关于天津市国民经济和社会发展第十一个五年规划纲要的报告》和其他报告；通过市政协十一届四次会议决议。市政协副主席卢金发向大会作了常务委员会工作报告，市政协副主席曹秀荣向大会作了常务委员会提案工作报告。会议期间，与会委员列席了市十四届人大四次会议有关会议，听取并讨论了戴相龙市长所作的《关于天津市国民经济和社会发展第十一个五年规划纲要的报告》及其他报告，讨论了《天津市国民经济和社会发展第十一个五年规划纲要（草案）》。委员们完全同意常委会工作报告和提案工作报告，一致赞同《关于天津市国民经济和社会发展第十一个五年规划纲要的报告》及其他报告，并紧紧围绕市委确定的奋斗目标和战略举措，积极建言献策，提出意见建议。会议期间共收到提案1089件，经提案委员会审查立案1082件。会议审议通过了市政协十一届四次会议决议。19日，市政协主席宋平顺主持闭幕会并作了重要讲话。中共中央政治局委员、天津市委书记张立昌，中共天津市委、市人大常委会、市政府其他领导同志，天津警备区、市高级人民法院、市人民检察院、武警天津总队的主要负责同志，部分市级老同志，历届市政协主席、副主席，市各民主党派、工商联、有关人民团体的主要负责同志以及在津全国人大常委会委员和在津全国政协常委应邀出席了大会开幕式和闭幕式。

【常务委员会会议】

第15次会议 2006年1月5日在市政协举行。会议深入学习贯彻中共天津市委八届九次全会精神，审议通过了关于召开市政协十一届四次会议的决定，市政协十一届四次会议议程建议和日程建议，市政协十一届四次会议秘书长、副秘书长名单，市十一届政协常委会工作报告和市十一届政协常委会提案工作报告并确定报告人。会议审议通过了有关人事事项。市政协主席宋平顺主持会议并讲话。市政协副主席卢金发、叶厚荣、周绍熹、姚建铨、曹秀荣、赵克正、蔡世彦、朱坦、陆锡蕾和秘书长陈福顺出席会议。在津全国政协委员，市各民主党派、工商联、台联、侨联和各区县政协负责同志列席会议。

第16次会议 2006年1月17日在天津礼堂中剧场会议厅举行。会议听取了大会秘书长陈福顺关于各组讨论市十一届政协常委会工作报告、提案工作报告的情况和讨论《关于天津市国民经济和社会发展第十一个五年规划纲要的报告》以及《天津市国民经济和社会发展第十一个五年规划纲要（草案）》情况的汇报，审议通过了市政协十一届四次会议决议（草案），听取了大会秘书处有关负责同志关于市政协十一届四次会议决议的起草说明和会议期间提案征集审查情况的汇报。市政协主席宋平顺主持会议。市政协副主席卢金发、叶厚荣、周绍熹、姚建铨、赵克正、蔡世彦、王家瑜、朱坦、陆锡蕾出席会议。

第 17 次会议 2006 年 3 月 23 日在市政协举行。会议传达学习了十届全国人大四次会议、全国政协十届四次会议和市委常委扩大会议精神，就深入学习宣传胡锦涛总书记提出的以“八荣八耻”为主要内容的社会主义荣辱观，学习贯彻《中共中央关于加强人民政协工作的意见》进行部署。市政协主席宋平顺出席并讲话，市政协副主席卢金发主持会议。市政协副主席叶厚荣、周绍熹、曹秀荣、赵克正、蔡世彦、朱坦、陆锡蕾和秘书长陈福顺出席会议。

第 18 次会议 2006 年 9 月 22 日在市政协举行。会议传达学习了天津市政协工作会议精神，就全市政协系统贯彻落实《中共中央关于加强人民政协工作的意见》和我市政协工作会议精神作出安排部署。会上，市政协副主席叶厚荣传达了天津市政协工作会议精神。市政协副主席王家瑜通报了“建设北方国际航运和物流中心，推进滨海新区开发开放”论坛情况。审议通过了市十一届政协民族宗教委员会主任、副主任名单。市政协主席宋平顺出席并讲话，市政协副主席卢金发主持会议。市政协副主席周绍熹、曹秀荣、蔡世彦、陆锡蕾和秘书长陈福顺出席会议。

第 19 次会议 2006 年 11 月 9 日在市政协召开。会议学习贯彻市委八届十次全会精神，围绕促进和谐天津建设、实现经济社会可持续发展建言献策，7 位委员作了大会发言。42 位委员作了书面发言。市政协主席宋平顺出席并讲话。市委副书记、常务副市长黄兴国应邀出席并讲话。市政协副主席卢金发主持会议。市政协副主席叶厚荣、周绍熹、曹秀荣、蔡世彦、王家瑜、朱坦和秘书长陈福顺出席会议。在津全国政协委员，市各民主党派、工商联、台联、侨联主委，市政协专门委员会，各区县政协主席等参加了会议。

【专门委员会工作】

提案委员会 市政协十一届四次会议以来，共收到提案 1156 件，经审查立案 1145 件，已全部办复。主要工作：一是进一步创新工作思路，通过深入开展专题培训，畅通委员知情渠道，联合各专委会、各民主党派、社会团体及各界别活动组开展调研，充分发挥界别作用，严格提案审查制度，使提案质量稳步提高。二是进一步增强工作力度，通过将提案促办与中心工作保持步调一致，提案促办与协商论证紧密结合，具体推动与跟踪促办密切衔接，主动协调与共同办案相互促进，使提案的办理效果更加显著。三是进一步整合资源优势，通过充分发挥党派团体的骨干作用，增强政协各部门之间的工作合力，深入开展理论研究工作，完善网络系统建设，使服务能力不断增强。四是加强宣传工作，通过与今晚报社联合打造“热点提案追踪报道”栏目，联合天津电视台、天津人民广播电台精心制作专题节目，在《天津政协》杂志上办好“提案工作”专栏，使提案影响日益扩大。此外，参加了全国政协提案工作座谈会，并在会上作了大会发言。

经济委员会 全年共开展活动 118 项次。一是认真做好“可持续发展”专题常委会的前期调研和组织筹备工作。经过有关专委会、民主党派、人民团体和各区县政协的共同努力，最终形成大会发言材料 49 篇，会后，向市委、市政府报送了综合报告。二是围绕常委会议题，就促进我市经济可持续发展、加强我市企业自主创新能力和推进我市社会主义新农村建设三个专题开展调研，并形成了《关于我市经济可持续发展的建议》、《大力提高我市企业自主创新能力 增强制造业整体竞争水平》、《大力推进我市社会主义新农村建设的几点建议》等调研报告。三是充分发挥政协优势，积极为推进滨海新区开发开放建言献策。组织召开了学习国务院 20 号文件系列座谈会；为"建设北方国际航运和物流中心，推进滨海新区开发开放"论坛，撰写了题为《以综合配套改革为契机 加快国际航运中心和物流中心建设》的发言材料；完成了《充分发挥滨海新区带动作用 促进京津塘高新技术产业带发展》的调研报告，报送市主要领导同志。四是围绕中心工作和热点问题开展调研、视察、考察等多项活动。此外，先后赴河北、福建、江苏三省参加论坛，接待了全国政协和有关兄弟省市政协来津考察团。

科技教育委员会 一是围绕提高天津自主创新能力，积极协商议政。认真学习政策，邀请市科委负责同志对"国家中长期科技发展规划纲要配套政策"进行解析辅导；就出台《贯彻落实〈国务院关于实施〈国家中长期科学和技术发展规划纲要〉的若干配套政策〉的具体措施》召开对口协商会议；为督促我市出台的科技配套政策落到实处，做好跟踪调研，形成了《提高天津自主创新能力，建设创新型城市》的调研报告，并在市政协"可持续发展"专题常委会上作了书面发言。二是重视加强基础教育师资队伍建设，通过深入调查研究，形成了"关于加强我市基础教育师资队伍建设的意见和建议"，上报市委、市政府。三是关注促进民办教育发展问题，联合市教委共同举办了民办教育发展研讨会。四是针对委员和群众关心的建设全国职业教育改革试验区、增强教育对滨海新区的服务功能、创建国家可持续发展示范区、特殊教育教师待遇等问题，广泛献计出力。五是增强委员会载体服务功能，搞好自身建设，提高服务水平。

城建环境委员会 全年共开展各种形式活动 57 项次，向市委市政府报送专题调研报告 8 篇、社情民意专报 5 篇、有关情况汇报 6 篇。主要工作：一是围绕市委、市政府的中心工作，搞好协商议政。认真做好市政协和全国政协人口资源环境委员会、经济委员会共同举办的"建设北方国际航运和物流中心，推进滨海新区开发开放"论坛的筹备工作，期间向全国政协报送了《关于加快天津北方国际航运中心和物流中心建设的建议》(代拟稿)，为滨海新区开发开放献计出力；围绕我市经济社会发展中的重点难点问题开展调研，先后形成了《关于我市再生水推广利用的建议》、《理智应对房价，均衡发展经济》、《关于大力推进天津市建筑节能工作的建议》、《关于尽快制定和出台天津地质灾害防治和地质环境保护条例的意见和建议》等多篇调研报告，受到市委、市政府的高度重视。二是认真履行职能搞好专题视察，为委员参政议政搭建舞台。选择关系百姓生活的热点、难点问题，组织委员开展了多项视察，并就有关问题向市委、市政府报送了《我市地面沉降防控工作应引起高度重视》、《尽快建立天津市地下管网规划》、《加快再生水推广利用步伐，有效遏制农业污灌》、《关于海河两岸景观带建设的问题与建议》等意见建议，得到了市有关领导的重视。三是加强同全国政协和各地方政协的联系与交流，积极探索发挥政协作用、提高工作质量的新方法、新途径，努力做到尽职到位。

医卫文体委员会 一年来共开展调研、视察、座谈、慰问等活动 39 项次。

一是围绕市政协主席会议精神，组织专题调研，积极建言献策。围绕“逐步解决好人民群众关心的看病难、看病贵问题”，推动我市筹办重大综合性体育赛事，充分发挥文化产业在经济社会发展中的作用开展调研活动，先后形成了《关于进一步加强我市社区卫生服务工作的建议》、《关于天津申办2013年第12届全国运动会的建议》、《文化产业是经济发展的重要支柱》等调研报告；参加全国政协关于文化体制改革与文化产业发展和少数民族体育发展情况等协作调研活动，撰写了《关于天津市文化产业和文化体制改革等情况的调查》和《天津市少数民族体育的发展情况》研讨会发言材料。二是围绕人民群众关注的热点、难点问题组织专题视察，提出意见建议，报送的《关于加快我市中心妇产科医院重建的建议》，有关市领导作了批示。三是创新活动形式，举办“迎新春招待会”，与市文联、市文史馆联合举办书法展，与民革天津市委会、亚洲女性发展协会共同举办“爱心牵手、关爱女性”妇科万人免费体检活动，与市文化局共同组织文化艺术界部分委员和部分著名演员，深入驻津坦克一师进行慰问演出。四是加强与政府有关部门的联系与沟通，密切与兄弟省市政协的交流合作以及与全国政协的工作联系，推动专委会工作的开展。

社会及法制委员会 全年共组织开展专题调研、视察、座谈会、工作交流会等42项次，完成调研报告6篇，提交提案2件。一是围绕市政协专题常委会议议题，做好专题调研工作。组织委员和有关专家到社区考察，形成了《做好人口计生工作，促进可持续发展》调研报告。二是围绕弘扬社会主义荣辱观，召开“践行社会主义荣辱观座谈会”。三是重点围绕促进新农村和谐乡镇建设开展视察、座谈活动，并先后形成《加强社会治安综合治理，促进社会主义新农村建设》、《关于加快建立我市农村社会养老保险制度的建议》两篇调研报告。四是注重发挥界别作用，分别就我市青少年健康成长、劳动者就业技能培训、完善我市社会保障体系、创建全国残疾人工作示范城市等工作情况开展视察、座谈活动。五是抓好民族宗教工作，重点进行了少数民族乡村和谐建设、贯彻《宗教事务条例》情况的调研视察及知情通报会等活动。六是做好特邀监督员工作，通过召开座谈会、举办培训班、深入区县政协总结调研、召开区县政协工作交流会、制订《关于评选特邀监督员工作先进单位和先进个人的实施办法》，以及召开“天津市政协特邀监督员工作总结表彰大会”等多种形式的会议和活动，总结经验，提高了民主监督水平。七是加强同全国政协及兄弟省区市政协的联系与交流，多次参加有关研讨会和工作交流会；赴安徽、陕西省学习考察实施农村社会养老保险的有关工作；完成了兄弟省区市政协来津团组的接待工作。

学习和文史资料委员会 一是搞好委员学习活动。结合形势和热点，先后主办或联办了“学哲学、用哲学”、“建设社会主义新农村”、“‘两岸经贸论坛’情况”、“学习《江泽民文选》”、“学习贯彻中共十六届六中全会精神”等报告会；编印了6期《学习与参考》；与港澳台侨委员会共同举办了“天津市各界人士纪念孙中山先生诞辰140周年座谈会”。二是搞好史料征编出版工作。征集文史资料80余篇，85万多字；编辑2辑、40万字《天津文史资料选辑》；与天津档案馆、天津市社科联合作开展了“天津知青在祖国四方”主题征集活动；完成了与外省市政协及有关单位协作编辑项目；编辑了近四百万字的专题史料。三是搞好调查研究工作。配合有关部门搞好京杭运河“申遗”调研工作，并向市领导报送了《关于运河天津段情况的考察报告》、《随全国政协京杭运河保护与申遗考察团考察情况汇报》。四是搞好交流联谊工作。协助做好全国政协副主席董建华率领的香港特别行政区全国政协委员来津视察团、兄弟省区市政协来访团组的接待工作；天津市口述史研究会应邀赴台交流考察，加深了两岸学术界的沟通与了解。五是搞好社团建设工作。与市党史学会开展了“工业学大庆”史料征集；参加了在上海召开的“首届海峡两岸口述历史理论与实务研讨会”及全国暨地方政协文史工作研讨会。

港澳台侨委员会　一是围绕常委会议题开展调研，提交了《关于赴东南沿海台商投资相对集中地区考察学习的报告》和《重视清洁发展机制，促进天津可持续发展》两篇调研报告。二是组织委员为我市经济社会发展和滨海新区开发开放贡献力量。协助市政府举办“香港·天津周”活动；就加快推进滨海新区开发开放问题提交各项提案和建议 20 余件。三是在发展两岸关系、推进祖国和平统一进程中发挥应有作用，联合各有关单位和专委会，举办纪念江泽民同志《为促进祖国统一大业的完成而继续奋斗》重要讲话发表十一周年座谈会、“两岸经贸论坛”情况报告会、台海形势报告会、津台航运界包机恳谈会等，宣传天津和人民政协组织。四是密切与港澳地区和海外华侨华人的联系。组团出访澳大利亚、巴西、阿根廷、法国、英国、意大利等十几个国家和港澳地区，扩大相互间的交流与合作；成功接待了全国政协副主席董建华和香港特别行政区全国政协委员视察团以及美国、日本、加拿大、瑞士、印尼等国访津团组；配合国侨办和市政府成功举办了“中国（天津）2006 海外华侨华人集聚滨海共谋发展”活动；举办了市政协 2006 年中秋茶话会；成立了天津市客家联谊会。五是进一步加强自身建设。编发《港澳委员活动情况》9 期，修订印发了《新世纪的天津》。

民族宗教委员会　一是扎实稳妥地做好筹建工作，为组织民族宗教界委员进行参政议政提供组织保障。二是举办“天津市民族宗教界迎国庆中秋暨市政协民族宗教委员会成立联欢会”。三是积极开展视察活动，先后视察了天津伊斯兰教红桥清真大寺、红桥区文昌宫民族小学和天津市民族中学；参加了《关于重新修建天津市民族文化宫的建议》提案促办活动。四是加强委员会自身建设。认真学习《民族工作手册》和《宗教事务条例》等政策法律文件；建立了详细的委员信息档案和通讯录。

【重要活动】

在津全国政协委员视察座谈会　2006 年 2 月 17 日在市政协举行。在津全国政协委员围绕市委八届九次全会确定的目标任务，以促进实现“十一五”规划的良好开局，加快实施“三步走”战略和五大战略举措，全面推进滨海新区开发开放等问题进行视察，在此基础上，就加快天津发展中的一些重要问题进行协商议政、建言献策。市政协主席宋平顺出席会议并讲话。市委副书记、常务副市长黄兴国应邀出席并讲话。

学习《中共中央关于加强人民政协工作的意见》培训班　2006 年 3 月 28 日在天津大礼堂中剧场举行。市政协主席宋平顺出席并讲话。市政协副主席卢金发主持会议。市政协副主席周绍熹、赵克正、蔡世彦、王家瑜、朱坦、陆锡蕾和秘书长陈福顺出席会议。会上传达了全国政协秘书长郑万通学习《中共中央关于加强人民政协工作的意见》辅导报告。与会人员进行了分组学习讨论，畅谈了学习体会。

“建设北方国际航运和物流中心 推进滨海新区开发开放”论坛 2006年7月11日在天津礼堂举行。中共中央政治局委员、市委书记张立昌会见与会嘉宾。全国政协副主席王忠禹出席论坛并讲话。全国政协秘书长郑万通主持论坛。市委副书记、市长戴相龙致辞。市政协主席宋平顺、全国政协人口资源环境委员会主任陈邦柱、经济委员会副主任洪绂曾、全国政协副秘书长孙怀山出席会议。市委副书记、常务副市长黄兴国作主题发言。市领导同志皮黔生、崔津渡、卢金发、周绍熹、姚建铨、曹秀荣、王家瑜、朱坦、陆锡蕾和苟利军、何荣林、陈福顺以及市有关方面负责同志分别参加会见和出席论坛。

八省区市政协主席座谈会 2006年7月11日在天津迎宾馆召开。会议就贯彻落实《中共中央关于加强人民政协工作的意见》精神，进一步推动人民政协事业发展，交流了做法和体会。市长戴相龙出席会议并讲话。市政协主席宋平顺致辞。北京市政协副主席黄以云，河北省政协副主席秦朝镇，河南省政协副主席刘其文，山东省政协原副主席李殿魁，山西省政协副主席吴博威，内蒙古自治区政协副主席许柏年，辽宁省政协副主席赵新良，天津市政协副主席卢金发、曹秀荣、王家瑜和秘书长陈福顺以及八省区市政协有关负责同志出席会议。

全国政协副主席董建华和香港特别行政区全国政协委员视察团来津视察 2006年7月21日至23日，全国政协副主席董建华和香港特别行政区全国政协委员视察团来津视察，并就进一步加强香港与天津的交流与合作进行了深入洽谈。中共中央政治局委员、市委书记张立昌会见了全国政协委员视察团一行。全国政协秘书长郑万通，市委副书记、市长戴相龙，市政协主席宋平顺，市委副书记、常务副市长黄兴国，市政协副主席卢金发、叶厚荣、曹秀荣、王家瑜，市委秘书长苟利军，市政协秘书长陈福顺参加会见和陪同视察。

天津市政协工作会议 2006年9月11日在天津宾馆召开。会议深入贯彻《中共中央关于加强人民政协工作的意见》，总结政协工作经验，明确目标任务。中共中央政治局委员、市委书记张立昌出席会议并讲话。市委副书记、市长戴相龙主持会议。市委副书记、市人大常委会主任刘胜玉，市委副书记邢元敏出席会议。市政协主席宋平顺代表市政协党组讲话。南开区委、北辰区委、宁河县委、市委宣传部、市委规划建设工委先后在会上发言。市领导同志王文华、史莲喜、邢军、俞海潮、张元龙、张俊芳、叶厚荣、周绍熹、曹秀荣、赵克正、蔡世彦、王家瑜、朱坦、陆锡蕾和苟利军、乔富源、陈福顺，各民主党派、工商联主要负责同志，市委、市政府各部委办主要负责同志，各区县党委书记、政协主席、统战部长，有关局、市管企事业单位和人民团体主要负责同志，在津全国政协委员、部分市政协委员等出席会议。

纪念孙中山先生诞辰140周年座谈会 2006年11月10日在市政协举行。会议深切缅怀孙中山先生为中国民主革命所建立的历史功勋。市政协副主席卢金发出席会议并讲话。市政协副主席叶厚荣、周绍熹、曹秀荣、蔡世彦、王家瑜、朱坦、陆锡蕾和秘书长陈福顺出席会议。同日，纪念孙中山先生诞辰书画展在市政协书画艺术馆隆重开幕。全国政协常委、民革中央副主席朱培康专程来津出席开幕式并观看展览。市政协副主席卢金发、叶厚荣、周绍熹、曹秀荣、蔡世彦、王家瑜和秘书长陈福顺，以及民革中央、市政协、市委统战部等有关方面负责同志出席开幕式。

市政协副主席、民革市委会主委、天津市孙中山研究会会长陆锡蕾在开幕式上讲话。

天津市客家联谊会成立 2006年12月8日，市政协副主席叶厚荣在市政协礼堂会见了参加天津市客家联谊会成立大会的海内外嘉宾。

特邀监督员工作总结表彰大会 2006年12月14日在市政协召开。会议认真总结市十一届政协以来特邀监督员工作的经验和做法，表彰作出突出成绩的特邀监督员先进集体和个人。市政协主席宋平顺出席并讲话。市政协副主席卢金发主持会议。市政协副主席曹秀荣、王家瑜和秘书长陈福顺出席会议。

【重要文件】

常委会工作报告（2006年1月14日）（摘要）

第一部分 2005年工作回顾

2005年是全面贯彻落实科学发展观、加快实施"三步走"第二步战略目标的关键一年，也是全面实现"十五"计划目标、衔接"十一五"发展的重要一年。一年来，常委会在中共天津市委领导下，坚持以邓小平理论和"三个代表"重要思想为指导，深入贯彻中共十六届四中、五中全会和市委八届七次、八次全会精神，按照全市工作"适应新形势，抓住新机遇，再上新水平"的总要求，团结动员广大政协委员和各族各界人士，围绕中心，服务大局，切实履行政协职能，圆满完成了市政协十一届三次会议确定的各项任务，为促进滨海新区开发开放，加快天津发展作出了积极的努力。

一、坚持发展这个第一要务，促进滨海新区开发开放作出了新贡献；

二、坚持以人为本，促进和谐天津建设取得了新成绩；

三、坚持求实创新，参政议政工作上了新水平；

四、坚持大团结大联合，爱国统一战线形成了新局面；

五、坚持加强自身建设，履行职能的能力有了新提高。

第二部分 2006年工作意见

一、加强学习、增进共识，进一步增强用科学发展观统领政协工作的自觉性；

二、围绕中心、服务大局，继续为促进滨海新区开发开放献计出力；

三、突出主题、发挥优势，为建设和谐天津营造良好的社会环境；

四、与时俱进、开拓创新，全面加强政协组织的自身建设。

市政协十一届四次会议决议（2006年1月19日）（摘要） 会议同意市十一届政协常委会工作报告和提案工作报告。会议赞同戴相龙市长的报告和《纲要（草案）》。会议指出，2006年是实施"十一五"规划的开局之年，是实现"三步走"战略第二步目标的重要一年，也是在新的起点上加快推进滨海新区开发开放的关键一年。全市各级政协组织要坚持以科学发展观统领政协工作，按照中共天津市委提出的"站在新起点、再创新优势、实现新跨越"的总要求，组织广大政协委员充分发挥优势，认真履行职能，积极献计出力，为促进实现"十一五"时期全市经济社会发展的良好开局，实施"三步走"战略和五大战略举措，加快推进滨海新区开发开放，建设和谐天津作出新的贡献。会议强调，要坚持"和平统一、一国两制"的基本方针，认真宣传贯彻《反分裂国家法》，积极开展新形势下的对台工作和海内外联谊工作，坚决反对任何形式的"台独"分裂活动，为早日完成祖国统一大业作出不懈的努力。会议号召，各级政协组织和全体政协委员要紧密团结在以胡锦涛同志为总书记的中共中央周围，高举邓小平理论和“三个代表”重要思想伟大旗帜，全面落实科学发展观，在中共天津市委的领导下，同心同德，锐意进取，为完成市委八届九次全会提出的目标任务，开创天津更加美好的未来而努力奋斗。

市政协主席宋平顺在市政协十一届四次会议闭幕会上的主持讲话（2006年1月19日）（摘要） 中国人民政治协商会议天津市第十一届委员会第四次全体会议经过全体委员的共同努力，圆满完成了各项议程。我们这次会议，坚持以邓小平理论和“三个代表”重要思想为指导，全面落实科学发展观，认真贯彻中共十六届五中全会和市委八届八次、九次全会精神，紧紧围绕制定和实施我市“十一五”规划、全面推进滨海新区开发开放、加快实施“三步走”战略和五大战略举措，郑重协商议政、积极建言献策，认真履行了人民政协的职能。会议开得隆重热烈，富有成效，是一次团结、民主、求实、奋进的大会。全市各级政协组织和政协委员要把这次会议精神学习好、贯彻好、落实好，进一步振奋精神，扎实工作，以新的姿态促进天津更快更好地发展。对此，我讲三点意见：一是认清形势，明确使命，把思想和行动统一到中央和市委的决策部署上来。二是围绕中心，服务大局，为实现天津更快更好地发展贡献力量。要坚持以科学发展观统领政协工作；要为加快滨海新区开发开放做出新贡献；要努力促进社会主义和谐社会建设。三是加强学习，完善制度，不断提高履行职能的能力和水平。站在新的历史起点上，人民政协肩负着新的责任和使命。让我们紧密团结在以胡锦涛同志为总书记的中共中央周围，高举邓小平理论和“三个代表”重要思想伟大旗帜，全面落实科学发展观，在中共天津市委的领导下，团结动员全市政协委员和各族各界人士，万众一心，开拓进取，为全面推进滨海新区开发开放，加快实施“三步走”战略和五大战略举措，促进“十一五”规划良好开局，实现天津发展的新跨越而努力奋斗！

中共中央政治局委员、市委书记张立昌在天津市政协工作会议上的讲话（2006年9月11日）（摘要） 多年来，全市各级政协组织在中共天津市委的领导下，认真贯彻中共中央关于人民政协工作的方针政策，高举爱国主义、社会主义的旗帜，牢牢把握团结和民主两大主题，切实履行人民政协的职能，自觉服从和服务于改革发展稳定的大局，为提前实现“三五八十”四大奋斗目标、加快实施“三步走”战略和五大战略举措、全面推进滨海新区的开发开放，作出了重要的贡献。天津能有今天这样的大好形势，是与各级政协组织卓有成效的工作分不开的，是与广大政协委员和各族各界人士的辛勤努力分不开的。《中共中央关于加强人民政协工作的意见》，是以胡锦涛同志为总书记的党中央，从党和国家事业发展的全局出发作出的一项重要部署，是指导新世纪新阶段人民政协事业发展的纲领性文件。我们要充分认识政协工作的重要性，自觉用中央的精神统一思想和行动，坚持走中国特色社会主义政治发展道路，坚持用科学发展观统领人民政协工作，坚持团结和民主两大主题，坚持推进人民政协工作的制度化、规范化和程序化，坚持党对人民政协工作的领导，更好地凝聚各方面的智慧和力量，推动天津在新起点上实现更大的发展。

政协天津市委员会关于认真学习贯彻《中共中央关于加强人民政协工作的意见》的通知（略）

关于充分发挥民主党派和无党派人士在政协中作用的意见（略）

政协天津市委员会关于学习贯彻天津

市政协工作会议精神的意见（2006 年 9 月 19 日市十一届政协第 24 次主席会议通过）（略）

【组织概况】

根据工作需要和政协章程的有关规定，经市十一届政协第 18 次常委会议通过，于 2006 年 9 月，增设了民族宗教委员会。

【天津市各级政协领导人名单】

天津市

政协主席

宋平顺

副主席

卢金发　叶厚荣　周绍熹　姚建铨
曹秀荣（女）　赵克正　蔡世彦
王家瑜　朱　坦　陆锡蕾（女）

秘书长

陈福顺

区、县政协主席

和平区　孔令莉（女）
河东区　崔治凤　刘志忠
河西区　沈树和
南开区　陈柏龄
河北区　张林元
红桥区　魏志祥
塘沽区　谷正义
汉沽区　张耀武
大港区　谢克俭
东丽区　陈章伟
西青区　刘聿旺　吴宝忠
津南区　李国文
北辰区　魏积良
武清区　冯祥生
宝坻区　侯　隽（女）
蓟　县　王春玉
宁河县　李东海
静海县　刘家安

天津市各级政协组织和委员数

（截至 2006 年 12 月底）

级别 项目	直辖市	市辖区	县	合计
组织数	1	15	3	19
委员数	778	3376	657	4811

（余弢 编写　张迎春 审稿）

政协河北省委员会

陈秀芳　副主席

孔小均　副主席

武四海　副主席

【全体委员会议】

九届四次会议　2006年2月15日至19日在石家庄举行。应出席委员760名，实到690名。会议听取并审议了省政协主席赵金铎代表省政协九届常务委员会所作的工作报告和省政协副主席王建忠代表省政协九届常务委员会所作的九届三次会议以来提案工作情况的报告。与会委员列席了河北省十届人大四次会议，听取并讨论了季允石省长所作的《关于河北省经济和社会发展第十一个五年规划纲要的报告》，讨论了《河北省国民经济和社会发展第十一个五年规划纲要（草案）》和会议期间的其他重要报告。会议审议通过了《政协河北省第九届委员会第四次会议政治决议》、《政协河北省第九届委员会第四次会议关于常务委员会工作报告的决议》、《政协河北省第九届委员会第四次会议关于常务委员会九届三次会议以来提案工作情况报告的决议》和《政协河北省第九届委员会提案委员会关于第四次会议提案审查情况的报告》。会议补选陈秀芳（女）、孔小均、武四海（回族）为九届省政协副主席，补选王廷玖（满族）、石同强（回族）、刘朝、杨玉成、李荣刚、李晓英（女）、张羽、张成起、张绳武、明海、徐铁麟为九届省政协常务委员。会议期间，提案委员会共收到提案518件，立案493件，其中集体提案117件。筛选重要提案16件编印《提案选登》，中共河北省委、省政府领导批示27件次。会议印发大会发言材料48份，10位委员作了大会发言。中共河北省委、省政府领导及有关部门负责人听取了大会发言，分别参加了有关界别小组的讨论，听取意见。省政协主席赵金铎在主持闭幕会时强调，要认真学习贯彻《中共中央关于加强人民政协工作的意见》，切实增强做好人民政协工作的使命感、责任感和紧迫感，以更加扎实的工作把人民政协事业不断向前推进，努力为“十一五”规划开好局、起好步贡献力量。

【常务委员会会议】

第15次会议　2006年2月14日在石家庄举行。会议应出席常务委员会组成人员162名，实到145名。省政协主席赵金铎主持会议。会议听取了中共河北省委常委、组织部长付志方关于增补委员名单和有关人事事项的说明。会议增补王廷玖（满族）、刘劲松、张羽、陈忱（满族）、陈秀芳（女）、郭海博为政协河北省第九届委员会委员，通过了《关于撤销梁一玲政协河北省第九届委员会委员资格的决定》。

第16次会议　2006年2月18日在石家庄举行。会议应出席常务委员会组成人员161名，实到144名。省政协主席赵金铎主持会议。会议听取了中共河北省委副书记刘德旺关于补选政协河北省第九届委员会副主席、常务委员候选人名单（草案）的说明。会议审议通过了政协河北省第九届委员会副主席、常务委员候选人名单（草案），政协河北省第九届委员会第四次会议选举办法（草案），总监票人、监票人建议名单，《政协河北省第九届委员会第四次会议政治决议》（草案），《政协河北省第九届委员会第四次会议关于常务委员会工作报告的决议》（草案），《政协河北省第九届委员会第四次会议关于常务委员会九届三次会议以来提案工作情况报告的决议》（草案），《政协河北省第九届委员会提案委员会关于第四次会议提案审查情况的报告》（草案），决定将副主席、常务委员候选人名单（草案）和上述文件（草案），提请九届四次会议审议。

第17次会议 2006年5月15日至16日在石家庄举行。会议应出席常务委员会组成人员172名，实到140名。会议的中心议题是讨论关于推进河北社会主义新农村建设问题。会议听取了省政府副省长宋恩华关于《中共河北省委、河北省人民政府关于推进社会主义新农村建设指导意见》（初稿）的说明，听取了国务院发展研究中心农村经济部副部长徐小青关于建设社会主义新农村的专题报告，38名常委、委员作了大会发言或书面发言。会议还听取了省政协秘书长解玉琦有关人事事项的说明，并审议通过了人事事项。会议结束时，省政协主席赵金铎讲话。

第18次会议 2006年9月20日至22日在廊坊举行。会议应出席常务委员会组成人员172名，实到123名。会议的中心议题是讨论关于我省调整经济结构，转变经济增长方式，提高自主创新能力问题。会议听取了省政府副省长龙庄伟关于河北省提高自主创新能力的情况介绍，组织与会人员参观考察了廊坊市部分高新技术企业，32名常委、委员作了大会发言或书面发言。会议还听取了省政府常务副秘书长赵国昌关于省政府办理省政协九届四次会议以来提案工作进展情况的通报和科技部办公厅调研室副主任胥和平关于提高自主创新能力的专题报告。会议结束时，省政协主席赵金铎讲话。

【专门委员会工作】

提案委员会 采取编写提案参考题目、召开党派团体提案工作研讨会、印发《政协提案工作》内刊等措施，努力提高提案质量。通过选择重要提案送中共河北省委、省政府领导批示，省政协领导督办，选择难点问题现场督办，省政协常委会听取省政府关于提案办理情况的报告等形式，促进提案的办理和落实。省政协九届四次会议以来，共收到提案675件，经审查立案633件，其中集体提案121件。截至2006年底，633件提案全部办复。在办复的提案中，所提问题已经解决和部分解决的315件，占办复总数的49.8%；正在解决和列入规划逐步解决的206件，占32.5%；因政策、体制和条件不能解决已做解释说明的112件，占17.7%。重视提案宣传工作，配合《人民政协报》和省有关新闻媒体刊登提案工作稿件50余篇，进一步扩大了提案工作的社会影响。参加全国政协提案工作座谈会，做了题为《抓好督办是提高提案办理质量的有效途径》的书面发言。参加华北、东北省区市政协提案工作座谈会和西部十二省区市政协提案工作联席会，交流经验，推动工作。

人口资源环境委员会 重点围绕资源环境中的重要问题开展视察活动。为贯彻落实第六次全国环境保护大会和全省环境保护大会精神，促进水环境保护工作，联合省环保局、建设厅、水利厅、中小企业局等部门，组织委员就滹沱河、滏阳河水环境污染治理情况进行视察，形成视察报告。新华社、人民政协报等多家新闻媒体对视察活动进行了报道，在社会上引起了广泛关注。有关情况在新华社《国内参考清样》上刊登后，国务院总理温家宝和副总理曾培炎作出重要批示。省政府根据视察报告中提出的意见建议，专门召开子牙河水系污染治理工作会议，对防治工作作出了具体安排部署。组织委员对邢台、石家庄两市小矿山安全生产及矿山资源整合情况进行视察，形成《关于小矿山安全生产及矿产资源整合的视察报告》，省政府两位副省长对《视察报告》作出批示，要求有关部门认真研究采纳。主办华北五省（区、市）政协人口资源环境委员会第三次工作研讨会，就共同关心的生态环境及水环境问题进行研讨，形成了《华北五省区市政协工作研讨会会议纪要》，报送全国政协。与省人大城市建设环境保护工作委员会、省建设厅继续共同组织了河北省城市容貌“燕赵杯”竞赛检查活动。与共青团河北省委员会、省林业局等单位共同开展了保护母亲河活动。参加全国政协人口资源环境委员会举办的工作研讨培训会。参加由青海省政协主办的“内陆湖泊保护暨青海湖可持续发展研讨会”，并在会上作了题为《关于加强湖泊湿地生态系统规划研究的建议》的发言。

文史资料委员会 坚持把征集工作摆在突出位置，联合省档案局重点完成了《毛泽东与河北》专题史料的征编出版工作。该书共收入文字史料70余万字，图片史料82幅，书稿经中央文献研究室审定、国家新闻出版署批准，具有较高的权威性。按照全国政协协作征编出版《近代中国要塞》、《名人故居博览》、《民族自治区及州县的成立历程》、《工业学大庆》等文史资料的统一要求，完成了涉及河北的2处要塞、16处名人故居、6个民族自治县及工业学大庆等相关资料的征编工作。在2005年工作的基础上，组织有关市县政协文史工作者，继续参与《燕赵红色之旅丛书》资料的征编，完成了该书所有文稿计100余万字的编审工作。对河北10个市的28处近代以来现存名人故居的保护利用情况进行调查研究，形成调研报告，送交省有关部门参阅。参与全国政协开展的京杭大运河保护与申遗考察活动，并就大运河河北段的保护问题提出了相关意见和建议。主办华北地区第18次文史工作协作会议，交流情况，总结经验。编辑出版《文史精华》12期和增刊两期，约120万字，转载率和刊物质量有新的提高。

财政经济委员会 围绕省政协九届十八次常委会议议题，牵头组织协调省政协有关委员会、省有关民主党派、人民团体和部分市县政协，就调整经济结构、转变经济增长方式问题进行专题调研。根据自身特点，通过调研形成的《关于加快我省经济结构战略性调整，推进经济增长方式转变的几点建议》的调研报告，在常委会议上作了重点发言。同时，牵头筛选推荐会议发言材料30篇。会后，会同教科文卫体委员会，根据调研成果和常委会议讨论情况，整理形成了《关于加快我省经济结构战略性调整，推进经济增长方式转变的几点建议》和《关于我省提高自主创新能力，发展高新技术产业的几点建议》，报送中共河北省委、省政府。省委书记白克明对两个建议案作出批示，省政府对所提建议进行逐条分解，责成省直有关部门认真研究借鉴，提出进一步改进工作的政策措施。主办京津冀政协区域经济发展第三次会议论坛，就加强区域协作、推进协调发展问题进行研讨和交流，形成的《会议纪要》分别向同级党委、政府报送，并以京津冀三家政协名义联名报全国政协，为国家和三地的有关决策提供了参考。组织委员赴秦皇岛、唐山就临港经济发展情况进行视察，形成《关于我省港口建设和临港经济发展情况的视察报告》，报送中共河北省委、省政府，为省第七次党代会作出建设沿海经济社会发展强省的科学决策提供了重要参考依据。组织委员对国家开发银行河北省分行运行情况进行视察，形成《关于开发性金融在我省开展情况的视察报告》，提出意见、建议。通过委员接待日形式，组织委员赴省国税局和邢台市，对省国税系统税收征管情况进行视察、座谈，提出意见、建议。加强对河北省民营企业家（政协委员）联谊会的工作指导，编辑出版《河北民营企业家》12期。

农业委员会 重点完成了省政协九届十七次常委会议有关筹备工作。通过召开协调会、印发通知等形式，推动省各民主党派、省政协常委、部分省政协委员和有关市县政协就社会主义新农村建设问题进行调研；编写“社会主义新农村建设调查问卷”，向张家口等5市10县1200户农民进行问卷调查，了解农民群众对新农村建设的意见建议；组织部分委员围绕社会主义新农村建设中的有关问题进行调研，形成3份调研报告，其中《加大新农村建设资金投入的思考与建议》在九届十七次常委会议上作了重点发言。会后，根据会议协商和讨论情况，形成了《省政协九届十七次常委会议关于协商〈中共河北省委、河北省人民政府关于推进社会主义新农村建设的指导意见〉（初稿）情况的报告》，报送中共河北省委、省政府，其中不少意见、建议被吸纳到《指导意见》的正式文件中。参与有关农业科技成果的推广应用工作，组织委员就涂层一次肥生产及应用情况进行视察、考察，对该项成果的推广应用提出意见、建议。开展科技扶贫开发工作，为张家口市赤城县引进芦笋种植项目，帮助落实项目资金，组织农业技术人员和乡村干部进行技术培训和外出参观考察。参加了全国政协经济委员会召开的部分省级政协社会主义新农村建设专题调研总结会和农业部召开的六省市农学会新农村专题研讨会，交流信息，沟通情况。

教科文卫体委员会 围绕省政协九届十八次常委会议议题，重点就搞好自主创新课题，组织委员赴邯郸、廊坊、秦皇岛三市和河北工业大学、燕山大学进行专题调研，形成《关于我省增强自主创新能力、发展高新技术的几点建议》，并组织和发动本委员会委员，向常委会议提供了6篇大会发言材料。会后，整理形成了《关于我省增强自主创新能力、发展高新技术的几点建议》，报送中共河北省委、省政府，省委书记白克明对建议案作出批示，有关部门逐条进行了研究落实。围绕省政协九届十七次常委会议议题，组织和推动本委员会委员就社会主义新农村建设问题进行调研，形成《加快我省乡镇卫生院发展，推进社会主义新农村建设》等4份发言材料。组织委员向省政协九届四次会议提交了《当前我省高校学科建设亟需解决的几个政策性问题》和《关于建设河北自然博物馆的建议》两个联名提案。就振兴河北梆子、省属转制科研机构深化产权制度改革分别召开座谈会，形成《关于解决河北梆子艺术人才问题的几点建议》和《对我省科研院所体制改革的意见和建议》，报送中共河北省委、省政府，促进了有关问题的解决。对北京化工大学北方学院（燕郊）进行视察，提出意见、建议。与石家庄市政协联合组织教育界委员赴赞皇县开展教育下乡活动，组织部分科技界委员和农业科技专家赴临彰县开展科技扶贫活动。

社会和法制委员会 围绕省政协九届十七次常委会议议题，组织委员赴石家庄、沧州、衡水等市就农村人民调解工作进行调研，形成《人民调解是建设和谐稳定社会主义新农村的第一道防线》的调研报告，提交常委会议。组织部分委员赴新疆、甘肃两省就促进慈善事业发展问题进行考察，形成《关于促进慈善事业发展的考察报告》，送交省政府参阅。对河北省《劳动和社会保障事业发展“十一五”规划》（征求意见稿）进行讨论，提出了修改意见和建议。通过接待全国政协考察团、组织委员实地考察、提出提案等形式，就加强磁山文化遗址的开发和保护问题提出建议，引起有关部门的重视。组织和发动本委员会委员通过撰写提案、反映社情民意履行职责，共提出委员个人、委员联名和本委员会集体提案43件次，反映社情民意13篇。参加全国政协社会和法制委员会召开的“建设社会主义新农村——社会与法制研讨会”和“为构建和谐社会建言献策研讨会”，分别提交了《关于学习贯彻〈中共中央关于加强人民政协工作的意见〉的粗浅体会》的大会发言和《认真贯彻〈意见〉精神，做好政协社法工作》理论研讨文章。参加北方八省区市政协社会和法制委员会联系会议，向大会提交了研讨文章，并作了大会发言。

民族和宗教委员会 围绕省政协九届十七次常委会议议题，与省民进、省民族宗教事务厅联合组成调研组，先后到承德、沧州部分自治县、民族县，就贯彻落实国务院《实施〈中华人民共和国民族区域自治法〉若干规定》和《义务教育法》情况进行调研，并组织部分常委、委员到省教育厅进行座谈。在此基础上，形成《关于发展我省少数民族地区农村义务教育的建议》，在十七次常委会议上作了大会发言。组织委员就省级五大宗教团体和宗教院校建设问题进行专题调研，重点围绕省级爱国宗教团体和宗教院校教职人员养老保险、医疗保险、改善办学条件等方面，提出意见、建议，帮助解决实际困难。通过加大对涉及宗教房产提案的督办力度，促进了宗教房产遗留问题的解决。通过定期走访民族宗教界委员，参加民族宗教界传统节日，组织开展学习、考察、参观活动等形式，加强了与委员会委员的沟通与联系。参加全国部分省（区、市）政协第八次民族宗教工作研讨会，提交发言材料。参加华北五省区市政协民族宗教工作座谈会。

港澳台侨和外事委员会 组织部分委员就加快河北外向型民营企业发展问题开展专题调研，形成调研报告，送交省政府参考。围绕《河北省实施〈中华人民共和国归侨侨眷权益保护法〉办法》的修订，与省人大民族侨务外事工作委员会、省外事侨务办公室、省归国华侨联合会，联合开展调研座谈，提出修订意见和建议。省政协九届四次会议期间，组织港澳委员参观企业和学校，为委员知情明政、履行职责创造条件。组织部分委员对省政协港澳委员在省内外投资创业情况进行视察，扩大港澳委员的影响，帮助解决实际问题，营造良好的投资环境。通过组团赴港澳访问，接待香港特别行政区全国政协委员视察团、福建省港澳委员考察团等工作，加强同港澳的交流与合作。参加全国侨联主办、河北省侨联承办的“海内外华商促进环渤海经济发展大会”，广交朋友，拓宽了海外联谊渠道。通过与省台湾事务办公室、省文化厅等部门共同组织首届“海峡两岸艺术联展”活动，参与全国台联组织的“2006年台湾夏令营”河北分营活动，走访台资企业，接待台湾企业代表团和台湾有关人士等活动，密切与台湾同胞的联系。举办河北省海外同胞教育基金会第十四次颁奖活动，向贫困地区200名优秀教师和80名优秀学生颁发奖金12.4万元，并组织落实了港澳委员为贫困地区捐建2所小学的有关工作。

【重要活动】

对《中共中央关于加强人民政协工作的意见》贯彻落实情况进行检查 根据全国政协和中共河北省委的安排部署，2006年10月10日至11日，由省政协党组书记赵金铎，副书记冯文海、刘健生带队，省委督察室和省政协有关部门负责人参加，以中共河北省委名义，在石家庄、张家口和沧州市分别组织召开了三个汇报会，对全省各设区市学习贯彻《中共中央关于加强人民政协工作的意见》（以下简称《意见》）情况进行了检查。检查组分别听取了各市委、市政府、市政协负责同志关于学习贯彻《意见》的情况汇报，并分赴鹿泉市、石家庄市桥西区、献县、万全县进行了重点检查。检查结束后，形成《关于学习贯彻〈中共中央关于加强人民政协工作的意见〉的情况报告》，以政协河北省委员会名义报送全国政协办公厅。省政协党组就学习贯彻情况向中共河北省委写出报告，对深入学习贯彻《意见》提出具体建议，中共河北省委将报告批转各市委和省直各单位党组、党委，要求认真抓好落实，进一步推动政协工作。

省政协委员学习《中共中央关于加强人民政协工作的意见》电视电话会议 2006年4月10日举行，主会场设在石家庄，省政协主席赵金铎主持会议。在主会场出席会议的有驻省直的省政协委员，省政协、省委统战部、省各民主党派、工商联机关的部分干部，在各分会场出席会议的有驻各市的省政协委员、市政协的主席、副主席、部分市政协委员和机关干部，共1440人。全国政协副秘书长卞晋平同志应邀作了学习《中共中央关于加强人民政协工作的意见》的辅导报告。省政协主席赵金铎在主持会议时，对全省各级政协组织和广大政协委员深入开展学习贯彻《意见》活动提出要求，并作了安排部署。

发挥委员主体作用经验交流会 2006年9月12日至13日在邯郸市举行。省政协主席、副主席，秘书长、有关副秘书长，研究室主任和各专门委员会主任，各市政协主席、秘书长、研究室主任，印发经验材料的有关县（市）政协主席，共78人出席会议。会议总结交流了近年来全省各级政协组织在履行职能特别是在发挥委员主体作用方面的成功经验。会议印发经验材料39份，邯郸、保定、衡水、石家庄、邢台、廊坊、张家口和魏县、乐亭、兴隆、昌黎、盐山等12个市、县政协作了大会发言。期间，与会人员分两路同时实地考察了广平县、魏县与邯郸县、武安市委员活动室建设情况。会议闭幕时，省政协主席赵金铎作总结讲话。会后，省政协办公厅将会议经验材料和领导讲话编辑成册印发各市、县（市、区）政协。

【重要文件】

常务委员会工作报告（2006年2月15日）（摘要） 2005年，省政协在全国政协的指导和中共河北省委的领导下，高举爱国主义、社会主义的旗帜，坚持团结和民主两大主题，深入贯彻落实省委政协工作会议精神，认真履行政治协商、民主监督、参政议政职能，先后组织重要调研、视察、考察活动20次，形成报告17份；举办研讨会、座谈会11次，交流论文近百篇；收到提案723件，经审查立案交有关单位办理的共687件，有672件提案已得到办复；向全国政协办公厅、省委省政府领导报送社情民意信息181期次。

一年来，省政协较好地完成了九届三次会议确定的工作任务，履行职能的各项工作取得了新的进展，为我省的改革开放和现代化建设作出了积极贡献。

一、为促进经济社会更快更好发展献计出力

常委会议紧紧围绕全面协调可持续发展的重要问题进行协商讨论，充分发挥高层次政治协商、参政议政作用。去年，第十二次常委会议将“发展循环经济、建设资源节约型社会”作为协商议政的重点议题。会前由人口资源环境委员会牵头，在省政协有关副主席的领导下，组织部分政协常委、委员，吸收有关民主党派成员、省直有关厅局领导和专家参加，分成4个专题调研组，深入10多个市、县和40多个企业、社区进行调研。经过充分准备，调研组和部分常委、委员向常委会议提交发言材料34份。会中，通过邀请有关副省长通报情况，组织实地视察，进行充分讨论，形成了《关于我省发展循环经济、建设资源节约型社会的意见和建议》的主报告，以及《关于建设节水型社会的建议》、《关于对全省建筑节能现状分析与建议》和《关于对我省矿山进行整合的建议》三个分报告，省政府主要领导给予充分肯定，要求有关部门对意见建议认真研究吸收。

各专门委员会充分发挥在政协工作中的基础作用，就推进县域经济发展、加强招商引资软环境建设、高校学科建设、全民健身活动、大项目建设、国税系统支持民营经济发展、可持续生产与循环经济、促进科技发展、加强和改进未成年人思想道德建设、《归侨侨眷权益保护法实施办法》的贯彻落实等问题，进行视察、调研、座谈，或向省委省政府报送调研、视察报告，或向有关部门提出意见建议，为改进工作、科学决策提供了重要依据。

省政协办公厅和各专门委员会以积极有为的态度，做了大量利民惠民的工作。与省扶贫办和河北农业大学合作，开展科技下乡和扶贫开发工作；在顺平县举办农业技术培训班，对临城、顺平、赤城、易县等县的70多名农技人员和种养大户进行培训；联合省农业厅、农机局、中科院遗传与发育生物学研究所等单位，召开保护性耕作与技术集成现场观摩会；与省建设厅、农业厅联合举办“2005河北省绿色产业国际博览会”，吸引100余家国内外客商参展并洽谈业务；协助港澳委员用好捐献的建校资金，在贫困地区新建2所小学；通过河北省海外同胞教育基金会，奖励国家级贫困县的优秀教师和学生280名，支持我省教育事业的发展。

二、积极为构建和谐河北作贡献

召开第十三次常委会议，专门围绕构建和谐河北议政建言。省政协有关副主席亲自主持会前准备工作，协调有关委员会，组织部分常委、委员，就扩大就业、完善社会保障体系、加快社会事业发展和加强公民思想道德建设等四个方面问题，先后深入7个设区市及所辖21个县（市、区）的部分村镇、社区、企事业单位、大中小学校、宗教活动场所等进行专题调研，向常委会议提交发言材料52份。常委会议召开时，在听取省委领导有关情况介绍和进行实地视察的基础上，深入展开讨论，取得了丰富成果。经汇总形成的《省政协九届十三次常委会议关于构建和谐河北的意见和建议》，对研究制定《中共河北省委关于构建和谐河北若干重要问题的指导意见》起到了参考作用。

通过召开会议、印发材料、举办报告会等形式，组织和推动政协参加单位和广大委员，认真学习《中共中央关于进一步加强中国共产党领导的多党合作和政治协商制度建设的意见》，加深对我国基本政治制度与中国特色政党制度的认识。继续加强与各民主党派、无党派人士的联系，就共同关心的重大问题交换意见，搞好与他们的合作共事；邀请和吸纳他们参与政协的调查研究、座谈、讨论等，支持和鼓励他们踊跃发言、提出建议，较好地发挥了他们在政协组织中的作用。围绕我省少数民族地方经济社会发展情况进行调研、视察，提出意见建议，在促进我省各民族共同进步和繁荣上付出了努力。组织部分常委、委员到省级宗教团体进行调研、走访、座谈，形成《努力做好宗教工作，为构建和谐河北贡献力量》的建言材料，为做好宗教工作提出了不少有价值的建议。

通过提案、调研报告、大会发言和反映社情民意等多种形式，就解决城乡困难群众生产生活问题、扩大劳动就业、强化社会保障、确保食品安全等提出意见建议，及时准确地反映各界群众的愿望、要求和呼声，协助省委省政府做好协调关系、化解矛盾工作。广大政协委员密切与周围群众的联系，在各自的工作岗位上，积极宣传群众、引导群众，努力做好理顺情绪、解疑释惑的工作。省政协联谊会从自身优势出发，通过深入调研，座谈讨论，认真出谋划策，为构建和谐河北做了大量工作。

以“人民政协与构建和谐社会”为题，专门召开理论研讨座谈会，交流30余篇论文，提出了不少思路设想和对策建议，为政协更好地服务于和谐社会建设提供了理论指导与智力支持。

三、围绕制定我省“十一五”规划议政建言

一是坚持议政建言的前瞻性。早在去年4月，由财政经济委员会牵头组织，省政协专门召开建言献策会。与会省各民主党派、有关人民团体和部分政协委员，选择事关“十一五”发展的一些重要问题，经过调查研究，提交了41份议政建言材料。邀请省政府4位领导及12个有关部门负责同志出席会议，进行面对面协商。提出的意见建议，对编制“十一五”规划提供了重要参考。二是坚持议政建言广度和深度的有机结合。既注意从不同领域、不同侧面，组织委员、有关专家学者进行调研、视察和座谈，多角度提出意见建议，又注意根据自身特点，选择重点课题，进行专题调研，在更深层次上提出意见建议。农业委员会就我省农业中长期规划应着力解决的几个问题进行深入调研，形成的专题调研报告，省政府领导充分肯定，要求有关部门在制定“十一五”规划时研究采纳。三是坚持议政建言形式的多样性和灵活性。注意发挥人才荟萃、智力密集的优势，组织、推动政协参加单位和广大委员，通过提案、反映社情民意、大会发言等不同形式，就我省生态环境建设、重大项目建设、国有企业改革等提出意见建议；在省委省政府“十一五”规划征求意见稿形成后，根据省委的要求，及时组织部分常委、委员进行讨论研究，并及时反馈讨论情况；在省政府举行“十一五”规划纲要（草案）论证座谈会时，又组织不同界别的委员参加会议，发表意见和建议。

四、以创新精神做好政协经常性工作

通过精心准备提案参考题目、加强党派团体提案运作、推广优秀提案工作经验等方式，有力地促进了提案质量的提高；通过选择重要提案送省委省政府领导批示、省政协主席副主席督办重点提案、各专门委员会结合自身业务协助督办有关提案、与党政有关部门现场协商办案等措施，加大了提案督办力度；通过对提案委员会成员进行编组、加强与政协委员的联系和沟通，完善服务方式等，较好地提高了服务水平，提案工作取得新的进展，不少提案在推动经济社会发展上成效明显。

拓宽渠道，继续加强了解和反映社情民意的信息工作。在坚持以往好经验好做法的基础上，采取专题征集信息、在政协委员中聘请特邀信息员等方式，进一步扩大信息来源，快速、真实地反映政治、经济和社会情况。先后就深化国有企业改革、建立节约型社会、加强农村基础设施建设、加强农村文化建设、搞好国民收入分配、发展民办教育、保障饮用水安全等方面，反映广大群众的愿望、要求和呼声，为党政领导科学决策提供了重要依据，促使一些问题得到了重视和解决。

改进与委员的联系方式和活动方式，充分发挥委员主体作用。进一步贯彻《政协河北省委员会关于加强与委员联系的暂行办法》，密切与委员的联系；采取举办形势报告会、组织参观考察、开展视察调研、印发文件和学习资料等方式，为委员知情明政、更好地履行职责创造条件。开展丰富多彩的委员接待日活动。全年举行的9次委员接待日，每次都选择一个群众关注的热点问题作为中心议题，采取“请进来”与“走出去”的方式，注意把委员接待与委员联谊结合起来，与调研视察、座谈讨论结合起来，增强了政协活动的吸引力，委员主体作用得到了较好的发挥。

适应新形势的发展变化，加强海外联谊，促进祖国和平统一。有关专门委员会与省台办联合举办纪念江泽民同志《为促进祖国统一大业的完成而继续奋斗》重要讲话发表十周年座谈会，进一步学习、领会和宣传江泽民同志关于台湾问题的“八项主张”；与省台办、《河北日报》等部门联合举行“台湾问题知识有奖征答”活动，广泛宣传以胡锦涛同志为总书记的党中央在两岸关系上所作的一系列重大决策；组织和推动港澳委员通过召开座谈会、发表电视讲话和文章等形式，表达反对“台独”、支持《反分裂国家法》的态度和立场。

与时俱进，加强政协文史资料工作和宣传工作。为配合中国人民抗日战争暨世界反法西斯战争胜利60周年纪念活动，征编出版的《河北抗日战争图鉴》，被列入全国纪念抗日战争胜利60周年百部重点图书；完成《在华日人反战纪实》重要史料专集，丰富了我省抗日战争的史料宝库。创新宣传方式，通过新闻媒体和互联网，大力宣传政协重要会议、重要活动和重要参政议政成果。以庆祝省政协成立55周年为契机，通过举办专题文艺晚会，编印专版、专刊、专辑，制播电视专题片等系列宣传活动，扩大了政协的社会影响，为政协履行职能营造了良好的社会舆论环境。

五、切实加强政协自身建设

继续深入开展创建学习型政协组织活动。通过组织专题报告会、播放录音录像、印发学习辅导材料、举办培训班等多种形式，组织和推动政协委员认真学习“三个代表”重要思想和科学发展观，学习中共十六大、十六届五中全会精神，学习中共河北省委六届七次、八次、九次全会精神，提高了广大政协委员的政策理论水平。

在《政协全国委员会关于政治协商、民主监督、参政议政的规定》颁布十周年之际，按照全国政协要求，对《规定》实施情况进行全面检查，进一步明确了加强政协履行职能“三化”建设的努力方向。及时制定省政协全体会议工作规则、反映社情民意信息工作条例，修订提案工作条例，细化委员视察、委员活动日等运作程序，研究提出发挥驻省会外委员作用的具体意见，在推进政协履行职能的“三化”建设上迈出了新的步伐。

切实加强机关建设。认真开展机关保

持共产党员先进性教育活动，增强党员干部实践“三个代表”重要思想的自觉性和坚定性，有力地促进了机关思想、组织和作风建设。按照创建学习型政协机关的要求，采取多种方式，认真抓好机关工作人员理论学习和业务培训，努力提高他们的理论素养和业务技能。认真落实省委省政府《关于开展机关效能建设的意见》，加快机关办公现代化和信息化进程，提高了机关的工作效率和服务水平。

回顾过去一年的工作，应当看到，与新形势新要求相比，我们的工作还存在不少差距和不足。主要是：履行职能的一些程序还不够规范，民主监督职能需要进一步加强，政协界别作用和省会外委员的作用有待进一步发挥，政协委员和政协机关干部两支队伍的整体素质有待进一步提高。

2006年省政协工作的指导思想和总的要求是：以邓小平理论和“三个代表”重要思想为指导，坚持科学发展观，认真学习贯彻中共十六大和十六届三中、四中、五中全会精神，学习贯彻《中共中央关于加强人民政协工作的意见》，学习贯彻中共河北省委六届七次、八次、九次全会精神，在全国政协的指导和中共河北省委的领导下，充分体现和发挥政协特点和优势，突出团结和民主两大主题，动员和组织参加政协的各党派团体和各族各界人士，树正气、讲团结、求发展，围绕促进经济社会更快更好发展、推进和谐河北建设，全面履行政治协商、民主监督、参政议政职能，为“十一五”规划顺利实施开好局、起好步作出积极贡献。

一、紧紧围绕“十一五”规划的实施献计出力

二、着力促进和谐河北建设

三、不断加大政协工作的创新力度

四、继续推进政协履行职能的制度化、规范化和程序化

五、进一步加强政协机关建设

中共河北省委批转省政协党组《关于检查〈中共中央关于加强人民政协工作的意见〉和冀字〔2006〕6号文件学习贯彻情况的报告》的通知 （2006年11月11日批转各设区市委和省直各单位党组、党委）。中共河北省委在《通知》中要求结合本地本单位实际，落实好省政协党组提出的工作建议，进一步加强和改善党对人民政协的领导，重视和支持政协组织依照章程独立负责、协调一致地开展工作。要及时解决工作中存在的困难和问题，更好地发挥人民政协在建设沿海经济社会发展强省和构建和谐河北中的重要作用。中共政协河北省委员会党组《关于检查〈中共中央关于加强人民政协工作的意见〉和冀字〔2006〕6号文件学习贯彻情况的报告》，总结了全省学习贯彻《意见》和《通知》取得的成绩，并就进一步学习贯彻《意见》和《通知》提出如下建议：

一、进一步提高领导干部对新世纪新阶段人民政协工作重要性的认识

各级党委、政府要认真落实中央和省委的有关规定，切实把统战政协理论知识作为领导干部政治理论学习的重要内容，纳入学习安排。党校和行政学院要切实把统战政协理论知识作为必修课，列入教学计划，安排专人从事研究和教学工作，保证教学时间和效果。

二、扎实推进人民政协的政治协商、民主监督、参政议政

各级党委要继续坚持重大问题不协商不决策和协商在决策之前的原则，切实把政治协商纳入决策程序。凡经济社会发展中长期规划、重要人事安排、重大项目建设、关系地方全局的重要政策和法规以及事关人民群众生活的重大问题，都要按规定进行政治协商。要建立健全政协所提意

见、建议的办理、督办和反馈制度，在知情环节、沟通环节、反馈环节上形成科学合理、协调有效的长效机制，畅通民主监督的渠道。要根据年度工作要点，主动向政协出题目、交任务，就有关专题委托政协举办或与政协共同举办听政会、议政会、研讨会、座谈会等，充分发挥人民政协的人才智力优势，广泛听取各界人士的意见、建议。对政协报送的意见、建议要认真研究办理，并纳入党政督办程序，促进政协参政议政成果的转化和落实。其中，对政协的重要建议案应提交党委常委会或政府常务会议研究讨论，并书面反馈处理结果。

三、切实加强政协队伍建设

换届前的委员人选和届中调整委员，党委组织、统战部门要认真对待，合理确定委员的年龄、知识结构和地域、单位分布，合理调整界别人数，真正把代表性强、热心政协工作、参政能力强的各界代表人士作为委员人选，并及时征求政协党组的意见。对政协党组提出的意见，特别是政协党组根据委员履行职责情况提出的上届拟留人选，应予认真考虑。各级党委要高度重视政协领导班子建设，换届时，从政协的性质、职能和工作特点出发，把作风民主、熟悉统战政策、热心政协工作的领导干部，配备到政协领导班子中来。各级党委要继续坚持把政协机关干部队伍建设纳入党政干部建设总体规划，加大政协机关干部的选拔、使用和交流力度，切实做到与党政机关干部一视同仁。

四、进一步为政协开展工作创造条件

各级党委、政府要根据政协工作的发展需要，及时研究解决政协在机构、编制、办公条件、生活条件等方面存在的困难和问题。对政协全体会议、常委会议、专题调研、委员视察等项经费，要列入财政预算，并随着经济的发展逐步增加。

【组织概况】

副主席补选名单（2006年2月19日政协河北省第九届委员会第四次会议通过）

陈秀芳（女）　孔小均

武四海（回族）

不再担任副主席名单（2006年2月17日政协河北省第九届委员会第四次会议通过）

赵　燕（女）

常务委员补选名单（2006年2月19日政协河北省第九届委员会第四次会议通过）

王廷玖（满族）　石同强（回族）

刘　朝　杨玉成　李荣刚

李晓英（女）　张　羽　张成起

张绳武　明　海　徐铁麟

委员增补名单（2006年2月14日政协河北省第九届委员会常务委员会第15次会议通过）

王廷玖（满族）　刘劲松　张　羽

陈忱（满族）　陈秀芳（女）

郭海博

撤销委员名单（2006年2月14日政协河北省第九届委员会常务委员会第15次会议通过）

梁一玲

【河北省各级政协领导人名单】

河北省

政协主席

赵金铎（满族）

副主席

冯文海　杨　迁（女）　刘健生

陈秀芳（女）　秦朝镇　王建忠

赵铁练　刘德忠　李有成　段惠军

丛　斌　孔小均　武四海（回族）

秘书长

解玉琦

石家庄市

市政协主席 李宏英

县（市、区）政协主席

辛集市 刘存柱

藁城市 牛振友

晋州市 张务卿

新乐市 杨运良

鹿泉市 田栓锁

正定县 徐 玲（女）

栾城县 刘恒福（女）

井陉县 赵二军

无极县 胡海江

深泽县 张占营（兼）

行唐县 赵大水

灵寿县 郝建英（女）

平山县 张大平

赵 县 李丰贵

元氏县 史全斌

高邑县 陈金锁

赞皇县 秦三梅（女）

矿 区 康贵春

长安区 李士奎

桥东区 田玉芬（女）

桥西区 路中林

新华区 周玉林

裕华区 陈小凤（女）

承德市

市政协主席 张振存

县（区）政协主席

双桥区 郭晓波(满族)

双滦区 李长银

鹰手营子矿区 何庆云

兴隆县 刘丽珍（女）

平泉县 付 贵(满族)

承德县 吕凤岭

隆化县 孙凤高

丰宁满族自治县 张清艳（女）

滦平县 孔祥臣(满族)

围场满族蒙古族自治县 孙 祥(满族)

宽城满族自治县 郎 青(满族)

张家口市

市政协主席 王建雄

县（区）政协主席

桥东区 王桂海

桥西区 董德增

宣化区 李翠莲（女）

下花园区 刘金泉

宣化县 李明芝（女）

怀来县 李英田

赤城县 蒋瑞海

涿鹿县 刘秉生

蔚 县 蔡德新

阳原县 李树恩

怀安县 李俊来

万全县 杨 树

崇礼县 范振雄

张北县 李银生

沽源县 马文林

尚义县 田丽亚（女）

康保县 李进财

秦皇岛市

市政协主席 张玉书

县（区）政协主席

海港区 王振生

北戴河区 高连永

山海关区 王志杰

抚宁县 王连成

昌黎县 卞国林

卢龙县 孟凡林

青龙满族自治县 刘玉宗(满族)

唐山市

市政协主席 郑宝林

县（市、区）政协主席

古冶区 赵 锋

开平区 孙占友
丰润区 孟卫国
丰南区 戴 征
路北区 宋桂荣（女）
路南区 鲍中和
遵化市 赵久明
迁安市 任秀成
滦南县 姚凤华（女）
滦 县 李晓光
迁西县 杨广田
玉田县 马淑芹（女）
唐海县 王金生
乐亭县 阴淑芬（女）

廊坊市

市政协主席 连树臣
县（市、区）政协主席
安次区 田继连
广阳区 谷金山
三河市 贾玉华（女）
霸州市 王光明
香河县 刘玉海
文安县 刘瑞起
大城县 杜连元
大厂县 卢振闪
固安县 张德军
永清县 韩金斗

保定市

市政协主席 王庆明
县（市、区）政协主席
新市区 张跃华
北市区 张国安
南市区 石光第
涿州市 张英歌
高碑店市 李恩友
定州市 赵根军
安国市 邢 斌
清苑县 丛国栋
满城县 范福生
顺平县 郭建军
望都县 安进喜
高阳县 林海泉
定兴县 文大华
涞水县 宋冀中
涞源县 李文喜
容城县 张国栋
阜平县 耿文金
唐 县 史登顺
易 县 杨春立
安新县 李红军
蠡 县 齐国振
博野县 郭泽民
曲阳县 陈建勋
雄 县 庞福学
徐水县 张建国

沧州市

市政协主席 蔡 华
县（市、区）政协主席
新华区 刘纯才
运河区 张明发
任丘市 郝章炳
泊头市 门金海
黄骅市 刘靖亭（回族）
河间市 贾瑞琪
沧 县 张景怀
孟村回族自治县 肖振华（回族）
献 县 史均奎
东光县 刘长池
肃宁县 张素杰（女）
南皮县 庞树旺
吴桥县 王朝闻
青 县 欧世发
盐山县 杨洪榜（兼）
海兴县 李景阳

衡水市

市政协主席 田结实

县（市、区）政协主席

桃城区 李振水

冀州市 胡广利

深州市 崔晓卓（女）

枣强县 高新会（女）

武邑县 周新起

武强县 于彩凤（女）

饶阳县 许素云（女）

安平县 王占民

故城县 郭居娥（女）

景　县 邓文华

阜城县 多方如

邢台市

市政协主席 崔宝玉

县（市、区）政协主席

桥西区 郝明建

桥东区 鲁继田

沙河市 刘玉贵

南宫市 李平然（女）

邢台县 关学峰

清河县 钱士合

内邱县 齐朝文

临城县 尉赴津（女）

隆尧县 张华兴

任　县 黄金花（女）

柏乡县 李顺谦

南和县 薛秀杰

宁晋县 刘月斗

巨鹿县 贾春英

平乡县 霍贵山

新河县 赵秋静（女）

广宗县 李云豪

威　县 罗兆群

临西县 甄志国

邯郸市

市政协主席 王光龙

县（市、区）政协主席

丛台区 关清江

复兴区 刘景元

邯山区 韩法刚

峰峰矿区 王云岩

武安市 李午明

鸡泽县 安树森

邱　县 李宝林

永年县 李志科

曲周县 冯怀林

邯郸县 王怀章

肥乡县 王援朝

馆陶县 宋向华

涉　县 樊爱国

广平县 王保岭

成安县 苑金光

魏　县 路爱荣（女）

磁　县 秦玉亮

临漳县 郭庆昌

大名县 高连生

河北省各级政协组织和委员数

（截至 2006 年底）

项目＼级别	省	设区的市	县（不设区的市、市辖区）	合计
组织数	1	11	172	184
委员数	738	5359	32177	38274

（齐为民 编写　张桂勇 审稿）

政协山西省委员会

【全体委员会议】

九届四次会议 1月8日至13日在太原召开。会议应出席委员532名，实到482名。省政协副主席薛荣哲主持开幕会，省政协主席刘泽民受政协第九届山西省委员会常务委员会委托，向大会作常委会工作报告。省政协副主席张正明受政协第九届山西省委员会常务委员会委托，向大会作了《政协第九届山西省委员会常务委员会关于九届三次会议以来提案工作情况的报告》。与会同志列席了山西省第十届人民代表大会第四次会议，听取并协商讨论了于幼军省长所作的《关于山西省国民经济和社会发展第十一个五年规划纲要的报告》和省高级人民法院、省人民检察院工作报告，协商讨论了《关于2005年国民经济和社会发展计划执行情况与2006年国民经济和社会发展计划草案的报告》、《关于2005年全省和省本级预算执行情况及2006年全省和省本级预算草案的报告》。会议对以上报告表示赞同。会议审议并通过了《中国人民政治协商会议第九届山西省委员会第四次会议政治决议》、《中国人民政治协商会议第九届山西省委员会第四次会议关于政协第九届山西省委员会第三次会议以来提案工作情况报告的决议》。大会补选刘兆林、来玉龙、郭勇飞、曹惠斌为省政协常委。刘泽民主席主持闭幕会，省委书记张宝顺作了《最广泛最充分地调动一切积极因素，为实现“十一五”发展目标团结奋斗》的讲话，他指出，“十一五”时期，我省必须抓住机遇，乘势而上，迎接挑战，有所作为。要围绕实现“十一五”规划目标，凝聚起推进新发展新跨越的强大合力；围绕加快科学发展、建设和谐山西，充分发挥人民政协的独特优势；围绕政协工作的全面创新，进一步加强和改善对政协工作的领导。刘泽民主席在闭幕会上要求，全省各级政协组织要牢固树立和认真落实科学发展观，发挥人才荟萃、智力密集的优势，更好地为推进经济快速协调发展和社会全面进步服务，为维护改革发展稳定的大局出力；要牢固树立以人为本的观念，高度关注民生，坚持把人民群众的根本利益作为政协工作的出发点和归宿，切实维护人民群众的利益，促进和谐山西建设；要进一步加强政协组织自身建设，推进政协工作全面创新，为把我省建设成为充满活力、富裕文明、和谐稳定、山川秀美的新山西努力奋斗。

【常务委员会议】

第16次会议 2006年1月4日在太原举行。应出席常委101名，实到89名。省政协主席刘泽民主持开幕会。副省长牛仁亮作了关于《山西省国民经济和社会发展第十一个五年规划纲要》编制工作的说明，省政协副主席薛荣哲作了关于《政协第九届山西省委员会常务委员会工作报告(讨论稿)》的说明，副主席吴锦文作了有关省政协制定和修订的8项制度（讨论稿）的情况说明，省政协副主席张正明作了《政协第九届山西省委员会常务委员会关于九届三次会议以来提案工作情况的报告（讨论稿)》说明。省委组织部负责人作了调整省政协常委的说明，省委统战部负责人作了关于补选省政协委员的说明，省委办公厅、省政府办公厅负责人通报了省政协九届三次会议以来的提案办理情况。

第17次会议 1月10日晚在太原举行。应出席常委101名，实到79名。刘泽民主席主持会议。常委们就提交九届四次会议讨论的三项决议（草案）和选举办法（草案)，监、计票人员名单（草案）发表了修改意见。会议审议并通过了《中国人民政治协商会议第九届第四次会议政治决议（草案)》；审议并通过了《关于政协第九届山西省委员会常务委员会工作报告的决议（草案）》；审议并通过了《关于省政协九届三次会议以来提案工作情况报告的决议（草案）》；审议并通过了《省政协九届四次会议选举办法（草案）》；审议通过了省政协九届四次会议监、计票人员名单（草案），并提请省政协九届四次会议审议通过。

第18次会议　2006年1月13日在太原举行。应出席常委101名，实到83名。省政协主席刘泽民主持会议。会议审议并原则通过了《政协第九届山西省委员会常务委员会2006年工作要点》。

第19次会议　5月22日至24日在太原召开。应出席常委101名，实到81名。刘泽民主席主持开幕会议，副省长梁滨通报了我省社会主义新农村建设的有关情况，副主席薛荣哲就《关于扎实推进我省社会主义新农村建设的建议（讨论稿）》作了说明。会议还邀请中国人民大学农业与农村经济发展学院院长温铁军博士作了关于建设社会主义新农村的专题报告。围绕会议主题，常委们进行了分组讨论，并有7位同志作了大会发言。会议通过了《关于扎实推进我省社会主义新农村建设的建议》；通过了阎沁生同志为政协第九届山西省委员会委员的决定；通过了阎沁生同志任省政协副秘书长、代秘书长和杨临生等12位同志的任职决定。副主席薛荣哲主持闭幕会议，刘泽民主席作了重要讲话并通报了省政协九届十八次常委会议以来的工作情况。

第20次会议　8月7日至9日在晋城召开。应出席常委101名，实到82名。省政协主席刘泽民主持开幕会议并在闭幕会议上作重要讲话，副主席薛荣哲主持闭幕会议。副省长牛仁亮通报了山西省建设环境友好型社会的情况，副主席边鸣涛作了《关于加快我省建设环境友好型社会的建议（讨论稿）》的说明。会议围绕加快我省建设环境友好型社会进行了分组讨论和大会发言，与会人员对加快我省建设环境友好型社会提出了很有见地的意见和建议。会议审议并通过了《关于加快我省建设环境友好型社会的建议》。

【专委会工作】

提案委员会　一、提案办理的基本情况。一年来，省政协各参加单位和政协委员共提出提案582件，其中立案处理487件，作为来信处理95件，提案办复率100%。8件重点提案全部如期办理完毕。省政协和省政府共同从500多件提案中筛选出八类问题30件提案作为重点，由4位副省长领办、8位副主席督办，到年底这些提案均办理得较好。二、开拓创新，全面提升提案工作水平。一是提高认识，注重创新，推动提案工作的发展。二是加强调研，掌握情况，拓宽提案工作的途径。三是修改《山西省政协提案工作条例》，召开了提案工作会议，制定了《山西省优秀提案和办理政协提案先进单位、先进个人评选办法》。由省委、省人大、省政府和省政协办公厅联合，对省政协九届一次会议以来有较大社会影响的97件优秀提案进行了表彰。四是多管齐下，加强监督，提高办理提案的质量。三、讲求实效，让提案更好地发挥作用。一是提高认识水平。二是提高整体质量。三是提高办案能力。

经济和人口资源环境委员会　一、组织委员加强理论学习。二、围绕中心工作开展专题调研，较好地完成了各项任务。一是就九届19次常委会议题进行了调研，向常委会提交了题为《切实抓好我省村镇建设的规划与实施工作》的调研报告。二是承担了九届20次常委会主要议题的调研任务，开展了建设环境友好型社会的调研，提交了《关于加快我省建设环境友好型社会的建议》，编写了20多万字的《山西省建设环境友好型社会专题调研报告集》。三是结合全国政协人资环委来晋调研，就矿业体制建设和新生儿出生缺陷问题进行了调研。四是承担了11月13日的省长接待委员日活动，就加快推进品牌战略问题开展了专题议政活动。五是围绕“中小企业贷款难、融资难问题”进行了调研。六是参加了省委组织的政协工作督查调研。三、加强沟通联系，促进交流合作。参加了华北五省市区政协人资环委工作研讨会、全国暨地方政协人资环委工作研讨培训会、全国十二省市区政协经济委员会第十四次联系会议、全国政协“促进非公有制”经济健康发展论坛，组织了两批境外考察活动。

农村委员会 一、围绕推进新农村建设的课题，完成了九届十九次常委会主要议题的调研任务，向省委、省政府提交了《关于扎实推进我省社会主义新农村建设的建议》。二、配合全国政协经济委员会调研组来我省就建设社会主义新农村进行专题调研。三、参与完成全国政协来晋视察调研。四、完成了省委政协工作督查调研任务。五、举办“社会主义新农村建设”研讨会。六、成立山西省农村小康建设研究会。七、做好信息工作，拓展履行职能的渠道。八、有效开展对口联系工作，完成有关接待任务。九、组织委员积极撰写提案和社情民意。

教科文卫体委员会 一、组织全体委员认真学习中共中央五号文件，贯彻和落实中央和省委相关文件精神，统一思想，明确新形势下的使命和责任，科学部署全年工作。二、落实中央建设创新型社会要求，举办“山西自主创新”论坛。三、围绕农村教育、卫生保障建言献策。四、参与高考视察、省委政协工作督查和省教育厅组织的义务教育标准化验收工作。五、视察太原市晋源区文化旅游资源、医药招标工作和群众看病难等。六、加强与各地级市政协教科文卫体委员会的联系，就义务教育投入问题在联合调研的基础上召开了专题研讨会。七、在参政议政的实效上下功夫，为省脑瘫医院的长期发展建言献策，引起政府高度重视。八、创刊《工作简报》不定期地通报委员会工作情况。

社会法制委员会 一、认真学习，加强委员会自身建设。加强政治理论学习，在省政协信息网上开辟特色专栏。二、举办“促进社会和谐稳定”论坛，出版了《法治与和谐》一书。三、积极开展专题调研。一是围绕全省打造政府公信力，就行政效能建设进行调研。二是围绕省政协常委会的议题开展调研。三是积极参加省委政协工作督查调研活动。四、发挥委员主体作用，积极拓展委员会履职渠道，参与近20项社会法治方面的活动。五、参加全国政协社法委组织的活动。一是参加“建设社会主义新农村·社会与法制”研讨会，二是参加全国政协社法委“建设社会主义新农村”联合调研，三是参加全国政协社法委为构建和谐社会建言献策座谈会。六、加强与兄弟省（市、区）政协的对口联系。一是参加北方部分省（市、区）政协社法委工作联系会，提交了交流材料。二是接待了上海等十个省（市、区）的政协来晋考察团，并进行了工作交流。

民族宗教委员会 一、与省宗教事务局联合举办“宗教为构建和谐山西作贡献”专题研讨活动，共收到论文107篇，评选出优秀组织奖和获奖论文，并汇编成《宗教为构建和谐山西作贡献研讨会材料选编》。二、进行了我省少数民族聚居村脱贫致富情况的专题调研，深入基层考察民族宗教政策贯彻情况。三、积极反映民族宗教界的社情民意，努力做好落实政策工作。四、不断开展有民族宗教特色的文化活动和对外交流活动，促进民族团结、宗教和睦和社会和谐。参加了全国政协民族宗教工作研讨会、华北五省市区政协民族宗教工作研讨会等。五、始终坚持了宗教界的政治学习，不断加强委员会的自身建设。

文史资料委员会 一、完成了《晋商史料全览》地方卷、《山西近代史写真集》和《山西省政协文史资料丛书》三套书籍的编辑出版任务和为全国政协《治理黄河》一书的供稿工作；二、《文史月刊》在进一步提高刊物质量，发行量达到11500册；三、就文物保护工作进行了调查研究，提出了意见和建议；四、举办了全省政协文史工作座谈会，就新形势下政协文史工作的有关问题进行了研究和探讨，并对各市、县（市、区）的政协文史工作者进行了业务培训；五、编印了第二期《山西文史》和1期《文史导刊》。《文史月刊》连续四年被评为“山西省一级期刊”，并荣登龙源期刊网中文期刊网络阅读亚欧美排行前100名。

学习宣传委员会 一、以学习贯彻《意见》为中心，组织学习培训班。二、编发《学习资料》，提高委员理论素质，为委员知情参政提供服务。三、了解社会动态，关注社会热点，深入实际调研，积极履职献策。先后组织委员赴省内外进行了9次大型考察调研活动。四、围绕中心工作，服务发展大局，创造性地开展工作。一是结合新时期人民政协工作的特点，充分运用现代信息技术和媒体手段与山西电影制片厂合作筹拍了大型纪实性专题片《为了人民的利益》，以直观而多彩的形式回顾和展示了山西政协成立和发展的历程。二是与我省新闻工作者协会共同筹办了“山西省第二届政协好新闻奖”评选活动。三是发挥界别优势，做好宣传工作。四是继续与《山西日报》协作，办好委员论坛栏目。五是承担了由省政协办公厅和省委统战部联合组织的“省城各界人士迎春茶话会”的策划组织、会场设计和布置工作。

港澳台侨和外事委员会 一、加强学习，提高素质，统一思想，推动工作。召开纪念胡锦涛总书记新形势下发展两岸关系“四点意见”发表和《反分裂国家法》颁布实施一周年等学习座谈会。二、围绕中心，视察调研，牵线搭桥，注重实效。多次深入视察调研，及时反映社情民意。三、拓宽领域，扩大交往，加强联谊，创新局面。参加了全国各省（区、市）政协港澳台侨和外事工作经验交流会，接待了兄弟省市的考察团8批次71人；组织我省的香港政协委员及在港海外联谊会的理事参加2006年“山西（香港）经济合作项目洽谈会”。协助接待了省政协常委庄金洲一行，期间庄金洲委员向山西财经大学捐赠100万元人民币。

【重要活动】

省城各界人士迎春茶话会 1月23日在太原举行。由政协山西省委员会、中共山西省委统战部共同举办。省委书记张宝顺、省政协主席刘泽民等出席并作重要讲话。省政协副主席、民进省委主委张正明，省政协常委、省侨联主席周运宁分别代表各民主党派、工商联和无党派爱国人士及各人民团体发了言。茶话会上，大家观看了精彩的文艺节目。

驻晋全国政协委员视察中国银行山西省分行和光大银行太原分行 2月20日上午，省政协主席刘泽民带领部分驻晋全国政协委员视察中国银行太原北城支行、光大银行太原分行。副省长张少琴陪同委员视察了中国银行太原北城支行的营业大厅、储蓄中心、大客户服务中心和光大银行太原分行的营业部、理财中心，分别听取了他们的工作情况汇报并与有关部门负责人进行座谈。视察中，委员们对今后金融改革、金融市场发展等提出了意见和建议，刘泽民主席作了讲话。

驻晋全国政协委员座谈会 2月22日下午在太原召开。省政协主席刘泽民主持。会议学习了中共中央《关于加强人民政协工作的意见》，并围绕贯彻落实中共中央《关于加强人民政协工作的意见》和如何开好全国政协十届四次会议、提高建言献策水平进行了认真讨论，提出了意见和建议。

省长接待委员日 3月30日在太原举办。活动由省政协副主席薛荣哲主持，省政协主席刘泽民出席并讲话，梁滨副省长通报了山西省社会主义新农村建设的有关情况并与部分省政协委员进行了交流座谈。委员们就农村基础设施建设、新农村规划、土地流转、产业开发实施、清理现有农业投资不适应政策、调整财政支出科目、搞活农村信贷、农村九年义务教育、职业教育、农村社会保障、建立以煤补农机制等方面提出了意见和建议。部分省政协委员、省政府办公厅、省政协办公厅、省发改委、省财政厅、省劳动保障厅、省国土资源厅、省建设厅、省水利厅、省农业厅、省林业厅、省中小企业局、省扶贫办、省政协调研室、有关专门委员会的负责人参加了活动。

社会主义新农村建设座谈会 4月4日上午在太原召开。省政协主席刘泽民主持会议。原省人大主任王庭栋、原省政协主席郭裕怀、副主席张长珍、原省社会科学院副院长陈家骥应邀出席会议。大家围绕社会主义新农村建设问题进行了广泛深入的探讨，就社会主义新农村建设中的农村土地流转、土地所有权与使用权的关系、金融机构如何为农村服务、小额信贷组织和农村经济组织的发展、新型农民的培养等问题，结合我省的实际提出了意见和建议。省政府办公厅、省政协办公厅、省直有关部门和金融部门的负责人参加了座谈会。

视察太原市文物保护和旅游开发情况 5月11日，省政协主席刘泽民率省政协视察团一行视察了太原市文物保护和旅游开发情况。视察团听取了太原市文物保护和旅游开发工作情况汇报，召开了座谈会，并对太原市在文物保护和旅游开发工作中取得的成绩给予了充分肯定。刘泽民主席和薛荣哲副主席作了即席讲话，省委常委、太原市委书记申维辰，副省长宋北杉参加了座谈会。

全国政协委员视察团视察扶贫开发工作 5月25日至6月1日，以全国政协常委、中国扶贫开发协会会长胡富国为团长的全国政协委员视察团来到山西，就革命老区经济发展与扶贫开发进行视察。他们深入晋中市左权县，长治市武乡县、沁县、壶关县、平顺县部分企业、学校、移民新村、工业园区，与基层干部进行了深入探讨，并提出了指导意见。6月1日，在省城迎泽宾馆举行了情况反馈会和捐赠签约仪式，签约了工业硅开发加工项目合作意向、养牛技术推广和市场项目合作意向、武乡县砖壁村獭兔养殖合作协议、100名贫困大学生资助协议、230名大学生免费上学协议、20000名贫困地区劳动力转移就业协议、15000人“甘泉工程”项目协议。

学习《中共中央关于加强人民政协工作的意见》培训班 6月9日至11日，省政协办公厅、中共山西省委组织部在省委党校举办了省政协委员学习《意见》培训班。省委副书记薛延忠出席开学典礼并作动员讲话。省政协主席刘泽民主持开学典礼并在结业典礼上作《政协委员要带头践行社会主义荣辱观》专题讲座。培训期间，学员们认真学习了《意见》，听取了全国政协副秘书长卞晋平《学习中共中央关于加强人民政协工作的意见，推动新世纪、新阶段人民政协事业的发展》的报告和省委统战部常务副部长王大高所作的关于学习贯彻中共中央两个五号文件精神的报告，并进行了分组讨论和交流发言。

省长接待委员日 11月13日上午在太原举办。活动由阎爱英副主席主持，副省长胡苏平通报了我省实施“品牌战略”的整体规划和进展情况，并就我省实施品牌战略问题与部分省政协常委、委员进行座谈交流。与会委员踊跃发言，对我省实施品牌战略工作提出了意见和建议。在听取委员们的发言后胡苏平副省长表示，委员们的建议是对政府工作的大力支持，省政府各相关部门要认真研究，积极采纳，改进工作，不断把我省品牌战略工作推向前进。

全省政协工作经验交流会 11月21日至22日在太原召开。开幕式由省政协副主席薛荣哲主持，省政协主席刘泽民作了重要讲话。闭幕式由省政协主席刘泽民主持，省委副书记金银焕作重要讲话。副省长张少琴、省政协副主席薛荣哲、吴锦文、聂向庭、张正明、边鸣涛、吕日周、阎爱英、韩儒英、吴博威、周然、代秘书长阎沁生出席会议。会议总结交流了近年来我省各级政协在履行职能中创造的新经验、新方法，分析研究了当前政协工作中面临的新情况、新问题，探讨了加强和改进政协工作的新途径、新思路，并对53名优秀政协委员予以通报表彰。

促进社会和谐稳定论坛 11月30日在太原举行。论坛由周然副主席主持、刘泽民主席作了重要讲话。16位同志围绕行政许可法的实施、调解体系的构建、和谐交通的建设、和谐就医秩序的建立、法律职业共同体的发展、未成年人犯罪的预防与矫正、司法队伍建设、建立应对突发事件的工作机制、生态环境保护、建设服务型政府、发挥律师在化解社会矛盾中的作用、打击商业贿赂犯罪、建立行政问责制、健全矛盾纠纷解决机制等方面发表了意见。从报送的60余篇论文中精选出的54篇，经过进一步的修改完善，编辑成《法治与和谐》一书，由山西人民出版社出版。

山西自主创新论坛 12月5日，由教科文卫体委员会与省发改委、教育厅、科技厅、国资委和中小企业局等共同筹办。省政协主席刘泽民、副省长张少琴、省政协副主席聂向庭出席论坛并讲了话。论坛收集到了来自相关厅局、部分大学、科研院所、企业的论文60多篇，有10位同志做了发言。

【重要文件】

常委会工作报告（2006年1月8日）（摘要）

一、积极推进学习型组织建设，不断提高履行职能的能力。一年来，省政协着重抓了四个方面。一是认真学习胡锦涛总书记关于构建社会主义和谐社会的重要讲话精神，进一步明确了人民政协在构建社会主义和谐社会中的重要地位和作用。二是认真学习《中共中央关于进一步加强中国共产党领导的多党合作和政治协商制度建设的意见》（以下简称《意见》），作出了关于学习贯彻《意见》的决议。三是认真学习胡锦涛总书记视察山西时的重要讲话精神，深刻领会和贯彻落实胡总书记关于加快科学发展、建设和谐山西、致力求真务实的总体要求。四是认真学习中共十六届五中全会和省委八届七次全会精神，增强了制定和落实“十一五”规划的使命感和责任感。为扎实推进人民政协的政治学习和理论研究工作，全年组织了五次大型专题讲座，在省委党校举办了第4期政协委员培训班，选派50多位委员赴北戴河参加政协理论培训。召开了“人民政协理论与实践”研讨会，研究探讨了新形势下政协履行职能的若干重大问题，首次公开出版了我省人民政协理论研究文集。在《山西政协报》和《政协网站》上开辟专栏，开展理论研讨，营造了全省政协系统重视理论学习和研究的良好氛围。

二、扎实开展先进性教育活动，进一步发挥中共党组织在政协中的政治核心作用。坚持把理论学习贯穿始终，增强了贯彻落实“三个代表”重要思想的自觉性和坚定性；坚持把发扬民主，走群众路线贯穿始终，切实做到“两不误，两促进”；坚持把解决突出问题贯穿始终，使干部群众切实感受到政协工作发生的新变化；特别是坚持把发挥党员领导干部示范带头作用贯穿始终，推动了教育活动的开展和各项任务的全面完成。省政协党组成员认真回顾总结了九届一次会议以来的工作，重点检查了自身在理想信念、宗旨、作风、纪律等方面存在的问题，开展了严肃认真的批评与自我批评；认真思考推进新世纪新阶段我省政协工作的一些重大问题，进一步明确了今后的工作思路和努力方向。通过这次活动，我们初步探索出一套先进性教育的长效机制，为新时期人民政协工作更好地坚持中国共产党的领导，更好地发挥党组的政治核心作用和党员的模范带头作用，提供了坚实的基础。

三、努力提高调查研究水平，为全面建设小康社会建言献策。省政协常委会联合全省各民主党派、工商联和各市县政协，围绕我省经济社会发展中的重大问题，多层次地开展了议政建言活动。九届十三次常委会会议形成的《关于对我省“十一五”规划的建议》，受到了省委、省政府的高度重视，省委书记张宝顺作出重要批示，要求有关部门“在制定十一五规划中认真参阅”；靳善忠、牛仁亮、宋北杉等省政府领导也都作出批示，要求有关厅局认真研究、充分吸收。九届十四次常委会议形成的《大力促进我省文化产业发展的建议》，受到了省委、省政府特别是文化主管部门的重视。省委常委、宣传部长申维辰同志亲自组织文化宣传部门认真研究，并批示《前进》全文刊登。九届十五次常委会形成了《关于建设和谐山西的建议》，已于年前报送省委、省政府。各界别、各专门委员会还结合各自的优势，开展了28个专题调研。一年来，省政协各参加单位和政协委员共提出提案582件，其中立案处理487件，作为来信处理95件，提案办复率100%。8件重点提案全部如期办理完毕。召开了提案工作会议，制定了《山西省优秀提案和办理政协提案先进单位、先进个人评选办法》。由省委、省人大、省政府和省政协办公厅联合对省政协九届一次会议以来有较大社会影响的97件优秀提案进行了表彰。在反映社情民意方面，全年共收集社情民意13000多条，编发《山西社情民意》185期。其中中央办公厅采用57条，省级以上内参采用300多条。我省信息在连续四年获得全国一等奖的基础上，去年又取得了全国第一名的好成绩。

四、充分发挥人民政协的优势和作用，维护我省和谐稳定的政治局面。以贯彻落实中共中央《意见》为契机，积极支持各民主党派按照参政党《章程》规定履行职能。积极邀请民主党派成员参加政协开展的调研和视察。加强政协组织与各民主党派、工商联的沟通、联系和合作的机制建设，进一步完善了主席联系会议和秘书长联席会议的制度。认真贯彻落实国家民族宗教政策、“和平统一、一国两制”的基本方针。加大对内外联络和交往工作。发挥文史资料在和谐社会建设中的积极作用。开展了《名人故居》、《治理黄河》、《中国要塞》、《新中国清除百年匪患》等全国性文史资料和《建国前山西五十年图集》的征编工作；全面启动《晋商史料全览》的征集和研究工作，特别是组织编写了《文史工作教程》，填补了全国空白。密切关注与人民群众切身利益相关的社会问题，先后围绕民营经济发展、医疗制度改革、煤炭安全生产三个专题，协助省政府开展了省长接待委员日活动；组织了对未成年人犯罪的调查，提出了对策建议；参与了对交通、公安、物价等九个厅局的行风评议和议政对话；接待群众来信来访200多人次，并协助有关部门处理了一些上访问题。为协调社会利益关系、疏通化解社会矛盾，发挥了积极作用。

五、完善落实各项制度，大力推进“三化”建设。集中力量开展了对《政协全国委员会关于政治协商、民主监督、参政议政的规定》实施10年来情况的专项检查，并提出了20多条对策建议，向全国政协报送了《情况报告》。省政协设立5个专题工作小组，采取多种形式，广泛征求各族各界人士的意见，先后修订了常务委员会工作规则、主席会议工作规则、秘书长会议工作规则、专门委员会工作规则、提案工作条例；新制定了全体会议工作规则、委员视察工作条例和反映社情民意工作条例；制定完善了政协机关内部管理的各项规章制度，出台了《关于进一步加强省政协机关工作的若干意见》，促进了我省政协工作制度化、规范化、程序化的发展。

六、广泛开展各项活动，增强政协组织的凝聚力和向心力。一是搞好委员的知情知政活动。邀请省发改委、省经贸委、省财政厅对我省经济形势进行了情况通报；结合常委会议召开接待委员日活动，邀请七位副省长和70多个部门的领导参加了政协的各种活动和会议，与委员开展直接对话交流。通过组织委员参加视察及调研活动，为委员建言献策提供和拓宽渠道。全年共组织各种类型的视察活动66次，参与活动的委员有800多人次。邀请驻晋全国政协委员列席和参加有关会议，委托市级政协开展了省会外委员的联合视察或跨区视察。在全国率先成立了委员界别小组，明确了界别活动小组召集人、联络员，强化了对委员活动的组织领导，广泛开展了各种形式的活动。二是开展了丰富多彩的纪念和文化活动。策划和举办了省城各界人士迎春茶话会、纪念中国人民抗日战争胜利暨世界反法西斯战争胜利60周年大型音乐会，组织各民主党派和社会团体举办了庆“七一”歌咏演唱会、首届政协系统“团结杯”乒乓球比赛，与省人大联合举办了首届管理人才高峰论坛，等等。在组织和参与的各项活动中，政协代表队多次获得奖项。在全国政协举办的《政协章程》电视知识竞赛中，我省代表队获第四名；在全省组织的《公务员法》知识竞赛中获得省直第一名。省政协合唱团作为全国政协系统唯一入选的代表，参加了在厦门市举办的“全国纪念抗战胜利60周年歌咏比赛”，并获得金奖。省政协机关在精神文明创建活动中，继续保持了“省直文明单位标兵”的光荣称号。三是加强人民政协的宣传工作。进一步密切了同各新闻单位的联系和合作，在《山西日报》创办了“委员议政”专栏，在山西电视台开办了“政协委员论坛”，定期刊登和播放委员意见和建议。按照体现特色、讲求实效的要求，《山西政协报》开辟了“为百姓说话，为决策服务”、“今日关注”、“直通委员”等栏目。联合省委宣传部、省新闻工作者协会共同设立了“山西省政协好新闻奖”，并召开了首届政协“向新杯”好新闻奖表彰会。

回顾过去一年来的实践和本届政协的工作，我们深深体会到：坚持中国共产党的领导，是人民政协事业蓬勃发展的根本保证。围绕中心议大事，是人民政协履行职能的首要任务。推进“三化”建设，是提高履行职能实效的制度保障。广泛开展各种形式的活动，是增强政协组织凝聚力和向心力的有效途径。与时俱进、开拓创新，是增强政协工作活力的不竭动力和源泉。

2006 年工作。一、把学习摆在突出位置，不断提高建言献策的水平。二、把促进发展作为履行职能的第一要务，积极投身全面建设小康社会的伟大实践。三、突出团结民主两大主题，为构建和谐山西作出积极贡献。四、搞好自身建设，进一步增强人民政协工作的主动性和创造性。

中共山西省委关于贯彻落实《中共中央关于加强人民政协工作的意见》的实施意见（2006 年 10 月 24 日）　《中共中央关于加强人民政协工作的意见》（以下简称《意见》），坚持以邓小平理论和“三个代表”重要思想为指导，全面贯彻落实科学发展观，系统总结了 50 多年来人民政协事业发展的历史经验，深刻阐明了新世纪新阶段人民政协的性质、地位、作用、职能、主题、任务和工作原则，对进一步加强和改善党对人民政协的领导以及搞好人民政协自身建设提出了明确要求。为了贯彻落实《意见》精神，提出如下实施意见。

一、充分认识加强人民政协工作的重大意义

（1）深刻认识人民政协的重要地位和作用。人民政协是中国共产党把马克思列宁主义统一战线理论、政党理论和民主政治理论同中国具体实践相结合的伟大创造，是中国共产党同各民主党派、人民团体和各族各界人士风雨同舟、团结奋斗的伟大成果，是实行中国共产党领导的多党合作和政治协商制度的重要政治形式和组织形式，是我国政治体制的重要组成部分，在我国政治生活中具有不可替代的作用。运用好人民政协这一政治组织和民主形式，是坚持走中国特色社会主义政治发展道路、充分体现和发挥我国社会主义政党制度特点和优势的必然要求。人民政协作为中国共产党领导的各党派、各团体、各民族、各阶层大团结大联合的组织，其基本属性、主要职能、组织构成、工作原则和活动方式，与构建社会主义和谐社会的要求完全一致，同构建社会主义和谐社会的各项工作紧密相连。在全面建设小康社会、加快推进社会主义现代化的新的发展阶段，提高党的执政能力，发展社会主义民主政治，构建社会主义和谐社会，推进中国特色社会主义伟大事业，必须大力加强人民政协工作，充分发挥人民政协的重要作用。

（2）切实增强做好新世纪新阶段人民政协工作的责任感和自觉性。我省正处在加快科学发展、建设和谐山西的关键时期，各级党委、政府要认真学习、深刻领会中央《意见》的精神实质和丰富内涵，从加强党的执政能力建设，发展社会主义民主政治，构建充满活力、富裕文明、和谐稳定、山川秀美新山西的战略高度，进一步增强做好新世纪新阶段人民政协工作的责任感和自觉性。要继续认真贯彻省委《关于进一步加强新时期人民政协工作的决定》（晋发［2003］24 号）和《关于贯彻〈中共中央关于进一步加强中国共产党领导的多党合作和政治协商制度建设的意见〉实施意见》（晋发［2005］31 号），把是否重视政协工作、能否发挥好政协作用，作为检验各级党委领导水平和执政能力的重要内容，切实加强和改善党对人民政协工作的领导，推进人民政协履行职能的制度化、规范化、程序化，不断开创政协工作新局面。

二、坚持和完善人民政协的政治协商制度

（3）政治协商是中国共产党领导的多党合作的重要体现，是党和国家实行科学民主决策的重要环节，是党提高执政能力的重要途径。各级党委要高度重视人民政协的政治协商，认真落实中央《意见》和晋发［2003］24号、晋发［2005］31号文件规定的协商内容和形式，把政治协商纳入决策程序，坚持重大决策主动协商在党委决定之前、人大通过之前、政府实施之前，制定经济社会发展规划先协商后决策，对重要人事安排和人民生活中重大问题先协商后决定，制定地方重大政策和法规先协商后通过。根据新形势和新任务的要求，不断完善协商内容，调整协商形式，增强协商效果。增强协商的主动性和统一性，避免协商的随意性和形式化，不得以通报代替协商。

（4）进一步明确政治协商的主要程序。一是协商议题的提出。党委根据年度工作重点和政协党组提出的建议，研究确定政治协商的议题。二是协商活动的准备。政协党组根据党委确定的议题，按照政协章程和有关规定，提出具体协商方案。党委、政府及有关部门提前将有关协商材料送交政协，并支持政协围绕议题组织调研。三是协商活动的进行。政协全体会议期间，党政领导同志及部门负责同志列席有关会议，听取委员大会发言，参加有关议程；政协全体会议、常务委员会会议、主席会议、常务委员专题协商会议及其他协商会议协商问题时，党委、政府及有关部门根据议题和内容，安排相关负责同志到会通报情况，听取意见，参加协商活动；受党委委托，政协党组可召集和组织有关问题的协商会议。协商会议应形成《协商会议纪要》或《协商会议建议》。四是协商意见的办理及反馈。政协党组受党委委托召开协商会议形成的《协商会议纪要》或《协商会议建议》，党委、政府领导应亲自阅批，特别重要的意见和建议案要提交党委常委会议、人大常委会议、政府常务会议讨论；其他《协商会议纪要》或《协商会议建议》，要及时送交分管领导或部门负责同志阅批，认真研究办理。协商意见和建议的办理情况要在1个月内书面反馈政协办公厅（室）。没有列入年度协商计划而确有必要进行协商的事项，可临时安排协商，按照上述程序进行。

三、支持和加强人民政协的民主监督工作

（5）人民政协的民主监督是我国社会主义监督体系的重要组成部分，是在坚持四项基本原则基础上通过提出意见、批评、建议方式进行的政治监督。要按照中央《意见》和晋发［2003］24号、晋发［2005］31号文件精神，落实监督内容，改进监督形式，提高监督效力。

（6）建立健全民主监督机制。支持人民政协依照政协章程开展民主监督，认真倾听来自人民政协的批评和建议，自觉接受民主监督。在知情环节，重点建立重要情况适时通报制度，政府每半年向政协通报一次经济社会发展情况；应政协要求，政府有关部门应向政协作专题情况通报；纪检监察、法院、检察院、公安等机关，每年向政协作一次情况通报；党委、政府召开的重要会议、组织的大型调研和专项考察等活动，应邀请政协领导和有关专门委员会负责同志参加。在沟通环节，按照职责分工，重点建立党委、政府领导及职能部门同政协组织及其专门委员会的对口联系制度，定期沟通情况，交换意见；主动邀请政协参加政府部门开展的政风、行风评议活动，鼓励政协委员对本地区国家机关及其工作人员的工作开展评议。在反馈环节，重点建立健全政协提案、社情民意信息的交办、督办和回复反馈机制。坚持完善政府领导领办、政协主席督办重点提案和党委、政府领导阅批政协社情民意信息制度。坚持完善党委、政府办公厅（室）每年向政协常务委员会会议通报政协提案、社情民意信息办理情况的制度。落实政协民主监督交办事项办理责任制，对该办未办的，可立案重新办理，承办单位要向政协和提案人作出情况说明；对该办未办造成不良后果和重大社会影响的，追究承办单位领导的责任。积极探索政协民主监督与党纪政纪监督、法律监督、舆论监督相结合的有效形式，进一步提高民主监督的质量和成效。

四、重视和发挥人民政协的参政议政作用

（7）参政议政是人民政协履行职能的重要形式，也是党政领导机关经常听取参加人民政协的各民主党派、人民团体和各族各界人士意见和建议、切实做好工作的有效方式。各级党委、政府要支持政协围绕本地经济、政治、文化和社会生活中的重要问题以及人民群众普遍关心的问题，开展调查研究，反映社情民意，进行协商讨论；支持政协通过建议案、调研报告或其他形式提出意见和建议；支持政协开展各种形式的社会服务活动。

（8）积极拓展参政议政的领域。各级政协要选择本地经济社会发展中具有综合性、全局性、前瞻性的课题，深入调研，开展咨询论证，提出意见和建议；围绕本地重点工作，特别是人民群众关注的社会热点、难点问题，组织委员开展视察活动，提出意见和建议；利用包容各界、联系广泛、人才聚集的优势，了解和反映社会不同阶层、不同群体的愿望和要求；积极开展政协组织之间的交流与合作，就共同关心的问题联合进行调研。各级党委要主动给政协出题目、交任务，指导和支持政协围绕党委、政府的中心工作参政议政；党委、政府可根据年度工作重点，委托或联合政协通过议政会、听证会、论证会、专题协商会等形式，广泛听取各党派团体和各界人士对党委、政府工作的意见和建议；支持政协开展海内外联谊、人民外交和对外访问交流活动。党委、政府组织的重要考察及重大外事活动应邀请政协领导和政协参加单位的有关负责人参加。

（9）健全各项工作制度，促进参政议政成果的转化落实。政协建议案、重要建议和调研报告，党委、政府负责同志要认真阅批并提出处理意见，特别重要的应提交党委常委会或政府常务会议讨论。规范政协建议案办理的程序，明确承办机构和人员，并加强督查落实。党委、政府负责同志签批的政协建议案、调研报告、社情民意，承办单位应将办理情况在1个月内作出书面答复；涉及经济社会发展重大问题、重大决策的，应在3个月内答复。要把采纳政协建议、促进参政议政成果转化落实，作为党政部门工作考评的重要内容。

五、切实抓好人民政协的自身建设

（10）重视发挥民主党派、无党派人士在人民政协中的作用。促进参加人民政协的各党派和无党派人士的团结合作，落实晋发［2005］31号文件规定，保证民主党派成员和无党派人士在政协委员、常务委员和政协领导成员中占有较大比例，政协各专门委员会要有民主党派和无党派人士参加，政协机关中应有一定数量的民主党派和无党派人士担任专职领导职务。进一步完善政协秘书长与各民主党派秘书长联席会议制度，及时就政协内部的重要事项进行沟通和协商。尊重和保障各民主党派在政协各种会议上以本党派名义发表意见的权利，尊重和保障各民主党派和无党派人士开展视察、提出提案、举报、反映社情民意以及参与调查和检查活动的权利。民主党派成员、无党派人士要积极参加政协组织的会议、调研、视察等活动。

(11) 注重发挥政协的界别优势。由界别组成是人民政协的显著特色。根据界别的特点和“本界别立足本行业”的要求开展活动。界别活动可依托政协各相关专门委员会开展，也可单独组织更具特色的活动，以充分调动各界别参政议政的积极性。进一步完善政协界别活动的组织机制，探索党政职能部门与政协界别的联系机制，为发挥界别作用创造条件。适应改革开放和经济社会发展的实际情况，根据政协章程的有关规定，研究并合理设置界别，扩大团结面，增强包容性。通过界别渠道密切联系群众，充分运用界别视察、调研、发言、提案等形式，向党委、政府反映各界群众的诉求，通过界别渠道协调关系、化解矛盾、理顺情绪，促进社会各阶层和不同利益群体之间的团结和谐。

(12) 充分发挥政协专门委员会在政协工作中的作用。从履行政协职能的实际需要出发，加强政协专门委员会的组织建设。规范省市县政协专门委员会设置，充实人员。推进政协干部年轻化进程，选拔优秀中青年干部担任政协专门委员会主任。充分发挥专门委员会的人才优势和专业优势，支持专门委员会就有关议题开展调查研究、咨询论证，提出意见和建议。党委、政府及其工作部门召开专题工作会议或组织专项活动时，应邀请同级政协相关专门委员会负责同志参加。

(13) 加强人民政协基层组织建设，密切各级政协组织间的联系。按照晋发［2003］24号文件规定，配齐乡镇、城市街道办事处政协工作联络组。加强对市、县（市、区）政协主席的培训。健全市、县（市、区）政协工作经验交流会议、省市政协主席会议和秘书长会议制度。支持各级政协委员之间开展联合视察、交叉视察和跨区视察。

(14) 加强政协委员队伍建设。认真组织政协委员的学习和培训，促进委员自身素质提高。坚持集中培训制度，保证每位政协委员在任期内至少参加一次专业培训。坚持政协主席联系常委、常委联系委员制度，建立定期走访委员制度。创造条件，提供服务，充分发挥驻晋全国政协委员的作用。实行政协委员动态管理，对委员撰写提案、反映社情民意、提出意见和建议、参加政协活动等内容进行量化考核，对多次无故不参加政协活动、不履行委员职责的委员予以劝退，严重违纪违法的撤销其委员资格，依纪依法处理。尊重和依法保护政协委员行使各项民主权利。政协委员所在单位要大力支持委员工作，在时间、经费等各方面提供保障；各级各部门各单位应向有组织的政协委员活动提供便利；政法机关对涉嫌犯罪的政协委员采取强制措施前，应按中央政法委规定，向委员所在政协党组通报；情况紧急的，可同时或事后及时通报。纪检监察机关对政协委员实行“两规”“两指”前，应按规定向委员所在政协党组通报。对提出批评、意见和建议的政协组织和政协委员进行打击报复的，要依纪依法严肃处理。

(15) 加强政协机关思想政治建设。政协机关是为政协履行职能服务的政治机关。坚持用马克思列宁主义、毛泽东思想、邓小平理论和“三个代表”重要思想武装政协机关干部头脑，全面落实科学发展观，牢固树立社会主义荣辱观，弘扬与时俱进和改革创新精神，大兴求真务实之风，增强全局观念、服务意识，提高政策水平，努力创建学习型、创新型机关。完善工作制度，提高工作质量和效率，保证政协机关工作协调统一、规范有序、精干高效运行。

六、加强和改善党对人民政协的领导

(16) 把政协工作摆在重要位置。各级党委要按照总揽全局、协调各方的原则，进一步加强和改善对人民政协的领导，把政协工作纳入重要议程，支持人民政协依照章程独立负责、协调一致地开展工作。每届党委至少要召开一次政协工作会议。党委每年至少召开一次政协工作专题常委会议，听取政协党组的工作汇报，研究解决政协工作中的重大问题。坚持党委、政府主要领导联系政协工作制度。坚持不是党委常委的政协主席或党组书记列席同级党委常委会议和其他有关重要会议的制度，政府召开全体会议、常务会议和其他重要会议邀请政协有关领导列席的制度。建立和完善党委、人大、政府、政协秘书长联席会议制度。各级党委要把加强对人民政协的领导、支持政协开展工作纳入党委领导班子工作目标管理体系，党委督查部门每年要对中央和省委关于政协工作的指示、决定、规定和意见的贯彻落实情况进行一次督查，并将督查结果向党委汇报，作为领导干部年终考核的重要内容。

(17) 充分发挥政协党组在政协组织中的领导核心作用。重视人民政协党组的思想、政治和组织建设，善于通过政协党组加强和改善党对政协工作的领导。加强各级政协党组班子建设。政协领导班子中应有比较年轻的党员负责同志，保持政协工作的连续性和稳定性。党委、政府要及时向政协党组通报有关重大决策和工作部署。对政协党组请示的问题，要及时研究答复。政协党组要坚定不移地贯彻党的基本理论、基本路线、基本纲领、基本经验，坚定不移地贯彻执行党关于人民政协的方针政策，把党的有关重大决策和工作部署落实到政协的全部工作中。加强同党外人士的团结合作，推动参加人民政协的各民主党派、人民团体和各族各界人士自觉接受中国共产党的领导，使党的主张成为各民主党派、人民团体和各族各界人士的广泛共识。按照党委部署和政协章程规定，配合党委有关部门做好政协换届时有关界别设置、政协委员名额和人选确定常务委员人选确定以及届中委员调整等相关工作，并提出建议。

(18) 充分发挥共产党员在政协组织中的先锋模范作用。政协委员和政协机关中的共产党员要增强政治意识、大局意识、责任意识和合作意识，认真贯彻执行党的方针政策，带头遵守政协章程，继承和发扬人民政协的优良传统，广交、深交党外朋友，自觉接受党组织和党外人士的监督，努力成为履行职能的模范、合作共事的模范、发扬民主的模范、廉洁奉公的模范。

(19) 重视和加强政协干部队伍建设。把政协机关干部的教育、管理、选拔、交流和使用，纳入干部队伍建设的总体规划。有计划地安排政协机关干部特别是年轻干部参加党校、社会主义学院和其他形式的学习培训，努力造就一支政治坚定、作风优良、学识丰富、业务熟练的高素质政协工作干部队伍。党委有关部门要主动与政协进行沟通和协商，加大政协机关干部与党委、政府机关干部的交流力度。

七、努力为政协创造良好的工作条件

(20) 进一步营造全党全社会重视和支持政协工作的新局面。各级党委要把中央《意见》和统一战线、多党合作等政协理论作为党员领导干部学习的重要内容，纳入各级党校、行政学院（校）、社会主义学院干部培训的教学计划。组织各民主党派、人民团体、政协工作者和社科理论界人士加强对人民政协的理论研究，并列入哲学社会科学研究规划。党委宣传部门及新闻媒体要加大宣传力度，广泛宣传中国共产党领导的多党合作和政治协商制度，宣传人民政协的性质、地位和作用，宣传政协参政议政的重大成果，形成有利于人民政协事业发展的良好氛围。

(21) 合理确定政协机关的机构设置和人员编制。从新世纪新阶段党对人民政协的新要求与人民政协履行职能的实际需要出发，本着有利于开展工作和精简、统一、效能的原则，进一步加强政协机关的组织机构建设，合理确定各级政协机关的编制，解决好个别地方政协编制偏少、不适应工作的问题。

(22) 为政协履行职能提供物质保障。确保政协和民主党派的工作经费。政协各种会议、界别活动、委员活动、社情民意、文史资料等各项支出列入财政预算，给予保障。解决好政协机关的办公用房、设施、用车、信息化建设等问题，切实改善政协工作条件。

2006年工作要点（摘要）（2006年1月13日政协第九届山西省委员会常务委员会第十八次会议通过） 根据省政协九届四次会议精神，制定2006年常委会工作要点如下：一、加强学习，提高素质，进一步增强履行职能的能力。1. 继续推进学习型政协组织建设。2. 全面深刻地学习理解“十一五”规划纲要。3. 继续做好知情知政工作。4. 深化人民政协理论与实践研究。5. 加强政协组织新闻宣传媒体建设。二、围绕中心，服务大局，为加快科学发展建言献策。6. 九届十九次常委会议，重点围绕我省建设社会主义新农村的战略目标进行专题协商。7. 九届二十次常委会议，重点围绕环境友好型社会建设进行专题协商。8. 举办以“循环经济建设与煤炭深加工”为主题的专家论坛或专题研讨会。9. 举办“提高自主创新能力”专家论坛或专题研讨会。10. 举办以“扩大开放与国际交流”为主题的专家论坛或专题研讨会。三、发挥优势，拓展领域，为建设和谐山西多做贡献。11. 推进依法治省，维护社会稳定。12. 积极引导宗教与社会主义社会相适应。13. 围绕群众最关切、最直接、最现实的问题进行专题协商。14. 加强与国内外的联谊、交流与合作。四、夯实基础，巩固提高，增强履行职能的实效。15. 提高提案工作的整体质量。16. 强化社情民意工作。17. 畅通民主监督、知情知政的渠道。18. 丰富民主监督形式。五、总结经验，推动工作，不断加强自身建设。19. 秋季召开政协工作经验交流会。20. 召开全省社情民意信息工作经验交流会。21. 进一步加强与各民主党派的协调协作，加大对市县政协的指导力度。22. 进一步探索委员按界别开展活动的形式。23. 进一步完善制度建设。

中国人民政治协商会议第九届山西省委员会第四次会议政治决议（2006年1月13日政协第九届山西省委员会第四次会议通过） 中国人民政治协商会议第九届山西省委员会第四次会议，是在我省胜利完成“十五”计划，制定并实施“十一五”规划的关键时期召开的一次重要会议。会议以邓小平理论和“三个代表”重要思想为指导，坚持和落实科学发展观，深入学习贯彻中共十六届五中全会和省委八届七次全会精神，听取并协商讨论了《关于山西省国民经济和社会发展第十一个五年规划纲要的报告》和省高级人民法院、省人民检察院工作报告，协商讨论了《关于2005年国民经济和社会发展计划执行情况与2006年国民经济和社会发展计划草案报告》、《关于2005年全省和省本级预算执行情况及2006年全省和省本级预算草案的报告》。会议对以上报告表示赞同。

会议认为，“十五”时期是我省历史上发展最快最好的时期之一。在中共山西省委的正确领导下，全省各族人民坚持以科学发展观为指导，坚持不懈地推进经济结构调整，促进传统产业新型化和新兴产业规模化，努力建设新型能源和工业基地，全面加强经济建设、政治建设、文化建设与和谐社会建设，圆满完成了“十五”计划确定的各项任务。全省经济持续快速发展，质量和效益不断提高，整体实力大为增强，各项事业全面进步，人民生活明显改善，主要经济指标在全国的位次稳步前移，为“十一五”时期的发展奠定了良好基础。会议对过去一年我省改革发展取得的新成就，对国民经济和社会发展“十五”计划胜利完成表示满意，对“十一五”规划纲要提出的指导思想和宏伟目标深感振奋和鼓舞。

关于加快我省建设环境友好型社会的建议（摘要） 据中科院2006年《中国可持续发展战略报告》，2005年，我省单位工业产值废气排放量是全国平均水平的2.4倍，居全国31个省市区第二；烟尘排放量是全国平均水平的3.89倍，居全国第一；固体废物排放量是全国平均水平的12.14倍，居全国第一。城市大气污染属全国最重之列。2005年在全国113个国家环保重点城市空气综合污染指数排名中，临汾、阳泉和大同三个市分别是倒数第一、第二和第四，未列入考核范围的忻州市比倒数第一的临汾市污染还严重。如果将省内的其余重点城市参与排名，倒数前10名污染最严重的城市中，有8个城市将是山西省的，其中倒数前6名的城市全是山西省的。41个开展空气质量监测的县市中，有31个县市劣于三级标准。

全省严重缺水，水污染也十分严重。我省水资源人均占有量不及全国平均水平的17%，已形成以城市为中心的地下水超采区和严重超采区22个；河流严重退化萎缩，1980年至2000年全省河川径流量减少了41.5亿立方米，减幅为36.35%。在监测的103个河流断面中，88%受到不同程度的污染，其中重度污染的占到62%；全省10个重点城市监测的56眼地下水井中，有32%的水源超过Ⅲ类标准。

我省的生态环境十分脆弱，继续恶化的趋势没有得到有效遏制。植被稀少，水土流失，土地退化严重。我省目前森林蓄积量平均每亩为2.73立方米，仅为全国平均水平的一半。森林覆盖率低于全国平均水平3.38个百分点，也低于周边省份。天然草场退化（包括退化、盐碱化和沙化）面积4500万亩，占总面积80%。水土流失面积占全省土地面积69%，全省平均输沙量约4.56亿吨。广大的黄土丘陵沟壑地区，现在仍然处于荒秃的状态。因采矿造成的地面塌陷、水位下降、植被破坏、泥石流等地质灾害在矿区到处可见。

全省湿地生态失衡严重。我省有各类湿地总面积49. 57万公顷，有40%的天然湿地已经遭到破坏。其中不少被开垦，有些成了工农业废水和生活污水的承泄区，失去了生态功能。中科院《2006中国可持续发展报告》表明，山西可持续发展总能力排第24位，生存支持系统排第28位，发展支持系统排第19位，环境支持系统排第30位，区域生态水平排第27位，区域经济发展质量排第25位。

为此建议：1. 提高认识，坚持以人为本的科学发展观，大力推动“三个转变”。2. 转变经济增长方式，发展循环经济，开展清洁生产。3. 创新生态修复补偿机制，解决企业环境保护成本外部化、社会化的问题。4. 强化科技和理论研究，建立健全区域生态环境标准体系，公正考核评价。5. 抓紧林业产权机制创新，确保生态建设的可持续发展。6. 科学开发利用水资源，不断改善我省水资源的承载能力。7. 切实加大立法和执法力度，坚决扭转“违法者成本低，守法者成本高”的现象。8. 改革环保管理体制，建立环境与发展综合决策机制。

【组织概况】

补选常务委员名单（2006 年 1 月 13 日政协第九届山西省委员会第四次会议通过）（按姓氏笔画排序）

刘兆林　来玉龙　郭勇飞　曹惠斌

补选委员名单（2006 年 1 月 6 日政协第九届山西省委员会第十六次常务委员会通过）

庄金洲　郭勇飞　来玉龙　江金桐

（2006 年 5 月 24 日政协第九届山西省委员会第十九次常务委员会通过）

阎沁生

委员辞职名单（2006 年 1 月 6 日政协第九届山西省委员会第十六次常务委员会通过）

赵生荣　雷霆

【山西省各级政协领导人名单】

山西省

政协主席

刘泽民

副主席

薛荣哲　吴锦文　聂向庭　张正明
边鸣涛　吕日周　阎爱英（女）
韩儒英　吴博威　周　然

代秘书长

阎沁生

太原市

政协主席　姬和平（女）

县（区）政协主席

迎泽区　张文跃
杏花岭区　潘保杰
尖草坪区　王秀珍
万柏林区　李智凯
小店区　吴黑保
晋源区　王　海
清徐县　杨拴保
阳曲县　白海林
娄烦县　赵润元
古交市　王志忠

大同市

政协主席　孙辅智

县（区）政协主席

城　区　崔建中
矿　区　张玉信
新荣区　任　祥
南郊区　贾兴宪
大同县　白　日
阳高县　安　鹏
灵丘县　王寿山
天镇县　贺儒庆
浑源县　陈新华（女）
广灵县　邓以作
左云县　曹德龙

阳泉市

政协主席　宋林岭

县（区）政协主席

城　区　刘江（女）
矿　区　赵德华
郊　区　潘换梅
盂　县　胡耀斌
平定县　李铭魁

长治市

政协主席　常福江

县（市、区）政协主席

城　区　杨栖莺（女）

郊　区　李秋莲（女）
长治县　傅永祥
潞城市　张书平
襄垣县　武如水
武乡县　王建华
黎城县　蔡雷飚
平顺县　申树森
壶关县　李彦忠
长子县　常爱文
屯留县　李文斌
沁源县　赵海军
沁　县　张俊芳

晋城市

政协主席　殷理田
县（市、区）政协主席
城区　陈厚明
泽州县　申和金
高平市　廖沁平（女）
沁水县　马刘勤
阳城县　杨军茂
陵川县　常振华

朔州市

政协主席　王耀斌
县（区）政协主席
城　区　李在塘
平鲁区　焦　文
山阴县　王　双
应县　张美蓉（女）
怀仁县　解　瑜
右玉县　刘　义

忻州市

政协主席　李玉清
县（市、区）政协主席
忻府区　樊春喜
原平市　任先艇
代县　程耀邦
繁峙县　李凤岐
定襄县　刘子恒
五台县　卢斌卿
静乐县　王心田
岢岚县　任保顺
保德县　康文全
五寨县　林步森
河曲县　王满仓
偏关县　郝　涌
神池县　冯　耀
宁武县　李应成

晋中市

政协主席　李儒敏
县（市、区）政协主席
榆次区　郑先华（女）
寿阳县　刘迎春
昔阳县　张世英
榆社县　李云生
太谷县　王江峰
左权县　韩卫平
和顺县　范乃文
祁　县　张礼明
平遥县　王维钢
灵石县　蔺计爱（女）
介休市　董世勇

吕梁市

政协主席　薛万明
县（市）政协主席
离石市　高侯英（女）
孝义市　任张广
汾阳市　郝玉珠
文水县　吴庆武
临县　阎金英（女）
交口县　王贵双
柳林县　曹大斌
交城县　侯恩印
兴　县　白文毅

方山县 薛永泽
石楼县 孟纯林
中阳县 郭润保
岚　县 赵志忠

临汾市

政协主席 常富顺

县（市、区）政协主席

尧都区 王九菊（女）
侯马市 张永文
隰县 王有才
永和县 任启玉
安泽县 王作庭
洪洞县 刘绍康
霍州市 任瑞昌
翼城县 张保安
浮山县 杨红旗
曲沃县 吴宪堂
吉　县 张锦中（女）
襄汾县 张拽牛
大宁县 贺寅生
乡宁县 阎灵娣（女）
古　县 李进裕
蒲　县 殷仲玺
汾西县 马五锁

运城市

政协主席 安永全

县（市、区）政协主席

盐湖区 牛建平
永济市 刘临生
河津市 王锡义
临猗县 邹通玺
万荣县 畅启仁
稷山县 马寅录
新绛县 马怀茂
绛　县 田茂忠
垣曲县 靳建邦
闻喜县 王渊平
夏　县 王　琨
平陆县 陈苹果
芮城县 王民当

山西省各级政协组织和委员数

（截至2006年底）

项目＼级别	省	市	县［不设区的市、市辖区］	合计
组织数	1	11	119	131
委员数	534	3693	16843	21070

（郭玉玺 编写　杨临生 审稿）

政 协 内 蒙 古 自 治 区 委 员 会

陈光林　副主席

【全体委员会议】

九届四次会议　2006年1月14日至20日在呼和浩特召开。487位委员到会。会议听取并审议了王占主席代表第九届委员会常务委员会所作的工作报告，听取并审议了第九届委员会常务委员会三次会议以来提案工作情况的报告。与会委员列席了内蒙古自治区第十届人民代表大会第四次会议，听取并讨论《政府工作报告》、计划与财政报告及法检两院报告。通过了九届委员会第四次会议政治决议、常务委员会工作报告的决议、提案工作情况报告的决议、提案审查情况的报告。表彰奖励了2006年优秀提案和提案工作者。会议选举陈光林同志为自治区政协副主席，选举陈运火等10位同志为常委。

自治区党委书记兼人大常委会主任储波、政府主席杨晶等党政军领导，驻我区全国政协常委和部分委员、长期在我区工作的老同志应邀出席会议。自治区有关委办厅局和有关方面的负责人，民主党派、各盟市政协和统战部负责人列席会议。

【常务委员会会议】

第12次会议　2006年1月5日至7日在呼和浩特召开。王占主席主持开幕会。99位常委到会。会议学习贯彻中共十六届五中全会和自治区党委七届十一次全委会议、全区政协工作会议精神以及《内蒙古党委关于进一步加强政协工作的决定》，讨论《政府工作报告》征求意见稿，围绕编制和实施“十一五”规划、促进自治区经济、政治、文化、社会建设建言献策；听取自治区政府关于全区经济社会发展情况、关于自治区政协九届三次会议以来提案办理情况、关于我区东部五盟市纳入振兴东北老工业基地总体规划有关情况的通报；审议通过了关于召开自治区政协九届四次会议的决定草案、九届四次会议有关文件；审议通过了《政协内蒙古自治区委员会关于委员履行职责的管理办法》草案、自治区政协九届十一次常委会议以来主席工作情况的报告、自治区政协各专门委员会工作报告；选举陈光林等9位同志为自治区政协委员。

第13次会议　2006年1月19日在呼和浩特召开。王占主席主持大会。98位常委到会。会议审议通过了关于王富祥、孙忠泰同志不再担任常务委员的决定；审议通过了自治区政协九届四次会议选举办法草案以及总监票人、副总监票人、监票人名单；审议通过了陈光林同志为自治区九届政协副主席候选人、陈运火等8位同志为自治区九届政协常委候选人；审议通过了自治区政协九届四次会议政治决议、常委会工作报告决议、三次会议以来提案工作情况报告决议、四次会议提案审查情况的报告。

第 14 次会议 2006 年 4 月 25 日至 27 日在呼和浩特召开。王占主席主持开幕会。会议的主要议题是学习贯彻中共中央 1 号文件和 5 号文件精神，围绕建设社会主义新农村新牧区建言献策。会议听取了自治区政府关于我区建设新农村新牧区的规划思路及有关工作情况通报，并围绕这一议题通过大会发言、专题论坛、小组讨论等形式积极建言献策；审议了自治区政协九届四次会议以来主席会议工作情况的报告；通过了常委会《关于贯彻落实〈中共中央关于加强人民政协工作的意见〉的决议》。会议开幕之前，自治区政协常委会举行第三次学习讲座，邀请中共中央政策研究室副主任郑新立同志，就学习中央 1 号文件、建设社会主义新农村问题作了专题讲座。

第 15 次会议 2006 年 9 月 26 日至 27 日在呼和浩特召开。王占主席主持开幕会。会议的主要议题是围绕全面落实科学发展观、构建社会主义和谐社会、建设社会主义新农村新牧区建言献策。会议听取了自治区政府副主席雷·额尔德尼关于自治区前八个月经济运行情况的通报，听取了自治区政协秘书长陈毅民关于东北老工业基地区域发展论坛第二次年会情况的汇报，审议了九届十四次常委会议以来主席会议工作情况的报告，听取了提案委员会关于九届一次会议以来提交党委、政府建议案办理情况的报告，审议了有关人事事项。会议闭幕之后，举办了九届政协第四次常委会专题讲座，邀请自治区党校教授作了关于学习《江泽民文选》的专题讲座。

【专门委员会工作】

提案委员会 自治区政协九届四次会议以来，共征集提案 661 件，经审查立案 645 件，占提案总数的 97.6%。主要抓了六个方面工作：一是继续实行分层次确定重点提案，进行重点办理。一方面向各承办单位下发了《关于做好政协九届三次会议提案办理工作的意见》，要求承办提案 20 件以上的单位自己选择 10%的提案作为本单位本年度重点办理的提案；另一方面，选出 40 件提案作为 2005 年度重点提案的预选范围，经主席会议审议，确定 17 件为本年度重点提案，分别由主席、副主席和各专门委员会主任负责督办，并以重要提案摘报的形式报送自治区党政领导。二是审阅和综合分析提案及办理复函。对立案的 671 件提案和 1021 件提案办理复函逐一进行审阅、分析和分类，并随时就发现的问题和我们的意见反馈有关部门，或协商有关部门作进一步办理。三是加强提案催办工作。加强与自治区党委、政府办公厅的督查室和承办单位的联系和沟通，把承办提案数量较多的承办单位作为重点进行催办。特别是加强了与政府督查室的协调配合，提案委员会办公室与政府督查室建立联席会议制度，随时随地就提案办理工作中的问题进行协调研究，理顺各种关系，并就办理工作当中的一些具体问题与有关单位和提案者进行协商和沟通，随时掌握进度，提供服务。年内共组织了提案办理的专题调研和视察 5 次，提案办理协调会 20 多次，重点提案督办和协调会 3 次，发办理进度通报 4 次。还协调党委、政府督查室对 2006 年度重点提案办理情况进行了专项督办。四是组织召开了全区政协提案工作座谈会，就一年来提案工作情况及经验，进行了交流。五是按照主席会议的要求，对九届一次会议以来报送自治区党委的自治区政协常委会 9 件建议案进行了跟踪督办。历时两个月，做了大量的协调工作，使建议案提出的问题得到较好落实，并就此向九届十五次常委会议提交了专题报告。六是对承办单位的提案办理工作进行考核。按照自治区党委组织部要求，对2006年60多个承办政协提案单位的提案办理工作进行考核，提出综合评价意见。

经济委员会 积极开展推进社会主义新农村新牧区建设方面的调研。3月，组成两个调研组分别赴锡盟镶黄旗和包头市、巴彦淖尔市的有关旗县，对推进社会主义新牧区、新农村建设的现状进行调研。牧区调研组通过对牧区生态建设、劳动力转移、基础建设、牧业收入、医保、教育、养老等七个方面的问题的调研，并针对问题提出了八条建议。农区调研组主要从农田水利基本建设、农民对产业调整风险的应对能力、科技服务体系建设和农村生产发展环境等方面进行了分析，提出了五点建议。9月，委员会组成的调研组，对达茂旗和林西县的农村牧区水利建设情况进行了调研。听取了两个旗县的基本情况汇报，听取了科技人员、基层干部和农牧民代表们的意见，并实地查看了20个农牧业生态园区（生态移民村）水土保持生态治理项目及水利设施，走访了部分农牧民家庭，形成了题为《水利改革是社会主义新农村牧区建设的重要内容》的调研报告。继续关注县域经济发展问题，对部分旗县工业项目发展情况进行调研，并就县域经济如何形成规模化和怎样更好地为社会主义新农村新牧区建设服务等问题提出了建议和意见。积极组织和参加国际国内活动，加强与各方面的联系。特别是积极参与了“东北老工业基地区域经济发展论坛第二次年会”的各项筹备工作等。

人口资源环境委员会 组织完成了我区水资源污染防治调研。3月初，调研组深入基层开展调研考察，并与当地政府及有关部门、企业进行了座谈研讨，最终形成了对我区水资源污染问题进行全面分析的调研报告。组织完成了呼伦贝尔林区经济社会发展问题调研。6月下旬，组织相关委员并邀请全国政协人口资源环境委员会、国家林业局、自治区林业厅等有关单位组成联合调研组，深入到呼伦贝尔林区进行调研，通过参观生产企业、走访贫困户，掌握了林区发展问题的基本情况，形成了《实施我区国有林权改革，加快社会主义新林区建设》的调研报告，全国政协人资环委和国家林业局认为调研报告反映了呼伦贝尔林区的真实情况和当地干部群众的要求和愿望。继续做好我区风能开发利用调研考察。先后组织有关委员对区内几个大风场进行考察，重点对我区风能资源的有序开发和合理保护，以及加速风电设备的国产化问题进行研究。考察过程中，委员会还为乌兰察布市化德县风场招商引资牵线搭桥。完成了与全国政协人口资源环境委员会开展的稀土资源开发利用和保护的联合调研。6月，全国政协人口资源环境委员会组织专家学者与我委组成联合调研组，对我区稀土资源开发保护问题进行专题调研。调研组对我区稀土生产过剩，新材料开发能力不足，高精技术产品稀少的状况，提出一些建设性意见，调研报告引起有关方面的高度重视。完成了自治区软科学项目《我区煤田地质勘探现状及煤炭资源开发保障能力的研究》，于今年8月顺利通过了专家评审委员会评审鉴定，并经自治区专家评审委员会推荐，该课题参加了自治区重大科技成果资格审评，申报工作目前已经完成立项。组织相关委员会同提案委员会、自治区政府督查室一起赴包头市石拐矿区进行视察，共同督办我委的《关于尽快搬迁包头市石拐煤矿滑坡塌陷区居民住宅的紧急提案》的后续办理。

教科文卫体委员会 全年共组织视察、调研活动9次，形成调研报告7份。

同往年相比，今年的视察、调研活动有一些新的特点：一是突出主题，服务大局。根据中央和自治区党委的总体部署和自治区政协九届四次全委会的要求，在开展视察、调研活动中，突出了构建社会主义和谐社会和建设社会主义新农村新牧区这一主题，从不同侧面选题，有计划分阶段的组织实施。一年来，先后组织委员对我区新型农村牧区合作医疗试点工作情况、我区农村牧区劳动力技能培训问题、农村牧区义务教育问题、农村牧区体育问题、公共卫生体系建设问题、文化体制改革问题、农村牧区职业教育发展情况等进行了专题调研，并形成了《关于在我区加快推行农村牧区新型合作医疗制度的建议》、《关于我区农村牧区劳动力技能培训问题的调查报告》、《关于我区农村牧区义务教育状况的调查报告》、《关于我区农村牧区体育工作的调查报告》、《关于发展我区公共卫生体系建设的调查报告》、《积极推进我区文化体制改革、促进文化产业不断壮大的建议》、《关于我区农村牧区职业教育发展情况的调研》等调研报告。由于这些调研报告选题对路，所反映的情况和提出的对策建议有针对性，得到了有关领导的肯定和相关部门的重视。与此同时，我们还组织委员对内蒙古电力集团企业文化建设进行了专项视察。二是注意统筹安排调研力量。根据全年确定的调研题目和专委会可使用的调研力量，本着发挥优势、分工合作的原则，对调研题目进行了合理分工，确保调研任务按时完成。同时，在组织视察、调研活动时，尽可能多的吸收有关委员参加，为委员开拓视野、了解社情民意提供平台，创造条件。三是注重视察调研质量，写好调研报告。在调研过程中，注意全面了解实际情况，既听介绍，也到实地考察，既进行典型调研，也对面上进行书面调研，力求尽可能多的掌握第一手材料。在撰写调研报告时，对所掌握的材料进行认真地综合分析，集思广益，力求使调研报告观点鲜明，所反映的情况客观、真实，所提意见、建议有的放矢，有参考价值。四是正确处理自身调研同配合完成全国政协教科文卫体委员会调研任务的关系。努力做到妥善安排，相互促进。如对我区农村牧区体育工作情况的调研和我区公共卫生体系建设的调研，按全国政协教科文卫体委员会的要求，按时完成调研任务，受到好评。

民族和宗教委员会 一是坚持了对民族宗教界委员与代表人士开展走访慰问的工作惯例，通过经常性地拜访和慰问民族宗教界代表人士，加强情感交流，密切工作联系，以增进政协民族宗教工作的向心力和凝聚力，同时把委员的工作潜能调动起来，使民族宗教工作进一步活跃起来。二是围绕我区新农村新牧区建设与构建和谐社会建言。一年来，与自治区党委、政府及金融系统等有关部门密切配合，深入部分盟市、旗县区及所属苏木乡镇开展视察、调研，单独或协作完成了一批有情况、有分析、有建议措施的调研材料。在关于《内蒙古新牧区建设需要研究解决的几个政策问题》的材料中，着重分析了我区牧区现状，提出了在新牧区建设中，实行专项补贴政策以及加强对牧区水利和基础设施、公路网络建设的支持，设立专项资金支持牧区社会救助体系建设等建议；在《在实事求是因地制宜，做好当前苏木乡镇机构改革工作》调研报告中，认真反映了撤乡并镇中，边远地区遇到的问题和困难，建议应进一步明确撤乡并镇的工作重点，因地制宜确定撤并比例，对边境牧区与少数民族自治旗及民族乡要区别对待等。在《着力推进我区民族教育事业稳步发展，为社会主义新农村新牧区建设增添基础动力》中，侧重阐述了我区民族基础教育存在的主要问题，提出了设立民族基础教育专项资金并加大投入力度、完善民族基础教育财政转移支付制度、建立民族学校助学金分担机制等建议；在《以建立新型农村合作医疗体系为契机，大力加强农村卫生工作》报告中，讨论了目前新型合作医疗试点工作的主要特点、存在的困难和问题，并提出建议。委员会还分别以《扎实推进我区贫困地区社会主义新农村新牧区建设》和《关于贫困地区建设社会主义新农村新牧区的思考与建议》为题，着重研究探讨了欠发达区域推进新农村新牧区建设中的政策、体制和机制问题，提出了新阶段扶贫开发工作应着力实施整村推进战略、加大产业化扶贫力度、按统筹发展要求促进贫困人口培训转移等建议。另外，委员会十分关注民族文化事业的发展，组织了《内蒙古自治区蒙古语言文字工作条例》的贯彻落实情况的专题考察活动，提交了《关于切实加强对我区民族民间非物质文化遗产保护工作的建议》、《关于进一步加强对我区“三少”民族民间文化遗产抢救保护工作的建议》等，得到有关方面的重视。三是发挥联系面广的优势，积极牵线搭桥。在考察调研过程中，协调人民银行呼和浩特中心支行为兴安盟和通辽市增加 1.2 亿元支农信贷资金，自治区扶贫办为这一地区增加了 1300 余万元扶贫资金，并为部分苏木乡镇解决了价值 1360 余万元的医疗设备，还将在扶贫贴息贷款上予以大力支持。另外，为动员全区各族各界和社会各方面力量支持民族教育事业的发展，根据自治区政协主席会议决定，筹备成立了“内蒙古民族教育发展促进会”，并将挂靠我委开展业务工作。

文史资料委员会 在史料征集和编辑出版方面，为纪念乌兰夫同志诞辰 100 周年，继《“三不两利”与“稳宽长”文献与史料》出版之后，今年又编辑出版了 36 万字的“三亲”史料和论文集《“三不两利”与“稳宽长”回忆与思考》。组织呼伦贝尔市政协和莫力达瓦达斡尔族自治旗、鄂伦春族自治旗、鄂温克族自治旗和额尔古纳市政协完成《少数民族百年实录》的编审工作，这是全国政协的专题协作项目。作为全国政协《治理黄河》史料征集的协作单位，积极组织内蒙古沿黄河盟市政协参加协作，征集了中华人民共和国成立以来内蒙古黄河段重大水利工程的建设情况、治理黄河的情况以及有关黄河的重大事件和为黄河作出突出贡献的人物事迹的史料。在 8 月份宁夏召开的《治理黄河》史料审稿会上，送交稿件 9 万多字，照片 5 幅。参加了全国政协组织的“原子弹、氢弹史料”专题调研，组织了内蒙古地区核原料生产、核试验基地建设的史料征集工作。参与了天津、黑龙江、湖南等省市政协牵头的《近代中国要塞》、《工业学大庆》、《剿匪反霸史料》的征编协作工作。承担了《内蒙古自治区志·人物志》中的政协主席、副主席名录的收集和编写以及会议部分的编撰工作。在调查研究与建言献策方面，围绕“发展民族经济和文化，努力构建和谐内蒙古”的问题，组织委员赴呼伦贝尔市敖鲁古雅鄂温克民族乡，就鄂温克族驯鹿经济和驯鹿文化进行专题调研，组织委员赴阿拉善盟、包头市的牧业旗县进行调研。在队伍建设方面，积极参加全国政协和地方政协区域兼文史资料协作会议和文史工作理论研讨会议等，提高认识，交流经验。今年还组织召开了全区文史工作座谈会，并举办了全区文史干部培训班，对于全面把握新时期文史工作新特点、新要求、新变化，解决工作中存在的问题等，均起到了积极的推进作用。

港澳台侨联络和外事委员会 参与政

府侨办开展的《侨法实施办法》修改的调研，并积极参与《实施办法》的修改工作，有力地推动了此项工作的开展。组织委员到乌兰察布市集宁区对几家以农畜产品加工为主的外向型企业进行考察，并听取了该市关于社会主义新农村新牧区建设情况的介绍。组织部分港澳委员赴东部盟市开展了以口岸建设、开发区建设及旅游资源开发为主要内容，兼以了解当地民俗风情、历史文化的视察活动。视察使港澳委员亲身感受到了内蒙古地域辽阔、资源丰富的特点。独特的民族风情，安全畅通的交通，给委员们留下了深刻印象。联合呼市政协就清水河县的扶贫移民工程工作进行了专题调研。委员们在听取汇报，视察移民点，入户走访移民的基础上，对呼市清水河县近年来的扶贫移民扩镇工程和易地扶贫移民工程实施情况有了较深的了解，形成了材料翔实的调研报告。继续去年的调研活动，委员们深入到巴彦淖尔市五原县华侨村，走访侨眷，广泛听取归侨侨眷的意见和建议，对《中华人民共和国归侨侨眷权益保护法》的贯彻落实情况进行调研。在加强与委员的联系，为委员参政议政服好务方面，邀请委员及时参加学习，与办公厅联合举办了“对台工作形势报告会”，并针对台海局势，及时编印了“港澳台侨联络和外事参阅”供委员参考。到委员所在单位走访慰问，参加“港区省级政协委员联谊会”成立大会，看望港澳地区自治区政协委员，并就开展活动征求了港澳委员的意见。为港澳台委员为鄂尔多斯市两所小学捐赠人民币50万元、香港菩提协会为赤峰市聋哑学校捐助的20万元善款等做好联络协调工作。

社会和法制委员会 在调研考察方面，今年将农牧民养老保障列为重点调研课题，组织委员对鄂尔多斯市、包头市及部分旗县区的农牧民养老保障情况进行调研。调研期间听取情况介绍，并深入到敬老院、低保家庭、养老救助户了解实际情况。形成了《关于我区农村牧区社会养老保障的调查报告》，提出6条建议，报送自治区党委、政府及有关部门。今年是《中华人民共和国人民防空法》颁布实施十周年，委员会组织委员对通辽市、赤峰市及部分旗县区贯彻实施《中华人民共和国人民防空法》、《内蒙古自治区实施〈中华人民共和国人民防空法〉办法》的情况进行了视察，并实地考察了人防工程。委员们对今后进一步做好人防工作提出的意见和建议，受到有关地区和部门的重视。对全区禁毒工作情况进行视察，并就提高认识、建立有效的保障机制等提出意见和建议。与全国政协社法委联合就我区建设社会主义新农村课题开展调研。在做好特约监督员工作方面，在主席会议的重视和支持下，制定了《内蒙古自治区政协特约监督员工作简则》，对特约监督员的职责、权利、义务、条件、聘请程序、组织管理等做了详细规定，使特约监督员工作在制度化建设方面得到加强。今年还分别召开了特约监督员座谈会和特约监督员聘任单位负责人座谈会。

【重要活动】

召开全区政协文史资料工作座谈会

4月8日至10日，内蒙古政协在呼和浩特召开全区文史资料工作座谈会，全区政协文史干部培训班同时开班。会议总结交流了全区文史资料工作经验，研究落实了《内蒙古政协新中国成立后文史资料征集编辑实施意见》，讨论了文史资料征编工作中存在的问题，并就如何搞好下一步征编协作工作进行了探讨。

成立内蒙古政协理论研究会 4月28日，内蒙古政协召开内蒙古政协理论研究会成立大会暨学习贯彻中共中央5号文件理论研讨会，来自基层的政协工作者和自治区有关部门、院校的专家学者70多人作为研究会会员参加了会议。研究会承担全区人民政协理论研究工作的职能，设会长一名、副会长两名、秘书长一名，下设办事机构，由内蒙古政协办公厅综合处负责处理日常事务。

内蒙古名家书画艺术展在京成功展出 由内蒙古政协书画院主办的内蒙古名家书画艺术展，于2006年5月18日至24日在北京爱家国际收藏品交流市场成功展出。全国人大原副委员长布赫为展览题写了展标——“内蒙古名家书画艺术展”。内蒙古政协主席、内蒙古政协书画院名誉院长王占，原经济日报社社长、著名书法家武春河，全国政协书画室副主任、著名画家王成喜，人民政协报社社长刘小宁等领导为展览开幕剪彩。参加开幕式的还有国内著名书画家及内蒙古籍在京工作的知名人士400余人。

召开全区盟市政协主席座谈会 8月9日至10日，内蒙古政协召开盟市政协主席座谈会，王占主席主持开幕会，各盟市政协及部分旗县区的政协主席参加了会议。会议交流了各地上半年学习贯彻中共中央《关于加强人民政协工作的意见》和内蒙古党委《关于进一步加强政协工作的决定》的基本情况和经验，并就如何进一步贯彻落实两个文件的精神提出了意见建议。

承办东北老工业基地区域发展论坛第二次年会 由黑龙江省、辽宁省、吉林省和内蒙古自治区政协共同主办，内蒙古自治区政协承办的2006·东北老工业基地区域发展论坛第二次年会，于8月22日至29日在内蒙古自治区召开。全国政协副主席李贵鲜，全国政协副秘书长杨崇汇，全国政协、经济委员会主任刘仲藜，全国政协、人口资源环境委员会主任陈邦柱，国务院振兴东北办副主任宋晓梧，辽宁省政协主席郭廷标、副主席赵新良，吉林省政协主席王国发、副主席别学胜，黑龙江省政协主席王巨禄、副主席迟建福，内蒙古政协主席王占、党委副书记巴特尔、自治区副主席赵双连、政协副主席傅守正和许柏年出席会议。李贵鲜副主席在开幕会上作重要讲话，王占主席致辞，巴特尔副书记代表内蒙古党委、政府对会议的召开表示祝贺，并对到会的领导和专家学者表示热烈欢迎。宋晓梧、刘仲藜、陈邦柱分别就区域合作、经济互补、环境友好等问题先后讲话。年会以对接、互动、共赢为主题，就科学规划、统一政策、加强合作、推进区域经济一体化等问题进行了广泛深入的交流探讨，形成了《关于对编制和实施东北地区振兴规划的若干建议》和《论坛第二次年会纪要》，为国家编制和实施东北地区振兴规划，提出了意见和建议。

召开全区政协信息工作联系会议 9月12日，内蒙古政协召开第三次全区政协信息工作联系会议。自治区政协办公厅负责同志、各盟市政协分管信息有关负责同志及各信息联系点（站）的有关同志参加了会议。会议总结交流了各级政协反映社情民意信息工作的情况和经验，研究了信息工作中存在的问题，并探讨了解决问题的对策。会议对2003年以来的28件好信息进行了表彰。

召开全区政协宣传工作会议 11月15日，内蒙古政协办公厅与党委宣传部联合召开全区政协宣传工作会议。内蒙古政协主席王占，内蒙古党委常委、宣传部长莫建成出席会议并讲话。全国政协新闻局、《中国政协》杂志社领导应邀出席会议。来自自治区党政部门，自治区各新闻媒体、中央驻自治区各新闻单位负责人，各盟市委宣传部负责人、政协主席及秘书长80余人参加了会议。全国政协办公厅发来贺电。会议总结交流了全区各级政协组织、各新闻单位开展政协宣传工作的经验，研究部署新形势下如何进一步加强和改进政协宣传工作。会议形成了《全区政协宣传工作会议纪要》。

成立内蒙古民族教育发展促进会 11月16日，内蒙古政协发起成立的内蒙古民族教育发展促进会成立大会在呼和浩特召开，大会通过了《内蒙古民族教育发展促进会章程》以及促进会名誉会长、会长、副会长、秘书长、常务理事名单。内蒙古民族教育发展促进会是由企业、社会团体、事业单位等机构和热心公益事业、关注民族教育的各族各界人士自愿组成的非营利性社会组织。促进会将广泛联系和动员社会力量，在民族教育的投入，支持社会力量办学，动员并组织全社会开展资助贫困学生、兴办希望小学、培训进城务工农牧民、大中专毕业生就业等方面，为全区民族教育事业的健康发展出谋划策，贡献力量。

举办纪念乌兰夫同志诞辰100周年座谈会 12月27日上午，内蒙古政协召开纪念乌兰夫同志诞辰100周年座谈会，王占主席主持座谈会，各有关方面代表人士从不同方面回顾了乌兰夫同志在统一战线工作、民族宗教工作、发展民族地区经济社会事业等方面的历史功绩和理论创新，表达了对他的深切怀念之情。自治区有关部门，自治区各民主党派、工商联负责人，自治区民族宗教界代表人士，驻呼各高等院校统战部门负责人，自治区政协部分老同志以及乌兰夫同志亲属代表80余人参加了会议。

【重要文件】

第九届委员会常务委员会工作报告（2006年1月14日）（摘要） 第一部分：

（一）弘扬人民政协优良传统，加大建设学习型组织的力度。常务委员会进一步把学习作为思想理论建设的首要内容，列入工作日程，贯穿全年始终。在年内召开的几次常委会议上，认真学习当前时政的同时，还借鉴全国政协的做法，在常委会议前后，结合会议议题，举办了构建社会主义和谐社会、新时期统一战线和人民政协理论等专题报告会，常委会集体学习取得了明显成效。理论学习与理论研究相结合，是过去一年建设学习型组织的显著特点。4月在全区政协系统广泛开展了新时期人民政协理论研究论文的征集活动。在此基础上，四季度成功举办了九届政协以来首次全区政协理论研讨会，对于推动全区政协系统的理论学习产生了积极影响。

（二）围绕第一要务履行职能，促进经济社会更快更好的发展。九届十次、十一次常委会议，分别围绕构建社会主义和谐社会、编制和实施“十一五”规划、促进我区经济社会全面协调可持续发展进行专题议政，形成了关于合理开发利用保护水资源、加强文物保护工作、在“十一五”期间重点扶持兴安盟经济社会加快发展和加强区域合作、发展区域经济的建议案。常委会议闭会期间，组织常委、委员和有关方面人士，围绕区域经济发展、农村医保体系建设、科研单位改革、风能开发利用等一系列关系国计民生的重要问题，深入开展专题调研和视察活动，先后形成调研、视察报告40余篇。去年，反映社情民意的工作也取得了新的进展，先后向有关方面报送社情民意信息80多期，党政领导同志多次在政协报送的文件材料上作出重要批示，许多意见、建议被采纳，有些已经进入决策程序和实施程序。采取增强提案征集环节的透明度、为委员知情出力搞好服务、抓住突出问题联合提出提案等形式，不断提高提案质量；运用重点督办、跟踪办理、摘报党政领导批办和并案调研、现场办案等措施，努力推动提案办理工作。去年8月，由内蒙古政协会同辽、吉、黑三省政协共同发起和举办的“东北老工业基地区域经济发展论坛”第一次会议如期在辽宁召开。会议《纪要》明确提出：内蒙古东部五盟市历来属于东北经济区，国家应将内蒙古东部五盟市纳入东北老工业基地振兴总体规划，享受国家关于振兴东北老工业基地的有关政策。这一建议得到了中共中央和国务院的重视，决定将内蒙古东部五盟市正式纳入振兴东北老工业基地总体规划范围。

（三）加强大团结大联合，巩固和发展繁荣稳定的大好形势。加强与各民主党派、工商联、人民团体和无党派人士沟通与联系，鼓励大家畅所欲言、各抒己见，通过各种有效形式反映各族各界各阶层的意见和建议。去年，各民主党派、工商联共提出提案91件，提供信息稿件40多篇。常务委员会始终把做好民族和宗教工作作为维护团结稳定、构建和谐社会的一件大事。一年来，先后对边境牧区和少数民族相对集中地区的经济建设和文化、教育、卫生事业状况进行调研，形成了关于加快发展民族基础教育等多篇调研报告，有的转化为建议案、提案，报送自治区有关部门。为了给少数民族相对集中的贫困地区多办一些好事、实事，协调香港知名人士捐资，在莫力达瓦达斡尔自治旗等四个旗县建立希望小学。为纪念十一世乌兰活佛，自治区政协与有关方面合作，编辑出版了《爱国爱教的典范》一书。常务委员会注意把握人民政协联系面广的特点，进一步做好新形势下的对外联谊交往工作。一年来，先后组织接待全国政协和兄弟省区市的考察团组80多批700多人次，承办了西部省区市政协第九次社会和法制工作研讨会。去年底，主席会议成员带队赴香港、澳门看望驻港澳的自治区政协委员，向他们通报、介绍政协工作和自治区编制实施“十一五”规划的有关情况。

（四）成功举办庆祝自治区政协成立五十周年的各项活动，进一步加强人民政协事业的宣传工作。2005年是自治区政协成立五十周年。自治区党委隆重召开庆祝大会，政协常务委员会精心研究、周密安排，组织开展了庆祝自治区政协成立五十周年专题座谈会、文艺晚会、书画展、理论研讨会等一系列活动，编辑出版了《统一战线和人民政协理论知识学习读本》和《“三不两利”与“稳宽长”文献与史料》。常务委员会以庆祝政协成立五十周年为契机，加大了新时期人民政协事业的宣传力度。配合庆祝活动，自治区政协与内蒙古电视台合作，制作了大型专题片。《人民政协报》为自治区政协五十华诞刊出专版。区内主要新闻媒体以图文并茂、生动活泼的形式，全程报道庆祝活动，详尽介绍自治区政协五十年来的发展历程以及历届政协委员的先进事迹和重要贡献。

（五）认真开展全国政协《规定》实施情况大检查，协助党委做好全区政协工作会议相关准备工作。常委会在全区范围内认真开展《规定》实施情况大检查工作，广泛征求各级政协和广大政协委员的意见，专门邀请各民主党派、工商联负责人和无党派人士举行座谈会，听取他们的各种意见。对我区贯彻《规定》的总体情况、存在的主要问题以及十年来我区政协工作积累的新经验，一并进行了认真综合和梳理，并对如何推进政协工作制度化、规范化、程序化建设，如何进一步促进人民政协事业发展进行了深入研究，提出了相应的意见和建议。去年，自治区政协按照自治区党委的部署和要求，积极参与了全区政协工作会议的筹备工作。政协办公厅会同党委、政府有关部门，组成两个调研组，分赴我区7个盟市、17个旗县区，为自治区党委出台关于进一步加强政协工作的决定开展调查研究。随后，主席会议分别召开部分盟市、旗县政协和政协委员参加的座谈会，听取各个方面对有关文稿的修改意见。根据自治区政协反映的情况，自治区财政还特别为全区十二个困难旗县政协下拨600万元经费，专门用于改善工作条件。全区政协工作会议结束以后，主席会议成员还深入盟市政协，督促和推动了全区范围学习贯彻会议精神的各项工作。

（六）不断推进“三化”建设，进一步为委员履行职责创造条件。常务委员会在认真总结经验、广泛征求意见的基础上，新制定了委员视察工作条例、反映社情民意信息工作条例，并修订了全体会议工作规则、常委会工作规则、专门委员会通则、提案工作条例、主席会议工作规则、秘书长会议工作规则。与此同时，注意把实践中行之有效的好做法持之以恒地坚持下来，形成制度。比如，主席会议和专委会向常委会定期报告工作，分期分批邀请旗县区政协主席列席常委会议，每年召开一次盟市政协主席座谈会，不定期召集驻我区全国政协委员开展活动，对委员视察调研工作作出年度安排计划等。政协办公厅也先后制定了信息发布、网站管理、对外接待、财务管理、车辆使用等实施办法。这些规章制度的建立和完善，标志着自治区政协履行职能的制度化、规范化、程序化建设又向前迈进了一步。

第二部分：2006年，是为实施“十一五”规划开好局、起好步的重要一年。九届政协常务委员会要继续把学习放在政协工作的首要位置，加强理论学习，用科学理论武装头脑、指导实践；要继续把促进发展作为履行职能的第一要务，动员和组织政协各参加单位和广大委员统一思想、增进共识，努力为编制好“十一五”规划建言立论，为“十一五”规划顺利实施营造氛围、凝聚力量；要进一步突出团结和民主两大主题，牢固树立“以人为本”的理念，把参政为民作为履行职能的出发点和落脚点，积极为构建社会主义和谐社会贡献力量；要紧密联系工作实际，进一步研究制定贯彻落实全区政协工作会议精神；要主动适应新形势新任务的要求，全面加强自身建设，不断提高开展新时期政协工作的能力。

中国人民政治协商会议内蒙古自治区第九届委员会常务委员会关于贯彻落实《中共中央关于加强人民政协工作的意见》的决定（2006年4月27日）（摘要）
会议一致认为，《意见》坚持以邓小平理论和“三个代表”重要思想为指导，集中体现了中国共产党三代中央领导集体和以胡锦涛同志为总书记的新一届党中央关于人民政协的重要理论观点和方针政策，系统总结了50多年来人民政协事业发展的历史经验，充分肯定了人民政协在我国政治、经济和社会生活中所作出的重大贡献，进一步强调了新形势下加强人民政协工作的重要性和必要性，深刻阐明了新世纪、新阶段人民政协的性质、地位、作用、职能、主题、任务和工作原则，是指导今后一个时期人民政协工作的纲领性文献。认真学习贯彻中共中央的《意见》，对于加强和改善党对人民政协的领导，提高党的执政能力，加强党的执政基础，对于坚持和完善中国共产党领导的多党合作和政治协商制度，建设社会主义政治文明，对于巩固和发展最广泛的爱国统一战线，充分调动一切积极因素，加快全面建设小康社会进程，构建社会主义和谐社会，具有重大的现实意义和深远的历史意义。

会议指出，认真学习贯彻《意见》精神，是人民政协面临的重要政治任务。自治区政协和全区各盟市、旗县区政协要把组织广大政协委员和政协机关工作者学习贯彻《意见》精神作为当前的一项重要工作，放在突出位置，加强领导，精心组织，抓好落实。要把学习贯彻《意见》精神同学习贯彻邓小平理论、“三个代表”重要思想和科学发展观结合起来，同学习贯彻胡锦涛同志在人民政协成立55周年庆祝大会上的讲话精神结合起来，同学习贯彻自治区党委《关于进一步加强政协工作的决定》结合起来，全面把握《意见》的精神实质，在统一思想、提高认识、指导实践、推动工作上下功夫。要注意总结学习贯彻的新情况、新经验，不断改进学习方法和形式，使学习贯彻活动生动活泼、富有成效，不断引向深入。

会议要求，自治区政协和各盟市、旗县区政协以及广大政协委员，要把《意见》精神贯彻落实到政治协商、民主监督、参政议政的各方面和全过程，解放思想、实事求是、与时俱进，不断认识和把握人民政协工作的特点和规律，推动人民政协的理论创新、制度创新和工作创新，努力使人民政协事业真正体现时代性、把握规律性、富于创造性。要把促进发展作为履行职能的第一要务，紧紧抓住不可多得的战略发展机遇，巩固和发展来之不易的大好形势，选择涉及经济社会发展全局的重要问题搞好调查研究，积极献计出力，促进我区经济社会全面、协调、可持续发展。要坚持团结和民主两大主题，充分发挥团结各界、凝聚人心的作用，不断壮大最广泛的爱国统一战线，切实做好各方面的团结工作，最广泛、最充分地调动一切积极因素，为构建社会主义和谐社会贡献力量。要切实加强政协自身建设，不断探索开展新时期政协工作的新形式和新方法，积极为各民主党派参政议政创造条件，充分发挥政协委员和各个界别的作用，进一步建立健全履行职能的制度和程序，推动政协工作的制度化、规范化和程序化，努力开创政协工作新局面。

会议号召，在全面建设小康社会、加快推进社会主义现代化建设的伟大征程中，自治区政协和各盟市、旗县区政协以及广大政协委员，要更加紧密地团结在以胡锦涛同志为总书记的中共中央周围，在自治区党委领导下，以邓小平理论和“三个代表”重要思想为指导，全面落实科学发展观，牢牢把握团结和民主两大主题，认真履行职能，充分发挥作用，同心同德，群策群力，为实现自治区全面建设小康社会的宏伟目标而努力奋斗！

【组织概况】

中国人民政治协商会议内蒙古自治区第九届委员会增补副主席名单（2006年1月19日政协内蒙古自治区第九届委员会第四次会议通过）

陈光林

中国人民政治协商会议内蒙古自治区第九届委员会增补常务委员名单（2006年1月19日政协内蒙古自治区第九届委员会第四次会议通过）（按姓氏笔画排列）

朱德礼　麦丽丝（女，蒙古族）

李秉荣　何　江　张凤翘　陈运火

孟青录　郝继业

中国人民政治协商会议内蒙古自治区第九届委员会关于王富祥、孙忠泰同志不再担任常务委员的决定（2006年1月19日政协内蒙古自治区第九届委员会第四次会议通过）

根据自治区党委建议，政协内蒙古自治区第九届委员会第三次会议讨论，决定王富祥、孙忠泰同志不再担任内蒙古自治区第九届委员会常务委员的职务。

【内蒙古自治区各级政协领导人名单】

自治区

政协主席

王 占

副主席

陈光林 傅守正 包俊臣(蒙古族)

许柏年 罗锡恩 奇英成(蒙古族)

盖山林(满族) 刘芝兰(女)

韩振祥 郇宝恒

秘书长

陈毅民

呼和浩特市

市政协主席 刘香芸(女)

县(旗、区)政协主席

新城区 朱祥福

回民区 牛 俊(回族)

玉泉区 郭爱成

赛汗区 云东贵(蒙古族)

土默特左旗 李建新

托克托县 康小虎(蒙古族)

清水河县 邢振悦

和林格尔县 伊明世(蒙古族)

武川县 宋征和

包头市

市政协主席 李玉然(女)

县(旗、区)政协主席

东河区 龙 梅(女,蒙古族)

昆都仑区 张福荣

青山区 路 健

石拐矿区 董淑贤(女,蒙古族)

白云鄂博矿区 张桂英(女)

九原区 张宏伟

土默特右旗 张柱柱(蒙古族)

固阳县 高 祥

达尔罕茂明安联合旗 陈玉玲(女,蒙古族)

乌海市

市政协主席 云高怀(蒙古族)

区政协主席

海勃湾区 石 瑛

海南区 王培林

乌达区 王根民

赤峰市

市政协主席 杨宝忠

县(旗、区)政协主席

红山区 郝庆云(女)

元宝山区 孟繁臣

松山区 张明华

阿鲁科尔沁旗 鞠喜玲

巴林左旗 闫 彪

巴林右旗 崔 义

林西县 王俊山

克什克腾旗 宋喜岭

翁牛特旗 杨国森

喀喇沁旗 刘长华

宁城县 赵宗元

敖汉旗 宋士清

呼伦贝尔市

市政协主席 赵凤林

县(旗、区)政协主席

海拉尔区 李春富(蒙古族)

满洲里市 尤忠久

扎兰屯市 常秀峰(蒙古族)

牙克石市 李 昕

额尔古纳市 戎占祥

根河市 王文明(满族)

阿荣旗 郭 英(女,达斡尔族)

莫力达瓦达斡尔族自治旗 褚士成

鄂伦春族自治旗赛 林(鄂伦春族)

鄂温克族自治旗陈占柱(蒙古族)

新巴尔虎右旗 长 明(蒙古族)

新巴尔虎左旗　段捷飞
陈巴尔虎旗　吴长贵（蒙古族）

兴安盟

盟政协主席　乌其拉图（蒙古族）
县（旗、区）政协主席
乌兰浩特市　陈长青（蒙古族）
阿尔山市　任忠民
科尔沁右翼前旗　卢玉玺（蒙古族）
科尔沁右翼中旗　陶特格（蒙古族）
扎赉特旗　乌力吉（蒙古族）
突泉县　张秀兰（女）

通辽市

市政协主席　王佐玉
科尔沁市区　华　君（蒙古族）
霍林郭勒市　刘胜彬
科尔沁左翼中旗　王玉兴（蒙古族）
科尔沁左翼后旗　刘　祥
开鲁县　闫淑云（女）
库伦旗　闫存武
奈曼旗　徐国兴
扎鲁特旗　杜　辉

锡林郭勒盟

盟政协主席　其木格（女，蒙古族）
县（旗、区）政协主席
锡林浩特市　褚延祺
二连浩特市　乌云毕力格（蒙古族）
阿巴嘎旗　李力量（蒙古族）
苏尼特左旗　孟　赫（蒙古族）
苏尼特右旗　宝德巴雅尔（蒙古族）
东乌珠穆沁旗　东布日勒（蒙古族）
西乌珠穆沁旗　赛音吉雅（蒙古族）
太仆寺旗　云成山（蒙古族）
镶黄旗　道尔吉扎布（蒙古族）
正镶白旗　李福强（蒙古族）
正蓝旗　布仁巴图（蒙古族）
多伦县　冯绵俊

乌兰察布市

市政协主席　帅志凯
县（旗、区）政协主席
集宁区　刘挺军
丰镇市　杨鸿钧
卓资县　霍元宏（满族）
化德县　王大圣
商都县　潘学礼
兴和县　包淑珍（女，蒙古族）
凉城县　刘常在
察哈尔右翼前旗　赵兵巴
察哈尔右翼中旗　彭　悦
察哈尔右翼后旗　梁建军
四子王旗　张改娥（女）

鄂尔多斯市

市政协主席　王德宝（蒙古族）
市（旗）政协主席
东胜市　梁清海
达拉特旗　董志强
准格尔旗　淡　憨
鄂托克前旗　颉永烽
鄂托克旗　李月珍（女）
杭锦旗　杨海宽
乌审旗　阿迪雅（蒙古族）
伊金霍洛旗　那木吉拉（蒙古族）

巴彦淖尔市

市政协主席　张向阳
县（市、旗）政协主席
临河区　常存善
五原县　裴世忠（蒙古族）
磴口县　李新文
乌拉特前旗　杨秀梅（女）
乌拉特后旗　刘建中
乌拉特中旗　皇甫义
杭锦后旗　钱达楞太（蒙古族）

阿拉善盟

盟政协主席 蔡铁木尔巴图（蒙古族）

旗政协主席

阿拉善左旗 周额尔登巴依尔（蒙古族）

阿拉善右旗 张勉仁

额济纳旗 娜仁其其格（女，蒙古族）

内蒙古自治区各级政协组织和委员会

（截至2006年底）

级别 项目	自治区	盟（市）	县（旗、不设区市、市辖区）	合计
组织数	1	12	101	114
委员数	535	3106	12352	15993

（张海容 编写　杨映成 审稿）

政 协 辽 宁 省 委 员 会

张行湘 副主席

【全体委员会议】

九届四次会议 2006年1月19日至23日在沈阳举行。应出席委员794人，实到会700人。省政协常务副主席董万德主持开幕大会。会议期间，委员们听取并审议通过了郭廷标主席所作的《政协辽宁省第九届委员会常务委员会工作报告》和张成伦副主席所作的《政协辽宁省第九届委员会常务委员会关于九届三次会议以来提案工作情况的报告》；列席了省十届人大四次会议第一次全体会议，听取和讨论了张文岳省长所作的《政府工作报告》，并讨论了其他报告；通过了常务委员增选名单；审议通过了政协辽宁省第九届委员会第四次会议的各项决议；讨论了辽宁省国民经济和社会发展第十一个五年规划纲要（草案）；审议通过了政协辽宁省第九届委员会提案委员会关于九届四次会议提案审查情况的报告。会议选举张行湘为政协辽宁省第九届委员会副主席，增选王玲、王华斌、王燕玲、车竞、刘诗、刘绍臣、刘振军、刘福龙、牟维勇、李戈军、李长春、李世俊、李卓然、李宝忠、吴军、陈巨昌、郑国美、孟庆海、胡玉、闻德才、姜恩鸿、鲁鸿明、温雪琼、曾晓非、缪泽江25位同志为政协辽宁省第九届委员会常务委员。会议认为，今后五年是我省全面振兴老工业基地的关键时期。“十一五”规划纲要提出了今后五年我省国民经济和社会发展的指导思想、主要目标和主要任务，指明了继续前进的方向，体现了全省各族人民的根本利益和共同愿望。会议号召，全省各级政协组织、政协各参加单位和广大政协委员，紧密团结在以胡锦涛同志为总书记的中共中央周围，在中共辽宁省委的领导下，高举邓小平理论和“三个代表”重要思想伟大旗帜，牢固树立和全面落实科学发展观，坚持中国共产党领导的多党合作和政治协商制度，围绕中心，服务大局，认真履行政治协商、民主监督、参政议政职能，为我省实施“十一五”规划，加快老工业基地振兴，提前实现全面建设小康社会目标，做出新的更大的贡献。省政协主席郭廷标主持闭幕会并讲话。

【常务委员会会议】

第14次会议 会议于2006年1月23日在沈阳召开。应出席常委231人，实到会200人。省政协常务副主席张行湘主持会议。会议审议通过了增补省政协委员名单；增补朱启城、张敏、尚杰洪、胡旺义、姚和松、常伟为政协辽宁省第九届委员会委员。审议通过了政协辽宁省第九届委员会专门委员会人事任免事项。审议通过了省政协常委会2006年工作要点。

第15次会议 2006年5月25日至26日在沈阳召开。应出席常委229人，实到会169人。省政协主席郭廷标主持会议。省委书记、省人大常委会主任李克强，省委副书记、省长张文岳，省委常委、副省长许卫国，省委常委、秘书长曾维到会听取大会发言。李克强、张文岳同志作了重要讲话，许卫国同志向常委会通报了全省前4个月经济社会发展情况和下一步工作安排。会议紧密联系辽宁实际，围绕“十一五”规划的实施展开了协商议政、建言献策，30位同志作了大会发言。常委们就“十一五”规划提出了如下建议：1. 切实推进重大项目建设。2. 加快建设大连东北亚国际航运中心。3. 加快发展辽宁中部城市群经济区。4. 加快建设沈阳东北现代物流中心。5. 推动辽宁三大经济区协调发展。6. 以制度建设推动自主创新。7. 强化企业在自主创新中的主体地位。8. 积极推进节能降耗工作。9. 促进矿产资源的开源与节流。10. 加快建设节水型社会。11. 加强环境保护。12. 大力实施“五点一线”对外开放战略。13. 加快我省民族自治县对外开放工作。14. 积极推动教育事业的发展。15. 促进文化事业和文化产业繁荣发展。16. 切实解决群众看病难看病贵问题。17. 做好民事调解工作。18. 加强基层司法所建设。省政协主席郭廷标在闭幕会上讲话。他强调，要把学习贯彻《中共中央关于加强人民政协工作的意见》作为当前和今后一个时期的重大政治任务切实抓紧抓好，要按照《意见》和省委实施意见要求，进一步提高履行职能水平，要充分发挥政协在构建和谐辽宁中的重要作用，要不断加强政协自身建设。

第16次会议 2006年9月5日至6日在沈阳举行。会议以我省社会主义新农村建设为主要议题。应出席常委229人，实到会157人。省委常委王俊莲听取大会发言、副省长滕卫平听取大会发言并讲话。省政协主席郭廷标主持第一次全体会议。会议期间，31位省政协常委作了大会发言。常委们就我省社会主义新农村建设提出了如下建议：1. 落实科学发展观，统筹城乡发展。2. 加快发展县域经济。3. 加大农村金融的支农力度。4. 努力搞活农村商业。5. 加快推进农业科技进步。6. 发展劳务经济，促进农村劳动力转移。7. 加强职业培训，提高农村劳动力素质。8. 进一步加强扶贫开发工作。9. 创新农村公路投入和运营机制。10. 加快推进“村村通”自来水工程。11. 进一步加快农村能源生态建设。12. 大力推进小城镇建设。13. 进一步加强农村教育工作。14. 切实加强农村卫生工作。15. 繁荣农村文化事业。16. 加强基层政府法制建设。17. 依法实行村务公开。18. 加强村党组织书记队伍建设。会议审议通过了《政协辽宁省委员会关于加强省政协委员履行职责活动管理工作的实施意见》，任命屠国权为政协辽宁省第九届委员会副秘书长。省政协主席郭廷标在闭幕会上讲话。他强调，建设社会主义新农村必须统筹城乡经济社会发展，发展壮大县域经济，加快推进农业现代化，促进农民稳定持续增收，加强农村基础设施建设，大力发展农村社会事业，进一步深化农村改革，加强对新农村建设的领导。他指出，要继续抓好《中共中央关于进一步加强中国共产党领导的多党合作和政治协商制度建设意见》和《中共中央关于加强人民政协工作的意见》的学习和贯彻工作，切实组织好对《江泽民文选》的学习。要全面做好全年履行职能的各项工作，开展好明年全会的筹备工作。

【专门委员会工作】

提案委员会 省政协九届三次会议以来，共立案621件，其中党派、团体和专门委员会提案170件。到2006年12月末，立案的提案全部办结。许多提案紧紧围绕我省经济社会发展的重大问题和人民群众关注的热点、难点问题，对党委、政府决策具有重要参考价值，引起省委、省政府的高度重视。通过举办报告会、组织视察和调查、编发学习资料等方式，帮助提案人了解辽宁老工业基地振兴和构建和谐辽宁情况。在对提案进行综合分析的基础上，将12件重点提案，报送省委、省政府主要领导同志阅批。省政协主席、副主席领衔促办12件重点提案，郭廷标主席亲自促办2件。请分管提案工作的省委常委、常务副省长许卫国，在省政协常委会上，通报省政府系统年度提案办理情况，由常委进行审议。加强与承办单位的联系和协作，继续与省政府办公厅实行“四个联合”，即联合召开提案交办会、联合对承办单位进行检查、联合走访重点承办单位、联合组织协调省领导出席的重点提案办理座谈会。对不满意提案加大协调力度、对列入计划逐步解决的提案实行建档跟踪督办。分别召开了省政协各专委会主任座谈会、省工商联、各有关人民团体座谈会和省党派团体提案工作研讨会；分别召开了全省各市政协提案工作座谈会和部分县（市）区政协提案工作座谈会。编发《提案工作动态》20期。

经济委员会 围绕常委会主要议题开展工作。积极参与以“十一五”规划实施为议题的省政协九届十五次专题常委会议和以建设社会主义新农村为议题的省政协九届十六次专题常委会议的前期准备工作，结合议题开展调研，并在会议上提出意见和建议。参与了建设沈阳东北现代物流中心与沿海经济产业布局和产业集群“五点一线”两次主席协商会议筹备工作。开展专题调研活动。到厦门、上海、宁波等港口城市调研，完成了《体制创新资源整合推进大连国际航运中心健康发展调研报告》；到吉林、黑龙江、湖北、重庆、四川等省学习考察，形成《建设沈阳东北经济区现代物流中心课题报告》。完成了《辽宁社会主义新农村建设研究报告》，编辑出版了《辽宁社会主义新农村建设研究》一书，在九届十六次常委会议上供常委参阅。完成了东北四省区政协“东北老工业基地区域经济发展政协论坛”第二次会议辽宁论文的组稿工作。参与协调省政协组织的“基础设施建设”、“重大工业项目”两次常委视察，形成了《关于我省港口基础设施规划和建设进展情况视察报告》，报送省委、省政府。随同郭廷标主席率领的辽宁省友好经贸代表团到马来西亚、新加坡、南非考察石化产业园区和煤化工发展建设情况，形成《辽宁省友好经贸代表团访问马来西亚、新加坡、南非情况报告》，报送省委、省政府。

人口资源环境委员会 围绕常委会主要议题开展工作。积极参与集体林产权制度改革和防洪体系建设两次常委专题协商会议。开展专题调研活动。邀请全国政协人口资源环境委员会与民建中央组成联合调研组，在全国政协副主席张榕明和全国政协人口自然环境委员会陈邦柱主任的带领下，就辽河污染问题，到内蒙古、吉林和辽宁调研。形成了《关于辽河流域水污染防治情况的调研报告》报送中共中央办公厅和国务院办公厅。温家宝总理、曾培炎副总理分别作出重要批示。与全国政协人口资源环境委员会共同赴阜新就资源转型城市实现可持续发展问题进行了调研，形成了《关于支持阜新资源转型城市实现可持续发展问题的建议》，通过《全国政协信息》上报，曾培炎副总理作出重要批示。通过组织委员在省内外调研、视察，形成了《关于我省集体林权制度改革情况的调查报告》、《关于加快节水型社会建设保障经济社会可持续发展的调研报告》、《关于对辽宁省耕地质量建设与管理工作情况的调查》、《关于加强防洪体系建设的几点建议》、《关于视察我省创建国家环保模范城市情况的报告》等，报送省委、省政府。全年共开展调研15次，参与常委专题协商会2次，视察、考察10次，形成视察考察报告15份。

教科文卫体委员会 开展科技创新问题的专题调研，先后到沈阳、大连、抚顺、锦州、葫芦岛等市召开13次座谈会、5次论证会，形成了《关于推进我省科技成果转化的调研报告》。围绕省政协九届十六次常委会开展调研，形成了《关于我省部分地区农村义务教育经费保障机制改革实施情况的调研报告》、《关于我省农村医疗卫生工作有关情况的调研报告》、《关于我省实施新型农村合作医疗制度情况的视察报告》，报送省委、省政府。接待了由全国政协副主席张榕明率领的全国政协部分在京常委、委员视察团。形成了《关于全国政协视察团视察我省职业教育有关情况的报告》。组织部分省政协委员、专家开展“三下乡”活动，与辽宁电视台、新宾县委和县政府联合举办“满乡秋韵”文化演出；组织科技、医疗方面的委员、专家赴新宾县就“标准化中草药的种植”、“标准化农作物种植”、“农村中老年病防治和治疗”、“如何加强卫生行政执法工作”等课题为当地群众作专题讲座。

社会和法制委员会 围绕构建和谐社会、农村基层民主政治建设两个课题，联合有关部门和科研院所重点开展了四项专题调研，即加强基层司法所建设、三大经济区协调发展、推进县乡依法行政和农村残疾人弱势群体生产生活问题。形成调研、考察报告、建议、提案和大会发言材料13份。形成了《关于加强基层政府法制建设切实推进依法行政的建议》的调研报告，召开了加强基层司法所建设的省政协常委专题协商会。与省总工会共同研究制定了《辽宁省总工会向辽宁省政协通报情况制度》。与省总工会、省社会和法制研究会联合召开了“农民工问题理论研讨会”，以维护农民工合法权益为主题，探讨了涉及农民工切身利益的许多问题，交流论文39篇，编印了论文集。形成了《我省基层司法所建设工作亟待改善》、《我省三大经济区应协调发展》、《建议加大对我省公安队伍建设典型的宣传力度》、《关于设置新农村建设指标体系的建议》、《农民工问题的介入与解决之道》、《加强基层政府法制建设切实推进依法行政》、《关于解决农村弱势残疾群体生产生活问题的几点建议》等7篇省政协信息材料。

民族和宗教委员会 会同省民族事务委员会，赴本溪、桓仁、宽甸满族自治县和喀左蒙古族自治县调研，形成了《进一步促进自治县对外开放的几点建议》的专题报告，报送省委、省政府，《人民日报》人民网予以转载。赴岫岩满族自治县和阜新、喀左蒙古族自治县，对岫玉、玛瑙和紫砂资源的开发利用情况进行了专题调研，形成了《关于做大做强岫玉、玛瑙、紫砂特色产业，促进民族自治地方县域经济发展的建议》的调研材料，在省政协常委会上作大会发言。赴沈阳、大连等6个市调研，形成《关于我省伊斯兰教情况的调查和建议》，报送省委、省政府。提出了《关于帮助和扶持喀左蒙古族自治县做大做强陈醋产业的建议》的提案。组成招商考察组，赴江苏镇江、无锡、宜兴考察洽谈陈醋生产、紫砂开发，分别召开了由当地行业协会和相关企业负责人参加的招商说明会。

港澳台侨（外事）委员会 赴河北、天津、山东、福建等地的国家级和省级经济技术开发区进行实地考察，形成了《关于推进“五点一线”战略的几点建议》的常委会大会发言和《关于河北、天津、山东、福建沿海地区对外开放情况考察报告》。实施“请进来”、“走出去”战略，组织有省政协领导带队或参加的11个团组分赴美国、加拿大、墨西哥、澳大利亚、新西兰、巴西、智利、阿根廷、南非、埃及、土耳其、英国、奥地利、匈牙利、俄罗斯、波兰、罗马尼亚、韩国、香港等二十几个国家和地区访问，分别就流域性污染治理、城市污水和垃圾处理、生态环境保护技术及运行模式进行了学术交流和项目合作可行性探讨。接待美国、加拿大、俄罗斯、澳大利亚、阿根廷、越南、韩国、香港和台湾地区等来访团组32个，285人次。主要有，以越南祖国阵线中央委员会主席范世阅为团长的访华团、以俄罗斯联邦委员会国际事务委员会主席马尔格洛夫为团长的俄罗斯访华团，以关中副主席为团长的台湾国民党代表团和以郁慕明主席为团长的台湾新党代表团、加拿大BC省教育代表团、澳大利亚南澳洲工业代表团、台湾著名企业家代表团等。省委书记李克强、省长张文岳、省政协主席郭廷标分别会见了以上团组。在全省14个市政协建立了招商引资工作网络，建立了项目库，向海内外推介项目。帮助朝阳市政府与香港中建电讯集团签订了在朝阳市建立无绳电话生产厂的协议。制定了《港澳侨委员联系办法》和《港澳台侨（外事）委员会委员分组活动方案》、《省政协重大涉外活动保密工作预案》、《港澳台侨（外事）委员会办公室保密工作措施》。重新修定了《驻会主任和全体主任会议议事规则》。

学习宣传和文史委员会 与办公厅联合举办了6期省政协委员学习研讨班，420名委员参加了学习研讨，占应培训委员数的80.6%。学习研讨班以《中共中央关于加强人民政协工作的意见》为基本学习内容，还进行了政协信息、提案工作辅导。与办公厅、研究室共同举办了市、县（市、区）政协主席学习研讨班，91位市、县（市、区）政协主席（副主席）参加了学习研讨。举办了在辽全国政协委员学习研讨班，23名在辽全国政协委员参加了学习研讨。编发《学习之友》6期。组织部分委员，对申遗成功的沈阳“一宫两陵”进行了视察。代省委起草了《中共辽宁省委关于认真学习贯彻〈中共中央关于加强人民政协工作的意见〉的通知》。就加强农村精神文明建设问题进行常委专题协商，依据委员会《我省新农村建设中精神文明建设取得的成就和遇到的新问题》的调查报告内容，与省委宣传部、省文明办、省农委进行专题协商。编辑了《挺起共和国的脊梁——辽宁老工业基地史料选》煤炭工业分卷。配合辽宁电视台，拍摄了18集电视纪录片《张学良》。与“九·一八”战争研究会、省社会科学院历史所等单位联合，以“以史为鉴、面向未来”为主题，召开了“九·一八”日本侵华75周年座谈会。编辑出版了124.5万字的《政协委员风采录》（辽宁卷）。参与了全国政协史料征编协作，完成了《近代中国要塞和炮台》、《细菌战纪实》、《工业学大庆》等选题。

【重要活动】

举办报告会 4月12日，省委、省政协在辽宁人民会堂共同举办报告会，邀请全国政协副秘书长卞晋平作学习贯彻《中共中央关于加强人民政协工作的意见》的辅导报告。省政协主席郭廷标主持报告会。省委副书记、省纪委书记王唯众发表讲话。省委、省人大、省政府、省政协有关领导出席报告会。各市政协主席和各市联系政协工作的市委副书记，各县（市）区政协主席，省各民主党派、工商联负责同志，省直有关部门负责同志，在沈的省政协常委，省政协和沈阳市政协机关处级以上干部参加了报告会。会后将报告会的内容刻录成光盘发至市、县政协。

举办招商引资推介会 6月20日至25日，应韩国贸易协会的邀请，张传庆副主席率团在韩国首尔、釜山等地举办了两场省政协招商引资推介会，对我省“五点一线”战略和精选的95个项目进行推介。受到韩国贸易协会、韩中经营人(CEO)协会和韩中交流协会的广泛关注，其所属的近百家企业派人参加并进行项目洽谈，对沈阳、锦州、朝阳等市的9个项目表示了合作意向。

组织在辽全国政协委员视察本溪棚户区改造 9月18日至20日，省政协主席、在辽全国政协委员活动召集人郭廷标与肖作福、孙桂芬、金国生等14位在辽全国政协委员，到本溪、阜新视察6个棚户区改造、建设现场。在辽全国政协委员通过深入调研，形成了《关于辽宁省棚户区改造工作情况的视察报告》，提出如下建议：第一，集中力量，加强领导，加快配套工程进度，保证在年底前回迁居民有一个良好的生活条件和环境。第二，突出重点，分类指导，积极推行5万平方米以下城市棚户区改造工作。第三，在争取中央补助以前，抓紧研究低保边缘户等贫困群体冬季采暖费用补助问题。第四，注意研究棚户区改造带来的新情况和新问题，采取有效措施加以解决。

召开国际学术研讨会 10月14日至15日，与东北大学张学良研究中心、张学良暨东北军史研究会、辽宁省社会科学院、张氏帅府博物馆、张学良教育基金会六家单位共同举办了“纪念西安事变七十周年暨张学良逝世五周年国际学术研讨会”。来自国内部分地区、台湾、香港与美国、日本、韩国等海内外80余位专家、学者以及张学良将军的亲属出席了研讨会。辽宁省政协原主席孙奇出席开幕式并讲话。大会共收到论文60余篇。

【重要文件】

常委会工作报告 （2006年1月22日在省政协九届四次会议上）（摘要）

第一部分，2006年工作回顾。2006年，是我省在全面振兴老工业基地的征程上阔步前进的一年，也是我省人民政协事业与时俱进、开拓创新的一年。省政协及其常委会高举邓小平理论和“三个代表”重要思想伟大旗帜，全面落实科学发展观，牢牢把握团结、民主两大主题，紧紧围绕实施“十一五”规划、建设社会主义新农村和构建和谐辽宁，认真履行政治协商、民主监督、参政议政职能，广泛凝聚社会力量，全力助推振兴大业，全面完成了九届四次会议确定的各项任务。

一、认真学习贯彻《中共中央关于加强人民政协工作的意见》。二、围绕经济社会发展重大问题开展政治协商。增加了主席会议和常委专题协商会两个层面的协商。全年共安排重要协商活动10次。分别以实施“十一五”规划和建设社会主义新农村为协商议题，召开两次专题常委会议。召开主席会议把在推进大连国际航运中心建设中整合港口资源、加快沈阳区域性现代物流中心建设、“五点一线”沿海经济带产业布局和产业集群作为3次会议的协商议题。召开常委专题协商会5次，分别以基层司法建设、林业产权制度改革、防洪体系建设、农村精神文明建设、推进依法行政等问题为协商议题。三、注重强化民主监督和参政议政职能。围绕我省基础设施建设、重大工业项目建设、港口基础设施规划和建设、资源型城市转型、企业自主创新、社会主义新农村建设、农业产业化、农产品质量监督检测、新型农村合作医疗制度、争创国家环保模范城等活动，共组织常委会和专委会两个层次的视察20余次。各专门委员会和各参加单位，共组织专题调研80多次，提出调研报告和专项建议70余份。全年共整理上报信息257期，其中得到中央领导同志批示4期，省领导同志批示97人次。四、积极为构建和谐辽宁献计出力。围绕推进平安社区建设、公安队伍建设、农民工问题的解决、缓解群众看病难看病贵、扩大民族自治县对外开放、做大做强自治县特色产业等问题开展调查研究，提出建议。五、加强与各级政协的联系和合作。配合全国政协经济委员会赴大连进行实地考察论证，提出了关于设立大窑湾保税港区、加快大连国际航运中心建设的建议。国务院批准设立大连大窑湾保税港区后，又会同全国政协经济委员会、大连市政府、大连市政协，在大连举办了“加快大连大窑湾保税港区建设，促进东北老工业基地对外开放”论坛。与内蒙古自治区、吉林和黑龙江省政协共同主办了以“对接·互动·共赢”为主题的四省区政协论坛第二次年会，提出了实施网络化、信息化、产业化、一体化、国际化和大城市带动战略等建议。六、重视发挥民主党派、工商联、专委会和委员的作用。在专委会设置界别和专业小组组织开展活动，以界别小组名义在政协例会上发言。制定了《关于加强省政协委员履行职责管理工作的实施意见》。

第二部分，2006年工作安排。

一、全面贯彻科学发展观，继续围绕老工业基地全面振兴履行职能；二、突出团结、民主两大主题，为构建和谐辽宁贡献力量；三、切实推动工作创新，努力提高履行职能的水平和实效；四、适应新形势新任务要求，全面加强政协自身建设。

关于辽宁省学习贯彻《中共中央关于加强人民政协工作的意见》情况的报告（摘要）　《中共中央关于加强人民政协工作的意见》（以下简称《意见》）下发以来，我省各级党委、政府和政协组织把学习贯彻《意见》作为一项重要政治任务来抓，紧密结合本地区实际，认真落实文件要求，切实加强和改进政协工作，形成了党委更加重视、政府更加支持、社会各方面密切配合和政协自身更加努力的局面。

一、各级党委、政府学习贯彻《意见》的情况。（一）对学习贯彻《意见》作出全面部署。省委及时下发了《关于学习贯彻〈意见〉的通知》，对学习贯彻意见作出部署。各市、县（市、区）党委认真贯彻省委《通知》精神，分别采取下发文件、召开会议、主要领导同志讲话等形式，对学习贯彻《意见》作出部署。（二）采取多种形式开展学习宣传活动。一是各级党委理论学习中心组普遍组织1－2次专题学习讨论。二是省及部分市、县（市、区）分别举办报告会、专题讲座和政协知识答卷活动。三是组织和推动政协的理论研究和教育宣传工作。全省各级党校、行政学院（校）、社会主义学院把学习《意见》作为学习统一战线和人民政协理论的重点，纳入教学计划，有针对性地加强对干部的培训；省及各市的报纸、电台、电视台、网站等新闻媒体通过开辟专版、举办专题节目等方式加强对《意见》的宣传。（三）结合实际提出贯彻落实的具体意见。省委委托省政协党组对全省贯彻落实胡锦涛总书记在庆祝人民政协成立55周年大会上的讲话、2004年省委政协工作会议精神和《中共辽宁省委关于进一步加强人民政协工作的意见》的情况进行全面调研，在此基础上提出贯彻落实《意见》的建议。（四）加强对政协的领导，积极支持政协开展工作。一是坚持和完善对政协工作领导的相关制度。二是充分发挥政协党组在政协中的领导核心作用。三是重视政协和民主党派干部队伍建设。

二、各级政协组织学习贯彻中央《意

见》的情况。一是以政协辽宁省委员会的名义下发通知，对全省各级政协组织和广大政协委员学习贯彻《意见》作出全面安排。二是省政协理论学习中心组先后组织两次集中学习，带动委员和机关的学习。三是为帮助各级政协委员和机关干部深入理解《意见》精神，将全国政协副秘书长卞晋平为全省各级领导干部作的辅导讲座刻录成 DVD 光盘发到各市、县、区政协。四是举办了 6 期省政协委员培训班，以《意见》为主要内容，对全体委员进行培训。五是受全国政协委托，组织在辽全国政协委员集中学习。六是对所有市、县（市、区）政协主席进行集中培训。七是组织开展大检查活动。把检查与推动学习贯彻结合起来。八是召开了一次以学习贯彻《意见》为主要内容的全省政协理论与实践研讨会。

三、推进履行职能制度化、规范化、程序化情况。（一）进一步规范政治协商。一是各级党委把政治协商作为提高执政能力的重要途径和科学民主决策的重要环节，切实纳入决策程序，坚持就重要问题在决策之前和决策执行过程中在政协进行协商。二是注意改进和完善协商形式和方式，使政治协商进一步规范化。三是各级党委、政府的主要领导同志带头参加政协的重要协商活动。（二）积极推进民主监督。各级政协认真研究探索强化民主监督的途径和形式。（三）深入开展参政议政。各级政协注意选择政治、经济、文化、社会建设特别是振兴老工业基地、构建和谐社会中带有综合型、全局性、前瞻性的课题，深入调查研究，进行协商讨论，反映社情民意，向党委和政府提出意见和建议。（四）建立政协提案及意见、建议的办理和吸纳落实机制。省委、省政府修订并下发了《提案工作条例》，对提案工作的程序和机制提出了更加明确的要求。各级党委、政府十分重视政协意见、建议的吸纳落实工作，对以政协名义报送的建议案和重要调研报告，党政主要领导同志都能做到亲自阅批并提出处理意见，特别重要的提交党委常委会议和政府常务会议讨论，有的还将有重要指导意义的建议案和调研报告以党委文件的形式转发，并责成有关部门认真抓好落实。

四、进一步加强政协自身建设情况。（一）加强和民主党派的联系与合作。一是与民主党派、工商联和有关人民团体联合开展调研，共同筹备政协重要例会。二是尊重和保障民主党派在政协各种会议上以党派的名义发表意见和主张的权利。三是很多市政协增设了非中共副秘书长，专委会增加了非中共副主任和委员。四是邀请民主党派负责人参加政协的重要外事活动。五是帮助民主党派解决工作中遇到的困难和问题。（二）注重发挥界别作用。各级政协根据界别的特点和要求开展活动，调动各界别参政议政的积极性。（三）充分发挥委员的主体作用。各级政协普遍建立了主席、副主席联系常委，常委联系委员的制度。（四）加强政协机关建设。很多市、县政协都提出建设学习型机关、创新型机关、服务型机关。（五）健全政协工作制度。各级政协都对履行职能的制度规定进行了梳理、修订和充实。

【组织概况】

增选副主席、常务委员名单（2006 年 1 月辽宁省政协九届四次全体会议通过）

副主席

张行湘

常务委员（25 人，按姓氏笔画为序）

王　玲（女）　王华斌　王燕玲（女）
车　竞（女）　刘　诗（女）　刘绍臣
刘振军　刘福龙　牟维勇　李戈军
李长春　李世俊　李卓然　李宝忠

吴　军　陈巨昌　郑国美　孟庆海
胡　玉(女)　闻德才　姜恩鸿
鲁鸿明　温雪琼(女)　曾晓非(女)
缪泽江

增补委员名单（2006年1月辽宁省政协九届十四次常委会议通过，按姓氏笔画为序）

朱启城　张敏　尚杰洪　胡旺义
姚和松　常伟（女）

不再担任政协常委名单（2006年1月辽宁省政协九届四次全体会议通过）

关玉波（病故）　朱伟勇
张永福（退休）　刘廷耀　刘忠德
孙景隆　何尔立　张鹤龄
赫恩龙（超过65周岁）

不再担任政协委员名单（2006年1月辽宁省政协九届十四次常委会议通过）

郎英　陈家洱　田祖鸿
李凤云（退休）　王义信
藏振廉（工作变动）

【辽宁省各级政协领导人名单】

辽宁省

政协主席

郭廷标

副主席

张行湘　董万德　张成伦　徐文才
赵新良（满族）　张毓茂
姜笑琴（女）　王植时　张传庆
贺　旻（女）　孙桂芬（女）
金国生

秘书长

宁培秀

沈阳市政协（副省级）

市政协主席

赵金城

副主席

刘迎初　闻大中　金厚家（回族）
李　楷　沈文波　李　峰
徐　璐(女)　刘国良　张秀华(女)

秘书长

铁　岩（回族）

县（市、区）政协主席

和平区　赵素坤（女）
沈河区　万英丽（女）
铁西区　崔晓军
皇姑区　杨　光
大东区　关宏平
东陵区　罗颖力
于洪区　吕文侠
新城子区　李　忠
苏家屯区　张淑英（女）
辽中县　杨先范
新民市　白文德
康平县　田柏祥
法库县　张福志

大连市（副省级）

市政协主席

林庆民

副主席

李信忠　田树军　谭忠印
郑全慈（女）　董长海　王业滨
唐建武　施中岩

秘书长

王有台

县（市、区）政协主席

中山区　薛京利（女）
西岗区　王　玢
沙河口区　李金李
甘井子区　赵元敏
旅顺口区　刘永斌
金州区　傅治政
瓦房店市　刘英华（女）
普兰店市　王圣敏
庄河市　吴胜达
长海县　刘福章

鞍山市

市政协主席 朱启成

县（市、区）政协主席

海城市 吕明胜

台安县 赵岩富

岫岩满族自治县 曹友波（满族）

铁东区 陈际腾

铁西区 王韶云（女）

立山区 隋利（女）

千山区 赵洪胜

抚顺市

市政协主席 张 敏

县（区）政协主席

清原满族自治县 张立春（满族）

新宾满族自治县 刘旭东

抚顺县 郝传德

新抚区 单东茂

望花区 阎晓光

东洲区 王 超

顺城区 陈庆霞（女，满族）

本溪市

市政协主席 姚和松

县（区）政协主席

本溪满族自治县 董玉珍（女，满族）

桓仁满族自治县 黄柏栋

平山区 蔡殿双

明山区 董崇生

溪湖区 陈忠贵

南芬区 闫荣仕（满族）

丹东市

市政协主席 单志嬴

县（市、区）政协主席

振兴区 苏庆凡

元宝区 董 群

振安区 任延发

东港市 王春兰（女）

凤城市 常春梅（女）

宽甸满族自治县 张桂林

锦州市

市政协主席 张绍文（满族）

县（市、区）政协主席

黑山县 马桂荣（女）

北宁市 孙世华（女）

凌海市 瞿福和

义 县 张志贵

凌河区 赵文博

古塔区 瞿云凤

太和区 何明志

营口市

市政协主席 胡旺义

市（区）政协主席

站前区 苏金发

西市区 田红星

老边区 杨洪明

鲅鱼圈区 张天放

盖州市 杨兴华

大石桥市 石恩扬

阜新市

市政协主席 韩景瑞

县（区）政协主席

阜新蒙古族自治县 李来棠

彰武县 吴 琼

海洲区 张继民（女）

太平区 王景春

新邱区 张 玲（女）

细河区 李秀山

清河门区 李继荣（女）

辽阳市

市政协主席 尚杰洪

县（市、区）政协主席

辽阳县 刘 斌

灯塔市 薛德义
白塔区 徐庆文
文圣区 李志俭
宏伟区 苏吉田
弓长岭区 崔士军
太子河区 杜习智

铁岭市

市政协主席 刘以贡
县（市、区）政协主席
铁岭县 祁绍福
开原市 张景涛
昌图县 李运启
西丰县 丛宝忠
调兵山市 张国忱
银州区 姜权有
清河区 张印通

朝阳市

市政协主席 李稀双
县（市、区）政协主席
北票市 邱忠春
凌源市 王国基
朝阳县 李 野
建平县 赵亚文（女）
喀左蒙古族自治县李天龙
双塔区 李清武
龙城区 韩 梅

盘锦市

市政协主席 于 捷
县（区）政协主席
盘山县 孟晓平
大洼县 李炳成
兴隆台区 张海东
双台子区 杨春光

葫芦岛市

市政协主席 刘知良
县（市、区）政协主席
兴城市 康 伟
建昌县 蔡振鹏
绥中县 周素春（女）
连山区 施德志
龙港区 董福春（女）
南票区 刘继舜

辽宁省各级政协组织数和委员数

（截至2006年底）

项目＼级别	省	副省级市	设区的市	县（不设区的市、市辖区）	合计
组织数	1	2	12	100	115
委员数	790	1107	4601	20121	26619

（胡青 编写 尹学义 审稿）

政协吉林省委员会

徐学海　副主席

【全体委员会议】

九届四次会议　2006年2月7日至10日在长春召开。本次大会应出席委员550人，实到509人。王国发主席主持开幕式。中共吉林省委书记、吉林省人大主任王云坤，省委副书记、省长王珉等省领导出席会议。会议审议并通过了吉林省政协副主席魏敏学所作的常务委员会工作报告和赵家治副主席所作的九届三次会议以来提案工作情况的报告。列席了吉林省第十届人民代表大会第四次会议。听取并讨论了省长王珉所作的国民经济和社会发展“十一五”规划纲要的报告。审议并通过了《中国人民政治协商会议吉林省第九届委员会第四次会议决议》以及人事事项。会议期间，举办了“经济科技论坛”、“人口资源环境论坛”、“文教卫生论坛”、“社会法制论坛”、“港澳委员论坛”。

【常务委员会会议】

第13次会议　2006年1月19日至20日在长春召开。会议审议通过了政协吉林省第九届委员会常务委员会工作报告（审议稿）、政协吉林省第九届委员会常务委员会关于九届三次会议以来提案工作情况的报告（审议稿）、政协吉林省第九届委员会第四次会议议程和日程（草案）、政协吉林省第九届委员会第四次会议工作机构（草案）。审议通过了有关人事事项（草案）。

第14次会议　2006年2月9日在长春召开。会议审议通过了《中国人民政治协商会议吉林省第九届委员会第四次会议决议》（草案），《政协吉林省第九届委员会常务委员会2006年工作要点》，以及有关人事事项（草案）。

第15次会议　2006年6月29日至30日在长春召开。会议听取了《关于吉林省“建设社会主义新农村”农民抽样调查情况的报告》、《关于促进农民增收致富的调研报告》、《关于农村基础设施建设和环境建设情况的调研报告》、《关于农村基层民主政治建设情况的调研报告》、《关于农民“看病难、看病贵”的调研报告》。会议审议通过了省政协《关于推进社会主义新农村建设的建议案》，还通过了有关人事事项。

第16次会议　2006年9月27日至28日在长春召开。会议审议通过了省政协人资环委《关于对我省棚户区改造工作的建议》，听取了省建设厅《关于城市棚户区改造工作进展的汇报》和《四平市棚户区改造情况的汇报》。会议还审议通过了《关于政协吉林省第九届委员会机构调整的建议》和有关人事事项。

第17次会议　2006年12月27日至28日在长春召开。会议审议通过了政协吉林省第九届委员会常务委员会工作报告（审议稿）、政协吉林省第九届委员会常务委员会关于九届四次会议以来提案工作情况的报告（审议稿）、政协吉林省第九届委员会第五次会议议程和日程（草案）、政协吉林省第九届委员会第五次会议工作机构（草案）。审议通过了有关人事事项。

【专门委员会工作】

提案委员会 一、提案的征集、办理工作。省政协九届四次会议以来，共收到提案 292 件，经审查，立案 213 件。截至 2006 年底已基本办复。对没立案的 77 件提案，通过不同方式和渠道进行了妥善处理，转为来信处理的 67 件，转为社情民意的 10 件。二、开展提案视察与督办活动。省政协提案委对政协九届四次会议提案的办理情况进行视察，先后听取了省政府办公厅，省教育厅、农委、水利厅、卫生厅有关部门负责同志的情况介绍。深入吉林市实地视察了《关于抢救、保护、开发、利用吉林市乌拉街“后街”的提案》、《关于整治松花湖水域船舶污染的几点建议》的办理情况。三、结合落实中央 5 号文件精神，对历年提案落实情况进行跟踪视察。2006 年 7 月，在赵家治副主席的带领下，提案委员会组织部分委员，并邀请民建省委有关同志，深入白山市、通化市的一些县、乡、镇，对省政协九届一次会议期间，民建省委提出的《关于提请省政府尽快出台东部山区 20 度以上坡耕地全面退耕停作决定的建议》进行专题调研，跟踪落实情况，并形成报告，经 44 次主席会议审议，提交省委、省政府。四、加强提案工作对外交往。承办了华北东北省市区政协提案工作座谈会，全国政协提案委领导以及 12 个省、市、区政协的同志出席了会议，各市州政协提案委主任列席了会议。会议认真学习中央 5 号文件精神，全面理解政协提案工作的重要性，进一步提高了对政协提案工作全局意义的认识。五、加强提案工作的宣传。先后 8 次在吉林电视台、吉林人民广播电台播送新闻报道，在《吉林日报》、《协商新报》、省政协网站刊登委员建言和相关文章 36 篇。

经济科技委员会 一、开展社会主义新农村建设的调研工作。在孙耀廷、别胜学副主席的带领下，先后深入到粮食主产区长春、四平、松原三市的 8 个县（市）、15 个乡（镇）、18 个村及 20 余个农户，进行了为期一个多月的调查研究。到皓月集团、红嘴集团、金鹰集团、五洲禽业、春发食品等 8 户企业和一个农业生产合作社进行了考察座谈。形成了《关于促进农民增收致富情况的调查报告》，提交省政协九届十五次常委会议审议，并纳入到本次常委会审议通过的《关于推进社会主义新农村建设的建议案》中。二、做好东北区域发展政协论坛的组织协调工作。多次邀请政府有关部门负责人和政协委员及有关专家召开协调会，对主题发言和专题发言内容进行反复研究，对发言文稿做了多次修改，最后形成了一个主题发言、六个专题发言材料和一个多媒体资料。会后，就下次论坛的主题及专题的确定，多次召集有关委员及专家座谈，并分别与辽宁、黑龙江、内蒙进行协调沟通，初步理出了一个下次论坛主题的框架。三、开展委员视察活动。与有关界别的召集人共同组织科技、农业、经济等界别委员分别到长春、松原、延边、辉南、扶余等地就名牌战略实施、旅游经济开发区建设、森工企业改革、工业集中区建设等方面问题进行视察，形成了关于我省实施名牌战略问题的提案一份，其他方面的问题有的形成了视察报告，有的向当地有关领导及企业负责人提出了建议。

人口资源环境委员会 一、组织委员调研和视察。1. 先后到白山市、通化市、辽源市的 6 个县（区）和 12 个乡镇，就农村基础设施和环境建设情况进行调研。调研组通过听汇报、实地调查、召开座谈会等形式，了解农村基础设施和环境建设的现状和存在的问题，形成了《关于农村基础设施和环境建设情况的调研报告》，并在九届十五次常委会上进行了发言。2. 对我省各市（州）政府所在地城市棚户区改造情况进行了调研。召开了5次调研组成员及有关部门负责人座谈会，并针对拆建、政策落实和回迁安置等方面存在的问题，提出了五点建议，形成了《关于我省城市棚户区改造工作的建议》，经九届四十六次主席会议和九届十六次常委会议审议通过，以建议案的形式报送省委、省政府。3. 对白城市生态环境建设情况进行了视察。由孙耀廷副主席召集省政府有关部门负责同志，就视察情况召开了专题协商会，形成了《关于支持白城市三大生态产业工程建设的建议》。4. 就长白山新管理体制的运行情况和长白山保护、旅游资源开发及管理情况进行了视察，形成了《长白山保护开发管理情况的视察报告》。二、参加了在黑龙江省举办的第三次东北三省和内蒙古自治区政协人资环委联系会议。三、作为发起单位之一组织委员参加在青海西宁召开的“湖泊保护暨青海湖可持续发展”研讨会，并在大会上发言。四、参加了全国政协人资环委在山东举办的全国暨地方政协人口资源环境委员会工作研讨培训会议。

文化教育卫生委员会 一、组织委员调研和视察。1. 由魏敏学副主席带队，组织部分委员会同省扫黄打非领导小组办公室，就我省图书音像市场整顿情况进行了视察。视察组先后听取了省新闻出版局、省扫黄打非领导小组办公室和延边州文化局、敦化市文化新闻出版和体育局、吉林市新闻出版局的情况汇报，实地考察了11家图书音像市场，召开了4次有关部门负责同志参加的座谈会，并同各地领导就如何做好规范整顿工作，进一步促进我省图书音像市场繁荣发展问题交流了意见。在此基础上形成了《关于我省图书音像市场整顿情况的视察报告》，经九届四十一次主席会议审议通过，上报给省委、省政府参阅。2. 魏敏学副主席率省政协文教委视察组，到通化市和白山市围绕我省文物保护工作情况进行视察。省政协部分常委、委员及省文化厅相关同志参加了视察。视察组先后听取了有关部门的情况汇报，并实地考察了两地的部分文物遗存。在视察的基础上形成了《关于我省文物保护工作情况的视察报告》，经省政协九届四十二次主席会议审议通过，以省政协办公厅文件形式报送省委、省政府领导参阅。3. 魏敏学副主席带领文教委调查组，会同省教育厅，到桦甸市、磐石市、榆树市、德惠市就我省农村中学生辍学流失情况进行调查。调查组听取了省教育厅、长春市教育局有关情况的汇报，实地考察了8所农村中学，召开了4次有政府主管部门、乡镇负责人、学校校长、学生家长参加的座谈会。形成了《关于我省农村中学生辍学流失情况的调查报告》，经九届四十七次主席会议审议通过后上报给省委、省政府参阅。二、召开通报协商会。由省卫生厅领导通报2006年全省卫生工作情况，委员们就我省卫生系统行业作风建设和相关问题提出了有益的意见和建议。三、在全国政协举办了驻京吉林籍画家新春同乡联谊会活动。

社会法制委员会 一、组织委员调研和视察。1. 就农村民主政治建设情况进行调查，听取了省民政厅负责同志“关于全省农村民主政治建设情况”的介绍，到吉林市的磐石市、桦甸市与乡、村两级干部及村民分别座谈并深入到村屯进行实地走访调查，形成了《关于加强农村基层民主政治建设的调查报告》，为“建设社会主义新农村”资政会的召开提供了资料。2. 在赵家治、阎洪臣副主席分别带领下，会同省司法厅组织部分省政协常委和委员，组成两个调研组分别深入到吉林市丰满区、舒兰市、公主岭市、梨树县等四个县（市、区），七个乡（镇、街），6 个村（社区）对我省人民调解工作情况进行了调查，就存在的问题进行了分析研究，形成了《关于我省人民调解工作情况的调查报告》，经九届四十四次主席会议审议通过后，以参阅件形式报送省委、省政府。3. 以委员活动组活动的形式组织委员进行了两次视察。一是到双阳区、临江市对我省统筹城乡就业试点工作进行视察，二是到松原市对预防青少年违法犯罪的社会热点问题进行视察。二、主办、承办会议。1. 组织召开了关于“侵权渎职案件查处情况”情况通报会。2. 会同省委政法委、省高级人民法院就吉林省近年来民商事案件审判和调解及执行情况召开协商恳谈会。3. 召开全省政协社会法制宗教系统工作会。4. 派员参加全国政协和北方部分省（市）政协组织的有关社会、民族、法制工作方面的经验交流会和研讨会。

文史资料委员会 一、初步完成《尘封的家书——国民党兵困长春书信秘档》（暂名，以下简称《家书》）的史料征集工作。二、开展知青史料的征集工作。在松原市召开了全省市（州）政协文史委主任会议，部署征集任务，并通过省内主要新闻媒体发出“征稿启事”，组织长春、上海知青返乡活动，分别到农安县华家镇、图们市凉水镇及梨树县夏家堡等地，重返当年生活、劳动过的地方。三、对全省档案工作进行视察调研。赵家治副主席带领部分委员和专家，深入到省档案馆、吉林市、蛟河市、白山市、靖宇县以及靖宇县龙泉镇，对全省档案工作进行了视察，向省委、省政府提交了视察报告。四、印刷出版了《满乡伊通》和《长白山》两本旅游丛书，基本形成《吉林省志·人民政协志》续志（1988—2000 年）初稿。五、召开“纪念王希天烈士诞辰 110 周年座谈会”。

港澳台侨和外事委员会 一、加强工作交流。1. 召开“学习贯彻《中华人民共和国归侨侨眷权益保护法》”会议。2. 参加全国各省、区、市政协港澳台侨和外事工作经验交流会。3. 由阎洪臣副主席带队赴新疆、甘肃、青海进行考察。二、扩大对外交往。1. 接待蒙古国政府代表团。2. 组织友好代表团出访了俄罗斯、马达加斯加、毛里求斯、菲律宾、塞黑、波兰、匈牙利、澳大利亚、新西兰、日本、韩国、香港、澳门等国家和地区，扩大交往，广交朋友。3. 接待了来自美国、英国、澳大利亚、阿根廷、菲律宾、俄罗斯、台湾、港澳等国家和地区的 60 多位国际友人、华人华侨。三、成立吉林省经济社会研究会。四、举办“吉林风光摄影展”。

【重要活动】

通报全省经济情况暨座谈会

一、1月 25 日，省政府领导与省政协委员座谈会在长春举行。省委常委、常务副省长田学仁受王珉省长委托，向省政协委员通报了全省发展形势和有关工作情况，听取了委员对省政府工作提出的意见和建议。省政协主席王国发主持会议。副省长李斌，省政府秘书长刘润璞，省政府各部门负责同志参加了座谈会。省政协副主席魏敏学、赵家治、常万海、伍龙章、李慧珍、孙耀廷、修福金、别胜学、段成桂，省政协秘书长王富远，省政协副秘书长、各委办负责同志及部分委员参加会议。二、7月 28 日，省长王珉，副省长李斌，省政府秘书长刘润璞率领省政府有关部门的负责同志，到省政协向委员及省级各民主党派、工商联负责同志通报全省上半年经济形势。省政协主席王国发主持。部分委员围绕增强自主创新能力、我省重大水利工程项目投资与建设、棚户区改造等方面问题作了专题发言。副主席魏敏学、赵家治、伍龙章、李慧珍、孙耀廷、修福金、别胜学、段成桂，秘书长王富远出席了会议。

协商恳谈会 3月24日省政协召开民商事案件审判和调解工作协商恳谈会。会上，部分委员发言严厉抨击“法律白条”现象。省法院副院长王清文向委员们通报了2004年以来全省法院民商事案件审判、调解工作及执行工作情况，随后和其他法官一起现场回答了委员们提出的问题，并表示接受委员们的意见和建议。省政协副主席赵家治、省委政法委副书记刘殿民出席会议。

全省市（州）、县（市、区）政协主席座谈会 6月28日至29日，全省市（州）、县（市、区）政协主席座谈会在长春召开。会议的主要内容是，进一步学习《中共中央关于加强人民政协工作的意见》，交流各地学习贯彻落实《意见》的体会。省政协主席王国发，副主席赵家治、伍龙章、李慧珍、孙耀廷、修福金、别胜学、段成桂，省政协秘书长王富远出席了会议。会议邀请了全国政协副秘书长卞晋平就《意见》作了学习辅导报告。与会人员交流了学习贯彻《意见》的体会并提交了书面材料，部分市县作了大会发言。王国发在会议结束时讲了话。

“建设社会主义新农村”资政会 6月29日，“建设社会主义新农村”资政会暨九届十五次常委会议在长春召开。省委书记王云坤、副省长杨庆才出席会议并发表讲话。省政协主席王国发主持开幕会。副主席魏敏学、赵家治、伍龙章、李慧珍、孙耀廷、修福金、别胜学、段成桂、徐学海，秘书长王富远出席了会议。在长春的全国政协委员，省委、省政府有关部门和省政协各委厅室负责人，以及全省各市（州）、县（市、区）政协主席列席了会议。会议听取了《关于吉林省“建设社会主义新农村”农民抽样调查情况的报告》、《关于促进农民增收致富的调研报告》等5个调研报告。孙耀廷副主席作了总结讲话。本次资政会从筹备到召开历时半年，组成三个调研组先后深入我省7个市、16个县（市）、30个乡（镇）、32个村（屯）进行广泛调研，并通过国家统计局农村调查网络对全国9个地区、19个县（市）、145个乡（镇）、163个村的3000户农民进行了抽样调查，还会同省农委组成考察组赴日本、韩国进行了考察，发动了各民主党派参与调研，形成了丰富的调研成果。

华北东北省市区政协提案工作座谈会 8月9日至10日，华北东北省市区政协提案工作座谈会在长春召开。全国政协提案委员会副主任张岳琦出席会议并就如何做好新时期人民政协提案工作发表讲话。北京市政协副主席陈建生、天津市政协副主席曹秀荣、河北省政协副主席王建忠以及华北东北各省市区政协提案委员会负责同志出席了会议。上海市、重庆市、山东省、河南省政协的同志应邀出席会议。省政协副主席赵家治着重介绍了吉林省经济社会发展和省政协的有关情况。北京市、天津市、河北省、山西省、内蒙古自治区、辽宁省、黑龙江省和吉林省政协先后发言，交流提案工作经验；上海市、重庆市、山东省、河南省政协做了书面发言。

纪念王希天烈士诞辰110周年座谈会 9月11日，省政协举行纪念王希天烈士诞辰110周年座谈会。全国政协提案委员会副主任张岳琦，省委副书记林炎志、副省长陈晓光，原省级老领导刘希林、徐元存、高文，长春市政协副主席战月昌参加座谈会。省政协副主席赵家治主持座谈会。会上，省侨联副主席李云奎，中国现代史学会名誉会长、日本侵华史研究专家王桧林，中国社会科学院近代史研究专家陈铁健，人民出版社编审、教授马连儒分别作了发言。王希天烈士亲属、省政协常委王旗参加了座谈会并代表亲属发言。省委宣传部、统战部、党史研究室，省档案局、省地方志编委会、省侨办、省侨联、部分省政协委员、文史特邀委员和省内王希天研究会的部分专家学者，以及省政协有关负责同志等40余人参加了座谈会。

专题协商会 10月25日，省政协副主席孙耀廷主持召开了促进生态产业建设专题协商会。会议的中心内容是：听取白城市市长房俐作“关于三大生态产业工程建设情况的汇报”，与省政府有关部门领导面对面地协商解决相关问题。省政府生态办主任贾广和，省水利厅厅长张德新，省财政厅、林业厅、科技厅、商务厅领导及相关部门负责同志，省政协人口资源环境委员会、白城市政协及白城三大生态产业工程建设相关负责人出席了会议。

中共吉林省委政协工作会议 11月24日，中共吉林省委政协工作会议在长春召开。会议的主要任务是，深入学习贯彻《中共中央关于加强人民政协工作的意见》精神，总结交流近几年全省政协工作的经验，研究部署新时期加强和改进党对政协工作的领导，更好地发挥人民政协在我省全面建设小康社会和构建社会主义和谐社会伟大进程中的重要作用。省委副书记、省长王珉，省政协主席王国发，副省长田学仁分别发表讲话。省委副书记林炎志主持会议并作总结讲话。省领导唐宪强、杜学芳、王儒林、聂文权、邓凯、李申学、王松鹤、马俊清、米凤君、杨庆才、李锦斌、陈晓光、矫正中、魏敏学、赵家治、阎洪臣、伍龙章、李慧珍、孙耀廷、修福金、别胜学、段成桂、徐学海、祝业精，省法院院长蔡彰，省检察院院长索维东，省政府秘书长刘润璞，省政协秘书长王富远出席会议。

【重要文件】

常务委员会工作报告（2006年2月7日）（摘要） 2005年，省政协常委会紧紧把握团结和民主两大主题，围绕发展这个第一要务，切实履行政治协商、民主监督、参政议政职能，不断加强自身建设，较好地完成了年初确定的各项工作任务，为加快振兴吉林老工业基地做出了新的贡献。一、以科学发展观为统领，为促进吉林经济社会快速协调发展建言献策。二、加强视察、提案、反映社情民意等工作，提高民主监督实效。组织专题视察活动15次；组织省会城市以外的省政协委员开展省内异地视察活动；受全国政协委托，组织驻我省的全国政协委员赴湖北就汽车产业发展情况进行视察，并形成视察报告报送全国政协；选派了71位委员担任行政执法部门和司法机关特邀监督员，履行民主监督职责。在省委、省政府的重视和有关部门的积极努力下，提案办复率达到99.4%，办理质量和办理实效有了新的提高。全年共编发上报社情民意187件，省领导批示43件。为进一步畅通反映社情民意工作渠道，组建了信息特邀委员队伍。与长春市市长公开电话（12345）办公室联合开展办理社情民意工作，收到很好的效果。三、坚持大团结大联合，积极促进各党派团体、各族各界人士的团结合作。重视各民主党派和无党派人士在政协组织中的作用。注意发挥政协的界别作用。发挥文史资料在统一战线和爱国主义教育中的作用。四、广泛开展海内外联谊活动，扩大人民政协联系交往的工作领域。积极开展台港澳侨工作。促进区域合作，加强同兄弟省区市政协的联系。宣传推介吉林，扩大吉林的对外影响。五、加强自身建设，培养造就高素质的政协队伍。重视委员队伍建设，充分发挥委员的主体作用。加强对市（州）县（市、区）政协的联系指导，增强政协组织履行职能的整体合力。按照中共吉林省委的统一部署，省政协机关于上半年开展了以实践“三个代表”重要思想为主要内容的保持共产党员先进性教育活动。2006 年是实施“十一五”规划的开局之年，是振兴吉林老工业基地进入实质性突破阶段的关键一年。做好今年的工作，对于加快吉林老工业基地振兴，完成“十一五”规划提出的各项任务有着十分重要的意义。省政协及常委会工作的指导思想是：以邓小平理论和“三个代表”重要思想为指导，深入贯彻中共吉林省委八届八次全会和全省经济工作会议精神，全面落实科学发展观，围绕振兴吉林老工业基地这一中心任务，牢牢把握团结和民主两大主题，认真履行政治协商、民主监督、参政议政职能，努力推动全省经济社会更快更好发展，为“十一五”规划的顺利开局和起步做出新贡献。一、进一步加强学习，提高对政协工作规律性的认识。二、坚持把促进发展作为政协工作的第一要务，紧紧围绕全省大局履行职能。三、充分发挥各民主党派、无党派人士在政协中的作用，为建设和谐吉林做出新的贡献。四、全面加强自身建设，进一步推进政协工作的制度化、规范化、程序化。

省政协主席王国发在省政协九届四次会议闭幕会上的讲话（2006 年 2 月 10 日）（摘要） 2006 年是“十一五”时期的开局之年，也是振兴吉林老工业基地进入实质性突破阶段的重要一年。做好今年改革发展稳定的各项工作，意义重大而深远。全省各级政协组织和广大政协委员，要以邓小平理论和“三个代表”重要思想为指导，坚持团结和民主两大主题，深入贯彻中共吉林省委八届八次全会和吉林省经济工作会议精神，紧紧围绕振兴吉林老工业基地这一中心任务，认真履行政治协商、民主监督、参政议政职能，同全省人民一道，努力实现更快更好发展，为实施“十一五”规划开好局、起好步。今年我们要着重做好以下三个方面的工作：一是以科学发展观为统领，围绕实施“十一五”规划积极建言献策；二是坚持团结和民主两大主题，为建设和谐吉林贡献力量；三是切实加强自身建设，进一步提高履行政协职能的能力和水平。让我们在中共吉林省委的领导下，高举邓小平理论和“三个代表”重要思想伟大旗帜，更加紧密地团结起来，认真贯彻落实科学发展观，万众一心，埋头苦干，扎实推进振兴吉林老工业基地和建设和谐吉林的各项工作，为全面建设小康社会做出新的更大的贡献！

省政协主席王国发在全省市（州）、县（市、区）政协主席座谈会上的讲话（2006 年 6 月 29 日）（摘要）一、省政协前一段学习贯彻《意见》的基本情况。一是通过多种形式认真组织学习；二是开展调查研究，广泛征求意见；三是在 4 月召开的省委常委会议上，省政协党组作了学习贯彻《意见》精神情况的工作汇报；四是按照全国政协文件精神，省政协已向各市（州）、县（市、区）政协发出通知，对学习贯彻《意见》情况开展检查工作进行部署，就检查工作的总体要求、重点内容和方法步骤作出了具体安排；五是召开这次全省三级政协主席座谈会。二、以《意见》精神为指导，进一步切实有效地履行政协职能。第一，进一步提高建言献策的质量。要始终坚持围绕中心，服务大局，把促进发展作为履行政协职能的第一要务，发挥政协人才和智力优势，围绕实施“十一五”规划、振兴吉林老工业基地、建设社会主义新农村、建设和谐吉林等重大问题，深入开展专题调研和视察，提出可操作性的意见和建议，为党委、政府决策提供参考。第二，多做化解矛盾、凝聚人心的工作。要牢牢把握团结和民主两大主题，发挥统一战线组织的优势，加强同各族各界人士的联系，营造畅所欲言、融洽和谐的民主氛围，为他们发表意见提供便利的条件；同时要及时了解、反映人民群众的愿望和诉求，协助党委、政府掌握民情，体察民意，做好解疑释惑、理顺情绪和维护稳定的工作。第三，积极探索加强政协自身建设的新方法、新途径。要按照贾庆林主席在接见我省政协和统战系统干部时的讲话精神，积极探索适合政协特点的学习方式。大力推进政协机关的思想理论建设，大兴与时俱进、改革创新和求真务实的风气，提高政协机关干部的综合素质和机关工作效率，为政协履行职能和委员发挥作用提供优质服务和可靠保障。

省委副书记、省长王珉在中共吉林省委政协工作会议上的讲话 （2006年11月24日）（摘要）几年来，我省各级党委切实加强对政协工作的领导，各级政府不断加大对政协工作的支持力度，各级政协组织在中国共产党的领导下，高举爱国主义、社会主义旗帜，围绕团结和民主两大主题，从全省工作大局出发，创新工作机制，切实履行职能，积极发挥作用，为吉林改革发展稳定做出了重要贡献。一、从时代和战略高度深刻认识人民政协工作的重要性。第一，做好政协工作，是全面落实科学发展观、实现经济社会更快更好发展的必然要求。第二，做好政协工作，是发展社会主义民主政治、建设社会主义政治文明的重要内容。第三，做好政协工作，是维护社会稳定、建设和谐吉林的有效途径。二、以推进制度化、规范化、程序化建设为重点，全面提高政协履行职能的质量和水平。第一，认真搞好人民政协的政治协商。第二，积极推进人民政协的民主监督。第三，深入开展人民政协的参政议政。第四，切实加强人民政协的自身建设。三、加强和改善党对政协工作的领导。第一，把政协工作作为党总揽全局的重要内容。第二，发挥政协党组在政协组织中的领导核心作用和党员的先锋模范作用。第三，努力营造全党全社会重视支持政协工作的良好氛围。

省政协主席王国发在中共吉林省委政协工作会议上的讲话 （2006年11月24日）（摘要）这次省委政协工作会议，是省委贯彻落实《意见》，全面部署新世纪新阶段人民政协工作的一次重要会议，是在新形势下推进全省政协事业发展和社会主义民主政治建设的一件大事。一、省政协履行职能的主要工作情况。1. 坚持把促进发展作为第一要务，围绕全省经济社会发展中的重大问题建言献策。2. 积极探索履行职能的新形式，不断开创政协工作新局面。3. 把握团结和民主两大主题，努力促进建设和谐吉林的各项工作。4. 切实加强自身建设，不断提高履行职能的能力和水平。二、认真贯彻中央和省委的决策部署，把全省政协工作提高到一个新水平。1. 增强坚持党的领导的坚定性，使政协工作始终沿着正确的政治方向前进。2. 增强履行职能的主动性，进一步提高服务大局的质量和水平。3. 增强创新工作机制的开拓性，保持政协事业发展的生机和活力。4. 增强搞好自身建设的实效性，为充分发挥职能作用提供坚实保障。

【组织概况】

增选副主席名单（2006年2月10日政协吉林省第九届委员会第四次全体会议通过）

徐学海

常委增补名单（2006年2月10日政协吉林省第九届委员会第四次全体会议通过）

王长和　王志甫　王葆光　方　敏
刘　野　刘永新　李晓杰（女）
李培德　杨　枫　邱恩义
徐　莉（女）　郑立国　潘力捷（女）

委员增补名单（2006年1月20日政协吉林省第九届委员会第十三次常委会议通过）

王　平　王长和　王志甫
王丽华（女）　王昌安　王葆光
勾泽川　方　敏　孔令起　田玉山
包维国　刘　峡（女）　刘永新
刘建华（蒙古族）　刘晓峰
孙丰月　李宝凤（女）　李晓杰（女）
张　华　张伟祥　张顺富（满族）
邱恩义　陈　玮　陈双秋　单纪宽
周柱山　果　敢　姜树君　赵彦博
倪庆路　郭斌阁　阎书勤　董德明
富昇锐（满族）　韩来发　潘力捷（女）

（2006年12月28日政协吉林省第九届委员会第十七次常委会议通过）

王立英　王培知（女）　车宝林
吕岩峰　孙云志　安　莉（女）
李　军　陈　岩　赵秉哲（朝鲜族）
杨安娣（女）　焦海坤　秦维国
陶喜春（满族）　路运忠

免去委员名单（2006年1月20日政协吉林省第九届委员会第十三次常委会议通过）

王中平　兰云升　李吉林　李景虹
王凤树　刘剑桥　赵锡水　钟培秀
陶广海　王季祥　张德生　李　泳
李玉良　肖　荣　陈谟开　武宝山
周德祯（蒙古族）　赵长盛
姜光子（女，朝鲜族）

（2006年12月28日政协吉林省第九届委员会第十七次常委会议通过）

赵晓明（回族）　晁政祥　高玉玺
杜少先　刘国枢　康立国　蔺学政
孙乃民　谢夫成　黎　明　胡春周
扈宝军　屈丰华　刘润华

机构设置　11月，省政协成立民族宗教委员会，原社会法制宗教委员会更名为社会法制委员会。

【吉林省各级政协领导人名单】

吉林省

政协主席

王国发

副主席

魏敏学　赵家治　阎洪臣　伍龙章
李慧珍（女）　孙耀廷　修福金
别胜学　段成桂　徐学海

秘书长

王富远

长春市（副省级）

政协主席

张绪明

副主席

战月昌　毛连方　吴振昌
崔玮德（朝鲜族）

秘书长

石　坚（满族）

县（市、区）政协主席

朝阳区　孙宝和
南关区　邹宝华（女）
宽城区　薛秉新
二道区　李柏林
绿园区　赵国峰
榆树市　宋志学
农安县　潘　翔

德惠市　赵文杰
九台市　李文波
双阳区　胡玉荣（女）

吉林市

政协主席　姜树军（蒙古族）
县（市、区）政协主席
昌邑区　张文祥（满族）
船营区　吴连瑞
龙潭区　杨玉林
丰满区　王新伟
永吉县　毕作成（满族）
舒兰市　刘启田
磐石市　裴　生
蛟河市　王德荣
桦甸市　张宜兴

四平市

政协主席　苑光伟
县（市、区）政协主席
铁东区　韩香春
铁西区　刘继祥
公主岭市　李梓臣
梨树县　李　彦
双辽市　田　才
伊通县　徐　越

通化市

政协主席　张　华
县（市、区）政协主席
东昌区　吕新生
二道江区　任桂琴（女）
梅河口市　于　信
集安市　杨德令
通化县　李云凤（女，满族）
柳河县　刘　勇
辉南县　高　安

白城市

政协主席　刘宝泉（蒙古族）
县（市、区）政协主席
洮北区　马建义
洮南市　张利民
大安市　耿继民
镇赉县　朱力学
通榆县　白长祯（蒙古族）

辽源市

政协主席　董继宏
县（市、区）政协主席
龙山区　孙国敏
西安区　张凤兰（女）
东丰县　韩振文
东辽县　尤　才

松原市

政协主席　倪庆路
县（市、区）政协主席
宁江区　盖子臣
扶余县　张绍文
前郭县　刘加绪
长岭县　欧祥正
乾安县　孙介文

白山市

政协主席　范传明
县（市、区）政协主席
八道江区　李正珍（女）
临江市　郑振海（朝鲜族）
江源县　吴增良
靖宇县　万希先
长白县　金顺子(女，朝鲜族)
抚松县　陈绍毅

延边朝鲜族自治州

政协主席　黄　铄

县（市、区）政协主席

和龙市	顾才德
敦化市	王保民
图们市	董克敏
龙井市	李江海
延吉市	马文学（朝鲜族）
珲春市	尹锡庆
汪清县	杨慎东
安图县	艾忠厚（满族）

吉林省各级政协组织和委员数

（截至2006年底）

项目＼级别	省	副省级市	设区的市（自治州）	县（市、区）	合计
组织数	1	1	8	60	70
委员数	550	522	2697	12466	16235

（夏禹 编写　王立平 审稿）

政协黑龙江省委员会

周同战　副主席

【全体委员会议】

九届四次会议　2006年2月6日至10日在哈尔滨市举行。本次大会应出席省政协委员792名，实到726名，曹广亮副主席主持了会议。会议听取了王巨禄主席所作的省政协九届三次会议以来常委会工作报告和曹亚范副主席所作的省政协九届三次会议以来提案工作报告，协商讨论了省政府工作报告，省2005年国民经济和社会发展执行情况及2006年国民经济和社会发展计划草案的报告、省2005年预算执行情况和2006年预算草案的报告、省高级人民法院和省人民检察院工作报告。与会委员列席了省人大十届五次会议开幕式，听取了张左已省长所作的省政府工作报告。会议通过了省政协第九届常务委员会工作报告的决议和省政协九届委员会第四次会议政治决议，审议通过了省政协九届委员会第四次会议提案审查报告。会议还增补了省政协副主席、副秘书长、专委会主任、副主任及政协委员，选举周同战为省政协副主席。

【常务委员会议】

第14次会议　2006年2月5日在哈尔滨市举行。本次会议应出席常委168名，实到152名。会议作了关于召开九届四次会议有关事项和省政协四项工作制度制定修订的说明；关于增补省政协副主席、副秘书长、专委会主任、副主任及政协委员的说明；通过了九届四次会议召开的时间、议程和日程；通过有关人事问题；通过了九届四次会议秘书长、副秘书长名单和小组划分原则及召集人名单；通过了提交九届四次会议分组讨论的候选人名单、选举办法（草案）、监票人和总监票人建议名单；通过了表彰2005年度“五个一”活动优秀委员的决定和省政协八项工作制度。

第15次会议　2006年2月10日在哈尔滨市举行。本次会议应出席常委168名，实到138名。会议主要议程如下：九届四次会议秘书长报告会议进程和分组讨论情况；协商通过省政协九届四次会议政治决议（修改稿）；讨论通过常委会工作报告的决议（修改稿）；讨论通过提案工作报告的决议（修改稿）；听取组织组对各组酝酿情况的汇报，通过候选人、选举办法（草案）、总监票人和监票人建议名单。

第16次会议　2006年6月28日至30日在哈尔滨市举行。本次会议应出席常委168名，实到118名。会上，申立国副省长通报全省建设社会主义新农村有关生产发展情况；大会发言；赴宾县、双城市参观社会主义新农村建设情况；王巨禄主席作《深化对省情的再认识，积极探索加快我省新农村建设的新路子》的讲话；省委副书记、省政协副主席周同战作会议总结。

第17次会议 2006年9月26日至27日在哈尔滨市举行。本次会议应出席常委168名，实到124名。会上，刘学良副省长通报我省科技自主创新情况；陈述涛副主席作关于我省工业企业技术创新问题的调研报告；赴哈电站集团汽轮机厂、电机厂和哈飞汽车集团参观考察；大会发言；王巨禄主席作《深化对自主创新重要意义的认识，积极为全省的自主创新建言献策》的总结讲话。

【专门委员会工作】

提案委员会 围绕提交"精品"提案，提高提案质量，积极开展提案征集工作，全年共征集提案852件，经审查立案808件。党派团体提案为历年来最多，共162件，其中被评为重点提案的7件，被评为优秀提案的21件，分别占重点提案和优秀提案总数的50％和40.4％。一是对重点提案实行主席分工督办和专委会联合督办。首次实施了六个专委会与提案委联合督办6件重点提案和重要提案。二是召开了省政府人大代表、政协委员提案交办会议。省政府秘书长张松岭和省政协提案委主任曹震分别在会上讲话。省农委、发改委、教育厅、财政厅四个单位代表介绍了提案办理工作经验。省委、省政府办公厅联合转发了《政协黑龙江省委员会提案工作规定》。三是分别赴河南、陕西、新疆等省区考察提案工作，并形成学习考察报告。四是通过《人民政协报》和省内多家新闻媒体刊发提案工作宣传稿件130余篇，编发《提案选登》4期，《提案工作》3期，《提案选编》1册，向政协信息、政协工作简报、《学习与交流》期刊等提供并被采用宣传稿件10余篇。五是对九届四次会议以来的优秀提案、先进承办单位、先进承办工作者进行认真评选，共评出优秀提案52件，先进承办单位16个，先进承办工作者21名，以省政协办公厅文件予以通报表彰。

文史和学习委员会 一是完成了由黑龙江省政协牵头的文史资料《工业学大庆》的征集、编辑、审稿工作。共有40多个省、自治区、直辖市、副省级市、地级市政协参与协作，其中，省、直辖市、自治区政协参加协作的有23个。共收到文稿153篇，约100多万字。二是参与了《抗战时期中国人口伤亡和财产损失》课题调研工作，积极向全国政协和其他省市政协提供有关资料，并以其中的侵华日军731部队罪恶史、近代中国要塞、江桥抗战、义勇军松江浴血等内容为重点，以条目的形式准确反映抗战时期我省的人员伤亡和财产损失情况，先后提供文史资料图书计30部，近60万字。三是组织承办了第十八期全省市（地）、县（区）政协主席、政协委员、政协机关干部和驻黑龙江省全国政协委员培训班。四是省政协文史和学习委员会主任及部分副主任赴四川、湖北、重庆考察文史和学习工作，并组织哈尔滨、佳木斯、伊春、鸡西、双鸭山、大庆、绥化、大兴安岭等市（地）政协文史和学习委员会负责同志赴广西、福建、湖南考察。

经济委员会 一是组织委员围绕"加快我省现代畜牧业发展，推进社会主义新农村建设"问题进行专题调研，形成了《关于加快我省现代畜牧业发展，推进社会主义新农村建设的调查报告》。二是开展了"社会主义新农村建设"调查，形成了《关于我省社会主义新农村建设情况的调查报告》。三是开展了"关于我省支线机场规划布局及建设发展情况"的专题视察，形成了《关于我省支线机场规划布局及建设发展情况的视察报告》。省委副书记、常务副省长栗战书作了批示。四是就"我省森工林区转换机制，增加职工收入情况”开展视察，取得了阶段性成果。五是组织了省政协振兴能源和装备工业论坛，会后形成了《关于省政协振兴能源和装备工业论坛情况的报告》，对发展能源和装备工业提出了20条具有针对性的意见和建议，并通过省政协党组文件的形成报送省委、省政府主要领导同志。六是参加了东北老工业基地区域经济发展政协论坛，并组织两位市（地）政协主席及三位常委、委员作了专题发言。发言对进一步推进振兴东北老工业基地战略的实施，加强辽宁、吉林、黑龙江和内蒙古区域协作提出了一些很有价值的意见和建议。

科教文卫体委员会 以协助党委和政府解决影响全省经济社会发展中的重大问题和群众最关心的实际问题为出发点和落脚点，一是开展了关于社会主义新农村建设调研，形成了《坚持科学发展观，实现农村教育、文化、卫生、体育事业的全面发展》的调研报告。二是开展了关于“提高我省科技自主创新能力”的调研，形成了《关于我省工业企业技术创新问题的调研报告》。三是配合全国政协科教文卫体委员会完成了对我省职业教育专题调研，并参加了全国政协举办的“中国职业教育振兴论坛”。四是组织委员对“农村公共卫生体系建设情况”进行调研，形成了《关于加强我省农村公共卫生事业的几点建议》的调研报告。报告就我省农村看病贵、看病难的问题提出了一些具有建设性的意见和建议。五是先后组织部分科技界委员对哈尔滨中俄科技合作园区建设情况及部分文化界委员就“我省农村文化事业发展情况”进行视察，提出了一些具体可操作的意见建议，受到有关部门的重视。六是承办了省政协召开的“大力推进自主创新，加快经济社会发展”专题座谈会。同时，以“如何提高我省自主创新能力，提升我省科技水平”为题，在东北网举办了为期15天的网上论坛。

社会和法制委员会 一是组织委员就农村社会保障制度建设进行调研，形成了《关于我省农村社会保障建设情况的调查报告》，并在全国政协社法委召开的《为社会主义新农村建设建言献策》专题研讨会上作了发言交流。二是就“农村民主政治建设”专题与全国政协社法委共同进行调研，形成了《关于我省农村民主政治建设情况的调查报告》，在全国政协召开的《为构建和谐社会建言献策》座谈会上作了发言交流。三是组织了专题座谈研讨。组织有政协委员、民主党派成员、有关专家学者及省直有关厅局参加的专题座谈会，就农村民主政治和养老保险、失地农民权益保障、农村最低生活保障、新型农村合作医疗以及农村富余劳动力转移培训、农村基础教育情况进行专题座谈研讨。对座谈研讨成果除吸纳到调研报告外，又形成委员提案或专题报告转送国家和省政府有关部门。四是就“平安龙江”建设组织委员视察，形成《关于我省‘平安龙江’建设情况的视察报告》，省委书记钱运录对视察报告作了重要批示。五是就《中华人民共和国残疾人保障法》贯彻执行情况组织委员视察，形成了《关于我省贯彻执行〈中华人民共和国残疾人保障法〉情况的视察报告》，副省长王东华作了批示，要求省政府残工委办公室与省政府法制办、省编办、省民政厅等有关部门沟通，提出解决有关问题的意见。六是参加了全国政协社法委与中共中央党校在北京联合举办的《建设社会主义新农村·社会与法制研讨会》，在会上交流了《积极探索黑龙江省农村社会保障体系建设》的调研成果。七是参加了全国政协社法委在内蒙古召开的建设社会主义新农村专题联合调研座谈会，就我省农村基层组织建设和我省农村最低生活保障制度建设两个专题作了发言。对我省提出的建议，全国政协给予充分肯定。八是参加了全国政协社法委在四川召开的为构建和谐社会建言献策座谈会，在会上提出了构建和谐社会的几点建议，有的被全国政协社法委的报告采纳。九是组织委员进行地方立法协商。先后就省人大转交的《中华人民共和国农民专业合作经济组织法（草案）》、《哈尔滨市太阳岛风景名胜区管理条例（征求意见稿）》、《黑龙江省道路交通安全条例（修改稿）》等地方立法，组织有关委员和法学专家进行协商讨论，提出的修改意见大部分被采纳。

民族和宗教委员会 一是开展了关于如何推进民族地区社会主义新农村建设的调研，形成了《关于推进我省民族地区和少数民族社会主义新农村建设的建议》调研报告。二是围绕如何推进我省少数民族地区社会主义新农村建设进程开展调研，形成了《结合少数民族实际建设新农村》的调研报告，并将报告报送省政府，省政府就报告中的意见和建议作出了答复。三是召开全省宗教界人士为构建社会主义和谐社会做贡献座谈会。会议情况以信息专送形式报全国政协。四是参加了全国部分省（市、区）政协第八次民族宗教研讨会，以《做好新时期宗教工作需要解决的几个问题》为题作了交流，受到与会同志较高评价。

台港澳侨联络和外事委员会 一是就我省边境口岸经贸发展和省政协港澳海外委员在省内投资情况进行调研，形成了《关于发展我省边境贸易的调研报告》和《关于省政协九届港澳海外委员在我省投资情况的调研报告》。二是组织十多位港澳海外委员，深入到佳木斯、同江、抚远、饶河、虎林、绥芬河、东宁等地，就我省边境口岸贸易发展情况进行了视察，并将委员们视察中所提意见建议以视察报告形式报送有关部门。三是与全国政协外事委、中国经济社会理事会国际事务委员会、香港大公报、鸡西市委、政府联合主办了第二届中俄区域合作论坛。四是与省情研究发展促进会联合主办了“黑龙江省粮食发展战略及科学施肥理论研讨会”。五是省政协九届四次全会期间，组织港澳委员向大会提交16篇发言材料、7件提案。得到省委、省政府重视和肯定。在11月上旬黑龙江（香港）活动周期间，有27位省政协港澳委员荣获省政府赠授的“丁香一紫荆”双花奖章。六是积极组织出国访问活动，先后组织了由主席、各位副主席和机关厅局级领导带队的出访团组7个，出访人员36人。

人口资源环境委员会 一是组织部分政协委员对农村污染与治理情况进行调研，形成了《关于黑龙江省农村环境污染几个主要问题的调查报告》。二是就松花江流域（黑龙江段）排污企业状况及污染治理问题进行调研，形成的《关于我省松花江流域水环境污染情况的调查与建议》，上报省政府后，省政府就建议作出了答复，提出了六个方面的治理和落实措施。三是对我省出生人口性别比偏高问题进行调研，提出了综合治理我省出生人口性别比偏高问题的建议，省政府高度重视，拟将出台《黑龙江省预防控制出生人口性别比失衡规定》。四是主办了辽宁、吉林、黑龙江、内蒙古“三省一区”政协人口资源环境委员会区域生态建设论坛，为振兴东北老工业基地，实现区域经济社会共同发展起到推进作用。五是参加了全国政协主办的“内陆湖泊研讨会”，对我省兴凯湖生物多样性保护提出了建议。

【重要活动】

省委、省政府召开港澳海外委员座谈会 2006年2月7日，协助省委、省政府组织了港澳海外委员座谈会。有30位政协委员、顾问和特邀人士出席会议。有6位委员就如何扩大黑龙江省对外开放，加大招商引资力度和改善投资环境，以及推进新农村建设建言献策，得到了主持会议的张左己省长的赞许和表扬。省委书记钱运录在座谈会上，针对委员们的发言，就进一步扩大黑龙江省对外开放作了重要讲话。

港澳委员座谈会 2006年5月20日，在深圳组织召开了有24位港澳委员参加的座谈会。会上，曹广亮副主席通报了省政协工作，省直有关厅局负责同志介绍了黑龙江省新农村建设的起步情况和招商引资的优惠政策、重点产业。委员们就省政协工作、新农村建设、借鉴外地经验、加大招商引资力度和投资黑龙江的影视、交通、能源产业等提出了许多积极建议。王巨禄主席在座谈会上作了重要讲话，对如何做好港澳台侨工作提出了要求，对港澳委员如何更好地为黑龙江的招商引资多做贡献提出了殷切希望。

全省宗教界人士学习十六届六中全会精神座谈会 2006年11月22日，组织召开了全省宗教界人士学习十六届六中全会精神，为构建社会主义和谐社会做贡献座谈会。省佛教协会、省道教协会、省基督教两会、省伊斯兰教协会、省天主教两会等省级宗教团体负责人和省民委、宗教局、哈尔滨市宗教局等有关部门领导30余人参加了会议。会上，宗教界人士结合学习中共十六届六中全会精神，结合宗教的教规、教义，畅谈了宗教界在构建社会主义和谐社会中应发挥的积极作用。省政协欧阳吟副主席出席会议并讲话。

“促进非公有制经济健康发展”专题座谈会 2006年8月20日，按照全国政协要求，承办了由全国政协召开的“促进非公有制经济健康发展”座谈会。邀请省发改委、省经委、省中小企业局、省政府发展研究中心等相关单位的负责同志参加会议及汇报情况，并组织10位非公有制经济委员、代表与会发言。

省政协组织视察活动 2006年5月30日至6月1日，以省政协副主席王涛志为团长的驻黑龙江省全国政协委员视察团赴绥化市就农民增收问题进行了视察。省政协主席王巨禄及6位全国政协委员参加了视察。视察团在听取了省政府关于全省农民增加收入问题情况介绍后，深入到绥化市的兰西、青岗、望奎县和北林区，采取边走、边听、边看的形式视察了部分县乡企业和农民生产、生活情况；2006年8月22日至25日，以省政协副主席曹广亮为团长的部分省政协常委视察团，对黑河市矿产资源开发问题进行了视察。听取了黑河市的介绍，视察了嫩江县、爱辉县、逊克县的主要矿产企业和在建、待建项目，详细了解了黑河市矿产资源的开发情况、长远规划及遇到的主要问题，形成了《省政协常委视察团关于黑河市矿产资源开发利用问题视察报告》；2006年11月17日，在省政协王巨禄主席带领下，20余位在哈政协常委、委员，深入到哈尔滨市道里区和南岗区就和谐社区建设情况进行了视察。视察团先后视察了道里区的抚顺街道社区服务中心、安祥社区和南岗区的燎原街道同乐社区及荣市街道龙泰社区，听取了道里区政府和南岗区政府关于和谐社区建设进展情况介绍。此外，组织驻省会外的省政协委员开展了三项跨地区视察。一是8月25日至27日，组织驻佳木斯市省政协委员赴大兴安岭就开发接续产业发展情况进行视察；二是9月4日至7日，组织驻鹤岗市省政协委员赴齐齐哈尔市就振兴东北老工业基地进展情况进行视察；三是9月21日至22日，组织驻牡丹江市省政协委员赴七台河市就煤炭产业循环经济发展情况进行了视察。

【重要文件】

《中共黑龙江省委关于贯彻〈中共中央关于加强人民政协工作的意见〉的实施意见》 （2006年9月12日）（摘要）

一、认真学习和深入领会《意见》精神

1. 各级党委要把学习贯彻中共中央《意见》作为当前和今后一个时期的重要政治任务。

2. 深刻理解和把握《意见》的基本精神。

3. 加强人民政协工作，是各级党委的重要职责，也是对各级领导干部执政能力的实际检验。

二、认真搞好人民政协的政治协商

4. 人民政协的政治协商是中国共产党领导的多党合作的重要体现，是党和国家实行科学民主决策的重要环节，是党提高执政能力的重要途径。

5. 政治协商的主要内容。

6. 政治协商的主要形式。

7. 政治协商的主要程序。

8. 省政协全体会议一般在一月中旬先于人民代表大会召开，党委、政府和法院、检察院以及省直有关部门负责人要到会听取意见。

三、积极推进人民政协的民主监督

9. 人民政协的民主监督是我国社会主义监督体系的重要组成部分，是在坚持四项基本原则的基础上通过提出意见、批评、建议的方式进行的政治监督。

10. 民主监督的主要形式。

11. 民主监督的基本程序。

12. 完善民主监督机制。

四、深入开展人民政协的参政议政

13. 参政议政是人民政协的一项基本职能。

14. 调查研究是人民政协参政议政的重要形式。

15. 加强党政部门同人民政协的联系，拓宽人民政协参政议政渠道。

16. 各级党委、政府要支持人民政协开展海内外联谊活动，加强与港澳各界人士、台湾同胞、海外侨胞的联系，为巩固和发展爱国统一战线、扩大我省对外开放做贡献。

17. 支持人民政协做好反映社情民意工作。

18. 各级人民政协要发挥自身优势，组织委员在认真参与重大问题参政议政的同时，积极开展科技咨询、技术推广、产品开发、信息服务、人才培训、项目论证、科技扶贫、义务医诊、招商引资和联谊交友等活动，为经济建设和社会发展办实事。

19. 每届开展一次政协委员参政议政重大成果奖评选活动。

五、支持人民政协加强自身建设

20. 各级党委要认真组织好政协委员和政协机关干部的理论学习，用邓小平理论和“三个代表”重要思想武装头脑，用科学发展观统领各项工作。

21. 支持民主党派加强自身建设是党委支持人民政协加强自身建设的一个重要方面。

22. 把加强界别建设作为人民政协的一项重要工作。

23. 要高度重视委员队伍建设。

24. 政协专门委员会在政协工作中具有基础性作用。

25. 要依据政协章程的规定，进一步推进人民政协工作制度化、规范化、程序化建设，对新时期人民政协工作的法制化进行积极探索。

26. 要以创建学习型、创新型、和谐型、服务型机关为目标，全面加强政协机关建设。

六、进一步加强和改善党对人民政协

工作的领导

27. 各级党委要善于运用人民政协这一政治组织和民主形式为实现党的总任务、总目标服务，切实把政协工作纳入党委工作全局进行统筹安排和部署。

28. 建立健全党政部门和党政领导联系政协制度。

29. 切实发挥政协党组在政协组织中的核心领导作用。

30. 发挥政协组织中中共党员的先锋模范作用。

31. 各级党委要认真贯彻中国共产党同各民主党派和无党派人士“长期共存、互相监督、肝胆相照、荣辱与共”的方针。

32. 人民政协是中国共产党执政体系中的重要组成部分，其各级班子属于工作班子。

33. 重视政协干部的使用和交流。

34. 保障政协工作经费。

35. 建立健全加强人民政协工作的激励机制。

36. 重视对新时期人民政协理论的学习和研究，加强对人民政协工作的宣传。

各级党委、政府、政协和省直有关部门要根据本意见，研究制定具体实施办法，并认真抓好落实。各级党委要对本意见的贯彻落实情况加强检查，推动我省人民政协事业不断开创新局面。

常委会工作报告（2006 年 2 月 6 日）（摘要） 一年来，在省委的正确领导和省人大、省政府的大力支持下，认真贯彻落实省政协九届三次会议的各项决议和部署，坚持以邓小平理论和“三个代表”重要思想为指导，自觉落实科学发展观，以保持共产党员先进性教育活动为契机，进一步增强广大政协委员和各级政协组织的积极性、主动性和创造性，紧紧围绕省委重大决策和全省中心工作履行职能，各项工作活跃有序，富有成效，为促进全省经济建设、政治建设、文化建设和社会建设作出新贡献。

一、坚持把促进发展作为人民政协履行职能的第一要务，在参与省委省政府重大决策和推进决策实施中发挥了主要作用；突出团结和民主两大主题，着力做好增进社会和谐稳定的作用；注重强化民主监督职能，在促进社会法制和民主政治建设上作出了积极的努力；通过加强对外交往积极牵线搭桥，为建设更加开放的黑龙江拓宽思路，多办实事；围绕提高履行职能的水平，全面加强政协自身建设。

二、2006 年重点抓好以下几方面工作：一是把解决“三农”问题作为政协履行职能的重中之重，努力为建设社会主义新农村做贡献。二是围绕振兴老工业基地，把为深化国有大中型企业改革献计出力作为履行职能的重要内容。三是运用建设创新型国家的理念谋划黑龙江的发展，把提高自主创新能力作为履行职能的重大课题。四是坚持把实现和维护广大人民群众的根本利益作为人民政协工作的出发点和落脚点，在构建和谐社会中有新的作为。五是在深入学习和理解十六届五中全会精神的基础上，为完成今年全省经济社会发展各项任务和实现“十一五”规划宏伟目标，多做团结和凝聚各方面力量的工作。

三、为完成 2006 年各项任务，必须适应新形势、新任务的要求，努力提高履行职能的工作水平。一要学习和研究人民政协的基础理论，把科学发展观体现和落实到履行职能的各项工作中。二要进一步认清历史责任，增强做好政协工作的光荣感和使命感。三要继续解放思想，创新工作方式，把政协履行职能的工作开展得更加生动活泼、富有成效。四要努力改进工作作风，把影响党政决策、促进经济社会发展、推进各项工作作为检验政协履行职能水平高低的主要标准。五要进一步推进政协履行职能的制度化、规范化和程序化建设。

【组织概况】

副主席增选名单（2006 年 2 月九届四次会议通过）

周同战

委员增补名单（2006 年 2 月九届 14 次常委会议通过）

丁若鹏 于治铭 王月仁
王成国 王宝秀 王绍玉
王毅人 宁士敏 杜德明
苏玉添 李维祥 肖 友
吴光彦 吴庆忠 沈 娟（女）
迟子建（女） 罗富昌
周同战 赵学礼 徐富和
商俊阳 常建军 移 戈
韩广儒 魏 军

【黑龙江省各级政协领导人名单】

黑龙江省

政协主席

王巨禄

副主席

周同战 曹广亮 曹亚范（女）
欧阳吟 刘文泮 迟建福
张树平 王涛志 陈述涛
梁荣欣 何小平

秘书长

白树清

哈尔滨市

政协（副省级）主席

杨国俊

副主席

王华放 谢英梅 杨亚光 姚建亭

秘书长

宋建滨

县（市区）政协主席

道里区 王少保
道外区 孙玉坤（女）
南岗区 周祥彬
香坊区 孙凤祥
动力区 李荣安
平房区 张益相
呼兰区 牛长发
五常市 柴万林
双城市 王明才
阿城市 何广录
巴彦县 张景兴
尚志市 安武顺（女）
宾 县 王晓光
依 兰 张树霖
木兰县 张润田
延寿县 于素华（女）
通河县 孙秀林
方正县 郎志国

黑龙江省各级政协组织和委员数

（截至 2006 年底）

项目 \ 级别	省级	副省级	地级市	县（县级市）	合计
组织数	1	1	11	134	147
委员数	794	607	3577	19705	24683

（李玉成 编写 何伟志 审稿）

政协上海市委员会

【全体委员会议】

十届四次会议 2006年1月14日至19日，中国人民政治协商会议上海市第十届委员会第四次会议在上海展览中心中央大厅举行。本次会议应出席委员794名，实到723名。市政协主席蒋以任，副主席宋仪侨、沈红光、王生洪、谢丽娟、左焕琛、俞云波、黄关从、石四箴、王荣华、王新奎，秘书长杨奇庆出席会议。

会议审议通过蒋以任主席代表常务委员会所作的工作报告，王荣华副主席代表常务委员会所作的关于十届三次会议以来提案工作情况的报告，讨论市政协2006年工作要点、市政协2006年调研题目。与会委员列席市十二届人大四次会议，听取并讨论关于上海市国民经济和社会发展第十一个五年规划纲要（草案）的报告，讨论了上海市国民经济和社会发展第十一个五年规划纲要（草案）、市高级人民法院工作报告、市检察院工作报告与其他重要报告。市领导出席开幕和闭幕会议，并分别参加专题会议，听取大会发言，与政协委员共商上海改革发展大计。中共上海市委副书记王安顺在闭幕会议上讲话。会议审议通过《政协上海市第十届委员会第四次会议决议》。《决议》指出，要更加紧密地团结在以胡锦涛同志为总书记的中共中央周围，在中共上海市委领导下，正确认识和把握政协工作面临的新形势、新要求，巩固和发展最广泛的爱国统一战线，坚持和完善中国共产党领导的多党合作和政治协商制度，同心同德，群策群力，为上海率先全面建成小康社会、率先基本实现现代化、加快“四个中心”的建设，为推进人民政协事业的发展而共同奋斗。会议补选董浩林、袁园、邢文之为市政协常务委员。会议期间，共收到提案1025件，经审查立案974件。

【常务委员会会议】

第二十三次会议 2006年1月13日举行，应出席129名，实到112名，蒋以任主席主持。会议审议补选市政协常务委员会部分组成人员候选人名单（草案）、市政协十届四次会议选举办法（草案）和总监票人、监票人名单（草案），并决定将上述名单（草案）和选举办法（草案）提请市政协十届四次会议审议。

第二十四次会议 2006年1月18日举行，应出席129名，实到110名，蒋以任主席主持。会议审议通过补选市政协常务委员会部分组成人员候选人名单、市政协十届四次会议选举办法（草案）和总监票人、监票人名单（草案），并决定将候选人提请市政协十届四次会议选举，将选举办法（草案）和总监票人、监票人名单（草案）提请市政协十届四次会议审议。会议审议通过市政协十届四次会议决议（草案），并决定将决议（草案）提请市政协十届四次会议审议。会议还听取市政协十届四次会议分组讨论情况汇报。

第二十五次会议 2006年3月22日举行，应出席132名，实到110名，蒋以任主席主持。会议邀请中共上海市委副书记刘云耕通报上海平安建设工作情况。会议审议通过《关于提升中国2010年上海世博会文化内涵的若干建议》，并决定作为常委会建议案报送中共上海市委、市政府参考。会议决定周剑萍任市政协人口资源环境建设委员会主任，马定华任市政协民族和宗教委员会主任，李佳能不再担任人口资源环境建设委员会主任职务，沈善初不再担任民族和宗教委员会主任职务。

第二十六次会议 2006年5月31日举行，应出席132名，实到110名，蒋以任主席主持。会议审议通过《上海市能源发展形势分析和若干建议》，并决定作为常委会建议案报送中共上海市委、市政府参考。会议审议《关于本市新农村建设若干问题的建议（草案）》，并决定对《建议（草案）》进行修改，委托主席会议再次审议后作为常委会建议案报送中共上海市委、市政府参考。会议邀请中共上海市委副书记殷一璀通报本市深化文化体制改革工作情况，并围绕本市深化文化体制改革工作作专题建言。

第二十七次会议 2006年7月19日举行，应出席132名，实到115名，蒋以任主席主持。会议邀请韩正市长通报本市上半年经济社会发展情况及下半年经济工作总体设想，并听取委员意见和建议。会议还对市政协下半年开展的各项工作提出要求。

第二十八次会议 2006年9月27日举行，应出席132名，实到103名，蒋以任主席主持。会议邀请市政府办公厅副主任、2007年上海世界特殊奥林匹克运动会组委会副秘书长王伟通报上海举办特奥会筹备工作情况，邀请中共上海市委副书记罗世谦通报本市对台工作情况，并听取委员意见和建议。会议审议通过《关于发展社会救助事业，促进和谐社会建设的若干建议》，并决定作为常委会建议案报送中共上海市委、市政府参考。会议听取关于十届四次会议以来提案办理情况的汇报，听取关于本市公共交通工作情况专项视察的汇报，听取关于本市中心城区社区卫生服务中心工作情况专项视察的汇报，听取关于市政协委员视察主要情况的汇报。

第二十九次会议 2006年11月29日举行，应出席131名，实到112名，蒋以任主席主持。会议邀请中共上海市委副书记王安顺通报关于进一步加强党的建设推进民间组织发展和管理工作情况并听取委员意见和建议。会议审议通过《关于进一步加强上海社区平安建设的若干建议》，并决定作为常委会建议案报送中共上海市委、市政府参考。会议还听取关于本市小城镇社会保险和农村养老保险工作情况专项视察的汇报。

【专门委员会工作】

学习委员会 主要工作：一、策划组织市政协主要学习活动，为委员知情明政、履行职能服务。全年围绕中共上海市委中心任务和重点工作，密切联系国内外形势，组织中心组学习会6次，先后邀请中国浦东干部学院副院长王金定作“科学发展观与国家发展战略”的报告，邀请复旦大学经济学院教授石磊作“坚持改革方向，坚定改革决心和信心”的报告，邀请中科院院士、同济大学海洋与地球科学学院教授汪品先作“海洋开发的前景与上海的机遇”的报告，邀请上海市社会科学界联合会副主席潘世伟作学习《江泽民文选》导读报告，邀请上海东亚研究所所长章念驰作“当前两岸关系”的报告，邀请中华医学会副会长、上海医学会会长刘俊作“关于我国医疗卫生体制建设的思考”专题报告；组织委员学习活动日5次，先后邀请全国政协外事委员会副主任、中国人民大学新闻学院院长赵启正作“建设良好的国际舆论环境”的报告，邀请国务院参事石定环作“实施国家中长期科技规划纲要，增强自主创新能力，为建设创新型国家而努力奋斗”的报告，邀请上海社会科学院上海合作组织研究中心主任潘光作“上海合作组织的成就、意义和前景”的报告，邀请上海国际问题研究所副所长、研究员杨洁勉作“台湾问题和两岸关系中的国际因素”的报告，邀请全国政协外事委员会副主任武韬作“当前国际形势和我国外交工作”的报告：举办知识讲座1次，邀请复旦大学医学院教授杨秉辉主讲“健康从何而来——介绍世界卫生组织提出的‘健康基石’”。参与承办市政协委员学习班4期，参与承办在沪全国政协委员学习班，协助组织委员学习《中共中央关于加强人民政协工作的意见》。二、组织课题调研、视察和研讨，为本市经济社会发展建言献策。为进一步贯彻中共上海市委、市政府《关于推进学习型社会建设的指导意见》，深入基层开展课题调研，先后听取上海市社会科学界联合会“东方讲坛”、中共闸北区委、长宁区华阳街道等单位关于开展学习型社会建设的情况介绍，赴上海职业培训中心、普陀区、宝山区、南汇区调查了解情况，开展问卷调查，召开座谈会听取政协委员的意见和建议，并赴杭州、绍兴、宁波考察学习型社会建设情况，形成《关于进一步加强本市学习型社会建设的若干建议》。关于2007年上海市推进学习型社会建设工作要点采纳其中部分建议。配合全国政协文史和学习委员会开展关于“搞好政协学习工作”的专题调研，对学习工作中的共性问题进行深入研讨。在市政协年末视察中，与民族和宗教委员会联合组织对“崇明、长兴、横沙”三岛联动建设发展情况的专题视察。与文史资料委员会联合承办市政协“社会主义荣辱观与中国优秀传统文化”研讨会，配合民族和宗教委员会召开“民族工作与构建和谐社会”专题研讨会。三、强基固本，切实加强自身建设。以全体会议、主任会议、学习讨论会等形式，组织委员学习中共十六届六中全会精神，学习《中共中央关于加强人民政协工作的意见》，并就热点问题开展讨论。同时，结合上海市人民政协理论与实践研究咨询组的课题调研和研讨会，深入研究新形势政协工作面临的新情况新问题，探讨政协工作的特点和规律，并与其联合组织“学习贯彻十六届六中全会精神，做好新形势下化解矛盾工作暨推进政协学习工作”座谈会。进一步密切与中共上海市委宣传部、市科协、中共上海市委党校等部门的工作联系，加强学习工作“信息库”、“资源库”建设。召开市区县政协学习工作交流座谈会，交流开展学习工作的基本情况和经验做法，整合资源，优势互补。此外，全年编发《学习参考资料》6期，共2万余册。

提案委员会 全年共收到提案1162件，经审查立案1108件，基本办复。其中办理结果为采纳或已经解决、正在解决、列入计划解决的达到71.2%。主要工作：一、抓住源头，提高提案质量。一是加强与各党派团体和其他专门委员会的沟通协调，及时通报情况，加强信息交流，推动党派团体和专门委员会将调研成果和大会发言转化为提案，使其提案质量进一步提高。二是参与承办市政协委员学习班4期，通过学习培训，增强委员运用提案履行职能的责任感和积极性，提高委员提案的质量。三是推荐提案选题，提供相关资料，主动为界别提案工作提供服务，发挥界别独特作用。二、推动办理，注重提案实效。一是协助市政协领导促办重点提案。遴选报请主席会议审议确定市政协重点提案10个专题129件；以视察、重点提案协商座谈会等形式，组织由市政协主席和各位副主席领衔促办重点提案活动11次。二是把促进提案办理工作与专题议政会、主席下基层调研、专项视察、委员专题座谈会、论坛等活动结合起来，使提案的提交与承办双方进行广泛的协商讨论，增进共识，提高提案的采纳率。三是积极协调与促进提案办理，提高工作效率。围绕全市工作重点和热点难点问题，以市政协办公厅名义向市领导报送“现行出租车承包合同的不和谐现象应予重视”等重要提案43件，商请市政府有关部门将具有较强宏观性、前瞻性、综合性且涉及多个承办单位的重点提案列入市长、副市长牵头办理的范围。除日常的联系协调外，先后组织关于“闵行大学城公交线路设置与调整”等提案办理协商会9次。结合开展课题调研，完善提案内容，推动提案办理。召开提案归并办理座谈会，推动部分议题集中与群众关注的提案的归并办理。加强与其他专门委员会的合作，主动将提案办理工作融入政协履行职能的各项活动之中，以提案办理协商会、课题调研、视察等多种方式开展跟踪促办活动。着眼于提高提案的决策效应，选择提案中与人民群众利益密切相关的内容，以《社情民意》或《建言》的形式，报送市领导和有关部门参阅，收到一定的效果。三、开展课题调研和视察，推动工作发展。为适应提案工作不断发展的要求，历时6个月开展课题调研，广泛征求各界人士意见，形成《关于改进提案办理结果分类标准的建议》，经市政协十届四次主席会议审议通过，形成文件下发试行。就本市国有企业退休高级专业技术人员养老待遇问题开展课题调研，召开座谈会听取政协委员的意见和建议，赴市人事局等单位了解情况，形成《关于提高本市国有企业退休高级专业技术人员养老待遇的建议》。在市政协年末视察中，与人口资源环境建设委员会联合组织对本市轨道交通建设情况的专题视察。四、建立网上提案提交与办理系统，推动信息化、自动化建设。对提案工作信息化管理系统进行更新升级。新的系统具有提案网上征集、提交、修改、立案审查、交办、答复、反馈评价、资料查询等功能，大幅度提高提案工作效率。五、抓学习、促交流，加强自身建设。组织委员学习《中共中央关于加强人民政协工作的意见》和全国政协提案工作座谈会精神，进一步增强做好提案工作的责任意识；学习中共十六届六中全会精神、中共上海市委八届十次全会精神，增强提案工作服务大局的意识。承办京、津、沪、渝四直辖市政协提案工作座谈会，组团赴广西、云南考察提案工作，学习兄弟省市政协提案工作的先进经验，推动提案工作的合作交流。六、继续做好反映社情民意信息工作。建立委员特邀信息员队伍，首次在国有大型企业集团中聘请企业信息联络员，并建立和完善评选表彰机制、信息转送和来稿反馈制度、信息联络员例会制度。全年共收集信息1300余件，编发《社情民意》108期、《社情民意（专报）》35期、《建言》13期，报送全国政协近百件，直接转送中共上海市委、市政府有关部门230件。

经济委员会 主要工作：一、开展课题调研和专题考察，为本市经济社会改革和发展建言献策。与有关专门委员会联合，牵头组织实施市政协“上海市能源发展形势分析和若干建议”课题调研，承办市政协“本市能源形势发展和对策研究”专题研讨会。在调研和研讨会的基础上，形成市政协常委会建议案《上海市能源发展形势分析和若干建议》。参与关于本市新农村建设若干问题的课题调研，就推进上海现代农业经营制度建设分课题开展调研，完成调研报告，并对各分课题的调研成果进行汇总整合。在调研的基础上，形成市政协常委会建议案《关于本市新农村建设若干问题的建议》。与浦东新区政协联合开展课题调研，听取市发展改革委等9个部门的情况介绍，赴浦东新区调查了解情况，组织专题座谈。在调研的基础上，形成市政协主席会议建议案《关于抓住浦东综合配套改革试点契机，推动政府经济管理职能转变的建议》。就建设上海国际航运中心开展课题调研，先后召开座谈会6次，听取市发展改革委、上海组合港管委会办公室等有关方面情况介绍，赴天津等9个港口城市和欧洲等4国考察。

在调研的基础上，形成市政协主席会议建议案《发挥长三角港口群作用，加快实现上海国际航运中心建设国家战略的若干建议》。就发展上海现代物流业开展课题调研，深入基层调查了解情况，组织专家学者进行专题探讨。在调研的基础上，形成市政协主席会议建议案《关于积极促进上海现代物流业发展的建议》。就发展水上旅游产业开展课题调研，实地勘察水上旅游项目，形成《促进本市水上旅游发展的若干建议》。开展“推动长江流域经济合作发展”跨年度课题调研，赴四川、重庆、湖北考察长江流域经济合作发展情况并形成考察报告。为推动贯彻落实《上海加速发展现代服务业实施纲要》，开展“制约本市现代服务业发展的主要问题”专题考察；为推动贯彻落实《国务院鼓励和支持引导个体、私营等非公有制经济发展的若干意见》以及上海相关实施意见，开展“了解非公经济发展‘36条’、‘38条’落实情况”专题考察；结合课题调研，开展“积极促进新能源的开发与应用”专题考察；针对国外知名品牌进入本市市场的现状及发展趋势，开展“海外品牌进入本市市场的情况分析”专题考察。并对江南造船厂动迁事宜进行专题考察。二、关注实际问题，组织专题视察、研讨和座谈。在市政协对本市食品安全监管工作的专项视察回访中，组织对乳业源头整改工作情况的视察。在市政协平时视察中，组织对本市安全生产工作情况、本市新农村建设情况、浦东综合配套改革试点推进情况的专题视察。与上海德国商会、上海现代管理研究中心联合召开“节能，让生活更美好”研讨会，以“提高节能意识，推广节能技术、推动经济可持续发展”为主题进行深入探讨；配合港澳台侨委员会承办市政协沪港现代服务业发展研讨会。与市国资委联合召开“建立国企高管人员长期激励机制”座谈会，与市工商局联合召开“修改完善合同示范文本”座谈会，举办新《公司法》专题辅导报告，举办金融界人士恳谈会，参与组织“建设社会主义新农村”情况通报会。三、开展经济形势分析与评估。着重对本市经济发展总体形势以及宏观调控等7个方面问题作出客观评估，对国际国内经济关系中的若干突出问题、变化趋势及其对本市经济的影响进行分析预测，进而对2007年全市经济工作提出8个方面的意见和建议。四、进一步开展界别活动，推动提案和反映社情民意工作。以相关领域行业协会为依托组织经济界别委员开展活动近10次：以召开民营企业家座谈会、相关情况通报会等形式，组织工商联界别委员开展活动；组织农业界别委员参加专题调研，考察崇明县新农村建设情况。注意结合课题调研和专题考察，开展提案和反映社情民意工作。年内形成《关于加快本市现代服务业集聚区建设的若干建议》等委员会提案4件、社情民意4件、专报2件。同时，发动委员提交提案和社情民意，对提案提交、办理情况进行统计。五、加强协作交流，拓展工作局面。与市人大财经委员会、市政府相关部门沟通联系，着重就“立法前的协商”工作的内容和形式进行探索试点；围绕“资源节约”主题，与市人大财经委员会联合召开相关立法工作座谈会。与各民主党派市委、市工商联协商建立“双人制”联络员队伍，形成固定的联系网络。并召开联席会议，就进一步落实合作交流机制的具体措施达成共识。召开市区县政协经济委员会工作交流会，完善工作交流制度。

人口资源环境建设委员会　主要工作：一、围绕上海经济和社会发展的重点，开展课题调研和主题活动。与农工党上海市委联合开展“本市重大建设对人口布局的影响及对策研究”，深入本市8个区调查了解情况；在调研基础上，形成市政协主席会议建议案《关于本市重大建设与人口布局协调发展的若干建议》。参与市政协“上海市能源发展形势分析和若干建议”课题调研，承担其中节能分课题调研，形成建筑节能和交通节能两个分报告，并参与总报告的形成过程。与九三学社市委联合开展“上海房地产发展形势分析及对策研究”的课题调研，深入松江区、徐汇区、浦东新区考察房地产楼盘实际情况，连续召开专题座谈会10次，广泛听取房地产开发和中介企业、区房地产交易中心、新闻单位、金融单位、政府部门等有关人士与专家学者的意见，形成委员会建议案《关于促进上海房地产市场平稳健康发展的若干建议》。在课题调研基础上，承办市政协上海房地产发展研讨会。开展对市科委软课题项目“上海建筑节能现状分析和对策研究”的课题调研，深入实际调查了解情况，先后对2处住宅、11处公共建筑、3处工业建筑进行实地勘察，并赴北欧丹麦、挪威、瑞典、芬兰考察解决低收入人群住房问题的做法和经验，完成调研报告。与市科委、市科协联合开展关于“东海海洋综合科学实验平台管理与协调机制研究”的课题调研，召开“海洋安全，上海从哪里做起”的研讨会，赴市海洋局、上海石油天然气有限公司、同济大学、佘山地震台调查了解情况，赴青岛考察。历时9个月，与共青团上海市委联合开展“我与节约同行”系列活动，承办市政协“节约进社区”主题活动暨市民论坛。二、组织协商议政，开展民主监督。年内举办关于《上海市域‘1966’城镇体系规划》、《上海市近期建设规划》、《上海市住房建设规划》、《上海市循环经济白皮书》、《上海海洋经济十一五发展规划》及“民用煤气、水调价方案”等专题议政会和通报会。组织对《上海市滩涂管理条例修正案（草案）》、《上海市城市道路桥梁管理条例（修订草案）》、《上海市实施〈中华人民共和国气象法〉办法》进行协商讨论，提出修改意见；组织委员参加绿化管理条例修改调研座谈会。在市政协专项视察中，组织对本市公共交通工作情况的专项视察；在市政协平时视察中，组织对本市垃圾无害化处理、市容环境卫生情况、节能工作情况等专题视察；在市政协年末视察中，与提案委员会联合组织对本市轨道交通建设情况的专题视察。根据2005年对本市水系规划建设的课题调研，形成《关于结合世博会开展水环境建设的建议》等3个委员会提案，其中《关于尽快编制〈上海水系综合规划〉的建议》，被市政协评为优秀提案。协助开展提案办理工作，参与组织公共交通、上海公共安全建设、建筑节能等3个重点提案办理协商会。三、组织学习考察，开展工作交流。召开关于长三角区域规划情况报告会；组织委员赴河北省考察水资源节约和水环境保护情况，赴浙江省临海、临安考察资源开发利用情况，赴江苏省盐城、连云港考察湿地保护和港口建设情况；参观2006上海国际立体花坛大赛，参加市文明办举办的“走近明日地铁——上海市民轨道交通建设工地行”活动。召开区县人口资源环境工作交流会2次。

教科文卫体委员会 主要工作：（一）把学习贯彻《中共中央关于加强人民政协工作的意见》精神作为重要工作任务。年内，以全体会议、主任会议、座谈会、报告会等形式，组织委员学习领会《中共中央关于加强人民政协工作的意见》精神，邀请复旦大学教授浦兴祖作专题辅导报告，并联系实际组织讨论，进一步深化认识，提高履行职能的自觉性和使命感。（二）围绕中心、服务大局，为加快上海经济社会发展建言献策。跨年度开展关于提升中国2010年上海世博会文化内涵的课题调研，召开座谈会12次，赴南京等4市与日本考察。在调研的基础上，形成市政协常委会建议案《关于提升中国2010年上海世博会文化内涵的若干建议》。开展关于创新人才培养外部环境的课题调研，召开专题座谈会3次，发放调查问卷200余份。在调研的基础上，形成市政协主席会议建议案《关于“努力营造社会环境，促进创新型人才培养”的若干建议》。开展“上海自主创新道路特点的研究”课题调研，赴基层调查了解情况，赴广东省、青岛市考察。在调研的基础上，形成市政协主席会议建议案《关于上海产业梯度发展与自主创新路径选择的建议》。深入郊区开展关于本市乡村医生人才队伍建设的课题调研，召开座谈会9次，对乡村医生开展问卷调查。在调研基础上，形成市政协主席会议建议案《关于上海市乡村医生人才队伍建设的若干建议》。开展“发挥上海综合优势，积极为2008年奥运会作贡献”课题调研，召开专题座谈会12次，赴大连市、秦皇岛市考察，开展网上调查。在调研的基础上，形成市政协主席会议建议案《关于发挥上海综合优势，积极为2008年奥运会作贡献的若干建议》。同时，教育方面，跨年度开展课题调研，形成委员会建议案《上海构建终身教育体系和创建学习型城市的现状调查及对策建议》。文化方面，深入郊区开展课题调研，赴浙江省嘉兴、乐清、丽水和江苏省扬州、镇江等市县考察，形成委员会建议案《本市农村公共文化建设情况的调研报告》。并根据调研报告形成《关于贯彻落实农村文化建设“重心下移”指导方针的建议》，刊载于《建言》。医卫方面，对医学检验专业队伍开展课题调研，形成委员会建议案《上海市医学检验专业人力资源的调查报告》；与农工党市委联合开展调研，形成委员会建议案《上海市中医人才建设若干问题的调研报告》。还组织力量参与关于能源、新农村建设等形成市政协常委会建议案的课题调研，参与承办市政协实施科教兴市主战略系列论坛——2006自主创新与上海发展（产学研结合专题）。（三）围绕落实科学发展观和构建和谐社会，开展视察、提案和反映社情民意工作。在市政协专项视察中，组织对本市中心城区社区卫生服务中心情况的专项视察。在市政协对本市食品安全监管工作的专项视察回访中，组织对餐饮卫生情况的视察。在市政协平时视察中，组织对本市自主创新的推进情况、上海光源（同步辐射）国家重大科研工程、义务教育均衡发展情况等专题视察。在市政协年末视察中，组织对本市重大科研项目进展情况、市职业教育工作会议精神落实情况两项专题视察。重视提高提案质量和水平，年内形成《关于制定上海市科学技术普及条例的建议》等委员会提案7件，其中被评为优秀提案2件。做好反映社情民意工作，先后召开部分教育界知名校长、教师座谈会，在教育界老同志座谈会、曲阳路街道学生和家长座谈会、殷行街道市民座谈会、体育系统民主党派人士座谈会基础上，形成《本市中小学课业负担还需进一步减轻》等委员会社情民意69件。其中《关于在上海第一师范学校校址建立上海教育博物馆的建议》，被市教委采纳并形成《关于建立上海教育博物馆的论证报告》。组织委员暗访了解同济医院情况，并与主管部门沟通，共同推进医院的整体性改造。走访近50位委员及其单位，了解情况，听取意见，反映问题。其中关于上海神力科技有限公司燃料电池发动机产业化过程面临问题的走访记录以政协专报的形式报送中共上海市委、市政府。（四）进一步丰富沙龙活动，筹建上海市政协京昆与地方戏曲室。为了满足委员追求高雅艺术的愿望，投入大量精力组织艺术沙龙。全年开展歌咏、书法、摄影、国际标准舞、太极拳和京剧等沙龙活动 68 次，参加委员 1500 余人（次）。成立书法沙龙，年内分 3 期举办书法培训活动 28 次，近 300 人（次）参加。组织爱歌艺术沙龙成员赴新疆学习考察，与少数民族地区政协委员以歌会友，交流技艺、增进友谊。注意展示沙龙活动的实际成果，扩大社会影响。组织节目参加上海侨界庆祝侨联成立 50 周年文艺演出、上海市各界人士中秋联欢晚会，获得圆满成功。在有关单位的支持和配合下，按照市政协的要求，如期完成京昆与地方戏曲室的筹建任务。

社会和法制委员会 主要工作：一、围绕中心工作开展学习，提高履行职能的能力和水平。以委员会学习会议、课题组学习会议等为载体，结合工作实际学习中共十六届六中全会精神、中共上海市委八届十次全会精神，学习相关专业知识和法律法规，以科学发展观指导和推进委员会各项工作，取得较好效果。二、为制定和完善法律法规建言献策。组织委员参与《中华人民共和国劳动合同法（草案）》讨论，并广泛征求各界人士意见；召开专题座谈会，对《上海民政事业发展“十一五”规划（征求意见稿）》、《上海市集体合同若干规定（草案）》进行讨论，提出修改完善的意见和建议。三、深入开展课题调研，积极参政议政。组织实施市政协关于“完善社会救助机制，促进和谐社会建设”课题调研，与市红十字会等 8 家公益性团体和慈善机构座谈，赴松江区调查了解情况，召开专题座谈会听取意见和建议。在调研的基础上，形成市政协常委会建议案《关于发展社会救助事业，促进和谐社会建设的若干建议》。并参加全国政协社会和法制委员会召开的“构建社会主义和谐社会”研讨会，作题为《完善社会救助机制，促进和谐社会建设》的发言。开展“社区平安建设”课题调研，赴浦东新区、闸北区了解基层情况，组织专题视察，赴黑龙江、吉林、江苏、浙江考察，并召开专题会议听取意见和建议。在调研的基础上，形成市政协常委会建议案《关于进一步加强上海社区平安建设的若干建议》。继 2005 年开展“禁毒帮教社会化”课题调研，完成调研报告的修改工作，形成《关于促进本市社区禁毒帮教工作的若干建议》。开展关于涉及来沪务工人员有关政策贯彻执行情况的课题调研，形成调研报告初稿。赴市建设交通委对 2005 年市政协常委会建议案《关于“适应老龄化社会趋势，促进本市养老事业发展”的若干建议》落实情况进行跟踪调研。配合全国政协社会和法制委员会在沪进行“非政府组织在构建社会主义和谐社会中的作用”、“关于《红十字会法》贯彻落实情况”两项专题调研，配合全国政协社会福利与社会保障界别在沪进行“城市养老”专题调研。四、选择社会热点难点问题，组织视察、论坛和研讨会。组织委员以随机暗访形式视察本市住宅小区安全技术防范情况，视察本市平安建设实施项目进展情况。在市政协专项视察中，组织对本市小城镇社会保险和农村养老保险工作情况的专项视察；在市政协对本市食品安全监管工作的专项视察回访中，组织对乳品安全“后冷链”规范化建设情况的视察；在市政协年末视察中，组织对劳动就业情况的专题视察。聚焦民生，建言献策，承办市政协“关注民生——劳动就业专题”论坛，与经济委员会、太平洋养老保险有限公司联合举办“企业年金在构建和谐社会中的作用”研讨会。五、重视开展界别活动，做好提案、反映社情民意工作。分别召开总工会、共青团与青联、妇联等界别恳谈会3次，了解和反映社情民意。与提案委员会联合，就2005年市政协常委会建议案《关于进一步完善本市城镇“低保”制度的若干建议》落实情况及有关重点提案开展促办活动。提交提案《关于加紧完善本市农村养老保险制度的建议》，被评为市政协优秀提案。形成社情民意信息9件、建言1件。

民族和宗教委员会 主要工作：一、认真组织学习，增强履行政协职能的自觉性和责任感。年内组织委员学习贯彻《中共中央关于加强政协工作的意见》，召开“学习贯彻5号文件，认真履行委员职责”交流会，总结交流工作经验，进一步提高履行职能的能力和水平；组织委员学习贯彻中共十六届六中全会精神，与市民族和宗教事务委员会、市少数民族联合会联合召开“民族工作与构建和谐社会”专题研讨会，对上海城市民族工作面临的新情况、新问题进行分析和探讨，为本市构建和谐社会建言献策。在抓好专题学习的同时，重视结合实际开展经常性的学习活动，为委员知情明政、参政议政服务。一是结合时事政治，及时组织委员学习中共上海市委八届十次全会精神；二是组织委员参加学习报告会，听取国家宗教局局长叶小文关于“发挥宗教在促进社会和谐方面的积极作用”学习辅导报告；三是组织委员参加以“民族宗教工作与和谐社会”为主题的市政协委员专题座谈会；四是组织委员参加全国政协民族和宗教委员会举办的新世纪新阶段做好民族和宗教工作学习的研讨会。二、开展课题调研，为做好本市民族宗教工作献计出力。历时7个月，同时开展关于来沪少数民族服务和管理情况、关于加强宗教活动场所内部管理两个课题调研。先后赴市统计局等9个市政府相关职能部门以及外地驻沪办事处听取意见，深入长宁、卢湾、宝山、普陀、崇明5个区县和13个街道、社区调查了解情况，实地考察宗教活动场所26处，召开座谈会32个，并开展问卷调查，形成《关于进一步加强来沪少数民族服务和管理情况的调研报告》、《贯彻宗教事务条例，切实加强宗教活动场所内部管理的调研报告》。为了推进调研报告中各项建议的落实，进而形成《关于进一步加强宗教活动场所财会和档案管理的建议》、《进一步加大对少数民族联合会的扶持力度》两个提案。三、组织界别活动，为民族和谐、宗教和睦发挥积极作用。为从组织上保证界别活动的顺利开展，根据实际情况，在宗教界别成立佛教、道教、天主教、基督教、伊斯兰教五个小组，在少数民族界别成立东片和西片两个小组，并分别推荐各组组长。年内，召开宗教界（基督组）委员、代表人士座谈会，就宗教团体自身的建设、合格教职人员的培养、宗教房产权证的落实、市政动迁中场所的布局等问题提出意见和建议；召开民族界别（东片）委员、代表人士座谈会，就城市民族工作的方法、来沪少数民族在上海就业的情况、社区民族工作的服务与管理、少数民族社团的定位及发展方向等问题进行探讨，反映社情民意。四、开展视察和提案跟踪促办活动，重视解决实际问题。在市政协平时视察中，组织对城市建设中清真“三食”网点布局调整情况的专题视察。针对被拆迁或关闭的清真食品供应网点的归还、恢复等问题与政府有关部门进行协商，要求依法稳定清真食品基本供应网点，并对其进行有效的服务和监管。将推动提案的办理落实作为体现工作实效的重要抓手。一是配合提案委员会，跟踪促办2005年提案《关于扩充宗教代理经租房产大修基金，缓解大修基金严重匮乏的建议》，与市房产局、市财政局、市民宗委、各宗教团体多次协商提案的落实方案，取得重要进展；二是继续跟踪促办2003年提案《关于成立本市在校少数民族帮困基金》。

文史资料委员会 主要工作：一、做好文史资料编辑出版工作，开拓文史资料工作新领域。以“上海儿女在祖国四方”为主题，编辑出版《上海文史资料选辑》第117辑（上海儿女在黑龙江）（上册）、第118辑（上海儿女在黑龙江）（下册），合计约40万字；与民盟市委合作，编辑出版《上海文史资料选辑》第119辑（民盟专辑），约30万字；与嘉定区政协合作，编辑出版《上海文史资料选辑》第120辑（嘉定卷），约20万字；与民建市委合作，编辑出版《上海文史资料选辑》第121辑（民建专辑），约20万字。《上海文史资料选辑》在2006年上海市社科类期刊编校质量评比中获得优秀奖。按照全国政协文史资料委员会的要求，基本完成其《工业学大庆》、《名人故居》、《三峡移民》等文史资料选题的合作编写任务。继续与上海书店出版社合作，编辑出版《上海现代文化名人画传丛书》，着手编写李国豪、陈从周、金仲华等名人画传。以大型摄影画册《上海360°》为主要内容，参与市政协在东欧三国举办“上海360°”图片展的筹备工作。二、开展课题调研，承办有关会议。历时10个月，开展“本市网络游戏现状”课题调研，召开座谈会4次，听取市新闻出版局、团市委关于网络游戏产业发展以及未成年人涉及网络游戏的情况介绍，听取学生家长、青少年、教师等有关方面人士对产业发展及防止未成年人网络游戏成瘾的意见和建议，赴盛大网络公司、第九城市网络公司调查了解情况，形成《关于在发展上海网络游戏产业的过程中重视解决青少年“网瘾”问题的若干建议》。承办华东地区政协文史资料委员会第21次协作会议，与学习委员会联合承办市政协“社会主义荣辱观和中国优秀传统文化”研讨会。三、开展界别活动，组织视察和考察。组织新闻出版界委员座谈会，邀请中共上海市委宣传部领导与委员就新闻宣传、新闻出版业改革以及队伍建设等问题进行交流与探讨，听取委员意见和建议。在市政协平时视察中，结合课题调研组织专题视察；在市政协年末视察中，与港澳台侨委员会联合组织对现代服务业发展情况的专题视察。组织委员考察市音像资料馆，赴内蒙古考察文物保护工作，赴浙江嘉兴考察文史研究会工作情况。与市音像资料馆合作，组织政协委员观看音像资料片。四、按照市政务志编纂委员会的要求，继续编纂《上海人民政协志》（续编），完成初稿与评审。

港澳台侨委员会 主要工作：一、加强学习，知情明政，增进共识。组织委员学习中共十六届六中全会精神，请中共中央候补委员林明月副主任作辅导报告；学习贯彻《中共中央关于加强人民政协工作的意见》精神，推动全年工作开展；密切关注台湾岛内局势变化，请章念驰副主任作台情报告。举办新委员、委员会特聘新成员学习班2期，帮助新委员、新成员增强责任感，提高履行职能的能力和水平。配合全国人大常委会来沪执法检查，组织委员学习《归侨侨眷权益保护法》，学习侨界人士爱国奉献精神。结合工作实际，及时传达中共中央、全国政协、中共上海市委、市政府和市政协重要会议和文件精神。注意根据港澳地区委员的特点安排学习，采用集体学习或个别交流的方式，及时向他们介绍本市经济社会发展情况和政协工作情况，宣传“港人治港，澳人治澳，一国两制”方针，鼓励港澳委员发挥自身优势，为香港、澳门经济社会的繁荣稳定贡献力量。二、履行职能，建言献策，服务大局。历时5个月开展关于在沪港澳台侨人士居住社区情况的课题调研，赴长宁等8区调查了解情况，深入万科华尔兹等6个居住区听取意见。在调研的基础上，形成市政协主席会议建议案《在沪港澳台侨人士居住社区情况的调研报告》以“学习十六届六中全会精神，发挥界别作用，反映社情民意”为主题，首次举办台联界别活动，两次举办侨联界别活动。与市侨联联合组织委员讨论提案和社情民意工作，为市政协十届五次会议作准备。市政协十届四次会议期间，承办市领导与港澳地区委员座谈会。年内，形成委员会提案1件，并被评为优秀提案。三、搭建平台，推动沪港澳经贸、文化交流与合作。承办市政协与香港沪港经济发展协会在深圳联合举行的沪港现代服务业发展研讨会，与上海社会科学院港澳研究中心联合举行“经济转型与沪港互动发展”高层研讨会，推动沪港澳经贸、文化交流与合作。承办在香港召开的港澳常委会议和全体港澳委员座谈会。组织港澳委员赴江西省学习考察，港澳委员在井冈山市、景德镇市捐资64万元援建校舍；组织委员视察部分港澳委员在沪投资项目。在市政协年末视察中，与文史资料委员会联合组织对现代服务业发展情况的专题视察。参加庆祝澳门回归七周年大型京剧演出活动，出席由港澳委员举办的爱心捐款仪式、澳门银河娱乐集团引进上海知名餐饮品牌的签约仪式、首届上海“艺穗双周”开幕式、“异想天开”陶艺展、上海交通大学研究生教学楼——陈瑞球楼落成典礼和“朱裕华教育基金”第七届颁奖仪式。四、重视交往，加强对台工作力度。与台盟上海市委联合举办沪台医疗服务研讨会、沪台农业合作与发展研讨会，组织沪台两地医疗、农业方面的专家学者和企业家，围绕主题，建言立论。与提案委员会联合开展《进一步改善台商在沪投资环境》、《加强沪台农业合作》重点提案跟踪促办活动，了解台商在沪经营状况，积极协调解决台资企业遇到的各种问题。接待台湾侨联总会大陆参访团、“两岸三地大学生国情教育”交流团、“海外台商旅馆同业公会”以及“第三届海峡两岸妇女交流会”台湾妇女参访团。出席“中华富进”号新船的命名庆典、“2006海峡两岸社区教育学术研讨会”开幕式、“没有翅膀我也一样可以飞翔”两岸残疾人合唱团文化交流音乐会、“2006沪台中学名校教育论坛”开幕式、台湾特力集团总部成立暨总部大楼开幕典礼仪式等活动。五、拓展领域，积极开展海内外侨胞工作。承办并参加市“五侨”联席会议[①]，专题讨论新时期侨胞、侨眷工作。对2005年《关于在沪创业及工作的归国留学人员现状和对策的调研报告》的建议落实情况进行跟踪了解。邀请市人事局、市侨办介绍留学回国人员创业情况和留学回国人员创业园的情况，组织召开在沪创业的留学回国人员座谈会，考察上海捷华通讯电子有限公司、华宝食用香精香料（上海）有限公司技术中心、微创医疗器械（上海）有限公司、上海展讯通信技术有限公司。与市政协对外友好委员会、市侨办联合组织跨国公司驻沪机构华侨、华人代表座谈会。走访部分留学回国特聘成员的单位，关心和了解他们在沪的发展情况，听取他们的意见和建议。参与接待以全国政协副主席周

① 指市人大华侨民族宗教事务委员会、市政协港澳台侨委员会、市政府侨务办公室、致公党上海市委、市归国华侨联合会联席会议。

铁农为团长的参加中央纪念孙中山先生诞辰140周年活动海内外来宾参访团，孙中山先生的海外亲属、国际友人、海外侨胞和台湾知名人士100余人来沪参访。接待菲律宾“中国国际全印展”参访团、戴尔公司中国及日本区总裁Miller先生。出席“2006年东南亚华文教师研修班”结业典礼、第三届“华商企业科技创新合作交流会”开幕式、巴西华人职业画家方广泓油画展开幕式。六、加强协作交流，推动工作开展。参加全国各省、区、市政协港澳台侨和外事工作经验交流会，作交流发言。召开市区县政协港澳台侨委员会工作例会，就“在沪港澳台侨人士居住社区的情况”进行专题讨论。组织委员赴陕西省考察改善投资环境、吸引外资措施情况，赴江苏省扬州、南通考察台资、港资企业的发展状况，赴卢湾区考察创意产业。

对外友好委员会 主要工作：一、积极开展对外友好工作。一是策划组织市政协对外友好活动，加强同各国人民的友好往来。与有关方面联合，承办市政协组团赴斯洛文尼亚、捷克、匈牙利东欧三国举办“上海360°”图片展暨经贸论坛。协助市政协组团出访意大利、比利时，与意大利伦巴第大区议会签订友好交流协议，拓展市政协对外友好交往新局面。承办2006年市政协情况通报会，向外国驻沪领事馆官员通报上海市政协履行职能情况和对外友好活动开展情况，进一步宣传中国共产党领导的多党合作和政治协商制度。承办市政协对外友好工作座谈会，回顾总结近年对外友好交往的成果和经验，探讨地方政协开展对外友好交往的特点和规律。协助市政协领导参加重要外事活动150次，接待马达加斯加参议院参议长代表团、法国参议院外交、防务以及武装力量委员会主席代表团等重要外国来访团组7批。二是搭建平台，为对外友好交往服务。推动日本商工俱乐部召开推动日中经济交流恳谈会，并向与会的日本企业界代表介绍上海最新的投资政策和信息。先后组织政协委员与瑞典全国产权房协会负责房屋政策与发展的国际项目经理英格女士座谈，就房地产发展等问题进行交流探讨；与泰国经济社会理事会代表团座谈，就我国教育体制改革等问题进行交流探讨；与欧盟经济社会委员会代表团座谈，就区域协调发展等问题进行交流探讨；与市政协港澳台侨委员会、市侨办联合组织跨国公司驻沪机构华人华侨代表座谈会，召开“波罗的海明珠项目”情况说明会。二、组织课题调研与论坛，为办好上海世博会建言献策。历时10个月，开展课题调研，先后赴上海世博局、上海国际问题研究所、市侨商会听取意见和建议，邀请市外办、市对外友协、市外经贸委、市文广局、市体育局、市教委、市科委等有关部门介绍情况，召开座谈会征求有关人士意见。在调研的基础上，形成《上海民间外交在推进世博会工作中作用的调研报告》。承办市政协“世博会与社会公众参与”论坛，倡导和推动社会各界人士参与世博会筹办工作。三、开展委员视察和界别活动。在市政协平时视察中，组织对世博会软环境建设情况的专题视察；在市政协年末视察中，参与组织对市职业教育工作会议精神落实情况的专题视察。组织对外友好界委员赴南汇开展界别活动，学习《关于发挥市政协界别作用的意见（试行）》。结合课题调研，赴市侨商会了解情况，考察侨商企业开发项目世茂佘山庄园。组织委员考察东航集团，赴甘肃省考察当地政协开展对外友好工作情况。

区县政协联络指导组 主要工作：一、加强学习交流，推动区县工作。以学习贯彻《中共中央关于加强人民政协工作的意见》为重点开展工作。全年承办市区县政协党组专题交流学习会1次，组织区县政协主席例会3次、区县政协秘书长例会3次。从理论和实践的结合上，深刻领会精神实质，全面交流和探讨学习贯彻《意见》精神的创新思路、工作举措和实践经验，有力地推动区县政协学习贯彻活动的深入开展。为进一步推动学习交流，搭建信息沟通平台，创办以反映重要活动情况为主的《区县政协信息》、以借鉴交流工作经验和做法为主的《区县政协信息专刊》，并分别编印10期。为拓宽视野，开阔思路，提高参政议政水平，分别组织区县政协主席、秘书长赴青海、内蒙古、河南、四川考察经济建设和改革开放情况，学习开展地方政协工作的经验。此外，编印区县政协调研报告汇编、本届区县政协工作经验汇编。二、围绕中心任务，组织课题调研和跨区视察。就提高农民综合素质问题开展课题调研。在调研的基础上，形成市政协主席会议建议案《关于进一步提高上海郊区农民综合素质的调研报告》。参与《关于本市新农村建设若干问题》的课题调研，开展分课题调研并完成调研报告《发展村级经济，实现强村富民》。在开展这两项课题调研中，先后深入郊区9个区县调查了解情况，分别召开区县政府有关部门领导、镇村干部和农民代表座谈会15次，发放调查问卷约1000份，与南汇区政协联合举办推进新农村建设论坛，并对调研报告组织专家评审。在市政协平时视察中，组织在闵行区、黄浦区工作或居住的市政协委员视察黄浦区社区医疗卫生建设情况，组织在静安区、长宁区工作或居住的市政协委员视察静安区社区养老体制建设情况。三、关注区县动态，加强指导与服务。年内开展新一轮走访区县政协的工作，已走访14个区县政协。在走访中，以座谈交流、实地考察等形式，及时了解基层情况，接触实际问题，对区县政协工作进行动态指导和服务；同时也从区县政协工作实践中，总结新鲜经验，汲取丰富营养。关注区县政协换届工作，促进新老班子平稳过渡，以《情况反映》形式及时向中共上海市委、市政府有关部门反映换届工作中亟待解决的问题，以专报形式向市政协领导反映部分区县政协领导离任后的安排问题，承办市区县政协主席恳谈会。

【重要活动】

开展关于提升中国2010年上海世博会文化内涵的课题调研 2005年5月至2006年3月，市政协教科文卫体委员会（文化）组成以谢丽娟副主席等为顾问，政协委员和专家学者60余人参加的课题组，与上海世博集团合作开展调研。先后向上海世博局、市精神文明办、市文广影视管理局、市文广集团、市文管委、市旅游委了解情况；召开座谈会12次，听取专家学者与文化艺术界著名人士的意见和建议；赴南京、苏州、杭州、成都考察，与当地党政部门领导、政协委员、文化界知名人士专题探讨；并赴日本考察爱知世博会。在调研的基础上，形成市政协常委会建议案《关于提升中国2010年上海世博会文化内涵的若干建议》，报送中共上海市委、市政府参考。

召开系列专题议政会 2006年1月至12月，市政协召开专题议政会13次，先后就本市经济社会发展情况、“十一五”规划纲要、就业再就业和社会保障工作、贯彻落实国家中长期科技发展规划纲要若干配套政策工作情况、重点价格改革工作、关于建立本市出租汽车油价运价联动机制方案、建立400公里轨道交通基本网络情况、400万平方米旧里改造情况——上海中心城区“十一五”旧区改造工作、关于建立本市中小学生基本医疗保障制度方案、出台增加养老金及其他收入分配政策措施相关问题的有关情况、关于本市推进水价改革及调价方案、关于推进燃气价格改革及调价方案、贯彻实施国家机关事业单位工资制度改革有关情况、社会保险基金财务管理办法有关情况、进一步加强居（村）委会建设有关情况、市高级法院工作报告、市政府工作报告等专题进行协商议政。政协委员共计550余人次参加。中共上海市委、市政府及其有关部门领导分别出席会议，通报情况，听取委员意见和建议。

召开系列委员专题座谈会 2006年1月至12月，市政协召开委员专题座谈会22次，围绕建设创新型国家思路、贯彻落实科学发展观、全面推进社会主义新农村建设和建设本市社会主义新农村、树立社会主义荣辱观、践行社会公共道德、聚焦国家战略、促进上海科技创新、完善本市郊区农村社会保障制度、维护社会稳定、推动平安体系建设、本市上半年经济社会工作情况、本市中心城区社区卫生工作情况、完善本市社会救助机制、民族宗教工作与和谐社会、做好化解人民内部矛盾工作、加强上海平安建设、加快发展文化事业和文化产业、满足人民群众文化需求、关于本市医疗卫生事业和学习贯彻新《义务教育法》等社会热点、难点问题进行专题讨论，反映社情民意。政协委员共计700余人次参加。中共上海市委、市政府有关部门领导分别出席，听取委员意见和建议。

开展“上海市能源发展形势分析和若干建议”课题调研并召开研讨会 2006年4月至5月，根据中共上海市委的要求，市政协由经济委员会牵头，与人口资源环境建设委员会、教科文卫体委员会联合组成课题组，内设经济、城建、科技3个分课题组，由宋仪侨副主席带队，深入基层开展调研。先后赴杨树浦发电厂、外高桥发电厂等10余家企业调查了解情况，召开能源利用现状及前景预测、公共交通节能、建筑节能、电力系统优化、能源价格机制、生活和宾馆商厦节能、耗能大户改造、氢能源开发利用等各类专题座谈会近20次，广泛听取本市能源生产、使用单位以及社会各方面专家学者的意见和建议。5月8日，市政协在江海厅召开“本市能源形势发展和对策研究”专题研讨会，听取课题组的情况汇报，分析能源发展形势，讨论完善能源对策建议。蒋以任主席主持会议，周禹鹏副市长讲话。政协委员与有关方面领导、专家学者100余人出席会议。在调研和研讨会的基础上，形成市政协常委会建议案《上海市能源发展形势分析和若干建议》，报送中共上海市委、市政府参考。

举行沪港现代服务业发展研讨会 2006年5月27日，由上海市政协主办、香港沪港经济发展协会协办的沪港现代服务业发展研讨会在深圳举行。政协委员、专家学者、企业家19人发表演讲，分4个专题，围绕推进沪港金融机构合作、寻求现代服务业发展新突破、共同拓展国际会展市场、强化沪港专业服务合作等问题建言立论，共商现代服务业发展大计。全国政协副主席董建华、上海市政协主席蒋以任、广东省政协主席陈绍基、香港特别行政区政府署理财政司司长叶澍堃致辞，上海市副市长胡延照作主旨演讲，上海市政协副主席宋仪侨主持会议开幕式。

首次赴东欧三国举办“上海360°”图片展暨经贸论坛 2006年6月18日至26日，市政协与市人民对外友好协会、市国际贸易促进会联合，由俞云波副主席带队，组团赴斯洛文尼亚、捷克、匈牙利举办“上海360°”图片展，并分别举办斯洛文尼亚——上海经贸论坛、捷克——上海经贸论坛、匈牙利——上海经贸论坛。以

150幅精美的照片，360°全景方式，展示20世纪90年代以来上海在城市建设、经济发展、社会进步等方面所取得的巨大成就，展示上海的城市历史和“海纳百川、追求卓越”的城市精神，并组织上海与东欧三国企业家就共同关心的问题进行交流与探讨，为推动上海与东欧三国之间的经贸合作与发展牵线搭桥。

举办实施科教兴市主战略系列论坛——2006自主创新与上海发展（产学研结合专题） 2006年7月20日，市政协在上海科学会堂举办实施科教兴市主战略系列论坛——2006自主创新与上海发展（产学研结合专题）。市政协教科文卫体委员会、九三学社市委、市经委、市教委、市科委、上海科学院、华东理工大学、市科技发展研究中心、上海科技投资公司、宝钢股份公司科技发展部等单位与有关专家学者发表论文，围绕推进本市产学研结合，就提升企业自主创新能力、探索科技成果转化有效途径、科技风险投资等诸多问题进行探讨，建言立论。蒋以任主席致辞，严隽琪副市长讲话，谢丽娟副主席主持论坛。论坛共发表论文21篇。

召开“协商民主”研讨会 2006年9月11日，市政协在江海厅召开“协商民主”研讨会。与会人士紧密联系政协工作实际，阐述协商民主对于社会主义政治文明建设的重要意义，对开展协商民主活动的特点、内容、方式、途径等诸多问题进行探讨。会议还讨论了《上海市政协关于加强政治协商职能的意见（草案）》。蒋以任主席讲话，宋仪侨副主席主持会议。上海市人民政协理论与实践研究咨询组专家王邦佐、浦兴祖、周锦尉、殷啸虎、过传忠作主题发言。

华东地区政协文史资料委员会第21次协作会议在沪举行 2006年9月12日至14日，华东地区政协文史资料委员会第21次协作会议在上海举行。会议交流贯彻全国政协暨地方政协文史资料选题协作会议精神工作情况和经验，着重就建国后文史资料征集和编辑工作进行理论研讨。全国政协学习和文史委员会副主任龚心瀚讲话，上海市政协副主席王荣华致辞。江苏、浙江、安徽、福建、江西、山东等省市政协和文史资料委员会领导、文史工作者出席会议。

举办“关注民生——劳动就业专题”论坛 2006年10月9日，由市政协主办，上海社会科学院、市总工会、共青团市委、市妇联协办的“关注民生——劳动就业专题”论坛在丽都厅举行。政协委员、专家学者和有关部门领导200余人出席，就劳动就业政策、产业与就业协调发展、民营企业就业、女性和大学生就业等问题进行深入探讨，建言献策。蒋以任主席致辞，周太彤副市长讲话，俞云波副主席主持论坛。论坛共发表论文27篇。

举办“世博会与社会公众参与”论坛 2007年10月18日，市政协在江海厅举办“世博会与社会公众参与”论坛，倡导和动员本市社会力量和海内外华人华侨、在沪外资企业、在沪外籍人士积极参与世博会工作。与会人士结合自身实际，从不同角度围绕主题进行探讨，建言献策。蒋以任主席、杨雄副市长致辞，上海世博会执委会专职副主任钟燕群作主旨演讲。王荣华副主席主持论坛，市民和学生代表、在沪外资企业和在沪外籍人士代表200余人出席会议。

举行上海市各界人士纪念孙中山先生诞辰140周年大会 2006年11月12日，市政协在上海展览中心举行上海市各界人士纪念孙中山先生诞辰140周年大会。中共上海市委代理书记、市长韩正讲话，市政协主席蒋以任主持大会。市人大常委会副主任、民革市委主委厉无畏，市政协副主席、台盟市委主委石四箴分别代表各民主党派市委和市工商联发言；共青团市委书记马春雷代表本市各人民团体和全市青少年发言。各界人士与部分孙中山先生后裔500余人出席。

召开上海市政协2006年提案、社情民意信息工作会议 2006年12月21日，市政协在政协礼堂召开2006年提案、社情民意信息工作会议。会议传达贯彻全国政协提案工作座谈会精神，回顾总结市政协提案和反映社情民意信息工作情况，对2007年工作提出具体意见和设想。会议表彰《关于尽快编制〈上海水系综合规划〉的建议》等67件优秀提案，表彰2006年度反映社情民意信息工作先进单位和先进个人。蒋以任主席、冯国勤常务副市长讲话，王荣华副主席等在会上作报告。王新奎副主席主持会议。

【重要文件】

常务委员会工作报告（2006年1月14日）（要点）市政协常委会牢牢把握团结民主主题，围绕市委提出的中心任务和重点工作，不断增强依章履职的能力、合作共事的能力、建言献策的能力和凝聚人心的能力，完善政治协商规范，探索民主监督渠道，提升参政议政水平，努力为上海改革发展稳定的大局服务，各项工作都有了新发展。一、始终把学习放在政协各项工作的首要位置，不断增进共识，巩固共同的思想和政治基础。市政协常委会把学习作为各项工作的重点，努力提高广大委员的思想理论水平和参政议政能力。认真学习邓小平理论、“三个代表”重要思想和科学发展观。通过党组会议、主席会议、中心组学习会议和委员活动日等多种形式的学习活动，结合履行职能的实践，加深理解科学发展观的丰富内涵。认真学习中央和市委关于构建社会主义和谐社会的重要文件，举办了“政协在构建社会主义和谐社会中的作用”研讨会，并开展了调研。去年召开的政协工作会议是中共上海市委在新形势下切实贯彻中央精神，坚持好、完善好中国共产党领导的多党合作和政治协商制度，进一步巩固和发展最广泛的爱国统一战线的重要举措。我们结合贯彻中央5号文件认真组织学习会议精神，召开了委员座谈会和研讨会，并首次举办了3期中共党员政协委员学习班。广泛学习时事政治、经济、文化、科技和法律等方面知识。邀请有关领导和专家学者作关于《反分裂国家法》、《国家宗教事务管理条例》、“连宋访问大陆的情况”、“当前中日关系”、“国际金融中心建设和央行上海总部的设立”、“科技创新与经济社会发展”、“WTO后过渡期面临的机遇和挑战”等专题辅导报告与知识讲座，使广大委员了解有关领域的发展情况和趋势。各专委会也结合自身特点，开展形式多样的学习活动。为进一步加强力量，整合资源，常委会决定把学习指导组调整更名为市政协学习委员会，加强了学习的组织保障。二、认真组织好政治协商，为本市大政方针和公共政策的科学决策和民主决策服务。市政协常委会把实现好、落实好“重大问题在决策前和决策执行中进行协商”作为去年工作重点，认真组织好委员参加各种形式的政治协商，使党和政府的决策成为各界人士的共同认识和自觉行动。一是通过常委会议、主席会议对本市经济社会发展中的重大问题进行协商，推进政治协商的规范化。在市委关心下，年初就确定了通报和协商的计划。市委、市政府领导先后在市政协常委会上通报了加强党的执政能力建设、加快转变经济增长方式、实施科教兴市主战略、本市社会稳定工作、社会文化事业发展、对台和统战工作等情况，详细介绍现状和今后发展思路与对策，为常委会更好地知情明政和履行职能创造了条件。同时，主席会议还围绕市委、市政府的其他重要工作组织专题协商，先后请有关部门介绍本市科技创新、金融中心建设、重大投资项目和外经贸发展等情况，并对这些工作提出了建设性的意见。二是通过专题议政会对一些涉及本市国计民生的公共政策开展协商。去年共举行了10多次专题议政会，市委、市政府及有关部门领导分别就本市城镇养老保险制度改革及“虚账实记”实施方案、教育综合改革、促进就业和完善社会保障、房屋动迁工作、医保年度转换事项、轨道交通票价调整方案等来政协进行协商。在讨论轨道交通调价问题时，有的委员在会前专程乘坐高峰时段的地铁，倾听市民群众的反映。会上，大家畅所欲言，提出了优化调价方案的建议，市政府有关部门认真听取并积极采纳意见，经两次协商后，形成合理可行的方案。三是通过委员专题座谈会对一些社会发展新情况和热点问题进行协商。每次座谈会前，我们都尽可能邀请有关职能部门介绍情况，使委员们知情明政，提高建议的深度和水平。与往年相比，去年的专题座谈会进一步突出时效性，贴近实际，及时研究和讨论新课题。三、努力把民主监督融入履行职能的各项活动中，扎实推进提案、视察和特邀监督等工作。十届政协四次会议以来，共收到各民主党派、人民团体、政协委员及各专委会提出的提案1144件，立案1077件。提案是政协委员履行职能的重要载体，比较突出地体现了政协民主监督的特点，比较集中地反映了各界群众的民情和民意。市党政领导和有关部门非常重视提案，每年都召开会议布置落实和办理提案工作，市领导专门对做好提案的办理工作提出要求。为提高提案的质量和办理的效率，市政协提案委员会组织委员参与提案的立案和促办等各个环节的工作，扩大参与面，增加透明度；加强与各民主党派、人民团体及各提案承办单位的协作；把议题相同的提案整合为一个专题加以办理，提高了效率；发挥专委会在提案工作中的作用，推进提案与视察、调研的互动。一年来，在市委、市政府各承办单位与市政协的共同努力下，去年提案已基本办复，其中办理结果为“已经解决”、“正在解决”和“列入计划解决”的提案占70%。去年，继续开展了年内平时视察和年末集中视察。内容主要包括：知识产权公共服务平台建设、科普工作、配套商品房建设、创意园区发展、农业科技发展、公立医院建设、青年志愿者工作和大剧院艺术中心运作等。委员们参与视察活动十分踊跃，先后有1200多人次参加了20多次视察，积极发挥各自专业优势，全面了解情况，提出有针对性的建言。去年，围绕广大群众十分关心的食品安全工作进行了专项视察，重点视察乳制业和餐饮业，有200多位政协委员参加。市政协区县联络指导组还组织居住在不同区域的市政协委员就推进城乡一体化，实现校区、园区和社区联动发展等，开展了区域间的专项视察，促进互相交流学习。政协委员受聘担任特邀监督员，参加日常性的监督工作，也是多年来运用的一种民主监督形式。已有192位政协委员担任了32个部门或行业的特邀监督员，他们受市政协的委托，认真负责地做好特邀监督员工作，深入基层，了解群众的意见和呼声，并及时向有关部门反映，推进依法行政，提高行政效率。去年，部分委员还参加了对本市24个行业或部门的政风行风监督和测评，邀请有关专委会一起分析讨论，提出了有深度的测评意见。四、发挥人才和智力优势，积极履行参政议政职能，为促进经济社会发展献计出力。一年来，市政协常委会围绕中心、服务大局，根据上海经济发展的实际情况，开展前瞻性、跟踪性和评估性的调研，进一步发挥委员们的聪明才智，使参政议政活动更具活力。去年，已完成专题调研38项，其中形成常委会建议案4件，主席会议建议案10件，专题调研报告24件。围绕“十一五”期间上海经济社会发展建言献策是去年参政议政的一个重点。一是抓住上海发展的重大问题开展调研，提出一些具有战略性的思考。去年初，市政协第一份常委会建议案就提出融入长三角加快上海现代服务业发展的若干建议。我们继2004年连续两次开展关于建设资源节约型城市的调研后，又于去年组织了“推进发展循环经济，提高资源利用效率”、“发展有规模的私营经济园区”、“土地使用向规模经营集中”的调研，并视察了新能源开发、新能源汽车、废旧物品回收体系建设、煤制油中试装置等情况。我们还与有关部门举办了“建设资源节约型和环境友好型城市”科普主题展，吸引了25万余人次前来参观。二是为2010年世博会献计出力。视察了世博会园区场地和动迁安置基地的建设情况，提出要保质保量地建设世博家园，重视节能节地，超前考虑场馆的后续使用和管理等建议。还开展了“提升世博会文化内涵”的调研，召开了研讨会，讨论如何突出“城市，让生活更美好”主题，更好地展示中华民族的传统文化，弘扬上海城市精神，并融合世界优秀文化，激发新的文化创意。三是运用各种座谈会、提案、视察等形式综合性地为“十一五”规划的编制献计献策。我们连续组织了13次专题座谈会讨论编制工作。我们将这些意见进行分类汇总，整理出关于规划思路、结构调整、科技创新和社会建设等九大类建议，为编制“十一五”规划汇集了广泛的民意和民智。为建设和谐城市广献良策是去年参政议政的又一重点。我们开展了“适应老龄化社会趋势，促进本市养老事业发展”的调研，建议把养老事业纳入经济社会发展规划，进一步完善以居家养老为主、机构养老为辅的养老模式，健全服务设施和医疗保障体系等。市政协人口资源环境建设委员会开展了“本市水系规划建设”的调研。委员们提出，要从上海建设国际航运中心的目标出发，从长远和系统的角度，尽快编制以黄浦江为主体的上海水系综合规划。民盟上海市委承担了市政协“提升建筑文化品质，彰显上海城市精神”的课题调研，市政协教科文卫体委员会开展了“市文化工作会议精神落实情况”、“基层图书馆建设和发展”等调研，都对发展社会主义先进文化提出了不少建议。去年还开展了“社区禁毒工作现状与发展”、“上海两地婚姻状况”、“维护公民权益构建和谐社会”等调研。去年，市政协科技成果转化促进会努力为贯彻实施科教兴市主战略铺路搭桥，初步形成了信息、推介、培训、咨询与合作五个服务系统。通过常年展厅、专业网站、专题沙龙、专家库、难题招标等活动载体，为1000多家单位提供了服务，先后促成了130余项科技成果的转化和应用。五、密切联系群众，关注民生民意，团结各界凝聚人心，促进社会和谐发展。市政协常委会坚持团结民主两大主题，进一步巩固和发展爱国统一战线，加强与各民主党派、人民团体的合作，努力营造和谐有序的协商氛围。市政协领导走访各民主党派机关，看望老一代民主党派代表人士。定期召开市政协与党委统战部门、各民主党派、工商联秘书长联席会议。一年来，各民主党派和人民团体充分发挥智力与专业优势，认真履行职能，一方面独立开展了各具特色的调研，一方面又积极承担了市政协的9项专题调研，并提出了125件提案，其中28件被评为优秀提案。

我们进一步发挥政协具有广泛代表性和包容性的优势，积极协助党和政府做好维护社会稳定的工作。去年“4·16”涉日游行后，在市委的领导下，我们及时组织座谈会，发挥委员的影响力，倡导社会各界珍惜来之不易的大好形势，理性表达爱国热情。我们密切关注人民群众关心的热点、难点问题，积极发挥理顺情绪、协调关系的作用。如，商品房价格问题一度成为去年社会关注的热点，九三学社上海市委与市政协有关专委会通过认真调查研究，联合召开了“培育发展房屋租赁市场”研讨会，对国内外住房观念和机制进行了比较，提出要完善有关政策，加快培育符合市场经济规律，又满足不同群体需求的住房租赁新机制。对于困难群众关心的最低生活保障问题，组织了“进一步完善本市城镇低保制度”的调研。农工党上海市委以党派名义提出了将本市16个服务部门各自的查询、投诉和求助的电话归并为一号通的建议，得到有关部门的重视和采纳，“12319”城建热线迅速开通，全天候为群众服务。为进一步加强与各界群众的沟通交流，我们深入基层，了解人民群众最关心、最直接、最现实的利益问题。去年，市政协领导与市民进行座谈、网上交流和热线对话近20次，并开展了下基层调研40余次，了解本市节日市场供应、疾病防治体系建设、社区建设、电信服务业发展、交通排堵保畅工作和中环线建设等情况，还到市盲童学校、智障儿童辅导学校、福利院和老年公寓等地，关心特殊群体。在履行职能的同时，广大委员思民所想、急民所难，为扶贫帮困奉献爱心。去年4月，市政协代表团赴云南考察，带去了四位民营企业家委员的捐赠，帮助建立“脱贫奔小康温饱村”。市政协特设了“爱心奖”，表彰了一批为社会公益事业作出贡献的政协委员，努力营造团结互助、和谐友爱的社会氛围。一年来，委员们不辞辛劳，走基层，摸情况，勤思考，就本市公共交通、社会保障、教育事业、环境保护等，共提交了800多条社情民意，积极反映群众的意见和要求，并提出一些改进工作的建议。经分类整理，编发《建言》18期、《社情民意》106期、《社情民意（专报）》37期，及时报送党政领导及有关部门参考。去年，市政协港澳台侨委员会密切与港澳台侨人士联系，促成CEPA实施后首家沪港合作医疗机构的成立，推动“上海中国画院珍藏精品展”在香港成功展出，并积极为台资企业参与上海经济建设做好协调工作。市政协华夏文化经济促进会以促进两岸统一为重点，积极在文化经济交流合作中发挥桥梁作用。重视关心民族和宗教界人士的工作和生活。市政协民族和宗教委员会开展了关于本市民族关系状况、宗教房产代理经租情况等调研，并召开了“宗教与构建和谐社会”研讨会。积极开展对外友好和交流工作。市政协对外友好委员会努力探索具有政协特色的活动形式。首次召开了政协工作情况通报会，向驻沪总领馆官员通报了政协情况，重点宣传了具有中国特色的基本政治制度和政党制度，得到了较好的反响。加强了与上海友好城市的国际交往，还协助全国政协承办了首次在中国举行的经社理事会和类似组织国际协会管委会上海会议，推进了国际合作交流。举办了“中国国际金融论坛”，邀请国内外专家学者商讨如何加快上海国际金融中心的建设。六、发挥委员、界别和专委会的主动性、积极性和创造性，推进自身建设。一年来，广大政协委员以高度责任感和使命感，在政协这个舞台上积极贡献智慧和力量，努力发挥主体作用，使政协工作充满生机与活力。委员们求真务实，努力使建言立论更有深度和高度。一些委员每次在参加协商前都做好充分的准备，查阅大量资料，并到郊区、企业等了解实情，掌握第一手资料。委员们勤于思考，以敏锐的触觉倾情关注上海经济社会发展，提出了许多有分量的意见和建议。进一步探索和发挥界别的基础作用，是去年加强自身建设的一项重点工作。我们根据界别特点开展参政议政活动，如，新闻出版界召开了委员座谈会，分析出版业发展所面临的机遇和挑战，并就提高出版物的品位和质量等进行探讨交流。市政协各专门委员会充分发挥专业特色，以扎扎实实的工作作风，认真开展各项活动。各专委会负责人除了认真组织好专题调研及其他履行职能的工作外，还主动走访委员，广交朋友，增进彼此的友谊，了解社情民意。我们与有关部门联合举办了"上海纪念抗日战争胜利60周年"研讨会和歌咏会，致公党上海市委还与有关专委会联合开展了"共赴国难见侨心"的纪念活动，回顾爱国统一战线在党的领导下发展壮大的历程和贡献，进一步弘扬爱国主义精神。市政协文史资料委员会编辑出版了《航拍上海》及上海名人画传和文史资料选辑等，发挥了"存史、资政、团结、育人"的作用。我们积极拓展文化俱乐部和服务中心的功能，举办了歌咏、摄影、书法、京剧、文物鉴赏等9个艺术沙龙，定期开展委员综合联谊活动，努力建设温馨融洽的"委员之家"。去年，上海市人民政协理论与实践研究咨询组就"政协如何在构建和谐社会中发挥作用"，"更好地科学、民主、依法参政"等9个课题开展研究，并举办了理论研究成果汇报会。市政协领导到党校和区县，宣传基本政治制度和人民政协事业。我们建立了机关新闻联络员队伍，加强与本市主要媒体的联络，在他们的支持下，宣传重点聚焦在政协委员上，聚焦在参政议政成果上，聚焦在团结民主的过程中。

【组织概况】

补选常务委员名单（2006年1月19日市政协十届四次会议通过）

董浩林　袁　园　邢文之

常务委员逝世名单

章继浩（2006年10月9日逝世）

【上海市各级政协领导人名单】

上海市

政协主席

蒋以任

副主席

宋仪侨　沈红光　王生洪
谢丽娟（女）　左焕琛（女）
俞云波　黄关从　石四箴（女）
王荣华　王新奎

秘书长

杨奇庆

区、县政协主席

黄浦区	赵　矛
卢湾区	翁蕴珍（女）
徐汇区	张　旗
长宁区	齐允海
静安区	施耀新
普陀区	林爱娟（女）
闸北区	张丽丽（女）
虹口区	葛文卿
杨浦区	李文连
闵行区	罗云芳（女）
嘉定区	周关东
宝山区	杜玉英（女）
金山区	沈效良
松江区	曹伟达
青浦区	周德海
浦东新区	林泉璋
南汇区	吴　岭（女）
奉贤区	胡镇寰
崇明县	范陈杰

上海市各级政协组织和委员数

（截至2006年底）

级别／项目	直辖市	市辖区	县	合计
组织数	1	18	1	20
委员数	791	4822	182	5795

（沈培端 编写　杨奇庆 审稿）

政协江苏省委员会

任彦申　副主席

吴瑞林　副主席

周珉　副主席

【全体委员会议】

九届四次会议　2006年1月15日至19日在南京举行。中共江苏省委书记李源潮在会议开幕时，作了题为《以“四优先”作为科学发展的鲜明导向，为实现江苏“十一五”发展目标合力奋斗》的重要讲话。委员们认为，这个讲话对于我省“十一五”期间的改革和发展，对做好政协工作具有重要的指导意义。会议听取和审议了省政协主席许仲林所作的常委会工作报告，以及省政协副主席孙安华所作的提案工作情况报告。委员们列席省十届人大四次会议，听取并讨论了梁保华省长所作的政府工作报告和其他有关报告。会议收到大会发言材料89篇，省各民主党派、工商联分别以党派、团体名义发言。会议期间举行了联组讨论。省委、省政府领导及有关部门负责人分别听取了大会发言并参加了讨论。会议增选任彦申、吴瑞林、周珉为省政协副主席，通过了提案初步审查情况的报告和九届四次会议决议。会议号召全省各级政协组织、省政协各组成单位和政协委员，在中共江苏省委的领导下，高举邓小平理论和“三个代表”重要思想伟大旗帜，紧密团结在以胡锦涛同志为总书记的中共中央周围，全面落实科学发展观，坚持和完善中国共产党领导的多党合作和政治协商制度，认真贯彻全省政协工作会议精神，切实履行职能，加强自身建设，同心同德，群策群力，求真务实，开拓创新，为建设以人为本、全面协调可持续发展的新江苏，作出更大的贡献！

【常务委员会会议】

第13次会议　2006年1月14日在南京举行。省委副书记冯敏刚同志代表省委作了有关人事事项说明。会议增补任彦申、吴瑞林同志为省九届政协委员。因工作变动，会议同意林祥国同志辞去省九届政协副主席、委员职务。由于年龄原因，会议同意张晔同志辞去省九届政协委员职务。会议还审议通过了省政协九届四次会议选举办法、选举监票人建议名单。

第14次会议　2006年4月10日至11日在南京举行。会议学习了《中共中央关于加强人民政协工作的意见》，审议并原则通过了政协江苏省委员会关于学习贯彻中共中央《意见》的决定；听取了张桃林副省长关于我省加强科技创新、建设创新型省份的情况通报，并围绕这个议题进行协商讨论。会议收到书面发言材料20篇，有8位委员作了大会发言。会议增补庄华平、郭礼荣、曹能新、詹荫鸿同志为省九届政协委员，同意周大平、胡振龙、朱玉振、程亚民同志辞去省九届政协委员职务。

第15次会议 2006年6月19日至20日在南京举行。会议学习了贾庆林主席在江苏视察时接见省政协、省委统战部、省各民主党派、工商联负责同志和无党派人士时的重要讲话精神；听取了仇和副省长关于我省坚持环保优先、加快生态省建设的情况通报，并围绕这个议题展开了协商讨论。会议收到书面发言材料21篇，有10位委员作了大会发言。

第16次会议 2006年10月25日至26日在南京举行。会议学习中共十六届六中全会精神和中共江苏省委十届十一次全会精神；邀请梁保华省长作关于我省建设社会主义新农村的情况通报，并围绕这个议题进行了协商讨论。会议收到书面发言材料28篇，有11位委员作了大会发言。会议还听取了省政府副秘书长徐立同志关于省政协九届四次会议提案办理情况的通报，增补李明生同志为省九届政协经济委员会副主任。

【专门委员会工作】

提案委员会 2006年度，共收到提案875件，立案796件。其中省各民主党派、有关人民团体、省政协各专门委员会以组织名义提交集体提案162件，委员个人提案485件，联名提案149件。立案的提案分别交97个承办单位办理。据统计，提案提出的问题已经解决、正在解决或列入计划逐步解决的占提案总数的79.5%。省政协积极推动提案办理工作，召开全省政协提案工作座谈会，研究部署进一步加强和改进提案工作。提案委员会加强对提案办理工作的督促与检查，加大“面对面”协商办理提案的力度，并确定了提高企业自主创新能力、加快新农民培育、加强饮用水源地保护、改善中低收入人群住房状况、加强洪泽湖开发与保护等重点提案，由主席、副主席和专门委员会分工督办。

学习委员会 以学习贯彻《中共中央关于加强人民政协工作的意见》（以下简称《意见》）为主线，大力推进学习工作。举办了7期委员学习研讨班，并受全国政协委托，承办了2期驻江苏全国政协委员学习研讨班。以加强科技创新、建设创新型省份，“十一五”期间以宏观政策取向的总体思考为主题，分别邀请国家科技部党组成员、科技日报社社长张景安，国务院发展研究中心学术委员会副主任陆白甫作专题报告。主办了学习树立“社会主义荣辱观”座谈会。以各时期的重点问题和国内外的热点问题为主要内容编发《学习资料》12期。为主席会、常委会的学习提供服务，协同组织专委会驻会主任、副主任的学习。认真组织课题调研和提案督办工作，加强与兄弟省市和对口联系单位的交流。

文史委员会 认真做好文史资料的征编、出版、发行，库存史料清理和选题协作工作。在保持特色的基础上，不断提高《钟山风雨》的质量。出版发行《江苏老店》专题史料，启动《江苏文史资料存稿选编》的编校工作。组织委员调研文物保护有关情况，并就文物保护进行民主监督，向省委、省政府报送了《关于加强文物保护专题民主监督的报告》。协助全国政协做好大运河的保护与申遗工作，并向省委、省政府提交了专题报告。与有关方面联合举办了纪念孙中山先生诞辰140周年学术研讨会。先后举办或参加了全国暨地方政协文史工作研讨会、华东地区政协第21次文史资料协作会议和全省政协文史工作座谈会，以及全省十三市政协文史理论工作研讨会。

经济委员会 组织或参与调研视察课题6项，其中《新农村建设调研报告》、《关于推进社会主义新农村建设的若干建议》分别在全国政协经济委员会组织的专题调研总结会和23省市政协经济委员会联系会议上进行交流；《关于整合财政支农资金，提高使用效率》报送省委、省政府；与省供销总社进行联合视察形成的《充分发挥供销社在农村流通中的主力军作用》的视察报告报送省委、省政府后，受到省委、省政府领导高度重视。配合全国政协经济委员会成功举办“促进非公有制经济健康发展”论坛。举办了“民营企业家谈心会”，代表们就进一步改善民营企业发展的业务环境、政策环境提出了建议。

科技委员会 组织专题调研、视察活动4次，形成了《关于加强科技创新工作的若干建议》建议案1份，《关于我省科技公共服务平台建设情况的调研报告》等3份专题调研报告，提出《关于扶持自主知识产权产品、促进我省应急通信产业发展的建议》提案。组织委员考察了南京中网通信有限公司、斯威特集团和沪宁高速公路、苏通长江大桥等交通设施，了解科技发展和改革情况。走访本委员会委员，与所在单位加强沟通。开展对口协商，与省有关部门和民主党派就有关问题进行讨论。以提高企业自主创新、构建核心竞争力这个主题召开高新企业负责人谈心会。与徐州政协联合举办了“高校科技与苏北经济振兴”委员月谈会，完成了《江苏省科技投入绩效分析研究》科研项目。召开了全省政协科技委员会工作座谈会。开展委员界别活动6次，被采用的社情民意信息2份。全年参加活动的委员500多人次。

人口资源环境委员会 组织委员到福建、浙江全国生态省建设先进地区考察，与当地政协座谈交流，形成《学习福建、浙江两省经验，大力推进生态省建设》的考察报告。就实行环境与发展综合决策、确保长江水源地安全、节约型社会建设、加强开发区环境保护问题组织委员进行调研，完成了《实行环境与发展综合决策是落实环保优先方针的关键》、《关于我省节能降耗工作情况的调研报告》等调研报告，有的报告得到了省领导的高度重视。做好十五次常委会专题协商和四十八次主席会议专题协商筹备工作，并综合委员意见和建议，向省委、省政府提出了《关于坚持环保优先方针的若干建议》的建议案，绝大部分建议被全省环保大会吸收。参加全国暨地方政协人口资源环境委员会工作会议、青海省政协主办的湖泊保护暨青海湖可持续发展研讨会，并进行了大会交流。

教育文化委员会 组织委员就加快农村义务教育、农村文化建设工作、建立完善中小学教师培养专项资金、昆曲评弹的传承保护等进行调研和视察，形成了《关于加快发展农村义务教育的视察报告》，在十六次常委会上提交了《建设新农村需要倍加重视农村义务教育的发展》和《加强乡镇文化站建设，确保农村文化阵地》发言稿。以“推进新《义务教育法》贯彻实施”为主题，联合社会法制委员会、民进江苏省委举办座谈会。先后组织昆曲经典折子戏专场演出、曹啸君九十华诞评弹专场演出、江苏曲艺优秀作品展演等4场次，拓展了省政协昆评室的社会影响。组织教育界、文化艺术界委员活动3次，举办委员界别活动3次，委员月谈会、座谈研讨会4次。

医卫体育委员会 组织委员就群众看病难看病贵、食品安全等问题进行调研，提出意见和建议。以我省举办全国第三届体育大会和举行省第十六届运动会为契机，开展视察活动。继续以“打击虚假违法医药广告”作为重点提案，通过召开新闻媒体负责人座谈会、协助举办培训班、主席重点督办提案等方式，建议有关方面加大对医疗广告的管理力度。

社会法制（民族宗教）委员会 围绕困难群体的基本生活保障、法治江苏建设、少数民族经济社会发展情况等开展视察和调研，形成了《关于农村困难群体生活状况的调研报告》、《关于城市困难群体生活状况的调研报告》等，召开委员月谈会暨省市政协社会法制委员会专题座谈会，就如何进一步围绕法治江苏建设，履行好政协职能进行研讨，交流各市政协好的做法和成功的经验。组织委员对省人大常委会提供的六项立法草案进行了讨论研究，并提出具体的修改意见和建议。就南京市六合区竹镇民族乡的经济社会发展情况，邀请发改委、经贸委、民委等部门以及南京市政协、市民委负责同志共同对竹镇进行了视察。

港澳台侨（外事）委员会 围绕科学发展观和构建社会主义和谐社会，组织委员进行调研视察。通过召开座谈会及问卷调查形式，了解台商在大陆生活工作情况，向省委、省政府及有关部门提出意见和建议。组织港澳委员来内地视察，帮助他们了解我省和国家经济社会发展情况。动员港澳委员为江苏经济出力，认真落实港澳委员对我省"苏北贫困家庭子女入学资助"、"苏北百户农户沼气示范点项目"、"江苏省政协港澳委员捐资助学项目"等的选址考察、项目实施、情况反馈等工作。联络港澳委员在四川省阿坝藏族羌族自治州捐款建立了江苏省政协港澳委员希望学校。与省有关部门共同举办了台海局势与两岸关系报告会。组团或参与组团出访10多个国家和地区，接待港澳台侨和国际友好人士27批300多人次。

【重要活动】

学习贯彻《中共中央关于加强人民政协工作的意见》精神 2006年2月颁发的《中共中央关于加强人民政协工作的意见》（以下简称《意见》），是指导新世纪新阶段人民政协事业发展的纲领性文件。省政协对学习贯彻《意见》精神高度重视。九届十四次常委会议通过决定，对全省各级政协、政协各参加单位、政协委员学习贯彻《意见》精神提出了要求。4月，中共中央政治局常委、全国政协主席贾庆林来江苏视察，充分肯定了省政协的工作，并对深入贯彻落实《意见》精神、更好地履行政协职能提出了明确要求。九届四十三次主席会议要求政协委员和各级政协组织按照贾庆林主席的指示，进一步明确工作重点，加大贯彻力度。从5月下旬开始，省政协先后举办了7期学习《意见》专题培训班，共有516名委员参加培训。在深入学习的基础上，结合学习贯彻2005年省委召开的全省政协工作会议精神，制定了实施意见，并认真落实。四季度，省委、省政协组织对各市学习贯彻《意见》情况进行了检查。11月，贾庆林主席在我省召开学习贯彻《意见》精神座谈会并发表重要讲话，省政协及时研究制定贯彻落实的具体措施，把学习贯彻进一步引向深入。

组织委员开展专题民主监督 2006年5月29日至6月2日，省政协联合民革江苏省委就加强文物保护工作开展了专题民主监督。委员们建议，必须全面贯彻"保护为主、抢救第一，合理利用、加强管理"的方针，把文物事业纳入经济和社会发展规划，建立健全文物保护体制和工作机制，加强对文物特别是重大濒危文物的抢救性保护。8月28日至30日，省政协组织委员对农村居民最低生活保障制度实施情况，开展专题民主监督。委员们建议，在实施"十一五"规划、建设社会主义新农村的进程中，要不断加强和完善农村居民最低生活保障工作，把改革发展的成果惠及农村困难群众。

召开全省政协新闻宣传工作座谈会 2006年8月15日，省政协在南京召开全省政协新闻宣传工作座谈会。会议总结交流了近年来全省政协开展新闻宣传工作的经验，并就贯彻落实中央和省委的文件精神，进一步做好政协新闻宣传工作进行了广泛的探讨。省政协副主席王荣炳出席会议并讲话。

召开全省政协专门委员会工作研讨会 2006年12月4日至5日，省政协在南京召开全省政协专门委员会工作研讨会。会议围绕深入学习贯彻《中共中央关于加强人民政协工作的意见》精神、进一步做好政协专委会工作进行了交流和研讨，各省辖市政协、省政协各专委会都作了大会交流发言。省政协主席许仲林出席会议并在会议结束时发表讲话。

举行纪念孙中山先生诞辰140周年系列活动 2006年是孙中山先生诞辰140周年，省政协与有关单位联合举办了多项纪念活动。举行了省暨南京市纪念孙中山先生诞辰140周年大会。接待孙中山先生亲属、海外来宾和台湾知名人士。与民革江苏省委、南京市政协等12家单位联合举办纪念孙中山先生诞辰140周年学术研讨会。将7集电视剧《平民大总统》改编成电影《孙中山在1912》。与金陵之声广播电台联合举办大型系列报道《2006再读中山之旅》。发行孙中山先生诞辰140周年纪念封。通过这些活动，缅怀孙中山先生为中国民主革命事业所建立的历史功勋，弘扬和宣传孙中山先生的爱国思想、革命意志和进取精神。

全国政协领导在江苏的活动 自1月3日至12月28日，全国政协主席贾庆林，副主席黄孟复、张怀西、罗豪才、李兆焯、王文元、张梅颖、张思卿、陈奎元、白立忱和九届政协副主席钱伟长、钱正英、杨汝岱等领导先后来江苏调研视察、出席会议或参加其他有关活动。江苏省政协为他们的活动做了许多服务性工作。有的领导就中央《意见》贯彻落实、大运河保护和申遗、社会主义新农村建设等问题进行了调研视察。有的领导参加第三届全国体育大会开幕、全国政协“促进非公有制经济健康发展”论坛、省第十六届运动会和全国政协委员视察改革工作座谈会等活动。

华夏文化经济促进会成立 2006年12月20日，江苏省华夏文化经济促进会在南京正式成立，许仲林主席出席会议并讲话。华夏文化经济促进会是省政协有关部门联合本省文化、经济界人士组成，同海内外友好人士在文化、经济等方面进行交流合作的社会团体。促进会第一次会议选举省政协主席许仲林，副主席任彦申、王荣炳、孙安华、林玉英、闵乃本、朱兆良、冯健亲、陈凌孚、李仁、吴冬华、吴瑞林、陆军、曹卫星、黄因慧、周珉为名誉会长，省政协秘书长赵京玉为会长。

【重要文件】

李源潮书记在省政协九届四次会议上的讲话（2006年1月15日）（摘要）

一、坚持富民优先，努力使全江苏人民共享改革发展成果。要把富民作为优先的发展目标，把支持创业作为致富百姓的首要途径。大力弘扬“三创”精神，激发全社会创造活力，激励“百姓创家业、企业创实业、干部创事业”，使江苏真正成为一片创业的热土，努力增加人民群众的经营性、财产性收入。坚持把促进就业放在政府工作的优先位置，全方位拓宽就业空间，多渠道加强就业培训，放手支持和引导能人创业，带动和帮扶弱者就业，使绝大多数人通过劳动就业提高工资性、福利性收入。把调整产业结构和就业结构、分配结构统筹起来考虑，合理调控城乡、区域和不同社会群体收入差距。在大力发展高技术、高效益产业的基础上，逐步形成高劳动者素质、高劳动者报酬的“双高”就业及分配机制。加快完善养老、失业、医疗和城乡低保等社会保障制度，构筑广覆盖的社会安全网，切实保障困难群众的基本生活，不断提高城乡困难居民最低生活保障水平，坚决守住有饭吃、有衣穿、有房住的“三有”底线，逐步解决上学难、看病难的“两难”问题。

二、坚持科教优先，推动江苏发展从“投资拉动”向“创新驱动”提升。要利用人才资源这一江苏最宝贵的发展资源，依托科教优势这一江苏最可依赖的发展优势，立足科教兴省，建设人才强省，更大幅度地增加各级政府的科技和教育经费开支，确保科技教育的优先发展，以科教现代化推动新型工业化，以人才国际化推动经济国际化，以引进消化吸收再创新为主渠道，以企业为自主研发和技术投入的主体，有效整合江苏的科教人才资源，着力提高自主创新能力，全面建设创新型省份，为江苏的发展注入新的驱动力。省委、省政府已决定2006年为江苏科技创新年，力争对我省创新思想普及、创新能力提高和科技成果转化有个全面的推动。要确立率先基本实现教育现代化的目标，牢牢抓住人力资源能力建设这个根本，真正把江苏建成人才高地，增强江苏的核心竞争力。

三、坚持环保优先，促进江苏的发达经济与良好生态和谐共生。要围绕经济持续增长、排污持续下降、生态持续改善的目标，在一切项目建设中优先考量环保因素，在全省实行最严格的环境保护措施，提高环保准入门槛，从源头上控制和治理污染。运用市场化的办法促进污染防治，形成“排污必须付费、治污可以赚钱”的环境资源价格机制，强化企业和全社会自觉防污治污的利益驱动。要深入实施生态省建设规划纲要，加大建设绿色江苏的力度，持之以恒地大力植树造林，毫不含糊地保护水源、植被、山体，以积极的建设和严格的保护，不断改善生态和人居环境，给我们的子孙后代留下一个蓝天碧水青山的江苏。

四、坚持节约优先，推动江苏经济建设走上集约发展之路。要从全国发展大局和江苏特殊省情出发，把资源能源的高效利用和节约使用作为未来出路的优先选择，当务之急是确保完成“十一五”期间单位GDP能耗降低20%的任务。江苏的节约优先，主要是抓住生产和建设环节节约这个重点，下决心调整产业结构，大力发展高效低耗型产业和产品，既讲产量和产值，更讲质量和效益，以尽可能少的物质消耗，产出尽可能多的物质财富。要借助资源能源约束的倒逼机制，促进集约型增长模式的加快形成，以土地集约利用为核心，继续推动工业、人口、居住“三集中”，以集中布局实现集约发展，以集约发展达到节约效果。

省九届政协常委会工作报告（2006年1月15日）（摘要）

2005年，省政协圆满完成了九届三次会议确定的任务。（一）围绕促进我省又快又好地发展和制定“十一五”规划积极建言献策。主席会议确定了10个方面30个专题，组织委员进行了深入的调查研究。省政协九届十一次常委会议邀请梁保华省长作了关于制定我省国民经济和社会发展“十一五”规划情况报告，并进行了专题协商讨论。会议共收到调研报告和发言材料22篇。会后综合委员们的意见，向省委、省政府报送了《关于制定我省“十一五”规划若干问题的建议》。省委、省政府主要领导同志作出批示，要求有关部门认真研究、采纳。围绕加快发展服务业组织专题调研，并举办委员论坛进行深入研究，向省委、省政府提出了《关于发展我省服务业的几点建议》。围绕加快科技创新、提高我省综合竞争力，组织委员进行调研，就进一步增加科技投入、实施知识产权发展战略、提高企业自主创新积极性和能力、大力发展农业科技等提出了建议。此外，还围绕统筹经济与社会、经济与人口资源环境协调发展，组织委员就城乡教育均衡发展、中小学师资队伍建设、文化市场的管理和培育、南水北调东线工程江苏段项目建设和水环境污染治理、开发区的土地利用和环境保护、江苏老镇的保护开发等进行调研，就办好十运会进行集中视察，提出了建议。委员们提出的意见和建议，得到了省委、省政府及有关部门的认真采纳。（二）充分发挥统一战线组织的优势，为建设和谐江苏献计出力。牢牢把握团结和民主两大主题，努力促进社会各界的大团结。配合全国政协协助中国宗教和平委员会，在我省茅山道院举办了为纪念抗日战争及世界反法西斯战争胜利60周年的祈祷和平大法会。《中共中央关于进一步加强中国共产党领导的多党合作和政治协商制度建设的意见》下发后，省政协召开了学习座谈会，李源潮书记到会听取座谈并发表讲话，对贯彻落实中共中央《意见》提出了明确要求。省政协及时制定了进一步发挥民主党派、工商联、无党派人士在政协中作用的措施。围绕构建和谐社会积极建言献策。主席会议确定了4个方面29个专题，组织开展调查研究。九届十次常委会议听取了省政府关于构建和谐社会情况的通报，并进行了专题协商讨论。会议收到调研报告和大会发言材料26篇，会后向省委、省政府提交了《关于构建和谐江苏若干问题的建议案》。努力扩大与港澳台侨人士的联谊。组织港澳委员专题视察了宿迁市经济发展和农村基础教育。港澳委员踊跃参与我省现代化建设，热心支持公益事业，作出了积极贡献。进一步加强对台工作，举办台海形势报告会及省台胞纪念台湾光复60周年座谈会，对我省台商子女入学情况进行了调研。（三）围绕贯彻富民优先方针和广大群众关注的问题，积极履行职能。九届九次常委会议听取了省政府关于贯彻落实富民优先方针情况的通报，并进行了协商讨论。九届三十次主席会议就我省进城务工人员权益保障问题进行了专题协商。组织委员就推进医疗卫生改革和发展开展调研，举办委员论坛，并提出了建议。选择加强安全生产和保障食品安全两个专题，组织委员进行了专题民主监督。以提高质量为中心，扎实做好提案工作。委员提案提出的问题已经解决、正在解决或列入计划逐步解决的占提案总数的77.2%。及时了解和反映社情民意。一年来，编印《社情民意》简报135期，省委、省政府领导72人次对58期简报作出批示。（四）加强自身建设，不断提高履行职能的水平。通过举办报告会、委员学习研讨班、编印《学习资料》等多种形式，积极组织和推动委员学习，不断巩固政协各参加单位和各界人士团结合作的共同政治基础和思想基础。根据新修订的政协章程，制定了《政协江苏省委员会全体会议工作规则》，并对常委会工作规则、主席会议工作规则、秘书长会议工作规则、专门委员会通则、提案工作条例、委员视察工作条例、反映社情民意工作条例进行了修订和完善，制定了《政协委员守则》。召开全省政协调研工作研讨会，制定了《进一步加强和改进调研工作的意见》。根据全国政协和省委的要求，对各地贯彻中共中央1995年13号文件转发的全国政协《关于政治协商、民主监督、参政议政的规定》和省委2000年《关于进一步加强人民政协工作的决定》的情况，进行了调研和检查，就进一步加强政协工作向省委提出了建议。省政协机关通过开展保持共产党员先进性教育活动，进一步改进作风，增强了为中心工作服务、为委员履行职能服务、为基层服务的自觉性，工作取得了新的进步。

2006年是实施“十一五”规划的开局之年。省政协要以促进我省经济社会又快又好地发展、实现“十一五”的良好开局和建设和谐江苏为重点，全面有效地履行政治协商、民主监督、参政议政职能，为实现“两个率先”、加快富民强省作出新贡献。（一）认真学习贯彻全省政协工作会议精神，努力开创政协工作的新局面。（二）全面履行三项职能，为贯彻落实科学发展观、实现“十一五”良好开局积极献计出力。（三）团结各界人士，反映群众意愿，促进和谐社会建设。

【组织概况】

委员增补名单（2006年1月14日政协江苏省第九届委员会常务委员会第13次会议通过）

任彦申 吴瑞林

（2006年4月11日政协江苏省第九届委员会常务委员会第14次会议通过）

庄华平 郭礼荣 曹能新 詹荫鸿

副主席增选名单（2006年1月19日政协江苏省第九届委员会第四次会议通过）

任彦申 吴瑞林 周珉

委员辞职名单（2006年1月14日政协江苏省第九届委员会常务委员会第13次会议通过）

林祥国 张晔

（2006年4月11日政协江苏省第九届委员会第14次会议通过）

周大平 胡振龙 朱玉振 程亚民

【江苏省各级政协领导人名单】

江苏省

政协主席 许仲林

副主席

任彦申 王荣炳 孙安华

林玉英（女） 闵乃本 朱兆良

冯健亲 陈凌孚 李 仁 吴冬华

吴瑞林 陆 军 曹卫星 黄因慧

周 珉

秘书长

赵京玉

南京市（副省级）

市政协主席 汪正生

副主席

张伯兴 于基汾 穆西南 孙南雄

徐纪根 吕庆继 钱继红（女）

陈 圻 朱晓进 严以新

秘书长

陈五一

县（市、区）政协主席

玄武区 吴金珠（女）

鼓楼区 于化亭

白下区 季守法

秦淮区 丁长森

建邺区 杨炎明（女）

下关区 梁学明

雨花台区 赵 轮

栖霞区 黄玉兰（女）

浦口区 李传邦

江宁区 詹双定

六合区 张春华

溧水县 江 萍（女）

高淳县 张立新

无锡市

市政协主席 韩 军

县（市、区）政协主席

江阴市 孙福康

宜兴市　吴国成
锡山区　薛文荣
崇安区　刘健华
南长区　荀天海
北塘区　胡传华
滨湖区　周富梁
惠山区　徐菊培

徐州市

市政协主席　胡振龙
县（市、区）政协主席
丰　县　史亚林
沛　县　吴天英（女）
铜山县　姚香远
睢宁县　胡守军
邳州市　王效先
新沂市　吴淑芬（女）
鼓楼区　付立华
云龙区　孟宪芳（女）
泉山区　魏　静（女）
九里区　郑群德
贾汪区　刘厚远

常州市

市政协主席　曹锦成
县（市、区）政协主席
金坛市　陆美凤（女）
溧阳市　崔国伟
武进区　杨锡根
天宁区　吴伯瑜
钟楼区　孟东杰
戚墅堰区　黄彩华（女）
新北区　杨建忠

苏州市

市政协主席　冯瑞渡
县（市、区）政协主席
常熟市　王伟民
张家港市　钱学仁
太仓市　金世明
吴江市　沈恩德
昆山市　沈卫群
吴中区　陈忠南
平江区　袁以新
沧浪区　潘　霖
金阊区　施美祥
相城区　顾梅生
虎丘区　王仁元

南通市

市政协主席　曹能新
县（市、区）政协主席
海安县　翟厚才
如皋市　陈惠娟（女）
如东县　翁士豪
通州市　陈照煌
海门市　高顺昌
启东市　周嘉生
崇川区　仇鸣德
港闸区　金玉婷（女）

连云港市

市政协主席　俞素娥（女）
县（市、区）政协主席
赣榆县　杨淑之
东海县　刘恒益
灌云县　刘佩让
灌南县　史耀晴
新浦区　吴新明
连云区　赵雨军
海州区　窦延忠

淮安市

市政协主席　陈从亮
县（市、区）政协主席
涟水县　张学明
洪泽县　周长林
金湖县　胡　进（女）

盱眙县 王　斌
淮阴区 王祥生
清浦区 王留生
清河区 朱　涛
楚州区 朱国仁

盐城市

市政协主席 计高成
县（市、区）政协主席
响水县 高兆项
滨海县 顾正岚
阜宁县 陈世明
射阳县 陆体才
建湖县 唐修国
大丰市 朱达丰
东台市 王业频
盐都区 崔　军
亭湖区 张德楼

扬州市

市政协主席 徐益民
县（市、区）政协主席
高邮市 朱德辉
宝应县 韩国柱
江都市 倪玉泉
仪征市 陈广喜
邗江区 钱德永
广陵区 马桓宝
维扬区 吴　红（女）

镇江市

市政协主席 周大平
县（市、区）政协主席
丹阳市 巢纪顺
扬中市 孙金林
句容市 王远根
丹徒区 龚玉华
京口区 贾国祥
润州区 倪惠民

泰州市

市政协主席 陈克勤
县（市、区）政协主席
靖江市 苏增耀
泰兴市 刘军林
姜堰市 高永明
兴化市 范学忠
海陵区 王向红
高港区 刘时根

宿迁市

市政协主席 詹荫鸿
县（市、区）政协主席
沭阳县 丁建平
泗阳县 陈富胜
泗洪县 王益和
宿豫区 程欣然
宿城区 张福泉

江苏省各级政协组织和委员数

（截至2006年底）

级别 / 项目	省级	副省级	设区的市	县（不设区的市、市辖区）	合计
组织数	1	1	13	106	121
委员数	754	469	5451	22302	28976

（金建明　佘玉奇 编写　丁泽生 审稿）

政协浙江省委员会

王培民 副主席
（增选）

【全体委员会议】

九届四次会议 2006年1月15日至19日在杭州召开。会议应出席委员689名，实到637名。会议听取并审议了李金明主席所作的政协第九届浙江省委员会常务委员会工作报告和徐鸿道副主席所作的政协第九届浙江省委员会常务委员会关于九届三次会议以来提案工作情况的报告；审议并通过了政协第九届浙江省委员会提案委员会关于九届四次会议提案审查情况的报告。与会委员列席了省十届人大四次会议，听取并讨论了吕祖善省长所作的《政府工作报告》，以及其他有关报告。会议共收到以提案形式提出的意见建议630件，经审查立为提案的581件。会议审议通过了《中国人民政治协商会议第九届浙江省委员会第四次会议决议》。《决议》认为，在过去的一年里，省政协坚持以邓小平理论和“三个代表”重要思想为指导，认真贯彻中共十六大和十六届三中、四中、五中全会精神，根据中共浙江省委“干在实处、走在前列”的总体部署，按照政协“三型”、“四不”、“五度”的工作思路，牢牢把握团结和民主两大主题，围绕中心工作，认真履行职能，推进“三化”建设，扎实开展工作，较好地完成了省政协九届三次会议确定的各项任务。《决议》指出，2006年是实施“十一五”规划的开局之年。要坚持科学发展观，不断提高为实施“八八战略”建言献策的水平和质量；坚持和谐社会理念，积极参与建设“平安浙江”、“法治浙江”的具体实践；坚持基本政治制度，继续深化政协工作“三化”建设；坚持大团结、大联合方针，不断推进我省对外开放和祖国统一大业；坚持“三型”目标，进一步提高自身建设水平。《决议》号召，全省政协委员、政协各参加单位和各级政协组织，高举邓小平理论和“三个代表”重要思想伟大旗帜，紧密团结在以胡锦涛同志为总书记的中共中央周围，进一步增强政治意识、大局意识、责任意识，团结共进，同舟共济，锐意进取，扎实工作，为使人民政协事业在全局发展中同步前进，为促进我省经济建设、政治建设、文化建设和社会建设协调发展而共同奋斗。会议增选王培民为政协第九届浙江省委员会副主席。省党政军领导出席会议开幕式和闭幕式。中共浙江省委书记习近平在闭幕会上作了讲话。

【常务委员会会议】

第15次会议 2006年1月14日在杭州召开。李金明主席主持会议。会议主要议程：审议通过有关人事事项。

第16次会议 2006年1月19日在杭州举行。李金明主席主持会议。会议主要议程：审议通过政协第九届浙江省委员会第四次会议决议（草案）；审议通过政协第九届浙江省委员会提案委员会关于九届四次会议提案审查情况的报告（草案）；通过政协第九届浙江省委员会增选副主席候选人名单；通过政协第九届浙江省委员会第四次会议监票人、总监票人名单。

第 17 次会议 2006 年 6 月 19 日至 20 日在杭州举行。李金明主席主持会议并讲话。会议主要议程：围绕“建设社会主义新农村”问题，结合我省实际，针对存在问题，协商讨论，建言献策；听取中共中央财经领导小组办公室副主任、中央农村工作领导小组办公室副主任陈锡文关于建设社会主义新农村问题的学习讲座。

第 18 次会议 2006 年 10 月 24 日至 25 日在杭州举行。李金明主席主持会议。会议主要议程：学习贯彻中共十六届六中全会、全国政协十届十五次常委会议精神；协商讨论构建社会主义和谐社会有关问题；审议通过有关人事事项。

第 19 次会议 2006 年 12 月 25 日至 27 日在杭州举行。李金明主席主持会议。会议主要议程：深入学习贯彻中共十六届六中全会精神、中央经济工作会议精神和中共浙江省委十一届十一次全体（扩大）会议、全省经济工作会议精神；围绕建设“资源节约型社会”，结合我省实际情况，针对存在问题，协商讨论，建言献策；协商讨论省政府工作报告（四稿）；听取省政府李学忠副秘书长关于省政府系统办理省政协九届四次会议以来提案工作的情况通报；审议通过关于召开政协第九届浙江省委员会第五次会议的决定；审议通过政协第九届浙江省委员会第五次会议议程（草案）和日程；审议通过政协第九届浙江省委员会常务委员会工作报告及报告人；审议通过政协第九届浙江省委员会常务委员会关于九届四次会议以来提案工作情况的报告及报告人；审议通过政协第九届浙江省委员会常务委员会关于加快我省资源节约型社会建设若干问题的建议案；审议通过有关人事事项；习近平书记到会并讲话。会议邀请部分委员、群众代表旁听，并就建设“资源节约型社会”有关问题反映情况，提出建议。

【专门委员会工作】

提案委员会 一是夯实基础，创新方式，提高提案工作的服务水平。在认真做好提案的征集、审查、交办等基础性工作的同时，积极探索创新提案办理新方式。首次进行提案办理网络直播，提高提案办理的透明度和社会影响力；编辑《重要提案摘报》，促进提案办理的落实；建立全方位、多层次、立体化的提案宣传机制，扩大提案工作的影响。二是注重引导，挖掘潜力，推动提案质量不断提高。开好“知情问政会”，畅通知情渠道；开展优秀提案表彰活动，充分发挥高质量提案的示范作用；狠抓党派团体提案质量，充分发挥各民主党派人民团体的作用。三是突出重点，加强督办，促进提案办理落到实处。对主席督办、省长领办的重点提案实行全程跟踪；建立完善重要提案专委会督办制度，充分发挥政协专门委员会的基础作用；对不满意提案及时复议复办。四是总结经验，交流探讨，推动提案工作创新发展。主动走访省级各民主党派和工商联，加强与承办单位的联系，深入市县政协调查研究，参加全国政协提案工作座谈会，承办华东六省一市政协第十三次提案工作座谈会，召开全省政协提案工作座谈会，广泛开展学习交流，推动提案工作不断发展。五是积极参与政协全局工作，较好完成承担的重点课题调研和专项集体民主监督有关任务。

经济委员会 一是积极参与重点课题调研。根据省政协“推进社会主义新农村建设”重点课题调研组的部署，与社会法制委员会组成第四专题调研组，就加强“三农”投入问题进行深入调研，形成《以政府投入为引导，以社会投入为主体，完善我省新农村建设投入机制》的调研报告。二是认真完成长三角（浙江）民营经济研究会的成立和首届中国民营经济科学发展论坛的有关筹备工作，确保研究会的如期成立和论坛的成功举行。三是就落实国务院“非公经济36条”开展专题调研，积极为推动我省民营经济科学发展献计献策。四是认真组织委员约谈，为深化省属国有企业改革建言献策。五是认真做好政协提案、大会发言、反映社情民意等各项工作，着力提高参政议政水平。六是主动参与和配合全国政协经济委员会的调研活动，重点就“转变经济增长方式中的政府作用”开展调研，取得较好成效。七是指导企业家之友社工作，密切与企业家委员的联系，组织13位企业家委员赴新疆进行考察，并召开在疆浙江企业家座谈会和援疆干部座谈会，努力推动我省与西部地区的合作与交流。

农业和农村工作委员会 一是加强理论学习。结合专委会的工作特点，通过主任会议和委员会全体会议认真学习领会中共中央、全国政协以及省委省政府、省政协的一些重要会议精神；利用调研、考察等活动，组织委员开展“三农”专业方面的学习；结合全省调研工作会议，全面回顾总结四年来开展调研工作情况。二是积极参与省政协“推进社会主义新农村建设”重点课题调研和“建设资源节约型社会”专项集体民主监督，形成《抓住时机，勇于突破，加快推进我省农民集体非农建设用地使用制度改革》、《重视林木资源的战略地位，切实抓好林木资源的节约和利用》等调研报告。三是围绕省委省政府关注的重大问题，先后对新安江水源、水质问题和“建设海洋经济强省”有关问题开展专题调研和跟踪调研，形成《关于建立新安江流域国家级重点生态功能保护区的建议》和《关于有效控制海洋捕捞强度，继续做好渔民转产转业的调研报告》，有关意见建议引起国务领导、国家有关部门和省委、省政府领导的重视。四是认真做好提案、大会发言、提案督办和反映社情民意工作。

人口资源环境委员会 一是切实抓好学习工作，不断提高业务水平，增强做好政协人口资源环境委员会工作的责任感和使命感。二是围绕中心，精心调研，积极建言献策。联合有关部门、专家学者，对我省城镇养老服务业发展问题进行专题调研，完成《我省城镇养老服务业发展存在的问题与对策》专题调研报告，得到省有关领导的充分肯定；继续就我省国家级（省级）自然保护区建设管理情况开展调研，形成《关于切实加强我省国家级（省级）自然保护区的建设管理若干意见的调研报告》；围绕省政协“推进社会主义新农村建设”重点课题调研中的村庄环境整治问题，开展专题调研，形成《关于加强我省农村村庄环境整治工作的建议》的子课题调研报告；参与省政协“建设资源节约型社会”专项集体民主监督，形成《关于我省水资源节约问题的意见建议》监督调研报告。三是进一步完善与政府对口部门的沟通和合作，加强与市、县政协的交流和联系，扩大与全国政协以及兄弟省市政协的交流和联谊，积极参与省委、省政府组织的生态省建设和“811”环境污染整治督查考核等工作。

科技教育委员会 一是认真完成省政协重点课题调研和专项集体民主监督的有关任务，分别就农村教育发展和资源循环利用开展专题调研，形成《加快农村教育事业发展，促进社会主义新农村建设》和

《关于我省资源循环利用情况的调研报告》，并就我省职业教育和农村劳动力转移培训问题，召开委员约谈会，听取意见和建议。二是认真组织委员开展视察和专题调研，先后就“拓展优质教育资源，促进教育集团化建设”、农村教育对口支援、科技自主创新、民工子女教育等问题，赴有关市县视察、调研，广泛听取各方面意见建议，积极反映基层群众呼声愿望。三是及时组织委员学习新《义务教育法》，邀请省教育厅同志介绍情况，加深理解；应邀参加由民建中央和湖北省政协举办的“中国职业教育发展论坛”，加强学习交流。四是认真做好提案工作、提案督办工作、大会发言工作，与革命老区建设办公室和省教育学院共同举办第10期革命老区和欠发达地区中小学校长培训班，并认真回顾总结10年来的办班情况，研究部署今后的培训工作。

文化卫生体育委员会 一是围绕省政协“推进社会主义新农村建设”重点课题调研，承担“关于欠发达地区农村卫生事业发展”子课题调研任务，完成《坚持以人为本，加快医疗卫生事业发展》的调研报告，得到省委书记习近平的充分肯定。二是把坚持了14年的医疗扶贫活动与文化、体育下乡活动有机结合起来，积极开展文卫体“三下乡”活动，组织医疗专家、文艺演员和体育运动员，赴淳安县进行扶贫义诊、文艺演出和体育表演，共诊治病人1700余人次，实施手术11例，举办文体专场表演两场，深受当地群众的好评和欢迎。三是主动牵线搭桥，联系浙江大学医学院附属一院向淳安县第二人民医院捐赠全自动生化仪、救护车等价值百万余元的医疗设备，支持欠发达地区医疗卫生事业。四是召开全省文卫体工作座谈会，邀请省有关厅局领导参加，交流经验、探讨问题、加强联系、推动工作，同时还邀请有关专家作关于“新农村建设中的文化卫生体育工作”的专题辅导报告。五是组织委员就文化馆、图书馆、文化站“两馆一站”建设情况进行视察，积极提出意见和建议。六是积极参与省政协“建设资源节约型社会”专项集体民主监督，在深入调研基础上形成关于《加快蓄能空调推广，实现节约用电目标》的调研报告，积极为我省资源节约型社会建设献计献策。

社会法制委员会 一是认真开展专题调研、视察和民主监督。组织委员参加省政协“推进社会主义新农村建设”重点课题第四调研组的调研活动，完成《关于金华市推进社会主义新农村建设情况的调研报告》；积极参与省政协“建设资源节约型社会”专项集体民主监督，承担对“降低政府行政成本”有关问题的监督调研任务，形成《关于对降低我省政府行政成本问题专项民主监督的调研报告》；开展“企业安全生产‘三基’工作”的专题视察，针对薄弱环节，提出意见建议。二是积极为建设法治浙江建言献策。就法治浙江建设开展专题调研，参加省委组织的出省学习考察，与有关部门联合召开“法治浙江座谈会”和“社会主义新农村民主法制建设”委员约谈会，向省委报送《建设法治浙江的几点建议》，为省委制定出台《关于建设法治浙江的决定》提供可靠依据；参与《浙江省物业管理条例（草案）》等地方法规的修改，参加《浙江省物业管理条例（草案）》立法听证会、《浙江省医疗机构药品和医疗器械使用监督管理办法》审核会，促进我省地方立法工作。三是努力为建设平安浙江贡献力量。组织委员就《浙江省少数民族权益保障条例》贯彻执行情况赴有关市县开展视察；针对我省宗教领域出现的新情况、新问题积极向省委、省政府领导提出意见建议；认真参加省综治委、省普法领导小组、省妇女联合会有关会议及活动，切实发挥成员单位作用，为促进社会和谐稳定作贡献。

港澳台侨委员会 一是与省有关部门和有关单位共同开展“进一步完善台商投诉处理机制”专题调研，向省委、省政府报送《对加强我省台商工作的五点意见建议》，受到省领导和有关部门的重视。二是积极参与省政协“建设资源节约型社会”专项集体民主监督，组织委员就“土地节约利用”问题，开展监督调研，提出对策建议。三是组织港澳华侨委员赴湖州市视察新农村建设情况，参加“南太湖海内外工商企业家心连心促崛起联谊会”活动；组织专委会特邀委员赴衢州市考察新农村建设和山海协作工程开展情况，努力为委员们服务我省经济社会发展创造条件、搭建平台。四是积极引导和鼓励港澳华侨委员、专委会特邀委员为我省社会公益事业捐资捐款，据不完全统计全年共捐资超过500万元。五是积极开展对外联络联谊。进一步加强与港澳台地区的联谊工作，积极参加在港澳地区举行的浙江周、香港各界人士庆国庆暨港区省级政协委员联谊会成立大会及澳门地区庆国庆等活动；积极参与在美国和德国举办的“浙江周”活动，不失时机地开展联络、交友、宣传等海外联谊工作，促进我省对外开放和祖国统一大业。

文史资料委员会 一是扎实开展文史资料征编工作。完成全国政协重点选题《名人故居博览》浙江部分的书稿征编工作，编辑出版《浙江名人故居》；完成全国政协协作项目《温州民营经济的兴起与发展》专题征编任务，征编百余篇约50多万字稿件，并完成约2万字的大事记初稿；启动《春到江南——共和国领导人在浙江》大型文史画册的合作征编出版工作。二是加快《浙江省政协志》编纂工作进度，完成150万字初稿。三是认真组织开展履行职能各项工作。开展“关于我省历史文化街区的保护”专题调研；就“社会主义新农村文化建设以及群众关心、关注的热点问题”召开委员约谈会；认真做好提案的提交和督办工作。四是召开全省政协文史工作会议，传达学习全国暨地方政协文史资料选题协作会议精神，回顾总结工作，相互交流经验，研究探讨政协文史工作新思路。五是加强与各方面的协作和联系，配合全国政协开展大运河考察与申遗活动，参加全国暨地方政协文史工作研讨会，加强对市、县（市、区）政协文史委以及省级各民主党派、有关人民团体和省有关部门的工作联系。

【重要活动】

全省政协主席读书班 8月8日至10日在杭州举行。会议着重学习胡锦涛总书记《在庆祝中国共产党成立85周年暨总结保持共产党员先进性教育活动大会上的讲话》和《中共中央关于加强人民政协工作的意见》；听取吕祖善省长关于当前我省经济社会发展情况的通报和全国政协副秘书长卞晋平关于《意见》精神的辅导报告；讨论省政协代拟的《中共浙江省委关于贯彻〈中共中央关于加强人民政协工作的意见〉的实施意见》（草稿），探讨贯彻落实中共中央《意见》精神、加强新世纪新阶段我省政协工作的新思路新举措；以中共中央《意见》为指导，总结交流本届省政协以来全省各级政协工作经验。

全省政协调查研究工作会议 11月16日至17日在杭州举行。会议全面回顾总结了近年来全省政协系统调查研究工作情况，广泛交流各级政协开展调研工作的新探索、新经验，深刻分析政协调研工作中存在的问题和不足，深入探讨进一步加强政协调查研究工作的新举措，讨论修改《政协浙江省委员会关于进一步加强调查研究工作的意见（征求意见稿）》，表彰2003—2005年全省政协系统48篇优秀调查研究报告。

驻浙全国政协委员学习研讨班 6月27日至29日在杭州举行。学习研讨班重点学习《中共中央关于加强人民政协工作的意见》、《中共中央关于进一步加强中国共产党领导的多党合作和政治协商制度建设的意见》、《政协章程》和中共中央领导集体关于人民政协的重要论述；听取全国政协副秘书长李昌鉴作的《关于人民政协理论与实践的几个问题》和全国政协研究室副主任原冬平作的《人民政协的经常性工作》录像辅导报告；围绕贯彻落实中共中央〔2006〕5号文件精神和人民政协工作面临的一系列重大理论和实践问题，结合履行委员职责的实际，开展研讨和交流；参观考察传化现代农业示范园区。

长三角（浙江）民营经济研究会成立大会暨首届中国民营经济科学发展论坛 5月23日在杭州举行。全国人大常委会副委员长路甬祥、全国政协副主席李蒙、省委书记习近平和省长吕祖善出席研究会成立大会并致辞，全国政协副主席徐匡迪发来贺信。研究会聘请路甬祥为名誉会长，徐匡迪、黄孟复为总顾问；厉以宁、吴敬琏、林毅夫、张卓元等为专家顾问；推举李金明为会长、王玉娣为常务副会长。国内一些著名经济学家和企业家代表出席论坛并发表演讲。

"推进社会主义新农村建设"重点课题调研 按照中共浙江省委的部署和要求，以专委会力量为基础，联合省级各民主党派、工商联和省有关部门以及有关市、县（市、区）政协的力量，组成5个专题调研组以及港澳华侨委员视察组，着重就我省新农村建设中的村庄环境整治、集体非农建设用地使用制度改革、农村教育事业、农村医疗卫生事业和新农村建设投入机制等问题，深入全省各地进行调研，形成专题研究报告。召开第十七次常委会议进行专题协商讨论，向省委省政府报送《推进我省社会主义新农村建设的若干意见建议》。省委书记习近平、省长吕祖善分别作出重要批示。习近平书记专门听取课题调研组的汇报。课题调研组提出的不少建议被省委、省政府及有关部门采纳，转化为我省推进新农村建设的具体政策和措施。

"建设资源节约型社会"专项集体民主监督 根据中共浙江省委的部署，组织委员就我省水资源节约、淘汰落后产业、土地资源节约使用、林木资源节约使用、节约用电、降低行政成本和资源循环利用等七个方面的突出问题，开展"建设资源节约型社会"专项集体民主监督。在组织委员深入调研、视察、监督的同时，举行民主监督听证会，广泛听取各界群众代表意见。召开第十九次常委会议专题协商讨论我省资源节约型社会建设问题，邀请部分委员和群众代表旁听会议并发言，通过了《关于加快我省资源节约型社会建设若干问题的建议案》。省委、省政府领导及有关部门负责人出席听证会和常委会议，与委员和群众代表进行双向交流。

【重要文件】

常务委员会工作报告（2006年1月19日）（摘要）

一、深入开展调查研究，认真履行三项职能。以我省"十一五"发展规划编制、"法治浙江"建设等重大问题为常委会议中心议题，建言献策，专题协商。认真完成省委提出的"生态省"建设民主监督任务，开展调研视察，召开听证会，进行双向交流，提出真知灼见。精心组织省委提出的"文化大省建设"和"推进民营经济增长方式转变"两个重点课题调研，形成《抓住机遇，加快改革，努力推进文化大省建设》和《完善政府服务体系，提升民营经济竞争力》的调研报告，得到省委、省政府主要领导的充分肯定。注重发挥专委会的主动性和积极性，围绕我省经济社会发展中的一系列重大问题，开展调研、视察。进一步完善提案工作机制，积极探索“知情问政会”、重要提案摘报、专委会分工督办重要提案等新方法，充分发挥政协提案在促进我省改革发展稳定中的积极作用。切实加强对政协信息工作的领导，整合信息资源，健全信息网络，设立“民情热线”公开电话，充分发挥政协信息的“直通车”作用。

二、做好凝心聚力工作，促进社会和谐。举办全省政协主席读书会，认真组织开展“政协如何为构建社会主义和谐社会服务”的研究。认真贯彻《中共中央关于进一步加强中国共产党领导的多党合作和政治协商制度建设的意见》和《中共浙江省委关于进一步加强中国共产党领导的多党合作和政治协商制度建设的实施意见》，促进各党派团体、各族各界人士的精诚合作。组织开展宗教工作专题视察，促进《宗教事务条例》在我省的贯彻落实。广泛开展联络联谊，加强与港澳台同胞和海外侨胞的联系，努力开展与外国上层人士和华侨社团的友好交往。切实发挥党联系群众的桥梁纽带作用，继续探索政协扩大公民直接有序政治参与的方法，积极协助党委政府做好理顺情绪、化解矛盾、凝心聚力、维护稳定工作。

三、完善配套制度，推进“三化”实践。紧密结合我省实际，先后制定出台《全体会议工作规则》等新的制度，修改完善《常务委员会工作规则》等已有规章，建立委员约谈、双向交流、邀请群众旁听常委会议、重点提案分工督办和会议纪律等制度。积极参与和配合全国政协及省委组织的大检查，对全省各级政协贯彻落实中央文件精神以及全国政协《关于政治协商、民主监督、参政议政的规定》、全省政协工作会议精神的情况，进行认真督查。注重抓好自身各项规章制度的贯彻实施，努力做到按章办事，切实维护各项制度的严肃性和权威性。

四、加强政协宣传工作，推动政协理论研究。与省广电集团共同创办每周一期的《政协视线》电视专栏节目，直接反映政协委员履行职能、议政建言实况；与浙江电视台联合举办“为了浙江的腾飞——2005政协之夜”大型电视综艺晚会，展现人民政协尽职尽责、团结向上的精神面貌；与《中国政协》杂志社共同编辑出版《中国政协·浙江专刊》，大力宣传人民政协事业在浙江的发展；加强对《联谊报》的指导，切实发挥其在我省政协宣传工作中的主阵地作用；认真做好政协文史工作，组织编纂《浙江省政协志》；组织召开全省政协理论研讨会，学习研究人民政协理论。

五、认真抓好先进性教育，切实加强自身建设。认真开展以实践“三个代表”重要思想为主要内容的保持共产党员先进性教育活动，切实增强党组在政协工作中的领导核心作用。深入学习贯彻中共十六届三中、四中、五中全会和省委一系列会议精神，深刻领会科学发展观和构建社会主义和谐社会理论的精神实质，认真贯彻胡锦涛总书记对浙江工作所作的重要讲话和贾庆林主席在视察浙江时对我省政协工作的重要指示精神。认真抓好委员队伍建设，积极探索加强委员学习的新载体，进一步健全完善省政协领导、专门委员会领导联系委员制度。切实加强对政协机关建设的领导，认真指导机关党员的先进性教育活动，召开全省政协秘书长会议，推动全省各级政协机关的工作。

回顾工作实践，深刻地体会到要做好

新时期的政协工作，必须围绕中心、服务大局，积极探索正确的工作思路；必须找准民主监督工作的结合点，把参与、支持、服务、监督有机统一起来；必须牢牢把握“两大主题”，不断提高发扬民主、增进团结的能力；必须坚持制度创新，把“三化”建设摆到突出位置；必须始终不渝地抓好自身建设，努力提高履行职能的水平。

2006年工作的总体要求是：始终坚持以邓小平理论和“三个代表”重要思想为指导，以科学发展观统领政协工作全局，全面贯彻胡锦涛总书记关于政协工作的重要讲话精神，认真贯彻省委“干在实处、走在前列”的总体部署，切实履行各项职能，发扬民主、增进团结，促进发展、共谋和谐，为我省“十一五”发展开好局、起好步，继续走在全面建设小康社会和现代化建设前列献计出力。重点做好以下五个方面的工作。一是坚持科学发展观，不断提高为实施“八八战略”建言献策的水平和质量。二是坚持和谐社会理念，积极参与建设“平安浙江”、“法治浙江”的具体实践。三是坚持基本政治制度，继续深化政协工作“三化”建设。四是坚持大团结、大联合方针，不断推进我省对外开放和祖国统一大业。五是坚持“三型”目标，进一步提高自身建设水平。

【组织概况】

副主席增选名单（2006年1月19日第四次全体委员会议通过）

王培民

委员增选名单（2006年1月14日第15次常委会议通过）

王长松　张东华　陈子敬

陈章凤（女）　郑樟林　施基城

（2006年10月25日第18次常委会议通过）

杨夏柏　陈大信　侯靖方　董福顺

辞去委员名单（2006年1月14日第15次常委会议通过）

陈耀东　张承缨

（2006年10月25日第18次常委会议通过）

陈国伟

撤销委员资格名单（2006年1月14日第15次常委会议通过）

徐松林

【浙江省各级政协领导人名单】

浙江省

政协主席

李金明

副主席

梁平波　龙安定　李　青　陈昭典

张蔚文　王玉娣（女）　吴国华

徐鸿道　冯培恩　徐冠巨　王培民

秘书长

俞文华

杭州市（副省级）

市政协主席

虞荣仁

副主席

马时雍　施锦祥　蒋福弟　鲍世甲

曾东元　俞国庆　陈振濂　韩国熹

郁嘉玲（女）

秘书长

徐泉海

县（市、区）政协主席

上城区　杨金岁

下城区　赵洁生

江干区　蒋妙玉

拱墅区　赵树华（代）

西湖区　柳宗宝

萧山区　沈奔新

余杭区　李小花（女）

桐庐县　徐国相

淳安县　　沈建平（女）
建德市　　刘志新
富阳市　　胡志坚
临安市　　陈法生

宁波市（副省级）
市政协主席　王卓辉
副主席
李秀琍　陈守义　周子正　项性平
陈云金　范　谊　傅　丹　常敏毅
秘书长
张启海
县（市、区）政协主席
海曙区　　江伟利（女）
江东区　　王兴国
江北区　　胡德法
镇海区　　郑信才
北仑区　　汪友诚
鄞州区　　朱禹宝
余姚市　　魏新友
慈溪市　　胡惠强
奉化市　　丁传良
象山县　　张雪明
宁海县　　杨加和

温州市
市政协主席　蒋云峰
县（市、区）政协主席
鹿城区　　金宝绿
瓯海区　　虞文成
龙湾区　　朱文松
瑞安市　　张女珍（女）
乐清市　　周必华
永嘉县　　汪大清
洞头县　　苏彩环（女）
平阳县　　王纪树
苍南县　　雷必贵
文成县　　徐世征
泰顺县　　夏志笔

湖州市
市政协主席　沈荣林
县（市、区）政协主席
德清县　　柴志良
长兴县　　张全镇
安吉县　　肖金莲（女）

嘉兴市
市政协主席　徐良骥
县（市、区）政协主席
南湖区　　张亚平（女）
秀洲区　　宋金良
嘉善县　　吴金林
平湖市　　陆致远
海盐县　　袁世和
海宁市　　金富荣
桐乡市　　徐八斤

绍兴市
市政协主席　沈云姑
县（市、区）政协主席
越城区　　金绍轩
绍兴县　　赵六四
诸暨市　　黄灿荣
上虞市　　章永志
嵊州市　　朱钦苗
新昌县　　王学洪

金华市
市政协主席　陈章凤（女）
县（市、区）政协主席
婺城区　　吴振华
金东区　　楼科进
兰溪市　　黄升太
东阳市　　康益民
义乌市　　万关华
永康市　　应兰玉（女）
浦江县　　朱金祥
武义县　　钟明祥

磐安县　　张瑞晋

衢州市

市政协主席　　郑章林

县（市、区）政协主席

柯城区　　吴永康

衢江区　　陈锦标

龙游县　　谢森炎

江山市　　陆洪涛

常山县　　余鹤樑

开化县　　吴水松

舟山市

市政协主席　　徐显伏

县（市、区）政协主席

定海区　　章惟康

普陀区　　牟永胜

岱山县　　叶宽宏

嵊泗县　　邬志林（女）

台州市

市政协主席　　陈子敬

县（市、区）政协主席

椒江区　　刘建华

黄岩区　　王富友

路桥区　　王恕杰

临海市　　尤福初

温岭市　　张学明

玉环县　　吴德美

天台县　　杨廉素

仙居县　　滕显木

三门县　　李先琦

丽水市

市政协主席　　施基城

县（市、区）政协主席

莲都区　　朱祖新

龙泉市　　俞福尧

青田县　　郑朝多

云和县　　符香环（女）

庆元县　　刘秋霞（女）

缙云县　　杨大平

遂昌县　　吴维生

松阳县　　张增礼

景宁县　　彭岳舜

浙江省各级政协组织和委员数

（截至 2006 年底）

级别 项目	省	副省级市	设区的市	县（不设区的市、市辖区）	合计
组织数	1	2	9	89	101
委员数	689	927	3546	15597	20759

（王洪中 编写　戴学林 审稿）

政协安徽省委员会

【全体委员会议】

九届四次会议 2006 年 2 月 22 日至 26 日在合肥举行。本次会议共有委员 750 人，出席会议的委员 682 人。会议听取并审议了陈心昭副主席代表省政协常委会所作的工作报告和战秋萍副主席代表省政协常委会所作的九届三次会议以来提案工作情况的报告。与会人员列席了省十届人大三次会议，听取并讨论了省政府工作报告和其他重要报告，讨论了安徽省第十一个五年规划发展纲要（草案）。会议补选吕录庭等 10 名委员为常委。会议通过了《政协安徽省委员会九届四次会议政治决议》、《工作报告的决议》和《提案审查情况的报告》。会议号召，人民政协的各参加单位、全省各级政协组织、全体政协委员和各族各界人士，紧密团结在以胡锦涛同志为总书记的中共中央周围，高举邓小平理论和“三个代表”重要思想伟大旗帜，以科学发展观统领政协工作的全局，牢牢把握团结和民主两大主题，坚持把促进发展作为履行职能的第一要务，坚持把实现和维护广大人民群众的根本利益作为工作的出发点和落脚点，在中共安徽省委的领导下，为我省“十一五”规划的顺利实施，为全面建设小康社会、加快推进安徽的奋力崛起和实现跨越式发展而共同奋斗。方兆祥主席作闭幕讲话，他提出全省各级政协组织和全体政协委员要团结一心、奋力工作，牢固树立并认真落实科学发展观，为推进安徽的跨越式发展，实现奋力崛起的目标作出新的更大的贡献。

【常务委员会会议】

第 15 次会议 2006 年 1 月 17 日至 19 日在合肥举行。会议审议通过了关于召开省政协九届四次会议的决定、常委会工作报告、提案工作情况的报告；讨论了省政府工作报告稿和安徽省“十一五”规划纲要（草案）；协商通过了增补委员 68 名、副秘书长 1 名，协商通过补选常务委员候选人建议名单、九届四次会议议程（草案）、日程、分组办法、各组召集人名单和选举办法（草案）；审议了各专门委员会工作报告（书面）。

第 16 次会议 2005 年 1 月 27 日晚在合肥举行。会议听取了九届四次会议期间各组讨论情况的综合汇报；通过了九届三次会议政治决议（草案）、工作报告决议（草案）、提案审查情况的报告（草案）、选举办法和总监票人、监票人名单。

第 17 次会议 2006 年 5 月 31 日在合肥举行。会议审议并通过省政协《关于推进安徽跨越式发展的建议案》，通过有关人事任免事项。

第 18 次会议 2006 年 8 月 2 日至 4 日在合肥举行。会议围绕我省如何走新型工业化道路的主题，重点研究如何加快我省园区经济的发展问题。省长王金山到会作关于我省园区经济情况的报告。会议审议通过《加快我省园区经济发展的报告》、《安徽省政协关于加强委员建设和管理的暂行规定》以及有关人事任免事项。

第 19 次会议 2006 年 10 月 20 日至 21 日在合肥举行。主要议题是传达学习中共十六届六中全会、全国政协十届十五次常委会议以及中共安徽省委全委扩大会议精神。方兆祥主席作传达报告并讲话。会议通过了有关人事事项。

【专门委员会工作】

提案委员会 全年共收到提案 688 件，经审查立案 685 件，以省委、省政府、省政协三家办公厅联合交办和随时交办的形式，交由省直、有关市共 90 个单位办理。其中 43 件重点提案由省领导阅批和主席领衔督办。截至年底，九届四次会议提案全部得到答复。召开自然保护区建设与管理专题座谈会。通过联合督办、视察、专门委员会督办等形式，加强提案督查督办工作。组织开展九届省政协优秀提案、先进承办单位和全省政协提案工作先进单位、先进个人评比表彰活动，进一步加强提案宣传工作。

经济委员会 围绕筹备“加快发展园区经济”专题常委会议，联合市县政协、省各民主党派和工商联开展调研，对省内外20多个县市、15个开发区、40多家企业进行了调研。经专题常委会议审议定稿的《加快我省园区经济发展的报告》以省政协名义报送，受到了省委、省政府主要领导的重视。组织农业综合开发情况调研和小城镇及乡村规划工作视察。加强自身建设，在《江淮时报》上开辟了“关注园区经济”专栏。组织经企界的界别活动。参加了全国二十二省区市政协经济委员会联系会议，与浙沪苏三省市政协共同发起成立了长三角民营经济研究会，并赴杭州、芜湖等地进行民营经济发展问题调研。

教科文卫体委员会 召开“加强技术创新体系建设，提高我省科技自主能力”委员专题座谈会，提出六个方面意见建议受到省政府的重视，以省政府《政务参阅》形式印发各地、各部门。开展运动员退役后的安置问题调研，组织网吧整治与管理问题的视察和加强职业教育工作的考察活动。组织科技界、体育界、文艺界、医卫界、教育界委员开展界别活动。连续第14年开展送医下乡活动，继续为贫困山区中小学教师义务举办计算机培训班。积极参与“推进安徽跨越式发展”资政会的专题调研和筹备工作，积极督办重点提案，参与整治虚假违法医药广告工作。

社会和法制委员会 参加“推进安徽跨越式发展”资政会的专题调研及筹备工作，为资政会《安徽跨越式发展的态势和制约因素》的大会发言提供了大量素材。召开“老年人权益保障”委员专题座谈会，安徽日报等媒体对形成的意见建议进行了多角度的报道，在社会上产生了较大的影响。开展我省社会主义新农村建设情况和关于《安徽省预防职务犯罪工作条例》贯彻实施情况的调研。组织有关平安建设的视察和社会治安综合治理考察。积极参加全国政协举办的理论研讨会并作大会发言。继续保持与省直有关部门联系交流，加强宣传社会法制工作。

民族和宗教委员会 举行“少数民族经济社会发展‘十一五’专项规划”委员专题座谈会，并形成《会议纪要》，省民委全文转发，部分意见建议被有关部门吸收采纳。开展少数民族经济发展和基础教育情况的调研，组织委员视察九华山旅游发展情况，赴西藏进行民族宗教工作考察。参与举办“首届安徽省西藏文化周”。督办三件提案，更加重视社情民意质量。参加全国部分省（区、市）政协第八次民族宗教工作研讨会，召开政协民族宗教工作座谈会。

文史资料委员会 《江淮文史》被列入“坚守阵地，维护品牌”的优秀文史期刊行列，《安徽文史资料全书》编辑出版任务完成过半，《安徽名人故居》已经成稿，发行文史书刊20多万册。参与“推进安徽跨越式发展”资政会专题调研，形成了《弘扬先进经验，推进跨越式发展》报告。组织非物质文化遗产保护情况视察，组织社科界、新闻出版界委员开展社会主义新农村建设调研，并赴西藏学习考察文史工作。参加华东政协文史协作会议和全国政协文史工作研讨会，召开了省文史资料理论研讨会，参与“抗战初期新桂系在安徽”学术研讨会。

港澳台侨和外事委员会 召开“发挥国际友城作用、促进对外交流与合作”委员专题座谈会，形成的报告和意见建议得到省政府领导的批示和肯定。开展政协港澳台侨和外事工作学习考察活动，组织港澳委员考察广西经济社会发展。进一步扩大与海内外同胞的联系与团结，首次在香港召开省政协港澳委员座谈会，为省政府在香港举办的国际徽商大会提供支持。与省文化厅、省台办在合肥联合主办“两岸情2006年民族音乐会”，台湾高雄市立国乐团参加演出。进一步拓展对外交往和海外联谊，热情接待来访友人，认真做好出访工作，积极为招商引资和扶贫助学牵线搭桥，全年争取捐助资金达241万元，使“政协助学工程”在社会上产生了广泛的影响。

人口资源环境委员会 召开“土地资源保护和合理利用”界别民情民智座谈会，就土地保护、管理和使用问题提出建议，受到省政府领导高度重视，省政府办公厅《政务参阅》印发全省各地、各部门。参与“推进安徽跨越式发展”资政会统计调查问卷设计和专题调研。开展了城镇化进程中流动人口计划生育、森林公园建设与环境保护、我省文化旅游资源开发与保护、我省农村小型水利工程管理与运用情况调研。组织委员对乡村清洁工程示范村建设、环境保护进行考察，视察土地管理工作。积极开展提案督办工作，组织农业界开展农垦系统经营体制改革和农业产业化发展情况考察。

全省政协工作会议 2006年9月2日至3日，中共安徽省委在合肥召开全省政协工作会议。会议的主要任务是：以邓小平理论和“三个代表”重要思想为指导，全面贯彻落实科学发展观，深入学习贯彻《中共中央关于加强人民政协工作的意见》精神，研究部署进一步加强政协工作的措施，充分发挥各级政协在我省社会主义经济、政治、文化和社会建设中的作用，为推进跨越式发展、实现奋力崛起、建设和谐安徽而共同奋斗。省委书记郭金龙、省政协主席方兆祥分别讲话。省委副书记、省长王金山主持2日下午的会议，省委副书记王明方主持3日上午的会议并作总结讲话。省委副书记、省纪委书记杨多良，省委常委，省人大常委会、省政府有关负责同志和省政协负责同志等出席会议。会议期间，与会人员分组讨论了《中共安徽省委关于贯彻〈中共中央关于加强人民政协工作的意见〉的实施意见》和省委领导同志的讲话，部分单位介绍交流了近年来开展政协工作的经验。各民主党派、工商联主要负责同志；省政府、省政协秘书长；各省辖市市委书记、政协主席，省委、省政府有关副秘书长，省政协副秘书长，省直有关单位主要负责同志；各县（市、区）委联系政协工作的副书记和县（市、区）政协主席，共约350人参加了会议。

推进安徽跨越式发展资政会 2006年5月29日至30日，省政协召开推进安徽跨越式发展资政会。会议听取并讨论了省统计局关于《推进安徽跨越式发展问卷调查统计分析报告》、省政协专题调研组关于《安徽跨越式发展的态势和制约因素》的调研报告，向省政协九届17次常委会议提出了《关于推进安徽跨越式发展的建议案（草案)》。中共安徽省委书记郭金龙出席会议并讲话，省长王金山等省委、省政府领导以及省直40个部门负责人应邀参加会议。在皖全国政协委员、省政协常委、省辖市政协主席和省政协机关各部门负责人出席会议。

“政协工作江淮行” 2006年6月15日至22日，组织中央驻皖和省主要新闻媒体联合参加第5次“政协工作江淮行”。先后赴宿州、滁州、合肥市和灵璧、萧县、来安、天长等县（市）采访党委、政府重视和支持政协工作情况，展示市县政协履行职能的主要成果和委员中的突出典型。参加采访的各新闻单位共发稿66篇，编印了《2006年政协工作江淮行》作品集。

政协论坛 以《话说红色旅游》、《聚焦高等教育》、《呼唤全民创业》、《剖解药价虚高》为主题，组织委员和有关专家进行访谈，于2006年12月在安徽日报、安徽人民广播电台、安徽电视台、江淮时报、中安在线、安徽政协网站同步推出。4个专题充分反映了省政协关注的热点问题，反映了政协委员关心的民生话题，“以人说事、以事立论、以点涉面、以微见著”的特色更加鲜明，政协委员的风采也更加突出。

第四届宣传政协工作好新闻评选活动 由安徽省政协与中共安徽省委宣传部、省新闻工作者协会联合举办。共评出获奖作品75件，组织奖6项。

【重要文件】

常委会工作报告（2006年2月22日）（摘要） 报告分两个部分。第一部分：一、发挥政协优势，共建和谐安徽。一是召开资政会积极为构建和谐安徽献计出力。成立4个专题调研组，分别从促进经济与社会协调发展、加强法治和诚信建设、维护和促进社会公平、整合社会管理资源和创新社会管理体制等方面开展调研；发放25000份问卷。会议形成的《关于构建和谐安徽的建议案》，提出了6个方面18条具体建议，受到了省党政领导的高度重视。省政府将建议案归类成43条建议，分别由省政府21个部门承办。从反馈情况看，省政府和有关部门对建议案高度重视，办理十分认真细致。二是从群众关心的问题入手，促进和谐安徽建设。关于我省艾滋病防治情况的调研报告以《健康报》内参形式上报后，卫生部长高强作了批示。特别是关于“整治虚假违法医药广告”的界别民情民智座谈会引起较好反响。二、集中各界智慧，促进奋力崛起。一是召开专题常委会议谋划县域工业发展。《加快我省县域工业发展的报告》深刻分析了县域工业发展滞后的原因，提出了加强对县域工业发展战略的指导等5个方面的建议。报告中的一些主要观点和建议已在制定我省“十一五”规划中被采纳。二是围绕奋力崛起开展调研视察等活动。组织广大委员就东向发展战略实施、煤电化产业发展、科技资源整合、留学归国人员创业、淮河流域治理、煤矿塌陷区复垦开发、气象与防灾减灾、保护开发民俗文化、开发红色旅游、“农家乐”旅游等方面，广泛开展调研、视察、考察、座谈活动，提出了一系列有益的意见和建议，产生了较好的社会效果。承办了长江流域十四省市政协长江水环境保护第六次研讨会，我会代拟的《关于长江流域水污染防治立法的建议》，经全国政协报送国务院后，国务委员兼国务院秘书长华建敏作出批示，要求国务院法制办会同有关部门研究提出意见。三、牢牢把握主题，增进团结民主。以主席会议和秘书长会议为主要载体，加强了与各民主党派、工商联和有关人民团体的联系沟通。以界别活动为主要形式，为党派团体参政议政提供便利条件。去年各民主党派、工商联、人民团体等23个界别共开展活动33次，委员参加活动的有400多人次。以提案办理为主要抓手，将党派团体提案列为重点提案，进一步加大了办理力度。以联合调研为纽带，邀请党派团体共同参与省政协的重要活动。社情民意工作通过《安徽政协信息》和《政协信息专报》等载体，广辟信息来源，将很多具有前瞻性、警示性的信息及时准确地传送到各级领导和有关部门，为党委和政府体察民情、疏导情绪提供了重要参考。召开了全省政协信息工作座谈会暨表彰会。加强与民族宗教界人士、港澳台同胞和海外侨胞的团结联谊。四、健全规章制度，促进“三化”建设。制定了全体会议工作规则、反映社情民意信息工作条例、安徽省政协干部教育培训暂行规定、省政协机关加强同省各民主党派与工商联机关联系的意见，修订了常委会工作规则、主席会议工作规则、专门委员会通则、秘书长会议工作规则、提案工作条例、委员视察工作条例。组织委员开展活动逐步向“五个一”方向发展，即组织开展好一次调研、一次视察、一次考察、一次委员专题座谈会、一次界别活动。按照全国政协的要求，总结了《政协全国委员会关于政治协商、民主监督、参政议政的规定》颁布以来履行职能的情况。五、贴近工作大局，提升宣传层次。政协论坛特色更加鲜明，品牌效应逐渐形成。许多观众和读者都给予论坛较高评价，认为选题准、立意高、思辨深、有创意，委员和嘉宾展示了良好的议政形象。“政协工作江淮行”围绕“集中民智的融入战略”、“同心打造魅力黄山”、“生态经济兴池州”、“合力铸就和谐铜都”等主题进行采访，进一步扩大了政协工作的社会影响。加强重点活动报道，做好日常宣传工作。重视支持《江淮时报》，积极办好《安徽政协》和《江淮文史》。六、加强机关建设，提高工作效能。扎实开展先进性教育活动。深入开展效能建设活动。整体推进机关其他工作。经省委批准成立了中共安徽省政协机关党组。第二部分：一、围绕全省大局，为实现跨越式发展竭智尽力。以“推进安徽跨越式发展”作为资政会主题。专题常委会议将研究“加快园区经济发展”问题。二、关注国计民生，围绕社会热点难点问题献计出力。调研、视察和考察活动要围绕我省“十一五”规划的实施，围绕群众关心的建设社会主义新农村等热点难点问题来开展。继续发挥重点提案办理的带动作用，推进整个提案办理工作的深入。充分发挥社情民意的作用，积极反映群众心声和利益诉求，进一步提高社情民意信息的质量，提高采用率和批办率。三、着眼团结民主，继续做好凝心聚力工作。进一步加强与各民主党派、工商联和无党派人士的联系，在各项活动中加强协作，就一些问题共同开展调研活动，更好地发挥其在政协中的作用。建议省委在今年适当时候召开全省政协工作会议，重点对新世纪以来，特别是中共十六大以来，我省各级党委、政府重视支持政协工作情况和各级政协履行职能情况进行回顾和总结，对进一步贯彻落实中央《意见》精神，推动政协工作的新发展作出新部署。进一步发挥好政协界别作用。采取各专委会轮流牵头承办的方式，举办好界别民情民智座谈会，在取得实效上下工夫。切实做好港澳台侨和对外交往工作，促进对外交流合作。四、加大宣传力度，不断扩大政协工作的社会影响。办好政协论坛，选题是：呼唤全民创业、聚焦高等教育、话说红色旅游、剖解药价虚高。组织好第5次“政协工作江淮行”采访活动。树立精品意识，进一步做好文史资料工作。与省委宣传部、省新闻工作者协会联合举办第四届宣传政协好新闻评选活动。同时，会同省委宣传部等单位研究制定进一步加强政协宣传工作的新措施。五、巩固“三化”成果，不断开创工作新局面。重点抓好制度的落实，建立与制度相衔接的配套体系，建立以秘书长为主的政协系统督查体系；建立沟通交流机制，推广制度落实的成功实践；建立意见建议反馈机制，督促建议案、提案、视察和调研报告、社情民意等的办理落实；建立责任追究机制。加强机关效能建设和作风建设。巩固保持共产党员先进性教育成果和效能建设的成效，推进效能型机关、学习型机关、服务型机关建设。进一步密切与市县政协的工作联系，就工作中的共性问题进行联合调研和探讨。承办好华东六省一市第13次政协工作座谈会。

关于认真学习宣传贯彻《中共中央关于加强人民政协工作的意见》的通知（2006年2月22日）（略）

方兆祥主席在省政协九届四次会议闭幕会上的讲话（2006年2月26日）（摘要） 安徽的发展正处在一个十分紧要的关口，我们务必要以科学发展观统领经济社会发展全局，抢抓机遇，加快发展，决战决胜，以繁荣富裕和谐来报效江淮父老。各级政协组织和全体政协委员要响应号召、投袂而起，团结一心、奋力工作。奋力工作、自强不息，是安徽人民固有的精神风貌。奋力工作、敢于担当，是江淮儿女勇于负责的鲜明体现。奋力工作、建言国是，是政协委员建功立业的必然要求。坚持奋力工作，就是要坚定奋力崛起的意志。希望各位委员，无论资历深浅，始终不能忘记政协委员这一身份；无论职务高低，始终不能忘记奋力崛起这一使命；无论条件优劣，始终不能忘记为民谋利这一责任。坚持奋力工作，就是要挥洒奋力崛起的才能。人民政协要充分发挥人才荟萃、智力雄厚、位置超脱的优势，不断提高建言立论的水平和质量，努力使我们围绕中心、服务大局的各项工作，真正体现时代性、把握规律性、富于创造性。坚持奋力工作，就是抓住奋力崛起的要领。我们要继续着力抓好以“推进安徽跨越式发展”为主题的资政会，以“加快发展园区经济”为主题的专题常委会，以加强制度化、规范化和程序化建设为主题的政协工作会议等重点工作，围绕转变增长方式、调整经济结构、加强科技创新、深化改革开放这些重大方面建言献策，使政协活动与党委和政府的中心工作结合得更好，与发展这个第一要务贴得更实，与人民群众的利益联系得更紧，为奋力崛起提出更有针对性的建议和更具可操作性的对策。坚持奋力工作，就是要务求奋力崛起的实效。要专心致志、埋头苦干，把时间和精力放在工作上、把智慧和力量用在事业上，要一诺千金，一往无前，永不畏难、永不懈怠、永不自满，不断夺取一个又一个新胜利，创造出安徽人民更加幸福的生活和更加美好的未来！

省委书记郭金龙在省政协“推进安徽跨越式发展”资政会上的讲话（2006年5月29日）（摘要） 省政协每年围绕我省经济社会发展的一些重大问题，召开一次资政会，进行民主监督、参政议政，这是政协组织服务全局、建言献策的有效形式，是政协委员履职尽责、贡献才智的重要渠道，也是对省委、省政府工作的极大支持。去年和今年，我两次参加资政会，听取同志们的真知灼见，都很受启发、很有收获。这次，省政协又以“推进安徽跨越式发展”为主题召开资政会，反映了省政协围绕中心、服务大局的强烈意识，体现了履职为民、造福社会的精神境界。刚才，我们听取了问卷分析报告、综合调研报告和《关于推进安徽跨越式发展的建议案（草案）》。我感到，这几份材料实事求是，深入中肯，特别是《建议案》，以敏锐的眼光，抓住“创业”和“创新”两个关键问题，提出“以深化改革为前提，全面推进跨越式发展”、“以全民创业为基础，掀起新一轮民营经济发展高潮”等四个方面的20条建议。这20条建议，每一条都凝聚了大家的心血，是集体智慧的结晶，充分体现了这次资政会的重要成果。对此，省委、省政府将在实际工作中认真研究吸纳。各地、各部门都要高度重视和充分运用这次资政会的成果，并通过适当方式及时向省政协反馈。同时，省政协调研组《安徽跨越式发展的态势和制约因素》一文中所分析的问题都要引起高度重视，对这个调研报告中所点到的对省直部门的反映，有关部门都要作出回应，提出改进措施，省效能建设领导小组对此调研中反映的问题逐一进行督促、检查、落实。我们相信，大家的心往一处想，劲往一处使，就一定能形成振兴安徽人人有责、奋力崛起从我做起的良好局面，不断推进安徽跨越式发展的宏伟事业。

关于《推进安徽跨越式发展的建议案》（2006 年 5 月 31 日省政协九届十七次常委会议审议通过）（摘要）

一、以深化改革为前提，全面推进跨越式发展。1. 坚持解放思想不停顿。2. 坚持工业强省战略不动摇。3. 坚持招商引资不懈怠。4. 坚持重点突破不犹豫。5. 坚持打牢基础不放松。二、以全民创业为基础，掀起新一轮民营经济发展高潮。6. 出台促进全民创业的实施意见。7. 进一步改善民营经济发展的法律和政策环境。8. 建立各类型创业服务中心。9. 大力实施“凤还巢”工程。10. 切实解决中小企业融资难问题。11. 切实解决企业用地紧张问题。三、以企业为主体，大力推进技术创新。12. 加大对技术创新的投入和政策扶持力度。13. 出台鼓励企业技术创新的奖励办法。14. 提高智力成果入股比例。15. 保护和培养企业的科技和管理人才，要保护好企业家和技术人才。16. 整合科技资源，组织重点攻关。四、以效能建设为抓手，大力优化政务环境。17. 不拘一格选人、用人。18. 大力整治平庸和不作为。19. 加大对政府效能建设的社会监督力度。20. 切实为全民创业和企业发展提供各种优质服务。

安徽省政协关于加强委员自身建设和管理的暂行规定（2006 年 8 月 4 日省政协九届 18 次常委会议通过）（略）

中共安徽省委关于贯彻《中共中央关于加强人民政协工作的意见》的实施意见（略）

省委书记郭金龙在全省政协工作会议上的讲话（2006 年 9 月 2 日）（摘要）

2000 年全省政协工作会议以来，全省各级党委认真贯彻中央关于政协工作的一系列重要指示精神，不断加强对政协工作的领导，形成了党委重视、政府支持、政协主动、各方配合的良好局面，进一步巩固和发展了爱国统一战线，有力地促进了人民政协事业的发展。各级政协组织在同级党委的领导下，牢牢把握团结和民主两大主题，坚持围绕中心、服务大局，切实履行政治协商、民主监督、参政议政职能，为推进安徽改革开放和现代化建设作出了重要贡献。全省政协工作做到了服务大局有高度、建言献策有深度、民主监督有力度、团结合作有广度、自身建设有强度，充分体现了各级政协组织和广大政协委员谋党委政府之所想、议人民群众之所需的历史使命感和社会责任感。一、深入学习贯彻中央《意见》，不断增强推进人民政协事业发展的使命感和责任感。二、充分发挥人民政协的独特优势和作用，为推进跨越式发展、实现奋力崛起、建设和谐安徽作出更大贡献。第一，充分发挥政协人才荟萃、智力密集的特点和优势，积极为促进安徽经济社会又快又好发展服务。第二，充分发挥政协多党合作、民主协商的特点和优势，积极为建设社会主义民主政治服务。第三，充分发挥政协文化名人多、影响大的特点和优势，积极为建设社会主义先进文化服务。第四，充分发挥政协包容各界、联系广泛的特点和优势，积极为构建和谐安徽服务。三、准确把握规范程序和机制，积极推进人民政协履行好政治协商、民主监督、参政议政职能。第一，高度重视人民政协的政治协商。第二，积极推进人民政协的民主监督。第三，大力支持人民政协的参政议政。四、切实加强和改善党对政协工作的领导，努力开创我省政协工作的新局面。第一，把政协工作作为党委总揽全局的重要内容。第二，充分发挥政协党组的领导核心作用和党员的先锋模范作用。第三，进一步抓好各级政协的自身建设。第四，努力创造重视支持人民政协工作的良好局面。

方兆祥主席在全省政协工作会议上的讲话（2006年9月3日）（摘要） 多年来，省委、省政府和各级党委、政府高度重视、大力支持政协工作。可以说，对政协召开的全局性会议，做到了“有请必到”；对政协报送的重要意见和建议，做到了“有报必批”；对政协请求解决的实际困难，做到了“有求必应”。政协工作在多年来坚实的基础上，呈现出“党委领导坚强有力、政府支持尽心尽力、政协委员主动出力”的良好局面。从省政协自身来看，这几年在承接历届政协好经验、好作风的基础上，坚持与时俱进，创新发展，使政协工作在围绕中心、服务大局中实现了新的提高。第一，在工作思路上创新，努力使政协工作与党委、政府的中心工作结合得更紧密。第二，在履行职能的形式上创新，努力使政协工作的特色体现得更鲜明。第三，在丰富委员的活动上创新，努力使委员的作用发挥得更充分。第四，在提案办理上创新，努力使政协提案工作的效果呈现得更明显。第五，在政协宣传工作上创新，努力使政协工作的外部环境营造得更优越。第六，在制度建设上创新，努力使政协工作开展得更规范。贯彻落实好这次会议精神，就是要坚定不移地坚持和依靠党的领导；就是要千方百计地促进和推动安徽的改革、发展和稳定；就是要毫不松懈地加强和改进自身。归根结底，就是要毫不动摇地树立和落实科学发展观，坚持以科学发展观统领政协工作。第一，科学发展观，首先是一个发展观，第一要义在发展。因此，坚持用科学发展观统领政协工作，就是要求我们始终围绕安徽的加快发展、实现奋力崛起来履行职能。第二，科学发展观，可以说是一个质量观。因此，坚持用科学发展观统领政协工作，就是要求我们围绕加快调整经济结构，转变增长方式来履行职能。第三，科学发展观，可以说是一个创新观。因此，坚持用科学发展观统领政协工作，就是要求我们围绕增强自主创新能力，致力于建设创新型安徽来履行职能。第四，科学发展观，可以说是一个协调观。因此，坚持用科学发展观统领政协工作，就是要求我们围绕促进安徽的城乡之间、区域之间、经济和社会之间协调发展来履行职能。第五，科学发展观，可以说是一个民本观。因此，坚持用科学发展观统领政协工作，就是要求我们围绕实现和维护好人民群众最关心、最直接、最现实的利益来履行职能。第六，科学发展观，可以说是一个和谐观。因此，坚持用科学发展观统领政协工作，就是要求我们围绕构建和谐社会来履行职能。政协如何为建设和谐安徽服务？一是要高举大团结、大联合的旗帜，坚持求同存异、体谅包容的原则，妥善处理政党关系、民族关系、宗教关系、阶层关系和海内外同胞关系。二是要认真做好反映社情民意的工作，使各族各界人士的利益诉求得到充分表达，使党委和政府能够更加了解民情、尊重民意、广集民智。三是要多做协调性、沟通性的工作。四是要认真履行好民主监督的职能，促进社会的权利公平、规划公平、机会公平和分配公平。五是要发挥政协委员中从事社会管理研究的专家学者的优势，积极探索如何健全“一个社会管理格局”。六是要继续发扬互帮互助、扶危济困的光荣传统。

【组织概况】

补选常务委员名单（2006 年 2 月 26 日安徽省政协九届四次会议通过）（10 名，以姓氏笔画为序）

吕录庭　刘　苹（女）　李忠金
陈贤忠　夏　鹤　夏邦文　高雪松（女）
高蔚青　黄家海　康晓萍（女）

增补委员名单（2006 年 1 月 19 日安徽省九届政协常务委员会第 15 次会议通过）（68 名，以姓氏笔画为序）

马建华（女）　王　欣　田文俊
田文科　吕录庭　朱　杰　朱晓明
刘　卫　刘　惠（女）　刘新红
江　俊　许　国　孙永吉　李　文
李忠金　李明龙　李贵华（女）
严从怀　肖桂兰(女)　吴之传(女)
吴根华　何　倩（女）　余敏晖
沈性善　张　剑（女）　张世平
张红梅（女）　张传才　张国栋
陈金沙　陈永杰　武　敏（女）
苑孝起　周　庆　周　勤（女）
周本银　周东红　周世虹　周晓光
胡　斌　胡兴超　胡世莲（女）
胡新方　侯　露（女）　姜　元
桂四海　袁广龙　钱洲胜
奚之英（女）　徐　华（女）
郭　敏（女）　高曙东　姬德勤
黄吕耀　陶　萍（女）　陶为群
曹　斌　章应民　章霞升
康晓萍（女）　梁寿南　蒋传东
程　鹏　程永宁　程铭义　童学军
翟武全　潘国安

【安徽省各级政协领导人名单】

安徽省

政协主席
方兆祥

副主席
秦德文　卢家丰　陈心昭　方兆本
俞祖彭　王鹤龄　战秋萍（女）
郑牧民　赵培根　刘光复

秘书长
白泰平

合肥市

市政协主席　周富如
县（区）政协主席
肥东县　杨炳华
肥西县　解正荣
长丰县　曹光忠
瑶海区　郝敬勉
庐阳区　杨善安
蜀山区　朱士林
包河区　王春生

淮北市

市政协主席　郭云修
县（区）政协主席
濉溪县　刘　勇
烈山区　亓　森
杜集区　欧阳林芝(女)
相山区　李光普

亳州市

市政协主席　雅中庆
县（区）政协主席
涡阳县　陆　影（女）
蒙城县　张俊民
利辛县　刘　鸣
谯城区　孙德山

宿州市

市政协主席　姜　元
县（区）政协主席
砀山县　韩爱云（女）
萧　县　刘长勇

灵璧县　　刘家生
泗　县　　戴朝华
埇桥区　　赵允明（女）

蚌埠市

市政协主席　　郑大发

县（区）政协主席

怀远县　　年汉东
五河县　　刘　光
固镇县　　王正武
龙子湖区　　王洪书（女）
蚌山区　　王　义
禹会区　　徐　杰
淮上区　　孙本国

阜阳市

市政协主席　　周本银

县（市、区）政协主席

界首市　　牛　魁
临泉县　　李玉玺
太和县　　于文印
阜南县　　刘金宇
颍上县　　（空缺）
颍州区　　朱　霞（女）
颍东区　　颜廷斌
颍泉区　　赵德才

淮南市

市政协主席　　姜典法

县（区）政协主席

凤台县　　曹治国
八公山区　　吴常明
谢家集区　　余家全
潘集区　　江天保
田家庵区　　朱满亭
大通区　　宫传林

滁州市

市政协主席　　江　俊

县（市、区）政协主席

天长市　　戴长生
明光市　　张贵翔
来安县　　王世成
全椒县　　柏桂泉
定远县　　张世清
凤阳县　　张运江
琅琊区　　孙　协
南谯区　　陈学志

六安市

市政协主席　　程世龙

县（区）政协主席

寿　县　　戴克奎
霍邱县　　桑永宽
舒城县　　曾家友
金寨县　　周其成
霍山县　　张家海
金安区　　张友华（女）
裕安区　　李　强

马鞍山市

市政协主席　　章应民

县（区）政协主席

当涂县　　赵皖生
金家庄区　　任代平
花山区　　孙兴华
雨山区　　魏来源

巢湖市

市政协主席　　张传才

县（区）政协主席

庐江县　　徐济银
无为县　　邢献宝
含山县　　张胜先
和　县　　陈素萍（女）
居巢区　　廖新民

芜湖市

市政协主席 方　成

县（区）政协主席

芜湖县 胡怀刚

繁昌县 方振根

南陵县 杨梅生

镜湖区 曹天民

鸠江区 陶贤宝

弋江区 朱成霞（女）

三山区 王龙仙

宣城市

市政协主席 胡传玲（女）

县（市、区）政协主席

郎溪县 赵荣新

广德县 谭运秀（女）

宁国市 张贤南

泾　县 王沪生

绩溪县 张正根

旌德县 方观齐

宣州区 柴元孝

铜陵市

市政协主席 孟永范

县（区）政协主席

铜陵县 蒋叶贵

铜官山区 张先傲

狮子山区 许先睦

郊　区 胡家仓

池州市

市政协主席 程铭义

县（区）政协主席

东至县 钱继发

青阳县 孔晓宝

石台县 胡松柏

贵池区 李国建

安庆市

市政协主席 张世云

县（市、区）政协主席

桐城市 陈谋德

怀宁县 孙云林

枞阳县 钱门胜

潜山县 丁伯祥

太湖县 王中华

宿松县 朱治平

望江县 汪进舟

岳西县 方留印

大观区 刘宜彪

迎江区 倪申礼

宜秀区 丁邦华

黄山市

市政协主席 杨立威

县（区）政协主席

歙　县 仇家灏

休宁县 程本焕

黟　县 余社达

祁门县 徐子铎

屯溪区 余登成

徽州区 杜臣武

黄山区 孟　涛

安徽省各级政协组织和委员数

（截至 2006 年底）

级别 项目	省	设区的市	县（不设区的市、市辖区）	合计
组织数	1	17	105	123
委员数	750	6224	17744	24718

（杨玉华　任吉梅 编写　杨玉华 审稿）

政 协 福 建 省 委 员 会

梁绮萍　主席
（补选）

【全体委员会议】

九届四次会议　2006年1月6日至11日在福州召开。九届省政协委员681人，出席会议委员595人。会议听取和审议了九届省政协常委会工作报告和九届省政协提案工作情况的报告，审议通过了省政协九届四次会议决议和提案审查情况的报告，同意陈明义同志因年龄原因辞去省政协主席职务，选举梁绮萍同志为九届省政协主席。委员们列席了省十届人大第四次会议，一致赞同黄小晶代省长所作的政府工作报告；赞同省计划、预算报告，赞同省高级人民法院、省人民检察院工作报告。省政协各专门委员会向会议提交了书面工作总结。全会期间，共收到提案792件，经审查立案765件，未立案的提案作为委员来信、情况反映、专报件等送请有关部门研究、参阅。共收到大会发言材料100份，其中有13名委员作了大会发言。会议安排了“加快建设海洋经济强省”、“实施积极就业政策千方百计扩大就业”、“闽台农业全面合作”、“积极发展文化事业和文化产业”四个专题座谈会，福建省人民政府领导和有关部门领导分别到会通报有关情况，认真听取委员的意见和建议，并对有些问题当场作了答复。全会期间，中共福建省委书记卢展工、代省长黄小晶和在榕的省委常委、副省长参加全会的每一次大会，听取小组讨论，与委员进行交流和协商，还出席省政协港澳华侨委员和港澳列席人员座谈会，听取意见和建议。省政协主席梁绮萍在闭幕会上作重要讲话。

【常务委员会会议】

第14次会议　2006年1月6日在福州召开。省政协主席陈明义，副主席黄瑞霖、潘心城、金能筹、邹哲开、王耀华、李祖可、陈家骅、苍震华、叶家松、吴新涛、王钦敏出席会议。会议听取省委常委、组织部长李宏、省政协副主席、会议秘书长叶家松就各项选举事项所作的说明。并分组进行酝酿讨论。会议通过了各项选举事项，决定提交省政协九届四次会议审议。

第15次会议　2006年1月11日在福州召开。会议由省政协主席梁绮萍主持，副主席黄瑞霖、潘心城、金能筹、邹哲开、王耀华、李祖可、陈家骅、苍震华、叶家松、吴新涛、王钦敏出席会议。会议听取叶家松作省政协九届三次会议各组讨论政府工作报告和其他有关报告情况，及省政协九届四次会议决议（草案）起草和讨论修改情况的说明，并进行了审议。会议决定，由省政协办公厅将各组对政府工作报告和福建省国民经济和社会发展第十一个五年规划纲要（草案）讨论意见进行汇总后，向省政府反馈；会议原则通过省政协九届四次会议决议（草案），要求会议秘书处根据委员们的审议意见进行修改后，提请省政协九届四次会议通过。

第16次会议 2006年6月22日在福州召开。会议由省政协副主席黄瑞霖主持。省委常委、省政府常务副省长刘德章通报了福建省建设社会主义新农村情况，省政协副主席兼秘书长叶家松作关于撤销高纯福福建省政协委员资格的说明。14位委员围绕“推进海西战略，建设社会主义新农村”的主题，在会上作了发言。会议通过了关于撤销高纯福福建省政协委员资格的决定。

第17次会议 2006年8月18日在福州召开。省政协主席梁绮萍，副主席潘心城、金能筹、邹哲开、王耀华、李祖可、陈家骅、苍震华、叶家松、吴新涛、王钦敏出席会议。梁绮萍在会上讲话。省委常委、统战部长张燮飞在会上传达了中共福建省委七届十一次全体会议精神。叶家松作了关于中国人民政治协商会议第九届福建省委员会专门委员会副主任增补人选的说明。会议经过酝酿讨论，通过中国人民政治协商会议第九届福建省委员会专门委员会副主任增补人选名单。

第18次会议 2006年10月25日在福州召开。省政协主席梁绮萍，副主席潘心城、金能筹、李祖可、陈家骅、苍震华、叶家松出席会议，会议由省政协副主席黄瑞霖主持。省委副书记王三运传达中共十六届六中全会精神；省政府副省长汪毅夫通报我省建设创新型省份情况；省政协副主席、秘书长叶家松作学习贯彻《中共中央关于加强人民政协工作的意见》检查情况的汇报，以及有关人事任免的说明。

第19次会议 2006年12月16日在福州召开。省政协主席梁绮萍，副主席黄瑞霖、潘心城、金能筹、邹哲开、王耀华、陈家骅、苍震华、叶家松、吴新涛、王钦敏出席会议。会议由邹哲开主持。会议首先通过九届省政协常委会第十九次会议议程。省委常委、副省长张昌平作关于省政府工作报告（征求意见稿）起草情况的说明；省政府秘书长冯声康作省政府系统办理省政协九届四次会议提案工作情况的通报；叶家松作政协第九届福建省委员会常务委员会工作报告（讨论稿）起草情况的说明；提案委员会主任俞贤光作政协第九届福建省委员会常务委员会关于九届四次会议以来提案工作情况的报告（讨论稿）起草情况的说明。会议还传达了全国政协视察工作座谈会精神和全国政协提案工作座谈会精神。

【专门委员会工作】

提案委员会 共收到提案813件，经提案委员会审查，立案784件，经92个承办单位认真办理，全部办复；省领导对提案工作做出60多件次批示；经济建设领域的提案共379件，占提案总数的48.3%，《关于进一步做好农村饮用水工作的建议》等提案，有关部门认真研究，积极采纳；政治法律、统一战线、社会保障、闽台合作等领域的提案181件，占提案总数的23.1%，涉及三农问题的提案共11件，省政府高度重视，建立了由分管副省长为总召集人的农民工工作联席会议制度；科教文卫体领域的提案224件，占提案总数的28.6%，《关于做好高校贫困家庭学生资助工作的建议》等提案，省委、省政府领导与省教育厅认真研究，采取有力措施加以落实。主席会议多次听取提案工作情况汇报，审议重点提案，7件重点提案分别由省政府5位副省长与省政协主席、副主席共同督办，形成了党政领导牵头组织、政协领导分工督办、相关单位负责承办的提案办理工作机制。认真贯彻《提案工作条例》，健全制度、规范程序，使承办单位切实负起责任。加强政协提案委员会及其工作机构的建设。对2005－2006年度优秀提案、提案办理先进单位和提案工作先进工作者进行表彰。召开党派、专委会提案工作座谈会，创造机会让提案人同承办单位面对面交流协商；开展委员活动日、界别委员座谈会等活动，听取对提案工作的意见和建议。注意加强与新闻媒体的联系与合作，在国家和省级媒体上发表有关省政协提案的稿件100多篇。继续办好福建电视台的“提案追踪”、《政协天地》的“提案纵横”等栏目。坚持省市政协提案工作联席会议制度，开展提案工作专题调研，推广使用提案办理网络管理系统。加强同全国政协和兄弟省市政协提案工作部门的交流联系。

经济科技委员会　围绕福建省社会主义新农村建设开展专题调研，组成4个课题小组分赴各设区市进行专题调研；组织委员赴外省学习考察新农村建设经验；开展增强福建省企业自主创新能力和加快福建省风能源开发利用的专题调研，并向中共福建省委、省政府报送了调研报告；组织开展加快发展海洋经济强省专题协商与加快我省海岛基地基础设施建设调研走访活动和实蝇等外来有害生物防治情况调研，向中共福建省委、省政府报送了调研报告；召开全国二十二省区市政协经济委员会第十四次联系会议。对《海峡西岸社会主义新农村建设五年规划纲要（2006—2010年）征求意见稿》、《关于加快建设海洋经济强省的若干意见征求意见稿》、《中华人民共和国预算法（修订草案）》、《中华人民共和国破产法（草案）》、《中华人民共和国保险法（草案）》进行协商讨论，参加福建省人大常委会法工委召开的征求意见座谈会；召开全省政协经济科技委员会工作联系会议和福建省政协经济科技委员会全体委员会议；组织科协界委员开展新农村建设对科技需求开展专题调研；组织委员就“加强新农村建设”与省农办、农业厅等有关部门座谈交流，就“构建和谐海西”与省政协领导座谈，配合全国政协教科文卫体委员会调研，参加全国政协经济委员会的“社会主义新农村”调研总结会，参加全国地方政协人口资源环境委员会工作研讨培训会，参加全国政协教科文卫体委员会专题研讨会，参加全国政协经济委员会“促进非公有制经济健康发展”论坛。

文教卫体委员会　召开“积极发展文化事业和文化产业”专题协商会，组织调研组就福建省民间工艺产业发展问题开展调研和视察活动，就福建省文化信息资源共享工程建设开展专题调研；组织委员就福建省社会主义新农村文化、体育、公共卫生建设和中医药事业，以及食盐加碘防治碘缺乏病等有关问题开展调研，组织部分医卫界委员和医学专家开展义诊活动；就福州市动物园搬迁、福建省杂技团发展面临困境、福州大学大学城新校区建设债务问题、青少年学术社会主义荣辱观教育、福建省职业教育状况、仓山区历史文化遗址保护修整开发和高招工作开展调研；参加“华东六省一市政协书画精品巡回展”；召开福建省政协文教卫体委员会全体委员会议和省市政协文教卫体委员会工作联系会议。

社会和法制委员会　与福建省禁毒委员会办公室组成联合调研组就全省禁毒工作情况开展专题调研，联合共青团福建省委就“建立和完善创新型青年人才工作机制”开展调研；组成调研检查组赴南平市就学习贯彻中央5号文件精神情况进行调研检查；参加全国政协社会和法制委员会与中共中央党校联合召开的“建设社会主义新农村——社会和法制”专题调研会，联合福建省监狱管理局、福建省劳教局就《监狱法》贯彻执行情况、刑释解教人员安置帮教情况进行调研；承办“实施积极就业政策，千方百计扩大就业”专题协商座谈会；召开委员会主任工作会议；组织委员就有关地方性法规和文件草案认真开展立法前协商，商请福建省人民检察院根据中共福建省委《关于进一步加强新时期人民政协工作的若干问题的决定》精神制定相关配套文件；联合省妇女联合会等单位举办纪念“三八”节活动，联合省总工会考察福州市非公有制企业工会情况，组团赴广西、贵州考察，赴德国、西班牙访问。

学习宣传委员会 举办省政协委员、市县政协主席培训班、暑期读书会，编辑了12期《学习资料》，举办了3场报告会；组织委员开展“提高农业组织化程度，推进我省新农村建设”、“加快我省船舶工业发展创新步伐”专题调研，组织委员对福建日报报业集团在构建和谐社会和推进海峡西岸经济区建设发挥作用方面开展新闻舆论导向评议，参加福建省新闻协会组织的全省新闻行业社会监督工作座谈会；召开九市政协学习宣传工作座谈会，召开专门委员会座谈会，围绕“学习贯彻中央5号文件精神，进一步加强新时期人民政协工作”主题，对政协组织和政协委员如何深化学习宣传贯彻文件精神进行探讨；组织委员赴新疆、甘肃考察。

港澳台侨和外事委员会 联合举办纪念江泽民同志对台工作八项主张发表十一周年座谈会、海峡西岸2006年台湾青年夏令营活动、海峡西岸孙中山学术研讨会、纪念孙中山先生诞辰140周年活动，联合中共福建省委统战部召开福建省政协港澳委员和福建省海外联谊会理事座谈会；邀请8位台胞、10位海外侨胞代表列席福建省政协九届四次会议；组织委员就进一步做好台商工作把“寄希望与台湾人民”方针落到实处开展调研，举办“闽台农业全面合作”专题协商会，开展港澳委员为“海西”建设建言献策的征文活动；组织委员赴三明市、河北省考察，赴香港参加福州十邑同乡会成立69周年暨第二十二届理监事就职典礼活动；接待香港有关社团组织的“闽潮一家亲、海峡西岸行”、香港闽籍青年企业家访问团；与福建省直“五侨”单位形成联席会议制度。

民族和宗教委员会 开展“积极引导宗教与社会主义社会相适应”座谈会，通过提案和情况反映等形式，着力推动宗教房产政策落实，加强与宗教界人士和宗教团体的交流与沟通，发动福建省内外宗教界为闽东灾区捐款捐物；组织委员开展民族乡（村）新农村建设情况、少数民族人才建设情况调研，与泉州基督教义诊队联合开展为少数民族义诊活动，组织委员对三明市“弘扬民族优秀传统文化，促进旅游业发展”情况开展专题视察；参加全国部分省（市、自治区）政协第八次民族宗教工作研讨会，组团赴青海、甘肃两省考察政协民族宗教工作，在厦门市召开福建省政协民族宗教工作座谈会。

文史资料委员会 组织委员就客家文化保护、传承与发展情况和民俗文化创新问题进行调研，组织委员就福州市历史文化遗产的保护与利用进行视察；配合文教卫体委员会组织“推动我省文化产业与文化事业发展的专题协商座谈会”，约请福建省政协委员就福建省民俗文化活动创新问题进行座谈；承办“福建省各界人士纪念孙中山先生诞辰140周年大会”，承办“福建省各界纪念福建船政创办140周年大会”；完成《伍洪祥纪念文集》的征集工作，编辑出版了《文史资料选编·政治军事编·第四卷·第五册》，完成《福建名人故居》编辑工作，完成《文史资料选编·政治军事编·第四卷·第六册》和《福建历史文化名镇（乡）、名村》的初编工作；协助全国政协征集《走向成功之路》、《三峡移民纪实》、《天然橡胶事业》、《申遗幕后故事》、《政协委员一日》等资料，组织协作征集“闽台交流和闽籍台胞寻根谒祖”、“闽台关系文物史迹”等专题文史资料；参加华东地区政协第21次文史资料协作会议和全国暨地方政协文史资料工作研讨会；组织委员赴云南、贵州考察历史文化遗产保护和政协文史资料工作；召开全省政协文史资料工作座谈会，在福州召开专题征集会。

【重要活动】

福建省各界人士纪念孙中山先生诞辰140周年大会 11月8日在福建会堂举行。中共福建省委、福建省人大常委会、省人民政府、福建省政协、福建省纪委的领导和省级老同志及省直有关单位、省各民主党派、人民团体负责人、辛亥革命人士后裔、研究孙中山思想的专家学者、学生、部队代表等300人与会。省政协主席梁绮萍主持会议，中共福建省委书记卢展工在会上作了重要讲话。

福建省各界纪念福建船政创办140周年大会 12月24日在马尾举行。中共福建省委、福建省人大常委会、福建省人民政府、福建省政协、福建省纪委的领导和省级老同志及省直有关单位、省各民主党派、人民团体负责人，驻闽海军部队和武警边防部队领导、海内外船政人士后裔及研究船政文化的专家学者、学生、部队代表、马尾造船股份有限公司工人近千人与会，省政协副主席潘心城主持会议，中共福建省委副书记王三运在会上作重要讲话。

【重要文件】

常委会工作报告（2006年1月6日）（摘要） 第一部分2005年工作回顾：（一）适应形势需要，把建设学习型政协组织摆在重要位置。坚持中心组学习制度，举办暑期读书会、培训班、新闻宣传培训班、机关理论读书班。编辑《学习资料》，邀请专家、学者作专题报告。（二）围绕发展战略，在推进海峡西岸经济区建设中贡献智慧力量。积极呼应海峡西岸经济区战略。召开主席会议和常委会议，就建设海峡西岸经济区的若干重要问题进行研究。组织委员、专家、学者集中开展专题调研，形成系列调研报告。积极向全国政协和各民主党派中央提供情况、表达诉求、陈述理由和寄送有关材料。邀请全国政协领导来闽视察调研海峡西岸经济区建设情况。配合全国政协罗豪才副主席带领的全国政协常委视察团来闽工作，及时提供省政协汇编的材料。全国政协副主席李兆焯等带领全国政协委员来闽检查工作期间，及时主动宣传海峡西岸经济区发展战略。中共福建省委七届十次全会后，省政协召开主席会议，要求继续就推进海峡西岸经济区建设的若干问题深入调查研究，建言献策。加大民主监督的力度，通过提案、调研报告、反映社情民意等方式，努力推动中共福建省委决策部署的贯彻落实。省政协主席、副主席还参加了省委“四个专题”落实情况的调研检查。（三）坚持科学发展观，为编制我省“十一五”规划献计出力。多次召开主席会议进行研究部署，选择调研课题，提出具体要求，并把为制定我省“十一五”规划建言献策确定为第十一次常委会议的中心议题。邀请省政府分管领导及省直有关部门负责同志到政协通报我省编制“十一五”规划的前期工作和发展规划的基本思路。围绕

“十一五”期间我省循环经济、城市建设、财政、金融、科技、社会事业发展等问题，认真开展调研。省各民主党派、工商联也精心确定调研课题，开展广泛深入的调查研究。在第十一次常委会会议上，交流33份调研成果，提出具有针对性和可操作性的意见和建议。常委会议后，办公厅将调研报告汇编成册，及时报送省委、省政府和有关部门。（四）发挥政协优势，为构建我省社会主义和谐社会建言献策。省政协主席会议围绕构建“和谐福建”，确定了4个调研专题和调研课题，以界别为单位组织委员开展调研，形成53份调研报告。召开常委会议，交流调研成果。配合参与中共福建省委2005年重点课题“增强构建社会主义和谐社会能力的研究”的调研。召开全省政协民族宗教工作座谈会，举办“福建省政协民族宗教书画展”，组织各界委员参与政协文史资料工作，组织历史文化遗产和文化产业在经济发展中重要作用等课题的调研。组织部分委员和专家赴老区、山区、少数民族地区开展义诊活动。召开常委会专题会议听取省法院、省检察院的工作通报，参与全省综合治理工作检查。组织委员对外来有害生物问题、水环境保护与治理进行民主评议。组织委员就加快宁德中心城市发展情况进行视察。密切与省有关新闻单位联系，召开新闻舆论导向评议会。组织委员围绕经济社会发展的热点和难点问题开展调研，撰写提案。经省政协主席会议研究，确定了8件提案作为重点提案，由省政协主席、副主席分别督办。密切与承办单位的联系，促进了提案建议的采纳和落实。2005年，省委书记卢展工、省长黄小晶对《关于加快发展福建省海洋经济的建议》、《把发展文化产业纳入海峡西岸经济区建设的产业支撑体系》提案，作出重要批示。一些提案的建议措施，被吸纳进我省“十一五”规划建议。加大反映社情民意信息工作力度，制定反映社情民意信息工作条例，召开全省政协信息工作会议，表彰反映社情民意信息工作先进单位和先进工作者。通过“主席约见”、“界别委员座谈”和“专题座谈”等多种形式，了解和反映社情民意，促进了相关问题的妥善解决。（五）加强团结合作，省各民主党派、工商联和无党派人士在政协中发挥积极作用。邀请中共福建省委领导作《关于进一步加强中国共产党领导的多党合作和政治协商制度建设的意见》辅导报告。省政协还通过《政协天地》、《学习资料》及时编发委员的学习体会与各种学习资料。省政协领导定期走访省各民主党派、工商联机关，召开情况通报会，认真听取和反映他们的意见和建议。省各民主党派、工商联、无党派人士和各界委员通过政协提案、调研、视察、大会发言、分组讨论、反映社情民意等形式积极发挥作用。省政协各专委会与各民主党派、工商联联合开展课题调研。重视和支持特邀工作，创造条件，加强联系。（六）密切联系交往，推进两岸关系发展和祖国统一大业。与省直涉台部门联合召开纪念中共中央对台八项主张发表10周年座谈会。首次邀请在福建的台商代表列席省政协九届三次会议。《反分裂国家法》通过后，省政协立即召开各界委员专题学习座谈会。组织学习胡锦涛主席对台工作的四点意见和在会见中国国民党、亲民党、新党大陆访问团时的重要讲话。及时学习宣传“和平统一、一国两制”基本方针和中央对台工作的一系列新指示。注意收集和反映社会各界有关对台工作的社情民意。中共中央政治局常委、全国政协主席贾庆林在我省政协报送的《建议抓紧审定闽南话规范用字方案，以遏制“台独”势力“为台湾正名运动”》的信息专报上作出重要批示：“支持福建省政协组织这项工作”。省政协认真研究贯彻落实的措施，对漳州市、泉州市政协做好这项工作提出了建议和意见。2005年，全国“两会”期间，协助中共福建省委、省政府在北京召开参加全国“两会”的闽籍港澳代表、委员座谈会。与中共福建省委统战部联合在深圳、珠海召开省政协港澳委员座谈会。组织省政协港澳委员赴龙岩和内蒙古考察。看望和慰问归侨、侨眷，帮助解决一些具体困难和问题，维护他们的合法权益。承办了林则徐诞辰220周年纪念大会。召开纪念抗日战争暨世界反法西斯战争胜利60周年座谈会，参与省炎黄研究会和厦门市政协联合举办的台湾光复60周年及台湾建省120周年研讨会。积极开展对外交往活动，加强和海外华侨华人和社团组织联络联谊工作，为促进祖国统一凝聚力量。联合举办了海峡两岸2005年台湾青少年夏令营活动，积极配合全国政协开展的海峡两岸青少年交流工作专题调研和在闽举办“弘扬闽南文化，促进两岸和平统一”座谈会。（七）贯彻中共福建省委关于进一步加强新时期人民政协工作的决定，推进政协履行职能的制度化、规范化、程序化。中共福建省委进一步加强领导，定期召开常委会议，专题听取省政协工作的汇报，切实解决政协工作中遇到的困难和问题。省政府在重大决策前坚持与政协进行协商，帮助政协改善工作条件，增加了市（县）政协补助经费。省政协认真学习第三次全省政协工作会议和中共福建省委的《决定》精神，多次召开主席会议专题研究，切实贯彻落实。积极协同省直有关部门相继制定了7个配套文件。各地通过召开市委常委会议、市政协常委会议和县（市、区）政协主席联席会议等形式，认真学习领会全省第三次政协工作会议精神，提出贯彻意见。大力推进政协自身建设。扎实开展省政协机关保持共产党员先进性教育活动，制定了《关于进一步加强省政协机关作风建设的意见》。进一步加强领导班子建设，不断健全中心组学习、民主生活会等制度，增强履行政协职能的能力。加强专委会建设，调整充实了专委会领导力量，完善了以重点课题为纽带、以各专委会为依托的专题调研、视察工作机制。及时调整充实委员小组，健全工作制度。对10年来我省各级政协围绕中心、服务大局，积极履行职能，开创政协工作新局面的情况进行回顾和总结，并向全国政协和中共福建省委作了专题报告。加强机关制度建设，完善了省政协9项工作制度和省政协机关33项规章制度。进一步加强与市、县（区）政协联系与指导。制定《全省九市政协主席工作座谈会暂行办法》，举办了第九次、第十次全省九市政协主席工作座谈会。承办华东六省一市政协书画精品巡回展等活动，组织委员赴兄弟省、市（区）政协考察，做好来访接待工作。

2006年工作意见　（一）加强学习研究，推进委员队伍思想建设；（二）坚持科学发展观，推进海峡西岸经济区建设；（三）把握两大主题，推进我省社会主义和谐社会构建；（四）拓宽联系渠道，推进两岸关系发展和祖国统一大业；（五）积极开拓创新，推进政协履行职能能力建设。

【组织概况】

主席名单（2006年1月7日，九届福建省政协四次会议选举梁绮萍为福建省政协主席）

梁绮萍（女）

【福建省各级政协领导人名单】

福建省

政协主席

梁绮萍（女）

副主席

潘心城　黄瑞霖　金能筹　邹哲开

王耀华　李祖可　陈家骅　苍震华

叶家松　吴新涛　王钦敏

秘书长

叶家松（兼）

厦门市（副省级）

市政协主席

陈修茂

副主席

陈维钦　吴凤章　叶天捷　陈耀中

庄　威　郑兰荪　林仁川

江曙霞（女）　桂其明

县（市、区）政协主席

思明区　江韵兰（女）

湖里区　吴仁福

同安区　杨宏祥

集美区　汤养初

翔安区　张毅恭

海沧区　纪　军

福州市

市政协主席　陈扬富

县（市、区）政协主席

鼓楼区　陆世旺

台江区　高珠英（女）

仓山区　陈朝明

晋安区　陈　涟

马尾区　王兆贵

闽侯县　谢光星

闽清县　郑振连

永泰县　吴秋惠（女）

长乐市　李俊湘

福清市　方裕开

平潭县　翁晓岚（女）

连江县　郑厚雄

罗源县　朱碧娟（女）

漳州市

市政协主席　林殿阁

县（市、区）政协主席

芗城区　张庆宗

龙文区　林雪来（女）

龙海市　柯莲英（女）

漳浦县　杨国华

华安县　邹忠钦

东山县　高爱明

长泰县　戴和兴

云霄县　张東香（女）

南靖县　陈常姓

平和县　蔡福民

诏安县　沈木聪

泉州市

市政协主席　林荣取

县（市、区）政协主席

鲤城区　吴金球

丰泽区　苏解放

洛江区　朱清辉

泉港区　连启明

晋江市　周伯恭

南安市　戴爱国

石狮市　丁家金

惠安县　庄建辉

安溪县　苏宇霖

德化县　吕素珠（女）

永春县　周亚明

三明市

市政协主席　吕少郎

县（市、区）政协主席

三元区　武爱民

梅列区　黄勤炎

永安市　叶培坤

清流县　许天赠

宁化县　罗朝祥

建宁县　徐水泉

泰宁县 梁清荣
明溪县 陈　澄
将乐县 游永涌
沙　县 赖忠厚
尤溪县 陈修栋
大田县 周隆超
莆田市 翁毅彪
城厢区 郑文凤
涵江区 陈文泉
荔城区 何益中
秀屿区 康乃良
仙游县 王加林

南平市

市政协主席 宫维祺
县（市、区）政协主席
延平区 陈鼎璋
邵武市 赵金印
武夷山市 肖天喜
建瓯市 卓吉卿(女)
建阳市 邱运财
顺昌县 杨理庆
浦城县 刘水金
光泽县 张崇泰
松溪县 魏炳发
政和县 黄昌明

龙岩市

市政协主席 杨金龙
县（市、区）政协主席
新罗区 郑江湖
漳平市 陈家鸿
永定县 余德辉
上杭县 温文标
武平县 （空缺）
长汀县 林联锦
连城县 林　旭

宁德市

市政协主席 姚智梅(女)
县（市、区）政协主席
蕉城区 钟家尧
福安市 杨金柱
福鼎市 李宗廉
霞浦县 曾　春
寿宁县 刘美森
周宁县 周孔寿
柘荣县 沈绍芳(女)
古田县 江宋堂
屏南县 叶海游

福建省各级政协组织和委员数

（截至 2006 年底）

级别／项目	省级	副省级	地级市	县（市、区）	合计
组织数	1	1	8	84	94
委员数	680	393	2859	13960	17892

（杨晓冬　陆立安 编写　杨建智 审稿）

政协江西省委员会

【全体委员会议】

九届四次会议 2006年2月7日至11日在南昌举行。九届委员会现有委员691名，出席会议的委员660名。钟起煌主席主持了开幕会。会议听取和审议了韩京承副主席所作的常务委员会工作报告和殷国光副主席所作的提案工作情况的报告；与会委员列席了江西省十届人大四次会议，听取和讨论了省长黄智权所作的《政府工作报告》、《江西省国民经济和社会发展第十一个五年规划纲要》和其他重要报告；通过了同意邵鸿辞去省政协常委职务的决定；增选卢志鹏等13人为政协江西省第九届委员会常务委员；通过了《政协江西省第九届委员会第四次会议决议》和《政协江西省第九届委员会第四次会议提案审查情况的报告》。会议期间，委员们通过小组讨论、大会发言、联组专题讨论和提案、反映社情民意等形式，就树立和落实科学发展观，实现江西在中部地区崛起、全面建设小康社会等问题提出了许多建设性的意见和建议，表现了高度的政治责任感和积极参政议政的热情。中共江西省委书记孟建柱、省长黄智权等省委、省政府全体领导同志分别参加了政协联组的专题讨论，面对面听取委员的意见和建议；省委、省政府领导和有关部门负责同志听取了大会发言。会议通过的《决议》号召，全省各级政协组织和政协委员，要更加紧密地团结在以胡锦涛为总书记的中共中央周围，在中共江西省委的领导和省政府的支持下，坚持以邓小平理论和“三个代表”重要思想为指导，全面贯彻落实科学发展观，坚持和完善中国共产党领导的多党合作和政治协商制度，牢牢把握团结和民主两大主题，认真搞好政治协商，积极推进民主监督，深入开展参政议政，切实抓好自身建设，振奋精神，奋力开拓，使今年的各项工作再上台阶，为大力推进我省农业农村现代化、新型工业化、新型城镇化、经济国际化和市场化，建设创新创业江西、绿色生态江西、和谐平安江西作出新贡献。

【常务委员会会议】

第16次会议 2006年1月10日至12日，省政协九届十六次常委会议在南昌举行。省委副书记、常务副省长吴新雄到会作了《政府工作报告（征求意见稿）》起草情况的说明。11日，与会人员听取了政协江西省第九届委员会常务委员会工作报告（审议稿）起草情况的说明；听取了有关人事安排问题的说明；听取了各专门委员会工作汇报，并进行了民主测评。12日，大会听取了秘书长胡剑平作本次常委会议协调、审议和讨论情况的综合汇报；通过了九届省政协常委会工作报告和提案工作情况的报告；通过了关于召开政协江西省第九届委员会第四次会议的决定；通过了政协江西省第九届委员会第四次会议议程（草案）和日程；通过了政协江西省委员会全体会议工作规则、常务委员会工作规则、专门委员会通则、关于履行民主监督职能若干问题的意见（试行）；通过了政协江西省第九届委员会常务委员会关于文史委员会调整为文史和学习委员会的决定；会议同意邵鸿同志因工作变动辞去政协江西省第九届委员会委员、副秘书长职务和李木根、封明波、盛洪流、龙德华、王晓媛、饶功旺、许明秋等七位同志因工作变动等原因辞去政协江西省第九届委员会委员职务，同意撤销张良琛、许志锐政协江西省第九届委员会委员资格。会议通过了省政协增补委员名单和常务委员会任命名单及其他事项。

第17次会议 2006年2月9日，省政协九届十七次常委会议在南昌召开。会议审议了有关人事事项（草案）；通过曾粮、陈金乐、王国龙任省政协办公厅副主任，免去石弘宝省政协副秘书长、办公厅副主任职务。审议通过了省政协九届四次会议决议（草案）和提案审查情况的报告(草案)；听取了胡剑平关于省政协四次会议开幕以来情况的汇报。

第18次会议 2006年2月11日，省政协九届十八次常委会议在南昌召开。本次常委会议的主要议程是审议常委会2006年工作要点。

第19次会议 2006年6月15日至16日，省政协九届十九次常委会议在南昌举行。15日，会议通过了省政协九届十九次常委会议程，听取了雍忠诚副主席所作的《关于推进我省社会主义新农村建设的调研报告》和8位委员的大会发言。省委副书记彭宏松、省政府副省长熊盛文到会并讲话。16日，分组协商讨论，围绕社会主义新农村建设问题反映社情民意。胡剑平向常委会报告了协商讨论情况。钟起煌简要通报了今年上半年的工作情况，并结合下半年工作谈了三点意见。

第20次会议 2006年9月12日至13日，省政协九届二十次常委会议在南昌举行。省委常委、省委秘书长陈达恒应邀出席会议。省政府副省长胡振鹏应邀到会通报情况。12日，常委会议开幕，雍忠诚副主席主持会议。会议听取了倪国熙副主席所作的“关于建设创新型江西需要研究解决的几个问题”的调研报告。省政协副主席黄懋衡作了关于产学研结合问题的思考发言。温显来等7位委员代表所在界别分别作了大会发言。在13日下午的闭幕会上，省政协秘书长胡剑平作了本次常委会议专题协商讨论情况的综合汇报。省政协主席钟起煌作了讲话，总结了本次会议的三个特点。

第21次会议 2006年12月27日至28日，省政协九届二十一次常委会议在南昌举行。27日上午的大会由王林森副主席主持。会议通过了省政协九届二十一次常委会议议程。省委副书记、代省长吴新雄到会作了关于《政府工作报告（征求意见稿)》起草有关情况的说明和介绍关于政协提案办理的情况。会议听取了曾粮副主任关于《政协江西省第九届委员会常务委员会工作报告（审议稿)》起草情况的说明；听取了省政协提案委员会主任方正平《关于省政协九届四次会议以来提案工作情况的报告（审议稿)》起草情况的说明；听取了各专门委员会工作汇报（书面)；听取了省政协副主席王林森所作的有关人事事项的说明。27日下午，分组协商讨论《政府工作报告（征求意见稿)》。28日上午，分组讨论《政协江西省第九届委员会常务委员会工作报告（审议稿)》和《关于省政协九届四次会议以来提案工作情况的报告(审议稿)》；审议《关于召开政协江西省第九届委员会第五次会议的决定（草案)》、《政协江西省第九届委员会第五次会议议程（草案）和日程（草案)》。28日下午的大会由黄懋衡副主席主持。大会听取了胡剑平秘书长关于本次常委会议协商讨论和审议情况的综合汇报（书面)；原则通过了《政协江西省第九届委员会常务委员会工作报告》和《关于省政协九届四次会议以来提案工作情况的报告》；通过了关于召开政协江西省第九届委员会第五次会议的决定；通过了政协江西省第九届委员会第五次会议的议程和日程；会议同意傅敏先辞去政协江西省第九届委员会常委职务和江晓斌辞去政协江西省第九届委员会委员职务；通过了政协江西省第九届委员会增补委员名单；通过了省政协人事任免名单。

【专门委员会工作】

提案委员会 坚持“围绕中心、服务大局、提高质量、讲求实效”的提案工作方针，按照“适应新定位、注入新内容、探索新方法、建立新机制、激发新活力、取得新实效”的要求，积极构建创新型提案工作体系，认真做好各项服务工作。全年共收到提案662件，立案653件。为促进江西省经济社会协调发展、社会主义新农村建设、构建和谐社会，发挥了积极的作用。主要在8个方面做了一些工作：认真抓好学习培训工作；构建创新型提案工作体系取得初步成效；组织实施社会主义新农村建设“百村调研”活动；抓住重点，分出层次，努力提高提案办理实效；创新方式，推进提案工作提高整体质量；举办提案承办单位联络员研讨培训班；加大了提案工作的宣传力度；加强与有关单位和部门的联系。

经济科技委员会 按照“建言献策求深、专题调研求精、反映民意求实、活动方式求新”的工作思路，组织委员围绕中心履行职能，紧扣发展献计出力，较好地完成了各项工作。一、突出重点，紧紧围绕省政协常委会协商议题建言出力。1. 牵头承担了省政协第二季度常委会议社会主义新农村建设专题协商的调研工作。2. 完成第三季度常委会提高自主创新能力专题协商一子课题的调研任务。二、加强监督，为推动我省信息化建设献计献策成效显著。三、创新方式，将视察与调研有机结合，再促工业园区建设。四、丰富活动内容，不断调动委员参政议政热情。五、加强对外联系，委员会整体工作合力得到增强。六、加强两个建设，不断提高履行职能的能力和水平。

教文卫体委员会 坚持围绕中心，服务大局，认真落实省政协常委会工作要点，充分发挥优势，积极履行职能，全年组织开展各种活动总计36次。无论是专题调研、视察，还是撰写提案、反映社情民意，始终注意在突出特色中展现活力，在展现活力中突出特色，工作质量和实效有了新的提高。并在确立调研的选题上、在丰富活动的内容上、在增强活动的实效上、在推动工作的创新上，都取得了较好的效果。

社会和法制委员会 围绕常委会工作重点和委员会的工作目标，充分发挥委员主体作用，创新工作思路，努力推进民主监督，深入开展专题调研，积极参与立法协商，切实加强自身建设，各项工作取得了明显的成效。1. 围绕常委会的工作重点，认真履行职能，努力推进民主监督。2. 深入开展专题调研，为构建和谐平安江西建言献策。3. 积极参与立法协商，为加快江西省依法治省进程作出了贡献。4. 运用多种形式组织委员活动，积极推进委员会各项工作的开展。5. 切实加强自身建设，提升委员会的整体工作水平。

文史和学习委员会 根据省政协常委会年度工作要点，结合本委工作实际，适应新形势，探索新路子，拓展新领域，认真履行职能，积极探索文史工作为现实服务的新途径。一年来，共组织委员开展调查研究、视察考察、召开各种形式座谈会等各类活动62次，征集、编辑和出版文史资料各种文字史料200余万字，较好地完成了各项工作任务。2006年主要做了6个方面的工作：开展了一次调研、两次考察；完成了两项选题的协作任务；举办了两次小型委员学习研讨会；精选细编，努力办好两个刊物；加强交流，学习借鉴各级政协文史学习工作的经验和做法；编辑出版了《江西高等教育十七年》和《江西禅宗文化》两本书。

港澳台侨委员会 紧紧围绕团结和民主两大主题，以联谊为纽带，以活动为载体，以调研为抓手，解放思想，聚焦事业，扎实工作，较好地实现了“服务大局有高度、建言献策有深度、民主监督有力度、团结联合有广度、自身建设有强度”

等工作目标。1. 以联谊为纽带，在凝心聚力方面取得了新进展。2. 以活动为载体，在促进委员知情出力方面取得了新进展。3. 以调研为抓手，在开展民主监督方面取得了新进展。4. 以自身建设为基础，在激发委员会及其办公室工作人员的积极性、主动性和创造性方面取得了新进展。

人口资源环境委员会 3月份至5月份，围绕“社会主义新农村建设”协商专题，就江西省农村信息化问题到市县及政府有关部门调研后，向19次常委会议提交了《关于我省农村信息化面临的问题及对策》的调研报告，提出10条建议。自4月初开始，围绕“提高自主创新能力，推动建设创新型江西”的议题，联合开展了历时近半年的专题调研。6月份，在余干县召开环鄱阳湖3市13县（区）政协第二次“鄱阳湖可持续发展座谈会”。形成《关于鄱阳湖水资源可持续发展的现状及建议》。3月至4月间，向省委、省政府报送了《关于我省稀土资源保护和开发利用情况的调研报告》。6月中旬，开展了“稀土资源合理开发利用和保护”的专题调研。5月份，开展了“绿色家园，生态江西”采风活动。10月下旬，举办了“绿色生态江西建设与生态安全高层论坛”。以“学习与知情”为主题，举办了第三期委员培训班，参加培训的委员和设区市政协机关的负责同志共56人。

【重要活动】

社会主义新农村建设“百村调研”活动 省政协提案委员会从3月开始，联合市、县政协提案委员会，组织实施了社会主义新农村建设“百村调研”。“百村调研”活动历时3个月，省、市、县三级政协提案委员会分别组织106个调研组，对全省93个县(市、区)、142个村开展社会主义新农村建设的情况进行了调研，近千名政协委员参加了调研活动，共提交调研报告105篇，形成了“社会主义新农村建设‘百村调研’报告集”。报告集受到了省委领导、省委省政府有关部门和省政协九届十九次常委会议与会人员的好评。

全省政协工作会议 2006年4月21日，省委在南昌召开全省政协工作会议。省委书记孟建柱、省长黄智权讲话，省委副书记王君主持会议并作总结讲话，省政协主席钟起煌代表省政协党组讲话。宜春市、南昌市、省财政厅负责同志作了大会发言。

全国政协常委视察团在赣视察 2006年5月19日至21日，以全国政协副主席张思卿为团长、全国政协常委卢荣景为副团长的全国政协常委赴赣视察团就江西省加快长江经济带发展问题进行视察。

举行全省政协提案工作座谈会 2006年5月24日，全省政协提案工作座谈会在萍乡市召开。省政协副主席殷国光出席并讲话。

全国政协专题调研组在赣调研新农村建设 2006年7月17日至23日，全国政协副主席阿不来提·阿不都热西提率全国政协经济委员会调研组在江西省就“发展农村经济、加强基础设施建设，建设社会主义新农村”进行专题调研。7月20日，省委、省政府在南昌召开汇报会，向专题组作专题汇报。副省长熊盛文向调研组汇报了江西省新农村建设的情况。阿不来提·阿不都热西提对此给予了充分肯定。调研组一行先后深入到吉安、赣州、南昌等市县区调研。

全国政协委员视察江西省老区扶贫工作 2006年9月12日至19日，以全国政协副主席李兆焯为团长的全国政协委员视察团在江西省视察老区扶贫工作。9月12日，省委、省政府、省政协召开汇报会，向视察团汇报江西省老区扶贫开发工作情况。省委、省政府、省政协领导孟建柱、钟起煌、孙刚、王林森、黄懋衡出席汇报会。18日，视察团和中国扶贫开发协会举行了为江西革命老区扶贫开发和捐款项目签约仪式。19日，视察团召开意见反馈会。

全国政协委员视察江西鄱阳湖水资源保护和开发利用　2006年10月19日至26日，以全国政协副主席周铁农为团长的全国政协委员视察团，就鄱阳湖水资源保护和开发利用问题在江西视察。

举行绿色生态江西建设与生态安全高层论坛　2006年10月25日至26日，由江西省政协人口资源环境委员会、江西省科协、中国生态学会等单位联合举办的"绿色生态江西建设与生态安全高层论坛"在南昌举行。省人大副主任万学文，中国科学院院士赵其国，中国工程院院士王浩等省内外有关部门领导、专家学者300多人参加了论坛。

【重要文件】

常务委员会工作报告（2006年2月7日）摘要：自省政协九届三次会议以来，在中共江西省委的领导和省政府的支持下，省政协常务委员会紧紧依靠全体政协委员，着力加强参政议政能力建设，促进工作质量和水平的整体提升，为我省的经济建设、政治建设、文化建设和社会建设作出了努力。一年来的主要工作是：一、努力构建学习型政协，提高委员参政议政能力和政协工作水平。二、贯彻落实科学发展观，为制定我省"十一五"发展规划积极建言献策。三、贯彻以人为本，为建设和谐平安江西献策出力。四、区域协作、联合攻关，为促进中部地区崛起向中央建言。五、内外结合、多方联合、集思广益，为鄱阳湖区域可持续发展和建立东江流域生态利益补偿机制共谋良策。六、以提高整体质量为着力点，努力创新工作方法和服务手段，提案工作取得新成效。七、继续探索民主监督的有效形式，重点抓好对建设项目环境保护工作的专题民主监督。八、以创新为动力，推进履行职能的其他各项工作更加活跃、更加富有成效。九、努力推进电子政务，打造"电子政协"，促进江西信息化建设。十、切实加强制度建设，积极推进省政协履行职能的制度化、规范化、程序化。

在取得成绩的同时，我们也要清醒地看到工作中存在的不足。在新的一年里，我们要从以下五个方面着力开展工作：一、切实推进学习型政协建设，努力用科学发展观武装头脑，指导政协工作实践。二、服从和服务于全省工作大局，围绕我省实施"十一五"规划开好局、起好步履行职能。三、继续探索有效形式和途径，积极推进民主监督工作。四、认真贯彻中央和省委有关人民政协的文件精神，进一步加强政协履行职能的制度化、规范化、程序化建设。五、坚持总结经验与学习借鉴相结合，努力创新政协工作。

关于认真学习《中共中央关于加强人民政协工作的意见》的通知（2006年3月12日）摘要　一、站在战略高度，充分认识学习《意见》的重大意义。二、抓住《意见》要点，深刻理解和全面把握精神实质，尤其要在十个"深刻理解和全面把握"上下工夫。三、采取多种形式，确保学习活动扎实有效。四、切实加强领导，不断扩大学习活动的成果。

孟建柱在全省政协工作会议上的讲话（2006年4月21日）摘要　会议的主要任务是，学习贯彻中央5号文件及全国"两会"精神，研究部署新形势下进一步加强和改善党对政协工作的领导，积极支持和保证各级政协组织紧紧围绕团结和民主两大主题，切实履行政治协商、民主监督、参政议政职能，更好地发挥人民政协在实现江西在中部地区崛起中的作用，努力开创政协工作新局面。一、深刻理解和全面把握今年中央5号文件的精神，不断增强推进人民政协事业发展的使命感和责任感。1. 加强人民政协工作，是全面落实科学发展观、实现经济社会又好又快发展的客观需要；2. 加强人民政协工作，是建设社会主义政治文明、提高党的执政能力的必然要求；3. 加强人民政协工作，是构建社会主义和谐社会的重要途径。二、充分发挥人民政协在江西省改革开放和现代化建设中的作用，努力开创全省政协工作新局面。1. 坚持以邓小平理论和“三个代表”重要思想为指导，全面落实科学发展观，始终保持人民政协坚定正确的政治方向；2. 坚持服务大局，积极为实施“十一五”规划和建设和谐平安江西贡献力量；3. 以制度创新为重点，积极推进政治协商、民主监督、参政议政的制度化、规范化、程序化建设；4. 大力加强人民政协的自身建设，不断提高履行职能的水平。三、进一步加强和改善党对政协工作的领导，努力为各级政协履行职能创造更好的条件。1. 要把政协工作作为党委总揽全局的重要任务；2. 要充分发挥政协党组的领导核心作用和党员的先锋模范作用；3. 要重视和加强对人民政协的宣传和理论研究；4. 要关心政协建设，努力为各级政协履行职能创造条件。

【组织概况】

常委增选名单（2006年2月11日九届四次会议选举通过）

卢志鹏　任江南　许小欢　苏多素
余达喜　郑守华　胡淑珠（女）
查俊如　贾善来　徐云香（女）
栾　波　崔　琳（女）　满　瑾（女）

委员辞职名单（2006年1月12日第16次常委会议通过）

李木根　封明波　盛洪流　龙德华
王晓媛　饶功旺　许明秋

（2006年1月12日第16次常委会议通过）

江晓斌

撤销委员资格名单（2006年1月12日第16次常委会议通过）

张良琛　许志锐

委员增补名单（2006年1月12日第16次常委会议通过）

王亚平（女）　任江南　刘木华
孙　辉　王　斌　栾　波　王雪冬
郑元豹　张贵伟　陈庆康　周衍绪
贾善来　刘　平　邹良志　郑守华
王先偀　朱章明　杨人平　杨建保
查俊如　崔　琳（女）

（2006年12月28日第21次常委会议通过）

傅克诚　曾页九　朱张才　李华栋
孔宗亮　李南生　刘卫华　张忠信
张华东　洪炳华　黄章干　邝美云(女)

【江西省各级政协领导人名单】

江西省

政协主席

钟起煌

副主席

韩京承　王林森　黄懋衡（女）
黄定元　刘运来　张华康　金　异
殷国光　雍忠诚　倪国熙　一　诚

秘书长

胡剑平

南昌市

市政协主席　陈守朴

王祥生（2006年12月）

县（市、区）政协主席

南昌县　王火生
新建县　胡邦金
进贤县　张茂华

安义县　张　芸（女）
东湖区　赵　波
西湖区　余茂生
青云谱区　王　华
湾里区　兰玉华（女）
青山湖区　虞信远

九江市

市政协主席　程来安
县（市、区）政协主席
修水县　唐晓荣
武宁县　刘品一（女）
瑞昌市　郎小军
永修县　杨增梁
德安县　张学英（女）
九江县　吴杨柳
彭泽县　陈世超
都昌县　冯绍武
星子县　欧阳勤喜
庐山区　陈飞林
浔阳区　张燕萍（女）
湖口县　杨　剑

景德镇市

市政协主席　查炳炎
县（市、区）政协主席
乐平市　占冬生
浮梁县　张承龙
昌江区　李冬季
珠山区　余玉龙

萍乡市

市政协主席　贺维林
县（市、区）政协主席
安源区　曾书康
湘东区　彭长九
芦溪县　张绵远
上栗县　柳晓元
莲花县　陈丙娇（女）

新余市

市政协主席　熊　巍
县（市、区）政协主席
分宜县　易荣秀（女）
渝水区　刘海清

鹰潭市

市政协主席　李东堂
县（市、区）政协主席
贵溪市　吴金荣
余江县　宋平先
月湖区　张周庭

赣州市

市政协主席　罗春涛
赖联明（2006 年 12 月）
县（市、区）政协主席
章贡区　刘　健
赣　县　曹良海
上犹县　刘烈德
崇义县　刘大新
南康市　谢福明
大余县　许燕谏
信丰县　刘和秀（女）
龙南县　钟朋荣
全南县　邓诗海
定南县　利胜才
安远县　杜开荣
寻乌县　古西华
兴国县　刘开连
于都县　张武兴
瑞金市　张茂棉
会昌县　刘庆生
石城县　黄光庆
宁都县　邓宏志

宜春市

市政协主席　周亚夫

县（市、区）政协主席

袁州区 黄亦祥

樟树市 傅顺秀

丰城市 熊生根

靖安县 邓琤琥

奉新县 邹仕樘

高安市 闵秀英（女）

上高县 喻九根

铜鼓县 陈添菊（女）

宜丰县 程远明

万载县 王金根

上饶市

市政协主席 王际贤

熊良华（2006年12月）

县（市、区）政协主席

信州区 曾祥水

上饶县 祝家炎

广丰县 周重明

玉山县 倪贤才

横峰县 姜寿福

弋阳县 周金才

德兴市 姜炳火

婺源县 戴月英（女）

铅山县 游天林

万年县 尤红根

余干县 张自生

鄱阳县 陈子峰

吉安市

市政协主席 刘育椿

县（市、区）政协主席

吉州区 陈文惠

青原区 李炳华

井冈山市 贺福荣

吉安县 罗福祥

新干县 苏仕彼

永丰县 毛国强

峡江县 罗晓军

吉水县 唐富水

泰和县 徐海冲

万安县 谢水香（女）

遂川县 黄明祈

安福县 郑莲华（女）

永新县 周 浩

抚州市

市政协主席 李品行

县（市、区）政协主席

临川区 罗火生

南城县 邓水保

黎川县 张仕龙

南丰县 黄应根

崇仁县 张国英

乐安县 杨水生

宜黄县 曾建军

金溪县 喻怀祥

资溪县 余启明

广昌县 蓝忠民

东乡县 辛象其

江西省各级政协组织和委员数

（截至2006年底）

级别 项目	省	设区的市	县（市、区）	合计
组织数	1	11	99	111
委员数	691	3985	17169	21845

（凌恭晴 编写　杨述喜 审稿）

政协山东省委员会

谢玉堂　副主席
（增选）

毕泗生　秘书长
（补选）

【全体委员会议】

九届四次会议　2006年1月14日至19日在济南举行。政协第九届山东省委员会共782人，766名委员出席会议。会议听取和审议了孙淑义主席代表常委会所作的工作报告和周鸿兴副主席代表常委会所作的提案工作报告。有9位委员围绕我省改革发展稳定、贯彻落实科学发展观、构建和谐社会等重大问题，作大会发言，另有88名委员作大会书面发言。收到提案692件，立案658件。列席了山东省第十届人民代表大会第四次会议，听取讨论了韩寓群省长所作的省政府工作报告、省政府关于国民经济和社会发展第十一个五年总体规划纲要（草案）和其他报告。增选谢玉堂为九届省政协副主席，补选毕泗生为九届省政协秘书长，增选20名常委。审议通过了省政协九届四次会议政治决议、关于常委会工作报告的决议、关于提案工作报告的决议和关于提案审查情况的报告。孙淑义主席作了闭幕讲话。

【常务委员会会议】

第17次会议　2006年1月13日在济南举行。应出席常委147人，到会常委142人。会议听取了省政协副主席、省委统战部部长齐乃贵所作的关于人事安排事项的说明，审议通过了增补委员协商名单，审议通过增补副主席、补选秘书长、增补常务委员候选人名单，审议通过辞去秘书长、常务委员职务人员名单（草案），审议通过了九届四次会议选举办法（草案），审议通过了九届四次会议选举大会总监票人、监票人名单（草案）。

第18次会议　2006年1月19日上午在济南举行。应出席常委147人，到会常委146人。会议审议了有关选举事项。决定将增选副主席、补选秘书长、增选常务委员候选人协商名单，辞去秘书长、常务委员名单及选举办法草案和总监票人、监票人名单草案提交大会。听取了大会秘书长袁义法关于各组讨论情况的综合汇报；审议了九届四次会议政治决议（草案）、关于常委会工作报告的决议（草案）、关于提案工作报告的决议（草案）和关于提案审查情况的报告（草案），同意将以上决议（草案）和报告（草案）提交九届四次会议审议。

第19次会议　2006年1月19日下午在济南举行。应出席常委147人，到会常委146人。会议审议通过了有关人事事项。

第20次会议　2006年3月21日至22日在济南举行。应出席常委163人，到会常委137人。会议传达学习了《中共中央关于加强人民政协工作的意见》和全国“两会”精神，审议通过了《关于学习贯彻〈中共中央关于加强人民政协工作的意见〉的决议》，审议通过了有关人事事项。孙淑义主席在会议结束时作了讲话。

第 21 次会议 2006 年 6 月 27 日至 28 日在济南举行。应出席常委 163 人，到会常委 132 人。会议听取了王仁元副省长代表省政府所作的我省今年以来经济运行情况的通报；听取了王久祜副主席传达的关于全省政协工作会议精神，学习讨论了全省政协工作会议精神；围绕我省社会主义新农村建设和发展县域经济问题，进行分组讨论和大会发言；审议通过了《关于扎实推进我省社会主义新农村建设的建议案》和有关人事事项；形成了《关于贯彻落实全省县域经济现场会议精神，推进县域经济又快又好发展的议政报告》。孙淑义主席在会议结束时作了讲话。

第 22 次会议 2006 年 10 月 19 日至 21 日在济南举行。应出席常委 163 人，到会常委 135 人。会议传达学习了中共十六届六中全会精神，听取了孙淑义主席关于中共十六届六中全会和全国政协十届十五次常委会议有关情况的介绍，听取了副主席王修智、王久祜传达的中共十六届六中全会有关文件精神；围绕提高自主创新能力、加快发展服务业进行了协商议政，审议通过了《关于增强自主创新能力，加快创新型山东建设的建议案》；审议通过了有关人事事项。孙淑义主席在会议结束时作了讲话。

第 23 次会议 2006 年 12 月 29 日至 30 日在济南举行。应出席常委 163 人，到会常委 135 人。会议听取了韩寓群省长关于省《政府工作报告》起草情况的通报，分组讨论了省《政府工作报告（征求意见稿）》；听取了省委统战部常务副部长黄天俊所作的关于增补委员的说明；听取了秘书长毕泗生所作的关于九届五次会议筹备情况的汇报；审议通过了关于召开九届五次会议的决定及议程（草案）、日程；审议通过了常委会工作报告和提案工作报告，并分别推举孙淑义和周鸿兴为报告人；审议通过了九届五次会议秘书长、副秘书长名单，常委轮值名单和各组召集人名单；增补了 38 名委员；听取了办公厅关于省政协 2006 年工作任务完成情况综合汇报和各专门委员会工作汇报。孙淑义主席在会议结束时作了讲话。

【专门委员会工作】

提案委员会 一年来，共收到提案 788 件，立案 744 件，交 105 个单位办理。截至 2006 年底，所有提案均已办复。一、加大重点提案办理力度。遴选 18 件重点提案，报请韩寓群省长、孙淑义主席和其他省领导同志阅批。省政协 6 位副主席分别带队视察了部分承办单位的提案办理情况。选择部分对全省经济社会发展有重要影响和对省委、省政府决策有重要参考价值的提案，开展了一系列带案调研视察活动。二、建立提案办理情况通报制度。九届二十三次常委会议上，省政府通报了 2006 年提案办理情况。三、提高提案服务工作水平。开展“总结基层政协提案服务工作经验”活动，深入 17 个市、34 个县（市、区）进行了调查研究。召开全省政协提高提案工作服务质量座谈会，对进一步提高提案工作质量进行了探讨。四、推进提案工作信息化建设。开发使用了网上办理提案系统，初步实现了提案通过互联网提交、审查、办理、反馈和发布。五、加强提案工作的宣传报道。在人民政协报及省级以上新闻媒体上，发表宣传提案工作稿件 200 余篇。

经济委员会 一年来，共组织委员开展了 3 次调研、3 项专题视察、2 项学习考察和 2 项咨询服务活动，形成建议案、调研报告等 8 篇。一、围绕重点题目搞好调研。围绕“推进我省社会主义新农村建设”、“推进我省港口资源整合”、“加快建立和完善促进企业自主创新的体制”等问题，组织委员进行调研，形成了《扎实推进我省社会主义新农村建设的建议案》和相关《建议》报送省政府。二、围绕热点问题开展视察活动。组织委员就解决贫困村吃水难问题、我省林业发展情况、我省科技馆建设与发展情况等，进行了视察，提出了许多有针对性和可操作性的建议。三、开展协商讨论、咨询服务活动。组织有关委员参与了省委新农村建设文件（讨论稿）的协商讨论。对潍坊滨海开发问题进行了咨询服务，形成了《关于加快推进潍坊市北部沿海经济开发的建议》，得到韩寓群等省领导同志的高度重视。

人口资源环境委员会 一、开展调研活动。围绕“开发利用风能资源、推动我省风电产业发展”、“完善我省农村养老保障体系建设”、“生物质新能源产业”等问题，组织部分委员和专家学者进行调研，分别形成调研报告报送省政府，韩寓群等省领导同志作出了重要批示。二、开展视察活动。围绕“我省人口和计划生育工作新机制建设”、“荒山绿化和湿地自然保护区建设管理工作”等问题，组织委员进行了专题视察，分别形成相关材料报送省政府，提出了许多有价值的意见和建议。三、开展有关课题研究。申报了《山东省矿产资源情况综合调查与对策研究》和《山东土地集约化利用技术研究》两个科研课题。两个课题由省科技厅立项，相关研究工作正在陆续开展。四、承办了全国政协暨地方政协人资环委工作研讨培训会。

科教文卫体委员会 一、着力搞好专题调研。围绕“加强农村文化建设”、“提高我省自主创新能力、建设创新型省份”、“关于旅游业发展情况”、“上学难、上学贵”、“看病难、看病贵”等问题，进行了广泛深入的调查研究，形成了《关于增强自主创新能力、加快创新型山东建设的建议案》、《关于贯彻落实省委、省政府政策部署，加快建设旅游经济强省的建议》和相关调研报告共5份，韩寓群等省领导同志作了重要批示。二、积极开展建言立论活动。就我省体育运动员的训练、备战和体育场馆建设情况等问题，组织召开情况通报会，与有关部门负责同志进行了座谈交流。派员参加了全省教育督导活动。继续完成“关于加快我省文化产业发展”专题研究工作。三、积极开展诗书画联谊活动。协助烟台市政协筹办了全省十七市政协工作和书画联谊会；开展了书画巡回展等文化下乡活动；协助山东诗词学会进行换届选举和《历山诗刊》的编辑工作。

港澳台侨和外事委员会 一、开展视察和调研活动。就如何做好新时期侨务工作等问题进行了调研，形成了《关于做好新时期我省侨务工作的几点建议》，省政府分管领导作出了批示。二、认真做好团结联谊工作。召开港澳委员中秋联谊座谈会、组织省内外考察，积极为港澳委员和海外顾问投资兴业、开展爱心捐助牵线搭桥，促成港澳委员和海外顾问在鲁新增投资15亿元。聘请了7位海外顾问，海外顾问达到20人。三、举办国际局势和台湾形势报告会，组织召开省直第13次对台工作联席会议，大力宣传“和平统一、一国两制”的基本方针。四、组织召开全省政协港澳台侨和外事工作经验交流会，研究探讨做好新形势下人民政协港澳台侨和外事工作的新方法、新思路。五、认真做好海外来访团组和友好人士的接待服务工作。全年共接待台湾、港澳和海内外来宾200余人次。

社会法制委员会 一、认真组织专题调研。就“建立和完善农村社会保障体系，推进和谐山东建设”问题进行专题调研，形成《关于建立和完善农村社会保障体系，推进和谐山东建设的调研报告》报送省政府。韩寓群等省领导同志作出重要批示，要求有关部门研究落实报告建议。二、积极组织专项视察。围绕“脱贫帮扶工作”、“安全社区建设”、“济南大学城建设”、“《监狱法》实施情况”、“打击毒品犯罪工作情况”等问题，组织委员进行专项视察。三、积极为平安山东建设献计出力。召开“开创平安建设新局面议政会”，组织委员会成员、各市政协有关委员、省内社科界专家，为新形势下开创平安建设新局面建言献策。会后，向省委报送了《议政报告》。省委书记张高丽和省委、省政府领导同志分别作出批示，要求有关部门研究报告建议并在工作中采纳。四、参与我省地方立法工作。组织委员参与修改了《山东省渔业港口船舶管理条例（会签稿）》等3部拟提交省人大常委会审议的法规稿。

民族和宗教委员会 一、积极开展专题视察。先后就“我省农村少数民族集聚地区普及九年制义务教育情况”、“学习贯彻《宗教事务条例》情况”进行了专题视察，提出了许多有价值的意见和建议。所提意见建议得到分管副省长和相关部门的高度重视。二、积极引导宗教界人士为构建和谐社会献计出力。推动宗教界人士开展了捐资助学、救灾扶贫活动，筹集资金及物品220余万元。三、认真组织学习讲座。举办民族和宗教问题讲座，邀请国家宗教局叶小文局长作了《宗教：和谐还是冲突?》的报告，省民委（宗教局）于洪文主任（局长）作了《关于当前民族工作的几个问题》的报告。四、开展联合视察。与社会法制委员会联合组织部分委员就“安全社区建设”进行视察。

文史资料委员会 一、积极开展调研视察。组织部分委员和专家学者，围绕“我省历史文化古村镇的保护及开发利用情况”进行了视察和调研，并针对有关问题提出了相关建议。二、加大史料征集力度。在完成《山东重要历史事件》出版发行工作的基础上，开展了《山东重要历史人物》的史料征集工作；参与全国政协文史委《治理黄河》、《工业学大庆》等协作项目，已征集史料50余篇、30余万字。三、积极开展“大运河保护开发”和“大舜文化研究”两项重大活动。协助全国政协组织开展了“京杭大运河保护与申遗”考察活动，召开了由省直有关部门、沿运河各市政府、政协负责同志和专家学者参加的“大运河保护和开发研讨会”，推动有关市县和部门着手制定相关规划。牵头组织驻济高校和社会科学部门专家学者开展“大舜与夏、商、周”课题研究。四、继续办好《春秋》杂志。通过创新内部运行机制，聘请资深编辑，拓展稿源，精编精校，杂志质量有了明显提高。杂志社被评为宣传政协工作先进单位，并荣获省期刊学会颁发的编辑一等奖。

【重要活动】

召开全省政协工作会议 5月23日至24日，省委在济南召开全省政协工作会议。会议的主要任务是，认真学习贯彻中央《意见》，以邓小平理论和“三个代表”重要思想为指导，以科学发展观统领全局，总结和交流近年来我省政协工作的经验，研究制定进一步加强政协工作的措施，更好地发挥政协的重要作用，推动全省经济建设、政治建设、文化建设、社会建设。省委书记、省人大常委会主任张高丽，省委副书记、省长韩寓群，省政协主席孙淑义分别讲话；韩寓群和省委副书记、济南市委书记姜大明分别主持开幕和闭幕会议。会议举行了大会发言和分组讨论。省委、省人大、省政府、省政协、省检察院领导同志，各市市委书记、市政协主席、市委统战部部长、市政协秘书长，部分县（市、区）委书记和政协主席；省直有关部门、单位主要负责人，高等院校党委书记；省政协各部门负责人；省级各民主党派、工商联负责人等出席会议。会议分别出台了《中共山东省委关于进一步加强新形势下人民政协工作的意见》和《山东省人民政府关于支持人民政协履行职能的意见》。

举办“大舜与夏、商、周”研讨会 6月20日至21日，省政协举办“大舜与夏、商、周”研讨会。谢玉堂副主席出席研讨会并讲话。

开展“人民政协的政治协商”、“界别设置与调整”和“县级政协设置与作用”调研活动 8月1日至9月10日，按照全国政协的部署和安排，省政协就“人民政协的政治协商”、“界别设置与调整”和“县级政协设置与作用”等有关问题，在全省范围内开展了专题调研活动。

召开发挥专委会作用座谈会 8月31日至9月1日，全省政协发挥专委会作用座谈会在莱芜召开，会议通过了《全省政协发挥专委会作用座谈会纪要》。王久祜副主席出席会议并讲话。

承办全国政协暨地方政协人资环委工作研讨培训会 9月15日至19日，由山东省政协承办的全国暨地方政协人口资源环境委员会工作研讨培训会在济南、临沂召开。全国政协副主席张思卿出席开幕会议并讲话，全国政协人口资源环境委员会副主任陈邦柱在闭幕会上作讲话，省政协主席孙淑义介绍山东经济社会发展和全省政协工作情况。全国政协副秘书长李昌鉴就学习中央《意见》作专题讲座。全国政协常委、中国工程院院士、中国科学技术协会原副主席左铁镛作了《落实科学发展观 发展循环经济 建设资源节约型和环境友好型社会》的专题讲座，北京大学人口研究所穆光宗教授作了《中国人口问题和挑战》的讲座。全国政协人资环委副主任马国良、王克英、张宝明，贵州省政协副主席许乐仁，山东省政协副主席谢玉堂、张敏，秘书长毕泗生出席会议。

召开学习贯彻中共十六届六中全会精神座谈会 10月17日，省政协学习贯彻中共十六届六中全会精神座谈会在济南召开。王久祜副主席出席会议并讲话。

召开平安山东建设议政会 11月8日，省政协召开平安山东建设议政会。省政协副主席、省综治委副主任王宗廉出席会议并讲话。省政协秘书长毕泗生和省政协法制委员会副主任孟昭科分别主持会议。省有关方面的专家学者、各市政协相关负责人出席了会议。

山东省2006年人民政协理论与实践研究成果评选 12月6日，省政协举行了山东省2006年人民政协理论与实践研究成果评选。共收到参评作品142件，经过初评、复评、终评三个阶段，评出一等奖5件，二等奖25件，三等奖30件，优秀论文奖55件。王久祜副主席出席了评选活动终评委会议并讲话。

举行京杭大运河山东段保护和开发研讨会 12月12日，由省政协主办的京杭大运河山东段保护和开发研讨会在济宁召开。省政协主席孙淑义，全国政协文史和学习委员会副主任、浙江省政协原主席刘枫出席会议并讲话，副省长贾万志出席会议，省政协副主席谢玉堂主持会议。

开展贯彻落实中央《意见》和全省政协工作会议精神大检查活动 根据省委统一部署，12月20日至28日，由省政协党组牵头，省委办公厅、省委统战部和省政协办公厅派员组成7个检查组，分别由一位省政协副主席带队，赴全省17个市和部分县（市、区），就贯彻落实中央《意见》和全省政协工作会议精神情况进行了集中检查，形成《关于贯彻落实全省政协工作会议精神检查情况的报告》，报省委后，由省委转发全省各市和省直有关部门。

【重要文件】

中国人民政治协商会议第九届山东省委员会常务委员会工作报告（2006年1月14日在省政协九届四次会议上）（摘要）　一年来省政协常委会的工作。（一）坚持把学习摆在突出位置，进一步增强做好政协工作的责任感和使命感；（二）紧紧围绕第一要务履行职能，努力为推动我省经济社会实现新发展议政建言；（三）发挥人民政协的特有优势，为促进全省和谐稳定作出贡献；（四）认真做好提案、视察、反映社情民意、文史资料工作，切实增强政协工作的活力；（五）坚持大团结、大联合，充分发挥各民主党派、工商联和无党派人士在政协中的作用；（六）加强团结联谊工作，积极为促进祖国和平统一贡献力量；（七）广泛开展履行“三项职能”情况大检查活动，不断推动政协工作创新发展；（八）以先进性教育活动为动力，着力加强政协自身建设。近年来，我省各级政协的实践经验：一是在工作的总体把握上，必须自觉做到“维护核心、服务中心、反映民心、凝聚人心”；二是在工作的指导原则上，必须始终坚持在继承中开拓创新；三是在工作的根本要求上，必须充分体现“人民政协为人民”的基本理念；四是在工作的组织运作上，必须努力形成履行职能的整体合力；五是在工作的保障措施上，必须不断完善科学有效的运行机制。2007年，九届省政协常委会工作的指导思想和总体要求是：在中共山东省委的坚强领导下，以邓小平理论和“三个代表”重要思想为指导，全面落实科学发展观，深入贯彻中共十六大、十六届三中、四中、五中全会和省委八届十一次全委会议精神，紧紧围绕省委“一二三四五六”的发展目标和总体要求，按照“服务大局、突出重点、坚持创新、有所作为”的工作思路，牢牢把握团结和民主两大主题，进一步增强机遇意识、大局意识和创新意识，努力做好“维护核心、服务中心、反映民心、凝聚人心”的各项工作，切实履行好政治协商、民主监督、参政议政职能，推动政协工作在新的起点上实现新发展。（一）深入学习贯彻中共十六届五中全会和中央关于人民政协工作的重要指示精神：（二）努力为实施我省“十一五”发展规划献计出力；（三）自觉担负起推进和谐社会建设的历史责任；（四）积极推进履行职能的制度化、规范化、程序化；（五）认真做好港澳台侨和外事工作；（六）及时了解和准确反映社情民意；（七）切实搞好人民政协理论研究和新闻宣传工作；（八）进一步加强政协自身建设。

中国人民政治协商会议第九届山东省委员会第四次会议政治决议（2006年1月19日省政协九届四次会议审议通过）（内容略）

中共山东省委关于进一步加强新形势下人民政协工作的意见（2006年5月30日）（摘要）　为认真贯彻落实《中共中央关于加强人民政协工作的意见》（以下简称《意见》），结合我省实际，现就进一步加强新形势下人民政协工作提出如下意见。

一、充分认识人民政协的重要地位和作用

人民政协是中国共产党把马克思列宁主义统一战线理论、政党理论和民主政治理论同中国具体实践相结合的伟大创造，是中国共产党同各民主党派、人民团体和各族各界人士风雨同舟、团结奋斗的伟大成果，是实行中国共产党领导的多党合作和政治协商制度的重要政治形式和组织形式，是我国政治体制的重要组成部分，在我国政治生活中具有不可替代的作用。坚持和完善人民政协这种民主形式，既符合社会主义民主政治的本质要求，又体现了中华民族兼容并蓄的优秀文化传统，具有鲜明的中国特色。人民政协作为中国共产党领导的各党派、各团体、各民族、各阶层大团结大联合的组织，其基本属性、主要职能、组织构成、工作原则和活动方式，与构建社会主义和谐社会的要求完全一致，同构建社会主义和谐社会的各项工作紧密相连。在全面建设小康社会、加快推进社会主义现代化的新的发展阶段，提高党的执政能力、发展社会主义民主政治、构建社会主义和谐社会、推进中国特色社会主义伟大事业，必须大力加强人民政协工作，充分发挥人民政协的重要作用。各级党委、政府要认真学习、深刻领会中央《意见》的丰富内涵和精神实质，从党和国家事业发展全局和战略的高度，充分认识人民政协的重要地位和作用，增强做好新世纪新阶段人民政协工作的责任感和自觉性，不断开创我省政协工作的新局面。

二、完善和规范人民政协的政治协商

人民政协的政治协商是中国共产党领导的多党合作的重要体现，是党和国家实行科学民主决策的重要环节，是党提高执政能力的重要途径。各级党委要高度重视人民政协的政治协商，真正把政治协商纳入决策程序，坚持就重大问题在决策之前和决策执行过程中进行协商的原则。关系经济和社会发展的重大问题要先协商后决策，事关人民群众切身利益的重要问题要先协商后决定，地方性重大政策要先协商后通过。要增强协商的主动性，搞好统一部署和协调，并认真组织实施，避免协商的随意性和形式化，不得以通报代替协商。

政治协商的主要内容是：改革开放和政治、经济、文化、社会生活中的重大决策部署；本地区国民经济和社会发展中长期规划及重大建设项目；政府工作报告；财政预决算报告；法院、检察院工作报告；党委提出的有关重要人事事项；重要的行政区划变更；关系群众切身利益的重大问题；各党派参加人民政协工作的共同性事务；政协内部的重要事务以及有关爱国统一战线的重要问题；党委、人大、政府、政协认为有必要进行政治协商的其他重大问题。

政治协商的主要形式有：政协全体会议，常委会议，主席会议，常务委员专题协商会，政协党组受党委委托召开的协商会议，秘书长会议，各专门委员会会议，根据需要召开由政协各组成单位和各界代表人士参加的内部协商会。

政治协商的主要程序是：(1) 协商议题的提出。党委根据年度工作重点或政协党组提出的建议，研究并确定在政协协商的议题。(2) 协商活动的准备。政协党组根据党委确定的题目，按照政协章程和有关规定，提出具体协商方案。党委、政府及有关部门应及时将协商内容的有关材料送交政协，并积极支持政协围绕议题组织协商活动。临时确定的重大问题的协商，也要尽早通知政协，以保证协商质量。(3) 协商活动的进行。政协全体会议期间，党政领导同志及部门负责人列席有关会议，听取委员大会发言，参加小组讨论或专题座谈。政协常委会议、主席会议及其他协商会议协商问题时，党委、政府及有关部门根据议题和内容，安排相关负责人到会通报情况，听取意见，参加协商活动。(4) 协商意见的报送。各种形式的协商会议应形成《协商纪要》或《协商建议》。政协全体会议、常委会议、主席会议形成的《协商纪要》，以及其他协商会议形成的《协商纪要》或《协商建议》，要及时送党政领导同志阅批。(5) 协商意见的处理及反馈。对协商形成的意见建议，党委、政府及有关部门要认真研究处理，在一个月内将落实情况向政协书面反馈。

三、支持和加强人民政协的民主监督

人民政协的民主监督是我国社会主义监督体系的重要组成部分，是在坚持四项基本原则的基础上通过提出意见、批评、建议的方式进行的政治监督。民主监督的主要内容是：国家宪法、法律、法规及地方性法规的实施情况；党委、政府重要决策部署的贯彻执行情况；本地区国民经济和社会发展规划及财政预决算执行情况；重大工程建设情况；国家机关及其工作人员履行职责、遵纪守法、廉洁从政等方面情况；参加政协的各单位和个人遵守政协章程和执行政协决议的情况；政协建议案和提案的办理落实情况；其他需要监督的重要事项。

民主监督的主要形式有：政协全体会议、常委会议、主席会议向同级党委、政府提出建议案；政协各专门委员会提出建议或有关报告；政协委员视察、提案、大会发言、举报、反映社情民意等形式提出批评和建议；政协委员对党委、政府有关部门及工作人员进行民主评议；政协委员参加党委、政府及部门组织的有关调查和检查活动；政协委员应邀担任司法机关和政府部门特约监督人员；在新闻媒体开办的政协工作专栏或专题节目中提出意见和建议等。

建立健全民主监督机制。各级党委、政府要支持人民政协依照政协章程开展民主监督，认真倾听来自人民政协的批评和建议，自觉接受民主监督，在知情、沟通和反馈等环节建立健全制度，保证民主监督渠道的畅通。要积极探索党的纪律监督、人大监督、行政监督、舆论监督、人民群众监督与政协民主监督相结合的有效形式，努力提高民主监督的质量和成效。要建立完善民主监督反馈制度，认真研究处理政协提出的批评、建议，并以书面形式及时作出答复。要建立政协民主监督交办事项工作责任制，加强对政协意见、建议、批评和领导批示落实情况的督促检查。

四、充分发挥人民政协的参政议政作用

人民政协的参政议政是人民政协履行职能的重要形式。各级党委、政府要支持人民政协对政治、经济、文化和社会生活中具有综合性、全局性、前瞻性的重要问题以及人民群众普遍关心的问题，开展调查研究，反映社情民意，进行协商讨论。通过委员论坛、资政会、议政会、专题调研等活动，以建议案、提案、调研报告、政协信息等形式，向党委、政府和有关部门提出意见和建议。

各级党委、政府要加强与人民政协的联系和沟通。坚持重要情况适时通报制度，政府每半年向政协常委会议全面通报一次经济社会发展情况。根据全局工作部署，党委、政府每年要提出一些重要调研题目，交由政协承担；也可邀请政协委员参加党委、政府组织的有关调研活动。要建立党委、人大、政府有关部门与政协相关专门委员会业务对口联系制度，相互通报情况，相互邀请参加重要会议，联合开展调研活动。要畅通政协调研成果和信息的报送渠道，并注重成果的转化。

各级党委、政府及有关部门要加大政协建议案、提案和调研报告的办理力度。政协全体会议、常委会议、主席会议提出的建议案，要送党政领导同志阅批，并建立健全建议案办理的制度和程序。要明确政协提案的承办机构和人员，每年向政协常委会议通报提案办理情况。党政负责人签批的政协建议案、调研报告、社情民意、信息，党委、政府办公厅（室）要纳入督查工作范围，承办单位应将办理情况在一个月内作出书面答复；涉及经济社会发展重大问题、重大决策的，应在三个月内正式答复。要把政协建议案、提案、调研报告的办理情况作为考评部门工作的一项重要内容。

各级党委、政府要积极支持人民政协开展海内外联谊活动，加强与港澳各界人士、台湾同胞、海外侨胞的联系，巩固和发展最广泛的爱国统一战线。党委、政府重大外事活动可视情况邀请政协和民主党派、工商联负责人参加。

五、切实抓好人民政协的自身建设

重视发挥民主党派、无党派人士在人民政协中的作用。各级党委、政府要认真贯彻长期共存、互相监督、肝胆相照、荣辱与共的方针，促进参加人民政协的各党派和无党派人士的团结合作，尊重和保障各民主党派以本党派名义在政协各种会议上发表意见和主张。换届时，民主党派、无党派人士在政协委员、常务委员、副主席中的比例应不少于60％、65％、50％，政协各专门委员会应视情况安排民主党派、无党派人士担任专（兼）职领导职务。建立完善政协秘书长与各民主党派驻会负责人联席会议制度，及时就政协内部的重要事项进行沟通和协商。政协机关中应有一定数量的民主党派和无党派人士担任专职领导职务，省、市政协中至少要有一名党外专职副秘书长。政协开展调研、视察等活动，要注意吸收民主党派成员、无党派人士参加。民主党派成员、无党派人士要积极参加政协组织的会议、调研、视察等活动。

重视发挥界别在人民政协中的作用。各级党委要适应形势发展的需要，研究并合理设置界别，扩大团结面，增强包容性。党政有关部门要积极开展同政协有关界别之间的协商交流，了解不同阶层、不同群体的愿望和要求。各级政协要注意根据界别的特点开展活动，积极探索发挥界别作用的有效途径。

政协专门委员会在政协工作中具有基础性作用。要加强政协专委会的组织建设，规范省、市、县政协专委会设置。党委召开涉及全局性的工作会议、组织重大活动和推荐干部，应安排与党委、政府同级的政协专门委员会和机关工作部门负责人参加。

重视发挥政协委员的主体作用。党委、政府和政协要支持委员依照政协章程履行职责。委员所在单位要在各方面对委员履行职责给予积极支持，保障其各项待遇不因参加政协活动而受到影响。要加强对委员的管理、教育和培训。要采取多种形式，确保每位委员每届至少接受一次培训。要尊重和依法保护委员行使各项民主权利。公安司法机关对涉嫌违法犯罪的政协委员采取刑事拘留、逮捕等强制措施前和纪检监察机关对违纪政协委员实行立案审查，应及时向委员所在的政协党组通报情况。

切实加强政协机关建设。各级党委、政府要从提高党政干部队伍素质、加强党的执政能力建设的高度，重视和关心政协组织干部队伍建设，把政协干部的配备、培养、选拔和使用，纳入党委干部队伍建设的总体规划。要加大政协组织与党委、政府之间的干部交流力度，增强政协工作的活力。政协机关机构设置和人员编制要与政协工作的需要相适应。要切实解决各级政协在办公，委员视察、调研，重要会议、活动及机关建设方面的经费，解决党外不驻会副主席参加政协统一组织的各种会议和活动所需经费，以确保各级政协履行其职能。

六、进一步加强和改善党对人民政协的领导

政协工作是党的全局工作的重要组成部分。各级党委要善于运用人民政协这一政治组织和民主形式，把是否重视政协工作，能否发挥好人民政协的作用作为检验领导水平和执政能力的一项重要内容，按照总揽全局、协调各方的原则，支持政协围绕团结和民主两大主题履行职能，依照章程独立负责、协调一致地开展工作。要把政协工作列入党委重要议事日程，纳入党委总体工作布局，统一部署，统一检查，统一考核。每届党委任期内至少召开一次政协工作会议，研究解决政协工作中的重大问题。党委常委会每年至少听取一次政协工作汇报，专题研究政协工作。坚持和完善政协领导参加有关重要会议的制度。不是同级党委常委的党员主席或党组书记列席党委常委会议和其他有关重要会议；政协主席会议成员参加同级党委中心组学习；政府召开全体会议、常务会议和其他重要会议可视情况邀请政协有关领导列席。各级党委和政府要加强与人民政协的联系和沟通。建立和完善党委、人大、政府、政协秘书长（办公室主任）联席会议制度。

充分发挥政协党组在政协组织中的领导核心作用。政协党组是党在人民政协中的派出机构，肩负着实现党对人民政协领导的重大责任。各级党委要善于通过政协党组实施对政协工作的领导。政协党组要认真履行党委赋予的职责，坚定不移地贯彻党的基本理论、基本路线、基本纲领、基本经验，坚定不移地贯彻执行党关于人民政协的方针政策，保证党的有关重大决策和工作部署贯彻落实到人民政协的全部工作中去。要推动参加人民政协的各民主党派、人民团体和各族各界人士自觉接受中国共产党的领导，使党的主张成为各民主党派、人民团体和各族各界人士的广泛共识。政协委员中的共产党员和政协机关中的共产党员，要增强政治责任感，不断提高自身修养和履行职能能力，广交深交党外朋友，努力成为合作共事的模范、发扬民主的模范、廉洁奉公的模范。

各级党委要高度重视政协领导班子的思想、作风和组织建设。要根据政协的性质和工作需要，按照干部“四化”标准和德才兼备的原则，把政治坚定、作风民主、熟悉党的人民政协理论、热心政协工作的同志配备到政协领导班子中去。要保持政协常务委员会、主席会议组成人员合理的年龄结构、知识结构和党内外比例。每届政协领导班子中至少应有一至两名比较年轻、能任满两届的党员负责同志担任领导职务，以保持政协工作的连续性和稳定性。在各级政协中担任副主席的党外人士，享受党内同级干部的政治和生活待遇。乡镇党委、街道党工委要有一名领导同志负责政协方面的工作。

加强人民政协的理论研究、教育和宣传工作。各级党委要把政协干部教育培训纳入干部培训的总体规划，干部培训要增加有关人民政协方面的知识和内容，各级党委要积极组织并大力推动关于人民政协的理论研究、宣传和教育工作，把人民政协理论列入各级党校、行政学院、干部学院、社会主义学院的教学计划。各级党委负责同志要带头学习党的人民政协和统一战线理论，熟悉人民政协工作。党委宣传部门要加大对人民政协理论、政策的宣传力度，有计划、有重点地宣传中国共产党领导的多党合作和政治协商制度，宣传人民政协的性质、地位和作用，宣传各级政协组织、政协委员履行职能的成效，创造全党全社会重视和支持人民政协工作的新局面。

各级党委、政府、政协和省直有关部门要根据本意见的要求，结合实际，研究制定具体贯彻意见和相关配套措施，并认真抓好落实。各级党委要对本意见的贯彻落实情况适时进行检查，推动我省政协事业实现新的发展。

山东省人民政府关于支持人民政协履行职能的意见（2006年5月19日） 为认真贯彻落实中央和省委关于加强人民政协工作的意见精神，更好地支持人民政协履行政治协商、民主监督、参政议政职能，进一步推进我省三个文明建设，现就有关问题提出如下意见：

一、进一步提高支持政协履行职能的自觉性

人民政协是中国人民爱国统一战线组织，是中国共产党领导的多党合作和政治协商的重要机构，是我国政治生活中发扬社会主义民主的重要形式，在我国政治生活中具有不可替代的作用。各级政府、各部门要深入学习贯彻《中共中央关于加强人民政协工作的意见》和省委有关指示精神，从完善我国基本政治制度、发展社会主义民主政治、构建社会主义和谐社会的高度，从加强政府自身建设、提高行政能力和决策水平的高度，充分认识人民政协的重要地位和作用，切实支持政协履行职能，努力开创政府工作与政协工作互相支持、互相配合、互相促进的新局面。

二、认真搞好与人民政协的政治协商

按照中央关于“就国家和地方重要问题在决策之前和决策执行过程中进行协商”的原则，各级政府的政府工作报告、国民经济和社会发展中长期规划及经济社会发展重大问题，应作为政治协商的重要内容。政府重大决策在决策之前要充分征求政协领导同志意见。

为保证协商工作的顺利进行，政府及有关部门要加强与政协的联系和沟通，及时将协商的有关材料送交政协。政府负责同志和有关部门负责人要积极参加各种协商会议，通报有关情况，认真听取政协组织和政协委员的意见和建议。

各级政府要重视协商意见的批办、督办和反馈工作。政协全体会议、常委会议和主席会议形成的《协商纪要》以及其他协商会议形成的《协商纪要》或《协商建议》，要及时送政府领导同志阅批。对协商意见、建议的采纳落实情况，要及时予以反馈。

三、自觉接受人民政协的民主监督

各级政府、各部门要高度重视和自觉接受人民政协的民主监督，并以此作为改进政府工作的有效形式。国家法律、法规的实施，国家重大方针政策的贯彻执行，国民经济和社会发展规划及财政预决算的执行情况，政府机关及其工作人员履行职责、依法行政情况，都要接受政协的民主监督。

各级政府及有关部门要主动向政协通报情况，拓宽民主监督的渠道。政府组织的调查和检查活动，可视情况邀请政协有关负责同志或政协委员参加。坚持和完善政协委员应邀担任司法机关和政府部门特约监督人员制度。要认真研究和积极采纳政协通过建议案、提案、委员视察、委员举报、会议发言、民主评议等形式提出的各类意见和建议。对政协组织以书面形式提出的意见和建议，政府及部门负责同志要认真阅批，责成有关部门及时办理，以书面形式向政协反馈，并纳入政府和部门督查工作范围。建立政协民主监督交办事项工作责任制，并认真贯彻落实。

四、大力支持人民政协的参政议政

各级政府、各部门要支持政协对经济社会发展中具有综合性、全局性、前瞻性问题以及人民群众普遍关心的重大问题开展调研、视察、考察等活动，认真听取和采纳政协提出的意见和建议。对涉及改革开放、现代化建设全局性的重大问题以及社会生活中的热点、难点问题，各级政府、各部门要主动邀请政协委员参与咨询、听证、论证，或进行联合调研。

各级政府要加强与政协的联系和沟通。要确定一名政府负责同志联系政协工作，并向政协常委会议通报本地经济社会发展情况。建立政府职能部门与政协专门委员会对口联系制度，交流工作情况，开展联合调研活动。按照有关规定，邀请政协有关领导同志、政协专门委员会负责人列席政府相关会议。政协大型会议、重要活动凡邀请政府及部门负责同志参加的，应积极参加，认真听取意见。

支持政协开展对外友好交往活动。政府组织的重大外事活动，可视情况邀请政协有关领导同志、民主党派负责人参加。

五、切实抓好政协建议案、提案、调研报告的办理工作

对政协以全体会议、常委会议、主席会议名义提出的建议案、调研报告，要送政府领导同志阅批，承办部门一般应在3个月内将办理情况向政协书面反馈，必要时可由承办部门在政协有关会议上通报落实情况。对政协专门委员会提出的调研报告、视察报告，有关部门应及时研究处理，并作出正式答复。要高度重视政协提案的办理工作，重点提案政府领导同志要亲自阅批；需几个部门、单位联合办理的重要提案，由政府分管领导同志或指定牵头部门协调、督促办理。提案承办单位要加强与提案人的联系，必要时可邀请提案人参与办理。承办单位对政协提案应及时给予正式答复。政府每年向政协常委会议通报一次提案办理情况。

六、重视政协信息和反映社情民意工作

要善于通过政协信息和政协委员反映的社情民意，了解社会不同阶层、不同群体的愿望和要求，密切政府与各界群众的联系。要畅通政协信息、政协委员反映社情民意的报送渠道，规范办理程序，落实办理责任。对事关改革、发展、稳定大局的重要信息和带有普遍性、趋向性、警示性的社情民意，政府领导同志要亲自阅批，并责成有关部门及时分析处理。对政协信息、政协社情民意的办理、采纳情况，应以不同形式及时予以反馈。

七、为人民政协履行职能、开展工作创造良好条件

要积极推动各级领导干部和政府工作人员学习人民政协理论、政策。各级行政学院要将人民政协理论、政策列入公务员培训内容和教学计划。社会科学研究机构要积极开展人民政协理论与实践的研究。要根据中央、省委规定，解决好人员编制方面的问题。要不断改善各级政协的基础设施和办公条件，切实解决政协工作经费问题，解决好不驻会副主席参加政协各种会议和活动的经费，为各级政协组织和政协委员履行职能、开展工作创造良好条件。

各级政府及有关部门要根据本意见，制定贯彻落实的具体实施意见。

政协山东省委员会关于学习贯彻《中共中央关于加强人民政协工作的意见》的决议（2006年3月21日省政协九届二十次常委会议审议通过）（内容略）

政协山东省委员会反映社情民意信息工作条例（2006年3月17日政协第九届山东省委员会第46次主席会议审议通过）（内容略）

【组织概况】

副主席增选名单（2006年1月19日九届四次会议通过）

谢玉堂

秘书长补选名单（2006 年 1 月 19 日九届四次会议通过）

毕泗生

常委增选名单（2006 年 1 月 19 日九届四次会议通过）

于国光　王化学　王庆新　王泉恩
王淑梓（女）　朱文华　刘士凯
刘爱丽（女）　李国琳（女）
李晓川　张　建　张　慧（女）
张华福　张国敏　金德岭　赵明顺
袁义法　黄太岭　蒋丽莉（女）
戴子钧

常委辞职名单（2006 年 1 月 19 日九届四次会议通过）

刘景铎　孙启松　徐炳熹　董香菊(女)

委员增补名单（2006 年 1 月 13 日九届十七次常委会议通过）

谢玉堂

委员增补名单（2006 年 10 月 19 日九届二十二次常委会议通过）

刘国信

委员增补名单（2006 年 12 月 30 日九届二十三次常委会议通过）

丁元庆　丁汝燕(女)　马传先(女)
王　磌（女）　王和先　王延奎
王裕荣　王随莲（女）　车吉心
仪平策　吕　涛　吕黎枫（女）
刘　战　安　骊（女）　孙传宏
李广雪　李现成　李延良　李德明
吴建寅　宋守军　张　凯　张守富
张树骅　陈　颖（女）　陈希悦
林　海　姜志荣（女）　姚　军
徐恩虎　郭庆惠　高月明　高镇东
韩　兵　惠菽林　程　平　温金祥
蔡淑好（女）

委员资格撤销名单（2006 年 10 月 19 日九届二十二次常委会议通过）

张　岱

【山东省各级政协领导人名单】

山东省

政协主席

孙淑义

副主席

王修智　王久祐　谢玉堂
林书香　周鸿兴　朱　铭
张　敏　乔延春　王宗廉
齐乃贵　苗淑菊（女）
王志民

秘书长

毕泗生

济南市（副省级）

市政协主席

徐华东

副主席

张印峰　吴泽浩　孟宪杰　李兴春
王可敏　刘子栋　包怡斐（女）
高元坤

秘书长

王忠林

县（市、区）政协主席

市中区　高金同
历下区　赵广忠
槐荫区　徐承鲁
天桥区　舒孝堂
历城区　谭传友
长清区　张化富
章丘市　刘家和
平阴县　韩明印
济阳县　骆合清
商河县　王兴怀

青岛市（副省级）

市政协主席

张旭升

副主席

邹立健　闵祥超　张纪良　宋建民

展文良　麦康森　张培军　顾　枫
相建海　宋修岐　韩建华　刘光享

秘书长
姜秀华

县（市、区）政协主席
市南区　刘绪海
市北区　王华莉（女）
四方区　盛玉军（女）
李沧区　袁学法
崂山区　尹典正
黄岛区　李　宏
城阳区　崔永利（女）
胶州市　刘才栋
平度市　徐韶功
即墨市　李义安
胶南市　石德才
莱西市　苏安平

淄博市
市政协主席　冯梦令
县（市、区）政协主席
张店区　周成国
淄川区　李淑湘
博山区　崔振德
周村区　康仲新
临淄区　吴　军
桓台县　尹德喜
高青县　陈国华（女）
沂源县　周世莲（女）

枣庄市
市政协主席　杜学平
县（市、区）政协主席
市中区　张秀岭
滕州市　孙云飞
薛城区　谢允文
山亭区　董沂峰
峄城区　陈增玉
台儿庄区　张景福

东营市
市政协主席　陈锡山
县（市、区）政协主席
东营区　赵　幂（女）
河口区　孙学孟
广饶县　钟景训
垦利县　单连涛
利津县　高秀珍（女）

烟台市
市政协主席　栾秉良
县（市、区）政协主席
芝罘区　孙常兴
莱山区　史兴雨
海阳市　徐国田
莱州市　李培刚
栖霞市　刘玉耀
蓬莱市　汤万兴
福山区　李来雁
牟平区　孙学平
莱阳市　刘文君
招远市　张桂芬（女）
龙口市　吴长怀
长岛县　王德奎

潍坊市
市政协主席　迟昭厚
县（市、区）政协主席
奎文区　徐福生
潍城区　张金良
寒亭区　玄克胜
坊子区　张钢星
青州市　田立胜
诸城市　王纪亮
寿光市　王守福
安丘市　张善华
高密市　齐世增
昌邑市　于大海
昌乐县　滕建军

临朐县　杨显伟

济宁市

市政协主席　王润廷

县（市、区）政协主席

市中区　陈存华

任城区　段常臣

兖州市　张茂英（女）

曲阜市　赵元山

泗水县　张怀莲（女）

邹城市　聂凤银

微山县　朱先贵

鱼台县　姚光明

金乡县　韩振中

嘉祥县　张金城

汶上县　杨作甫

梁山县　马传申

泰安市

市政协主席　张树禹

县（市、区）政协主席

泰山区　路少先

岱岳区　李来芳

新泰市　栾兆玺

肥城市　刘长香（女）

宁阳县　施桂民

东平县　姜兴春

威海市

市政协主席　于兰模

县（市、区）政协主席

环翠区　刘德柏

荣成市　蔡殿慧

文登市　王廷琦

乳山市　高书良

日照市

政协主席　邵长福

县（市、区）政协主席

东港区　马绪文

五莲县　何子孔

莒　县　李建法

岚山区　王广举

莱芜市

市政协主席　杜焕常

县（市、区）政协主席

莱城区　王　华

钢城区　朱致存

临沂市

市政协主席　李桂祥

县（市、区）政协主席

兰山区　颜景芳

罗庄区　高文堂

河东区　韩继霞（女）

郯城县　刘子和

苍山县　刘　霞（女）

莒南县　杨文明

沂水县　杨忠来

蒙阴县　张　军

平邑县　孙印远

费　县　韩学义

沂南县　季保富

临沭县　张守仕

德州市

市政协主席　李怀喜

县（市、区）政协主席

德城区　盖学峰

禹城市　贯桂凤（女）

乐陵市　王建民

宁津县　银连春

齐河县　徐师孝

陵　县　王学云

临邑县　张　栋

平原县　杨文平

武城县　任永贵

夏津县 商庆文
庆云县 于国明

聊城市

市政协主席 赵振兰（女）
县（市、区）政协主席
东昌府区 由西锋
临清市 唐峰伟
冠　县 潘秀章
莘　县 张晓民
阳谷县 潘福章
东阿县 靖培恩
茌平县 殷庆太
高唐县 李玉兰（女）

滨州市

市政协主席 林则茂
县（市、区）政协主席
滨城区 顾清森
博兴县 李在军
邹平县 宫敬宝
沾化县 卢文芝
无棣县 邓文平
阳信县 张同祥
惠民县 袁炳银

菏泽市

市政协主席 孔令昌
县（市、区）政协主席
牡丹区 彭合礼
曹　县 沙德堂
单　县 孙培超
定陶县 刘本明
成武县 秦建国
巨野县 吴天立
郓城县 徐淑珍
鄄城县 陈庆勇
东明县 杨芳相

山东省各级政协组织和委员数

（截至 2006 年底）

级别 项目	省	副省级市	市	县（市、区）	合计
组织数	1	2	15	140	158
委员数	840	1158	6017	29637	37652

（马素珍　王嵩博 编写　李鲁烟 审稿）

政协河南省委员会

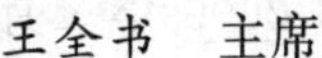

王全书　主席

刘其文　副主席

赵江涛　副主席

【全体委员会议】

九届四次会议　2006年1月13日至19日在郑州召开。本次会议应出席委员843人，实到委员748人。会议听取并审议了郭国三副主席代表常务委员会所作的工作报告，审议了九届三次会议以来提案工作情况的报告。与会委员列席了河南省十届人大四次会议，听取并讨论了李成玉省长所作的《政府工作报告》和其他报告。中共河南省委、省政府及有关部门的负责同志到会听取委员发言。大会期间，共收到提案796件，立案784件。会议审议通过了《政协河南省第九届委员会第四次会议政治决议》、《政协河南省第九届委员会第四次会议关于常务委员会工作报告的决议》、《政协河南省第九届委员会第四次会议关于九届三次会议以来提案工作情况报告的决议》、《政协河南省第九届委员会第四次会议提案委员会关于九届四次会议提案审查情况的报告》。会议补选主席1名、副主席2名、常务委员16名。会议认为，过去的一年，九届政协在中共河南省委领导下，坚持团结和民主两大主题，围绕中心，服务大局，突出特点，发挥优势，把促进发展作为履行职能的第一要务，广泛动员和组织政协各参加单位和政协委员，切实履行政治协商、民主监督、参政议政职能，各项工作都取得了新的进展，为促进我省经济发展和社会进步发挥了重要作用。会议指出，构建社会主义和谐社会，是中国共产党从全面建设小康社会、开创中国特色社会主义事业新局面的全局出发提出的一项重大历史任务。人民政协要发挥自己的特点和优势，团结一切可以团结的力量，最广泛最充分地调动一切积极因素，为构建社会主义和谐社会贡献力量。会议就我省经济、政治、社会、文化生活中的重要问题和人民群众普遍关心的问题，进行了协商讨论。委员们建议，要通过深化农村改革，逐步消除妨碍城乡统筹发展的各种体制性障碍，改变城乡资源配置中长期存在的失衡现象，推进农业现代化，建设社会主义新农村；强调要健全技术创新体系，提高自主创新能力，大力发展循环经济，高效利用资源，强化生态环境保护，建设资源节约型和环境友好型社会，走新型工业化道路；要高度关注民生问题，把解决与人民群众生活关系密切的问题放在更加突出的位置，采取更加积极的就业政策，完善社会保障体系，认真解决群众看病难和上不起学等问题。王全书主席在大会闭幕讲话中总结了人民政协的基本经验和优良传统，要求委员们继续努力，做好政协工作。

【常务委员会会议】

第14次会议　2006年1月4日至6

日在郑州举行。本次会议应到委员165人，实到委员156人。会议协商决定了召开政协河南省第九届委员会第四次会议的有关事项，听取并讨论了省政府领导同志关于河南省经济社会发展情况的通报。审议通过了《政协河南省委员会全体会议工作规则》、《政协河南省委员会常务委员会工作规则》、《政协河南省委员会专门委员会通则》、《政协河南省委员会提案工作条例》和有关人事事项。范钦臣主席在会议结束时就做好政协民主监督工作讲了话。

第15次会议 2006年1月16日在郑州举行。本次会议应到委员165人，实到委员151人。会议听取了省政协九届四次会议委员讨论情况的综合汇报。审议通过了《政协河南省第九届委员会第四次会议政治决议》（草案）、《政协河南省第九届委员会第四次会议关于常务委员会工作报告的决议》（草案）、《政协河南省第九届委员会第四次会议关于提案工作情况报告的决议》（草案）和《政协河南省第九届委员会提案委员会关于九届四次会议提案审查情况的报告》（草案）。审议通过了政协河南省第九届委员会第四次会议选举办法（草案）、政协河南省第九届委员会第四次会议补选常务委员会组成人员名单（草案）、政协河南省第九届委员会第四次会议补选常务委员会组成人员总监票人、副总监票人、监票人名单（草案）。通过了范钦臣辞去省政协主席职务，张洪华、曹维新辞去省政协副主席职务，沈柏英等11名同志辞去省政协常务委员职务的决定。并备案报全体会议予以确认。

第16次会议 2006年2月16日至17日在郑州举行。本次会议应到委员170人，实到委员136人。会议学习讨论了《中共中央关于加强人民政协工作的意见》。会议同意增补阎国祥为提案委员会主任、李杰为副主任，赵国成为学习和文史资料委员会主任，范保国为市级政协工作委员会主任，刘伟、宋克耀为副主任，贾保顺、乔百芳为经济委员会副主任，李文占为农业委员会副主任，余守志为教科文卫体委员会副主任，吴合振为社会和法制委员会副主任，王笑南为港澳台侨和外事委员会副主任。王全书主席在会议结束时就学习贯彻《中共中央关于加强人民政协工作的意见》讲了话。

第17次会议 2006年3月23日至24日在郑州举行。本次会议应到委员170人，实到委员128人。会议传达学习了十届全国人大四次会议和全国政协十届四次会议精神，听取了各专门委员会关于2005年工作总结和2006年工作打算的汇报。王全书主席在会议结束时就人民政协如何为构建社会主义和谐社会服务讲了话。

第18次会议 2006年6月26日至27日在郑州举行。本次会议应到委员170人，实到委员146人。会议围绕构建社会主义和谐社会组织了委员发言和讨论，印发委员发言材料20份，会后向省委、省政府报送了建议案，审议通过了胡国星为市级政协工作委员会副主任。王全书主席作了《关注人民群众切身利益，构建社会主义和谐社会》的讲话。

第19次会议 2006年9月5日至6日在郑州举行。会议应到委员170人，实到委员144人。会议审议了提案委员会关于九届四次会议以来提案办理情况的报告，围绕建设社会主义新农村和创新型河南组织了委员发言和讨论，印发委员发言材料23份，会后向省委、省政府报送了建议案。王全书主席作了《人民政协要积极为建设社会主义新农村和创新型河南建言献策》的讲话。

第20次会议 2006年12月20日至22日在郑州举行。本次会议应到委员169

人，实到委员 136 人。会议协商决定了召开政协河南省第九届委员会第五次会议的有关事项，听取并讨论了省政府领导同志关于我省经济社会发展情况的通报，各专门委员会汇报了 2006 年工作完成情况和 2007 年主要工作打算。审议通过有关人事事项，同意关少锋辞去政协河南省第九届委员会副秘书长职务，任命马葆青为政协河南省第九届委员会副秘书长。王全书主席在会议结束时讲了话。

【专门委员会工作】

提案委员会 九届四次会议以来，共收到提案 831 件，经提案委员会审查立案 809 件。截至 2006 年 12 月底已全部办复。提案委员会认真贯彻落实省政协九届四次会议对提案工作的要求，充分发挥提案在履行政协职能中的重要作用，坚持以提高提案工作质量为重点，主要做了以下工作：一是认真做好提案的审查立案工作。二是采取多项措施，努力提高提案办理质量。三是进一步健全提案工作制度，促进提案工作“三化”建设。四是加强提案宣传工作，扩大提案的社会影响。五是加强提案工作交流，促进提案工作创新。六是立足本职、关注全局，坚持做好日常工作。

经济委员会 一是围绕建设社会主义和谐社会，就如何构建和谐劳动关系组织专题调研。二是围绕建设创新型河南组织有关部门就如何提高企业自主创新能力在省内外进行调研和考察。三是成功举办了首届豫商大会。四是召开中原城市群 9 城市政协主席座谈会，就打造中原城市群 90 分钟都市交通圈问题进行研讨。五是组织委员先后对省豫鑫物流、郑州拓普公司、平顶山石龙区、郑州市惠济区进行视察。六是走访了世界 500 强在河南投资的郑州日产、安阳松下、焦作 AES 万方、平高东芝、英联食品、百盛集团餐饮公司中国事业总部等企业。

农业委员会 一是组织委员就发展现代农业，推进农村和谐社会发展进行调研。二是组织委员就强化农业科技推广，推进社会主义新农村建设进行专题调研。三是参加全国政协组织的建设社会主义新农村联合调研，并赴江西参加全国政协经济委员会召开的调研成果总结会。四是组织委员赴省内外开展考察、视察活动。

人口资源环境委员会 一是组织委员就我省综合治理出生人口性别比失衡情况进行专题调研，并提出对策和建议。二是对新农村建设中环境污染治理情况进行调研。三是配合全国政协人口资源环境委员会就新生儿出生缺陷问题进行专题调研。四是积极参加“中原环保世纪行”、“行风评议”活动。参与有关部门组织的河南省煤炭企业职工收入水平的现状与对策调研。五是组织委员赴青海考察，接待全国政协和外省政协考察团，参加全国政协召开的研讨会。

教科文卫体委员会 一是就发展职业教育与和谐社会建设进行调研。二是就如何促进企业成为自主创新主体进行调研。三是组织部分军队委员就发挥民兵预备役人员在构建和谐社会中的作用进行调研。四是组织委员视察省电力公司、省体育局，分别到郑州 101 中学、五中视察高考现场、看望考务人员，到登封视察高招评卷和录取现场。开展义诊讲学活动。五是加强与省内外政协的联系和交流，积极参加有关活动。

社会和法制委员会 一是组织委员对我省城市和谐社区建设工作进行调研。二是深入省直有关部门就知识产权保护工作进行调研。三是组织委员视察我省法院系统作风整顿情况和郑州市救助站、民政部门对流浪乞讨人员特别是对流浪青少年的救助教育情况。四是参与立法协商，提出修改意见。五是部分委员应邀参加保持共产党员先进性教育、行风评议、市级党委换届督导检查工作。

民族和宗教委员会 一是组织委员对我省经济适用房政策的实施情况进行调研。二是对我省少数民族聚居村社会主义新农村建设情况进行调研。三是组织委员对驻马店、漯河两市的民族宗教工作情况进行视察，并看望、走访宗教界人士。四是组织卫生界专家学者义诊讲学。五是积极参加全国政协组织的研讨会，热情接待外省政协来豫学习考察。

港澳台侨和外事委员会 一是组织委员对农村义务教育和农民进城务工情况进行调研。二是组织召开在豫投资港澳台侨企业代表座谈会和省会港澳台侨同胞暨眷属中秋联谊会。三是组织驻港澳地区省政协委员来豫视察。四是举办第五届河洛文化国际研讨会暨2006年汉民族研究国际学术讨论会。五是开展河洛文化宣传普及工作，组织专家学者进行了河洛文化研究。六是加强联谊活动，热情接待港澳委员和外省政协来豫考察。

学习和文史资料委员会 一是组织委员就我省高校毕业生就业状况和我省高速公路紧急事件处置与应急救援状况进行调研。二是编辑出版河南文史资料4辑、编印学习参考资料4期，召开了文史资料出版发行百辑座谈会，对文史工作队伍进行了培训。三是积极参加全国政协文史委《治理黄河》协作专题和中南、西南文史工作研讨会，协助全国政协文史委承办了全国暨地方政协文史工作研讨会。

市级政协委员会 一是组织委员对省委政协工作会议的贯彻落实情况进行调研。二是对企业离退休人员的生活保障和农村水利基础设施情况进行调研。三是召开省辖市政协主席联系会，加强工作指导和联系。四是组织委员到外省市学习考察。

【重要活动】

中国河洛文化研究会成立 2006年2月24日，由河南省政协港澳台侨和外事委员会与全国政协港澳台侨委员会联合发起的中国河洛文化研究会在北京成立，来自全国各地和港澳台地区从事河洛文化研究的专家学者60多人出席了成立大会。全国政协副主席张思卿、罗豪才、张克辉，全国政协港澳台侨委员会主任郭东坡、副主任张道诚，河南省政协主席王全书、副主席陈义初等出席了大会。

丙戌年黄帝故里拜祖大典书画展 2006年3月30日，由河南省政协主办的丙戌年黄帝故里拜祖大典书画展在河南博物院开展。省政协主席王全书、省委常委、统战部部长曹维新出席书画展并剪彩。这次书画展的主题是：传承黄帝文化，展现中华文明。书画展汇集了京、豫两地书画家的书画精品200余幅。

丙戌年黄帝故里拜祖大典 2006年3月31日，由河南省政协主办的丙戌年黄帝故里拜祖大典在黄帝故里新郑隆重举行。全国人大常委会副委员长何鲁丽、全国政协副主席张思卿、罗豪才以及300名海内外来宾参加了拜祖大典。中共郑州市委书记王文超致欢迎词，河南省政协主席王全书主持拜祖大典。中共河南省委书记徐光春恭读拜祖文。

中央新闻采访团来豫采访 2006年4月17日至26日，全国政协办公厅组织人民日报等18家中央新闻单位来豫采访。采访团对河南省学习贯彻《中共中央关于加强人民政协工作的意见》情况和经济、政治、社会、文化建设成就进行了多角度、全方位的宣传报道。这次采访活动共发表各类稿件90多篇，河南省委、省政府、省政协和部分省辖市党委、政府、政协的主要领导同志，部分省政协委员、民主党派负责人接受了采访团的专访。

省委政协工作会议 2006年5月19日至20日，中共河南省委政协工作会议在郑州举行。省委书记徐光春、省长李成玉、省政协主席王全书分别讲话。徐光春深刻阐述了做好新时期政协工作的重大意义，充分肯定了近几年各级政协工作取得的成绩，对进一步加强和改善党对政协工作的领导提出了明确要求，对充分发挥政协的独特优势，努力在推进中原崛起中大有作为提出了殷切希望。李成玉高度评价了人民政协在国家和河南省政治、经济、文化和社会生活中的重要作用，并就政府系统如何支持政协工作提出了要求。王全书就贯彻本次会议精神作了具体部署。与会人员认真学习了《中共中央关于加强人民政协工作的意见》，围绕《中共河南省委贯彻〈中共中央关于加强人民政协工作的意见〉的实施意见》进行了认真讨论。会议由省委副书记陈全国主持，省领导李柏拴、李克、叶冬松、李新民、曹维新、刘春良、郭国三、张汉英、张广兴、张玉麟、陈义初、毛增华、曹策问、赵江涛、李道民、王尚宇出席会议。

省辖市秘书长和县（市、区）政协主席培训班 2006年5月22日至29日，省辖市政协秘书长和县（市、区）政协主席培训班在省委党校举办。全省18个省辖市的政协秘书长、副秘书长和县（市、区）政协主席50余人参加了培训。培训期间，学员们学习了中共中央5号文件和省委政协工作会议精神，听取了郭国三副主席和全国政协办公厅研究室副主任原冬平等领导的专题讲座。

河南省文化产业发展研究院成立 2006年5月31日，由河南省政协主管的河南省文化产业发展研究院成立大会暨挂牌仪式在郑州举行。省委书记徐光春点击开通“河南文化产业网”，并与省政协主席王全书一起为河南省文化产业发展研究院揭牌。省领导李柏拴、王文超、吴全智、王菊梅、陈义初等出席成立大会暨挂牌仪式。

第二届中华姓氏文化节 2006年10月29日，由河南省政协主办的第二届中华姓氏文化节在淮阳开幕。全国政协副主席白立忱、省委书记徐光春出席开幕式。河南省政协主席王全书发表讲话。周口是中华姓氏文化的发源地。自2004年举办文化节以来，已历经两届，在“弘扬伏羲文化、增强民族凝聚力、促进中华民族伟大复兴”宗旨下，已打造成以“姓氏文化”、“寻根文化”为媒的盛会，吸引了大批的海外华人来寻根觅祖、投资兴业。

省辖市政协秘书长座谈会 2006年11月6日至8日，省辖市政协秘书长座谈会在安阳召开，省政协副主席陈义初、秘书长余保江及各省辖市政协秘书长参加了会议。会议的主要议题是，深入学习贯彻《中共中央关于加强人民政协工作的意见》，进一步推进全省政协工作的开展。安阳、信阳、开封、新乡、濮阳等市政协秘书长在会上发言。陈义初副主席在会上讲了话。

2006年国际华商文化节 2006年11月10日，由河南省政协主办的2006年国际华商文化节在商丘举行。全国政协副主席张思卿，省委书记徐光春，省政协主席王全书，全国工商联副主席张龙之，中国侨联副主席李祖沛，全国政协港澳台侨委员会副主任张伟超，省委常委李克、曹维新，省人大副主任张世军，省政协副主席张玉麟、陈义初以及来自海内外的各界嘉宾参加了拜谒华商始祖，传承中华商德仪式。

【重要文件】

常委会工作报告（2006年1月6日）（摘要）一年来，政协第九届河南省委员会及其常委会牢牢把握团结和民主两大主题，坚持围绕中心、服务大局，求真务实、开拓进取，切实履行政治协商、民主监督、参政议政职能，各项工作都取得了新的成绩。(1) 精心组织促进中部崛起大型联合研讨活动。党中央、国务院从统筹全国区域经济协调发展、加速推进社会主义现代化的大局出发，及时作出了促进中部地区崛起这一重大决策。为使这一重大决策产生更好的实际效果，2005 年上半年，省政协联合中部地区其他五省政协，动员省内各民主党派、工商联、省政协各专门委员会、省直有关部门、各省辖市政协，围绕促进中部崛起问题进行了广泛调研，做了大量工作。一是认真组织了本省的大型调研活动，先后召开了由 18 个省辖市政协和省内各民主党派、工商联、省政协各专门委员会负责人参加的两次高层次研讨会。二是在全国“两会”期间，范钦臣主席作了关于促进中部地区崛起、实现区域经济协调发展的大会发言，并牵头联络中部六省 43 名全国政协委员提交了促进中部崛起的联合提案，全国政协提案委员会举办了促进中部崛起提案协商办理座谈会，张思卿、罗豪才副主席出席会议并讲话，国家发改委等 10 个提案承办单位现场答复了提案人的意见和建议。三是受中部其他五省政协委托，邀请全国政协常委视察团对中部六省进行了视察。四是去年 5 月下旬，在郑州召开了中部六省政协联合研讨会，形成了《六省政协关于促进中部崛起的若干建议》(以下简称《建议》)。《建议》经全国政协报送党中央和国务院后，温家宝总理作了重要批示。目前，部分意见和建议已经进入或正在进入决策程序。五是积极协调中央和我省新闻媒体，对促进中部崛起联合研讨活动进行了全方位、多角度、宽领域的报道。由省政协主办、河南电视台承办的大型电视系列节目“中部崛起电视高端论坛”，邀请部分省部级领导同志录制了 8 期节目，在全国特别是中部地区产生了很大反响。六是编辑出版了《崛起：中部的呼唤》一书。所有这些，对扩大中部的影响，放大中部的声音，都起到了积极的作用。(2) 围绕我省经济社会发展中的重大问题和制定“十一五”规划建言献策。省政协九届十二次常委会议围绕建设文化强省开展专题议政。委员们从深化文化体制改革、发展文化创意产业、繁荣新闻出版和广播影视、开展群众性文化活动、实施文化精品工程、加强文物保护和利用等多个侧面提出了意见和建议。对《中共河南省委、河南省人民政府关于大力发展文化产业的意见》和《河南省建设文化强省规划纲要》提出了修改意见。省委、省政府多位领导同志作出批示，要求相关部门认真采纳。省政协九届十三次常委会议围绕科学制定我省“十一五”规划进行专题议政。委员们就加快转变经济增长方式、提高自主创新能力、高度重视“三农”问题、发展循环经济、优先发展教育事业、进一步抓好计划生育工作等一系列重大问题发表了意见和建议。在全体会议、常委会议闭会期间，我们还结合政协的工作特点，选择经济社会发展中的重大问题，深入开展专题调研，取得了许多好的成果。(3) 加强视察、提案、反映社情民意等经常性工作。去年，省政协重点组织了 8 次视察活动。一是对我省高速公路建设情况进行专题视察。视察结束后，我们邀请省政府领导和省直有关部门负责同志参加，召开了视察情况反馈会。李成玉省长对政协的视察报告十分重视，要求省交通厅等部门认真研究这些意见和建议，并将改进的措施向省政协反馈。二是对我省铁路建设情况进行专题视察。委员们就加快铁路发展、服务地方经济建设等重大问题提出了意见和建议。省委主要领导同志对视察报告作出批示，指出把郑州建设成全国客运快速通道中心、重要的物流中心，对中部崛起和中原崛起至关重要，应予充分而主动的关注和支持，省委和省政府有关部门要认真研究政协所提意见，提出相应对策。三是就我省农村“一免三补”政策落实情况进行专题视察。省政协组织委员分赴有关市县调研，并就我省“一免三补”所取得的成绩与存在的问题，向省财政厅作了通报，财政厅负责同志表示要认真采纳政协所提建议。省政协还精心组织了对河南电视台、省移动公司、平煤集团、全省消防安全工作和公安机关基层建设情况的视察，都收到了良好的效果。受全国政协委托，我们还具体承办了驻浙江全国政协委员对我省文化产业发展情况的视察活动。九届三次全体会议以来，共收到提案796件，立案784件，已于去年12月31日前全部办复。其中，科学有序发展中原城市群、调整农业产业结构大力发展畜牧经济、创新体制大力促进文化产业发展等提案，均被纳入省委、省政府的科学决策，有的已进入实施阶段。反映社情民意工作有了新的进展。进一步扩大了信息来源，提高了信息质量，改进了工作方式。全年共报送《政协信息》68期，其中，省委、省政府领导批示9人次，全国政协办公厅采用6期。人民政协的宣传工作得到了加强。全年中央和省主要媒体对省政协工作的新闻报道达460多篇。继续编辑出版《河南文史资料》，完成了《名人故居博览（河南卷）》的编审工作。（4）广泛开展团结联谊、对外交往活动。常委会高度重视发挥各民主党派、工商联、无党派人士在政协工作中的作用，及时向他们通报情况，邀请他们参加视察、慰问等重要活动，安排他们围绕常委会中心议题进行调研并在会上发言。认真做好民族宗教工作，组织委员视察少数民族地区经济发展情况，看望宗教界委员，参加民族和宗教界的重大节日和重要活动，组织专家学者为少数民族群众义诊、讲学。承办了全国政协民族宗教委员会在郑州召开的“为构建社会主义和谐社会作贡献”经验交流会。为纪念抗日战争暨世界反法西斯战争胜利60周年，我们举办了书画展，参与组织了全省宗教界和平祈祷活动。加强与港澳地区省政协委员的联系，组织他们在省内视察，听取和反映他们的意见，鼓励他们为我省经济建设献计出力。发挥政协优势，积极与外国知名企业和商会接触，洽谈来豫投资事宜。深入我省外资企业开展调研，了解外资企业发展现状，帮助他们协调解决发展中遇到的困难和问题。加强政协工作的纵向指导和横向联系，热情接待全国政协和兄弟省市区政协来豫考察。参加了全国政协的各种会议和中南六省区政协工作座谈会。继续扩大对外友好交往，省政协领导同志率团访问了英国、澳大利亚等国，与当地政府签署了合作协议。接待了泰国上议院议长率领的访华团和海外台商著名企业家代表团，加深了了解，增进了友谊。（5）切实加强政协自身建设。按照中央和省委的统一部署，去年我们认真开展了保持共产党员先进性教育活动。根据《中国人民政治协商会议章程》，参照全国政协有关规定，结合我省实际，制定和修订了全体会议工作规则、常委会议工作规则、主席会议工作规则、秘书长会议工作规则、专门委员会通则、提案工作条例、委员视察工作条例、反映社情民意工作条例等8个重要文件，推进了政协履行职能的制度化、规范化、程序化建设。按照全国政协要求，组织专门力量检查了各省辖市政协贯彻落实全国政协关于政治协商、民主监督、参政议政规定的情况，提出了意见和建议，报送了专题报告。加大了对地方政协干部的业务培训力度，举办了县级政协主席培训班。改善了办公条件，开通了政协网站，机关办公自动化水平明显提高。文秘、接待、党群、老干部、后勤保障、精神文明建设等各项工作都有新的进展，为政协履行职能提供了良好的服务。2006年，是我省实施“十一五”规划的开局之年。做好今年的国民经济和社会发展工作，意义十分重大。(1) 认真学习贯彻中共十六届五中全会和省委七届十次全会精神，把思想和行动统一到中央和省委的决策与部署上来。(2) 围绕我省改革开放和现代化建设中的重大问题切实履行职能，积极建言献策。(3) 加强合作与协商，充分发挥各民主党派、工商联、无党派人士在人民政协中的作用。(4) 坚持大团结大联合，不断增强全社会的创造活力。(5) 加大工作力度，搞好政协自身建设。

王全书主席在九届四次会议闭幕会上的讲话（2006年1月19日）（摘要）
各位委员，各位同志：我省人民政协在中共河南省委的坚强领导下，在历届政协领导班子的尽职尽责下，已经走过了55年的光辉历程。55年来，我省人民政协历届领导班子实事求是，与时俱进，创造性地开展工作，积累了丰富的经验。一是人民政协必须坚持中国共产党的领导，必须服从服务于全省工作大局，必须注意从实际出发，必须加强同各有关部门的协调配合。二是牢牢把握团结和民主两大主题，切实履行政治协商、民主监督、参政议政职能，积极稳妥地推进社会主义民主政治建设。三是发挥优势，突出特点，把政协特有的工作做出成效，把与其他方面相配合的工作做出特色。四是找准位置，把握适度，做到尽职而不越位，帮忙而不添乱，切实而不表面。五是重视政协组织的界别特点，促进委员同本界别群众的联系，把界别活动与政协活动紧密结合起来，为各党派团体和社会各界人士参政议政搭建平台。六是充分尊重委员们的民主权利，努力探索调动委员积极性的途径，依靠广大委员活跃和深化政协工作。七是把专委会作为政协工作的重要基础，通过专委会联结和组织各方贤才，收集整理散见于群众中的真知灼见，积极反映社情民意。八是坚持贴近实际、贴近生活、贴近群众，善于在实践中总结经验，善于用实践经验推动工作。这8条经验，尽管概括得不一定准确，但都是弥足珍贵的精神财富，在今后的工作中我们要始终不渝地坚持下去。55年来，我省人民政协历届领导班子形成了一整套优良传统和作风。一是政治协商，尊重各方。参加政协的各党派团体，不论其成员是多是少，也不分民族、性别、宗教信仰，在协商讨论时一律平等，各抒己见，畅所欲言，求同存异。二是民主监督，广开言路。在共同政治原则的基础上，努力为大家创造讲话的条件和机会，让大家愿讲话、敢讲话、讲真话、讲实话，欢迎逆耳忠言。三是合作共事，团结和谐。在各界别之间、委员之间，提倡相互尊重、相互学习，多沟通、多交流，在合作共事中加深了解、增进共识、建立友谊，营造民主和谐的氛围。四是广交朋友，深交挚友。在政协工作的同志特别是中共党员，要主动同党外人士谈心交心，广交朋友，深交挚友、诤友。五是自我教育，自我提高。提倡在自愿的基础上学习马列主义、毛泽东思想，学习邓小平理论和“三个代表”重要思想，学习科学发展观，学习时事政策。在学习中提倡解放思想、独立思考，不抓辫子、不扣帽子、不打棍子。上述五条，是一到九届省政协长期积累的传统作风，是我省各级政协组织共同的传承之宝，我们一定要认真继承，发扬光大。各位委员，各位同志，让我们更加紧密地团结在以胡锦涛同志为总书记的中共中央周围，全面贯彻中共十六大、十六届五中全会和省委七届十次全会精神，在中共河南省委的正确领导下，在历届省政协打下的坚实基础上，按照省委对政协工作提出的明确要求，振奋精神，发挥优势，同心同德，扎实工作，高举两面旗帜，坚持两大主题，履行三项职能，为建设富裕中原、和谐中原、美好中原，奋力实现中原崛起作出新的更大的贡献！

【组织概况】

主席选举名单（2006 年 1 月 19 日九届四次会议通过）

王全书

副主席增选名单（2006 年 1 月 19 日九届四次会议通过）

刘其文　赵江涛

常务委员增补名单（2006 年 1 月 19 日九届四次会议通过）

马巧珊（女）　王笑南　尹家喜
乔百芳　刘　伟　李　杰　李文占
杨柏林　吴合振　余守志　张放涛
范保国　赵国成　贾保顺　阎国祥
谢伟民

委员增补名单（2006 年 12 月 22 日九届二十次常委会议通过）

孙善武　李其明　祁正祥

【河南省各级政协领导人名单】

河南省

政协主席

王全书

副主席

郭国三　张　涛　张汉英（女）
张广兴　张玉麟　陈义初　毛增华
曹策问　刘其文　赵江涛

秘书长

余保江

郑州市

市政协主席　杨惠琴（女）

县（市、区）政协主席

金水区　刘建峰
二七区　汪爱英（女）
中原区　乔秀花（女）
管城区　于秀兰（女）
惠济区　梁守海
上街区　张福祥
新郑市　陈莉（女，满族）
中牟县　王根成
新密市　朱永森
荥阳市　李建东
巩义市　魏新潮
登封市　吴聚财

开封市

市政协主席　程广安

县（市、区）政协主席

鼓楼区　陈福祥
顺河区　虎　玲（女，回族）
龙亭区　张俊英（女）
禹王台区　白　明
金明区　王芳岭
开封县　张　立
兰考县　杨旗胜
杞县　卞玉生
通许县　（01—05）徐同君（兼）
　　　　（05—12）张继胜
尉氏县　吴六零

洛阳市

市政协主席　潘汉平

县（市、区）政协主席

西工区　李克印
涧西区　李忠国
老城区　杨振轩
瀍河区　符　强
洛龙区　郭绍安

吉利区　姚香兰（女）
孟津县　聂　军
伊川县　李其超
偃师市　牛文庆
宜阳县　张景彦
洛宁县　刘永林
新安县　王正辉
汝阳县　徐　强
嵩　县　李德清
栾川县　郝明猷

平顶山市

市政协主席　刘振军
县（市、区）政协主席
新华区　隋国忠
卫东区　王星聚
湛河区　王章记
石龙区　陈风云
汝州市　（01—05）鲁更臣
　　　　（05—12）王进立
舞钢市　高宝山
宝丰县　胡成义
鲁山县　郝元方
郏　县　李栓勤
叶　县　冯国堂

新乡市

市政协主席　赵胜修
县（市、区）政协主席
卫滨区　岳庚寅
红旗区　（01—05）梁继平
　　　　（05—12）张天录
牧野区　（01—05）徐启领（兼）
　　　　（05—12）高建滨
凤泉区　张昌然
辉县市　郭清怀
获嘉县　（01—05）王建国（兼）
　　　　（05—12）李素平
卫辉市　曹祖温
新乡县　（01—05）陈志东
　　　　（05—12）（暂缺）
原阳县　（01—05）刘宗训
　　　　（05—12）李双成
延津县　王宝震
封丘县　程丁合
长垣县　朱汉枝（女）

焦作市

市政协主席　赵功佩
县（市、区）政协主席
解放区　牛学云
中站区　张爱武
马村区　买明亮（回族）
山阳区　刘永琪
孟州市　杨丕祥
修武县　浮习楼
博爱县　牛生霞（女）
武陟县　宋土生
温　县　周清水
沁阳市　唐自立

安阳市

市政协主席　赵　微
县（市、区）政协主席
北关区　李振武
文峰区　孙敬喜
龙安区　刘　钧
殷都区　路尚廷
安阳县　张奎堂
滑　县　柴学志
汤阴县　刘保印
林州市　梁雪山
内黄县　张五杰

鹤壁市

市政协主席　李福州
县（市、区）政协主席
山城区　李广平

淇滨区　侯保德
鹤山区　王维生
浚　县　王金明
淇　县　宋青山

濮阳市

市政协主席　孔德钦
县（市、区）政协主席
华龙区　韦富根
濮阳县　曹雪生
清丰县　赵朝培
南乐县　霍苏中
台前县　林英潮
范　县　房延祥

三门峡市

市政协主席　张兰印
县（市、区）政协主席
湖滨区　廉　武
灵宝市　王　军
义马市　（暂缺）
陕　县　员万印
渑池县　张忠厚
卢氏县　张润水

许昌市

市政协主席　党国典
县（市、区）政协主席
魏都区　丁全民
许昌县　刘根法（回族）
鄢陵县　陈晓多（女）
禹州市　董立民
襄城县　张　岗
长葛市　王庆绍

漯河市

市政协主席　王相富
县（市、区）政协主席
源汇区　于法友
舞阳县　王玉山
郾城区　藏纪周
临颍县　蒋学政
召陵区　张栓峰

南阳市

市政协主席　解朝来
县（市、区）政协主席
卧龙区　宋志强
宛城区　程广宗
内乡县　薛章栓
镇平县　王凡斌
唐河县　马喜平
桐柏县　郭树宪
邓州市　杨德堂
方城县　单国成
西峡县　郭双才
新野县　张明甫
南召县　李顺堂
淅川县　王吉成
社旗县　(01—05) 王　琴（女）
(01—12)（暂缺）

商丘市

市政协主席　周金铎
县（市、区）政协主席
梁园区　刘进志
睢阳区　杜秀云（女）
民权县　刘世田
睢　县　刘继仁
宁陵县　(01—07) 张清爱（女）
(07—12) 孟昭立
柘城县　(01—07) 杨守和
(07—12) 刑文彦
夏邑县　曹长福
永城市　(01—06) 朱传峰（兼）
(06—12) 欧阳明
虞城县　马传卿

周口市

市政协主席 田有申

县（市、区）政协主席

川汇区 李道灵（女，回族）

郸城县 王洪轩

西华县 郭广禄

项城市 刘子旭

太康县 万进山

鹿邑县 陈万敏

沈丘县 郑西民

淮阳县 韩友谊

扶沟县 张国安

商水县 宋传修

驻马店市

市政协主席 段腊梅（女）

县（市、区）政协主席

驿城区 王百川

遂平县 李云鹏

确山县 申明华

泌阳县 焦相贤

正阳县 王保庆

上蔡县 王立新

汝南县 贺国超

西平县 张泽泉

新蔡县 王守平

平舆县 李学俭

信阳市

市政协主席 余学文

县（市、区）政协主席

浉河区 张俊德

平桥区 高兴隆

罗山县 汪建成

潢川县 李秀明

固始县 梁万祥

息　县 何承惠

淮滨县 王文龙

光山县 郭殿远

商城县 徐　静（女）

新　县 曾宪森

济源市

市政协主席 任传国

河南省各级政协组织和委员数

（截至 2006 年底）

项目＼级别	省	设区的市	县（市、区）	合计
组织数	1	18	158	177
委员数	843	6796	29685	37324

（丁心娥　牛海棠 编写　马葆青 审稿）

政 协 湖 北 省 委 员 会

陈春林 副主席
（增选）

武清海 副主席
（增选）

宋德福 副主席
（增选）

王树华 秘书长
（增选）

【全体委员会议】

九届四次会议 2006年1月14日至19日在武汉举行。应出席委员726人，实到645人。中共中央政治局委员、中共湖北省委书记俞正声在开幕会上致辞。听取并审议王生铁主席受政协湖北省第九届委员会常务委员会的委托所作的《政协湖北省委员会第九届委员会常务委员会工作报告》、郑楚光副主席受政协湖北省第九届委员会常务委员会的委托所作的《政协湖北省第九届委员会常务委员会关于省政协九届三次会议以来提案工作情况的报告》。列席湖北省十届人大四次会议，听取并协商讨论政府工作报告和《湖北省国民经济和社会发展第十一个五年规划纲要》（草案），以及省高级人民法院、省人民检察院工作报告、计划和财政报告。通过《政治决议》、《关于常务委员会工作报告的决议》、《关于省政协九届三次会议以来提案工作情况报告的决议》、《关于九届四次会议提案审查情况的报告》。选举陈春林、武清海、宋德福为省政协副主席，王树华为省政协秘书长，王均豪等27位同志为省政协常委。

【常务委员会会议】

第19次会议 2006年1月15日在武汉举行。应出席常委113人，实到106人。通过《中国人民政治协商会议湖北省第九届委员会第四次会议选举办法》（草案）、《中国人民政治协商会议湖北省第九届委员会第四次会议总监票人、监票人名单》（草案），决定将上述文件提请大会通过；通过《中国人民政治协商会议湖北省第九届委员会第四次会议补选省政协副主席候选人名单》（草案），决定提请大会选举。

第20次会议 2006年1月16日在武汉举行。应出席常委113人，实到106人。审议省政协九届四次会议《政治决议》（审议稿）、《关于常务委员会工作报告的决议》（审议稿）、《关于省政协九届三次会议以来提案工作情况报告的决议》（审议稿），决定将这三项《决议》（审议稿）提请大会审议。通过《关于陈春林同志辞去政协湖北省第九届委员会秘书长职务的决定》，并向大会备案。听取秘书长和常委候选人的情况说明。

第21次会议 2006年1月18日在武汉举行。应出席常委113人，实到106人。通报省政协九届四次会议各委员小组对《政治决议》（草案）、《关于常务委员会工作报告的决议》（草案）、《关于省政协九届三次会议以来提案工作情况报告的决议》（草案）、《关于九届四次会议提案审查情况的报告》（草案）的讨论情况，决定对上述《决议》（草案）进行修改后提请大会表决通过。决定将省政协秘书长和增补省政协常委候选人提交大会选举。

第22次会议 2006年1月20日在武汉召开。应出席常委140人，实到123人。协商讨论省政协2006年工作要点，并提出修改意见。王生铁主席在讲话中指出，2006年，省政协要从实际需要出发，制定关于委员遵守纪律、积极参会的制度，关于进一步完善学习工作的制度，关于勤政廉政制度，关于外出考察的报告制度，关于提高民主监督实效的制度，把省政协履行职能的制度化、规范化、程序化建设提高到新水平。陈春林副主席就省政协2006年工作要点作说明。

第23次会议 2006年4月25日至27日在武汉举行。应出席常委140人，实到110人。主要议题是：学习《中共中央关于加强人民政协工作的意见》，传达全国政协十届四次会议精神，学习中共中央和中共湖北省委关于建设社会主义新农村的文件精神，协商讨论建设社会主义新农村和促进县域经济发展问题，协商讨论有关人事问题。蔡述明、王佑民、陈菊生等16位委员分别就农村饮用水安全、村庄规划与整治、乡风文明建设等问题作大会发言。中共中央政治局委员、中共湖北省委书记俞正声到会听取意见并讲话。副省长刘友凡代表省政府到会通报全省新农村建设工作情况。省直有关部门负责人到会听取委员大会发言。决定仲惟昆、白景义不再担任省政协副秘书长职务；任命白景义等17位同志担任专委会主任、副主任职务。王生铁主席作总结讲话。会后，省政协举办宗教政策知识专题讲座。

第24次会议 2006年7月26日至28日在武汉举行。应出席常委140人，实到119人。主要议题是：传达全国政协十届第十四次常委会议精神，协商讨论推进新型工业化发展、切实转变经济增长方式、提高企业自主创新能力的问题。王炳南、王蒙、陈良才等9位委员分别就做大做强我省地方骨干企业、加大招商引资力度、支持我省港澳台侨企业发展等问题作大会发言。省长罗清泉到会通报我省上半年经济形势和下半年经济工作安排意见以及推进经济增长方式转变的情况，并听取意见。省委常委、常务副省长周坚卫到会听取意见并讲话。省直有关部门负责人到会听取大会发言。王生铁主席作总结讲话。会后，省政协举办开发性金融专题讲座。

第25次会议 2006年10月25日至27日在武汉举行。应出席常委140人，实到121人。主要议题是：学习贯彻中共十六届六中全会精神，传达全国政协十届第十五次常委会议精神，协商讨论加强文化建设、促进社会和谐问题，审议《政协湖北省委员会关于省政协委员参加会议、活动的有关规定》，协商讨论有关人事问题。马奇明、段亚辉、李友清等10位委员分别就发展旅游产业、建设文明社区、弘扬孝文化等问题作大会发言。省委副书记杨松到会听取意见并讲话。副省长阮成发到会听取意见。省直有关部门负责人听取大会发言，并到小组听取意见。通过《政协湖北省委员会关于省政协委员参加会议、活动的有关规定》；通过黄向东不再担任九届省政协副秘书长、教科文卫体委员会副主任职务的决定；通过黄立国、王耀辉、张柏青、江德寿担任九届省政协副秘书长职务的决定。王生铁主席作总结讲话。

【专门委员会工作】

提案委员会 省政协九届第三次会议以来共收到提案631件，经审查立案606件。截至2006年底，全部办复完毕；提案采纳率为93.5%，其中，已经落实和基本落实的为22.4%，正在落实的为

59.1%，列入计划落实的为12%；委员满意率和基本满意率为98%。一、围绕中心，加强引导，不断提高提案质量。加强提案知情和引导工作，召开提案交流会，请省直有关部门介绍我省改革发展有关重要情况；召开提案征集工作座谈会，协商提案选题。二、多措并举，注意协商，促进办理工作务实见效。配合省政府召开2006年建议提案交办会，实现高层部署提案工作；通过编发《提案摘报》、开展主席督办提案活动，加大督办力度；开展提案承办大户通气活动。三、对本届省政协过去三年被承办单位“列入计划办理”的提案开展“回头问效”活动，敦促往年提案的落实。

经济委员会 一、紧扣中心，突出重点，认真履行专委会职能。围绕常委会议议题，重点开展村庄规划与整治、县域工业发展、山区新农村建设、地方骨干企业壮大发展、纺织工业改造等专项调研，取得实效；通过组织提案、反映社情民意等工作，提出合理意见和建议，促进了有关重大方针政策的贯彻执行，较好地履行了民主监督职能，《关于对武汉市土地与房产两证合一办理的建议》、《关于在湖北卫视天气预报节目中增加旅游景点天气预报的建议》受到好评。二、发挥委员主体作用，促使委员履行职责。选择经济社会发展中的热点难点问题，采取与有关部门“对口联动”的方式，组织委员开展金融、安全生产等视察活动；把界别活动作为组织委员活动的重点，先后开展对长荆铁路、武汉“菜篮子”等跨界别考察调研活动；发挥专委会优势，加强与专委会以外的有关方面的合作，为委员开展活动、展示风采提供平台。

人口资源环境委员会 一、开展专题调研。围绕常委会议议题，开展全省农村饮用水安全、农民增产增收、企业节能降耗、湿地保护利用、公民道德与和谐社会建设等专题调研，均形成调研报告；围绕全省湿地生态系统合理保护、恢复和科学利用开展专题调研，并为主席会议起草《关于保护、恢复和科学利用神农架大九湖湿地资源的建议案》；围绕城市生活垃圾、生活污水处理和汉江水污染防治等开展专题调研，形成的专项报告受到省政府和有关方面的好评。二、提出并跟踪监督《建议省政府尽快解决洪湖拆围补助资金不足等问题》、《关于请省政府尽快批准建立矿山地质环境备用金制度的建议》等提案的落实工作，收到实效。三、协商督办崇阳京钒公司、武汉市汤逊湖和江夏区龙泉矿、宜昌市区污水直排长江、鄂州市鄂城区韩信港等环境污染问题，力求为群众多办实事。

教科文卫体委员会 一、突出重点，和有关单位承办“中国职业教育发展论坛”。论坛从不同角度对我国职业教育工作提出许多有价值的意见和建议，在国内产生较大影响。二、围绕职业技术教育和促进农村劳动力转移，企业自主创新，大力弘扬红色文化、促进社会和谐发展，我省竞技体育后备人才和体教结合等问题开展专题调研，推动有关方面改进工作。三、关注民主，组织委员开展食品安全、新型农村合作医疗和中医药事业的视察和考察活动，切实发挥民主监督作用。四、狠抓《关于尽快解决恩施少数民族地区农村中小学校饮水难问题的建议》、《关于进一步加快我省职业教育发展的建议》等提案的跟踪落实，收到明显实效。

社会和法制委员会 一、坚持抓学习，通过召开全体会议集中学、结合调研和视察工作专题学、配合政协办公厅组织学等方式，学习《中共中央关于加强人民政协工作的意见》，不断提高履行职能的能力和水平。二、精心组织专题调研，围绕中心工作积极建言献策。开展乡风文明专题调研，形成《关于我省农村乡风文明建设存在的问题及对策建议》；开展转变经济增长方式专题调研，形成《关于深入开展节能降耗，推动经济增长方式转变的建议》；开展收入分配专题调研，形成《理顺收入分配关系，促进和谐湖北建设》。三、扎实开展委员视察活动，努力提高视察工作实效。组织委员对我省社会治安综合治理工作进行视察，形成《关于我省社会治安综合治理工作的视察报告》，产生较大影响。

民族和宗教委员会 一、围绕县域经济发展和社会主义新农村建设、加大招商引资力度和促进县域工业发展、和谐社会建设和民族地区旅游产业发展等常委会议议题，开展专题调研，积极建言献策。二、发挥界别作用，组织少数民族和宗教界部分委员对黄冈市宗教工作进行视察；组织宗教界委员举行座谈会，专题研讨“宗教界如何在和谐湖北建设中进一步发挥作用”的问题。三、关注民族地区经济社会发展，呼吁将湖北省长阳、五峰两个土家族自治县纳入享受国家西部大开发优惠政策范围；反映民族地区人畜饮水不安全等急需解决的问题。四、引导宗教与社会主义相适应，积极向有关方面反映天主教襄樊教区某教产被有关部门长期占用、武昌长春观部分古建筑被拆除等问题。

文史和学习委员会 一、文史资料征编出版工作取得新成绩。完成《湖北文史》2006年全年35万字史料征编出版工作；初步完成全国政协委托我省牵头征编的图书《治理长江》61篇48万余字的编辑加工任务；协作征编图书《名人故居·博览》、《工业学大庆》、《新中国剿匪纪实》等近60万字的史料征编工作。二、创新知政渠道。通过《学习与思考》及时为委员提供信息。全年共编辑出版8期，约36万字。三、组织委员履行政协职能收到成效。围绕常委会议议题，开展发挥金融机构在推进新型工业化中的作用、非物质文化遗产的保护与利用、弘扬炎黄文化和孝文化、深入开展荆楚文化研究工作、汉剧的保护与传承等六项专题调研，并形成调研报告。四、完成《湖北省志·政协志》共计70万字初稿的编写任务。

港澳台侨和外事委员会 一、围绕县域经济发展的金融环境、港澳台侨企业发展等常委会议议题，开展专题调研，形成调研报告；组织省政协部分港澳委员视察恩施州，组织部分委员视察随州、孝感等地的社会主义新农村建设。二、加强与港澳委员的联系和友好人士的交流，举办港澳委员培训班；参加省经贸代表团赴港活动；接待中央人民政府驻香港特别行政区联络办公室副主任黎桂康和香港知名人士来鄂考察。三、开展对外友好交往，扩大社会影响。做好省政协领导出访服务工作；做好省政协接待利比里亚、澳大利亚、密克罗尼西亚等国家的地方议会、政府、非政府组织的代表团和华侨华人社团的服务工作。

【重要活动】

王生铁主席赴党派和工商联调研 2006年3月22日、24日，4月11日、12日，6月7日、8日、9日，王生铁主席分别到省工商联、省民盟、省民建、省农工、省致公党、省九三学社、省民革调研，希望各民主党派加强学习，用科学理论武装头脑，不断提高履行职能的水平；把握原则，高举爱国主义和社会主义两面旗帜，突出团结和民主两大主题，坚持基本政治制度；进一步改进作风，深入实际，体察民情，反映民意，多做协调关系、化解矛盾、维护稳定的工作；发挥优势，积极建言献策，为构建和谐湖北、促进我省经济发展和社会全面进步作出新贡献。

利比里亚政党联合代表团访问省政协 2006年3月30日至31日，应中国共产党的邀请，以执政党团结党全国主席克拉克为团长的利比里亚政党联合代表团一行访问湖北。3月31日，代表团访问省政协。省政协向客人介绍人民政协的历史、性质、地位、作用，政协与党委、人大、政府、各民主党派的关系，以及湖北省政协的基本情况。克拉克高度评价湖北省政协在全省政治、经济、文化、改革开放和经济发展中所起的作用。

省政协举办系列培训活动 为学习贯彻《中共中央关于加强人民政协工作的意见》和中共中央重大方针政策，2006年省政协先后举办省政协新委员和市州政协主席培训班（4月4日至7日）、港澳委员培训班（5月13日至14日，深圳）、中共党员委员培训班（7月4日至6日、9月5日至7日）、市州政协专委会主任培训班（8月8日至10日）、驻鄂全国政协委员培训班（11月3日至5日）、民营企业家委员培训班（12月19日）等七个培训班，效果很好。中共中央政治局委员、中共湖北省委书记俞正声对省政协党组报送的《关于中共党员委员培训班的情况报告》作出重要批示，给予充分肯定，并指示批转全省各级党委。

省政协召开全省市州政协秘书长专题座谈会 2006年4月28日在武汉举行。主要议题是：协商讨论《中共湖北省委关于贯彻〈中共中央关于加强人民政协工作的意见〉的实施意见》（代拟稿、讨论稿）。在各民主党派、工商联担任领导职务的副秘书长，各市州、直管市、神农架林区政协秘书长出席会议并发表意见。丁凤英副主席到会看望与会人员并讲话，王树华秘书长主持会议并作总结讲话。

全国政协副主席张思卿来鄂视察工作 5月12日至18日，全国政协副主席张思卿率全国政协常委视察团，以“加快长江经济带发展”为题来鄂视察。视察团分别听取了省政府、武汉市政府、宜昌市政府和长江水利委员会、长江航务管理局及省市有关部门的汇报，并对武汉市和宜昌市进行视察。视察团提出，要加快交通基础设施建设，加快产业结构调整，推进武汉城市群建设，合理开发利用水资源。中共中央政治局委员、中共湖北省委书记俞正声，省长罗清泉出席省政府汇报会。王生铁主席、张荣国副主席作为视察团成员一同参加视察。这次视察形成的报告受到中共中央、国务院的高度重视。

“中国职业教育发展论坛”在汉举行 2006年5月21日至23日，湖北省政协和民建中央在武汉共同举办“中国职业教育论坛”。中共中央政治局委员、中共湖北省委书记俞正声出席开幕式，全国政协副主席、民建中央常务副主席张榕明作主旨讲话。22个省市代表与会，提交论文120篇，围绕职业教育发展的新形势、新环境与新机制，职业教育发展中的重点、难点与对策等八个专题进行深入研讨，取得重要成果，在国内产生较大影响。

王生铁主席率团出访韩国、印度、孟加拉国 2006年6月15日至26日，王生铁主席应邀率湖北省友好代表团，访问韩国、印度、孟加拉国。出访期间，代表团就我省与上述国家在农业、教育、卫生、文化、友城等方面的交流与合作事宜交换意见，达成共识；代表团重点考察了印度医疗、卫生、教育现状。湖北省友好代表团出访回国后，向省委呈报了《访问考察报告》和《关于印度医疗卫生、基础教育的初步考察》，中共中央政治局委员、中共湖北省委书记俞正声作了重要批示。

省人民政协理论研究会召开理论研讨

会 2006年6月22日，省人民政协理论研究会在武汉召开常务理事会暨学习《中共中央关于加强人民政协工作的意见》理论研讨会。六名会员在会上宣读论文，19名会员提交书面发言材料。与会者认为，《中共中央关于加强人民政协工作的意见》的颁布实施，对于坚持和完善中国共产党领导的多党合作和政治协商制度，对于发展社会主义民主政治、建设社会主义政治文明，对于全面建设小康社会、推进中国特色社会主义伟大事业，具有重要的现实意义和深远的历史意义。

王生铁主席率考察组考察神农架大九湖 2006年7月17日至20日，王生铁主席、蔡述明副主席率考察组赴神农架林区，专题考察大九湖湿地保护与利用问题。王生铁主席在考察时提出统一思想认识、明确指导思想、发挥优势、查明主要情况、科学制定规划、多方筹措资金、切实加强领导、抓好当前工作等八点意见和建议。部分省政协委员、省林业局负责人、中国地质大学和宜昌地质研究所有关专家学者一同调研。根据这次考察，省政协主席会议向省政府提出《关于保护、恢复和科学利用神农架大九湖湿地资源的建议案》。

省政协召开全省市州政协主席座谈会 2006年8月16日至17日在武汉召开。主要议题是，深入学习贯彻中共中央《意见》和省委文件精神，交流经验，研究工作，进一步提高人民政协履行职能的水平问题。各市州主席分别发言，介绍情况。王生铁主席出席会议并讲话，他强调要通过组织深入学习、认真开展检查、运用典型引路、加强薄弱环节、研究突出问题等环节，进一步加大工作力度，把学习贯彻活动不断引向深入，努力提高履行职能的水平。

香港知名人士考察团来鄂考察 2006年8月25日至28日，以中央政府驻港联络办副主任黎桂康为荣誉顾问、香港富基兴达有限公司董事长唐秀根为团长的香港知名人士来鄂考察团一行59人来鄂考察。考察团先后在武汉、洪湖等地就我省旅游、金融、保障、交通、商业、房地产等方面进行考察，达成一系列投资意向。中共中央政治局委员、中共湖北省委书记俞正声，省长罗清泉接见考察团一行。王生铁主席，丁凤英副主席、胡永继副主席等陪同考察。

中共湖北省委检查各市州学习贯彻《中共中央关于加强人民政协工作的意见》情况 2006年9月下旬，中共湖北省委组织四个检查组，对全省各市州党委、政协学习贯彻《中共中央关于加强人民政协工作的意见》情况进行检查。省政协党组受中共湖北省委委托负责具体检查工作的组织实施。2006年12月，省政协（党组）分别向中共湖北省委和全国政协报告检查情况。

全国政协副主席罗豪才来鄂视察工作 2006年11月4日，全国政协副主席罗豪才来我省视察，专题就弘扬荆楚文化和三国文化召开座谈会。王生铁主席主持座谈会。陈昆满、刘玉堂、陈振裕等专家学者分别发言。罗豪才副主席指出，荆楚文化璀璨夺目，博大精深，研究楚文化优秀传统，具有非常重要的意义。他强调，要坚持继承与创新相结合，实现荆楚文化的与时俱进；要促进文化与经济相结合，大力发展文化生产力；要保护与开发相结合，促进文化的传播与发展。中共中央政治局委员、中共湖北省委书记俞正声看望罗豪才副主席。

湖北省各界人士迎新茶话会 2006年12月29日在武汉举行。湖北省各族各界人士300余人出席。省政协主席王生铁主持茶话会。中共中央政治局委员、省委书记俞正声在会上致辞，他指出，过去的一年，我省认真贯彻中央的有关方针政策，在各个方面都取得了长足的进步。新的一年，我们要进一步认真贯彻中央确定的“四个着力”的方针，着力调整经济结构和经济增长方式，着力加强资源节约和环境保护，着力推进改革开放和自主创新，着力促进社会发展和解决民主问题。俞正声指出，过去的一年，省政协在促进全省社会主义物质文明、政治文明、精神文明和和谐社会建设中，发挥了重要作用。他希望，新的一年，全省各级政协组织和广大政协委员坚持以邓小平理论和“三个代表”重要思想为指导，深入贯彻落实科学发展观，为促进湖北富强民主文明和谐建设作出积极贡献。省领导与各界人士观看了精彩文艺节目。

【重要文件】

中共中央政治局委员、中共湖北省委书记俞正声在省政协九届第四次会议开幕式上的致辞（摘要）（2006 年 1 月 14 日）

一年来，全省各级政协组织和广大政协委员高举爱国主义和社会主义两面旗帜，围绕中心、服务大局，做了大量卓有成效的工作，为促进我省物质文明、政治文明、精神文明和和谐湖北建设作出了卓越的贡献。当前，人民政协事业正处于又一个改革发展的最好时期。全省各级政协组织要高举邓小平理论伟大旗帜，以“三个代表”重要思想统领人民政协各项工作；要坚持“长期共存、互相监督、肝胆相照、荣辱与共”的方针，坚持好、完善好中国共产党领导的多党合作和政治协商制度；进一步加强团结、发扬民主，巩固和壮大我省爱国统一战线；全面贯彻落实科学发展观，紧紧围绕我省经济社会发展大局，选择具有综合性、全局性、前瞻性、战略性的课题，开展调查研究和协商讨论，提出意见和建议；发挥政协联系广泛的优势，积极协助党委、政府协调关系、化解矛盾、维护稳定，促进和谐湖北建设；坚持以人为本，把维护最广大人民群众的根本利益作为政协履行职能的出发点和落脚点，深入了解民情，充分反映民意，广泛集中民智，促进党委、政府决策的科学化、民主化。各级党委要从提高执政能力、发展社会主义民主政治、构建社会主义和谐社会、推进改革开放和现代化建设顺利发展的战略高度，进一步提高对人民政协地位和作用的认识，不断加强和改善党对政协工作的领导。

政协湖北省第九届委员会常务委员会工作报告（摘要）（2006 年 1 月 14 日）

一、2005 年工作情况：1. 加强理论学习，巩固政治基础。深入学习邓小平理论和“三个代表”重要思想，学习中共十六届三中、四中、五中全会精神，学习中共中央文件和政协章程，学习中共湖北省委全会和省委政协工作会议精神，学习时事政治、经济、科技、法律等方面的知识，增进了各党派、团体和各族各界人士的共识，增强了共同致力于实现中华民族伟大复兴的责任感和使命感，自觉坚持中国共产党领导的多党合作和政治协商制度，巩固了在共同政治基础上的团结与合作。2. 坚持团结民主，凝聚各界力量。充分发挥各民主党派、工商联、无党派人士在政协中的重要作用；尊重和保障政协委员的权利；积极做好新的社会阶层的团结工作。3. 紧扣第一要务，服务经济建设。省政协九届十四次、十五次和十六次常委会议分别围绕编制我省“十一五”规划、促进中部崛起、发展县域经济等问题，议政建言。4. 发挥政协优势，维护和谐稳定。就建设新型社会救助体系、扩大就业、教育公平、司法公正等问题进行了专题调研和协商讨论；组织委员就执行《行政许可法》情况、古民居保护和利用、出生人口性别比等问题开展视察；积极反映社情民意，全年共报送《各界反映》90期；认真做好信访工作，全年共处理重要来信来访700余件；积极推荐委员参加行风评议等民主监督工作。5. 改进提案工作，加强督办落实。6. 开展友好交往，推动交流合作。与27个国家和地区的有关组织和团体建立友好往来关系；加强与港澳委员和友好人士的联系与交往；大力宣传反分裂国家法，开展“反独促统”工作。7. 积极主动参与，举办重要活动。隆重庆祝省政协成立55周年；协助省委开好政协工作会议。8. 开展理论研究，加强宣传工作。省人民政协理论研究会换届，并就建设和谐湖北等问题开展深入研讨；成功举办“参政议政楚天行”集中采访宣传活动和政协好新闻评选活动；《提案追踪》栏目已经成为全国有影响的电视品牌节目。9. 积极协调配合，加强联系指导。积极争取全国政协的指导；重视对地方政协的联系和指导。10. 重视自身建设，推进政协工作。加强思想作风建设；加强组织建设；加强制度建设，修订提案工作条例，制定反映社情民意工作条例和视察工作条例；加强机关建设。二、2006年主要工作：把握原则，坚持基本政治制度；围绕中心，认真履行政协职能；发挥优势，服务和谐湖北建设；积极探索，不断创新政协工作；广泛联系，做好友好交往工作；联系实际，加强政协理论研究；改进作风，切实加强自身建设。

政协湖北省第九届委员会规章制度汇编（2006年1月）　收录经九届省政协修订和新制定的《政协湖北省委员会常务委员会工作规则》、《政协湖北省委员会关于进一步发挥委员作用的意见》、《政协湖北省委员会关于进一步发挥界别作用的意见》等17项规章制度文本；以及《中共湖北省委关于进一步加强新形势下政协工作的意见》、《湖北省人民政府关于进一步加强与省人大、省政协工作联系的若干规定》等中共湖北省委、省政府有关政协工作的4个文件。

中共湖北省委关于贯彻落实《中共中央关于加强人民政协工作的意见》的实施意见（摘要）（2006年7月5日）　一、认真搞好人民政协的政治协商。明确政治协商的原则和内容；完善政治协商的形式和机制。二、积极推进人民政协的民主监督。重视和加强人民政协的民主监督工作；支持和保证人民政协依照政协章程开展民主监督；各级政协要依照《政协章程》开展有组织的民主监督活动，不断提高民主监督的实效。三、深入开展人民政协的参政议政。充分发挥人民政协的参政议政作用；政协应认真开展专题调研，积极反映社情民意；要创新政协参政议政的形式和方式方法。四、切实加强人民政协的自身建设。加强思想作风建设；充分发挥各民主党派和无党派人士在人民政协中的作用；注重政协组织的界别特点，发挥其优势；充分发挥政协委员的主体作用；进一步建立和完善政协学习制度；大力加强政协机关建设。五、为人民政协履行职能创造条件、提供保障。建立和完善党委、政府领导出席政协会议制度；建立和完善重要情况通报制度；建立和完善与政协的工作联系制度；进一步健全政协领导参加有关重要会议的制度；建立和完善政协意见和建议的办理反馈制度；进一步建立和完善政协履行职能、加强自身建设的各项制度；各级党委、政府要切实帮助政协不断改善工作条件。六、进一步加强和改善党对人民政协的领导。各级党委要按照总揽全局、协调各方的原则，进一步加强和改善党对人民政协的领导，规范与政协的工作关系，支持政协依照章程独立负责、协调一致地开展工作；充分发挥政协中共党组织在政协组织中的领导核心作用；进一步加强政协领导班子建设；发挥政协组织中中共党员的先锋模范作用；各级党委要重视和加强人民政协的理论研究、宣传和教育工作；各级党委、政府、政协和省直有关部门应根据本实施意见，结合实际研究制定贯彻落实的具体措施。

政协湖北省委员会全体会议工作规则（摘要）（2006 年 7 月 28 日）　第一章，总则；第二章，会议的准备；第三章，会议的举行；第四章，会议的提案和建议案；第五章，选举；第六章，附则。

政协湖北省委员会关于省政协委员参加会议、活动的有关规定（摘要）（2006 年 10 月 27 日）　省政协委员应积极参加省政协及各专委会组织的有关会议和活动，通过撰写提案、调研报告、大会发言材料和反映社情民意等形式，认真建言献策；在保证质量的前提下，倡导省政协委员每年至少单独或联合提出一件政协提案，反映一条社情民意信息，至少参加一次调研、视察、集中学习、培训或专委会、界别活动等。省政协常委和委员应按时出席省政协例会和有关会议：省政协全会、常委会议期间，原则上不得请假；每届任期内，省政协委员无故缺席全体会议累计达 2 次，由省政协办公厅报主席会议批准后，在一定范围内予以通报，无故缺席全体会议累计达 3 次，经省政协领导同有关方面研究和谈话后，仍然出现无故缺席政协全体会议情况者，按照组织程序，经主席会议同意，由常委会议通过撤销其政协委员资格；每届任期内，省政协常委无故缺席常委会议累计达 2 次，由省政协办公厅报主席会议批准后，在一定范围内予以通报，无故缺席常委会议累计达 3 次，经省政协领导同有关方面研究和谈话后，仍然出现无故缺席政协全体会议、常委会议情况者，按照组织程序，经主席会议同意，由常委会议通过撤销其政协委员资格。建立委员履行职责情况通报制度、委员履行职责量化管理制度。

【组织概况】

副主席增选名单（2006 年 1 月湖北省政协九届四次会议通过）

陈春林　武清海　宋德福

秘书长增选名单（2006 年 1 月湖北省政协九届四次会议通过）

王树华

常务委员增选名单（按姓名笔画为序）

（2006 年 1 月湖北省政协九届四次会议通过）

王均豪　王性初　王炳南　韦启文
龙炳煌　邬剑刚　杨家志　李　坦
肖爱山　吴先金　沈虹光　宋汉炎
张守传　张柏青　范永康　周汉生
周洪宇　胡树华　赵作斌　赵春生
桂文奎　涂用宏　黄介生　黄利鸣
鲁中才　熊茂浩　缪启明

【湖北省各级政协领导人名单】

湖北省

政协主席

王生铁

副主席

丁凤英（女）　王少阶　蔡述明
郑楚光　张荣国　翁行德
胡永继　周宜开　陈春林
武清海　宋德福

秘书长

王树华

武汉市（副省级）

政协主席

刘善璧

副主席

刘彩木　李昌禄　龚非力

梁守恕　贾震涛　杨付华（女）
肖志钢　陈振中

秘书长
周启新

区政协主席

江岸区　殷　静（女）
刘继光（11月—）

江汉区　张　骏
陈健华（11月—）

硚口区　宋环芝（女）
国洪河（11月—）

汉阳区　王　红（女）
陈小安（11月—）

武昌区　汪国辉
刘　君（11月—）

青山区　张三提
王大河（11月—）

洪山区　纪大成
高宗汉（11月—）

蔡甸区　周传荣
秦新民（11月—）

江夏区　涂才凤
陈德义（11月—）

东西湖区　余启田
李正东（11月—）

汉南区　曾桂生
范卫国（11月—）

黄陂区　李志堂
肖金双（11月—）

新洲区　罗咏南
余尚远（10月—）

黄石市

政协主席　郭远东

县（市、区）政协主席

黄石港区　范国强
西塞山区　陈声信
下陆区　张求应
铁山区　史宾胜
大冶市　郭衍炳
傅继成（3月—）
阳新县　王义杰

十堰市

政协主席　蓝官衡

县（市、区）政协主席

张湾区　王建明
茅箭区　黄小平
郧　县　孔凡洲
郧西县　李明顺
竹溪县　李海祥
竹山县　刘声齐
房　县　张歌莺
袁新云（11月—）
丹江口市　武发胜

荆州市

政协主席　王家富

县（市、区）政协主席

荆州区　陈天新
沙市区　杨龙璇
石首市　刘益俊
洪湖市　刘时耕
松滋市　肖夕映
江陵县　罗运贵
公安县　李大军
监利县　邓南阔

宜昌市

政协主席　李　泉

县（市、区）政协主席

西陵区　李建民
点军区　黄正才
伍家岗区　冉隆群（女）
猇亭区　庞世益
夷陵区　王光才
当阳市　熊和平
枝江市　谭克焕

宜都市　李家华
远安县　余宗银
兴山县　舒化彦
秭归县　周功彪
长阳自治县　李世金
五峰自治县　李延恕（土家族）

襄樊市

政协主席　姚祥栋
县（市、区）政协主席
襄城区　徐正柱
　　　　杨开忠（12月一）
樊城区　郈旭生
　　　　王　勇（12月一）
襄阳区　任光智
　　　　张志顺（12月一）
枣阳市　杜国保
宜城市　石昌国
老河口市　吴秀华（女）
　　　　李守成（12月一）
南漳县　严高喜
　　　　杨仕汉（12月一）
谷城县　卢荣轩
　　　　付胜明（12月一）
保康县　赵厚文

荆门市

政协主席　何木生
县（市、区）政协主席
东宝区　陶子龙
掇刀区　陈　革
钟祥市　李友生
　　　　陈秀生（12月一）
京山县　田文彪
　　　　晏德明（4月一）
沙洋县　张尚贵
　　　　吴永佩（12月一）

孝感市

政协主席　张文启
县（市、区）政协主席
孝南区　丁孝国
汉川市　高本祥
应城市　舒企春
　　　　张诗勤（12月一）
安陆市　阎春文
　　　　王东明（12月一）
云梦县　聂治洲
大悟县　谈荣耕
　　　　魏少清（12月一）
孝昌县　李传友

黄冈市

政协主席　胡荃蓉（女）
县（市、区）政协主席
黄州区　杜东华
麻城市　杨恩金
　　　　凌礼潮（12月一）
武穴市　李至平
团风县　肖伯勋
红安县　梅祖怀
罗田县　方锋刚
　　　　刘华强（12月一）
英山县　夏云峰
浠水县　陈志远
蕲春县　徐美兰（女）
黄梅县　袁六盛

鄂州市

政协主席　周旺生
区政协主席
鄂城区　江桥（女）
华容区　王中华
　　　　黄朝霞（11月一）
梁子湖区　何仲生
　　　　麻　琦（11月一）

咸宁市

政协主席　饶　鹏

县（市、区）政协主席

咸安区　　李国文

赤壁市　　魏善祥

嘉鱼县　　杨绍峰

通城县　　庞熙明

崇阳县　　金耀华

通山县　　陈敬初（女）

恩施自治州

政协主席　李正双（土家族）

县（市）政协主席

恩施市　　刘宗烈（土家族）

利川市　　覃太智（土家族）

　　　　　秦章秋（苗族　12月一）

建始县　　严奉轩（土家族）

巴东县　　林廷芳

咸丰县　　舒代伦（土家族）

　　　　　屈炳桥（苗族　12月一）

宣恩县　　曾宪凡（土家族）

　　　　　刘兴贵(土家族　12月一)

来凤县　　郑之宁

　　　　　陈　新（12月一）

鹤峰县　　傅卫民（土家族）

随州市

政协主席　樊建国

区（市）政协主席

曾都区　　邹少平

广水市　　陈国均

　　　　　夏新华（11月一）

仙桃市

政协主席　姚海波（副地级）

天门市

政协市主席　江德寿（副地级）

潜江市

政协主席　刘祖寿（副地级）

神农架林区

政协主席　王海涛（副地级）

湖北省各级政协组织和委员数

（截至 2006 年底）

级别／项目	省级	副省级	市级（含自治州、省直管市、神农架林区）	县（市、区）级	合计
组织数	1	1	16	98	116
委员数	725	565	5112	21380	27782

（梅雪 编写　王树华 审稿）

政 协 湖 南 省 委 员 会

【全体委员会议】

九届四次会议 2006年1月15日至19日在长沙举行。会议应到委员728人，实到委员693人。会议听取并审议了胡彪主席代表常委会所作的《政协湖南省第九届委员会常务委员会工作报告》，王汀明副主席所作的《政协湖南省第九届委员会常务委员会关于政协九届三次会议以来提案工作情况的报告》。与会委员列席了湖南省十届人民代表大会第四次会议，听取并协商讨论了周伯华省长所作的政府工作报告和其他报告。

原全国政协副主席毛致用出席了会议。中共湖南省委书记、省人大常委会主任张春贤等党政领导以及省直有关部门负责人到会听取了委员们的意见和建议。会议通过了《中国人民政治协商会议湖南省委员会第九届委员会第四次会议政治决议》、《中国人民政治协商会议湖南省第九届委员会第四次会议关于政协湖南省第九届委员会常务委员会工作报告的决议》、《中国人民政治协商会议湖南省第九届委员会第四次会议关于九届三次以来提案工作情况报告的决议》和《政协湖南省第九届委员会第四次会议关于提案审查情况的报告》。

【常务委员会会议】

第14次会议 2006年1月19日在长沙举行。会议应到常委133人，实到121人。会议听取了李刚铤秘书长关于各组对“十一五”规划和其他报告协商讨论情况的综合汇报，通过了《政协湖南省第九届委员会第四次会议政治决议》（草案）、《政协湖南省第九届委员会第四次会议关于常务委员会工作报告的决议》（草案）、《政协湖南省第九届委员会第四次会议关于政协九届三次会议以来提案工作情况报告的决议》（草案）、《政协湖南省第九届委员会提案委员会关于政协九届四次会议提案审查情况的报告》（草案）。中共湖南省委、省政府有关领导和省直有关部门负责人到会听取意见。

第15次会议 2006年3月17日在长沙举行。会议应到常委133人，实到109人。李刚铤秘书长传达了《中共中央关于加强人民政协工作的意见》和全国政协关于学习贯彻《中共中央关于加强人民政协工作的意见》的决定。胡彪主席在讲话中提出，要充分认识学习贯彻《意见》的重大意义，全面准确理解和把握《意见》的基本精神，进一步提高履行人民政协职能的实效，更好地坚持“维护核心，服务中心，凝聚人心，加强自身建设”的工作思路，做好新世纪新阶段人民政协工作。

第16次会议 2006年6月29日至30日在长沙举行。会议应到常委133人，实到114人。大会听取了中共湖南省委讲师团有关专家作关于社会主义荣辱观的讲座。会议审议并通过了《关于推进我省社会主义新农村建设若干问题向中共湖南省委、省人民政府的建议案》，同意省政协法制群团委员会更名为湖南省政协社会和法制委员会；会议还通过了有关人事任免事项，同意周昌贡任省政协提案委员会兼职副主任，李定一任省政协人口资源环境委员会兼职副主任；免去陈幼平省政协副秘书长（兼）职务；免去易亮如省政协文史学习委员会副主任职务。中共湖南省委书记张春贤、省政府副省长杨泰波和省直各有关部门负责人应邀出席会议。张春贤、杨泰波对建议案给予了充分肯定。胡彪主席在闭幕讲话中要求全省各级政协要组织政协委员和机关干部认真学习贯彻张春贤在常委会议上的讲话精神，贯彻落实中央5号文件精神。

第17次会议 2006年9月28日至29日在长沙举行。会议应到常委133人，实到109人。文选德副主席作了关于学习《江泽民文选》的导读讲座。会议听取了章锐夫副主席关于“上学难、上学贵”问题民主评议调研工作及调研报告的说明；6位常委分别就中小学义务教育和大学教育中出现的各种问题做了主题发言，对“上学难、上学贵”问题进行民主评议。省教育厅、省银监局负责人分别在大会上就有关问题作了答复。中共湖南省委副书记谢康生，省政府副省长许云昭应邀出席会议并讲话。谢康生、许云昭在讲话中对省政协以民主评议的方式开展民主监督工作表示欢迎，并对政协委员积极参政议政表示赞扬和感谢。会议还邀请了12位公民代表到会旁听，见证了民主评议的全过程。会议还就关于推进湖南新型工业化进程问题进行了协商讨论。中共湖南省委常委、省委组织部长黄建国就推荐周强为省人民政府副省长、代理省长等有关人事事项向会议作了说明。会议通过了有关人事事项，任命汤浊（女）为省政协副秘书长（兼），欧阳耀祥为省政协社会和法制委员会主任，李定坤、彭诗来、钟兴祥、谭平、李桂芬、尹大春（女）、唐中元、李松龄、刘正莲（女）为副主任。胡彪主席在讲话中指出，全省各级政协要组织政协委员和政协机关工作人员认真学习《江泽民文选》，深刻领会《文选》的重要意义；要继续把学习《中共中央关于加强人民政协工作的意见》精神的活动引向深入，进一步推进人民政协理论的学习和研究工作，进一步履行好政治协商、民主监督、参政议政的三大职能，以新的成绩迎接中共湖南省第九次党代会的召开。

第18次会议 2006年12月26日至27日在长沙举行。会议期间，常委们听取了经济形势报告；省政协秘书长李刚铤作了关于政协湖南省第九届委员会常务委员会工作报告（草案）和政协湖南省第九届委员会议议程、日程（草案）的说明。会议审议通过了《政协湖南省第九届委员会常务委员会第十八次会议关于召开政协湖南省第九届委员会第五次会议的决定》，《政协湖南省第九届委员会第五次会议议程、日程》，《政协湖南省第九届委员会常务委员会工作报告》（草案），《政协湖南省第九届委员会常务委员会关于政协九届四次会议以来提案工作情况的报告》（草案），《政协湖南省第九届委员会第五次会议大会秘书长、副秘书长和各组召集人名单》；协商通过了有关人事任免事项，增选王长忠、石玉珍（女，苗族）、刘岁文、孙载夫、李劲夫、姚兵、袁海平、徐皓明、黄献民（回族）、蒋吉秀（女）为省政协委员，免去王超祥、李海江、邹明玉（女）、陈幼平、易亮如、周定伍、赵占一、赵丽莎（女）、钟福生、徐肇玲（女）、黄险峰、彭夷安、程谦逊、廖湘泉省政协委员职务，撤销林坚实、龚英甫、曾湖汉省政协委员职务。胡彪主席在闭幕讲话中要求，要深入学习贯彻中共中央和中共湖南省委有关重要会议精神，全面总结好履行职能的各项工作，切实做好省政协九届五次全会的准备工作。

【专门委员会工作】

提案委员会 一、突出重点，把民主党派集体提案的征集与办理工作摆在重要位置，加强思想引导、服务指导，使民主党派提案进入高层运作。二、增强合力，整体推进提案工作。2006年共收到提案690件，经审查立案683件。编辑《重要提案摘报》送省有关领导阅示，编写“提案综述”和“提案办理总结”送省主要领导和有关职能部门参阅。省人大、省政府、省政协联合对全省人大代表建议和政协委员提案办理工作进行了系统考评，评选出20个办理工作先进单位和100名办理工作先进个人，在全省范围内进行了表彰，并将这一活动纳入了全省公务员表彰系列；遴选重点提案报省政协主席、副主席阅示并督办，重点承办单位向主席会议汇报提案办理情况，与省政协办公厅、各专门委员会一起组织委员视察、调研，开展联合督办活动；发挥提案委员会的桥梁纽带作用，加强沟通协调，形成委员、提案承办单位和提案委员会的三方联动。三、注重实效，加强督办力度。四、搞好宣传，进一步扩大提案工作的影响。

经济科技委员会 一、加强学习。认真学习《江泽民文选》，增强践行“三个代表”重要思想的自觉性，认真学习贯彻科学发展观，学习贯彻《中共中央关于加强人民政协工作的意见》，提高履行职能的水平。二、深入开展课题调研。具体承办了省政协重点调研课题“增强科技自主创新能力，推进湖南新型工业化进程”，3月至6月，组织省政协委员、专家学者和省直有关部门负责人分赴市州进行深入调研，形成了《增强企业自主创新能力，加速推进湖南新型工业化进程》、《下大力气，抓大项目，加速推进湖南新型工业化进程》两个调研报告，受到中共湖南省委、省政府领导的高度重视。三、积极配合参与省直有关部门的工作。参加全省招商引资暨商务工作会议、全省科技大会、省科技活动周、全省农业产业化会议等。

人口资源环境委员会 一、认真开展调查研究工作。组织委员、专家到娄底、株洲、长沙三市进行人口出生缺陷专题调研，提出了加强对出生缺陷干预工作的领导，实施出生缺陷干预工程，建立多部门参与的出生缺陷三级干预体系，加强出生缺陷监测，加大经费投入，建议省政府出台湖南省出生缺陷干预办法等6条建议。组织省政协委员和专家赴郴州、衡阳、株洲三市进行调研，向中共湖南省委、省政府提交了《关于湘江流域重金属污染防治的情况及建议》，省委、省政府领导作了重要批示，责成有关部门认真研究采纳。二、举办全省政协人口资源环境工作研讨班，参加全国暨地方政协人口资源环境委员会工作研讨培训会和内陆湖暨青海湖可持续发展研讨会，积极协助长沙市政府申办“城市森林论坛”，积极参与全国政协组织的“野生动植物保育与可持续利用”在郴州的调研活动。

文教卫体委员会 一、围绕我省的经济建设和社会发展积极开展调查研究。开展“上学难、上学贵”的调研和民主评议工作，对公立医院经济补偿机制问题和职业院校有关情况进行视察、调研。二、积极支持参与社会公益活动。牵头与省红十字会、湖南经济电视台、湖湘中医肿瘤医院联合发起“2006湖湘抗癌公益大行动市州行大型调研和救助活动”。活动启动以来，已在全省成功救助癌症患者317名。三、加强交流与联系，不断拓宽工作领域。加强与党政部门、对口单位、兄弟省市政协科教文卫委员会以及市州政协的联系，组织情况通报会，发挥特邀监督员积极作用。四、注重委员会自身建设，不断提高服务水平。

社会和法制委员会 一、积极组织和参与调研活动。承担了省政协重点调研课题“推进我省社会主义新农村建设”专题调研中“管理民主”和“乡风文明”两个子课题的调研工作。二、就法院执行难问题组织调研，协助起草下发了《关于依法支持人民法院破解执行难问题的通知》，支持和配合人民法院破解执行难问题。三、组织工会界的委员就“推行新型工业化进程中如何发挥职工群众作用问题”到长沙县和浏阳市进行视察。四、与长沙市政协联合视察了长沙市看守所，了解看守所以及干警队伍建设情况。

民族宗教委员会 一、承办第三次武陵山民族地区经济社会发展座谈会。为做好座谈会的筹备工作，组织人员就武陵山民族地区旅游的开发与区域协作情况进行调研，调查报告得到全国政协民族和宗教委员会的充分肯定，在全省政协系统2006年度优秀调研报告评比中获得一等奖。二、开展全省农村宗教问题调研，为建设社会主义新农村建言献策。为进一步贯彻落实国务院《宗教事务条例》，加强我省农村宗教事务管理，就社会主义新农村建设中的宗教问题在全省展开调研，形成了相关调研报告。三、发挥委员会整体功能，积极反映社情民意。认真组织委员学习，发动委员紧密联系群众，发挥界别优势，维护群众利益，加强民族团结。四、加强联系交流，拓宽做好政协民族宗教工作的视野和思路。

文史学习委员会 一、收集、整理、编辑、出版文史资料，积极发挥文史资料“存史、资政、团结、育人”的作用。编辑出版了《徐君虎纪念专集》、《湖南人在广东》等书，协助全国政协做好《新中国剿匪实录》、《名人故居博览》等书的征编工作，征集湖南近百年来所留下的历史老照片近万幅，计划于2007年出版《湖南百年老照片》一书。二、紧密结合建设社会主义新农村主题，围绕我省历史文化名村和古民居保护情况组织委员开展专题视察、调研。省委副书记、代省长周强对《关于我省历史文化名村和古民居保护情况的调查报告》作了重要批示，并责成有关部门办理落实。三、认真编好《学习参考资料》，不断提高刊物质量。四、加强学习交流，切实搞好对市县政协文史工作的指导。

港澳台侨和外事委员会 一、结合工作实际，组织港澳委员认真学习《中共中央关于加强人民政协工作的意见》，学习相关政策、法规，增强了委员的政治责任感、荣誉感，增强了委员履行职能的积极性和主动性。二、开展专题调研，积极为促进统一和我省经济发展建言献策。就加强湘台旅游交流问题，组织力量进行调研，提出加强两岸旅游业界的业务合作等建议，受到省委、省政府的高度重视，要求有关部门认真落实，做好相关工作。三、充分发挥委员主体作用，为其参政议政提供平台和优质服务。鼓励委员利用参加政协会议的机会，针对湖南省经济社会发展畅所欲言，积极提出意见和建议。在湘南地区发生严重洪涝灾害后，积极响应中共湖南省委、省政府的号召，发起了“心系湖南、支援灾区”的赈灾义举，港澳委员通过不同渠道向我省灾区捐款捐物折合人民币共470余万元。四、发挥优势，积极开展对外交往。在加强对外交往方面着重抓好“三个结合”：即交往与宣传结合、交往与联谊结合、交往与经济交流结合，从而建立友谊、广交朋友、促进合作。

【重要活动】

学习贯彻《中共中央关于加强人民政协工作的意见》 文件下发后，省政协按照省委的统一部署，向全省各级政协及省政协委员提出了学习贯彻中央《意见》和省委《实施意见》的明确要求，省政协主席会议带头认真学习，并组织广大政协委员学习《意见》精神，省政协领导分赴各市州宣讲《意见》精神，协助省委对各市州贯彻落实《意见》及《实施意见》情况进行检查。各级政协采取报告会、座谈会、经验交流会等形式，广泛组织政协委员、政协机关干部深入学习，并结合实际，制定和实施了一系列加强政协工作的措施。通过学习贯彻《意见》精神，各级党政领导、政协委员和社会各界对人民政协的认识进一步提高，政协履行职能的各项制度进一步完善，工作条件进一步改善，全省上下进一步形成了“党委重视、政府支持、政协主动、部门配合”的良好工作格局。

关于推进社会主义新农村建设情况调研 建设社会主义新农村是富民强省的重要基础。2006年上半年，省政协组织部分省政协委员、省直有关部门负责人及专家学者，围绕社会主义新农村建设，分生产发展、生活宽裕、乡风文明、村容整洁和管理民主5个调研组，深入全省14个市州及32个县（市、区）进行调查研究，到兄弟省市考察，并组织各市州政协和部分县政协开展调研，形成了课题总报告和5个子报告。省政协常委会议经过认真协商，向中共湖南省委、省政府提交了《关于推进我省社会主义新农村建设若干问题的建议案》。建议案充分肯定了我省农业和农村工作的良好发展态势，分析了当前新农村建设中存在的主要问题，提出了新农村建设要突出抓好的工作重点。中共湖南省委书记张春贤到会作了重要讲话，对建议案给予了充分肯定。省政府主要领导对建议案作出重要批示，要求有关部门进行认真研究并采纳落实。2006年年底，省政府对建议案提出的推进新农村建设要着重解决的重点问题，已作了部署安排和任务分解。

开展以科技自主创新促进新型工业化进程的调研 新型工业化是富民强省的第一推动力，上大项目、培育创新型企业是加速新型工业化的关键。2006年，省政协围绕“增强企业自主创新能力，推进湖南新型工业化进程”这一课题，组织政协委员深入8个市州，调查了60多家企业和10多个工业园区，召开座谈会26次，并赴外省考察。通过认真分析研讨，向中共湖南省委、省政府提出“增强企业自主创新能力，推进湖南新型工业化进程”和“下大力气，抓大项目，加速推进湖南新型工业化进程”的建议。中共湖南省委书记张春贤、代省长周强对调研报告作出批示，中共湖南省委、省政府及有关部门认真研究采纳有关建议，调研成果已经成为省委、省政府科学决策的重要依据。

开展“上学难、上学贵”问题民主评议 “上学难、上学贵”是当前群众最关心的热点问题之一。2006年3月到9月，省政协组织部分政协委员、民主党派成员和省直有关部门负责人，分别到14个市州的部分学校，深入调查了解中小学乱收费和教育资源配置不均衡、高等学校学费贵和贫困生救助难等问题。省政协常委会议就这些问题进行了民主评议，中共湖南省委、省政府主要领导和有关部门负责人到会听取意见，部分公民参加了旁听。委员们就“上学难、上学贵”的主要表现形式以及问题产生的根源，实事求是地提出意见，并对如何解决这一问题提出了许多有针对性、可操作性的建议。中共湖南省委、省政府领导对会议所提意见、建议给予了肯定，有关部门进行了认真研究和采纳，产生了良好的社会反响。

举办中南六省（区）政协工作座谈会

2006年10月16日至17日，中南六省区政协工作座谈会第十四次会议在长沙市召开。会议围绕学习贯彻《中共中央关于加强人民政协工作的意见》，进一步推进人民政协工作开拓创新进行了深入的交流和探讨。省政协秘书长李刚铤主持了开幕会，河南省政协主席王全书、广西壮族自治区政协常务副主席王汉民、湖北省政协副主席陈春林等六省（区）政协代表分别介绍了本省（区）贯彻《意见》的做法和体会，共同探讨新形势下进一步做好政协工作的方法和途径。会议认为，今年来各省（区）党委认真贯彻《意见》精神，研究并制定了有关贯彻落实《意见》的实施意见，党委对政协工作的领导得到进一步加强和改善，政协的工作环境得到进一步优化。

召开全省市州政协主席座谈会 2006年3月18日，全省市州政协主席座谈会在省政协机关举行，专题学习贯彻《中共中央关于加强人民政协工作的意见》精神。省政协主席胡彪主持座谈会，省政协副主席文选德、李贻衡、章锐夫、王汀明和秘书长李刚铤出席会议。各市州政协主席汇报了各市州政协组织学习贯彻《意见》精神的情况，并就如何深入开展学习活动提出了意见和建议。胡彪主席充分肯定了市州政协主席们提出的意见和建议，并就如何进一步组织学习贯彻好《意见》精神提出了要求。

召开全省市州政协秘书长联席会议 2006年5月22日至26日，全省市州政协秘书长联席会议在岳阳、常德和益阳市召开。会议由省政协秘书长李刚铤主持，省政协副主席文选德、章锐夫出席了会议。会议听取了各市州政协学习、宣传、贯彻《中共中央关于加强人民政协工作的意见》的情况汇报，交流了各市州关于基层政协机关建设的情况，并就如何深入学习贯彻《意见》，进一步加强基层政协自身建设进行了讨论。

组织省政协委员进行异地视察 2006年，省政协改进委员视察形式，组织驻市州的省政协委员参加异地视察，帮助驻市州的省政协委员扩大视野，了解省情，发挥他们政治协商、民主监督、参政议政的作用。委员们在视察过程中，针对各地经济社会发展中存在的问题，与党政领导坦诚交换意见，提出许多有益建议，对各地改进工作起到了促进作用。

举办第三次武陵山民族地区经济社会发展座谈会 2006年，省政协就武陵山民族地区旅游开发和区域协作问题深入开展调研，成功承办了第三次武陵山民族地区经济社会发展座谈会。会议就如何解决武陵山民族地区旅游精品线路的开发贯通与区域协作等问题，进行了深入研讨，形成《关于加快武陵山民族地区旅游开发与协作的建议》，由全国政协报送中共中央、国务院。这次会议对扩大武陵山民族地区旅游业的影响，争取国家有关部门的重视支持和促进有关方面协作配合，产生了积极作用。

【重要文件】

常务委员会工作报告（2006年1月15日）（摘要） 2005年，在中共湖南省委的领导下，省政协坚持以邓小平理论和“三个代表”重要思想为指导，贯彻落实科学发展观，牢牢把握团结和民主两大主题，按照“维护核心、服务中心、凝聚人心、加强自身建设”的工作思路，切实履行政协职能，各项工作取得了新的成绩。一、坚持科学发展观，为湖南经济社会发展建言献策。一年来，省政协始终坚持把促进发展作为履行职能的第一要务，认真贯彻落实科学发展观，抓住我省发展中的重大问题，开展了14项调查研究，并通过常委会议、专题协商会、界别座谈会等多种形式进行政治协商。就加快推进我省工业化进程进行调研。围绕制定“十一五”规划进行协商。去年7月，组织委员听取了省发改委关于我省“十一五”规划的基本思路和编制进展情况的汇报，并进行了认真讨论，组织常委会议组成人员和有关界别委员学习座谈，邀请省委有关领导到会听取意见，促进了规划草案的完善。呼吁国家加快实施中部地区崛起战略。在全国政协十届三次会议上，省政协会同中部五省提出了《关于促进我国中部地区崛起，实现区域经济协调发展》的联合提案；5月，省政协领导带队出席全国政协在河南召开的中部地区崛起研讨会，在会上作了《抓住中部崛起机遇，加快经济社会发展》的发言，提交了《关于湖南省请求国家帮助解决的几个重大问题》的报告，引起了国家有关部门的高度重视。为构建和谐湖南建言立论。去年年初，省政协把“构建和谐湖南研究”确定为重点调研课题，课题调研组深入到全省14个市州及30多个县市区开展调研，并到沿海、中西部地区考察学习，形成了总课题报告和5个子课题报告，向中共湖南省委、省政府提交了《关于加快构建和谐湖南进程的建议案》，对全面构建和谐湖南，从8个方面提出了28条建议，为省委、省政府制订构建和谐湖南战略提供了重要的参考依据。发挥提案在履行政协职能中的积极作用。省政协各参加单位和委员共提出提案785件，立案767件，就我省经济建设、政治建设、文化建设与社会建设，提出了大量建设性意见。二、关注群众切身利益，积极开展民主监督。开展食品安全和药品价格问题跟踪调研和评议。省政协在前年对食品安全和药品价格问题开展民主评议的基础上，为督促有关部门落实省政府办公会议提出的整改措施，2006年，继续对我省食品安全和药品价格问题，进行了为期半年的跟踪调研和评议。召开了食品安全和药品价格跟踪研讨协商会，省政府有关领导对调研报告和协商会所提意见和建议，给予了充分肯定，并责成有关部门认真研究落实措施。三、把握团结和民主主题，促进爱国统一战线的巩固和发展；充分发挥各民主党派、工商联和人民团体的重要作用；为实施“一国两制”、促进祖国统一积极开展工作；协助贯彻执行国家的民族政策和宗教政策；加强文史工作，牵头召开了西南中南华东地区政协文史学习宣传工作会议，总结交流了经验。努力增强民族凝聚力；为纪念中国人民抗日战争暨世界反法西斯战争胜利60周年，省政协组织了“黄河颂”大型交响乐合唱音乐会，弘扬了伟大的民族精神，激发了民族自豪感和自信心；重视协调和配合，增强政协工作的整体合力；加强专委会工作；探索发挥委员主体作用的新途径；密切与全国政协的联系；加强对地方政协的工作联系和指导；加强自身建设，不断夯实履行政协职能的基础，深入开展学习活动，切实加强政协履行职能的制度化、规范化、程序化建设，不断加强机关党的建设和作风建设，加大政协理论研究和宣传工作力度。

2006年是实施“十一五”规划的开局之年，今年省政协工作总的指导思想是：全面贯彻中共十六大、十六届五中全会和中共湖南省委八届十次全会精神，落实科学发展观，推进工作创新，切实履行职能，促进社会和谐，为实施我省“十一五”规划，推进我省社会主义经济建设、政治建设、文化建设与社会建设的全面发展，作出新的贡献。一是为实施我省“十一五”规划献计出力。二是为构建和谐湖南凝聚力量。三是增强民主监督实效。加强民主监督，不仅是人民政协工作自身发展的需要，也是提高党的执政能力，构建社会主义和谐社会的迫切要求。四是推进政协履行职能的“三化”建设。推进政协履行职能的“三化”建设，是新形势下发展社会主义民主政治的重要内容，也是做好政协工作的重要保障。加强政协机关的自身建设，努力建设创新型、学习型和服务型机关。

【组织概况】

机构设置（2006年6月29日政协湖南省第九届委员会第16次常委会议通过）

湖南省政协法制群团委员会更名为社会和法制委员会

委员增选名单（2006年12月27日政协湖南省第九届委员会第18次常委会议通过）

王长忠　石玉珍(女,苗族)　刘岁文
孙载夫　李劲夫　姚　兵　袁海平
徐皓明　黄献民(回族)　蒋吉秀(女)

委员辞免名单（2006 年 12 月 27 日政协湖南省第九届委员会第 18 次常委会议通过）

王超祥　李海江　邹明玉（女）
陈relative幼平　易亮如　周定伍　赵占一
赵丽莎(女)　钟福生　徐肇玲(女)
黄险峰　彭夷安　程谦逊　廖湘泉

撤销委员职务名单（2006 年 12 月 27 日政协湖南省第九届委员会第 18 次常委会议通过）

林坚实　龚英甫　曾湖汉

【湖南省各级政协领导人名单】

湖南省

政协主席　胡　彪

副主席

文选德　李贻衡　袁隆平　姚守拙
卢光琇（女）　章锐夫　阳宝华
王汀明　刘　晓　龙国键　谢　勇

秘书长　李刚铤

长沙市

政协主席　简用超

县（市、区）政协主席

芙蓉区　李宗范
天心区　郑　蓬（女）
岳麓区　易定明
开福区　罗姝华（女）
雨花区　杜正国
长沙县　李世安
望城县　杨万千
浏阳市　李中琪
宁乡县　贺应辉

衡阳市

政协主席　刘增科

县（市、区）政协主席

衡南县　贺庚华
衡阳县　廖新生
衡山县　李朝生
衡东县　谭泽银
祁东县　匡德轩
常宁市　刘志湘（女）
耒阳市　陈纪琪
雁峰区　邹学润
石鼓区　阳新华
珠晖区　彭彰松
蒸湘区　毛菊桂
南岳区　王铁雄

株洲市

政协主席　刘岁文

县（市、区）政协主席

株洲县　何宗琪
醴陵市　许若云
攸　县　夏玉珠（女）
炎陵县　李秋明
茶陵县　谭国元
芦淞区　陈友元
天元区　粟蒲先（女）
荷塘区　肖支前
石峰区　单月林

邵阳市

政协主席　刘志刚

县（市、区）政协主席

邵阳县　吕敬忠
邵东县　何友成
隆回县　王成华
洞口县　刘千茍
绥宁县　刘郁金
城步苗族自治县　成宗清（苗族）
武冈市　肖时雄
新宁县　谢道圻
新邵县　周少臣

大祥区 胡水清
双清区 刘解放
北塔区 袁晓星

湘潭市
政协主席 殷正海
县（市、区）政协主席
湘潭县 徐启明
湘乡市 贺金荣
韶山市 赵正坤
雨湖区 郭特强
岳塘区 张松泉

岳阳市
政协主席 张治雄
县（市、区）政协主席
平江县 李志辉
岳阳县 余振东
华容县 张祖荣
湘阴县 单斗才
临湘市 方友华
汨罗市 彭　祥
岳阳楼区 王文军
云溪区 刘祖赐
君山区 余岳良

常德市
政协主席 刘春林
县（市、区）政协主席
武陵区 陈杏元（女）
鼎城区 许忠诚
汉寿县 施隆庭
桃源县 熊文龙
临澧县 涂绪德（女）
石门县 周其桂
澧　县 贺家斌
安乡县 龚德湘
津　市 贺修双

张家界市
政协主席 刘德美（土家族）
县（市、区）政协主席
慈利县 周满香（女，土家族）
桑植县 杨克刚
永定区 郑遐耀
武陵源区 张子龙

益阳市
政协主席 陆国柱
县（市、区）政协主席
赫山区 彭静云（女）
资阳区 彭灵芝（女）
安化县 夏尔安
桃江县 刘　萍（女）
沅江市 张映芳（女）
南　县 郭履平

郴州市
政协主席 刘广明
县（市、区）政协主席
北湖区 王梅
苏仙区 王火生
资兴市 李宙华
桂阳县 邹玉成
宜章县 陈木松
永兴县 何孝德
嘉禾县 李　峰
临武县 胡开元（女）
桂东县 朱惠芳
汝城县 黄金庆
安仁县 李勇才

永州市
政协主席 蒋桃生
县（市、区）政协主席
东安县 沈生国
冷水滩区 陈开明

零陵区 吴起军(1—6月)
胡冬春(6—12月)
祁阳县 钟上元
双牌县 刘石清
道　县 李显昌（瑶族）
江永县 邓道恒
江华县 蒙长清（瑶族）
宁远县 欧阳维西
新田县 葵竹英（女）
蓝山县 黄楚政

怀化市

政协主席 方新琪

县（市、区）政协主席

沅陵县 黄茂林
辰溪县 向金云（女）
溆浦县 荆　华（女）
麻阳县 张时华（苗族）
新晃县 张忠勇（苗族）
芷江县 邱云桂（侗族）
鹤城区 周友庚
中方县 田友兴
洪江市 周长生
洪江区 李任斌
会同县 丁光文
靖州县 刘　辉（女）
通道县 粟明坤（侗族）

娄底市

政协主席 谢凤龄

县（市、区）政协主席

娄星区 邓国雄
冷水江市 康承贵
涟源市 廖保生
双峰县 李和平
新化县 康新阶

湘西自治州

政协主席 向后兴(土家族)

县（市、区）政协主席

吉首市 石家文（苗族）
泸溪县 张大智
凤凰县 黄仕明（苗族）
花垣县 石昌明（苗族）
古丈县 向邦金
保靖县 贾顺祥(土家族)
永顺县 刘纯玺(土家族)
龙山县 彭大旺(土家族)

湖南省各级政协组织和委员数

（截至2006年底）

项目＼级别	省	设区的市（州）	县（不设区的市、市辖区）	合　计
组织数	1	14	123	138
委员数	721	4782	24883	30386

（刘武聪　陈艳 编写　毛学军 审稿）

政协广东省委员会

许德立　副主席
（补选）

柯小刚　副主席
（补选）

【全体委员会议】

九届四次会议　2006年2月21日至25日在广州举行。应出席会议委员共970名，实际出席912名，占94%。省政协主席陈绍基，副主席石安海、彭禹贤、韩大建、王珣章、王兆林、周天鸿、罗富和、姚志彬、陈蔚文、李统书，秘书长杨懂出席了会议。会议听取和审议了陈绍基主席代表省政协九届委员会常务委员会所作的工作报告和陈蔚文副主席所作的九届三次会议以来提案工作情况报告。与会委员列席了省十届人大四次会议，听取并讨论了黄华华省长所作的省人民政府工作报告以及其他报告。会议同意石安海辞去政协第九届广东省委员会副主席、常委、委员职务，刘人怀等7人辞去常委职务以及委员资格，选举了许德立、柯小刚为政协第九届广东省委员会副主席，补选王荣宝等30人为政协第九届广东省委员会常委。大会表彰了九届三次会议以来《关注大学生就业问题，打造公共服务体系》等28件优秀提案、省发展和改革委员会等10个承办提案先进单位和黄家合等10位承办提案先进个人。会议共收到提案463件，立案422件，转为意见处理41件。收到大会发言材料51件，有20名委员在大会上发言，其中10位代表省民主党派发言。会议审议通过了省政协九届四次会议决议，同意省政协常委会工作报告和提案工作报告，赞同黄华华省长所作的政府工作报告。会议强调，全省各级政协组织和广大政协委员，要高举爱国主义和社会主义旗帜，牢牢把握团结和民主两大主题，认真学习贯彻中共中央《关于加强人民政协工作的意见》精神，切实把促进发展作为履行职能的第一要务，把实现和维护人民群众的根本利益作为工作的出发点和落脚点，围绕“十一五”规划的实施，深入开展调查研究，为全省经济社会持续快速健康协调发展建言献策。会议号召，全省各级政协组织、政协各参加单位和广大政协委员，紧密团结在以胡锦涛同志为总书记的中共中央周围，高举邓小平理论和“三个代表”重要思想伟大旗帜，全面落实科学发展观，在中共广东省委领导下，为广东科学发展而谋，为广东人民利益而呼，同心同德、求真务实，锐意进取、扎实工作，为促进我省经济社会发展转入科学发展的轨道，更好地发挥排头兵作用而努力奋斗！中共中央政治局委员、广东省委书记张德江和省委、省人大常委会、省政府、省军区、省法院、省检察院的负责同志到会祝贺。省政协原主席郭荣昌应邀出席会议。省委、省政府领导还参加了专题座谈会、各界委员代表座谈会和小组讨论会。张德江书记在各界委员代表座谈会上作了重要讲话，充分肯定了省政协工作和委员们发挥的积极作用。他要求全省各级政协组织和广大政协委员，为广东科学发展而谋，为广东人民利益而呼，并从八个方面提出了具体希望。省政协主席陈绍基在闭幕大会上作了重要讲话。

【常务委员会会议】

第13次会议 1月11日至13日在广州举行。会议讨论了省政府工作报告（征求意见稿）和省高级人民法院、省人民检察院的工作情况通报（书面），审议并原则通过政协第九届广东省委员会常务委员会工作报告（草案）、提案工作报告（草案）和各专门委员会2005年工作报告（书面），审议通过《政协广东省委员会提案工作条例（草案）》。会议增补王卫等79人为政协第九届广东省委员会委员，同意王国强等28人辞去政协第九届广东省委员会委员职务。会议决定，2006年2月21日至25日在广州召开政协第九届广东省委员会第四次会议，并通过了会议议程及日程安排的建议。省委副书记、省长黄华华同志到会作关于省政府工作报告（征求意见稿）和关于政府部门2005年办理政协提案情况通报的说明。省政协主席陈绍基在闭幕会上作重要讲话。他在讲话中说，切实维护社会和谐稳定是当前全省的工作大局。各级政协和广大政协委员要紧紧围绕中心、服务大局，把协助党委政府维护社会和谐稳定作为责无旁贷的职责，切实增强责任感和紧迫感。要发挥自身特点和优势，当好党联系人民群众的桥梁和纽带，积极做好协调关系、化解矛盾、理顺情绪、凝聚人心的工作。要认真开展决策前协商，大胆探索协商议政的新形式、新渠道，选择人民群众最直接最关心最现实的利益问题，深入调查研究，精心组织策划协商议政工作。要及时了解和反映社情民意，密切关注人民群众最直接、最关心、最现实的利益问题，充分运用会议、调研、提案、视察等各种方式，从源头上减少社会矛盾的发生。要积极推进社会主义民主政治建设和法制建设，凝聚社会各方力量共同维护社会和谐稳定。

第14次会议 2月24日在广州举行。听取省政协副主席、省委统战部部长李统书作政协第九届广东省委员会部分委员、常委辞职及补选常委候选人名单（草案）的说明。审议并原则通过九届省政协部分委员、常委辞职及补选部分候选人名单（草案），广东省政协九届四次会议选举办法（草案），选举大会的监票员、副总监票员、总监票员名单（草案），政协广东省第九届委员会第四次会议决议（草案），并同意提交全体委员审议。

第15次会议 6月26日至27日在广州举行。会议主要围绕“加强规划管理，促进社会主义新农村建设”开展专题议政。听取常务副省长汤炳权关于我省社会主义新农村建设的情况通报、省政协专题调研组的调研汇报、农业部农村经济研究中心主任柯炳生作的“建设社会主义新农村的若干问题”专题讲座和省政协秘书长杨懂对增设省政协专门委员会及提请任命有关专门委员会领导成员的说明。在穗全国政协委员、地级市政协主席及省直有关厅局的负责同志应邀列席会议。省政协主席陈绍基在闭幕会上就学习中共中央《关于加强人民政协工作的意见》作了重要讲话。他在讲话中要求各级政协组织把学习贯彻《意见》精神，作为关系人民政协全局性工作的一项重要内容，切实抓紧抓好，并以此为契机，积极推动人民政协事业创新发展。陈绍基强调，深入学习贯彻《意见》，要牢固树立推动人民政协事业发展的机遇意识、使命意识和创新意识，自觉地把社会荣誉和社会责任统一起来，努力做到有位有为，为我省经济社会发展转入科学发展轨道作出新贡献；要积极推进人民政协履行职能的制度化、规范化和程序化，努力开创人民政协工作新局面；要积极推动人民政协自身建设迈上新台阶，以促进党派合作、突出界别特色、发挥委员主体作用和加强机关建设为重点，全面推进人民政协自身建设“四位一体”的总体工作布局。秘书长杨懂就省政协常委各小组的讨论情况向大会作了综述。副省长佟星到会听取意见。会议形成《广东省政协常委会议关于加强规划管理促进社会主义新农村建设的建议》。会议还同意增设民族宗教和外事侨务两个委员会，原港澳台侨外事委员会改为港澳台委员会。同意程良洲任社会和法制委员会主任；刘文炎任民族宗教委员会主任，王广寿、释新成、李楚章任民族宗教委员会副主任；周炳南任港澳台委员会主任，甘兆胜、黄荣标、甄瑞文、孔令人、艾特莎任港澳台委员会副主任；黄子强任外事侨务委员会主任，劳文浩、吕伟雄、陈毓铮、古华民任外事侨务委员会副主任；薛建枫任人口资源环境委员会主任；陈善如任经济委员会副主任；杨新潮、陈中秋、陈万鹏、杨迺军任教科文卫体委员会副主任；范以锦任学习和文史资料委员会副主任。

第 16 次会议 9 月 25 日至 26 日在广州举行。会议围绕“我省小城镇生态环境存在问题及对策”进行专题议政。听取谢强华副省长关于我省小城镇生态环境建设情况的通报，省政协专题调研组关于“解决我省小城镇生态环境存在问题”的调研报告，省政协秘书长杨懂关于《政协广东省委员会关于规范省政协委员参加会议活动的规定（草案）起草情况》的说明，中国环境科学院生态研究所所长高吉喜所作的“我国生态环境存在的问题及对策”专题讲座。在穗全国政协委员、地级市政协主席及省直有关厅局的负责同志应邀列席会议。省政协主席陈绍基在闭幕会上就加强政协委员队伍建设作了重要讲话。他强调，广大政协委员要强化责任，正确处理好政协工作与本职工作的关系；要注重形象，培养良好的品格，坚持和发扬团结民主的工作作风，密切与人民群众的联系；要提高能力，把学习理论、总结经验、研究工作有机结合起来，提高参政议政能力；要加强管理，既要加强对委员履行职责的日常管理，还要依法保障委员各项民主权利，为委员履行职责创造条件提供服务。秘书长杨懂就省政协常委各小组的讨论情况向大会作了综述。会议形成《广东省政协常委会议关于解决我省小城镇生态环境存在问题的建议》。会议还表决通过了《政协广东省委员会关于规范省政协委员参加会议活动的规定》。

【专门委员会工作】

提案委员会 九届四次会议以来，共征集提案 728 件，立案 623 件，其中集体提案 97 件。至年底，全部得到办理和答复。问题已解决或基本解决的 186 件，占 29.8%；正在解决或计划准备解决的 350 件，占 56.2%；对暂不具备条件解决的，有关承办单位作了详细解释和说明。积极探索提高提案质量的渠道和方式，组织委员参加有关学习班、报告会等。加大提案督办力度，创办《重要提案摘报》，从立案的提案中选取 9 件关系人民群众切身利益的重要提案，直接报送省委省政府主要领导和分管领导，有许多民生问题通过这个途径得到切实解决。推进提案办理工作制度化建设，出台《广东省政协办公厅关于办理政协提案的意见》。第 29 次主席会议确定了“关于完善相关法规促进我省慈善事业快速健康发展的建议”等 5 件重点提案由省政协副主席领衔督办。围绕我省“海边防建设情况”、“农村医疗卫生服务体系建设情况”等问题，开展视察、调研。加大提案工作的宣传和信息报送的力度，扩大社会影响。

经济委员会 组织委员参加省委举办的“广东学习论坛”、省政协举办的“提高参政议政能力培训班”等学习培训。组织委员就“加强规划管理促进社会主义新农村建设”、“建立健全协调劳动关系化解劳资矛盾的机制”、“调整我省树种结构提高森林质量和经济效益”、“国家开发银行与政府开发性金融合作情况”等问题开展专题调研；就“现代物流业发展情况”、“惠州80万吨乙烯项目建设情况”等问题开展专题视察，提出意见建议。组织委员积极支持灾区救灾复产，捐善款92万多元。协办“关于中央有关政策调整对广东加工贸易的影响”专题座谈会，认真研讨相关问题，提出具体意见建议专报全国政协。召开全省地级以上市政协经济委员会主任会议，交流经验，探讨工作方法。

人口资源环境委员会 召开两次全体委员会议，深入学习《中共中央关于加强人民政协工作的意见》、中共十六届六中全会和省委九届九次全会精神。组织委员专题调研“我省小城镇生态环境存在问题及对策”活动，提出“科学编制小城镇规划，强化中心镇的辐射带动作用”等6条具体建议。报送的调研报告受到省政府主要领导高度重视，批示省建设厅、环保局、林业局等部门研究。组织视察“韩江水资源开发利用情况”、“我省土地市场体系”、“节约能源和开发利用新能源”等活动，提出意见建议。与英国驻广州总领事馆联合举办“清洁发展机制和二氧化碳捕集存储给广东带来的机遇和挑战报告与研讨会”。召开“构建节约型社会”专题报告会，为我省落实科学发展观、构建节约型社会建言献策。

教科文卫体委员会 召开两次全体委员会议，学习全国“两会”、中共十六届六中全会和省委九届八次全会等有关会议精神。围绕“加快我省农村中医药事业发展”开展专题调研，在此基础上，召开“我省农村中医药医疗服务”专题协商座谈会，副省长宋海到会听取意见并给予高度评价。省委省政府主要领导在该专题报送材料上也作了重要批示。组织委员就“我省自主创新存在问题与对策”开展系列专题调研，形成的有关材料以专函形式报送省委省政府，得到高度重视。组织视察我省艺术职业教育发展情况、在新农村建设中要重视克服消极文化现象、广州市中小学德育教育情况等，提出意见建议。配合全国政协召开“发展我国少数民族地区体育”专题研讨会。举办我省政协系统“提高自主创新能力，加快经济发展”研讨会。组织委员就省委和省政府制定的关于发展职业教育的《决定（征求意见稿）》和《实施纲要（征求意见稿）》进行讨论，提出修改建议。组织委员参加“广东省政协情系灾区慰问团”，向灾区赠送5.9万元的各类中药洗剂、冲剂等物品。

学习和文史资料委员会 组织委员深入学习中央及省委有关会议和文件精神。编辑出版《广东文史资料存稿选编》。完成《广东经济特区的创立和发展》、《广东名人故居》、《广东近代要塞》、《辛亥革命与当代中国社会发展》，以及《广东文史资料精编》（共17分册）等书稿的清理、校对、编辑工作。征编《香港学海书楼纪实》、《广东方志·政权志·政协志》、《广东方志·人物志》、《广东百科全书·政协篇》等书稿。组织委员就“广东红色旅游资源利用开发情况”、“我省文化产业发展情况”等问题进行视察，提出意见建议。

社会和法制委员会 组织委员认真学习中央及省委有关会议精神。组成调研组就加强流动人口出租屋管理工作进行专题调研，形成调研报告和主席会议建议送审稿。主席会议据此形成《关于进一步加强流动人口出租屋管理工作的建议》，省委省政府主要领导将《建议》批转珠三角各市，要求认真研究落实。组织委员就妥善解决我省外来工医疗工伤社会保障问题、未成年犯管教所工作情况等，开展视察与调研，提出意见建议。加强与省法院、省人大等有关部门的联系，组织委员参加有关立法的征询、法律援助、法院审判等工作。配合全国政协社法委就城乡居民最低生活保障问题开展调研。

港澳台侨外事委员会 组织委员学习有关政策理论，学习中央及省委有关会议文件精神。围绕“发挥山区优势加快当地经济发展”、“实现山区跨越式发展”、“加快粤西经济发展”等问题进行视察，提出意见建议。组织委员赴河源市考察，达成多项投资协议，并捐款20万元资助河源部分贫困学生。加强与港澳委员及有关社团的联络。10次赴港澳，参加港区委员新春联欢晚会、第六届世界中山同乡恳亲大会、香港新界工商业总会庆祝香港回归九周年暨第十三届会董就职典礼、澳门“叶挺故居”挂牌仪式等庆典活动。以通报情况等方式，帮助港澳委员了解各时期中央大政方针和国家经济发展情况。积极协助成立“香港广东各级政协委员联谊会”。举办第九届（2006）政协杯高尔夫球友谊赛。主动做好港澳台侨“中生代”、“新生代”及专业人士的团结联谊工作，定期参加省“五侨”联系会议。加强与各国驻穗总领馆的联系。全年共接待港澳台侨和泰国上议院代表团、马达加斯加参议院代表团等外宾访问团组9批400余人次。先后组团赴澳大利亚、日本、加拿大等国进行友好访问。

【重要活动】

举行专题协商座谈会 4月至12月间，省政协在深入调研的基础上，先后就加快我省农村中医药事业发展、我省自主创新存在的问题和对策、加强流动人口出租屋管理工作等专题召开3次协商座谈会，与省委、省政府领导及有关部门负责同志进行协商座谈，提出了有针对性的意见建议，并分别形成主席会议建议报送省委、省政府。所报送的材料均得到省领导的肯定和采纳，并批示省直各部门加以研究落实。其中，关于自主创新的若干建议被《广东省人民政府关于促进自主创新的若干政策》吸纳。

组织委员视察 全年共组织21个视察团，分赴全省近30个市县和2个兄弟省区对部分国家和省重点投资建设项目、各地经济发展情况、建设社会主义新农村、完善土地市场管好用好土地资源、构建和谐平安社区、开发利用我省红色旅游资源、非物质文化遗产保护、现代物流业发展情况、林业发展、开发性金融合作情况、促进文化产业协调发展等群众关心的热点难点问题进行视察、考察，提出意见建议。

举办纪念孙中山先生诞辰140周年系列活动 11月12日，中共广东省委在广州中山纪念堂召开“广东省各界纪念孙中山先生诞辰140周年大会”。省政协主席陈绍基主持会议，省委书记张德江发表重要讲话，回顾了孙中山先生走过的光辉历程，深切缅怀了他为中国民主革命所建立的历史功勋，高度评价了他的爱国思想、革命意志和进取精神。张德江强调，孙中山先生的一生，是革命的一生，是伟大的一生。他为推动20世纪的中国历史巨变鞠躬尽瘁，为拯救祖国、振兴中华贡献了毕生的心血乃至生命。他的思想和实践，是中华民族的宝贵遗产。缅怀孙中山先生，就要继承和弘扬他“振兴中华”的志向，努力促进中华民族的伟大复兴；就要继承他统一祖国的“未竟之业”，努力促进祖国的统一大业；就要继承和弘扬他“与时俱进”的思想遗产，努力构建社会主义和谐广东。省委、省人大、省政府、省政协领导同志，省法院院长、省检察院检察长，广州市领导同志，省政协委员，省各民主党派、省工商联、各人民团体负责人，无党派人士，省和广州市有关单位的机关干部，驻粤部队官兵、学生等各界人士代表以及来自海外和港澳台地区的来宾等共约2500多人出席了纪念大会。11月10日省政协举办纪念孙中山先生诞辰140周年书画雅集。省政协主席陈绍基在开幕仪式上致辞。副主席王兆林、孙中山基金会理事长石安海等出席了开幕式。省政协秘书长杨懂主持了开幕仪式。陈景舒、黄安仁等30多位书画名家欣然赴会，挥毫泼墨。

举办首届广东省青少年书法大赛 8月20日，在广州隆重举行。大赛以胡锦涛总书记提出的“八荣八耻”社会主义荣辱观和《中华道德名言精粹》为主题，来自全省21个地级以上市的千名选手同场挥毫。省政协主席陈绍基，省委副书记蔡东士，省委常委、宣传部长林雄，省政协副主席许德立、王兆林、柯小刚、罗富和，秘书长杨懂，广州市政协主席朱振中等领导出席开幕式，并观看了小选手们的挥毫竞赛。本次大赛由省政协、省教育厅、团省委、南方报业传媒集团、南方影视传媒集团、省书法家协会联合主办，自2006年4月份启动，全省共有38万名青少年参与选拔赛和培训活动。大赛共评出一等奖40名，二等奖60名，三等奖100名，优秀作品奖152名。年底，组委会举行大赛颁奖典礼暨获奖作品展，并出版《首届广东省青少年书法大赛获奖作品集》。省委书记张德江对大赛给予高度评价，认为这是弘扬中华民族传统文化、建设文化大省的有效形式，建议坚持办下去。

成立“香港广东各级政协委员联谊会” 6月1日在香港举行。这是首个在香港正式注册成立的省、市、县三级政协委员联谊会。省政协主席陈绍基，秘书长杨懂，全省各级政协香港委员、各市政协、统战部领导、嘉宾共2000余人参加盛会。陈绍基主席作重要讲话。

举办三期委员培训班 8月8日至25日，省政协先后在省委党校举办第五、六、七期培训班。这是继2004、2005年省政协成功举办一至四期培训班后，继续举办的最后三期培训班，标志着省政协三年培训计划的圆满完成。培训班邀请全国政协、中央党校、国防大学等单位领导和专家，就党和国家的大政方针、形势政策、国防科技、政协工作等专题作报告。全国政协委员、省政协委员、各市县政协主席副主席、政协机关干部共547人接受了培训。省政协主席陈绍基出席开班典礼并作动员讲话。

举办“永恒的旋律——2006年名家名歌广东演唱会”和“中华之声——2006年名家名曲广东演唱会” 5月和10月，由省政协主办，省委宣传部、省文化厅、南方广播影视传媒集团协办的“永恒的旋律——2006年名家名歌广东演唱会”、“中华之声——2006年名家名曲广东演唱会”在广州拉开帷幕。演唱会邀请了宋祖英、戴玉强、阎维文等11位著名歌唱家及“梅花奖”获得者尚长荣、裴艳玲、茅威涛等12位我国八大戏种的当代领军人物同台献唱。省四套班子主要领导、部分老同志及广州市领导出席观看演出。中央电视台作了现场录播。

拓展团结联谊工作 12月，省政协主席率广东省代表团出席了在澳大利亚悉尼举行的“广东省——新南威尔士州第二十一次联合经济会议”。两省州在中医药、农业、科技、职业教育、体育、经贸等领域达成多个合作意向。代表团还与该州政界、商界、侨界进行广泛接触，增进与国际友好城市和各界人士的合作交流。组织文化产业团赴日本、加拿大等国友好访问，接待泰国上议院、马达加斯加参议院等代表团和省内外各类团组。在对外交往中，主动介绍我国多党合作和政治协商制度的基本情况，增进共识，扩大团结面。此外，还组织部分委员和医疗队赴云南怒江和西藏波密开展送医送药和助学活动，并免费为70多位白内障患者做治疗手术，受到当地党委政府和人民群众的热烈欢迎。省政协继续举办广东省各界人士迎春茶话会、送戏下乡等系列活动。

支援灾区救灾复产 7月中下旬，我省部分地区遭遇了有气象记录以来最严重的特大暴雨袭击。省政协积极响应省委省政府号召，紧急发动政协委员和机关干部职工踊跃捐款捐物，为灾区筹集近2200万元善款和物资，帮助受灾严重村庄的“全倒户”重建家园。组织“广东省政协情系灾区慰问团”，由主席和副主席带队，深入灾情严重的市县慰问，送去急需的药品食品。组织医卫界委员赴灾区义诊，帮助做好灾后防疫工作。这一行动在社会上引起强烈反响，受到各方的赞许和省委领导的表扬。省政协办公厅被省委省政府评为“抗洪救灾模范集体”。

【重要文件】

常委会工作报告（2006－02－21）（摘要）

第一部分：一年来的工作回顾

（一）把推动落实科学发展观和构建和谐广东作为促进发展的核心内容，积极履行人民政协三大职能。围绕树立和落实科学发展观，精心策划协商议政选题。就“加快县域经济发展面临的主要问题和对策”、“开展清洁生产，发展循环经济”开展专题议政，组织部分委员和专家学者，深入调研。在此基础上，常委会充分协商讨论，形成有针对性的意见建议，报送省委省政府。张德江等省领导在建议上作了重要批示。策划召开“建设绿色广东研讨会”，形成《省直各部门和社会各界对建设绿色广东的意见建议》，张德江书记要求转发省直各部门。针对我省自主创新能力不强、人才结构性匮乏等突出问题，上半年，对我省高新技术产业创新情况进行专题调研，提出把高新区建成我省自主创新重要基地等建议，促成召开全省高新技术产业开发区工作会议。下半年，开展大力发展高中阶段教育专题调研和专题协商，形成主席会议建议；与广东中华职业教育社共同举办“发展职业教育论坛”，形成《社会各界对发展我省职业教育的意见和建议》。所提建议引起省内媒体与社会各界的广泛关注。省委主要领导批示有关部门抓紧加以研究落实。围绕构建和谐广东，积极协助党委政府做好协调关系、化解矛盾、理顺情绪、凝聚人心工作。就“坚持和完善共产党领导的多党合作和政治协商制度，促进各政党、各阶层、各团体、各组织等方面关系的和谐”；“发挥城乡基层组织的积极作用，形成社会管理的整体合力”；“全面贯彻党的民族宗教侨务等政策，切实维护各民族、各方面群众合法权益”等专题，省政协主席、中共党员副主席分别率队开展调研并形成调研报告，提出意见建议，为省委决策提供参考。《中共广东省委、广东省人民政府关于构建和谐广东的若干意见》吸纳了省政协有关建议。就如何加强基层人民调解工作开展调研，形成调研报告和主席会议建议。省委主要领导在《建议》上作重要批示。省委政法委和省司法厅于2005年8月底召开全省人民调解工作会议，研究吸收省政协建议，部署全省人民调解工作。

围绕促进科学决策和决策落实，不断探索提高民主监督实效。根据省委省政府意见，省政协主席带队视察全省重点项目建设情况，提出了需要注意和解决的若干问题，对重点项目建设起到积极推动作用。坚持和完善政协委员担任特约监督员制度。派出委员参加省委组织部、省教育厅组织的8个督导检查组，参与督导我省县级党政主要领导基础教育实绩考核工作。积极推荐委员担任特约监察员、审计员、教育督导员和环境保护社会监督员，选派委员担任省高级人民法院廉政监督员、省检察院人民监督员，努力提高民主监督实效。

（二）把推动观念创新和工作创新作为事业发展的不竭动力，积极开创人民政协工作新局面。积极推进观念创新。省政协第十二次常委会议明确提出，要以与时俱进精神切实推进思想观念创新、工作内容创新、工作机制创新和工作方法创新。这一要求在全省各级政协引起强烈共鸣，政协工作必须适应时代发展不断改革创新，逐渐成为共识。积极拓宽工作领域。受省委委托，省政协同各协办单位一道，精心组织“永恒的旋律——名家名歌演唱会”和“中华之声——名家名曲演唱会”，把演唱会办成了“音乐界群英会”和“戏曲界高峰会”，在省内外引起强烈反响，引发了群众对传统文化推本溯源的深度思考和对如何传承优秀传统文化的关注与讨论，收到良好效果。积极改进提案工作。召开全省政协提案工作座谈会。修订《政协广东省委员会提案工作条例》。建立省政协领导、提案委负责同志及提案委办公室分层督办机制。采取网上交办提案、召开重点提案交办会、走访承办单位、围绕提案组织调研、多个专委会共同督办等形式，提高提案办理质量和办理水平。积极改进常委会议组织形式。常委会议都安排专题学习讲座，邀请有关领导和专家作专题报告。从第十二次常委会起，改进了会议小组讨论汇报方式。由各小组向会议汇报，改由办公厅整理各组讨论情况综述，由秘书长向常委会议综合汇报。积极完善调研视察考察方式。采取“走下去”和“请上来”相结合形式，充分发挥各方面积极性。省政协领导利用到市县调研视察的机会，安排与当地省政协委员座谈，并邀请党委政府负责同志参加，密切省政协领导与委员之间的沟通与联系，也为当地党委政府了解支持政协工作创造了条件。11月中旬，应山西省政府邀请，省政协主席带队赴山西考察，达成10多项投资协议，开创了学习考察与经贸投资相结合的新方式。

（三）把加强宣传和团结联谊作为新时期统一战线工作的重要载体，积极扩大人民政协影响力。切实加强人民政协宣传工作。省政协专门设立宣传信息处，获准成立《人民政协报》广东记者站。一年来，按照“突出重点、体现特色、讲求实效”的要求，逐步形成了有重点、全方位、多层次的宣传工作格局。9月中下旬，邀请人民日报、新华社、中央电视台、香港文汇报等中央及香港12家新闻单位赴粤采访，共播发稿件200多篇。黄华华省长、陈绍基主席以及部分地级市领导接受了专访。中央电视台新闻频道还专门报道了省政协以促进发展为第一要务，积极参政议政为广东经济社会发展作贡献的情况。组织好重点工作和重大活动集中报道。对省政协九届三次全会和庆祝省政协成立50周年的重大会议活动，省内各主要新闻媒体共播发各类稿件900多篇。“永恒的旋律”、“中华之声”演唱会，中央电视台作了录播；省政协第二届“四洲杯”粤港澳粤曲演唱大赛，省电视台全程录播了广东赛区复赛6场赛事。省政协组织拍摄的大型文献电视专题片《丘逢甲》，在中央电视台和广东电视台播出后，反响很好。编辑出版了《梁士诒传》、《广东文史资料存稿选编》、《广东政协五十年》等约470万字的文史图书。大力拓展团结联谊和对外友好交往工作。为纪念中国人民抗日战争暨世界反法西斯战争胜利60周年，省政协召开了各界人士座谈会和相关研讨会。一年来，还举办了广东省各界人士迎春茶话会、纪念孙中山先生诞辰139周年集会、送戏下乡、各类球赛和书画雅集等系列活动，加强与社会各界的联系。加强与港澳政协委员及各界人士的联谊和交流。全年共接待港澳台侨和泰国上议院、马耳他议会等外事团组20余批600多人次。先后组织广东省政协文化产业等代表团赴澳大利亚、新西兰、印度、斯里兰卡等国友好访问。发挥优势支持经济社会建设。各级政协积极牵线搭桥，引进资金技术兴办实业，同时充分发挥委员优势，积极帮助贫困地区修桥铺路、捐资助学、兴办公益事业等，受到群众欢迎。6月中下旬，我省部分地区遭遇特大洪涝灾害。省政协连夜发动政协委员特别是港澳委员和民营企业家捐款，支援灾区救灾复产工作。共筹得款项590多万元（其中港澳委员捐出善款400多万元）。这一行动进一步树立了政协委员的良好形象，受到各方赞许和省委领导表扬。

（四）把加强“三化”建设和自身建设作为履行职能的重要保证，积极推动人民政协事业向前发展。不断推进履行职能制度化、规范化、程序化建设。对《政协全国委员会关于政治协商、民主监督、参政议政的规定》实施情况开展大检查，进一步完善全体会议、常委会议、主席会议等制度。发出《关于切实改进会风的通知》，制定《政协广东省委员会关于委员参加本会活动的基本要求》，并酝酿制订《进一步规范省政协委员参加会议活动的规定》。一年来，共有933人次参加省政协组织的专题调研和专题视察，317人次参与出省出国学习考察，省政协全体会议、常委会议到会率明显提高。委员们积极建言献策，共提出提案662件，立案553件，参与提出提案的委员达2623人次；所报送《广东政协信息》被省委采用64件，省领导批示59条次。不断加强委员队伍建设。继续举办第二、三、四期政协委员培训班，邀请全国政协、中央党校、国务院发展研究中心等单位的领导和专家学者担任授课老师。培训内容包括党和国家的大政方针、形势政策，并紧密联系政协工作实际，深受委员欢迎。不断推进政协机关自身建设。召开全省政协秘书长工作会议，总结交流工作经验，探讨政协秘书长工作的规律性。

第二部分：2006年工作意见

（一）服务大局，积极开展协商议政。结合省委工作大局，积极履行职能，突出重点，打造精品。（二）把握主题，推进和谐广东建设。突出特点，发挥优势，积极为建设和谐广东献计出力。着力促进各政党、各阶层、各团体等方面关系的和谐。（三）开拓创新，推动政协工作上新台阶。创新履行职能的内容和形式，继续完善政协各项工作制度。（四）与时俱进，切实加强自身建设。加强人民政协理论研究和机关作风建设，继续办好三期政协委员培训班。

【政协广东省委员会关于规范省政协委员参加会议活动的规定】（2006年9月26日九届十六次常委会议通过）

第一条　为进一步明确省政协委员参加会议活动的有关要求，切实增强责任感和使命感，调动委员履行职责的积极性，根据《中国人民政治协商会议章程》，结合我省政协工作实际，制定本规定。

第二条　每位委员一届内至少参加一次省政协组织的集中学习或培训活动，每年至少参加一次省政协组织安排的视察或调研、考察等活动。

第三条　委员要积极反映所代表党派、团体和界别群众意见。提倡每位委员每年至少提交一件提案，提出一条有质量的建议，反映一条有价值的信息。

第四条　省政协召开全体会议、常委会议须提前半个月，其他活动原则上提前一周发出通知，以便委员安排好本职工作按时参加。

第五条　省政协委员因特殊原因不能出席全体会议，应及时办理请假手续。需全程请假的，原则上应提前两天以上向省政协办公厅书面请假，并经省政协领导批准；会议期间请假的，应以书面或口头形式，提前向会议秘书处或办公厅请假，并经省政协领导批准。

第六条　省政协常委因特殊原因不能出席全体会议和常委会议，应及时办理请假手续。需全程请假的，原则上应提前两天以上向省政协办公厅书面请假，并经省政协领导批准；会议期间请假的，应以书面或口头形式，提前向会议秘书处或办公厅请假，并经省政协领导批准。

第七条　委员一次未请假全程缺席全体会议的，省政协以适当方式予以提醒；一届内累计两次未请假全程缺席全体会议的，经主席会议同意，按规定程序，撤销其委员资格，并书面通知本人及其所在单位。

第八条　常委两次未请假全程缺席常委会议的，省政协以适当方式予以提醒；一届内累计四次未请假全程缺席常委会议的，经主席会议同意，按规定程序，撤销其常委资格，并书面通知本人及其所在单位。

第九条　常委和委员参加会议活动以及提出提案、建议、反映信息等情况，由省政协办公厅统计，并定期向常委和全体委员通报。

第十条　省政协和各专门委员会以及机关的领导，要走访委员及所在单位，及时了解委员的工作生活情况，争取所在单位对委员履行职责的支持。

第十一条　委员要主动加强与省政协的联系。对要求反馈的材料，及时准确回复。工作变动、通讯地址变更，以及获奖、评优、职务职称变动等，及时告知省政协办公厅。

第十二条　本规定自省政协常委会议通过之日起施行，由省政协常委会负责解释。

【组织概况】

副主席补选名单（2006 年 2 月 25 日九届四次会议通过）

许德立　柯小刚

常务委员增选名单（2006 年 2 月 25 日九届四次会议通过）

王荣宝（女）　邓惠珍（女）　朱征夫
朱振中　朱穗生　许德立　孙守仪
孙国萍（女）　李　琦　时述花（女）
吴　鸿　吴　毅　何善心　何锦超
张　波　张国荣　陈善如　周炳南
柯小刚　施振旦　姚振华　袁懋振
徐　峰　黄子强　梁树森　董富胜
蔡如青　翟美卿（女）　薛建枫
魏光群

委员增补名单（2006 年 1 月 13 日九届十三次常委会议通过）

王　卫　王　毅　王子葵　王亚忠
王荣宝（女）　王赐豪　邓文基
邓婉玲（女）　卢　馨（女）　宁习洲
朱　淇　朱振中　朱穗生　伍　亮
伍仲和　刘　涛　刘绍喜　江　涛
江惠生　孙丹萍（女）　麦可君（女）
李　忠　李　琦　李月华（女）

李立新　李民桥　李亦非　李兴华
李晓平　李续娥(女)　李粤安
李勤德　杨　军　肖德雄
时述花(女)　吴　琦　吴远溪
何广健　何全和　何熙平
余艳红(女)　张　枫　张汉忠
张楚光　陈优生　陈伟洪　陈安文
陈善如　陈镇成　邵奎竣
招玉芳(女)　欧俊全　罗活活(女)
罗意自　季仲华　周　義　郑卓标
郑钟南　郑炽钦　钟国斌　钟晓渝
莫冠良　贾殿江　钱智民　徐　龙
高海生　郭斯淦　黄西勤(女)
崔建国　梁少贞(女)　蒋志坚
鲁开垠　曾德新　温纯青　赖振权
谭伟豪　谭泽中　黎智华　魏光群

常务委员辞职名单（2006 年 2 月 25 日九届四次会议通过）

石安海　巢振威　陈开枝　汤彤海
刘人怀　李国泰　陈书燕　陈　坚

委员辞职名单（2006 年 1 月 13 日九届十三次常委会议通过）

王国强　王绵宁　龙子明　田晓韧
刘长银　江立敏　许志良　孙淑伟
李万国　李聪德　吴乃文　张锦墙
陈小川（女）　陈云贤　周克崧
郑子弘　孟　华（女）　赵　戈
胡　佳　黄　勇　黄世展　黄均伟
黄楚标　梁　仁　梁益华　彭文晋
蔡齐祥　廖军文

【广东省政协领导人名单】

广东省

政协主席
陈绍基

副主席
许德立　韩大建（女）　王珣章
王兆林　柯小刚　周天鸿　罗富和
姚志彬　陈蔚文　李统书

秘书长
杨　懂

广州市（副省级）

市政协主席
朱振中

副主席
王德业　廖志刚　冼若瑶（女）
张学政　李勤德　林生珠（女）
傅汉洵　黎宝松　杨育铨　苏志刚
郭锡龄（2006 年 3 月当选）
陈纪萱（2006 年 3 月辞职）

秘书长
张灼民

区（市）政协主席

越秀区	刘小骏
海珠区	庄国平
荔湾区	卢玉萍（女）
天河区	杨南聪
白云区	庞文洪
黄埔区	杨　勇
番禺区	徐金海
花都区	黄水记
南沙区	黄丽嫦（女）
萝岗区	官展平（女）
从化市	李玉宜（女）
增城市	王运才

深圳市（副省级）

市政协主席
李德成

副主席
姜　忠（女）　廖军文　李连和
余晖鸿　钟晓渝　陈观光　黄中伟
张效民　陈思平

秘书长
姚欣耀

区政协主席

福田区	张青山

罗湖区 吴培基
南山区 温　玲（女）
盐田区 李秀忠
宝安区 沈建英（女）
龙岗区 巫应达

珠海市
市政协主席 余炳林
县（区）政协主席
香洲区 许经学
斗门区 梁一为
金湾区 谢雄辉

汕头市
市政协主席 赖益成
县（市、区）政协主席
金平区 黄自强
龙湖区 黄巧凤（女）
澄海区 陈细雄
濠江区 邱曼丽（女）
潮阳市 李逸珊（女）
潮南区 郑火木
南澳县 吴俊深

佛山市
市政协主席 甄灿球
县（市、区）政协主席
禅城区 张宪邦
南海区 叶桂容（女）
顺德区 李新喜
高明区 吕耀江
三水区 刘　宁

韶关市
市政协主席 邓苏夏
县（市、区）政协主席
浈江区 余石怡
武江区 杨应光
曲江区 刘灶金
乐昌市 马森超
南雄市 何万飞
仁化县 李征娥（女）
始兴县 赖　根
翁源县 刘卫标
新丰县 李德彝
乳源县 费玉海

河源市
市政协主席 黄煜祯
县（市、区）政协主席
源城区 刘　耿
东源县 魏阳兴
和平县 朱文金
龙川县 柯龙添
紫金县 叶就成
连平县 余金照

梅州市
市政协主席 魏潘尧
县（市、区）政协主席
梅江区 郭勇谋
兴宁市 曾洪标
梅　县 李定凯（女）
平远县 凌征忠
蕉岭县 宁全兴
大埔县 何道城
丰顺县 陈福超
五华县 幸定华

惠州市
市政协主席 叶月坚
县（市、区）政协主席
惠城区 林玉坤
惠阳市 黄秋福
惠东县 徐繁荣
博罗县 刘运添
龙门县 杨绍冲（瑶族）

汕尾市

市政协主席 彭洪辉

县（市、区）政协主席

市城区 刘妈金

海丰县 洪胜顿

陆丰市 李 端（女）

陆河县 罗永活

东莞市

市政协主席 袁李松

中山市

市政协主席 郑金钻

江门市

市政协主席 赵善祥

县（市、区）政协主席

蓬江区 张秀萍（女）

江海区 林惠国

新会区 伍锦泉

台山市 黄小玲（女）

开平市 谭德荣

鹤山市 蔡卫健

恩平市 龚秀娴（女）

阳江市

市政协主席 周裕光

县（市、区）政协主席

阳春市 关则荣

阳西县 陈 亨

阳东县 张厚英

江城区 冼学享

湛江市

市政协主席 黄国威

县（市、区）政协主席

赤坎区 杨木森

霞山区 沈 谦

麻章区 许胜福

坡头区 叶振宏

雷州市 陈秀琴（女）

廉江市 温 宁

吴川市 杨彩兰（女）

遂溪县 蔡 铭

徐闻县 麦晓明

茂名市

市政协主席 冯立梅

县（市、区）政协主席

高州市 卢昌华

化州市 陈伯兴

信宜市 刘显昌

电白县 杨景秀

茂南区 陈永才

茂港区 钟林矿

肇庆市

市政协主席 蔡仁秀

县（市、区）政协主席

端州区 陈 华

鼎湖区 李 昌

四会市 潘玉荣

高要市 甘雄伦

广宁县 梁超进

德庆县 温爱民

封开县 黎兆坤

怀集县 梁广枝

清远市

市政协主席 梁戈文

县（市、区）政协主席

英德市 吴树森

连州市 廖加见

清城区 张春贤

清新县 苏桂明

佛冈县 缪树森

连山县 韦承林

连南县 房卫民

阳山县　　李　厚

潮州市

市政协主席　　潘春青

县（区）政协主席

潮安县　　何新民

饶平县　　许玉云（女）

湘桥区　　林桂汉

揭阳市

市政协主席　　欧汉波

县（市、区）政协主席

榕城区　　洪奕辉（女）

普宁市　　刘惠光

揭东县　　沈丁汉

揭西县　　高史佑

惠来县　　方　城

云浮市

市政协主席　　梅任骏

县（市、区）政协主席

云城区　　梁水金

罗定市　　张家强

新兴县　　梁世枢

郁南县　　欧　皓

云安县　　陈荣喜

广东省各级政协组织委员数

（截至 2006 年底）

级别 / 项目	省	副省级市	设区（县）的市	县（不设区的市、市辖区）	合计
组织数	1	2	19	122	144
委员数	962	971	6536	23163	31632

（余贞皎 编写　巴　宇 审稿）

政协广西壮族自治区委员会

张文学 副主席
（增选）

【全体委员会议】

九届四次会议 2006年1月11日至15日在南宁召开。应出席委员689人，实到632人。马庆生主席主持开幕会。会议听取了自治区党委书记曹伯纯所作的重要讲话，听取并审议了王汉民副主席代表常务委员会所作的工作报告和潘鸿权副主席代表常务委员会所作的关于自治区政协九届三次会议以来提案工作情况的报告。列席了自治区十届人大四次会议，听取并讨论了自治区主席陆兵所作的《关于广西国民经济和社会发展第十一个五年规划纲要的报告》和其他重要报告。会议期间，13位委员作了大会发言，39位委员作书面发言；共收到提案455件，立案430件。会议通过了自治区政协第九届委员会第四次会议政治决议、自治区政协第九届委员会第四次会议关于常务委员会工作报告的决议、自治区政协第九届委员会第四次会议关于自治区政协九届三次会议以来提案工作情况报告的决议、自治区政协第九届委员会提案委员会关于自治区政协九届四次会议提案审查情况的报告。会议增选张文学为自治区政协副主席，李志鹏、黄汉明为常务委员会委员。马庆生主席在闭幕会上作了讲话。

【常务委员会会议】

第13次会议 2006年1月14日在南宁召开。应出席103人，实到83人。马庆生主席主持会议。会议听取了大会秘书长区品秋关于自治区政协第九届委员会第四次会议各组讨论情况的综合汇报；审议并通过了自治区政协第九届委员会第四次会议政治决议（草案）；审议并通过了自治区政协第九届委员会第四次会议关于常务委员会工作报告的决议（草案）；审议并通过了自治区政协第九届委员会第四次会议关于自治区政协九届三次会议以来提案工作情况报告的决议（草案）；审议并通过了自治区政协第九届委员会提案委员会关于自治区政协九届四次会议提案审查情况的报告（草案）；会议还通过了增选张文学为自治区政协副主席，李志鹏、黄汉明为常务委员会委员的人事事项（草案）。上述草案将提请自治区政协九届四次会议审议。

第14次会议 2006年4月26日至27日在南宁召开。应出席106人，实到70人。马庆生主席主持会议。会议的主要议题是围绕广西建设社会主义新农村建言献策。会议还传达学习了全国“两会”精神，学习贯彻了《中共中央关于加强人民政协工作的意见》，审议通过了《政协广西壮族自治区委员会关于认真学习贯彻〈中共中央关于加强人民政协工作的意见〉的决定》。会议听取了梁裕宁副主席所作的关于广西建设社会主义新农村专题调研情况的报告，并对社会主义新农村建设进行了讨论，提出了确保城乡统筹协调发展、改革农村土地管理和征地制度、加大财政对农村基础设施建设和农民基本素质提高以及农民基本生活保障的投入、把基础设施建设重点转向农村的建议。会议增补邬善康为自治区政协第九届委员会文史和学习委员会副主任。马庆生主席在闭幕会上作了讲话。

第15次会议 2006年8月16日至17日在南宁召开。应出席106人，实到71人。马庆生主席主持会议。会议的主要议题是为推进北部湾（广西）经济区建设建言献策。自治区副主席、北部湾（广西）经济区规划建设管理委员会主任陈武通报了北部湾（广西）经济区规划建设工作情况。会议听取了张文学副主席所作的关于推进北部湾（广西）经济区建设专题调研情况的报告，并对推进北部湾（广西）经济区建设进行了讨论，着重就完善区域发展总体规划、整合港口资源、构建区域大交通体系、构建合理产业结构、创新管理体制、拓宽投融资渠道提出了建议。马庆生主席在闭幕会上作了讲话。

第16次会议 2006年12月26日至28日在南宁召开。应出席106人，实到85人。马庆生主席主持会议。会议的主要议题是讨论如何发展广西文化产业问题及审议自治区政协九届五次会议有关文件。自治区副主席杨道喜通报了自治区政府关于自治区政协九届四次会议提案办理工作情况。会议听取了俞曙霞副主席所作的关于发展广西文化产业专题调研情况的报告，并对发展广西文化产业进行了讨论，提出了加大制订文化产业发展长期规划、做大做强特色品牌、推进文化产业体制创新、加大文化产业投入、加强文化产业人才队伍建设、培育和规范文化市场等建议。会议通过了关于召开自治区政协九届五次会议的决定；审议通过了自治区政协第九届常委会工作报告及报告人；自治区政协第九届常委会关于自治区政协九届四次会议以来提案工作情况的报告及报告人；自治区政协九届五次会议议程（草案）和日程；自治区政协九届五次会议秘书长、副秘书长名单；自治区政协九届五次会议编组办法和小组召集人名单。会议还审议了自治区政协委员视察北海、钦州、防城港、柳州、贵港、百色等市的视察报告（书面）和自治区政协领导出访考察的情况报告（书面）。会议增补杨位兴、吴维新、金振威、赵强为自治区政协第九届委员会委员；通过了自治区政协第九届委员会专门委员会副主任增补名单，决定增补金振威为自治区政协第九届委员会人口资源环境委员会副主任、刘唐威为自治区政协第九届委员会教科文卫体委员会副主任、黄克贵为自治区政协第九届委员会民族和宗教委员会副主任；任命吴根林为自治区政协第九届委员会副秘书长。马庆生主席在闭幕会上作了讲话。

【专门委员会工作】

提案委员会 全年收到提案536件，经审查立案的511件，其中委员提案394件，民主党派、人民团体提案102件，专门委员会提案15件，办复率为99.8%。一是加强委员与承办单位的沟通，邀请提案人参与提案协商办理座谈会、走访承办单位等活动；加强与各民主党派、人民团体的联系，召开党派提案征集座谈会、联合督办提案；向社会公开征集提案线索，拓宽提案信息渠道；建立提案库，进一步完善提案信息系统。二是坚持自治区政协领导督办重点提案制度，与自治区党委、政府督查室建立联合督办提案制度，并首次对自治区发展和改革委员会承办提案的情况进行联合督查。三是召开全区政协提案工作研讨会，承办中南六省区政协第17次提案工作座谈会。

经济委员会 一是承担常委会推进北部湾（广西）经济区建设的专题调研任务，组织调研组到北海、钦州、防城港三市开展调查研究，并赴天津、辽宁、河北等省市，考察环渤海湾经济区的发展情况，向常委会提交调研报告和考察报告。二是召开全区政协经济委员会工作会议暨发展广西旅游经济研讨会，加强与各市政协经济（科技）委员会的联系。三是配合全国政协经济委员会做好进一步推进西部大开发战略深入实施、推动泛北部湾区域经济合作与发展的专题调研工作。四是赴上海市开展上海—广西政协经济科技合作交流活动，赴浙江、广东、福建等省政协协商探讨共同推动桂浙、桂粤、桂闽经贸合作交流问题，赴天津考察天津市政协推动滨海新区开发开放纳入国家发展战略情况。

农业委员会 一是承担常委会推进广西社会主义新农村建设的专题调研任务，组织调研组赴藤县、北流市、兴宾区、大化县、武鸣县进行调研，赴贵州、江西等地进行考察，向常委会提交调研报告。二是组织委员到柳州、河池、南宁三市的部分重点县、乡镇和缫丝加工企业进行调研，提出《关于广西茧丝绸产业发展的调研报告》，其中的一些建议在全区经济工作会议文件中得到采纳。三是通过召开对口联系座谈会，建立对口联系工作和有关信息的交流，及时了解我区农业与农村工作的发展情况。四是参加全国政协经济委员会会议，提交《以抓好“三基”为突破口，为扎实推进广西新农村建设打好基础》的材料并在会上交流。五是组织委员赴贵州、江西、新疆、内蒙古、山西、青海等地考察，交流政协推进新农村建设、农业与农村工作等方面的经验和做法。

人口资源环境委员会 一是组织委员就红树林生长和湿地保护、洛清江保护、林产工业和循环经济发展的情况分别赴北海、钦州、防城港、柳州、桂林，南宁、百色、河池等市进行调研，并提出意见、建议和提案。二是提出尽快将农村寄宿学校饮水革命（改水）纳入广西经济发展“十一五”规划的提案，得到自治区有关部门的重视和采纳，广西电视台、中央电视台就此专题作了采访和报道。三是配合全国政协人口资源环境委员会做好海洋灾害预警机制、出生缺陷的专题调研工作。四是赴海南省考察当地生态环境保护情况。征集“政协委员谈国土资源”文章16篇，并刊登在自治区国土资源厅《国土资源》杂志上。

教育科技文化卫生体育委员会 一是承担常委会发展广西文化产业的专题调研任务，组织调研组到南宁、柳州、桂林、崇左等市调研，并到江苏、上海、浙江、广东等地考察，向常委会提交调研报告。二是到云南参加西部十二省区市政协文化体制改革与文化产业发展研讨会，并考察当地文化产业发展情况。三是召开全区政协教科文卫体委员会联席会议，研讨我区文化体制改革与文化产业发展问题。四是配合全国政协教科文卫体委员会做好农村公共卫生服务体系建设、少数民族体育情况的调研工作。

社会和法制委员会 一是组织委员走访自治区、市有关单位及宜州市、忻城县、来宾市就农村最低生活保障问题进行调研，形成调研报告提交常委会参阅。开展法律援助和预防未成年人违法犯罪问题的调研，将调研成果提炼为提案和大会发言材料。撰写的《环北部湾区域合作与开发应该成为我国发展战略的重点》一文在广西日报发表并在常委会上发言。二是配合全国政协社会和法制委员会做好禁毒工作、建设新农村情况的调研工作。三是参加全国政协社会和法制委员会召开的构建和谐社会建言献策座谈会，提交《维护社会公平，促进社会和谐》的材料。四是组织委员参与对国家和地方《人民代表议事规则》、《劳动合同法》、《征兵工作条例》、《气象灾害防御条例》、《海上搜寻救助条例》等法律法规草案和修订草案的修改。

民族和宗教委员会 一是组织委员对大化、岩滩水电站库区少数民族群众生产生活问题；百色右江区、田林县、隆林各族自治县少数民族地区教育情况进行调研，提出意见和建议。二是召开全区政协民族和宗教工作座谈会，总结政协民族和宗教工作经验，探索进一步做好政协民族和宗教工作的新思路、新途径。赴北京、河北、河南等地政协考察民族和宗教工作。参加全国部分省区政协第八次民族和宗教工作研讨会，提交了《做好新时期政协民族和宗教工作，为构建社会主义和谐社会作贡献》的材料。三是组织广西合浦县、兴业县、恭城瑶族自治县政协参加全国政协民族和宗教委员会在北京召开的民族地区建设社会主义新农村典型经验座谈会。配合全国政协民族和宗教委员会做好建设社会主义新农村，促进少数民族地区经济社会发展问题的专题调研工作。

文史和学习委员会 一是编印《学习参考》12期、《港澳委员学习参考》4期。二是牵头征编《中国瑶族百年实录》，编辑出版《新桂系纪实续编》，参与全国政协文史和学习委员会《民族自治区及州、县的成立历程》等11个专题的史料征编工作。三是赴内蒙古、宁夏、甘肃、新疆、青海、四川六省区政协，就新形势下如何开展政协文史和学习工作进行了交流探讨。参加全国政协文史和学习委员会及中南、西南、华东地区政协举办的有关研讨会、协作会，总结交流政协开展文史和学习工作的经验体会，研究探讨开创政协文史和学习工作新局面的新方法、新路子。四是组织委员赴河池市考察保护利用文物，推进旅游业发展和“东巴凤”革命老区基础设施建设大会战情况，提出意见和建议。

港澳台侨和外事委员会 一是赴港澳地区向委员通报情况，编印《港澳委员学习参考》，帮助港澳委员了解国家大政方针、广西经济社会发展情况，使港澳委员更好地参政议政。二是组织港澳委员视察北海、钦州、防城港市，就推进北部湾（广西）经济区建设献计出力。三是成立广西协力扶助基金会，为港澳委员募集资金，援助学校建设、救助贫困学生、援建扶贫设施、开展广西道路交通安全宣传教育“路路小心”系列活动做好服务工作。

【重要活动】

上海—广西政协推动两地经济科技合作交流活动 2006年3月16日至17日在上海举行，张文学副主席率团赴上海参加交流活动。其间，召开了上海—广西政协经济科技合作交流座谈会和经济科技项目合作洽谈会；考察了上海通用汽车公司、浦东新区和洋山深水港等大型工业企业和基础设施；南宁、柳州、桂林市和部分企业还开展了经济社会发展情况介绍和项目推介。上海市政协推荐20多个项目在广西寻求合作。

广西政协“同心”系列活动 分别于2006年3月25日、10月24日、12月23日在南宁举办广西政协“同心”讲座。邀请香港凤凰卫视资讯台副台长、首席新闻主播吴小莉，台湾知名人士蒋孝严，铁道部原副部长、中国工程院院士孙永福分别作题为《传媒与我》、《两岸经贸关系》、《神奇的青藏铁路》的演讲；2006年9月21日，在广西人民会堂举办纪念胡锦涛同志在庆祝人民政协成立55周年大会上讲话发表两周年"四海同心"音乐会，全国人大代表、全国政协委员和自治区政协委员中的部分著名歌唱家、影视明星应邀到广西演出，并成立广西政协"同心乐团"；2006年12月14日，与自治区党委宣传部共同举办广西政协"同心"出版丛书《漓江画派国画名家作品集》首发式。

委员视察 全年共组织委员视察团4个，115名委员参加了视察，提交视察报告4份，内容涉及工业企业自主创新、北部湾（广西）经济区建设、深化体制改革扩大开放合作、西部大开发重大项目建设等方面。王汉民、张文学、卢湖山、徐文彦副主席分别率团赴柳州、北海、钦州、防城港、贵港、百色等市视察。委托各市政协组织邕外委员就地视察或跨市视察。

中南六省区政协第17次提案工作座谈会 2006年9月15日至17日在南宁召开。湖南、湖北、河南、海南、山东、北京、广西等省市区政协提案委员会的同志出席了会议。会议就政协提案工作如何适应新形势，提高提案办理质量，充分发挥提案作用，推动和谐社会的构建等问题进行了交流。全国政协提案委员会副主任贾军在会上作了讲话，自治区副主席穆虹在会上介绍了广西经济社会发展情况及中国—东盟建立对话关系十五周年纪念峰会、第三届中国—东盟博览会、第三届中国—东盟商务与投资峰会的筹备情况。

全区政协提案工作研讨会 2006年12月12日至13日在南宁召开。全区各市政协和部分县、城区政协主管提案工作的副主席和提案委员会负责人出席会议。会议传达了全国政协提案工作座谈会精神；总结了2006年政协提案工作理论研讨活动及提案工作的经验，研究部署2007年提案工作。自治区政协副主席潘鸿权出席会议并作了讲话。

对外交往活动 2006年5月13日至26日，以章崇任副主席为团长的广西政协代表团赴日本、韩国就司法制度、议会制度、社会经济发展状况进行考察。2006年6月16日至22日，以越南社会主义共和国广宁省祖国阵线委员会副主席阮辉军为团长的越南广宁省祖国阵线代表团访问广西，梁超然副主席陪同代表团一行考察防城港、南宁、柳州、桂林城市建设、经济发展和对外开放情况，马庆生主席会见了代表团一行。2006年8月15日至16日，以老挝人民革命党中央政治局委员、老挝建国阵线中央主席西沙瓦·乔本潘为团长的老挝建国阵线代表团到广西访问，徐文彦副主席陪同代表团一行考察广西新农村建设和第三届中国—东盟博览会筹备情况，马庆生主席会见了代表团一行。

【重要文件】

常委会工作报告（2006年1月11日）（摘要） 2005年着力抓了以下工作：（一）以深入学习胡锦涛《讲话》为动力，全面推进政协工作的创新。在胡锦涛同志庆祝人民政协成立55周年大会上讲话发表一周年时召开了座谈会，总结学习贯彻《讲话》的体会和经验，把学习《讲话》的效果落实到研究新情况、解决新问题、创新政协工作的行动上。第十一次常委会议专题讨论了政协工作创新问题，通过了《关于推进我区政协工作创新的意见》，提出了九个方面的创新举措。还通过了新修订和制定的《全体会议工作规则》、《常务委员会工作规则》、《专门委员会通则》、《提案工作条例》四项制度。（二）以召开人民政协理论与实践研讨会为契机，推动政协理论研究出新成果。召开了广西首次人民政协理论与实践研讨会。围绕推进全区政协工作新发展的主题，从不同的方面对人民政协理论、实践和制度建设问题进行探讨，深入研究新形势下政协工作的特点和规律。（三）以上海—广西政协推动两地经济科技合作交流为平台，探索了为经济建设中心服务的新途径。2005年12月8日，上海—广西政协推动两地经济科技合作交流活动在上海举行。广西赴上海参加这次活动的有自治区政府委办厅局、市级政协和上百家企业近400人，带到上海去的技术协作项目和招商项目达160多个；上海市有关部门负责人，近400家欧美日韩等外商和台港澳及国内国有、民营企业，部分国家驻上海领事馆的官员参加了这次活动。上海与广西政协签订了推动两地经济科技合作交流的协议。（四）以围绕制订“十一五”规划建言献策为重点，协商议政取得新成效。先后召开了各民主党派、有关人民团体、各族各界人士代表和部分经济界委员协商议政会，征求对我区“十一五”规划的意见。第十二次常委会议围绕《广西国民经济和社会发展第十一个五年规划纲要（征求意见稿）》进行了广泛的协商讨论，就落实科学发展观、转变经济增长方式、加快产业结构调整、提高自主创新能力、大力推进工业化进程、加强科教兴农、加快区域协调发展、推进节约型社会建设、发展环保产业和保护生态环境、合理调节收入分配关系、处理好社会利益关系、加强教育文化卫生事业发展、提高对外开放水平、进一步深化体制改革等问题提出了建设性的意见和建议，有的建议和意见已被自治区党委和政府吸纳到我区“十一五”规划。（五）以团结和民主为主题，为构建和谐社会服务作出了新贡献。第十次常委会议就广西构建和谐社会问题进行了专题讨论，从贯彻构建和谐社会的重要决策、和谐社会建设的政治保障和组织保障、消除影响社会公平主要因素、加强基层建设、完善社会治安防控体系等方面提出了意见和建议。自治区党委办公厅将这些意见和建议以“参阅文件”印发全区各地厅级单位参阅。认真贯彻《中共中央关于进一步加强中国共产党领导的多党合作和政治协商制度建设的意见》和自治区党委的《实施意见》，积极促进参加政协的各党派和无党派人士的团结合作。组织少数民族和宗教界委员就落实《宗教事务条例》、少数民族干部培养选拔情况开展调研，为增进民族团结、促进发展献计献策。在报送的40多期《政协信息》和《政协信息专报》中，许多重要信息引起有关领导的重视。组织委员就群众普遍关注的环境保护、社会保障、劳动就业、土地征用、城镇房屋拆迁、维护务工农民权益等热点问题深入调研，提出了从源头上预防和减少群体性事件发生等建议。（六）以专门委员会工作为基础，履行职能上了新水平。召开了专门委员会工作座谈会，组织学习新修订的《专门委员会通则》，研究创新专门委员会工作。召开了全区政协第四次提案工作座谈会，总结交流全区政协提案工作经验。采取了主席会议督办重要提案等新举措，使提案工作的整体质量得到了进一步提高。政协各参加单位和政协委员共提交经立案办理的提案540件，办复率为97.6%，采纳和列入采纳的为85%。各专门委员会组织委员开展了推进新型工业化建设、滨海湿地保护、农村专业合作经济组织发展状况、发展县域科技、投资软环境情况、保护母亲河、法律援助、医疗机构补偿、社区体育状况、保护和利用文物、名人故居等10多项专题调研，形成一批有重要参考价值的调研报告和专项建议。组织委员参与对国家和地方《人民代表大会监督法》、《归侨侨眷权益保护法》、《环境保护条例》、《科学技术普及条例》等法律法规草案和修订草案的修改。参与全国政协文史和学习委员会《名人故居博览》、《近代中国要塞》等专辑史料的征集与编写，编辑出版了

《新桂系纪实续编》。（七）以提高港澳委员参政议政能力为切入点，团结联谊工作有新拓展。首次在深圳举办港澳委员培训班，使港澳委员进一步了解新时期人民政协的任务，增强了使命感和责任感，提高了履行委员职责的能力和水平。通过多种方式加强与港澳委员的联系和交流，向港澳委员通报自治区政协重要会议、重要活动和广西经济社会的发展情况。自治区政协领导率团访问越南、老挝、泰国、菲律宾、缅甸等东盟国家，广泛开展推介中国—东盟博览会活动。（八）以“同心”讲座为纽带，创建学习型政协有新举措。举办了广西政协“同心”讲座，邀请饮誉全球的“华裔神探”李昌钰博士、著名歌唱家李双江教授、北京大学校长许智宏院士分别作题为《我的警察生涯》、《音乐人生》、《我国高等教育现状和北京大学的发展战略》的讲演。（九）以宣传政协工作创新为主线，政协宣传工作上了新台阶。首次联合广西日报、广西人民广播电台、广西电视台、桂龙网、广西政协网等媒体向社会公开征集提案线索。加强对主席会议督办重要提案、委员年度视察的宣传报道，突出了政协履行职能的实效和影响；与电视台联合举办委员论坛、民意调研，拓宽了委员发表见解、知社情、察民意的渠道。《广西政协报》进一步加强了对政协履行职能成果的宣传。（十）以现代网络信息为载体，为政协委员参政议政提供了新手段。着手建设提案信息管理系统，努力实现网上提交和查询提案、网上办理和回复提案，积极探索网上议政等新形式，拓宽了委员参政议政的空间。

2006年工作：（一）围绕第一要务履行职能，积极推进广西“十一五”规划的实施。就推进社会主义新农村建设、加快推进产业结构调整、大力发展循环经济、推动环北部湾经济圈发展、发展广西文化产业、提高自主创新能力、发展现代服务业、统筹区域发展、环境和自然生态保护、完善城乡公共卫生和医疗服务体系、推进公共服务制度改革与创新、推进民主和法制建设等关系全局发展的课题，深入调查研究，积极建言献策。（二）加强多党合作和政治协商制度建设，充分发挥各民主党派、无党派人士在政协中的作用。认真贯彻落实《中共中央关于进一步加强中国共产党领导的多党合作和政治协商制度建设的意见》和自治区党委的《实施意见》，结合政协章程中的有关规定，就如何在人民政协中体现我国政党制度的特点和优势及其措施和形式等问题，开展调查研究，形成切实可行的工作方案。（三）充分发挥政协的特点和优势，为建设和谐广西作贡献。要坚持大团结大联合，切实搞好各党派团体和各族各界代表人士的合作共事。要始终把人民的利益放在第一位，坚持深入实际、深入基层、深入群众，倾听人民的呼声，体察人民的意愿，反映人民的要求，协助党委和政府妥善处理各方面的利益关系。要积极探索政协为和谐广西建设服务的途径和方法，组织各界委员就和谐广西建设的政策性问题开展协商讨论、建言献策。（四）继续完善和健全各项制度，努力提高政协工作规范化、制度化和程序化水平。认真开展对我区大政方针以及政治、经济、文化和社会生活中的重要问题的协商，广泛听取各方面意见，使政治协商真正成为党委和政府广集民智、实行科学民主决策的重要环节。积极探索以建议和批评进行民主监督的新形式，推进民主监督与纪律监督、行政监督、法律监督、舆论监督相结合。要大力拓展参政议政的范围，丰富参政议政的形式，强化建言立论与知情出力的有机结合，在选题、调研途径、成果运用上更加体现和利用自身优势和特点，提高参政议政的实效。（五）进一步做好政协港澳台侨工作，积极拓展政协的对外友好交往。根据实际情况，就港澳台侨方面带有全局性、战略性的问题进行调查和研讨，提出可行的意见和建议。继续加强与海外侨胞和归侨侨眷的联系，广泛开展海外联谊，弘扬中华优秀文化，努力支持华文教育工作，保护归侨侨眷的合法权益。发挥海外侨胞在实施科教兴桂、人才强桂战略中的独特作用，继续组织海外专家学者为广西的经济社会发展建言献策。（六）全面推进政协工作创新，提升政协工作整体水平。认真落实常委会《关于推进我区政协工作创新的意见》，进一步创新履行职能的形式和方法，扎实推进理论创新、工作创新和制度创新。

政治决议（2006 年 1 月 15 日）（摘要）会议赞同《广西壮族自治区国民经济和社会发展第十一个五年规划纲要（草案）》和自治区主席陆兵《关于广西壮族自治区国民经济和社会发展第十一个五年规划纲要的报告》，赞同自治区高级人民法院工作报告和自治区人民检察院工作报告以及其他报告。会议听取并审议通过了王汉民副主席代表常务委员会所作的工作报告和潘鸿权副主席代表常务委员会所作的提案工作情况的报告。会议认为，“十一五”规划纲要按照立足科学发展、着力自主创新、完善体制机制、促进社会和谐的总要求，明确了“十一五”时期我区经济社会发展的总体要求和主要目标，指明了继续加快发展的方向，符合我区区情，顺应时代要求，体现了执政为民的精神和务实开拓的工作基调，反映了全区各族人民加快发展的根本利益和共同愿望，委员们对实施“十一五”规划纲要充满信心。委员们高度关注建设社会主义新农村问题，认为这是加快发展需要解决的一个重大问题，要继续深化农村综合改革，切实建立以工促农、以城带乡的长效机制；高度关注工业兴桂战略的实施，强调要增强自主创新能力，着力推进经济结构调整和经济增长方式转变，提高经济增长的质量和效益；高度关注民生问题，提出要把解决与人民群众生活关系密切的问题放在更加突出的位置，在政府财政支出上切实体现向就业、社会保障、教育、公共卫生等与民生相关事业的倾斜。会议指出，2006 年是实施“十一五”规划的开局之年。我们要以邓小平理论和“三个代表”重要思想为指导，坚持科学发展观，加强共产党领导的多党合作和政治协商制度建设，切实贯彻长期共存、互相监督、肝胆相照、荣辱与共的方针，牢牢把握团结和民主两大主题，全面推进政协工作创新，不断提高履行政治协商、民主监督、参政议政的水平，切实推进政协工作规范化、制度化和程序化。要坚持把促进发展作为履行职能的第一要务，围绕“十一五”规划的实施，充分发挥人才荟萃、智力密集的特点和优势，深入调查研究，积极建言献策，协助党委和政府做好团结群众、凝聚人心、反映民意、化解矛盾、维护稳定的工作，在以富裕广西、文化广西、生态广西、平安广西为中心内容的和谐广西建设的伟大实践中，不断创造新业绩，作出新贡献。

中国人民政治协商会议广西壮族自治区委员会关于认真学习贯彻《中共中央关于加强人民政协工作的意见》的决定（2006 年 4 月 27 日政协广西壮族自治区第九届委员会常务委员会第十四次会议通过）（具体内容略）

中国人民政治协商会议广西壮族自治区委员会主席会议工作规则　（2006 年 7 月 26 日第 33 次主席会议通过）共十七条（具体内容略）。

中国人民政治协商会议广西壮族自治

区委员会秘书长会议工作规则 （1998年8月10日第六届委员会主席会议通过，2006年7月26日第九届委员会第33次主席会议修订）共十一条（具体内容略）。

中国人民政治协商会议广西壮族自治区委员会委员视察工作条例 （1988年9月19日第六届委员会主席会议通过，2006年7月26日第九届委员会第33次主席会议修订）共十九条（具体内容略）。

中国人民政治协商会议广西壮族自治区委员会反映社情民意信息工作条例 （2006年7月26日第33次主席会议通过）共十五条（具体内容略）。

自治区党委关于贯彻落实《中共中央关于加强人民政协工作的意见》的实施意见 （2006年12月24日）（具体内容略）

【组织概况】

增选副主席名单（2006年1月广西自治区政协九届四次会议通过）

张文学

增选常务委员名单（2006年1月广西自治区政协九届四次会议通过）

李志鹏　黄汉明

增补委员名单（2006年12月28日第16次常委会议通过）

杨位兴　吴维新　金振威　赵　强

【广西壮族自治区各级政协领导人名单】

广西壮族自治区

政协主席

马庆生（回族）

副主席

王汉民　张文学　姜兴和

俞曙霞（女）　梁超然

卢湖山（壮族）　邓浦东

梁裕宁（女，壮族）　徐文彦

潘鸿权（壮族）　章崇任（回族）

秘书长

区品秋（壮族）

南宁市

市政协主席　黄家仁

县（市、区）政协主席

兴宁区　李乃玲

青秀区　张宝昌

江南区　杜惠南

西乡塘区　谢坪芝

邕宁区　黄济法

良庆区　任宁生

武鸣县　李　宁

横　县　梁达溪

宾阳县　胡乃高

上林县　韦日兴

隆安县　隆成碧

马山县　林永立

柳州市

市政协主席　胡锦朝

县（市、区）政协主席

城中区　姚汉龙

鱼峰区　朱德增

柳南区　蒙凤生

柳北区　潘加波

柳江县　钟冠强

柳城县　秦　宇

鹿寨县　郑一鸣

融安县　龙功积

三江侗族自治县　韦　刚

融水苗族自治县　张善强

桂林市

市政协主席　李文杰

县（区、市）政协主席

秀峰区　胡运江

叠彩区　李曼华

象山区　吕继彬

七星区 陆新元
雁山区 江雨巧
阳朔县 周永善
临桂县 张凌发
灵川县 王树军
全州县 欧文忠
兴安县 唐卫平
永福县 刘永祥
灌阳县 何运国
龙胜各族自治县 杨建中
资源县 程正华
平乐县 赖焕斌
荔浦县 覃 舜
恭城瑶族自治县 林中贤

梧州市

市政协主席 梁家智
县（市、区）政协主席
万秀区 何启树
蝶山区 罗超明
长洲区 蒙丽群
苍梧县 李盛球
藤 县 胡振钊
蒙山县 吴力华
岑溪市 李 健

北海市

市政协主席 车延凤
县（市、区）政协主席
海城区 许光远
银海区 林秀霞（女）
铁山港区 冯卓武
合浦县 张均雄

防城港市

市政协主席 黄荣明（壮族）
县（市、区）政协主席
港口区 吴忠泰
防城区 陆注林
上思县 黄苏阳
东兴市 蒋 岩

钦州市

市政协主席 陆将和
县（市、区）政协主席
钦南区 陈仁雄
钦北区 秦惠珍（女）
灵山县 庞 治
浦北县 蒙子干

贵港市

市政协主席 廖毅民
县（市、区）政协主席
港北区 陆云松
港南区 李林先
覃塘区 蔡天秀
平南县 彭雅联
桂平市 许小红（女）

玉林市

市政协主席 吕 坚
县（市、区）政协主席
玉州区 杨伟广
容 县 邹汉其
陆川县 王志娟
博白县 王叙玑
兴业县 梁迺明
北流市 苏爱清

百色市

市政协主席 卢新贵（瑶族）
县（市、区）政协主席
右江区 龚永珠
田阳县 黄大章（壮族）
田东县 施治忠
平果县 许忠实（壮族）
德保县 陈怀斯
靖西县 赵庆廷（壮族）

那坡县 苏立孟
凌云县 梁世广
乐业县 杨序国
田林县 李可田(壮族)
隆林各族自治县 卢素理
西林县 韦启荣

贺州市

市政协主席 杨声东
县（市、区）政协主席
八步区 陈永香
昭平县 梁春花
钟山县 钟立英
富川瑶族自治县 毛长云

河池市

市政协主席 邬弘辉
县（市、区）政协主席
金城江区 莫现智
罗城仫佬族自治县 谢土鸾（女）
环江毛南族自治县 刘桂莲（女）
南丹县 覃建军
天峨县 易继超
凤山县 黄孝谋
东兰县 陈耀灵
巴马瑶族自治县 沈子壮
都安瑶族自治县 蓝翠玉（女）
大化瑶族自治县 姚昌群
宜州市 韦丽忠

来宾市

市政协主席 凌志勇
县（市、区）政协主席
兴宾区 覃文录(壮族)
象州县 陈启文(壮族)
武宣县 李芝生
金秀瑶族自治县 赵德文
忻城县 肖忠良
合山市 谭尚仕(壮族)

崇左市

市政协主席 蒙　结
县（市、区）政协主席
江州区 何　斌
扶绥县 李兆能
大新县 梁华新
天等县 黄保全
宁明县 陆伟宁
龙州县 农红生
凭祥市 关　力

政协广西壮族自治区各级地方组织和委员数

（截至 2006 年底）

级别 / 项目	自治区	地级市	县（市、区）	合计
组织数	1	14	109	124
委员数	691	4560	16570	21821

（彭燕萍 编写　钟学荣 审稿）

政协海南省委员会

【全体委员会议】

四届四次会议 2006年1月15日至19日在海口举行。四届省政协委员349名，出席会议321名。省政协主席王广宪，副主席洪寿祥、李明天、吴葵光、王辉丰、伉铁保、符气浩、林栖凤、张海国，秘书长邱国虎出席会议，洪寿祥、符气浩分别主持开幕大会和闭幕大会。中共海南省委书记汪啸风，副书记、省长卫留成等省领导到会祝贺，并参加小组讨论和大会发言，听取委员们的意见和建议。会议听取和审议了省政协主席王广宪代表常委会作的常委会工作报告和副主席张海国代表常委会作的提案工作报告；列席海南省三届人大四次会议，听取和讨论了海南省国民经济和社会发展第十一个五年规划的报告和其他报告。大会共收到46篇大会发言材料，有22位委员作了大会发言。大会共收到提案329件，经提案委员会审查立案286件。会议补选王和平、周宝成、袁玉岷、夏恩恕等四人为四届省政协常务委员。会议通过了《政协海南省第四届委员会第四次会议政治决议》。会议号召，全省各级政协组织、政协各参加单位和全体政协委员，要以邓小平理论和“三个代表”重要思想为指导，以科学发展观统领政协工作全局，认真学习贯彻中共中央关于加强人民政协工作的一系列指示精神和中共海南省委关于政协工作的要求，服从和服务于全省工作大局，牢牢把握团结和民主两大主题，切实履行政治协商、民主监督、参政议政职能。充分发挥人才荟萃、智力密集的优势，紧紧围绕实施我省“十一五”规划和今年的主要任务、实现海南又快又好发展，搞好建言献策；围绕大目标、实现大团结，引导各族各界群众自觉支持和投身于我省改革和建设事业；坚持以人为本，加强与各界人士的联系，积极反映社情民意，协助党和政府正确处理新形势下的人民内部矛盾，切实做好协调关系、化解矛盾、凝聚人心、鼓舞士气的工作，为构建和谐海南服务；充分发挥侨乡优势，大力开展海外联谊工作，为推进祖国和平统一大业贡献力量。

【常务委员会会议】

第18次会议 2006年1月18日在海口举行。应出席的常委会组成人员53名，到会43名，省政协主席王广宪主持会议。会议就提交政协海南省第四届委员会第四次会议小组讨论的文件进行了审议。会议审议了政协海南省第四届委员会第四次会议政治决议（草案），政协海南省第四届委员会第四次会议关于常委会工作报告的决议（草案），政协海南省第四届委员会补选增选常务委员候选人名单（草案），政协海南省第四届委员会补选增选常务委员选举办法（草案），政协海南省第四届委员会第四次会议总监票人、监票人名单（草案），决定将以上文件提交政协海南省第四届委员会第四次会议小组讨论。

第19次会议 2006年1月19日在海口举行。应出席的常委会组成人员53名，到会43名，省政协主席王广宪主持会议。会议听取了各小组负责人汇报提交大会表决的有关文件的讨论情况，审议了政协海南省第四届委员会第四次会议政治决议（草案），政协海南省第四届委员会第四次会议关于常务委员会工作报告的决议（草案），政协海南省第四届委员会提案委员会关于省政协四届四次会议提案审查情况的报告（草案），政协海南省第四届委员会补选增选常务委员候选人名单（草案），政协海南省第四届委员会补选增选常务委员选举办法（草案），政协海南省第四届委员会第四次会议总监票人、监票人名单（草案），决定将以上文件提交全体会议表决。

第 20 次会议 2006 年 3 月 20 日在海口举行。应出席的常委会组成人员 56 名，到会 42 名，省政协副主席张海国主持会议。常委们学习了《中共中央关于加强人民政协工作的意见》和全国政协《关于学习贯彻〈中共中央关于加强人民政协工作的意见〉的决定》；王广宪传达了全国政协十届四次会议精神；常委们审议并原则通过《政协海南省委员会 2006 年工作要点》；表决通过人事任免事项。

第 21 次会议 2006 年 7 月 13 日在海口举行。应出席的常委会组成人员 56 名，到会 44 名，省政协副主席洪寿祥、王辉丰分别主持会议。会议议程为：传达贯彻全国政协十届第十四次常委会议精神（书面）；围绕“推进我省社会主义新农村建设”进行协商。省政府副省长于迅介绍了我省社会主义新农村建设中所取得的成绩和成功经验，以及近期推进我省社会主义新农村建设六项重点工作；省政协民族和宗教委员会，省政协社会和法制委员会、农工党海南省委员会，省政协经济委员会、民盟海南省委员会，省政协教科文卫体委员会，省政协港澳台侨外事委员会，省政协人口资源环境委员会，省政协文史资料委员会，海口市政协分别就加强民族地区扶贫工作、农村基层民主建设、农村基础设施建设、贫困地区婚姻、琼台农业合作、发展特色乡村旅游、保护生态环境、农村信用社改革、发展电子农务等问题作了大会发言。

第 22 次会议 2006 年 10 月 20 日在海口举行。应出席的常委会组成人员 56 名，到会 43 名，省政协副主席符气浩、林栖凤分别主持会议。会议议程为：学习贯彻中共十六届六中全会和全国政协十届第十五次常委会议精神；听取中共海南省委、省政府领导关于构建和谐海南的情况通报和省有关部门负责同志通报省农垦西培农场并场队退场改革试点工作情况；围绕构建和谐海南开展专题协商。省委常委、宣传部长周文彰代表省委、省政府通报了关于构建和谐海南的情况；省政协港澳台侨外事委员会、省商务厅、省政协人口资源环境委员会、民进海南省委员会、省政协经济委员会、民盟海南省委员会、省政协社会和法制委员会、农工党海南省委员会、省政协教科文卫体委员会、省政协民族和宗教委员会、农工党海南省委员会、省政协文史资料委员会就招商引资、贸易和经济合作，保护海岸生态环境，实施大项目带动战略，禁毒工作，大学生和技工学校毕业生就业，加强我省宗教工作，保护和利用琼北老街区历史文化遗产资源等问题作了大会发言。

第 23 次会议 2006 年 12 月 31 日在海口举行。应出席的常委会组成人员 56 名，到会 46 名，省政协主席王广宪主持会议。中共海南省委常委、副省长吴昌元，省委常委、统战部长王守初出席会议。吴昌元代表省政府向会议作了《政府工作报告》（征求意见稿）的说明，并听取意见；王守初代表省委作人事事项的说明；省政协秘书长邱国虎作了《关于召开中国人民政治协商会议海南省第四届委员会第五次会议的决定》（草案）的说明。与会常委围绕《省政府工作报告》（征求意见稿）进行协商讨论。会议表决通过了《关于召开中国人民政治协商会议海南省第四届委员会第五次会议的决定》；表决通过了《关于接受李明天辞去政协海南省第四届委员会副主席职务、委员资格请求的决定》，报全体委员会议备案确认。

【专门委员会工作】

提案委员会 2006 年共收到提案 366 件，经审查立案 319 件，并案 6 件。截至年底，已全部办复，其中，所提问题已经解决或基本解决的 85 件，正在解决或列入计划解决的170件，因条件限制或其他原因需要以后解决的43件，不能解决或留作参考、由承办单位向委员作出解释的21件。主要工作：一、发挥整体功能，整合提案资源，建立有备议案机制。一是发挥政协委员的主体作用，在全会前印发提案征集信，并为委员提供参考题目。二是发挥省各民主党派、工商联（总商会）和政协专门委员会的作用，召开政协参加单位秘书长和政协专门委员会负责人联席会议，引导他们发挥组织优势，撰写集体提案。三是做好跨行政区域提案的转化工作，将部分市县政协提案转化为省政协提案。二、实行分类办理，建立健全落实反馈机制。一是“重点”提案，由主席会议成员督办，实行高层次办理。二是“热点”提案，由提案委员会督办，实行协商办理。三是属单一职能部门和单位难于解决的“难点”提案，实行特殊办理。三、建立联合、协调、高效的提案办理工作机制，共开展各种协商督办活动38次。四、组织专题调研，提升提案的社会价值。组织委员就海南农村信用社改革与发展问题进行调研，形成《关于我省农村信用社改革与发展问题的调研报告》，在省政协四届二十一次常委会上作大会发言。五、加强提案工作实践和理论研究，探索提高提案工作质量途径。一是由分管副主席带队赴外省学习考察提案工作。二是出席中南六省（区）政协第十次提案工作座谈会。三是深入各市县召开政协主席、专门委员会主任、政府分管副秘书长和提案承办部门领导座谈会。

经济委员会　一、积极开展学习活动。组织委员学习中共中央和中共海南省委重要会议和文件精神，积极参加常委会的学习讲座；组织委员参加省政协举办的政协委员学习研讨班的学习。二、积极开展调研活动。组织委员围绕农村基础设施建设问题开展专题调研，形成《加大基础设施建设力度，促进社会主义新农村建设》的调研报告，在省政协四届二十一次常委会上作大会发言；组织委员围绕“大企业进入、大项目带动”战略开展专题调研，形成《坚持大项目带动战略，走本省特色工业发展之路》和《实施大项目带动战略，努力构建和谐海南》的专题调研报告，分别在省政协常委专题协商会议和省政协四届第二十二次常委会上作专题发言。三、积极开展多种形式的民主监督活动。一是积极组织委员提交提案。二是会同省政协办公厅、提案委员会召开提案督办座谈会，协商督办省政协重点提案《关于大力发展农村职业教育的建议》。三是组织委员对无规定动物疫病区建设问题开展民主监督活动。四、积极开展参政议政活动。本委领导积极参加省委、省政府及有关职能部门组织的各种会议和活动30多次；组织部分委员赴上海市、浙江省考察新农村建设情况。

人口资源环境委员会　一、围绕省委、省政府的中心工作建言献策。一是组织委员就推进社会主义新农村建设问题进行调研，形成《发展特色乡村旅游，促进海南社会主义新农村建设》的调研报告，在省政协四届二十一次常委会上作大会发言。二是组织委员和民建海南省委员会组成联合调研组，就滨海房地产开发建设对海岸生态环境的影响问题进行调研，形成《保护海岸生态，构建和谐海南——滨海房地产开发建设对我省生态环境影响的调研报告》，在省政协四届二十二次常委会上作大会发言。二、组织开展形式多样的献计献策活动。组织委员积极撰写提案；追踪督办重点提案，对三亚市崖城镇毁林种果案、万宁市龙滚镇治坡村毁林案的整改情况作跟踪督办；通过社情民意摘报形式向有关部门反映海口湾城市污水直排或间排入海问题；会同省政协社会和法制委员会召开提案督办座谈会，协商督办省政协重点提案《建议尽快出台〈海南省基本生态控制线管理规定〉，促进生态省建设》。三、加强自身建设，提高履行职能的水平。组织委员学习中共中央和中共海南省委重要会议和文件精神以及人口资源环境法律法规知识；加强与委员的联系，开展“委员活动日”和走访、看望委员等形式的联谊活动。

教科文卫体委员会 一、认真搞好专题调研。一是开展对海口市部分企业科技创新情况的专题调研，形成《依靠科技创新，推进又快又好发展——海口市高新技术企业自主创新调查与思考》调研报告，在驻琼全国政协委员、省政协常委和部分省政协委员就我省“实施‘十一五’规划中大项目带动和科技创新”专题的视察活动及专题协商会上作了发言。二是开展对我省贫困地区大龄男性婚姻状况的调研，形成《关注“光棍村”——海南贫困地区婚姻状况调查与思考》调研报告，在省政协四届二十一次常委会上作大会发言。三是开展关于全省就业情况的调研，形成《海南省大学生和技工学校毕业生就业情况的调查与思考》，在省政协四届二十二次常委会上作大会发言。二、组织委员以提案形式建言献策并完成有关提案的督办。召开了提案督办会议，协商督办省政协重点提案《关于海南省农村居民看病难问题的调查与建议》；配合提案委员会、经济委员会督办省政协重点提案《关于帮助东方市解决该市北部地区饮水安全问题的建议》、《关于大力发展农村职业教育的建议》。三、发挥自身优势，开展医疗扶贫。与省人民医院联合组织部分医药卫生界的省政协委员和省人民医院的医疗专家，到白沙黎族自治县七访镇开展扶贫义诊活动。

社会和法制委员会 一、围绕构建和谐海南开展专题调研。与农工党海南省委员会组成联合调查组，就我省农村基层民主建设问题开展专题调研，形成了《完善村民自治机制，切实维护农民的民主权利》的专题报告，在省政协四届二十一次常委会上作了专题发言。与农工党海南省委员会组成联合调查组，就我省禁毒工作进行专题调研，形成了《关于我省禁毒工作的调研报告》，在省政协四届二十二次常委会上作了专题发言。二、认真开展提案工作，积极落实重点提案的督办工作。组织召开提案协商督办座谈会，协商督办省政协重点提案《关于尽快出台海南省基本生态控制线管理规定》。三、协助办公厅做好省政协“应邀担任司法机关和政府部门特约监督员的委员座谈会”的筹备和组织工作。四、认真做好信访工作，处理政协委员和群众来信来访 10 多件。五、积极参与立法协商活动。六、组织委员参加各种活动，发挥委员主体作用。组织委员视察海南省女子监狱、海南省强制戒毒所和劳教戒毒所；召开禁毒工作座谈会；组织委员赴新疆、西藏考察社会保障方面的地方立法工作；组织委员视察海南爱心护理院。

民族和宗教委员会 一、组织委员就民族地区扶贫工作情况开展专题调研，形成了《加强民族地区扶贫工作，推进民族地区新农村建设》的调查报告，在政协四届二十一次常委会上作大会发言。二、组织委员联合农工党海南省委员会就我省宗教工作情况开展专题调研，形成调研报告，在省政协四届二十二次常委会上作《加强我省宗教工作，为构建和谐海南服务》的大会发言。三、召开全省性宗教团体负责人座谈会。四、组织委员赴云南、西藏、四川三省区考察。

文史资料委员会 一、完成相关史料征编出版任务。征编出版海南文史第21辑《海南名人与故居》；牵头承担全国政协文史资料协作选题“天然橡胶事业”征集工作，征集史稿100多篇；为全国政协文史资料协作选题《经济特区的建设》提供海南稿件；整理出海南文史1—20辑和各市、县政协2005年前出版的文史资料总目录。二、举办全省政协文史干部培训班。三、开展专题调研考察。组织委员到东方、昌江开展“防治农膜污染，保护生态环境”专题调研，形成调研报告，在省政协四届二十一次常委会上作大会发言；组织委员开展“琼北老街区历史文化遗产资源”专题调研，形成调研报告，在省政协四届二十二次常委会上作大会发言；组织委员开展“保护传承黎苗族歌舞等非物质文化遗产”专题调研，形成调研报告。四、组织委员视察海口市秀英古炮台、府城草芽巷古城墙和新坡冼夫人庙。五、组织委员赴云南、西藏考察两省（区）文史工作。

港澳台侨外事委员会 一、开展专题调研。组织委员对台资企业在海南承包土地问题进行了调研，形成调研报告，在省政协四届二十一次常委会议上作大会发言。与省商务厅组成联合调研组，就“提高开放水平，加快海南发展”这一课题开展调研，形成调研报告，在省政协四届二十二次常委会议上作大会发言。二、认真做好协商督办重点提案工作。组织召开提案协商督办座谈会，协商督办省政协重点提案《关于加强海峡两岸（海南）农业合作试验区建设的建议》。三、组织委员赴宁夏、内蒙古自治区考察政协港澳台侨和外事工作。四、协助做好海南省港区政协委员联谊会筹备、成立及开展活动等工作。五、广泛开展联谊交友活动。会同省政府组团对乌克兰、波兰和法国进行友好访问；参加澳门海南同乡总会成立12周年暨第六届理监事就职典礼、新加坡海南会馆成立152周年暨首届海南传统文化节等活动；配合全国政协外事委员会接待泰国上议院代表团、密克罗尼西亚议会代表团；走访香港海南同乡协会、世界琼海联谊会香港分会、澳门琼州联谊会。

【重要活动】

主席会议成员督办重点提案 2006年，省政协继续开展主席会议成员督办重点提案工作。省政协主席王广宪，副主席洪寿祥、吴葵光、王辉丰、伉铁保、符气浩、林栖凤、张海国，秘书长邱国虎，分别完成各自重点提案的督办工作。这些提案是：关于帮助东方市解决该市北部地区饮水安全问题的建议；关于建立以公共财政投入为主的奖励扶助机制，确保法定计生奖励与优待政策落实的建议；关于大力发展农村职业教育的建议；关于海南省农村居民看病难问题的调查与建议；尽快出台《海南省基本生态控制线管理规定》，促进生态省建设；关于加强海峡两岸（海南）农业合作实验区建设的建议。

省政协第二期政协委员学习研讨班 2006年7月4日至6日，海南省政协在海口市举办第二期政协委员学习研讨班，参加学习研讨班的省政协委员共69名。省政协副主席张海国作动员和总结讲话，省政协秘书长邱国虎主持学习研讨班的动员会和总结会。参加学习研讨班的省政协委员认真观看了全国政协常委、副秘书长李昌鉴同志所作的关于深入学习贯彻《中共中央关于加强人民政协工作的意见》的专题报告录像，听取了“树立社会主义荣辱观”、“政协委员的职责和活动方式”、“建设社会主义新农村”三个专题报告，并围绕如何进一步学习贯彻《中共中央关于加强人民政协工作的意见》，更好地履行政协委员职责进行讨论和交流。

省政协网站开通 政协海南省委员会

网站于2006年9月28日正式开通试运行。网址为：www.hainanzx.gov.cn。网站栏目有：政协介绍、政协章程、政协要闻、工作动态、主席讲话、政协领导、委员名录、会议专栏、提案工作、视察调研、社情民意、政协资料、海南文史、公示公告、委员会工作、市县政协、党派团体、在线访谈、政协论坛、电子邮局、视频中心等。

省政协发挥界别作用专题座谈会 2006年10月24日，省政协在海口市召开发挥界别作用专题座谈会。省政协主席王广宪，副主席洪寿祥、王辉丰、符气浩、林栖凤、张海国，秘书长邱国虎等主席会议成员出席会议，洪寿祥主持会议。省政协32个界别的委员代表、省政协副秘书长，研究室主任，各专门委员会主任和专职副主任等参加了会议。会议围绕如何发挥界别作用进行座谈和交流。九位委员分别代表各民主党派省委、省总商会（工商联）就本党派团体在政协组织中发挥界别作用的经验和做法进行交流，并提出意见和建议。王广宪作了总结讲话。

学习贯彻《中共中央关于加强人民政协工作的意见》情况座谈会 2006年10月21日，海南省学习贯彻《中共中央关于加强人民政协工作的意见》情况座谈会在海口举行。全国政协副主席李兆焯主持会议，全国政协副主席张榕明、副秘书长李昌鉴，中共海南省委书记、省人大常委会主任汪啸风，省政协主席王广宪，中共海南省委副书记、省纪委书记蔡长松，省委常委、统战部长王守，省政协副主席洪寿祥、王辉丰、符气浩、林栖凤、张海国，秘书长邱国虎等出席会议。汪啸风就如何深入开展学习贯彻《意见》作了讲话。王广宪代表省政协，王守初代表省委对我省学习贯彻《意见》情况作了汇报。海口、三亚、昌江、文昌、琼海等市县有关负责同志也在会上作了汇报。

省政协第三期政协委员学习研讨班 2006年11月15日至17日，海南省政协在海口市举办第三期政协委员学习研讨班，参加学习研讨班的省政协委员以及省政协和市县政协机关干部共71名。省政协副主席张海国作动员和总结讲话，省政协秘书长邱国虎主持学习研讨班的动员会和总结会。参加学习研讨班的学员认真观看了全国政协常委、全国政协副秘书长李昌鉴所作的关于深入学习贯彻《中共中央关于加强人民政协工作的意见》的辅导报告录像，听取了《江泽民文选》、学习贯彻中共十六届六中全会精神、政协委员的职责和活动方式等专题辅导讲座，并围绕如何进一步学习贯彻《中共中央关于加强人民政协工作的意见》，更好地履行政协委员职责进行讨论和交流。

全省市县政协主席座谈会 2006年11月30日，省政协在琼海市召开全省市县政协主席座谈会。省政协主席王广宪，副主席洪寿祥、王辉丰、符气浩、林栖凤、张海国，秘书长邱国虎以及各市县政协的主席或副主席出席会议，洪寿祥主持会议。会议的主要议题是交流市县政协关于学习贯彻《中共中央关于加强人民政协工作的意见》和《中共海南省委贯彻落实〈中共中央关于加强人民政协工作的意见〉的实施意见》的情况及市县政协工作情况。海口等18个市县政协的领导作了情况汇报。王广宪在会上作了讲话。

省政协人民政协理论研讨会 2006年12月1日在琼海市举行。省政协主席王广宪，副主席洪寿祥、王辉丰、林栖凤、张海国，秘书长邱国虎，全国政协常委高国才，驻琼全国政协委员，各民主党派省委、省工商联（总商会）负责人，省委统战部、各民主党派海南省委员会、省工商联（总商会）、各市县政协等有关部门负责人等出席会议，洪寿祥主持会议。研讨会共收到论文 31 篇，11 位同志作大会发言。这些论文从新世纪新阶段人民政协事业发展、履行人民政协基本职能等重大问题着眼，从不同侧面、不同角度提出了一些新思路和新观点。王广宪作了总结讲话。

【重要文件】

常委会工作报告（2006 年 1 月 15 日）（摘要） 一、2005 年工作回顾：

（一）加强政治协商，为编制我省“十一五”规划建言献策。在省委、省政府的重视和支持下，省政协分别召开专题座谈会和常委会议，围绕制订“十一五”规划进行决策前的协商。省委省政府就编制我省“十一五”规划先后 5 次在省政协进行专题协商，专门听取省政协委员和各民主党派的意见和建议。

（二）发挥优势，努力为构建和谐海南服务。四届三次全会期间，委员们认真听取和讨论了省政府工作报告和其他重要报告，对构建和谐海南等重大问题，提出意见和建议。省政协四届十五次常委会议围绕构建和谐海南的主题进行讨论协商。

（三）切实抓好提案和视察工作，不断提高履行职能的实效。四届三次会议以来，共收到集体和委员提案 381 件，立案 353 件，已全部办复。召开了全省政协提案工作会议。通过制定有关制度，进一步规范了重点提案的有关程序。6 件重点提案，由省政协主席会议成员分头带队督办。常委会组织委员对洋浦经济开发区和儋州国家农业科技园区进行视察。由主席会议成员带队赴省外的学习考察活动共组织了五批（次）。

（四）突出团结和民主，积极促进各党派团体、各族各界人士的精诚合作。省政协领导主动到各民主党派机关走访、座谈，积极参加所联系的界别活动。制定了《省政协秘书长和各民主党派省委、省总商会（工商联）秘书长联席会议制度》。省政协的各种重大活动邀请各民主党派和人民团体参加，并支持和鼓励他们以党派团体名义发言、提提案。认真贯彻党的民族和宗教政策，加强调查研究，积极向省委、省政府及有关部门提出意见和建议。积极参与中共海南省委贯彻落实中共中央 5 号文件《实施意见》的起草工作。修订和制定了常务委员会工作规则、主席会议工作规则等 10 项规章制度。

（五）广泛开展交流活动和海外联谊，进一步发挥政协整体作用。进一步加强与全国政协、兄弟省（区、市）和市县政协的联系和交往。做好港澳台侨工作，为推进祖国统一大业贡献力量。文史资料征集出版工作得到加强，出版了《海南文史》第 19 辑、第 20 辑，近 57 万字。

（六）加强政协自身建设，不断增强政协工作活力。通过学习座谈、印发学习资料、常委会学习讲座等形式，组织委员学习。举办省政协委员学习研讨班。省政协机关开展了保持共产党员先进性教育活动。进一步发挥委员主体作用，为委员履行职能创造良好条件，不断拓宽委员参政议政的领域和渠道。加强机关和专门委员会建设，进一步建立健全机关内部规章制度。加大政协工作宣传力度。

二、2006 年工作任务：

（一）坚持基本政治制度，不断推进社会主义民主政治建设。（二）以科学发展观为指导，围绕实施“十一五”规划献计出力。（三）坚持团结和民主两大主题，为构建和谐海南凝聚力量。（四）主动创新，努力开拓政协工作新局面。（五）切实加强自身建设，进一步提高履行职能的能力和水平。

中共海南省委贯彻落实《中共中央关于加强人民政协工作的意见》的实施意见

（2006年8月7日）（摘要） 一、充分认识加强新世纪新阶段人民政协工作的重要作用。二、认真搞好人民政协的政治协商。三、积极推进人民政协的民主监督。四、深入开展人民政协的参政议政。五、切实抓好人民政协的自身建设。六、加强和改善党对人民政协的领导。

【组织概况】

副主席辞职名单（2006年12月31日四届第23次常委会议通过并报全体委员会议备案确认）

李明天（苗族）

委员辞职名单（2006年12月31日四届第23次常委会议通过）

李明天（苗族）

常务委员增选补选名单（2006年1月19日省政协四届四次会议通过）

王和平 周宝成 袁玉珉 夏恩恕

【海南省各级政协领导人名单】

海南省

政协主席

王广宪

副主席

洪寿祥 李明天（苗族） 吴葵光 王辉丰 伉铁保 符气浩 林栖凤（女） 张海国

秘书长

邱国虎

海口市

市政协主席 郑绍儒

三亚市

市政协主席 苏庆兴

县（市）政协主席

五指山市 王永兴
文昌市 林明利
琼海市 王振芳
万宁市 欧德荣
儋州市 李志杰
东方市 文其光
澄迈县 文丁开
乐东黎族自治县 林吉文
定安县 洪大华
屯昌县 王仕锦
临高县 刘志强
陵水黎族自治县 苏光明
昌江黎族自治县 钟文秋
白沙黎族自治县 符儒定
琼中黎族苗族自治县 邱育斌
保亭黎族苗族自治县 周云

海南省各级政协组织和委员数

（截至2006年底）

项目 \ 级别	省	地级市	县（县级市）	合计
组织数	1	2	16	19
委员数	349	474	2347	3170

（王龙壮 编写 钟 彪 审稿）

政 协 重 庆 市 委 员 会

【全体委员会议】

二届四次会议 2006年1月10日至15日在重庆市人民大礼堂举行。本次会议应出席委员867人，实到委员828人。会议以邓小平理论和“三个代表”重要思想为指导，认真贯彻党的十六大和十六届三中、四中、五中全会精神和中共重庆市委二届八次全委会议精神，紧紧围绕全市树立和落实科学发展观、构建和谐社会、编制“十一五”规划等重大问题和其他重要事项，充分发挥政协的职能作用，为加快推进富民兴渝、建设长江上游经济中心、全面建设小康社会积极参政议政，建言献策。大会开幕会由市政协副主席李兵主持。会议听取并审议了刘志忠主席作的常委会工作报告，王孝询副主席作的提案工作情况报告；列席了市二届人大四次会议的第一次大会，听取并协商讨论了市政府工作报告、计划报告、财政报告、移民工作报告和“十一五”规划纲要；协商讨论了市高级人民法院工作报告、市人民检察院工作报告；讨论了2006年市政协工作要点；举行了联组讨论、大会发言、提案现场办理、委员视察、委员联谊活动等，并首次邀请了26名市民代表旁听会议。大会收到提案1682件，经审查，立案1576件。大会闭幕会由市政协主席刘志忠主持，中共重庆市委书记汪洋作了重要讲话；审议并通过了市政协二届四次会议关于常委会工作报告的决议、市政协二届四次会议关于提案工作情况报告的决议、市政协二届四次会议决议。

中共重庆市委、市人大、市政府领导，驻渝部队军级单位负责人，市高院院长，市检察院检察长，老同志代表，市级各民主党派、工商联主要负责人等出席了大会开、闭幕会。市委、市政府领导及有关部门负责人分别参加了小组讨论、联组讨论、大会发言、提案现场办理，听取了委员的意见建议。

【常务委员会会议】

第17次会议 2006年1月13日召开，应出席常委169名，实到156名，刘志忠主席主持会议。会议听取了大会秘书长关于市政协二届四次会议有关情况的汇报，审议通过了提案委员会关于市政协二届四次会议提案审查情况的报告，审议了市政协二届四次会议决议（草案）、市政协二届四次会议关于常委会工作报告的决议（草案）、市政协二届四次会议关于提案工作情况报告的决议（草案）。

第18次会议 2006年3月30日召开，应出席常委169名，实到135名，刘志忠主席主持会议。会议听取并学习了由市政协副主席辜文兴传达的全国政协十届四次会议精神，学习了《中共中央关于加强人民政协工作的意见》，审议通过了《关于学习贯彻〈中共中央关于加强人民政协工作的意见〉的决定》、《政协重庆市委员会关于充分发挥政协委员主体作用的意见》以及有关人事事项，通报了2006年市政府提请市政协协商通报事宜。

第19次会议 2006年6月28日召开，应出席常委169名，实到166名，刘志忠主席主持会议。会议学习了《中共重庆市委关于贯彻〈中共中央关于加强人民政协工作的意见〉的实施意见》，协商了关于建设社会主义新农村的问题，审议通过了有关人事事项。

第20次会议 2006年9月28日召开，应出席常委169名，实到142名，刘志忠主席主持会议。会议听取了市政府秘书长陈和平关于市政协二届四次会议以来提案办理工作情况的通报，协商讨论了建设资源节约型和环境友好型社会问题。

第21次会议 2006年12月26日召开，应出席常委169名，实到139名，刘志忠主席主持会议。会议听取了市政协二届五次会议筹备情况汇报；审议了二届市政协常委会工作报告（草案）和二届市政协常委会关于二届四次会议以来提案工作情况的报告（草案），决定分别由市政协主席刘志忠和副主席尹明善为报告人；审议了市政协二届五次会议议程（草案）、市政协2007年工作要点（讨论稿）；审议通过了市政协二届五次会议日程、市政协二届五次会议秘书长、副秘书长建议名单、市政协二届五次会议列席人员范围、市政协二届五次会议各次大会主持人建议名单；审议通过了关于召开市政协二届五次会议的决定以及有关人事事项。

【专门委员会工作】

提案委员会 截至2006年底，市政协共收到提案1842件。经审查立案1708件，其中，委员提案1276件，占75%；集体提案432件，占25%。年内全部办复。主要工作：一、坚持质量第一。通过会前给全体委员的一封信，召开集体提案征集座谈会，编印学习资料，印发新修订的《政协重庆市委员会提案工作条例》，走访承办单位等方式，促使提案质量提高和办理的落实。二、帮助委员知情明政。先后5次组织提案委委员、部分区县政协提案工作人员赴省外参加提案相关会议或考察，借鉴其他省区市提案工作经验；组织委员开展年终视察，为委员知情明政创造条件。三、表彰优秀提案。2006年，对50份优秀提案进行表彰。四、党政及政协领导参与提案工作。邀请“四大家”分管领导一起出席提案交办会；选择28件重点提案，作为市委、市政府领导牵头办理和市政协主席、副主席、各专委会督办提案。市委书记汪洋、市长王鸿举分别牵头办理了《以体制创新破解三峡库区产业空虚难题》和《关于积极推进社会主义新农村建设的建议》2件提案。五、建立联合办案工作机制。会同市委、市人大、市政府督查室，对20个承办单位办理人大代表建议和政协提案的情况进行联合检查，对18个提案承办单位进行走访，加强了与承办单位的联系与沟通。六、向市政协提交社情民意66篇，其中，21篇被采用，使提案中涉及的有关问题得以及时解决。七、加强重点提案的督办。规范重点提案办理程序。召开“市政协二届四次会议重点提案督办工作座谈会”，对重点提案的办理明确提出要求；通过了解情况、召开协调会等措施，使一些办理难度大或久拖不决的问题得以逐步解决；通报提案办理情况。市委、市政府、市政协联合对提案办理进度进行了通报，督促承办单位及时认真办理政协提案；督促对办理结果“不满意”的提案重新办理。召开主任会议，对第一次办理“不满意”的提案，督促承办单位进行二次办理。

学习及文史委员会 主要工作：一、积极为文史资料征集、编撰稿件。为全国政协编辑的大型论文集《把人民政协事业不断推向前进——学习〈中共中央关于加强人民政协工作的意见〉文选》征集稿件2篇，《全国政协文史资料选题协作规划》中的《工业学大庆》卷组稿5篇，《新中国剿匪实录》组稿10篇，《仡佬族百年实录》组稿2篇；出版了《重庆文史资料》第10辑；完成市委《开展“重庆大轰炸”调查与研究方案》中，对重庆大轰炸“三亲”资料的收集与整理。二、开展专题调研。开展了“重庆爱国主义教育基地和统一战线传统教育基地建设和利用”、“重庆市地下文物的保护和利用”、“我市社会主义新农村文化建设”等专题调研，形成了《关于重庆地下文物保护存在的问题及对策的报告》、《关于我市社会主义新农村文化建设的建议》调研报告。三、做好提案和社情民意工作。组织委员撰写集体提案8件，其中《重庆的非物质文化遗产亟待保护抢救》提案被评为优秀提案；协助副主席李明督办了《关于加强城市道路规划和管理的建议》重点提案，本委督办了《关于加强我市农村文化阵地建设的几点建议》重点提案，取得满意效果；办理了《关于召开卢作孚在嘉陵江三峡地区推行乡村建设运动80周年暨“新农村建设研讨会”的建议》提案；集体撰写社情民意稿4件，其中《城口县苏维埃政权红军文物陈列馆建设资金急需补齐》一条得到了市委副书记邢元敏批示。四、组织年终视察。就重庆市创意产业（重点是动漫产业）的发展、重庆出版社改制后的发展、重庆市群众文化发展和我市非物质文化遗产的保护和传承等情况开展年终视察，提出意见建议。五、加强对区县政协的联系与指导。组织部分区县政协文史干部参加全国政协文史委的培训学习，走访部分区县，加强与区县政协的联系与指导。六、以画交友。组织部分著名书画家赴交警二支队进行慰问活动，创作书画作品30余幅；参加由全国政协书画室召开的《画界》杂志全国宣传工作会议；参加全国政协书画室举办的《纪念伟大的革命先行者孙中山先生诞辰140周年美术作品展》；组织10名书画家到大足龙水湖举办暑期笔会，共创作书画作品52件；参加陕西省政协“和谐陕西”优秀书画作品大展。

经济委员会 主要工作：一、围绕中心开展调研。开展了“建设重庆资源节约型环境友好型社会”的专题调研，形成“两型社会”综合调研报告和20余个专题调研报告；参加了市政协“推进社会主义新农村建设”课题的子课题“关于以工促农，工业反哺农业”及“新农村能源建设问题”调研，形成了《关于加快我市以沼气为重点的农村能源建设》、《关于贯彻“工业反哺农业、城市支持农村”方针，加快我市新农村建设》两份专题调研报告；参加全国政协经济委组织的“关于进一步推进西部大开发”的重点调研，形成调研报告。二、抓好提案。督办了《关于积极支持我市非公有制企业进入国防技术工业建设领域的建议》、《关于加强我市企业知识产权保护问题的几点建议》2件重点提案，收到了实效；提交了《关于建设黄金水道、发展我市水运的建议》和《关于在重庆市循环经济立法中建立排污权交易制度的建议》等3份集体提案，56件个人提案，得到了承办单位重视和采纳。三、开展视察。组织部分委员对同兴垃圾发电厂、国际复合材料公司、重钢冷轧薄板厂、香港建滔化工公司、环球石化公司和四川维尼纶厂等就建设“两型社会”、促进和谐发展情况进行视察，提出了意见建议。四、开展民主监督。组织委员参加了全市保持共产党员先进性教育活动群众满意度测评会议、药品和医疗服务价格听证会、主城九区居民用气价格听证会和重庆市电力价格听证会等，委员们提出了意见和建议。五、开展联系联谊活动。组织了有关区县政协经济委参加“两型社会”建设调研活动和赴市外参观学习考察活动，召开了“重庆经济社会发展”经济界委员座谈会。

农业委员会 主要工作：一、围绕新农村建设开展专题调研。承担了市政协开展“新农村建设”调研的策划和牵头工作；邀请中国社科院党国英教授来渝主讲“重庆发展论坛·社会主义新农村建设讲座”；组织市级农口10多个部门介绍我市新农村建设情况，深入12个区县进行调研；配合全国政协经济委开展新农村建设专题调研。参加了全国政协在江西举行的社会主义新农村建设调研总结会，形成《关于建设社会主义新农村综合调研报告》和《关于进一步加快发展农村经济的建议意见》。同时，开展“中小企业信用担保”、“失地和无地农民”专题调研，提出了加强我市中小企业信用担保体系建设的六点建议和关于妥善解决“失地和无地农民”问题的七点建议。二、围绕“三农”重点开展委员视察。针对三峡库区生态保护与恢复工作情况进行视察，提出6点建议；针对特大干旱受损情况进行视察，提出“坚持抗旱到底，大力开展生产自救，恢复发展农村经济”的5条建议；针对重庆市农科院建设情况进行视察，提出了进一步搞好农业科学院的意见建议。三、认真撰写提案和及时反映社情民意。本委及农业界委员共撰写提案和社情民意50多件（篇），其中，《对重庆农村中小企业贷款担保的建议》、《将锶盐废碴用于铺公路的做法不可取》、《青蒿收购问题应引起高度重视》、《应取消设在居民小区的餐饮馆排烟道》等提案和社情民意得到市领导的高度重视。四、认真完成重点提案督办。督办了《解决乡村债务的几点建议》、《农村饮用水安全问题及相关建议》2件重点提案，使提案得到落实。五、加强对口联系和联谊交友活动。通过调研、走访、座谈等形式加强了与市级农口部门、有关区县政协专委会和委员相互间的联系与协作；组织委员到新疆、河北、北京等地考察新农村建设情况。

城乡建设环境保护委员会 主要工作：一、围绕大局搞好调研。开展“关于库区移民迁建和产业发展的问题”专题调研，形成《关于贯彻市委二届九次全会精神加快库区产业发展着力解决移民就业等若干问题》的调研报告；积极参与“关于建设社会主义新农村”的重点调研及协商，开展了“关于加强我市农村人居环境和中心镇市政基础设施规划建设有关问题”的专题调研，形成了《关于加强我市农村人居环境》和《中心镇市政基础设施规划建设》2个专题调研报告；配合市政协开展的“关于建设资源节约型环境友好型社会”专题调研，完成了相关的调研任务和“推进建筑节能工作”的专题调研，提交了《关于建设资源节约型环境友好型社会》调研报告中的9个重要问题的综合调研素材3万多字；开展了“加强我市矿产资源的勘察开发管理问题”专题调研，形成了调研报告。二、做好专题考察与社情民意工作。开展了“关于大力整治农村畜禽养殖污染”、“有效控制城市扬尘污染加大实施蓝天行动力度”、“保障城市污水处理厂正常运行”、“切实治理居民住区餐饮油烟污染”、“关于解决‘十一五’期间高速公路建设资金筹集及还贷能力”、“解决城市土地资源集中储备的有关障碍”、“促进尽快审批新一轮重庆城市总体规划”、“落实城市园林绿化规划控制用地”、“加强市容环境整治的长效管理”、“推进创建国家园林城市以及在重点项目建设中落实市区共建体制”等问题进行了专题考察，形成了《关于保障城市污水处理厂正常运行问题》等多篇具有重要影响的社情民意。三、积极开展视察活动。开展了以“现代科学技术在城市建设管理和环境保护中的创新运用”为主要内容的年终视察，提出了意见建议，形成了视察报告；组织部分城环委委员，对南岸茶园新区的开发建设情况进行了视察，形成了工作情况简报；对华岩镇和南坪镇就“进一步加大困难群众廉租住房建设力度问题”进行视察，提出意见建议；对库区移民搬迁非耕地占用进行补偿、落实两江船舶污染治理资金、进一步搞好污染企业搬迁等问题开展专题视察，形成了社情民意和工作简报。四、认真撰写和积极办理提案。本委提出集体提案和委员个人提案40件，大会发言材料2篇。其中，“关于把主城区老住宅小区综合整治纳入城市建设改造

‘十一五’规划”、“落实公交优先政策”等提案得到了市有关部门的高度评价和充分肯定；参加了由刘志忠主席负责督办的《合理、高效利用国土资源，走资源节约、集约型城市发展之路》的重点提案督办会，发挥了本委委员的作用；组织委员到市建委等单位对《关于建立工程担保制度》、《尽快解决二次供水污染，切实保障市民饮水安全》2件重点提案进行督办，收到良好效果。

科教文卫体委员会 主要工作：一、积极为市政协二届四次会议作准备。组织了《关于解决“看病难、看病贵”的意见建议》大会发言稿；提出集体提案12份，其中一些提案纳入了“十一五”规划社会事业发展重点建设项目；围绕促进我市科教文卫体事业的发展编写了《关于农民工子女入学教育的建议》、《关于设立重庆慈善医院的建议》等13期社情民意。二、开展专题调研。开展了五项专题调研，形成了《关于加强我市农村义务教育和职业教育的意见建议》、《社会主义新农村的卫生工作目标和亟待解决的问题》、《关于加强农村人口和计划生育工作的建议》、《关于加强食品卫生监督体系建设的意见建议》、《关于农民工子女教育问题的调查报告》等调研报告；协助全国政协教科文卫体委员会围绕农村公共卫生体系建设开展了调研，形成《关于农村公共卫生体系建设的调研报告》报送全国政协，《关于加强农村公共卫生体系建设的意见建议》转送市政府办公厅；联合西部十二省区市政协科教文卫体委员会围绕文化体制改革和文化产业发展开展了调研，就文化体制改革问题作了交流发言，提出了意见建议。三、开展视察、情况通报和座谈研讨活动。对全市科技风险投资、“金桥工程”实施、科技馆建设、知识产权保护、教育改革与发展、普通高校招生录取、数字电视整体转换、农村边远地区广播电视覆盖、农村图书发行网点建设、文物保护与收藏、竞技体育训练场地及设施建设等方面进行了视察，形成社情民意《建议把农村图书发行网点建设纳入社会主义新农村建设范畴》和多份工作简报；就《重庆市中长期科技发展规划纲要》、企业科协组织建设、实施义务教育、药品生产使用监管、人畜禽共患疾病防治、艾滋病防治进展、中医管理机构设置、乡镇及村级人口计生机构队伍建设、避孕药具发放与管理、构建企业版权保护体系等方面进行了情况通报与座谈研讨，形成《关于“齐二药”事件后我市有关情况及意见建议》和多份工作简报；对人畜禽共患疾病防治情况进行了调研和座谈，协助做好主席会议听取市政府关于实施义务教育情况通报，提出了意见建议。四、督办重点提案。协助分管副主席窦瑞华督办了“关于进一步做好农村计划生育利益导向机制建设的建议”的集体提案；督办了市工商联提出的“关于加强我市职业教育的建议”的集体提案。五、协助全国政协开展工作和加强联系联谊。协助全国政协教科文卫体委员会来渝召开了“引进技术消化吸收再创新”专题研讨会；接待贵州、陕西、广西等省市政协来渝考察。

社会法制委员会 主要工作：一、为委员发挥作用创造条件。邀请市劳动局通报全市就业工作情况，市民政局通报全市殡葬工作、农村建立“五保家园”情况，市司法局通报法律援助、律师公证工作情况，市总工会通报关于“两新组织”建立工会的情况；组织委员开展视察、调研，参加各种协商论证等活动，为重庆经济社会发展建言献策。2006年，本委委员参与调研、视察等活动40多次，委员达400余人次。二、积极开展专题调研。对我市监狱劳教场所艾滋病人员的监管问题等进行调研，形成了《关于落实监管场所艾滋病人员设专门监区管理的紧急报告》、《关于加强农村基层民主管理，促进我市社会主义新农村建设的几点思考和建议》、《建立与经济发展水平相适应的新型农村社会养老保险制度》、《关于我市社会治安综合治理工作的几点建议》和《人民调解工作情况报告》等调研报告。三、认真开展专题视察。围绕群众关心的热点、难点问题，对我市农村“五保家园”建设、公证工作、律师工作等情况进行视察，提出了意见建议；开展对救灾救济工作、新经济新社会组织党建情况、青少年工作、民营企业中女企业家的发展状况等方面的年终视察，提出了意见建议。四、努力发挥界别作用。组织相关界别的委员参加专委会的主任扩大会议、情况通报会、专题论证会，为界别委员了解委员会情况，反映界别诉求创造机会；就新经济组织、新社会组织建立工会及工会工作情况，与市总工会联合组织开展了工会界别视察活动，形成《关于专门委员会发挥界别作用的几点思考》，提交全国政协社法委在成都召开的“为构建和谐社会建言献策”座谈会，并作了大会发言。五、做好重点提案督办工作。督办了《建议市政府将石桥铺殡仪馆的改造纳入重点建设项目尽快实施》、《为贫困弱势群体撑起公平与正义的蓝天》2件重点提案，促进提案的落实。六、积极为重庆的平安稳定献计出力。邀请市综合治理办公室通报了社会治安综合治理情况，市公安局通报了公安“大接访”及信访长效机制建设情况，为委员们履行职能创造良好条件；深入基层进行调查研究，通过提案、调研报告等形式积极向党委、政府及有关部门反映群众的呼声和诉求；妥善处理政协委员和人民群众来信来访，全年共接待人民群众来信来访18人次，转送材料8份。七、积极参与立法前的协商论证工作。参加了市人大、政府法制办等组织的《重庆市工资支付规定》立法听证会、《重庆市计算机信息系统安全保护条例》修改研讨会、《重庆市农民工住院医疗保险市级统筹暂行办法(征求意见稿)》征求意见座谈会、《重庆市律师服务收费管理实施办法》及收费标准论证会、市人大规范执法行为及促进执法公正专项整改座谈会等，提出意见建议。八、加强友好交流与协作。协助市政协承办了西部十二省（自治区、市）政协第十次社会和法制工作会议；配合全国政协社会福利和社会保障界委员在重庆就“城乡居民最低生活保障”问题进行调研。

民族宗教委员会　主要工作：一、围绕中心履行职能。围绕市政协新农村建设专题调研，开展了对少数民族非物质文化遗产的保护与传承、民族地区交通规划、武陵山地区生态旅游的规划与发展等问题的调研，提出意见建议。二、推动武陵山地区旅游开发与协作。围绕武陵山民族地区旅游开发与协作问题开展调研，形成了《关于加强武陵山民族地区旅游精品线路开发与协作的建议》报送全国政协；组织部分市政协委员赴云南省、广西壮族自治区考察，形成了《政协重庆市委员会民族宗教委员会赴滇、桂民族地区考察民族旅游的情况报告》。三、重视少数民族非物质文化遗产的保护与传承。组织部分委员和专家学者对我市土家族非物质文化遗产的传承与保护开展调查研究，形成了《关于加强重庆土家族非物质文化遗产传承与保护的建议》。四、为宗教界培养人才搭建平台。组织西南大学和重庆市佛教协会共同举办了“重庆市首届佛教高级研修班”，为促进宗教界人才的培养探索新路。五、为民族宗教界办实事。通过提案督办解决了多年未解决的宗教界场所缺乏和资金短缺等问题；配合全国政协民族和宗教委员会来渝调研我市贯彻实施《宗教事务条例》情况；协调市民宗委为民族专修学院解决资金10万元，协调力帆集团、重庆民族经济发展有限公司解决少数民族学生的实习基地和部分学生就业问题。六、加强联系与交流活动。参加部分省（区、市）政协民族和宗教委员会第八次工作研讨会，为会议提供了《创新发展，不断探索人民政协民族宗教工作的新路子》经验交流材料；加强与市委统战部、市民宗委、市人大民宗侨外委的联系，形成了一年两次的联系会议制度。

港澳台侨和外事委员会 主要工作：一、开展专题调研，积极建言献策。配合市政协开展的“建设社会主义新农村”、“两型社会”建设等专题调研，形成了《在“两型社会”建设中进一步发挥党政机关和党政干部的示范作用》的报告；开展了“加强渝台农业合作与交流”、“关于我市境外企业的情况”、“关于解决中小企业贷款难问题”等专题调研，形成了《我市境外企业情况的调查报告》和《解决中小企业贷款难的建议意见》。二、写好提案和社情民意。提出了“关于尽快制定《重庆市口岸管理暂行办法》的建议”、“关于发展重庆民用航空运输业的建议”、“建设一流口岸、完善配套设施”、“关于加大亚太市长峰会后续活动跟踪力度的建议”等提案。其中，“关于尽快制定《重庆市口岸管理暂行办法》的建议”提案得到落实；督办了2件提案，收到了良好效果；提交了14份社情民意，其中《办好我市第一个境外农业园区》，得到了政府分管领导的重视。三、组织年终视察。开展了对重庆宏信软件有限责任公司、重庆结行商务有限公司、海扶有限公司、重庆英诺科技有限公司、重庆瑞笛恩科技有限公司和重庆金源大饭店的视察，对进一步改善投资环境提出了意见建议。四、开展联系联谊活动。召开专题会，谴责陈水扁新的“台独”行径；加强与市台办、市台联等单位的工作互动，接待台湾来渝社团组织，做好台湾知名人士工作；协助分管领导会见了台湾农业考察团，对渝台农业合作进行了广泛的交流，促使签订了3000万元投资意向协议书；协助本委委员韦云隆等十九位有影响的专家学者举办了“两岸科技经贸及汽车发展论坛”，国民党副主席江炳坤等出席，取得圆满成功；进一步加强与“五侨”部门的联系与合作，参加了市人大民宗侨外委组织的五侨会，承办了五侨联席会，增进了涉侨单位的共识；加强与中外友人的联谊活动，协助分管领导会见了来访的美国客人，会见了张治中将军的儿子、原北京市政协港澳台侨外委主任张一纯先生；加强与兄弟省市政协的联系，参加了港区省级政协委员联谊会成立活动，与外商投资企业协会进行合作调研，为促进我市投资环境进一步改善献计出力；建立了外商企业联系制度，通过看望本委委员及走访外资企业，加强了与外资企业的联系。

区县政协工作联络委员会 主要工作：一、组织学习《中共中央关于加强人民政协工作的意见》。召开主任暨片区召集人会议，积极指导区县政协抓好学习；分管副主席黄立沛和本委有关领导就学习贯彻《意见》精神，分别到北碚、永川、渝中等区县为党政机关干部、政协委员作了专题报告和辅导；组织各区县政协对市委贯彻《意见》的《实施意见》广泛征求意见，协助市政协办公厅以深入学习贯彻《意见》精神为主题，举办了区县政协主席研究班。二、开展专题调研。开展了“建设社会主义新农村”和“加快库区产业发展”专题调研，形成了《关于新农村建设中加强基层党组织建设》的专题调研报告。三、加强对区县政协工作的指导。

通过片区会的形式组织各区县政协进行工作交流，并协助市政协召开了区县政协工作经验交流会。四、组织委员地区小组活动。全市40个市政协委员地区小组，2006年共开展各种活动166次，形成调研成果87份，提出集体提案126件，委员个人提出提案832件，反映社情民意65条。黔江、涪陵、渝中等11个委员地区小组被评为先进委员地区小组。五、继续开展区县政协工作基本规律的研究。组织各区县政协对其初步成果进行了进一步研究完善，形成了41篇近18万字的研究成果；由研究室和联络委共同负责，继续开展对区县政协工作规律（概论篇）的研究。六、认真做好各项经常性工作。协同办公厅、研究室认真做好市政协区县政协主席研究班、区县政协机关干部培训班、区县政协工作经验交流会“两班一会”的筹备和服务工作；协助黄立沛副主席督办了《关于加快三峡库区“生态家园富民工程”建设的建议》的重点提案，督办了《关于进一步加强和完善新型农村合作医疗制度的建议》的重点提案；组织医卫、体育界和部分中共、特邀界委员对农村新型合作医疗制度建设和全民健身活动状况开展了年终视察；编发了《政协动态》、《政协工作简报》28期；以学习交流贯彻《意见》精神和做好区县政协换届工作为主要内容，组织了7批近100人次出市考察；接待了远郊区县政协共200多批近1000人次。

【重要活动】

认真学习贯彻中共中央文件精神 市政协把学习宣传贯彻《中共中央关于加强人民政协工作的意见》摆在各项工作的首位。市政协党组就学习贯彻《意见》向市委常委会作了专题汇报，并积极配合市委起草《中共重庆市委关于贯彻〈中共中央关于加强人民政协工作的意见〉的实施意见》；党组会议、主席会议、常委会议对《意见》进行了专题学习；常委会议作出了学习贯彻《意见》的决定，对全市政协组织提出了具体要求；邀请全国政协有关领导就《意见》的学习贯彻作了专题辅导报告；市政协举办的区县政协主席研究班、区县政协机关干部培训班、政协理论研讨会围绕贯彻落实《意见》和市委《实施意见》开展了深入的学习和理论研究；组织新闻媒体对学习贯彻《意见》做了系列宣传报道；市政协主席、副主席分赴39个区县，指导和检查《意见》的学习贯彻情况，并按照《意见》精神深入研究区县政协换届中的有关问题，向市委报送了关于区县政协换届工作有关问题的建议报告；市政协办公厅积极配合全国政协就政治协商、进一步加强人民政协自身建设、界别设置与调整县级政协设置及作用等三个课题进行了调研，向全国政协报送了三个专题报告。市政协全面开展履行政协职能和加强自身建设的各项工作有了新突破。

为加快建设社会主义新农村献计献策 2006年3月至5月，市政协围绕建设社会主义新农村问题，组织有关专委会及部分市政协委员，赴30多个区县调研，形成了16篇调研报告；举办了“重庆发展论坛——社会主义新农村建设讲座”；在互联网上开辟了“建设社会主义新农村论坛”。市政协召开二届十九次常委会议，就建设社会主义新农村问题进行了专题协商，围绕贯彻中央关于新农村建设的方针政策、加大农村基础设施建设和公共服务设施建设、统筹城乡经济社会发展、加强新农村建设的支撑保障体系建设等方面，提出了30条意见建议，向市委报送了《关于建设社会主义新农村的建议意见》及系列调研报告，市委书记汪洋作出重要批示。

为重庆建设资源节约型、环境友好型社会建言献策 2006年5月至8月，市政协围绕重庆市“两型社会”建设问题，组织有关专委会和21个区县政协开展专题调研，听取了8个市级相关部门和10家企业的意见，形成了《建设重庆资源节约型、环境友好型社会的意见建议》等29个调研报告。召开二届二十次常委会议，就“两型社会”建设问题进行了专题协商，提出了充分认识建设“两型社会”的紧迫性和重要性、发展循环经济、加强大气污染治理、节约水资源、集约利用土地等5个方面18条建议，市委书记汪洋对建议作出重要批示。

常委视察三峡库区 2006年10月，市政协首次组织常委视察团，赴万州、开县、云阳、奉节、巫山等区县，就库区产业发展、移民就业和社会稳定等问题进行视察。召开库区产业发展、移民就业和社会稳定问题专题协商会，就加快库区产业发展、促进库区移民就业和维护库区社会稳定提出了15个方面的意见建议，向市委报送了《关于解决库区产业发展、移民就业、社会稳定问题的意见建议》，得到了市委的高度重视，市委书记汪洋作了重要批示。

【重要文件】

常委会工作报告（2006年1月22日）（摘要） 2005年二届市政协常委会工作。一年来，在中共重庆市委领导下，市政协常委会以邓小平理论和“三个代表”重要思想为指导，认真学习贯彻中共十六大和十六届三中、四中、五中全会精神，认真贯彻落实市委第二次政协工作会议精神，以科学发展观统领政协工作全局，坚持和完善中国共产党领导的多党合作和政治协商制度，紧紧围绕全市工作大局，突出团结、民主主题，全面履行政协职能，充分发挥政协优势，为促进我市社会主义经济建设、政治建设、文化建设与和谐社会建设全面协调发展作出了新的贡献。主要做了十个方面的工作：一、努力为构建社会主义和谐社会发挥作用。二、积极为我市制定“十一五”规划建言献策。三、紧紧围绕全市重大问题开展协商监督。四、认真做好提案和反映社情民意工作。五、有效开展专题调研、视察等参政议政工作。六、深入贯彻落实中共中央5号文件精神。七、大力推进履行职能的“三化”建设。八、不断深化对区县政协工作的联系和指导。九、认真组织在渝全国政协委员活动和广泛开展内外交流。十、切实加强自身建设。

2006年工作：一、坚持把促进发展作为履行政协职能的第一要务，积极为实施好“十一五”规划建言献策。二、坚持把加强团结作为各项工作的中心环节，促进统一战线各方面的团结合作。三、坚持把发扬民主作为工作的着力点，巩固发展融洽和谐、生动活泼的政治局面。四、坚持把以人为本、为民服务作为工作的出发点和落脚点，切实维护人民群众的根本利益。五、坚持把加强自身建设作为政协履行职能的基础工作，不断提高履行职能的能力和水平。

重庆市第二届委员会第四次会议决议（2006年1月15日政协重庆市第二届委员会第四次会议通过）（摘要） 2006年是“十一五”发展的开局之年，市政协要坚持以邓小平理论和“三个代表”重要思想为指导，全面贯彻中共十六大和十六届五中全会精神，进一步加强中国共产党领导的多党合作和政治协商制度建设，牢牢把握团结和民主两大主题，着眼于中国特色社会主义事业的总体布局，全面落实科学发展观，紧紧围绕实施我市“十一五”规划，认真履行政协职能，团结一切可以团结的力量，调动一切积极因素，充分发挥人民政协的优势和作用，继续创新发展，不断深化政协工作，积极主动地为全市社会主义物质文明、政治文明、精神文明与和谐社会建设作出新的贡献。

《政协重庆市委员会关于学习贯彻〈中共中央关于加强人民政协工作的意见〉的决定》（2006 年 3 月 30 日政协重庆市第二届委员会常务委员会第十八次会议通过）。（略）

【组织概况】

撤销委员资格名单（2006 年 12 月 26 日政协重庆市第二届委员会常务委员会第 21 次会议通过）

黄天亮

委员增补名单（2006 年 12 月 26 日政协重庆市第二届委员会常务委员会第 21 次会议通过）

钟旭秋　金道坤　贾明非　李启文
周志强　查毅超　梁　榕　林晓露

【重庆市各级政协领导人名单】

重庆市

政协主席

刘志忠

副主席

陈邦国　李　兵　许忠民　窦瑞华
黄立沛　辜文兴　李　明　夏培度
王孝询　尹明善

秘书长

王长寿

区县（自治县、市）政协主席

区县	主席
万州区	洪景明
涪陵区	常国权
黔江区	刘作禄
渝中区	孙德隆
大渡口区	李天明
江北区	何庆智（女）
沙坪坝区	何泽政
九龙坡区	奚千里
南岸区	陈金秀（女）
北碚区	王贵银
万盛区	李钟亮
渝北区	邱福林
巴南区	张泽方
长寿区	颜克亮
江津市	刘树人
合川市	张均凤（女）
永川市	肖坤华（女）
綦江县	胡邦义
潼南县	王忠德
铜梁县	逯兴国
大足县	黄　铭
荣昌县	程福财
璧山县	莫元礼
梁平县	朱美继
城口县	彭培轩
南川市	陈　均
丰都县	涂远扬
垫江县	夏德华
武隆县	唐承云
忠　县	王正堂
开　县	全修治
云阳县	邬治民
奉节县	杨前和
巫山县	黄天亮
巫溪县	吴立宪
石柱土家族自治县	冉隆柏
秀山土家族苗族自治县	郭忠亮
酉阳土家族苗族自治县	张世模
彭水苗族土家族自治县	梁正华

重庆市各级政协组织和委员数

（截至2006年底）

项目＼级别	直辖市	市辖区	县（不设区的市、自治县）	合计
组织数	1	14	25	40
委员数	864	3518	6240	10622

（李　鹏　谢亚玲 编写　熊康敏 审稿）

政协四川省委员会

谢明道　副主席
（补选）

【全体委员会议】

九届四次会议　2006年1月13日至18日在成都举行。应出席委员892人，实到816人。会议听取并审议了秦玉琴主席所作的《政协第九届四川省委员会常务委员会工作报告》和苟建丽副主席所作的《政协第九届四川省常务委员会关于九届三次会议以来提案工作情况的报告》；听取并协商省政府工作报告和计划、财政、法院、检察院工作报告；协商讨论了四川省国民经济和社会发展第十一个五年总体规划纲要（草案）；审议通过了省政协九届四次会议决议、常务委员会工作报告的决议、提案工作情况报告的决议、九届四次会议提案审查情况的报告。会议期间举办了“发展循环经济，建设节约型社会”论坛。会议通过了孙同川同志不再担任政协第九届四川省委员会副主席的决定，补选谢明道同志为政协第九届四川省委员会副主席，补选王宝顺、吕卓、朱开天、朱明龙、刘革新、孙砚方、杨顺成、吴宝文、余健楚、周静、屈坤宁、钟兆基、钟勤建、洪建胜、徐万华、黄忠莹、裘希等17位同志为九届四川省政协常委。中共四川省委书记张学忠在闭幕会上发表了题为《团结拼搏，再创辉煌，为实现“十一五”发展宏伟蓝图而努力奋斗》的讲话。

【常务委员会议】

第13次会议　2006年1月12日，第十三次常委会议第一次会议在成都举行。应出席170人，实到152人。会议由秦玉琴主席主持。会议审议并通过了省政协九届十三次常务会议议程；听取了省委副书记陶武先作关于补选省政协副主席、常务委员及增补委员建议人选的说明；通过了撤销盛晓彬、毛春逊政协第九届四川省委员会委员资格的决议和关于免去黄文驰等政协第九届四川省委员会、委员的决定；通过了关于王可植等不再担任本届省政协委员的决定；通过了关于同意孙同川同志不再担任政协第九届四川省委员会副主席、委员的建议；通过了增补政协第九届四川省委员会委员的决定，增补王宝顺、王明普、安冰冰、孙绍荣、孙砚方、何俊明、余正松、阿来、陈平、罗中先、封玮、赵廷运、钟历国、崔广义、谢明道、雷新乾、潘运新为政协第九届四川省委员会委员；通过了补选政协第九届四川省委员会副主席候选人建议名单，同意谢明道同志为政协第九届四川省委员会副主席候选人建议人选；通过了补选政协第九届四川省委员会常务委员候选人建议名单，建议补选王宝顺、吕卓、朱天开、朱明龙、刘革新、孙砚方、杨顺成、吴宝文、余健楚、周静、屈坤宁、钟兆基、钟勤建、洪建胜、徐万华、黄忠莹、裘希17名同志为政协第九届四川省委员会常务委员；审议了《政协第九届四川省委员会第四次会议选举办法》（草案）、《政协第九届四川省委员会第四次会议总监票员、监票员名单》（草案）、《政协第九届四川省委员会第四次会议总计票员、计票员名单》（草案）。

2006年1月18日，第十三次常委会议第二、三次会议在成都举行。应出席177人，实到169人。秦玉琴主席主持会议。第二次会议听取了省政协九届四次会议秘书长彭柏林关于委员小组讨论情况汇报；审议通过了《关于政协第九届四川省委员会常务委员会工作报告的决议》（草案）、《政协第九届四川省委员会常务委员会关于九届三次会议以来提案工作情况报告的决议》（草案）、《政协第九届四川省委员会提案委员会关于九届四次会议提案审查情况的报告》（草案）、《政协第九届四川省委员会第四次会议决议》（草案）、《政协第九届四川省委员会2006年工作要点》（草案）；审议通过了《关于补选政协第九届四川省委员会副主席和政协第九届四川省委员会常务委员的建议》（草案）以及《政协第九届四川省委员会第四次会议选举办法》（草案）和《政协第九届四川省委员会第四次会议总监票员、监票员名单》（草案）。第三次会议通过关于同意孙同川、刘绍先二位同志因任职年龄到限不再担任本届省政协委员的决定；审议通过了部分专门委员会主任、副主任的任免事项。

第14次会议 2005年6月20日至22日在成都举行。应出席177人，实到144人。会议以学习贯彻中共中央《意见》和推进工业强省为中心议题，认真学习了《中共中央关于加强人民政协工作的意见》；听取了四川省委副书记甘道明所作的《关于实施工业强省战略的报告》；审议通过了《关于培养造就高素质民营企业家人才队伍的调研报告》、《加快四川天然气化工产业发展，促进资源优势转化为经济优势》、《关于提升我省企业自主创新能力的建议》等调研报告；听取了省政协秘书长彭柏林关于各组讨论情况的书面汇报和有关人事任免事项的说明。决定孙康敏、王成善、蔡炳中、赵志强、吴玉秀、张远明不再担任九届四川省政协委员职务，增补王建平、方光兴、杨安民、李民斌、张席宾、陈光志、聂文强、贾建民、夏公海、黄远成、韩儒理、喻双、傅鹏等13位同志为政协第九届四川省委员会委员。任命周静同志为政协第九届四川省委员会副秘书长，韩儒理为经济委员会副主任，钟历国为文体医卫委员会副主任，方光兴为社会法制委员会副主任，向玉明、张家点、胡湘莲为港澳台侨和外事委员会副主任，决定刘妙娟同志不再担任政协第九届四川省委员会副秘书长职务。对九届一次会议以来32个提案承办先进单位和37名先进个人进行了表彰。秦玉琴主席在会议结束时作了题为《强基固本，在实施全省重大战略实践中谱写政协工作新篇章》的讲话。11名常委作了大会发言，10名省政协委员列席了会议，8位公民旁听了会议。

第15次会议 2005年9月27日在成都举行。应出席177人，实到133人。会议以建设社会主义新农村为主题建言献策，审议通过了关于认真学习贯彻《中共中央关于加强人民政协工作的意见》和《中共四川省委关于贯彻〈中共中央关于加强人民政协工作的意见〉的意见》的决议，审议通过了《省政协关于推进社会主义新农村建设的十点建议》。审议通过了有关人事事项，任命王宝顺同志为经济委员会副主任。会议对四川省2005年度四川好新闻奖（第八届宣传人民政协工作好新闻）获奖者进行了表彰。秦玉琴主席主持会议并在会议结束时作了题为《坚持弘扬创新精神，推进政协工作新发展》的讲话。10名省政协委员列席了会议，10位公民旁听了会议。

第16次会议 2005年12月19日至20日在成都举行。应出席177人，实到165人。会议以建设文化强省为主题建言献策。会上，秦玉琴主席代表主席会议作工作报告。省委副书记、省纪委书记李崇禧作关于我省党风廉政建设情况的报告；冯崇泰副主席作关于省政协常委会工作报告（审议稿）的说明；省政协提案委作关于省政协九届三次会议以来提案工作情况的报告（审议稿）；省政府秘书长王东洲作关于省政协九届四次会议委员提案办理情况的通报。会议审议通过了《关于召开政协第九届四川省委员会第五次会议的决定》、《政协第九届四川省委员会常务委员会工作报告》（草案）及报告人、《政协第九届四川省委员会常务委员会关于省政协九届四次会议以来提案工作情况的报告》（草案）及报告人、《积极营造良好环境，发展民营文化企业》的调研报告、《关于加强我省非物质文化遗产保护的调研报告》；会议通过了有关人事事项，任命刘展灏、陈智仁为港澳台侨和外事委员会副主任，孙砚方为人口资源环境委员会副主任。10名省政协委员列席了会议，10位公民旁听了会议。

【专门委员会工作】

提案委员会 根据“围绕中心、服务大局、提高质量、讲求实效”的工作方针，本着强化基础、加强督办、改进方法、增进交流的工作思路，创造性地开展工作，以良好的服务质量推动了提案质量和办理质量的提高。一是做好提案征集、审查和交办工作。努力为委员知情明政创造条件，在全会召开前两个月，向委员印发了撰写提案的参考纲目，在致全体委员的一封信中提出撰写提案基本要求，在提案选编中提供高质量提案的范例，鼓励委员多提提案、提好提案。九届四次会议以来，共征集提案853件，其中党派团体提案139件，委员个人或联名提案714件。经审查立案的803件，立案率为94%。及时将委员提案分别送请省级有关部门、人民团体和市（州）人民政府研究办理。截至2007年1月15日，提案已办结797件，委员对提案答复满意和基本满意率为98%。二是围绕重要提案的办理开展了系列工作。通过筛选确定10件重要提案由主席、副主席重点督办，召开重要提案督办座谈会和协调会，选择1－2件重要提案进行现场公开办理，组织重要提案专题调研，编印重要提案摘报等形式，有效地推动重要提案的办理落实。三是创新工作方式，推动承办单位提高办理质量。通过开展表彰提案承办先进单位和先进个人、走访承办单位活动、追踪督办和检查提案的落实情况、组织委员对提案办理情况进行视察、促进不满意提案答复的重新办理等活动，切实推进提案办理工作。四是加强学习交流和工作指导。主动接受全国政协提案委员会的指导，加强对基层政协提案工作的指导，加强与兄弟省（市、区）政协的学习交流，不断提高工作水平。五是积极开展反映社情民意和宣传工作。充分利用提案信息资源优势，积极反映社情民意。密切与新闻单位的联系，进一步加强提案工作的宣传力度。

经济委员会 组织委员对培养造就四川民营企业经营管理者队伍，天然气化工产业发展，开发利用国外资源，四川煤炭资源勘查及使用管理，贯彻“清洁生产促进法”、推进我省清洁生产，建立食品安全长效机制，特色中药产业化，推动四川养猪业发展，红层找水工程，仁寿县通乡（村）公路建设，仁寿县农村饮水安全工程等课题进行调研，形成《关于培养造就我省民营企业经营管理者队伍的调研报告》、《加快四川天然气化工产业发展，促进资源优势转化为经济优势》、《四川企业要积极实施走出去发展战略》、《加强煤炭资源勘查及使用管理，促进煤炭产业健康发展》、《贯彻“清洁生产促进法”，推进我省清洁生产》、《关于建立食品安全长效机制的调研报告》、《立足资源优势，促进中药产业化》、《发挥川猪生产优势，推动四川新农村建设》、《关于我省红层找水工程开展情况的调研报告》、《仁寿县通乡（村）公路建设调研报告》、《仁寿县农村饮水安全工程调研报告》等调研报告，报送省委、省政府，均受到重视和采纳。还完成了《关于我省展览业发展的调研报告》，启动了“农行与社会主义新农村建设”课题前期工作，参与了全国政协“进一步推进西部大开发战略深入实施”专题调研活动，协助做好全国政协“推进我国保险市场建设”专题调研。组织经济界委员赴攀枝花视察当地的交通与旅游发展情况，向省委、省政府报送了《省政协经济界委员对攀枝花交通与旅游情况的视察报告》。组织部分委员赴省国税局视察。配合省政协组织的“新农村建设”联合视察活动，组织委员赴成都金牛区、郫县和德阳什邡市，对失地农民保障工作情况进行了视察，完成了《关于失地农民社会保障情况的视察报告》，报告主要内容被《关于推进社会主义新农村建设的十点建议》采纳。组织部分委员赴云南省考察了在滇川企发展情况，赴乐山市考察了和邦集团、金口河区工业硅发展情况。组织部分政协委员、企业家代表及有关省级部门负责人，召开了工业强省专题座谈会，向省委、省政府报送了《关于召开实施工业强省战略专题座谈会情况的报告》。组织召开了全省“十一五”重点专项规划协商会、2006年度重点提案督办协调会、全省政协经济委信息化推进研讨会等，还与省农行、省电力公司、省质监局等分别就“农业银行与社会主义新农村建设”、“农网建设与新农村建设”等专题开展了专题座谈和协商会，积极提出意见建议。

人口资源环境委员会　组织委员围绕发展农村沼气、保护农村生态环境，建立和完善计划生育利益导向长效机制，“攀枝花市金沙江河谷印楝生存环境研究”等课题开展了深入调研，向省委省政府提交了《关于发展农村沼气，保护农村生态环境的调研报告》、《关于建立和完善稳定低生育水平利益导向机制的调研报告》等调查报告，得到重视和采纳。参加了四川省“十一五”重点专项规划协商会，为四川旅游产业、环保工作、生态建设和能源发展提出意见和建议。具体承办了省政协九届四次会议期间的“发展循环经济、建设节约型社会”论坛，编印了《发展循环经济，建设节约型社会论坛文集》。积极配合全国政协来川对彭州80万吨乙烯工程情况、“矿产资源国家所有权益保护和矿业体制建设”、农业部在川的“乡村清洁工程”试点情况的调研。还积极为群众办实事、办好事，捐资打井87口，帮助仪陇县周河镇群众解决饮水难问题，资助电子科技大学20名贫困独生子女读书难问题等，受到广泛赞誉。

教育委员会　组织委员分别对四川加强农村九年制义务教育、解决农民子女读书难问题和农村职业教育发展情况进行了深入调研，形成了《加强农村义务教育，促进教育均衡发展》、《关于大力发展我省农村职业教育的调研报告》两份调研报告，分别提出6条建议，引起省委、省政府领导的重视。组织委员分赴巴中、南充、泸州江阳区、合江县，对农村义务教育“两免一补”政策落实情况、“千万农民工培训工程”情况和义务教育均衡发展情况进行了视察。组织委员考察了成都职业技术学院、成都树德中学、四川音乐学院新都校区，分别对教师队伍建设、校园周边环境整治、提高教学质量、扩大办学规模等方面提出了具体建议。召开了“四川省政协庆祝教师节大会”。组织了全省教育工作情况通报会，为委员知情明政创造条件。参加了在武汉举行的中国职业教育发展论坛，向大会提交了《关于四川省大力发展职业教育的对策建议》的论文。参加了重要提案《实现四川农村免费义务教育需要的是决心》现场公开办理会议和省人事厅举办的“四川省第二届高校毕业生就业服务月”专项活动首场大型招聘会。为基层群众办好事、办实事，向成都市金堂县铁岭村小赠送了价值9000多元的文具和书籍；牵线搭桥，向仪陇县中坝小学捐赠了价值29万元的课桌椅、计算机、投影仪、办公桌等，向金堂县竹篙中学捐赠了价值4万余元的讲桌、电视柜和黑板等教学用品。

科技委员会 组织委员围绕提升四川企业自主创新能力、高新技术开发区的建设情况、农村科技成果转化与推广等专题开展调查研究，形成了《关于提升我省企业自主创新能力的建议》等三份调研报告，得到省委、省政府领导的重视，为省委、省政府决策提供了重要参考。配合全国政协教科文卫体委搞好在川进行的“如何促进军民结合，发挥科技创新合力”专题调研，受到好评。在省政协九届四次全会期间，举办了“建设四川特色区域创新体系”联组讨论会。搭建省市政协科技工作纵横向交流平台，于10月中旬，在德阳召开了全省政协科技工作经验交流会。参加了在南京召开的部分省（市、区）政协科技委员会工作联席会议第二次会议，并在会上作了《积极发挥政协科技委员会职能作用，努力为建设创新型四川做出新贡献》的发言。参加了全国政协教科文卫委员会在重庆召开的“技术引进消化吸收座谈会”。

文体医卫委员会 组织委员和相关部门就新型农村合作医疗和民营文化企业发展情况两个课题进行专题调研，形成了《关于建立和完善新型农村合作医疗运行机制的意见和建议》、《积极营造良好环境发展民营文化企业》调研报告，报省委、省政府后受到重视和采纳。组织委员对四川广播电视集团、四川竞技体育备战奥运的准备工作情况进行了视察；参与省政协“建设社会主义新农村”视察活动，赴自贡、泸州两市就“新型农村合作医疗试点工作”情况进行了视察。在委员中发起“奉献爱心办实事，为和谐社会作贡献”倡议，共收到捐款2万余元，图书500册，二手计算机27台和各类体育器材，分别到成都市最偏远的蒲江白云乡蜈蚣村小学和广元剑阁县店子小学进行爱心助贫慰问。组织省政协书画研究院的书画家们赴成都军区某部，开展了庆“八一”拥军书画笔会活动。进一步完善工作制度，规范履职行为，建立了委员参政议政档案，把委员参加专委会调研、视察、撰写提案、反映信息和社情民意的情况如实记载，并在全体委员会议上进行通报。

社会法制委员会 组织委员对“社会主义新农村的民主法治建设”进行专题调研，形成了《关于推进我省社会主义新农村民主法治建设的建议》，有针对性地提出6条建议，得到省委、省政府领导的重视，被吸纳到全省新农村建设规划和省委文件中。同时，针对调研中发现的突出问题，还提交了《农村土地承包的问题及对策》、《关于落实盐边县“三费一收入”民族政策的建议》、《关于加强基层司法队伍建设的建议》和《关于加强新农村普法工作的建议》等社情民意，其中《农村土地承包的问题及对策》被全国政协采用。组织委员对四川慈善事业发展情况、“保障四川成品油供应安全，促进社会和谐稳定”、“失地农民社会保障”情况等专题进行了视察，赴北京、湖南、浙江等省市就慈善事业的发展情况和社会主义新农村建设情况进行了考察。举行了“全省法院行政审判工作”、“全省工会工作”和“全省解决征地拆迁补偿安置遗留问题工作”情况通报会，召开了“两院”工作报告征求省政协委员意见座谈会，召开了全省市、州政协社会法制委员会工作经验交流会暨社会主义新农村民主法治建设专题研讨会，编印了《四川省市、州政协社会法制委员会工作经验交流会暨社会主义新农村民主法治建设专题研讨会资料汇编》，印发全体委员学习参考，为委员知情参政、履行职能搭建平台。协助全国政协社会和法制委员会举办了“为构建和谐社会建言献策座谈会”，并在会上作了《关于推进我省社会主义新农村建设的建议》的交流发言。参加了全国政协召开的“建设社会主义新农村·社会和法制”研讨会、西部十二省、区（市）社会法制工作会等。配合全国政协社会福利和社会保障界委员来川开展“城乡居民低保问题”的调研。组织了“省政协在蓉女委员庆‘三·八’暨参观成都市锦江区社会主义新农村建设活动”。关心监狱服刑人员的教育转化工作，先后募集了一万册科学、技术、文化知识、法律法规等方面的书籍、百余部电视电影光盘捐赠给锦江、川东监狱。开展了《四川省企业工资支付暂行规定（草案）》、《四川省劳动力市场管理条例（草案）》、《四川省地方志工作条例实施办法》等10余件法规的立法协商工作。继续开展政协委员法律接待点工作，全年共免费接待群众法律咨询1100余件，近2400余人次，受到了群众好评。

民族宗教委员会 组织委员就四川宗教活动场所的管理情况和民族地区社会主义新农村建设进行了专题调研，形成了《四川省宗教活动场所管理情况调研报告》和《关于我省民族地区社会主义新农村建设的调研建议》，提出了“切实解决市、县政府宗教工作机构的设置，从组织上保证对宗教事务的依法管理”等11条建议，报送省委、省政府受到高度重视。组织委员分别对成都市佛教、道教活动场所自养情况、绵阳市贯彻落实《民族区域自治法》的情况进行了视察。8月中旬，组织召开“全省部分市州政协第三次民族宗教工作研讨会”，参加了在北京市召开的全国部分省区市政协第八次民族宗教工作研讨会。

文史资料和学习委员会 组织委员和专家学者分别就四川非物质文化遗产的保护和传承情况、做好名城古镇保护工作等专题进行调研，形成了《关于加强我省非物质文化遗产保护的调研报告》、《保护和利用古镇资源，推进古镇游和乡村游发展》两份调研报告，报送省委、省政府，得到重视和采纳；组织委员分别对眉山市打造“三苏”故里文化品牌、仪陇县朱德故里抢救维修工作进行了视察，积极为地方发展献智出力。先后邀请西南财经大学赵国良教授、中央农村工作领导小组办公室副主任唐仁健博士分别为常委会作了题为“推进四川工业强省”、“推进社会主义新农村建设”的专题讲座。联系有关专家，为市州政协委员作了“台海问题”、“构建和谐社会”、“政协理论与实践”、“推进社会主义新农村建设”等专题讲座。组织召开了四川省纪念孙中山诞辰140周年座谈会。办好《四川政协》杂志，全年编辑出版4期。与省旅游局合作，编辑了《天府神游（五色版）》丛书。配合全国政协的文史征编协作计划，收集整理四川名人故居史料，着手编辑《名人故居博览》书稿、编辑《羌族百年实录》、《红军长征在四川》、《四川文史资料（第48辑）》等书。参加了全国政协在河南省召开的全国暨地方政协文史工作研讨会；参加了中南、西南片区文史工作座谈会。

港澳台侨和外事委员会 组织委员就如何充分发挥政协港澳委员的优势和作用开展了调研，形成《充分发挥港澳委员作用，促进我省对外开放和经济发展》的调研报告，提出“增强包容性，适当增加港澳委员数量”等7条建议，得到省委、省政府领导的重视。组织港澳委员分别到双流县视察了蛟龙工业港双流园区、成都市锦江区三圣乡、德阳二重、东电、东气和绵阳四川长虹集团等大型企业进行视察。参加了全国政协港澳台侨委员会、外事委员会联合在沈阳市召开的全国各省、区、市政协港澳台侨和外事工作经验交流座谈会，向大会提交了《关于建设稻城亚丁世界级旅游精品景区的建议》的调研报告，积极宣传四川旅游资源的新亮点。联合“五侨”及省台办、省海外联谊会共同承办了“2006年省政协‘迎中秋、庆国庆’联谊会”，全国政协原副主席杨汝岱应邀出席会议。在深圳组织召开了2006年四川省政协港澳委员座谈会。坚持走访港澳委员和港澳委员企业，为企业排忧解难。组织委员和省、市、县各级政协领导、政协委员出访共66人，协助省外办等单位办理了省政协领导出访团6批。全年组织发表外宣稿件600余篇，积极宣传四川经济、文化等各项事业的发展新貌。

地方政协和联络委员会 组织委员就“发挥蓉外省政协委员作用情况”、“地方政协换届工作有关问题”开展调研，形成了《关于发挥蓉外省政协委员作用情况的报告》、《关于地方政协换届工作几点建议的报告》两份调研报告，得到省委、省政府的重视和采纳。参加了省政协办公厅组织的“关于省政协办公厅与专委会协调机制”和“关于发挥省政协界别作用”的专题调研，并参与起草上报省委的《关于适当调整充实政协四川省委员会界别的建议》。召开了地方政协联系点会议，加强对地方政协理论学习和开展工作的指导。为省军区组织的驻川部队省政协委员就近两年转业干部安置工作情况和驻川部队委员就民兵预备役在社会主义新农村建设中的作用等调研视察活动做好联络和服务，并共同完成调研报告的撰写。积极与全国政协北戴河干部培训中心联系，全年共组织地方政协领导4批43人参加了培训。

农业委员会 承担了省政协“社会主义新农村建设”课题组办公室日常工作和资政会的组织协调工作，组织召开了“省政协社会主义新农村建设情况通报会”、“惠农”政策视察动员会，还组织委员参加了省政协“社会主义新农村建设”联合调研，形成了《大力加强农村基础设施建设，不断改善农民的生产生活条件》的调研报告，完成《省政协关于推进社会主义新农村建设的十点建议》建议案的写作工作，并精选各专委会的调研报告和民主党派、工商联及部分市、州政协的发言，汇编成册，印送资政会参阅，为省委、省政府编制规划提供了重要参考。组织委员就都江堰灌区农业水费收取和拖欠问题进行专题调研，形成了《关于都江堰灌区农业水费收取问题的专题调研报告》。与省农委、省气象局联合，就农村信息化建设特别是农经网建设进行了调研，形成了《大力加强我省农村信息化建设》的调研报告。承办省政协九届四次全会的“社会主义新农村建设”联组讨论会，并及时把联组讨论会上的领导讲话和十几位委员的发言汇编成册，发送全体政协委。实地考察了新都龙桥机械厂，对发展我省农机事业提出了建议，并就燃油涨价对农业特别是农机化事业的影响问题以社情民意形式向省委作了反映。积极组织委员撰写提案和社情民意，全年提交提案20余件，“必须高度重视和妥善解决燃油涨价对农业特别是农机化事业的影响”的社情民意，被中共中央办公厅和《四川专报》采用。召开了全省市州政协农委第12次研讨会议，参加了省委、省政府及省级涉农部门的相关会议和活动，参与了全国政协组织的为国家新农村建设建言献策的研讨等。

智力扶贫领导小组 从智力扶贫的工作特点出发，就四川特色农业发展、柑橘产业发展等专题开展调研，形成了《加快特色农业发展，促进农民增收》、《关于加快我省柑橘产业发展的建议》等调研报告，得到省委、省政府领导的重视和采纳。以智力扶贫开发为重点，免费为贫困地区培训食用菌栽培技术人才3期，共180人；与省农科院茶叶研究所合作，为北川县茶农培训实用技能人才120名，无偿发放培训资料100多册；与省草原研究所合作，为南部县建兴、碑院、河坝、东坝等镇村培训基层干部、技术人员、獭兔养殖农民约600人次，无偿发放实用技术手册1000余册。与致公党四川省委等单位合作，在北大三医院为凉山州、北川县、阆中市、美姑县免费代培了4名医院骨干医技人员，为北川县、峨边县培训乡村医生100余名。牵线搭桥，为贫困地区引进爱德基金无偿援助近千万元；为6个村争取村道建设资金450万元；为南江县发展黄羊产业争取国家科技扶贫项目资金100万元。继续开展“核力”爱心扶贫助学活动，资助盐亭县大兴回族乡失学女童15人，每年资助金额为5000余元。

【重要活动】

省政协召开工业强省专题座谈 2006年2月17日在成都召开。参会的委员们围绕“如何推进优势产业发展、如何加强自主创新”等话题与省政府相关部门人士广泛讨论，建言献策。省政协相关领导和省经委、省国资委及省政协经济委员会等部门的30余人出席会议。秦玉琴主席、杨志文副省长、冯崇泰副主席就如何实施工业强省战略作了讲话。秦玉琴主席在讲话中要求政协委员把工业强省这个命题作为今年建言献策的重点，围绕四川工业发展方向、做大做强优势产业、加强企业自主创新等相关命题，开展系列调研，多建务实之言，常献有识之策。

省政协举行省级人民团体学习贯彻《意见》座谈会 2006年5月9日在成都举行。冯崇泰副主席参加会议。省总工会、团省委、省妇联等10个人民团体的负责人共聚一堂，畅谈学习贯彻《意见》的心得体会和具体措施，并围绕进一步发挥人民团体在政协中的作用提出了意见和建议。

省政协召开贯彻中共中央《意见》学习座谈会 2006年5月30日至6月2日在绵阳江油市召开。冯崇泰副主席主持会议，秦玉琴主席出席会议并作总结讲话。在为期四天的会议中，与会人员围绕学习贯彻《意见》精神，加强全省政协工作进行了认真的学习座谈，并对即将提交省委的《关于贯彻〈中共中央关于加强人民政协工作的意见〉的建议》进行了深入讨论，提出了修改意见。省政协主席、副主席、秘书长，各市、州政协主席，省政协驻会副秘书长、各专委会主任、副主任、机关厅级干部70余人参加了会议。

省政协召开全省政协调查研究暨视察工作会议 2006年6月14日在成都举

行。会议由副主席冯崇泰、李进主持。来自市州政协、省政协专门委员会和省级民主党派的14位同志分别作了大会交流发言，与会者就新形势下如何进一步加强政协调查研究和视察工作，交流了经验，探讨了问题。秦玉琴主席在会上作了讲话，她要求要进一步重视和加强调查研究工作，不断提高调查研究工作的质量；要进一步深化对委员视察工作的认识，不断提高委员视察工作的实效；要增添办法措施，完善体制机制，进一步做好调研、视察成果的转化工作。省政协主席、副主席、秘书长，各市州政协、省政协专门委员会、各民主党派省委、有关人民团体的负责人和省政协机关全体干部出席了会议。

省政协召开《四川生态省建设规划纲要》专题协商会 2006年7月14日在成都举行。会议听取了刘晓峰副省长关于《四川生态省建设规划纲要》有关情况的通报。与会人员围绕编制《四川生态省建设规划纲要》(审议稿)进行了协商讨论，提出了意见和建议。省政协主席秦玉琴出席会议并作讲话，副主席冯崇泰、陈官权、吴正德、肖光成、刘应明、陈次昌，秘书长彭柏林出席会议，省级各民主党派、工商联、部分人民团体负责人，省政协经济委、人资环委、农业委和部分常委、委员，有关专家学者参加了专题协商会。

省政协联合视察“社会主义新农村建设”情况 2006年8月25日至9月10日，联合省级有关部门、各民主党派省委、省工商联、各市（州）政协，对中央和省“惠农政策”的贯彻落实情况进行了联合视察。由省政协主席、副主席、秘书长、副秘书长、各专委会、在蓉省政协委员、视察所到地省政协委员、视察地政协组成5个视察组，分别就教育“两免一补”和农村职业技术培训、新型农村合作医疗、失地农民社会保障、农村基础设施建设、民族地区退耕还林政策和基础设施建设等5个方面进行了集中联合视察，汇总形成了《关于省政协委员视察惠农政策贯彻落实情况的报告》，提出了进一步加大“三农”投入力度、建立健全农村义务教育经费保障机制、巩固和扩大新型农村合作医疗试点成果、积极探索失地农民社会保障新机制等5个方面的意见建议，受到省委、省政府充分肯定，促进了惠农政策的进一步落实。

省政协召开全省政协系统新闻宣传工作研讨会 2006年9月12日在成都市双流县召开。会议认真学习了《江泽民文选》，积极研究和探索了如何进一步做好人民政协的新闻宣传工作。省政协副主席李进出席会议并讲话。省政协秘书长彭柏林参加会议。宜宾市、泸州市、南充市、广安市、内江市、成都市温江区、马边彝族自治县、昭觉县、仁寿县等政协的负责同志在会上作了交流发言。会议还对2006年度全省政协新闻宣传报道先进单位、先进个人和《四川政协报》优秀通讯员进行了表彰。全省各市、州、县（市、区）政协的领导及相关负责人100余人参加了会议。

省政协召开社会主义新农村建设资政会 2006年9月26日在成都召开。省政协首次采取资政会的形式与省委、省政府领导面对面地协商议政。秦玉琴主席主持会议。中共四川省委副书记、省长张中伟，省委副书记陶武先，省委常委、宣传部长王少雄，省委常委、秘书长晏永和，省政府副省长张作哈，省政协副主席李进、陈官权、吴正德、荀建丽、何志尧、陈杰、肖光成、刘应明、陈次昌、杨海清、谢明道，秘书长彭柏林出席会议。张中伟、秦玉琴分别在资政会上作了重要讲话，副省长张作哈通报了我省社会主义新农村建设规划编制的情况。有12位同志分别就社会主义新农村建设的有关重要问题作了大会发言。参加会议的还有驻蓉全国政协常委、委员，省政协常委和部分委员，成都市委有关领导同志，省级有关部门负责同志，各民主党派省委、省工商联负责人，无党派人士代表，各市（州）政协主席，有关专家学者，省政协机关有关同志。

省政协举行2006年迎中秋、庆国庆联谊会 2006年9月28日在成都召开。全国政协原副主席杨汝岱出席会议。省政协主席秦玉琴出席联谊会并致辞，向全省广大政协委员、各民主党派、工商联、无党派人士、人民团体和各族各界人士，向工作、生活在四川的港澳同胞、台湾同胞，向台属、归侨、侨眷及其远在异国他乡的亲友，致以诚挚的问候和美好的祝愿。中共四川省委副书记陶武先，副省长黄小祥，省政协副主席冯崇泰、陈官权、吴正德、荀建丽、何志尧、陈杰、肖光成、刘应明、陈次昌、杨海清、谢明道，秘书长彭柏林，省老领导，第七、八届省政协副主席，省委统战部、各民主党派省委、省工商联、省人大外侨委、省台办、省侨办、省港澳办、四川海外联谊会、省台联、省侨联、省参事室、省文史馆、省黄埔军校同学会、省社会主义学院、省政协在蓉港澳委员，港澳台侨和外事委员会委员、外宣组成员，合资、侨资、外事企业代表，港澳界人士代表，台胞、侨胞、台属、侨眷代表等应邀参加了联谊会。侨界和台商代表在会上发言。联谊会还进行了精彩的文艺节目表演。联谊会由省政协副主席肖光成主持。

省政协召开全省市州政协秘书长联系会议 2006年10月18日在成都召开。会议强调，要认真学习贯彻党的十六届六中全会精神，进一步把《中共中央关于加强人民政协工作的意见》和《中共四川省委关于贯彻〈中共中央关于加强人民政协工作的意见〉的意见》精神贯彻到政协各项工作中去，进一步提高秘书长工作水平，进一步提高秘书长会议水平，进一步推动政协各项工作。省政协主席秦玉琴、副主席冯崇泰出席会议并讲话。参加会议的省政协秘书长、副秘书长和各市州政协秘书长围绕如何履行政协职能进行了交流和探讨。

全国政协检查组来川座谈学习《中共中央关于加强人民政协工作的意见》情况 2006年11月1日，全国政协副主席阿不来提·阿不都热西提、张怀西，副秘书长齐续春等率全国政协检查组一行赴川就四川学习贯彻《中共中央关于加强人民政协工作的意见》情况进行座谈。中共四川省委副书记陶武先受省委书记张学忠、省长张中伟的委托代表省委、省政府汇报了我省贯彻落实《意见》的情况，省政协主席秦玉琴汇报了省政协学习贯彻《意见》的情况，部分市、县（区）党委、政府、政协的负责同志在会上作了发言。阿不来提·阿不都热西提副主席充分肯定了四川学习贯彻《意见》的工作，对推动《意见》的深入贯彻落实提出了明确要求。省委副书记、副省长蒋巨峰，省委常委、秘书长晏永和，省政协副主席冯崇泰、李进、陈官权、荀建丽、何志尧、陈杰、肖光成、陈次昌、杨海清、谢明道，省政协秘书长彭柏林参加座谈会。

四川省召开纪念孙中山诞辰140周年座谈会 2006年11月10日在成都召开。省政协主席秦玉琴主持会议并讲话。省委书记张学忠出席会议并讲话，他缅怀了孙中山先生为追求真理、顽强斗争，为民族独立、国家富强、中华振兴不懈奋斗的一生，高度评价他的历史功绩。要求要学习孙中山忧国忧民、天下为公的高尚品格，发扬他不畏艰险、不屈不挠的坚强意志，弘扬他追求真理、不断进步的探索精神，加快四川改革开放和现代化建设。省人大常委会副主任、民革四川省委主委钮小明和西南交大人文学院教授、博士生导师、四川历史学会副会长鲜于浩分别在会上作了发言。省委副书记、省长张中伟，省委副书记陶武先、蒋巨峰、李崇禧，省委常委、秘书长晏永和，省人大常委会副主任席义方，省政协副主席李进、王恒丰、吴正德、苟建丽、陈杰、肖光成、刘应明、陈次昌、杨海清、谢明道，省政府秘书长王东洲，省政协秘书长彭柏林，省委统战部部长陈光志以及各民主党派省委、省工商联负责人、无党派人士代表，省级有关部门、人民团体负责人、部分在蓉省政协常委、委员、专家学者约100人参加了会议。

四川省政协检查各地学习贯彻《意见》情况 2006年11月23日至27日，按照全国政协的要求和中共四川省委的统一部署，省政协组织四个检查组，采取调研座谈和抽查的方式，对全省各地学习贯彻中共中央《意见》和中共四川省委《贯彻意见》的情况进行了检查。省政协主席秦玉琴、副主席吴正德、秘书长彭柏林率队赴攀枝花市，检查了攀枝花市、乐山市、雅安市、凉山州的学习贯彻情况；省政协副主席冯崇泰、李进、王恒丰、陈官权、苟建丽分别率队赴内江、遂宁、自贡检查了各地的学习贯彻情况。部分省政协常委和委员、省委督查办、各民主党派省委负责人、省政协副秘书长等一同参加了检查。

省政协新年茶话会 2006年12月28日在成都举行。我省各界人士欢聚一堂，畅叙友情，回顾过去，展望未来，共贺新年。省政协主席秦玉琴主持会议并致辞。中共四川省委书记杜青林发表热情洋溢的讲话，省政协副主席、致公党四川省委主委陈杰代表各民主党派省委、省工商联、无党派人士致辞。四川省党政军负责人、省老领导、老同志，成都市主要领导同志，在蓉全国人大常委和部分代表，全国政协常委、委员，在蓉省人大常委，省政协常委、港澳委员，各民主党派省委、省工商联、各人民团体、有关部门负责人，无党派代表人士，在蓉的中国科学院院士、中国工程院院士，民族宗教界人士以及各界代表人士约400人出席了茶话会。茶话会上还表演了精彩的文艺节目。

【重要文件】

常务委员会工作报告（2007年1月24日在政协第九届四川省委员会第五次会议上）（摘要） 2006年，省政协在省委的领导下，高举邓小平理论和“三个代表”重要思想伟大旗帜，全面落实科学发展观，认真贯彻中共十六大、十六届五中、六中全会和省委八届六次、八次全会精神，按照省政协九届四次会议的部署，把促进发展作为履行职能的第一要务，把深入学习贯彻《中共中央关于加强人民政协工作的意见》（以下简称《意见》）和省委贯彻意见摆在突出位置，求真务实，扎实工作，各项工作取得了新的成绩。

（一）深入学习，精心部署，认真贯彻《意见》精神

《意见》颁发后，省政协按照全国政协和省委的统一部署，把学习贯彻《意见》作为推动政协工作全局的一项重要工作。一是抓部署。及时向全省各级政协发出学习贯彻《意见》的通知，第十五次常委会议作出了学习贯彻《意见》和省委贯彻意见的决议，对学习贯彻文件精神提出了进一步的要求。二是抓学习。常委会议、主席会议、秘书长会议、各专委会和机关分别多次学习，举办专题报告会，分别召开全省市州政协主席、各民主党派省

委、人民团体负责同志学习贯彻《意见》座谈会，把学习贯彻《意见》精神同深入学习邓小平理论和“三个代表”重要思想相结合，同深入学习党的三代中央领导集体和以胡锦涛同志为总书记的党中央关于人民政协一系列重要论述相结合，同深入学习政协章程、《中共中央关于进一步加强中国共产党领导的多党合作和政治协商制度建设的意见》和省委贯彻意见相结合，同提高履职能力、推动政协工作相结合，推动政协各参加单位、广大政协委员、全省各级政协组织、机关干部在深刻理解和全面把握《意见》精神实质、提高履职水平上下功夫。三是抓宣传。与省委宣传部共同制订了宣传报道方案，在《四川日报》、四川人民广播电台、四川电视台、四川新闻网、《四川政协报》等省内主要媒体开辟了“学习贯彻《意见》，加强政协工作”等专题专栏，在中央和省级报刊杂志上，发表学习体会、各地学习贯彻情况和经验文章等500多篇，营造学习贯彻《意见》的良好舆论氛围。四是抓督导。由主席会议成员带队，就如何学习贯彻好《意见》到全省各地开展调查，进行研究，为省委制定贯彻意见提出了一系列的建议。按照全国政协和省委的要求，对全省学习贯彻《意见》和省委贯彻意见的情况进行了检查，促进了文件精神的深入贯彻。五是抓落实。从开始就注重边学习边贯彻落实，进一步完善制度，先后制订了发挥界别作用、规范视察工作、履行职能成果反馈机制等制度。各市州相继出台了贯彻实施意见，采取有效措施，努力把文件精神落到实处，积极推进政协工作。

（二）围绕中心，建言献策，积极开展政治协商

一年来，紧紧围绕全省工作大局开展政治协商，内容更加丰富，形式更加多样，效果更加明显。九届四次全会把协商讨论“一府两院”报告、我省“十一五”规划作为重点，组织委员积极建言献策。探索改进全会方式，把大会发言安排在开幕会上进行，举办“发展循环经济，建设节约型社会”论坛，开展“社会主义新农村建设”、“建设四川特色区域创新体系”等专题的联组讨论。这些举措，使政协委员有更多的机会建言献策，省委、省政府领导能直接听取意见和建议，有效地提高了全会质量。

进一步加强了专题协商活动，先后组织委员就“十一五”规划的14个重点专项规划、《四川生态省建设规划纲要》开展专题协商。十四、十五、十六次常委会议分别把推进工业强省、建设社会主义新农村、建设文化强省作为常委会议协商议政的中心议题，协商内容更加集中，主题更为鲜明。各专委会与省级有关部门的对口联系和专题协商更加经常化、多样化，一年来就省劳动力市场管理条例、省企业工资支付暂行规定、省地方志工作条例实施办法等法规、规章草案以及其他重要事项深入地开展了协商工作。

（三）贴近实际，关注民生，切实加强民主监督

注重把民主监督寓于视察、提案、反映社情民意之中，将民主监督与协商议政相结合，努力提高实效。视察工作更加关注民生。联合省级有关部门、各民主党派省委、省工商联、各市（州）政协，上下左右联动，对中央和省“惠农政策”的贯彻落实情况进行了联合视察，了解实情，研究问题，提出对策，形成了《关于省政协委员视察惠农政策贯彻落实情况的报告》，提出了进一步加大“三农”投入力度、建立健全农村义务教育经费保障机制、巩固和扩大新型农村合作医疗试点成果、积极探索失地农民社会保障新机制等5个方面的意见建议，受到省委、省政府

充分肯定，促进了惠农政策的进一步落实。相关专委会就我省农田水利建设、成品油安全、高新技术开发区建设、成都市水环境综合整治、慈善事业发展、成都市佛、道教活动场所自养、三苏祠周边环境治理、绵阳市《民族区域自治法》贯彻落实、竞技体育备战奥运准备工作等情况进行了专题视察。受全国政协办公厅委托，组织驻川全国政协委员对吉林省农村合作医疗服务体系建设和巴中市天然气资源的开发利用情况开展视察。发挥政协委员“特约四员”作用，支持他们积极参与对政府部门依法行政和行政执法等方面的监督检查活动，鼓励他们反映群众的意愿和呼声。

提案工作更加重视提高整体质量。坚持主席会议成员督办重要提案的制度，从立案的803件提案中筛选确定了《严防死堵四川国有资产流失》、《加快我省软件产业发展的建议》等10件提案为其督办的重点提案。通过召开提案督办协调会议、全会期间现场公开办理提案、重要提案专题调研、表彰提案承办先进单位和个人等形式，促进重要提案的办理落实。提案工作在履行政协职能、促进我省经济社会发展、维护群众利益、构建社会主义和谐社会中发挥了积极作用。

反映社情民意渠道更加畅通。通过定期考评、定期通报、表彰奖励、培训队伍等形式，动员和组织政协委员、政协各参加单位、市州政协积极反映社情民意。全年共向全国政协、省委、省政府报送社情民意248期，“必须高度重视和妥善解决燃油涨价对农业特别是农机事业的影响”等145条社情民意分别被中共中央办公厅、全国政协办公厅和省委、省政府采用，为党政领导掌握社情、了解民意、集中民智、有关部门改进工作提供了有价值的参考。省政协被全国政协办公厅评为社情民意信息工作先进单位，获得二等奖。

（四）突出重点，深入调研，着力搞好参政议政

继续大兴调查研究之风，狠抓调查研究这一履行职能的基础工作。召开了全省政协调查研究暨视察工作会议，研究和部署新形势下做好调查研究和视察工作的新办法、新举措。探索参政议政新形式，成功举办了“社会主义新农村建设资政会”。为开好此次资政会，从事关全省社会主义新农村建设大局的一些重大问题和农民群众最急、最盼解决的饮水难、行路难、看病难、读书难等问题入手，确定了“推进四川农业科技成果推广和转化”、“加强农村基础设施建设、改善农民生产生活条件”、“加强农村九年义务教育、促进教育均衡发展”、“建立和完善新型农村合作医疗运行机制”、“积极稳妥地推进民族地区新农村建设”、“推进新农村民主法治建设”等7个重点调研课题，由主席会议成员牵头，约请省级有关部门、省政协各参加单位和各市、州政协参加，分赴全省各地了解农村发展现状，听取基层干部和农民的意见建议，历时4个多月，了解了大量情况，认真分析研究，各课题组、各民主党派省委、省工商联、省政协专委会、各市（州）政协提交调研报告共计40余件。综合形成的《关于推进社会主义新农村建设的十点建议》，经省政协第十五次常委会议审议通过后，以省政协建议案的形式报送省委、省政府，得到充分肯定和采纳。实践证明，在深入调研、视察的基础上，就一些事关全局、党政重视、群众关心的重大问题，运用资政会等形式进行专题建言献策，与党政领导同志直接地、开放式地讨论政事，参与面宽，层次高，针对性强，影响大，效果好，是参政议政的新形式，是政协履行职能的有效载体。

一年来，省政协围绕省委、省政府工

作中心和群众关注的一些问题，结合政协特点，还就提升我省企业自主创新能力，加快四川天然气化工产业发展、促进资源优势转化为经济优势，充分发挥政协港澳委员作用、促进我省对外开放和经济发展，培养造就高素质民营企业家人才队伍，创造良好环境、发展壮大民营文化企业，加强我省非物质文化遗产保护等课题进行专题调研，全年形成相应的调研报告38份，常委会审议15件，政协建议案、主席会议建议案各1件，为省委、省政府科学决策提供了重要依据和参考。

（五）弘扬主题，发挥优势，服务和谐四川建设

突出团结民主主题，努力营造民主协商、求同存异、团结合作的良好氛围。积极促进参加政协的各党派、人民团体、无党派人士和社会各界人士之间的团结合作。政协全体会议、常委会议、主席会议，充分听取和反映各民主党派、无党派人士、各界别的意见建议，较好地发挥了他们在政协中的作用。充分发挥界别多、联系面广、包容性强的特点和优势，积极协助党委、政府做好协调关系、理顺情绪、化解矛盾、维护稳定的工作。重视做好政协委员和人民群众来信来访工作，全年接待和处理群众来信来访1437件（次）。

积极为群众办实事、办好事。重视发挥政协智力密集、联系广泛的优势，关注贫困群众，进一步加强智力扶贫工作。动员和组织政协各参加单位和政协各专委会，联合省级有关部门，积极为贫困地区培训实用技能人才、医疗技术骨干和乡村医生1000多人次，发放实用技术资料1000余册。引进资金和光彩事业捐款捐物价值2700多万元。为解决仪陇县群众饮水难问题奉献爱心，募资捐款打井87口。开展政协委员爱心助学活动，捐助电子科技大学20名贫困学生。开展政协委员义务法律咨询服务活动，免费接待群众法律咨询2400余人次、1100余件。

进一步扩大委员知情参政渠道和人民群众有序的政治参与。坚持委员列席常委会、公民旁听常委会的制度，全年共有30名委员、28名公民分别列席和旁听了省政协常委会议。召开了新年茶话会、中秋联谊会，举办了庆祝“三八”节、教师节、“八一”拥军书画活动等，积极为各族各界人民群众加强联谊搭建平台，扩大交流，增进友谊，促进和谐。

（六）夯实基础，增强活力，不断提高工作水平

在《意见》和省委贯彻意见精神指导下，政协自身建设进一步加强。一是加强党派合作。坚持定期走访、通报情况、工作协调、开展共同调研等制度，完善政协与政协各参加单位之间协作配合、信息共享、统筹联动的工作机制；尊重和保障各民主党派和无党派人士的民主权利，重视党派提交的提案、反映的社情民意、提出的意见建议和批评，充分发挥参政党在人民政协中的重要作用，进一步密切与民主党派和无党派人士的联系。二是注重体现人民政协的界别特色，积极探索发挥界别作用的方式和渠道。就政协的界别设置、发挥作用等课题开展调研，制发了进一步发挥界别作用的意见，为发挥界别作用提供了制度保障。三是注重发挥委员的主体作用。建立健全制度，积极组织开展“五个一”活动，加强委员的培训和管理，增强委员责任意识，提高委员履职能力，促进委员自觉履行职能。坚持主席接待日制度、专委会走访政协委员等制度，举办委员论坛，开展丰富多彩的委员活动，搭建委员履职平台，加强委员联谊，帮助解决困难，保障委员的民主权利和政治、生活待遇，切实调动委员履职尽责的积极性。

四是切实加强政协专委会和机关建设。定期通报交流，研究情况，统筹、指导和协调工作，办公厅、专委会发挥各自的特点和优势，工作重点更加突出，工作活力进一步增强，工作成效进一步提高。五是省、市（州）政协联动，增强整体功能。以重点课题为纽带，以专委会为依托，与市（州）政协的联动，共同开展视察、调研、反映社情民意活动，表彰先进，典型示范，以点带面，推进了全省政协工作整体水平的提高。

此外，去年还圆满完成了全国政协来川检查、视察、考察的接待任务29批次，承办了全国政协在川举办的提案承办单位办理工作座谈会、为构建和谐社会建言献策座谈会、信息调研暨采编培训班等。接待兄弟省市区233批考察团（组），获得了“四川省政务接待工作先进单位”称号。组团或随团出访了美国、智利、法国等国家和地区，积极开展人民政协对外友好交往活动，为我省经济、科技、教育、文化交流合作牵线搭桥，对宣传四川，增进了解，广交朋友，改善环境发挥了积极作用。积极参与中共四川省委举办的红军在川活动70周年、朱德诞辰120周年、孙中山诞辰140周年等重要纪念活动。编辑整理了《天府神游（五色版）》丛书、《名人故居》、《羌族百年实录》、四川文史资料等书籍。

《政协四川省委员会关于进一步发挥界别作用的意见》 全文共五部分二十二条（内容略）。

【组织概况】

副主席补选名单（2006年1月18日省政协九届四次会议通过）

谢明道

副主席辞职名单（2006年1月18日省政协九届四次会议通过）

孙同川

增补委员名单（2006年1月12日省政协九届第十三次常委会议第一次会议通过）

王宝顺　王明普　安冰冰（满族）
孙绍荣　孙砚方　何俊明　佘正松
阿　来（藏族）　陈　平　罗中先
封　玮　赵廷运　钟历国　崔广义
谢明道　雷新乾　潘运新

（2005年6月22日省政协九届第十四次常委会议通过）

王建平　方光兴　杨安民　李民斌
张席宾　陈光志　聂文强　贾建民
夏公海　黄远成　韩儒理　喻　双
傅　鹏

增补常委名单（2006年1月18日省政协九届四次会议通过）

王宝顺　吕　卓　朱开天　朱明龙
刘革新　孙砚方　杨顺成　吴宝文
余健楚　周　静　屈坤宁　钟兆基
钟勤建　洪建胜　徐万华
黄忠莹（女）　裘　希

撤销委员资格名单（2006年1月12日省政协九届第十三次常委会议第一次会议通过）

盛小彬　毛春逊

【四川省各级政协领导人名单】

四川省

政协主席

秦玉琴（女）

副主席

冯崇泰　李　进（女）　王恒丰
陈官权　吴正德　阿　称（藏族）
苟建丽（女）　何志尧　陈　杰
肖光成　刘应明　陈次昌　杨海清
谢明道

秘书长

彭柏林

成都市（副省级）

市政协主席

黄忠莹（女）

副主席

孙家瓶　张继海　郭应富　贺大经

赵惠民　高　庆（女）　傅勇林

侯一平　章恩筹　张宁生

秘书长

沈有春

县（市、区）政协主席

锦江区　王文成

青羊区　钟家福

武侯区　王正文

成华区　孙　帆（女）

金牛区　张文友

龙泉驿区　何志涛

青白江区　李光明

新都区　罗时武

金堂县　任胜英（女）

双流县　周德洪

温江区　宋崇文

郫　县　魏　伟

彭州市　刘纪章

都江堰市　王彝福

崇州市　张春生

大邑县　徐松华

邛崃市　熊定能

蒲江县　吴立民

新津县　陶南洪

自贡市

市政协主席　徐大蒙

县（区）政协主席

自流井区　黄立容（女）

贡井区　章斯健

大安区　赵　华（女）

沿滩区　龙学敏

荣县　虞良廷

富顺县　周正聪

攀枝花市

市政协主席　赵世华

县（区）政协主席

东　区　王志德

西　区　卢宗祥

仁和区　罗世华

米易县　刘　敏

盐边县　沈　昌

泸州市

市政协主席　徐龙治

县（区）政协主席

江阳区　唐荣良

龙马潭区　赖朝祥

纳溪区　秦敬林

泸　县　田修国

合江县　李世贤

叙永县　梅世强

古蔺县　曾凡毅

德阳市

市政协主席　陈华国

县（市、区）政协主席

旌阳区　谢智源

罗江县　邓华明

绵竹市　代　青

中江县　岳素华（女）

广汉市　蔡松柏

什邡市　陈在惠（女）

绵阳市

市政协主席　张世虎

县（市、区）政协主席

涪城区　秦廷汉

游仙区　雍远奉

安　县　邓诗琼（女）

江油市　范来山

梓潼县　李和平

平武县　郑　晓

北川县　　杨应庆
三台县　　苏才华
盐亭县　　谭吉甫

广元市
市政协主席　　唐全林
县（区）政协主席
市中区　　邢国连
元坝区　　李奎元
朝天区　　贾光升
剑阁县　　王成书
旺苍县　　何万隆
青川县　　党兴谷
苍溪县　　杨秋良

遂宁市
市政协主席　　邓新民
县（区）政协主席
船山区　　蒋光学
蓬溪县　　冯佳才
射洪县　　符安君
大英县　　聂常林
安居区　　王启林

内江市
市政协主席　　李德元
县（区）政协主席
市中区　　张　毅
东兴区　　荣道富
资中县　　许蜀宗
威远县　　张卿祥
隆昌县　　李国成

乐山市
市政协主席　　王志清（女）
县（市、区）政协主席
市中区　　张德银
五通桥区　　陈敬平
沙湾区　　赵本茹
金口河区　　宋学林
犍为县　　王宇平（女）
井研县　　刘　荣
峨眉山市　　张元森
夹江县　　宋秀莲（女）
沐川县　　张又循
峨边县　　张少雨
马边县　　张三才

宜宾市
市政协主席　　尹德宏
县（区）政协主席
翠屏区　　黄　明（女）
宜宾县　　陶天华
南溪县　　陈昌钰
江安县　　刘明富（女）
长宁县　　傅正蓉（女）
高　县　　廖益萍（女）
筠连县　　许　虹（女）
珙　县　　王学刚
兴文县　　彭　屏
屏山县　　成远恒

南充市
市政协主席　　任德俭
县（市、区）政协主席
顺庆区　　庞　红
高坪区　　陈春华（女）
嘉陵区　　赵大伦
南部县　　胡仕明
营山县　　王朝林
蓬安县　　罗建新
仪陇县　　李成忠
西充县　　冯顺华（女）
阆中市　　冯大文

广安市
市政协主席　　张泽忠

县（市、区）政协主席
广安区　蒋成文
华蓥市　王守秩
岳池县　莫兴荣
武胜县　张柏林
邻水县　鄢承均

达州市
市政协主席　陈志明
县（市、区）政协主席
通川区　高贤忠
达　县　郭光弟
宣汉县　张正迪
开江县　汤文玉（女）
大竹县　黄建群
渠　县　刘　森
万源市　刘明显

巴中市
市政协主席　苟必伦
县（区）政协主席
巴州区　祝　毅
通江县　邓国平
南江县　杜纯裕
平昌县　胡继昌

雅安市
市政协主席　李清源
县（区）政协主席
雨城区　李　荣
名山县　王　维
荥经县　兰树秋
汉源县　王琼祥（女）
石棉县　蒲永忠
天全县　罗开清（女）
芦山县　罗文钧
宝兴县　何洪星

眉山市
市政协主席　苏　灿
县（区）政协主席
东坡区　何德明
仁寿县　李德全
洪雅县　周述明
彭山县　周云福
丹棱县　芦献平
青神县　李天祥

资阳市
市政协主席　卿光国
县（市、区）政协主席
雁江区　魏远英（女）
简阳市　吴明春
安岳县　袁　韧
乐至县　罗军蜀

阿坝州
州政协主席　杨海青
县政协主席
马尔康县　阿　桑
汶川县　余朝荣
理　县　尹全德
茂　县　祁寿清
松潘县　赵国徽
九寨沟县　泽里亚
金川县　王友军
小金县　汤义清
黑水县　夏拉甫
壤塘县　龙　凌
阿坝县　兰木科（女）
若尔盖县　尚杰旭
红原县　黎格美

甘孜州
州政协主席　洛松曲批
县政协主席
康定县　杜吉泽登

泸定县 孙光骏
丹巴县 西 绕
九龙县 八青克哈
雅江县 施双元
道孚县 多 吉
炉霍县 扎西泽仁
甘孜县 袁 亮
新龙县 呷绒多吉
德格县 安 地
白玉县 白马西绕
石渠县 段毅君
色达县 泽 波
理塘县 小公布
巴塘县 洛松当却
乡城县 杨建安
稻城县 龙 龙
得荣县 亚古翁吉

凉山州

州政协主席 陈其中

县（市）政协主席

西昌市 刘光祥
木里藏族自治县 易永德
盐源县 刘联贵
德昌县 徐启萍（女）
会理县 付正友
会东县 徐 树
宁南县 高建文
普格县 拉马瓦体
布拖县 蔡启成
金阳县 白热且
昭觉县 陈开福
喜德县 吉额瓦各
冕宁县 骆木加
越西县 邹向志
甘洛县 阿西衣伍
美姑县 沙马古衣
雷波县 涂太恩

四川省各级政协组织和委员数

（截至 2006 年底）

项目＼级别	省	副省级市	设区的市（州）	县（不设区的市、市辖区）	合 计
组织数	1	1	20	180	202
委员数	904	645	7343	33322	42214

（张长安 编写 刘仁勇 席晓艳 审稿）

政 协 贵 州 省 委 员 会

孙　淦　副主席

【全体委员会议】

九届四次会议　2006年1月14日至20日在贵阳举行。应出席委员589名，到会529名。会议听取和审议了省政协主席王思齐作的《中国人民政治协商会议第九届贵州省委员会常务委员会工作报告》。与会委员列席了省人大十届四次会议，听取并讨论石秀诗省长作的《关于贵州省国民经济和社会发展第十一个五年规划纲要的报告》及其他有关报告，通过了本次会议《决议》。《决议》指出：2005年，省政协坚持以邓小平理论和“三个代表”重要思想为指导，在中共贵州省委的领导和全国政协的指导下，认真贯彻落实中共十六大和十六届三中、四中全会以及中共贵州省委九届五次、六次全会精神，围绕中心、服务大局，广泛动员和组织政协各参加单位及政协委员，为全面建设小康社会，实现富民兴黔目标作出了贡献。会议同意《常务委员会工作报告》提出的2006年主要任务，要求常务委员会认真组织实施。委员们认为：省政府《关于贵州省国民经济和社会发展第十一个五年规划纲要的报告》思路清晰、目标明确、措施具体、切实可行。委员们围绕加快贵州经济社会发展的重大问题坦诚建言、献计献策。会议强调：2006年是全面落实科学发展观，全面实现“十五”计划目标、衔接“十一五”发展的重要一年，也是推进人民政协事业实现新发展的重要一年。要以邓小平理论和“三个代表”重要思想统揽政协工作，按照科学发展观的要求，为实现贵州经济社会发展历史性跨越多做贡献。

【常务委员会会议】

第15次会议　2006年1月4日至6日在贵阳举行。应出席87人，到会74人。会议听取省长助理孙国强作《关于贵州省国民经济和社会发展第十一个五年规划纲要的报告》（征求意见稿）说明并进行讨论；听取中共贵州省委组织部、统战部负责人分别就有关人事事项作说明；听取省政协秘书长洪宗良、省政协提案委员会负责人先后就《政协第九届贵州省委员会常务委员会工作报告》（草案）、《政协第九届贵州省委员会常务委员会关于九届三次会议以来提案工作情况的报告》（草案）作说明，审议通过了这两个报告并分别推选报告人；审议通过了省政协九届四次会议有关文件、名单（草案）和人事事项。

第16次会议　2006年1月17日在贵阳举行。应出席87人，到会68人。会议审议了有关人事事项（草案）、选举办法（草案）、总监票人、监票人名单（草案），决定提交省政协九届四次会议讨论。

第 17 次会议 2006 年 1 月 19 日在贵阳举行。应出席 87 人，到会 70 人。会议审议通过了《省政协九届四次会议决议》（草案）和《省政协九届四次会议提案审查情况的报告》（草案）；听取大会组织组负责人关于各小组讨论有关人事事项（草案）、选举办法（草案）、总监票人、监票人名单（草案）情况汇报，并对以上事项进行表决。

第 18 次会议 2006 年 3 月 28 日至 29 日在贵阳举行。应出席 88 人，到会 74 人。会议传达学习全国政协十届四次会议和十届全国人大四次会议精神；听取副省长禄智明通报贵州省建设社会主义新农村的有关情况；听取中共贵州省委统战部负责人就《政协第九届贵州省委员会常务委员会关于“无党派民主人士”界更名的决定》（草案）作说明；中共贵州省委组织部、统战部负责人就有关人事事项作说明；分组反映社情民意。

第 19 次会议 2006 年 7 月 19 日至 21 日在贵阳举行。应出席 88 人，到会 76 人。会议传达学习全国政协十届十四次常委会议精神；听取常务副省长王正福通报贵州省实施“十一五”规划起步情况和上半年经济社会发展情况，中共贵州省委常委、宣传部部长李军通报“整脏治乱”进展情况；讨论贵州省上半年经济社会发展情况；部分省政协委员就贵州实施“十一五”规划和上半年经济社会发展中的有关问题与石秀诗省长进行座谈；审议通过了有关《建议案》和人事事项。

第 20 次会议 2006 年 11 月 9 日至 10 日在贵阳举行。应出席 88 人，到会 70 人。会议学习贯彻中共十六届六中全会、中共贵州省委九届九次全会和全国政协十届十五次常委会议精神；听取中共贵州省委副书记王富玉通报贵州省文化事业、文化和旅游产业发展情况；听取中共贵州省委组织部、统战部负责人就有关人事事项作说明；分组反映社情民意。

【专门委员会工作】

提案委员会 收到提案 453 件，经审查立案 447 件。选择《关于加快全省茶产业发展的建议》、《关于加强对清水江流域水质监控确保用水安全》、《关于贵阳市城区报刊亭建设应适应新时期精神文明建设的建议》、《关于同期建设构皮滩电站通航设施的建议》、《关于将修建省老干部活动中心至贵阳钢窗厂路段规划付诸实施的建议》5 件提案报请主席会议督办，选择各民主党派省委、省工商联及无党派等 9 件党派提案送请中共贵州省委办公厅督办。对主席会议督办提案、贵阳市和黔西南州提案办理、部分往年提案办理落实情况进行视察。召开各民主党派省委、省工商联和有关厅局提案工作座谈会。

经济委员会 对农村基础设施建设情况进行调查，写出《全省农村基础设施建设调研情况的报告》。会同省经贸委就提高资源综合利用水平、降低单位生产总值能源消耗率等问题进行调研，写出《关于实现全省单位地区生产总值能耗降低 20%的若干建议》的调研报告。视察开阳县、清镇市循环经济示范园区和织金县农村循环经济工作情况，写出《开阳县清镇市循环经济示范园区和织金县农村循环经济视察报告》。视察了贵昆线贵州段、黔桂线起点段铁路建设情况和修文洒坪乡小坝村、谷堡乡浙溪村等地社会主义新农村建设情况。配合全国政协经济委员会开展“发展农村经济，加强基础设施建设，建设社会主义新农村”专题调研，写出《关于建立西部生态补偿机制的几点建议》。

人口资源环境委员会 赴贵阳、安顺、遵义市调研，形成《政协贵州省委员会关于全省农业面源污染现状及综合治理对策的建议案》，报中共贵州省委、省政府，并在全省农村面源污染及综合治理对策通报会上作情况通报。联合贵阳市政协对饮用水源保护情况进行视察，写出《关于贵阳市主要饮用水源保护情况的视察报告》。向省政府提出关于解决红枫湖、百花湖饮用水源保护中几个突出问题的建议。配合全国政协人口资源环境委员会考察全省乡村旅游与新农村建设、煤油气开发利用与可持续发展情况。对省人大送来的《中华人民共和国自然保护地法（草案征求意见稿）》、《贵州省地质环境管理条例（草案）》提出修改意见。

科技教育委员会 对全省知识产权事业发展情况进行视察，写出《关于全省知识产权工作情况的视察报告》。调研了全省城乡40所公办民办普通高中、职业高中教育发展情况，形成省政协常委会相关建议案报送中共贵州省委、省政府。对贵州轻工职业技术学院、贵州财经学院办学情况进行考察。考察省植物园濒危生物驯化和保护情况、贵州省科技馆工作运转情况。对《贵州省知识产权战略纲要》（征求意见稿）提出修改意见。应邀参加省政府农村寄宿制工程检查验收和“两基”评估验收。

文化卫生体育委员会 到贵阳、遵义开展整合有线广电网络、推进数字电视转换，发展新兴文化产业的调研，并赴重庆、广西、深圳学习考察，写出《关于整合全省有线广电网络、推进数字电视转换，发展全省新兴文化产业的调研报告》，报送中共贵州省委、省政府。配合全国政协教科文卫体委员会开展“农村公共卫生体系建设”调研，写出了调研报告。参加“西部十二省（区、市）政协文化体制改革与文化产业发展研讨会”并作大会发言。清理、查收、修复和装裱散存的有关领导和名人书画作品150多幅。推荐作品参加全国政协举办的“纪念孙中山先生诞辰140周年美术作品展览”活动和奥林匹克花园杯政协委员摄影大赛，获组织奖和优秀作品奖。邀请香港手风琴艺术团来黔与贵州大学艺术学院开展文化艺术交流，并赴黔东南、安顺等地采风。组织文艺、医药卫生和体育界别小组成员就如何开展界别活动、发挥委员特长和委员主体作用问题进行讨论。争取中国建设银行股份有限公司捐赠25万元资金修建铜仁市大坪乡腊柳村人饮工程。协调有关部门向松桃自治县黄板乡贫困农民捐赠价值7万元的大米、棉衣、棉被。到贵定县新巴镇开展送文化、卫生、体育“三下乡”暨“3·24世界防治结核病宣传日”活动，并向新巴镇赠送价值15万元的图书和体育器材。

社会与法制委员会 到六盘水市、铜仁地区、贵阳市、黔东南州就城乡困难群众社会救助情况进行调研，写出调研报告送中共贵州省委、省政府。到黔南州、黔西南州就贯彻执行《劳动法》情况进行视察并向中共贵州省委、省政府和有关部门提出建议。协助全国政协社法委“建设社会主义新农村”调研组赴贵阳市、黔东南州、黔南州开展调研。对《贵州省行政机关首长问责办法（草案）》和《贵阳市预防职务犯罪工作规定》（草案）等提出修改意见。组织委员学习《劳动法》、《工伤保险条例》、《劳动力市场管理条例》、《贵州省劳动保障监察条例》、《贵州省失业保险办法》等。赴重庆参加西部省（区、市）政协第十次社会和法制工作研讨会并作题为《关注残疾人事业，着力构建和谐社会》的发言。赴成都参加全国政协社法委召开的为构建和谐社会建言献策专题研讨会，提交了题为《构建和谐社会，加强社会救助》的交流材料。

民族与宗教委员会 对荔波、罗甸、望谟县和紫云自治县的瑶山、麻山地区的经济社会发展、扶贫开发等情况进行调研。与省扶贫办、省民委联合，为“两山”地区培训“村支两委”干部200多名。组织召开“两山”扶贫工作座谈会。对20个县（市、区、自治县）、20多个乡镇及40多个村寨进行调研，写出《贵州省民族地区农村基层组织建设情况调研报告》。对中共贵州省委统战部、省发改委、省财政厅、省民委、省扶贫办和黔西南自治州及兴义市、六盘水市及纸厂彝族乡、毕节市、威宁自治县贯彻落实中央和省民族工作会议精神情况进行视察。对贵阳市部分宗教房产落实情况进行跟踪视察。出席“武陵山民族地区经济社会发展座谈会”、全国部分省（区、市）政协第八次民族与宗教工作研讨会。组织政协委员、有关单位和部门为“两山”地区有关乡镇、群众捐赠现金15万元和价值160余万元的药品、衣裤、棉被和大米。用“少数民族教育基金”20万元捐助紫云自治县猫营镇改建新寨小学危房。协调省民委解决修建瑶山乡董蒙村、麻山乡和平村至光明村、猴场镇茶山村公路资金30万元。协调有关部门为贞丰县纳歪小学解决120套学生课桌和教师讲桌并争取到修桥资金35万元。

文史与学习委员会 会同省政协办公厅和省社会主义学院举办全省地县两级政协文史工作研讨班。举办学习贯彻《中共中央关于加强人民政协工作的意见》、“资源与可持续发展”、“构建和谐贵州 推进富民兴黔”专题讲座。赴遵义市、黔东南州、黔南州、黔西南州了解仡佬族、苗族、布依族、水族百年实录史料征编工作进展情况并进行指导、协调。完成《贵州文史资料存稿选编》（三卷）的编辑出版工作。完成《仡佬族百年实录》的征稿和初编工作并召开编审会。完成《名人故居（贵州卷）》的征稿、编辑工作。完成《民族自治区及州、县的成立历程》、《工业学大庆》史料的征集工作。赴黔东南自治州，就少数民族非物质文化遗产保护、开发和利用情况进行调研，写出《关于全省非物质文化遗产保护传承开发利用的调研报告》。与有关单位举办贵州省纪念红军长征胜利70周年学术研讨会。

港澳台侨与外事委员会 对全省贯彻落实《中华人民共和国归侨侨眷权益保护法》、《中华人民共和国归侨侨眷权益保护法实施办法》、《贵州省实施〈中华人民共和国归侨侨眷权益保护法〉办法》情况进行调研，写出了调研报告。赴黔西南州了解对台工作情况和需要反映的意见建议。组团赴澳门参加澳门贵州同乡会成立大会。组织在港省政协委员随香港特首曾荫权到贵州考察。继续做好邓廷琮教育基金评审工作，资助10余所大学的贵州籍贫困学生。开展侨联、台联、对外友好界的小组活动。

【重要活动】

举办省政协委员学习培训班 2006年7月11日至14日在中共贵州省委党校举办。学习培训内容为《中共中央关于进一步加强中国共产党领导的多党合作和政治协商制度建设的意见》、《中共中央关于加强人民政协工作的意见》、《中共贵州省委关于进一步加强中国共产党领导的多党合作和政治协商制度建设的意见》、《中共贵州省委关于加强人民政协工作的实施意见》以及新时期统一战线、人民政协理论。省政协副主席刘也强、王录生分别在开学和结业时讲话。

召开全省政协工作会议 2006年9月8日至9日在贵阳召开。各市州地党委、政府（行署）、政协（工委）及统战部主要负责人；中共贵州省委有关部委、省级国家机关有关部门、各民主党派省委、省工商联、人民团体、高等院校主要负责人；贵阳市的省政协常委、省政协各专委会主任、专职副主任，省政协机关在职厅级干部；各县（市、区、特区）党委书记、政协主席出席会议。中共贵州省委书记石宗源、省政协主席孙淦讲话，中共贵州省委副书记黄瑶作总结。

检查学习贯彻中共中央和中共贵州省委5号文件精神情况 2006年8月中下旬，省政协组织9个检查组分赴各市州地及部分县（市、区）检查学习贯彻《中共中央关于加强人民政协工作的意见》、《中共贵州省委关于加强人民政协工作的实施意见》情况。检查结束后，向中共贵州省委报送了检查报告。

【重要文件】

常委会工作报告（2006年1月14日）（摘要）

一、把学习放在突出位置。重点学习贯彻中共十六届四中、五中全会精神；胡锦涛总书记视察贵州时的重要讲话精神；《中共中央关于进一步加强中国共产党领导的多党合作和政治协商制度建设的意见》；贾庆林主席和全国政协有关重要指示精神；中共贵州省委九届七次、八次全会精神。邀请中共贵州省委统战部、省台办负责人分别作学习贯彻《中共中央关于进一步加强中国共产党领导的多党合作和政治协商制度建设的意见》讲座和关于台湾问题的专题报告。通过举办培训班、编发学习资料推动全省各级政协开展学习活动；在《贵州政协报》开辟“学习与研讨”专栏，召开构建社会主义和谐社会研讨会。

二、为经济社会发展建言献策。对《关于贵州省国民经济和社会发展第十一个五年规划纲要的报告》及有关报告提出了意见和建议。每次常委会议都邀请省政府有关领导就贵州省经济社会发展中的重要问题通报情况，并选择全省改革和建设中的重要问题建言献策。在省长与部分省政协委员座谈会上，15位委员代表各民主党派省委、省工商联和专门委员会，分别就合理开发利用煤炭资源、着力改善投资软环境、培养高水平科技人才等问题发言。石秀诗省长要求20多个有关职能部门认真研究和采纳委员们提出的意见建议。召开制定贵州省“十一五”规划专题协商会，24位委员分别就促进农民增收、增加高等教育投入、抓好结构调整和制度创新、统筹城乡协调发展等专题向中共贵州省委提出建议。围绕编制“十一五”规划中的若干重大问题，开展专题调研，组织委员中的专家学者座谈讨论，形成一批专题报告。深入各市州地和部分县（市、区）开展调查研究，写出关于发挥商会协会作用、合理开发利用煤炭资源、发展农业科技、保障农村饮水安全、重视残疾人事业、发展红色旅游和发挥留学归国人员作用的7份调研报告，形成关于加快贵州省农业科技发展、解决农村饮水安全问题、加快贵州省红色旅游发展3份建议案。先后组织26个视察团（组）、440余人次，分别就重点工程建设、农民增收、烟草工业重组与发展、长江流域一级支流乌江生态环境保护、农业科技示范园区建设、宗教房产遗留问题进行视察，形成视察报告20份，促进了一些问题的解决。

三、努力做好提案工作。主席会议选择《关注十几万阳关群众的渴望与企盼》等5件重要提案进行督办。选择各民主党派省委、省工商联提出的8件提案送中共贵州省委办公厅全程督促办理。九届三次会议以来立案的465件提案全部办复，在420件反馈意见中对提案办理表示满意或基本满意的有404件，满意率为96.19%。

四、了解和反映社情民意。发挥委员的主体作用，依靠各级政协、各民主党派和特约信息员，向中共贵州省委、省人民政府和全国政协办公厅反映有价值的信息。每次常委会议用半天时间集中反映社情民意。在调研、视察时注意收集有价值的信息并及时反映。编发《贵州政协信息》和《社情民意信息专报》63期，接待政协委员、统一战线人士和人民群众来访363人次，处理来信321件。

五、抓好新闻宣传工作。密切与省有关新闻单位联系，搞好省政协重要会议和重要活动的宣传报道。组织新闻采访组到有关县（市）采访，专题报道基层政协围绕党委政府中心工作、促进当地经济社会发展作出的贡献和积累的经验。办好《贵州政协报》、《文史天地》、《贵州政协工作》等报刊，建成并开通贵州省政协网站。举办贵州省第七届政协好新闻评选活动，评出一等奖6件，二、三等奖30件。

六、做好港澳台侨人士的联系工作。组织省政协驻港澳委员来黔视察和到省外考察，做好港澳友好人士来黔考察的接待工作；坚持涉侨六部门和涉台六部门联席会议制度，推进与海外侨胞、台湾同胞的联系和交流。

七、做好智力支边工作。联系组织省内外各类专家、学者和科技人员6535人次参加智力支边活动，完成智力支边项目525个；培训各级各类人员5万多人（次）；引进和推广农业新技术、新品种200多个；与各民主党派、工商联和有关部门配合，引进资金1200多万元兴建希望小学和扶持教学点129所（个），资助贫困学生3万多人。

八、加强政协工作的制度化、规范化和程序化建设。制定和完善了全体委员会议规则、常务委员会工作规则、主席会议规则、秘书长会议规则、专门委员会通则、提案工作条例等8项制度。

2006年的主要任务：一、进一步加强学习，努力提高履行职能的水平。二、牢固树立科学发展观，积极为贵州省制订和实施“十一五”规划献计出力。三、认真贯彻中共中央5号和中共贵州省委17号文件精神，充分发挥民主党派、无党派人士在人民政协中的作用。四、牢牢把握团结和民主两大主题，努力为构建社会主义和谐社会服务。五、坚持与时俱进、开拓创新，不断探索政协工作的新途径和新方法。六、主动适应新形势新任务的要求，切实加强自身建设。

中共贵州省委关于加强人民政协工作的实施意见（2006年5月11日）（摘要）

一、深刻认识加强人民政协工作的重要意义。加强人民政协工作，有利于提高党的执政能力，有利于坚持中国共产党领导的多党合作和政治协商制度，有利于发展社会主义民主政治，有利于最广泛最充分地调动一切积极因素，有利于构建社会主义和谐社会，有利于全面建设小康社会、加快推进富民兴黔事业。各级党委要把学习《意见》作为当前和今后一个时期的重要任务来抓，党委中心学习组年内要组织一次专题学习，深刻理解和把握其基本内容和精神实质，把思想统一到中共中央文件精神上来，支持政协围绕团结和民主两大主题履行职能，把加强团结和发扬民主贯彻于政协工作的各个方面，推进政治协商、民主监督、参政议政的制度化、规范化和程序化，推进全省人民政协事业不断向前发展。

二、坚持和完善政治协商制度。政治协商是中国共产党领导的多党合作和政治协商制度的重要组成部分，是实行科学民主决策的重要环节，是中国共产党提高执政能力的重要途径。把政治协商纳入决策程序，就重大问题在决策前和决策执行中进行协商，是政治协商的重要原则。各级党委要高度重视人民政协的政治协商，统一部署和协调，认真组织实施。

三、支持和加强民主监督工作。各级党委和政府要自觉接受民主监督，要认真听取人民政协的批评和建议，完善民主监督机制，在知情、沟通、反馈环节上建立健全制度，畅通民主监督的渠道。各有关方面和部门收到以政协常委会、主席会议或以专门委员会名义提出的意见和批评后，都要积极负责地进行研究处理；对政协的提案和建议案要认真办理，及时给予答复。

四、重视和发挥参政议政作用。各级党委、政府要加强与人民政协的联系和沟通，为人民政协参政议政创造条件。要充分发挥人民政协参政议政的作用，支持政协选择经济社会发展中具有综合性、全局性、前瞻性的课题，认真调查研究，开展咨询论证，提出建设性的意见建议。对人民政协提出的重要意见和建议，要认真研究、积极采纳。党委和政府有关部门要密切同政协专门委员会的协作和配合，对他们的工作提供必要的支持和帮助。

五、重视和支持人民政协加强自身建设。加强人民政协基层组织建设，县级政协要在同级党委的领导下，按照《政协章程》的规定，根据当地实际情况和工作需要设置专门委员会和办事机构，不断完善组织建设。“十一五”期间，省和市（州、地）财政要继续安排相应资金帮助贫困地区基层政协解决实际困难。要加强人民政协机关的思想、制度、组织和干部队伍建设。

六、加强和改善党对人民政协工作的领导。各级党委要把政协工作纳入议事日程，善于运用人民政协这一政治组织和民主形式为实现党的总任务、总目标服务。各级党委在每届任期内至少要召开一次政协工作会议，党委常委会议每年至少听取一次政协工作汇报，研究解决政协工作中的突出问题。党委、人大、政府都要有一名负责人联系政协工作。各级党委、政府要切实解决政协在办公经费、办公设施、工作用车等方面存在的困难和问题。政协会议和办公等经费应列入本级财政预算，予以保证。

政协贵州省委员会关于进一步加强政协宣传工作的意见（2006年4月28日九届省政协第41次主席会议通过）（摘要）

1. 全省各级政协要进一步提高对做好政协宣传工作重要性的认识，把宣传工作摆上政协工作重要议程，切实加强对宣传工作的领导。要设立或明确政协宣传工作机构，配备人员具体负责，并为宣传工作创造良好工作条件。加强与党委宣传部门的联系和与新闻媒体的沟通，共同做好人民政协的宣传工作。

2. 全省各级政协要大力宣传中国共产党领导的多党合作和政治协商制度发展和完善的新成果，人民政协履行政治协商、民主监督、参政议政职能的新业绩，人民政协为构建社会主义和谐社会作出的新贡献。各民主党派和无党派人士参加政协活动及其履行职责的新情况。

3. 做好政协全体委员会议、常务委员会议、主席会议、专题协商会议、政府主要领导与部分政协委员座谈会、政协领导与委员约谈会等例会的宣传报道工作。政协领导到基层视察、考察、调查研究、出席有关重要活动，需要公开报道的，由政协机关联系新闻单位报道。需要公开发表的政协领导的重要讲话，由政协机关联系新闻单位发表。做好政协开展调研、视察、考察活动，提案督办、反映社情民意和学习、理论研讨活动及其成果的宣传报道工作。全省各级政协要配合新闻单位，多侧面、多角度报道各种活动的情况，以及委员提出的意见建议和取得的成效，扩大政协的社会影响。

4. 充分报道基层政协围绕党委、政

府的中心工作，服务改革发展稳定大局，切实履行职能，为当地物质文明、政治文明、精神文明和社会主义和谐社会建设作贡献的好做法、好经验，以及政协委员、统一战线各界人士为促进当地经济社会又好又快发展献计出力的先进事迹。贵州政协报社要发挥各地记者站的作用，加大力度报道基层政协的生动实践和新鲜经验。省政协办公厅要适时组织贵州日报社、贵州人民广播电台、贵州电视台、贵州政协报社、人民政协报贵州记者站等新闻单位的记者深入基层政协，进行集中采访报道，促进各地政协工作经验交流，推动政协工作深入发展。

5. 省政协办公厅坚持每年举办一届贵州省政协好新闻评选活动，由省级新闻单位和各市、自治州政协、省政协地区工委推荐好新闻参评，获奖作品由省政协办公厅颁发证书，给予奖励。

6. 省政协办公厅要加强政协报刊、网站的建设，发挥《贵州省政协网站》、《贵州政协报》、《贵州政协工作》、《文史天地》等传媒的作用。政协宣传媒体要突出政协特点，改进报道方式，扩大报道面，增加信息量，宣传全省各级政协履行职能的成效及广大政协委员的风采。

7. 省政协办公厅要继续与贵州日报社联办“议政与建言”专刊，与贵州电视台联办“社情民意”专栏，联系和配合贵州日报社、贵州电视台搞好策划，挖掘和利用政协的议政、民意、人才等资源，更多地关注贵州省经济社会的发展和反映人民群众的心声。

8. 切实加强人民政协理论研究的宣传报道。省政协人民政协理论研究组每年拟出研究课题，组织研究组成员深入研究，适时召开理论研讨会，活跃人民政协理论研究。要积极撰写理论文章，争取在中央媒体和省内媒体发表，推动人民政协理论创新和工作创新。

【组织概况】

补选主席名单（2006 年 1 月 20 日省政协九届四次会议通过）

孙 淦

增选常委名单（2006 年 1 月 24 日省政协九届四次会议通过）

魏凤英

增补省政协委员名单（2006 年 1 月 6 日省政协九届十五次常委会议通过）

王登齐（苗族） 叶明瑞 刘龙骥
刘国治 许 朗 孙 淦 李建阳
李奕樯 沈 中 陈朝洁（女）
柳云松 释妙果（苗族） 蔡运昌

辞职省政协委员名单（2006 年 1 月 6 日省政协九届十五次常委会议通过）

李玉柱 靳 茹（女）

【贵州省各级政协领导人名单】

贵州省

政协主席

孙 淦

副主席

刘也强 马文骏 许乐仁 伍席源
李金顺 何永康 李 平 李嘉琥
王录生 相小青 唐世礼（女，布依族）

秘书长

洪宗良

贵阳市

市政协主席 许 朗

县（市、区）政协主席

云岩区 杨芝芳（女）
南明区 郭敬阳（女）
花溪区 李秀明
蒋志伦（2006 年 11 月 16 日当选）
乌当区 田茂康

白云区　　　江金文
　　　　　　卢瑞礼(2006年11月17日当选)
小河区　　　叶华山
清镇市　　　黄学芬（女）
　　　　　　胡体华(2006年11月6日当选)
开阳县　　　王梅庆（满族）
　　　　　　马跃进(2006年11月20日当选)
修文县　　　殷建中
息烽县　　　吴德屏

遵义市

市政协主席　周大新
县（市、区）政协主席
红花岗区　　何　曼（女）
　　　　　　赵汝荣(2006年11月30日当选)
汇川区　　　王晓东
仁怀市　　　王德碧
　　　　　　李廷学(2006年11月30日当选)
赤水市　　　王昌乾
遵义县　　　张大六
习水县　　　秦中涛
　　　　　　李　康(2006年11月28日当选)
桐梓县　　　娄恒炬
余庆县　　　杨胜洪（土家族）
　　　　　　张克培(2006年11月28日当选)
正安县　　　曾润素（女）
湄潭县　　　杨昌华
绥阳县　　　刘之礼
凤冈县　　　李廷学
道真仡佬族苗族自治县
　　　　　　周世晓（仡佬族）
务川仡佬族苗族自治县
　　　　　　卢汝明（仡佬族）

六盘水市

市政协主席　周庄生(2006年2月25日当选)
县（市、区）政协主席
六枝特区　　夏　明
盘　县　　　许昆贤（女）
钟山区　　　穆　彪
水城县　　　颜昌友

安顺市

市政协主席　胡德伦
　　　　　　韦　林(布依族,2006年12月26日当选)
县（市、区）政协主席
西秀区　　　杨朝忠（苗族）
　　　　　　袁　丰(女，2006年11月13日当选)
平坝县　　　谢发忠（白族）
普定县　　　刘兆奇
　　　　　　徐天成(2006年11月9日当选)
镇宁布依族苗族自治县
　　　　　　杨芝斌
紫云苗族布依族自治县
　　　　　　陈茹森
　　　　　　张　勇(2006年11月17日当选)
关岭布依族苗族自治县
　　　　　　罗成顺（布依族）

黔东南苗族侗族自治州

州政协主席　邓锦洲
县（市）政协主席
凯里市　　　宋超荣（革家人）
　　　　　　吴　明(苗族,2006年12月11日当选)

黄平县　　潘敬秋（苗族）
　　　　　戴黔生（2006 年 12 月 11 日当选）
施秉县　　张祖安
　　　　　彭黔英（女，2006 年 11 月 20 日当选）
镇远县　　朱　鸣（女）
三穗县　　杨胜林
岑巩县　　刘寿奎
　　　　　黄　俊（仡佬族，2006 年 12 月 7 日当选）
天柱县　　陈守金（侗族）
麻江县　　李明德（苗族）
　　　　　陈　刚（布依族，2006 年 11 月 22 日当选）
丹寨县　　吴成华（苗族）
雷山县　　张世荣（苗族）
台江县　　刘耀密（苗族）
剑河县　　王秀贤（侗族）
榕江县　　叶东山（苗族）
锦屏县　　杨顺炎（侗族）
黎平县　　朱卫平
从江县　　李明德
　　　　　石英远（女，侗族，2006 年 11 月 20 日当选）

黔南布依族苗族自治州

州政协主席　胡品荣（水族）
县（市）政协主席
都匀市　　刘光乾
福泉市　　李桂林（布依族）
独山县　　莫龙新（布依族）
平塘县　　胡国栋（布依族）
罗甸县　　陈邦禄（苗族）
荔波县　　田景胜（水族）
瓮安县　　梁隆平
龙里县　　范吉林
贵定县　　方昌国
惠水县　　吴文辉（苗族）
长顺县　　陈祥斌（布依族）
三都水族自治县
　　　　　莫善余（水族）
　　　　　韦成念（女，水族，2006 年 12 月 28 日当选）

黔西南布依族苗族自治州

州政协主席　王胜业
县（市）政协主席
兴义市　　吕正毅
兴仁县　　姚天涛
普安县　　李春芳
　　　　　柳登甫（彝族，2006 年 12 月 26 日当选）
晴隆县　　彭德洪
　　　　　舒腾元（2006 年 12 月 21 日当选）
贞丰县　　王明华
安龙县　　韦永芝（女，布依族）
　　　　　谭志平（2006 年 12 月 26 日当选）
册亨县　　韦忠道（布依族）
　　　　　韦正海（布依族，2006 年 12 月 20 日当选）
望谟县　　韦光兴（苗族）
　　　　　黄兴国（布依族，2006 年 12 月 21 日当选）

铜仁地区

县（市、区）政协主席
铜仁市　　黄昌富（土家族）
万山特区　焦　健
松桃苗族自治县
　　　　　戴启来（土家族）
　　　　　桑士棕（2006 年 12 月 27 日当选）

石阡县　刘德远（侗族）
付贵兰（女，土家族，2006年12月17日当选）

德江县　安高宣（土家族）

江口县　卫茂芳
刘鲁平（2006年12月23日当选）

思南县　余觉英（女，蒙古族）
任廷禄（土家族，2006年12月17日当选）

玉屏侗族自治县
关祖珍（女，侗族）

印江土家族苗族自治县
王朝文（苗族）
何圣仙（女，土家族，2006年12月26日当选）

沿河土家族自治县
陈朝禄（土家族）
马增力（土家族，2006年12月23日当选）

毕节地区

县（市）政协主席

毕节市　杨国兵（苗族）

纳雍县　李德超（白族）

赫章县　安顺光（彝族）

黔西县　敖怀建

大方县　黄仲祥（彝族）

织金县　陈宏枢（穿青人）

金沙县　张维林（彝族）

威宁彝族回族苗族自治县
李怀明

贵州省各级政协组织和委员数

（截至2006年底）

级别 / 项目	省	设区的市、自治州	县（自治县、不设区的市、市辖区、特区）	合计
组织数	1	7	88	96
委员数	610	2383	14398	17391

（方家印　朱礼武　编写　李跃荣　审稿）

政协云南省委员会

【全体委员会议】

九届四次会议 2006年1月14日至19日在昆明举行。会议通过了《政协云南省第九届委员会提案委员会关于九届四次会议提案审查情况的报告》，通过了《中国人民政治协商会议云南省第九届委员会第四次会议决议》。听取和审议通过了《政协云南省第九届委员会常务委员会工作报告》和常委会提案工作情况的报告，列席了省十届人大四次会议，协商讨论了《云南省政府工作报告》、《云南省国民经济和社会发展第十一个五年规划纲要》(草案)、省高级人民法院和省人民检察院工作报告及其他报告。会议总结了政协云南省九届三次会议以来的工作，确定了2006年全省政协工作的目标和重点。会议增补王学鸿等17人为省政协九届委员会常务委员。会议收到提案792件，经提案委员会审查立案784件。杨崇汇主席在闭幕会上讲话。

【常务委员会会议】

第13次会议 2006年1月12日在昆明召开。本次常委会议的主题是认真学习贯彻中共云南省委七届七次全委会精神，围绕实现云南又快又好发展，切实履行政协职能，构建平安和谐云南献计出力。会议审议通过了政协云南省第九届委员会常务委员会第十三次会议议程，听取了省委统战部副部长袁斌作有关人事事项说明，增补了汪小峰等6人为省政协委员。省政协主席杨崇汇作了讲话。

第14次会议 2006年3月23日至24日在昆明召开。省政协主席杨崇汇主持。会议学习贯彻了十届全国人大四次会议和全国政协十届四次会议精神、审议通过了省政协《关于学习贯彻〈中共中央关于加强人民政协工作的意见〉的决定》；讨论通过了有关人事事项等。

第15次会议 2006年7月14日至16日在昆明召开。省政协常务副主席孟继尧主持。会议审议通过了本次会议议程；会议传达了全国政协十届十四次常委会议精神；听取了省政府通报《云南省2006年上半年经济运行情况》；听取了省委有关部门介绍当前云南省社会主义新农村建设开展的主要工作及下步工作思路、社会主义新农村建设的总体部署和当前全省各地社会主义新农村建设的基本情况；听取了有关人事事项说明。与会者围绕“加强农村公共服务，推进社会主义新农村建设”主题与省委、省政府有关部门进行了专题协商。通过了王学仁为省政协委员等人事事项。省政协党组书记王学仁出席会议并讲话。

第16次会议 2006年9月25日至26日在昆明召开，会议的主题是，为加快全省自主创新体系建设，全面推动企业自主创新建言献策。会议由省政协副主席许克敏主持。会议邀请全国政协经济委员会副主任陈清泰作《关于企业自主创新的政策思考》专题辅导报告。省经济委员会负责人到会通报了全省企业自主创新有关情况。

第17次会议 2006年12月14日至15日在昆明召开。会议由省政协常务副主席孟继尧主持。会议听取了省政协副秘书长、研究室主任马孝初作的《政协云南省第九届委员会常务委员会工作报告》(草案)起草说明。副省长李新华受秦光荣代省长的委托，代表人民政府，通报政协云南省第九届四次会议以来的提案办理情况。省政协副主席和占钧传达中国共产党云南省第八次代表大会精神。会议原则通过政协云南省第九届委员会第五次会议议程（草案）和日程、《政协云南省第九届委员会常务委员会工作报告》（草案）和《政协云南省第九届委员会常务委员会提案工作情况的报告》(草案)；推举省政协常务副主席孟继尧为《政协云南省第九届委员会常务委员会工作报告》报告人、副主席罗黎辉为《政协云南省第九届委员会常务委员会提案工作情况的报告》报告人；会议通过了政协云南省第九届委员会第五次会议秘书长、副秘书长名单和关于授权主席会议审定政协云南省第九届委员会常务委员会第十七次会议未尽事宜的决定。

【专门委员会工作】

提案委员会 一年来，共收到提案792件，立案784件，有10件列为重点提案。先后组织召开了党派、团体、专委会提案工作座谈会和全省州市政协提案工作座谈会，以“深入学习5号文件，努力打造精品提案”为主题，进行了提案工作交流探讨；重新修订了《云南省政协提案工作条例》，由中共云南省委办公厅以《关于做好政协提案办理工作的通知》文件下发；加强指导，深入政协参加单位、基层政协进行提案工作业务培训；主动参与重点提案办理的面商工作，牵头组织了联合重点提案办理之前的调研，对10件立意高、质量好、围绕中心、事关大局、领导重视、群众关心的提案调研；召开了提案表彰大会，表彰了39件优秀提案；通过报刊、广播、电视等媒体，广泛开展了提案宣传，发表了有关的新闻报道50余篇。

文史委员会 组织委员结合省情，围绕“建设民族文化大省”主题，对非物质文化遗产、历史文化名城中古建筑古民居保护、历史文化遗产的保护和利用等开展调查研究，形成了《云南省历史文化遗产的保护和开发利用的视察报告》、《关于普查全省历史文化资源、指导基层单位申报历史文化名村的建议》、《关于建立普洱茶博物馆的建议》等，供有关方面决策参考。《云南文史集萃》获云南省社会科学成果优秀荣誉奖。编辑出版30万字的《云南护国回忆录》。

经济委员会 先后组织委员及有关专家，就“增强云南省自主创新能力”、“解决云南省中小企业融资难”、“大力发展云南饰品产业”、“建设新农村，交通要先行”、“进一步推进西部大开发在云南深入实施”等课题专题调研，形成了建议案和建议；加强与委员、界别的联系，做好服务工作，为发挥委员作用搭建平台，召开了经济工作情况介绍会、专家研讨会、专题讲座、恳谈会等，对全省的经济社会发展建言献策；牵头成立了云南省企业家论坛，组织召开促进云南房地产业健康发展恳谈会；协助全国政协经济委员会就推进保险市场建设在昆明、腾冲等地进行了调研。

人口资源环境委员会 组织政协委员就贯彻科学发展观、提高能源、资源利用效率，建设资源节约型、环境友好型社会，促进发展云南旅游业，实现旅游“二次创业”，建立失地农民社会保障体系、昆明市创建国家园林城市、玉溪市生态城市建设和环境保护工程等开展专题调研，形成了调查报告；组织委员和专家协商讨论了省环保局“十一五”规划和九湖“十一五”规划，提出修改意见20余条；与省环保局等单位联合在昆明、玉溪、文山等地举办了“构建和谐云南2006环保系列宣传活动”；召开了全省政协人口资源环境委员会工作座谈会；参加全国政协人口资源环境委员会调研组到德宏、保山等地，对云南省野生动物保护和可持续利用情况进行专题调研。

科教文卫体委员会 围绕中心，积极组织委员先后就《云南省民办教育促进法实施条例》、省政府关于加强公益性文化事业建设的若干意见、省州市县体育后备人才培养情况、农村公共卫生建设、职业教育等开展专题调研、视察，提出了意见和建议，有的还形成了调研报告；配合全国政协调研组，对农村公共卫生体系建设情况进行调研；承办了西部12省（区市）政协文化体制改革与文化产业发展研讨会；组织省政协委员和部分著名书画家赴临沧市慰问了战斗在禁毒第一线的公安干警和先进模范；在云南大学举办了庆祝第22个教师节座谈会。

港澳台侨和外事委员会 组织政协委员先后就云南省台资企业发展情况、临沧市加强侨务工作、丽江市经济社会发展情况等进行调研，形成了调研报告，提出了对策建议；组织省政协的港澳委员视察了玉溪经济社会发展情况；组织委员到楚雄视察了执行《省政府关于改善投资环境的意见》的情况；接待港澳台同胞、海外华侨华人和老挝建国阵线中央、越南祖国阵线中央代表团，以及来自缅甸、日本、美国等国赴滇访问考察团10多个230余人次；参与组团或参团9个出访或考察了意大利、捷克、摩洛哥、俄罗斯、希腊、葡萄牙、加拿大、英国、泰国、澳大利亚、新西兰等国家和地区；与有关部门举办了云南省国庆中秋台胞台属联谊会和黄埔后代亲友联谊会活动；牵头建立了省级“七台”工作联席会议制度；举办了首届美国加州州立大学活动策划高级培训班；出席了香港地区省级政协委员联谊会成立庆典活动；组织召开了云南省海外经济合作促进会二届二次理事会；牵线引资，为委员、港澳台同胞及海外华侨华人来滇经商办厂、观光考察、开展文化交流、捐资赈灾、助学义诊做好服务工作。

社会和法制委员会 组织委员开展了云南省社区组织建设及运行机制、青少年法制宣传教育情况、《云南妇女发展规划(2001—2010年)》、《云南儿童发展规划(2001—2010年)》实施情况等进行专题调研，形成了调研报告；做好立法协商工作，组织委员、专家对《云南省机制编制管理条例（讨论稿）》、《云南省抗旱条例》、《建筑节能管理条例（送审稿）》等国家和地方的33件法律法规草案协商讨论，提出意见建议300余条；召开了全省社法委系统“依法行政与和谐云南”研讨会；编辑了《法律知识600题》一书；在云南法制报开辟了《政协之窗》栏目；参加了全国政协社法委对云南禁毒情况的考察。

民族和宗教委员会 组织委员就云南民族“直过区”摆脱贫困情况，云南省7个较少民族特殊政策落实情况，佤族、景颇族经济社会发展情况等分别进行专题调研，提出了意见建议，并形成了《云南省民族“直过区”摆脱贫困五年建设规划》的建议案；就贯彻《宗教事务条例》情况到昆明市有关地区调研，提出了相关提案；组织部分基层少数民族宗教界委员到福建、广东、海南、上海、浙江等地考察；召开了全省政协民族宗教工作座谈会；参加了大理州和贡山、宁蒗、巍山等民族自治州、县的庆祝活动。

【重要活动】

西部十二省（区、市）政协文化体制改革与文化产业发展研讨会 2006年4月18日在昆明举行，来自12个省（区、市）的专家学者会聚一堂，就有关问题进行交流探讨。全国政协副主席周铁农，全国政协教科文卫体委员会副主任傅庚辰，中共云南省委副书记丹增，省政协主席杨崇汇，副省长刘平，省政协副主席和占钧、曾华、李先猷，以及新疆维吾尔自治区政协、西藏自治区政协、广西壮族自治区政协、贵州省政协、陕西省政协、宁夏回族自治区政协的副主席等出席会议。丹增介绍了云南文化体制改革与文化产业发展的情况。

云南省企业家论坛 2006年5月30

日，由省政协倡议并发起组建的论坛在昆明举行成立大会。中共云南省委副书记、常务副省长秦光荣，省政协主席杨崇汇出席会议并讲话。云南省企业家论坛是以从事经济工作的各级政协委员为会员主体，并吸纳社会各界具有代表性的人士参加，在自愿基础上成立的政协直属全省性非营利社会组织。论坛举办了首期主题演讲。全国政协经济委员会副主任陈清泰、全国政协社会和法制委员会副主任萧灼基应邀分别作了题为“企业自主创新问题”和“中国宏观经济的若干问题”的演讲。会议聘请杨崇汇、孟继尧为云南省企业家论坛顾问。省政协副主席和占钧、苏正国被选举为论坛秘书长。

深入实施西部大开发战略专题研讨会 2006年6月12日在昆明召开。会议围绕由云南省政协经济委员调研起草的“云南省实施国家西部大开发战略的回顾与进一步推进西部大开发战略在云南深入实施的建议”进行了专题讨论，从理论研究的角度为云南省深入实施好西部大开发积极建言献策。

全国政协领导到云南视察 2006年2月5日，全国政协副主席董建华到省政协机关视察指导工作并举行了座谈会。4月18日，全国政协副主席周铁农到省政协机关视察指导工作。8月22日至24日，全国政协副主席、致公党中央主席罗豪才来昆明出席“第四届东盟华商投资西南项目推介会暨首届亚太华商论坛”。云南省政协党组书记王学仁于8月22日设宴欢迎。罗豪才到西山公园拜谒南洋华侨机工纪念碑并参加了有关活动。

全省政协工作经验交流会 2006年9月27日至29日在昆明召开。各州市、县(区)政协负责人300多人会集一堂，深入学习贯彻中央及省委关于加强人民政协工作有关文件精神，总结交流实践经验，探索研究工作规律。会议邀请了省政府办公厅、中共楚雄州委、红河州政府的负责同志出席会议并作交流发言。16位同志以研究探索新形势下我省政协工作的新思路、新任务、新途径为主题作大会交流发言。全国政协副秘书长卞晋平应邀作《新世纪新阶段人民政协的理论与实践》辅导报告。省政协党组书记王学仁出席会议并讲话。

【重要文件】

常委会工作报告（2006年1月14日）（摘要） 报告第一部分从七个方面回顾了2005年的工作：围绕发展大局，切实履行政治协商职能；积极探索与实践，不断加大民主监督力度；拓展工作领域，着力提高参政议政实效；加强团结联谊工作，促进平安和谐云南建设；着眼发展社会主义民主政治，积极推进政协履行职能的制度化、规范化和程序化；认真贯彻中共云南省委政协工作会议精神，推动了人民政协事业深入发展；注重加强自身建设，省政协履行职能的能力有新提高。2006年是实施“十一五”规划的开局之年，也是加快推进全省全面建设小康社会的重要一年。省政协工作的指导思想是：高举邓小平理论和“三个代表”重要思想伟大旗帜，学习贯彻中共十六届五中全会精神，学习贯彻中共云南省委七届七次全委会和中共云南省委政协工作会议精神，在中共云南省委的领导下，坚定不移地以科学发展观统领政协工作，坚持和完善中国共产党领导的多党合作和政治协商制度，紧紧围绕党委、政府的中心工作，认真履行政治协商、民主监督、参政议政职能，为我省社会主义经济建设、政治建设、文化建设与社会建设再上新台阶作出新贡献。2006年的主要工作是：认真学习贯彻中共十六届五中全会和中共云南省委七届七次全会精神，紧密结合政协工作实际抓好落实；全面贯彻中共云南省委政协工作会议精神，紧紧围绕加快云南发展这个第一要务富有成效地履行职能；更加注重发挥好民主党派、无党派人士和人民团体在政协工作中的重要作用；牢牢把握团结民主两大主题，努力为构建平安和谐云南作贡献；进一步加强联谊与交往，着力促进祖国完全统一；以《公务员法》的实施为契机，进一步加强机关建设。

《中共云南省委贯彻〈中共中央关于加强人民政协工作的意见〉的实施意见》（2006 年 9 月 14 日）（摘要） 结合云南省实际，就《意见》的贯彻实施，提出以下意见。一、把政治协商纳入决策程序，认真搞好人民政协的政治协商。1. 坚持决策前在人民政协的政治协商。2. 规范人民政协政治协商的主要内容。3. 规范人民政协政治协商的主要形式。4. 规范人民政协政治协商的主要程序。二、完善民主监督机制，积极推进人民政协的民主监督。5. 加强人民政协的民主监督。6. 规范人民政协民主监督的主要内容。7. 规范人民政协民主监督的主要形式。8. 完善人民政协的民主监督机制。三、加大工作力度，深入开展人民政协的参政议政。9. 重视人民政协的参政议政。10. 建立健全人民政协参政议政的工作机制。11. 积极为人民政协参政议政创造良好条件。四、认真采纳人民政协的意见和建议，增强政协工作实效。12. 建立健全人民政协意见建议的吸纳落实机制。13. 进一步规范人民政协建议案、提案的办理工作。14. 努力提高人民政协建议案、调研报告和提案的质量。五、根据人民政协的性质、特点，切实抓好政协自身建设。15. 充分发挥各民主党派和无党派人士的重要作用。16. 充分发挥人民政协的界别优势。17. 充分发挥政协委员在人民政协履行职能中的主体作用。18. 大力加强人民政协的机关建设。六、继续推进政治协商、民主监督、参政议政的制度化、规范化和程序化。19. 进一步建立和完善人民政协工作的各项规章制度。20. 积极建立健全保障人民政协履行职能的规章制度。七、加强和改善党对人民政协的领导。21. 切实加强党对人民政协的领导。22. 发挥政协党组在人民政协组织中的领导核心作用。23. 重视人民政协的领导班子和干部队伍建设。24. 积极改善人民政协的工作条件。25. 发挥人民政协组织中共产党员的先锋模范作用。26. 努力创造全党全社会重视和支持人民政协工作的新局面。

《服务于全省“十一五”经济社会发展全局 以务实创新的作风确保政协工作任务完成》（省政协主席杨崇汇在省政协常委会上的讲话）（2006 年 1 月 12 日）（摘要） 要更加自觉地坚持中国共产党的领导，为“十一五”开好局努力作贡献。他说，做好今年的工作，对我省全面实现“十一五”规划至关重要。在新形势下，省政协的工作必须与中共中央和中共云南省委所提出的新要求相适应，必须进一步增强政协工作的政治意识和历史责任意识，必须更加自觉地坚持中国共产党的领导，深入学习和全面把握中共十六届五中全会和中共云南省委七届七次全体会议精神，必须通过更加扎实地履行好政协职能，更加积极地协助中共云南省委、省政府切实解决好全省经济社会发展必须着力解决的重大问题，努力为我省“十一五”建设开好局作出人民政协应有的贡献。

要坚定不移地把落实科学发展观作为政协履行职能的第一要务抓出新成就。省政协必须紧紧围绕我省“十一五”期间建设社会主义新农村，推进产业结构优化升级，促进区域协调发展，继续发挥投资和消费对经济的拉动作用，深化体制改革和提高开放水平、建设资源节约型和环境友好型社会，实施科技兴滇和人才强省战略，发展文化产业和繁荣文化事业这些战略性决策选题，以科学发展观指导视察、调研和建言立论，以落实科学发展观检验政协工作的成效，更充分地发挥好人民政协在实现我省经济社会又快又好发展中的积极作用。

要牢牢把握团结和民主两大主题，进一步促进平安和谐云南建设。要充分发挥人民政协作为最广泛的爱国统一战线组织的作用，把不同党派、不同阶层、不同民族、不同信仰的各种社会力量，团结在社会主义和爱国主义的旗帜下，凝聚在我省全面建设小康社会的宏伟事业中；要发挥各专门委员会的作用，并依靠各民主党派、人民团体和广大政协委员，关注民生，关心社会存在的各种不和谐问题，加大反映社情民意和动员各界力量共同解决不和谐问题的力度，着力协助党委、政府协调关系、化解矛盾，维护安定团结，努力使人民政协成为“党委领导、政府负责、社会协同、公众参与”的建设格局中的一支重要力量。

【组织概况】

委员增补名单（2006年1月12日政协云南省第九届委员会常务委员会第十三次会议通过）

庄小峰　庄哲猛　许国璇
劳灼荣　巫凯诚　黄效文

（2006年7月15日政协云南省第九届委员会常务委员会第十五次会议通过）

王学仁

【云南省各级政协领导人名单】

云南省

政协主席

杨崇汇

副主席

孟继尧　和占钧（纳西族）　马开贤（回族）　许克敏　陈勋儒　苏正国　管国忠（傣族）　曾　华　罗黎辉　李先猷（哈尼族）

秘书长　龙忠志（彝族）

昆明市

市政协主席　田云翔

县（市、区）政协主席

五华区　段瑞珊
盘龙区　李如春
官渡区　余超群（彝族）
西山区　赵洪义
东川区　李旭东
呈贡县　毋开轩
晋宁县　李永安
安宁市　张　毅
富民县　李永芳
宜良县　姜育文
石林县　者培仙（女，彝族）
嵩明县　杨秀松
禄劝县　何贵祥
寻甸县　张国友

昭通市

市政协主席　熊启怀（苗族）

县（区）政协主席

昭阳区　吴兴武（彝族）
鲁甸县　朱志文（苗族）
巧家县　陈堂洲
盐津县　熊洪贵
大关县　童成清
永善县　吴文富
绥江县　王惠银
镇雄县　吴道文
彝良县　颜永庆
威信县　吴必田
水富县　朱家才

曲靖市

市政协主席　王　敏

县（市、区）政协主席

麒麟区　顾晓富

沾益县　李家云

马龙县　刘文开

宣威市　沈庆美

富源县　陇聪明（彝族）

罗平县　王琼芳（女）

会泽县　何禹清

师宗县　何平华（回族）

陆良县　郑学荣

楚雄彝族自治州

州政协主席　张怀德

市（县）政协主席

楚雄市　段　云

双柏县　毕家荣（彝族）

牟定县　高荣兴

南华县　阿明仙（女，回族）

大姚县　温连勇

姚安县　王淑发（彝族）

永仁县　殷加林

元谋县　蓝　松

武定县　刘绍明

禄丰县　杨天贵

玉溪市

市政协主席　孟祖永

县（区）政协主席

红塔区　杨德运

江川县　赵少春

澄江县　李云兆

通海县　周艳芳（女）

华宁县　马安吉（回族）

易门县　马军有

峨山县　马穆生

新平县　罗永祥（彝族）

元江县　谢光亚（傣族）

红河哈尼族彝族自治州

州政协主席　段登陆

市（县）政协主席

个旧市　杨树文

开远市　付华萍（女）

蒙自县　钟　麟

屏边县　邱　晨（彝族）

建水县　赵晓凌（女）

石屏县　张朝平（傣族）

弥勒县　周树华

泸西县　马曙光（回族）

元阳县　车高学(哈尼族)

红河县　李勒然(哈尼族)

金平县　苦自昌(彝族)

绿春县　杨玉沙(哈尼族)

河口县　王家明（壮族）

文山壮族苗族自治州

州政协主席　王云凌

县政协主席

文山县　黄龙才

砚山县　陈光祥

西畴县　王　俊

麻栗坡县　陶金昌（苗族）

马关县　沈章华（壮族）

丘北县　戚守存

广南县　赵世翔（彝族）

富宁县　何代文（壮族）

思茅市

市政协主席　王正昌

县（区）政协主席

翠云区　蔡元庆

普洱县　杨发春（彝族）

墨江县　薛光海

景东县　杨学进（彝族）

景谷县　王　诚

镇沅县	张启义（傣族）
江城县	李开连(哈尼族)
孟连县	岩　平（佤族）
澜沧县	杨家亮
西盟县	魏岩本（佤族）

西双版纳傣族自治州

州政协主席	杨志祥(拉祜族)
市（县）政协主席	
景洪市	谢永兴
勐海县	岩　比（傣族）
勐腊县	罗长生（彝族）

大理白族自治州

州政协主席	赵有生
市（县）政协主席	
大理市	忻德昆（彝族）
漾濞县	祁焕然（彝族）
祥云县	张美仁
宾川县	陈家旺（白族）
弥渡县	杨义昌
南涧县	董德海
巍山县	孙　云
永平县	艾连钦
云龙县	吕　森（傣族）
洱源县	汤必春
剑川县	高嘉德（白族）
鹤庆县	李福海（白族）

保山市

市政协主席	张　静（女）
县（区）政协主席	
隆阳区	陈学范（女）
施甸县	杨启发(布朗族)
腾冲县	张饶良（女）
龙陵县	陈自达
昌宁县	刘文允

德宏傣族景颇族自治州

州政协主席	杨文忠（白族）
市（县）政协主席	
潞西市	杨跃先
梁河县	杨牙友(景颇族)
盈江县	王振泽
陇川县	尹以稳
瑞丽市	杨治祥

丽江市

市政协主席	杨文彬（彝族）
县（区）政协主席	
古城区	和志华(纳西族)
玉龙县	和秀琼(女，纳西族)
永胜县	和耀福(纳西族)
宁蒗县	和建华(摩梭人)
华坪县	林天宏

怒江傈僳族自治州

州政协主席	李四明(傈僳族)
县政协主席	
泸水县	罗福盛（白族）
福贡县	牛裔观(纳西族)
贡山县	赵学煌(傈僳族)
兰坪县	和正荣(傈僳族)

迪庆藏族自治州

州政协主席	马向东（藏族）
县政协主席	
香格里拉县	马建国（藏族）
德钦县	培　楚（藏族）
维西县	金丽香(女，白族)

临沧市

市政协主席	刘世胤
市（县）政协主席	
临翔区	黄　丽（女）

凤庆县	郭惠庆	双江县	赵文光
云县	何春华（彝族）	耿马县	赵应平
永德县	胡应华	沧源县	肖国才（佤族）
镇康县	李加兴（彝族）		

云南省各级政协组织和委员数

（截至2006年底）

级别 项目	省	州（设区的市）	县（市辖区、不设区的市）	合计
组织数	1	16	129	146
委员数	665	4760	23007	28432

（董保延 编写　马孝初 审稿）

政协西藏自治区委员会

【全体委员会议】

八届四次会议 2006年1月10日至14日在拉萨举行，政协西藏自治区第八届委员会共有委员463人，出席会议委员331人。帕巴拉·格列朗杰主持开幕会。会议听取并审议了政协第八届西藏自治区委员会常务委员会工作报告；听取并审议了政协第八届西藏自治区委员会常务委员会关于政协八届三次会议以来提案工作情况的报告；列席自治区人民代表大会第五次会议，听取并讨论西藏自治区国民经济和社会发展第十一个五年规划纲要和其他有关报告；审议并通过了西藏自治区政协八届四次会议政治决议和其他有关决议；审议并通过了西藏自治区政协提案委员会关于八届四次会议提案审查情况的报告；通过有关人事任免事项。

【常务委员会会议】

第10次会议 2006年1月6日至7日在拉萨举行。会议审议通过西藏自治区政协八届十次常委会议程；审议通过关于召开西藏自治区政协八届四次会议的决定；审议通过西藏自治区政协八届四次会议议程；审议通过西藏自治区政协常务委员会工作报告和报告人；审议通过西藏自治区政协常务委员会关于八届三次会议以来提案工作情况的报告和报告人；审议通过西藏自治区政协八届四次会议秘书长、副秘书长名单；传达全国政协十届十一次常委会议精神；听取常委会工作报告起草情况的说明和各专委会工作情况的报告；通过人事事项。

第11次会议 2006年1月13日，在拉萨举行。审议通过西藏自治区政协八届四次会议政治决议草案；审议通过西藏自治区政协八届四次会议关于常务委员会工作报告的决议草案；审议通过西藏自治区政协八届四次会议关于八届三次会议以来提案工作情况报告的决议草案；审议通过西藏自治区政协提案委员会关于政协八届四次会议提案审查情况的报告草案；听取有关人事事项的说明；审议通过西藏自治区政协增选常务委员候选人名单；审议通过选举办法；审议通过总监票人、监票人名单。

第12次会议 2006年6月8日至9日在拉萨举行。会议审议通过西藏自治区政协八届十二次常委会议程；传达学习《中共中央关于加强人民政协工作的意见》、中国人民政治协商会议第十届全国委员会第四次会议精神和全区党员领导干部大会精神；审议通过《政协西藏自治区委员会关于坚决拥护中共西藏自治区委员会作出的反分裂斗争决策部署，维护社会稳定的决定》。

第13次会议 2006年11月6日至7日在拉萨举行。会议审议通过西藏自治区政协八届十三次常委会议程；传达学习中国共产党第十六届中央委员会第六次全体会议精神和中国共产党西藏自治区第七次代表大会精神。

【专门委员会工作】

提案委员会 自治区政协八届四次会议以来，共收到提案314件，经审查立案313件。1件作来信处理。大会闭幕后及时将提案分送自治区党委办公厅、区政府办公厅及有关部门办理。截至去年10月30日，全部办复完毕。其中，所提问题已经解决、正在解决或列入规划的220件，占70.29%；因条件所限留待以后解决的60件，占19.17%；留作参考的33件，占10.54%，承办单位已向提案人作了说明。提案质量、采纳率和满意率均有明显提高。委员们在提案中提出的建议，得到区党委、人民政府及有关部门的高度重视和认真办理。先后下发了《西藏自治区工商局关于优化服务、支持和促进个体私营经济加快发展的意见》，代自治区人民政府草拟了《西藏自治区人民政府关于贯彻〈国务院关于鼓励支持和引导个体私营等非公有制经济发展的若干意见〉的实施意见》已经下发执行。已将《金沙江上游水电规划》、《扎曲河水电规划》列入国家部署水电长期发展规划，自治区发改委积极采纳提案建议，及时下发了《2005年长期工作计划》，安排专项资金启动了《全区农畜产品流通体系建设规划》，出台了《中共西藏自治区委员会西藏自治区人民政府关于进一步落实完善草场承包经营责任制的意见》，落实了一大批建设项目，完善了管理制度。组织修订《中国人民政治协商会议西藏自治区委员会提案工作条例》，召开第四次政协提案工作座谈会。

社会科教文卫体育委员会 2006年6月26日至9月7日期间，在分管领导的带领下，组成联合调研组先后对山南地区加查县、乃东县和林芝地区工布江达县、波密县、林芝县、米林农场及拉萨市林周县、城关区就科技为“三农”服务情况进行了深入细致的调研。针对调研存在的问题，提出了八点建议和意见：1. 不断增强各级党委、政府和全社会的科技意识，大力宣传科技工作的重要意义，牢固树立科学发展观，依靠科技使农牧区实现跨越式发展，切实落实科教兴藏战略。2. 建立健全机构，落实编制。3. 加快农业科技进步和对农牧民的技能培训与文化教育，提高农业科技含量和农民整体素质。4. 不断加大对科技的投入力度，确保科技三项经费投入增幅不低于财政收入的增幅，并通过各种途径增加对农牧业的科技投入。5. 进一步提高科技为“三农”服务的能力与水平，实现传统农业向现代农业的转变，在具有高原特色的优势领域取得一批具有知识产权的重大科研成果，保持高原特色的优势领域科技水平的先进性。6. 不断提高科技人员的工资待遇、政治待遇等各项待遇，以充分调动他们的工作积极性。7. 沼气是我区农村可以普遍开发利用的优质可再生能源。8. 我区藏毯业集中技术、资金，集中优势，拧成拳头，逐步走上集团化、规模化道路，以增强市场竞争力。积极开展“五个一”活动，通过与创域（国际）控股有限公司联系，该公司出资10万元现金和60套被褥，捐助扶贫点。与深圳市盐田区考察组联系，给嘎罗寺捐赠了布匹。

文史民族宗教法制委员会 2006年6月12日至29日，与昌都地区政协组成联合调研组，先后深入昌都地区丁青、类乌齐、江达、昌都、察雅、芒康、贡觉、八宿9县18个乡（镇）26座寺庙，就寺庙爱国主义教育相关问题进行了调研。形成了《关于昌都县等九县寺教工作调研情况报告》，上报自治区党委，得到了区党委的充分肯定。去年《赴山南错那县四个门巴民族乡视察调研报告》，得到了区党委领导的高度重视，主要领导作了批示，区党委召开专题会议，对所反映的关于四个民族乡普遍缺乏农牧科技人员和医务人员等四个问题，逐个分解到相关部门办理。阿里地区全体委员提出的《关于抢修阿里古格王国遗址》的提案，由文史民族宗教法制委员会负责督办，已列入《西藏自治区文物保护项目及资金需求“十一五”专项规划》。编辑《西藏文史资料选辑》藏文版第26辑，已出版发行，27辑已完成编辑、初审、校对，正在终审，今年发行，28辑已着手编辑；汉文版25辑已完成编辑、打印、校对，正在终审，29辑已着手编辑。汉文版1～22辑精装合订本的勘误、录入、校对工作正在进行，今年上半年出版发行。与西藏电视台、中央电视台联合完成了人物资料片《雪山脚下的酥油灯》（讲述一位老政协委员的故事）的摄制工作以及“庆祝中国人民政治协商会议西藏自治区委员会成立50周年广播电视大型人物访谈录”——《高原儿女》的策划工作。

2006年文史资料征稿工作成绩十分突出。共征得各类稿件110余篇，计99.8万字。

经济资源环境委员会 2006年是全区执行“十一五”规划的开局之年，也是建设社会主义新农村实施农牧民安居工程的起步之年。以关爱“三农”工作的要求和任务，为进一步贯彻落实好党的这一富民政策，在分管主席领导下，组成联合调研组，分两批，历时一个多月，先后在山南、林芝、日喀则地区10多个县，对25个乡（镇）的1100户农户进行问卷调查，对三种不同经济状况的农牧户进行了抽样调查。形成了《关于我区社会主义新农村建设和实施农牧民安居工程的调研报告》。2006年11月，区党委张庆黎书记对调研报告做了重要批示：“这个调研报告很好，有情况、有分析、有建议。”与自治区西部开发办共同调研，形成了《西藏自治区西部大开发6年来的进展情况和进一步推进西部大开发的几点对策建议》的专题报告并上报全国政协。联合全国政协经济委员会和人口资源环境委员会的部分委员、专家、学者20余人组成联合调研组，在日喀则地区和亚东县委、县政府、县政协的积极配合下，对日喀则至亚东口岸沿线，帕里镇、下司马镇、仁青岗边贸市场进行实地考察。参加了东北三省学习考察，提出了《赴东北三省学习考察边境贸易的报告》已上报区党委。参加了“内陆湖泊保护与可持续发展研讨会”并与自治区环保局共同提交了《西藏自治区纳木错生态旅游价值及开发方向探讨》的专题报告。

【重要活动】

新年茶话会 2006年2月23日下午，自治区政协举行西藏各族各界迎2006年藏历火狗新年茶话会。自治区政协副主席次仁卓嘎主持茶话会。自治区党委副书记、自治区政协党组书记、副主席土登才旺在茶话会上发表了热情洋溢的讲话。自治区党政军领导、八届自治区政协部分委员、驻藏全国政协委员、区直和中直单位的负责人，拉萨市委、市政府、人大、政协的主要负责人，部分自治区政协原副主席和著名党外爱国人士遗孀代表出席茶话会。

自治区政协举行学习社会主义荣辱观座谈会 3月28日，自治区政协在拉萨的全体常委和部分委员学习胡锦涛总书记以“八荣八耻”为主要内容的社会主义荣辱观的重要论述和区党委代理书记张庆黎同志的讲话。座谈会由区党委常委、区政协副主席、区党委统战部部长巴桑顿珠主持。区党委副书记、区政协党组书记、副主席土登才旺作了重要讲话，内容包括进一步提高对树立社会主义荣辱观重大意义的认识；始终把“以热爱祖国为荣、以危害祖国为耻”作为树立社会主义荣辱观的首要任务来抓；切实把“以崇尚科学为荣、以愚昧无知为耻”作为树立社会主义荣辱观的重点摆在突出位置；自觉把实践“八荣八耻”贯彻到人民政协履行职能的全过程。

全区政协秘书长工作座谈会 5月17日，自治区政协在拉萨举行全区政协秘书长工作座谈会。自治区政协副秘书长魏洪罗主持会议。参加会议的有各地（市）政协分管办公室的主席、各地市政协秘书长、办公室主任、自治区政协副秘书长、助理巡视员及机关副处级以上干部共54人。自治区政协秘书长罗松多吉作了题为《认真履行秘书长职能，努力建设团结、民主、高效的政协机关》的发言。自治区政协副秘书长索朗培杰传达了《中共中央关于加强人民政协工作的意见》，七地（市）政协秘书长在大会上分别作了交流发言。

自治区政协举行法制讲座 10月20日下午，自治区政协机关邀请区民宗委研究室主任多吉为干部职工进行民族政策与法律讲座。从民族理论、民族政策、民族法律法规等方面详细讲授了民族宗教工作的长期性、复杂性和重要性，其中不乏违背民族政策造成严重后果的生动案例，讲解生动、翔实，对干部职工学习和掌握并正确贯彻执行党的民族宗教政策奠定了很好的基础。

【重要文件】

常务委员会工作报告（2006年1月10日）（摘要） 回顾2005年工作。2005年是自治区成立40周年大庆之年，是我区顺利实现“十五”计划发展目标、经济快速发展、社会全面进步的一年，也是人民政协事业蓬勃向上、富有成效的一年。一年来，常务委员会在自治区党委的正确领导下，坚持以邓小平理论和“三个代表”重要思想为指导，坚持以科学发展观统领政协工作，牢牢把握团结和民主两大主题，切实履行政治协商、民主监督、参政议政的职能，为维护我区政治局势稳定和经济社会发展，为编制我区“十一五”规划、加快全面建设小康社会步伐、建设社会主义和谐西藏做出了积极贡献。（一）以建设学习型组织为目标，努力推进人民政协事业向前发展。（二）围绕中心，服务大局，建言献策的质量和水平有了新的提高。（三）深入开展反分裂斗争，为维护团结稳定的政治局面、构建和谐西藏做出了新贡献。（四）不断加强自身建设，各项工作有了新的进展。第二部分2006年工作任务。（一）继续把学习放在突出位置，努力提高履行职能的整体水平。（二）切实履行职能，发挥作用，为实施“十一五”规划建言献策。（三）发挥人民政协的政治优势，更好地为发展社会主义民主政治服务。（四）深入开展反分裂斗争，努力做好稳定工作，为建设和谐社会与平安西藏贡献力量。（五）进一步加强政协自身建设。

【组织概况】

委员增补名单

（2006年1月7日西藏自治区政协八届十次常委会通过）

益西旺久 格桑顿珠

常务委员增选名单

（2006年1月14日西藏自治区政协八届四次会议通过）

张万生

【西藏自治区各级政协领导人名单】

西藏自治区

政协主席

帕巴拉·格列朗杰

副主席

土登才旺 巴桑顿珠

拉敏·索朗伦珠 尧西·旺堆

次仁卓嘎 曲加 加保

珠康·土登克珠 平措

曾忠义 金毅明 乔元忠（汉族）

才旺班典 策墨林·单增赤列

扎门·赤列旺杰

秘书长

罗松多吉

拉萨市

政协主席 朱春生（汉族）

县（区）政协主席

城关区 李怀伟

堆龙德庆县 多 吉

日喀则地区

政协主席 仓木群

县（市）政协主席
日喀则市 达娃次仁
亚东县 索朗丹增
江孜县 次仁群培

山南地区
政协主席 次仁罗布
县政协主席
乃东县 次仁巴吾

林芝地区
政协主席 旺　杰
县政协主席
林芝县 塔　青
察隅县 罗　洛
墨脱县 绕　杰
米林县 多布杰
工布江达县 王保国
波密县 赵卫毛
朗　县 洛　桑

昌都地区
政协主席 仁青措姆
县政协主席
昌都县 泽登扎西
江达县 索朗干布
类乌齐县 泽仁拉加
丁青县 布尼玛
察雅县 陈来群培
芒康县 扎西次仁

那曲地区
政协主席 杰　巴
县政协主席
那曲县 次仁多吉
比如县 李龙文
索　县 江村曲加
尼玛县 格　尼
安多县 卿立亮
班嘎县 （暂缺）
巴青县 张海章

阿里地区
政协主席 加　措
县政协主席
日土县 旦真次仁
嘎尔县 桑　珠
札达县 洛　桑
普兰县 （暂缺）

西藏自治区各级政协组织和委员数

（截至2006年底）

级别 项目	自治区	地　区	县市区	合计
组织数	1	7	30	38
委员数	463	1298	1013	2774

（建　军 编写　程四曲 审稿）

政协陕西省委员会

【全体委员会议】

九届四次会议 2006年1月15日至1月20日在西安举行。本次会议应到委员608人，实到577人。中共陕西省委书记、省人大主任李建国，省委副书记、省长陈德铭等党政军领导和省级各民主党派、工商联负责人及长期从事政协工作的老同志出席了大会。会议听取并审议了张保庆副主席代表常委会所作的常委会工作报告和陆栋副主席代表常委会所作的九届三次会议以来提案工作情况的报告，会上，田源、刘爱梅、刘炳琦同志分别辞去陕西省政协副主席、省政协常委和专委会主任职务，会议选举曹增津、赵英武同志为陕西省政协常委。与会委员列席了省十届人大四次会议，审议了陈德铭省长所作的政府工作报告，审议了《陕西省国民经济和社会发展第十一个五年规划》（草案），讨论了省高级人民法院和省人民检察院的工作报告，讨论了省2005年国民经济与社会发展计划执行情况和2006年计划草案的报告、省2005年财政预算执行情况和2006年财政预算草案的报告。会议期间除进行了分组讨论外，设立了专题讨论，委员们分别围绕科技自主创新能力建设，文化事业和文化产业的发展，社会主义新农村建设等专题进行了热烈讨论，李建国书记、陈德铭省长还亲自参加了港澳委员的讨论。会议举行了大会发言，与会委员就我省贯彻落实科学发展观、改善投资环境、加快体制改革、促进农民增收等事关全省经济社会发展全局的重要问题提出了许多意见和建议。与会委员围绕省政协常委会工作报告、提案工作报告和省政府工作报告，陕西省第十一个五年规划（草案）及计划、财政等报告，讨论了一年来省政府和省政协的工作，提出了许多意见和建议。会议形成了《政协陕西省委员会九届四次会议对〈政府工作报告〉、〈陕西省国民经济和社会发展第十一个五年规划（草案）〉的修改意见和建议》，通过了九届四次会议政治决议和常委会工作报告的决议。张保庆副主席在闭幕会上作了重要讲话。会议号召，全省各级政协组织和广大政协委员更加紧密地团结在以胡锦涛同志为总书记的中共中央周围，在中共陕西省委的领导下，珍重历史赋予的重要使命，肩负起社会各界赋予的重要职责，充分发挥人民政协的优势和作用，为实现全面建设小康社会、加快建设西部经济强省的宏伟目标，为创造陕西更加美好的未来，做出新的更大的贡献！

【常务委员会会议】

第17次会议 2006年1月19日在西安举行。本次会议应出席常委会组成人员116人，实到108人。张保庆副主席主持会议。会议听取了中共陕西省委组织部部长杨士秋关于人事问题的说明。

第18次会议 2006年1月20日在西安举行。本次会议应出席常委会组成人员116人，实到106人。张保庆副主席主持会议。会议审议并通过了选举办法、关于增补省政协常委的建议名单、《政协陕西省第九届委员会第四次会议政治决议》（草案）、《政协陕西省第九届委员会第四次会议关于常务委员会工作报告的决议》（草案）、《政协陕西省第九届委员会提案委员会关于九届三次会议以来提案工作报告的决议》（草案）和《政协陕西省第九届委员会第四次会议关于提案审查情况的报告》。

第19次会议 2006年3月20日在西安举行。本次会议应出席常委会组成人员115人，实到86人。张保庆副主席主持会议。会议首先分组学习并讨论了《中共中央关于加强人民政协工作的意见》和全国政协《关于学习〈中共中央关于加强人民政协工作的意见〉的决定》，张保庆副主席传达了十届全国人大四次会议和全国政协十届四次会议精神。

第20次会议 2006年6月12日至14日在西安举行，协商和讨论推进我省社会主义新农村建设的有关问题。本次会议应出席常委会组成人员115人，实到75人。张保庆副主席主持会议。参与编制《陕西省2006－2020年社会主义新农村建设规划纲要》（草案）的相关部门的负责人列席会议。朱静芝副省长通报了我省社会主义新农村建设情况及《规划纲要》（草案）的编制情况。九三学社陕西省委员会、省政协各专门委员会、各省辖市政协及杨陵区政协进行了大会发言。与会常委围绕我省社会主义新农村建设热烈讨论，对《规划纲要》（草案）给予了高度评价，同时就该草案提出总体性意见12条，具体建议12条。会议决定增补骞国政、薛明绪同志分别为文教委员会和医卫体委员会主任；赵英武、曹增津同志分别为社会与法制委员会和经济委员会副主任。张保庆副主席在会议结束时作了总结讲话。

第21次会议 2006年9月20日至22日在西安举行。会议应到常委会组成人员115人，实到65人。张保庆副主席出席并主持会议。会议认真学习了胡锦涛总书记在全国科学技术大会上的讲话和中共中央、国务院《关于实施科技规划纲要，增强自主创新能力的决定》，听取了陕西省副省长朱静芝所作的《关于陕西省科技自主创新的情况通报》，会议邀请省政协常委、省政协科技委员会主任孙海鹰作《建设创新型陕西》的辅导报告，深入的讨论了陕西省人民政府《关于实施科技规划纲要，增强自主创新能力，建设创新型陕西的若干政策规定》、《陕西省“十一五”科学和技术发展规划》和《陕西省中长期科学和技术发展规划纲要》，提出许多宝贵的意见和建议。省政协科技委员会、省级各民主党派和省辖市政协围绕如何增强陕西省科技自主创新能力作了大会发言。会议结束时，张保庆副主席做了题为《增强自主创新能力，提高核心竞争力是国防科技工业发展的必由之路》的总结发言。

【专门委员会工作】

提案委员会 九届四次会议以来，共收到提案740件，经审查立案700件，立案率为94.6%，另外40件已转交给有关部门参考。截至年底，已办复696件，办复率为99.4%。提案工作主要坚持了以下作法：一、采取多种措施，提高提案质量。一是采取多种方式，帮助提案人了解全局工作。通过发送学习资料、举办情况通报会、专题报告会、协商座谈会、组织委员视察调研等活动帮助委员尽可能多地了解全省经济社会情况，为委员提好提案创造条件。二、采取措施，注重提案办理实效。1. 认真交办。及时与省政府联合召开提案办理交办会，对各提案办理单位进行动员，提出要求，对党派、团体提案提前报送省委领导批阅，增强这方面提案办理力度。2. 承办部门认真办理。各承办部门把办理政协提案作为接受民主监督，改进自身工作的大事来抓，认真负责地办理提案。3. 选择事关全局、内容重要、办理难度较大的提案作为重点提案，由省政府、省政协领导和各专门委员会领衔督办。4. 认真检查督促提案的办理工作。8月，组织检查组对发改委等10多个厅局的提案办理情况进行了检查，指出他们在提案办理工作中存在的不足并提出了改进意见和建议。5. 对办理难度大的提案，组织力量联合办理。三、创新工作方法，加强提案工作自身建设。1. 研究制订我省《重点提案的确定与办理办法》，明确重点提案的确定、办理和督办的程序与要求，促使这项工作进入规范化、制度化、程序化轨道。2. 编辑出版九届政协以来《优秀提案选编》一书，展示九届政协在提案办理工作中所取得的成果。3. 开展学习考察和调查研究，拓宽提案工作思路。先后到江西、浙江等省区学习考察，深入我省5个市进行调查研究，学习兄弟省份的先进工作经验，探讨我省提案工作存在的问题及解决办法。四、积极宣传政协提案。在人民日报等十多家媒体先后发表各种消息、通讯、访谈等文章50多篇，介绍政协提案工作；在同媒体合作开设《政协提案访谈》节目的基础上，又开办《委员有话说》栏目，宣传政协提案工作，激发政协委员提好提案的热情。

经济委员会 高举邓小平理论和“三个代表”伟大旗帜，认真学习贯彻党的十六大和十六届五中、六中全会精神，围绕第一要务，履行职能、建言献策。一、围绕省政协九届二十次常委会议主要内容积极开展各项工作。二、围绕经济社会的热点问题开展调研视察。1. 对我省农村公路建设情况进行调研，并形成调研报告，分析了我省农村公路建设中存在的四大问题，提出了五点建议，得到省委、省政府重视，并在我省规划纲要中予以采纳。2. 就全面推进“电子农务”项目进行调研，形成《全面推广“电子农务”为社会主义新农村建设作贡献》的调研报告，省委书记、副书记、省政府副省长都对该报告作出批示，有力地推动了我省农业信息化建设进程。3. 会同省煤碳工业局、省煤业集团、西安煤科分院和西安科技大学组成调研组，对我省煤层气开发利用情况进行调研，提出六条建议。4. 对我省部分高速公路建设情况进行调研。5. 继续关注陕西龙钢集团公司的发展情况，受到企业的好评。三、配合全国政协开展调研。1. 全国政协“进一步推进西部大开发战略深入实施”专题调研组来陕调研，我委认真配合调研，向调研组提交《关于陕西实施西部大开发战略的情况汇报》，受到全国政协重视，并在全国政协召开的专题协商会上作了《推进西部大开发战略深入实施》的专题发言。2. 配合全国政协促进企业自主创新专题调研组来陕调研。3. 参加全国政协组织的新农村建设专题联合调研。四、召开民营经济研讨会，为促进我省民营经济健康发展建言献策。五、参加有关全国性会议。

人口资源环境委员会 一、主要调研工作。1. 赴多个市县，围绕我省旅游资源开发问题进行调研，形成《关于对我省旅游资源开发与生态环境保护的调研报告》，省委书记、副省长分别作出批示，要求有关部门针对调研报告所提问题研究改进措施。2. 组织委员对我省建筑节能工作进行视察，并提出六条建议，得到省政府的重视。3. 召开“大力发展循环经济，努力建设资源节约型、环境友好型社会”的专题研讨会，形成各项论文、调研报告36篇，对这些文章进行整理后，形成政协信息报送有关领导，得到省委、西安市委的重视。4. 加强提案工作。全年共提出提案18份，其中两项提案被评为优秀提案。二、其他主要活动。1. 配合全国政协做好“煤油气开发利用与可持续发展”的专题调研。2. 参加全国政协人口资源环境委员会工作培训。3. 开展与兄弟省（市、自治区）政协专委会的交流。

科技委员会 一、认真组织调研。1. 围绕农村废弃物综合利用进行深入调研。科技委员会围绕如何改善农村生态环境和生产生活环境，提高农村废弃物的综合利用，以“农村废弃物的综合利用，发展农村循环经济”为题进行了专题调研，并提出了四条建议。2. 就增强自主创新能力组织专题调研。科技委员会围绕省政协九届二十一次常委会“协商讨论增强我省自主创新能力”主题和工作安排，就“如何提高自主创新能力”先后深入到宝鸡、渭南等30多家企业进行了深入调研。针对我省科技创新能力迫切需要研究解决的重大问题，委员们提出了7条建议。二、做好专题视察，积极建言献策。1. 科技委员会就“航天科技创新发展情况”组织视察。通过视察，委员们进一步开阔了视野，拓宽了思路，加深了对我省航天科技实力的认识，也为促进航天科技优势与我省地方经济发展紧密结合创造了条件。2. 科技委员会就国家“863计划”组织器官工程中，陕西艾尔肤生物工程有限公司与第四军医大学合作研制的、具有自主创新能力的“组织工程皮肤”的产品开发、临床应用以及存在困难和问题等情况，进行了视察和座谈。3. 科技委员会组织委员就“如何搞好陕西高速公路前期规划及在勘察设计中贯彻科学发展观”赴陕西省公路勘察设计院进行了视察。三、积极筹备，精细安排，确保省政协九届第二十一次常委会顺利召开。认真研究，充分准备，为省政协九届二十一次常委会做好筹备工作。会后，科技委员会整理的《关于省政协九届二十一次常委会议的情况报告》，得到了省委、省政府的高度重视。10月份召开的全省科技大会，吸收了《报告》中有关意见和建议，为进一步充实《规划纲要》和《若干政策规定》起到了积极的作用。四、发挥提案优势，提高提案质量。今年，科技委员会委员个人和集体提案在数量、质量上有了明显的提高，共提出提案44份，其中4份提案，获优秀提案。五、出席部分省（市）工作联系会议。六、认真完成全国政协和兄弟省市政协专委会来陕专题调研的协调和接待工作。

文教委员会 一、认真组织调研视察活动。1. 组织相关委员就农村基础教育协调发展和资源配置问题进行调研。委员针对存在的问题，提出了5条建议，得到了有关部门的重视。副省长朱静芝对此也作了批示。2. 关于我省“大遗址”文物保护问题的视察。组织委员会部分委员，会同省文物局分别到位于西安、渭南的汉长安城遗址、梁带村两周遗址、司马迁祠遗址等地视察，在视察报告中针对存在的问题，提出6条建议。报告受到省主管领导和有关部门的高度重视，有关方面的领导也对省政协委员的意见、建议予以充分肯定。3. 关于陕西旅游文化产业情况的视察。组织部分委员到榆林、铜川等地视察，并形成视察报告，对我省旅游文化产业存在的问题，提出5条建议。副省长赵德全针对省政协委员的意见、建议专门作出批示。4. 依托“委员活动日”展开专题参观、考察。二、庆祝建国57周年，举办全省优秀书画展。三、加强理论研讨，促进政协经验交流。四、完善主任会议制度，规范工作程序。

医卫体委员会 一、精心组织调研视察。1. 组织部分委员，会同省卫生厅、省食品药品监督管理局等部门，以安康市为基点对我省农村医疗卫生情况进行了专题调研。调研组分别听取了安康市政府，旬阳县、岚皋县政府关于农村医疗卫生情况的汇报，考察了安康市中心医院、市中医医院、市医药公司、药品零售店及乡村医疗机构，了解农村药品“两网”建设情况。在此基础上就发现的问题与相关部门和单位负责人进行了座谈，深入分析我省农村医疗卫生工作现状，经过反复讨论向省政府提出了5点建议。得到省主要领导和有关部门的高度重视。省政府随后出台《加强农村卫生工作若干意见》，决定用3

年时间累计投入资金15亿元人民币，用于农村卫生基础设施建设，在全省各地引起了强烈的反响，全省各地即进入全面部署、贯彻落实的高潮。2. 医卫体委员会部分委员对我省农民体育健身工程试点工作和农村体育设施及青少年体校进行了视察。二、发挥自身优势，多做实事。1. 医卫体委员会联合省民建，组织部分医卫界专家、教授进行了两次“医疗下乡”活动。此次活动共无偿捐赠各类药品价值10万余元。9位专家、教授先后诊治2000余人次。2. 医卫体委员会继续与陕西省武警医院开展救助我省贫困家庭患有先天性心脏病儿童的活动。共接诊来自全省各地及外省（市、区）的先天性心脏病贫困儿童1000余人，减免各种费用近900万元，其中实施内科封堵手术和外科手术568例，在这568例当中一半实施了明天计划（费用全免）。三、加强与兄弟省市区政协的交流。

社会与法制委员会 一、认真搞好调研。1. 组织委员就关于加快农村劳动力转移，增加农民收入，促进社会主义新农村建设问题进行了专题调研，撰写调研报告，提出了7条对策和建议，引起了省政府领导、主流媒体和社会的广泛关注。2. 开展了对西安市城中村改造问题的调查活动。为推动西安市的都市化进程，加快城中村改造的步伐，先后与西安市建委、雁塔区等有关方面进行了座谈，考察了李家村、何家村等城中村改造现场。调查后，委员们提出了7条意见和建议，受到了西安市（区）政府和有关部门的重视。二、参加各类政务活动。1. 参加相关会议，了解和掌握工作部署和动向。2. 组织对有关部门规划和条例规定的座谈讨论，提出修改建议。（1）组织委员讨论了“五五”普法、“十一五”规划，提出多条修改建议，被出台文件所采纳。（2）组织讨论《依法治省领导小组成员单位工作职责》（征求意见稿）。（3）参与了省物价局《关于收费公路载货汽车实行计重收费的方案》的公开听证会。3. 组织委员旁听法院庭审，支持司法公开和公正。为配合中级人民法院的庭审工作，应邀前后4次组织委员观摩庭审活动，受到了省法院领导的高度重视。三、组织委员活动日。四、积极协助和配合全国政协社法委来陕调研。伍绍祖副主任率全国政协社法委调研组一行13人来陕西，就“老年人权益保障法”贯彻落实情况进行调研，慕锡明主任、办公室有关负责同志全程陪同，协助完成了调研任务。五、参加全国政协社法委系统会议，交流和探讨工作。六、组织出省学习考察，开阔思路和视野。七、接待兄弟省市政协社法委来陕考察。八、加强宣传报道，扩大工作成果。

民族宗教委员会 一、关注我省偏远山区少数民族经济社会发展。三月份组织民族界和宗教界委员赴陇县固关街村开展了“扶贫帮困，关注我省偏远山区少数民族经济社会发展情况”的视察活动，听取了山区农村少数民族群众的生产、生活情况汇报，根据存在的问题，委员们建议在社会主义新农村的建设中，必须重视和发展农村少数民族的各项事业，特别是要更加关心偏远山区少数民族经济社会发展，受到李建国书记的重视并作了重要批示。省委在《陕西省2006—2020年社会主义新农村建设规划纲要》（征求意见稿）中采纳了报告中的建议。二、发挥宗教界委员优势，认真贯彻国务院《宗教事务条例》。六月份我们组织部分宗教界委员特别是宗教界的代表人士，就贯彻《宗教事务条例》及宗教活动场所管理情况开展了视察，随后向省委、省政府就我省宗教工作中普遍存在的问题提出了5点建议。三、积极为委员履行职能知情出力创造条件，加强同委员日常的联系，增强委员会的亲和力和凝聚力，加强委员会的自身建设，提高委员履行职能的能力。

祖国统一侨务外事委员会 一、广泛深入地开展海内外联谊，促进祖国和平统一和经济文化交流。我们坚持“和平统一、一国两制”的基本方针，以做好台湾人民工作为出发点和落脚点，通过各种方式，加强与台湾各界人士和团体的联系，反对和遏制“台独”势力及其分裂活动，推进两岸关系的发展和祖国统一大业。加强与在陕台商、台资企业的联系，维护他们的合法权益，帮助他们解决实际困难和问题。接待港澳同胞、海外侨胞 9 批、54 人。参与了对《陕西省实施〈中华人民共和国归侨侨眷权益保护法〉（草案）》的修改工作，提出的意见和建议，得到了吸纳。二、履行政协职能，为陕西的经济发展和社会进步建言献策。1. 组织部分委员，赴江西、湖南两省，考察发展红色旅游的经验和措施，并将考察结果写了《情况汇报》，送有关领导和部门。2. 我委部分委员对渭南市发展红色旅游的情况进行了专题视察，撰写了《关于渭南市发展红色旅游情况的视察报告》，针对存在的困难和问题，提出了 6 条意见和建议，省政府相关领导作出批示。3. 组织委员赴新疆维吾尔自治区，就新疆旅游资源的开发利用及旅游业的发展状况进行了考察。本委员会委员和省政协港澳侨委员积极调查研究，共提出提案 44 件。三、积极主动地开展人民外交，加强对外宣传，服务陕西经济。全年接待或配合全国政协、省政府先后接待了外国访问团 14 批、155 人。协助有关部门承办了省政协领导和全国政协常委 4 人次出访。促成罗马尼亚布泽乌县与陕西省、布泽乌市与宝鸡市签订了建立友好省县和友好城市备忘录。组织了部分省政协委员和基层政协负责人 4 批、26 人赴外国考察文物保护利用和农村小城镇建设等。四、发挥本委员会的独特优势，继续开展助教扶贫工作。联系接收省政协港澳侨委员、香港同胞、海外侨胞捐款 119.4 万元人民币，用于扶贫帮困。由刘兆培、李江东委员牵线的，全国政协常委、香港新鸿基主席郭炳湘先生家族的“新鸿基郭氏基金”，用四年时间，捐款 780 万元资助贫困家庭大学生。

文史资料委员会

一、认真学习。以中共中央两个 5 号文件为重点，学习政协理论。通过一系列的学习，加深了委员对“多党合作和政治协商”基本政治制度的理解；使委员进一步明确了人民政协的一系列基本问题。二、努力履行政协职能，促进陕西和谐发展。（1）组织委员对我省在人文、自然景观的开发利用过程中存在的问题进行专题调研。（2）召开全体会议，请省文物局的领导和部门负责人，向委员通报我省人文景观保护开发利用和贯彻执行《文物保护法》的情况。随后对《文物保护法》在我省贯彻落实情况进行调研。撰写《司马迁墓部分建筑严重失修危及文物安全》的调研信息，得到省政府的重视。（3）参加了我省学习贯彻《陕西省文物保护条例》座谈会，为我省文物保护工作建言献策。参加了省物价局在“十一”黄金周前夕举办的旅游景点价格听证会，为发展陕西旅游业出谋划策、贡献力量。（4）积极参与常委会的工作，扩大履行职能的范围。今年共两次参与常委会的工作，为第二次常委会提供书面发言一份，在第三次常委会大会作发言一次。三、加快史料整理编辑工作。四、与全国政协和各省区市政协的协作工作取得新的成果。五、拓展文史工作外延，举办重要纪念活动。为纪念“西安事变”70 周年，弘扬张学良、杨虎城将军的爱国主义精神，举办和参与了一系列纪念活动。

【重要活动】

全国政协副主席、中国工程院院长徐匡迪来陕考察 2006年3月27日至28日，全国政协副主席、中国工程院院长徐匡迪来陕考察。期间，应中共陕西省委邀请为全省领导干部作了题为《飞速发展的科学技术与我国自主创新战略》的报告。省政协副主席张保庆、秘书长姚毅陪同考察。

全国政协副主席李兆焯参加清明公祭轩辕黄帝大典 2006年4月4日至10日，全国政协副主席李兆焯来陕出席在延安市黄陵县举行的丙戌年清明公祭轩辕黄帝大典，并在省内考察。省政协副主席张保庆、石学友和秘书长姚毅陪同全部活动。

全国政协副主席张榕明来陕出席海峡两岸文化产业发展研讨会 2006年4月17日至19日，全国政协副主席张榕明来陕出席在咸阳市举行的海峡两岸文化产业发展研讨会。省政协副主席李雅芳、胡悦陪同全部活动。

中共陕西省委组织五个检查组对全省政协工作进行检查 2006年6月20日至30日，中共陕西省委组织五个检查组对全省政协工作进行检查，省委副书记杨永茂，省政协副主席、党组副书记张保庆、朱振义，省政协副主席、党组成员石学友、庞家钰，省政协秘书长、党组成员姚毅参加检查活动。

省政府省政协领导第四次联席会议召开 2006年7月26日，省政府省政协领导第四次联席会议在西安召开。省政府常务副省长赵正永通报了全省上半年经济社会发展情况和下半年工作重点，省政协副主席朱振义通报了省九届政协常委会第二十次会议关于推进我省社会主义新农村建设问题的协商讨论情况，省政协副主席刘锦才、陆栋、刘石民、张生朝就全省经济社会发展中的一些重要问题发表了意见和建议。省政府代省长袁纯清、省政协副主席张保庆在会议结束时分别发表讲话。省政府副省长洪峰、罗振江、李堂堂，省政协副主席李雅芳、石学友、庞家钰、胡悦，省政府办公厅和有关部门，省政协办公厅、研究室和各专门委员会负责人出席会议。

省辖市政协秘书长第一次联席会议在宝鸡市召开 2006年10月16日，省辖市政协秘书长第一次联席会议在宝鸡市召开。省政协秘书长姚毅主持会议。会议重点围绕如何进一步做好我省政协系统反映社情民意的信息工作进行了座谈交流，省政协副主席张保庆作重要讲话。

全国政协副主席张思卿来陕考察 2006年10月31日至11月5日，全国政协副主席张思卿来陕考察了延安市洛川县苹果基地建设和基层民政工作，出席了在杨凌举行的第十三届中国农业高新科技成果博览会开幕式。全国政协常委程安东和陕西省政协副主席张保庆、石学友分别陪同。

中共陕西省委发出《关于贯彻〈中共中央关于加强人民政协工作的意见〉的实施意见》 2006年11月3日，中共陕西省委发出《关于贯彻〈中共中央关于加强人民政协工作的意见〉的实施意见》，全文共分六个部分22条，对中央《意见》提出的主要任务进一步具体化、制度化、程序化。《实施意见》要求全省各级党委、政府、政协和省直有关部门结合实际，研究制订具体贯彻意见和相关配套措施，并认真抓好落实，推动我省人民政协事业实现新的发展。

【重要文件】

省政协九届常务委员会工作报告（2006年1月16日）（摘要） 2005年是我省在全面建设小康社会、加快推进社会主义现代化进程中开拓前进的一年。一年来，在中共陕西省委的领导下，我省坚持以科学发展观统领经济社会发展全局，以加快调整经济结构、转变经济增长方式、着力推进改革开放、促进经济社会协调发展为重点，狠抓各项任务的落实，全省经济保持了平稳较快发展，提前一年实现了我省“三步走”战略的第一步目标，同时，各项社会事业加快发展，政治文明、精神文明建设得到进一步加强，开创了改革开放和现代化建设的新局面。

2005年也是我省人民政协事业开拓创新、取得新的进步的一年。省政协常委会以邓小平理论和“三个代表”重要思想为指导，牢牢把握团结和民主两大主题，坚持科学发展观，坚持围绕中心、服务大局，团结政协各参加单位和全体委员，求真务实、开拓进取，认真履行政治协商、民主监督、参政议政职能，各项工作都取得了新的成绩。（一）协商讨论构建“和谐陕西”、制订“十一五”规划等重大战略问题，促进重大决策的民主化、科学化。（二）围绕经济社会发展中的重要问题参政议政，促进党政部门完善政策、改进工作。（三）把民主监督贯穿于履行职能的各项工作，促进依法治省和党风廉政建设。（四）坚持团结和民主两大主题，增进各民主党派和各界人士团结合作。（五）做好港澳台侨和外事工作，在实施“一国两制”、促进祖国统一和对外友好交往方面发挥重要作用。（六）发挥政协组织和政协委员的优势，在推动社会力量参与公益事业和联县扶贫方面做出新的贡献。（七）重视加强政协自身建设，在提高工作能力和水平方面取得新的进步。

总结一年来的工作实践，联系本届政协三年来的发展历程，我们进一步体会到：人民政协履行政治协商、民主监督、参政议政职能的过程，就是发扬社会主义民主的过程，就是团结各界人士共同致力于现代化建设的过程；在推进社会主义经济建设、政治建设、文化建设、社会建设进程中，人民政协有着不可替代的重要地位和作用。进一步做好人民政协工作，必须着重把握好以下重要原则：坚持中国共产党的领导，坚定不移地走中国特色的社会主义道路；坚持把促进发展作为履行职能的第一要务，积极为经济社会协调发展建言献策；坚持把加强团结作为各项工作的中心环节，努力为全面建设小康社会凝聚力量；坚持把发扬民主作为工作的着力点，努力维护融洽和谐、生动活泼的局面；坚持把为民服务作为工作的出发点和落脚点，努力反映、维护和发展好人民群众的根本利益；坚持加强政协自身建设，不断提高履行职能的能力和水平。

在总结工作的时候，我们也应当看到，在人民政协事业的发展中有许多理论和实践问题需要探讨，比如：如何进一步完善政治协商的机制、拓宽民主监督的渠道、丰富参政议政的方式，把政协工作制度化、规范化、程序化建设提高到一个新水平；如何进一步密切与统一战线各界的联系，更好地发挥党团结各界的桥梁和纽带作用；如何进一步加强委员队伍建设和调动委员的积极性，更好地发挥委员的主体作用。在我们的工作中还有许多不足需要改进，比如：全年的政治协商计划还做不到多方沟通、及早确定；有组织的民主监督活动谋划的少，开展不够；参政议政的形式需要进一步拓展、质量需要进一步提高；反映社情民意的信息工作有待进一步加强。对于这些问题和不足，我们要在今后的工作实践中认真总结探索，逐步加以改进，努力把省政协的工作提高到一个新水平。

从2006年开始，陕西经济社会发展进入第十一个五年规划时期，我们将站在新的历史起点上，向着全面建设小康社会的宏伟目标迈进。未来五年，我省要实现本世纪前20年“三步走”战略规划的第二步战略目标，使全省经济实力再上一个新台阶，社会发展进入一个新阶段，人民生活提高到一个新水平，为后10年的顺利发展打下坚实基础。全省各级政协组织要紧紧围绕这一宏伟目标和各项任务，充分发挥自身优势，在推进我省经济、政治、文化和社会建设新的伟大实践中发挥更大的作用，做出更大的贡献。

2006年是“十一五”规划的开局之年。省政协工作的总体要求是：以邓小平理论和“三个代表”重要思想为指导，深入贯彻中共十六大和十六届五中全会精神，按照中共陕西省委十届七次、八次全会要求，紧密围绕“十一五”时期特别是今年全省经济社会发展的主要任务，更好地履行政治协商、民主监督、参政议政职能，在贯彻科学发展观、促进我省经济社会又快又好发展上有新作为；深入贯彻中共中央关于进一步加强中国共产党领导的多党合作和政治协商制度建设的意见，牢牢把握团结和民主两大主题，积极促进各党派、团体和各族各界代表人士团结合作，在维护民主团结、生动活泼、稳定和谐的政治局面上有新贡献；深入贯彻中共陕西省委关于进一步加强和改进人民政协工作的意见，大力加强政协自身建设，在提高履行职能的能力和水平上有新进步，努力开创我省人民政协事业的新局面。

为实现上述总体要求，要重点抓好六个方面的工作：（一）以提高履行职能的能力和水平为目的，进一步推动全体委员的理论学习。（二）以促进“十一五”规划实施和经济社会又快又好发展为主线，认真履行政治协商、民主监督、参政议政职能。（三）以促进“和谐陕西”建设为重点，切实做好团结各界、凝聚人心的工作。（四）以创新履行职能的运行机制为动力，进一步推进政协工作的制度化、规范化、程序化建设。（五）以发挥委员主体作用为根本，努力为委员履行职能创造更好的条件。（六）以贯彻公务员法为契机，进一步加强政协机关干部队伍建设。

促进陕西经济社会又快又好地发展，是我们的共同责任。面向未来，陕西正站在一个新的历史起点，意气风发地推进全面建设小康社会的进程，向着既定的目标大步迈进。让我们振奋精神，肩负起历史赋予我们的使命，肩负起社会各界赋予我们的重要职责，更加紧密地团结在以胡锦涛同志为总书记的中共中央周围，在中共陕西省委的领导下，充分发挥人民政协的优势和作用，为实现我省经济社会又快又好地发展，为创造陕西更加美好的未来，做出新的更大的贡献！

张保庆副主席在省政协九届四次会议闭幕式上的讲话（2006年1月20日）（摘要）　中国人民政治协商会议陕西省第九届委员会第四次会议，经过各位委员五天来的共同努力，圆满完成了预定的各项议程，今天就要闭幕了。

这次会议是一次集思广益、共谋良策、民主团结、求真务实的大会。会议坚持以邓小平理论和“三个代表”重要思想为指导，贯彻中共十六届五中全会和陕西省委十届七次、八次全会精神，审议通过了省政协常委会工作报告和提案工作报告，确定了新的一年省政协工作的总体要求和主要任务，增选了省政协常委会组成人员。会议认真协商讨论了《陕西省国民经济和社会发展第十一个五年规划纲要（草案）》、省人民政府工作报告、省高级人民法院工作报告、省人民检察院工作报告和其他重要报告，就我省“十一五”规划纲要的制定和2006年“一府两院”工作的总体部署提出了许多富有建设性的意见和建议。会议坚持发扬民主、求同存异的原则，各界委员畅所欲言、坦陈己见，认真履行宪法和政协章程赋予的职责，积极反映各族各界人士的愿望，积极反映广大人民群众的要求，共商陕西又快又好发展的大计，充分体现了中国共产党领导的多党合作和政治协商制度的生机与活力，充分展示了全省各界代表人士团结合作的优势和力量。总之，这次会议对于动员参加政协的各民主党派、人民团体和各族各界人士统一思想、坚定信心、同心同德、群策群力，在省委的领导下全面完成2006年现代化建设的各项任务，开创我省人民政协事业的新局面，具有十分重要的意义。

从2006年开始，我省经济社会发展进入第十一个五年规划时期，这一时期是我们全面建设小康社会，加快建设西部经济强省的关键时期。2005年底，我省生产总值达到3673亿元，人均生产总值超过1200美元，这标志着陕西已经进入人均生产总值从1000美元向3000美元过渡的发展时期。按照国际经验，这一时期既是“黄金发展期”，又是“矛盾凸显期”。我们已经站在新的历史起点。前不久召开的中共陕西省委十届八次全会，深刻分析了我省经济社会发展面临的机遇和挑战，指出当前和今后一个时期我们面临的仍将是一个总体上有利于我们加快发展但不利因素也可能增多的环境，号召全省人民坚定信心、居安思危，迎着挑战和考验奋勇向前，努力开创我省现代化建设的新局面。2006年是“十一五”时期的第一年，扎实有效地推进今年的各项工作，对全面实施“十一五”规划的良好开局、高点起步，具有至关重要的意义。省委十届八次全会对今年全省工作提出了总体要求，其精神实质就是，全面贯彻落实中央的方针政策和工作部署，推动全省经济社会发展切实转入科学发展的轨道，实现又快又好地发展。这就是今年全省的大局。全省各级政协组织和广大政协委员要认清形势，明确任务，进一步增强大局意识，善于从大局出发提出问题，善于从大局出发观察问题，善于从大局出发思考问题，自觉维护大局、服从大局，在大局下行动，为大局作贡献。

为大局作贡献，就要认真履行政协职能，在贯彻科学发展观、促进我省经济社会又快又好发展上有新作为。要紧密围绕十六届五中全会和省委十届八次全会提出的建设社会主义新农村、加快建设资源节约型和环境友好型社会、增强科技自主创新能力等新的重大课题开展协商讨论，在促进重大决策的民主化、科学化方面发挥重要作用；要围绕法律法规的实施、重大政策的执行、国家机关及其工作人员的工作开展民主监督，在推进政风、行风建设，促进“十一五”规划实施中发挥积极作用；要围绕经济社会发展中的重点、热点问题，特别是“十一五”时期我省面临的重要课题，更加有效地参政议政，在促进党政部门完善政策、改进工作方面发挥积极作用。

为大局作贡献，就要牢牢把握团结和民主两大主题，在维护民主团结、生动活泼、稳定和谐的政治局面上有新贡献。要充分发挥人民政协作为“党和政府团结各界人士的重要桥梁纽带作用”，紧密围绕构建“和谐陕西”这一重要目标和长期任务，不断拓宽民主形式，增加民主渠道，形成浓郁的民主氛围，使各族各界代表人士和广大人民群众的意愿得到充分表达，权利得到切实保障，智慧和才华得到有效展示。要做好各方面的团结工作，努力促进参加政协的各党派、无党派人士团结合作，促进不同民族、不同信仰群众的团结和睦，促进社会各界群众的团结稳定，最大限度地调动一切积极因素，凝聚各界人士的智慧和力量，维护民主团结、生动活泼、稳定和谐的政治局面，为我省“十一五”规划的实施和经济社会又快又好发展创造良好的环境。

为大局作贡献，就要大力加强政协自身建设，在提高履行职能的能力和水平上有新进步。要加强对基本理论和重大政策的学习，尤其要深刻领会中共十六届五中全会和省委十届七次、八次全会精神，不断提高理论素质，掌握方针政策，为履行职责、服务大局奠定思想理论基础；要按照中共中央、全国政协对人民政协制度建设提出的新要求，以创新履行职能的运行机制为重点，进一步推进政协工作的制度化、规范化和程序化，为履行职责、服务大局提供制度保障；要坚持把为委员发挥主体作用构筑平台、营造环境作为一项长期的目标和任务来抓，努力为委员知情知政、参政议政创造更好的条件；要以贯彻《公务员法》为契机，进一步加强政协机关干部队伍建设，不断提高为政协工作和为政协委员服务的能力和水平。

本次大会已经明确了今年省政协工作的总体要求和主要任务，会议结束之后，我们要认真做好宣传、贯彻全省“两会”精神的工作，狠抓今年各项任务的落实，扎扎实实地把省政协的工作进一步推向前进。让我们更加紧密地团结在以胡锦涛同志为总书记的中共中央周围，高举邓小平理论和“三个代表”重要思想的伟大旗帜，坚持科学的发展观，在中共陕西省委的领导下，牢牢把握团结和民主两大主题，充分发挥各级人民政协的优势和作用，同全省人民一道，为促进陕西经济社会又快又好发展，为完成2006年以经济建设为中心的各项工作而积极奋斗，努力开创我省人民政协工作的新局面！

【组织概况】

常务委员增补名单（2006年1月20日省政协九届四次会议通过）

曹增津　赵英武

【陕西省各级政协领导人名单】

陕西省

政协主席

艾丕善（2006年4月19日逝世）

副主席

张保庆　朱振义　陈宗兴

李雅芳（女）　刘锦才　石学友

庞家钰　胡　悦　陆　栋

刘石民　张生朝

秘书长

姚　毅

西安市（副省级）

市政协主席

程群力

副主席

王京书　陈振虎　于小文（女）

李广瑞　黄　河　史健生

王　元　李佐成　向　德

县（市、区）政协主席（区为副地级）

莲湖区	田　瑛（女）
新城区	吕建伟
碑林区	赵　亮
雁塔区	张宝玺
未央区	高玉清（女）
灞桥区	郗哲民
长安区	成德奇
阎良区	胡海彦
临潼区	韩　韬
户　县	吴如意
周至县	刘崇德
高陵县	郑毅涛
蓝田县	田文杰

咸阳市

市政协主席 杨光明

县（市、区）政协主席

秦都区 员培衍

渭城区 孙建彬

兴平市 陈　勇

武功县 孙胜利

乾　县 任景魁

礼泉县 王志强

泾阳县 惠玉德

三原县 云三可

永寿县 于建军

彬　县 辛科科

旬邑县 燕满全

长武县 李中发

淳化县 郑禄辉

延安市

市政协主席 韩　烨

县（市、区）政协主席

宝塔区 张俊雷

子长县 郝生荣

吴起县 闫占堂

黄龙县 王延彦

延川县 高凤兰（女）

黄陵县 刘　正

安塞县 朱辽成

富　县 张凤英（女）

洛川县 吴宏利

延长县 刘　江

宜川县 李东明

志丹县 刘世贵

甘泉县 程　远

宝鸡市

市政协主席 陈继荣

县（市、区）政协主席

金台区 杨振龙

渭滨区 刘德明

陈仓区 段兴奇

凤翔县 宁永哲

岐山县 索富平

扶风县 马志斌

眉　县 卢文远

麟游县 闫巧梅（女）

陇　县 张恩科

凤　县 高　海

太白县 宫志宏

千阳县 吕述谦

渭南市

市政协主席 罗玉昭

县（市、区）政协主席

韩城市 郑铁成

临渭区 梁向东

华　县 张云霄（女）

华阴市 高　鹏

潼关县 陈长乐

大荔县 刘西峰

蒲城县 李兰州

合阳县 张兴邦

白水县 雷超武

澄城县 李双宝

富平县 田即晓

汉中市

市政协主席 魏建民

县（市、区）政协主席

汉台区 殷光明

南郑县 李发元

留坝县 姜寅兰（女）

勉　县 陈庆生

宁强县 姚志强

略阳县 冯新涛

洋　县 李余德

佛坪县 刘振邦

城固县 杨剑敏

西乡县 程华新

镇巴县　刘吉华

铜川市

市政协主席　刘选民

县（市、区）政协主席

王益区　赵怀玺

印台区　张海娟（女）

耀州区　任军民

宜君县　杨尚青

榆林市

市政协主席　刘汉兴

县（市、区）政协主席

榆阳区　张满阳

神木县　焦调瑜（女）

府谷县　段裕田

定边县　高登山

靖边县　冯怀玉（女）

横山县　刘仲瑜

绥德县　景建荣

米脂县　张海水

佳　县　贺玉德

吴堡县　李永明

清涧县　曹光辉

子洲县　庞　瑶（女）

安康市

市政协主席　张仁莲

县（市、区）政协主席

汉滨区　李学乾

宁陕县　朱明生

石泉县　韩永进

汉阴县　朱前平

岚皋县　徐代元

紫阳县　李辉新

旬阳县　陈楚明

平利县　黄宏斌

镇坪县　陈宗华

白河县　刘慧芳（女）

商洛市

市政协主席　唐庆华

县（市、区）政协主席

商州区　王治勋

洛南县　胡焕明

山阳县　李崇敏

丹凤县　杨淑云（女）

商南县　刘忠诚

镇安县　张坤余

柞水县　樊成柱

杨陵区（县级）

政协主席　朱林章

陕西省各级政协组织和委员数

（截至2006年底）

级别 项目	省	副省级市	设区的市	县（市辖区、不设区的市）	合　计
组织数	1	1	9	106	117
委员数	609	518	2757	12062	15946

（高红霞　靳海斌 编写　姚　毅　苗均全 审稿）

政协甘肃省委员会

邵克文 副主席
（补选）

【全体委员会议】

九届四次会议 2006年1月13日至17日在兰州举行。本次会议应到委员514名，实到462名。会议审议通过了杨镇刚副主席代表常委会所作的工作报告、周宜兴副主席代表常委会所作的关于政协甘肃省九届三次会议以来提案工作情况的报告；通过了政协甘肃省第九届委员会第四次会议政治决议、政协甘肃省第九届委员会第四次会议关于常务委员会工作报告的决议、政协甘肃省第九届委员会第四次会议关于政协甘肃省九届三次会议以来提案工作情况报告的决议、政协甘肃省第九届委员会提案委员会关于九届四次会议提案审查情况的报告；补选邵克文同志为政协甘肃省第九届委员会副主席。

省政协主席仲兆隆在闭幕大会上发表了讲话。会议期间，委员们列席了省十届人大四次会议，听取和讨论了陆浩省长所作的政府工作报告及其他报告。会议期间举行了建设社会主义新农村联组专题座谈会。省委副书记、省长陆浩等省委、省政府领导和省直有关部门负责同志，分别参加了小组讨论、联组座谈会和大会发言，听取委员意见和建议，与委员们一起协商议政，共谋发展大计。会议期间共收到提案759件，立案720件，占收到提案总数的94.8%。参与提案的委员占委员总数的60.1%。省党政军领导应邀出席了开幕和闭幕大会。各市、州政协主席，在甘全国政协委员，省政协各部门负责同志，省委统战部副部长和各市、州委统战部部长列席了会议。

【常务委员会会议】

第13次会议 2006年1月9日至10日在兰州召开。常委会组成人员应出席132人，实到125人。会议通过了关于召开政协甘肃省第九届委员会第四次会议的决定、政协甘肃省第九届委员会第四次会议议程（草案）和日程、政协甘肃省第九届委员会常务委员会工作报告及报告人、政协甘肃省第九届委员会常务委员会关于政协甘肃省九届三次会议以来提案工作情况的报告及报告人、政协甘肃省第九届委员会第四次会议分组办法和小组召集人名单。会议还审议通过了人事事项。省政协主席仲兆隆、副主席崔正华分别主持了开幕会和闭幕会。

第14次会议 2006年1月16日在兰州召开。常委会组成人员应出席132人，实到124人。会议听取了省委关于补选省政协副主席名单（草案）的说明、补选副主席候选人名单（草案）、选举办法（草案）和总监票人、副总监票人名单

(草案)；通过了政协甘肃省第九届委员会第四次会议政治决议（草案)、政协甘肃省第九届委员会第四次会议关于常务委员会工作报告的决议（草案)、政协甘肃省第九届委员会第四次会议关于政协甘肃省九届三次会议以来提案工作情况报告的决议（草案)；通过了政协甘肃省第九届委员会提案委员会关于政协甘肃省九届四次会议提案审查情况的报告（草案)。省政协主席仲兆隆主持会议。

第 15 次会议 2006 年 7 月 25 日至 28 日在兰州召开。常委会组成人员应出席 132 人，实到 123 人。会议听取了省政协副主席喇敏智传达全国政协十届十四次常委会议精神；听取了省委常委、常务副省长徐守盛关于我省自主创新及科技成果转化和上半年经济社会发展情况的通报；听取了省政协副主席陈剑虹关于省政协自主创新和科技成果转化调研情况的介绍；讨论了我省自主创新和科技成果转化问题；通过了省政协《关于加强甘肃省技术创新工作的若干建议》，中共甘肃省委转发了《建议》。会议期间，分别召开了反映社情民意座谈会和市州政协主席座谈会，就人民群众关心的热点、难点问题和贯彻落实中央 5 号、省委 42 号文件情况提出了意见和建议。省政协主席仲兆隆在会议结束时发表了讲话，重点就进一步深入学习贯彻《中共中央关于加强人民政协工作的意见》精神，努力推进政协工作新发展提出了五点要求。

第 16 次会议 2006 年 10 月 24 日至 26 日在兰州召开。常委会组成人员应出席 132 人，实到 122 人。会议听取了省政协副主席崔正华传达全国政协十届十五次常委会议精神，学习了中共十六届六中全会精神和《中共甘肃省委关于贯彻〈中共中央关于加强人民政协工作的意见〉的实施意见》；听取了省政协副主席喇敏智所作的《关于推进我省社会主义新农村建设的若干建议》的说明；听取了副省长陆武成关于全省社会主义新农村建设情况的介绍；审议通过了省政协《关于推进我省社会主义新农村建设的若干建议》，省委、省政府转发了《建议》。会议还听取了省政府秘书长姜信治所作的省政府关于省政协九届四次会议以来提案办理情况的通报；听取了省政协秘书长薛映承关于本次常委会议建设社会主义新农村专题讨论情况的综合汇报。省政协主席仲兆隆在闭幕会上发表讲话，要求各级政协要继续为我省社会主义新农村建设和构建和谐社会积极建言献策，作出新的贡献，努力推进我省政协工作的新发展。

【专门委员会工作】

提案委员会 全年共收到提案 780 件，经审查立案 741 件，已全部办复完毕。已经解决或基本解决的 204 件，占立案总数的 27.6%；正在解决或列入计划准备解决的 359 件，占 48.4%。认真做好提案征集、审查立案和交办工作。积极开展提案督查督办，组织现场办案 24 次，办理提案 29 件，其中主席、副主席分别督办提案 13 件。对承办单位的提案办理工作进行视察评议。组织召开了全省政协优秀提案展示交流会，展示了近年来省、市、县（区）政协的部分优秀提案及成果。深入基层就《提案工作条例》及近年来的提案工作进行调研。配合全国政协提案委员会公众营养改善和林业生态两个调研组完成了调研任务。加大宣传力度，编审、发行了《政协提案工作指南》一书。编发《提案工作反映》6 期。加强学习交流，参加了西部省（区、市）政协提案工作第十七次联席会议和全国政协提案工作座谈会。

社会和法制委员会 就陇南、嘉峪关两市新农村建设情况进行专题调研，提出了十条建议。对定西、陇南等5市14县（区）老年人权益保障情况进行调研，形成了《关于我省老年人权益保障情况的专题调研报告》，报送省委、省政府及相关邓门。对监狱管理工作情况进行了视察。先后对《中华人民共和国各级人民代表大会常务委员会监督法（草案）》、《中华人民共和国企业破产法（草案）》等国家和地方性法律、法规草案进行研究和讨论，提出了28条修改意见。参加了全国政协社法委举办的“建设社会主义新农村”、“社会与法制”、“为构建和谐社会建言献策”研讨会和西部12省、市、区政协社会和法制工作座谈会。

文史资料和学习委员会 完成了《知识青年上山下乡在陇原》、《甘肃民族区域自治》、《甘肃全省政协文史资料目录》等本年度文史资料选辑的征编出版任务。对我省的名人故居情况进行摸底和普查，并征集了部分稿件。召开了各市、州政协文史委主任会议，商讨了《甘肃的民族区域自治》等专辑稿件的征集编辑工作。参加了全国政协《治理黄河》专题史料会议，完成了全国政协的协作选题《治理黄河》、《工业学大庆》专辑的组稿任务。参加了西北五省（区）暨西安市文史资料工作协作会议、全国暨地方政协文史工作理论研讨会。编印和发送了《学习参考资料》6期，约50万字。

经济委员会 根据省政协常委会总体部署，重点围绕我省社会主义新农村建设调查研究，历时9个月，涉及全省65个县市区，形成了《关于推进我省社会主义新农村建设的若干建议》及建议说明和3个相关专题报告。为省政协九届十六次常委会议讨论我省新农村建设问题，并向省委、省政府提出推进我省新农村建设的建议作了充分准备。组织委员视察了甘肃省电力公司，形成了《发挥基础产业作用推动全省经济社会更快更好发展》的视察报告，分送有关领导和单位。参加了全国政协经济委第十四次联席会议，向会议提交了材料。

人口资源环境委员会 邀请并配合全国政协人资环委对我省河西走廊水资源可持续利用及建设节水型社会进行调研，形成了《甘肃河西走廊水资源紧缺亟待解决》、《河西走廊水资源可持续利用及建设节水型社会调研报告》，向省政府提出相关意见建议。对兰州市南北两山绿化建设进行了调研视察，形成了《关于推进兰州市南北两山建设的建议》，报送省委、省政府。对我省加大地质勘察投人，加快地质找矿工作进行调研，提出了八条建议。对武威、平凉、定西市新农村建设情况进行了调研。参加了对全省党员干部超生查处和换届工作中拟提拔交流干部计划生育审核公示情况和全省重点耗能企业节能降耗的专项督察工作。参加了全国政协召开的湖泊保护暨青海湖可持续发展研讨会和全国暨地方政协人资环委研讨培训会。

科教文卫体委员会 围绕我省科技自主创新与成果转化进行专题调研，形成了《甘肃省技术创新专题调研报告》和《关于加强甘肃省技术创新工作若干建议》，为省政协九届十五次常委会议协商讨论我省自主创新问题，向省委、省政府提出意见、建议奠定了良好基础。就农业科技为建设社会主义新农村服务问题开展调研，形成了《全省基层农技推广体系改革与发展情况调研报告》和《关于构建甘肃农业科技创新体系的意见》。分别对兰州、白银职业学校和文化部门进行了考察，就我省职业教育和文化产业发展提出了建议。参加了全国部分省市（区）及西部地区政协专题研讨会及部分省市（区）科技自主创新专题研讨会议。配合全国政协专题调研组开展调研，形成了《甘肃省农村公共卫生体系建设情况报告》，报全国政协教科文委。组织第三次医疗下乡服务咨询活动和文化下乡活动。

民族和宗教委员会 就甘南、临夏两州社会主义新农村建设情况进行专题调研，形成了《关于甘南、临夏社会主义新农村建设调研报告》。围绕扶持人口较少民族经济社会发展专题，重点对张掖、临夏的两县一乡进行调研，形成了《关于人口较少民族经济社会发展情况调研报告》。对有关县区各民族团结进步创建活动进行视察，形成了《视察报告》。就贯彻落实国务院《宗教事务条例》一年来的情况进行了视察。走访慰问各宗教团体和宗教界上层人士。参加了全国部分省（市、区）第八次民族和宗教工作研讨会。

港澳台侨和外事委员会 与全国政协外事委员会组成联合调研组，对酒泉（敦煌）、嘉峪关、兰州、临夏等市（州）文化资源进行了调研，形成了《关于甘肃文化资源的调研报告》，由全国政协外事委提交全国政协十届十五次常委会议讨论并上报中共中央办公厅、国务院办公厅，国务委员陈至立作了批示。与中华民族文化促进会在兰州共同举办了“老子文化国际论坛”，来自国内外10个国家和地区的90多位学者在论坛上进行交流，提交论文62篇，论坛通过了《老子文化论坛兰州宣言》。参加了在台湾举办的第二届海峡两岸西王母文化论坛、全国各省、区、市政协港澳台侨和外事工作经验交流会和第四届海峡两岸中华传统文化与现代化研讨会。接待中外客人12批，138人次。办理出访团组7个，28人次。

【重要活动】

举办全省政协委员学习研讨班 4月，省政协在全省14个市、州分别举办了全省政协委员学习研讨班，认真学习贯彻《中共中央关于加强人民政协工作的意见》。13日，全省政协委员学习研讨班在兰州开班，在兰全国政协委员、省政协委员、市政协委员和兰州市辖四区政协委员及省政协机关干部共700多人参加了大会，省政协主席仲兆隆就学习贯彻中央《意见》精神、推进我省人民政协事业的新发展作了动员讲话。随后，省政协领导分赴省内其他各市、州，出席各地政协委员学习研讨班并作了动员讲话。在甘全国政协委员和省、市、县（区）政协委员近万人参加了学习研讨。

加快我省科技自主创新的调研 3月至7月，省政协把加快科技自主创新和成果转化作为重点调研课题，分别对天水市和金川公司进行了重点调研。在走访有关部门、召开科技自主创新委员约谈会和各个层次不同类型的座谈会并学习考察外省做法与经验的基础上，形成了《甘肃省技术创新专题调研报告》，提交省政协九届十五次常委会议专题协商讨论。常委们针对我省自主创新和科技成果转化的现状及存在的问题，进行了深入分析和讨论，提出了富有建设性的意见和建议。会后，向省委、省政府报送了《关于加强甘肃省技术创新工作的若干建议》。省委书记陆浩作出批示，认为《建议》对我省技术创新工作和特色优势产业的发展有很强的指导性，要求省委、省政府各部门努力体现在工作安排和指导中。

关于我省社会主义新农村建设的调研 3月份以来，省政协围绕建设社会主义新农村，组成课题调研组，省、市、县三级政协联动开展调研。调研活动历时9个月，范围涉及全省65个县市区、472个乡镇、1270个村庄和87个各类园区、488户企业，1400多名各级政协委员通过不同方式参加了调研。在天水、张掖、兰州分别召开县、乡、村三个层面的新农村建设座谈会，对民乐、东乡、正宁三个县有代表性的县进行重点解剖，开展了万人问卷调查，形成了《关于推进我省社会主义新农村建设的若干建议》稿和6份调研报告、3篇交流材料。省政协九届十六次常委会议对这些调研成果进行了协商讨论，审议通过了《关于推进我省社会主义新农村建设的若干建议》。省委、省政府向各市、州党委、政府和省直各部门批转了《建议》，认为《建议》符合我省实际，提出的问题和建议对进一步搞好全省新农村建设具有重要借鉴和指导意义，要求各地认真研究采纳。

与省委、省政府有关部门共同对学习贯彻中央《意见》和省委42号文件情况进行检查 根据省委部署，5月至6月，省政协与省委、省政府有关部门，组成4个检查调研组，赴兰州、临夏、武威、金昌、陇南、庆阳、天水、定西8个市州就贯彻落实中央5号、省委42号文件的基本情况开展重点检查调研。检查调研组听取了当地党委汇报，召开了政协领导、党委政府部门负责同志、政协委员、民主党派负责人及各专委会负责同志参加的座谈会，查阅了党委常委会研究部署政协工作的有关文件和会议记录，并分别形成了调研报告。省政协党组专题听取了检查调研情况的汇报，在市、州政协主席和部分县区政协主席座谈会上作了通报，并向省委写出了检查调研情况汇报。在此基础上，代拟了省委贯彻《中共中央关于加强人民政协工作的意见》的实施意见稿，上报省委审定。

驻澳门全国政协委员视察团来甘视察 8月17日至21日，以中央人民政府驻澳门特别行政区联络办公室副主任徐泽为顾问，全国政协常委、澳门吴福集团有限公司董事长吴福为团长的澳门全国政协委员视察团一行23人，来甘肃重点就我省“十一五”规划及生态环境、文物保护等方面的情况进行了视察。副省长杨志明、孙小系，省政协副主席喇敏智以及省政府、省政协有关部门的领导陪同视察并与视察团进行了座谈。

举办首届“老子文化国际论坛” 11月21日至22日，省政协与中华民族文化促进会共同举办的首届“老子文化国际论坛”在兰州开幕。来自中外10个国家和地区的60多所学术机构的120多位中外嘉宾和学者出席了论坛。全国人大常委会副委员长许嘉璐、全国政协副主席罗豪才发来贺信。联合国教科文组织北京办事处的代表莅临论坛祝贺。论坛围绕“自然·科学·和谐”主题，对老子与现代社会、老子文化的甘肃资源研究等多个方面进行交流探讨，通过了《老子文化论坛兰州宣言》，弘扬了民族文化，提升了甘肃在传统文化中的地位。

牵头组织编写《回族对伟大祖国的贡献》一书并举行首发式 11月24日，《回族对伟大祖国的贡献》一书的首发式在兰州举行。该书由省政协牵头主持，组织有关专家、学者历时半年多编写而成。该书以翔实的史料、完备的体例，客观、系统地记述了回族人民繁衍生息的发展历史，生动展示了回族文化的丰富内涵，系统论述了回族对祖国的突出贡献，具有鲜明的政治特色和文化特色。

【重要文件】

中共甘肃省委贯彻《中共中央关于加强人民政协工作的意见》的实施意见（2006年9月）（摘要） 一、充分认识加强人民政协工作的重要性。1. 深刻理解和全面把握人民政协的重要地位和作用。2. 进一步明确人民政协在新世纪新阶段的任务。3. 牢牢把握人民政协工作必须坚持的原则。4. 重视和支持人民政协履行职能。二、坚持和完善人民政协的政治协商制度。5. 人民政协的政治协商是中国共产党领导的多党合作的重要体现，是党和国家实行科学民主决策的重要环节，是提高党的执政能力的重要途径。6. 政治协商的主要内容。7. 政治协商的主要形式。8. 政治协商的主要程序。三、支持和加强人民政协的民主监督工作。9. 人民政协的民主监督是我国社会主义监督体系的重要组成部分，是在坚持四项基本原则的基础上通过提出意见、批评、建议的方式进行的政治监督。10. 人民政协民主监督的主要内容。11. 人民政协民主监督的主要形式。12. 完善人民政协民主监督机制。四、重视和发挥人民政协的参政议政作用。13. 人民政协参政议政是人民政协履行职能的重要形式，也是党政领导机关经常听取参加人民政协的各民主党派、人民团体和各族各界人士意见和建议、切实做好工作的有效方式。14. 各级党委、政府要加强与人民政协的联系和沟通。15. 建立和完善政协调研、视察、考察工作制度和处理政协调研报告及反馈情况的制度，形成合理有效的工作机制。五、切实抓好人民政协的自身建设。16. 重视发挥各民主党派和无党派人士在人民政协中的作用。17. 注重发挥界别在政协组织中的作用和优势。18. 发挥政协委员在履行政协职能中的主体作用。19. 大力加强人民政协的机关建设。六、进一步加强和改善党对政协工作的领导。20. 政协工作是党的全局工作的重要组成部分。21. 充分发挥政协党组在政协组织中的领导核心作用。22. 各级党委要高度重视政协领导班子的思想、作风和组织建设。23. 要努力保障和改善政协的工作条件。24. 努力创造全社会重视和支持人民政协工作的新局面。

常委会工作报告 （2006 年 1 月 13 日）（摘要）一、2005 年主要工作回顾。2005 年，常委会坚持以邓小平理论和“三个代表”重要思想为指导，认真贯彻中共十六届四中、五中全会精神和中共甘肃省委对政协工作的要求，突出团结和民主两大主题，坚持围绕中心、服务大局、务实奋进、开拓创新，以促进加快发展为第一要务，紧扣制定我省“十一五”规划和建设和谐社会履行职能，在协商监督、议政建言、拓展履行职能的方式方法、推进“三化”建设等方面取得了新的成绩和进展，在我省经济、政治、文化和社会建设中发挥了应有作用，作出了积极贡献。1. 坚持围绕中心、服务大局，全面贯彻落实科学发展观，为制定我省“十一五”规划、构建社会主义和谐社会建言献策。2. 牢牢把握团结和民主两大主题，在推进我省社会主义民主政治建设中积极发挥作用。3. 积极开展调研视察，为加快经济社会发展献智出力。4. 对《规定》的贯彻执行情况进行检查总结，推进了履行职能的“三化”建设。5. 切实加强自身建设，不断提高履行职能的能力和水平。回顾一年来的工作，我们深切体会到：坚持中国共产党的领导，是人民政协事业健康发展的根本保证；把促进发展作为履行职能的第一要务，在支持发展、参与发展、服务发展上有所作为、作出成绩，是体现政协工作成效和价值的关键；坚持团结和民主两大主题，是充分发挥自身优势、体现特色，不断增强政协感召力、凝聚力和开拓工作新局面的必然要求；了解和反映社情民意，协助党委政府实现好、维护好、发展好最广大人民的根本利益，是政协工作的根本出发点；积极开展调查研究，创新活动方式，努力丰富活动内容，充分发挥委员的主体作用，是政协工作不断发展、保持活力的源泉；加强制度建设，不断推进政治协商、民主监督、参政议政的制度化、规范化、程序化，是提高履行职能的能力和水平的重要条件。

二、2006年主要工作任务。要坚持以邓小平理论、“三个代表”重要思想和科学发展观为指导，认真贯彻落实中共十六届五中全会和中共甘肃省委十届九次会议精神，始终坚持把促进更快更好地发展作为履行职能的第一要务，牢牢把握团结和民主两大主题，紧紧围绕实施“十一五”规划开展政治协商、民主监督、参政议政，为促进我省经济社会全面协调快速可持续发展发挥应有的作用。1. 紧扣“十一五”规划的实施建言献策，为我省经济社会更快更好地发展作出新贡献。2. 发挥人民政协的政治优势，更好地为发展社会主义民主政治服务。3. 做好增进团结和维护稳定的工作，继续为甘肃和谐社会建设贡献力量。4. 与时俱进、开拓创新，不断推进履行职能的制度化、规范化、程序化。

5. 继续加强学习，不断提高思想理论素质和议政建言的水平。

九届四次会议政治决议 （2006年1月17日）（摘要） 会议认为，未来五年是改革发展的关键时期，是贯彻落实科学发展观、推动经济社会转入科学发展轨道的关键时期。《甘肃省国民经济和社会发展第十一个五年规划纲要》，全面勾画了我省未来五年发展的宏伟蓝图，提出的目标任务催人奋进、切实可行。全面实施“十一五”规划，推进经济社会又快又好的发展，对于我省实现总体小康并向全面小康迈进至关重要。会议指出，全面实施“十一五”规划，推动经济社会全面协调可持续发展，为我省政协事业的发展提供了新的机遇，也对政协的各项工作提出了新的更高的要求。会议强调，全省各级政协组织要按照围绕中心、服务大局、开拓创新、有所作为的基本思路，以促进“十一五”规划的实施和经济社会发展为履行职能的第一要务，选择我省经济、政治、文化和社会建设中具有宏观性、战略性、前瞻性的问题，深入调查研究，开展协商讨论，提出意见建议，为破解影响我省经济社会发展全局的突出矛盾和问题议政建言、献策出力，使人民政协的各项工作同党委、政府的工作部署相统一、相适应，进一步增强参政议政的针对性和实效性。要把促进和谐社会建设放在突出位置，牢牢把握团结和民主两大主题，进一步密切与各族各界人士的联系，协助党委政府做好团结群众、反映民意、化解矛盾、维护稳定的工作，努力团结一切可以团结的力量，最广泛、最充分地调动一切积极因素，为“十一五”规划的顺利实施，营造和维护安定和谐、改革发展的局面贡献力量。要以创新的精神开展工作，坚持解放思想、实事求是、与时俱进，注重分析新情况、研究新问题，进一步探索履行职能的方式方法，拓展履行职能的范围和领域，不断推动人民政协工作的创新与发展。

仲兆隆主席在省政协九届四次会议结束时的讲话 （2006年1月17日）（摘要）今年是“十一五”开局之年，即将由省十届人大四次会议审议通过的“十一五”规划纲要，制定和描绘了我省今后五年经济社会发展的蓝图，确定了实现经济又快又好发展和社会全面进步、人民生活达到总体小康水平进而向全面小康迈进的奋斗目标。实施“十一五”规划中政协履行职能要特别注意几个问题。一、在工作的总体把握上，要以贯彻落实中共十六届五中全会和省委十届九次会议精神为主线，以科学发展观为总揽。中共十六届五中全会通过的《中共中央关于制定国民经济和社会发展第十一个五年规划的建议》，蕴含着一系列新思想、新论断、新思路、新举措。省委十届九次会议从甘肃的实际出发，审时度势地提出“三个坚持，一个目标，六项重点任务”的总体工作部署，将使发展滞后、还比较贫困的甘肃进入一个新的发展阶段。学习贯彻党中央和省委的这些重要指导思想和全局性部署，服务于“十一五”规划的全面实施，就是政协工作的大方向、大原则、主旋律，就是政协履行职能中把促进发展作为第一要务的具体体现。广大政协委员和全省各级政协组织，对这条工作主线一定要牢牢把握住，对科学发展观要继续认真学习、深入领会、准确把握，紧紧围绕这一主线开展政治协商、民主监督、参政议政，使政协的各项工作同党委政府的决策部署相统一、相适应、相协调、同步调，保持一致。二、在工作的指导原则上，要坚持以创新精神履行职能，把破解影响我省经济社会发展的难题作为重点，努力提高参政议政水平。政协要充分发挥人才、智力优势，把那些前几个五年计划已经存在，也有了认识，也作了一定努力，但始终未能从总体上突破的关键性难题，以及事关经济社会发展全局的宏观性、战略性、前瞻性课题，作为调查研究、参政议政的重点，作为政协服务发展、促进发展、支持发展的结合点、共振点和切入点。三、在工作的内在要求上，要坚持以人为本，突出政协组织的民意功能，体现履职为民的理念，始终把维护人民群众的利益作为政协工作的根本出发点和落脚点。各级政协组织和委员想问题、提建议，首先要考虑人民群众的利益，坚持人民利益高于一切，坚持履职为民的价值取向。要高度重视民情、民意，及时向党委政府反映社情民意，做广大人民群众的代言人。四、在工作的组织实施上，要坚持团结鼓劲，为维护和谐稳定的改革发展环境作出新的贡献。要引导各族各界群众辩证地看待我省加快发展的优势和劣势，善于从落后中找到前进的契机，从差距中看到发展的潜力，紧紧抓住实施西部大开发这个历史性机遇，以赢得甘肃经济更快更好的发展。要充分发挥人才优势，加强与委员的联系，支持、鼓励委员在各自的工作岗位上为实施“十一五”规划建功立业，充分调动委员参政议政的积极性，就实施好“十一五”规划深入调研，建言献策，当好高参。要协助党委政府做好团结群众、协调关系、化解矛盾、维护稳定的工作，把不同阶层、不同民族、不同信仰、不同意识形态的人团结起来，为甘肃经济建设和社会发展凝聚更多的力量。

仲兆隆主席在省政协九届十六次常委会议结束时的讲话 （2006 年 10 月 26 日）（摘要） 一、继续关注和研究“三农”问题，在推进我省社会主义新农村建设中展示新的作为。我们一定要从我省特殊省情出发，充分认识我省新农村建设的艰巨性和长期性，紧紧抓住发展农村经济和农民持续增收这一主线，积极、稳妥、有序地推进新农村建设，实现农村经济社会全面协调可持续发展。当前，尤其要紧扣农村基础设施建设、农村社会事业建设、推进劳务经济快速发展、推进结构调整、推进农村综合改革、扩大农村基层民主和加强精神文明建设等方面的重要问题，选择一些课题，整合力量深入调研，广集民智民意，提出更多有价值、有分量的意见和建议，为党委、政府决策提供参考意见和依据。二、深入学习贯彻六中全会精神，努力为我省社会主义和谐社会建设作出应有的贡献。各级政协组织要坚持把为构建和谐社会服务作为一项重点工作和长期的战略任务，自觉地把履行政协职能与发挥政协在构建和谐社会中的作用结合起来，具体要做好以下几方面的工作：一是要把促进“十一五”规划的实施作为当前和今后一个时期履行职能的重中之重，积极提出加快经济社会发展的诤言良策。二是要充分发挥自身特点和优势，为促进各阶层、各民族团结奋斗、和睦相处贡献力量。三是要坚持以人为本，切实把维护广大人民的根本利益作为政协一切工作的出发点和落脚点。四是要加强对构建社会主义和谐社会基本理论和实践的研究与总结。三、贯彻落实省委《实施意见》，努力推进我省政协工作的新发展。今年9月，省委下发了贯彻中央《意见》的《实施意见》，是指导新世纪新阶段我省政协工作的重要文件。全省各级政协组织要把学习贯彻《实施意见》作为当前一项重要任务，切实把文件精神落到实处。

【组织概况】

副主席补选名单（2006年1月17日九届四次会议通过）

邵克文

委员增补名单（1人）（2006年1月10日九届十三次常委会议通过）

邵克文

【甘肃省各级政协领导人名单】

甘肃省

政协主席

仲兆隆

副主席

陈剑虹　拜玉凤（女，回族）
崔正华　喇敏智（回族）
杨镇刚（藏族）　周宜兴　李宇鸿
黄亦纯（女）　德哇仓（藏族）
俞　正　蔚振忠　邵克文

秘书长

薛映承

兰州市

市政协主席　左灿湘
县（市、区）政协主席
城关区　李振海
七里河区　王光达
西固区　刘公明
安宁区　黎望海
红古区　史贤尧
榆中县　孙殿福
皋兰县　高志武
永登县　吴玉梅（女）

天水市

市政协主席　王志荣
县（市、区）政协主席
秦州区　王惠麟
麦积区　张广禄
武山县　王永宏
甘谷县　张志文
秦安县　张德友
张家川县　李栋一
清水县　刘怀珍（女）

白银市

市政协主席　张廷魁
县（市、区）政协主席
白银区　寇自嘉
平川区　雷永忠
景泰县　谈守礼
靖远县　罗成德
会宁县　李　琨

金昌市

市政协主席　姚忠兴
县（市、区）政协主席
金川区　张俊礼
永昌县　索玉善（满族）

嘉峪关市

市政协主席　路志龙

临夏州

州政协主席　苟国正

县（市、区）政协主席
临夏市 魏光辉
临夏县 周 钰（回族）
永靖县 罗仕谦
东乡县 唐占兴
和政县 沈志平
广河县 马绍先（回族）
康乐县 张治国
积石山县 龚恒元

甘南州
州政协主席 丹智草（女，藏族）
县（市、区）政协主席
合作市 韩雪峰（藏族）
夏河县 曹玉兰（女，藏族）
碌曲县 斗 绕（藏族）
玛曲县 尕 考（藏族）
迭部县 杨志昌（藏族）
临潭县 丁云青（回族）
卓尼县 杨世英（藏族）
舟曲县 闵权政（藏族）

庆阳市
市政协主席 蒋占全
县（市、区）政协主席
西峰区 杜富前
环 县 王镇海
庆城县 贾兴勤
华池县 李秋香（女）
合水县 邓文涛
镇原县 黄清文
宁 县 宋维斌
正宁县 周致家

平凉市
市政协主席 王应天
县（市、区）政协主席
崆峒区 张新平
静宁县 陈向华（女）
泾川县 郭虎林
灵台县 李 梅（女）
崇信县 信国勋
华亭县 邵海荣
庄浪县 杨振基

陇南市
市政协主席 邱正保
县（市、区）政协主席
武都区 王淑英（女）
成 县 白云升
文 县 杜生虎
西和县 李廷俊
徽 县 宋小平
康 县 田生才
两当县 刘素琴（女）
礼 县 马忠惠
宕昌县 孙书诚

定西市
市政协主席 秦素梅（女）
县（市、区）政协主席
安定区 杨海荣
临洮县 张学东
陇西县 朱自武
通渭县 郑俊清
渭源县 牟俊仁
漳 县 赵玉忠
岷 县 何义忠

武威市
市政协主席 夏之鸿
县（市、区）政协主席
凉州区 刘兆祥
天祝县 马官保（女，蒙古族）
古浪县 隆 潮
民勤县 毛集高

张掖市

市政协主席　　郭尚俊

县（市、区）政协主席

甘州区　　吴尚元

肃南县　　陈生元（裕固族）

高台县　　袁成高

临泽县　　韩起祥

山丹县　　张百祥

民乐县　　刘富荣

酒泉市

市政协主席　　杨　林

县（市、区）政协主席

肃州区　　李洪斌

玉门市　　李永祥

敦煌市　　年海义

金塔县　　李春祥

瓜州县　　董生录

肃北县　　常　寿（蒙古族）

阿克塞县　　哈　泰（哈萨克族）

甘肃省各级政协组织和委员数

（截至2006年底）

级别 / 项目	省　级	地级市	县级（市、区）	合　计
组织数	1	14	86	101
委员数	514	3736	10148	14398

（赵一红　郭巍丽 编写　邢永安 审稿）

政 协 宁 夏 回 族 自 治 区 委 员 会

马金虎　副主席

袁汉民　副主席

【全体委员会议】

八届四次会议　2006年2月7日至11日在银川举行。应出席会议委员389人，实到365人。任怀祥副主席主持会议开幕式和闭幕式。会议听取和审议了任启兴主席代表常务委员会所作的工作报告和周振中副主席所作的提案工作报告。与会人员列席了自治区人大九届四次会议，听取并讨论了《政府工作报告》、《自治区国民经济和社会发展第十一个五年规划纲要草案》和其他报告。会议对常委会一年来的工作表示满意。会议认为，过去的一年，在邓小平理论和“三个代表”重要思想指导下，自治区党委、政府领导全区各族人民，认真学习贯彻中共十六大和十六届三中、四中、五中全会精神，树立和落实科学发展观，认真贯彻落实中央加强和改善宏观调控的政策措施，紧紧抓住发展这个第一要务，进一步深化各项改革，加快推进新型工业化、城市化、农业产业化和县域经济发展进程，加强基础设施、生态环境建设，推进民主法制和精神文明建设，继续保持了经济快速增长和各项事业全面发展的良好势头。《政府工作报告》对自治区2005年的工作总结实事求是，对自治区2006年的预期目标和工作任务符合区情，体现了执政为民的思想和务实开拓的精神，反映了全区各族人民加快发展的共同愿望。委员们对过去一年我区经济社会发展取得的成绩给予充分肯定，对我区改革和发展进程中存在的一些困难和问题表示深切关注，并就如何进一步落实中央加强宏观调控的各项措施，构建社会主义和谐社会，建设社会主义新农村，加快推进我区工业化、城市化和农业产业化进程，发展循环经济，培育新的经济增长点，加快我区生态建设和环境保护，实施科教兴宁和可持续发展战略，深化国有企业改革和非公有制经济发展，扩大就业和完善社会保障体系，加强青少年思想道德建设，推进民主法制建设和精神文明建设等问题，提出了意见和建议。

会议指出，2006年是实施“十一五”规划的开局之年，是我区改革开放和现代化建设进程中十分重要的一年，政协要在自治区党委的领导下，坚持团结和民主两大主题，认真搞好政治协商，积极推进民主监督，深入开展参政议政，把促进科学发展作为第一要务，围绕中心，服务大局，发挥优势，开拓创新，同全区各族人民一道，努力开创我区全面建设小康社会的新局面。会议期间，收到大会发言材料34份，有14名委员分别代表民主党派、工商联或以个人名义作了大会发言；共收到提案492件，其中，委员提案347件，各民主党派、人民团体和政协专门委员会的提案110件。立案457件，其余另作处理。会议补选马金虎、袁汉民为自治区政协第八届委员会副主席，增选马秀珍等12人为自治区政协第八届委员会常务委员。

【常务委员会会议】

第20次会议 2006年1月16日在银川召开。应到101人，实到89人。任启兴在会上作重要讲话。自治区党委常委、组织部部长傅思和做了关于增补自治区政协第八届委员会委员建议名单的说明。会议审议通过了关于召开自治区政协八届四次会议的决定；审议通过了自治区政协八届四次会议议程、日程等有关文件；审议并原则通过了常委会工作报告（草案）和提案工作报告（草案）及《自治区政协提案工作条例》；会议还审议了各专门委员会2005年工作总结和2006年工作要点；协商通过了自治区政协八届委员会委员增补名单；听取了自治区政府办公厅《关于自治区政协八届三次会议提案情况的通报》。

第21次会议 2006年2月9日在银川举行。应到101人，实到90人。任启兴主持会议。自治区党委有关部门负责人向会议作了关于补选自治区政协第八届委员会常务委员会组成人员建议名单的说明。会议审议并通过了补选自治区政协第八届委员会常务委员会组成人员名单（草案）、自治区政协八届四次会议选举办法（草案）、八届三次会议提案审查情况的报告（草案）。

第22次会议 2006年2月10日在银川举行。应到101人，实到92人。任启兴主持会议。会议审议并通过了自治区政协八届四次会议选举办法；通过了补选自治区政协第八届委员会常务委员会组成人员候选人名单；通过了监票人、总监票人名单；通过了自治区政协八届四次会议政治决议（草案）、自治区政协八届四次会议关于常委会工作报告的决议（草案）、政协提案委员会关于八届四次会议提案审查情况的报告（草案）。

第23次会议 2006年3月15日在银川举行。应到111人，实到95人。会议的主要议题是深入学习贯彻全国“两会”精神。任怀祥主持会议。任启兴传达了大会的主要精神，并对贯彻全国“两会”精神提出了四点意见：一是必须把学习贯彻《中共中央关于加强人民政协工作的意见》精神作为带动全局、推动全局、统揽全局的一条主线；二是必须把推动我区实施“十一五”规划和构建社会主义和谐社会作为履行职能的重点；三是必须把创新工作思路作为推进政协事业发展的关键环节；四是必须把加强自身建设作为推进政协工作发展的内在动力。

第24次会议 2006年7月13日至14日在平罗沙湖举行。应到111人，实到93人。会议的主要议题是围绕建设社会主义新农村建言献策。任启兴、任怀祥分别主持了会议。会议听取了自治区政府副主席赵廷杰关于我区新农村建设情况的通报，自治区政协五个调研组的专题汇报和自治区各民主党派、工商联和部分常委以及五市推荐的县（市、区）、乡（镇）、村负责人作的大会发言。任启兴在会议结束时作了重要讲话。他传达了全国政协十届十四次常委会议精神，阐述了中共中央提出建设社会主义新农村的战略考虑，号召全区各级政协组织和广大政协委员要以科学发展观统领新农村建设，认真解决我区在建设实践中出现的矛盾和问题，把新农村建设扎实有效地向前推进。

第25次会议 2006年10月23日在银川举行。应到111人，实到92人。任启兴、任怀祥分别主持会议。会议主要议题为：学习贯彻中共十六届六中全会精神、全国政协十届十五次常委会议精神以及自治区党委九届十四次全体（扩大）会议精神。任启兴作了重要讲话，强调：一、充分认识六中全会的重大意义，深刻领会《决定》的精神实质；二、充分发挥人民政协的特点和优势，努力提高为构建和谐宁夏服务的能力和水平；三、加强组织领导，迅速掀起学习贯彻六中全会精神的热潮。

第26次会议 2006年12月26日在银川举行。应到111人，实到103人。任启兴、任怀祥分别主持会议。会议听取自治区党委组织部负责人关于增补自治区政协第八届委员会委员建议名单的说明；听取自治区政府办公厅关于自治区政协八届四次会议提案办理情况的通报；分组审议了自治区政协各专门委员会2006年工作总结和2007年工作要点；审议通过了关于召开自治区政协八届五次会议的决定、八届五次会议议程、日程以及常委会工作报告（草案）和提案工作报告（草案）等。会议还协商通过了自治区政协第八届委员会增补委员名单和自治区政协有关人事任免情况。

【专门委员会工作】

提案委员会 八届四次会议以来，共征集提案522件，立案487件，其中委员个人和联名提案370件，参与提案的委员212人，各民主党派、工商联、人民团体和政协各专门委员会提案117件。截至2006年12月底，所立提案已全部办结。主要工作：筛选确定重点提案并请政协领导牵头督办，实行提案分层次办理，先后召开5次现场办案会和1次办理工作汇报会，邀请政府有关部门负责同志参会，推动重点提案的办理与落实；与提案承办单位、提案人共同调研提案内容、探讨提案解决办法；主动走访承办单位，了解提案办理进展情况和听取对提案工作的意见，共同检查督办提案工作，与承办单位联合对提案提出的重要问题进行实地调研；通过突出重点、以点带面的方式，推动重点提案的重点办理，组织委员跟踪视察提案办理结果；加强与各民主党派、工商联、人民团体和政协其他专门委员会的沟通联系，集体研究提案工作；组织委员深入银川等地调研基层政协提案工作，形成的调研报告以政协《提案工作简讯》形式发给各市、县（区）政协互通情况、交流经验；对所有提案进行修改打印，编印《提案选题参考题目》、《政协八届四次会议提案目录》、《政协八届四次会议提案选编》等有关材料，编写提案综述8期；加强新闻宣传，扩大了政协提案工作的社会影响。

经济委员会 主要工作：一、开展《宁夏县域经济综合实力强县研究》课题研究，完成了《宁夏县域经济强县研究报告》、《宁夏县域经济基本竞争力评价》、《宁夏县域经济强县与全国百强、西部百强的比较研究》三大主题研究报告初稿；二、组织委员就改革和完善农村金融体系、我区房地产业发展情况进行了专题调研，形成了《关于新农村建设中加快改革和完善农村金融体系的建议》及《关于我区房地产业发展情况的调研报告》报送自治区党委、政府；三、组织在宁部分全国政协委员和自治区政协委员视察了宁东能源化工基地建设情况，形成了《关于宁东能源化工基地建设情况的视察报告》报送全国政协经济委员会及自治区党委、政府；四、组织委员视察了加宁铝业有限公司生产建设情况，考察了广西自治区、贵州省县域经济情况与江西省、安徽省新农村建设情况；五、召开专题座谈会并向全国政协报送了《宁夏实施西部大开发六年情况总结》，召开了《宁夏中部干旱带禁牧封育后草原利用方式研究》课题成果推广专题协商会，就宁夏县域经济强县研究、新农村建设中尽快改革和完善农村金融体系、我区房地产业发展等问题召开多次专题座谈会；六、组织有关人员参加了全国政协经济委员会“进一步推进西部大开发战略实施”专题调研协商会和“促进非公有制经济健康发展论坛”；编辑出版专著《科学利用草原研究》。

人口资源环境委员会 主要工作：一、组织完成了对我区推广应用新型墙体材料情况及社会主义新农村的调研工作，向自治区党委、政府报送了《关于推广应用新型墙体材料的意见和建议》并完成了《银川市社会主义新农村调研报告》；二、组织完成了对盐池县抗旱救灾情况和我区矿产资源开发秩序治理整顿工作和征用农民集体土地的补偿情况的视察工作，向自治区党委报送了《关于支持革命老区盐池县利用辖区内矿产资源发展县域经济的报告》；三、开展了《黄河上游河套生态经济区建设》课题研究，就“黄河上游河套生态经济区建设研究”赴内蒙古、陕西会商三省合作开展课题研究工作，受到国家发改委、全国政协人口资源环境委员会及三省党政领导高度重视；四、倡议筹备并成立了宁夏可持续发展研究会，参加中国可持续发展研究会2006年年会并与之建立了工作联系，为可持续发展战略在宁夏的实施进行理论探讨；五、通过委员全体会议、调研视察活动密切与政协委员的联系，增强政协组织的凝聚力和向心力，提高广大委员履行职能的积极性；召开对口工作联系座谈会，加强与政府对口单位的联系并及时了解和掌握我区人口资源环境领域的政策法规和工作动态；参加全国政协工作研讨会，与全国政协人口资源环境委员会保持联系，争取全国政协的大力支持；接待兄弟省市区考察团，相互交流工作、联络感情，扩大了与全国政协及兄弟省区市政协的合作交流。

教育科技文化卫生体育委员会 组织委员就我区现代远程教育和文化体制与文化产业发展情况进行专题调研，形成了《关于我区现代远程教育发展情况的调研报告》及《关于我区文化体制改革与文化产业发展状况的调查报告》；继续推进“清洁发展机制（CDM）”课题调研，编辑出版《宁夏CDM能力建设与项目开发》一书，协助举办了“气候变化对中国农业影响（二期）研究方案论证国际研讨会”并联合召开专题座谈讨论会；承接了2006年度宁夏政协“兴华成才助学金”发放活动的组织及实施工作；承担并完成了八届二十五次常委会议汇报材料《对建设和谐宁夏的意见和建议》的起草工作，报送自治区党委；按照全国政协工作部署，开展了我区农村体育工作情况和公共卫生体系建设专题协作调研，分别形成调研报告报送全国政协和自治区党委、政府及有关部门；开展了民营医疗机构发展情况和革命遗址遗迹保护与开发利用情况视察并形成视察报告；参与并组织了委员迎春联欢会、宁夏政协系统乒乓球比赛、政协书画展；举办了葡萄酒酿造及品评知识讲座、信息技术发展与应用知识讲座、科技特派员创业行动情况通报会；走访慰问委员，举办了护士节联谊会及教师节联谊会；全年共提出提案67件、反映社情民意10条，参加各类会议27次，赴昆明、南京等地参加了全国及各地政协研讨会。

社会和法制委员会 与民族和宗教委员会、港澳台侨联络委员会联合召开学习中台办、国台办“2.28”声明座谈会，与办公厅联合举办“五五”普法讲座；组织部分委员就建立健全农村社会保障制度进行专题调研，形成了《关于建立健全我区农村社会保障体系的调研报告》；就《老年法》的贯彻执行情况进行专题调研，形成了《关于我区老年人权益保障情况的调研报告》；先后就宁夏旅游开发建设和法律援助两个专题组织委员进行视察；邀请对口联系部门的负责同志向委员通报情况；走访本委担任行风建设等方面的特邀监督员并开展行风评议活动；组织部分委员召开协商讨论会参与立法协商；积极参加联系单位召开的座谈会和听证会，就社会热点难点问题建言献策，认真办理接待群众来信来访；参加了全国政协社会和法制委员会举办的“为构建和谐社会建言献策”座谈会，向大会提交了论文《程序化建设是人民政协履行职能的重要保障》；参加了在重庆召开的西部十二省市政协社法委工作会议，围绕“为构建社会主义和谐社会服务”主题提交大会发言；应邀参加了全区政法工作会议、法治理念研讨会议等部门和行业工作会议20余次；应邀参加自治区党委、政府召开的机构编制实名制理论研讨会议，市县（区）政协相关委员会召开的工作会议；召开政法系统执法理念教育整改专题座谈会及政协委员关注儿童问题提案座谈会等；与政协办公厅联合组织举办了庆“三八”体育健身联谊活动。

民族和宗教委员会 承担了对我区南部山区农民增收情况的调研，形成了《关于我区南部山区农民增收情况的调研报告》提交自治区政协八届二十四次常委会议并作大会发言；配合民盟宁夏区委会共同对我区农村金融由单一化向多元化服务转型课题进行了调研，对我区民族文化发展情况进行了调研；视察了中华回乡文化园、银川清真美食文化城，向自治区有关部门反映了工程中存在的问题和困难；参加了全国政协民宗委、北京市政协联合举办的全国部分省（市、区）政协民族和宗教委员会第八次工作研讨会，向大会提交了题为“做好政协民族宗教工作 服务新农村建设”的交流材料；组织农民代表参加全国政协民宗委举行的全国民族地区建设社会主义新农村典型经验交流会；参加了自治区民委召开的国务院关于《清真食品管理条例（草案）》征求意见座谈会，自治区伊协举办的《古兰经》诵读暨“卧尔兹”演讲比赛，自治区民族工作会议和宗教事务管理工作会议；撰写八届四次会议提案4件，社情民意2件并参加了银川市政府对《建设贺兰山宗教文化旅游景区》提案的现场办案会；通过多方联系和努力，争取海内外各界人士关心和支持贫困山区基础教育事业，为西吉县捐资25万元建立希望小学一座，使260多名学生上学难的问题得到了缓解。

文史和学习委员会 编辑出版《宁夏文史资料集萃·人物卷》，即将发行《黄河与宁夏水利》专辑；参与全国政协《治理黄河》专题史料协作，筛选报送稿件15篇；向自治区政府提出“确定‘长城保护宣传周（日）’”建议，经自治区政府批示将2006年起每年的5月18日定为“宁夏长城保护宣传日”；组织中国“文化遗产日”和“宁夏长城保护宣传日”座谈会；对我区邮政工作进行视察，提出《关于宁夏邮政工作情况的视察报告》；对朝那古城遗址进行了考察，提出了保护和开发的建议；对同心县纪念红军西征暨陕甘宁豫海回民自治政府成立70周年活动筹备情况进行调研，形成《关于进一步加强同心县基础设施建设的建议》报送自治区党委、政府；考察盐池县抗旱及长城保护情况以及中宁县石空大佛寺文物及石窟保护情况；举办红军长征胜利70周年纪念活动；承办西北五省区暨西安市政协第二十次文史资料工作协作会议；参与全国政协《治理黄河》专题史料征编工作研讨会、全国政协文史干部培训班、中南西南地区政协文史工作研讨会；全年征集稿件28篇、史料8万余字；编印《学习参考资料》、古文集《弟子规》《朱子家训》及

《官箴》供政协委员和机关干部学习借鉴；加强同市、县（区）政协的联系，做好兄弟省市区政协来宁考察的接待工作。

港澳台侨联络委员会 举办海峡两岸形势报告会，组织委员学习自治区领导在全区外事工作会议上的讲话，向每位委员赠送一套《岩松看台湾》书籍及光碟；就社会主义新农村建设问题组织专题调研，形成了《关于石嘴山市农业基础设施建设情况的调研报告》；就农村工作机制创新问题组织课题研究，提出《宁夏新农村建设中的农村工作机制创新研究》课题申请；就台资企业发展问题组织视察，全年共报送社情民意及建言8件，编发港澳台侨情摘编2期；先后接待来自世界各地的港台同胞50多人次，为他们在宁探亲访友、考察、洽谈业务提供服务；召开了“香港宁夏乡亲联谊会回宁座谈会”；组织委员赴外省市学习考察；不定期走访区内委员及“三胞”亲属并邀请他们参加相关报告会和联谊活动；先后参加全国各省区市政协港澳台侨和外事工作经验交流会；接待了全国政协及兄弟省区市政协来宁考察团；增设特邀委员，加强与涉外、涉台、涉侨等部门协作；参与接待台湾同胞工作，邀请对台办负责人作台湾形势报告会，协助自治区侨联接待港澳、海外朋友，组织委员参加自治区各单位组织的活动。

【重要活动】

任启兴率在宁全国政协委员赴四市调研 2006年2月15日至16日，为做好参加全国“两会”的准备工作，了解和反映我区经济社会发展中需要国家解决的一些重大问题，任启兴带领在宁全国政协委员分赴银川、石嘴山、吴忠、中卫进行调研。参加调研的自治区政协领导还有副主席任怀祥、陈育宁、马瑞文、袁汉民及秘书长朱玉华等。

举办学习《中共中央关于加强人民政协工作的意见》培训班 2006年7月11日至12日，自治区政协举办在银全国政协委员和在银自治区政协委员培训班，集中学习贯彻《意见》精神。任启兴做开班动员讲话并传达了全国政协十届十四次常委会议精神。任启兴希望政协委员在学习过程中要大兴理论研究之风，深入学习《意见》中提出的重大理论观点，深化对人民政协基本理论问题的研究，从理论和实践的结合上学习贯彻文件，解决政协工作中遇到的困难和问题，不断通过理论创新推动工作创新。朱玉华为与会人员作了学习《意见》辅导报告。

视察地质矿产勘查开发工作 2006年7月17日，任启兴率部分自治区政协委员视察了我区地质矿产勘查开发工作及宁夏地矿大厦的建设情况，参观了遥感测绘院华地彩色印刷厂并仔细了解遥感技术应用成果。在听取自治区地矿局关于矿产资源勘查开发工作情况汇报后，任启兴希望地矿职工进一步振奋精神、勤奋工作，多找和找好矿产资源，为我区经济社会发展做出新贡献。

召开“人民政协理论与实践”研讨会 2006年9月7日，自治区政协召开“人民政协理论与实践”研讨会。研讨会共征集论文92篇。论文紧密联系全区政协工作实际，从不同角度对新形势下人民政协的使命、地位、作用等展开深层次的思考和研究，同时对履行政协职能的新途径、新方法进行大胆的探索。任启兴在研讨会上作重要讲话，要求自治区政协各参加单位、各级政协组织切实把人民政协理论研究工作提到重要位置，将理论研究作为提高政协工作水平、提高政协委员和机关干部素质的重要途径。

视察我区农业科技工作 2006年9月22日，任启兴一行对我区农业科技工作进行了视察，曹维新、马金虎、袁汉民一同参加了视察。任启兴先后来到宁夏农林科学院作物所育种基地、枸杞研究所、枸杞种资质源圃、酿酒葡萄基地和农科院质检中心、生物重点实验室，详细了解了作物种植和科技攻关情况。任启兴鼓励科技人员继续加强在农作物品种革新、中部干旱带、生物科学、病虫害研究等方面的工作，努力推出具有重大影响、效益明显的科研成果和先进适用技术，为加快我区农业产业结构调整、特色优势产业发展和现代农业建设提供了保证。

徐匡迪、李蒙来宁检查工作 2006年11月13日至15日，全国政协副主席徐匡迪、李蒙率领检查组来宁，检查我区学习贯彻《中共中央关于加强人民政协工作的意见》的情况。14日上午，自治区组织召开了贯彻《中共中央关于加强人民政协工作的意见》情况座谈会。自治区领导陈建国、马启智、任启兴、刘丰富、马文学、王正伟、于革胜、李顺桃、项宗西、崔波、徐松南、任怀祥、金晓昀、梁俭、马国权、曹维新、朱佩玲、马金虎、袁汉民、马占山，自治区政协秘书长朱玉华出席会议。自治区政协各专门委员会负责人，自治区各市市委、政府、政协及中宁县、原州区委、政府、政协主要负责同志参加了会议。自治区党委、政府、政协、银川市委、石嘴山市政府、中宁县政协分别向检查组汇报了关于学习贯彻《意见》的情况。检查组一行还前往银川市、石嘴山市视察了城市建设、生态建设、新农村建设发展情况及东方有色金属集团有限公司的生产情况。检查组一行对宁夏贯彻《意见》工作及经济社会发展情况给予了充分的肯定。

视察宁夏医学院 2006年12月4日，任启兴带领部分驻宁全国政协委员视察宁夏医学院发展建设情况，就如何缓解群众“看病难、看病贵”等问题与专家座谈。任启兴一行先后视察了宁夏医学院新校区、附属医院高压氧仓等地，与学院负责同志及专家进行了座谈。自治区领导崔波、金晓昀、梁俭、朱佩玲、马金虎、袁汉民、马占山、周振中和朱玉华等参加了视察。

【重要文件】

常委会工作报告（2006年2月7日）（摘要） 一、2005年工作回顾：（一）加强理论学习，为做好政协工作奠定重要的思想基础；（二）坚持科学求实，积极为编制我区“十一五”规划建言献策；（三）充分发挥优势，为构建社会主义和谐社会凝心聚力；（四）做好经常性工作，不断提高政协工作的整体水平；（五）加强自身建设，为履行职能提供保障。二、2006年工作要点：（一）继续深入学习贯彻十六届五中全会等重要精神，切实把思想统一到中央的决策和部署上来；（二）坚持把促进科学发展作为履行职能的第一要务，为实现我区“十一五”良好开局献计出力；（三）牢牢把握团结和民主两大主题，进一步维护民主团结、生动活泼、稳定和谐的政治局面；（四）充分发挥委员主体作用和专委会的基础作用，不断提高政协履职能力；（五）不断加强自身建设，努力提高做好政协工作的能力：一是要进一步加强思想政治建设。二是要进一步加强领导班子和干部队伍建设。三是要进一步加强制度建设。四是要进一步加强作风建设。

任启兴在八届四次会议闭幕会上的讲话（2006年2月11日）（摘要） 自治区政协八届四次会议，在自治区党委的关怀和自治区人民政府及全区各族各界人士的大力支持下，经过大家的共同努力，圆满完成了各项议程。会议听取并审议了自治区政协第八届委员会常务委员会工作报告和八届三次会议以来提案工作情况的报告；列席了自治区九届人大四次会议，听取并讨论了政府工作报告和其他报告；补选了自治区政协第八届委员会副主席和常委；审议通过了自治区政协八届四次会议政治决议、关于常务委员会工作报告的决议、关于提案审查情况的报告。会议期间，自治区党、政、军领导同志出席了开幕式和闭幕式，党委、政府的领导亲自听取大会发言，并到小组认真听取委员们的意见建议，充分体现了自治区党委、政府对政协工作的高度重视。各有关部门列席会议的同志，参加了小组讨论会，认真听取委员意见，面对面地沟通协商，体现了对政协工作的关心支持。

当前，我区改革开放和现代化建设事业正处在蓬勃发展的关键时期。为此，在这里我想着重对委员提出几点希望：第一，要围绕中心，谋大计、议大政。当前，我区的中心工作是实施“十一五”规划，围绕这个中心，才能够议大政、成大事。第二，要深入实际，察实情、干实事。我们要深入下去，沉到底层，善摸实情，敢讲真话，敢进诤言，有胆有识，针砭时弊，勇于监督，充分发挥政协应有的、独特的作用。第三，要贴近群众，排民忧、解民难。我们要通过反映人民群众的疾苦呼声，激发人民群众的建设热情，使困难群众真正雪中有炭，使有识之士真正才尽其用，这是人民政协工作和自身价值的重要体现。第四，要紧跟时代，勤开拓、勇创新。时代在前进，改革在深化，人民群众的实践在不断丰富和发展，新情况、新问题、新挑战要求我们的工作紧跟时代，与时俱进。政协不执政，但参政；不立法，但立论；不决策，但献策。政协履行职能真正取得实效，要靠委员尽心尽职，群策群力，奋力开拓，锐意进取。

【组织概况】

副主席补选名单（2006 年 2 月 11 日自治区政协八届四次会议通过）

马金虎（回族）　袁汉民

常委增选名单（2006 年 2 月 11 日自治区政协八届四次会议通过）

（按姓名笔画排列）

马秀珍（女）　王生林（回族）
王春秀（女）　刘金虎　刘宗祥
杨培君　何季麟　何嘉伦　张欣毅
徐　升　高万里　曾玉强

【宁夏回族自治区各级政协领导人名单】

宁夏回族自治区

政协主席
任启兴

副主席
任怀祥　金晓昀（女，回族）
周振中　梁　俭　马国权（回族）
陈育宁　马占山（回族）
马瑞文（回族）　曹维新
朱佩玲（女）

秘书长
朱玉华

银川市

政协主席　洪梅香（女，回族）
县（区、市）政协主席
兴庆区　朱根利
金凤区　张玉宝
西夏区　刘建林（回族）
永宁县　王成
贺兰县　王林
灵武市　马希贤（回族）

石嘴山市

政协主席　刘昆
县（区）政协主席
大武口区　徐建东

惠农区　李宝林
平罗县　何子江

吴忠市
政协主席　马英杰（回族）
县（区、市）政协主席
利通区　马世武（回族）
青铜峡市　郑岩松
盐池县　陈其昌
同心县　马炳德（回族）

固原市
政协主席　邓向贵（回族）
县（区）政协主席
原州区　余秉金
西吉县　马一平（女，回族）
隆德县　冯富东（回族）
泾源县　丁文清（回族）
彭阳县　陈剑

中卫市
政协主席　王有才
县政协主席
中宁县　魏金山
海原县　李有成

宁夏回族自治区各级政协组织和委员数

（截至 2006 年底）

级别 / 项目	自治区	设区的市	县（不设区的市、市辖区）	合计
组织数	1	5	20	26
委员数	389	1122	2171	3682

（沈　燕　蒋永忠 编写　康占胜 审稿）

政协青海省委员会

吴生业　秘书长
（2006年1月18日九届四次会议补选）

【全体委员会议】

九届四次会议　2006年1月13日至18日在西宁举行。第九届政协委员335人，出席会议306人。会议听取并审议了蔡巨乐副主席所作的政协第九届青海省委员会常务委员会工作报告、寻兴才副主席所作的政协第九届青海省委员会常务委员会关于九届三次会议以来提案工作情况的报告。列席了青海省十届人大四次会议，听取并讨论了宋秀岩省长所作的政府工作报告，以及计划、财政和“两院”报告，14位委员作了大会发言，30位委员和基层政协提交了书面发言材料。通过了关于接受石文章同志辞去政协第九届青海省委员会秘书长职务请求的决定；补选吴生业同志为政协第九届青海省委员会秘书长。审议通过了政协第九届青海省委员会第四次会议政治决议、关于常委会工作报告决议和关于提案工作情况报告决议。省政协主席桑结加在闭幕大会上作了讲话。会议决议指出，在新的一年里，全省各级政协组织、政协各参加单位和广大政协委员要认真学习贯彻中共十六届五中全会、胡锦涛同志考察青海时的重要讲话和中共青海省委十届七次全体会议精神，把思想和行动统一到中共青海省委的决策和部署上来，把履行职能的着力点集中到为实施“十一五”规划贡献力量上来。始终坚持以中国共产党的基本理论、基本路线、基本纲领和基本经验为指导，始终坚持党对人民政协的领导，始终坚持围绕中心、服务大局，始终坚持团结各界、凝聚人心，始终坚持以人为本，始终坚持自身建设，努力巩固和发展新时期最广泛的爱国统一战线。全面落实科学发展观，坚定不移地把促进发展作为履行职能的第一要务，把实现好、维护好、发展好最广大人民的根本利益作为人民政协工作的出发点和落脚点，更加自觉地围绕全省经济社会全面发展和社会主义民主政治建设履行职能，建言献策，努力开创青海省人民政协事业的新局面。

【常务委员会会议】

第17次会议　2006年1月15日在西宁召开，应到67人，实到56人。会议听取了石文章秘书长关于省政协九届四次会议各小组讨论情况的汇报。审议并通过了人事事项的决定（草案）；政协第九届青海省委员会第四次会议选举办法（草案）；政协第九届青海省委员会第四次会议总监票人、监票人名单（草案）；补选政协第九届青海省委员会秘书长候选人名单；政协第九届青海省委员会第四次会议政治决议（草案）；政协第九届青海省委员会第四次会议关于常务委员会工作报告的决议（草案）；政协第九届青海省委员会第四次会议关于政协九届三次会议以来提案工作情况报告的决议（草案）。审议通过《关于接受石文章同志辞去政协第九届青海省委员会秘书长职务请求的建议》和《关于补选政协第九届青海省委员会秘书长候选人建议名单》。

第18次会议 2006年3月17日在西宁召开，应到67人，实到51人。会议传达了全国政协十届四次会议精神，就《中共中央关于加强人民政协工作的意见》作了专题辅导讲座。审议通过了省政协提案委员会关于九届四次会议提案审查情况的报告（草案），任命李秉廷为政协海东工作委员会副主任，免去张振华政协海东工作委员会主任职务。桑结加主席就认真学习、全面领会和深入贯彻全国政协十届四次会议精神提出具体要求。

第19次会议 2006年6月8日至9日在西宁召开，应到67人，实到48人。会议围绕加快我省经济增长方式进行专题研讨。中共青海省委常委、副省长李津成通报了我省转变经济增长方式、“十一五”开局之年上半年全省经济运行情况、三江源地区经济增长方式转变及生态环境保护与建设的有关内容；省政协经济委员会作了题为《关于加快我省经济增长方式转变的建议》的发言；省委统战部有关负责同志作了关于调整第九届省政协委员、常委情况的说明。8位常委作了大会发言，各民主党派、工商联和州、市政协提交了书面发言材料。会议期间，与会常委围绕加快我省经济增长方式转变，推动全省经济社会全面协调可持续发展这个主题，建言立论，参政议政。审议通过了省政协九届十八次常委会议以来的工作报告，决定张周平任政协第九届青海省委员会副秘书长、黄东宁任政协海东工作委员会副主任，免去马金惠学习和文史委员会主任职务、胡安顺经济委员会副主任职务。会议结束时，桑结加主席就做好省政协下半年工作提出具体要求，刘光中副主席作了总结讲话。

第20次会议 2006年9月21日至22日在西宁召开，应到67人，实到43人。围绕加快发展农牧区社会事业，努力造就社会主义新型农牧民进行专题研讨。副省长马建堂代表省政府到会通报了我省农牧区社会事业发展现状及“十一五”发展思路，省政协教科文卫体委员会作了《加快发展农牧区社会事业努力造就社会主义新型农牧民》的主题发言。6位常委作了大会发言，各民主党派、工商联和州、市政协提交了书面发言材料。会议期间，与会常委紧扣会议主题进行了深入讨论，集思广益，为促进我省社会主义新农村新牧区建设，培养造就新型农牧民提出许多的意见和建议。审议通过了省政协九届十九次常委会议以来的工作报告和青海省友好代表团访问罗马尼亚情况的报告，任命钟振良同志为省政协民族宗教和港澳台侨委员会副主任。省政协副主席鲍义志在闭幕会上作总结讲话。

【专门委员会工作】

提案委员会 九届四次会议以来共收到提案402件，经审查、立案376件，作为来信处理的26件。截至2006年底，提案已全部办复完毕。从办理结果来看，提案所提意见建议被采纳，问题已经得到解决或基本解决的116件，占提案总数的30.9%；列入计划逐步解决的157件，占提案总数的41.7%；留待今后工作中借鉴参考的67件，占17.8%；由于政策原因或条件限制，暂不能解决的36件，占提案总数的9.6%。已经解决和正在解决、列入计划逐步解决的占提案总数的72.6%，比上年提高7.9个百分点。提案工作注重以下几项工作：一是切实加强领导，把提案工作作为一项全局性工作来抓；二是做好服务工作，提高提案质量；三是促进提案落实，提高办理质量。

经济委员会 围绕省政协常委会确定的重点议政课题“转变经济增长方式，加快推进我省特色经济发展”，充分调动各方面力量进行深入细致的调研，形成了《关于加快我省经济增长方式转变的建议》，并作为九届十九次常委会议主题报告。报告经审议后，报送中共青海省委、省政府，引起高度重视。在精选课题、充分调研的基础上，分别形成《关于加快柴达木地区循环经济试点的建议》和《关于果洛州三江源生态保护和建设实施情况的调研报告》，分别报送全国政协经济委员会和省有关部门。开展视察活动，就甘河工业园区、藏羊地毯集团、互助酒厂、藏药博物馆等进行视察。召开了“加快发展民营经济”研讨会，编辑出版了《青海政协与经济发展》一书。参加了全国政协在北京召开的“推进西部大开发”专题协商会，并向大会提交了《关于加快柴达木地区循环经济试点的建议》。

人口资源环境委员会 组织委员分两次对我省土地沙化治理情况进行了较为深入、细致的调研，形成的调研报告报送省委、省政府及有关部门参考。分别围绕我省人口与计划生育工作、《三江源自然保护区生态保护和建设总体规划》实施情况进行视察，对视察中发现的问题及时向有关部门进行反映，并受到重视。举办了建设我省“资源节约型、环境友好型”社会理论研讨会；承办了“湖泊保护暨青海湖可持续发展研讨会”；参加了全国政协人资环委组织的“全国暨地方政协人口资源环境委员会工作培训研讨会”。做好反映社情民意工作，采编《政协信息》、《社情民意》12 篇，大部分意见建议受到省委、省政府领导的高度重视，并督促有关部门采纳和办理。

教科文卫体委员会 围绕省政协常委会确定的重点议政课题“加快发展农牧区社会事业，努力造就社会主义新型农牧民”，组织委员分专题开展调研，形成了《加快发展农牧区社会事业，努力造就社会主义新型农牧民的调研报告》，并作为九届二十次常委会议主题报告，《报告》受到省委、省政府领导的高度重视，省委办公厅予以转发。组织委员分别就全省民间非物质文化遗产保护，企业文化建设，新闻出版工作进行视察，相关问题通过“社情民意”报送省委、省政府及有关部门。分别举办了关注儿童环境问题座谈会，文化、卫生、教育等方面情况工作通报会。通过省红十字会积极向贫困学校捐款捐物达 4 万元。配合全国政协教科文卫体委员会调研组就青海省农牧区公共医疗卫生体系建设问题进行了专题调研。参加了西部十二省（区市）政协文化体制改革和文化产业发展研讨会，作了《开发特色文化资源，推动文化产业发展》的发言。护士节和教师节期间，通过新闻媒体向全省护理工作者和广大教师发出《慰问信》，致以节日的祝贺。

民族宗教和港澳台侨委员会 组织委员就全省少数民族专业技术人才培养和使用情况进行调研，形成了《我省少数民族专业技术人才培养、使用存在的问题和建议》调研报告。分别就西宁市清真食品、畜产品加工和交易情况，国务院《宗教事务条例》在我省的贯彻执行情况等进行视察。召开了全体委员反映社情民意座谈会，广泛收集和了解社情民意，许多“社情民意”受到党政领导重视，促进了一些问题的解决。注重发挥民族宗教界人士和委员的作用，做好团结稳定、凝聚人心的工作。组织委员到北山土楼观与观内宗教人士共同植树。新年来临之际向港澳台侨同胞、归国藏胞代表人士送上真诚的祝福；“尔德节”、“圣诞节”等节日，看望和慰问民族宗教界人士和委员，得到各界人士好评。参加全国政协第八次部分省市政协民族宗教工作研讨会。

社会和法制委员会 组织委员就全省社会主义新农村建设的思路、规划及试点情况进行调研，形成了《推进社会主义新农村建设需要在民主法制工作方面注意的五个问题》调研报告，受到省党政领导和有关部门的重视。分别组织委员对我省贯彻执行《劳动法》情况，《国防法》宣传教育情况进行视察。参与了省人大内司委关于《青海省社会治安综合治理条例（征求意见稿）》、《关于征集2007年立法项目建设的函》等协商讨论，并就有关问题提出了修改意见。服务委员、发挥委员在履行职能中的主体作用，举办了学习十六届六中全会精神法制讲座。加强与全国政协的联系，参加全国政协举办的各类研讨会和座谈会。

学习和文史委员会 编印《学习资料》8期，收录各类文章200余篇，90余万字，印发4000余册。征集编印了《风范长存——原河南蒙旗十世亲王扎喜才让史料选》，全面展示了扎喜才让作为原河南蒙旗十世亲王及其20多年的革命生涯中，为党和人民做出的重要贡献。按照全国政协文史和学习委员会及有关协作省区的要求，为《工业学大庆》、《治理黄河》两个专题史料，征集了近10万字史料；为《原子弹、氢弹》专题史料的征集做了一些前期准备工作。参加了全国政协召开的文史工作理论研讨会及西北五省区文史协作会议。

【重要活动】

组织驻青全国政协委员视察湖北省高新技术产业发展 2006年4月18日至28日，以桑结加为团长的驻青全国政协委员一行13人，分别听取湖北省政府及有关部门的情况介绍，先后到武汉、襄樊、十堰等地，视察了东湖三个高新技术开发区以及武钢集团等12家企业，并与企业负责同志和干部职工进行了座谈，参观了举世瞩目的三峡工程。湖北副省长任世茂介绍了有关情况。视察活动结束时，湖北省政府、省政协领导及有关方面负责同志听取了视察团意见建议，对加强两省间的交流交换了意见。

社情民意恳谈会 2006年4月28日在西宁召开。各民主党派省委、省工商联、省政协各专门委员会及部分政协委员参加了会议。会议就新农村新牧区建设、农村基础教育、规范城市商品房市场、解决群众看病难、看病贵及诸多关系群众切身利益的热点、难点问题，进行了交流和讨论。省政协副主席蔡巨乐就做好社情民意工作提出具体意见。

社会主义新农村建设专题座谈会 2006年5月16日在西宁召开。省委、省政府有关部门，各民主党派省委、省工商联及省政协各专门委员会的负责同志参加了会议。12位同志从不同角度作了专题发言，海南州政协等单位提交了书面发言材料，共同探讨做好全省新农村新牧区建设工作。中共青海省委副书记刘伟平听取委员们的发言后，充分肯定了这次会议的成果，要求各级政协组织及各民主党派、团体和广大政协委员根据这次座谈会反映出的一些突出问题，把解决理论问题与解决实际问题结合起来，把参政议政与搞好服务结合起来，为建设社会主义新农村新牧区做出新贡献。

第17次州市政协联系会议 2006年7月27日至30日在海北州西海镇召开。各州市政协、海北州属各县政协、省政协办公厅、各专委会有关负责同志参加了会议。会议紧密联系青海人民政协事业发展的实际，交流了学习贯彻《中共中央关于加强人民政协工作的意见》的体会。会议期间，与会同志听取了海北州有关情况的介绍。省政协主席桑结加、副主席蔡巨乐分别在会议开幕和闭幕时作了讲话。

湖泊保护暨青海湖可持续发展研讨会 2006年8月4日至7日在西宁召开。全国政协人口资源环境委员会，国家水利部、环保总局、林业局有关部门负责人，各省、市、自治区政协的领导和专家学者共130多人参加了会议。会议总结交流了各地在湖泊保护、开发、利用方面的经验和做法；分析了目前我国湖泊生态体系所面临的严峻形势；探讨了湖泊保护与可持续发展方面存在的问题；通过了上报国务院的《关于湖泊保护与可持续发展的建议》

中共中央政治局常委、全国政协主席贾庆林在青海考察 2006年8月18日至20日，贾庆林主席在国务委员、国务院秘书长华建敏，全国政协副主席、中央统战部部长刘延东陪同下，深入到青海广大农村、牧区、寺院、社区、工厂视察。专程来到省政协机关，看望青海省各民主党派、工商联负责人和统战、政协机关干部。贾庆林指出：青海省政协在围绕经济社会发展大局建言献策方面，围绕人民群众的根本利益反映社情民意方面，在政协组织履行职能的规范化、制度化、程序化建设方面都做了大量的工作。同时，在理论研究、工作创新、自身建设等方面都取得了很好的成绩。全省的政协工作形成了活跃有序的局面。

全省政协工作会议 2006年9月27日至28日在西宁召开。省委、省政府、省人大、省政协领导，省政协秘书长、副秘书长，各州（市、地）党委、政府主要负责同志及统战部长，各州（市）政协主要负责同志，省委各部门、省政府有关部门和省属高校、各民主党派省委、各人民团体、省工商联负责同志及有关方面负责同志参加了会议。会议主要任务是：以邓小平理论和“三个代表”重要思想为指导，全面贯彻落实科学发展观，深入学习贯彻《中共中央关于加强人民政协工作的意见》，进一步总结工作、分析形势、明确任务，加强和改善党对政协工作的领导，努力开创全省政协工作新局面。省委书记赵乐际作了讲话，省政协主席桑结加作了报告，省委副书记刘伟平作了总结讲话。中共西宁市委，海北藏族自治州人民政府，格尔木市政协作了大会发言。与会人员分组讨论了《中共青海省委关于贯彻〈中共中央关于加强人民政协工作的意见〉的实施意见》。

发挥政协界别作用和委员履行职能主体作用座谈会 2006年10月10日在西宁召开。各民主党派省委、省工商联负责同志，无党派代表人士，在宁的部分省政协委员，省政协机关正处级以上干部参加了座谈会。8位代表不同界别的委员作了发言，九三学社省委等提交了书面发言材料。发言从不同侧面畅谈了发挥政协界别作用和委员主体作用的体会，提出了许多意见和建议。桑结加主席就界别的合理设置和调整，增强委员界别意识，广泛开展有特色的界别活动等问题发表了意见。

新年茶话会 2006年12月29日在西宁举行。中共青海省委书记赵乐际，省委副书记、省长宋秀岩，省政协主席桑结加及省委、省人大、省政府、省政协、省军区、省高级人民法院、省人民检察院、驻军部队和省武警总队，在宁全国人大代表、全国政协委员，各民主党派省委、省工商联、各人民团体的负责同志，在宁的部分老同志和各族各界人士，有关专家学者约130余人欢聚一堂，畅谈国是，共叙友情，喜庆佳节。中共青海省委书记赵乐际发表了热情洋溢的讲话。省政协主席桑结加主持茶话会。

【重要文件】

常委会工作报告（2006 年 1 月 13 日）（摘要）　第一部分：2005 年常委会在中共青海省委的领导下，坚持以邓小平理论和“三个代表”重要思想为指导，认真落实科学发展观，自觉服从和服务于全省工作大局，切实履行政治协商、民主监督和参政议政职能，广泛动员和组织全体政协委员、政协各参加单位和各族各界人士，为富民强省、全面建设小康社会献计出力，各项工作取得了新的进展。（一）突出重点，围绕促进发展履行职能。在深入调研的基础上，分别围绕加快农牧区劳动力转移、增加农牧民收入和加速发展旅游业，开展专题议政协商。各专委会依据各自特点，开展调研、视察活动 20 余次，形成报告 16 份。把为制定“十一五”规划建言献策作为一项重点工作来抓，召开了为“十一五”规划建言献策座谈会，整理归纳 11 个方面 34 条意见建议。（二）坚持和完善基本政治制度，推进社会主义民主政治建设。认真部署《中共中央关于进一步加强中国共产党领导的多党合作和政治协商制度建设的意见》和省委《实施意见》的学习贯彻工作。召开青海省政协成立 50 周年座谈会，举行庆祝青海省政协成立 50 周年大会。（三）发挥委员的主体作用，做好提案和反映社情民意工作。采取重点提案领导批办督办、登门走访、协商座谈、实地视察、跟踪要案等形式，推动提案落实；全年编发《青海政协信息》95 期、《社情民意》52 期，省委、省政府领导做了 23 次重要批示。（四）坚持民主和团结两大主题，为构建和谐青海服务。致力于政协组织，营造宽松和谐、民主团结、合作共事的氛围。大力促进民族团结进步事业。（五）全面加强思想、组织、作风建设，提高工作水平。回顾工作历程，深刻体会到，做好政协工作必须始终做到“六个坚持”，坚持科学理论指导；坚持维护核心；坚持围绕中心；坚持凝聚人心；坚持以人为本；坚持自身建设。

第二部分：2006 年是实施“十一五”规划的开局之年。常委会工作的总体要求是：继续坚持以邓小平理论和“三个代表”重要思想为指导，认真学习贯彻胡锦涛同志在青海考察工作时的重要讲话和中共十六届五中全会、省委十届七次全委会议精神，牢牢把握团结和民主两大主题，认真落实科学发展观，为“十一五”规划开好局、起好步，为促进全省物质文明、政治文明、精神文明的协调发展做出新的贡献。（一）深入学习贯彻胡锦涛同志讲话和中共十六届五中全会、省委十届七次全委会议精神，统一思想，提高认识。（二）围绕中心，服务大局，为实施“十一五”规划献计出力。高度重视建设社会主义新农村这一重大战略课题；把转变经济增长方式作为参政议政的重点。（三）运用人民政协发扬社会主义民主的重要形式，为发展社会主义民主政治发挥作用。要坚持和完善中国共产党领导的多党合作和政治协商制度，努力体现和发挥我国政党制度的特点和优势；坚持把团结和民主两大主题贯穿于人民政协工作的各个方面，贯穿于人民政协事业发展的全过程。（四）坚持以人为本，为构建和谐青海服务。关注社会阶层结构的变化，加强与他们的联系；增强民族宗教工作意识，把民族团结进步放在重要位置。坚持把广大人民的根本利益作为政协履行职能的根本出发点和归宿。（五）创新工作方式，开创政协工作新局面。一是创新政协工作格局，二是创新成果转化机制，三是创新会议制度，四是创新反映社情民意工作机制。（六）进一步推进履行职能的制度化、规范化、程序化建设。

桑结加主席在政协第九届青海省委员会第四次会议上的讲话（2006 年 1 月 18 日）（摘要） 今年是我省实施“十一五”规划的开局之年，新的形势和任务对人民政协工作提出了新的要求，赋予了新的使命，提供了参政议政的广阔天地。各级政协组织和全体政协委员，要进一步提高认识，振奋精神，扎实工作，把履行政协三项职能提高到新水平，把发扬民主、增进团结推进到新阶段。

第一，努力建设学习型政协组织，不断提高履行职能的水平。站在新的起点，必须树立“知识改变命运、学习创造未来”的思想理念，信守为民、报国的学习宗旨，着眼提高履行职能的能力和水平，以强烈的紧迫感和高度的自觉性抓好学习。一是全面理解、准确把握科学发展观的丰富内涵和精神实质。二是进一步深入学习中共十六届五中全会精神和胡锦涛总书记视察青海时的重要讲话及省委十届七次全委会议精神。通过学习，进一步解放思想，与时俱进，把全部工作落实到加快发展、促进和谐上来，围绕大局，努力工作，在全面建设小康社会的历史进程中发挥作用，做出贡献。

第二，努力建设务实型政协组织，切实为完成“十一五”规划目标任务献计出力。一是要为全省经济社会又快又好发展献计出力。二是要为建设社会主义新农村、新牧区献计出力。三是要为建设资源节约型、环境友好型社会献计出力。四是要为和谐社会建设献计出力。

第三，努力建设创新型政协组织，进一步开创政协工作新局面。创新是一个民族进步的灵魂，是国家兴旺发达的不竭动力，也是人民政协不断提高履行职能效能，促进全省经济社会又快又好发展的客观要求。要增强创新意识，注重成果转化；要整合各方力量，发挥整体作用；要加强对基层政协的联系指导，着力抓好自身建设。

中共青海省委书记赵乐际在全省政协工作会议上的讲话（2006 年 9 月 27 日）（摘要） 2000 年全省政协工作会议以来，我省各级党委不断加强和改善对政协工作的领导，形成了党委重视、政府支持、政协主动、各方配合的良好局面。各级政协组织在同级党委的领导下，牢牢把握团结和民主两大主题，坚持围绕中心、服务大局，切实履行政治协商、民主监督、参政议政职能，为推进青海改革开放和现代化建设做出了重要贡献。省委对政协工作是满意的，对政协工作取得的成绩是充分肯定的。

要认真学习领会中央《意见》的丰富内涵和精神实质，充分认识新形势下加强人民政协工作的重大意义，不断增强推进人民政协事业发展的责任感、紧迫感和使命感。要围绕发展与和谐主题，坚定正确的政治方向，深入研究我省政协工作的思路、内容和目标，为促进全省经济社会又快又好发展服务，为构建和谐青海服务，为发展社会主义民主政治服务，使政协工作的开展与推进经济又快又好发展、构建和谐青海相适应、相协调、相统一，努力开创我省政协工作新局面。要正确认识和处理政党关系，巩固和发展中国共产党领导的多党合作的政治格局；要正确认识和处理民族关系，促进各民族共同团结奋斗、共同繁荣发展；要正确认识和处理宗教关系，积极引导宗教与社会主义社会相适应；要正确认识和处理阶层关系，推动和实现全社会和谐相处、共同发展。要以制度创新为重点，推进政协履行职能的制度化、规范化、程序化，努力使政治协商规范有序，民主监督扎实有效，参政议政广泛深入。要进一步加强和改善党对政协工作的领导，把政协工作作为党委统揽全局的重要内容，充分发挥政协党组的领导核心作用和党员的先锋模范作用，努力为各级政协履行职能创造条件。

桑结加主席在全省政协工作会议上的报告（2006 年 9 月 27 日）（摘要）

一、2000 年以来的全省政协工作。2000 年省委召开第二次政协工作会议以来，全省各级政协组织在党委的坚强领导和政府的大力支持下，切实履行职能，为我省社会物质文明、政治文明、精神建设和构建和谐社会做出了积极贡献。一是加强理论学习，巩固政治基础；二是坚持团结民主，形成政治合力；三是围绕中心任务，服务全省大局；四是重视理论研讨，推动全局工作；五是健全规章制度，加强自身建设；六是创新工作方式，开创工作新局面。我们深深地感受到，省委和各级党委切实加强对政协工作的领导，对政协的重视程度进一步提高；省政府和各级政府切实为政协开展工作创造条件，对政协工作的支持力度进一步加大。回顾几年来政协工作的历程，我们深深地体会到，做好政协工作必须始终做到"六个坚持"。坚持科学理论指导；坚持维护核心；坚持围绕中心；坚持凝聚人心；坚持以人为本；坚持自身建设。

二、贯彻落实政协工作会议精神，不断开创全省政协工作的新局面。全省各级政协组织要以学习贯彻这次会议精神为契机，适应新形势新任务的要求，努力把政协工作推向前进，为加快我省经济社会又快又好发展做出新贡献。一是学习贯彻《意见》，增强工作责任；二是把握基本原则，坚持正确方向；三是围绕中心工作，服务全省大局；四是突出两大主题，建设和谐青海；五是抓住工作重点，提高履职水平；六是积极开展探索，不断创新工作。

三、切实抓好政协自身建设。要充分发挥政协党组在政协组织中的领导核心作用；要加强政协常委会的建设；要切实加强委员队伍的建设；要大力加强政协机关的建设。

中共青海省委关于加强政协工作的意见（2006 年 10 月 30 日）（摘要）《意见》共分五大部分 23 条内容。第一，充分认识新时期人民政协工作的重要地位和作用。全面贯彻落实《中共中央关于加强人民政协工作的意见》，充分发挥人民政协的职能，对于团结一切可以团结的力量，调动一切积极因素，加快推进富民强省，全面建设小康社会，提高党的执政能力，发展社会主义民主政治，构建社会主义和谐社会，推进中国特色社会主义伟大事业，具有重要的现实意义和深远的历史意义。第二，切实搞好人民政协的政治协商。要把政治协商纳入全省各级党委的决策程序，坚持重大问题在决策之前和决策执行过程中进行协商的原则，统一部署和协调，认真组织实施。第三，高度重视人民政协的民主监督。各级党委、政府要支持人民政协运用各种形式开展民主监督，要完善监督机制，支持人民政协开展专项民主监督。第四，积极支持人民政协参政议政。重视发挥人民政协组织和委员的作用，进一步健全完善对口联系制度、重要情况通报制度，为政协组织和政协委员参政议政创造良好的条件；认真办理落实人民政协所提出的意见建议；各级政协围绕省委提出的新阶段发展与和谐主题，选择课题，深入调查研究，广泛了解社情民意，提出意见建议，为党委、政府决策提供参考。第五，大力推进人民政协的自身建设。充分发挥各民主党派和无党派人士在人民政协中的作用；突出人民政协的界别特点，充分发挥界别在政协工作中的作用；发挥政协委员在履行职能中的主体作用；加强人民政协的组织建设；加强人民政协的机关建设。第六，加强和改善党对人民政协的领导。每届党委任期内要召开一次政协工作会议，党委常委会每年要专题听取一次政协工作汇报，及时研究解决政协工作中的重大问题；不是党委常委的政协党员主席或党组书记列席同级党委常委会议和其他重要会议；各级政府召开的重要会议应邀请政协领导同志列席；发挥政协党组在政协组织中的领导核心作用；加强对人民政协理论的学习研究和政协工作的宣传。

【组织概况】

秘书长补选名单（2006 年 1 月 18 日九届四次会议通过）

吴生业

委员增补名单（2006 年 6 月 9 日九届十九次常委会议通过）

马正党　邓吉牛　尕玛加（藏族）
纪仁凤（女）　苏　宁（女）　李　毅
陈　强　钟振良　黄东宁　董汇泽

不再担任秘书长名单（2006 年 1 月 18 日九届四次会议通过）

石文章

不再担任委员名单（2006 年 6 月 9 日九届十九次常委会议通过）

邱学林　胡安顺　韩健康

【青海省各级政协领导人名单】

青海省

政协主席

桑结加（藏族）

副主席

蔡巨乐　寻兴才　韩生贵（回族）
王孝榆　西纳·洛桑旦贝坚赞(藏族)
刘光中　鲍义志（土族）　蒲文成
仁青安杰（藏族）　陈瑞珍（女）
赵启中

秘书长

吴生业

西宁市

市政协主席　姚国恒

区（县）政协主席

城东区　张梅玲（女）
城中区　戴福山
城西区　杨中海
城北区　张建华
大通县　李　明
湟中县　赵邦玥
湟源县　何旭林

海东地区

民和回族土族自治县　马光耀（土族）
化隆回族自治县　拉　加（藏族）
循化撒拉族自治县　陈明范(撒拉族)
互助土族自治县　郑有梅（女）
乐都县　逯启秀（女）
平安县　谈正涌

海南藏族自治州

州政协主席　尕玛加（藏族）

县政协主席

共和县　尕玛才让(藏族)
贵南县　侯毛才让(藏族)
同德县　兰本加（藏族）
兴海县　曼　科（藏族）
贵德县　田国华

海西蒙古族藏族自治州

州政协主席　巴羊欠(蒙古族)

县（市）政协主席

格尔木市　马家峰
德令哈市　吴福兰（女）
乌兰县　尖　加(蒙古族)
都兰县　乔格图(蒙古族)
天峻县　洛科加（藏族）

海北藏族自治州

州政协主席　苏廷贤

县政协主席

祁连县	张永福（藏族）
刚察县	尕多杰（藏族）
海晏县	成列加措（藏族）
门源回族自治县	马生福（回族）

黄南藏族自治州

州政协主席 多　吉（藏族）

县政协主席

同仁县	王海宏
尖扎县	哇　洛（藏族）
泽库县	改托吉博（藏族）
河南蒙古族自治县	谈　仓（蒙古族）

果洛藏族自治州

州政协主席 索南才让（藏族）

县政协主席

玛沁县	多　伟（藏族）
甘德县	军　部（藏族）
达日县	卓玛措（藏族）
久治县	刘立明（藏族）

玉树藏族自治州

州政协主席 丁显成（藏族）

县政协主席

玉树县	弋旺尕（藏族）
囊谦县	保　杰（藏族）
称多县	吾　昂（藏族）
治多县	张海平
曲麻来县	宁　才（藏族）

青海省各级政协组织和委员数

（截至 2006 年底）

项目＼级别	省级	地级市	县（县级市）	合计
组织数	1	7	41	49
委员数	341	1235	3343	4919

（赵小鹏 编写　杨曙光 审稿）

政协新疆维吾尔自治区委员会

张秀明 副主席

王 伟 副主席

买买提江·艾买提 副主席

阿不都力提甫·阿不都热依木 副主席

【全体委员会议】

九届四次会议 2006年1月16日至22日在乌鲁木齐举行。本次会议应出席委员509名，实到459名。会议听取并审议通过了艾斯海提·克里木拜主席代表常务委员会所作的工作报告和姚永锋副主席代表常务委员会所作的提案工作情况的报告，通过了自治区政协九届四次会议政治决议。与会人员列席了自治区人大十届四次会议，协商讨论了自治区“十一五”规划、政府工作报告和计划、财政、法院、检察院工作报告。会议安排了两次大会发言，有20位委员就搞好工业园区规划建设、实现外贸增长方式转变、大力发展设施农业、有效遏制艾滋病蔓延、推行素质教育、矿业开发、净化农村金融环境、推动扶贫工作、实施旅游强区战略、保护外来务工人员合法权益等问题作了大会发言。会议增选张秀明、王伟、买买提江·艾买提、阿不都力提甫·阿不都热依木为自治区政协副主席，补选张炳科等6人为自治区九届政协常务委员。会议期间共收到委员提案743件，经审查立案702件。中共中央政治局委员、自治区党委书记王乐泉与自治区党政军及生产建设兵团领导出席了开、闭幕大会，并参加小组或联组讨论，听取大会发言。艾斯海提·克里木拜主席在会议闭幕时讲话。他强调，今年是实施“十一五”规划的开局之年，各级政协要牢固树立科学发展观，把广大政协委员更好地组织和发动起来，围绕“十一五”规划和自治区党委、政府的中心工作，有组织、有计划地把政治协商引向深入，切实有效地开展民主监督，进一步拓展参政议政领域，进一步开创人民政协工作的新局面，共同创造新疆更加美好的未来。

【常务委员会会议】

第13次会议 2006年1月20日在乌鲁木齐举行。会议听取了自治区政协九届四次会议各组讨论情况的综合汇报，审议通过了自治区政协九届四次会议政治决议（草案），政协九届四次会议关于常务委员会工作报告的决议（草案），关于九届三次会议以来提案工作情况报告的决议（草案），提案委员会关于九届四次会议提案审查情况的报告（草案）。自治区党委常委、组织部部长韩勇作了关于补选九届政协副主席候选人和常务委员候选人的说明。会议审议通过了增选自治区九届政协副主席和补选常务委员候选人名单（草案）及选举办法（草案）。自治区政协主席艾斯海提·克里木拜主持会议。

第14次会议 2006年5月30日至31日在乌鲁木齐举行。会议的主要议题是围绕加快社会主义新农村建设建言献策，通过大会发言、小组讨论等形式进行了富有成效的协商讨论，形成并审议通过了《关于推进自治区社会主义新农村建设的建议案》。自治区副主席钱智及有关部门负责人听取了政协委员们的大会发言。会议通过了有关人事任免事项。会议期间，与会人员认真学习了胡锦涛总书记关于“八荣八耻”的重要讲话、《中共中央关于加强人民政协工作的意见》和《中共新疆维吾尔自治区委员会贯彻落实〈中共中央关于加强人民政协工作的意见〉的实施意见》，并就学习贯彻中央《意见》组织了专题讲座。自治区政协主席艾斯海提·克里木拜主持会议并讲话。

第15次会议 2006年9月20日至21日在乌鲁木齐举行。会议的主要议题是围绕自治区工业发展合理布局的有关问题建言献策，审议通过了《关于新疆工业发展合理布局问题的建议案》和有关人事任免事项。会上，自治区副主席胡伟通报了自治区人民政府办理自治区政协九届四次会议提案的情况。本次会议还邀请自治区有关部门负责人听取了自治区政协常委、委员的大会发言。自治区政协主席艾斯海提·克里木拜主持会议并讲话。

第16次会议 2006年12月25日至26日在乌鲁木齐举行。会议审议通过了自治区九届政协常务委员会工作报告（草案）、提案工作情况的报告（草案），审议通过了关于召开自治区政协九届五次会议的决定、自治区政协九届五次会议议程（草案）、日程，各次大会执行主席和主持人名单、分组办法和各小组召集人名单，书面审议了自治区政协各专门委员会2006年工作总结报告，协商通过了增补自治区政协第九届委员会委员名单和有关人事任免事项。自治区政协主席艾斯海提·克里木拜主持会议并讲话。

【专门委员会工作】

提案委员会 采取“走出去”，密切与政府各部门的联系；“请进来”，征求和了解各承办部门对政协提案工作的建议和意见，积极探索提案工作新举措，创新工作形成和工作领域。通过对228位提案人提交的830件提案来源情况进行调查分析，引导委员提高提案质量，改进和完善服务工作。2006年确定的6件重点提案，得到了党政部门的高度重视和认真办理，增强了提案的实效性。为了更好地落实委员提案，开展了提案“回头看”工作，对自治区政协九届一次、二次、三次会议各承办单位列入计划解决的B类提案和待条件具备解决的C类提案（共1975件）的落实情况，进行了跟踪回访“回头看”工作。通过各部门领导与政协委员面对面的协商沟通，使“提”、“办”双方进一步增强了提高提案质量和办理质量的意识，对不断探索创新、健全完善提案办理机制起到了积极作用。

经济科技委员会 围绕中心，坚持“两个服务”，认真开展专题调研。一是围绕常委会议的主题，就社会主义新农村建设进行了深入调研，召开了“新农村建设与新疆发展研讨会”，在深入调研、广泛协商的基础上，形成了自治区政协常委会《关于推进自治区社会主义新农村建设的建议案》。二是组织专题调研组，对石油天然气、纺织、绿色食品工业发展合理布局问题进行调研，为自治区政协九届十五次常委会议形成《关于新疆工业发展合理布局问题的建议案》提出了重要的意见建议。三是为促进自治区西部大开发战略深入实施和农民增收出谋划策。四是发挥委员特长，积极开展关于我区农村税费改革后的乡村财政问题、如何加快贫困地区县域经济发展、新疆农村经济合作组织建设、科技成果转化和区域创新体系建设等课题研究。五是组织委员赴俄罗斯、哈萨克斯坦就国际贸易和特色矿产资源开发利用进行考察，就中哈、中俄贸易发展提出意见建议。

民族宗教社会法制委员会 围绕促进少数民族地区经济社会发展、依法管理宗教事务、促进依法治区积极履行职能。一是组织委员就社会主义新农村的社会环境和法制环境建设的有关问题进行专题调研，提出充分认识新农村建设在农村思想观念、生产方式等方面发生的深刻变化，整合资源，搞好文化设施建设，加强乡镇司法所和人民调研组织建设等建议。二是针对城市困难群体捐助工作以及群众反映强烈的看病难、看病贵等问题组织委员和相关职能部门在南北疆深入调研，提出对策建议。三是积极配合全国政协社会和法制委员会就禁毒工作开展情况在新疆进行调研。四是对《宗教事务条例》学习贯彻情况和抵御渗透工作进行调研，深入分析存在的问题，提出了有针对性的意见建议。

教文卫体委员会 组织委员针对群众关心的热点、难点问题，深入调查研究，积极建言献策。一是围绕自治区的工作大局选好选准题目。先后就新型农牧区合作医疗、少数民族基础教育、农村广播电视事业发展等问题开展调研，提出的意见建议得到自治区有关领导的高度重视。二是开展不同形式的联合调研视察活动，增强参政议政的实效性。同农工民主党新疆区委会就突发公共卫生事件处置系统建设情况开展调研，就关于农村职业教育问题与有关地州政协开展协作调研，开阔了委员观察问题的角度，推动了具体问题的解决和各项工作的开展。三是突出政协的界别优势，注意把调研的内容和委员的专业结合起来。医疗卫生界委员对自治区血液安全工作进行调研，提出了改进工作的意见建议。文化艺术界委员就非物质文化遗产保护利用进行视察，提出了保护非物质文化遗产，关键在于对传承人的保护的意见。组织教育界委员在调研活动中，为基层教师举办教育讲座，收到了良好效果。

人口资源环境委员会 围绕推动循环经济发展、建立资源节约型和环境友好型社会建言献策。一是紧扣主题，履行职能务求实效。为加快新疆社会主义新农村建设，在南北疆就农村人口协调发展问题进行深入调研，将调研情况在自治区九届十四次常委会议上作了大会发言，此后又形成了专题报告，提出的意见建议，完善了自治区新农村建设规划。二是落实建设资源节约型、环境友好型社会的要求，对自治区矿产资源开发中环保问题进行专题调研，提出了对策建议。三是推动自然保护建设，对巴音布鲁克、西天山、甘家湖梭梭林、艾比湖湿地、天山野果林等自然保护区进行考察，提出了自然保护建设的具体建议。四是座谈讨论能源紧缺情况下的环境保护问题，探讨在更大范围内推动城市机动车“油改气”措施的可行性。五是综合分析有关人口资源环境方面的提案，组织委员就重点提案《发展循环经济是走新型工业化道路的根本之策》进行督办，提出了尽快出台自治区发展循环经济、节能降耗的规划、目标、任务、措施的建议，得到有关职能部门的采纳，推动了自治区循环经济的发展。

港澳台侨和外事委员会 通过组织委员进行专题调研和考察活动，加强和扩大与海内外港澳台同胞、华人华侨的联系，积极为自治区经济和社会发展、构建和谐社会献计出力。一是为委员及时了解和掌握党和国家的方针政策和国际国内局势创造条件。安排了台湾问题及台湾形势，了解中亚、认识中亚两场报告会。二是围绕扩大对外开放建言献策。组织关于旅游购物贸易和口岸建设问题的调研，提出了明确自治区旅游贸易出口管理权限、旅购贸易出口业务经营主体资质和旅购贸易出口报关报检口岸，坚持实行“总量控制、动态调整、备案登记管理”的建议，对促进自治区外经贸发展、旅游业发展和口岸建设起到了积极作用。三是针对外商投资企业存在的问题进行了调研，提出了制定产业优惠政策、加强产业引导，提高服务质量和效率，做好企业主体招商工作的建议。四是广泛开展联络、联谊活动，广交朋友，做宣传新疆、宣传“一国两制”方针的工作。热情接待全国政协和各省区市政协组织来疆考察的港澳台同胞、海外侨胞和外国友人；主动配合自治区有关部门做好台湾和中亚华人华侨的接待工作；协助全国政协在新疆开展“侨心光明万里情”活动；召开回疆留学人员代表座谈会，提出加强海外留学回疆人员工作的建议。

文史资料和学习委员会 按照文史资料“存史、资政、团结、育人”的工作方针，保持特色，开拓创新，文史和学习工作取得新进展。一是充分发挥特聘文史专员的作用，广泛联系政协委员和社会各界朋友提供有价值的历史资料，征集汉文史料约18万字，维吾尔文史料约10万字。二是编辑出版了汉文版《新编新疆文史资料第三集·风尘女的泪与笑》、维吾尔文版《新疆文史资料选辑》第48辑、《新疆石油工业史料选辑·中册》。三是编辑印发《学习参考资料》两期。四是通过开展调研、考察活动和举办讲座，加大了对基层政协文史工作的指导力度。五是积极参加全国政协和地方政协文史工作研讨会、协作会，加强与兄弟省市区政协的协作交流。

【重要活动】

自治区政协举行常委专题学习会 2006年3月15日，自治区政协举行常委专题学习会议，传达全国政协十届四次会议精神。自治区党委副书记、政协主席艾斯海提·克里木拜主持学习会并作重要讲话。他指出，要认真贯彻落实《中共中央关于加强人民政协工作的意见》，加强工作中的薄弱环节，树立创新意识，切实改进和完善提案工作和各专委会的工作，使政协工作不断取得新的进步，以适应新形势、新任务的需要。自治区政协副主席、自治区党委统战部部长王伟就会议基本情况、主要精神及“十一五”规划等内容作了通报。

自治区政协成立55周年座谈会 2006年5月10日在乌鲁木齐举行。中共中央政治局委员、自治区党委书记王乐泉作重要讲话，自治区党委副书记、政协主席艾斯海提·克里木拜主持座谈会。自治区党政军及生产建设兵团领导出席会议。自治区政协常委牛汝极、沙特甫汗·沙克泰、夏立宛、帕尔哈提·阿不都热衣木等代表民主党派、人民团体、宗教界、各族各界政协委员作了发言。部分全国政协委员、自治区历届政协老领导、各民主党派、工商联负责人和各族各界人士200多人参加了座谈会。

人民政协报新疆记者站成立 2006年6月6日成立仪式在乌鲁木齐举行。自治区党委副书记、政协主席艾斯海提·克里木拜为人民政协报新疆记者站题词：“全方位宣传新疆统战政协工作特色，多视角报道新疆经济社会发展成就。”全国政协民族宗教委员会副主任陈洪，自治区政协副主席吴敦夫、阿不都卡德尔·乃斯尔丁、朱振中出席了成立仪式。人民政协报副总编辑张欣欣宣读了全国政协办公厅的贺信。自治区政协秘书长居来提·买买提明主持仪式。

全国政协研究室工作交流暨年鉴工作

会议 2006年6月21日至22日在乌鲁木齐举行。会议的主要内容是贯彻《中共中央关于加强人民政协工作的意见》精神，交流探讨人民政协理论研究的有关问题，布置开展有关专题调研工作和政协年鉴工作。全国政协办公厅研究室副主任原冬平主持会议。全国政协副秘书长李昌鉴出席会议并作重要讲话。新疆政协副主席吴敦夫出席会议，并向与会代表介绍了新疆概况和新疆政协的工作情况。全国政协、各省区市、副省级市代表80余人参加了会议。

自治区政协召开重点提案办理情况座谈会 2006年8月3日，自治区党委副书记、政协主席艾斯海提·克里木拜主持召开座谈会，听取有关承办单位对自治区政协九届四次会议第1064号《关于建设社会主义新农村加强农业科技推广服务体系建设》的重点提案办理情况的通报。农业厅针对提案中提到的目前农技推广体系中管理体制不顺、人员素质有待提高等问题，采取了调动农技人员积极性，强化农技推广效果，督促各农技推广部门创新农业科技服务机制和方式，促进科学技术直接到户、到人、到田。科技厅提出尽快组成适应市场经济需要的新型科技服务团队和网络，加大对科技特派员和乡土人才的培训。提案人对各相关部门的提案办理情况表示满意。

新年茶话会 2006年12月29日在乌鲁木齐举行。茶话会由自治区政协主席艾斯海提·克里木拜主持。中共中央政治局委员、自治区党委书记王乐泉发表重要讲话。自治区政协常委、民建新疆区委会主委解生瑞代表各民主党派新疆区委会和自治区工商联发言，新疆科技进步突出贡献奖获得者、新疆医科大学副校长哈木拉提·吾甫尔代表各族各界人士发言。自治区党政军、新疆生产建设兵团主要领导，在乌鲁木齐的全国人大代表、政协委员，各民主党派、工商联及政协参加单位的主要负责同志，在乌鲁木齐的全国、自治区劳动模范代表，爱国宗教界、少数民族代表人士，民营企业家代表和有关方面负责同志出席茶话会。

【重要文件】

常委会工作报告 （2006年1月16日）（摘要）

一

（一）结合新的形势任务，组织和推动政协委员的学习

一是认真组织学习胡锦涛总书记在省部级主要领导干部提高构建社会主义和谐社会能力专题研讨班上的重要讲话，深刻认识构建社会主义和谐社会的重大意义，把学习的效果落实到履行职能的实际工作中去。二是认真组织学习《中共中央关于进一步加强中国共产党领导的多党合作和政治协商制度建设的意见》和自治区党委的贯彻意见，进一步提高在新形势下坚持好、发展好我国这一基本政治制度的自觉性。三是认真组织开展保持共产党员先进性教育活动。中共政协党组成员和政协委员中的中共党员通过系统学习有关文件，深入进行党性分析，虚心征求群众意见，主动查办存在问题，进一步增强了做好新形势下政协工作的责任感和使命感。四是认真组织学习中共十六届五中全会和自治区党委六届十次全委（扩大）会议精神，牢固树立和深入贯彻科学发展观，紧紧围绕党的中心工作履行职能，积极为制定“十一五”规划建言献策。五是认真学习贯彻自治区党委政协工作会议精神，要求全区各级政协组织和政协委员深入学习领会、认真贯彻落实，切实有效地发挥政协的作用。

（二）坚持发展第一要务，认真开展

协商议政工作

在政协九届三次会议上，全体委员围绕政府工作报告进行了充分、深入的协商讨论，在进一步强化农业基础地位，确保农业增产、农民增收、农村发展方面；在坚定不移地实施优势资源转换战略，深化国有企业改革，发展非公有制经济，加快新型工业化建设方面；在进一步扩大对外开放和对内搞活，积极发展第三产业方面；在加强基础设施建设，重视生态环境保护，促进可持续发展方面；在坚持以人为本，加快社会各项事业发展方面，提出了很多有见地、有价值的意见建议。

构建社会主义和谐社会是政协九届十次常委会议协商讨论的主要议题。会议建议，在解决“三农”问题方面，要坚持农村经济社会全面协调可持续发展，促进农牧业产业化进程，提高农牧产品科技含量，加快城镇化进程，带动农牧区剩余劳动力转移；在协调劳动关系方面，要发挥工会组织的重要作用，处理好公平与效率的关系，处理好激发社会活力与保持社会稳定的关系，发挥思想政治工作优势，创新职工群众工作机制；在促进人口较少民族乡村加快发展方面，要将乡村基础设施建设项目列入自治区“十一五”规划和年度计划，帮助人口较少民族乡村缩小与周边邻近地区的差距；在推进新型农牧区合作医疗试点工作方面，要全面提高合作医疗的服务水平和质量，大力开展疾病预防和控制，建立长效的救助和管理机制，加强医疗基金的监管，确保基金安全。这些建议为自治区党委和政府的决策提供了重要参考，推动了和谐新疆的建设。

自治区政协九届十一次常委会议把加快新疆新型工业化建设作为主要议题，进行专题协商，提出了许多有价值的意见建议。例如，关于加快中小企业发展的建议，关于推动非公有制经济发展的建议，关于重视发展循环经济的建议，关于加快发展外向型经济的建议，关于发展地方特色产业的建议，等等。

（三）发挥自身优势，全力维护社会政治稳定

我们号召和要求全区各级政协组织和广大政协委员，坚决把思想认识统一到中央维护新疆稳定工作的重大决策和自治区党委关于维护稳定工作的重要部署上来，始终保持清醒头脑，牢固树立稳定压倒一切的思想不动摇，切实做到在大是大非问题上认识不含混、态度不暧昧、立场不动摇，旗帜鲜明地反对民族分裂主义和非法宗教活动。一年来，我们组织学习《宗教事务条例》，积极宣传党的宗教政策，切实做好宣传群众、教育群众的工作。对一些地方的宗教发展情况进行调研，提出了意见建议。重视发挥爱国宗教人士的作用，关心爱国宗教人士的生活，定期看望走访，保持密切联系，努力把社会方方面面的力量都凝聚起来，共同致力于全面建设小康社会的伟大事业。我们注重发挥政协作为党和政府联系各界群众的桥梁纽带作用，了解群众的要求，反映群众的意愿，积极围绕劳动就业、医疗卫生、教育培训、社会保障等热点、难点问题开展调研，提出具体意见建议。

二

（一）进一步把各项学习活动引向深入。继续组织委员深入学习邓小平理论和“三个代表”重要思想，学习中共十六大、十六届五中全会精神和自治区党委六届十次全委（扩大）会议精神，全面把握自治区党委贯彻落实中共十六届五中全会精神的工作思路和具体措施，牢固树立科学发展观，把各族各界的力量和智慧凝聚到落实自治区党委提出的各项任务上来，增强围绕中心、服务大局的自觉性、主动性和

坚定性。

（二）积极为自治区的经济发展献计出力。要高度重视建设社会主义新农村的有关问题，积极促进农业产业结构的优化、农业科技成果的推广应用、农村劳动者素质的提高和农业现代化的发展。要深入研究加快推进新型工业化建设的有关问题，围绕实施优势资源转换战略、建设能源和矿产资源生产加工基地、建设工业园区等工作，提出意见建议。常委会议要选择自治区经济社会发展中的重要问题，组织重点课题研究，进行专题协商讨论。

（三）充分发挥人民政协在维护稳定工作中的重要作用。我们要始终保持清醒头脑，进一步增强忧患意识，居安思危，深刻认识在当前形势下维护新疆社会政治稳定的极端重要性。要继续在政协委员和各族各界人士中深入扎实地开展马克思主义国家观、民族观、宗教观、历史观、文化观和“四个认同”的宣传教育，坚持不懈地同民族分裂主义和非法宗教活动作坚决斗争。要针对影响稳定的重要问题，深入地开展调研，真实地反映情况，提出有价值的建议，积极协助党委和政府做好维护稳定的有关工作。

（四）自觉为构建社会主义和谐社会贡献力量。要加强同各族各界人士的联系，扩大团结面，增强包容性，把各方面的力量凝聚起来，共同致力于和谐新疆的建设。要继续关注教育、科技、文化、卫生、就业、社会保障、扶贫开发、抗震安居工程等工作，深入基层，深入群众，及时反映人民群众最关心、最直接、最现实的利益问题。要坚持以人为本，正确认识新形势下的人民内部矛盾，协助党委和政府，做好协调关系、化解矛盾、理顺情绪的工作。

（五）继续加强政协自身建设。要坚持提前确定和通报常委会议主要议题的做法，抓好会前的调研论证工作，邀请党政领导和部门负责人参加政协重要会议，不断提高履行职能的质量和水平。要发挥好委员的主体作用，组织好委员参加的各种活动，搞好为委员履行职能的各项服务，为委员履行职能创造良好的条件。要采取各种有效形式，及时向委员提供信息和通报情况，帮助委员了解情况、开阔视野。要充分发挥各民主党派、工商联和无党派人士的作用，通过召开会议、联合调研、大会发言等形式，认真开展在政协的各种协商活动。要认真贯彻执行政协章程，继续建立健全履行职能的各项规章制度，不断推进政协工作的制度化、规范化、程序化建设。要加强对基层政协工作的指导，及时总结和推广基层政协工作的经验，推动各级政协工作的发展。

自治区政协九届四次会议政治决议

（2006 年 1 月 22 日自治区政协九届四次会议通过）

中国人民政治协商会议新疆维吾尔自治区第九届委员会第四次会议，听取并审议通过了艾斯海提·克里木拜主席代表常务委员会所作的工作报告和姚永锋副主席代表常务委员会所作的提案工作情况的报告；列席了自治区十届人大四次会议，协商讨论了自治区国民经济和社会发展第十一个五年规划纲要（草案）、政府工作报告、2005 年自治区国民经济和社会发展计划执行情况及 2006 年计划草案的报告、关于 2005 年自治区财政预算执行情况和 2006 年自治区财政预算草案的报告、自治区高级人民法院工作报告、自治区人民检察院工作报告。会议对自治区“十一五”规划、政府工作报告和其他报告表示赞同。

会议认为，“十五”期间，是自治区历史上最快最好的发展时期，也是实施西部大开发战略、全面建设小康社会的关键时期。五年来，自治区党委、自治区人民政府团结带领全区各族人民，高举邓小平理论和“三个代表”重要思想伟大旗帜，认真贯彻执行中央关于新疆工作的一系列重要指示，始终坚持发展这个党执政兴国的第一要务，正确处理改革发展稳定的关系，坚定不移地实施优势资源转换战略，国民经济持续快速健康发展，“十五”计划的主要指标和任务提前完成，全区经济发展、社会稳定、民族团结、边防巩固，各族人民安居乐业，各项事业欣欣向荣，为自治区今后一个时期的发展奠定了坚实的基础。委员们认为自治区“十一五”规划符合实际，科学合理，切实可行，对规划的实施充满信心，并为完善规划和实施规划时应着重把握的一些重要问题提出了积极的意见和建议。

会议要求，自治区各级政协组织和各族各界政协委员要坚持用科学发展观统领履行职能的各项工作，切实服务于改革发展稳定大局，增强历史责任感和时代紧迫感，认真履行政治协商、民主监督、参政议政职能，就着力建设社会主义新农村、加快自治区新型工业化建设、增强自主创新能力、大力推进第三产业发展、强化基础设施建设、全方位扩大对外开放、建设节约型社会等重要问题，深入调查研究，积极建言献策，为全面完成自治区2006年各项工作任务，实现“十一五”规划确定的发展目标贡献力量。

会议强调，自治区各级政协组织和广大政协委员要发挥自身优势，创新工作方法，积极投身于社会主义和谐社会建设。要认真贯彻中共中央关于新疆工作的重大决策和自治区党委的重要部署，团结和动员各界人士和各族群众，旗帜鲜明地反对民族分裂主义和非法宗教活动。要坚持以人为本，关注民生，及时反映人民群众最关心、最直接、最现实的利益问题，协助党委和政府处理好新形势下的人民内部矛盾。要坚持大团结、大联合，不断巩固和发展新时期最广泛的爱国统一战线，把社会方方面面的力量都凝聚起来，共同致力于全面建设小康社会的伟大事业。

会议号召，自治区政协各参加单位、各级政协组织和广大政协委员要在自治区党委的领导下，坚持以邓小平理论和“三个代表”重要思想为指导，紧密团结在以胡锦涛同志为总书记的中共中央周围，认真贯彻中共十六大、十六届五中全会和自治区党委六届十次全委（扩大）会议精神，切实围绕团结和民主两大主题履行职能，万众一心，埋头苦干，开拓创新，为建设繁荣、富裕、和谐的社会主义新疆而努力奋斗！

关于推进自治区社会主义新农村建设的建议案（2006年5月31日自治区政协九届十四次常委会议通过）（摘要） 常委会认为，自治区新农村建设当前面临的突出问题：一是农村经济的结构性矛盾依然突出，农业效益问题还没有得到有效解决。二是龙头企业辐射带动能力有限，企农利益链接机制尚未真正形成；各地所处地缘、资源优势不相称，农牧民持续增收难度较大；农牧区建设尚无统一规划，基础设施比较薄弱。三是农村财力资源明显不足，公共服务能力滞后。四是农产品与农资价格不稳定，对农业经济发展造成一定影响。五是农村人口和计划生育工作面临诸多困难，人口与耕地的矛盾尖锐，乡镇计生服务体系薄弱，国家和自治区有关计生工作的政策和规定落实不到位。为此，提出如下建议：

一、从实际出发，科学制定新农村建设发展规划。

二、以市场为导向，拓宽农牧民增收渠道。（一）进一步加快农村经济结构调整步伐。（二）发挥现代科技对农业的支撑作用，努力培养适应市场经济和现代农业发展。（三）努力培养适应市场经济和现代农业发展要求的新型农牧民。

三、加强基础设施建设，切实改善农村生产生活条件。

四、完善保障机制，进一步推进农牧区社会事业发展。（一）要加大农牧区广播电视公共服务体系建设。（二）要切实推进农村新型合作医疗试点工作有效开展。（三）要认真抓好人口和计划生育工作。

五、推进农村综合改革，创新农村管理机制。（一）要积极探索新型组织管理形式，巩固和完善农村经营管理体系。（二）要继续深化农村牧区金融体制改革。（三）要发展壮大村级集体经济。（四）建立健全价格机制，切实解决农资价格居高不下的问题。

关于新疆工业发展合理布局问题的建议案（2006年9月21日自治区政协九届十五次常委会议通过）（摘要） 自治区政协九届十五次常委会议协商讨论了工业发展布局问题，提出如下建议：

一、树立和落实科学发展观，统筹规划自治区工业区域布局。（一）统筹安排，科学布局，抓紧制定自治区工业区域布局总体规划。（二）加强勘探，摸清家底，坚定不移地实施优势资源转换战略。（三）加强生态环境保护和建设，坚持可持续发展道路。

二、做大做强石油天然气产业，突出发展中下游产品。（一）因地制宜、分类指导，科学合理制定实施油气发展规划。（二）积极向中央申请政策扶持，多渠道支持资源性地方区域经济的发展。（三）大力发展融合经济，培育壮大石油化工园区，推动地方经济发展。

三、发展壮大煤炭产业，加快有色金属和稀有金属开发。（一）争取国家政策支持，把建设大型煤电、煤化工基地列入国家发展规划。（二）加强规划调控，按照市场需求合理配置煤炭资源。（三）加强领导，做好煤层气的开发利用。（四）加快勘探开发，充分发挥新疆有色金属和稀有金属资源优势。

四、有序发展钢铁工业，调整结构，合理布局。（一）优化区域经济布局，有序发展钢铁工业。（二）坚决淘汰落后工艺和装备，关闭小钢铁厂。（三）认真贯彻国家钢铁产业政策，加大企业组合和调整结构力度。（四）做好建设富铁矿资源接替基地的准备。

五、优化提升水泥工业，延伸产业，拓宽市场。（一）加快水泥主要生产区域的结构调整。（二）科学预测水泥需求量，准确把握市场脉搏。（三）积极寻求出口，开拓国际市场。（四）出台相关政策，加强水泥企业的治污工作。

六、发展壮大棉纺织产业，用高新技术推进精深加工。（一）大力推进棉纺产业集群化发展，防止低水平延伸。（二）采取有效的采摘、检验措施，确保棉花质量。（三）做好污水处理等配套设施的建设，减少环境污染。

七、加快发展食品加工业，打造新疆绿色食品品牌。（一）合理规划新疆绿色食品工业区域布局。（二）以标准化生产推动绿色食品工业原料基地建设，努力打造新疆绿色食品名牌。（三）引进和采用高新技术，改造传统工艺，搞好具有竞争力的绿色食品产业整合。

八、科学整合教育资源，为新型工业化建设培养合格人才。（一）要深化职业教育办学体制改革。（二）加强骨干学校和重点专业建设，盘活职业教育存量资源。（三）健全机制，优化环境，稳定和用好现有人才。

【组织概况】

副主席增补名单（2006年1月21日自治区政协九届四次会议通过）

张秀明 王伟

买买提江·艾买提（维吾尔族）

阿不都力提甫·阿不都热依木（维吾尔族）

常务委员补选名单（2006年1月21日自治区政协九届四次会议通过）

张炳科 黄奇龙

沙塔尔·沙吾提（维吾尔族）

王北会 吴琪林 闫勤

委员增补名单（2006年11月26日自治区政协九届十六次常委会议通过）

艾斯克尔别克·多米西（哈萨克族）

白玺（回族）

吐尔逊·吐尔地（维吾尔族）

赵玉兰（女） 金海民 胡建胜

范旭华（女） 刘建锋 刘志诚

胡宜昌 买买提艾山·托乎达力（柯尔克孜族）

穆扎帕尔·米吉提（维吾尔族）

王建玲（女） 杨敏贤（女）

撤销委员资格名单（2006年12月26日自治区政协九届十六次常委会议通过）

金生辉

【新疆维吾尔自治区各级政协领导人名单】

新疆维吾尔自治区

政协主席

艾斯海提·克里木拜（哈萨克族）

副主席

张秀明 吴敦夫 熊辉银

阿不都卡德尔·乃斯尔丁（维吾尔族）

姚永锋 蒋珊（女）

阿不都热依木·阿吉伊明（维吾尔族）

赛尔杰（蒙古族） 朱振中

黄昌元 夏力甫汉（哈萨克族）

王伟

买买提江·艾买提（维吾尔族）

阿不都力提甫·阿不都热依木（维吾尔族）

秘书长

居来提·买买提明（维吾尔族）

乌鲁木齐市

市政协主席 马赛民

县（区）政协主席

天山区 王风林

沙依巴克区 黄继松

头屯河区 阿不都热合曼·卡德尔（维吾尔族）

水磨沟区 赵明志

新市区 阿不都艾尼·托乎提（维吾尔族）

东山区 周治国

达坂城区 乔祥圻

乌鲁木齐县 韩福新

克拉玛依市

市政协主席 玉素甫江·阿不都热西提（维吾尔族）

区政协主席

独山子区 张德新

石河子市

市政协主席

吐尔逊别克·坎吉别克（哈萨克族）

五家渠市

市政协主席

曹莲英（女）

阿拉尔市

市政协主席

艾买提·沙比尔（维吾尔族）

图木舒克市

市政协主席

马木提·买买提（维吾尔族）

伊犁哈萨克自治州

州政协主席

吐尔逊·吐尔地（维吾尔族）

县（市）政协主席

奎屯市 刘道华

伊宁市 张科宝

伊宁县 阿布都力木·比西尔（维吾尔族）

霍城县 刘志琦

尼勒克县 木哈西（哈萨克族）

昭苏县 唐沙哈尔·巴根（哈萨克族）

特克斯县 吐尔逊·艾买提（维吾尔族）

巩留县 再娜甫·吾玛尔江（女，维吾尔族）

新源县 阔别根（哈萨克族）

察布查尔锡伯自治县

买买提·哈那提别克（哈萨克族）

塔城地区

县（市）政协主席

塔城市 金克太（达斡尔族）

乌苏市 王武寿

额敏县 吐拉别克·阿克巴勒（哈萨克族）

裕民县 巴哈提汗（女，哈萨克族）

托里县 贺扎道拉·布列克拜（哈萨克族）

沙湾县 张保林

和布克赛尔蒙古自治县

赛格孜拜·哈日哈巴提（哈萨克族）

阿勒泰地区

县（市）政协主席

阿勒泰市 阿合买提·海达尔（哈萨克族）

哈巴河县 努呼玛尔·桑斯孜拜（哈萨克族）

布尔津县 吐尔斯别克·沙德汗（哈萨克族）

吉木乃县 居曼·阿布里马金（哈萨克族）

福海县 斯拉木汗·阿布勒哈克（哈萨克族）

富蕴县 热马赞·依沙（哈萨克族）

青河县 翁哈尔别克（哈萨克族）

博尔塔拉蒙古自治州

州政协主席 朱国相

县（市）政协主席

博乐市 沙依劳（哈萨克族）

精河县 库那西·阿库甫（维吾尔族）

温泉县 聂现清

昌吉回族自治州

州政协主席 陈庆勇

县（市）政协主席

昌吉市 冯海明

米泉市 桑凤君

玛纳斯县 李志兴

呼图壁县 杨维忠

阜康市 郭承华

吉木萨尔县 张瑞明

奇台县 何凤玲（女）

木垒哈萨克自治县

徐永泉

吐鲁番地区

县（市）政协主席

吐鲁番市　卡德尔·库尔班（维吾尔族）

托克逊县　阿不力提甫·肉孜（维吾尔族）

鄯善县　阿斯亚提·色以提（维吾尔族）

哈密地区

县（市）政协主席

哈密市　阿合买提·排祖拉（维吾尔族）

伊吾县　艾力·麻木提（维吾尔族）

巴里坤哈萨克自治县　托汉（哈萨克族）

巴音郭楞蒙古自治州

州政协主席　吾布力哈斯木·祖农（维吾尔族）

县（市）政协主席

库尔勒市　张喜模

和静县　周建设

和硕县　马心坦

博湖县　孙朝俊

轮台县　秦建社

尉犁县　刘振征

若羌县　孙学东

且末县　吴　旭

焉耆回族自治县　江　英（女）

阿克苏地区

县（市）政协主席

阿克苏市　闫明英

温宿县　王　峰

拜城县　阿不都肉苏力·尕依提（维吾尔族）

库车县　刘全山

新和县　巴拉提·艾山（维吾尔族）

沙雅县　乌斯曼·沙木沙克（维吾尔族）

乌什县　武庆海

阿瓦提县　买买提·先米西（维吾尔族）

柯坪县　冯志和

克孜勒苏柯尔克孜自治州

州政协主席

阿米娜·阿不都热合曼（女，维吾尔族）

县（市）政协主席

阿图什市　卡德尔·吾斯满（维吾尔族）

阿合奇县　吐坎（柯尔克孜族）

乌恰县　毛政川

阿克陶县　吐尔逊·库尔班（维吾尔族）

喀什地区

县（市）政协主席

喀什市　阿不都拉·阿木提（维吾尔族）

疏勒县　司依提·沙地尔（维吾尔族）

疏附县　买买提·阿布都拉（维吾尔族）

巴楚县　买买提明·托乎提（维吾尔族）

伽师县　阿不都克里木·艾买提（维吾尔族）

岳普湖县　买合木提·艾合买提（维吾尔族）

英吉沙县　买买提·居肉甫（维吾尔族）

麦盖提县　那曼·艾沙(维吾尔族)

莎车县　玉素因·玉素甫（维吾尔族）

泽普县　阿不来提·沙衣提（维吾尔族）

叶城县　艾拜·阿尤甫（维吾尔族）

塔什库尔干塔吉克自治县　莫尼·塔比力迪（塔吉克族）

和田地区

县（市）政协主席

和田市　买买提托乎提·吐送托乎提（维吾尔族）

和田县　艾则孜·努尔（维吾尔族）

皮山县　阿巴斯·玉素甫（维吾尔族）

墨玉县　阿巴白克·居玛（维吾尔族）

洛浦县　阿不都拉·吐尔地（维吾尔族）

于田县　买买提江·吾甫尔（维吾尔族）

策勒县　苏来曼·依布拉音（维吾尔族）

民丰县　苏来曼·吐尔地（维吾尔族）

新疆维吾尔自治区各级政协组织和委员数

（截至2006年底）

项目＼级别	自治区	设区的市（自治州）	县（不设区的市、市辖区）	合计
组织数	1	7	96	104
委员数	517	1610	10361	12488

（牛汝亚 编写　李痴 审稿）

图书在版编目（CIP）数据

中国人民政治协商会议年鉴．2006／郑万通编．—北京：中国文史出版社，2008.1

ISBN 978－7－5034－2067－2

Ⅰ．中…　Ⅱ．郑…　Ⅲ．中国人民政治协商会议－2006－年鉴　Ⅳ．D627－54

中国版本图书馆 CIP 数据核字（2007）第 176341 号

责任编辑：曾小丹　韩　军

出版发行：**中国文史出版社**

社　　址：北京市西城区太平桥大街 23 号　邮编：100811

印　　装：北京新华印刷厂　邮编：100044

经　　销：新华书店北京发行所

开　　本：787×1092mm　1/16

印　　张：58.25　　字数：1380 千字

印　　数：3000 册　插页：10

版　　次：2008 年 1 月北京第 1 版

印　　次：2008 年 1 月第 1 次印刷

定　　价：80.00 元

附：

地方各级政协组织和委员数统计表（截至2006年底）

级别 项目 省 自治区 直辖市	省（自治区、直辖市）		副省级市		设区的市（州、盟、地区）		县（不设区的市、市辖区）		合计	
	组织数	委员数	组织数	委员数	组织数	委员数	组织数	委员数	组织数	委员数
北京	1	730			16	3823	2	308	19	4861
天津	1	778			15	3376	3	657	19	4811
河北	1	738			11	5359	172	32177	184	38274
山西	1	534			11	3693	119	16843	131	21070
内蒙古	1	535			12	3106	101	12352	114	15993
辽宁	1	790	2	1107	12	4601	100	20121	115	26619
吉林	1	550	1	522	8	2697	60	12466	70	16235
黑龙江	1	794	1	607	11	3577	134	19705	147	24683
上海	1	791			18	4822	1	182	20	5795
江苏	1	754	1	469	13	5451	106	22302	121	28976
浙江	1	689	2	927	9	3546	89	15597	101	20759
安徽	1	750			17	6224	105	17744	123	24718
福建	1	680	1	393	8	2859	84	13960	94	17892
江西	1	691			11	3985	99	17169	111	21845
山东	1	840	2	1158	15	6017	140	29637	158	37652

续表

级别 / 项目 / 省自治区直辖市	省（自治区、直辖市）		副省级市		设区的市（州、盟、地区）		县（不设区的市、市辖区）		合计	
	组织数	委员数	组织数	委员数	组织数	委员数	组织数	委员数	组织数	委员数
河南	1	843			18	6796	158	29685	177	37324
湖北	1	725	1	565	16	5112	98	21380	116	27782
湖南	1	721			14	4782	123	24883	138	30386
广东	1	962	2	971	19	6536	122	23163	144	31632
广西	1	691			14	4560	109	16570	124	21821
海南	1	349			2	474	16	2347	19	3170
重庆	1	864			14	3518	25	6240	40	10622
四川	1	904	1	645	20	7343	180	33322	202	42214
贵州	1	610			7	2383	88	14398	96	17391
云南	1	665			16	4760	129	23007	146	28432
西藏	1	463			7	1298	30	1013	38	2774
陕西	1	609	1	518	9	2757	106	12062	117	15946
甘肃	1	514			14	3736	86	10148	101	14398
宁夏	1	389			5	1122	20	2171	26	3682
青海	1	341			7	1235	41	3343	49	4919
新疆	1	517			7	1610	96	10361	104	12488
合计	31	20811	15	7882	376	121158	2742	465313	3164	615164